铁路工程地质实例

（西北及相邻地区分册）

铁道第一勘察设计院　编

中　国　铁　道　出　版　社

2007年·北京

内 容 简 介

本书是由铁道第一勘察设计院在西北及相邻地区数十年来铁路工程建设实践的基础上编写而成的。书中列举了从实践资料中提取的百余实例，对每一实例都有详细介绍，也有一定深度的总结。其中既有勘测与地质难题处理的技术经验，也有勘测中创造与采用的新技术、新方法。

本书可供各部门工程地质人员参考，亦可作为本专业学生和新毕业学生及中青年技术人员培训的参考书。

图书在版编目(CIP)数据

铁路工程地质实例．西北及相邻地区分册/铁道第一勘察设计院编．北京：中国铁道出版社，2002.4（2007.6 重印）
ISBN 978－7－113－04392－6

Ⅰ．铁…　Ⅱ．铁…　Ⅲ．铁路工程-工程地质-西北地区　Ⅳ．U212.22

中国版本图书馆 CIP 数据核字(2001)第 076353 号

书　　名：铁路工程地质实例（西北及相邻地区分册）
作　　者：铁道第一勘察设计院　编
出版发行：中国铁道出版社（100054，北京市宣武区右安门西街 8 号）
责任编辑：王俊法　张苍松
封面设计：李艳阳
印　　刷：北京市兴顺印刷厂
开　　本：787×1092　1/16　印张：40.25　字数：1021 千
版　　本：2002 年 4 月第 1 版　2007 年 6 月第 2 次印刷
印　　数：1001～2000 册
书　　号：ISBN 978－7－113－04392－6/TU·678
定　　价：80.00 元

前　言

1953 年 1 月铁道第一勘察设计院(以下简称铁一院)成立以来,全院职工艰苦创业,开拓进取,踏遍祖国西北戈壁高原、内陆盆地和黄河上下的山山水水,先后进行了 70 多条铁路干线、300 多条铁路支线、专用线的勘测设计,完成线路初、定测累计 8.7 万 km,钻探 103×10^4 m,新建铁路通车里程达 8 800 多公里,改变了西北地区的铁路交通面貌。1978 年以后,在邓小平理论的指引下,在改革开放的大潮中,铁一院坚持科技和人才兴院,立足铁路,面向社会,立足西北,面向全国,在继续抓好铁路勘测设计的同时,还开拓了路外的工程勘察设计、工程咨询、工程承包、工程监理及岩土工程等项目,进入了一个新的历史发展时期。

西北地区地处欧亚大陆腹部,在漫长的地质时代,经历了多次构造运动,形成了特有的地貌格局,其主要特征是高原、高山与盆地相间分布,山脉大多呈 EW、NW 与 NWW 向展布。长江和黄河都发源于西北地区;贺兰山、乌鞘岭以西为内陆河流域。由于地貌差异大、地质构造复杂,加之大陆性气候的影响,形成了诸如滑坡、错落、崩塌、落石、泥石流、风沙、小煤窑采空、掏沙洞、岩溶等大量不良地质现象,以及黄土、盐渍土(岩盐)、膨胀土、高原多年冻土等分布广泛的特殊土问题。40 多年来,广大铁路工程地质工作者,在西北地区的铁路建设中,对上述工程地质问题进行了认真的研究和探索,积累了丰富经验。如,为做好地质复杂越岭地段的线路方案选择,在初测前安排大面积加深地质工作;为做好沙漠、盐渍土、风害和多年冻土地段的线路选择和设计,超前建立观测站、施工试验工程,进行长期观测研究,以提供可靠的选线依据和设计参数等。经过铁一院几代人的努力,成功地修建了新中国的第一条沙漠铁路、第一条盐湖铁路、第一条高原铁路,为我国铁路建设作出了贡献。但也有因地质条件复杂、隐蔽,或当时勘察手段的限制及其它因素的影响而出现工作失误的。为了总结和借鉴几十年来积累的这些经验和教训,防止和避免错误的重现,促进工程地质勘测水平的提高,铁一院在中国铁道出版社的支持下,组织编写了这本《铁路工程地质实例(西北及相邻地区分册)》。

本书收入实例百余篇,分 7 章:第一章为区域地质综述,第二章为地质选线,第三至第六章分别为路基、桥涵、隧道、工业与民用建筑地质实例,第七章为技术总结及其它。本实例的资料多来源于以往的勘察设计成果及有关技术总结。为简化,本次只列出实例的编写者,而对承担原勘察、设计、科研及总结的同志则不再一一列出,在此,对这些同志表示歉意和感谢。

由于这本实例涉及的单位和人员比较多,1998 年铁一院成立了以徐英珏副院长为组长的领导小组，专门负责本实例编写过程中的领导和协调工作。本书主审李法昶，副主审龚重远；主编楚涌池，副主编钱伟平；参加编审的还有盛殿魁、刘德基、陈品文、王笃实、楼文虎等。

本书插图由雷华描绘。

编者

目　录

第一章 区域工程地质综述

刘德基 陈品文

一、自然地理

西北地区位于亚欧大陆腹部，包括陕西、甘肃、宁夏、青海、新疆五个省区（面积为 298 万 km^2），与其邻近的西藏、内蒙古、山西、河南部分地区共同组成了一个特殊的自然地理单元。它地域辽阔，高差悬殊，有高程 3 500～6 000 m“世界屋脊”之称的青藏高原，也有低于海平面以下 154 m，有“火洲”之称的吐鲁番盆地；既有长江、黄河发源的山地，也有塔里木、柴达木等宽坦的盆地；既有沟壑林立的黄土高原，也有空旷无垠的戈壁沙漠。高耸的山地与宽广的盆地相间，雪山林带与戈壁绿洲毗连，山顶白雪皑皑，平原绿草成茵。西域古城，多镶嵌于各绿洲间，田连阡陌，瓜果飘香，在今日的城乡发展中，更加灿烂辉煌；丝绸之路，在今日铁路、公路网络四通八达的情况下，更加繁荣昌盛。

（一）地形地貌

西北地貌自西南向东北，其地形高度呈阶梯状下降，青藏高原西南边缘有喜马拉雅山、喀喇昆仑山，北界为阿尔金山、祁连山，是最高一级的夷平面，海拔 3 500 m 以上。塔里木、准噶尔盆地，阿拉善、黄土高原与贺兰山、六盘山、吕梁山等山系组成次一级夷平面，海拔 1 000～2 500 m。

天山至阴山、昆仑山至秦岭，其高度亦是自西向东逐渐递减。青藏高原是长江、黄河的发源地，秦岭山脉是长江、黄河的分水岭，亦是我国自然气候、人文景观的南北分界线。

1．山地

山地以褶皱断块山为主，高差大，坡度陡，松散堆积物多，各种不良物理地质现象普遍分布。

(1)东西向山地

由北向南分别有天山、昆仑山、秦岭和喜马拉雅山等。

a．天山

天山是亚洲巨大山系之一，基本呈纬向延伸，全长 2 500 km，西段在邻国，东段在我国，为东天山，长 1 700 余 km。

东天山由南、北两列山脉组成。北天山长约 1300 km，以吐鲁番至乌鲁木齐的兰新铁路为界，又分东西两段，西段走向 NWW，最高峰海拔 5 289 m；东段走向 NWW—EW—SEE，最高的博格达峰，海拔 5 445 m。南天山长 1 100 km，主峰托木尔峰，海拔 7 435 m，是天山的最高峰。从汗腾格里山向东山势有所降低，平均海拔 4 000 m，逐步下降至 2 000～1 000 m。

天山地区多间歇性内陆河流，主要由 3 800 m 以上的积雪和冰川融化水补给，形成许多山间湖泊，如天池（瑶池）、巴里坤湖、赛里木湖等，为游览避暑胜地。

兰新铁路穿越北天山东西两段之间的地势较低、起伏较小地段，工程不大。南疆铁路吐鲁番至库尔勒段，翻越南天山奎先达坂垭口，海拔 3 476 m，垭口两侧阿拉沟及乌拉斯台沟，沟床纵坡 20‰～30‰，地形较陡，沟床狭窄，展线困难，以长 6.2 km 隧道通过。库尔勒至喀什段，铁路在南天山南麓山前平原上通过，地形平坦，工程较小。

b. 昆仑山

昆仑山以喀喇昆仑山口为界，分东西两段，西段起自帕米尔高原，东段延伸至青海果洛及川北阿坝，东西长约 2 500 km，平均海拔 5 500～6 000 m，山脊长年积雪，有现代冰川覆盖。青藏线格尔木至拉萨段线路，是从其东段沿格尔木河而上，在其北坡西大滩展线，越乱石沟，经高程 4 772 m 的昆仑山最低垭口通往拉萨。

c. 秦岭

秦岭是横亘中国中部的一条东西向山脉，大致以嘉陵江为界，分东西两段，西至岷山，东至伏牛山、大别山，东西长 1 500 km，为中国南北自然景观分界线，也是长江与黄河两大水系的分水岭，海拔多在 2 000～3 000 m 之间，最高峰太白山 3 767 m，山势自西向东逐渐变窄变低，山坡北陡南缓。宝成铁路在秦岭北坡杨家湾至秦岭顶，航距 6 km，30‰限坡，展线长达27 km，秦岭隧道长 2 353.3 m。西安至安康线，秦岭隧道长达 18.5 km，工程艰巨。

d. 喜马拉雅山

喜马拉雅山位于青藏高原南侧，东西长 2 400 km，平均海拔 6 000 m 以上，世界第一高峰——珠穆朗玛峰，海拔 8 848.13 m。1960 年勘测的川藏线林芝至拉萨段，沿其北坡，顺雅鲁藏布江河谷而上，新构造运动及地震活动强烈，大规模崩塌、泥石流普遍分布，工程艰巨。

(2)南北向山地

西北地区南北向山地主要有贺兰山和六盘山，山体狭窄，宽 20～40 km，长约 270 km，它是中国东西山脉的分界带，最高峰海拔 3 600 m。包兰铁路石嘴山至中卫段，沿贺兰山东麓山前平原通过；宝中铁路沿六盘山东麓行进。

(3)北西向山地

北西向山地主要有阿尔泰山、阿尔金山、祁连山等。

a. 阿尔泰山

阿尔泰山高程一般为 3 200～3 500 m，主峰为中蒙边界的友谊峰，海拔高 4 374 m，山势自西北向东南降低、变窄，海拔 2 400 m 以上现代冰川分布广泛。

b. 阿尔金山和祁连山

阿尔金山和祁连山位于青藏高原北缘，以当金山口分界，西为阿尔金山，东为祁连山。

阿尔金山向西延至车尔臣河，长 500 km，宽 20～50 km，海拔多在 4 000 m 以上，西高东低，北坡高差大，勘测中的青新线在北坡迂回展线通过。

祁连山长 1 200 km，宽 250～400 km，海拔多在 4 000 m 以上，现代冰川广泛分布。祁连山北面的合黎山与龙首山，一般高程 1 800～2 600 m，主峰高程 3 616 m，因位于河西走廊以北，亦称北山，与祁连山呈平行分布。兰新线在这两山之间的河西走廊通过。

2. 盆地

盆地均位于前述各大山之间，多为断陷盆地，受断裂构造控制，地势低洼，地形平坦，松散堆积物较厚，土层盐渍化，风沙活动地段较多。

(1)塔里木盆地

塔里木盆地位于昆仑山和天山之间，东西长 1 500 km，南北宽 600 km，呈菱形，面积约 53 万 km^2，是中国最大的内陆盆地，大部分海拔 1 200～1 400 m，东部罗布泊一带海拔 800 m。由于盆地与周围大山高差悬殊，盆地边缘洪积扇、裙十分发育，形成广阔的山前平原，现已通车的南疆线库尔勒至喀什段，即沿盆地北缘通过。

盆地中部为塔克拉玛干大沙漠，现为我国新油田开发区。盆地东部为库姆塔格大沙漠，青新线若羌至库尔勒段，即从这两大沙漠之间穿越。

(2)准噶尔盆地

准噶尔盆地，位于天山与阿尔泰山之间，其轮廓呈三角形，东南高，西北低，较低处海拔500 m左右，最低的艾比湖海拔190 m，盆地边缘为洪积扇群连成的平原，盆地中有库尔班通古特沙漠，约5×10^4 km^2。克拉玛依铁路支线通过沙漠区，多为固定沙丘。

(3)柴达木盆地

柴达木盆地，位于昆仑山与阿尔金山、祁连山之间，东西长约850 km，南北宽约250 km，面积约22万km^2，是我国盐湖面积最大、分布最多的盆地，海拔2 600～3 000 m，从盆地边缘向中心，依次为戈壁、丘陵、平原。平原中较低部分，形成许多盐湖和盐沼，其中察尔汗盐湖，有“盐都”之称，青藏铁路锡铁山至格尔木段，横穿盐湖。

(4)吐托—鄯哈盆地

吐托—鄯哈盆地，是南北天山之间的一个较大断陷盆地，吐托盆地在西部，鄯哈盆地在东部，吐托盆地的艾丁湖水面，因低于海平面以下154 m而闻名于世。由于地势低洼，气候炎热，吐鲁番的葡萄，哈密的瓜，享誉中外。吐鲁番县城西面第三系含盐碱、石膏出露的山，称盐山；城东第三系红层出露的山，称为“火焰山”。兰新及南疆铁路均沿盆地边缘通过。

3. 高原

西北地区有青藏高原、黄土高原、阿拉善高原。青藏高原是世界上隆升最剧烈的高原，黄土高原是切割最强烈的高原，阿拉善高原是最稳定的高原。

(1)青藏高原

青藏高原素有“世界屋脊”之称，是世界上最高，新生代以来隆起速度最快，地壳最厚，引起世界地学界最关注的高原。它东西长2 500 km，南北宽1 400 km，面积约250万km^2，海拔一般3 500～5 000 m，较高山峰6 000～7 000 m以上，为现代冰川分布区，大部地区为多年冻土所覆盖。

高原面起伏不大，多较完整，其间湖泊星罗棋布，著名的有纳木错、色林错、鄂陵湖、扎陵湖、青海湖等。其东南部受河流深切，形成一些高山峡谷及横断山。黄河、长江、澜沧江、怒江、雅鲁藏布江等均发源于该区，所以青藏高原又有“江河源”之称。

(2)黄土高原

青藏高原以东，太行山以西，长城以南，秦岭、伏牛山以北，为黄土所覆盖的地区。从地貌结构上分三种类型，一是基岩裸露为主的山地，部分被黄土所覆盖，如六盘山、中条山、吕梁山等；二是上部为深厚黄土层所覆盖，基底为基岩，此种类型分布最广，黄土厚度最大，深切沟壑纵横，最能显示黄土地貌、地层特征的地区；三是断陷盆地、谷地分布的深厚黄土层及黄土质土层。

(3)阿拉善高原

河西走廊北山以北，贺兰山以西，弱水、西河、居延海以东，蒙古以南，海拔1 000～1 500 m，由南向北倾斜，有不少起伏残丘与山地，在高原中形成许多内陆盆地，其间有盐湖、盐渍土、巴丹吉林沙漠及腾格里沙漠。

4. 内陆湖泊

内陆湖泊较大的有青海湖、纳木错、艾丁湖、罗布泊、玛纳斯湖、博斯腾湖、艾比湖、乌伦古湖及居延海等，其中以青海湖面积最大，长105 km，宽60 km，面积4 427 km^2，海拔3 197 m，平均水深25 m，最大水深38 m，是我国最大的咸水湖。湖中有4个小岛，最大者为海心岛，岛上山顶高出水面77 m，为旅游胜地。青藏铁路克土至天峻段，从其北缘通过。

艾丁湖位于吐鲁番盆地中心，面积 35 km^2，水深 50 m，突出的特点是水位低于海平面以下 154 m。

居延海是阿拉善高原上的一个湖泊，据记载，古居延海面积达 2 600 km^2，而现仅剩 300 km^2。

纳木错位于青藏高原，面积 1 940 km^2，海拔 4 718 m，是世界上最高的咸水湖。

西北地区的内陆湖，目前普遍汇水减少，湖面萎缩，有的趋于干涸状态。

5.内流河

西北地区内流河水系面积约占全国陆地总面积的 32.6%；较大内陆河流有塔里木河、和田河、车尔臣河、喀什噶尔河、伊犁河、黑河、北大河、格尔木河等，其中塔里木河流域面积最大，流程最长，从源头至台特马湖长达 2 179 km，是中国最长的内陆河流。内陆河由积雪、冰川融化水补给，流量小，季节变化大。河床形态多是上游深切纵坡陡，流速快，携带泥砂量大；沟口至下游纵坡变缓，流速慢，大量泥砂停积沟口外，形成洪积扇淤积，抬高河槽，造成宽河漫流，股流交错如网，水系难以区分，给铁路选线、桥位设置造成困难。

6.外流河

外流河与内流河以昆仑山系中的霍霍西里山、布尔汉布达山、日月山，祁连山系中的乌鞘岭和贺兰山为界，其西北部为内流河，东南部为外流河。外流河主要流入澜沧江、长江及黄河。

黄河为地区内最大河流，流经青海、甘肃、宁夏、内蒙古、陕西、山西、河南、山东八个省、区。在西北地区汇入的支流有湟水、大通河、洮河、渭河、清水河、无定河、洛河和泾河等，其中渭河长 787 km，水量季节性变化大，洪水季节携带大量泥砂，为下游泥砂含量的主要来源地。

西北地区流入长江的水系有通天河、沱沱河、西汉水、白龙江、嘉陵江及汉江等。其中白龙江长 535 km，水量大，水流急，勘测过的兰渝线宕昌至武都段，滑坡、泥石流经常堵塞河床，为最不稳定的河谷地段。

准噶尔盆地内的额尔齐斯河，是中国唯一流入北冰洋的河流，在中国境内长 442 km，流域面积约 4.4 万 km^2。

(二)气候特征

西北地区深居内陆，远离海洋，四周为山脉所围绕，多封闭型内陆盆地。形成温差大，降水量小，蒸发量大，湿度小，干燥度大，气温变化大，冻结时间长，春季多风暴，夏季暴雨集中，云量少，日照长等较典型的大陆性气候特征。

1.降水量小、蒸发量大

降水量小、蒸发量大是西北地区气候特征之一。区内秦巴山区，长江流域的河谷及汾渭盆地区，年降水量为 500～900 mm，而年蒸发量为 1 000～1 800 mm，是降水量的一倍左右，属于半湿润气候。除此而外，其它大部分地区的年降水量为 100～500 mm，而年蒸发量为 2 000～3 000 mm，是降水量的数倍至数十倍，属于亚干旱至干旱气候区。柴达木、塔里木盆地，年降水量不足 53.4 mm，而年蒸发量达 3 250 mm；吐鲁番盆地，年降水量为 12.6 mm，年蒸发量达 3 500 mm；罗布泊地区，年降水量仅 5 mm，而年蒸发量竟达 3 500 mm 以上，这些地区属于极干旱区。

在干旱与亚干旱的山区，降水量有随着海拔高度变化的垂直分带，海拔越高，降水量越大。如阿尔泰山地区，海拔 1 000 m 以下时，年降水量为 250 mm；海拔 1 000～1 500 m 为 250～

350 mm,1 500～3 000 m 为 350～500 mm。天山地区,在海拔 1 500 m 以下,年降水量为 100 mm,海拔 1 500～2 000 m,年降水量约为 200 mm。青藏高原各大山区,这种垂直分带更明显,山顶终年白雪皑皑,中部为绿色林带,下部为广阔草原及戈壁沙滩,盆地中部绿洲成茵。由于蒸发强烈,许多土层盐渍化,有的形成岩盐层。

2.气温变化大

气温变化剧烈,夏季酷热,冬季严寒,是西北地区另一气候特性。由于高山与大型封闭盆地相间分布,地势高差悬殊,气温差异较大。

秦岭南坡,汉中盆地,位于秦巴山脉之间,地势低洼,海拔 800～1 500 m,年平均气温为 14.3 ℃,最冷月平均气温为 2.1 ℃,最热月平均气温为 25.9 ℃,极端最高气温为 38 ℃,极端最低气温为 -10.1 ℃,是西北地区最湿润温暖的北亚热带气候区。

陕、甘黄土高原,海拔 860～1 540 m,山地可达 3 000 m,最冷月平均气温为 -5～-10 ℃,最热月平均气温为 19～24 ℃,极端最低气温为 -20～-30 ℃,极端最高气温为 42 ℃。

最寒冷的阿尔泰地区,海拔 3 000 m 以上,最冷月平均气温为 -23～-30 ℃,极端最低气温达 -49.8 ℃,春秋季气温升降急剧,温差达 30 ℃,最热月平均气温 18 ℃上下,极端最高气温为 37.6 ℃。

青藏高原,海拔多在 4 000～6 000 m,年平均气温在 0 ℃以下,最冷月平均气温在 -19 ℃以下,极端最低气温为 -37.5 ℃,一年中只有三个月在 0 ℃以上,最热月平均气温也只有 7.9 ℃。所以在天山、祁连山及青藏高原海拔较高的地方形成多年冻土及现代冰川,长年处于冰冻状态。

吐鲁番盆地,地势低洼,地面辐射热量不易散失,夏季酷热,年平均气温为 14 ℃,最热月平均气温为 29～33 ℃,最高气温达 48.9 ℃。盆地中心气温超出 35 ℃,每年达 100 天以上。

罗布泊四周为沙漠所围绕,地势亦较低,夏季绝对最高气温竟达 50 ℃,气温更高于"火洲"之称的吐鲁番盆地。

西北地区气温年较差多在 35 ℃以上,越向西北部温差越大,如准噶尔盆地年温差为 55 ℃,吐鲁番盆地年温差可达 60～70 ℃。各地区的平均日温差均在 11 ℃以上,南疆及河西走廊日温差为 16～20 ℃,新疆东部戈壁滩上日温差可达 35 ℃,敦煌地区一昼夜温差接近 40 ℃。

西北地区因为年温差和日温差均较大,造成区内岩石机械风化作用十分强烈。

3.云量少、日照长、空气干燥

整个西北地区的云量与日照成反比,即云量越少,日照越多,形成空气干燥。据云量统计:汉中 7.1、西安 6.0、银川 4.4、西宁 5.5、安西 3.9、库车 3.8、乌鲁木齐 5.0。

西北地区日照是全国之最,各地年日照时间:西安 1 955 h,兰州 2 210 h,西宁 2 603 h,渭北高原 2 200～2 500 h,青藏高原 2 200～3 600 h,哈密、敦煌、安西、玉门等地日照时间 3 000 h 以上,柴达木、塔里木、吐鲁番盆地日照时间 3 500～3 620 h,是干旱炎热中心。日照时间长,利于太阳能开发。

4.大风

西北北部与西伯利亚毗邻,西伯利亚上空常有高压冷气团存在,春秋季节冷热交替,高压冷重气流南移,形成强大风流,进入中国新疆准噶尔盆地,受天山阻挡,垭口成为气流通道,气流集中,气流气压梯度提高,增强南侵风速,加之天山地势由北向南倾斜,气流下沉加速,形成的风力更加猛烈。

兰新铁路通过天山垭口的安西、哈密、七角井、达坂城等风口。从沙尔站至红旗坎站长 137.6 km,称为"百里风区",头道河站至后沟站长 33 km,称"三十里风区",南疆铁路铁泉站至布尔加依站(布尔碱)为 72 km 大风区。各风区大于八级风,每年达 68～183 d。达坂城瞬时最大风速达 50 m/s。

此外北疆铁路阿拉山口地区大于八级风,每年达 165 d,藏北高原八级以上大风达 150～200 d。

大风可以刮起粒径 15 mm 的砾石,使地面砂砾移动,形成风沙流,造成路堑积沙,列车脱轨,吹蚀路堤、边坡、桥涵墩台、翼墙、帽石、电杆,破坏门窗、屋面,刮断电线,刮倒行人,甚至吹翻列车,形成大风灾害。

5.集中暴雨

西北各地的降雨,多集中在 7、8 月,占年降雨量的 41.7%～59.2%。往往在短时间内降雨达数十毫米至 100 多 mm,降雨密度大而集中,多形成严重灾害。

1981 年 8 月 11 日至 22 日嘉陵江上游,连续降雨超过 300 mm,占年降雨量 40%,其中 21 日 12 h 内降雨 100～110 mm,引发山洪,泥石流俱下,宝成铁路宝略段出现水害工点 200 余处,其中严重的达 50 处,主要为冲毁防护工程及路基,使轨排悬空;桥台被淘刷倾倒;桥墩被剪断而梁坠落;山坡泥石流漫道、堵塞桥涵;水漫轨道,车站受浸泡等病害。

1978 年 7 月 12 日晚甘肃省天水县伯阳至社棠间的渭河峡谷区,2 h 降雨达 105 mm,沿宝天铁路长 12 km 范围遭受泥石流灾害,路面、桥涵、站房被埋没,中断行车达 360 h。

1975 年 8 月 5 日贺兰山大岭,12 h 降雨达 211.5 mm,包兰铁路 3 处被冲,冲毁农田达万亩,房舍 500 余间,冲毁公路桥梁 14 座,造成引水干渠 86 处决口。

1958 年 7 月 7 日下午 6 时,在青藏线西宁以西的扎麻隆峡谷,40 min 降雨达 120 mm,大量泥石流涌压西川河,响声震天,居民躲避不及,被冲走 17 人,公路、邮电中断,冲毁树木 5 600 株,房屋 127 间,牲畜家禽 600 多只,正在施工的铁路桥涵、路基均被堵塞或冲垮。

近几年,暴雨也造成了兰新铁路、南疆铁路多处水害,1998 年 8 月 12 日南疆铁路库尔勒—阿克苏间,因下暴雨,洪水冲坏桥梁 15 座、涵洞 59 个、路基 12 处,被迫中断行车。

这种集中暴雨,时间短,强度大,受区域地形、季节、水汽、环流影响,在高原边缘,横断山脉,深切河谷中暴发山洪泥石流,对工农业建设威胁较大。

二、区域地层岩性

西北地区的地貌与地层、岩性、构造密切相关:断褶形成的高大山区,多为太古、元古、下古生界的结晶岩类,由于变质较深,岩质坚硬,多形成崇山峻岭;断块凹陷盆地,多为新生界的疏松堆积层形成的平原及洼地;介于断褶带与断块之间,多为上古生界及中生界碎屑岩类,岩石软硬不均,形成丘陵及河床谷地。

(一)太古界及下元古界

主要分布于新疆库鲁克山、祁连山北部、兰州白塔山、贺兰山、山西宁武、静乐、渭北麟游、永寿和秦岭北部等山区,及一些断裂挤压带中零星出露,变质普遍较深,以眼球状花岗片麻岩、石英岩、大理岩、石榴子石片岩、云母绿泥片岩、板岩、千枚岩为主,多混合岩化或糜棱岩化,普遍挤压破碎,风化深度较大。如 1953 年宝成铁路秦岭北坡方案比选中,北线方案有 8 km 地段走在该界混合花岗片麻岩中,经钻探风化层深达 200 m,岩芯均呈砂状,路堑边坡不稳定,隧道开挖困难;加之该岩层分布的主峰区“垮石山”大崩塌,处理困难,故放弃了该方案。

(二)上元古界—震旦系

主要分布于天山地区的库鲁克塔格、柯坪塔格、马鬃山、额济纳旗、贺兰山、同心县青龙山山脊、禹门口和秦岭南部等地。以块状结晶石灰岩、石英岩、片麻岩、大理岩、板岩、千枚岩、硅质石灰岩夹燧石结核等为主。岩层普遍绢云母化,绿泥石化,受褶曲、断裂揉皱挤压较剧烈,岩石破碎,凡该地层分布地带,普遍发生边坡崩塌、错落、滑坡。宝天、天兰铁路通过的渭河峡谷区有多处崩塌、错落,宝成铁路阳平关前后的滑坡,阳安铁路徐家坝大滑坡,均发生在该地层中。

(三)古生界

古生界地层,在西北地区多有分布,且多在各断褶带中出露,以浅海相及海相沉积为主,下古生界普遍变质,上古生界部分变质。

1.下古生界

(1)寒武系:以薄层石灰岩、片岩、页岩、硅质岩、凝灰质砂岩、白云岩及鲕状、竹叶状石灰岩等为主。在天山、贺兰山、渭北等地有分布。

(2)奥陶系:以厚层石灰岩、白云岩、泥质灰岩、板岩、千枚岩、火山岩等为主。在天山、贺兰山、祁连山、六盘山、渭北等地分布。

(3)志留系:以层状石灰岩、粉砂岩、大理岩、片岩、千枚岩、凝灰岩、安山岩等为主。天山地区分布广泛,祁连山和西秦岭局部有出露。

2.上古生界

(1)泥盆系:以硅质岩、板岩、千枚岩、砂岩、砂质页岩、石灰岩夹页岩等浅海陆缘沉积为主。在秦岭地区分布普遍,沉积厚度较大,在祁连山、天山、马鬃山、阿尔金山等地也有出露。

(2)石炭系:以浅海相火山碎屑岩、石灰岩、千枚岩、砂页岩为主,陕北、宁夏、山西砂页岩中夹有煤层,西秦岭有略阳、黄龙马平灰岩。天山地区出露齐全,厚度较大,昆仑山、阿尔金山、祁连山、贺兰山和渭北亦有分布。

(3)二叠系:陆地面积增大,陆相沉积物增多,以碎屑岩、砂岩、页岩、灰岩、砾岩、煤层等为主,西秦岭有茅口、大关灰岩。天山、祁连山、贺兰山、昆仑山等地也有分布。

古生界地层,多软硬不均,片理发育,风化层较厚。宝成线堆积层滑坡,多发生在该系列地层中;侯月铁路中条山越岭方案比选中关门岭方案越岭隧道及部分路堑,位于石炭系铝土质页岩夹煤层及石灰岩中,地下水发育,滑坡较多,因而将该方案放弃。

(四)中生界

在各大小盆地的拗陷带丘陵低山及青藏高原区多有分布。大致以秦岭—昆仑山为界,南部以海相沉积为主,北部以陆相沉积为主。

1.三叠系:以内陆盆地型沉积为主,下、中统多为红色碎屑沉积,局部夹海相地层及喷出岩系;上统以砂页岩为主。在天山山间断陷盆地中,局部有出露;河西走廊、祁连山、柴达木盆地东部和秦岭西南部有分布。青藏高原唐古拉山、羌塘和拉萨一带,以海相、海陆交互相碎屑岩及碳酸盐岩类为主。

2.侏罗系:以河湖相沉积为主,多为砂岩、泥岩、泥灰岩、砾岩及煤层。在天山南北山麓拗陷带和山间盆地中分布广泛,且厚度较大;阿尔金山、昆仑山、河西走廊、祁连山、阿拉善和秦岭等地区也有分布。青藏高原上唐古拉、喀喇昆仑和拉萨一带，以浅海相碎屑岩及石灰岩为主。

3.白垩系：以河湖相紫红色砂岩、砾岩、粉砂岩、页岩、泥灰岩、石灰岩及石膏等为主。在天山、阿尔金山、塔里木、柴达木、祁连山和秦岭等山间断陷盆地中，局部有出露。青藏高原有海相石灰岩夹石膏或安山岩分布。

中生界地层，由于岩性变化大，软硬不均，多形成滑坡、崩塌。梅七线许多滑坡，多发生在侏罗系延安组的花斑泥岩中；兰新铁路大砂沟滑坡群，发生在白垩系河口群页岩层中；兰青铁路虎头崖大崩塌，发生在河口群砂岩夹页岩层中。但在宝天铁路宝鸡峡的白垩系东河砾岩中，开挖的路堑边坡及隧道，多年未防护、衬砌，仍能保持稳定，安全运行。

(五)新生界

广泛分布于各大小内陆盆地、高原、山前平原及河谷阶地，以碎屑堆积为主。

1.第三系地层，以河、湖相、山麓相红色碎屑沉积为主，岩性有砾岩、砂岩、砂质页岩、泥灰岩、黏土页岩及黏土岩等。局部含油页岩、盐、石膏等有机质矿产沉积。上第三系多夹红色黏土岩及杂色黏土岩。塔里木盆地西南缘，有下第三系海相、泻湖相巨厚石膏层。西藏雅鲁藏布江以南有海相碳酸盐岩沉积。

第三系底部砾岩、泥灰岩，胶结较好，岩性坚硬；位于底砾岩之上各层砂砾岩，多胶结疏松，稳定条件较差；最不稳定的是一些黏土页岩及黏土岩。西宁、兰州、天水等各盆地周围沟谷中的滑坡群，多由该黏土岩组成滑面及滑坡基床。

2.第四系地层在各大、中型盆地及高原区沉积巨厚，且多具明显的时代、成因特征。

主要地层类型有：塔里木、柴达木、准噶尔、河西走廊及阿拉善的戈壁砾石和风沙堆积；青藏高原的冰川、冰水沉积；陕、甘、宁、晋黄土高原区的黄土沉积；山前平原、山间盆地和河谷阶地区的冲积、洪积及湖相沉积；各山区的坡积、残积、冲积、洪积及重力堆积层；以及特殊环境下形成的高原多年冻土，内陆盆地型的盐渍土、岩盐、石膏等。就其中比较特殊，且对工程稳定性影响较大的几种土层，简述如下：

(1)砾石层：下更新统，广泛分布于青藏高原外围山麓、盆地和河谷，砾石成分为砂岩、石英岩、石灰岩、花岗岩及片麻岩等，多钙质胶结，呈悬崖陡壁出露，在包兰铁路白银西(狄家台)至后长川一带，在上新统红层上形成“顶盖”，呈蘑菇状。兰新铁路兰州西站西闸口外的崔家崖，由该层形成的陡直自然边坡，长期处于稳定状态；据马滩水源钻探了解，其砾石层厚度达380 m以上。兰州地区的五泉砾岩，河西地区的玉门砾岩层，天山地区的西域砾岩，青藏高原的贡巴砾岩均属该系地层。它是第四系地层中的底砾岩，也是最坚硬、最稳定的地层。

(2)杂色黏土层：分布于定西、天水、西和等各盆地中，呈白、灰、黄、紫色，过去有人称它为“桑园子杂色土层”，持水性强，透水性差，雨季普遍滑动，自然边坡多坍到7°～8°。天兰铁路大营梁隧道出口段遇到该层，形成道床变软，翻浆冒泥，长期减速慢行。后对原隧道进行了防水、排水、加固等工程措施，才使这段线路安全通行。该杂色黏性土层，属区域最不稳定土层。

(3)石膏层：中更新统，多称“石膏漠”，因其多与戈壁砾石和灰棕色荒漠土共生，缺水，无植物生长。主要分布于新疆东部、内蒙古西部、河西走廊和柴达木盆地一带，是干旱地区内陆盆地的特有地质现象。兰新铁路玉哈段，南疆铁路吐鲁番至鱼儿沟段有大面积分布，化学组成：Ca占32.5%，SO_4占46.6%，H_2O占20.9%，纯净者为白色，含杂质者有各种颜色，呈纤维状、蜂窝状、雪花状、片状、土状等，是由含石膏的水溶液，经蒸发，化学沉淀，在一定温度下形成的特殊结晶，一般厚1.0～1.5 m，最厚者2 m左右，人行其上可下陷1～3 cm，手指轻捏即碎，室内试验其极限抗压强度很低，一般为25～50 kPa，最大达100 kPa，故路基多采用夯填，桥涵基底多采用换填。

(4)盐湖中的岩盐层，又称“干盐湖”，是西北第四系地层中的特殊产物，分布于各大盆地中，以青藏铁路泉吉至格尔木通过的柴达木盆地中最为典型，岩盐层直接出露于地表，层位稳定，产状水平，结构致密，岩盐中含泥砂5%至40%不等，岩盐晶体间孔隙被盐卤水充填，卤水面埋于盐壳以下0.5 m左右，岩盐层一般厚14～20 m，最厚达26 m，下部为砂层。线路横穿盐湖长32 km，以0.5～1.0 m低路堤，取当地岩盐作填料，必要时浇洒些卤水，使路堤填筑岩盐胶结坚实，1979年通车以来，路基状况良好。

(5)重型砂黏土：宝成铁路嘉陵江沿岸二、三级阶地底部，多分布着中、上更新统棕红色重型砂黏土，其塑性指数一般为14～16，干时坚硬，呈块状，遇水多呈软塑状，有滑感，多构成该区堆积层滑坡基底。如西坡、丁家河、徽县(原谈家庄)、高家坪、白水江、横现河等大型滑坡，均与该层有关。

(6)其它如黄土、膨胀土、多年冻土、盐渍土等，均与西北地区第四纪以来的特殊环境密切关连。在“特殊岩土”一节中叙述。

三、区域地质构造

以往多运用“槽”“台”学说的地质史法评述区域稳定性；运用“地质力学”法划分构造体系，分析构造受力变化。而我们认为运用地质力学分析与历史分析相结合的原则确立的块断学说进行构造单元划分，则更为合理。

(一)各级构造单元划分

1.一、二级构造单元的划分

块断学说划分的一级构造单元，西北及邻近地区属大陆型地壳构造域，在一级构造单元中，以岩石圈断裂控制分出三个二级构造单元，即形态比较规则，构造活动相对微弱者，称为断块区；多呈条带状，构造活动相对强烈者称为断褶系；介于二者之间的，称为块褶区。

2.三、四级构造单元的划分

断块区虽是相对稳定区，但由于各地段构造变形和发展演化不均一，并且被地壳、基底和盖层断裂分割，又与相邻地区构造活动时期和特点不同者，可作为三级构造单元，称为断块。如中朝断块区的阿拉善断块和晋陕断块。

断块又因受基底断裂活动影响，有的地段长期隆起，缺少沉积，有的地段沉降深，沉积厚度大。据此划分四级构造单元，前者称块隆，后者称块陷。

断褶系各地段无论横向或纵向，其拉开时间和沉积、岩浆建造类型，以及挤压、闭合均有所不同。据此将形成时期不同，特点各异的地段，作为三级构造单元，称为断褶带。如昆祁秦断褶系，可划出昆仑山、祁连山、秦岭—大别山断褶带等三级构造单元。

断褶带在拉开阶段，有的地带处于岩石圈断裂位置，拉开的深度和宽度较大，出现洋壳物质，有的地带处于断裂之间，相对隆起，沉降幅度小。据此划分出四级构造单元，将拉开较深地带称为褶陷，相对隆起地带称为褶隆。

比照断块区、断褶系划分三级构造单元的原则，相应的将块褶区划分为断块、断褶带和块褶带三个三级构造单元。

3.各级构造单元的名称

西北及其邻近地区各级构造单元的名称，见表1－1。

表 1-1　西北及其邻近地区各级构造单元的名称

一级构造单元	二级构造单元	三级构造单元	四级构造单元
大陆型地壳构造域	蒙古断褶系	蒙古阿尔泰断褶带	新疆阿尔泰加里东褶陷
	天山兴安岭断褶系	东西准噶尔断褶带，准噶尔断块，北天山断褶带，南天山断褶带	
	塔里木断块区	塔里木断块	库鲁克塔格边缘块隆，柯坪边缘块隆，铁干里克边缘块隆，阿尔金山边缘块隆，西南块陷，巴楚块隆，塔东块陷，塔北块隆，库车块陷，塘古巴斯块陷，且末块隆
	昆祁秦断褶系	昆仑山断褶带，柴达木断块，祁连山断褶带，秦岭大别山断褶带	北秦岭加里东褶陷，中秦岭海西—印支褶陷，南秦岭加里东褶陷
	青藏印支块褶区	巴颜喀拉断褶带，通天河断褶带，羌塘唐古拉断块，班公湖色林湖断褶带，申扎腾冲断块，印度河雅鲁藏布江断褶带，苏莱曼喜马拉雅断块	
	中朝断块区	阴山断块，内蒙古断块，阿拉善断块，晋陕断块	山西块隆，鄂尔多斯块陷，汾渭地堑块陷

4.二、三级构造单元分区略图

西北及邻近地区二、三级构造单元分区见图1-1。

(二)各构造单元特征

1.新疆阿尔泰加里东褶陷

属于蒙古断褶系的蒙古阿尔泰断褶带中的四级构造单元，多为NW向大型复式紧密褶皱，断裂构造有NW—NWW、近EW和NNW三组，NNW向的断裂是挽近活动强烈的右旋平移断裂。1933年的富蕴大地震就发生在NNW向的可可托海至二台断裂上。

2.天山兴安岭断褶系

(1)东西准噶尔断褶带

位于准噶尔盆地北缘，带内地层褶皱紧密，岩层产状多在70°以上，构成大型复式褶皱，其上叠加有近EW向小褶曲。断裂构造主要有NE—NEE、NW—NWW两组。岩石圈断裂在古生代早期已存在，且多次活动，控制了本区沉积岩和岩浆岩的分布。

(2)准噶尔断块

四周的深断裂多被覆盖，东北缘的克拉美里南断裂出露，破碎带宽达百米，断面向北倾，倾角50°～60°，属逆冲断层。西北缘克拉玛依—马尔禾断裂，系由二、三条逆冲断层组成，断面倾向NW，倾角30°～50°。断块内部地层平缓，褶曲微弱。

(3)北天山断褶带

该断褶带是由NEE和NWW两组岩石圈和地壳断裂控制的EW向复杂构造带。断裂十分发育，主要有三组，即NWW、NEE和EW。

NWW走向的岩石圈断裂，有亚马特—马拉尔德断裂，位于依林哈比尔干山北坡，向南陡倾。另一条是阿奇克库都克断裂(东部称砂泉子断裂)向南陡倾，向北逆冲，是南北天山断褶带的分界。

NEE 走向的岩石圈断裂，有恰可布河断裂，向北陡倾，是逆冲右旋断层。

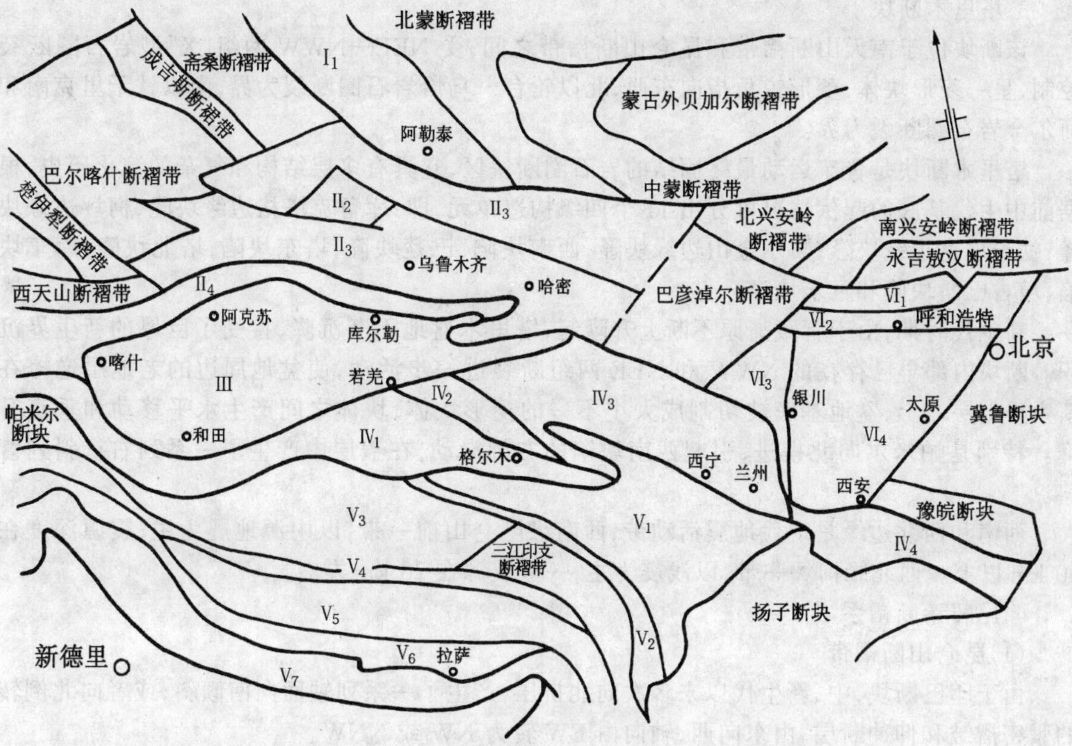

图 1-1　西北及邻近地区二、三级构造单元分区略图

注：本图系根据张文佑《中国及邻区海陆大地构造分区略图》(1986)摘编

Ⅰ—蒙古断褶系：1—蒙古阿尔泰断褶带；

Ⅱ—天山兴安岭断褶系：1—东西准噶尔断褶带；2—准噶尔断块；3—北天山断褶带；4—南天山断褶带；

Ⅲ—塔里木断块区；

Ⅳ—昆祁秦断褶系：1—昆仑山断褶带；2—柴达木断块；3—祁连山断褶带；4—秦岭大别山断褶带；

Ⅴ—青藏印支块褶区：1—巴颜喀拉断褶带；2—通天河断褶带；3—羌塘唐古拉断块；4—班公湖色林湖断褶带；5—申扎腾冲断块；6—印度河雅鲁藏布江断褶带；7—苏莱曼喜马拉雅断块；

Ⅵ—中朝断块区：1—阴山断块；2—内蒙古断块；3—阿拉善断块；4—晋陕断块。

近 EW 向地壳断裂有卡赞、科古尔琴、博罗霍洛、水磨沟、包斯塘和巴里坤等断裂，多为向南陡倾的逆断层。

大型褶皱构造有博罗霍洛复背斜、伊犁复背斜、准噶尔阿拉套复背斜、依林哈比尔干复向斜、博格达复背斜、哈尔雷克复背斜和觉罗塔格复向斜。褶皱山脉之间夹有伊犁、吐鲁番、哈密和柴窝堡等中生代断陷盆地。盆地四周为倾向褶皱山的高角度逆冲断裂。

北天山山前沙湾至阜康是现代地震活动带，玛纳斯和乌鲁木齐分别发生过 6 级以上的大震。

(4)南天山断褶带

该断褶带位于天山主峰以南广大地区，其北界是尼古拉耶夫—恰马布河—沙泉子断裂；南界为喀拉铁克—辛格尔断裂，断裂走向轮台至乌什为 NE 向，阿克苏至巴楚为 NW—NE 向，巴楚至乌恰为 EW 向。该断裂带是现代地震活动带，1902 年在西段阿图什曾发生过 8.25 级大地震，1996 年 3 月又发生过 6.9 级地震，1998 年在伽师发生多次强震。

褶曲多呈线型,较大的褶曲有哈里克套复背斜、萨阿尔明复背斜和克孜勒塔格复向斜,轴向近于 EW,两翼岩层陡立,轴面多向北倾斜。

3.塔里木断块

该断块位于南天山断褶带和昆仑山断褶带之间,受 NEE—NWW 两组“X”型岩石圈断裂控制,呈一菱形块体,菱形锐角指向东西,北以轮台—乌恰岩石圈断裂为界,南以铁干里克南和阿尔金岩石圈断裂为界。

塔里木断块是晋宁运动最终固结的岩石圈断块区,它具有多层结构和复杂的演化历史,根据前中生代基底的起伏情况可分出 11 个四级构造单元,即:库鲁克塔格边缘块隆,柯坪边缘块隆,铁干里克边缘块隆,阿尔金山边缘块隆,西南块陷,巴楚块隆,塔东块陷,塔北块隆,库车块陷,塘古巴斯块陷和且末块隆。

新生代时期,由于青藏高原不断上升隆起,塔里木盆地不断沉降,接受了巨厚的新生界沉积。断块内部早已存在的 NWW 和 NEE 两组断裂进一步活动,使盆地周边的老地层逆掩在新生界地层之上,盆地基底被切割成大小不一的菱形块体,块体之间产生水平移动和垂直升降。特别是帕米尔向北楔进,引起西南块陷的右旋滑动,在盖层中产生了一系列右行斜列背斜。

西南和西北边缘是现代地震活动带,西南缘昆仑山前一带,以中源地震为主,震源深度在 60 km 以上。西北缘柯坪一带,以浅震为主,一般震源在 20 km 左右。

4.昆祁秦断褶系

(1)昆仑山断褶带

由于印巴断块,中、新生代以来多次向北挤压,产生了一系列轴面向南倾斜,或者向北倒转的紧密褶皱和仰冲断层,由东向西,轴向由 EW 转为 NW 或 NNW。

控制昆仑断褶带发生和发展的岩石圈断裂自北而南有塔里木南缘断裂、阿尔金山断裂、喀喇昆仑山口断裂和布拉克巴什—布尔汉达山南断裂。

东昆仑以褶皱为主,轴向近 EW,基底构造层组成的褶皱比较紧密,盖层中的构造相对平缓。

喜马拉雅旋回,本区表现为强烈上升,群山崛起,北部山前深陷,接受了数千米厚的沉积物,且古生界地层仰冲到新生界之上,形成巨型叠瓦状构造,新构造运动活跃,阿尔金山断裂西端,全新统玄武岩喷发,1951 年在于田以南的昆仑山中还有火山喷发。沿昆仑山前缘地壳现代活动频繁,并构成与山系大致平行的地震带。

(2)柴达木断块

该断块是昆仑山和祁连山断褶带之间的古老稳定地块。

控制断块活动的岩石圈和地壳断裂有赛什腾—埃姆尼克南、北缘、三湖、祁漫塔格山北缘、阿尔金山及东吉—契盖苏等断裂,这些断裂多被覆盖,但航磁、重力显示明显。

中、新生界盖层中,褶皱十分发育,按形态有两类:一类是鼻状构造,多分布盆地边缘,与基底抬高有关;另一类是背斜构造,在西部古生界基底上多长轴背斜;在拗陷中心为梳状背斜;东部元古界基底上多短轴背斜及穹窿。

柴达木断块是在元古界和古生界基底上发展起来的中、新生代盆地。在现代地壳结构上与青藏高原连为一体。

自渐新世断块整体沉降,堆积了厚度巨大的第三系河、湖相沉积。第三纪晚期喜山运动,盆地与高原整体上升,第四纪新构造运动增强,盆地西北部大幅度上升,东部下沉,统一的湖盆地逐渐分化、收缩,水质咸化,现只剩台吉乃尔湖、达布逊湖、霍布逊湖等残余湖。

(3)祁连山断褶带

具有多次拉开和挤压的构造特点，各期构造运动均有所波及，以晋宁和加里东运动尤为显著，构造运动形成本区不同方向和不同性质的褶皱和断裂。

褶皱总体方向为N55°～65°W，大的褶皱自北而南有龙首山复背斜，走廊南山复背斜，野马南山复背斜，木里复向斜，拉脊山复背斜，中吾农山复向斜及柴达木北缘复背斜等。

断裂构造主要有N55°～60°W和近EW两组，前者最发育。岩石圈和地壳断裂自北而南有龙首山、走廊南山、托来南山、德令哈及奈齐郭勒河—托素湖等断裂。这些断裂均为构造单元的分界。其中祁连山北缘的走廊南山断裂，是从玉门镇南至海原，长达千余公里的活动断裂，在镜铁山铁路支线冰沟口西，可见下古生界地层逆冲于第四系酒泉砾石层之上，产状为N70°W/70°～80°S，破碎带宽100 m。历史上在该断裂带曾多次发生八度以上的地震，尤其是1920年海原8.5级地震，震动了全球，其面波绕地球两圈，地震区出现山崩地裂，有的地裂高差达1 m。

(4)秦岭大别山断褶带

该断褶带横贯我国中部，呈EW向延伸，构成黄河、长江两大水系的分水岭，亦是中朝断块与扬子断块的天然分界。在区内可进一步划分为北秦岭加里东褶陷、中秦岭海西—印支褶陷和南秦岭加里东褶陷三个四级构造单元。

断褶带内地层发育较全，尤其古生界地层广泛出露，厚度很大，具不同程度变质，构成秦岭断褶带主体。早古生界地层集中发育在南、北秦岭褶陷之中，形成两个NWW向拗陷带，上古生界地层主要发育在中秦岭褶陷之中，形成中秦岭NWW向拗陷带。

断裂有岩石圈断裂和地壳断裂，以NWW向为主，其北界宝鸡—合肥断裂带是与中朝断块的分界线，是本区规模最大的活动性岩石圈断裂。宝天铁路部分平行该断裂带延伸地段，有各种不良地质分布。其南界阳平关—青峰—大洪山岩石圈断裂，构成与扬子断块分界线，阳安铁路大部平行该断裂带，由于勘测时对该断裂带中的构造岩类，分别进行了工程地质测试、评价、地质选线及工程处理，1976年通车以来，运营情况良好。介于南北两大断裂带之间的太白—商县和佛坪—镇安断裂带，为南、北秦岭褶陷与中秦岭褶陷的界限。宝成铁路与西安至安康线均横穿这些断裂带，有多种不良地质现象。

5.青藏印支块褶区

位于昆仑山南缘断裂以南，喜马拉雅山南缘边界断层以北和龙门山—红河断裂以西辽阔的高原地区。其大地构造性质与典型地槽、地台均有所不同，而具有特殊的大地构造类型。它是由一系列相间排列的线型断褶带和断块或微型残块组成，其中断褶带构造变动强烈，褶皱和断裂发育，且常含有大洋壳残块；但断块和残块变形较弱，显示地台型特征。

该区是年青的隆起区，山峰高度3 500～7 000 m，珠穆朗玛峰为8 848.13 m，是世界第一高峰，乔戈里峰为8 611 m，是世界第二高峰。东部呈阶梯状，下降到四川盆地，西部逐渐倾没于地中海，比北部塔里木盆地高出3 500 m左右，比南面的印度恒河平原高出4 500 m以上。高原的北、南、东缘，均以现代活动断裂为边界，形成巨大的断块隆起区。

该块褶区三级构造单元，由北至南可划分为：(1)巴颜喀拉断褶带；(2)通天河断褶带；(3)羌塘唐古拉断块；(4)班公湖色林湖断褶带；(5)申扎腾冲断块(藏北断块)；(6)印度河雅鲁藏布江断褶带；(7)苏莱曼喜马拉雅断块(藏南断块)等。其构造特征是北缘祁连山断裂向北逆冲于河西走廊第四系酒泉砾石层之上；而南缘喜马拉雅山边界断层逆覆于渐新统—下更新统西瓦里克群之上。说明青藏印支块褶隆起区，现代地壳构造是以挤压为主。

6.中朝断块区

其边缘为岩石圈断裂所围绕，北界为阴山北缘断裂，西北边界位于腾格里沙漠和巴丹吉林沙漠之间，西南为鄂尔多斯盆地西界的南段，南界是秦岭北坡秦岭岩石圈断裂带。

(1)主干断裂

a.阴山山前断裂带：分布于乌拉山、大青山南坡，属岩石圈断裂，形成于早元古代，而后长期活动，沿断带有超镁铁质侵入。新生界玄武岩中，还有大量地幔岩包裹体。它的力学性质以压性为主。

b.太行—中条山断裂带：属岩石圈至地壳断裂，由石家庄、左权、襄垣，直至中条山东侧，为一宽约几十公里的 NE 向拗拉谷构造，呈地堑裂谷式，两侧为一系列阶梯式断层，它在晋宁运动开始形成时为张性或兼张扭性，而中、新生代为压扭性所代替，且仍继续活动。

c.贺兰—六盘山南北向断裂带：属岩石圈断裂，以 SN 至 NW 向多组活动断裂组成，为历史上强震地区，曾发生过 10 次 6 级以上的地震，1739 年平罗 8 级地震，将红果子明代长城错断1.5 m，平汝铁路支线沿断裂带前缘洪积扇通过，由于断层碎屑物不断供给，曾迫使该线一大桥因泥石流淤积而多次改移扩孔。

(2)三级构造单元

在上述几条主要断裂带之间，还分布着一些构造演化性质不同的三级构造单元。

a.阴山断块

位于阴山北缘断裂和五原—固阳断裂之间，东西两端分别被二连—张北断裂和巴音乌拉断裂所截，呈东西向展布。基底为变质较深的二道洼群绿色片岩相，盖层不发育，以侏罗系至第三系断陷磨拉石沉积为主，侏罗系陆相碎屑岩中有火山喷发，晚期有花岗岩侵入。

b.内蒙古断块

基底为太古界及元古界地层，构造线为 EW 向，是一个长期隆起的构造单元。燕山运动，在断块东段形成了许多地堑式断陷盆地，在西段和中段盖层中形成宽缓褶皱，并发育逆断层，有太古、元古界地层，逆掩于侏罗系地层之上，在盆地边缘，侏罗系形成紧闭的倒转复式向斜，但向盆地中部，褶皱逐渐趋于平缓。

c.阿拉善断块

基底为阿拉善群片麻岩、片岩及长城系至青白石系组成，厚约 5 000 m，阿拉善群构造线为近 EW 或 NEE 向；而震旦系盖层只厚约 500 m，因受周边古生代构造活动影响，构造线变为近 SN 或 NNW 向。

d.晋陕断块

基底为太古、元古界结晶岩系，构造线由南向北，以 NE 向逐渐变为近 EW 向，震旦纪时期其西界已开始形成贺兰拗裂谷的雏形。盖层演化阶段，分异发育了山西断块隆起和相对下沉的鄂尔多斯断块拗陷，第三纪以后逐步形成了汾渭地堑。

(a)山西块隆：东以太行山为界，西与鄂尔多斯块陷相接。盖层褶皱一般比较平缓，高角度的正、逆断层发育，受基底构造控制，具继承性，方向与基底构造线一致。断块北部大同静乐盆地，盖层形成 NE 向箱状向斜，盆地边缘受断裂影响，岩层倾角 70°～80°，局部形成倒转，盆地中心倾角平缓，仅 4°左右。断块中南部的沁水盆地，盖层中断裂发育，多为 NE 向高角度正断层。

(b)鄂尔多斯块陷：是一个长期下沉区，各时代沉积盖层发育完全，厚度较大，为开阔平缓的大型台向斜。其南北的轴线偏向西侧，边缘发育有不连续的穹窿、背斜和断层。

(c)汾渭地堑块陷：由一系列 NNE 和 NW 向断裂构成的地堑盆地及其内部次一级隆起、凹陷组成，边界大多为活动断裂控制，平面呈右行列式排列，由南往北依次形成渭河盆地、运城盆地、临汾盆地、忻县—定襄盆地、大同盆地和怀来盆地。地堑是第三纪以来从南向北逐步形成。该区地壳运动剧烈，地震活动频繁，华县(1556年)、洪洞(1303年)均发生过8级地震。

四、区域水文地质特征

按地下水的赋存状态和含水层的构造不同，西北及其邻近地区的地下水可分为四种类型，即松散沉积层孔隙水、基岩裂隙水、碳酸盐岩裂隙溶洞水和青藏高原多年冻土孔隙、裂隙水。

(一)松散沉积层孔隙水

1.内陆盆地潜水、承压水

内陆盆地及山前平原地带第四系沉积层中的蓄水带，也是干旱地区最主要的储水带。

在近山麓，往往分布着巨厚的冲、洪积碎石类土，潜水埋深可达数十米至百米以上，向盆地中心，由碎石类土逐渐变为砂类土、黏性土，水位逐渐变浅，以至溢出地表，形成泉水溢出带，其含水层的富水性均是很好的。

山前平原重碳酸型潜水，矿化度一般在1 g/L以下，甚至<0.5 g/L。向盆地中心过渡，表层潜水在蒸发作用下浓缩，变为硫酸—重碳酸型水，矿化度为1～10 g/L。在盆地中心地带，无论是潜水或浅层承压水都是高矿化度的。盐分累积的最大值，出现在现代盐湖地区，盐卤水的矿化度可超过450 g/L。

山前平原潜水是靠周围山地冰雪融化水、河流、洪水和渠道的渗入补给，大气降水的补给量很少。承压水的排泄通过泉水溢出和向上的“顶托”排泄两种方式，泉水溢出带水量往往很大，如河西走廊可达全部水资源的46%。

2.沙漠地区潜水、承压水

沙漠地区地下水，可分为沙丘潜水和风沙下垫层的地下水两部分。沙丘潜水靠当地降水和水气凝结补给。沙丘潜水自沙丘内部形成后向丘间洼地(湖盆地)排泄，沙丘潜水的矿化度通常小于0.5 g/L，在较短距离内即至湖盆低地，但矿化度可增加几十倍，形成氯化钠型卤水。

风沙下垫层往往是山前平原向沙漠地区延伸，地下水以承压水为主，多靠外来水补给，一般均来自沙漠边缘的山前平原、河流渗入及地下径流。

阿拉善地区的沙漠，不但有沙丘淡水分布，而且沙丘下地层内淡水也较丰富。在巴丹吉林、腾格里和乌兰布和等沙漠之下均有淡承压水，这些承压水分别受弱水河、石羊河与黄河水补给。另外在新疆、青海许多沙漠区，也同样存在着一定的淡水资源。近年来在塔里木盆地中的塔克拉玛干沙漠下，不仅发现了丰富的石油，也发现了宝贵的地下水资源。

3.黄土高原的潜水

(1)黄土塬区的潜水

黄土塬区，一般塬面较为宽阔平坦，降水渗入补给条件良好，尤其塬面上的洼地、碟地，有利于大气降水汇集和渗入，含水层总厚可达50～120 m。潜水水量和水位埋深，取决于塬面大小和距沟谷远近，塬面愈大，富水程度愈强，离沟愈近，水位愈深。其次与黄土结构、底部隔水层密切相关。如渭北台塬部分黄土直接覆于裂隙发育的石灰岩上，因无隔水层，地下水均渗入下伏基岩中，黄土层本身不含水；汾渭盆地两侧的黄土台塬，塬面较宽，并有洼地，含水层较厚，底部有良好的隔水层，年降水量相对较高，故含水较丰富；太原盆地，塬面较小，含水较薄，沟谷切割强烈，含水量相对较少。

(2)黄土梁、峁区的潜水

梁峁地区，沟谷发育，切割强烈，受水面积小，潜水的聚积和蓄存条件较差，且分布零星，水量贫乏。在六盘山、白于山地带，黄土潜水含水层较薄，约10～40 m。地下水矿化度小于

1 g/L,在子午岭以西地区,自南而北地下水矿化度逐渐增高。

4.外流水系砂、砾石层潜水

黄河、汾河、渭河、嘉陵江和汉江等流域,广泛分布在砂、砾石层中的潜水,其特点是地层松散,含水均匀,多呈层状。潜水除接受降水补给外,主要接受地表径流的下渗和河谷的侧向补给,在河漫滩和低级阶地,一般富水性较强,远离河流或较高阶地,则富水性逐渐减弱。水质普遍良好,大部分地区为重碳酸盐型水,局部受矿点、城市污染,地下水矿化度较高。

(二)基岩裂隙水

基岩裂隙水,按其赋存状态,可分为碎屑岩裂隙水和变质岩、岩浆岩裂隙水。

1.碎屑岩裂隙水

碎屑岩类在西北分布极为广泛,地层岩性复杂,经历多次地壳活动,岩层褶曲、断裂发育,为大气降水渗透补给创造了良好条件。

在天山山地及其北部,广泛分布着古、中生代的砂岩、砂砾岩、湖相碎屑岩夹碳酸盐岩层裂隙水。其补给来源除降水外,主要依靠冰雪融化水。各山地自西向东,从高到低,呈递减趋势,整个山地地下水,主要向邻近盆地汇流。

天山南部及内蒙古山地区,有中生代砂岩、砂砾岩裂隙水,补给来源主要靠大气降水,含水程度较弱,天山南部含水稍多,均排泄于附近盆地、洼地及湖泊内。内蒙古第三系砂砾岩裂隙水,由于岩石胶结程度不同,水量变化较大,矿化度由南向北,从东向西逐渐增高,水化学成分,由重碳酸盐型,逐渐过渡为重碳酸盐—硫酸盐型。

塔里木盆地周围,准噶尔盆地北部和南部、柴达木盆地北部和西部,以及河西走廊的南部和中央,都有中、新生界碎屑岩裂隙水,呈条带状零星出露,出露面虽不大,但往往预示其下隐伏有巨大的自流盆地层间水,上部为淡承压自流水层,下部为高矿化承压自流水层。在准噶尔、河西走廊、吐鲁番等地,上新统地层淡承压自流水很丰富,埋藏深度均在 300～2 000 m。在柴达木和塔里木盆地,缺第四纪浅层淡水地带,高矿化承压自流水层十分发育。柴达木盆地氯化钙型卤水,主要埋藏在老第三系和新第三系中新统地层内,深层水矿化度可达 400 g/L,自流卤水的自流量最高达 400 m^3/d。

层间水水质在垂直剖面上的变化,不一定越往深处矿化度越高,而要看含水层的岩相及沉积古环境,一般在河流相、山麓相地层中,水质较淡,湖相地层中水质浓化,为古封存盐碱质溶滤形成。如柴达木盆地油泉子,从深湖相的老第三系地层往上到盐湖相的中新统地层,矿化度的增加依次为 152—235—296—312 g/L,而其下部白垩系、侏罗系、三叠系等地层层间水,较上部第三系地层的水质普遍为淡。

祁连山和秦岭山地碎屑岩主要为泥岩、砂岩、砂砾岩,富水程度中等,在构造、地貌条件控制下,分布有中生代—第三系自流盆地,如陇东、靖远、六盘山东西两侧、河西走廊等地,泉水流量通常为 5～30 m^3/h,出露在断裂带的泉水,有的流量可达 80 m^3/h。秦岭西部及祁连山北部,碎屑岩和碳酸盐岩类地层中,零星出露泉流量 5～30 m^3/h。秦巴山地含水层为古生界及中生界砂页岩互层及砾岩,构造断裂及裂隙发育,富水性弱,水质良好。

鄂尔多斯及陕北中、新生代构造盆地,广泛分布着砂砾岩含水层,富水性中等。鄂尔多斯地下水,以大气降水为主要补给来源,并以水平方式流向南北,注入黄河。陕北含水层具带状分布,有承压,矿化度小于 1 g/L,在西部由于砂岩厚度逐渐变薄,呈半封闭的透镜状,循环交替作用减弱,水质变坏,局部地区矿化度达 20～30 g/L。

晋东南上古生界及中生界砂页岩、泥岩的含水层,一般富水程度弱,仅在碎屑岩夹薄层碳酸盐岩层中，泉水流量较大。

2.变质岩、岩浆岩类裂隙水

(1)变质岩类裂隙水

主要分布于各断褶山地，地下水最突出的规律是海拔越高，降水越多，积雪越厚，冰川发育越广，且部分有多年冻土分布，这类山区存在冻结层上水和冻结层下水，层间裂隙水带水量大，水质好，为区域主要水源。

山地与盆地毗邻的中低山带，降水迅速减少，且不同程度沙漠化，径流大为降低，反映到地下水普遍矿化。

新疆库鲁克塔格至甘肃马鬃山一带(面积约 10 万 km^2)，为荒漠地带，没有外来水源，年降水量仅 25～50 mm，局部剥蚀洼地由于蒸发强烈，形成盐沼，是西北严重缺水区。但在构造断裂带中，也有淡水或微咸水，如马鬃山北侧著名的公婆泉。

但在秦巴山区各类变质岩中，断裂及裂隙较发育，地下水分布较普遍，尤其在各类片岩、千枚岩与石灰岩接触面上多泉水出露，水质好，水量大。

(2)岩浆岩类裂隙水

指赋存于侵入岩风化裂隙中的地下水，主要为花岗岩类。天山—阴山及其以北地区，主要为海西期花岗岩类；昆仑、祁连、秦岭、大巴山及太行山等地区，是太古界及中、新生界花岗岩类。在风化作用下，裂隙发育，其深度因地形地貌、构造挤压、破碎程度而有差异，一般在山顶处浅，在山麓处较深；完整岩体地段浅，受构造断裂挤压破碎地段深。在裂隙发育深度内，裂隙呈网状组合，构成蓄水空间，其下致密岩石为蓄水底界，故一般为潜水。

地下水补给，以大气降水为主。西北山区还有多年融雪水补给，常以地下径流、河流及泉的形式进行排泄，并以不同形式补给毗邻的山前平原，多为重碳酸盐型水，泉流量一般小于 1 m^3/h，而在构造带及接触带内，往往极为富水，泉水流量较大，有的可达 90 m^3/h。

(三)碳酸盐岩类裂隙溶洞水

该类地下水赋存于碳酸盐岩类裂隙溶洞中。根据岩层分布、埋藏条件、岩溶发育程度和裂隙溶洞特点等可分两类。

1.裸露及半裸露岩溶裂隙溶洞水

以潜水为主，水量丰富，水质良好，水量不均，在区域分布上和垂直方向上，随季节而变化。

北天山西部，博尔塔拉河以南，气候湿润，降雨充沛，在石炭系石灰岩中，构造断裂发育，岩溶泉水或温泉流量较大。

南天山碳酸盐岩夹碎屑岩向斜褶皱带与北天山比较，降水稀少，常年冰雪源分布面积较小，比北天山干旱，岩溶水西部较东部丰富，均属于中等富水的低矿化水。

昆仑山、阿尔金山分布的碳酸盐岩类夹碎屑岩类含水岩组，其水质和泉水流量，以西部最好，向东部逐渐变坏，大致在东经 84°以东，除了近冰雪源区四周，水量较大，水质较好的岩溶泉水外，其余地区均为微咸或咸水。

祁连山及北山有震旦系至奥陶系大理岩、石灰岩零星出露，岩溶不发育，常见泉的涌水量小于 5 m^3/h，北山区泉水矿化度为 1～10 g/L。

陕北岐山、耀县、白水一带奥陶系厚层石灰岩，岩性脆，构造断裂延展深度大，裂隙发育，地下水主要赋存于裂隙中，局部地段沿断裂带岩溶发育，形成较丰富的脉状地下径流。在泾河、洛河河床中，沿断裂带有温泉出露。

秦巴山地宁强—西乡及镇安—山阳一带二叠系厚层块状石灰岩，断裂裂隙岩溶发育，溶洞直径 0.5 m 至数米,有长达数公里以上的暗河。宁强黄川铺龙泉流量达 720 m^3/h,镇巴东褚河上游地下暗河流量达 7 200 m^3/h,镇安县鱼洞河溶洞泉流量达 14 400 m^3/h。泉流量分布极不均匀,水质普遍较好。

洛南北部、旬阳以北、镇坪以西及镇巴以东大巴山地区,寒武—三叠系石灰岩、泥灰岩夹千枚岩及砂、页岩,裂隙岩溶发育,地下水广泛分布,泉流量一般 5～30 m^3/h,局部较大,水质良好。

2.隐伏岩溶裂隙溶洞水

指蕴藏于其它地层之下的碳酸盐岩中裂隙溶洞水,按埋藏深度可分浅藏和深藏两种类型。

浅藏地下水,水量丰富,水质良好,其上多为第四系地层所覆盖,岩溶形态为溶洞及溶孔,随深度增加而减少,主要为承压性裂隙岩溶水,由盆地周围山区、山前平原的大气降水和地面渗水补给,溶洞多在地面下 20～40 m 间,沿层面、节理面发育,有些地方因开采隐伏岩溶水,而形成地面塌陷。

深藏裂隙溶洞水,有多层承压含水层,其上多覆盖巨厚红层,下部以寒武—奥陶系石灰岩为主,岩溶裂隙发育,此类地下水西北地区少见。

(四)青藏高原多年冻土孔隙裂隙水

青藏高原多年冻土是因地势增高,温度递减而形成。高原冻土远离极地冻土带,属于特殊的中纬度、高海拔多年冻土类型。多年冻土地区的地下水,按埋藏条件,可分为冻结层上水、冻结层间水和冻结层下水。

1.冻结层上水

是埋藏在多年冻结层以上融冻层中的地下水,以冻结层为隔水底板,季节融化层厚度一般仅 1～2 m,动态不稳定,但分布普遍,山坡、洼地均有赋存,常呈泉群出露。泉水溢出带,往往有冰丘、冰椎可作为找水标志。冻结层上水接受大气降水或冰雪融水补给,水质良好,多为重碳酸盐型淡水,水量小,只能在融冻季节,作为小型季节供水水源。

2.冻结层间水

存在于多年冻结层上下限之间的地下水,多发育在层状冻土区,在目前的勘探资料中,还未发现大面积水平分布的冻结层间融区,仅在一些构造断裂带的贯通区内有液态水存在。

3.冻结层下水

埋藏于多年冻土层之下,多具承压、自流性质,以多年冻土层底面为隔水顶板,严格受冻土层厚度变化影响,一般水量大,水质好,不受气候因素变化和地表的污染,是多年冻土区理想的中型或大型水资源。

属于基岩断裂富水构造中的冻结层下水,在青藏高原屡见不鲜,仅青藏公路沿线就已发现有西大滩、不冻泉、开心岭、雁石坪、温泉、唐古拉山南麓等良好的储水断裂构造。如昆仑山南坡的不冻泉,是 NWW 向压扭性断裂,与 NEE 向张扭性断裂交汇而形成的蓄水构造。据钻探揭示,单位涌水量可达 24.89 l/s·m,属矿化度 0.7 g/L 的氯化重碳酸钠镁型水。在不冻泉附近有泉群出露,水量大,水质好。唐古拉山北侧,SN 向展布的压扭性断陷谷地,温泉呈带状出露,普遍有承压,量多质佳,为良好的大型水源地。西大滩 EW 向大型断陷谷地,处于多年冻土北界,松散堆积层厚达 300 余 m,亦为一良好的大中型水资源地。

冻结层下水的质和量除受地貌、构造影响外,还受岩相和岩性影响,青藏公路上楚玛尔河、可可西里山口、北麓河、风火山北麓、沱沱河、二道沟、通天河等地,水质大多较差,一般都与含水层岩性及地表水径流条件有关。一般第三系以前的结晶石灰岩、大理岩水质最好,水量亦较丰富；砂页岩次之；第三系地层水质较差；第四系地层的水质水量视其补给条件而定。

多年冻土区内的融区，虽然出露零星，但数量极多，且分布普遍，其出露形式，可分河流融区、湖塘融区、温泉带融区和构造带融区等。河流融区，水质好，水量大；湖塘融区，水质差，水量小；与挽近构造有关的河、湖融区水的特征，则与冻结层下水基本相同。至于温泉带和断裂带融区水，亦属于冻结层下水。

五、不良地质

在西北及其邻近地区，自然条件及地质构造复杂，岩性多变，多种不良地质现象发育，现就西北铁路建设中曾遇到的几种不良地质类型、性质和分布，简述如下：

(一)滑坡

斜坡上的岩、土体，由于地下水活动、河流冲刷、人工切坡、地震等因素影响，在重力作用下，沿一定的软弱面或带，整体地、缓慢地滑动现象，称滑坡。

滑坡形成的内在因素，主要受地层岩性和地质构造控制。西北地区的滑坡多分布在各种黏性土、黄土、泥岩、页岩、千枚岩和绿泥片岩中。据试验资料，许多滑坡，滑带以黏粒为主，其黏粒含量随地区和成因而有差异，但多在50%以上，干缩湿胀，浸水软化，促使滑坡产生。构造断裂带，往往为大规模堆积层滑坡提供了物质来源；断层泥、糜棱岩往往组成滑动带和滑动面；断层面、层面、片理面及不整合面，往往控制着滑动面和空间位置及滑坡范围；构造裂隙水是各类滑坡形成发展的主要动力来源。

滑坡形成的外在因素，主要为河流冲刷，水库浪蚀，人工开挖边坡，坡体上加载，地下采空，地下水的浸湿、潜蚀和溶滤，地表水冲蚀和灌入，地震、爆破等。它们改变了斜坡的外形和应力状态，增大了下滑力，或减小斜坡支撑力，从而引起滑坡。

西北各铁路线上，几乎均有滑坡分布。按参与的岩土类别，有堆积层、黄土、黏土、岩层、岩土混合及堆填土滑坡；按动力有牵引、有推动，有牵引与推动同时存在者；按滑体厚度，浅层者仅三五米，中、厚层者有十余米至四五十米，也有厚达七八十米者；滑床形态有折线型、抛物线型及波浪型；按时间有新、有古；按移动速度有快、有慢，有巡守人员来不及跑掉，而坐在滑坡体上，被带到四五十米以外的江中者，也有年移动仅1～2 cm。多年来在西北地区勘测了240多处较大型的滑坡，整治了140多处，有过深刻的教训。如50年代初期，在宝天铁路的整治工作中，误把错落当滑坡，打了许多钻孔，找不出完整滑面，后来通过观测资料积累，开挖横洞了解，才查明是错落。宝成铁路开始勘测时，不认识古滑坡，把部分车站设在古滑坡体上，开挖后，引起古滑坡复活、新滑坡产生，给施工运营造成很多困难和灾害。

为总结这些经验教训，从60年代起，针对一些复杂滑坡，我们采用区域地质调绘、制图对比法，在整治方面，采用综合措施。

调绘中，对阶地增减，高差起伏，沟谷改道、断头，沟底纵坡变陡、变缓，沟谷横断面变窄、变浅等微地貌对比，确定滑坡大致范围；对地层的缺失、间断、重叠及厚薄变化进行地层层序对比，了解滑坡发展变迁；对地表水的分布、流失、水量大小变化与地层、构造关系对比，分析滑坡成因；对各种建筑物开裂、外移、上鼓、剪断、倾倒及地面裂缝的分布、形态、密度、深浅、大小、力学性质等与滑坡观测积累资料进行对比分析，计算分析滑坡位移量大小及深浅变化。

绘制区域工程地质图，从滑坡体内外地形地貌、地层构造、第四系地质及水文地质对比中，显示滑坡范围与形成环境；绘制滑坡变形图，以地面、建筑物变形与滑坡观测资料对比找出滑坡位移主轴位置；绘制滑坡纵、横断面图，从地层、岩性、含水量、力学性质等对比资料中，确定滑体厚度、滑动层位、滑坡类型；在水文地质条件较复杂区，绘制含水性能图或水位等高线图、基岩顶板分布图(构造裂隙水补给滑坡区时采用)，找出各含水层补给、积贮、排泄与滑坡位移关系，作为工程地质分区及排水措施基础资料；在上述资料整理的基础上，绘制滑坡区工程地质分区图，表示出滑坡动态、性质、稳定情况，作为工程处理措施的依据。

整治滑坡，多采用综合措施，因地制宜，有主有辅。如由于各种地下水作用为主而形成的滑坡，多以修建渗水隧洞排水，辅以地表排水及边坡渗沟、支撑渗沟、截水渗沟等截、排、疏等工程措施。由于坡脚失却支撑为主而形成的滑坡，多采用支挡建筑物，有抗滑挡墙、抗滑桩、片石垛、反压护道、沉井式抗滑挡墙、竖向预应力锚杆挡墙、抗滑拱涵和支撑明洞等，并辅以排水疏干工程措施。

按上述原则勘测、整治滑坡，宝天铁路有14处，宝成铁路宝略段有38处，阳安线有21处，梅七线有37处，其它各线30多处，其效果均较好。宝天、宝成、阳安等线的滑坡，以地下水形成为主，所以多采用渗水隧洞为主的工程处理；梅七线多由于坡脚开挖失却支撑形成的滑坡，故多采用抗滑桩为主的工程处理。西韩、西延、宝中、侯月、阳涉、铜王、孝柳等线的许多黄土滑坡，多因冲刷、切割失却支撑形成，故多用抗滑挡墙、片石垛、反压护道或锚杆挡墙等工程处理。1981年曾发生特大水害，宝天、宝成、阳安铁路的路基、桥涵及河岸防护工程多被冲毁，但整治过的各大型滑坡均安然未动，经受了考验。

(二)错落

斜坡上的大量土体或岩体，受开挖、冲刷、侵蚀及各种动压，在重力作用下，整体地、突然地、急剧地顺坡一次滑下，而后能保持其稳定状态者，称为错落。

错落的外部形态与滑坡类似，但其最大特点是：

1.后壁错动面受断层、节理等结构面的控制，错动带上部较陡，错动面光滑，下部错动带呈锯齿状，愈向下部错动带愈平缓而凹凸不平，错动带下倾，无反翘现象。

2.一次性错动后，错落体多保持整体状，但地表出现多组平行的深切裂缝，下部多呈松散岩、土体，在环境条件不变的情况下，一般不会出现再次错落，但在一定条件下，可能转化为滑坡或崩塌。

3.错落多是在坡脚失稳(开挖、冲刷、侵蚀、地震、爆破、受水软化等)的情况下，大量土体或岩体在重力作用下引发的，规模大，速度快，属急剧性变形。

4.错落体裂缝主要出现在边坡顶部，多与坡面平行，裂缝呈平行状态。错动后上部有拉开的张裂缝，两侧少见剪切裂缝，下部很少有膨胀裂缝。

5.错落堆积体外形一般呈馒头状，具多级错动台阶，上部坡度陡，愈趋下部，坡度愈平缓。

6.错动带出口多出现在坡脚临空面以上。

7.错落体中含水少，多无地下水。坡脚受地下水侵蚀形成的错落体，地下水被错落体掩埋后，由于地下水的继续活动，往往在错落体中形成滑坡。

在各山区深切的河、沟两岸或黄土高原冲沟发育地段，错落广泛分布，尤其在层理、片理、节理发育地段及褶皱、断裂挤压破碎带中错落分布较多。

1953年铁一院在宝天线K60及K115遇到了两处大型错落。K60错落将路基推出4 m，下沉2 m；K115错落体达20万 m^3，将已建的部分明洞挤裂。两错落体均为灰绿色石英片岩夹角闪片岩及绿泥片岩，片理倾向山内。错落体顶部有错壁、错台、圈椅状裂缝。但通过多次勘探找不出完整的软弱滑动面；同时通过建立观测网观测，无整体滑动迹象，仅在较大降雨后，局部出现位移，后再不移动。又通过洞探，挖透错落体至基岩内，会同各方人员，进行现场鉴验，未找到完整的软弱滑动面，这才认定为错落。K60 错落，经过刷缓边坡；K115 错落，将线路向山内移至基岩地段以隧道通过；均确保了安全运行。

(三)崩塌

崩塌是指陡坡上的岩体或土体，在重力或外力作用下，突然而急剧地呈整体及零散地倾覆、翻滚而下，同时伴有冲撞击碎现象。

崩塌在西北各铁路线上多有分布，兰新线古浪峡谷中的跌落崖大崩塌，曾多次拨道改线，使线路长期恢复不了正线，后来线路内移建明洞才解决了这个长期病害。兰青线虎头崖大崩塌，迫使线路内移设隧道。宝成线马蹄湾附近，1992 年曾发生三次大崩塌，前后中断运行 30 多天，给铁路运输造成重大经济损失，后被迫改线。

崩塌多发生在河谷两岸陡峻山坡或人工边坡地段。尤其河流弯曲较大、山坡陡峭、多悬崖陡壁、新构造运动剧烈、深大张开卸荷裂隙较多的地段。

在地层岩性上，它多发生在软硬交互的砂页岩、中厚层及块状砂砾岩、石灰岩、片理发育的硅质片岩、片麻岩、混合岩及岩浆岩地段，尤其是处于挤压破碎带及严重风化地段，多有崩塌发生。

在地质构造上，多发生在褶曲轴部、断层带、断层挤压破碎带、断层交汇带、节理密集带及不整合接触带。

其动力来源，多是地表水冲刷、潜蚀，淘空山坡下部使支撑力减小；或岩、土体中软弱结构面抗剪强度降低；或人为的边坡开挖、采空、爆破与地震等因素的作用。

崩塌类型按物质组成成分可分为岩体崩塌、土体崩塌、岩土混合崩塌。根据崩塌的特征、规模及其危害程度，崩塌可分为三类：

一类：山高坡陡；岩层软硬相间，风化严重；岩体结构面发育，松弛，且形成大量破碎带和分离成柱状、块状体；山体不稳定，可能崩塌的数量大于 5 000 m^3，破坏力强，难以处理。

二类：介于一、三类之间。

三类：山体较平缓；岩层单一，风化轻微、岩体结构面密闭，且不甚发育或组合关系简单，无破碎带和危险切割面；山体稳定，斜坡仅有少量裂隙、危石，可能崩塌的落石数量小于 500 m^3，破坏力小，易于处理。

在崩塌防治和整治上，一类崩塌区原则上线路应绕避或以隧道通过；二、三类崩塌区可采取清除、支顶、锚索、锚杆、镶补、拦石墙或设置落石平台等工程措施，还应作好地面排水或勾缝、护面，以防水进入岩、土体中。较严重地段若不能清除或根治时，可修筑明洞、棚洞等遮挡建筑物。

(四)泥石流

泥石流是山区特有的一种自然地质现象，它是由于强大的暴雨、急剧的融雪融冰或水库的溃决而形成的一种挟带大量泥沙、石块等固体物质，并具有强大破坏力的特殊洪流。爆发突然，历时短暂，来势凶猛，其中固体物质体积一般超过 15%，最高可达 80%。其前锋是一股浓浊洪流，高达几米至十几米的“龙头”，直径大于 2 m 的石块常浮于泥流之上。泥石流的冲刷、搬运、堆积过程迅速，在很短时间内可流出几十万以至数百万立方米的固体物质，能搬运成百上千吨的巨石。

形成泥石流的基本条件，必须在流域内有大量的松散固体物质，陡峻的地形、较大的沟床纵坡和突然性的大量流水。一般来说，泥石流自上而下可划分出形成、通过及堆积三个区段。

形成区山坡坡度大，汇水快，冲刷、搬运作用强，山坡稳定性差，崩塌、错落、滑坡等不良地质发育，供应泥石流的固体物质多。据甘肃38条泥石流沟统计，形成区的山坡坡度在20°以上，其中20°～40°的占53.2%。通过区的沟床纵坡一般15%～40%，最大达80%～100%，也有纵坡仅2%～20%者，纵坡中常有高3～30 m跌水陡坎。

形成泥石流所需的最小降雨强度，据甘肃资料，自东南向西北逐渐增大，陇南为15～20 mm/h，庆阳、平凉为20～30 mm/h，天水、兰州约25 mm/h，河西走廊为30～40 mm/h；形成灾害性泥石流，集中暴雨强度陇南超过25 mm/h，庆阳、平凉超过35 mm/h，兰州、天水超过40 mm/h，河西走廊超过50 mm/h。

泥石流的物质复杂多变，岩性、稠度不同，其流态性质亦随之不同，按泥石流的性质分为稀性和黏性泥石流。稀性泥石流又称紊流型泥石流，固体物质体积含量10%～40%，密度1.3～1.7 t/m^3，黏度小于3P(泊)。黏性泥石流又称结构性泥石流，固体物质含量大于40%，密度大于1.5 t/m^3，黏度大于3P(泊)，具有较大的侵蚀和搬运能力。

按泥石流的物质组成分为泥流、泥石流和水石流。

泥石流的危害作用，由泥石流的性质、类型、强度、规模、发育阶段等所决定，主要有淤埋村舍、农田，冲毁桥梁、路基及其有关建筑物，挤压河道，造成山坡不稳，使不良地质扩大发展。宝天铁路伯阳车站附近1978年一次泥石流流量达180×10^4 m^3，将1孔10 m钢筋混凝土梁冲走，桥台剪断，淤埋铁路长150 m，淤积厚度高达8 m，中断行车300多小时，其规模之大，来势之猛，破坏力之强，是宝天铁路上少有的。

西北及其邻近地区泥石流分布主要受降水分布和暴雨强度的控制，陕西南部、甘肃东部及青海东部等山区泥石流分布较多，据已建成铁路发生泥石流的统计资料看，宝成线102条，阳安线126条，陇海线78条，包兰线21条，兰新线69条，兰青线25条，青藏线21条，其它各专用线22条，即兰州铁路局管内209条，原西安铁路局管内255条，合计464条，占全国铁路线上发生泥石流总数1010条的46%。除黄土高原分布有泥流外，山区一般均为黏性或稀性泥石流，铁路进入西藏将会遇到冰川泥石流。

在泥石流防治措施上，目前多是在泥石流通过区以大跨度桥梁跨越。在泥石流下游，多修建隧道、明洞或渡槽，让泥石流从其上部排泄。为防御主体工程的冲刷、侧蚀、淤埋等危害，因地制宜作一些防护、排导、拦挡或种草植树等措施。

(五)风沙

风沙是指风对地表松散沙的吹蚀、搬运、堆积的全过程，称为风沙作用。风沙地貌分为风蚀地貌和风积地貌两类，在风积地貌中按沙丘的活动程度分为流动沙丘、半固定沙丘和固定沙丘；按沙丘的成因、形态分为新月形沙丘、新月形沙丘链、格状沙丘、蜂窝状沙丘、复合新月形沙丘及沙丘链，在纵向上呈垄状的，称沙垄。

西北及其邻近地区的沙漠(沙地)，大部分布于内陆各大盆地中，西起新疆喀什，东至包头、呼和浩特，分属于不同的自然带，如塔里木盆地中的塔克拉玛干沙漠为暖温带极干旱荒漠；准噶尔盆地中的古尔班通古特沙漠为中温带干旱荒漠；柴达木盆地中的沙漠为青藏高原温带极干旱荒漠；鄂尔多斯地区的沙地为中温带亚干旱荒漠草原。由于自然特征的差异，各地沙漠亦有所变化。

沙漠化土地，根据其地理分布和发生特点可分为三种类型：

1.人为活动(农、牧、樵采)，使生态失去平衡，呈现地表风蚀、片状积沙至密集沙丘。多分布在贺兰山以东、长城以北荒漠草原地带。

2. 河流变迁、河床改道、绿洲被沙丘入侵，呈半固定灌丛沙堆、流动沙丘。贺兰山、乌鞘岭以西干旱荒漠地带多有分布。

3. 河流古泛道、古河道，呈零散的低矮固定、半固定沙堆、新月形沙丘、沙丘链及波状沙地，黄河河套亚干旱地区有分布。

沙粒在一定风力条件下才开始运动，使沙粒开始运动的临界风速，称为起动风速。对于一般沙粒粒径为0.1～0.25 mm的沙质地表来说，形成风沙流的起动风速一般为4～5 m/s，但对山前沙砾质戈壁，由于颗粒粗大，风速达到8～9 m/s时，才能形成风沙流。

风搬运沙粒的方式，可分为沙粒沿地表的滑动、蠕移，呈抛物线状的跃移和悬浮于气流中悬移三种。据观测表明，通常＞0.5 mm的颗粒，多是滚动式蠕移；＜0.05 mm的颗粒，多呈悬移搬运；粒径0.25～0.05 mm之间，多以跃移为主，贴近地表，危害最大。

沙丘移动方式受各地风向及其变律支配，可以分为前进式、往复前进式和往复式三类。沙丘移动速度，受到风速、风向、沙的粒径和沙丘高度等多种因素影响。

风沙对铁路的机车、车辆、钢轨、电力、通信等设备的磨损，给养护造成困难。危害最大的沙埋，它多呈片状、舌状或堆状掩埋路基道床，会造成列车颠覆、脱轨、停运、缓行等。其次是风蚀，造成边坡坍塌、路基宽度不够，形成风蚀槽，致使轨枕头外露，危及行车安全。

西北地区的沙漠、沙地，主要分布于新疆维吾尔自治区、青海西北部、甘肃省和陕西省的北部边缘地带、宁夏回族自治区北部部分地段以及邻近的内蒙古自治区和山西省北部。铁路通过沙漠、沙地的有：包兰铁路孟家湾至迎水桥间通过腾格里沙漠东南边缘，在乌海至巴彦高勒间通过乌兰布和沙漠东边缘；干武线谭家井至双槽间位于腾格里沙漠西南边缘；其它兰新线、南疆线、青藏线、海拉线和吉兰泰等干、支线通过一些零散的范围较小的沙漠、沙地；包西线榆林附近秃尾河至鱼河堡近百公里通过毛乌素沙地东南边缘。

在沙漠地区勘测设计中，要重视线路方案和位置的选择，并应做到“预防为主、防治结合”；在工程设计中，应采用固、阻、输导措施，应相互结合，综合应用；在施工运营中，对不合理的取土、开垦、樵采等破坏植被行为要禁止；固沙造林是防治沙害的根本措施，在水源、营林上要建立专门机构负责到底。50年代修建的包兰铁路，在孟家湾至迎水桥间通过流动的新月形沙丘和格状沙丘，经固沙造林整治后，列车运营情况良好，其治沙经验闻名国内外，沙坡头已成为观光旅游的景点。

(六)小煤窑采空

小煤窑采空是挖煤遗留下的巷洞。小煤窑一般为手工采掘，采空范围窄小，开采深度浅，一般深度多在60 m以内，少数可达200余m，有煤层露头地带由巷道直接采掘，无煤层露头地带，先以竖井或斜井挖至煤层，再以巷道采掘，并向两边开挖支巷道，巷道平面延伸为100～200 m，亦有达300 m的。巷道分布一般无规律或呈网格状，有单层或2～3层重叠交错，巷道宽、高一般为1.5～2.5 m，局部地段宽可达8 m，高达6 m，大多不支撑或临时支撑，任其自由坍落，小煤窑的采空率一般为10%～20%，很少超过30%。

小煤窑分布于含煤地层中。西北及其邻近地区各省、区，均有古生界石炭系、二叠系和中生界侏罗系砂页岩含煤地层分布，尤其是我国重要的煤炭基地之一的山西省，砂页岩含煤地层遍及全省，以石炭系、二叠系含煤地层为主；陕北、宁夏既有石炭系含煤地层，又有侏罗系含煤地层；甘肃、青海和新疆主要为侏罗系含煤地层。

小煤窑采空地表变形特征是：由于采空范围窄小，地表不会产生移动盆地，又因小煤窑采空埋藏深度浅，顶板任其坍落，故地表变形剧烈，大多产生较大的裂缝和塌陷，且往往产生突然塌陷。陇海铁路义马车站长 800 m 小煤窑采空地段，因铁路南露天煤矿采掘中抽水，地下水位下降，1958 年至 1967 年间共产生塌陷 18 处，塌陷直径一般为 2～15 m，深 1～10 m，以致影响列车安全运营，后采用洞探回填办法，用片石近 4 万 m^3，累计巷道回填长度 8 784 m，消除了小煤窑采空而产生地面塌陷的隐患。

在西北新建铁路中，首先碰到小煤窑采空的是包西线西安至延安段的韩家河地区，经调查研究、勘测设计，除确定选用通过小煤窑采空地段最短的韩家河方案外，路基基底的小煤窑采空采用探灌结合的办法，即布置较密的钻孔探测采空，并用灌（压）注水泥黄土浆的办法，加固地基；韩家河隧道进口 0.7 km 小煤窑采空范围内采用弹性地基梁和隧道上部采用衬砌加设锚杆支托的办法，加强隧道基础及上部结构刚度；长宁河桥采用 1 孔 64 m 大跨度梁后，两岸桥台处离小煤窑采空相对较深，并采用扩大、加固桥台基础。20 世纪 80 年代前后勘测遇到小煤窑采空的线路，如阳涉线锁簧至宁艾间，孝柳线后阳寨至胡家社间，神朔线桥关镇附近，以及侯月线桥上、蒿峪，包西线神木北至归德堡间及子长县附近。

小煤窑开采年代久远，无文献记载和图表资料，往往多次重复采掘，巷道尺寸变化多样，纵横交错、重叠，采空不规则。小煤窑采空在工程地质勘测中难以完全查清，用较大的钻探工作量也只能查明采空范围和深度。铁路线路方案选择时宜尽量绕避小煤窑采空地区，或在小煤窑采空地段最窄处通过，并尽量避免出现有大、中桥和隧道等重点工程。小煤窑采空在整治处理上，可采用洞探回填、探灌结合，或加强建筑物基础及上部结构的刚度。大中桥基础最好置于小煤窑采空以下，并在铁路下设置保安煤柱，禁止在保安煤柱范围内开采。

除上述的小煤窑采空外，还有大面积采空和现代小煤窑采空。大面积采空是建井、巷道打成后，分块挨次序的开采煤层，煤层回采率在 50％以上。地下煤层经大面积采空后，煤层上部地层失去支撑，平衡条件被破坏，随之产生崩落、破裂、弯曲等变形，发展到地表，使地面下沉，随着煤层采空区的不断扩大，发展成为凹陷盆地，此盆地称为移动盆地。大面积采空区均为大型煤矿企业，做过地质勘查、规划设计，有开采情况、观测记录等图表资料。县办和社、队办的小煤矿采空，介于小煤窑采空和大面积采空之间的另一种采空形式，可称为“现代小煤窑采空”。随着采煤技术的提高，采煤方法的改进，现代小煤窑开采规模亦逐渐扩大，有的仿照大型煤矿企业开采方法进行采煤，因而现代小煤窑开挖的采空率（回采率）不断增大，有的亦有开采范围、开挖和变形情况等记录或图表资料，这样，线路绕避现代小煤窑采空或通过时进行整治处理，就比通过无规律、年代久远的小煤窑采空地区要容易些。

（七）掏砂洞

在干旱、半干旱地区，农民为了减少耕地水分蒸发，常于附近开采地下有卵、砾石的地层，用卵、砾石土覆盖耕地表面，卵、砾石土被掏挖后，遗留下的洞穴，称为掏砂洞。

掏砂洞在甘肃、青海、宁夏等省（区）的黄河及其支流的各级阶地中分布较多，尤其辟为耕地的一、二、三级阶地中最发育。阶地上部普遍为黄土质砂黏土或黏砂土所覆盖，一般厚约 3～15 m，下为卵、砾石土层，厚约 3～8 m，再下即为基岩。由于阶地地形平坦，适于耕作，所以多辟为压砂耕地。

只要地表铺有卵、砾石的耕地，就近必有掏砂洞分布，若阶地前缘陡坡卵、砾石土层外露，掏砂洞多水平开挖；若阶地卵、砾石土层埋藏较浅，掏砂洞先垂直开挖至卵、砾石土层后，再水平开挖；掏砂洞平面形态较简单，但洞口多；若阶地卵、砾石土层埋藏较深，开挖洞口的竖井（很少有斜井）工程量较大时，掏砂洞平面形态复杂，即呈支岔状、放射状或折线形等。一般情况下，洞身在卵、砾石土层中，洞顶在卵、砾石土层与上部土层交界处，通常掏砂洞宽、高均为 1～

2 m,亦有洞宽 3～4 m 或高 4～5 m 的。在有掏砂洞的地方,地表常有塌陷碟形地、陷落漏斗及洞口等痕迹。亦有掏砂洞年代较久,人为活动或环境变化等因素的影响,地表毫无痕迹。

掏砂洞分布地段常发生突然塌陷,引起地面变形,危及建筑物的稳定或安全使用。1959 年包兰铁路青白石附近,由于列车震动,掏砂洞塌陷,翻掉运煤货车 7 辆,有的车辆陷落在掏砂洞内,石洞寺车站也有掏砂洞形成的塌陷、裂缝,公路便道沉陷长达 3 km 多;兰青铁路、刘家峡专用铁路、兰州枢纽都有因掏砂洞塌陷而影响运行。

在掏砂洞区,线路最好走在山麓坡脚或靠近河谷两侧卵、砾石土层出露地段或古道路、旧村舍、水浇地、地表土层薄(厚 1～2 m)地段,因这些地段多无掏砂洞。尽可能绕避地面有沉陷、塌陷、裂缝地段。

在掏砂洞分布地段,除要作好调查、访问工作外,可使用锥探或钎探查明掏砂洞的具体位置、方向和大小等。工程处理多采用挖开回填或灌浆。

(八)坎儿井

坎儿井有很悠久的历史,是西北干旱地区,用于汇集和导引地下水的一种地下渠道工程。农民开挖坎儿井将山麓冲、洪积层中的地下水引至地面,进行农田灌溉,并蓄存起来作为生活用水。坎儿井主要分布在新疆维吾尔自治区,据不完全统计,新疆共有坎儿井 1 700 余条,其中吐鲁番盆地最多,有 1 158 条,灌溉面积 35 万亩;哈密盆地约 400 余条,灌溉面积约 1 万亩。在天山北麓的奇台、木垒、吉木萨尔、乌鲁木齐、昌吉及昆仑山北麓皮山等地也有零星分布。天山南麓库车一带有坎儿井遗迹,有些古老坎儿井坍塌废弃,往往给铁路通过造成隐患。

坎儿井由井排、暗渠、明渠、涝坝等四部分组成。井排由若干个竖井组成,为首的一个叫首井,用来汇集山前冲、洪积层中的潜水;最后一个叫尾井,是地下潜水汇集流出变为地表水的出口。竖井直径为 1～2 m 的圆形截面,一般深 10～12 m,个别地区深达 40～50 m;井距一般 10～30 m,个别间距为 50～100 m。暗渠是联接竖井井底的地下渠道,是坎儿井工程的主体部分,其高度一般为 1.3～1.5 m,宽度为 1～2 m 的拱形暗洞,渠底纵坡一般为 1‰,渠水深度一般为 0.3～0.5 m,暗渠长度由数公里至数十公里。明渠是将暗渠水接引至涝坝的输水渠道,长度一般在 1 km 以内。涝坝是蓄水设施,系由能阻滞水流下渗的黏性土培筑而成,涝坝是农业灌溉和居民生活用水的水源。

坎儿井在引水、导水、蓄水、防止污染、减少蒸发等方面,有显著的效果,所以长期被干旱地区人民广泛使用。但由于坎儿井长期广泛的开挖,形成空洞坍塌,给铁路、公路修建、行车运营,往往造成隐患。在兰新线所经的哈密、鄯善、吐鲁番都遇到坎儿井,哈密至柳树泉长 60 km,就遇到坎儿井 100 多条。现正在使用的坎儿井,位置明显,一般设置涵管铁路即可安全通过。但一些废弃年久的坎儿井,地表无任何痕迹,区域图表文书资料中,也无记载,这就增加了调查访问、勘测勘探的难度。1956 年兰新线定测后,曾组织专门调查组,对上述地段进行详细勘察,结果仍未彻底查清,通车后在运营期间,由于个别的废坎儿井没有发现和处理,以致在列车震动下塌陷,险些造成行车事故。

六、特 殊 岩 土

西北及其邻近地区的特殊岩土,有黄土、膨胀岩土、多年冻土、盐渍土和岩盐等。

(一)黄土

西北及其邻近地区的黄土是由黄河中游黄土和西北内陆盆地黄土两部分组成。

黄河中游黄土的分布范围,北起长城附近,南至秦岭北坡,西自乌鞘岭,向东延至太行山西麓。区内黄土厚度较厚,甘肃西峰镇至长武一带黄土厚度为 177 m,兰州九洲台黄土厚度为 335 m,兰州周家坪黄土厚度达 413 m,山西离石县仅中更新统黄土厚度就达 100 m,下部黄土颜色较深,呈浅红黄色、棕黄色,颗粒一般较细,以粉土为主。

西北内陆盆地黄土主要分布在河西走廊,青海柴达木和新疆准噶尔等各盆地边缘地带,呈断续的条带状分布,以各盆地的南边缘分布较多。黄土厚度一般较薄,多由几米到 20 多米,少数厚度为 30 m。黄土颜色较浅,颗粒较黄河中游黄土粗,部分呈透镜状夹层分布。

黄土堆积过程包括整个第四纪,下更新统午城黄土和中更新统离石黄土,称老黄土,含多层古土壤层、钙质结核层,大孔隙结构多已退化,较致密,地基承载力较高,一般无湿陷性。普遍覆盖在老黄土上部及河谷阶地的上更新统风积黄土和全新统经过再堆积的黄土,称新黄土。全新统黄土成因类型主要为冲积、洪积和山地斜坡地带的坡积、残积及重力堆积。新黄土一般土质均匀,较疏松,地基承载力较低,大孔隙发育,具垂直节理,有强烈的湿陷性,多具自重湿陷性,但有随深度增加呈减小的趋势;在黄河中游黄土北部边缘带及内陆盆地黄土湿陷厚度较薄,黄土湿陷性较弱。

西北及其邻近地区通过黄土的铁路有陇海、包兰、兰新、兰青、包西、侯西、阳涉、宝中、侯月、兰阿、咸铜、三门峡、王石凹、梅七和罕东等干、支线,都不同程度的遇到一些黄土工程地质问题,除黄土湿陷性外,尚有滑坡、崩塌和泥石流等不良地质现象。已通车铁路,原来常见的黄土高边坡剥蚀、冲刷,高路堤下沉等病害,经防治、整治,现已少见。工程实践证明,中、下更新统黄土的铁路隧道、桥基和路堑边坡等工程普遍较稳定。

还有新近堆积的黄土,为全新世后期的新近堆积物,由于堆积年代短,颜色杂,土质不均匀、松散,其力学性能较以前各时代的黄土相差较大,具高压缩性,地基承载力很低。通常分布在黄土塬、梁、峁的坡脚和斜坡后缘、冲沟沟口、山前地带、河漫滩、低阶地、山间凹地和平原上被淹埋的池沼洼地,在实际工作中应引起重视。

(二)膨胀岩、土

膨胀岩、土的特点是岩、土体中含有大量的亲水性黏土矿物,在湿度变化影响下产生强烈的胀缩变形。

1.膨胀岩

一般为第三纪及其以前的泥岩、黏土岩、页岩和断层泥,浸水时软化膨胀,风干后收缩,出现大量微裂隙,碎裂,并有膨胀土特征的岩石,称膨胀岩。岩石中的黏土矿物为蒙脱石、伊利石或高岭石等,当蒙脱石、伊利石超过一定含量时,岩体吸水膨胀、脱水收缩,使岩石体积发生变化,往往形成隧道衬砌开裂,道床臌胀或沉陷,边坡剥落、滑动。在西北一些含煤地层中,膨胀岩夹层较多,遇水后形成许多大型滑坡,如阳涉线松溪河峡谷在含煤地层中有膨胀岩夹层的地方,普遍滑动,挤压河床,迫使改线。陕西铜川地区的梅七线下石节滑坡,亦是沿膨胀岩夹层滑动,将装卸站台及厂房推向沟谷。兰州、定西、天水、西和一带上新世(N_2)的紫红、灰白及杂色膨胀性泥岩,上覆厚层黄土者,往往形成大型滑坡,如著名的甘肃东乡县洒勒山滑坡。

2.膨胀土

指土中黏粒成分主要由亲水性矿物组成,具有吸水显著膨胀软化或失水急剧收缩开裂,并能产生往复胀缩变形的高塑性黏性土。土多呈棕、黄、褐色,间夹灰白、灰绿色条带或薄膜;具多裂隙结构,裂面光滑有擦痕;土质致密,细腻,具滑感;坡面常见浅层塑性滑坡、溜坍与剥落;具垄岗式地貌景观,地形平缓,无自然陡坎。《铁路工程地质膨胀土勘测规则》(TB10042—95)

中规定：初测中除符合上述这些特征外，且土的自由膨胀率 $Fs\geqslant40\%$，应定为膨胀土；详判中采用自由膨胀率 $Fs\geqslant40\%$，蒙脱石含量 M≥7%，阳离子交换量 CEC≥17[mmol(NH_4^+)/100 g 干土]三项指标，当符合其中两项指标时，应定为膨胀土。膨胀土胀缩的强、中、弱程度是随蒙脱石含量和阳离子交换量多寡而定，即蒙脱石含量和阳离子交换量多，则膨胀土的胀缩要强烈些；反之，膨胀土的胀缩要轻微些，当然还要随环境条件的变化，尤其是与干湿程度的变化有关。

阳平关至安康铁路，走在汉中盆地。牧马河和月河阶地上分布有膨胀土，一般膨胀量 11.4%～28.7%，膨胀力 60～160 kPa，总收缩量(体缩)3.7%～13.5%，属于胀缩性能较低的膨胀土。但由于当时对膨胀土性质认识不足，边坡开挖和路堤填筑按一般黏性土处理，以致沿线膨胀土地段病害出现 80 余处，总长达 20 余公里。主要病害为堑坡出现厚 3～5 m 的浅层滑坡，降水浸泡后坡面流泥；用膨胀土填筑的路堤，路肩错落下滑，坡脚由下往上牵引式浅滑，后经路堑边坡采用全封闭防护支挡，并采取防、排水措施，改良土壤，种草种树，各种病害得到整治，现运营情况良好。

(三)多年冻土

凡是温度等于或低于 0 ℃，且含有固态水的土，称为冻土。冻结状态保持二年或二年以上者，称为多年冻土。

我国西部多年冻土主要分布在青藏高原、天山、祁连山、阿尔泰山等地，其存在主要受海拔高度控制，具明显垂直分带规律。据各地区开始出现多年冻土的最低海拔高度，见表 1-2。

表 1-2　我国西部地区多年冻土分布的最低海拔高度

地　区	纬　度	多年冻土分布的最低海拔高度(m)
阿尔泰山	48°10′附近	1 200～1 800
天　　山	43°30′附近	2 700～2 800
祁　连　山	38°15′	3 500～3 800
昆仑山北坡	35°44′	4 200～4 300
唐古拉山南坡	32°21′	4 700～4 900
喜马拉雅山北坡	29°30′附近	5000

从表 1-2 中可看出，随着纬度的降低，多年冻土分布的最低海拔高度就升高，说明西部地区多年冻土有着明显垂直分带规律。据青藏高原多年冻土区科研单位统计资料，海拔每升高 100～150 m，冻土层的平均地温下降 1 ℃，每向北(高纬度)推移 100～200 km，冻土层的年平均地温亦下降 1 ℃。呈现海拔越高的山地，多年冻土层越厚，越向南(低纬度)其多年冻土层分布的最低海拔越高。

青藏高原夏季短，融化层浅，冬季长，冻结一直到多年冻土上限，所以多为衔接的多年冻土。在地势较高的分水岭地区，融冻层厚度往往小于季节最大冻结深度。上、下限之间多年冻土厚度，也是地势较高的分水岭地区远远大于山前平原及河谷、盆地。

据勘察观测，区域纯冰层及含冰层，均分布在上限 1～3 m 间，愈向下冰粒愈少，而逐渐尖灭；表面无草皮覆盖的光秃丘陵、山坡，不但多年冻土呈连续分布，且上限较浅；据地温观测，多年冻土层中负温较低，且温度变化小。

高原多年冻土的结构，大部为整体结构，含冰量不大，冰粒散布于土壤颗粒间，肉眼几乎看不见，融化后仍能保持土壤骨架，一般线路通过，不需特殊处理，部分层状、网状和扁豆状结构的，含冰量大，融化后土壤骨架遭破坏，尤其含层状、扁豆状纯冰层者，融化后往往会形成热融滑坍、热融流泥、热融沉陷等病害，但这类结构的多年冻土，仅在各分水岭的阴坡和陡坡变缓坡地段有分布，线路通过需要进行换填、作保温措施。

高原多年冻土区，地下水的活动，形成许多冻胀丘、冰椎等臌胀现象，其中爆炸性冻胀丘，破坏作用力较大，选线时应尽可能绕避。这些冻胀丘，主要分布在昆仑山、风火山、唐古拉山分水岭两侧，是构造裂隙水补给形成的。

高原多年冻土分布区，多地形平坦，覆盖层较薄，大河桥基，可设置于基岩中，隧道亦可于基岩中通过，整个多年冻土地区处理工程不大。

(四)盐渍土

盐渍土系指含有较多易溶盐类的土。当地表土层 1 m 厚度内，易溶盐平均含量＞0.5%，且具有吸湿、松胀等特性的土，称盐渍土。

西北干旱、半干旱地区，如新疆、青海各盆地和甘肃河西走廊等地，气候干燥，地面蒸发强烈，降雨量小，土壤毛细作用强，往往在内陆盆地、河流漫滩、湖泊周围、灌溉渠道渗漏地段有盐渍土分布。西北通车运营和规划铁路中，遇到盐渍土累计长达千余公里(见表 1-3)。

表 1-3　西北已成和规划中铁路干线盐渍土分布情况表

项目	铁路名称	盐渍土地段长度(km)	主要分布范围
已成铁路	兰新铁路	46.4	白水泉、张掖、赤金湖、五华山、老乌、红光、火石泉等地段
	包兰铁路(兰银段)	4	银川盆地及石空
	青藏铁路(西格段)	89.9	察尔汗盐湖及其南岸至格尔木(含岩盐地段)
	南疆铁路(吐库段)	52.4	和静至紫泥泉
	南疆铁路(库喀段)	349	轮台、新和、阿图什、巴楚、玉尔滚等地
	乌鲁木齐至阿拉山口铁路	46	精河、高泉等
正在修建及已勘测设计和规划的铁路	青新线	278	甘森、茫崖、米兰、铁干里克、尉犁
	南疆线(若羌—叶城)	177	且末、民丰、于田、和田等地段
	巴楚至叶城线	179	
	喀什至叶城线	69	
	冷湖至油沙山	138	含岩盐地段
	桥湾至米兰线	20	

西北盐渍土的主要特点，积盐程度高，通常在地面下 0～50 cm 土层内，含盐量占深 1 m 内总含量的 50%以上。在干旱季节，地下潜水矿化度高，地面强烈蒸发，表层含盐量显著增加，形成“返盐期”；雨季或春融季节，由于土中含水量增加，盐份部分溶解下渗，表层含盐量则相对减少，发生“脱盐”现象。

影响盐渍土基本性质的主要因素是土中易溶盐含量。土中易溶盐主要有氯化物盐类、硫酸盐类和碳酸盐类三种。

1. 氯盐渍土

按照《铁路路基设计规范》要求，用氯盐渍土作路基基底和填料，其含盐量一般要求不超过

5%，如加大夯实密度，含盐量可以提高，但不得超过8%。在特殊条件下能否突破这一标准，铁一院在青藏线察尔汗盐湖南岸的超盐渍土地区作过一些试验分析工作。

察尔汗盐湖南岸盐渍土地区，地表含盐量在40%～50%之间，去掉盐壳，深度1 m内土层中平均含盐量在20%左右。区域内气候干旱，历年平均降水量为25 mm，历年蒸发量高达3 489 mm，月平均相对湿度不足30%，小于起始泛潮相对湿度40%，地下水位埋深浅，一般只有1～2 m，均为高矿化度卤水，呈饱和状态，多在300g/L以上。为了解降水对盐渍土路基的影响，在不同填料的路堤上（填料中含盐量控制在20%左右），进行人工降雨试验。察尔汗地区降水稀少，不足溶失体内的晶体氯化钠，即使采用百年一遇的降水量（据青海省气象局推算资料，百年一遇为32 mm，50年一遇为25.6 mm），对超氯盐渍土路基影响深度只不过20 cm，何况路基面又铺设道碴，其影响深度就更小。由此得出如下结论：

氯盐渍土的工程性质，虽受大气降水和空气湿度的控制，但在特定干旱气候条件下，即使干燥度＞50，年降水量＜60 mm，相对湿度不足40%，地下水矿化度达到饱和，并在施工中能控制填料最佳密度的前提下，路基填料和基底可不受氯盐含量的控制，因而突破了《铁路路基设计规范》中所要求的含盐量不得超过8%的标准。根据现场调查，这一段用超氯盐渍土填筑路堤，经1979年通车运营近20年来，情况良好。

2.硫酸盐渍土

硫酸盐渍土，当硫酸钠（Na_2SO_4）含量超过2%时，在低温条件下吸水结晶，体积膨胀，温度升高后又失水，致使土体结构破坏，强度降低，造成冬胀、夏沉，膨胀高度一般数十毫米，严重者百余毫米。

3.碱性盐渍土

碳酸盐的膨胀作用，是由于吸附性钠离子与土中的胶体颗粒互相作用，在颗粒周围形成结合水膜，使土颗粒间的连结减弱，引起土体体积增大而膨胀。

当碳酸盐渍土中Na_2CO_3的含量超过0.5%时，即有明显的膨胀，密度随之降低，其液、塑限随含盐量增高而加大。

碳酸盐渍土中的$Na_2CO_3 \cdot NaHCO_3$能增强土的亲水性，促使沥青材料乳化，从路面结构层中淋溶出去，从而降低了沥青路面的黏结力；对各种建筑材料也具有不同程度的腐蚀性。

（五）岩盐

西北内陆盆地，四周高山环绕，地表水与地下水向盆地汇集成湖，经强烈蒸发，湖水浓缩，结晶沉积，形成盐湖或岩盐沉积层。

青藏线横穿柴达木盆地的察尔汗盐湖，通过岩盐段长32 km，两端有2.7 km岩盐溶洞。岩盐上能否修铁路，从1956年到1979年铺轨通车，经20余年与有关科研单位合作试验研究，积累了大量资料，经分析比选才确定线路方案。

岩盐区表层有厚0.2～0.8 m含粉砂、黏砂土的盐壳，下部即为较纯盐结晶体，最厚处达23.5 m，一般厚10～18 m，两端湖边厚为1～3 m。化学成分为NaCl，含量最高达87.68%，最低50.8%，一般70%左右。

岩盐的密度都比较大，孔隙度最大达47.8%，最小19.8%，一般在32.7%左右。

为了解大气降水及盐湖地下水对岩湖的溶解，曾作过多次降水试验和简单的平衡试验。试验结果说明，岩盐受雨水影响的溶蚀不大。

岩盐的允许承载力，一般都不小于150 kPa，中部岩盐厚，强度高，允许承载力可达1 000 kPa以上；南北边缘盐层薄，基底松软，强度较低，允许承载力在127～193 kPa之间。

岩盐的抗压强度可达 5 270 kPa,最低不小于 1 000 kPa(见表 1-4)。

表 1-4 岩盐的抗压强度值(kPa)

试验单位	取样地点	深 度	试件结构	极限抗压强度	备 注
铁一院	盐湖中部	3.5 m	晶体排列不规则,结合不甚紧密	3 280	
		10.0 m	晶体较大,结合较紧密	5 270	
矿山设计院	盐湖南边钾肥厂	上层厚 10 cm		1 240	空洞宽约 2 cm
		下层厚 10 cm		1 030	空洞宽约 2 cm
		表层厚 10 cm		1 040	潮 湿

通过试验得知,在盐湖地区特殊干旱气候条件下,湿度对岩盐抗压强度的影响甚微,甚至起到积极的作用。从试验路堤看,如果经常保持路基的最佳含水量,则路基处于良好状态;否则在含水量很少时,路基边坡表面易发生干裂。故在养护中需经常洒盐卤水,以保持路基应有的含水量。

对岩盐路基的稳定性,1960 年曾在岩盐上修建两处铁路试验路基,在没有维修的情况下,5 年以后通过观测,路肩外缘出现纵向裂缝,路基表面形成厚约 3 cm 左右的干裂硬壳,臌胀不平,硬壳之下有 2 cm 左右的空隙,其下为 40～50 cm 厚的松散盐粒,再下则为胶结坚硬岩盐整体,而路堤内部情况良好。

用岩盐作铁路路基填料选择了 5 个试验点,进行荷载试验和取样试验。从试验结果看,无论是静荷载还是列车动荷载,基底承载力都是足够的。

盐湖历年一次最大降雨量为 13 mm,岩盐虽易溶,但据观测,在几十厘米厚的轨道结构阻挡下,雨水就不易渗到路基面,所以认为岩盐既可作铁路路基,亦可作填料。

通过多方面试验、分析、研究,岩盐路基一律采用 0.5～1.0 m 的低路堤,填料采用当地岩盐,必要时浇洒卤水以充填空隙,形成盐结晶整体,胶结成更坚实的路基。两端溶洞,用砾砂填堵,震动夯压密实和部分地段清除岩盐回填圆砾土、砾砂等。1979 年 6 月铺轨通车,运营 20 余年至今情况良好。在盐湖地区修筑铁路,在世界上尚无先例,为铁路建筑史写下了崭新的一页。

七、结 束 语

西北地域辽阔,山川河湖,景观绚丽。有雄伟高耸的天山、祁连山、昆仑山、秦岭;有富饶资源的准噶尔、塔里木、柴达木盆地;有海拔最高的青藏高原,沟壑纵横的黄土高原;有母亲河之称的黄河流经西北大地。

区内分布有各个时代的地层,太古、元古、下古生界变质岩类多形成崇山峻岭;上古生界、中生界、第三系碎屑岩、泥、灰质岩类多形成丘陵、低山;第四系疏松堆积层覆盖于各内陆盆地、高原、山前平原、河谷阶地。

区内地质构造复杂,属大陆型地壳构造域。塔里木断块区、昆祁秦断褶系、青藏印支块褶区内三级构造单元基本位于区内,其余三个二级构造单元内只有部分位于区内。断褶系、断块区的周边多由断裂分布,著名的长大断裂带有祁连山北缘的走廊南山断裂带、秦岭北界的宝鸡—合肥断裂带、贺兰—六盘山南北断裂带、喜马拉雅山北缘断裂带,新构造运动强烈,曾发生过多次 6 级以上的强烈地震。

自建国至今,在区内新建的 8 000 多公里铁路中,曾遇到和解决了各种各样的工程地质问题。山区多滑坡、错落、崩塌、泥石流；盆地多风沙、盐渍土、软弱土层；天山、祁连山、昆仑山分布有多年冻土；陕、甘、宁覆盖有大面积的黄土；青藏铁路已在世界尚无先例的察尔汗盐湖上通车运营；包兰、干武铁路穿越举世瞩目的腾格里沙漠；阳安铁路通过了极易滑塌的膨胀土；包西、阳涉、孝柳、神朔、侯月铁路整治了暗藏的小煤窑采空；还征服了西北特有的掏砂洞、坎儿井和"百里风区"。

为探明各铁路所经地段的地质构造、地层岩性、水文地质和不良地质情况，铁路工程地质工作者历经千辛万苦，跋山涉水，冒严寒酷暑，经风沙雨雪，克服困难，勇往直前，解决了一个又一个地质难题，积累了经验，对自然界的认识不断的深化，并采用各种先进的勘探、测试手段，使工程地质资料质量不断提高，为铁路线路方案选择提供可靠的地质依据；为铁路路基、桥梁、隧道、房屋设计搜集了可靠的地质资料，提出了确切的评价、数据和工程措施，在西北铁路建设事业中建立了丰功伟绩。时代在前进，铁路在发展，更辉煌的业绩有待年轻的铁路工程地质工作者去创造。

第二章 地质选线

一、西康线秦岭地段的地质选线

李法昶

西安安康线北起西安枢纽新丰镇编组站,南至安康东站,全长 292 km,是我国路网中一条南北方向长大干线。其中穿越著名秦岭山脉的特长隧道,长 18.4 km,其长度和埋深在国内均居首位,又是在路内首次采用掘进机施工,所以为国内外所瞩目。

鉴于秦岭地区特殊的自然地理环境和复杂的地形、地质条件,其方案比选范围宽,可选线路方案多,所占工程投资比重大,在西康线越秦岭隧道和线路方案选择的前期工作中,曾进行了大量宏观的地质选线工作,经历了比较复杂的过程。

(一)秦岭地区自然地理概况

1.地形地貌

秦岭越岭方案经行地区涉及三个地貌单元,如图 2-1。秦岭山前大断层 F_1 及 F_{1-1} 以北为渭河盆地南缘残塬区,F_1、F_{1-1} 与秦岭南坡 F_2 断层之间,包括大、小白龙山为北秦岭中山区,以南地区为南秦岭中低山河谷区。

(1)渭河盆地南缘残塬区

由条带状分布的黄土塬、残塬及河谷组成。如图 2-1,从东向西,沈河与灞河间为骊山及渭河塬,灞河与浐河间为白鹿塬,浐河与其支流库峪河间为八里塬,库峪河与大峪间为少陵塬。大峪至太峪间各水系均汇入洨河,其间多属残塬。石砭峪出山后为滈河,与洨河间为神禾塬。受骊山隆起影响,骊山以西,地形东高西低,各黄土塬及水系呈北西向分布,塬面平整,具明显的阶梯状台面,略向北倾斜,塬面高程 600～800 m,河床高程 500～550 m。塬顶及河谷内大部为耕地。区内滑坡、错落及表层溜坍较为发育,主要分布在山前缓坡及河谷岸坡。

(2)北秦岭中山区

北秦岭为黄河、长江两大水系的分水岭,也是我国南方和北方地理和气候上的分界线。区内岭脊的总体走向为东西向,主峰高程由西部的 2 802 m(牛背梁),向东逐渐降低为 2 449 m(箭峪岭)。各越岭垭口高程从西向东为 2 570～1 630 m。北坡山麓高程 600～800 m,与主峰相对高差 1 800～2 000 m。南坡较缓,西部方案隧道出口高程约为 1 000 m,与主峰相对高差约 1 800 m;东部方案在秦岭主峰南还有较大支脉——大、小白龙山,小白龙山隧道出口高程 900 多米,与主峰相对高差约 1 600 m,金钱河流经其间。

北秦岭北坡沟谷短,沟床纵坡陡,自东向西分布的较大沟峪有:辋峪、岱峪、汤峪、库峪、大峪、小峪、太峪和石砭峪,均汇入渭河。除石砭峪源头处为自南向北流,而后转向北西西,流入滈河外,各沟峪基本呈近南北向,出峪口后,因山前地形东高西低,故水流均拐向北西。

北秦岭南坡雨量充沛,水系发育,一般呈树枝状溯源侵蚀。西部地区属乾佑河支流,较大的有太峪河,干流呈南北向,次级支流短小,多呈羽状分布;老林河,呈东西向发育于 F_2 断层带,其次级支流大东沟呈近南北向。东部地区主要有金钱河和柞水附近的东、西川河。乾佑河,金钱河均汇入汉江。区内山岭剥蚀现象较为普遍,多崩塌、错落、滑坡及泥石流。

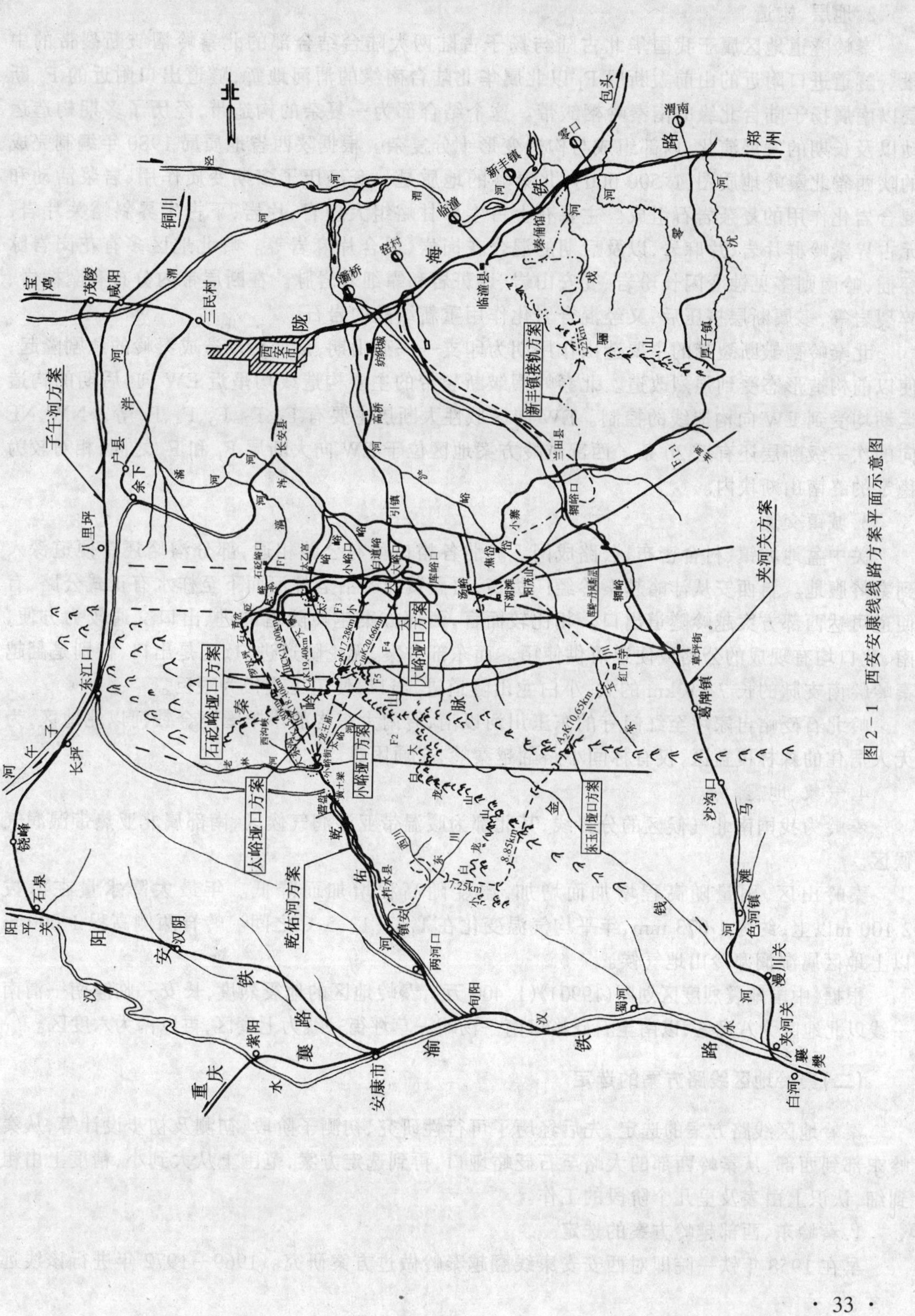

图 2-1 西安安康线线路方案平面示意图

(3)南秦岭中低山河谷区

区内相对高差500～1 000 m,自西向东有子午河、乾佑河、马滩河等多条南北向河流蛇形穿越其间。其中以乾佑河流域面积最大,沿河断续有阶地可供线路利用。

2.地层、构造

秦岭隧道地区属于我国华北古陆与扬子古陆两大陆台结合部的北秦岭褶皱断裂带的中段。隧道进口附近的山前大断层 F_1 以北属华北陆台南缘的渭河地堑,隧道出口附近的 F_2 断层以南属扬子陆台北缘的南秦岭褶皱带。这个结合部为一复杂的构造带,经历了多期构造运动以及长期的发展演化,内部组成与构造变形十分复杂。根据陕西省地质局1980年编制完成的陕西省北秦岭地质图(1:500 000),北秦岭的地质是一套经历了多期变质作用、岩浆活动和混合岩化作用的复杂岩石组成。主要有上古生界甘峪组大理岩、片岩,下古生界斜峪关片岩,元古界秦岭群片岩、片麻岩,以及后期的混合花岗岩、混合片麻岩等。岭北地区多有花岗岩脉穿插,岭南则多见蚀变闪长玢岩、变安山岩、煌斑岩和霏细岩岩脉。在断层带内分布有糜棱岩、碎裂岩等,多属断层挤压后,又经混合岩化作用重新结晶的岩石。

北秦岭褶皱断裂带的主要造山作用期为印支——燕山期,该期活动造成秦岭的急剧隆起,使以前构造形态受到强烈改造。北秦岭褶皱断裂带的主要构造线均呈近EW向,后期的构造运动均受到EW向构造线的控制。EW向区域性大断层主要有 F_1、F_2、F_3、F_4、F_5 等。NW、NE向的次一级断层还有近20条。西部越岭方案地区位于EW向大断层 F_1 和 F_2 之间,相对较为稳定的终南山断块内。

3.城镇交通

关中盆地城镇、村舍密布,公路成网。岭北各峪口均有公路相通,部分沟峪还有便道深入到秦岭腹地。自西安从沣峪越秦岭经广货街,再翻黄花岭沿老林河而下至柞水有正式公路,有便道可达西部方案越岭隧道出口。相比较而言,西部方案越岭隧道的进、出口交通较为方便,南、北口均有现成的公路或便道可供使用。而东部方案,无论隧道进口,还是出口,特别是翻越秦岭岭南支脉的长7～9 km的大、小白龙山隧道进、出口,便道工程极为艰巨。

岭北石砭峪冉家坪至红门寺的东玉川河以南,岭南大东沟的小羊圈至金钱河以北地区,为无人居住的森林覆盖区,仅有林间小路翻越秦岭,交通困难。

4.气象、地震

秦岭为我国南北气候区的分界线,其北部为暖温带亚湿润气候区,南部属北亚热带湿润气候区。

秦岭山区,雨量随高程增加而增加,温度随高程增加而降低。年最大降水量在海拔2 100 m以上,约为1 073 mm,年平均气温变化在1.3～12.5 ℃之间。岭脊两侧高程1 000 m以上地区属湿润寒冷山地气候。

根据《中国地震烈度区划图(1990)》(1:400万),秦岭地区的地震烈度,长安—临潼南—渭南—线以北地区为八度区,以南至石砭峪口南—汤峪—草坪街—线为七度区,再以南为六度区。

(二)秦岭地区线路方案的选定

秦岭地区线路方案的选定,先后经历了可行性研究、初测子阶段、初测及初步设计等,从秦岭东部到西部,从秦岭西部的大峪至石砭峪垭口,再到选定方案,范围上从大到小,精度上由粗到细,认识上由表及里几个阶段的工作。

1.秦岭东、西部越岭方案的选定

早在1958年铁一院即对西安安康线翻越秦岭做过方案研究。1969～1972年进行该线远离西安市的方案研究。因当时的施工水平和装备所限,线路研究一直局限在可用大量展线爬升至较高高程,以换取用较短隧道(<10 km)翻越秦岭的东部地区。随着我国隧道施工技术水平的不断发展,1984 年铁一院重新编制"西安安康线可行性研究报告"时,才开始将秦岭越岭方案从东部扩展到西部进行研究和比选。

在确定东、西部越岭方案之前,在以往历次研究的基础上,首先比选推荐了西康线的走向方案。西康线是路网规划中南北主要干线的一段,为了确定线路走向,曾规划过子午河、夹河关和乾佑河三个方案(见图 2-1)。

(1)子午河方案:自西安以西的茂陵站引出,沿涝峪经八里坪越秦岭进入子午河,经长坪、饶峰至石泉与阳安铁路相接,线路长约 230 km。

(2)夹河关方案:自西安以东的窑村站引出,沿灞河经葛牌镇越秦岭进入马滩河,经色河镇,再顺金钱河经漫川关至夹河关与襄渝铁路相接,线路长约 240 km。

(3)乾佑河方案:自陇海铁路窑村站引出,经高桥、引镇,越秦岭顺乾佑河,经柞水,至旬阳附近与襄渝铁路相接。

根据国家已确定的西安、安康为本线的起、终点和襄渝、阳安、西延等线已建成通车的实际情况,经比较认为乾佑河方案接近起、终点航空方向,主要货流方向顺,地质条件好,施工运输条件优,工程较简易,投资省,运营长度短,因而推荐采用乾佑河走向方案。

走向方案选定后,根据选定的岭南沿乾佑河的基本走向和秦岭横贯于西安、安康间的情况,铁一院在 1:500 00 航测图上,对翻越秦岭的线路方案,做了大范围、不同限坡的比较研究。鉴于石砭峪以西沣峪垭口高程高、山体厚、沟谷狭窄、方向偏西,与线路基本走向不顺;东玉川以东的九间房垭口,高程虽低,但方向偏东,也与线路基本走向不顺,当时仅对西起石砭峪,东到东玉川,约 40 km^2 范围内的西部越岭垭口石砭峪、小峪、大峪和东部越岭垭口的汤峪、西玉川、东玉川等 6 个垭口方案进行了重点研究。根据该段秦岭主峰高程虽然由西向东逐渐降低,但东部的山体却逐渐变厚,支脉也增多,而且东部断层较多、规模较大,地下水及不良地质发育,岭北需通过辋峪口断裂交叉带和陶峪河(岱峪河的支流)的阳茂山、下湖滩滑坡群地段,并需沿库峪—丹凤断层盘绕展线,该断层破碎带宽达 500~1 000 m,岩性和山体稳定性差;岭南越大、小白龙山的二座隧道与区域构造应力场的主应力方向垂直,工程地质条件较差。而西部地区,虽然山势高耸,地形陡峻,但山体较薄,是秦岭的"蜂腰"地段,地质条件较好,便于线路以低高程、短展线、长隧道穿越秦岭等有利因素。通过对石砭峪和东玉川两个代表性垭口方案的重点比较,以 13‰ 限坡比较为例,东玉川方案(隧道长 10.65 km)较石砭峪方案(隧道长 14.3 km)长 19.3 km,桥隧总长多 15.4 km,主要工程费贵 2.44 亿元(若东玉川采用 6.65 km 隧道越岭,则要贵 4.19 亿元),因此舍弃了东部方案,推荐西部越岭方案。

1986~1987 年铁道部、国家计委、国务院相继审批了该可行性研究报告。同意西康线采用乾佑河走向方案和秦岭西部越岭方案。

2.秦岭西部诸越岭方案中,石砭峪垭口方案的选定

根据批准的"项目建议书",在西部诸越岭方案中,除石砭峪垭口外,还有大峪、小峪、太峪等垭口方案(见图 2-2)。

1987 年 7 月铁道部有关领导现场踏勘后,提出该线地形异常困难,地质十分复杂,工程非常艰巨,建议把它作为地质勘测改革的试点项目,在初测中划出一个子阶段,采用综合勘探方法,做好地质工作。对此部领导作了"勘测设计工作要列为重点、下功夫抓好,要认真吸取以往的经验教训,贯彻改革精神,应用先进技术,提高勘测水平,创造优秀质量"的重要批示。为此铁一院经多次研究,并经铁道部组织有关院、校、局 30 多位专家审查后制定了秦岭隧道地区

"改革地质工作实施方案"。根据实施方案,在勘测中打破常规,采取了特殊的步骤和方法。首先,对勘测程序进行改革,在路内首次安排了"初测子阶段"。其次,对地质调绘和勘探方法,进行了改革和加强,使用遥感、综合物探、钻探等多种勘测手段。第三,根据铁道部关于"要拿出集中体现全路水平的勘测成果"的指示,在中国铁路工程总公司领导的支持下,铁一院邀请铁二院、铁四院、铁专院、隧道局设计院、西南交大等单位有丰富生产实践和科学研究经验的十多位专家,参加了初测子阶段的工作,从而大大提高了勘测成果的质量和水平。

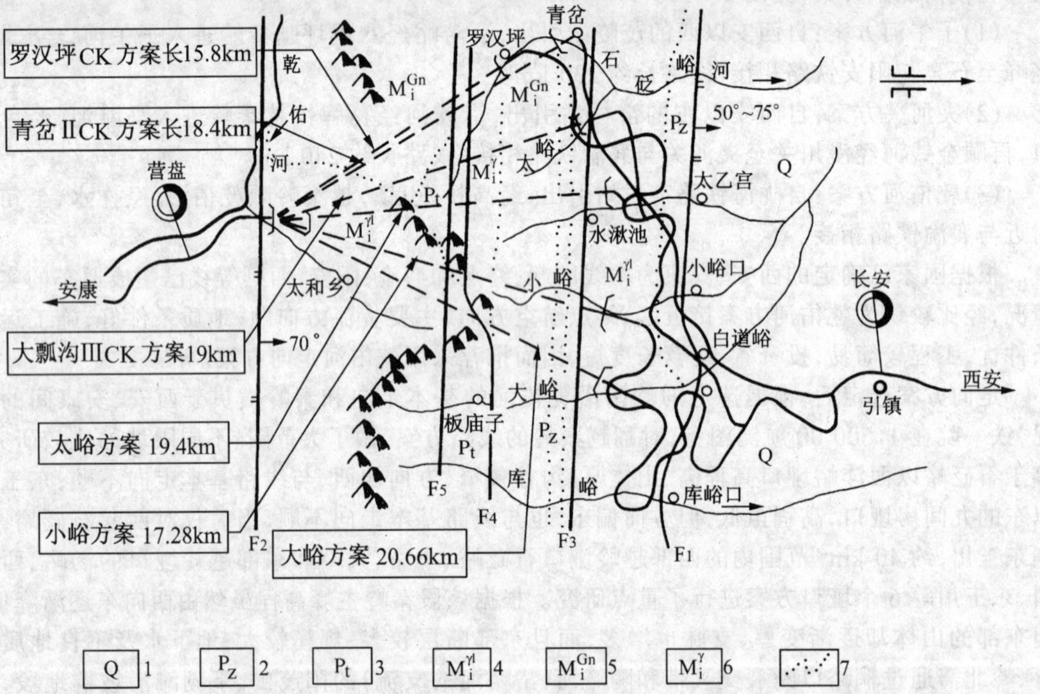

图 2-2　西安安康线秦岭西部越岭方案地质平面示意图

1—第四系;2—古生界片岩、大理岩;3—中元古界片麻岩、片岩;4—含绿色矿物混合花岗岩;5—混合片麻岩;6—混合花岗岩;7—岩层分界线。

通过 1987～1988 年初测子阶段艰苦工作,在岭北,东到库峪,西到石砭峪;岭南东到黄土梁,西到西沟峡。西部越岭方案在约 460 km^2 范围内,选用不同限坡,不同峪口引线,不同高程或长度的越岭隧道,两端洞口不同的引线方式,优化组合了四组 17 条越岭线路方案,经反复比较,取得了二项重大成果:一是查明了方案经行地区的地质概况,各方案的地质条件和控制因素;二是经过全面分析,综合评价,铁一院及各单位的专家提出了西康线从石砭峪垭口越岭的推荐意见。推荐的依据主要是:

(1)综合研究西部各垭口及岭北引线的地质条件和工程设置条件,石砭峪垭口优势明显。

a. 秦岭北坡沟谷高程有西低东高的特点,若各垭口越岭隧道进、出口高程和秦岭南、北引线条件相同,其越岭隧道长度有明显变化规律:当越岭隧道进口高程为 1 010 m、出口高程为 1 025 m时,石砭峪罗汉坪越岭隧道长 15.8 km,小峪垭口隧道长 18.3 km,大峪垭口隧道长 19.6 km;当越岭隧道进口高程为 887 m,出口高程为 1 025 m 时,石砭峪青岔越岭隧道长 18.4 km,小峪垭口隧道长 20.1 km,大峪垭口隧道长 21.2 km。太峪垭口,沟谷短陡,不具备短隧道的条件,越岭隧道最短也在 19 km 以上。以上比较说明,高程相同时,石砭峪垭口越岭隧道较短；越岭隧道长度相同时，石砭峪隧道进口高程较低，因而岭北展线较短，工程造价较省。

b.从测区地质构造条件分析，航磁图反映以东经109°线（太峪—营盘）为界，两侧的地质条件有明显的差异。109°线以西，主要为低缓异常区，形态简单，变化较小；而东部异常形态复杂，正负异常相间，为等值线密集的梯度带，显示东经109°以东岩性、构造复杂，而西部相对简单。遥感影像判释，F_3、F_4、F_5断层在109°以西影像不清晰，而东部则地貌明显，影像清晰，也显示了东部构造的历史活动性较西部要强烈。地面调查及物探测试均表明各断层带，东部的较西部的要宽些，也较破碎；断层带上大的崩塌多分布于109°线以东。岭南109°线以东为大范围富水条件好的含绿色矿物的混合花岗岩，断裂发育，多侵入岩脉，岩石整体性差，工程地质条件差，对路基、隧道工程不利。因此，西部石砭峪垭口的地质条件相对较好。

c.秦岭隧道北坡引线地段，由于受华山及骊山隆起的影响，地形呈现东高西低。东部库峪口比西部石砭峪高程高近100 m，石砭峪方案从引镇至秦岭隧道进口，当采用较低高程进洞时，引线较顺直；当采用较高高程时，展线也可适应地形，以一般工程和较短的距离横穿F_1区域性大断层带，不必在断带内展线。而小峪、大峪方案，越秦岭隧道虽在线路的航空线方向上，但因山前地势东高西低，隧道进口至引镇间的距离虽较短，但高差很大，故需向白道峪以东库峪附近的山前迂回展线，而这一带山坡或位于F_1大断带内，或受其影响严重，不良地质（滑坡、错落、泥石流等）和地下水发育，地质条件较差。因此，从岭北引线段的地质条件考虑，也是石砭峪垭口方案最佳。

（2）在西部各垭口方案中，只有石砭峪垭口的越岭隧道洞身可以同时避开岭北F_3、岭南F_2两条活动性的区域大断层。

测区的主要活动断裂均呈EW向顺秦岭展布，而各越岭隧道则基本上是南北向垂直穿越秦岭，为了隧道的安全，洞身选择在F_2与F_3之间的相对稳定的地块内通过是适宜的。但在西部诸越岭垭口方案中，虽然各越岭隧道出口均有避开F_2断层的条件，但越岭隧道进口能避开F_3断层的却只有石砭峪垭口，因为在岭北诸沟峪中，仅石砭峪侵蚀切割较深，有避开F_3断层后，长隧道再进洞的条件。

（3）从区域地应力状态考虑，石砭峪垭口越岭隧道的洞轴方向较为有利。

根据水压致裂法在钻孔内的实测，本段秦岭的地应力值较高。国内外的经验表明，地下洞室的稳定性主要取决于垂直洞轴方向的水平应力与铅直应力的比值以及它们的绝对值大小。根据实测和计算，本地段最大水平主应力方向为N34°W。经验说明，当隧道轴向与最大水平主应力方向的夹角在20°以内时，隧道侧壁的应力值增加较小，约增加12%；而夹角为40°时，侧壁的应力值则增加较大，可达40%。据此，秦岭隧道的轴向可在N54°W至N14°W范围内选择。在西部诸越岭方案中，只有石砭峪垭口各方案的洞轴方向在此范围内，小峪、大峪垭口越岭隧道洞轴方向与最大水平主应力方向夹角达50°以上，显然对隧道的围岩稳定性不利。

经1988年和1989年铁道部及铁道部与国际工程咨询公司交通项目部主持的两次路内、外专家评议会对初测子阶段成果资料的慎重审查，认为上述推荐意见是可信的，也是合适的，铁道部决定予以采纳。

初测子阶段的突出成果是将线路方案的比选范围由460 km^{2}的大峪至石砭峪地区缩小、集中到石砭峪垭口的约100 km^{2}的小范围内，使初测的范围和工作量得到了最大限度的缩小和稳定，也使初测工作的重点更加明确、突出。

3.在石砭峪垭口诸越岭方案中，青岔ⅡCK人字坡越岭隧道方案的选定

在初测中，铁一院对初测子阶段所确定的石砭峪越岭垭口地区，选择不同的进、出口高程位置，洞内分别采用单面坡或人字坡组合而成的四组越岭隧道方案，进行了综合比选，然后提出其中四个

较优方案(图 2-2),即罗汉坪 CK 方案、上青岔ⅡCK 人字坡方案、下青岔 IC_1K 单面坡方案和大瓢沟ⅢCK 单面坡方案,进行了初测比选。实钻浅孔 42 个 1 064 m,深孔 5 个 2 112.4 m(最深 620.6 m,其中 4 孔做了地应力测试)。经过初测比选,认为大瓢沟方案,虽然展线较短,但隧道总涌水量较大,而隧道纵坡为单面坡,对出口施工排水不利;隧道多通过青岔片岩、大理岩带和小马杓后沟两条断层;岭北展线通过 F_1 断层带长度达 2.4 km,有 4 座隧道和 3 座大桥位于断层带内,还通过郑家坡滑坡区,工程处理困难;总的工程地质条件很差,故首先予以放弃。又经过对其余三个技术条件相差不大、初测比较难以取舍的方案进行初步设计比选。见表 2-1、表 2-2。

表 2-1 秦岭隧道各方案情况表

方案名称	隧道长度(km)	进口位置及高程(m)	出口位置及高程(m)	两端洞口高差(m)	隧道内坡度情况	洞内车站距进口距离(km)
CK	15.80	罗汉坪 1 010	小峪街 1 025	15	人字坡:进口 3‰~6‰,长 7.7 km;出口 3‰,长 8.1 km	3.78
ⅡCK	18.42	青岔 887	小峪街 1 025	138	人字坡:进口 3‰~11‰,长 14.42 km;出口 3‰,长 4 km	8.34
IC_1K	19.20	青岔 834	小峪街 1 025	191	单面坡:6‰~11‰,长 19.2 km	9.42

表 2-2 石砭峪垭口线路方案初步设计比较表

项目		单位	罗汉坪 CK 方案		上青岔ⅡCK 人字坡方案		下青岔 IC_1K 单面坡方案	
			数量	金额(万元)	数量	金额(万元)	数量	金额(万元)
线路长度		km	55.830		47.285		45.647	
路基	土石方	10^4 m³	281.94	1 364.76	194.30	829.89	227.70	708.13
	附属工程	万元		952.56		394.29		1 656.56
	小计	万元		2 317.32		1 224.18		2 364.69
桥涵	大中桥	m/座	5 095.82/30	4 214.75	3 072.16/19	3 419.69	4 737.08/27	3 288.84
	小桥涵	m/座	2 534.16/55	367.09	1 198.81/41	303.00	1 015.26/41	287.80
	小计	万元		4 581.84		3 722.69		3 576.64
隧道	L≤2 000 m	m/座	1 9495/28	15 072.16	13 115/16	11 567.53	5 668/11	6 611.66
	L>2 000 m	m/座					2 210/1	1 310.97
	秦岭隧道	m	15 800	24 952.57	18 420	28 860.85	19 200	31 279.40
	小计	万元		40 024.73		40 428.38		39 202.03
轨道	正线及有关工程	km	55.314	2 337.31	46.77	1 986.04	45.25	1 917.92
	站线	km	7.421	329.50	7.358	329.87	5.362	251.04
	小计	万元		2 666.81		2 315.91		2 168.96
电气化工程		万元		2 928.0		2 670.21		2 677.30
主要工程费		万元		52518.70		50361.37		49 989.62
概算总额		万元		88 872.60		84 865.90		83 550.20
差额		万元		+4 006.70		0		-1 315.70

注:① 比较范围从引镇车站至秦岭隧道出口;

② 比较基础,西康线为单线,在越秦岭隧道内需设秦宫车站;秦岭隧道采用平行导坑施工方案。

根据表 2-1、表 2-2,结合地质情况,各方案优缺点为:

(1)罗汉坪 CK 方案

秦岭隧道长度最短(15.8 km),洞内纵坡为人字坡,对施工排水有利,隧道总涌水量较小;但进口通过洪积扇,场地较狭窄,展线最长,线路高吊;岭北展线通过 F_1 断层带长 600 m,有两座大桥和一座隧道位于 F_1 断层带内,工程处理困难;工程造价 8.89 亿元,造价最高。

(2)上青岔ⅡCK 方案

秦岭隧道长度居中(18.4 km),洞内为小人字坡,隧道总涌水量小;隧道进口场地开阔;岭北引线较顺直,长度短,仅有 200 m 长以路基通过 F_1 断层带,并绕避了所有不良地质工点,引线地段地质条件好。但大板岔一段距石砭峪河较近,埋深也浅。工程造价 8.49 亿元,造价稍贵。

(3)下青岔 IC_1K 方案

秦岭隧道长度最长(19.0 km),洞内为单面坡,施工排水困难,隧道总涌水量大;隧道进口场地狭窄;岭北引线通过 F_1 断层带长 2 800 m,辽峪车站为三线隧道通过 F_3 断层,施工难度很大;但线路高程低,引线顺直。工程造价 8.36 亿元,造价最低。

综合上述分析比较,铁一院推荐采用上青岔ⅡCK 人字坡方案。

1993 年 3 月铁道部工程鉴定中心对越岭方案进行现场审查后,最终同意秦岭隧道采用铁一院推荐的上青岔ⅡCK 方案进行定测和技术设计。至此,在地质条件相当复杂地区,最终选定了的各方面条件相对较好的秦岭越岭隧道方案。

(三)选定方案的施工验证情况

1993 年 3 月~1995 年 4 月铁一院对铁道部批准的上青岔ⅡCK 人字坡方案进行了定测、施工设计。秦岭隧道的地质条件可分为四段(见图 2-3)。

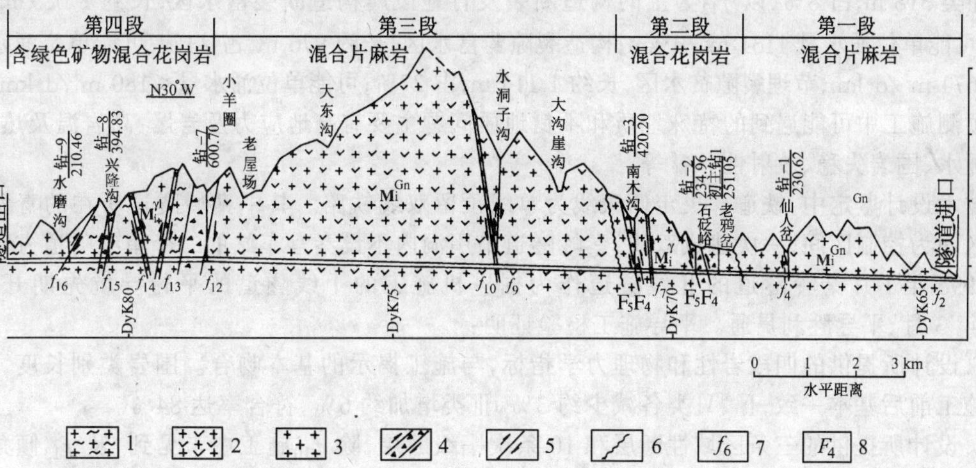

图 2-3 秦岭特长隧道地质纵断面示意图

1—$M_i^{\gamma l}$ 含绿色矿物混合花岗岩;2—M_i^{Gn} 混合片麻岩;3—M_i^{γ} 混合花岗岩;4—断层破碎带;5—逆断层;6—渐变不整合线;7—隧道通过区断层及编号;8—区域性断层及编号。

第一段,隧道进口至老鸦岔,长 4.3 km。地层为混合片麻岩,夹有较多的片岩、片麻岩残留体,并有自北向南逐步减少之势。新鲜岩石的饱和抗压强度为 60.5~105.6 MPa,属极硬岩,分布有 f_2、f_4 两条小断层。隧道埋深最浅 68 m,最深 480 m,一般 200~400 m。岩体受构造影响严重,节理发育至较发育。围岩以Ⅳ~Ⅴ类为主,Ⅱ类为 69 m。进口段大部属构造裂隙弱富水区,可能单位涌水量 210~252 $m^3/d·km$,与下一段交接处约有 1.3 km 属构造断裂富水区,可能单位涌水量大于 718 $m^3/d·km$。

第二段，老鸦岔至南木南沟，长 2.15 km。地层为混合花岗岩，局部夹混合片麻岩团块，与第一段地层呈渐变过渡接触。新鲜岩石饱和抗压强度为 98.2～161.5 MPa，属极硬岩，分布有 F_4、F_5、f_7 三条大、小断层，其中 F_4 宽 217 m，为碎裂岩、断层碎石角砾；F_5 宽 96 m，为糜棱岩、碎裂混合花岗岩。隧道埋深 240～600 m。岩体受构造影响严重至很严重，节理发育至很发育，围岩类别：F_4、F_5 为Ⅱ、Ⅲ类，长 313 m，约占 13%，余为Ⅳ类。属构造断裂富水区，可能单位涌水量为 718～2267 m^3/d·km。

第三段，南木南沟至小羊圈，长 7.915 km。地层为混合片麻岩，间夹斜长角闪片麻岩、角闪片岩残留体及混合花岗岩团块。新鲜岩石饱和抗压强度为 74.9～246 MPa，属极硬岩，分布有 f_{10} 一条小断层。隧道埋深 600～1 650 m。岩体受构造影响轻微，岩体完整，节理不发育，围岩以Ⅴ～Ⅵ类为主，占 98%，Ⅳ类长 142 m，约占 2%。属节理裂隙贫水区的段落长约 5 362 m，占 70%，可能单位涌水量＜180 m^3/d·km；属构造裂隙弱富水区的段落长 1 243 m，占 16%，可能单位涌水量 390～468 m^3/d·km；属构造断裂富水区的段落长 1 105 m，可能单位涌水量 649 m^3/d·km。

第四段，小羊圈至隧道出口，长 4.091 km。地层为含绿色矿物的混合花岗岩，岩体中有较多蚀变闪长玢岩、变安山岩、霏细岩和细碧岩脉穿插侵入。饱和抗压强度为 102.0～133.7 MPa，属极硬岩。隧道出口有 19 m 穿过 F_2 区域性大断层北侧边界(此处 F_2 断层带宽约 200 m)，主要为断层角砾及碎裂岩。洞身通过 f_{12}、f_{13}、f_{14}、f_{15}、f_{16} 等 5 条地区性断层。其中 f_{12} 断层规模较大，宽约 515 m，为糜棱岩、碎裂岩等。隧道埋深最浅约 60 m，最深约 800 m，一般为 200～400 m。岩体受构造影响严重至很严重，节理发育至很发育，围岩以Ⅳ类为主，占 75%，Ⅲ类有 730 m，占 17%，Ⅱ类 318 m，占 8%，以 f_{12} 为主的构造断裂发育地段属构造断裂富水区，长约 2 089 m，占 23%，可能单位涌水量 1131 m^3/d·km；构造裂隙弱富水区，长约 976 m，占 23%，可能单位涌水量 320～674 m^3/d·km；节理裂隙贫水区，长约 1 114 m，占 27%，可能单位涌水量＜180 m^3/d·km。

预测施工中可能遇到的特殊地质和不良地质问题主要有高地应力及岩爆、高岩温及热害、突然涌水、围岩失稳、放射性异常等。

技术设计鉴定中，铁道部决定西康线为单线预留双线铁路。其中秦岭隧道所在的青岔至营盘区间为控制区间，一次建成双线，秦岭隧道采用洞内不设秦宫车站的二个单线隧道方案。

1995 年 1 月秦岭隧道的Ⅱ线隧道作为掘进机施工的Ⅰ线隧道的平行导坑先期开工。1998 年 3 月，平导胜利贯通。平导施工检验证明：

1. 设计所提供的四段岩性和物理力学指标，与施工揭示的基本吻合。围岩类别长度，Ⅱ、Ⅴ类施工前后基本一致，Ⅳ、Ⅵ类各减少约 3%，Ⅲ类增加约 6%，符合率达 84%。

2. 设计所提供的三条区域性断层和 10 条次一级断层，除 f_{10} 施工中未见到，及 f_{13} 倾角变化超过 10°、位置移动超过 100 m 外，其余与施工揭露的基本一致。

3. 设计所预测的隧道富水性分段及涌水量南段大于北段等结论，基本得到了施工的验证；9 处 300 m^3/d 以上的较大涌水段，除一处外，均在设计预测的范围内。地下水和水化学类型与设计预测也一致，设计从宏观上对施工起到了指导作用。但各富水段的长度和涌水量除 3 段吻合较好外，其余 7 段均有程度不同的出入。全隧道最大涌水量实测为 38 000 m^3/d，比预测的多约 63%；稳定涌水量实测为 7 900 m^3/d，比预测的少 34%。这是秦岭隧道设计与施工对比中出入最大的一项。

4. 设计所预测的高地应力及岩爆、突然涌水、围岩失稳、放射性异常等特殊地质与不良地质问题，在施工中都有程度不同的发生，只是比设计预测的要轻微些。

施工验证除表明上述岩带、断层带、富水带、不良地质和特殊地质的分布和特征与设计预测的基本吻合外,还表明秦岭隧道Ⅳ类以上围岩占近90%,地质条件相对单一;不良地质、特殊地质现象的危害程度比预计的轻微,包括断层带在内的围岩稳定性较好,在地应力较高的条件下,证明洞轴取向合理。

上述情况表明,在复杂的地质背景下,在大量前期宏观地质工作基础上进行的越秦岭线路方案的研究和比选是成功的。

(四)秦岭地区地质选线采用的主要方法、手段及其效果

面对秦岭地区地形异常困难、地质十分复杂、工程非常艰巨的状况,铁一院在铁道部有关部门的指导和支持下,在开展秦岭地区大面积选线过程中,采用了一些特殊的方法和手段,并取得了明显的效果。

1.对勘测程序进行改革,增加初测子阶段

当时实行的"草测(踏勘)—初测—定测"的铁路勘测程序,是与"可研—初步设计—技术设计(施工图设计)"的设计程序相匹配的。考虑到西康线越秦岭地区这样地质复杂的线路,如不首先把区域地质情况和控制性地质因素基本查清,仅靠批准的概略性的、以工程立项为目的的可行性研究报告,直接进行线路方案的初测比选和初步设计,会存在很大盲目性;难免会由于地质工作深度和广度不够、选线依据不足而出现问题,使初测和初步设计出现反复,延长勘测周期,甚至可能会造成一些方案技术决策失误或无法弥补的损失;经有关部门批准后,改革勘测程序,在初测之前,增加了"初测子阶段"的安排。实践证明,对勘测程序的这种改革,非常及时和必要。主要表现在:

(1)冲破了带状区域的局限性,可以在较大范围内选择出较优方案

由于铁路是带状延伸的建设工程,一般的地质勘测都是沿线路带状走向进行。但对西康线越秦岭地段这样的线路方案研究和比选工作,带状工作范围显然过窄,很容易造成好的方案和重要地质现象被遗漏。作出初测子阶段安排后,就使秦岭隧道地区的地质选线工作,冲破了带状区域工作的局限性,可以大范围、多因素地考虑各种越岭方案及方案组合,充分开展方案研究和比选,在方案可能行经的最大范围内,优化选择出较优方案。

(2)查明了宏观地质控制因素,可以提高方案决策的科学性

工程地质问题,往往具有一定的隐蔽性,对一些复杂地质问题的认识,地质人员也需要做大量工作,在勘测程序上需要一定的时间来保证。在初测前期专门安排一个子阶段,就为查清和认识这些地质问题,使用多种勘探方法,从时间和技术手段等方面提供了保证。秦岭地区,通过"子阶段"1∶20 000大面积地质填图和相应的物理勘探等基础性工作,将岩性划分到组,基本查明了各类断层和不良地质、特殊地质现象的分布特征,总结出秦岭地区的主要控制因素是岩带、断层带、富水带和岭北引线段的地质条件,次要因素是高地应力、岩爆、高地温和热害、放射性异常等,并发现以东经109°线为界,这些因素在分布上具有明显的差异,西部的地质条件明显优于东部。从而为方案决策提供了较为充分的依据,大大提高了方案决策的科学性。

(3)有了开展专门性地质工作的可能性,可加强方案研究的深度

"初测子阶段"的安排,不但有了开展区域、基础性地质工作的条件,而且也有了开展一些专门性地质工作的可能。地应力对长隧道洞轴方向选择有影响,过去由于所遇到的隧道一般都埋藏较浅和长度较短,所以都没有考虑,这次的秦岭隧道方案长度在15~22 km之间,不考虑显然就不合理了。铁一院通过与国家地震局等单位的合作,对秦岭地区的构造应力场开展了专项研究,使秦岭隧道洞轴方向选择有了一个满意的结果。

岭北引线段的专项工作也有很好的效果,各峪口方案从渭河盆地南缘引镇(高程约

600 m)到长隧道进口(高程850～1 010 m)长约十多公里的岭北引线均需通过秦岭北坡 F_1 活动性区域大断层,引线的地质条件对工程设置和造价影响较大。F_1 断层的规模大,无论在延伸上,还是宽度上,它的地质条件的差异都很大。从延伸上来说,大峪以西地质条件较好,以东则很差;从宽度上来说,以泥砾带为中心,两侧还可分为碎石带、块石带;泥砾带的地质条件相对最差。由于 F_1 断层这种特殊的地形、地质条件,使越岭方案的比选必须同时考虑越岭隧道本身及其岭北引线的地质条件,进行综合比选,才能确定各方案的优劣和造价的差异。为此,铁一院对岭北引线段开展了专门性地质工作,通过十几个地质横断面和1:2 000工程地质图的详细测绘和必要勘探,对东到库峪、西到石砭峪的 F_1 断层带,从延伸上作出了工程地质差异性评价,从宽度上作出了泥砾、碎石和块石的工程地质分带图,并对断层带上的滑坡等不良地质工点,进行了工点资料搜集。这样,方案研究中,就可以尽量选择较好地段通过,缩小线路在泥砾带通过的长度,尽可能在块石带、碎石带中引线,不但减少了工程处理,而且提高了线路的安全度,有力地加强了线路方案研究的深度。

2.线路研究和地质调查紧密结合,不断加深方案比选深度

考虑到地质选线是一项必须多专业相互协作才能做好的工作,地质工作必须自始至终与一定深度的线路方案研究相配合,在越秦岭地质选线过程中,铁一院十分注意做好线路研究和地质调查之间的紧密结合。线路首先根据确定的技术标准进行大范围、多方案研究,为地质确定越岭方案可能行经的最大范围,并提出最初的线路方案和方案组合;地质专业即以此范围为依据,搜集资料,开展大面积调查勘测;两专业在工作中并经常互通信息和情况,不断了解和掌握相互的工作进程和成果,根据已查明的地质条件,对线路方案不断改善、优化和比选,归纳总结出秦岭地区若干选线原则:

(1)越岭隧道方案必须与岭北引线方案统一考虑,才能选出较优越秦岭方案

西部秦岭各垭口的高程自东向西约为2 200～2 600 m。相比较而言,石砭峪垭口处山体最薄,,大峪和小峪次之,太峪垭口处山体最厚。且秦岭南坡缓、北坡陡,线路研究表明:小峪垭口虽接近线路走向的航空线方向,石砭峪垭口虽向西偏离航空线方向较多,但实际上两者在线路长度上并无显著差异;秦岭北坡的引线,大部分走行在秦岭中低山区,桥隧相连,工程浩大,还需通过地质条件很差的 F_1 断层,引线段地质条件的优劣差异和工程量大小都是方案比选的控制因素。通过线路方案研究得出的一个重要结论就是:越岭隧道方案必须与岭北引线方案统一考虑,才能选出较优的越秦岭方案。

(2)F_1 区域性大断层具有一定活动性,岭北引线应尽量以大角度、短距离、一般工程通过

综合分析搜集到的既有区域地质资料表明:

a.渭河地堑自新生代以来,一直处于下降阶段。从太白山附近老第三系侵蚀面高出渭河3 000余m及渭河新生代断陷盆地沉积厚度>6 000 m推断新生代以来渭河地堑与北秦岭褶皱断裂带相对升降达10 000 m。渭河盆地的下降,受秦岭山前断层 F_1 及盆地基底隐伏断裂控制,推断为大范围的连续缓慢蠕动。在影响方案比选范围的渭河地堑内,发现有第四纪断层切开 Q_2 黄土层,并被 Q_3 地层掩盖的现象,显示在中更新世及上更新世间断层曾有活动。

b.秦岭褶皱断裂带,新生代以来一直处于上升阶段,各峪口都有卵石层高悬,说明第四纪以来仍在继续上升。其与渭河断陷盆地为界的 F_1 断层,地貌差异显示明显,遥感影像清晰,延伸长度大。

c.有关部门1970～1986年跨 F_1 断层带的大地水准测量数据表明,F_1 断层北盘平均每年下降值:石砭峪口附近的曹村为0.4 mm,沣峪口为0.1 mm,太乙宫附近为0.2 mm。若以渭河断陷盆地新生代沉积厚度7 000 m代表盆地的最大沉降幅度,则新生代约7千万年以来的最大沉降率也为0.1 mm/年,与大地水准测量值也较相近。

d. F_1 断层位于盆地边缘，断裂带有断层泥及断层角砾分布，地下水发育，且处于地貌、岩性分界处，部分被第四系地层覆盖，沿断层带不良地质现象发育，历史上有微震发生。

综合以上四方面的情况，显然 F_1 断层近期有一定活动性，对岭北引线有控制作用。鉴于引线必须通过 F_1 断层，所以总的原则是，各方案应尽可能以最大的角度、最短的距离和一般工程(即不设桥隧等大型工程)通过，并应适当留有缓坡，以便将来坡度有调整的余地。

(3)综合研究各越岭隧道及其两端引线，宜选用较长隧道穿越秦岭

初测子阶段的方案研究表明，鉴于秦岭西部垭口特殊的地形、地质条件，越秦岭的线路方案宜选用较长的越岭隧道穿越秦岭。由于秦岭北坡沟床纵坡较陡(平均坡 50‰～90‰)翻越秦岭若选用较长隧道，可大量减少引线工程，不但可降低初期工程投资，而且可节约后期的运营费用。

(4)根据秦岭的水文地质条件，越岭隧道洞内宜设置'人字形'纵坡

通过地面调查和勘探测试发现，以岭脊为界，秦岭南坡的富水性显然要大于北坡，因而隧道出口段的总涌水量显著大于进口段。若隧道纵坡的选用，适合北低南高地势情况的倾北一面坡，就必然会出现运营期间"南水北排"、施工期间反坡排水的情况，给施工和运营都造成困难，因此，越岭隧道宜尽量设置人字形纵坡。

此外，还总结出在越岭隧道的进、出口位置选择上，应使洞身在岭北尽量不穿过 F_3 断层，岭南尽量不穿过 F_2 断层，并应根据区域构造应力场确定越岭隧道的洞轴方向等原则。

3. 开展地质综合勘探，提高地质选线水平

为适应深埋长隧道地区工作范围广、探索性强和问题多的特点，提高地质选线水平，在整个勘测过程中，开展了地质综合勘探，取得了较大成绩。现以初测子阶段为例加以说明。

(1)遥感方面选用了三个层次、五个片种

遥感图像具有视域广阔、信息丰富，并可以进行各种增强处理的特点，通过遥感图像判释既可以充分进行宏观格局分析，又可以指导地面地质工作，所以，在大面积地质调绘中，为了充分发挥遥感技术的作用，分别选用了三个不同层次五个片种的遥感图像，进行解释和信息提取。第一个层次是 1∶100 000 的卫片，选用了 Mss、TM 和国土卫片三个片种，以做好宏观控制；第二个层次是 1∶50 000 的黑白航片，以做好从宏观到微观的过渡；第三个层次是 1∶10 000～1∶20 000 的航片，选用了黑白航片和彩红外航片二个片种，以做好微观调绘。实践证明，各片种都有长处和短处，多片种结合使用，就能克服单一片种的局限性，取得较为满意的效果。

(2)用了 11 种物探方法

工程物探是初测子阶段进行大面积地质普查和深部探查的主要手段。在秦岭这样地形复杂的山区开展物探工作，要做好物性的区域宏观控制，这就迫使物探改变以往的做法，整体布局、自成体系地选用以航空物探和音频大地电磁测深法为主的 11 种方法，进行综合物探。在航空物探的航磁重力资料的使用时，对东经 109°线两侧差异的地球物理形态和特征有了一个宏观的总体概念，对异常区做到了心中有数，对物探布局和方法的采用起到了指导作用。音频大地电磁测深法，由于仪器轻便，测线短，利用改变接收天然电磁场的频率来实现改变探测深度，勘探深度达 1～2 km。解决了秦岭山区要求勘探深度大，地形条件极差的矛盾，发挥了很大的作用。虽然这种方法在解释深度的定量上，还存在一些问题，有待进一步研究解决，但可定性判定岩带、断层带的分布及地下延伸情况，是一种适合困难山区的有效的物探方法。

(3)地应力的数值分析和绝对值测定

为了做好秦岭隧道的轴向选择，在秦岭地区开展了构造应力场和地应力分析。采用了多种方法分析和钻孔地应力绝对值测定相结合的工作方法，对区内主要断裂进行观测，对 68 个观测点的 865 条微断层(节理)进行测量，采集 15 组定向岩样，进行岩石组构变形和微裂隙面

产状分析。从构造及新构造运动分析、微观构造法测定(数值计算法)及岩石组构应力分析,推测了秦岭隧道地区构造应力场的演变过程,并结合地面其它调查成果综合分析,确定了近期构造应力场的状态,选定了秦岭隧道合理的洞轴方位。

(4)进行了多参数的水文地质测试和计算

隧道水文地质勘测,一般要完成三项勘察任务:一要摸清隧道地区地下水分布及运移规律;二要预测其集中涌水地段及其最大涌水量和稳定涌水量;三要预测地表水、地下水被疏干的程度。这是一项长期性的工作。按照以往的程序要经初测、定测和全区水文地质钻探后,才能做出最后评价。为缩短周期,尽可能减少钻探,在初测子阶段的水文地质工作中,采取和进行了地下径流模数、地下水动力学、水文学法和降水入渗法等参数测试,采用了同位素氚法、地下水氡含量测试等新技术,进行了秦岭1~5号深钻孔的水文地质测试,并根据区域地质调绘和这些方法取得的参数,综合分析后,查明了影响区域水文地质条件的主要因素,提出了各方案的水文地质条件评价意见,分别进行了各方案隧道涌水量计算,预测了各主要隧道方案的集中涌水地段及其最大涌水量、稳定涌水量和隧道修建以后水文地质条件可能发生的变化和地下水疏干问题。摸索出了一套适合复杂山区水文地质勘测、勘探的工作方法。

(5)采用大口径金刚石钻进,坚持一孔多用和多参数综合测井

在秦岭隧道初测子阶段及初测阶段的多个深孔钻探中(最深钻孔620 m),采用了大口径金刚石钻进和低固相泥浆护壁堵漏新工艺。这种方法,在硬质岩层中,钻进速度快,岩芯采取率高,孔壁光滑,不但提高了岩芯资料的准确性,而且为后期综合测井、地应力测试的进行,为贯彻一孔多用创造了条件。除进行水文地质测试(抽水、压水、双流仪测水)和孔内地应力测试外,还坚持了七种参数〔自然 γ、井温、自然电位、电阻率、井径、弹性波速(包括声波、地震波)和水文测井〕的综合测井,最大限度地发挥了每个钻孔的作用。

在初测子阶段的工作中,认真贯彻了以遥感技术为指导,做好地面调查工作,以综合物探为主,辅以少量钻探,做好深部探测的方针,充分开展了遥感、地面调绘、多种物探和必要钻探相结合的综合地质勘探,在较短的时间里,便完成了总面积达460 km^2 的工程地质勘察和线路方案比选,提出了工程地质总报告、水文地质报告、遥感地质报告、地球物理勘探报告、秦岭越岭地段的构造应力场特征等一整套齐全的工程地质成果资料,提高了地质选线的水平,得到了铁道部、铁道部与国际工程咨询公司交通项目部两次路内外专家评议会的较高评价,认为此项工作的思想、方法富有新意,成果达到了新水平,代表了今后复杂山区地质勘测的发展方向。所采用的方法具有点、面、线结合,多层次、多参数的综合勘探特色,是一次走综合勘探新路的成功实践,不论在方法的多样上,还是在规模的广度上,以及综合分析的深度上,都达到了新水平。

在地质勘探手段依然落后的今天,面对国内长度第一,埋深第一,地形、地质都异常复杂的这样一座隧道,在地质选线方面能取得这样的成绩,再次说明,铁道部关于大型重点工程,在初测前,集中一段时间,超前做好区域性加深地质工作和地质选线的决策及安排是正确的、必要的。今后应大力加以推广,并进一步制度化和规范化,把工作做得更好。

二、宝成线秦岭段工程地质选线

刘德基

(一)前言

宝(鸡)成(都)线跨越秦岭山区所经之处原是陈仓古道的主要路线,也是唐代诗人李白曾感叹"蜀道之难,难于上青天"的主要地带,是黄河与长江水系的分水岭,也是我国南方与北方

自然人文景观的分界线。由渭河河谷至秦岭主峰,航距25 km,高差达817 m,山坡陡峻,峰峦叠嶂,新、老地层穿插变化大,深大断裂带中大规模崩塌、滑坡多,越靠近分水岭垭口,其地形地貌越险峻。所以从辛亥革命以后曾多次试图修建通蜀铁路,花了不少人力、物力,都因越岭方案工程艰巨,耗资太大而却步。

新中国建国后,1950年铁道部组织勘测队伍,南段由成都、北段由天水、宝鸡开始勘测,1952年先由成都开工,1954年1月北段由宝鸡开工,1957年7月南北接轨,1958年1月全线正式运营,运营长度673 km,1975年7月全线电气化,是我国第一条工程最艰巨、电气化最早的铁路。

(二)选线沿革

1.1913～1947年的越岭方案选线

辛亥革命后北洋军阀统治时期,1913年法国取得同成铁路(大同—太原—西安—成都)的包筑权,1915年由宝鸡沿清姜河上行,以26‰的最大坡度,长7000 m越岭隧道方案进行过踏勘;1916年曾踏勘过西安至昭化段比较线;1920年提出过从天水过秦岭方案。

1933年国民党政府,曾在该区用航测进行选线,除宝鸡、天水越岭方案外,还提出西安经商州越岭,走山阳、安康至成都及西安经周至越秦岭,走子午谷、西乡至成都等方案,均因工程浩大,不良地质严重,处理困难而放弃。

1939年天略方案以15‰最大限坡,从天水越秦岭,沿永宁河至略阳,曾进行过初、定测,因工程艰巨而被放置。1947年夏仍以15‰限坡,从天水越秦岭,在永宁河以西,洮河以东大面积内进行了成县、西和、礼县三个方案为主的线路比选,采用了礼县方案,进行过定测。

2.1950～1952年天略与宝略方案选择

1950年,铁道部根据以前所选定的天水越岭方案,组成天成勘测总队,对天水至略阳段进行了草测、初测及初步设计;1952年又组建宝略勘测总队,对宝鸡越岭方案,进行宝鸡至略阳初测,在初测资料基础上,进行了天略方案与宝略方案比选,其工程数量和投资见表2-3。

表2-3　宝略与天略方案主要工程数量和投资比较表

工程项目	单位	宝略方案	天略方案	天略比宝略	
				少	多
正线长度	km	242.0	237.3	4.7	
单机12‰地段	km	181.2	176.7	4.5	
双机20‰地段	km	60.8	60.6	0.2	
土石方	10^4 m^3	3 064	2 430	634	
隧道	座-m	163-47 217	120-32 675	43-14 542	
大、中、高桥	座-m	60-6 281	51-4 919	9-1 362	
小桥涵	座-m	591-12 524	669-11 094	1 430 m	78座
挡土墙	m^3	22 962	69 372		46 410
工程费	万元	28 830	21 719	7 111	

从表中看出两方案线路长度相差不大,按20‰双机坡越岭,天略方案虽然在工程费上稍省,但越岭隧道位于第三系白色黏土岩中,地下水发育,施工困难,且四川往东货运量约占总货

运量的 2/3，都需经过当时地质病害严重的宝天线，难以保证不间断行车，同时宝天铁路通过能力有限，因此铁道部决定采用宝略方案。

（三）区域地层构造

宝略方案，越秦岭主峰，在区域构造上，主要经过渭河断陷盆地及秦岭断褶带，其地层构造见图 2－4。

1. 地层：渭河断陷盆地中以第四系黄土及黄土质土为主，形成多级阶地，阶地下部及河床中有卵、砾石土分布；盆地边缘局部有第三系及白垩系砂砾岩及黏土岩，普遍稳定。

秦岭断褶带岩浆岩发育，以燕山期酸性侵入岩为主，多呈岩基产出，岩性为花岗岩类；中性、基性、超基性岩类多呈脉岩；海西、印支期及更老的侵入岩体，普遍变质为片麻岩及混合岩类；喜山期多为正长岩、花岗正长斑岩，呈岩脉、岩墙贯穿，岩质普遍坚硬稳定。各类侵入岩体之间及断裂带中分布有元古界宽坪组黑云母石英片岩、绢云母绿泥石片岩、大理岩夹熔岩及片麻岩；西部有泥盆系变质粉砂岩、板岩、条带状石灰岩等，多以俘虏体状分布，挤压破碎剧烈，多滑坡、崩塌。

2. 构造：该区南部为北秦岭加里东褶陷中的秦岭断褶带，北部为中朝断块中的渭河断陷，与越岭方案关系较大的有三条断层，见图 2－4。

F_1 断裂为秦岭北侧的深大断层，即宝鸡—合肥的岩石圈活动断裂，为渭河断陷与秦岭断褶带的分界线，亦为渭河盆地与秦岭山区的分界线，断裂带东延至兰田以东，西延至天水以西，走向 NWW，倾向 NE10°，倾角 70°～80°，为一南升北降的张扭性断裂带，断裂破碎带宽达百米以上，断层破碎带内山坡多不稳定。

F_2 宝鸡至华山断层，断裂具旋扭性，西安以东为南升北降，西安以西为北升南降，断层带多被黄土覆盖，断层带上有泉水出露，形成黄土塬边陡崖，产生滑坡、崩塌，1955 年陇海铁路上的卧龙寺大滑坡，就发生在该断裂带上。

F_3 清姜河断层，走向 NE，倾向 SE，倾角 70°，属张性断裂，断层带宽几米至 10 m，多较稳定。清姜河及铁路、公路通过或平行该断裂带，仅在观音山车站，由于路堑边坡进行大爆破施工，形成边坡不稳定。

（四）越岭方案选择

宝鸡至略阳方案选定后，1953 年又在宝鸡前后通过踏勘、草测、初测，进行了四个接轨点及越岭垭口选择；选定东峪口垭口后，又以东峪口垭口为主，进行了南、北、中三个越岭方案及限坡的比选，最后选定现行线。

1. 四个接轨点及垭口选择

（1）虢镇—庙沟垭口：自陇海铁路虢镇站过渭河，顺蟠溪河而上，过岭顶垭口（1 760 m），顺庙沟而下，直达陕南褒城，为宝鸡通往汉中的第二条古大道。由于蟠溪河谷地形狭窄，展线地段位于 F_1 断层带内，地质不良现象较多，垭口较高，工程较大而放弃。

（2）宝鸡—东峪口垭口：由宝鸡站出线，跨越渭河，上溯清姜河，穿越东峪口垭口（1 430 m）（以后设计的通过垭口最高点为 1 576 m，在最低垭口东侧），顺嘉陵江而下至略阳。由于清姜河河谷宽敞，展线地段多为燕山期花岗岩类，山坡较稳定，越岭垭口最低，故列为推荐方案。

（3）林家村或固川—梅家沟垭口：自宝天铁路林家村或固川站附近过渭河，沿太寅沟或晁峪沟而上，越梅家沟垭口（1 800 m）后，顺梅家沟至东河桥，沿嘉陵江至略阳。展线沟谷均较狭窄、展线地段岩层十分破碎，垭口最高，工程浩大而放弃。

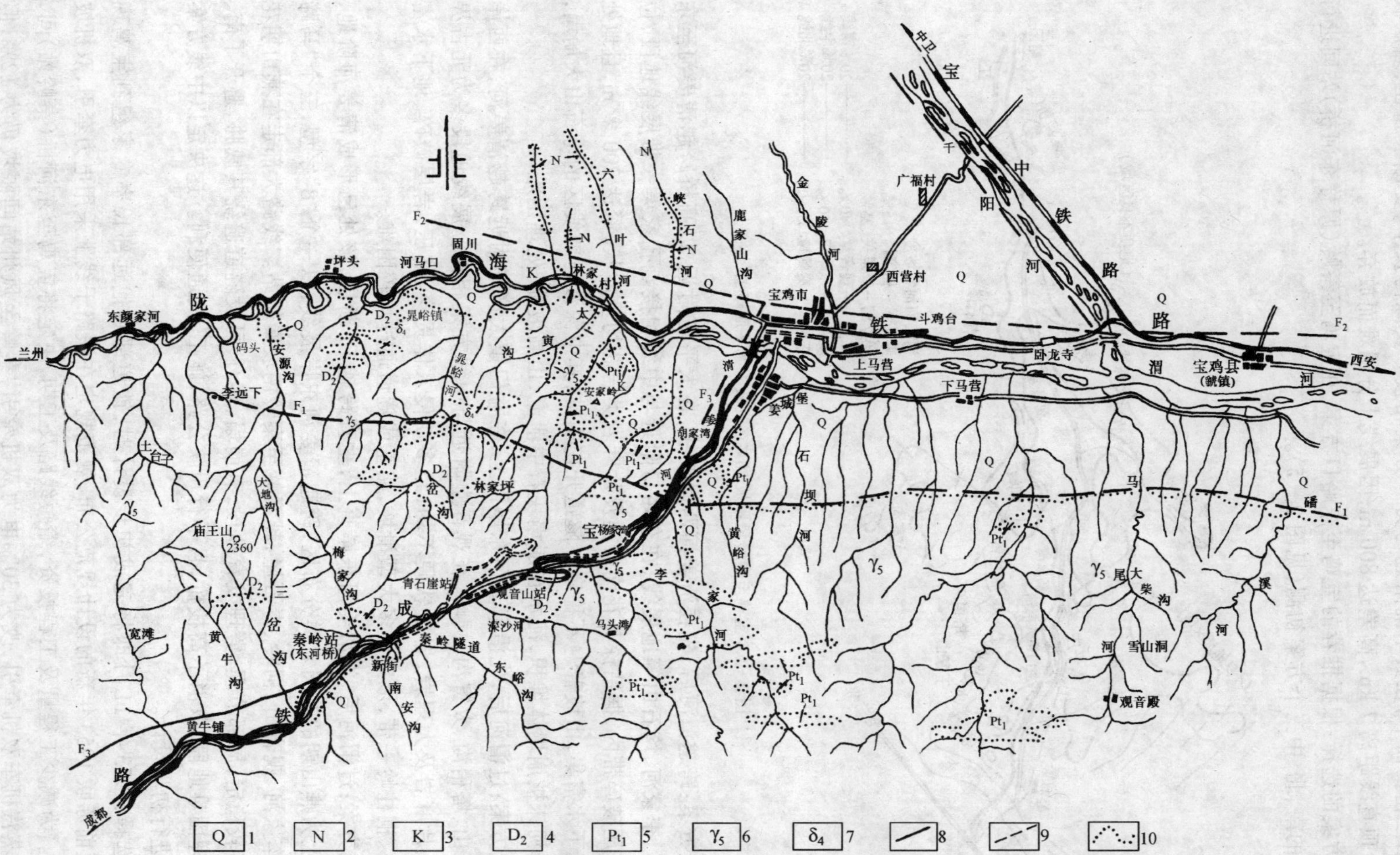

图 2-4　宝成线宝鸡至秦岭段区域地质略图

1—第四系；2—第三系；3—白垩系；4—泥盆系；5—元古界宽坪组；6—燕山期岩浆岩；7—海西期片麻状闪长岩；8—断层；9—隐伏断层；10—岩层分界线。

(4)码头—三岔沟垭口:从宝天铁路坪头、颜家河之间过渭河经码头,沿安源沟而上至岭顶(1 710 m),沿三岔沟而下,在黄牛铺附近与另一方案相接。安源沟狭窄,受断裂挤压,岩层破碎,渭河至岭顶直线距离 7 km,高差达 800 m,因展线十分困难而放弃。

2.越岭方案的选择:根据推荐的宝鸡至东峪口方案,在宝鸡至秦岭(原称东河桥)站间进行过限坡 20‰的南、北、中三个方案初测(见图 2-5)。

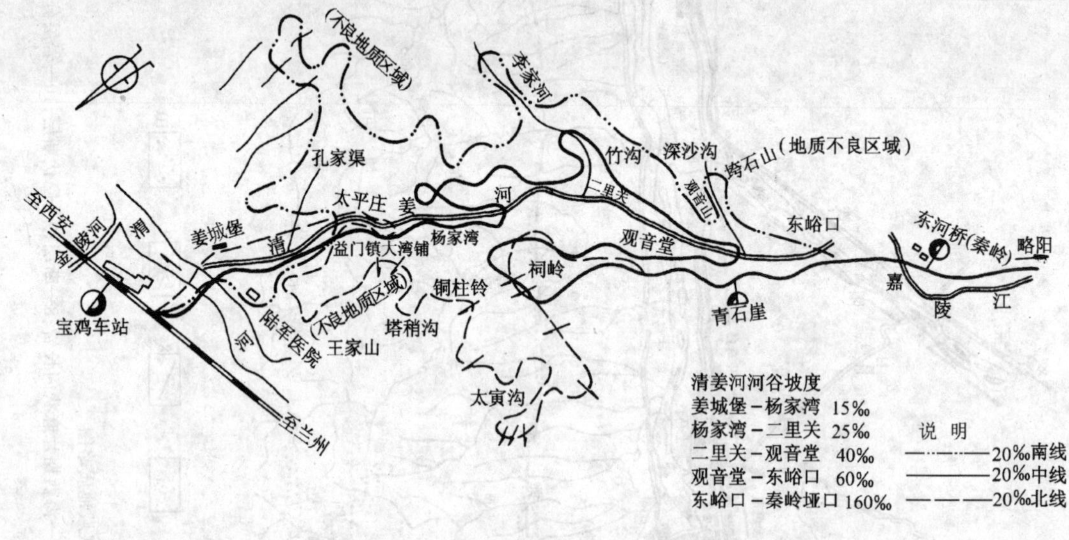

图 2-5 宝鸡至秦岭段限坡 20‰各比较方案平面略图

(1)南线方案:跨越渭河后,先在清姜河西岸展线,在太平庄附近,以高桥跨越清姜河至东岸,在孔家渠、李家河、垮石山等地展线,在东峪口附近与中线相接。孔家渠一带展线地段,位于 F_1 断裂挤压破碎带内,据钻探其花岗岩类及片麻岩类岩芯均呈砂状,深达 200 多 m,且地处秦岭阴坡,地下水富集,山坡普遍不稳定。隧道开挖困难,其中深沙河展线区的垮石山大崩塌,规模大,整个河床被崩塌体堆积,河水在崩塌块石中泄流,山高坡陡,处理困难。

(2)北线方案:过渭河后,先沿清姜河东岸而上,在益门镇大湾铺附近跨越清姜河,在西岸展线,经王家山、塔稍沟、太寅沟、祠岭,在观音堂附近与中线方案相接。展线地段多为元古界宽坪组片岩、片麻岩及大理岩,岩层软硬不均,经多期侵入体贯穿、挤压,岩层破碎,地下水富集,在王家山、桐柱岭一带,形成许多大型滑坡,路基或隧道通过均较困难。

(3)中线方案:过渭河后,沿清姜河东岸直上,垂直跨越 F_1 断层,该处已形成清姜河阶地,在杨家湾以上为燕山期的花岗岩类分布区,跨越清姜河东岸展线,以一个“8”字型,三个“马蹄形”而上,经李家河、观音山、祠岭、青石崖,越秦岭至秦岭南坡秦岭站。线路大部走在燕山期花岗岩类中,多较稳定,局部节理、劈理发育地段,有崩塌、落石,可设隧道避绕其威胁,避开了南、北方案中处理困难地段,取消了高栈桥,且平行川陕公路,施工、交通便利。遂决定以中线方案为主要方案进行初步设计。

3.限坡选择:1953 年 11 月即将完成初步设计时,铁道部滕代远部长率专家组到宝鸡现场,当时适值前苏联 1953 年新的设计规范公布,规范规定在铁路干线上采用电力牵引,双机坡可采用 30‰。为减少工程量及工程投资,缩短线路及工期,决定将宝鸡至东河桥(秦岭站)间,原定的 20‰蒸汽机车双机牵引,改为 30‰电力双机牵引,秦岭至凤州站间限坡仍为 12‰,但其分界点按电力牵引布置。

当时铁一院即在20‰中线方案的基础上，重作纸上30‰的定线及外业补测，通过定线可将展线地段全部置于燕山期花岗岩类中，将“8”字形上下重叠线，置于西岸更稳定的花岗岩类中，可使线路缩短16.37 km，隧道长度减少12 km，越秦岭隧道长2 363.6 m，线路位置见图2－6。主要工程费用由8 336万元降至4 701万元，可节省投资3635万元左右。详见表2－4。

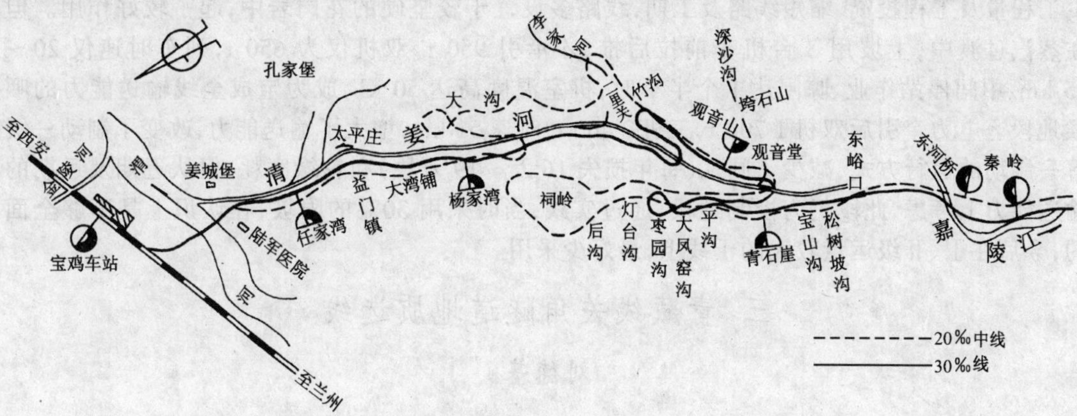

图2－6　宝鸡至秦岭段限坡20‰与30‰方案平面略图

表2－4　宝鸡至东河桥段限坡20‰及30‰方案主要工程数量比较表

项目		单位	电力机车双机30‰方案	蒸汽机车双机20‰方案	备　注
线路长度		km	44.3	60.67	
土石方	填	$10^4\ m^3$	148.0	306.0	
	挖	$10^4\ m^3$	169.0	203.0	
隧道		m/座	14 087/41	26 262/71	秦岭隧道30‰方案长2 363.6 m
高桥		m/座	808/10	2 085/26	
大、中桥		m/座	41/1	68/1	不包括渭河大桥
小桥		m/座	82/17	369/30	
涵洞		座	63	88	
挡土墙		m^3/处	144 987/60	31 728/18	
车站		个	6	9	宝鸡秦岭站在内
建筑费总计		万元	4 700.5	8 335.9	

1954年2月按限坡30%开始初步设计，并同时拟定初期采用蒸汽机车多机牵引过渡2年，同年送部鉴定、批准，1954年5月秦岭隧道开始动工，1958年通车运营以来，长达30多年，一直保持安全运行，为地形、地质复杂山区的铁路选线开创了先例。

(五)经验教训

1.复杂山区越岭选线中，采用了区域性地质调查，大范围方案比选，选出了工程地质条件最好，垭口最低，沟谷最宽敞，交通最方便的方案，在当时工程地质队伍刚刚创建的条件下，起到了启蒙示范作用。

2.在方案比选中采用工程地质对比，避开了不稳定的F_1深大活动断裂带、宽坪组片岩及片麻岩破碎岩带、垮石山大崩塌和王家山、桐柱岭等大型滑坡区。将中线方案“8”字型、“马蹄型”展线地段的重点工程，均设置于区域地质条件最好的燕山期花岗岩类中，对该段线路在运营中能保持长期稳定，奠定了良好基础。

3. 在航距 25 km，引线长达 44.3 km 的陡峻山区，修建隧道 41 座，长 14.09 km，修建大、中、高(最高 51 m)桥 11 座，长 849 m。靠分水岭的山坡陡峭地段，均为桥隧相连，避免了山高坡陡，崩塌、落石的威胁，对线路运营安全起了保证作用。

4. 由于该段地形、地质特别复杂，工程艰巨，当时决定采用限坡 30‰ 电力双机牵引，对减少工程量及工程投资，缩短线路及工期，线路多设置于较坚硬的花岗岩中，起了较好作用。但在蒸汽过渡中，上坡用 3 台机车前拉后推，才牵引 950 t，双机仅为 650 t，列车时速仅 20～25 km，中间停站作业、晾闸达 1 个半小时，机室温度高达 50 ℃，成为宝成全线输送能力的咽喉地段。电力牵引后双机 1 700 t，三机 2 400 t，时速 51 km，增大了输送能力，改变了制动—缓解—制动的运行方式，减少了闸瓦(每年损失 16 万～19 万块)和轮缘磨耗，但从近期及远期的输送能力上考虑，此段仍为控制地段，通过实践，当时采用 30‰ 的限坡，在认识上是不够全面的，今后在Ⅰ、Ⅱ级运量较大的干线上，最好少采用。

三、青藏线关角隧道地质选线

刘德基

(一)概况

关角隧道位于青海省天峻县(东经 98°53′、北纬 37°10′)境内，是青海湖盆地与柴达木盆地的分水岭隧道，属祁连山脉分支中吾农山系。隧道地区海拔高程一般 3 200～4 000 m，最高山顶 4 214 m。

隧道设计高程 3 689 m 至 3 671 m，最大埋深 525 m，隧道全长 4 009.89 m，洞身全部在直线上，设计为人字纵坡，进口 30 m 为 8‰ 和 400 m 为 2‰ 的上坡。出口为 4‰ 的下坡。该隧道为当时国内海拔最高的隧道。

隧道地区属青藏高原亚寒带半干旱气候区，最冷月平均气温 −15.2 ℃，极端最低气温 −40 ℃，冻结期为 10 月至次年 5 月，土壤最大冻结深度 3 m，年降雨量 300 mm 左右，蒸发量 ＞1 500 mm，空气含氧量约为 12%，为高寒缺氧、人烟稀少的牧区。

1956 年踏勘、草测、航测，1957 年初测，1958 年初设。1958 年 10 月边设计、边施工，1961 年 3 月停工，当时已完成隧道全部工程的 63%，剩余正洞导坑 843 m，拱圈 1 300 m，左边墙 1 610 m，右边墙 3 600 m。1963 年曾进行过补充定测。1975 年由铁道兵复工。当时进口端 430 m 的 8‰～2‰ 上坡，地下水可排出洞外，但过人字纵坡顶后，向出口端为 4‰ 下坡，由于隧道未贯通，地下水无法排出，积水淹到起拱线，长达 14 年，隧道经长期封闭和水的浸泡，造成复工后道床下沉、开裂、上臌，已有衬砌及拱顶变形开裂，后经排除积水，清除虚碴，处理坍塌，加固和加强衬砌，1976 年 11 月隧道全部贯通，1978 年 8 月铺轨通车，现已运营 20 多年，情况基本良好。

(二)地层与构造

1. 地层

区域地层岩性甚为复杂，主要有震旦系、寒武奥陶系、中、上泥盆系、石炭二叠系等，均有不同程度变质，并有岩浆岩侵入贯穿，地层分布见图 2－7，地层从老至新简述如下：

(1)震旦系：乳白色，厚层块状大理岩，硬而脆，主要分布于垭口南部隧道出口外。

(2)寒武奥陶系：为隧道地区分布较广泛的地层，大致可分为 7 组，即：A. 泥灰质片岩组；B. 致密状石灰岩组；C. 结晶及砾状石灰岩组；D. 片岩、板岩与石灰岩互层组；E. 碎屑岩组；F.

片岩及板岩组;G.片岩、板岩与石灰岩互层组。垭口西部与隧道出口为片岩及板岩组分布地段,其岩性为深绿色云母绿泥石黏土质片岩、灰绿色砂质绢云母绿泥片岩、灰黑色砂质碳酸盐绿泥片岩、浅绿砂质绢云母片岩、深灰色灰质板岩、灰白色板状结晶石灰岩、角闪石英绿泥片岩。这组片岩及板岩,在地表均风化成碎屑粉末及泥块状,镜下鉴定呈变余泥质、砂质结构或显微鳞片变晶结构,含次生矿物方解石、绿泥石、石墨、黑云母等,因此统称为松软片岩或软质片岩,在工程地质条件上它是区域最差的岩组。其次为片岩、板岩与石灰岩互层组,它主要分布在隧道进口地段,以灰黑色粉砂质黑云母、石墨片岩为主,岩质亦较松软。

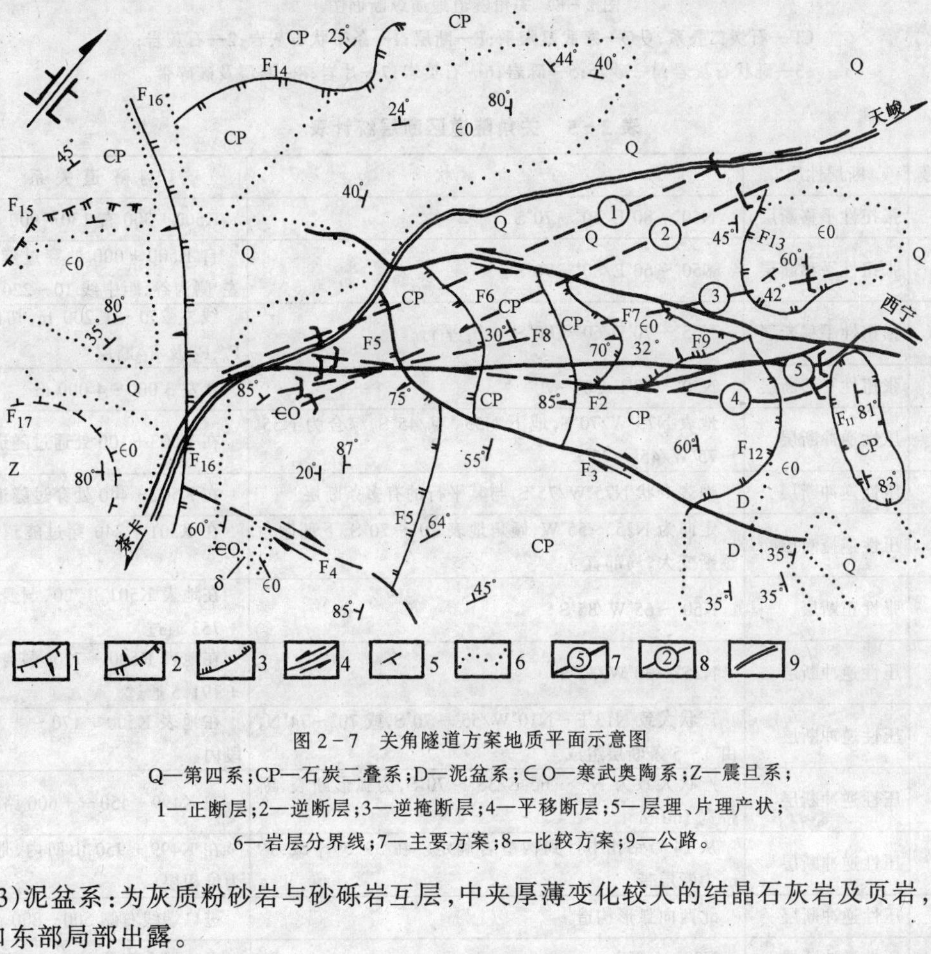

图 2-7 关角隧道方案地质平面示意图

Q—第四系;CP—石炭二叠系;D—泥盆系;∈O—寒武奥陶系;Z—震旦系;

1—正断层;2—逆断层;3—逆掩断层;4—平移断层;5—层理、片理产状;

6—岩层分界线;7—主要方案;8—比较方案;9—公路。

(3)泥盆系:为灰质粉砂岩与砂砾岩互层,中夹厚薄变化较大的结晶石灰岩及页岩,仅在隧道进口东部局部出露。

(4)石炭二叠系:分布在垭口东西两侧,可分4组,即:A.底砾岩组;B.石灰岩夹碎屑岩组;C.厚层石灰岩夹碎屑岩组;D.石灰岩、碎屑岩互层组。A、B组分布于隧道出口以外的西南部,D组分布在隧道以外的东部及西部,隧道主要穿越C组,为肉红色条带状、砾状致密厚层块状硅质石灰岩,夹青灰色板状、薄层状石灰岩、灰绿色泥灰质细砂岩、砾岩、泥灰质炭质片岩、千枚岩及大理岩,岩质较坚硬,称为硬质石灰岩带,是区域工程地质条件上最坚硬的岩组。

2.构造

区域大地构造单元为祁连山断褶带中的中吾农复向斜,褶皱总体方向为N55°~65°W,断裂有N55°~60°W及NNW两组。隧道在复向斜中,由于各期断层纵横切割,仅残存部分不完整的背、向斜,总的褶曲、断裂走向与区域褶曲、断裂一致,见图2-7及图2-8。断层见表2-5。

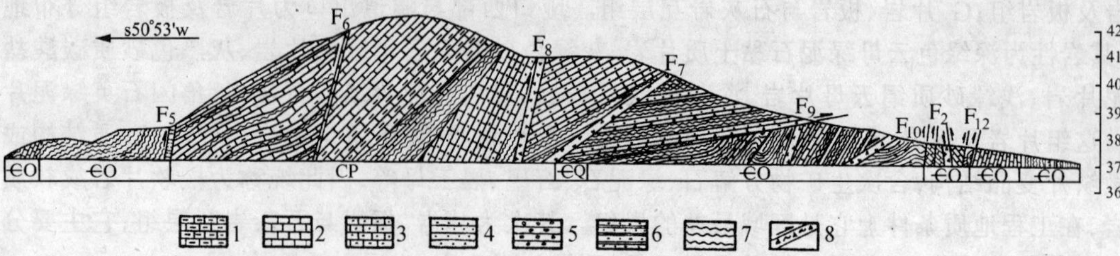

图 2-8 关角隧道地质纵断面图

CP—石炭二叠系；∈O—寒武奥陶系；F—断层；1—条带状石灰岩；2—石灰岩；
3—砾状石灰岩；4—砂岩；5—砾岩；6—石英岩；7—片岩；8—断层及破碎带。

表 2-5 关角隧道区断层统计表

断层编号	断层性质	产　　状	与隧道关系
F_1	张扭性平移断层	N50°～80°E/50°～70°S	K500+300 右 130～900 m
F_2	张扭性平移断层	N50°～60°E/80°～90°S	自 K500+000 处穿过隧道，沿左 侧沟谷，距中线 10～220 m
F_3	张扭性平移断层	N55°～70°E/60°～80°S 与 F_1 平行	线左 250～1 200 m，切断 F_5、F_6、F_8 及 F_{12} 断层
F_4	张扭性平移断层	N50°～80°E/50°～70°	线左 3 000～4 000 m
F_5	压性逆冲断层	地表 N75°W/70°S，地下 N55 °W/45°S，综合为 N55°～75°W/45°～75°S	在 K503+100 处通过隧道
F_6	压性逆冲断层	地表产状 N75°W/75°S，与其平行的有多条断层	在 K502+440 处穿过隧道地面
F_7	压性逆掩断层	走向为 N25°～55°W，倾角地表 20°～70°S，下部倾角逐渐变大，局部直立	在 K501+240 穿过隧道，呈弧形
F_8	张性正断层	N50°～65°W/85°S	在地表 K501+720、洞身 K501+753 通过
F_9	压性逆冲断层	N25°～30°W/32°S	在地表 K500+720、洞身 K501+191.5 通过
F_{10}	压性逆冲断层	产状大致 N13°E～N10°W/55°～70°S，或 70°～74°N，由 4～5 条断层组成	在地表 K500+170～+333 一段内
F_{11}	压性逆冲断层	产状大致为 N5°～65°E/38°～70°S，为弧形断裂，断带宽 160 m	在 K499+450～+600 路堑中
F_{12}	压性逆冲断层	从 14 号钻孔中打到构造岩确定。在 39.59～52.19 m 为断层带	在 K499+950 山凹内，地表全为堆积层
F_{13}	压性逆冲断层	北西向弧形构造	进口端线右侧 500～800 m 处
F_{14}	压性逆冲断层	N30°～40°E	出口端右侧约 4～5 km 处
F_{15}	压性逆冲断层	N30°～50°E	出口外路堑右侧 2～3 km 处
F_{16}	压扭性断层	N20°～65°W，主断带宽 300～560 m	出口后路堤通过该断层

从隧道地区测绘到的 16 条断层，其中 11 条为压性，5 条为张性。隧道洞身通过 8 条断层，其中 2 条为张性，6 条为压性，这 6 条断层均为 NW 走向。其中 F_{16} 及进洞前通过的布哈河断层（图幅以外）为区域主要的较大断层，走向为 N20°～70°W，其它均为较小的次一级断层。隧道洞身通过的 8 条断层，为次一级小断裂，5 条几乎垂直线路，3 条与线路斜交。隧道走向为 N50°53′E。

该区断层主要形成于加里东期以前，海西期部分继承发展，燕山期该区以垂直升降为主，产生了许多平移错断，喜山期该区以整体上升为主，有地震活动。据祁连山区的古浪、山丹、昌马等地历史地震均沿 NW 至 NNW 向断裂带分布发展，统计的等震线长轴方向，亦为 NW 向。1938 年 8 月 23 日，关角西北 80 km 发生 6 级地震，等震线长轴也是 NW 向。据隧道附近两次强震，震源机制了解分析，其地应力是 NE 向压缩，NW 向引张，所以从地应力考虑，隧道走向，应以 NE 向，平行地应力方向最好。

(三)水文地质

本区深居内陆，远离海洋，属半干旱气候，但因临近青海湖，分水岭地势高，雨量较周围盆地充沛，地下水补给来源丰富。

区域岩层，历经多次构造运动，构造裂隙发育，所以地下水以构造裂隙水为主，主要贮存于各类石灰岩、变质碎屑岩及张性平移断层中，由于石灰岩中普遍含硅质成分较多，溶洞及岩溶水很少。

石灰岩出露广泛，有两组节理，一组 N30°～50°W，一组 N5°～20°E，前者大致平行山体走向，后者大致垂直山体走向，节理宽一般 3 mm 左右，深达 500 m 以下，渗透性较好，为本区主要含水层及地下水活动通道。

片岩、板岩夹砂岩及石灰岩，岩层挤压破碎，褶皱及小断裂较多，仅有层间裂隙水，水量较小。

张性平移断层带，是破碎岩带中蓄水层，也是地下水的流动通道，无论静储量或动储量都比较大。

隧道地区泉水很多，多属季节性泉，受融雪水补给，长年有水的泉仅有 3 处，多分布于张、压性断层交汇地带。

(四)越岭方案比选

1. 区域方案比选

1956 年青藏线西格段确定经过克土垭口(海晏县境内)，方案选定后，从克土至柴达木盆地，翻越中吾农山分水岭垭口方案争论较大，青海省海南与海北藏族自治州各持已见，于是从克土走青海湖南岸提出三个方案，走青海湖北岸提出五个方案(见图 2－9)。

(1)青海湖南岸三个方案：由东向西，有共和、江西沟、象皮山三个垭口，各垭口地段地层岩性类同。均为三叠系浅海相、浅—中变质碎屑岩类及碳酸盐岩类。

a. 共和方案：分水岭隧道及隧道两端引线地段均为板岩、千枚岩及各类片岩，岩层较完整，地下水不发育，垭口窄，分水岭隧道短，经过海南藏族自治州首府共和及茶卡盐湖开采地，共和是当时规划中共和至玉树地方铁路的接轨点，曾进行过多次踏勘、航测、草测，与关角垭口、苏吉垭口进行过比选。由于越岭前线路通过青海湖东南缘有 5～6 km 的流动沙丘和 10～15 km 受季节性湖水淹没的松软路基；越岭后在共和西部又要通过 7～8 km 正在活动发展的流动沙丘，处理困难而放弃。

b. 江西沟方案：分水岭隧道及两端线路均在较破碎的板岩、千枚岩及各类片岩中，地下水发育，自然沟中崩塌、滑坡、错落分布普遍，经踏勘后即放弃。

c. 象皮山方案：地层岩性与江西沟方案类似，分水岭隧道与进口端引线地段，岩层特别破碎，地下水特别发育，青藏公路在该段经常发生翻浆冒泥、崩塌、滑坡而断道，曾多次改移；但过垭口隧道后地形宽畅，坡面植被茂密而稳定，进行航测比选后放弃。

(2)青海湖北岸五个方案：自东而西为象皮山、苏吉、关角、野马滩、赛什克五个垭口。

a. 象皮山方案：原拟改善青海湖南岸越象皮山分水岭，因进口端引线地段有不良地质，所以从青海湖北跨越布哈河，绕青海湖西至象皮山垭口。通过航测、踏勘，引线地段通过的破碎片岩多，桥、隧工程大，线路也展长了，通过比选后放弃。

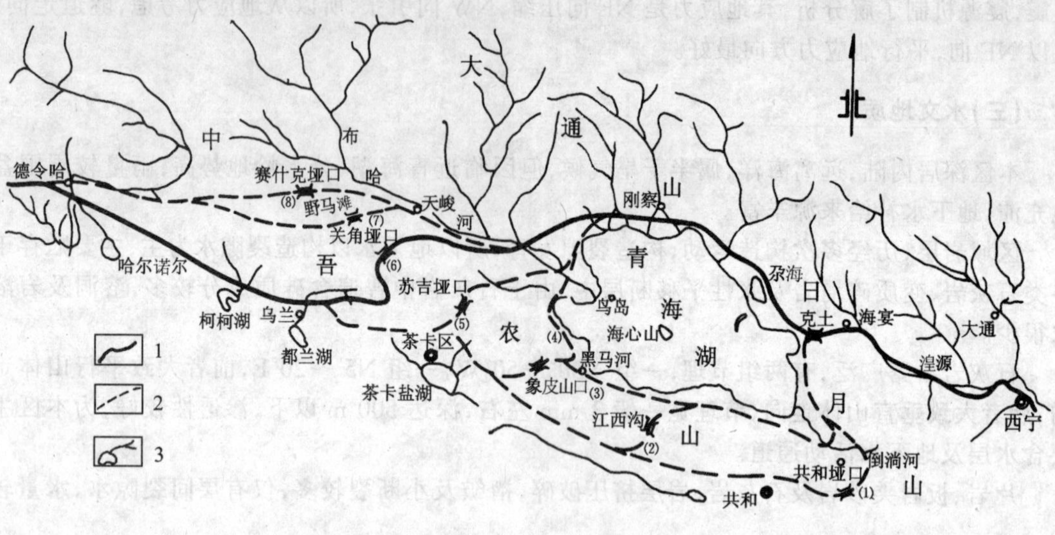

图 2-9　青藏线关角隧道越岭方案示意图

1—现行线（比选中主要方案）；2—参与过比选的各方案；3—水系及湖泊。

b.苏吉垭口方案：是从航测中发现的垭口方案，它在线路方向上最顺直，且通过茶卡盐湖开采区。岩层主要为石炭系变质砂岩、砂质板岩、片岩、白云岩、结晶石灰岩等，受中基性闪长岩、花岗斑岩、英安岩侵入贯穿，受 NW 及 NNW 向为主的多组断裂、褶曲挤压，岩层十分破碎，地下水比较发育。由于分水岭隧道长达 10 km 左右，前后引线桥隧工程大而集中，且岩性普遍破碎，通过初测经济比较而放弃。

c.野马滩及赛什克垭口方案：均是沿着布哈河 NW 向大断裂带而上，地层主要为石炭二叠系及三叠系变质碎屑岩，片理发育，岩层普遍挤压破碎，线路几乎全部平行大断裂带，拔起高度大，展线较长，野马滩方案通过踏勘后即放弃，赛什克垭口方案通过航测比选放弃。

d.关角垭口方案：该垭口为断层形成，垭口西侧为馒头状平缓丘陵山包；而垭口东侧高山陡立，多为悬崖陡壁形成的崇山峻岭区。垭口以西地层为寒武奥陶系灰绿色片岩、板岩、千枚岩夹粉砂岩及石灰岩等，岩层十分破碎，表面多风化成土状；但垭口以东以石炭二叠系灰白色致密结晶石灰岩、大理岩夹各类片岩及粉砂岩为主。根据岩层片理产状及层位，结晶石灰岩及大理岩等显然被错断过。沿断层泉水呈串珠状分布，形成大片冰椎，为当地藏民主要水源。垭口最低处全为灰绿、灰黑色挤压破碎片岩，表面呈泥块状，在地下水的活动下，工程地质条件最差。

但由于关角垭口高程在 8 个方案中最低，越岭隧道最短，前后引线以路基为主，无较大桥隧工程，线路方向较顺，照顾城市、矿点多，所以在踏勘、航测、草测、初测比选中，都推荐为主要方案。初测阶段曾组建专业地质队，对苏吉垭口、关角垭口二个方案同时进行初测比选，最后选定关角垭口隧道方案进行初步设计。

2.关角垭口隧道方案比选

(1)选线原则

在关角垭口隧道方案比选中，进行了 42 km^2 的区域地质调绘，钻探 24 孔 2 000 多米，70 多组岩石薄片鉴定及大量物探、槽探等，初步掌握了区域地层岩性分布、断层类型、性质及工程地质、水文地质条件，提出了越岭隧道方案通过的原则。

a. 各类软质片岩（包括云母绿泥石片岩、泥炭质片岩、石墨质片岩、绿泥石片岩、石英绿泥石片岩等）、断层泥、断层碎屑粉末岩带，围岩分类Ⅱ～Ⅲ类（岩石坚固系数 $f=1\sim2$），工程地质条件最差，应尽量绕避。

b. 软质片岩夹各类薄层石灰岩、粉砂岩、砂质板岩、泥质千枚岩等，围岩分类Ⅲ～Ⅳ类（岩石坚固系数 $f=2\sim3$），应尽可能减少通过的长度。

c. 较好的厚层块状石灰岩、结晶石灰岩、大理岩、石英岩、变质砂岩、砾岩等，围岩分类Ⅳ～Ⅴ类（岩石坚固系数 $f=4\sim5$），为该区较好岩层，应尽可能从其中通过。

d. 区域岩层片理走向与区域主要断层构造线走向一致，以 NW 向为主。区域历史地震及新近地震统计的等震线长轴方向，均为 NW 向。因此隧道走向最好垂直或以较大夹角穿越岩层片理及断层带走向。

e. 由于较大的泉水出露地段，多为 NW 向压扭性断层与 NE 向张扭性断层交汇地段，所以线路最好避开 NW 与 NE 向断层交汇地带。

(2)越岭方案比选

根据上述选线的原则，越岭隧道应避开最低垭口及垭口以西的软质片岩带，在垭口以东的厚层灰质岩带中，尽可能垂直 NW 向片理及断层选择。据此，先后提出过 5 个方案进行比选（见图 2－7）。

第一方案：隧道长 3 600 m，洞身穿过破碎松软片岩长 2 500 m，与 F_5、F_6 断层接近正交，与 F_1 断层斜交，岩层松软破碎，地下水发育，施工困难，属工程地质条件较差的方案。

第二方案：与第一方案平行而邻近，工程地质条件类似，仅斜穿 F_1 断层角度稍大些，但位于 F_1 与 F_7、F_8 断层交汇地段，地下水特别发育；比第一方案隧道长 150 m，仍为工程地质条件较差方案。

第三方案：隧道长 4 070 m，隧道大部分通过厚层块状硅质石灰岩，避开了部分松软片岩带，垂直穿越了 F_5、F_6、F_7、F_8 和 F_{13}断层，但与 F_1 断层斜交角度更小，且通过 F_1 与 F_9 断层交汇地段，地下水丰沛，松软片岩分布地段，施工困难。

第四方案：隧道长 4 120 m，隧道大部分通过厚层块状硅质石灰岩，在进、出口有必须通过的寒武、奥陶系软质片岩，垂直穿越 F_5、F_6、F_8 和 F_{12}断层，隧道部分沿 F_2 断层和 F_2 与 F_7、F_9 断层交汇地段通过。进口位于 300 m 曲线半径上，对施工、运营通风不利。

第五方案：隧道长 4 009.89 m，为第四方案的改善方案，取消了进口 300 m 的曲线半径，避开了隧道部分沿 F_2 断层及 F_2 与 F_7、F_9 断层交汇地段，斜交穿越 F_2 断层，较其它方案通过石炭二叠系石灰岩、硅质岩类长些，但在进出口两端通过寒武奥陶系软质片岩较第四方案要稍长些。

整个关角垭口地区，地形是东高西低，地层是东硬西软，线路越向东移隧道越长，而通过较坚硬岩层越多；线路越向西移隧道越短，而通过松软地层越长，且偏离线路方向。因此，经研究分析，最后选定关角垭口第五方案为初步设计方案，即现行线。

(五)经验教训

1. 该区地旷人稀，为藏族牧区，1957 年开始勘测时，在地形、地质资料上是空白区，通过对藏民的访问、踏勘，苏联派专家参与航测及制图，建立工程地质专业队伍，进行草、初测，在长达 300 多公里的分水岭山区的 8 个可行性垭口中，选出了高程低、线路顺、隧道短、经过矿点多，且能照顾县级城市的关角垭口方案。又通过 42 km^2 的 1/5 000 及 1/10 000 的区域工程地质及水文地质测绘，纵、横地质断面测绘，进行了大量物探、钻探、槽探，岩石物理力学测试及岩石薄片鉴定等，从8个垭口中，选出关角垭口，又在关角垭口5个方案中，选出了现行线，在当时的条件下，采用的这些选线工作方法是适当的，也是先进的。

但在初步设计尚未完成的情况下，即仓促上马，边设计，边施工，隧道开挖后，隧道顶距洞身80 m的泉水全部干涸，地下水涌入隧道，1961年又仓促停工，隧道中裸露地层未进行任何处理，许多地段积水高至起拱线，长达14年。造成复工后，整治病害长达7年，这是应汲取的教训。

2. 隧道设计中所采用的围岩分类(岩石强度系数f值)，通过施工开挖基本相符，不相符而变更设计的地段，仅占全隧道的7%，且多在后期施工地段内。由于洞身涌水多集中在进口端，涌水量500～1 600 m^3/d，但线路向出口下坡，在隧道未贯通前，水无法自动排泄，造成道床基坑受积水浸泡、软化，形成道床上臌、衬砌开裂、拱顶变形掉块，后经加仰拱、换墙、换拱等处理措施才解决。在地下水较发育的隧道纵坡设计中，应注意施工和运营的排水问题。

3. 据勘测时提(抽)水及泉水观测，计算预测进口端总涌水量为490～1 052 m^3/d(枯水期到降雨期)，出口端为200～400 m^3/d。而施工期据记录进口端突水量达8 000～9 000 m^3/d，出口端达10 000 m^3/d，造成附近泉水干涸。当运营后拟利用其水作为机车及生活用水时，其涌水量又显著减少变为接近勘测时预测的涌水量。此种情况说明，对深埋长隧道，如何预测地下水的动、静储量，是值得研究的问题。

4. 施工运营证明，依据区域构造形迹统计分析得出的挽近区域地震活动和地应力的方向选择的隧道走向是正确的。在隧道受地下涌水浸泡14年后的复工中，隧道出现了一些病害，施工单位邀请一些专家会勘，有人认为该隧道垂直地应力方向，在山体核部地应力可能达到5～12.5 MPa，并预言该隧道修不成，修建后也非垮不可。但关角隧道建成后，运营已达二十多年，情况基本良好，证明隧道垂直主应力方向问题并不存在，隧道的轴向选择是合理的。

四、南疆线奎先达坂越岭方案地质选线

赵中堂

(一)概述

奎先达坂为南疆线吐鲁番至库尔勒段的制高点。奎先达坂越岭隧道为南疆线重大控制工程。在达坂东西两侧线路蜿蜒于峰峦溪谷之间，穿山越涧，傍坡靠崖，深挖高填，桥隧相连，工程密集。因此，越岭方案的选择十分重要。

奎先达坂地区的工程地质条件和水文地质条件均较复杂，越岭线路处于北天山褶皱带和中天山结晶岩带相接的深大断裂破碎带，同时又要通过松散的冰碛层、多年冻土。经过300 km^2 的大面积区域工程地质详细调查，结合部分钻探、物探、试验与观测等工作，掌握了奎先达坂地区的地形地貌、区域地层和岩性、地质构造、水文地质、多年冻土与不良地质等特征，对线路越岭提出了3 410 m的短隧道方案与6 200 m的长隧道方案进行比选，见图2－10。最后从工程地质条件和避绕各种不良地质地段考虑，选出了现在通车的长隧道方案。

(二)地形、地貌

奎先达坂位于天山腹部，为不对称的马鞍状地形(见图2－11)，海拔高程2 930～3 475 m，地势东缓西陡，自然山坡一般5°～20°，相对高差400～700 m。东为阿拉沟水系，西为乌拉斯台沟水系。达坂两侧冰川地貌显著，有宽敞顺直的U形谷、冰碛垅，还有陡壁窄脊及高耸之山顶悬冰川，常年积雪和绿色草地相伴，形成特有的奇异景观。

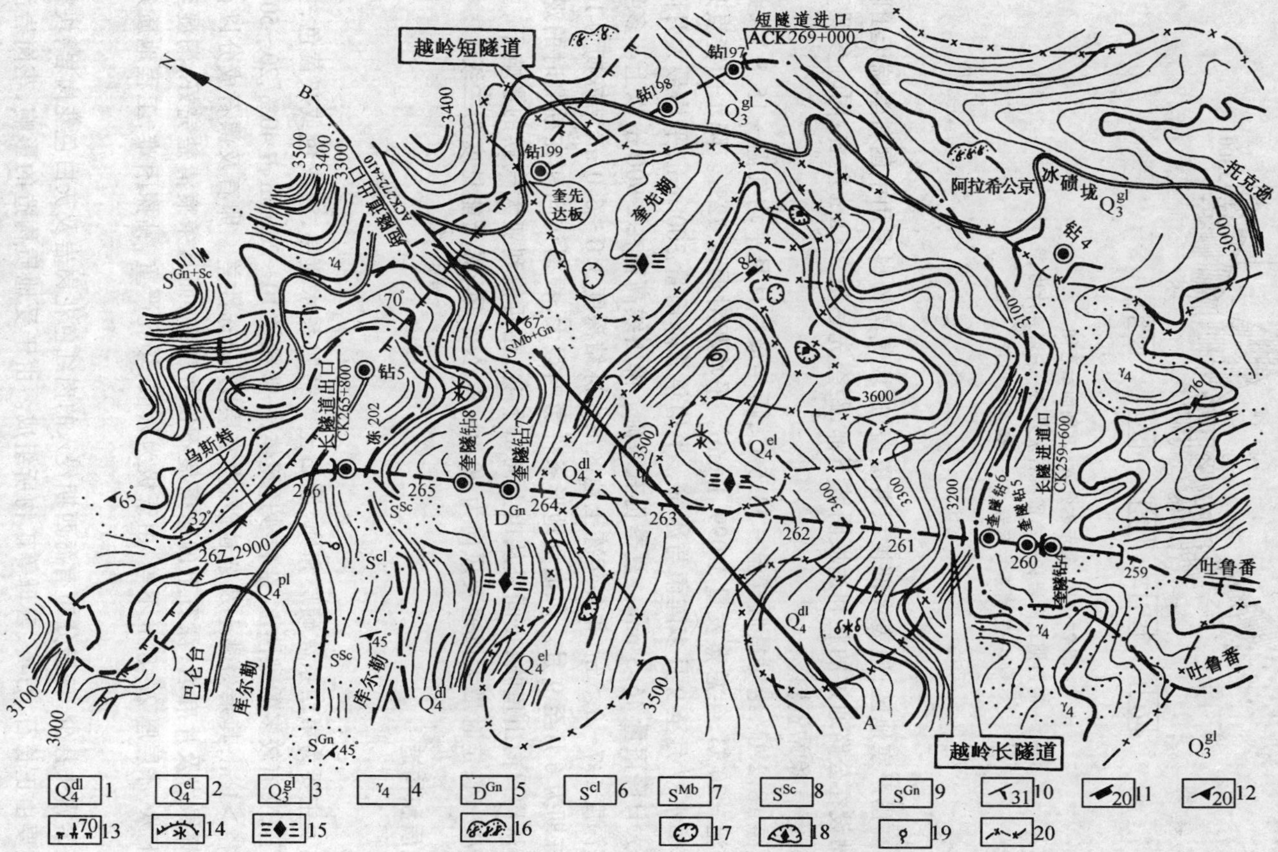

图 2-10 奎先达坂工程地质示意图

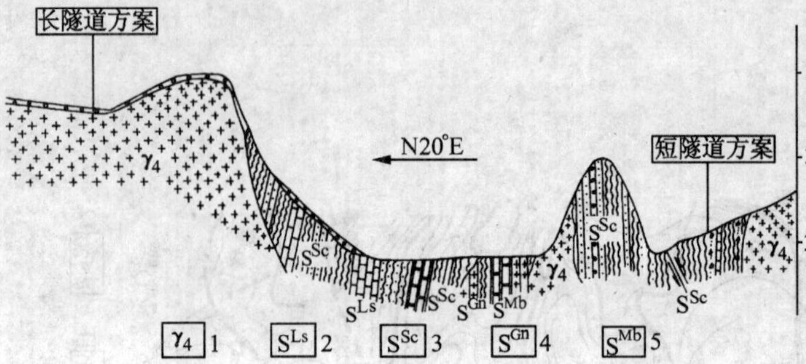

图 2－11　奎先达坂 A－B 剖面示意图

1—海西期花岗岩;2—志留系石灰岩;3—志留系片岩;

4—志留系片麻岩;5—志留系大理岩。

(三)气象

奎先达坂为高山严寒地区,地表大部被积雪覆盖,达坂气象资料采用中国科学院天山临时气象站资料,该站设在公路通过的胜利达坂阴坡下部,距奎先达坂 20 km 左右;同时参照了巴仑台、巴音布鲁克等气象站资料。

绝对最高气温 18.2 ℃,绝对最低气温－33.5 ℃,历年最冷月月平均气温－15.8 ℃,最冷月月平均最低气温－20 ℃,年总蒸发量 1 099.1 mm。平均相对湿度 72%。降水的特点是全年各月均有固体降水,7 月至 9 月多阵雨与冰雹。平均年总降雨量 300 mm,平均最大月降雨量166.5 mm,最大日降雨量 46.3 mm。夏季仍有寒流。降雪线高程在 2 900 m 以上。多年冻土地区最大融冻深度 1.7～3.5 m,非多年冻土地区最大冻结深度 3.0～6.0 m,结冻期为 10 月至翌年 5 月,融冻期为 6 月至 9 月。风向受地形条件影响很大,根据访问和在勘测时的观察,平时白天是顺沟从沟口向山里吹,夜间是从山上向山下吹,在西伯利亚大气候的影响下,主导风向为 W 及 NWW 风;定时最大风速及风向为 20.0 m/s,NW 风;雾天能见度为二级。

(四)区域地质和构造

1. 地层岩性

奎先达坂地表主要为第四系冰碛层和卵、漂石土。第四系冰碛层,浅灰色或灰黄色,主要是砾石、卵石、漂石,夹有较多的黏性土、杂粒砂透镜体,一般粒径 10～20 mm 占 40%,20～50 mm 占 20%,最大粒径＞1 m,其余为黏土及杂粒砂,没有层次,分选性差。卵石及漂石成分以花岗岩为主,其次为辉绿岩及片麻岩,漂石上的冰擦痕不仅数量多,而且条痕清楚完好,潮湿至饱和,并有多层地下冰,冰层厚 2～8 m 不等,由于极为松散,塌孔严重,钻探困难,工程地质条件极差。

奎先达坂基岩露头甚少,普遍分布有海西期侵入的肉红色花岗岩及灰白色花岗岩,块状构造,细粒结构,主要由正长石、石英、云母等矿物所组成。由于受地质构造的影响,花岗岩沿构造线方向呈狭带状分布,节理发育,风化轻微,但在陡坎处因寒冻而风化严重,围岩分类为Ⅴ类。

片麻岩也是在奎先达坂分布较广的岩石,灰白色,晶体拉长,定向排列,具有层状,次生叶理发育,局部含较多的黑云母,也称黑云母片麻岩,节理发育,风化颇重,围岩分类为Ⅴ类。

奎先达坂地区还分布有志留系的深变质岩,如千枚岩、绿泥石片岩、绢云母片岩、滑石片岩等，这套变质岩系在奎先达坂顶部西侧公路堑坡露头比较完整，多为灰褐色及浅灰色，片理明显，成分为炭质、泥质、硅质、云母等，由于这些片岩较软，受大断裂挤压影响，产生扭转、褶皱、拖拉等现象。受海西期肉红色花岗岩侵入影响，变质岩俘虏体已变质成混合岩。

2. 构造

奎先达坂地处北天山地向斜褶皱带与中天山结晶岩隆起带相接的深大断裂带上。站在奎先达坂的高处，向东西两侧望去，在高山重重、沟谷纵横复杂的地形、地貌中，有一条低垭口凹槽基本上呈直线延伸，形成一条长廊，这是该深大断裂在地形上的反映。在奎先达坂顶部线状分布的各低垭口内均有较厚的断层角砾岩。该断裂带东至夏尔更察仁达坂，西至乌拉斯台察汗沟左岸赫尔，为一走向 N80°W 的深大断裂带，见图 2－10。断层破碎带的宽度 600～1 100 m，属逆断层，倾角 70°，倾向 N。

(五)水文地质特征

奎先达坂各沟上游及海拔较高处，均分布有多年冻土，对地下水的补给、径流、排泄条件有着较大的影响。

多年冻土的存在，使地表水对地下水的补给有阻隔作用，因此一些沟谷，如乌拉斯台、乌斯特等沟谷在热融季节，沟心有水流，冬季干涸；地下水埋藏很深，如乌斯特沟潜水埋深＞200 m。只有汇水面积大或源头处呈消退状态的现代冰川作为补给来源的沟谷，则潜水埋深较浅，如阿拉希公京沟、别尔根沟、阿拉沟、赫尔更郭勒沟等沟谷，在其影响范围内的河漫滩和阶地的潜水埋深亦浅，如冻 8 号钻孔稳定水位深 3.0 m，冻 3 号钻孔稳定水位深 7.0 m。这些钻孔均位于多年冻土与季节性冻土的衔接处或在季节性冻土范围内。

在多年冻土地区，地下水有冻结层上水和冻结层下水。

1. 冻结层上水

冻结层上水分布于多年冻土上限以上，受大气降水补给，寒季冻结，暖季解冻，由于受多年冻土的阻隔，在暖季造成地表严重过湿，或呈泉水出露，补给地表水，如奎先达坂及其以西阴坡坡麓的沼泽化湿地，就是这样形成的。在缓坡上可见多处泉群，总流量达 0.75 m^3/s。冻结层上水的分布是不均匀的，在松散堆积物和山间洼地比较发育，而达坂顶部分水岭地区则比较贫乏，甚至无冻结层上水存在。

冻结层上水一般水质较好。奎先湖主要是由冻结层上水和雨雪水补给，目前该湖处于退缩阶段，湖水涨时通过小溪向东南泄入阿拉西公京沟内，水质较好，矿化度 0.22 g/L，属 HCO_3—Ca—Mg 型淡水，可供生活用水及工程用水。

2. 冻结层下水

冻结层下水，分布于多年冻土下限以下，为基岩裂隙水，径流及排泄条件均差，水量较小，水质较差，如钻$_{199}$在奎先湖北缘地面下 139 m 处的基岩裂隙水，水量甚微，无压，矿化度 3.26 g/L，属 SO_4—CL—Mg 型咸水。

(六)多年冻土与不良地质

奎先达坂地区的特殊性岩土有多年冻土、冰碛层、断层破碎带等，对铁路工程影响较大。

1. 多年冻土

根据中国科学院冰川冻土沙漠所与铁一院所组成的南疆线奎先达坂冰川冻土观测组资料，在奎先达坂以东阳坡上，多年冻土分布在海拔 3 100 m 以上；在 3 100 m 以下，则仅有季节性冻土。在奎先达坂西部阴坡多年冻土分布界线较低，约在海拔 2 700 m 以上。

多年冻土地区的不良地质现象有：

(1)热融滑坍：在奎先达坂地区阴坡地层为坡积砂黏土夹碎石，厚 5～15 m，比较潮湿，地面坡度 6°～8°，形成泥流，呈台阶状，间距 20 m，台阶前缘高度 1.5～1.7 m，横向断续相连，长 65～80 m，这是季节融化层沿着下部冻结面向下蠕动所致。

(2)沼泽化湿地及冻胀草丘：主要分布在地形平坦或地面横坡仅 2.5°～5°的地方，地层为黏性土或饱水的砂黏土，在融冻季节形成沼泽化湿地，冬季冻胀呈低矮坟冢状，高度可达0.5～1.0 m，夏季杂草丛生。

(3)冰椎：主要分布在非多年冻土地带的一年生泉冰椎，每年 11 月开始生长，翌年 5 月下旬消融，在 4 月下旬冰椎体直径 3～4 m，高 3.0 m，形成原因是夏季冰融后形成地下潜流，在寒季，因下游封冻，地下潜流受阻而排泄不畅，水位逐渐上升以至溢出地面，随即冻结形成冰椎。乌拉斯台的阿布都尔冰椎高程 2 530 m，见图 2－12，线路通过处理困难，被迫跨乌拉斯台沟走对岸设胜利桥车站。

(4)石圈与石河：在奎先达坂顶部，高程 3 450～3 500 m，地层为残积砂黏土及碎石、块石，潮湿～饱和，在长期的融冻、重力作用下，碎石与块石集中地段形成石圈；在缓坡 20°～24°时，将块石挤压集中并顺坡向下蠕动，形成块石与细颗粒土相间的"石河"。

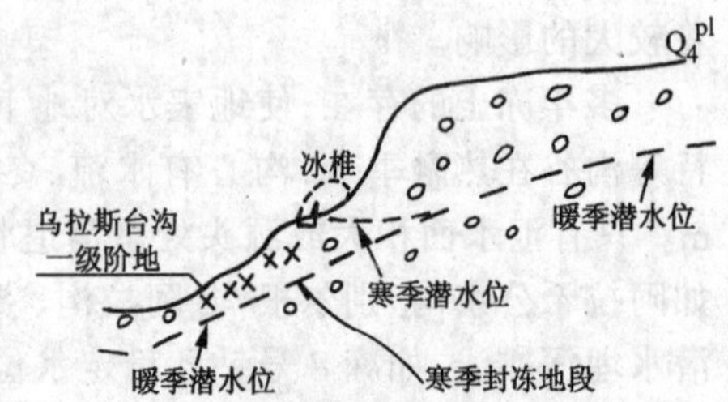

图 2－12　阿布都尔泉冰椎成因示意图

2.冰碛层

冰碛层的工程地质性质前已述及，主要是分选性差、密实度差，并有多年冻土分布。据在阿拉希公京冰碛垅上钻探，3.47～4.72 m、11.51～16.11 m 处均发现砾砂透镜体，前者灰黄色，后者灰绿色，在 16.11～52.3 m 还发现灰绿色砂黏土的厚层透镜体，并发现多层地下冰，每层厚 2～8 m，钻至 58.43 m，未打穿冰碛层。根据物探冰碛层最大厚度 110～135 m。

3.断层破碎带

北天山褶皱带与中天山结晶岩带相接触的深大断裂破碎带范围，从地形上显示明显，即奎先达坂的低洼垭口，宽 600～1 100 m。由于花岗岩的侵入和片岩等岩质较软，使破碎带岩石相互挤压揉合，极为破碎。该断层现在是否还在活动，尚未找出充分论据，但必须指出隧道通过深大断裂处，总是一个薄弱环节。

(七)越岭地区的方案比选

越岭地区有长、短隧道两个方案，现将其通过的工程地质条件和水文地质特征，分别概述如下：

1.短隧道(长 3 410 m)方案

短隧道方案通过的地层，如图 2－13，进口通过 650 m 的冰碛层，冰碛层的特点是粗细颗粒混杂，在垂直和水平方向均无分选性，泥砾呈面状、块状分布，极为松散，钻探塌孔严重，有溶化洞隙及埋藏冰。隧道通过该层由于地下冰发育，天然拱难以形成，支撑困难，甚至可能造成塌顶现象，施工难度极大，这是短隧道方案最大的缺点。

短隧道方案在 ACK270＋700 前后，穿过深大断裂带长 590 m，线路与断层交角为 25°。

短隧道方案除穿过冰碛层外，其余地段，根据钻探和公路路堑边坡揭示，隧道通过地层主要为断层角砾岩、千枚岩、滑石片岩、大理岩、绿泥石片岩等。由于受深大断裂挤压作用影响，加上晚期花岗岩的侵入,次生构造羽毛状小断裂也较为发育,所以岩体极为破碎或相互挤揉而混合岩化。

短隧道进出口均位于多年冻土层中,进口端长 650 m,出口端长 320 m,特别是出口正位于低洼的阴坡上,在融冻季节,冻结层上水汇成径流向乌拉斯台沟排泄,水文地质条件不利。

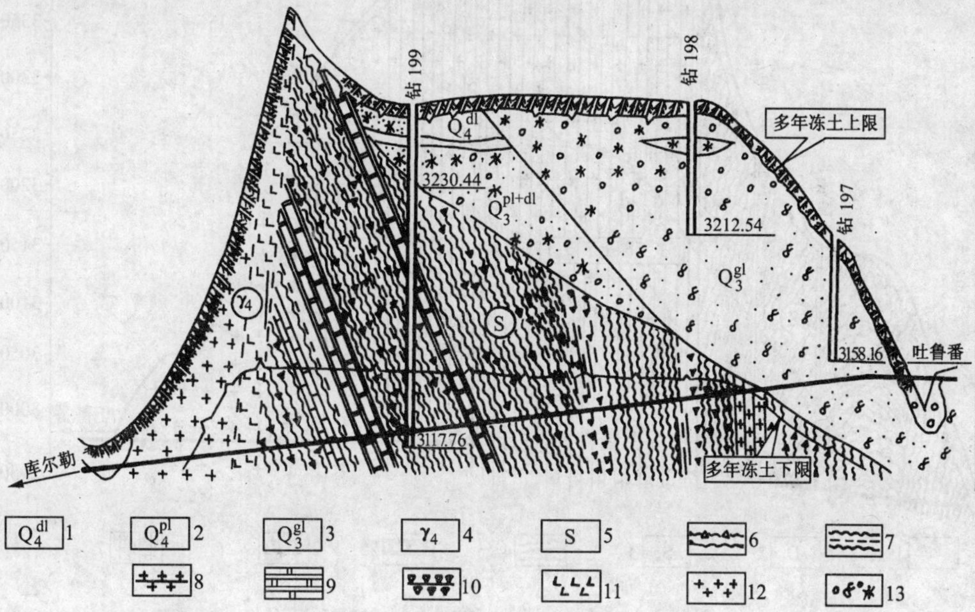

图 2-13　短隧道方案工程地质纵断面示意图

1—坡积层;2—洪积层;3—冰积层;4—海西期花岗岩;5—志留系;6—绿泥石片岩;7—千枚岩;8—片麻岩;9—大理岩;10—断层角砾岩;11—正长岩;12—花岗岩;13—冰碛层。

2.长隧道(长 6 200 m)方案(即现在通车的隧道方案)

该方案通过的地层,如图 2-14,进口端正位于不高山梁的尾端,地层为海西期花岗岩,局部有岩柱状花岗闪长岩侵入体。处于季节性冻土分布区,最大冻结深度 4.0 m。出口位于 35°左右的阴坡上,地表为第四系坡积层,草皮及含角砾的黏砂土,厚 2.0~2.5 m,下部为石英片岩。阴坡属多年冻土层,多年冻土的平均地温为 -2~-3 ℃,每向隧道内延伸 100 m,温度平均递增值为 0.23 ℃。

长隧道洞身全部通过较稳定的基岩,主要有花岗岩、花岗闪长岩、片麻岩。在 CK264+000~CK265+800 以志留系绿泥石片岩、石英片岩为主,局部有石英岩、大理岩等,因本段临近深大断裂,岩石片理产状多变,小型断裂屡见不鲜,断裂主要走向为 N63°E 及 N63°W,其性质多属压性及压扭性,由于褶皱挤压及断裂错动,岩体完整性受到较大破坏,风化严重,风化深度10~18 m。

围岩分类:花岗岩类为Ⅴ类,片岩类为Ⅲ类。

长隧道方案进口钻探有地下水,埋藏深度为 4.32~10.12 m,含水层既包括第四系地层,亦包括基岩裂隙水,补给来源为隧道两侧支沟,根据提水试验,钻孔涌水量为 200 m^3/d,水质良好。在隧道出口的上部进行钻探至路肩设计高程,未发现冻结层间水。

从隧道进口高程 3 200 m 以上至出口属多年冻土地段,结构属粒状及整体状冻土,含冰量少,在多年冻土上限下 1.0~2.0 m 范围内有饱冰冻土分布,含冰量 30%~40%,最多可达 50%以上,在此层下含冰量显著减少。由于多年冻土的冻胀与热融的作用,在地表形成沼泽化湿地及冻胀草丘。

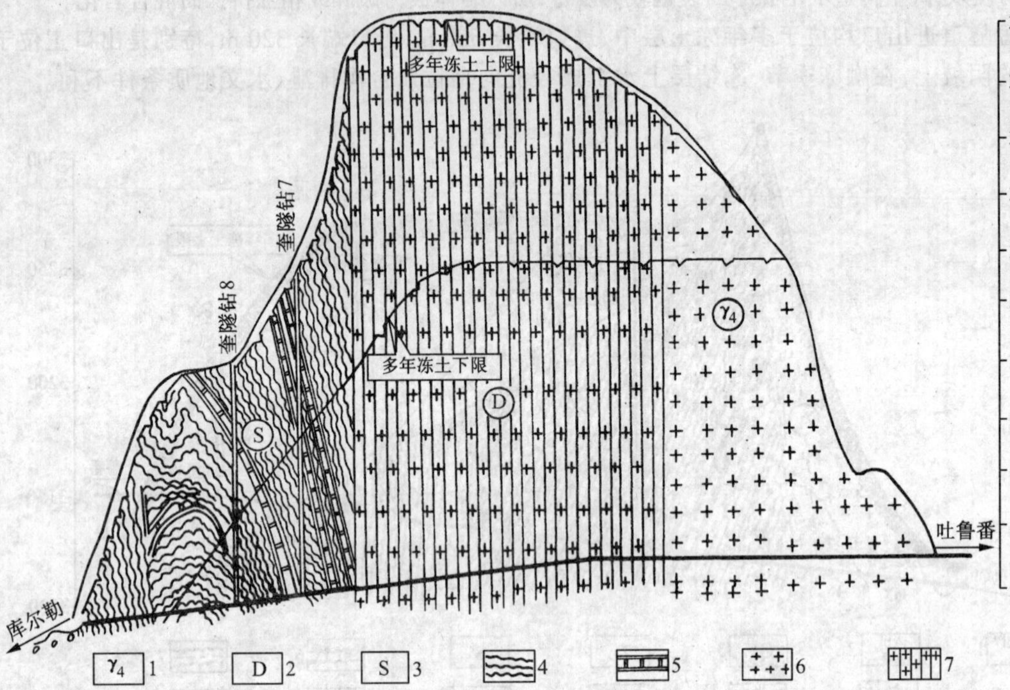

图 2-14　长隧道方案工程地质纵断面示意图

1—海西期花岗岩；2—泥盆系；3—志留系；4—片岩；5—大理岩；6—花岗岩；7—片麻岩。

越岭线路两个方案，从工程地质、水文地质以及施工条件等方面的经济及技术比较见表 2-6。

表 2-6　南疆线奎先达坂越岭隧道线路方案比较表

项　目		短隧道方案	长隧道方案	附　注
工程地质	通过冰碛层长度(m)	650	0	
	通过严重断层破碎带(m)	590	200	
	进口通过多年冻土(m)	650	0	
	出口通过多年冻土(m)	320	270	
	出口段防雪长度(m)	100	50	
	全方案通过多年冻土(km)	31.30	18.00	
	通过深大断裂	通 过	无	
水文地质	通过多层地下冰厚 2～8 m	有	无	冰碛层中
	通过基岩裂隙水情况	有	有	
	出口坡面泉水出露情况	多 处	无	
	奎先湖与隧道关系	靠近隧道顶	较远	
隧道长度(km)		3.41	6.20	
全方案线路长度(km)		72.70	53.20	
施工期限(月)		29	26	
施工难易程度		难	较易	
全方案总的工程造价(10^4 元)		8 443	6 555	

通过表 2－6 可明显看出长隧道方案较佳，故决定采用长隧道方案。

该隧道采用平导施工，平导在线路左侧 20 m，进口端长 2 603 m，出口端长 3 233 m。隧道于1974 年 7 月开工，1978 年 10 月铺轨通车。隧道铺设钢筋混凝土支承块式整体道床，洞内右侧设高式水沟，两端均设防寒设施，混凝土衬砌。运营采用洞口风道加设帘幕自控式双向通风。

(八)小结

1.奎先隧道建成通车已 20 多年了，从施工检验看，所提供的地质资料基本符合客观实际，没有因地质问题而影响施工。奎先隧道埋藏深度＞500 m，地表被第四系地层覆盖，基岩出露较少，在当时工程钻探还很薄弱的情况下，工程地质人员运用地质调查的方法，结合少量的钻探与试验，基本上摸清了奎先达坂复杂多变的工程地质问题，并提供了隧道设计和施工的工程地质资料。这是进行大面积区域地质调查，并与有关科研单位密切协作，从而取得较好越岭隧道地质资料的一个典型实例。

2.隧道施工与运营中出现的问题主要是地下水与冻害问题。

(1)勘测时认为在隧道顶部属多年冻土分布区，有很厚的冻结隔水层，地表雪溶水及大气降水是无法补给洞身的，根据钻探深度已至路肩设计高程以下，其基岩裂隙水很微少，分析冻结层下水不会很发育。但在施工中发现花岗片麻岩体中有较多的基岩裂隙水流出。由于段落长，汇集的流量很大。据隧道竣工时测定，吐端流量为 200～300 t/d，库端流量为 400～450 t/d；到 1988 年测定，吐端流量为 86 t/d，库端流量为 90.7 t/d，流量正在逐年减少。

(2)隧道内的水来源于冻结层下水、基岩裂隙水，主要是开挖隧道形成的热溶圈水。隧道内有水，冬季冻害严重，其表现形式是：隧道衬砌漏水，形成冰钟乳及冰笋，边墙结冰，侧沟冻结溢出，道床积冰等。进口端属季节性冻土区，水尚可排泄，冻害较轻；出口端属多年冻土区，冰害严重，在运营期化费了大量的人力、物力、财力去处理冰害问题，整治方法是设防寒水沟。随着地下水流量的逐年减少，现在冰害已基本根治，已能够保证列车的正常运行。但必须指出，勘测时对水文地质条件分析不够，特别是对多年冻土地区开挖隧道所形成的热融圈水没有预测到，加之隧道设计防水措施不力，施工衬砌质量不高，隧道内保温防寒措施不齐，致使通车后造成冰害，这些教训应该认真总结、吸取。

五、侯月线中条山越岭隧道方案工程地质选线

王笃实

侯月线上交至沁水间(CK92＋050～CK115＋050)，线路横穿中条山分水岭，相对高差 100～300 m，自然山坡 35°～45°，植被覆盖良好，地质构造复杂，越岭隧道选线工作量很大。铁一院在可行性方案研究的基础上，初步设计阶段又做了大量的方案比选，成立了专门的越岭隧道方案地质调查组，在充分利用区域地质资料的基础上，通过卫片、航片地质判释，进行大面积工程地质调绘、必要的物探、钻探、测试工作，查明了地层层序、地质构造及不良地质的分布及特征，对各个方案进行工程地质评价，最后选定了地质条件较好、工程造价较低的云台山越岭隧道方案。

(一)地质概况

1.地层岩性

越岭隧道地区的地层主要有第四系全新统卵石土、圆砾土，分布在梅河、杏河河床及各支

沟内，厚度一般 5～15 m；中、上更新统黄土质砂黏土，分布在石板沟、梅河、杏河河谷二、三级阶地及山坡上，厚度 10～60 m；二叠系地层区内广泛分布，上统为页岩夹砂岩，总厚度 470 m，下统为砂岩夹页岩，总厚度 170 m；石炭系上统页岩、砂岩、石灰岩夹煤层，总厚度 120 m，在关门至杏峪一带沟谷内出露(见图 2－15)。

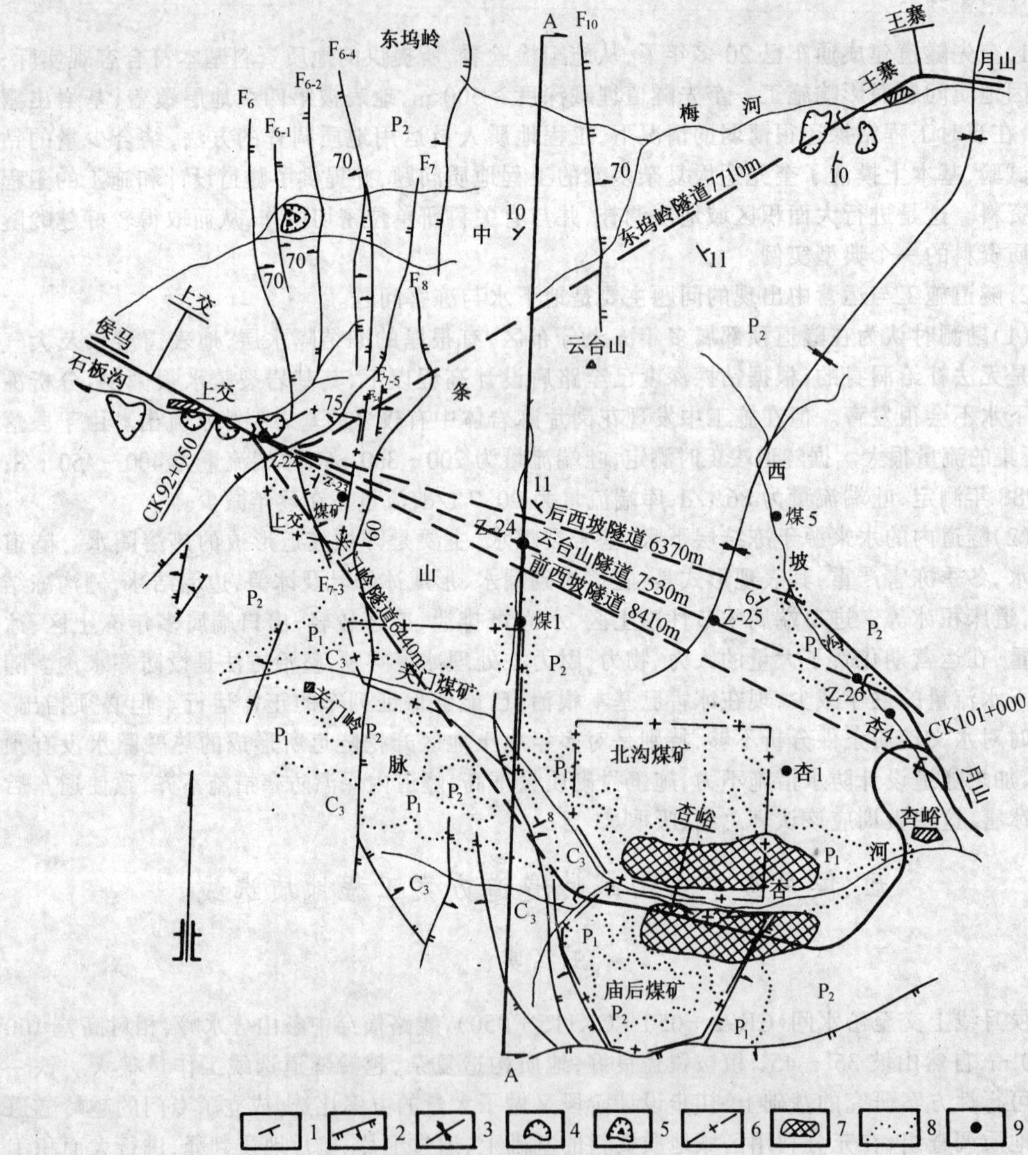

图 2－15　中条山越岭隧道方案工程地质平面示意图

P_2—二叠系上统；P_1—二叠系下统；C_3—石炭系上统；1—岩层产状；2—正断层；3—向斜；4—滑坡；5—错落；6—煤矿区界线；7—小煤窑采空区；8—岩层分界线；9—钻孔。

(1)卵石土(Q_4)：灰黄色，成分以砂岩为主，粒径一般 20～100 mm，漂石占 25%，余为砂粒充填，浑圆状，中实，稍湿至饱和，Ⅱ级普通土。

(2)圆砾土(Q_4)：灰黄色，成分以砂岩为主，粒径 2～20 mm，占 20%～30%，余为砂粒，中实，潮湿至饱和，Ⅱ级普通土。

(3)黄土质砂黏土(Q_3)：淡黄色，颗粒均匀，具大孔隙，半干硬至硬塑，Ⅱ级普通土。

(4)黄土质砂黏土(Q_2)：棕黄色，颗粒较均匀，具大孔隙，含砂礓石较多，垂直节理较发育，夹棕红色古土壤多层，古土壤黏性较大，易风化剥落，半干硬至硬塑，Ⅲ级硬土。

(5)页岩夹砂岩(P_2)：以页岩为主，页岩为黄绿、紫红色，泥质结构，质软，易风化剥落；砂岩为黄绿、灰白色，细中粒结构，泥钙质胶结，较致密，岩石节理发育，Ⅳ级软石至Ⅴ级次坚石，Ⅳ类围岩。

(6)砂岩夹页岩(P_1)：砂岩为灰、灰绿色，细、中粒结构，泥钙质胶结，致密，节理较发育。页岩为灰绿、紫红色，泥质结构，易风化剥落，取样试验：黏粒含量27.8%～31.3%，黏粒成分以高岭石为主，含伊利石、蒙脱石，自由膨胀率15%～59%，膨胀量4%，具有一定的膨胀性。极限饱和抗压强度25～32.7 MPa。Ⅳ级软石至Ⅴ级次坚石，Ⅳ类围岩。

(7)页岩、砂岩、石灰岩夹煤层(C_3)：深灰、灰黑及黑色，为一套含煤地层。

a.山西组：为含炭质的页岩、粉砂岩夹2～3层煤。砂岩为钙质胶结，层厚1～4 m。页岩为泥质及泥砂质结构，层厚0.5～5 m。煤层厚0.5 m左右，其中2号煤层厚1.5～2 m，局部厚度达3 m，含硫量0.3%～0.67%。

b.太原组：由页岩、砂岩、石灰岩及煤层组成，含黄铁矿结核，夹煤7～8层，煤层厚0.2～0.6 m，其中15号煤厚4～6 m，较稳定，含硫量1.76%～10.2%，岩层节理发育，Ⅳ级软石，Ⅲ～Ⅳ类围岩。

2.地质构造

越岭地区为侯马断陷与沁水坳陷之间的地垒式隆起构造带。总的构造变动西强东弱、南强北弱。西部高角度正断层密集，岩层在断层带附近扭曲破碎，节理发育，并有较陡的褶皱相伴生。东部无较大的断裂，褶皱舒展平缓，岩层完整性较好。在南部，岩层隆起北倾，含煤地层出露地表。

岩层产状受区域构造控制，走向NE或NW，倾向北，倾角5°～10°，节理较发育，断层带附近节理密集，岩层倾角可达20°～35°。向斜、背斜构造舒展平缓，呈NE向展布，一般长1～2 km，其中后西坡向斜长达8 km。

断裂构造大致以分水岭为界，岭东断裂不发育，岭西在宽约2 km范围内断层发育，其中F_7柳凹断层、F_8关门断层规模较大，是越岭隧道各方案均穿过的主要断层(见图2-15)。

(1)F_7柳凹正断层：呈弧形转折向南北两端延伸，全长9 km，产状N20°～60°E/60°～80°N，断距35～90 m，断层破碎带宽10～20 m。

(2)F_8关门正断层：全长13 km，走向蛇曲，近于SN，倾向E，倾角60°～80°，断距80 m，破碎带宽10～20 m。

(3)F_9正断层：长4 km，产状N15°～20°W/75°E，断距20～70 m，破碎带宽约10 m。关门岭隧道方案通过此断层。

(4)F_{10}正断层：长3 km，产状N10°W/70°E，断距30 m，破碎带宽约10 m。东坞岭隧道方案通过此断层。

其它各断层规模较小，对工程影响不大。

3.水文地质

(1)孔隙潜水：分布在杏河、梅河及其支沟的圆砾、卵石土层中，含水层厚5～15 m，水量较大，水质无侵蚀性。石板沟、杏河、梅河河床常年流水，为当地居民生活用水，水质较好。

(2)节理裂隙水：由于越岭地段沟谷发育，地表水排泄条件较好，因而基岩节理裂隙水不发育,除断层带附近有泉水出露外,其它地方很少见泉水露头。上交煤矿、关门煤矿巷道内除局部有滴水外,基本无水。在关门煤矿取水试验:pH=2.6,总酸度 11.28~16.15 me/L,强酸性;氯离子含量 139.9~419.6 mg/L,硫酸离子含量 1 088.6~1 443.4 mg/L,有侵蚀性。其余地段取水试验:pH=7.0~8.4,硫酸离子含量 14.4~28.8 mg/L,总矿化度低,无侵蚀性。

4.不良地质

(1)滑坡、错落

a.上交村附近石板沟南坡,有 7 处大小不等的滑坡、错落,主轴长 100~200 m,宽 50~150 m,厚 10~20 m,有黄土堆积层沿砂页岩接触面滑动的滑坡,也有岩层顺层滑坡。越岭隧道进口左侧的黄土滑坡,近期仍在活动,雨季沟岸土层呈流塑状,溜坍不止。

b.梅河河床宽 50~150 m,王寨以下河谷两岸地形不对称,北坡较陡而南坡平缓,滑坡、错落多发生在沟谷南坡,有两片滑坡较集中,如王寨附近梅河南坡有数处滑坡,为黄土堆积层沿二叠系泥页岩接触面滑动的滑坡,主轴长 200~600 m。东坞岭隧道方案出口附近的滑坡仍在活动,河水冲刷岸坎,河岸有溜坍现象;下苏庄附近梅河南坡,有 2 处滑坡,1 处错落,主轴长 160~400 m,宽 200~300 m,厚 20~30 m,其中 1 处基岩错落压缩河床 50~60 m。

c.杏河自杏峪以下河床宽 150~300 m,两岸谷坡多基岩裸露,梁庄至沁水间有 10 处滑坡、错落,其中南坡有 7 处土层滑坡,规模较小。北坡有 3 处滑坡、错落,万庆元滑坡规模最大,长、宽各 1000 m,为基岩顺层滑坡,滑坡前沿压缩河床 50~80 m,钻探发现滑体(基岩)下有河床卵石层。

(2)小煤窑采空

a.古窑采空:分布在杏峪以西的杏河两岸,长 1.5~2.0 km,宽数百米,主要采 15 号煤,也有采 2 号煤的,有较长的采煤历史,多为巷道开采。因采煤时间长,采空率较高,关门岭隧道方案在采空区上设杏峪车站,对车站安全有较大影响。

b.近代煤窑采空

(a)上交煤矿:位于越岭隧道进口附近,为村办煤矿,1985 年建井,采 2 号煤,开采巷道高程与隧道设计高程接近,巷道纵横交错,对关门岭隧道方案有较大影响。东坞岭及云台山隧道方案所通过的该矿区段尚未开采,目前无影响。

(b)关门煤矿:为村办煤矿,采 15 号煤,已开采多年,巷道纵横交错,采煤高程在关门岭隧道方案隧道拱顶以上,对隧道施工有一定影响。

(c)庙后煤矿:为村办煤矿,采 2 号煤,对线路站场稍有影响。

(d)北沟煤矿:为村办煤矿,采 2 号煤,距线路较远,对工程无影响。

(二)方案比选

线路自上交站引出,即穿越中条山分水岭,越岭隧道进口位置各方案基本一致,隧道出口端有五个位置可供选择比较。对其中的东坞岭、关门岭、云台山三个隧道方案着重进行工程地质选线。对云台山、后西坡、前西坡三个方案,因隧道工程地质条件基本相同,主要对短隧道或长隧道的河谷展线条件进行比较。各方案平面位置见图 2－15、图 2－16,主要工程数量比较结果见表 2－7,各方案隧道在 $A-A$ 断面上的高程及地层层位见图 2－17。

表 2－7　越岭方案主要工程数量比较表(CK92+050~CK115+050)

项目	单 位	云台山方案	关门岭方案	东坞岭方案	前西坡方案	后西坡方案
线 路 长 度	km	22.32	26.24	29.84	21.42	25.23
越 岭 隧 道	m	7 530	6 440	7 710	8 410	6 370

续上表

项目		单位	云台山方案	关门岭方案	东坞岭方案	前西坡方案	后西坡方案
路基工程	土方	10^4m^3	152.5	179.1	183.6	129.01	200.28
	石方	10^4m^3	106.1	155.8	40.6	145.95	118.52
	圬工	10^4m^3	12.47	12.52	8.63	13.25	15.37
桥涵工程	特大桥	m/座	1 274/2	1 274/2	796/1	1 162/2	1 274/2
	大中桥	m/座	3 827/12	4 865/15	2 974/12	3 764/12	3 864/13
	小桥涵	m/座	850/24	1 140/28	1 041/23	504/17	1 196/31
隧道工程		m/座	9 250/2	10 840/5	16 745/7	9 910/2	10 585/4
轨道工程		km	22.32	26.24	29.84	21.42	25.23
电化工程		km	22.32	26.24	29.84	21.42	25.23
车站		个	1	2	2	1	1
总工程费		10^4元	25 588	29 187	31 596	26 519	27 459

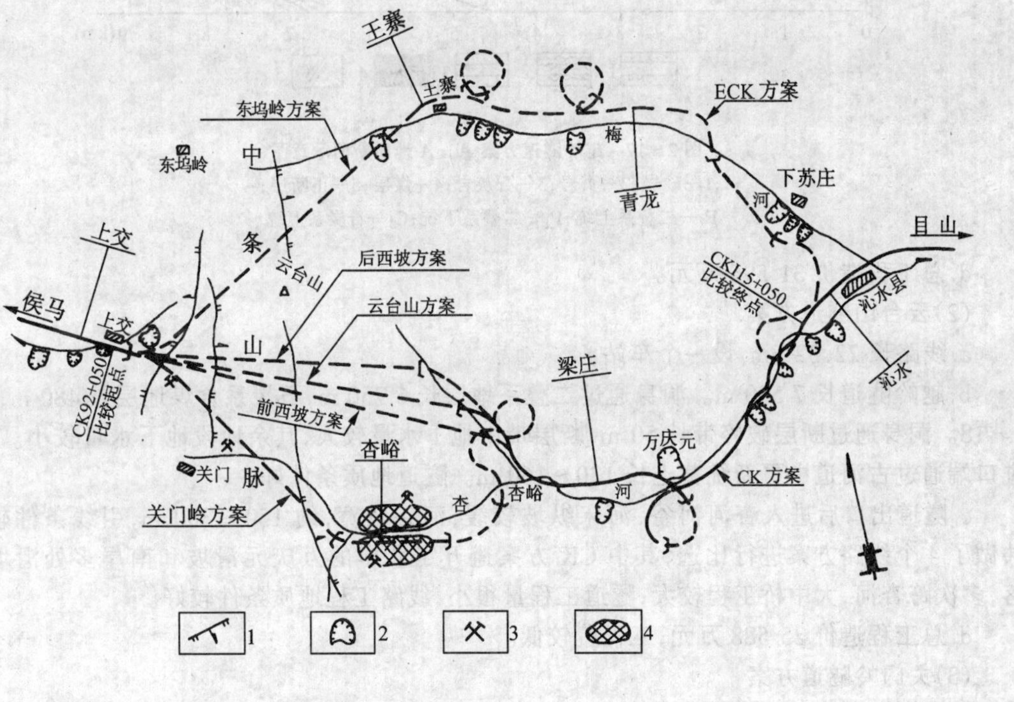

图 2－16　中条山越岭方案示意图

1—正断层；2—滑坡、错落；3—生产煤矿；4—小煤窑采空区。

1.东坞岭、云台山、关门岭隧道方案比选

(1)东坞岭隧道方案

a.线路长 29.84 km,设两个车站。

b.越岭隧道长 7 710 m。隧道洞身通过二叠系上、下统地层,以页岩为主,约占 60%～70%,其次为粉、细、中粒砂岩。通过断层破碎带长 130 m,断层处地下水较大,其余地段地下水较小。隧道进口端通过古河道中更新统黄土长 130～160 m。出口端洞顶以上有滑坡,通过长 100 m,对隧道有一定影响。隧道地质条件一般。

c. 隧道出口为梅河河谷,河床纵坡较陡,引线距离长,梅河谷北坡陡,多基岩裸露,南坡缓,为第四系土层覆盖,滑坡、错落等不良地质较多,线路需在北坡采用隧道引线,引线条件差,隧道占比例大,线路工程地质条件较差。

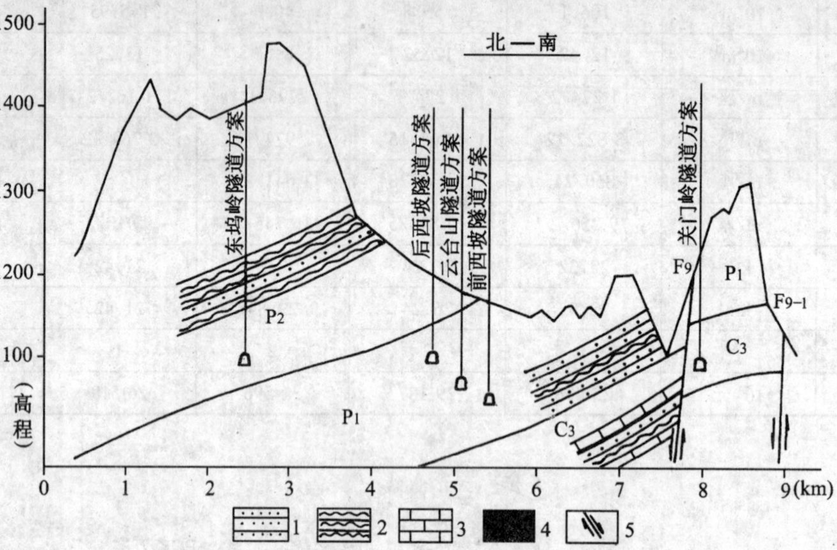

图 2-17 越岭隧道方案 A-A 地质断面示意图

1—砂岩;2—页岩;3—石灰岩;4—煤层;5—正断层;

P_2—二叠系上统;P_1—二叠系下统;C_3—石炭系上统。

d. 总工程造价 31 596 万元。

(2)云台山隧道方案

a. 线路长 22.32 km,设一个车站。

b. 越岭隧道长 7 530 m。洞身通过二叠系地层长 6 750 m,石炭系含煤地层长 480 m,见图 2-18。洞身通过断层破碎带长 50 m,断层带中地下水量较大,其余地段地下水量较小。隧道进口端通过古河道中更新统黄土长 130~160 m。隧道地质条件好。

c. 隧道出口后进入杏河河谷,河床纵坡较缓,河谷较宽,约 150~300 m,引线条件较好。共做了 4 个线路方案进行比选,其中 CK 方案避开了北岸的万庆元滑坡和南岸多处滑坡、错落,多次跨杏河,大中桥工程较大,隧道工程量很小,线路工程地质条件较好。

d. 总工程造价 25 588 万元,工程费较低。

(3)关门岭隧道方案

a. 线路长 26.24 km,设两个车站。

b. 越岭隧道长 6 440 m。洞身通过二叠系地层长 1 530 m,石炭系含煤地层 4 750 m。石炭系地层中页岩和煤层占 44%,砂岩和石灰岩占 56%。2 号煤含硫量 0.3%~0.67%,15 号煤含硫量 1.76%~10.02%,煤层中可能有瓦斯,15 号煤层中的地下水显强酸性,对混凝土有侵蚀性。洞身通过断层破碎带长 240 m,地下水较发育。通过上交煤矿采空巷道及关门煤矿,对施工有一定影响。进口端通过古河道中更新统黄土长 130~160 m。该隧道方案长度最短,但工程地质及水文地质条件最差。

c. 越岭隧道出洞以后,顺杏河而下,杏峪车站设在小煤窑采空区上,地质条件差。

d. 总工程造价 29 187 万元。

从以上三个方案的比较结果可以看出，关门岭方案越岭隧道长度虽短，但大部分通过煤系地层，可能有瓦斯，与地方煤矿干扰大，通过断层破碎带长，杏峪车站设在采空区上，工程地质条件最差；东坞岭方案越岭隧道最长，通过断层破碎带较长，隧道出口端有滑坡影响，线路引线最长，引线条件较差，工程地质条件一般，工程造价最高；云台山方案越岭隧道长度较短，通过煤系地层少，通过断层破碎带最短，隧道出洞以后的引线条件较好，线路最短，工程地质条件好，工程造价最低。

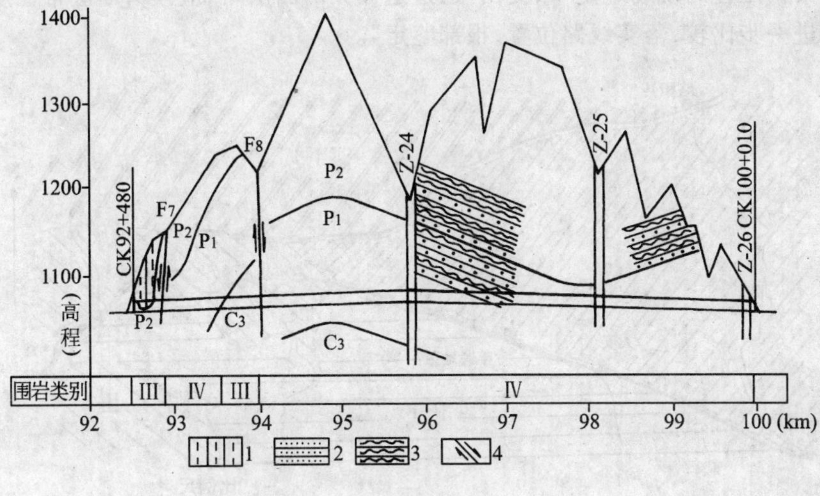

图 2-18　云台山隧道工程地质纵断面示意图

1—黄土质砂黏土；2—砂岩；3—页岩；4—正断层；

P_2—二叠系上统；P_1—二叠系下统；C_3—石炭系上统。

2.后西坡、前西坡、云台山隧道方案比选

后西坡、前西坡、云台山三个越岭隧道方案均在西坡沟出洞，越岭隧道工程地质条件基本相同，主要为短隧道或长隧道及引线条件比较。

(1)后西坡方案越岭隧道长 6 370 m，隧道出口高程较高，出洞后需以隧道引线，线路长，引线条件差，隧道及路基工程量大，总的工程造价高。

(2)前西坡方案越岭隧道长 8 410 m，隧道出口高程低，线路较短，引线条件好，但越岭隧道长，总的工程造价较高。

(3)云台山方案越岭隧道长 7 530 m，出隧道以后，线路坡度适应沟床纵坡，引线条件较好，越岭隧道较前西坡方案短，总的工程造价最低。

综合上述比选，最后推荐采用了云台山隧道方案。

(三)小结

中条山越岭地质选线，在充分利用既有区域地质资料和适当的勘测、勘探手段的基础上，进行了大面积工程地质工作，通过各方案比选，选定了通过断裂构造及不良地质少、工程地质条件好、工程造价低的云台山隧道方案。实践证明，越岭地区工程地质条件复杂，必须十分重视地质选线。

六、阳安线青羊驿断层带选线

刘德基

(一)前言

阳安线 DK46+500～DK53+700 线路走向基本与青羊驿断层一致。青羊驿断层带，位于陕西勉县境内，呈 NEE 沿阳平关至勉县延展，是秦岭与大巴山支脉米仓山的分界线，大地构造上是秦岭褶皱系与扬子断块区的分界，见图 2－19。该段线路在 1965 年以前的方案比选中，曾研究过绕避断层走汉水的方案，但由于汉水在该段呈蛇形弯曲，沟梁相间，线路基本上是桥隧相连，工程十分浩大而放弃。断层北侧为南秦岭大山区，工程更为艰巨，所以当时选定在断层形成的丘陵洼地地段进行初测及初步设计。1966 年 5 月铁道部鉴定委员会，会同西安铁路局及铁道部第一工程局现场鉴定中，提出“通过这样大的断层带，应摸清断层带性质，与绕避断层带的方案进一步比较，落实线路位置，报部鉴定”。

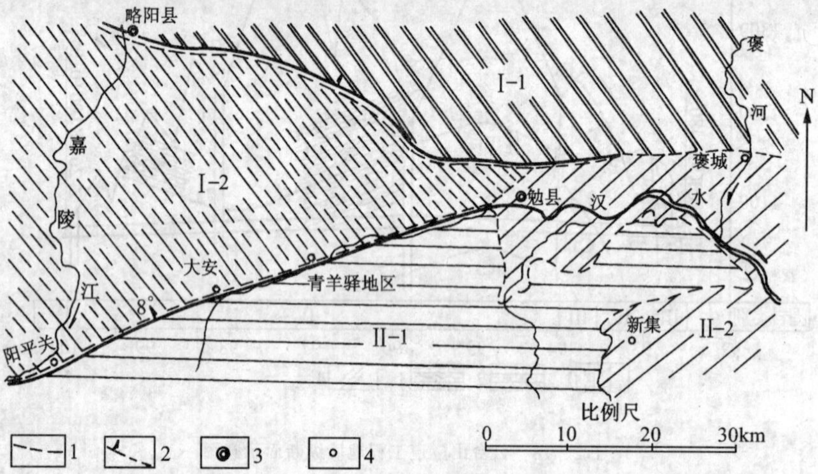

图 2－19　青羊驿地区区域大地构造图

Ⅰ—秦岭褶皱带；Ⅰ$_{-1}$—南秦岭加里东褶陷；Ⅰ$_{-2}$—勉县—略阳元古褶隆；

Ⅱ—扬子断块；Ⅱ$_{-1}$—大巴山块褶；Ⅱ$_{-2}$—汉中块隆；

1—构造单元分界线；2—断层及其产状；3—县城；4—村镇。

1966 年 6～7 月以青羊驿前后 8 km 断层带为重点，进行了区域调绘，实测了 11 条总长 4.4 km地质断面，钻探 41 孔 811 m，作大面积剪切 14 处，载荷试验 14 处及物探工作，查明了断层性质，进行断层岩分类，并根据断层岩的力学指标，落实线路位置，参照公路通过断层带各种工程建筑物的稳定情况，分别进行工程处理。1969 年施工，1976 年交付运营，二十多年来运营畅通无阻。这是断层带选线中成功的一例，曾获 70 年代部级优秀工程设计奖。

(二)断层性质及断层岩划分

1.断层性质

青羊驿断层带，属阳平关—勉县大断裂带的一部分，东延至石泉，西延至龙门山一带。该断层在青羊驿附近北部为上盘，岩性为下元古界板状、块状石英片岩，玢岩，硅质千枚岩，硅质石灰岩，石英岩及黑云母片麻岩；南部为下盘，岩性为上元古界地层，以千枚岩为主，局部出露白云质、硅质石灰岩与砂砾岩。断距＞1 000 m，断层带宽 100～300 m，走向 N60°～80 °E，倾向 N，倾角 60°～70°，为北升南降的压性逆冲断层。断层产生时代，从它构成的不同构造单元和所切割的地层及上、下盘元古界地层变化分析，可能在晋宁期，而后期加里东、海西及燕山期，曾有过不同程度的活动。其特点是断距大、断层带宽、倾角陡、时代老，是与区域岩层走向及倾向一致的压性逆冲断层。

2.断层岩划分

在宽 100～300 m 的断层中分布着各种挤压破碎的岩石，一般称它为断层岩或称构造岩。

该断层带由于形成时代老，有的部位已是处于稳定状态的死断层，我们称它为愈合型，即断层岩形成后，又被后期充填物胶结，已处于固结状态者。另一些部位可能是未愈合型，即断层形成后，在后期构造运动中仍有活动，断层岩未固结。据此，断层岩可作如图 2－20 的划分。

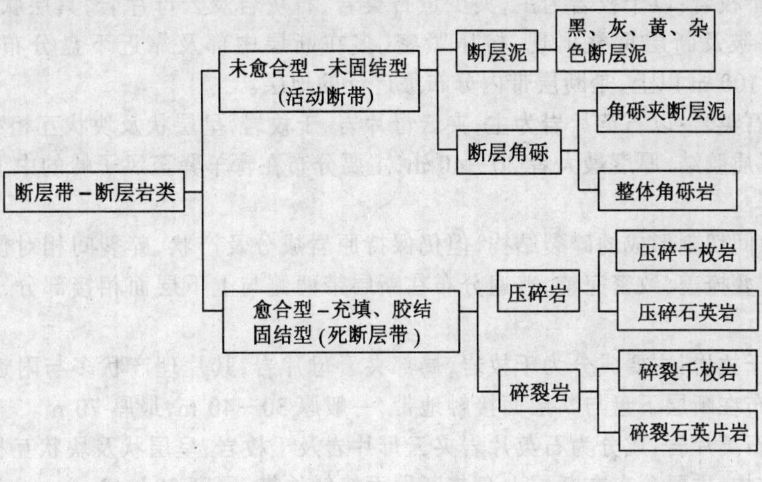

图 2－20　断层岩分类图

(三)断层岩的工程地质条件

1. 断层泥

断层泥是受强烈挤压，将岩层磨碎成黏土状、粉末状；有的呈层状，有的与碎、砾石混杂在一起，厚薄变化较大，在整个断层带内约占 5%。

(1)黑色断层泥：成分主要为石灰岩及炭质页岩，结构松散，遇水软塑成稀泥状，$\varphi=14°\sim16°$，$c=3$ kPa，主要分布在油房沟前后，一般厚 1～2 m，最厚 10 m 左右。

(2)灰色断层泥：成分主要为千枚岩，由于含片状矿物多，持水性强，干时坚硬，遇水呈软塑状，塑性指数 14.4～16.7，多分布在断层带中部，夹于断层角砾岩及碎裂岩之中，一般厚 1～2 m或几十厘米。

(3)黄色及杂色断层泥：成分主要为石英岩、千枚岩及石灰岩，颜色黄、黄红及紫、红、灰、黑色等相互混杂，顺断层带呈条带状或混杂揉合在一起分布，黏、粉粒组成，多夹有碎、砾石，具泥质胶结，遇水不易饱和，呈可塑状，在断层带内多与断层角砾岩混杂，平行分布，一般厚 1～2 m 或几十厘米。

2. 断层角砾

断层角砾多呈尖棱角状，大小相混，杂乱充填，相对错位，不规则穿插，有的顺断层呈包裹状，中夹微粒碎屑物，多呈松散状态，分布在断层带中部，在整个断层带内约占 20%。

(1)角砾夹断层泥或片岩、千枚岩：角砾成分多为石英岩及石灰岩，其间被断层泥或片岩、千枚岩充填，多呈层状与角砾平行或斜交，也有纵横交错呈不规则分布者，宽窄变化大，多较松散，断层泥厚度一般 10～30 cm，最厚 1～2 m，厚度及分布变化较大，多断续出露，软硬不均。

(2)整体角砾岩：多为直径 2～3 m 的石英岩及硅质石灰岩等大石块挤压在一起组成，有的略有层理，但层理间裂隙发育，裂隙间擦阶、岩屑、断层泥较多，一般较紧密，在断层带内分布较少，仅在青羊驿、东边沟一带呈扁豆体状分布于断层带中部，厚十余米，最厚 30 m。

3. 压碎岩

岩石受到相对切割，相互穿插，密集排列，呈互相平行或杂乱交错分布，裂隙多被岩屑或次生泥、硅、铁、钙、锰质充填，具层状、透镜状、混杂状岩体结构，普遍分布于断层中部及断层角砾两侧，在整个断层带内约占40%，是断层带中分布最多的岩类。

(1)压碎千枚岩：以千枚岩为主，夹少量石英岩、石灰岩及云母片岩，具层状、透镜状结构，其间多小型褶皱及断层重叠出现，挤压紧密，多在断层中部及靠近下盘分布，一般厚40～50 m，最厚达100 m以上，是断层带内分布最广泛的地层。

(2)压碎石英岩：以石英片岩为主，夹云母片岩、千枚岩，呈层状及块状互相穿插，接触面间多被铁、钙、泥质胶结，厚度最大者30～40 m，主要分布在青羊驿至凤子岭的中上盘地带。

4.碎裂岩

具有裂隙间切割形成的碎裂结构，但仍保持原岩成分及产状，碎裂间相对位移量亦不大，软硬层互相重叠掩盖，致密完整，普遍分布在断层带两侧与上下层面相接部分，约占整个断层面积的35%。

(1)碎裂千枚岩：主要成分为千枚岩，局部夹云母片岩，其片理产状多与附近岩层一致，但较破碎，多分布在断层下盘与断层面接触地带，一般厚30～40 m，最厚70 m。

(2)碎裂石英片岩：成分为石英片岩夹云母片岩及千枚岩，呈层状及块状互相穿插，具片状及层状碎裂结构，主要分布在断层上盘与断层面接触地带，厚度30～40 m。

在断层带内地面下0.2～0.4 m深度，做了14组野外大面积剪切试验，综合其结果为：内摩擦角 φ 值一般为30°～50°，平均值为44°50′，个别较大者为76°，最小者14°；凝聚力 c 值一般为5～19 kPa，平均值为17.1 kPa，个别较大者56.6 kPa，最小者3 kPa；天然密度为1.88～2.72 g/cm^3，干密度为1.45～2.57 g/cm^3；含水量2.9%～29.3%；土体破坏最大作用力为7.975 t(推板长0.9 m、宽0.3m)，一般2～3 t，最小1.4 t。

(四)断层带选线

1.选线原则

(1)在平面位置上，尽可能将线路选在断层带下盘(南部)，避免走在上盘(北部)。因上盘地形高陡，工程量大，多为硅质片岩，性脆，张性裂隙多，裂隙水发育，与主断层平行的小断层及平移断层多，岩层挤压破碎，边坡稳定条件差。下盘地形平缓，工程小，以千枚岩为主，多压性裂隙，呈密闭状，隔水条件好，地下水出露少，平行大断层带的小断层少，边坡较稳定。

(2)岩性上，尽量避开未愈合的断层泥夹断层角砾岩带，将线路选在愈合的碎裂岩或压碎岩带内。

(3)在断面上，应以填方为主，减少挖方，避免深挖方。

(4)各类断层岩，均经受过动力压密，干燥状态时普遍坚硬，但经风化和水的浸泡，多呈碎屑粉末及软塑状，尤其断层泥，经水浸泡支撑力显著降低，因此必须加强防、排水措施。

2.优化初步设计方案

根据前述选线原则，对原初测通过断层带的线路方案，逐段进行了优化(见图2-21)。

(1)K47～K48板庙沟一带，原初测线多通过灰色断层泥带，板庙沟桥基据测试，承载力仅175 kPa，将线路南移至压碎岩带，承载力可达300 kPa，也避开了断层角砾夹断层泥的挖方。

(2)K49+200～K49+600为长400 m的挖方，整个平行并部分通过断层泥及断层角砾夹断层泥地段，边坡最高>30 m，开挖后边坡处理困难，线路南移至压碎岩带，以隧道通过，隧道地层多为整体角砾岩。

(3)K50 红岩沟大桥桥基在断层角砾夹断层泥中，断层泥承载力仅为 150 kPa，承载力不够，桥头挖方高达 20 m 以上，亦在断层角砾夹断层泥带中，故将该段线路南移至压碎岩中，承载力可提高到 600 kPa，且避开了断层角砾夹断层泥的挖方。

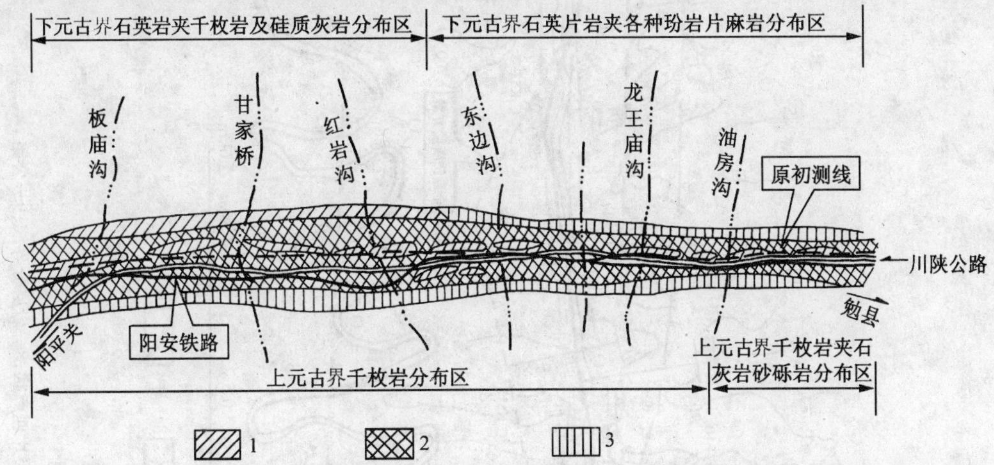

图 2－21　青羊驿断层带内断层岩分布示意图

1—断层泥及断层角砾岩带；2—压碎岩带；3—碎裂岩带。

(4)K51～K52 龙王庙沟一带，原初测线桥基均位于灰黑色断层泥及断层泥夹断层角砾中，断层泥最厚 3～5 m，承载力仅 140～150 kPa，故将该段线路整个南移至压碎岩带内，其承载力可达 300～400 kPa。

通过以上线路南移优化，除青羊驿车站仍位于压碎千枚岩未改动外，其它地段均南移至压碎岩带，优化结果，仅在青羊驿车站西闸口外的整体角砾岩中增加一座长约 50 m 的隧道。

3. 工程措施

优化后该段线路工程，以路基、桥涵为主。我们对川陕公路通过该断层带的路基边坡及桥涵进行了 32 处重点调查，结合测试资料采取了下列工程措施：

(1)根据边坡调查及大面积剪切资料，发现岩石边坡破裂面，严格受结构面控制，所以边坡率的选择，应以片理、层理、构造破裂面的陡度来控制。

(2)线路通过断层带，挖方边坡高 5～10 m，坡顶自然坡＞25°，堑坡需防护；边坡高＞10 m，堑顶自然坡＜25°，堑坡亦需设挡护工程。

(3)据公路边坡调查及勘测中发现，断层带风化深度多在 8～10 m 以上，表层多风化成土状。该区降雨多而集中，公路边坡受地表水冲刷，普遍存在浅层滑坡、崩塌、错落、剥落，所以线路通过断层带，要有完整的排水系统，堑顶设天沟、排水沟，并进行铺砌。

(4)为防止断层岩类软硬不一，桥基沉落不均，采用简支梁结构，涵洞采用整体基础，拱涵基础应力不够时，采用砂石换填或砂桩加固，为防止基底渗水，冲刷基床，设全封闭或半封闭防水层。

(5)隧道应早进晚出，由于围岩软硬不一致，受力不均，采用曲墙加仰拱的断面型式，并采取防水、排水措施。

4. 方案比选

通过断层带与全绕避断层带的线路方案比选，见图 2－22。

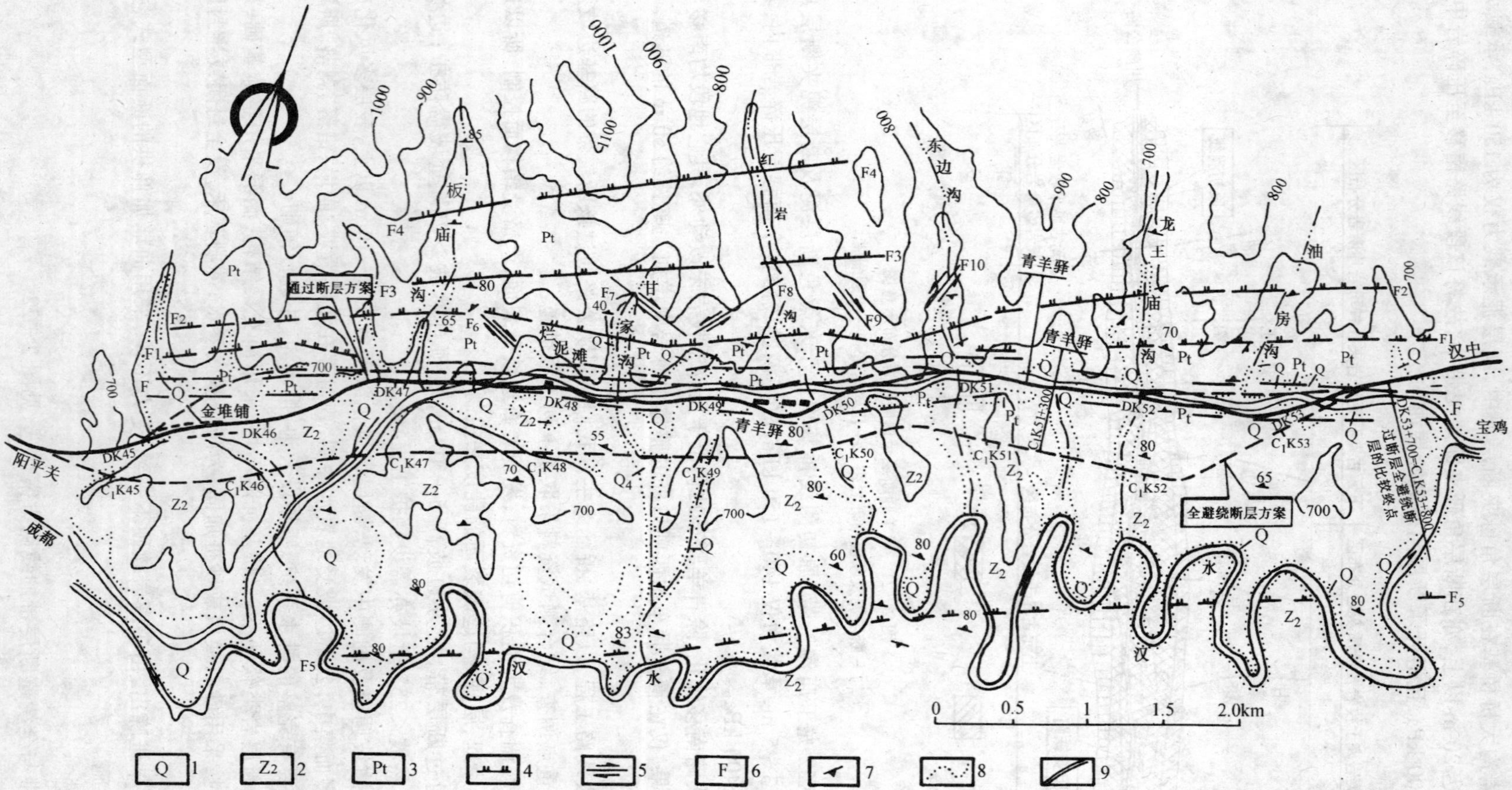

图 2-22 阳安线阳汉段青羊驿地区区域地质图

1—第四系；2—上元古代；3—下元古代；4—逆断层；5—平移断层；6—主断层；7—岩层片理产状；8—岩层分界线；9—公路。

青羊驿地区,北依秦岭大山,南临汉水河谷,青羊驿断层带为平行秦岭、汉水之间的断陷丘陵洼地。避绕断层带走北面的断层上盘,必须以长隧道穿越,且平行通过许多小断层,岩层破碎,地下水发育,通过困难。走南面断层带下盘沿汉水方案,线路亦平行汉水大断裂带,且地处支流入江地段,沟深坡陡,高桥与隧道相连,工程大而艰巨。初测比选认为走断层上盘和沿汉水的线路方案均不可取。

全避绕断层带方案:线路走在断层带下盘南面,距断层带 300~400 m,地层以上元古界千枚岩为主,局部有白云质及硅质石灰岩与砂砾岩,岩层片理发育,受断层挤压破碎,但地下水不发育,无大的不良地质现象,在地形上除断层带外,相对起伏较小。但仅 8 km 线路,展长 100 m,出隧道 5 座,长 2 150 m,大中桥 6 座,长 759 m,路基土石方近 200×10^4 m^3,与通过断层带方案相比,工程费多 660 万元。

经过对两个方案的仔细研究,和考虑在六度地震地区,对通过断层带方案工程措施可靠性的分析,认为通过断层带的优化方案可以确保施工、运营安全。经铁道部鉴定委员会再一次鉴定,并与西安铁路局会商,均一致同意采用通过断层带的方案。通过初、定测及相关设计,该段 1969 年开始施工,1976 年交付运营。运营期间铁一院曾多次进行过回访,20 多年来从未出现任何较大的地质病害事故,是断层带地质选线的范例。

(五)体会

断层分布地段,由于受地壳运动破坏,从工程地质角度评价是薄弱环节。在断层带内修建的工程,也确实出过不少问题,发生过各种不良物理地质现象,所以造成怕断层、遇到断层就绕避,未能根据实际情况,区别对待。

青羊驿断层带的线路选择,是在地形与地质条件互相矛盾,投资相差悬殊,选线难以确定的情况下进行的。通过深入地质调绘、勘探、测试,认识了断层性质,最终在断层带内选出了一条稳妥可靠的线路,说明有的断层带并不是不可通过的。

在西北地区类似青羊驿的大断裂还较多,这类断层产生时间较古老,有愈合型,有活动型,有部分愈合、部分活动型,在今后选线及工程处理中还可能会遇到。因此,正确划分、评定各种断层带中的愈合型岩类与活动型岩类,在选线或工程处理上,要根据实际情况区别对待,不断提高勘测设计的质量。

七、镜铁山支线 K38~K55 不良地质地段选线

陈品文

镜铁山支线始自嘉峪关北站,终于镜铁山矿区,全长 77.58 km。线路在 38 km 以前为宽坦的山前冲积平原,并于 23 km 附近以 87 m 的高桥跨北大河。38 km 以后线路进入北大河峡谷区,地形陡峻,地质复杂,南山系地层节理发育、风化严重,多崩塌、落石和岩堆等不良地质,工程集中,除九次跨越北大河外,并有隧道和明洞计 22 座。该线 1958 年勘测设计,1959 年进行部分施工,1964 年复工,1966 年通车。38~55 km 为全线地形、地质条件最复杂、工程最集中的地段,在线路方案选择中充分考虑了不良地质因素。

(一)地形、气象概况

该段线路以 18‰的限制坡度沿北大河峡谷上溯而行,线路高出河床 100~40 m,两侧山坡陡峻,坡度一般为 40°~60°,有的达 70°~80°,群山绵叠,相对高差为 300~500 m,筑路前荒无

人烟，难以通行。38～45.5 km东岸有断续的高级阶地，宽50～150 m，高出河床100 m左右，临河为陡坎或岸壁，坡度为70°～80°，有的呈直立状，西岸局部有狭窄的高级阶地。

该段北大河正处于下切阶段，河床较窄，水面宽10～30 m，河槽呈V字型，河床纵坡较大，水流湍急。两岸支沟发育，较大的支沟东岸有冰沟、东小青羊沟和东大青羊沟；西岸有西小青羊沟、西大青羊沟、臭水柳沟、大落海子沟和小落海子沟。由于这些支沟纵坡大，在汇入北大河处多呈基岩跌水陡坎，少有流石现象，平时有小股水流，其他支沟或冲沟均无水。

该地属高原亚寒带亚干旱气候区，降水量少，蒸发量大，冬季寒冷，日温差和年温差变化大，其主要气象数据：年平均降水量为88.6 mm，年最大降水量为154 mm，日最大降水量为32.2 mm，年总蒸发量为2417.2 mm，历年最高温度为38.2 ℃，历年最低温度为－31.6 ℃，月平均最高气温为23.8 ℃（7月），月平均最低气温为－8.2 ℃（1月），定时最大风速为16.5 m/s，最大冻结深度为1.4 m，冻结期为10月初至次年4月底。

地震基本烈度为八度。

（二）地层岩性与地质构造

1.地层岩性

区内岩层裸露，主要是南山系片岩，偶夹大理岩，局部有石炭系太原统的页岩夹煤层或砂岩，部分地段有海西期的花岗岩侵入体，山坡中、下部多岩堆，为碎石土，厚度10～50 m不等。高级阶地上部为砂黏土或碎石土，厚度1～3 m，其下为第四系中更新统酒泉砾石层——卵石土，厚度10～50 m，基底为南山系片岩。现择其主要地层的岩性简述如下：

(1)碎石土：灰黄色，成分主要为片岩，呈碎块状或片状，粒径一般为20～200 mm，200～500 mm的占15%～20%，松散至中等密实，全段均有分布。

(2)卵石土：灰黄色，成分为花岗岩、石英岩和片岩等，粒径一般为20～100 mm，呈浑圆状，密实的，有胶结现象，形成北大河岸壁陡坎，基本稳定，基本承载力σ_0＝600 kPa，Ⅲ级硬土，主要分布于高级阶地上。

(3)片岩：灰色，灰绿色，矿物颗粒细小，主要为石英片岩、绿泥片岩，偶夹大理岩，厚度一般为0.1～0.4 m，局部呈板状或千枚状，片理走向为N40°W～N40°E/45°～85°S，大多是西岸倾向河，东岸倾向山，但在45 km附近东岸亦倾向河，节理发育，一般为3组以上，陡坎或陡坡处呈张开状，风化严重至颇重，基本承载力σ_0≥800 kPa，围岩分类为Ⅲ～Ⅴ类，Ⅴ级次坚石，全段均有出露。

(4)页岩：灰白色，夹薄层煤或砂岩，质软，岩层挤压破碎，风化严重，基本承载力σ_0＝200～400 kPa，Ⅳ级软石，多数位于40 km西岸和45 km附近的断层带内。

(5)砂岩：紫红色，层理走向N50°E/40°S，岩石坚硬，节理发育，表层节理多呈张开状，风化严重至颇重，基本承载力σ_0＝1000 kPa，Ⅵ级坚石，主要分布于西岸49 km前后。

(6)花岗岩：淡黄色，成分为长石、石英、云母，粗粒的，节理发育，表层节理多呈宽1～30 mm的张开状，风化严重至颇重，基本承载力σ_0＝800～1 000 kPa，Ⅵ级坚石，主要分布于40 km附近。

2.地质构造

由于历次造山运动，尤其是海西运动的影响，使祁连山由地槽回返为褶皱山系，由于新生代喜马拉雅运动的影响，区内断层、错动较多，新构造运动相当强烈，新断层多继承了老断层活动，现择其较大的断层（见图2－23）分述如下：

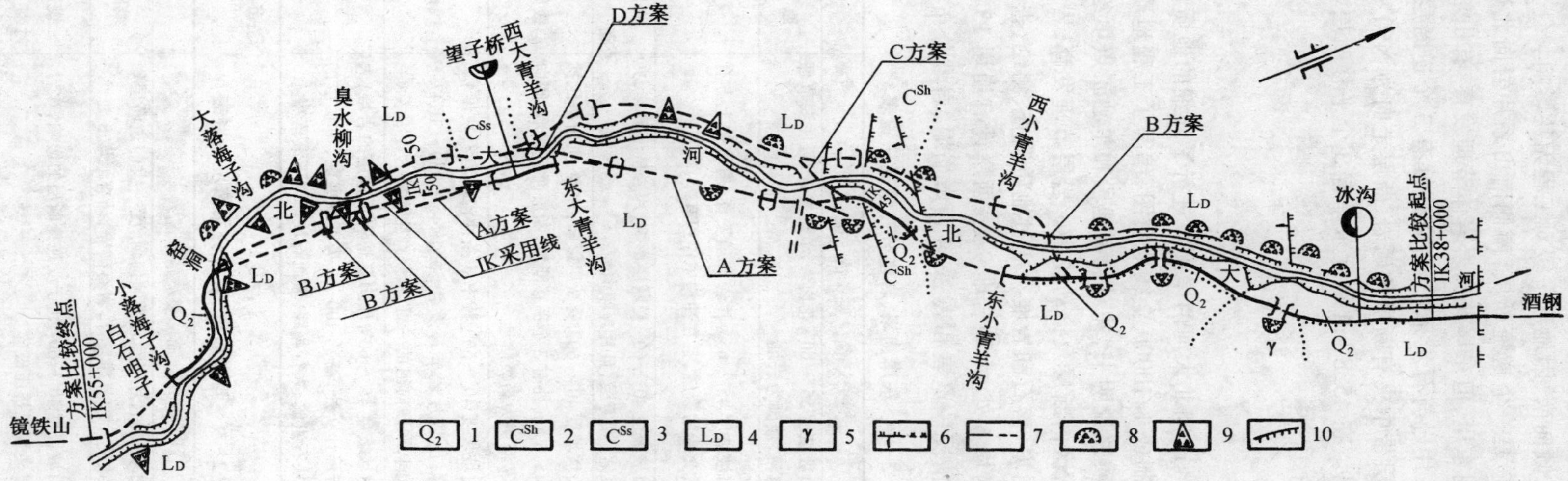

图 2－23 镜铁山支线 K38～K55 线路方案地质平面示意图

1—第四系中更新统卵石土；2—石炭系页岩；3—石炭系砂岩；4—南山系片岩；5—海西期花岗岩；6—逆断层或逆掩断层；7—平移断层；8—崩塌；9—岩堆；10—陡坎或岸壁。

(1)37.5 km 附近，祁连山山前大断层，南山系地层逆推于第三系红层之上，断层走向为NWW—SEE，倾角为 50°～60°，倾向南，因地形平缓对工程无甚影响。

(2)40 km 附近，北大河西岸是一个逆掩断层，南侧南山系片岩向北逆掩于石炭系页岩夹煤层之上，该断层未发现延伸到东岸，但东岸花岗岩岩体节理发育，有山坡崩塌现象。

(3)44～45.8 km 在南山系片岩与石炭系片岩内，连续有 3 个逆断层，由北大河西岸延伸到东岸，岩层具揉皱现象，在断层带中夹有断层角砾岩，断层走向为 N50°～60 °W/75°～82 °S，两岸受断层的影响，均产生崩塌。在 45.8 km 附近东岸有 3 个平移断层，断层面略呈弧形，擦痕明显，此处亦发生崩塌。

(三)不良地质情况

1958 年初测时，对 38～55 km 间北大河两岸山坡进行了详细的地质调查。不良地质地段实地填绘了 1/2000 地质图；编制成 1/10000 全线地质图，编写了工程地质分段说明表，各线路方案工程地质比较表和工程地质总说明书，并对控制地段和单独工点填绘了地质横断面图。

由于北大河两岸山坡陡峻，区内断层及错动较多。岩层节理发育，岩石破碎，气候干燥，年温差和日较差大，致使山坡多崩塌、落石和岩堆。通过地质调查、测绘，查明了北大河两岸的地质和不良地质情况，东岸计有崩塌 6 处、大型岩堆 9 处；西岸计有崩塌 13 处、大型岩堆 5 处，详见表 2－8 东岸崩塌、岩堆分布情况一览表和表 2－9 西岸崩塌、岩堆分布情况一览表。

表 2－8　东岸崩塌、岩堆分布情况一览表

里程或位置	类别	简要情况	工程措施
IK40＋090～IK40＋170	崩塌	山坡坡度 55°～60°，花岗岩，节理发育，且主要节理倾向河，坡脚为岩堆	原为路堑，后改明洞
IK41＋600～IK41＋750 及 IK42＋250～IK42＋350	崩塌	山坡坡度 45°～65°，片岩节理发育，崩塌体上方有纵横交错的裂缝，且在冲沟中停积有碎、块石	线路以隧道通过
IK44＋270～IK44＋460	崩塌	山坡坡度 40°～60°，受断层影响，片岩挤压破碎，夹有页岩、煤薄层，且片理倾向河	线路以隧道通过，并加强衬砌
IK45＋100～IK46＋160	崩塌	山坡坡度 40°～60°，受断层影响，片岩、页岩挤压揉皱，45.8 km 处有 3 个平移断层，断层面呈弧形，倾向河，靠河侧为高级阶地	线路以隧道通过
IK46＋870～IK47＋330	落石崩塌	山坡坡度 40°～60°，其中 5 条冲沟中有石块堆积、滚落；山坡片岩节理发育，在 IK46＋980～IK47＋080 间，顺倾向河的一组节理，产生崩塌	线路以隧道通过
IK47＋800～白石咀子对岸	岩堆	山坡坡度 45°～60°，坡脚普遍有不稳定的岩堆，大型岩堆计 9 处，高约 100 m，基底坡度陡，由松散的碎、块石组成，人行脚踩，坡面石块即向下滚落	线路以隧道通过，52.3 km 以后线路走西岸

表 2－9　西岸崩塌、岩堆分布情况一览表

里程或位置	类别	简要情况	工程措施
39～43 km	崩塌	山坡陡峭，片岩片理多倾向河，受一大的逆断层影响，致使片岩节理发育，岩石破碎，计有崩塌 8 处	线路走东岸
BK44＋450～BK44＋820 及 BK44＋900～BK45＋400	崩塌	山坡坡度 40°～60°，由于受逆掩断层的影响，片岩、页岩夹煤层挤压破碎	线路靠山须设隧道，并加强衬砌

续上表

里程或位置	类别	简要情况	工程措施
BK46+250～BK46+350	崩塌	山坡坡度40°～60°,受断层影响,片岩挤压破碎,上部岩层已向下错动,且在其下部碎、块石堆积较厚	须设隧道通过
BK46+635～BK46+800 及 BK47+200～BK47+350	落石 岩堆	山坡坡度45°～65°,片理节理发育、破碎,有落石现象,下部岩堆高度100 m左右,厚度大于20 m,基底坡度陡,为松散的碎、块石堆积	须设隧道通过
BK48+900～BK49+150	落石	山坡坡度40°～60°,红色砂岩破碎,表层几乎全部松动,有落石且在冲沟中有碎、块石停积、滚落	须设隧道通过
BK50+250～BK50+500	岩堆	有2个岩堆高约100 m,厚20～30 m,基底坡度很陡,为松散的碎、块石组成	须设隧道通过
臭水柳沟～窑洞	崩塌 岩堆	山坡陡峭,片岩破碎,有2处崩塌、3处大型岩堆,为松散的碎、块石组成	线路走东岸

(四)线路方案比选

该段线路在北大河峡谷内,方案比选主要为东(右)岸、西(左)岸的选择。在充分考虑地质和不良地质因素的前题下,线路尽量设法走在高级阶地后缘附近或在缓坡地段以明线通过;凡在崩塌、大型岩堆地段,线路往山靠以隧道通过予以绕避。据此,其中有4段线路主要受不良地质控制,进行了地质比选。参见图2-23。

1.39～43 km西岸山坡陡峭,片岩片理多倾向河,受一大的逆断层影响,致使片岩节理发育,岩石破碎,计有崩塌8处。地形、地质条件远次于东岸,因而本段线路决定走东岸,放弃西岸。

2.在东、西岸线路方案的比较中,C方案在45.5 km跨北大河接B方案,虽桥渡方向较顺,但该处通过横穿北大河的断层,岩层破碎,两岸山坡均有崩塌、落石,新构造运动显著,位于八度地震区,且跨北大河桥长170 m,墩高90 m,故决定放弃此跨河的C方案。

3.臭水柳沟至窑洞,北大河西岸,山坡大多陡峭,片岩片理、节理发育,岩石破碎,有2处崩塌、3处大型岩堆,岩堆为松散的碎、块石组成,基底坡度很陡,不稳定,经初步比较,西岸线路较走东岸长200 m,隧道增长400 m,桥梁缩短140 m,工程造价高于东岸,故决定放弃此段西岸方案而走东岸。

4.52 km至白石咀子,东岸全部为陡山坡,坡度45°～60°,多落石、岩堆,线路无法明走,但西岸有二段阶地,合计长950 m,线路可明走,故此段东岸无考虑的价值,线路走西岸。

线路方案经上述4段走东岸或西岸确定后,现分别将各贯通方案地质,不良地质情况和工程措施分段简述如下:

A方案:

38～52.3 km走东岸,其间东大青羊沟至52.3 km之间称A_1方案,在52.3 km过北大河走西岸,比较终点55 km。

38～43.5 km间,40 km、41 km、42 km3处山咀有崩塌,设明洞或隧道通过外,线路基本上位于高级阶地后缘附近或缓坡地段。高级阶地前缘至河边为陡壁,上部为厚50 m的酒泉砾石层——卵石土,下部为片岩,在漫长的地质时期北大河下切,阶地前缘陡壁上、下仍能保持一个陡坡,且经历了多次强烈地震,仅在坎边以内1～2 m处有垂直裂缝,最多不超过8 m,高级阶地仍然屹立在北大河旁，比照地质条件相同的敦煌千佛洞坎壁已经历了 1 500 年，仍然完好无缺，因此，当时判定此段高级阶地是基本稳定的。

43.5～48.7 km，东小青羊沟至东大青羊沟间，除在 45 km 附近有高级阶地外，山坡较陡，并于 44.3～44.5 km 及 45.1～46.2 km 两处因受 3 条逆断层的影响而产生崩塌，线路只有设隧道和局部外走高级阶地后缘附近；46.2～48.7 km 普遍有落石、崩塌，线路必须以隧道通过，故大青羊隧道长 2 510 m。

48.7～52.3 km，大青羊沟至窑洞间，除过大青羊沟后有长 600 m 缓坡(局部宜清除危石)线路可走明线外，向南至 52.3 km 陡坡峭壁与大型岩堆相间，线路被迫穿长 3 376 m 的大落海子隧道，施工辅助横洞较长、竖井较深。

52.3～55 km 过北大河后，除白石咀子因受地形控制，以隧道通过外，其他地段基本为阶地或缓坡，可走明线。

B 方案：

38～43 km 平面位置同 A 方案，43 km 过北大河后走西岸，至 50.6 km 臭水柳沟前又跨北大河走东岸，平面位置同 A 方案，穿落海子隧道，在 52.3 km 再跨北大河回到西岸，直至比较终点。

44.5～44.8 km 及 44.9～45.4 km 两处，因受断层影响而产生崩塌，必须设隧道通过。45.4 km后线路勉强明露 200 m，随后于 46 km 有崩塌，直至 48.8 km 西大青羊沟之间山坡陡峻，冲沟中多落石，坡麓为碎、块石组成的松散岩堆，线路必须以隧道通过，隧道最长为 2 330 m。49 km 附近受红山头地形和落石的影响，须设隧道；49.5～50.1 km 有长 500 m 的阶地和缓坡(局部宜清除危石)是西岸设望子桥车站的唯一位置。50.6 km 跨北大河，以后地形、地质情况同 A 方案。

B_1 方案：

基本上同 B 方案，不同的是 B 方案在 50.6 km 跨北大河，而本方案过臭水柳沟后，在 51 km跨北大河，但桥址地质条件不如 B 方案，且增加臭水柳沟高桥一座。线路长度与 B 方案长度大致相等，其大落海子隧道长度短，为 980 m，但隧道洞口地质条件稍差，而 B 方案隧道长为 1347 m，经比较后，放弃 B_1 方案。

C 方案：

48.7 km 以前同 A 方案，在东大青羊沟右侧跨北大河至西岸，接入 B 方案，桥长 127 m，墩高 62 m，此方案经优化后，即为 38～55 km 间的定测线。

以上 A、B、B_1 和 C 四个线路方案工程数量和工程费比较，见表 2－10 。

表 2－10 线路方案工程数量和工程费比较表

方案类案	$A(A_1)$	B	B_1	C
线路长度(km)	16.638	16.997	17.000	16.992
隧道(座/m)	9/8 321	10/8 417	10/8 130	10/7 802
大中桥(座/m)	3/331	4/499	5/630	4/549
全部工程费(万元)	2 201	2 289	2 341	2 153
差额(万元)	147	136	188	0
最长隧道(m)	3 376	2 330	2 330	2 510
最高大桥(墩高/桥长)	38/156	90/195	90/195	62/158

经综合比较后，采用 C 方案进行了定测和施工设计，1959 年初交付施工。为了增加施工

工作面,缩短长隧道施工工期和避免桥隧同时施工引起相互干扰而延误工期,因此于1964年又进行了详细的研究,在地质条件可行的基础上进行变更设计,即将48.7~50.6 km位于北大河西岸的线路移至东岸,较A_1方案线路向河靠,将较长的大青羊隧道和大落海子隧道改为短隧道;望子桥车站亦由西岸改至东岸,避免了车站避难线设在隧道内的缺点,减少两跨北大河的桥梁工程,消除了桥、隧同时施工而产生的相互干扰,经工程造价比较,改善后的线路节约工程造价383万元,此IK线即为采用线。

(五)小结

镜铁山支线38~55 km不良地质地段选线,在详细地质调查、测绘的基础上,经与线路、路基、隧道、桥梁等专业人员相互配合,反复研究比较,最后选出一条既合理、可靠、工程造价较低,又方便施工、缩短施工工期的铁路线路。通过此段铁路选线,有以下两点值得借鉴:

1.在该段铁路选线中,进行了较大范围的地质调查、测绘,查明了北大河两岸的地形、地层、岩性、构造,尤其是不良地质情况,所作的工程地质工作和资料满足了铁路选线的需要。关于38~45.5 km间,北大河东岸的高级阶地能否利用的问题,涉及到路基或隧道工程的设置,直接影响工程造价和方案比较。经实地调查研究,多方面的分析论证后,认为此段高级阶地基本上是稳定的,线路可以在高级阶地的后缘附近以路基形式通过,这样无论在工程地质条件或工程造价方面均优于其它线路方案,更优于北大河西岸的线路方案。又如C方案,虽北大河桥渡方向很顺,但该处须通过较宽的断层破碎带,岩石破碎,基本承载力较低,两岸山坡均有崩塌、落石,新构造运动显著,位于八度地震区,且桥墩高90 m,故决定放弃此方案。其它如臭水柳沟至窑洞西岸方案和52.3 km至白石咀子对岸东岸方案均是在详细的地质调查、测绘基础上,并与线路、路基、隧道和桥梁等专业慎重研究后,才决定前者走东岸,而后者走西岸的。

2.在此段不良地质选线中,除详细查明崩塌、落石、岩堆等不良地质情况外,并与有关专业,特别是与线路、路基、隧道专业密切配合,或绕避不良地质或采取牢靠的工程措施,故线路方案比选的基础比较扎实,经逐步筛选出的线路方案,通过工程数量、工程造价和施工条件的比较,再决定取舍,充分体现了择优选用的原则。

总之,在地质工作和地质资料比较扎实的基础上,经多次比较,反复核实,逐步优化,作出的38~55 km不良地质地段选线是成功的。1966年通车至今,已经过30多年的运营考验,情况良好。

八、阳涉线平定至宁艾段小煤窑采空区选线及工程处理原则

逯盛护

阳涉线位于山西省晋中地区,北起石太铁路阳泉市东边的白羊墅车站,途经平定、昔阳、左权,南至邯长铁路的涉县车站。其中平定至宁艾的十几千米为小煤窑采空集中地段。1982年进行该段线路初测时,小煤窑采空区地质选线一度成为工作的关键。

(一)地形、地貌及地质概况

1.地形、地貌:平定至宁艾段线路位于太行山西坡,阳涉线的北端,属低山丘陵区,相对高差20~100 m。缓坡、沟谷阶地多为黄土覆盖,已辟为梯田。

2.地层、岩性:平定至宁艾段自北向南地层主要由奥陶系石灰岩、石炭系砂岩、泥岩、石灰

岩、煤和二叠系砂岩、泥岩、煤及第四系地层组成。

(1)第四系(Q)

a.全新统(Q_4):砂黏土和黏砂土,厚 0.5～3 m 分布于沟床及两岸阶地;

b.上更新统(Q_3):新黄土,厚一般 3～10 m,呈片状分布于山坡和阶地;

c.中更新统(Q_2):棕红色老黄土,局部出露于新黄土下部,厚 2～5 m。

(2)二叠系(P):主要由黄绿色、灰色、紫灰色泥岩、砂岩和煤组成,分布于本段偏西南地带。

(3)石炭系(C):由中石炭统本溪群和上石炭统太原群组成,详见图 2-24。

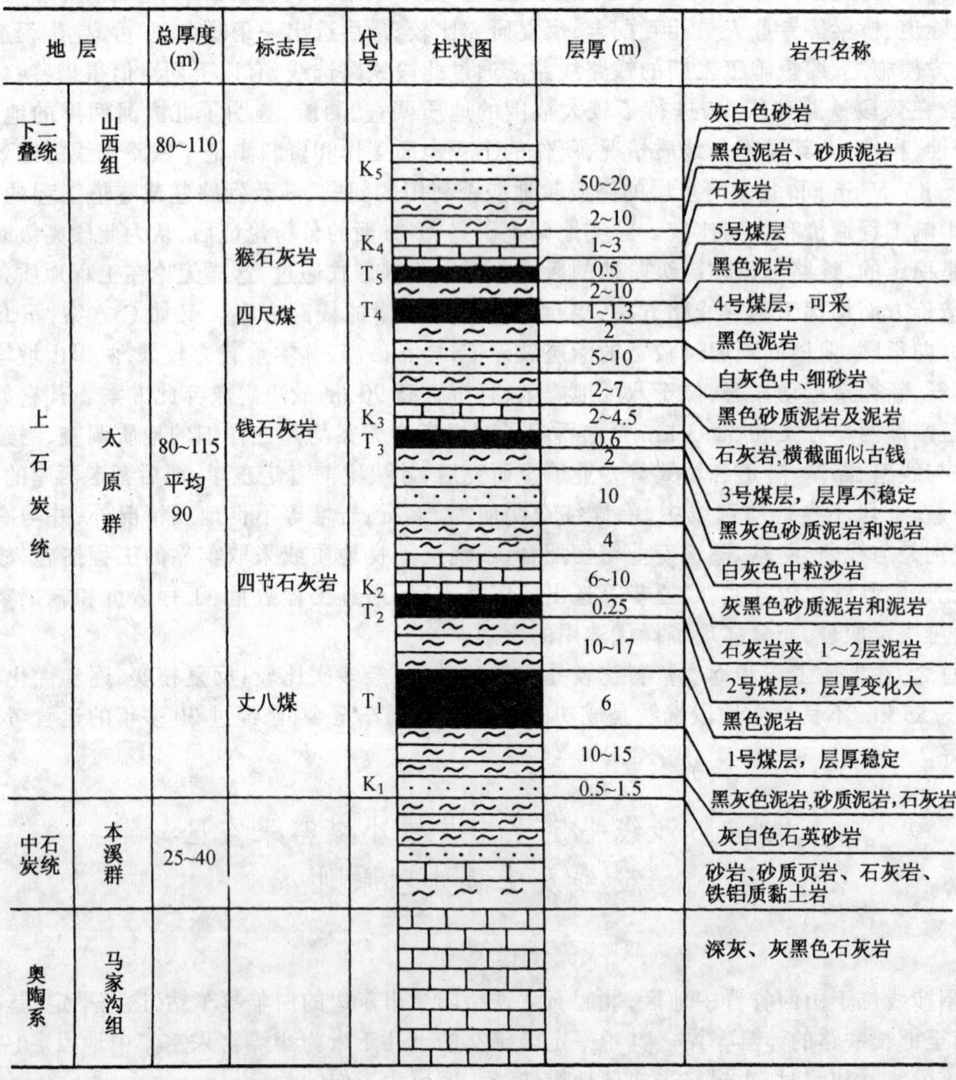

图 2-24 奥陶系、石炭系地层综合柱状图

a.太原群(C_3):主要由泥岩、砂质泥岩、砂岩和煤组成,为本段主要煤系地层,分布于西锁簧村至宁艾一带。

b.本溪群(C_2):自下而上由铁铝质黏土岩、砂岩、砂质页岩和少量石灰岩夹层组成,分布于锁簧沟内马家锁村以北地带。

(4)奥陶系(O^{Ls}):石灰岩,分布于南川河两岸。

3.地质构造:平定至宁艾段位于太行山大背斜西翼,沁水煤田东部边缘。地层基本上呈单斜构造,走向大致为NNE,倾向大致为NWW。在此单斜层上发育有小圆丘形或马鞍形的小褶曲,轴部圆缓,轴向不很规律,形成不大的波状起伏。倾角平缓,多在5°~20°之间。断层较少,地表很少看到,听矿工讲地下煤层有被切断现象,说明有断层存在,对铁路工程影响很小。

(二)煤窑采空及采煤简史

1.可采煤层:上石炭统太原群中共有5层煤,其中四尺煤和丈八煤为可采煤层,四尺煤因层薄,只在部分古空区有小量采掘;本段现代各矿均开采丈八煤(厚6 m)。二叠系中的七尺煤只有昔阳县附近各矿开采。

2.采煤简史:据阳泉矿简史记载,至少从南宋开始,距今已有八百年采煤历史,从采煤规模大小和时间方面考虑,可分为解放后的农业合作化前和农业合作化后两个阶段。

(1)农业合作化(1956年)前:各个历史时期都为个体私人开采上山煤,开采方法是镐刨肩背的人力采掘,生产落后,开采范围小,巷道无规律,所采煤层浅,埋深多< 50 m,巷道窄短,宽1.7 m,高2 m,采长100~250 m,回采后平均采煤率可达20%~30%。古窑口因其历史长久和人类的垦植活动,多被掩埋,不易查找,只有解放前后一段时间内的一些窑口,可据访问调绘出相应位置。

(2)农业合作化(1956年)后:多为社队集体矿点和国营矿点,进行有组织地生产,开采方法由人力采掘逐渐发展为半机械化和机械化采掘,采区范围明显增大,采煤深度也逐渐加深,巷道逐渐加长,竖井、斜井皆有。由于政府管理,也积累了一些开采巷道分布资料,国营矿还有矿区图、煤层底板等高线图等。

a.社、队集体煤矿:开采方法为房柱式,主巷道2 m×2 m,支巷道成网格状,巷道间距25~30 m,宽者可达40 m。先掘进支巷道,后进行回采,形成25~30 m长,6~8 m宽,6 m高的采空区,回采后留保安煤柱10 m,最小煤柱也有2~4 m的,平均采煤率25%~40%。

b.国营煤矿:开采方法为仓储式,主巷道3 m×2 m,分采区开掘,采区长60~100 m,先掘进支巷道,后进行回采,以顶板不塌为原则,尽量采宽些,保安煤柱也是10 m左右,所以属现代化大型开采,平均采煤率达50%以上。

3.矿区分布及采空变形情况,见图2-25。

从图中可以看出,矿区均沿丈八煤露头线一带分布,其主要矿点和采空变形情况如下:

(1)沿东锁簧方案

a.古空区:指农业合作化前各个时期的采空区,主要有三段。

(a)CK15+800~CK16+800长1 000 m,有6处垂直塌陷坑,直径5~10 m不等,裂缝5道,长5~20 m。

(b)CK18+200~+600右侧山坡上,有垂直塌陷坑一处,直径5 m。

(c)CK20+280~CK21+190长910 m,塌陷坑1处,直径10 m,裂缝2道,长5 m和30 m。

其它古空区离线路较远,未详细划分。

b.现代采空区:指农业合作化以后的采空区。

(a)CK15+150右侧,锁簧沟西面山坡为马家锁簧矿,采上山煤,表层砂岩有塌滑、裂缝、塌陷,缝宽0.5~1 m,长3~10 m,坡面地貌非常零乱,顶板砂岩、泥岩,厚10 m左右。

(b)锁簧村西面为锁簧社办一坑,山顶出现裂缝数条,宽0.1~0.5 m,长10~30 m。

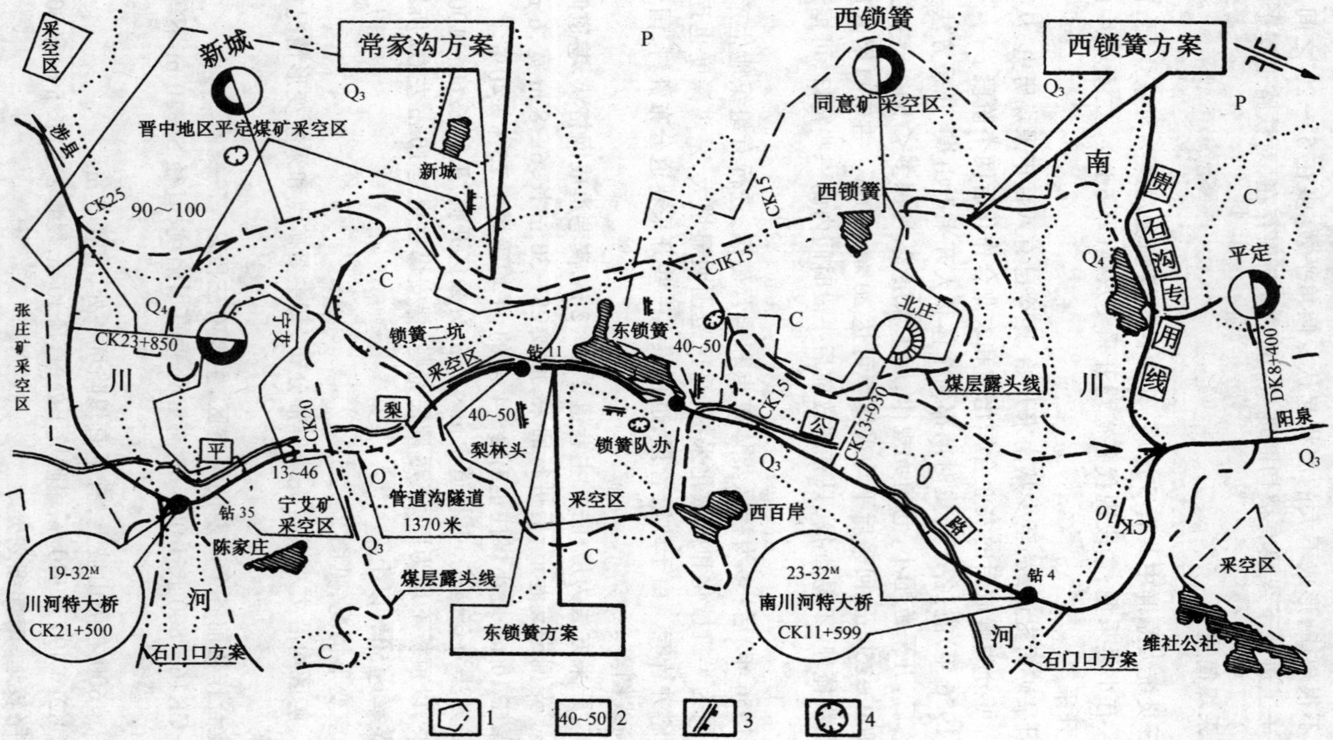

图 2-25　阳涉线平定至宁艾段方案示意图

Q_4—第四系全新统砂黏土、黏砂土；Q_3—上更新统新黄土；Q_2—中更新统老黄土；P—二叠系泥岩、砂岩和煤；

C—石炭系泥岩、砂质泥岩、砂岩和煤；O—奥陶系石灰岩；1—采空界线（虚线为访问界线）；2—顶板厚度；3—采空裂缝；4—采空塌陷。

(c)CK17＋400～CK18＋200 右侧为锁簧社办二坑和梨林头队办矿采区，未见变形异常。

(d)CK16＋600～CK18＋900 左侧(线路部分穿过)，自北向南分别为东锁簧、前梨林头、梨林头队办矿采区，见有塌陷 4 处，直径 5～20 m，裂缝 8 道，宽 0.1～0.3 m，长 10～60 m，延伸方向没有规律。

(e)CK21＋000 处右侧为管道沟队办矿采区，左侧为陈家庄队办矿采区，未见变形异常。

(f)CK23＋800～CK24＋800，宁艾车站右侧，川河内及以北地带为宁艾队办矿采区，未见变形异常。

(g)CK24＋900～CK25＋540 一段长 640 m，为晋中地区平定煤矿二坑采区，左侧紧临张庄社办二坑，采二叠系下部七尺煤，局部有丈八煤和七尺煤双层采空问题，未见变形异常。

(h)CK26＋100～CK26＋700，左侧为下马郡头队办矿采区，局部有塌陷现象。

(2)沿常家沟方案和西锁簧方案

a. CIK14＋400～CIK15＋550 长 1 100 m 和 CⅡK13＋700～CⅡK16＋600 长 2 900 m，为平定县国营同意煤矿采区，属现代大窑采空区，见有陷坑和裂缝，但具体资料不详。其中常家沟方案经过的北庄队办矿采空区内见有 4 处垂直塌陷坑，直径 1～5 m，深 1～3 m，顶板以泥岩为主，厚 20 m 左右。

b. CIK18＋000～CIK19＋000 和 CⅡK19＋000～CⅡK20＋000 右侧，为晋中地区平定煤矿一坑采空区，在耕地中有几条裂缝，宽 0.1～0.3 m，长 5～20 m，顶板厚 100 m 左右。本段左侧为新村队办矿采空区，未见变形异常。

c. CIK19＋600 右侧一片较低洼的耕地中，因晋中地区平定矿二坑采空引起垂直塌陷坑 4 处，近一直线排列，直径 10～40 m，深 3～5 m(见照片 2－1)，顶板厚 40 m 左右，以黄土为主，部分为砂岩、泥岩。

d. CIK20 ＋ 500 ～ CK25 ＋ 540 长 1 040 m(常家沟和西锁簧两方案共线，且部分段与东锁簧方案共线)，为晋中地区平定煤矿二坑采空区，顶板为黄土和砂岩、泥岩，厚 100 m 左右，未见变形异常。

照片 2－1　采空地表塌陷

(三)线路方案的选择

可行性研究报告推荐的平定至宁艾段共有四个线路方案(见图 2－25)：1. 石门口方案(图中未全划出)，全部绕开采空区，地质条件良好，但因工程艰巨，线路展长 9 km，经济比较显著不合理，故未作初测比较；2. 东锁簧方案；3. 常家沟方案和 4. 西锁簧方案。后三个方案的经济比较和优缺点见表 2－11 和表 2－12。

表 2－11　平定至宁艾段方案比较表

工程项目	单位	东锁簧方案		西锁簧方案		常家沟方案	
		数量	造价(万元)	数量	造价(万元)	数量	造价(万元)
线路长度	km	15.20	261.4	14.85	255.4	13.34	229.4
车　站			672.3		749.0		649.6

续上表

工程项目		单位	东锁簧方案		西锁簧方案		常家沟方案	
			数量	造价(万元)	数量	造价(万元)	数量	造价(万元)
土石方		10^4 m³	214.5	669.5	92.2	329.7	95.6	344.3
挡护工程				150.0		146.2		99.5
桥涵	大中桥	m/座	1 230/5	675.5	1 860/7	1 019.6	1 830/6	1 001.9
	小桥涵	延 m/座	894/19	123.1	571/12	68.4	462/11	62.4
	小计			798.6		1 088.0		1 064.3
隧道		m/座	380/1	113.2	2 150/2	788.6	1 145/2	341.2
专用线		km	5.25	630.0			3.0	360.0
主要工程费		万元		3 295		3 357		3 088

表 2-12　平定至宁艾段各方案优、缺点比较表

线路方案	矿点类型及采空情况	线路穿过采空区长度	工程处理难易程度	交通施工条件等
东锁簧方案(CK)长 15.20 km	社、队办煤矿采空区,片状分布,采煤率 20%～30%,采空地面变形剧烈,但有绕避条件	线路通过采空区 5 段,计长 2 010 m	采空区上无桥、隧、车站等重点工程,小桥涵及一般路基工程易于处理	沿平定至黎城公路交通发达,施工便利,对社、队矿有利
西锁簧方案(CⅡK)长 14.85 km	国营办煤矿为主,采空范围广,采煤率＞50%,采空地面变形剧烈,无避绕条件	线路穿过采空区 2 段,计长 3 940 m	1 800 m 的隧道位于采空区上,设计高程距采空底板高差 30～40 m,工程处理困难,隐患多	交通条件较差,施工不够便利,但可照顾两个大矿,线路略短
常家沟方案(CIK)长 13.34 km	国营煤矿为主,采空范围广,采煤率＞50%,采空地面变形剧烈,无绕避条件	线路穿过采空区 2 段,计长 2 140 m	五指山隧道出口一段在采空区上,局部有双层采空,工程隐患多,下马郡头河大桥部分位于采空区上	交通条件较差,施工不够方便,但方案顺直,线路较 CK 方案短 1 860 m

由表 2-11 和表 2-12 可以看出,东锁簧方案虽然线路较常家沟方案和西锁簧方案长一些,但因东锁簧方案所经煤矿地区均系社、队办煤矿,采空范围不大,呈片状分布,属小煤窑采空的范畴,采空区地面变形范围相对小些,线路通过采空地段较短和无重点工程,工程处理较易,故工程地质条件相对较好。而且东锁簧方案还具备如下有利条件:所经地段的采空区是由许多小矿区组成的,每个矿采空巷道都有相对集中部位和稀疏部位;矿与矿之间受村庄、道路限制,有宽窄不等的未采地带;同时在锁簧沟至管道沟段有平定至黎城的公路通过,靠近公路附近,当地政府有禁采规定,采掘巷道深入公路的很少。这些有利条件,在定线时都可以加以利用,也是常家沟和西锁簧两方案所不具备的。因此经过综合分析比较,确定东锁簧方案作为推荐方案,常家沟和西锁簧两方案作为比较方案。

大方案选定后,又进行了优化设计,线路原则上沿公路前进,在线型衔接和工程设置容许的情况下,尽可能绕避采空区,实在避绕不开的地段,也尽量设法于采空区边缘通过或截角通过(见图 2－26);选择巷道稀疏部位或巷道尽端外通过(见图 2－27)。

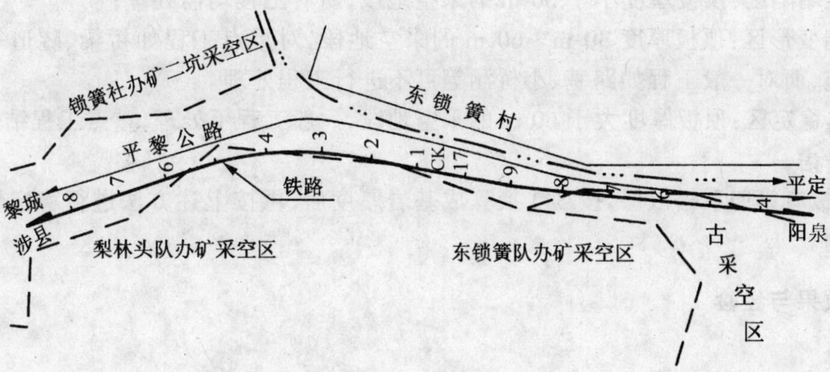

图 2－26　线路通过采空区边缘

经认真选线,完全避开了巷道集中区,重点工程管道沟隧道全部避开了采空区,所经古空区和现代采空区均以路基和涵洞通过,对工程无重大影响。

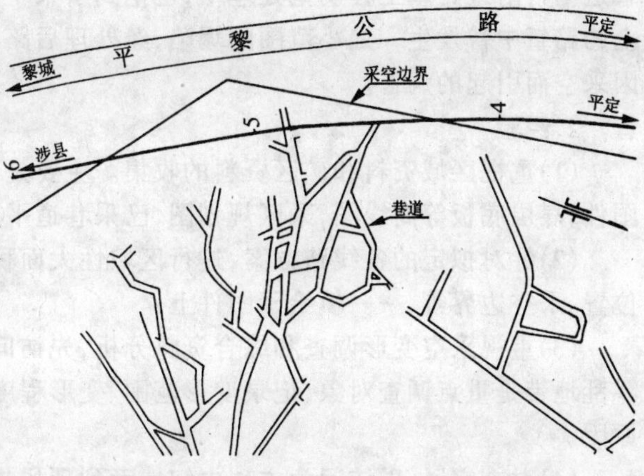

图 2－27　梨林头队办矿采空区巷道图

(四)处理原则

1.处理原则的确定

初测阶段,对马家锁簧、东锁簧、梨林头等小煤窑采空地面变形进行调查,及对资料整理综合分析后,发现采空所引起的地面变形有如下特点:

(1)煤层顶板厚度小于 30 m 时,采空后多产生裂缝、塌陷。这又分两种情况:a.顶板为基岩的,特别是有一层厚砂岩时,地表多产生裂缝,宽 10～50 cm,最宽者达 1 m,长几米至几十米,垂直塌陷则不多,如马家锁簧矿采空变形。b.顶板主要为第四系松散层或为软质泥岩的,多产生直径几十厘米至几十米的垂直塌陷圆坑,如锁簧、梨林头、北庄等矿的采空变形。当然也有顶板厚度小于 30 m 的采空区,没有发现裂缝和塌陷,这可能是由于下部采空范围小,顶板基岩强度高,沉陷不严重,或地处耕地区为人类活动改造而被覆盖掩埋,肉眼不易看出等原因。

(2)顶板厚度在 30～60 m 之间时,顶板为基岩的未见一处垂直塌陷现象,但有沉陷和裂缝。

(3)顶板厚度大于 60 m 的采空地段,社、队矿区未发现一处裂缝及塌陷现象,而国营矿如晋中地区平定煤矿,顶板厚度达百米以上,地面仍见多处裂缝,这是因为国营大矿进行大面积开采的缘故。

2.处理原则

依据以上三种采空区产生的顶板变形情况,再参考煤炭系统经验及“日本在煤炭采空区修建铁路的措施”一文,以对铁路工程可能产生的危害程度为原则,确定对本线小煤窑采空的稳定性分区和处理原则如下:

(1)顶板为基岩时

a.可能塌陷区:顶板厚度小于 30 m 的采空地段,所有工程均需处理;

b.可能变形区:顶板厚度 30 m～60 m 的采空地段,对重点工程如桥梁、隧道等应采取工程处理措施,而对一般工程如路基、小桥涵等可不进行工程处理。

c.基本稳定区:顶板厚度大于 60 m 的采空地段,一般工程不处理,重点工程结合工程的重要性综合考虑。

(2)顶板有第四系松散层,按 3:1 换算成基岩厚度后,再按上述方法进行稳定性分区和选定处理原则。

(五)效果与经验

1.效果

初测阶段进行了典型工点和重点工程勘探,在后续的定测和施工阶段又进行了大量勘探和采空灌浆钻探,但绝大部分钻孔未钻到采空,进一步说明线路位置选择合理。不过采空区未能完全避开,在钻探和施工中仍遇到少量采空。如在前梨林头村附近,曾钻到一采煤巷道;在管道沟村附近路基工程明挖处理中,也挖到了采空巷道;在东锁簧村附近,平黎公路左侧山坡上的路堑中曾发生一处小范围的塌陷,经处理后路基稳定。通过七八年的运营实践,尚未出现因采空而引起的病害。

2.经验

(1)重视区域资料和矿区资料的收集。主要是区域地质报告和图件,煤田矿区详查报告和图件,煤层底板等高线图,采区规划图,已采巷道平面图,钻孔柱状图等。

(2)针对拟定的各线路方案,进行区域性大面积调查,查明地层岩性、煤层分布、矿区、井口位置、采空边界等,一一填绘于图件上。

(3)重视采空变形调查和综合资料分析,先访问,后实地察验,目的性要强,采空区内地貌零乱地带是重点调查对象,记录变形范围、变形程度,综合各种资料,分析引起变形程度差异的原因。

(4)对古空区,以访问为主。由知情者到现场指点坑口位置、巷道方向、采层埋深、采掘巷道长度、巷道断面等,注意及时记录,现场绘出边界,以免离开后就记忆不清。

(5)方案选取方面,要进行综合分析,工程措施意见中要考虑采空区上有无重点工程、病害隐患程度及工程处理难易等因素。

九、宝中线峡口不良地质地区选线

郑永贵

(一)概述

宝中线峡口河展线地段位于陇县县城以北约 10 km,史家铺与峡口村之间。线路在陇县城北跨千河后折向北,沿千河支流峡口河西岸上至史家铺,河床纵坡与线路限坡相适应,工程简易。史家铺至峡口村河床纵坡为 18‰,需展线才能上到峡口村。峡口村至史家铺村间的峡口河西岸有较宽广的平缓冲积阶地,横宽 1.0～1.5 km,是较好的展线场所。阶地西侧基岩陡坡的前缘为清凉山、庙沟大断层,近期仍有活动;南有史家铺深层滑坡。中部有庙沟、流石沟两个大型流石沟谷横切阶地,流石来源丰富,近期还有大量流石侵入峡口河,迫使河流东移。峡口河东岸红山头有大型深层滑坡,是一个经历多次滑动的红层滑坡;峡口村以上河道狭窄,东岸山坡陡峻，有大型岩堆、错落及厚层碎石堆积，西岸由于清凉山断裂活动相对隆起，岸高坡陡，有流石、错落、滑坡及巨大的块石堆积层，从山顶延伸到河岸高达300余米，见图2-28。

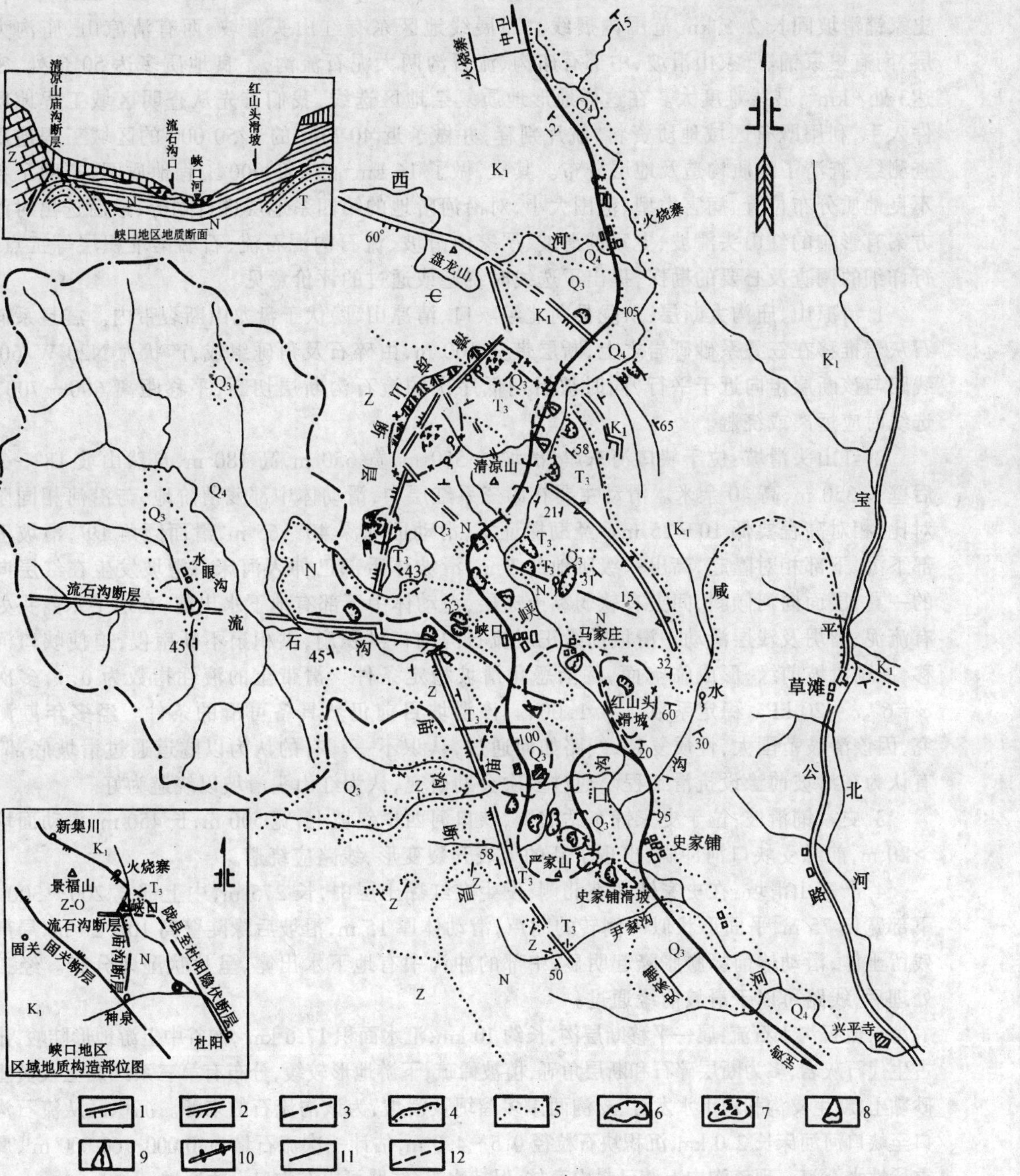

图2-28　宝中线峡口地区工程地质图

Q_4-第四系全新统；Q_3—第四系上更新统；N—新第三系；K_1—下白垩系；T_3—上三叠系；∈—寒武系；Z—震旦系；

1—压性断层；2—扭性断层；3—性质不明断层；4—不整合面；5—岩层分界线；6—滑坡；7—错落；8—泥石流；

9—洪积扇；10—背斜；11—主要方案；12—比较方案。

(二)峡口地区地质环境

峡口河展线段长 12 km,因沟谷纵坡大,必须在庙沟断层与峡口河间宽 1.4 km、峡口村与史家铺滑坡间长 2.5 km 范围内展线。而展线地区东有红山头滑坡,西有清凉山、庙沟大断层,南有史家铺、严家山滑坡,中部有庙沟、流石沟两大泥石流沟,不良地质多达 50 余处,密度达3 处/km^2,展线难度大。在这样地形地质复杂地区选线,我们首先从查明区域工程地质条件入手,利用既有区域地质资料,航片判释,并做了近 40 km^2 的 1/50 000 的区域工程地质调查测绘,查清了地质构造及地层分布。其次,做了 16 km^2 的 1/5 000 工程地质图,查明了各类不良地质分布位置、病害类型、范围大小,对沿河阶地的第四系地层进行划分,最后选出对线路方案有影响的红山头滑坡、史家铺滑坡、严家山滑坡、流石沟泥石流、石墙梁堆积层等工点,进行详细的调查及必要的勘探,提出了选线时绕避或通过的评价意见。

1. 清凉山、庙沟大断层:从陇县向北经峡口、清凉山,隐伏于盘龙山断裂带内。震旦系硅质石灰岩推移在三叠系砂砾岩之上,断层带宽 100 m,由碎石及角砾组成,产状为 N20°W/60°S。线路与该断层走向近于平行,同时被后期低序次的流石沟断层切断,平移距离 600～700 m。选线时应远离或绕避。

2. 红山头滑坡:位于峡口河东岸,滑坡长 550 m,宽 650 m,高 180 m,自然山坡 18°～20°,后壁长 350 m,高 40 余米。滑动主要在第三系红层中,滑动体中部残留阶地,与沿河相同阶地对比,相对高程要低 10～25 m。经勘探证实,滑动面埋深 40～65 m,滑面倾角 19°,滑坡上中部下沉,下部相对隆起,高出一级阶地约 5 m,滑坡体舌部已伸入河床。滑坡发生在红层向斜的一翼,层面向河倾斜,间夹有软弱黏土夹层,滑动体中下部有地下水出露,在地下水露头处均有流泥、溜坍及浅层滑动。滑坡前缘正对流石沟沟口洪积扇,洪积扇不断南侵,迫使峡口河东移,冲刷滑坡前缘,形成临空面,逐渐恶化滑坡稳定条件。滑带土的液性指数为 0.1,多次剪 $\varphi=6°$,$c=20$ kPa,稳定系数 $K=1.004$。该滑坡目前仍然具备可滑的条件。经多年勘测研究,因该滑坡范围大,性质复杂,线路如何通过,认识不一。有的认为以隧道通过滑坡底部,也有认为在滑坡前缘设抗滑工程。通过多次会勘研究,认为红山头滑坡以绕避为好。

3. 史家铺滑坡:位于史家铺车站北侧,峡口河西岸斜坡上,宽 500 m,长 450 m,滑动面埋深＞20 m,前缘受峡口河冲刷,出现了新的地表开裂变形,线路应绕避。

4. 严家山滑坡:在史家铺滑坡北侧,发生在红黏土层中,长 275 m,中上部宽 200～300 m,下部宽仅 75 m,平面形状似一倒转的葫芦,滑动体厚 15 m,滑坡后缘陡壁高 10～20 m,局部有残留土体,滑动体前缘膨胀隆起明显,中部的冲沟中有地下水出露,呈片状湿地分布。经工程处理后,线路可以于滑坡前缘通过。

5. 流石沟水石流:属一平移断层沟,长约 10 km,汇水面积 17.6 km^2,沟谷中上游地形陡峻,出露古生代石灰岩,多为断层碎石和断层角砾,植被稀疏;下游地形较缓,分布有第三系红黏土及黄土质砂黏土,新生支沟和地下水发育,支沟两岸多溜坍及滑坡,为该沟流石的来源。沉积区从流石沟沟口至峡口河河床长 2.0 km,沉积块石粒径 0.5～4.0 m,估计一次流石量为10 000～60 000 m^3,属严重稀性水石流。现该沟中上游已封山育林、保持水土,线路可以在沟口设桥通过。

(三)峡口地区展线方案工程地质评价

峡口地区地形、地质条件相当复杂,线路要绕避上述不良地质地段,工程设置要合理,运营安全要可靠,经多次方案研究,选线原则是:应利用史家铺村西北这一片开阔的缓坡阶地展线,隧道不过清凉山庙沟断层,线路要绕避史家铺滑坡、红山头滑坡,并使线路在流石沟中游狭窄处以较高的桥跨越。经多方案的优化筛选，最后提出 CK、ⅣCK 两大比选方案。如图 2－29。

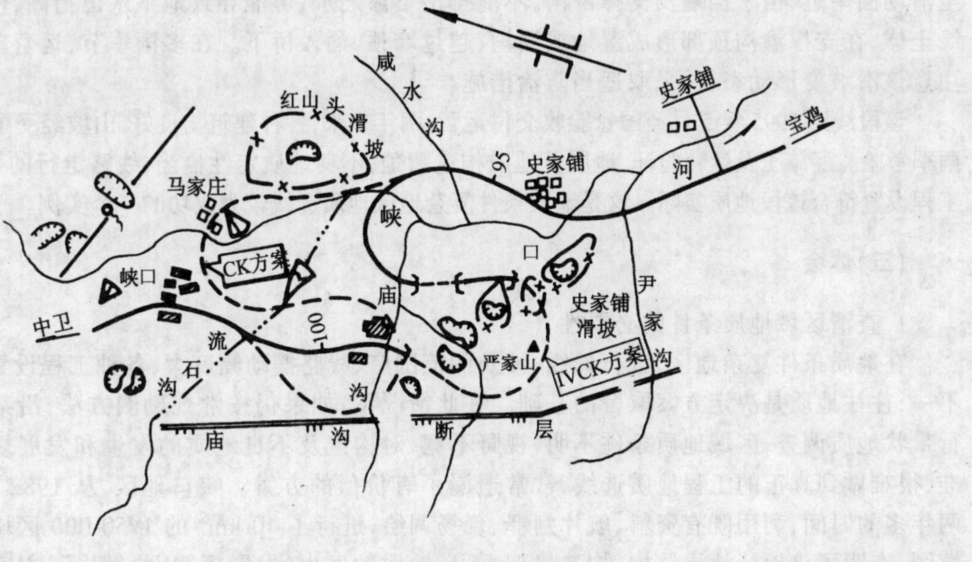

图 2－29　峡口展线方案示意图

CK 方案：线路出史家铺车站后，跨峡口河，沿东岸而上，在红山头滑坡前缘以填方通过，并设重型河岸防护，经马家庄后再跨峡口河至西岸，两跨流石沟，其间线路于庙沟断层影响带外以隧道通过，线路长 6.9 km。但在红山头滑坡前缘为低填方，河岸设重型防护，流石沟口洪积扇继续向南压缩河床，可能促使红山头滑坡复活，有后患。一跨流石沟的线路位于洪积扇的中部，桥渡净空低，不利排泄流石，线路运营安全很难保证。

ⅣCK 方案：线路出史家铺车站后，跨峡口河，沿东岸而上，在红山头滑坡南侧再跨峡口河至西岸，过庙沟后，在严家山滑坡前缘 15～20 m 处设桥通过后，展线设严家山隧道，再过庙沟、流石沟与 CK 方案相接，线路长 6.65 km。绕避了红山头滑坡，在严家山滑坡前缘外侧 15～20 m处设桥通过后即进入严家山隧道。为防止严家山滑坡复活对桥墩、台的威胁，于滑坡前缘设 75 m 长的抗滑挡墙，并设有 4 条支撑渗沟。线路在沟口以桥高 22 m 跨越流石沟，排洪条件好，运营安全可以得到保证。

经综合比选，ⅣCK 方案虽贵 68.4 万元，但运营安全可靠，被最终采用。

(四)施工及运营情况

该段线路有跨峡口河的两座大桥、跨严家山滑坡沟大桥及严家山隧道，为防止严家山滑坡复活，影响大桥的安全，故在该滑坡前缘设抗滑挡墙，两端伸入岸坡的稳定土层中，墙后设有 4 条支撑渗沟，滑坡体中部大片湿地，采用浆砌明沟，将水导入自然沟中，以达到疏干和支挡综合整治滑坡的目的。配合施工的设计人员在现场与施工单位紧密配合，详细研究施工顺序、方法等，对可能出现的施工问题，做了充分的预测。经过施工验证，该段所有的基础地质资料及设计原则完全符合实际。该段施工时间长达一年多，经历了一个雨季的考验，未出现大的问题。

严家山滑坡前缘挡墙及支撑渗沟，由于施工质量不佳，竣工后挡墙泄水孔及支撑渗沟出水孔，均不出水，经施工单位疏通各个出水孔后，仍未见水流出，而在支撑渗沟顶部却出现局部湿地，旱季范围小，雨季范围大。竣工验交时，挡墙工程及支撑工程均未变形，说明支挡工程效果明显，如能疏干排出滑体前缘的地下水，效果当会更好。

近年来，陕西省北部地区干旱少雨，滑坡未发现变形。但在多雨的年代，上部地表水下渗至滑动面附近，由于挡墙及支撑渗沟，不能排出下渗之水，可能导致地下水位抬高，侵泡软化前缘土体，在支撑渗沟顶部形成湿地或溜坍，越过墙顶，涌入桥下。在多雨季节，运营单位应严密注意该滑坡变形动态，并采取适当防治措施。

该段线路 1995 年 5 月经国家验收交付运营，两年多来，各种建筑物良好，山坡经受了 2～3 年的雨季考验。经施工及运营验证，地层及地质构造清楚，不良地质定性恰当，线路走行的平面部位及工程设置符合该段地质实际。这是地质条件复杂地区地质选线较为成功的一个实例。

(五)体会

1.查清区域地质条件的必要性

在地质条件复杂地区，进行选线，涉及的范围广，线路摆动幅度大，各种工程设置条件要求不一，往往地质是决定方案取舍的基础。在此情况下，如果仍按常规勘测方法，沿某一方案进行带状地质调查，区域地质条件不明，视野不宽，对构造及不良地质的发生和发展规律定性不准，很难做到真正的工程地质选线，常常遗漏了有价值的方案。峡口地区，从 1982 年起，用了两年多的时间，利用既有资料、航片判释、现场调绘，进行了 40 km^2 的 1/50 000 区域工程地质填图，查明了该地区地层结构、构造格架、不良地质的发生、发展规律，并做出了方案的初步评价。在此基础上，对带状图及工点地质图进行深入详细的研究，结合实际情况，适当地进行勘探，提出方案通过原则，稳定和优化方案，经受了施工运营的考验。事实证明在地质条件复杂地区选线，加强大面积的区域工程地质调绘是完全必要的。

2.地质复杂地区选线要有一定的工作时间作保证

工程地质专业是脑力劳动与体力劳动相结合、科研与生产相结合的特殊专业，在地形、地质复杂地区进行选线，不管用什么手段查明区域地质条件，由于工作量大，参加的专业多，都必需有一定的时间，才能达到目的。峡口地区的工作，用了近两年时间，才取得后来的成果。在时间安排上若不留有一定余地，还按一般地区安排时间，可能就会遗漏方案或因地质条件未查清，给施工及运营遗留后患。

3.地质复杂地区地质选线，应以专业队伍为主

地质复杂地区，进行工程地质选线，必需开展区域工程地质工作，调查测绘范围一般都较大，查明的地质体种类多，延续时间长，工作量大，参与的专业多。以一般综合队的地质人员来完成，困难多，深度、广度和精度都难达到准确定性的要求。峡口地区是专门抽出了几个地质人员，负责区域地质调查，由专册和地质组长，负责协调与兄弟专业的资料要求，最终才达到了综合地质选线的目的。

十、西康线岭南河谷区工程地质选线

潘唯佳　楼文虎　邱成友

(一)概况

西安安康线(简称西康线)，全长 267.8 km，位于陕西省境内，是我国华北、西北地区入川和连接西南的新通道，路网上将形成我国另一条南北铁路大干线。西康线穿越秦岭后，沿乾佑河、旬河两岸由北向南蜿蜒而下，于吕河逆汉江沿左岸而上到达安康东车站，有 160 km 位于秦岭南部中、低山河谷区，地形困难，地质复杂，工程艰巨，桥、隧占这一段线路总长的 86%以上。

西康线的地质复杂程度，在国内铁路线上少见，技术设计中的几次较大线路方案变动，大

都是地质问题所致。初步设计绕避了近200处不良地质,技术设计和补充技术设计又陆续绕避了10余处不良地质地段和工点,通过这种逐步深化认识,不断改善设计方案的过程,西康线岭南选线更趋科学合理。

1.地貌特征

岭南河谷区营盘至大岭铺段乾佑河、旬河多为峡谷,两岸呈不对称形态,东陡西缓,造成这种强烈的反差地形,是乾佑河、旬河主河道随着地势的倾斜不断向东迁移的结果。山坡相对高差300～1 000 m,基岩裸露,断续有基座阶地分布;大岭铺以下旬河多为宽谷,相对高差100～300 m,阶地发育,斜坡多为第四系地层覆盖,基岩断续出露,旬河于旬阳县注入汉江;汉江河面开阔,两岸谷坡高陡,基岩大部裸露,三级阶地断续发育;线路在本段行进于汉江三级阶地和四级阶地,高程230～280 m,地形起伏不大,第四系地层大片覆盖。

2.地层与构造

岭南河谷区,属南秦岭印支—海西褶皱带,出露中、下古生界地层,为地槽沉积。经多期构造作用,褶皱断裂发育,褶皱多为复式褶皱,断层破坏严重。主要区域断层有夜珠坪断层、镇安断层、表功铺断层、下茅坪断层等。地层轻微至中等变质,主要为古生界中浅变质岩类,以泥盆系千枚岩、变质砂岩、千枚岩夹石灰岩和志留系片岩分布最广,寒武奥陶系和石炭系石灰岩在部分地区有出露。营盘、夜珠坪一带出露印支期花岗岩和加里东期石英闪长岩,表层风化严重,风化层厚达10～30 m;夜珠坪回龙段,分布寒武奥陶系和部分泥盆系厚层石灰岩,岩溶发育;小河口至大岭铺段泥盆系千枚岩岩质软弱,滑坡极为发育;大岭铺以下旬河及汉江两岸阶地上分布有膨胀土。

3.不良地质

山坡变形是控制本线线路方案的主要工程地质问题。山坡变形的表现形式有滑坡、错落、崩塌、落石、溜坍等。据初测阶段调查统计,地质选线绕避了近200处山坡变形,其中大部分为滑坡、错落。

山坡变形主要是顺层滑坡,包括基岩顺层滑坡和堆积层顺基岩面滑动的滑坡。这些滑坡随着软弱岩带的分布及构造倾角与沟谷切割临空面而产生,经常是片状、线状成群分布。如软质千枚岩出露的东坪至大岭铺段斜坡、膨胀土分布的大岭铺至早阳段斜坡。其中软质岩石顺层山坡地段的基岩顺层滑坡规模较大,由于规模大,有一定的隐蔽性,往往不易鉴别,评价困难(如合抱岭滑坡群、杨家湾滑坡群等);堆积层滑坡,一般规模较小(如刘家台子滑坡、卢家坡滑坡等)。

崩塌、落石主要分布在岩溶区峭壁和节理较为发育的硬质岩层与软硬岩互层的高陡山坡段,如油房湾危岩崩塌区、叶长沟隧道出口陡崖落石,技术设计时均作了绕避优化。

岩溶主要分布在岭南古道岭寒武奥陶系和部分泥盆系石灰岩地段。岩溶类型主要为溶洞、溶隙。其中线路通过岩溶发育区段累计长约3 500 m,岩溶较为发育区长约1 000 m。岩溶主要对桥隧工程有影响。

(二)地质选线方法

1.充分利用航、卫片和物探

初测前期,充分利用航片和卫片,判释区域大断裂、软岩带和不良地质发育区,进行工程地质分区,宏观选择线路走向,避免线路顺断层带、软岩带行进或通过不良地质发育区。

航片指导地质调查。航片影像显示宏观全貌,尤其是规模巨大的滑坡或泥石流等不良地质现象,很容易在航片上看清其全貌。西康线定测中多处绕避滑坡,就是利用航片判释结合详查,得以准确圈定滑坡界线的,如黄家碥滑坡群、杨家湾滑坡群等。

物探在岩溶和断层破碎带调查中有重要指导作用。如在杨家湾滑坡群改线方案比选中,

利用物探核实 F_{11} 区域断层破碎带的位置，证实原区域地质图上的 F_{11} 断层位置比实地偏移了 800 m。最后选择了原认为有断层，实际并没有断层通过的地质条件较好的隧道方案。又如岩溶区，充分利用综合物探落实桥和路基基底岩溶发育程度，进行稳定性分区，再布钻孔核对，提高了工程的安全度。在钻探中，利用孔间 CT 透视技术，节省了勘探量。

2.加强工程地质分析

随着各勘测阶段地质工作的深入，地质调查和勘探资料也逐渐增多，充分分析利用已掌握的地质信息，是非常重要的。工程地质分析，可以发现许多复杂隐蔽性的地质问题。如黄家碥大型滑坡群，是通过岩性对比和堆积层物质来源分析，才被发现的。杨家湾滑坡群，是根据阶地位相图发现大岭铺隧道进口四级平台高度比上下游四级阶地平台低 10 m，有些异常，通过钻探证实该平台实际为滑坡平台，原基座阶地实际为滑坡体，从而避免了选线上的失误。

3.每个勘测阶段都要各有侧重地做好地质选线

(1)初测及初测前期的地质选线

初测及初测前期的地质选线工作，主要是在 1984～1986 年可行性研究确定的大的线路走向方案基础上，调查核实不良地质及断层破碎带。对规模较大、控制和影响线路方案的 28 处滑坡、错落、泥石流、断层破碎带、岩堆、煤窑采空、岩溶等，按地质工点收集整理资料，然后按照“绕有依据，治有措施”的原则，将这些控制性地段的线路位置一一落到实处。

(2)定测核实方案

1993 年 3 月～1994 年 1 月定测期间，对初测遗留的地质问题和定测中新发现的地质问题，又作了大量细致的调查、勘探和核实工作，对受其影响的线路方案及时进行了优化，做到发现一处改善一处，不留疑点。

(3)技术设计鉴定前的复查优化设计

针对西康线不良地质多、地质复杂和技术设计要求急的实际情况，在技术设计文件完成后，利用技术设计鉴定前的间隙，投入力量，又进行了复查和优化。对油房湾崩塌落石、黄家碥滑坡群、杨家湾滑坡群、艾家河古滑坡等 6 处地质复杂、存在隐患的不良地质地段，在进一步查明地质情况的基础上，陆续做了改线定测和补充技术设计，进一步完善了线路方案。

(三)几个地质选线实例

1.刘家台滑坡站位方案

刘家台滑坡(图 2-30)，滑坡体厚 12～14 m，是一个多级多次滑动的滑坡，历次滑动均是由于河流侵蚀含水的堆积层形成临空面，然后堆积层顺岩性极软的 F_8 断层泥砾斜面，牵引滑动。

刘家台滑坡，从初测子阶段开始便一直认为是滑坡，并把它作为重点控制工程对待，但线路是否绕避，与镇安站位有关。经综合比选，根据地方要求，最终采用了距县城较近、对镇安县总体规划有利、分界点布局合理、铁路职工生活方便的刘家台站位方案。因镇安车站以填方为主，需大量填料，故设计对策是将线路上方滑动体全部清除。为防止清除滑动体后，滑坡向侧向(西安侧)发展，在滑坡侧缘设置了抗滑桩及桩间墙，并采用先支挡后开挖的施工方法；而滑坡后缘的高位平台，因其土石分界面较平缓，当时认为稳定性较好，未做工程处理，但在施工中，当部分清除滑体后，滑坡后缘因失去支撑而产生强烈变形，并几乎使原处于稳定状态的上部滑坡体全部复活。病害发生后，经详细勘测表明，问题的出现主要是勘测时，误把滑坡后缘上部 14～16 m 厚的第四系角砾土当成了 F_8 断层带角砾土，把有一定陡度的土石分界面，分析为分界面平缓；又忽略了地表水和地下水对后缘稳定性的危害，加之雨季施工，加重了病害。最后，只得在后缘设置支挡及排水工程，增加了较多投资，教训深刻。

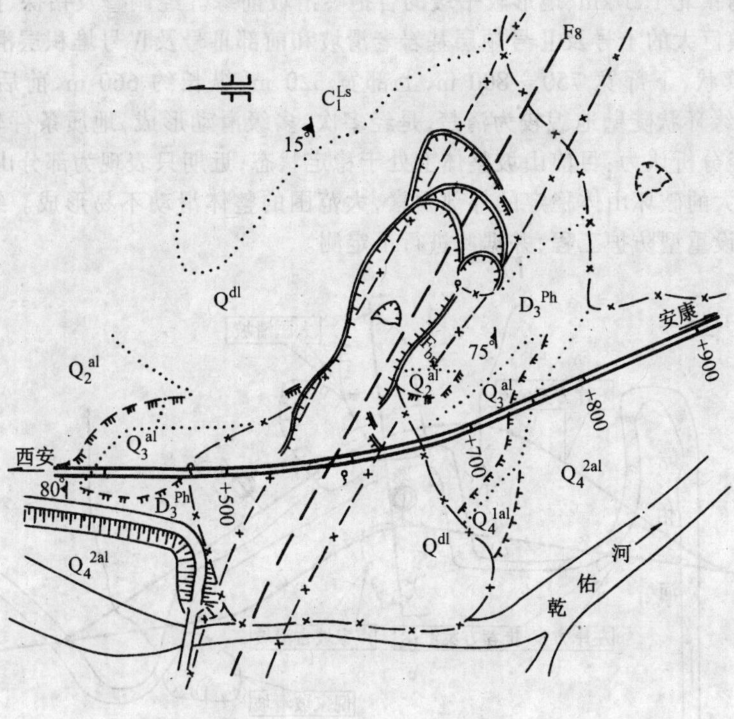

图 2－30　刘家台滑坡平面示意图

Q_4^{2al}—现代河床堆积物；Q_4^{1al}—一级阶地堆积层；Q_3^{al}—二级阶地堆积层；

Q_2^{al}—三级阶地堆积层；Q^{dl}—坡积及重力作用堆积层；C_1^{Ls}—石炭系厚层溶蚀化石灰岩；

D_3^{Ph}—泥盆系千枚岩；F_8—镇安—板岩镇区域断层；F_{br}—断层角砾夹断层泥。

2. 卢家坡、大匡滑坡群左右岸方案

东坪车站乾佑河左右两岸滑坡发育(见图 2－31)。右岸为凹岸，分布大匡滑坡群，长 610 m，宽 630 m，由两个并排的堆积层滑坡组成，厚 20～60 m，滑坡舌部侵压乾佑河河床 30～40 m，间歇性缓慢活动，很不稳定；左岸为凸岸，分布卢家坡滑坡，长 290 m，宽 300 m，厚 20～30 m，属堆积层滑坡，后壁呈圈椅状，滑坡平台较宽，前缘舌部伸入乾佑河河床，滑坡处于稳定状态，滑坡体上有农舍分布。

初测子阶段把这一段作为重点控制工点对待。当时认为，大匡滑坡规模较大，位于乾佑河凹岸，前缘受河流侵蚀，近期仍在活动，线路应予绕避；卢家坡滑坡位于凸岸，河流已不再冲蚀前缘，前缘堆积了较厚的河床冲积层作为反压，滑坡也无活动迹象，属稳定滑坡，线路可以在其前缘以填方通过。因此，线路绕避了右岸不稳定的大匡滑坡，选择在稳定的左岸通过。目前，东坪车站路基已基本成型，施工证明，以路堤通过卢家坡滑坡的方案是可行的，既节省了投资，又在狭窄河谷区选择了稳妥的线路方案。

3. 绕避合抱岭滑坡群改线

小河口至赵湾段属南秦岭中、低山峡谷区，旬河由北向南蜿蜒流过，河道弯曲狭窄，岸坡陡峻。岩层主要为泥盆系绢云母千枚岩，夹炭质千枚岩、钙质千枚岩，岩质软弱。该段位于区域性复向斜西翼，片理产状 NW∠25°～40°N，使右岸(西岸)为顺层山坡，稳定性差，滑坡、错落等不良地质成片、成群发育，其中合抱岭滑坡群，对线路方案影响较大。

初步设计因受地形、地质条件限制和为避免车站设于桥、隧内增大工程，故把赵湾车站傍山沿河设于赵湾镇北 1.5 km、地形较平缓的合抱岭滑坡前缘。经调查及钻探、测试查明,合抱岭滑坡群由规模巨大的Ⅰ号及Ⅱ号顺层基岩老滑坡和前部Ⅲ号及Ⅳ号堆积层滑坡组成。地貌上呈宽大的簸箕状,下部宽 750～800 m,上部宽 320 m,纵长约 660 m,前后缘高差 170～180 m,后缘、侧缘环状陡壁地貌较为清楚,是经多次、多级滑动形成,地质条件较为复杂,属顺层浅层滑坡。经分析认为:目前山坡整体上处于稳定状态,近期只表现为部分山体斜坡的浅层滑动,如果没有大的破坏山体稳定的外部因素,大范围的整体滑动不易形成。线路可以浅挖、多填通过,但应设重型防护工程,并据此进行了定测。

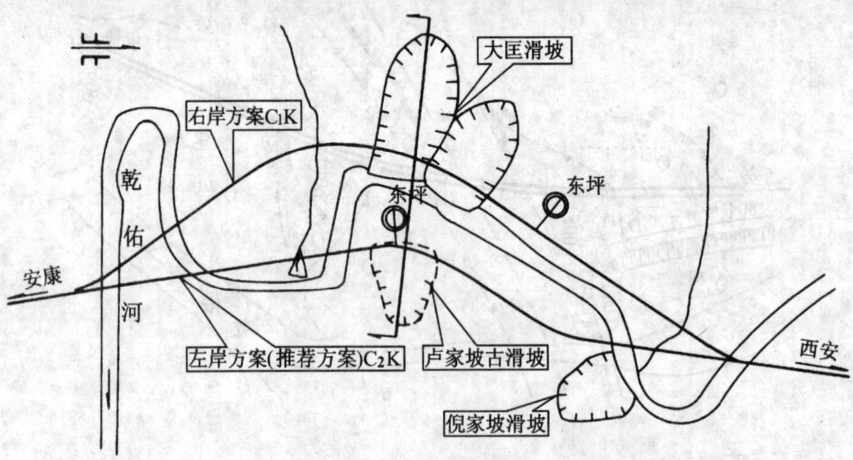

图 2-31　卢家坡、大匡滑坡群左右岸选线平面示意图

1993 年定测及技术设计后,经进一步钻探及详细调查查明,滑坡情况远比当初掌握的情况复杂:滑坡体由坡积砂黏土、碎石土及滑动后的岩块组成,厚 35～48 m,最厚处可达 60～65 m;滑动带厚一般 1.0～1.5 m,最厚约 2.5 m,由颜色杂乱,强烈挤压的砂黏土、风化成土状的千枚岩粉及岩屑组成,千枚岩岩屑有明显的碾压磨圆现象,滑动带土质细腻,手感相当滑腻,硬塑—软塑,砂黏土组成的滑动带中可见清晰的滑动面,滑动面光滑,擦痕清晰,倾角一般在 22°～30°之间。滑动面(带)呈直线型,与区内岩层倾角相近,后缘 30°,中后部滑动面 18°～20°,中前部 20°～25°,前缘 1°～5°,明显受片理控制。根据以上情况,分析认为Ⅰ号、Ⅱ号滑坡规模大,发生时间早,为厚层基岩顺层滑坡(最大厚度 35～65 m),目前无明显活动迹象,处于基本稳定状态;但根据钻孔揭示,Ⅲ号、Ⅳ号滑坡的舌部已侵压在 Q_4 冲积砂、卵石层之上,侵占部分河床漫滩及一级阶地,凸出河岸最宽处达 40～50 m,侵压段落长 400～500 m,将河道压缩变窄,有蠕动滑移及浅层滑动现象。如果降雨集中,滑坡前缘河岸进一步冲刷,Ⅲ号、Ⅳ号滑坡就有滑动的可能,进而将牵动Ⅰ号、Ⅱ号滑坡复活。对设置于滑坡体前缘上的线路和车站各类工程威胁很大;虽然采取了综合治理措施,但诱发滑坡滑动的某些因素难以消除,安全很难保证,存在严重隐患。同时发现合抱岭山坡远不只这 4 个滑坡,其北部山坡也是一个大滑坡,即Ⅴ号滑坡,滑坡群范围比预料的还大(见图 2-32),线路在滑坡群前缘通过,安全难以保证。

另外,合抱岭滑坡前后,叶长沟隧道出口位于陡崖下,有落石威胁;长兴沟沟谷狭窄,桥隧施工困难;马家坪隧道进口和双岩窝旬河大桥安康台位于不稳定的松动岩体上(不稳定岩体长 50 m,宽 50 m,高 60 m,后缘有一张裂隙分布,不稳定岩体已与母岩分离),桥跨无法避开,而清除又有较大困难。综合考虑上述因素,便重新做了将线路改移至旬河对岸的 IDK 改线方案(见图 2-33)。绕避合抱岭滑坡群改线,长达十五六公里,彻底避开了合抱岭滑坡群,也绕避

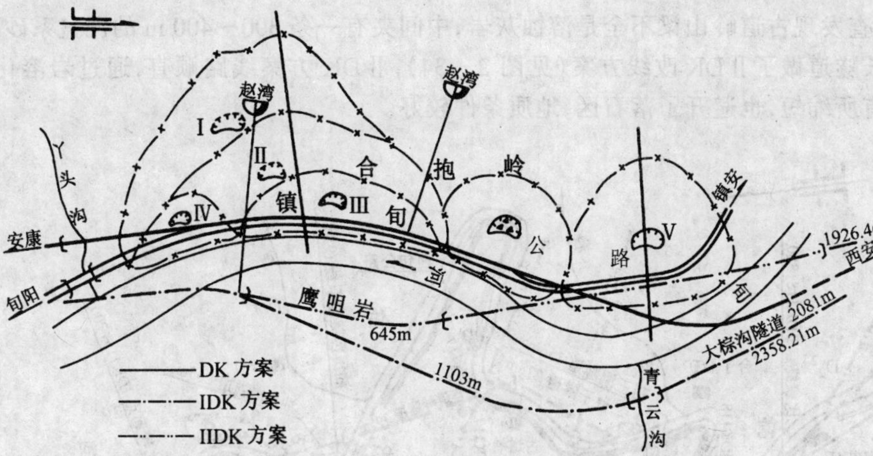

图 2－32　合抱岭滑坡群平面示意图

了叶长沟陡崖落石等不良地质地段。施工表明这段改线十分成功。

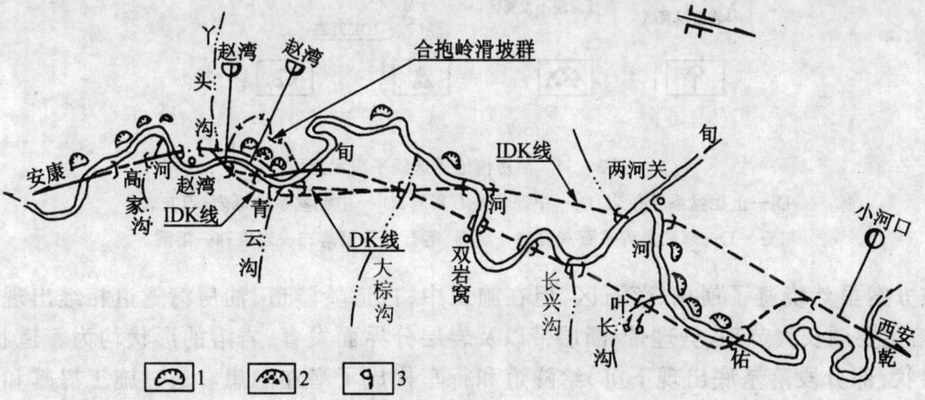

图 2－33　绕避合抱岭滑坡群地质选线平面示意图

1—滑坡；2—错落；3—落石。

4. 油房湾崩塌、落石、岩溶地区改线

本段线路位于乾佑河峡谷区，为寒武奥陶系、泥盆系石灰岩，岩溶发育，喀斯特地貌较明显，有笋状山峰和高陡的峭壁。石灰岩中 EW 向和 SN 向节理发育，陡峻峭壁处，卸荷节理发育，节理裂隙张开呈弧形向下延伸切割，使巨大的岩块与母体分离，形成危岩，并有溶蚀现象和崩塌岩堆分布。

技术设计的 DK 方案通过岩溶区时，比较慎重地采用多次跨河及短隧道方案。由于 DK 方案的油房湾大桥安康端桥台和一个桥墩位于岩堆上和油房湾隧道进口上方危岩落石危及线路安全，故做了线路局部右移 17 m 的 IDK 改线方案。优化设计时认为 IDK 方案仍未避开危石区，又进一步对油房湾及古道岭一带岩溶、岩性、构造、危岩等地质情况进行了大面积调查。DK 方案 DK116＋200～＋280 段山坡分布有两个崩塌区，一是 DK116＋220 右侧 10 m 处有一宽 60M、长 40 m、后缘高约 100 m，前缘靠近河边的危岩崩塌区；二是 DK116＋240～＋280 隧道进口有一宽 40 m、长 40 m、后缘高约 80～100 m 的危岩崩塌区。崩塌直接威胁油房湾乾佑河 1 号大桥和油房湾隧道进口。IDK 方案油房湾隧道进口以西的山坡均属大型崩塌落石区，线路不宜通过；对古道岭隧道进口公路上部落石区经过进一步调查，选出了较为安全的线路位置；地质调查发现古道岭山梁不全是溶蚀灰岩，中间夹有一条 300～400 m 的泥盆系砂砾岩带，线路选用长隧道做了ⅡDK 改线方案（见图 2－34），ⅡDK 方案线路顺直，通过岩溶化石灰岩的总长度有所缩短，也避开了落石区，地质条件较好。

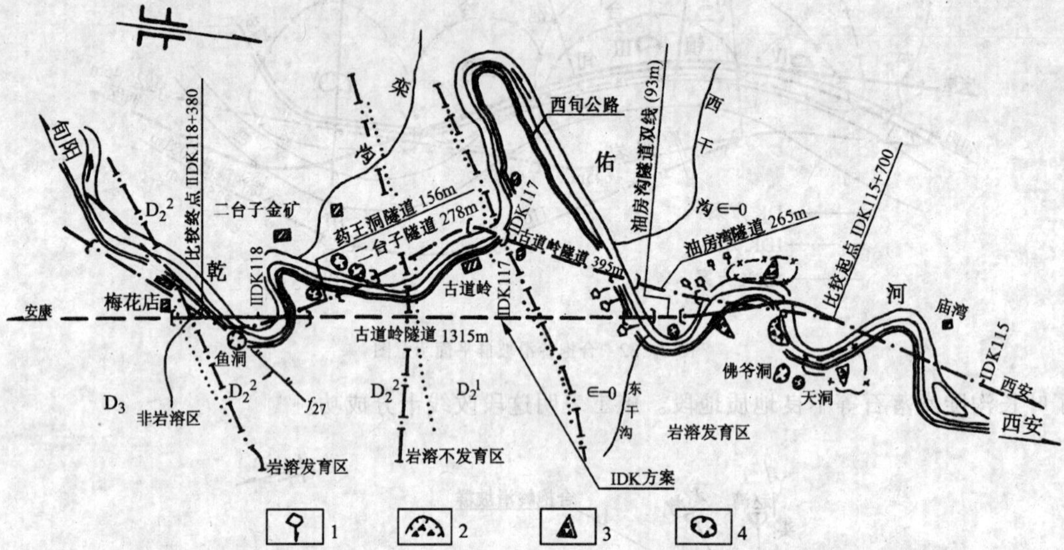

图 2－34 油房湾地质选线平面示意图

D_3—上泥盆系千枚岩；D_2^2—中泥盆系石灰岩；D_2^1—中泥盆系砂砾岩、石灰岩；∈－O—寒武奥陶系石灰岩；1—崩塌、落石；2—错落；3—岩堆；4—溶洞。

该方案虽然绕避了崩塌、落石区，但在施工中，古道岭隧道、油房湾隧道相继出现岩溶问题，岩溶主要顺长大节理、劈理带、断层带以及岩层分界面发育，岩溶的形状均为管道状、蜂窝状和层状，部分段落基底出现下沉，给隧道和行车构成了潜在隐患。通过施工揭露和多种勘探，基本查清岩溶的分布，并进行妥善处理。

5. 绕避黄家碥滑坡群改线

黄家碥滑坡位于 DK120＋340～＋580 乾佑河右岸，由一个古错落和两个滑坡组成，长 900 余米，宽 600 余米，厚度近百米，规模较大，地貌复杂，不易鉴别，技术设计的 DK 方案以一般路基在黄家碥滑坡前缘通过，见图 2－35。

黄家碥山坡，下部为泥盆系上统千枚岩，顶部为石炭系下统石灰岩、页岩。上部石炭系石灰岩，岩溶发育，有一组 SN 向长大节理切割岩体，并且溶蚀严重；斜坡上岩溶水丰富；坡脚乾佑河不断下切冲蚀形成临空面；山坡以溶蚀扩张的 SN 向节理为后缘，首先形成 1 号古错落。随着地下水不断聚集，软化了下部千枚岩，形成软弱层，乾佑河侵蚀到四级阶地（高出河床 70 m）时，在古错落前缘形成了 2 号滑坡，滑坡体压在四级阶地卵石层上。以后乾佑河进一步下切，又在 2 号古滑坡北侧形成了 3 号滑坡，根据 DK 方案工程钻探揭示，3 号滑坡舌部已侵压了现代河床卵石层，舌部突出河岸 100 余米。目前在 3 号滑坡中部还有两道地面裂缝，表明 3 号滑坡仍不稳定。由于黄家碥滑坡群规模大，滑体厚，工程治理困难，因此做了隧道绕行的 IDK、VDK 改线方案和跨河绕行的ⅡDK 改线方案。

IDK 方案在黄家碥 1 号古错落下部和 2 号古滑坡后缘以 2 419 m 长的黄家碥隧道通过，

隧道埋深 150～200 m，考虑到滑坡群厚度近百米，为安全起见，做了将线路局部右移加大洞身埋藏深度的 VDK 方案，同时又做了跨河绕行的ⅡDK 方案。

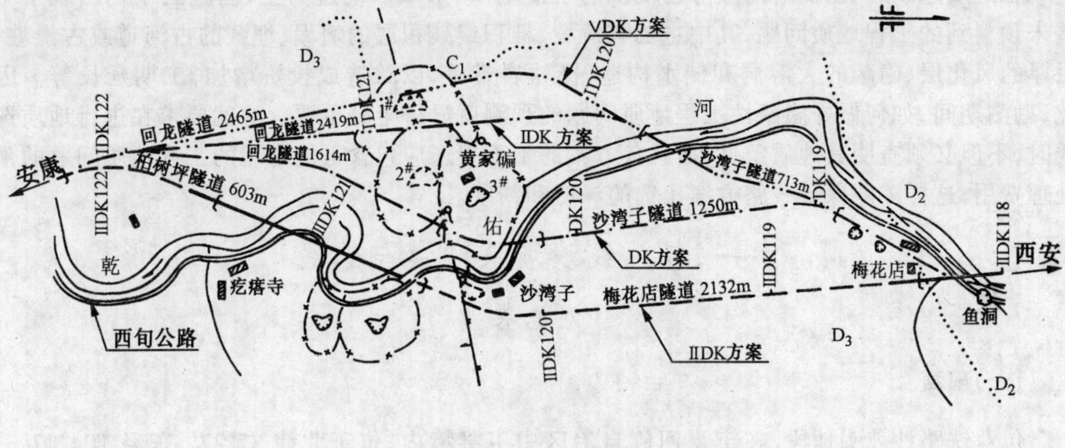

图 2-35　黄家碥滑坡群地质选线平面示意图

IDK 及 VDK 方案在梅花店 DK118＋600～＋730 段，挖方通过掏金采空区，经钻探及调查访问，古代就曾以小窑巷道采取砂金，巷道不规则，没有回填，目前仍有开采，巷道高程在路基面以下，路基处理较困难。而绕行的ⅡDK 方案，不通过梅花店采空区，并且彻底避开了黄家碥滑坡群的影响，被最终采用。施工证明，该方案的工程地质条件确实较好。

(四)山区河谷地质选线的几点体会

1. 应重视勘测设计全过程的地质选线和地质工作

山区铁路选线的优劣，在于勘测设计阶段对地质条件认识的深度，如果地质问题尽早被认识，则可避免或减少地质灾害对铁路的危害。但由于自然界的复杂性，对其本质的认识往往要经历一个不断深化的过程。因此，山区(尤其是复杂山区)铁路的勘测设计，一定要严格按勘测阶段和程序进行，并给工程地质工作者创造逐步深化认识的条件。

西康铁路为了做好初测前期地质工作，提高勘测设计质量，在初测中增加了一个“子阶段”。1987 年 9 月～1988 年 7 月，初测子阶段的地质选线和线路方案研究，着重是做好河谷两岸的地质工作，基本摸清控制线路方案的重大不良地质现象，做到“绕有依据、治有措施”，稳定线路方案。1988 年 8 月～1989 年 12 月在初测子阶段基础上的初测，绕避了近 200 处不良地质地段。1993 年 3 月～12 月的定测，又进一步绕避了 6 处不良地质地段。使西康线的线路方案逐步得到优化。

后来，西康线的施工较为顺利，虽也出现了不少隐蔽性工程地质问题，引起一些变更设计，但没有一处是因为地质选线不当所造成的。这为西康线工期提前二年，打下了坚实的基础，也说明西康线地质复杂的河谷选线是成功的。这是勘测设计中，舍得投入大量人力物力，认真进行各勘测设计阶段线路方案比选，自始至终重视地质选线的结果。

2. 核对和利用好区域地质资料

由于区域地质资料比例尺小，精度有限，初测及初测前期，应充分熟悉区域地质资料，现场核对断层和地层剖面后，才能加以利用，否则会给地质选线产生误导或造成方案遗漏。如西康线 F_{11} 区域断层地质图上比实地偏移了 800 m，由于前期工作没有落实清楚，给杨家湾滑坡群改线方案比选带来误导，作了大量不应该作的工作，才最终选出较好方案。又如，古道岭岩溶区有一 400 m 宽的砂砾岩带未查出，致使初测中遗漏了方案，走了弯路。

3. 应进一步预测隐蔽性工程地质问题，加强地质选线的深度

在地质选线时，虽然对滑坡等已发现的不良地质，采取以绕避为主，但施工中仍出现了一些未预料到的工程地质问题，其中主要有滑坡、堆积或残积层的坍塌、埋藏的古河道或古滑坡、巨厚的风化层、隐蔽的大溶洞和储水构造、极软岩带等，以致造成投资增加，工期延长等。因此，勘测期间，如何做好隐蔽性工程地质问题的预测就显得十分重要。这就要求在进行地质选线时，不但必须查明其地质条件，而且各方案的工程费还应包含可能出现的工程地质问题的预处理费用，这样才能保证线路方案比选的深度和精度。

十一、包兰线沙坡头沙漠与选线

刘德基

(一)前言

包兰铁路沙坡头地段，在宁夏回族自治区中卫县境内，位于北纬 37°27′，东经 104°47′～105°06′(见图 2－36)，该地段属于腾格里大沙漠的东南缘，主要为格状沙丘和新月形沙丘链，一般高 10～20 m，沙漠内部为复合型沙山，高达 50～100 m。由于深居内陆、气候干旱、降雨稀少，日照强烈，冷热剧变、风力强大、风沙频繁，形成波澜起伏的荒漠景观，自古以来为内蒙古、宁夏通往兰州、凉州驿道上的畏途。

解放前历届政府也曾进行规划、踏勘过铁路线，但每到沙坡头见到一望无际的大沙漠，只能望沙兴叹，望而却步。

新中国成立后，包兰铁路即列为华北通往西北的国家重点建设项目，1952 年草测，1953 年初测，1957 年修通，1958 年通车运营。该线是中国第一条穿越大沙漠地区的铁路，也是世界上穿越高大流动沙丘的一条干线铁路，它的成功为世界在沙漠地区筑路提供了经验，因此被联合国列为沙漠筑路范例。

(二)地形地质简介

本区为祁连山断褶带与阿拉善断块的接触地带，南面为巍峨耸立的祁连山余脉，峰峦起伏，最高海拔 2 212 m，相对高差 200 m 左右。北面为腾格里大沙漠，丘陵起伏，浮沙没胫，人马惮行。黄河从西向东蜿蜒于山脉和沙丘之间，携带吹扬于河中的浮沙东流而去。

区域基岩有寒武奥陶系石灰岩、石英片岩，志留泥盆系石英片岩、变质砂岩、砾岩，石炭系块状石灰岩、砂质泥岩夹煤层等，分布于黄河南部野猫子山、香山、黑山峡一带及沙坡头；二叠、三叠系砂岩、砾岩、砂质泥岩，分布于卫宁北山、孟家湾、沙坡头一带；第三系红色泥岩、砂砾岩在黄河两侧零星出露。基岩多构成基座阶地基底，或以残丘、岛山形式出露，表面风化破碎，成为就地起沙沙源。阶地多为二元结构，在沙丘中仍然保留一些冲积砂黏土与卵、砾石；格状沙丘及沙丘链形成的沙山，主要分布于黄河三级以上阶地上；新月形沙丘及半固定、固定沙丘，多分布黄河一、二级阶地上。

(三)气候特征

沙坡头地区，属中暖温带干旱荒漠区，为典型大陆性气候，据在茶房庙建立气象观测站收集的资料，简介如下：

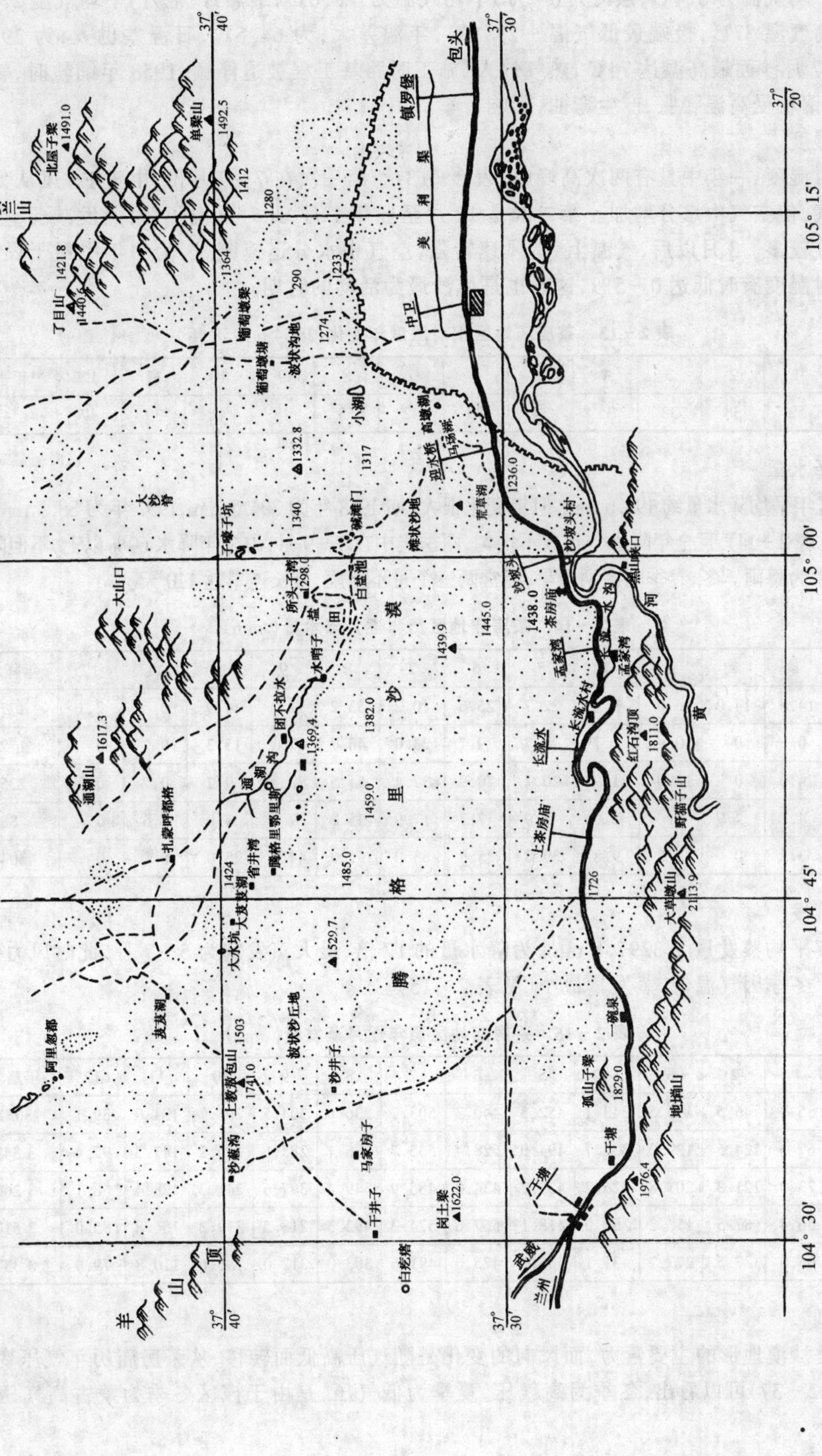

图 2-36 包兰铁路中卫至干塘沙漠分布图

1. 温度

年平均气温为 8.4℃，最冷月(一月)平均气温为 -8.6℃，最热月(七月)平均气温 23.4℃，极端最高气温 37℃，极端最低气温 -27.5℃，年温差大，为 64.5℃，日温差也大，为 29.5℃。1957 年 7 月沙面最高温达 74℃，热气灼人，施工时路基工程被迫停顿；1958 年铺轨时，轨缝预留不够，钢轨受高温膨胀，产生弯曲，影响行车。

2. 湿度

相对湿度，一年中具有两次高峰(见表 2-13)。第一次在 7～9 月份，由于 ES 风从太平洋携带湿气，使空气中水分增加。第二次是 12 月至翌年 1 月，此时气温下降，蒸发减弱，空气中保存水分较多。3 月以后，气温上升，风速转强，空气中水分迅速蒸发，为一年中最干燥季节，中午相对湿度有时低达 0～5%，这时也是风沙最为活动的时期。

表 2-13　茶房庙地区相对湿度年变化(1954-1958 年)

月份	1	2	3	4	5	6	7	8	9	10	11	12	年平均
%	52	38	33	35	34	39	42	53	48	41	39	47	42

3. 降水量

沙区年平均降水量约 195.6 mm，但年变化很大，如 1958 年为 304.3 mm，1957 年为 88.3 mm，相差 3.5 倍(见表 2-14)，且全年降水分布极不均匀，雨季集中在 7～9 月，占全年降水 60% 以上，不但降雨强度大，且常为暴雨。冬、春季则特别干旱，经常两三个月不下雨，最长连旱达 110 天。

表 2-14　茶房庙地区历年逐月降水量(mm)

年＼月	1	2	3	4	5	6	7	8	9	10	11	12	年降水量
1954	14.8	14.0	6.0	8.1	22.7	25.6	10.2	53.2	1.3	1.9	0	2.1	177.8
1955	0	0	0	1.7	8.7	9.7	23.0	46.7	67.1	15.3	0	0	172.4
1956	4.0	0	12.9	21.9	20.7	70.9	37.4	54.5	2.4	9.7	0.7	0	235.3
1957	4.2	4.9	0	3.0	3.9	7.7	17.9	35.1	9	1.0	1.6	0	88.3
1958	3.2	0	1.5	9.8	39.8	25.8	63.0	91.0	44.6	25.6	0	0	304.3

4. 蒸发

历年平均蒸发量为 3297.8 mm，为降水量的 17 倍，最大蒸发期为 5～7 月，此时风力强，空气干燥。冬季因气温低，蒸发量最小(见表 2-15)。

表 2-15　茶房庙地区历年逐月蒸发量(mm)

年＼月	1	2	3	4	5	6	7	8	9	10	11	12	年蒸发量
1954	35.1	46.5	195.5	343.1	452.5	440.3	503.7	336.6	304.5	203.7	131.0	39.1	3031.6
1955	67.3	124.5	139.2	332.7	494.9	528.4	555.7	386.1	285.6	190.2	147.3	97.4	3 349.3
1956	73.0	121.8	201.8	326.2	433.7	434.0	485.9	349.4	397.6	241.3	128.4	68.1	3 260.2
1957	56.4	87.5	113.2	360.0	418.1	567.6	574.2	492.3	218.5	219.3	156.8	85.0	3 510.2
1958	66.0	137.5	277.7	431.1	466.7	475.6	491.6	303.0	312.0	186.6	110.8	79.0	3 337.6

5. 风

风是沙漠地形的主要营力，而风向的变化是随气压高低而转移，从茶房庙历年气压变化曲线(见图 2-37)可以看出，冬季为高气压，夏季为低气压，是由于该区冬季为蒙古高气压所笼罩,10 月至翌年 3 月 WN 风占统治地位;6～9 月,以沿海吹来的 ES 风及 E 风为主,3、4 月处于两风向交替期,风向多变,不固定。

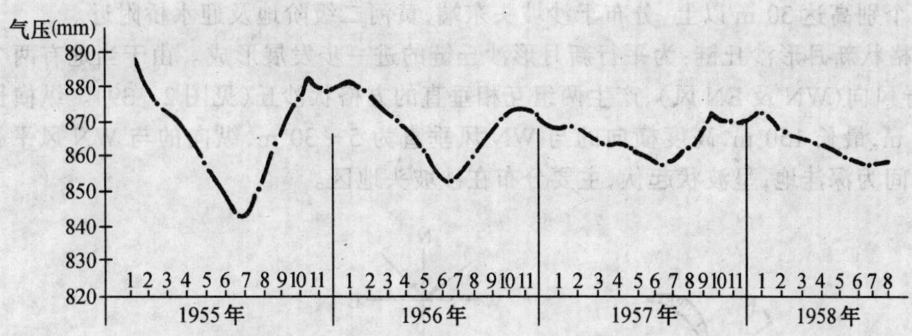

图 2－37　茶房庙历年气压变化曲线

沙坡头地区的“起沙风速”为≥4.5 m/s,即风力为 3～4 级时,沙粒即开始移动。风速越大沙粒移动越快,沙坡头地区常年最大风为 9 级,1957 年 3 月 6 日出现过一次 11 级暴风。据统计起沙风日数 1956 年为 83 天,1957 为 74 天。一年中 3～6 月为风沙来回活动季节。

当地沙丘移动方向和移动类型,可从风向风速图(见图 2－38)中,了解其复杂状况。

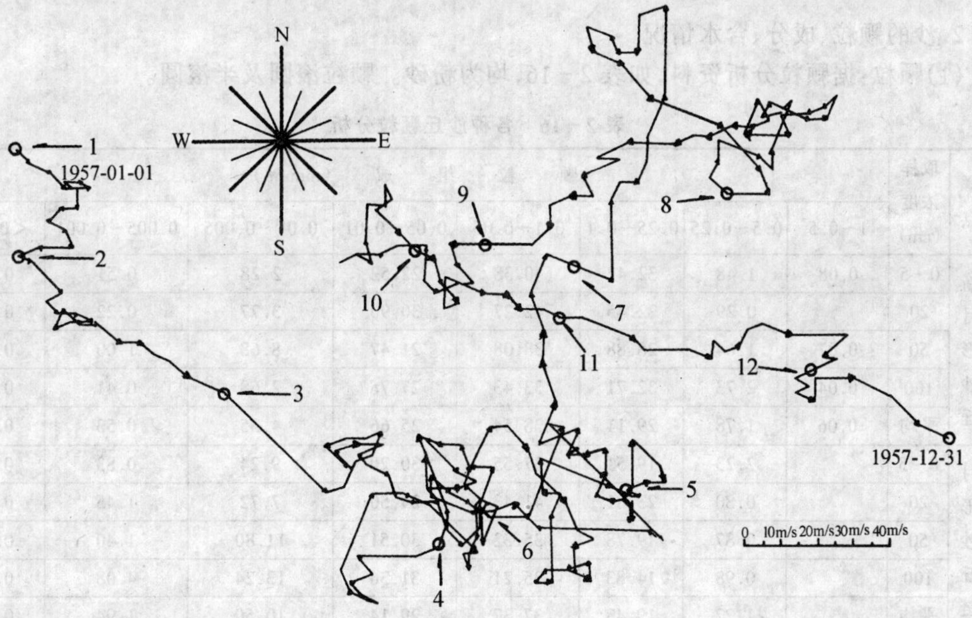

图 2－38　茶房庙 1957 年风向风速图

注:①本图依据气候站定时观测中大于细沙开始滚动时 4.5 m/s 风向风速绘制;

②矢尖所指方向为风的方向。

(四)沙丘特征

1.沙丘类型

(1)新月形沙丘:沙丘中部高,两端低,形成两只沙角,形似新月,高 1～5 m,迎风坡 8°～12°,背风坡 28°～30°,移动快,危害大,多分布于地势低平的一级阶地上。

(2)新月形沙丘链:是由单个新月形沙丘逐渐向两侧扩张,与左右相邻沙丘彼此相连而形成。沙丘链走向与主导风向(WN 风)垂直,有时密集成群,各沙丘链大体上互相平行,一般高 1~5 m,个别高达 30 m 以上,分布于沙坡头东端,黄河二级阶地及迎水桥附近。

(3)格状新月形沙丘链:为平行新月形沙丘链的进一步发展形成。由于当地有两个互相垂直的主导风向(WN 及 EN 风),产生两组互相垂直的方格状沙丘(见图 2-39)。纵横长度一般 50~100 m,最长 150 m,高度横向的与 WN 风垂直为 5~30 m,纵向的与 WN 风平行为 5~10 m,中间为深洼地,呈波状起伏,主要分布在沙坡头地区。

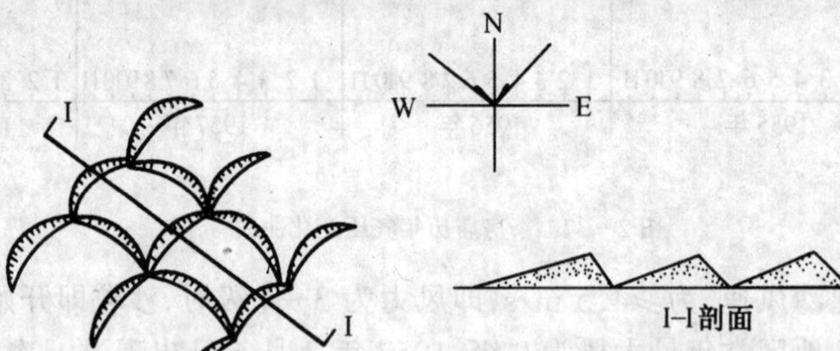

图 2-39 格状新月形沙丘链

2.沙的颗粒、成分、含水情况

(1)颗粒:据颗粒分析资料,如表 2-16,均为粉砂。颗粒滚圆及半滚圆。

表 2-16 各种沙丘颗粒分析

取样地点	取样浓度(cm)	颗粒组成 (mm %)							
		1~0.5	0.5~0.25	0.25~0.1	0.1~0.05	0.05~0.01	0.01~0.005	0.005~0.001	<0.001
茶房庙格状新月形沙丘	0~5	0.08	1.48	32.42	40.38	22.52	2.28	0.51	0.34
	20		0.29	22.45	42.27	30.90	3.77	0.22	0.11
	50	0.07	1.64	28.88	38.08	21.47	8.68	1.00	0.19
	100	0.04	2.73	32.71	33.43	27.78	2.68	0.41	0.23
	平均	0.06	1.78	29.11	38.54	25.66	4.35	0.53	0.22
黄河阶地新月形沙丘链	0~5		2.23	19.51	37.55	30.20	9.24	0.83	0.44
	20		0.80	23.81	41.43	24.50	7.72	1.45	0.30
	50		0.87	19.78	35.32	30.51	11.80	1.40	0.33
	100		0.98	14.83	35.21	31.36	13.24	4.08	0.29
	平均		1.22	19.48	37.37	29.14	10.50	1.94	0.34
迎水桥滨湖新月形沙丘链	0~5		0.05	1.98	39.87	27.53	22.16	7.11	1.28
	20		0.13	2.47	46.89	45.68	4.43	0.24	0.16
	50		0.18	2.86	37.52	46.60	10.94	1.48	0.42
	100		0.20	3.22	26.67	44.90	22.10	2.25	0.65
	平均		0.14	2.63	37.73	41.17	14.88	2.77	0.65

注:试验成果系中国科学院林业土壤研究所提供。

(2)成分:沙粒矿物成分,以石英为主,长石、云母次之,多为当地基岩风化物。化学成分,pH 值在格状沙丘为 7~8,近中性或微碱性,在整个流沙上有机质含量少,N 和 P_2O_5 的含量极微,对固沙造林不利。

(3)含水量:格状沙丘中含水量最小,平均2%～3%,为了解沙层内含水量的季节变化,在丘间低地进行取样测试,据两年测试结果绘成的湿度等值线图(图2-40)。

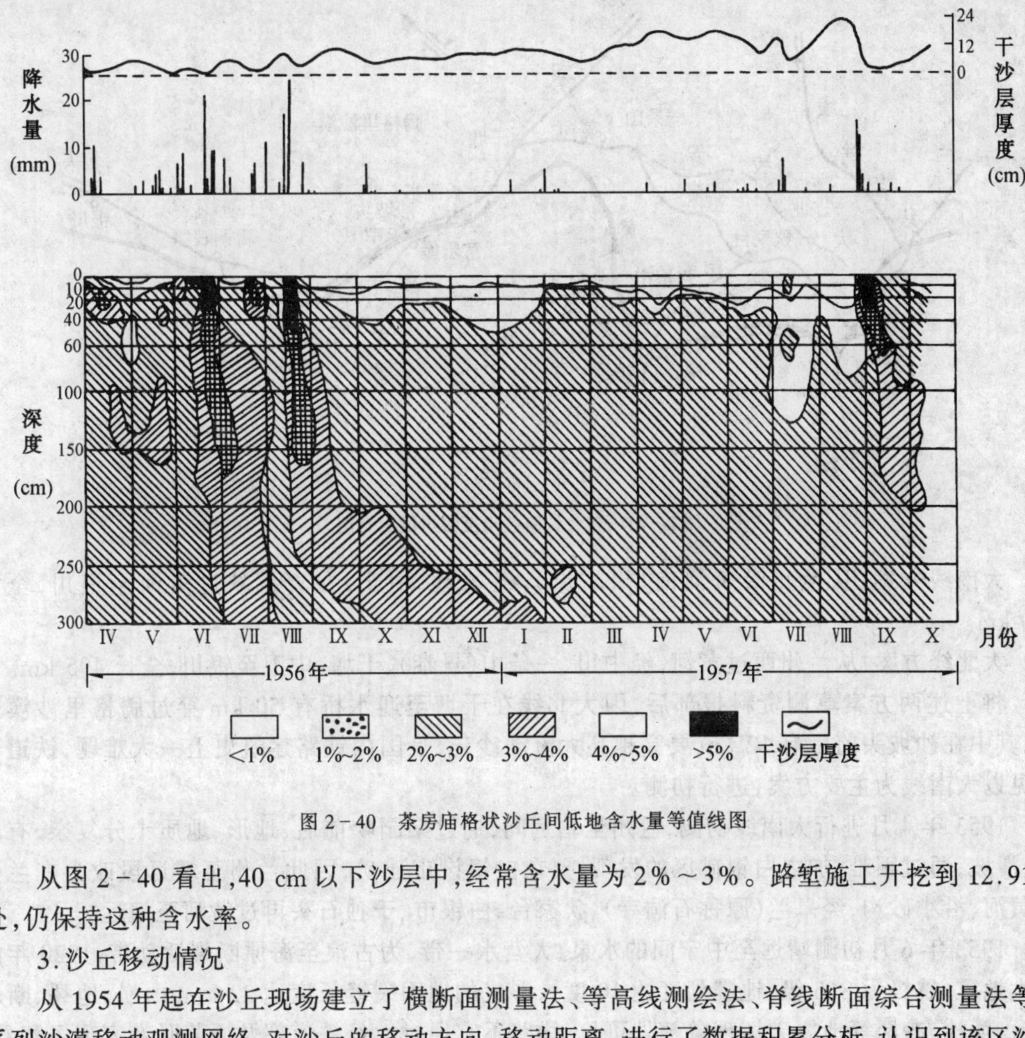

图2-40　茶房庙格状沙丘间低地含水量等值线图

从图2-40看出,40 cm以下沙层中,经常含水量为2%～3%。路堑施工开挖到12.91 m处,仍保持这种含水率。

3.沙丘移动情况

从1954年起在沙丘现场建立了横断面测量法、等高线测绘法、脊线断面综合测量法等一系列沙漠移动观测网络,对沙丘的移动方向、移动距离,进行了数据积累分析,认识到该区沙丘移动属往复前进式,移动速度随沙丘类型变化,一般2～5 m/年,个别新月形沙丘达8～10 m/年,总的移动方向为从WN向ES。

(五)线路方案选择与治沙原则

1.线路方案选择

(1)解放前

1918年京绥铁路局,曾派员进行过包头、银川、兰州、迪化(今乌鲁木齐)铁路的踏勘,在沙坡头段,对一望无际的腾格里大沙漠,束手无策,提出绕避沙漠走南岸的设想。

1945年9月宝天铁路工程局,在兰肃、兰银铁路勘测中,曾对张掖至银川进行过踏勘,在干塘至中卫段穿腾格里沙漠南缘,因沙漠浩瀚经踏勘而放弃,绕避沙漠走南岸,又因其工程浩大而搁浅。

(2)解放后

1952 年 4 月西北铁路干线工程局设计处，对兰州至银川段进行草测，12 月提出大南线和大北线两个线路方案(见图 2－41)。

图 2－41　包兰铁路兰州至银川段示意图

大南线方案：从兰州沿黄河南岸(右岸)，经靖远、中宁，在青铜峡过黄河至银川，全长 490 km。

大北线方案：从兰州西过黄河，经中川、一条山(景泰)、干塘、中卫至银川，全长 495 km。

将上述两方案草测资料报部后，因大北线在干塘至迎水桥有 50 km 穿过腾格里沙漠边缘，其中在沙坡头前后有 12 km 要穿越高大流动沙丘，是国内铁路建筑史上一大难题，铁道部意见以大南线为主要方案，进行初测。

1953 年 4 月进行大南线初测，兰州至靖远间，通过桑园峡前后，地形、地质十分复杂，有崩塌、滑坡，通过困难，加之白银矿区的发现，要在白银设市建矿，因此兰州至靖远段改为在兰州过黄河，沿小砂沟，经皋兰(原称石洞寺)、狄家台、白银市、于独石头再过黄河至靖远。

1953 年 6 月初测靖远至中宁间的水泉、大营水一带，为古浪至海原断裂活动带，1920 年海原大地震(震级为 8.5 级，地震烈度达 10 度)，形成的地面裂缝长度达 22 km，山崩、地裂、断层错台、涌沙、垄岗等地震破坏现象随处可见，线路不宜通过。经铁道部及原苏联专家现场察看，认为线路距震中较近，震裂现象严重，要求进一步勘察大北线，并利用改善的大南线兰州至狄家台段，联结狄家台至大北线中的一条山，重点勘察沙坡头高大沙丘能否通过问题。

1953 年 8 月对北线狄家台至一条山进行草测。沙坡头地区进行重点勘察，为绕避沙坡头高大流动沙丘，曾勘察过沿长流水沟而下，在小湾附近过黄河，经上、下河沿至常乐堡后，一是继续在黄河南岸前行，在中宁与大南线相接，另一方案由常乐堡再跨越黄河，在中卫接大北线。通过现场勘察，线路展长 10 多公里，且需采用 20‰双机坡(限坡 6‰，双机坡 12.5‰)，增加两座黄河大桥及多座隧道，工程费贵 700 万元，且线路走在祁连山余脉如野猫子山、黑山峡、香山等之间的丘陵、洼地中，仍受活动流沙威胁，处理困难。

因此改善的大北线方案能否通过沙坡头的高大流动沙丘，仍是关键。当我们走进那新月形沙丘链形成的格状沙山时，见到纵横交错茫茫一片，链状脊线，迂回婉转，一片不毛之地的无垠荒漠景观。但在这浩瀚荒漠的格状沙丘链中，有一座坐北朝南的古庙——茶房庙。该庙建于清代,勘测时已有百年以上历史,庙北面为三间上房,东西各三间厢房,南面为庙门及围墙,院中有一株碗口粗的沙枣树,当时还枝叶茂盛的生长着,没有被沙埋。这给了我们一个启迪,铁路能否从这格状流动大沙丘中通过,茶房庙是凭证,从而,这里就成为我们第一次开展沙漠铁路研究工作的基地。

1953 年 8 月在沙坡头沙漠测绘中遇上一次沙霾,当时狂风大作,飞沙走石,勘测工作无法进行,跑到茶房庙内避风沙,进庙门后,只见沙尘弥漫院落殿堂,但沙子不见了,感到很惊奇,就走出庙门外观看,发现沙子都顺着地面,沿庙前庙后,依着墙脚,似流水状,向黄河中倾泄,这才悟出了点茶房庙不被沙埋的道理。联想到把铁路建在茶房庙前的黄河阶地上,从阶地边缘通过,使吹来的沙子,跨过铁路,吹入黄河。阶地陡坎下又正是黄河拐弯处的主流冲刷地段,沙子都可被水流冲走;同时线路靠近河边,引水植树造林固沙条件良好,认为是可行方案。

经向西北铁路设计分局、铁道部及苏联专家汇报,及多次讨论研究和各级领导及苏联专家亲临现场视察,最后决定以通过沙坡头的改善北线作为初测主要方案(即现通车线),长 463.78 km。

2.沙漠路基处理原则

首先,以茶房庙为科研基地,建立沙漠观测站,对气象要素、沙丘形态、风沙活动规律等进行了观测。1954 年 2 月,又在茶房庙东侧设计试验路基,进行了铺砌草、石、黏土、沥青等路基防护材料试验,扎草方格、高立式防沙栅栏等机械防护试验和种草、种树等生物绿化植树造林试验,以及修筑敞开式路堑、大平台路基试验等。

通过气象要素和风沙形态及活动规律的观测,试验路基的研究,提出了一些选线及路基处理原则:

(1)线路尽可能走在靠近黄河阶地的边缘,尽量离开沙丘背风坡。

(2)线路方向最好能与主导风向平行或小夹角,以减少路基积沙和风蚀。

(3)线路平面尽量减少弯道,避免弯道内积沙,必须设弯道时,最好设在路堤地段。

(4)尽量避免零断面、半填半挖、低路堤、浅路堑,因这些地段易积沙,形成沙害。

(5)路堤高度一般不小于 1 m,路堑深度可以大些,但应增进气流上升力,使沙子吹过路面。

(6)路堑弃土应尽量利用作填方,不能利用时,必须弃于背风侧,且需采取稳固措施。

(7)在防护措施上,应结合自然条件,风沙运动特点,采用固、阻、输、导等综合措施。

(8)在线路两侧一定范围,进行防沙、治沙规划(如临时性机械防沙区,永久性植物绿化固沙区,保护现有植被生长及覆盖层的禁牧禁伐区等),相互配合,统一规划,达到预期效果。

(9)施工最好在冬季,避免在风季及炎热夏季施工,在施工前必须修好施工便道,避免破坏植被及盖层。

根据以上原则,通过初测、初设,编制出全套防沙、治沙技术设计资料。1957 年由铁道部第一工程局施工,1958 年 10 月交付兰州铁路局运营以来,已 40 多年,一直畅通无阻。为在高大流动沙区修筑铁路干线创立了世界先例,在工程处理上成为治沙典范。

(六)结语

沙坡头高大流动格状沙丘区,从束手无策,到利用地形地貌;从沙丘类型的分布变化,到沙害动力条件的掌握;从铁路选线设计到治沙防护;从机械固沙到植物固沙;从引水绿化到今天瓜果飘香;实现了从昔日的荒漠流沙,到今日郁郁葱葱带状绿洲的生态环境改变。它在选线设计及防沙体系上的成功,关键是 1953 年起选线、勘测、设计时,深入现场,观察调查细致,并在沙丘中的茶房庙建立观测、试验站；后在长期铁路运营中，中科院沙漠所又在沙坡头设立研究站，坚持到现在，进行了系统的科学研究，并具体应用于现场实际，逐步完善防沙措施，加强固、阻、输、导防护体系，使治沙工程内涵更丰富，功能科学化，提高了沙漠稳定性。它是科研与生产密切结合的样板，也是利用自然、改造自然的典范。因此，应该说沙坡头铁路选线治沙是铁一院勘测、设计、试验、研究，铁一局施工，兰铁局运营养护，中科院沙漠所艰苦研究探索和地方政府大力支援，所共同取得的丰硕成果。

十二、吉兰泰专用线沙漠地区选线

盛殿魁

(一)前言

吉兰泰专用线位于内蒙古自治区，东起包兰铁路乌海西站(旧称三道坎，曾更名为乌达)，西至吉兰泰盐池，全长 130.2 km，见图 2－42。其中 32.6～45.0 km、88.0～107.0 km、122～127 km 通过乌兰布和沙漠西南边缘。88.0～107.0 km 为严重沙害地段，进行过东、中、西三个线路方案的比选。

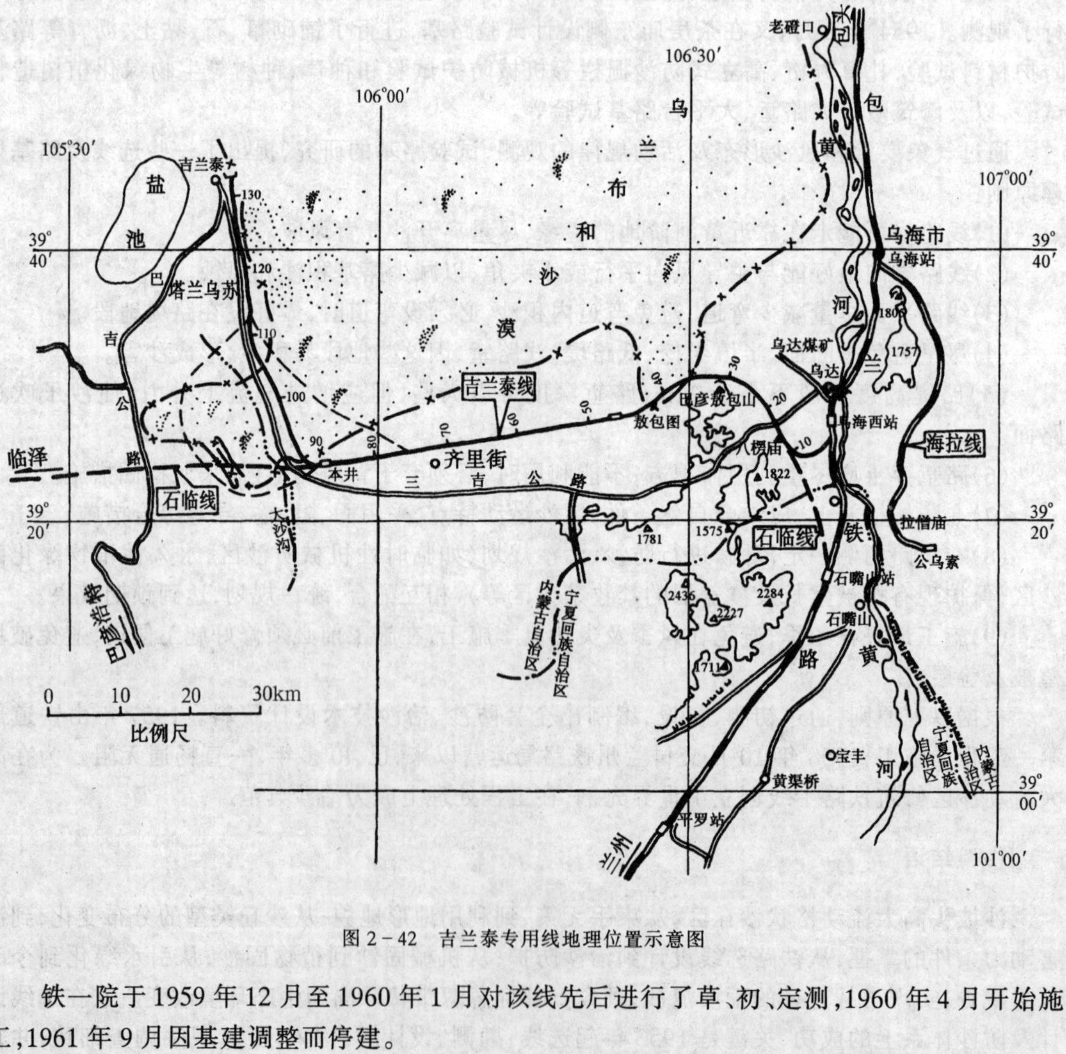

图 2－42　吉兰泰专用线地理位置示意图

铁一院于 1959 年 12 月至 1960 年 1 月对该线先后进行了草、初、定测，1960 年 4 月开始施工，1961 年 9 月因基建调整而停建。

1963 年 11 月铁道部下达设计任务书及转发国家计委关于吉兰泰支线设计任务书的复函:"确定全线改用Ⅱ级专用线标准及解放型机车"。铁一院据此于 1964 年二季度起进行了全线复工定测。

该线于 1965 年 3 月复工,1966 年 12 月完工,随即正式运营。

(二)自然地理概况

1. 地形地质:吉兰泰专用线 0～88 km 线路位于山前洪积平原,地表为较薄的黏性土覆盖,下为各类砂、碎石类土,32.6～45 km 线路通过乌兰布和沙漠边缘;88～107 km,线路中线方案(施工方案)沿大沙沟阶地与三吉公路平行穿过乌兰布和沙漠,大沙沟纵坡为 6‰～7‰,沟床弯曲,下伏地层基本为洪积的各类砂、砂黏土或黏土互层及尖灭层,沟槽摆动性大,公路及铁路因受洪水冲刷及沙漠威胁,需进行防护处理;107～130.2 km 线路穿过部分梭梭林,为洼地及盐池边缘,吉兰泰车站范围地形平坦。

2. 水文地质:地下水在本井车站附近埋深＞100 m,来源主要靠山区裂隙水补给。吉兰泰地区属大型自流水(淡水)盆地,埋藏深度 40～70 m,含水层为细砂,水量丰富,适用于工程及饮用水,上层潜水埋藏深度 0.5～1.5 m,为高矿化度水,不能使用。

3. 气象:该地区为中温带干旱气候区,干燥少雨,日温差大,年平均降水量为 123.5 mm,年平均降水日数为 35 天,年平均蒸发量为 2 943.1 mm;历年极端最高气温为 38.6℃,最低气温为 -27.5℃;最大风速 24 m/s;夏秋多 EN 风,春冬多 WS 风。

(三)沙漠概况

1. 沙丘分布与沙丘活动特征

(1)沙丘分布

沙丘分布见表 2-17。

表 2-17 沙丘分布表

沙丘类型	分布范围	沙丘状况
流动的具有格状沙丘链的穹状总合体沙山	95.1～95.8 km;97.3～97.7 km;99.6～100.6 km;102.5～103.2 km	沙山高 25～50 m,线路傍沙山或两沙山间之走廊通过
新月形沙丘链及格状沙丘链	92.3～94.3 km;95.6～96.2 km;96.6～97.4 km;97.7～99.0 km;101.1～102.1 km;103.6～104.6 km;105.8～108.1 km	沙丘高 2～15 m,流动性强
新月形及盾状沙丘、沙垄及沙堆	94.3～95.1 km;97.7～98.1 km;103.1～105.0 km	沙丘高 1～5 m,流动性强
半固定的梁窝状沙垄、沙丘	89.5～89.8 km;90.9～92.4 km;108.1～109.6 km	沙丘高 2～15 m
半固定具雏形沙丘的沙地	95.8～96.9 km;97.6～99.0 km;100.6～102.1 km;104.7～105.8 km	沙地风成沙厚 0.2～0.5 m,雏形沙丘高 0.5～2.0 m
半固定沙地	89.3～89.7 km;94.0～95.6 km;96.9～97.4 km;99.6～100.6 km;101.3～102.1 km;102.5～104.7 km	沙(风成)厚 0.1～1.0 m,局部大于 1.0 m
半固定的灌丛沙堆,波状沙地	102.0～102.5 km;109.6～130.4 km	高 1～3 m
半固定沙地	在洪积平原,大沙沟阶地及沿线断续分布	流动性较小

(2)沙丘活动特征

沙丘按其活动特征可分为三大类型，即：流动的、半固定的和固定的沙丘。

a. 流动沙丘

(a)中、小流动沙丘：以格状沙丘、格状沙丘链和新月形沙丘链为主，一般高约 3～8 m，个别 10～15 m，沙丘间距为 30～50 m，最大为 100～150 m，大部分丘间出露黏土及砂砾，地表沙丘移动快慢随高度而不同，当沙丘高 3～5 m 时，一般每年移动 3～4 m，高达 10 m 时，则移动仅1 m左右，移动方向由西北向东南。中、小流动沙丘沙的含水量一般为 2%～3%，个别达 3%～5%。主要植物为籽蒿、沙竹、芦苇，除个别洼地内因水分条件好，生长大量油蒿，形成所谓沙蒿塘，一般植物生长稀少，总覆盖度在 1%左右。

(b)高大流动沙丘：为具有格状沙丘的穹状复合体(沙山)，高 25～50 m，主要分布在大沙沟两侧，由于沙丘高大以及在多种风向作用下，本身前移数量虽不大，但风沙流活动则极频繁。为深厚的流沙，丘顶干沙层厚度＞50 cm，150 cm 以下沙层含水量为 1%～2%，除坡脚长有单个籽蒿外，丘顶及坡面完全裸露，无植物生长。

流动沙丘区的潜水埋深自南向北减小，南部可达 50 m，北部接近梭梭地区，一般为 2～5 m。大沙沟沿岸夏季有洪水漫流，其他地区无地表径流。

b. 半固定沙丘：本区的南部及西部边缘，下伏地貌为古洪积扇中部，沙丘形态为具有分叉状的沙垄及梁窝状沙丘，其排列走向，自西向东逐渐由 NW—SE 转变为 EW 方向，相对起伏西部为 10～20 m，往东及往南减为 5～10 m，甚至为 3～5 m。仅部分地区丘表的薄层结皮，大部分为疏松的细沙组成，沙丘含水率在 0～3.6 m 内为 0.5%～1.5%，丘表及垄间低地都长有植物，以麻黄和蒿属为主，其次有坝王、沙木蓼、沙拐枣等植物，覆盖度为 10%～20%。潜水深达 93 m(深井)，向北逐渐减小为 28 m(架子井)。

本区的北、中部下伏地层以细沙及黏砂土为主，沙丘形态以梁窝状沙丘、灌丛沙堆及灌丛沙堆的沙垄为主，起伏不大，一般为 2～3 m，虽有植物生长，但丘表流沙广泛出现，沙面仍处于半流动状态。除少数地区表层有较紧密的细沙层外，一般仍属流沙，因邻近地下水沙丘含水分在 0～3.5 m 内，自表层的 1.2%逐渐增加到 1.8%(黏土)，故植物生长较多，在北部以白茨为主，中部多为梭梭，因鼠害及过度放牧，梭梭死亡严重。潜水位深度在中部梭梭林地区为 1.5～3.0 m，矿化度在 1 g/L 左右，北部滨湖地区为 1～2 m，矿化度约 2 g/L。

c. 固定沙丘：面积不大，主要分布在沙垄及梁窝状沙丘之间的洼地内，植物生长较好，地表有厚 1～2c m 的结皮，沙面基本上固定，属于沙质原始棕钙土，表层积累一定的有机质。下有明显的紧密层，再下为风积细沙，沙层含水率在 1%以下，植物种类与半固定沙丘相同，覆盖度 30%。

2. 风成沙粒度组成

风成沙的筛分资料，详见表 2－18。

表 2－18　风成沙粒度组成表

编号	采集地点	粒度组成(mm,%)					附注
		＞1	1～0.5	0.5～0.25	0.25～0.1	＜0.1	
1	东线大沙山	0.00	0.69	80.40	17.70	1.60	
2	东线大沙山下格状沙丘	0.00	0.00	51.70	47.90	0.40	
3	东线导线 EP14～15 丘间地下伏沙	0.54	8.09	41.47	40.14	9.47	
4	东线导线 EP26	0.00	0.38	38.61	58.35	2.66	风成沙
5	东线导线 EP32 大沙山	0.00	0.03	77.76	21.97	0.24	

续上表

编号	采　集　地　点	粒度组成(mm,%)					附　注
		>1	1～0.5	0.5～0.25	0.25～0.1	<0.1	
6	中线 14+000(公路 95 km)东侧沙山	0.00	0.00	43.34	56.16	0.40	
7	中线 18+000(公路 99.5 km)附近沙丘链	0.89	16.60	27.19	48.10	7.19	
8	西线导线 P26 梭梭林半流动沙丘	3.52	19.27	40.03	32.12	5.06	
9	吉兰泰东南 30 km	0.00	0.02	81.09	18.54	0.35	格状沙丘风成沙
10	巴彦浩特至吉兰泰公路西,流动沙丘	0.09	9.95	52.80	33.42	3.62	

从表中粒度组成分析,地区风积沙颗粒级配属于中、细砂。

3.风

根据吉兰泰气象站 1955～1963 年观测资料,历年平均风速为 3.8 m/s,历年最大风速为 24 m/s,其风向为 W 风(1954 年 4 月);历年各季平均风速及主导风向为:春季 4.0 m/s,风向 SWS;夏季 4.0 m/s,风向 EN;秋季 3.4 m/s,风向 EN;冬季 3.5 m/s,风向 WS。历年平均大风(≥8 m/s),日数为 52 天;历年平均风沙日数为 67 天。历年起沙风(≥6 m/s)频率>10% 为 3～5 月;起沙风风向频率 EN 风占 21%,WS 风占 13%,WN 风占 10%;根据 1955～1963 年起沙风(>6 m/s)多年平均值运行途径图总方向为 N30°W。

4.沙的含水量及沙表干沙厚度

(1)沙的含水量

东方案:共取样 9 处,取样深度 0～2.0 m 或 0～3.5 m,个别为 4.5 m;取样地点在流动沙丘间低地、格状新月形沙丘中、上部、平缓沙丘顶部及白茨沙堆丘间低地以及梭梭沙丘等地,地表含水量为 0%～2.5% 不等,下部一般 2%～3%,个别可达 6%。

中方案:共取样 7 组,取样深度 0～1.5 m 或 0～3.5 m 不等,取样地点在半固定沙丘顶部、大沙丘坡下,平缓活动沙丘及低矮沙丘的迎风坡中、上部等,地表含水量 0.5%～2.0%,一般 2%～3%,个别可达 11.5%。

西方案:共取样 5 组,取样地点在固定沙地、沙化沙质土、新月形沙丘迎风坡中、上部等处;坡表含水量 0.5%,一般 1.0%～2.0%,较东、中方案含水量低。

(2)地表干沙厚度

在东方案及中方案作了沙丘地表干沙层厚度与植物固沙的研究,详见图 2-43。

(四)沙漠地区选线

1.1959 年～1960 年的线路方案选择

1959 年根据石(嘴山)临(泽)线勘测资料及在 1:100 000 地形图上进行研究,有 3 个可能方案。

(1)东方案:自石临线齐里街(七里街)站起,穿过乌兰布和沙漠,沙丘高度一般 10～30 m,在军用图上看,要比其他两个方案多 1～2 根等高线(等高线间距为 50 m),线路拔起高度大,限坡要用 12‰,还可能在沙漠中展线,工程运营费都可能是最大的,且在齐里街接线,无法利用石临线设计的本井基本段,是明显的缺点,经过踏勘后,放弃东方案。

(2)中方案:自石临线本井站起,沿三(道坎)吉(兰泰)公路及大沙沟东案(右岸)走,地形平坦,穿过乌兰布和沙漠西南边缘长约 19 km,其中大部分为活动沙丘,工点也集中在这一段,出沙漠后,离开大沙沟,直奔吉兰泰盐池,穿过固定沙丘及盐碱洼池,均不严重,沿线自然坡度平缓,前 20 km 约 6‰～7‰,后 20 km 在 4‰以下。在考虑限坡方案时,着重在前 10 km,故此方案还作了 9‰及 12‰两个方案比较。

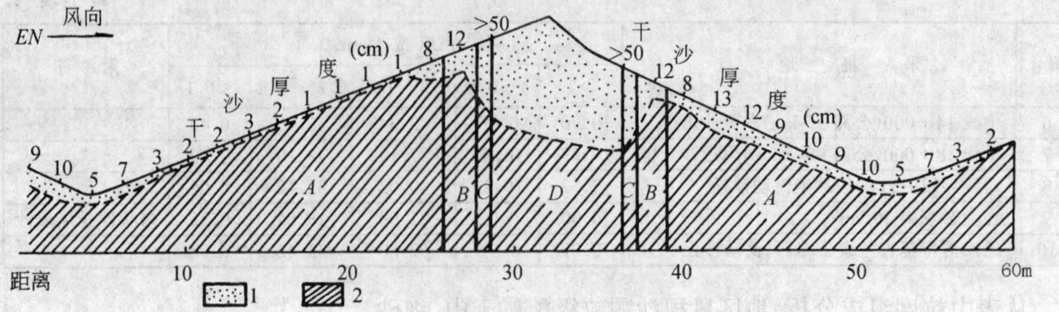

a.东方案导线EP45附近格状新月形沙丘

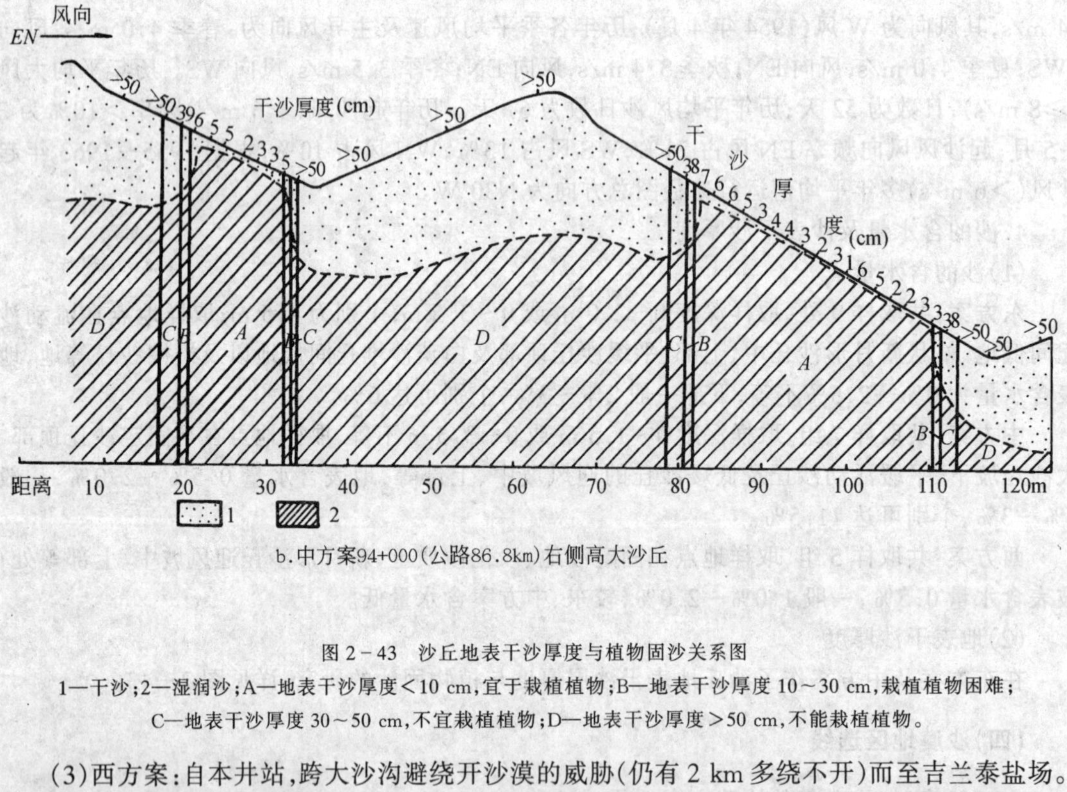

b.中方案94+000(公路86.8km)右侧高大沙丘

图 2－43　沙丘地表干沙厚度与植物固沙关系图

1—干沙;2—湿润沙;A—地表干沙厚度＜10 cm,宜于栽植植物;B—地表干沙厚度 10～30 cm,栽植植物困难;C—地表干沙厚度 30～50 cm,不宜栽植植物;D—地表干沙厚度＞50 cm,不能栽植植物。

(3)西方案:自本井站,跨大沙沟避绕开沙漠的威胁(仍有 2 km 多绕不开)而至吉兰泰盐场。

(4)中方案与西方案比较

a.中方案比西方案线路短 10 km。建筑里程短,节省初期投资多。

b.中方案可利用平行三吉公路的有利条件,不需另修施工运输便道,西方案要修便道。

c.两方案的建材都来自齐里街以东地区起运,西方案运距长、费用大。

d.西方案不能完全避绕沙漠,且要跨过几公里盐渍土地段,翻浆较严重。

e.西方案要多设 1 个车站。

f.西方案线长、工期长,见效慢。

经鉴定采用中方案,并于 1960 年 4 月施工,1961 年 9 月停建。

2.1963 年～1964 年复工勘测的线路方案选择

1963 年 11 月铁道部下达设计任务书,全线改用Ⅱ级专用线标准,铁一院随即进行复工勘测。经过现场踏勘,航片纸上定线后,又提出西线方案、东线方案和中线(1960 年施工)方案。

其中东线方案与西线方案又分别按限坡 8‰和 10‰定线，中线方案采用均衡坡，上行重车方向 10‰、下行轻车方向 17‰，见图 2－44。其方案比较见表 2－19。

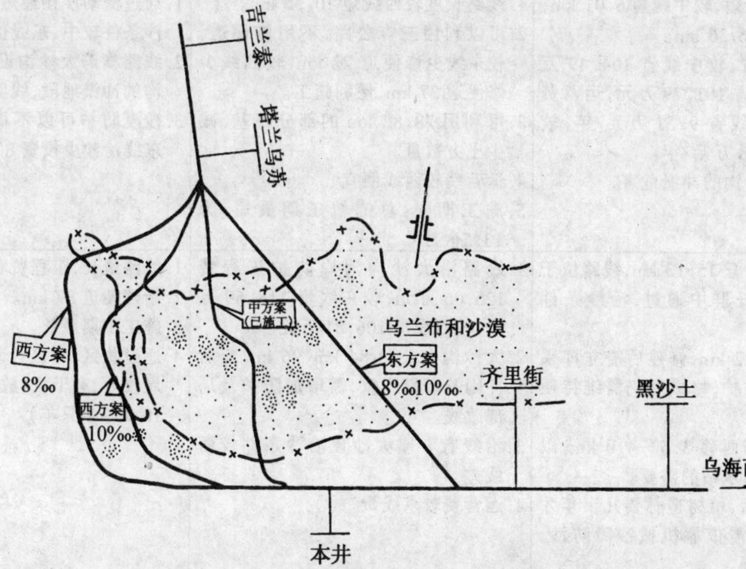

图 2－44　黑沙土至吉兰泰段线路比较方案示意图

表 2－19　吉兰泰专用线黑沙土至吉兰泰段线路方案比较表

项　目		单　位	中线(1960 年施工)		东线(10‰)		西线(10‰)		东线(8‰)		西线(8‰)	
			数量	合价(万元)	数量	合价(万元)	数量	合价(万元)	数量	合价(万元)	数量	合价(万元)
线路长度		km	84.32		78.31		94.67		78.31		94.77	
利用已修建路基长度		km	78.82		44.85		55.85		44.85		55.85	
工程费	线路上部建筑	km	84.32	1 129.04	78.31	1 048.57	94.67	1 267.63	78.31	1 048.57	94.77	1 268.97
	路基土石方	$10^4\ m^3$	41.83	33.65	51.64	40.79	80.74	63.39	61.06	47.99	76.11	60.45
	路基包坡	$10^4\ m^2$	40.12	56.98	44.91	83.24	56.05	104.05	45.71	84.72	55.64	102.77
	沙漠防护			340.79		378.78		227.41		376.38		227.41
	河岸及路基防护			125.06		6.37		18.25		6.40		18.25
	桥涵工程			34.14		10.74		42.84		10.74		42.84
	其他			476.23		522.91		559.62		537.63		568.96
	工程费合计			2 195.89		2 091.40		2 283.19		2 112.43		2 289.65
年运营费				148.88		139.51		164.37		135.02		158.19
换算工程运营费				368.47		348.71		392.69		346.26		387.19

注："其他"含车站、平交道、改移公路、施工便道及机车车辆购置费等。

齐里街至塔拉乌苏段的东、中、西线通过不同沙丘长度统计见表 2－20。

表 2－20　东、中、西线路方案通过沙丘地段长度表(km)

项　目	东线	中线	西线
流动沙丘	15.13	16.5	2.39
半固定沙丘	11.51	6.30	27.99
固定沙丘	0.61		3.12

东、中、西各线路方案的优缺点，如表 2－21。

表 2-21　东、中、西线路方案优缺点表

	东　线	中　线	西　线
优点	1.线路长度最短,较中线短 6.01 km,较西线短 16.36 km。 2.工程费最省,较中线省 104.49 万元,较西线省 191.79 万元,运营费最少,较中线省 9.31 万元/年,较西线省 24.8 万元/年。 3.避绕了大沙沟的冲淤危害	1.线路长度较西线短 10.35 km。 2.可以利用三吉公路,不用修便道,较东线少修便道 22 km,较西线少修便道 37 km,便利施工。 3.可利用 78.82 km 的部分路基,减少土方数量。 4.运营费较西线便宜。 5.施工期限:总铺轨工期最短,为 13.5个月	1.通过流动沙丘最短,仅 2.39 km,治沙条件较中、东线优越。 2.线路横跨大沙沟设桥,避绕了大沙沟的冲淤地段,线路安全。 3.沙漠防护可以不植树造林,较中、东线治沙少投资 80 万元
缺点	1.通过流动沙丘 15.13 km,线路位于两列大沙丘群中通过,治沙条件差。 2.新建便道 22 km,修建后需立即采取防风沙防护,修成后仍需维持便道养护。 3.齐里街站需西移 3.5～4.0 km,以满足上行给水站的需要。 4.线路通车后,植树造林要几十年才能见效,仍需依靠机械沙障防沙,以保证运营	1.线路沿大沙沟河岸防护工程费 125.06 万元,较东线贵 118.69 万元,较西线贵 106.81 万元。 2.大沙沟在公路 84 km、96 km 前后冲刷及淤积严重,需增加防护及局部改线。 3.沿线有 8 座大沙丘治沙条件较西线差。 4.运营费较东线贵	1.线路最长,工程费和运营费最贵。 2.新建便道 37 km。 3.施工工期最长。 4.通过牧区,地区计划打井 50 眼,发展牧业,有干扰(放牧 3 000 头骆驼 10 000 多只羊)

通过上述各表统计资料,单就治沙条件分析,西线方案最佳。东线最短,工程费及运营费均最省,但本线系Ⅱ级专用线,本着当时"强干弱支、固本简末"的精神,中线具有修建施工条件最好,上马快,收效早,治沙治水在技术上能够处理,在工程投资方面三个方案并不特别悬殊,采用中线(原施工线路)较为现实,故决定推荐中线方案。该方案于 1965 年 3 月复工,1966 年 12 月完工并正式运营。

(五)小结

1.吉兰泰专用线施工后,因 1961 年调整基建任务而停工,使已建工程造成损失,复工后不得不重新作方案比选。

2.1963 年全线改按Ⅱ级专用线标准,有条件改变线路平面及纵坡,缩短线路 2.99 km,减少了大沙沟冲淤及改善了沙害威胁。

3.1960 年曾委托内蒙古自治区林业厅勘察设计院作过铁路防沙林勘察设计,1961 年 3 月铁道部设计预算鉴定委员会对该线固沙造林技术设计方案进行了鉴定。后因故未实施。在铁路施工阶段最好将机械固沙与固沙造林一气呵成,这样可节省投资,提高实效。

4.在沙漠地区选线时要结合当地沙丘情况确定线路位置,路基应以填方为主,填方高度不能过低,挖方不能过深。

5.应重视调查清楚干旱地区河流(如大沙沟)的性质、纵坡、流量、流速、暴雨、河床摆动以及既有工程(如公路)冲毁等情况,适当予以防护,不能掉以轻心。

十三、南疆线焉耆盐渍土地区选线

赵中堂

(一)概况

焉耆地区是天山以南的一个较大的山间盆地,其所处的自然地理位置,工程地质环境,干

旱的气候特征，丰富的盐源供给，高矿化度地下水水质，埋藏较浅的地下水位，博斯腾湖的影响，地下水流动不畅和强烈的蒸发作用等特殊因素，加速了焉耆盆地土壤的盐渍化。

焉耆土壤盐渍化的特点是：盐渍土普遍分布，在焉耆盆地中部很难找到一块没有盐渍化的土壤；含盐量高，含盐性质复杂，分布规律性差，因此，给线路方案的选择增加了一定的难度。根据这种复杂多变的地质情况，从深入调查研究着手，分析地形、地貌、盐渍土的成因、类型、范围、发生条件、发展趋势及分布特点，同时进行勘探、试验、静力触探等，为选择线路方案提供可靠依据。

根据已查明的焉耆盐渍土的工程地质特征、水文地质条件等有关资料，有东、中、西三个线路方案，见图 2-45。

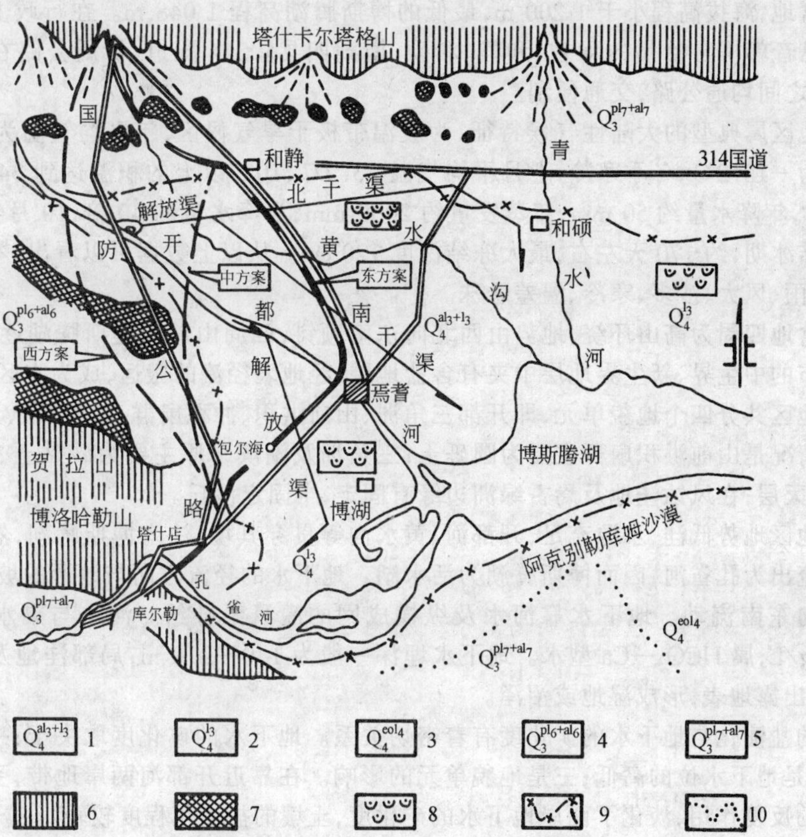

图 2-45 焉耆盆地工程地质简图

1—第四系全新统冲、湖积砂黏土；2—第四系全新统湖积砂黏土；3—第四系全新统风积粉、细砂；4—第四系上更新统洪、冲积圆砾土；5—第四系上更新统洪、冲积卵石土；6—高山区；7—丘陵；8—盐渍土；9—不良地质界线；10—岩层分界线。

东线方案是经和静县城，沿伊焉公路西侧，过农二十三、二十二团场至焉耆向西南，跨开都河，过包尔海，穿紫泥泉洼地至塔什店。该方案通过一般盐渍土地段 25.01 km，强盐渍土 16.18 km，超盐渍土 9.37 km，湿地沼泽 2.59 km，通过盐渍土地段总长度 53.15 km。

中线方案是经和静县城、乌拉斯台农场，跨开都河，穿农二十一团，过紫泥泉至塔什店。该方案通过一般盐渍土地段 10.48 km，超盐渍土 16.39 km，通过盐渍土地段总长度 26.87 km。

西线方案是线路出黄水沟口后，沿国防公路西侧、直至塔什店。该方案均行进在山前洪积扇所组成的戈壁滩倾斜平原边缘，没有通过盐渍土地段。

三个线路方案，按通过盐渍土地段长度评价，西线方案最优，中线方案次之，东线方案最差。但东线方案经过和静、焉耆、包尔海等重点城镇及建设兵团农场、工业区，中线方案及西线方案远离城镇及农场，不利于工农业及经济的发展，同时为增强民族团结，促进边疆稳定等多种因素比较，最后采用东线方案。

1979 年 11 月铺轨通车，1984 年 8 月，国家验收，由乌鲁木齐铁路局正式运营至今，情况良好。

（二）焉耆盐渍土地区自然地理与土壤盐渍化

焉耆盆地，海拔高程小于 1 200 m，最低的博斯腾湖高程 1 048 m。在行政上属新疆维吾尔自治区巴音郭楞自治州的焉耆、和静、和硕、博湖四县。314 国道、伊焉公路在盆地中部通过，各农场之间均通公路，交通便利。

焉耆地区属典型的大陆性气候特征，为暖温带极干旱气候区，年平均气温为 7.5℃，一月平均气温为 −13.2℃，冬季寒冷，七月平均气温 23.2℃，10℃以上的积温达到 3450℃，无霜期 170 天左右，年降水量约 50 mm，年蒸发量约 2000 mm，为降水量的 40 倍，10 月上旬至翌年 4 月中旬为结冰期，约 170 天左右，最大冻结深度 120 cm。从以上数据可以看出，本区气候特点是干旱、少雨、风大、沙多、寒冷、温差悬殊。

焉耆盆地四周为高山环绕，地势由西北向东南倾斜，四周山麓向博斯腾湖逐渐降低，在四周山区分布的中生界、新生界地层中夹有含盐地层，经地表径流的搬运，成为本区主要盐源。

焉耆地区共分四个地貌单元，即开都三角洲、山前洪积、冲积扇群、湖滨平原、风蚀洼地等。地层分布情况是山前洪积扇群主要为圆砾土；三角洲及湖滨平原主要为砂黏土、黏砂土，夹有细、中砂尖灭层；在风蚀洼地及焉耆绿洲边缘有固定、半固定沙丘。

焉耆地区地势低洼，水源充足，开都河、黄水沟等贯穿其境，注入博斯腾湖，然后从博斯腾湖西南角流出为孔雀河，因而博斯腾湖为活水湖。地下水的径流方向与地形的坡降相一致，也是由西北向东南流动。地下水靠河水及纵横成网的灌溉渠补给。河水与渠水的矿化度为 0.2～0.3 g/L，属 HCO_3—Ca 型水。地下水埋深一般为 1.0～2.0 m，局部洼地及河流的牛轭湖，地下水出露地表，形成湿地或沼泽。

土壤的盐渍化与地下水的矿化度有着密切关系。地下水的矿化度取决于：一是距开都河的远近；二是地下水位的高低；三是地貌单元的影响。在靠近开都河两岸地带，受洪峰高水位与枯水位的反复作用，淡化了两岸地下水的矿化度，土壤的盐渍化程度较轻。由于盐渍土积盐剖面的特点是地表含盐量大，地下水位高，溶解的盐类多，矿化度也高。在风蚀洼地，为四周降水的汇聚处，所带的易溶盐类多，形成高矿化度的地下水。线路经过地带的地下水属 SO_4—HCO_3—Mg—Ca 型或 Cl—SO_4—Mg—Na 型。焉耆地区中部，地形极为平坦，受博斯腾湖影响，地下水排泄不畅，在强烈毛细水与蒸发共同作用下，促使地表土壤的盐渍化。

（三）焉耆盐渍土的成因、特点、范围及发展趋势

为选择好焉耆盐渍土地区的线路方案，首先必须调查清楚盐渍土的成因、特点、范围及发展趋势。

特殊的自然条件，极干旱的气候特征，丰富的盐源供给，较浅的地下水位，高矿化度的水质，较高的毛细高度，强烈的蒸发等综合因素的影响结果，为焉耆盐渍土的形成创造了条件。

1. 盐渍土形成的原因

(1)蒸发积盐促使土壤盐渍化

盐随水来,这种以水为动力分两种情况,一是垂直的以强烈毛细水为动力,将高矿化度的地下水带到地表蒸发积盐。二是水平的地表径流为动力,将四周山区及山前洪积地层中易溶盐带入本区,水分蒸发,盐类结晶残留于土壤中。以上两种作用的长期持续,促使了土壤的盐渍化。

(2)低温积盐促使土壤的盐渍化

焉耆地区属寒冷地区,冬季表层冻结,在冻结过程中,强烈的毛细作用,促使毛细水向冻结层聚集,待翌年春天冻结层融解后,毛细水急剧上升,水分蒸发,盐类结晶析出,聚积于土层中。

(3)植物积盐促使土壤的盐渍化

焉耆地区干旱少雨,多盐生植物,它们的生死交替对土层的盐渍化起到促进作用,它们的枝、叶多含有盐分,其落叶与枝、干残体腐烂于土中,增加土中盐分,促使盐渍化的发展。还有一些深根植物,在生长过程中不断的吸水,消耗大量的地下水,相应地加大地下水的矿化度,间接地促进土层的盐渍化。

2.盐渍土的特点

(1)盐渍土的分布

在焉耆绿洲,线路通过地带,很难找到一块没有盐渍化的地方,且含盐量高,含盐性质复杂,分布规律差,除紫泥泉洼地有较大范围的氯盐渍土外,其它地段盐渍土呈穿插分布,形成这种特征的原因是开垦农场,排碱洗盐,土壤改良等,扰乱了各种盐类依其自然特性进行聚积,即不是从焉耆绿洲边缘向盆地中心愈来愈重的分布规律,而是焉耆地区盐渍土呈云岛状分布。在氯盐集中地段形成干涸、盐壳翘起的盐滩。在硫酸盐集中地段形成地表松软的疏松层,有白色盐霜。

(2)盐渍土的含盐量

焉耆地区大多为超盐渍土地区,根据线路通过地带盐渍土取样分析统计:地表以下0~0.05 m含盐量为2.48%~49.8%,0.05~0.25 m 含盐量为0.5%~21.5%,0.25~0.5 m 含盐量为0.5~5.59%,0.5~0.75 m 含盐量为0.06%~4.6%,0.75~1.0 m含盐量为0.03%~3.7%。在深度1.0 m 地层内平均总含盐量为0.55%~17.04%,其积盐规律是:地表积盐重,愈向下逐渐减轻。见图2-46及图2-47。

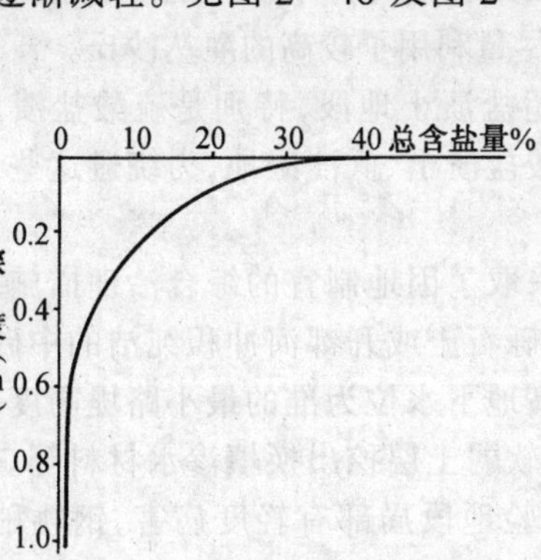

图2-46 和静地层剖面含盐量图

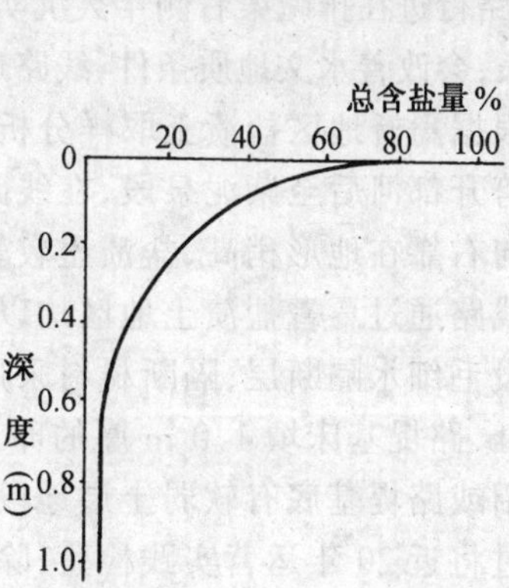

图2-47 紫泥泉地层剖面含盐量图

(3)次生盐渍化

在线路通过农田地段,由于灌溉和洗盐的影响,勘测时取土分析,含盐量<0.5%,不属于盐渍土,但修筑路堤或停止耕种后,路堤高度1.35~2.19 m,地下水埋深1.5~2.0 m,在强烈

毛细水作用下，不到一年时间，在路肩上就出现片状次生盐渍化痕迹，并逐渐扩大相连，最终形成盐渍土病害地段。这种现象在铁路选线及路基设计中应引起重视。

3. 焉耆盐渍土的分布范围及分类

(1)分布范围

从图 2－45 可以看出，宏观上说，盐渍土的分布范围就是绿洲边缘，和静县城向东经和硕延至 314 国道左侧向东南方向延伸为盐渍土分布的北缘，西至开都河右岸顺国防公路向南至塔什店，顺孔雀河沿博斯腾湖滨南岸终止。

(2)盐渍土分类

按含盐程度及地表所表现的特征与植被生长情况等，焉耆盐渍土共分三类：a. 一般盐渍土，地下水埋深在 1.5 m 以下，地表有薄层盐壳或盐霜，松胀层厚不超过 0.1 m，有芨芨草及低矮小草生长。b. 强盐渍土，地表结盐壳，松胀层 0.1～0.3 m，地下水埋深在 1.0 m 左右，地表生长有芦苇、芦草、甘草等。c. 超盐渍土，地表盐壳全部翘起，形成凹凸不平的地面，地下水埋深在 0.5 m 左右，一般无植物生长。在沼泽化地段，地表积水，有芦苇及喜水植物生长。

4. 焉耆盐渍土发展趋势

焉耆盐渍土地区，居民集中，现代化农场相连，耕地面积不断扩大，高科技土壤改良技术正在进行，洗盐排碱渠纵横成网，从而促使盐渍土的不断退化。但是在未开垦的地方，盐渍土的发展还是比较严重。

(四)东线方案盐渍土地区的铁路选线

东线方案线路穿越 53.15 km 的盐渍土地段，如何利用有利的地形、地貌，绕避强、超盐渍土地段，特别是绕避硫酸盐渍土地段及盐沼地带，做到绕有依据，治有办法，一次根治，不留后患的综合治理措施，作为地质选线的重点。

1. 焉耆盐渍土地区，还是有自然的或人为的较高地形，排水条件好，如 K317＋170～K378＋490，地势较高，密生芨芨草，盐渍化程度较轻，线路选在公路取土坑外缘，取土坑深 1.5～2.0 m，这就改善了路堤基底的水文地质条件；又如 K378＋490～K398＋375 左侧为 2.5～5.0 m深的排碱渠，线路行进在排碱渠右侧年久沉实的弃土垅上，且线路右侧为乔木灌木混合的防风林带，林带的生长，会改善水文地质条件；线路通过紫泥泉洼地，尽量利用了较高的灌丛沙丘。

2. 根据焉耆地区盐渍土取样分析结果，尽量绕避超盐渍土地段，特别是硫酸盐渍土地段，如线路跨开都河后至紫泥泉段，在线路左侧大多为硫酸盐渍土、低洼湿地，为绕避这些地段，线路尽量向右靠在地形稍高，盐渍土较轻地带通过。

3. 线路通过焉耆盐渍土地区均以路堤通过，而且采取了因地制宜的综合治理措施：a. 路堤基底铺设毛细水隔断层，隔断材料采用天然级配的卵、砾石土或开都河冲积纯洁的中砂或用沥青胶砂；b. 路堤基床填 1.0 m 厚的卵、砾石土；c. 以最高地下水位为准的最小路堤高度试验段；d. 对盐沼或路堤基底有软弱土层地段抛片石或将薄的软弱土层挖出换填渗水材料等。

经过将近 20 年运营实践检验，除最小路堤高度试验地段局部有轻度病害，钢轨稍有隆起现象外，其他治理措施都达到了预期的效果。运营单位对焉耆盐渍土地段铁路选线与处理措施进行了评价，认为运营实践证明线路方案选定合理，处理措施应用理论可靠，处理方法正确。各种处理措施效果是好的，是成功的。

(五)小结

南疆线吐库段通过焉耆盆地盐渍土地区时，根据地方经济发展的需要确定线路走穿越盐渍土地段较长的东线方案。为保证东线方案的成功实施,勘测设计中,在查明该地区自然地理、地质环境、工程地质、水文地质条件的基础上,根据盐渍土分布的特征、盐性、盐渍化程度和范围等因素,尽量绕避盐沼及硫酸盐渍土地段,利用有利的地貌、地形来确定线路位置,取得了良好的效果,选线是成功的。

十四、南疆线轮台地段工程地质问题与选线

陈元元

纵贯新疆南部的南疆线库尔勒至喀什段,全长 975.05 km,有近 30%地段为盐渍土,是全线的一个主要工程地质问题。其中,在 1/100 万卫片上影像清晰、面积超过 1 000 km^2 的阳霞至轮台盐渍土、盐沼地带更是全线乃至全疆之典型。沿线为数不多的几个城镇之一的新兴石油城轮台县城的线路方案,因盐渍土问题成了铁路选线的重点。在各勘测阶段,围绕这个重点做了大量的地质工作,对 314 国道以北近 15 km×30 km 的地域进行了勘察,为线路方案的选择提供了可靠依据。

(一)自然地理概况

1.地形地貌

轮台线路方案比选东起曼乔勒克西至大涝坝,全长约 83 km。线路所经地段,为天山南麓冲、洪积倾斜平原,自北(天山)向南(塔里木盆地)依次分为三个带:砾石戈壁带、沙土灌丛带、盐土盐沼带,自然横坡 5‰左右;线路自东向西穿越阳霞洪积扇前缘及冲积阶地,轮台盐渍土盐沼荒地,澳依艾肯河至群巴克间的冲积阶地,群巴克以西为戈壁滩。轮台盐渍土盐沼带为一沿戈壁前缘形成南北长超过 50 km、东西宽约 30 km 向南展布的低缓的大型洼地,堪称盆地中之“盆地”,有着典型的盐渍土地貌景观,亦是本段铁路选线的主要问题之一。由于地层以土质为主,加之地下水发育,阳霞、轮台附近耕地遍布,人口集中。

2.气候条件

该区地处内陆腹地,四周高山环绕,海洋季风的影响十分微弱,属塔里木盆地极干旱气候区,夏季酷热,冬季严寒,春秋季多风,降水稀少且集中,温差大,为本区的主要气候特征。年平均降水量仅 47.4 mm,而年平均蒸发量达 2028 mm,蒸发量超过降水量的 40 倍。正是在这种特定的气候条件下和地理环境中,形成了这样典型而又广阔的盐渍土盐沼带。

3.地层岩性

轮台盐渍土及盐沼带中，第四系冲、洪积相松散堆积物厚达数百米；其中与工程有关的地层可分为两层：第一层为第四系全新统冲、洪积砂黏土，局部夹黏砂土、砂类土，厚度由山前向南逐渐增大，由十余米至数十米；第二层为分布于砂黏土之下及戈壁滩的冲、洪积圆砾土，其间夹砂土层，颗粒的大小按其沉积规律，自山前向盆地中心，由大逐渐变小，呈带状分布。

4.水文地质条件

地表河流稀疏。地下水为第四系地层中的孔隙潜水和承压水组成的多层综合含水体,与工程有关的是表层潜水。由于地势北高南低,地层结构北粗南细的特点,具明显平面分带性,可分为潜水深藏带、浅藏溢出带。补给来源是山区冰雪融水及大气降水。山前冲、洪积扇带地下水埋藏深,径流条件好,水循环交替强烈,矿化度低;盐土盐沼带由于地形低洼,上部黏性土地层透水性差,径流不畅,形成滞流带,潜水位抬升接近地表,局部地段溢出,加之毛细作用强烈,蒸发成为主要的排泄方式,地下水埋深一般 0.5~3 m,水质差。

(二)工程地质问题

本段控制线路方案的不良及特殊地质问题主要是盐渍土、盐沼及伴生的软弱土层和风沙。全面了解和正确认识其工程性质是铁路选线的关键,更是铁路工程勘测设计的基础。

1.盐渍土

(1)分布特点

内陆盆地盐渍土一般具有明显的平面分带性,自山前砾石荒漠带,依次为以硫酸盐为主的松胀盐渍土带、以氯盐为主的结壳盐渍土带。一般硫酸盐渍土带地表往往有白色粉末状盐霜,表层 0.5 m 左右土体松胀,人走陷脚,车行困难,生长有芦苇、红柳等植物;氯盐渍土带地表常有 10~20 cm 厚呈波浪状的盐壳,含盐量高,植被稀,低洼处盐壳下为淤泥,形成盐沼。然而,盐渍土分析结果表明,上述分布规律并不明显,而是以氯盐渍土为主,与硫酸盐渍土相互交替分布。总的趋势是地下水埋藏较深,地势较高的地段,地表分布硫酸盐渍土;地下水埋藏较浅或溢出,地形低洼地段,地表以氯盐渍土为主。

(2)盐渍土的含盐程度

为满足线路方案的比选,查明盐渍土的含盐特征,进行了大量盐渍土化学分析,结果如表 2-22 所列。本区盐渍土以氯及亚氯型为主,亚硫酸盐型次之,含盐程度主要为强、超盐渍土,超限盐渍土层厚一般 0.25~1 m,深 0.5 m 土层内含盐量占 1 m 总含盐量的 60%以上,见表 2-23、表 2-24、表 2-25。超限盐渍土层的厚度自 314 国道向北,随着地下水位的加深有逐渐增大的趋势。

表 2-22 盐渍土含盐程度对比表

<table>
<tr><th colspan="2">盐土类型</th><th>1 m 平均总含盐量(%)</th><th>氯硫比</th><th>含盐超限土层厚度(m)</th><th>样品数(组)</th><th colspan="2">各组数所占比例(%)</th></tr>
<tr><td rowspan="3">氯盐亚渍氯土</td><td>超</td><td>8.01~16.7</td><td>1.20~5.79</td><td>0.5~1.0</td><td>7</td><td>25</td><td rowspan="3">82</td></tr>
<tr><td>强</td><td>5.33~7.98</td><td>1.21~3.72</td><td>0.25~1.0</td><td>11</td><td>39</td></tr>
<tr><td>中</td><td>3.34~4.54</td><td>1.21~1.98</td><td>0~0.05</td><td>5</td><td>18</td></tr>
<tr><td rowspan="3">亚盐硫渍酸土</td><td>超</td><td>8.57~10.8</td><td>0.85~0.89</td><td>0.25~1.0</td><td>2</td><td>7</td><td rowspan="3">18</td></tr>
<tr><td>强</td><td>2.8~3.34</td><td>0.87~0.93</td><td>0.05~0.25</td><td>3</td><td>11</td></tr>
<tr><td>中</td><td></td><td></td><td></td><td>—</td><td>—</td></tr>
</table>

表 2-23 1-1 断面距公路 4 554 m(CⅠK610+800)盐渍土化学分析表

<table>
<tr><th rowspan="2">取样深度(m)</th><th colspan="3">阴离子含量(%)</th><th colspan="3">阳离子含量(%)</th><th rowspan="2">氯硫比</th><th rowspan="2">总含盐量(%)</th><th rowspan="2">盐渍土分类</th><th rowspan="2">备注</th></tr>
<tr><th>HCO_3^-</th><th>Cl^-</th><th>SO_4^{2-}</th><th>Ca^{2+}</th><th>Mg^{2+}</th><th>Na^++K^+</th></tr>
<tr><td>0~0.05</td><td>0.015</td><td>29.659</td><td>5.334</td><td>0.588</td><td>0.171</td><td>22.878</td><td>7.63</td><td>58.72</td><td>氯盐渍土</td><td>不可用</td></tr>
<tr><td>0.05~0.25</td><td>0.031</td><td>15.395</td><td>13.02</td><td>0.36</td><td>0.219</td><td>16.884</td><td>1.62</td><td>45.94</td><td>亚氯盐渍土</td><td>不可用</td></tr>
<tr><td>0.25~0.5</td><td>0.023</td><td>2.731</td><td>2.508</td><td>0.31</td><td>0.141</td><td>2.585</td><td>1.49</td><td>8.36</td><td>亚氯盐渍土</td><td>不可用</td></tr>
<tr><td>0.5~0.75</td><td>0.023</td><td>1.305</td><td>1.956</td><td>0.295</td><td>0.132</td><td>1.317</td><td>0.91</td><td>5.10</td><td>亚硫酸盐渍土</td><td>不可用</td></tr>
<tr><td>0.75~1.0</td><td>0.038</td><td>1.044</td><td>2.256</td><td>0.25</td><td>0.129</td><td>1.355</td><td>0.63</td><td>4.98</td><td>亚硫酸盐渍土</td><td>不可用</td></tr>
</table>

综合定名:超亚氯盐渍土(1 m 平均总含盐量 16.73%、氯硫比 1.76)

表 2-24　2-2 断面距公路 5 918.8 m(CⅠK616+650)盐渍土化学分析表

取样深度(m)	阴离子含量(%)			阳离子含量(%)			氯硫比	总含盐量(%)	盐渍土分类	备注
	HCO_3^-	Cl^-	SO_4^{2-}	Ca^{2+}	Mg^{2+}	Na^++K^+				
0~0.05	0.023	40.313	3.10	0.534	0.019	29.711	17.8	73.80	氯盐渍土	不可用
0.05~0.25	0.015	4.262	2.49	0.335	0.017	3.894	2.35	11.10	氯盐渍土	不可用
0.25~0.5	0.015	2.096	1.50	0.30	0.015	1.879	1.92	5.82	亚氯盐渍土	不可用
0.5~0.75	0.031	1.148	0.90	0.13	0.012	1.114	1.75	3.30	亚氯盐渍土	可用
0.75~1.0	0.015	0.539	0.452	0.088	0.012	0.383	1.64	1.50	亚氯盐渍土	可用

综合定名:超氯盐渍土(1 m 平均总含盐量 8.565%、氯硫比 3.83)

表 2-25　D-D 断面距公路 495 m 盐渍土化学分析表

取样深度(m)	阴离子含量(%)			阳离子含量(%)			氯硫比	总含盐量(%)	盐渍土分类	备注
	HCO_3^-	Cl^-	SO_4^{2-}	Ca^{2+}	Mg^{2+}	Na^++K^+				
0~0.05	0.018	2.702	2.484	0.435	0.345	1.969	1.49	8.30	亚氯盐渍土	不可用
0.05~0.25	0.012	2.023	2.136	0.445	0.177	1.637	1.30	6.56	亚氯盐渍土	不可用
0.25~0.5	0.018	0.546	0.768	0.305	0.039	0.335	0.98	2.04	亚硫酸盐渍土	可用
0.5~0.75	0.015	0.476	1.116	0.33	0.036	0.44	0.58	2.46	亚硫酸盐渍土	可用
0.75~1.0	0.012	0.28	0.996	0.325	0.024	0.268	0.39	1.94	亚硫酸盐渍土	可用

综合定名:强亚硫酸盐渍土(1 m 平均总含盐量 3.34%、氯硫比 0.93)

(3)盐渍土的工程特性

盐渍土的工程性质不仅与土的岩性和矿物成分有关,而且与土中含盐量和含盐类型密切相关。随土中含盐量的逐渐增高,受季节的影响,雨季“脱盐”,旱季“返盐”,这种往复运动的不断循环,土体的原有结构遭到破坏,地基强度降低。据在焉耆盆地中的研究,盐渍土的力学强度与土中含盐量 N 有关,总的趋势是硫酸盐渍土 N 值增大,临塑荷载 P_0 减小,即力学强度随 N 值的增加而减小;氯盐渍土临塑荷载 P_0 随 N 值的增加而增加,力学强度随土体的总含盐量的增加而增加。硫酸盐渍土中硫酸钠的含量超过 2%时具有明显的膨胀性。盐渍土筑路应满足如下两个条件:

a.控制路堤基底和填料含盐量的容许界限值:氯盐渍土为 5%~8%,亚氯、亚硫酸盐渍土为 5%(硫酸钠的含量不超过 2%),硫酸盐渍土为 2.5%(硫酸钠的含量不超过 2%)。

b.控制路堤最小高度,其值由下式决定:

$$H_{min}=h_c+\triangle h+h_s\text{或}(h_f)-h_w$$

式中　h_c——毛细水强烈上升高度(m);

$\triangle h$——安全高度(一般取 0.5 m);

h_s——蒸发强烈影响深度(m);

h_f——有害冻胀深度(m);

h_w——常年(或冻前)地下水最高稳定水位埋深(m);

h_s、h_f 取二者中的大值。

不能满足路堤最小高度时,宜设置毛细水隔断层。

为了研究不同材料隔断层的效果，确定盐渍土地区路基工程的设计参数及防护措施，作为科研项目，本线曾在1977年修建了由不同高度、不同材料毛细水隔断层等组成的轮台试验路堤，见图2－48。其中圆砾土为自然级配的戈壁碴，路堤填料为当地盐渍土。此段毛细水强烈上升高度2.9～3.7 m，地下水埋深0.43～0.8 m，年变化幅度0.53 m（1978年动态曲线）。至1996年现场观测试验资料显示，试验路堤已全部次生盐渍化，外观与两侧地表已无区别，表面白色盐壳厚10～20 cm，起伏不平，路肩圆化，表层疏松，厚达0.5 m，地表1 m内平均含盐量6.77%～7.5%，为强亚氯盐渍土。结果表明，试验路基是失败的。究其原因，一是路堤的高度（2～3.8 m)不能满足理论上的最小路堤高度；二是就地取土的含盐量偏高，且毛细水隔断层所用材料不理想，隔断效果不佳；三是周围地表大量的盐晶在风力作用下，阻滞停积在高出地表2～4 m的路堤表面，随降水下渗及蒸发析出，加速了路堤的次生盐渍化。若采用完全隔断（如沥清隔断层）措施，则其下盐份可被阻止上移，但其上填土中及风吹停积在路堤表面的盐份淋溶不下去，仍会导致路堤次生盐渍化。因此，通过试验我们得出的结论是：路堤填料必须采用全断面渗水土，且要控制其骨架颗粒中粉、黏粒的含量，以阻止毛细水上升，而雨水又能下渗。

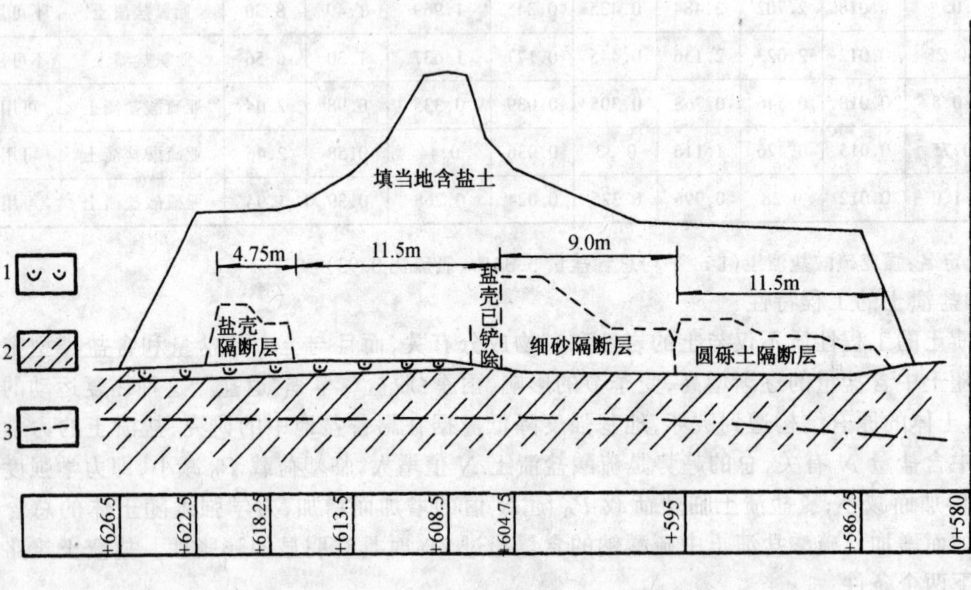

图2－48 轮台盐渍土试验路堤工程地质纵断面图
1—盐壳；2—砂黏土；3—地下水位线。

2.软弱土层

(1)分布范围

与盐渍土相伴生成的软弱土层以砂黏土为主，局部湿沼地表层分布薄层软黏性土、淤泥质土。分布范围与盐渍土基本一致，其厚度一般0.8～2.4 m，最大5.2 m。在地下水位埋深小于1.0 m的盐沼带(国道314线北1～3 km以南的广大地带)，一般只有表层一层软弱土层；而在地下水位埋深大于3.0 m的松胀及结壳盐渍土带(国道314线北1～3 km以北近山带)，软弱土层厚度相对加大，甚至较多地分成两层。大部分地段无硬壳，个别地段(沿314国道及附近)有1.0～1.6 m的薄层硬壳。

(2)成因及特性

一般地表分布的软弱土层，是在水蒸发、降水的循环往复中，由于盐份结晶、淋溶周而复始的变化，尤其是在盐胀和冻胀作用下，使土体结构遭到破坏而变疏松，孔隙度变大，强度降低所致；而第二层软弱土层，往往分布在埋藏较深的地下水位附近，层厚往往介于最高及最低地下水位之间，据轮台水利区划提供的动态资料，区内地下水年变化幅度为0.5～1.3 m，系因水位的不断升降，使土颗粒间的应力不断调整变化，土的结构遭受破坏，强度降低造成。据原位测试 $P_s=200\sim800$ kPa，$\sigma_0=30\sim90$ kPa，其他物理力学指标详见表2－26。

表2－26　软弱土层的物理力学指标

天然含水量 w(%)	液性指数 I_L	孔隙比 e	固结快剪		压缩系数 a(MPa^{-1})	水平固结系数 C_h(cm^2/s)	垂直固结系数 C_v(cm^2/s)	水平渗透系数 K_h(cm/s)	垂直渗透系数 K_v(cm/s)
			c(kPa)	φ(°)					
24.8～37.6	0.6～1.0	0.8～1.21	10.9～18.5	5.4～23.7	0.41～0.88	4.38×10^{-3}～7.33×10^{-3}	3.78×10^{-3}～7.47×10^{-3}	9.52×10^{-8}～3.2×10^{-7}	7.81×10^{-8}～1.73×10^{-7}

3.风沙

分布于盐渍土带的北部边缘，即砾质平原与土质平原交接带。由固定、半固定沙丘及沙地组成，生长有胡杨树、梭梭、红柳等植物，东西向带状延伸，带宽约1 km左右。沙丘高一般2～3 m，最高8 m，丘间为半固定沙地。东部与两个沙垄相连，分布集中，面积约4 km^2，沙垄的长轴方向与本区的主导风向一致，为N～N30 °E。大部分沙丘表层有1～3 cm厚的泥结皮，植被覆盖率10%～30%，部分沙丘含枯死的灌木残根。

（三）线路方案的比选

1.初测阶段线路方案的比选

南疆线曾先后进行过多次初测工作，阳霞至轮台段线路方案的选择在勘测中倍受重视，关键之所在是盐渍土、盐沼带地质条件的复杂性，以及由此而引起的轮台站位的设置问题。1993年南疆线未正式立项前是按地方铁路的标准进行勘测设计的，故勘测中主要以照顾地方的经济、社会利益为主，进行了方案比选。按地方要求，轮台站位要靠近县城，亦即线路要穿越阳霞至轮台盐渍土、盐沼带。选线之初，基于对盐渍土、盐沼的传统认识，即自山前向盆地中心，工程地质条件逐渐变差，故线路尽量往山前靠，着重做了两个线路方案的比选，即314国道以北3～4 km、站位距县城2.7 km的CK方案和314国道以北5～9 km、站位距县城9 km位于阿克色热依乡南侧的CⅠK方案，见图2－49。鉴于线路通过山前戈壁前缘，工程地质条件良好，工程造价低，因而又做了CⅡK方案。但CⅡK方案的轮台站位(位于群巴克乡东侧)距县城约15 km，与地方要求出入较大，故只做了方案研究和投资估算。因而本次初测方案比选，主要是围绕CK、CⅠK两大方案展开的，勘察工作的重点集中在轮台县城及314国道以北的广大盐渍土、盐沼带中。

在勘测中，在314国道以北至戈壁滩间广大地带，南北向布置了4条长大横断面，采用静力触探、小型勘探、坑探及取盐渍土测试和水质分析等综合勘测手段，做了大量地质工作，其中地质测绘约370 km^2，地质断面每个长13～15 km，共4个，总计长52 km，静力触探42孔，小型勘探16孔，盐土测试22组……。

通过以上工作，基本掌握了314国道以北阳霞至轮台盐渍土、盐沼带的特殊地质的分布规律及工程地质特征，为正确合理地评价两大线路方案，奠定了坚实的基础，为下一步工作和局部方案的进一步优化提供了可靠依据。在此基础上进行了各方案比较，详见表2－27。

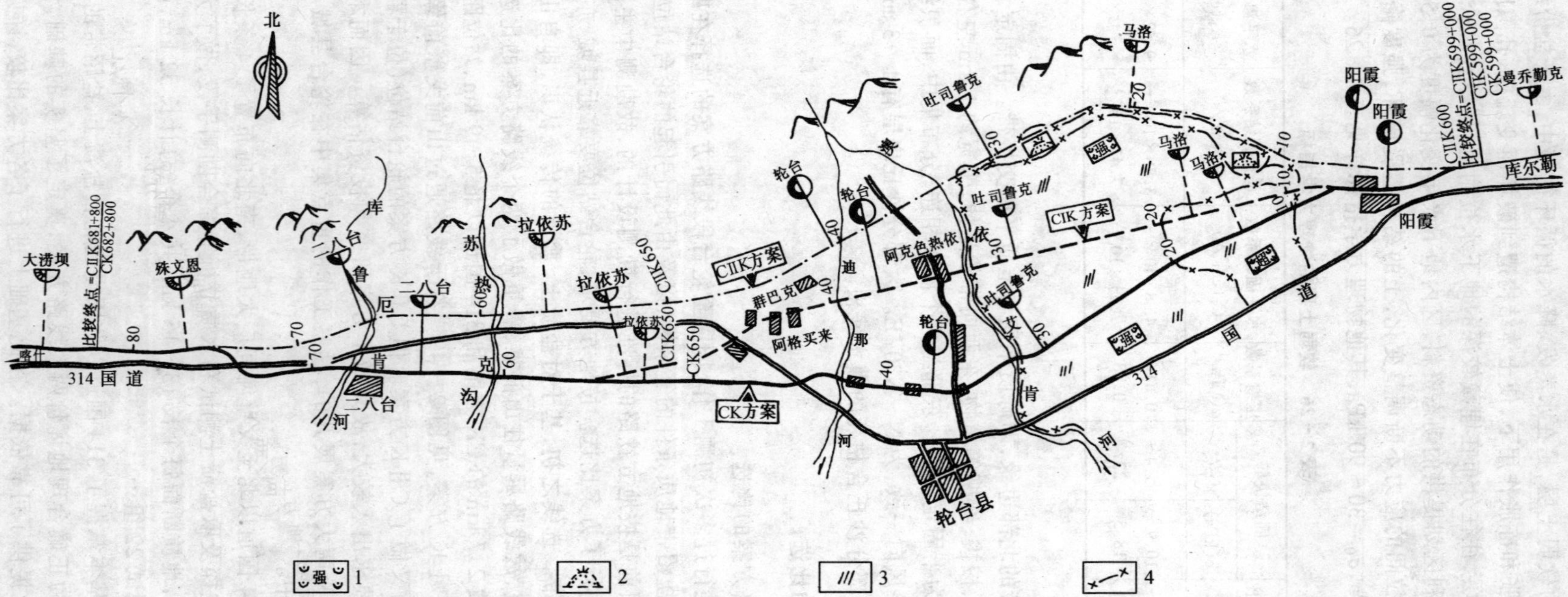

图 2－49　阳霞至轮台地段主要线路方案示意图

1—盐渍土及强度；2—沙丘；3—湿沼地；4—不良地质界线。

表 2－27　方案比选表

方案		CK	CⅠK	CⅡK
线路长度(km)		83.8	81.7	82.8
强超盐渍土		CK608～CK631 长度约 23 km,超限盐渍土层厚度 0.1～0.5 m,局部为 1 m	CIK608～CIK631 长度 23 km,超限盐渍土层厚度 0.25～0.75 m,局部为 1 m	长度约 2 km,超限盐渍土层厚度一般为 0.1～0.5 m
软弱土层		长度约 23 km,厚度 1.6～2.4 m	长度约 23 km,厚度 1.8～2.4 m	
风　沙		—	—	长约 4 km,半固定沙丘,沙地
投资估算(万元)	金额	37568.9	36344.1	30573.9
	差额	0	－1224.8	－6995

由表 2－27 可见,CⅡK 方案工程地质条件良好,线路长度较之 CK 方案短 1 km,工程处理费用少,整治措施单一,投资估算最省;突出的缺点是轮台站位距县城最远,增加地方的客货运输以及修建相应辅助设施的费用。CK 方案具有轮台站位距县城近,与地方规划协调的优点;缺点是工程地质条件较差,线路长度增加,穿过人口密集区,多占耕地,增加拆迁工程,投资估算贵。CⅠK 方案优点是线路顺直,长度较 CK 方案短 2.1 km,工程投资较省;缺点是轮台站位距县城较远,需拓建进站公路,增加拆迁费用,施工运距增长,施工条件较差。

经上述比较,依照地方铁路的特点,便利地方的客货运输,选择 CK 方案较为合理。

2. 定测阶段线路方案的优化

(1)CK 方案的优化,即 CⅢK 方案

在定测工作开展的前期,在初测方案比选的基础上,对初测所做四个工程地质长大横断面及有关资料再次进行了分析研究,发现阳霞至轮台盐渍土、盐沼带的工程地质条件并非如常规的由山前向盆地中心逐渐变差,而是其间有工程地质条件相对较好的岛状地带。为进一步摸清情况,不放过任何一个有价值的线路方案,在 314 国道两侧 3 km 范围内,在每两条长大横断面间增加两条加密断面,共布六条,增补静力触探每个断面 5 孔,总计 30 孔;小型勘探每个断面 1 孔,总计 6 孔;盐渍土测试 6 组。通过进一步工作,证实了 314 国道沿线确有工程地质条件相对较好的地带,并基本查清了其范围,见图 2－50 中的$Ⅲ_2$区。据此,对原初测 CK 方案进行了优化并产生了 CⅢK 方案。与原 CK 方案相比,虽其线路略长,但经过的$Ⅲ_2$区段,地基处理厚度减小、地基土强度有所提高,工程地质条件好些,工程处理费用减少,借助于 314 国道,其筑路条件和施工环境也有了明显改善,按地方铁路设计、是靠近轮台各方案中的较佳方案。

(2)CⅣK 比较方案

在定测过程中,完成了南疆线的正式立项,改按国铁修建。为节省投资,缩短线路长度,减少工程,同时兼顾地方利益,重点对原初测 CⅡK 方案进行研究。研究后的方案沿 CⅡK 线于马洛与吐司鲁克之间 CⅡK628 附近引出,向西南在阿克色热依乡西 2 km 处设轮台站(与 CⅠK 方案的站位接近),往西至 314 国道附近接于 CⅠK 线。此方案穿过Ⅱ区沙丘带长约 1 km,通过$Ⅲ_1$区强超盐渍土及软弱土层长约 6 km。该方案综合了 CⅠK 和 CⅡK 两方案的部分优点,如距轮台县相对较近(约 9 km),通过盐渍土、盐沼带及软弱地基段短,线路长度增加不多,工程处理费用低等;缺点是占地、拆迁量稍大,需拓宽翻修一条进站公路。

后来,经各方反复研究,权衡利弊,最终仍采用地质条件最好的 CⅡK 方案,并提出在距 314 国道约 1.5 km 的群巴克乡西侧戈壁滩设轮台站,以使地方客货运输及进站道路可以利用 314 国道,同时避免了由其它方案站位带来的占地、拆迁、翻修等一系列问题。至此,曼乔勒克一大涝坝长约 83 km 段的线路,经初、定测阶段的大量细致工作,最终选出了工程地质条件良好、投资最省、又能兼顾地方利益的较为合理的线路位置。

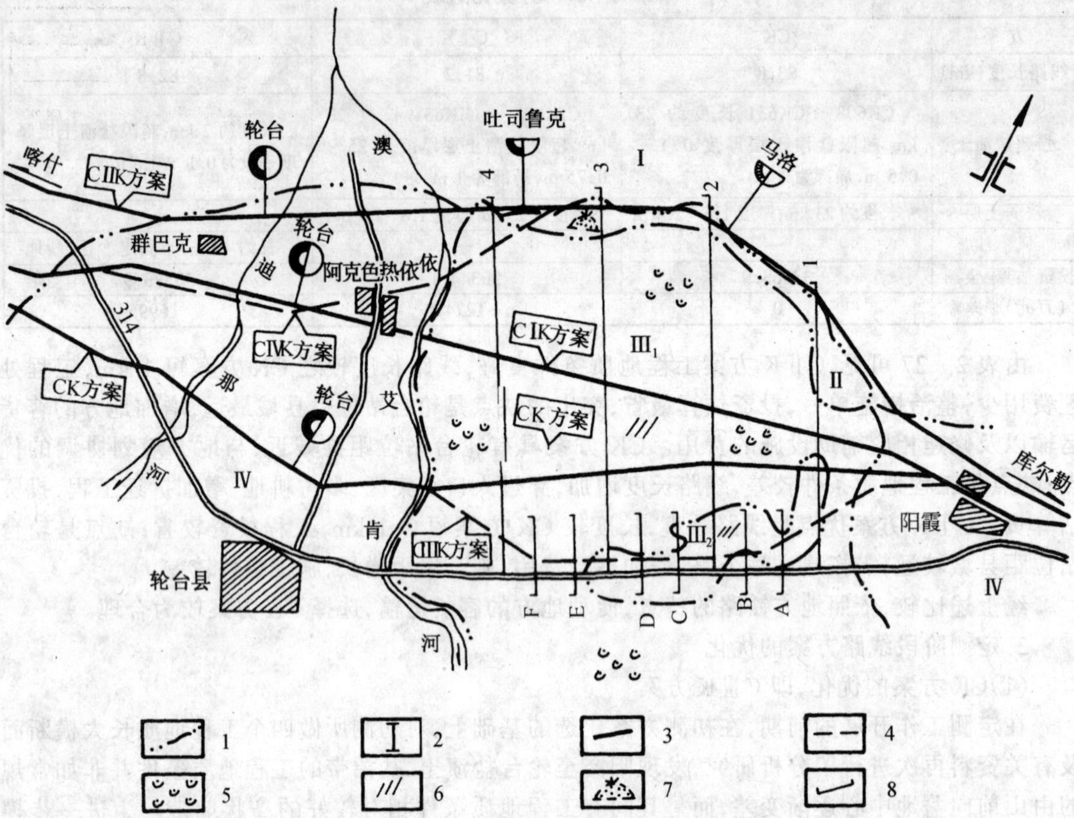

图 2－50　工程地质分区示意图

Ⅰ—砾石戈壁带；Ⅱ—沙土灌丛带；Ⅲ—盐土盐沼带；$Ⅲ_1$—软弱层较厚的盐土带；$Ⅲ_2$—软弱层较薄具硬壳的盐沼带；Ⅳ—河谷冲积阶地；1—分区界线；2—分区编号；3—比选方案；4—研究方案；5—盐渍土；6—湿沼地；7—沙丘；8—横断面线。

(四)体会

1. 自然规律既有其普遍性，又有其特殊性，只有全面认识，才能把握问题的实质，铁路选线也不例外。经综合地质勘察揭示，本段盐渍土、盐沼带的地质特征并不局限于一般规律，还具有其地段性的具体特点，因此不能盲目地将传统认识作为选线的指导思想。

2. 轮台地段的选线，突出地说明在地形简单，地质条件复杂的地区，线位的选择，工程地质条件起着决定性作用。在地形起伏不大，多种不良、特殊地质问题并存的地带，宜采用地质横断面选线法查明情况，方能做到绕有依据，治有措施。

3. 在工程地质选线中，应因地制宜地广泛应用综合勘探手段。这样既能全面查清工程地质特征，又能做到快速、准确，达到缩短勘测周期，降低勘测成本的目的。

十五、宝中线黄河特大桥桥位选线

楚涌池

(一)概况

桥址位于宝中线北端与包兰铁路接轨处，地处黄河中游宁夏回族自治区中卫、中宁县境内,为黄河灌区。区域地质构造复杂,属高烈度地震区。

沿包兰铁路的石空至迎水桥车站,长约 60 km 的黄河河段内,结合编组站位置、线路走向和水文条件,共推出 8 个桥位方案,如图 2-51。

鉴于桥址方案多,地质复杂,为落实各桥址方案的地质条件,初测前先期进行了工程地质工作。从 1971 年至 1974 年,对桥渡区(包括黄河南北岸山区)进行了大面积的地质调查,约 1 500 km^2。对其中 5 个桥位分别进行了电法勘探、钻探、抽(提)水试验、水质分析和部分岩、土试验。先后共钻 25 孔 1 784.93 m。从 8 个桥址方案中,逐步深入工作,进行筛选,最后通过老渡口、俞家滩和新墩三个方案比选,推荐俞家滩方案。在俞家滩桥位电法勘探中,发现往下游基岩埋深有变浅的趋势,并得到钻探证实,因此进一步优化俞家滩桥址方案,曾二次下移桥位,选定了下游约 800 m 处的俞家滩 A 方案桥位,基岩埋深 14~25 m。为在第四系地层沉积物厚度大、河谷宽阔地段,找到了抗震条件较好、基岩埋藏较浅的桥位。

(二)自然地理

1.地形地貌

黄河由西向东流,与包兰铁路平行。河床宽约 1 000~3 500 m,纵坡较缓,多浅滩沙洲,主槽多股,摆动性大,水流稳定性差。近代黄河河谷宽 5~10 km,一、二级阶地高程 1 180~1 230 m,南北岸均有多条引黄干、支渠,阡陌纵横,村舍相连,为富饶的卫宁灌区。

黄河南岸的清水河为黄河支流,发源于六盘山下之开城附近,呈 NNW 流向,长约 200 km,在中宁县泉眼山注入黄河。宝中线即沿清水河而下。

黄河南有香山山脉和烟洞山脉,高出黄河 500~1 000 m。山前为宽阔的洪(冲)积平原,高程 1 200~1 380 m,构成三级阶地,顶面平坦,局部地表覆盖风积沙及沙丘,如宣和沙漠延伸到阶地前缘,影响线路局部方案。常乐至永康间,阶地前缘为陡坎高 20~60 m,阴洞沟、三古窑沟、乱岔沟、腰岘子沟等沟口有发展中的洪积扇。

黄河北岸为卫宁北山,低山丘陵,如单梁山、麦垛山、骆驼山、照壁山等,山势大致均呈 EW 向展布,高出黄河 200~300 m,西端为腾格里大沙漠。

2.气象

本区属暖温带干旱气候区。历年平均气温 8.5~9.2℃,绝对最高气温 38.5℃,绝对最低气温 -26.7℃;平均相对湿度 60%~54%;年均降水量 192.1~227.3 mm;年蒸发量 2 076.2~2 058.4 mm;最大风速为 34~38 m/s,风向为 WN,最多风向中宁地区为 W 风及 EN 风,中卫地区为 E 风及 WN 风;最大冻结深度 80~83 cm。

(三)区域地质

1.区域地层

本区主要为古生代及新生代地层。见图 2-51 及图 2-52。

(1)古生界

寒武系(∈)中统:分布于香山地区,为灰绿色轻变质长石石英砂岩、砂岩、板岩、千枚岩、灰色石灰岩等,上部夹灰黑、褐红色硅质石灰岩,夹含磷、硅质石灰岩透镜体,下部为角砾状石灰岩。

奥陶系(O)下统:在天井山、野猪沟一带出露,为深灰色厚层砾状石灰岩,含燧石结核石灰岩,夹薄层石灰岩;灰绿色或紫红色灰质砾岩,石灰岩及板岩。

志留系(S):在野猪沟零星出露,为紫红色砂质石灰岩、泥岩、砂岩;下部为深灰色石灰岩,灰绿色砂岩、砾岩;上部为紫红色或砖红色长石石英砂岩、砂砾岩夹石灰岩透镜体。

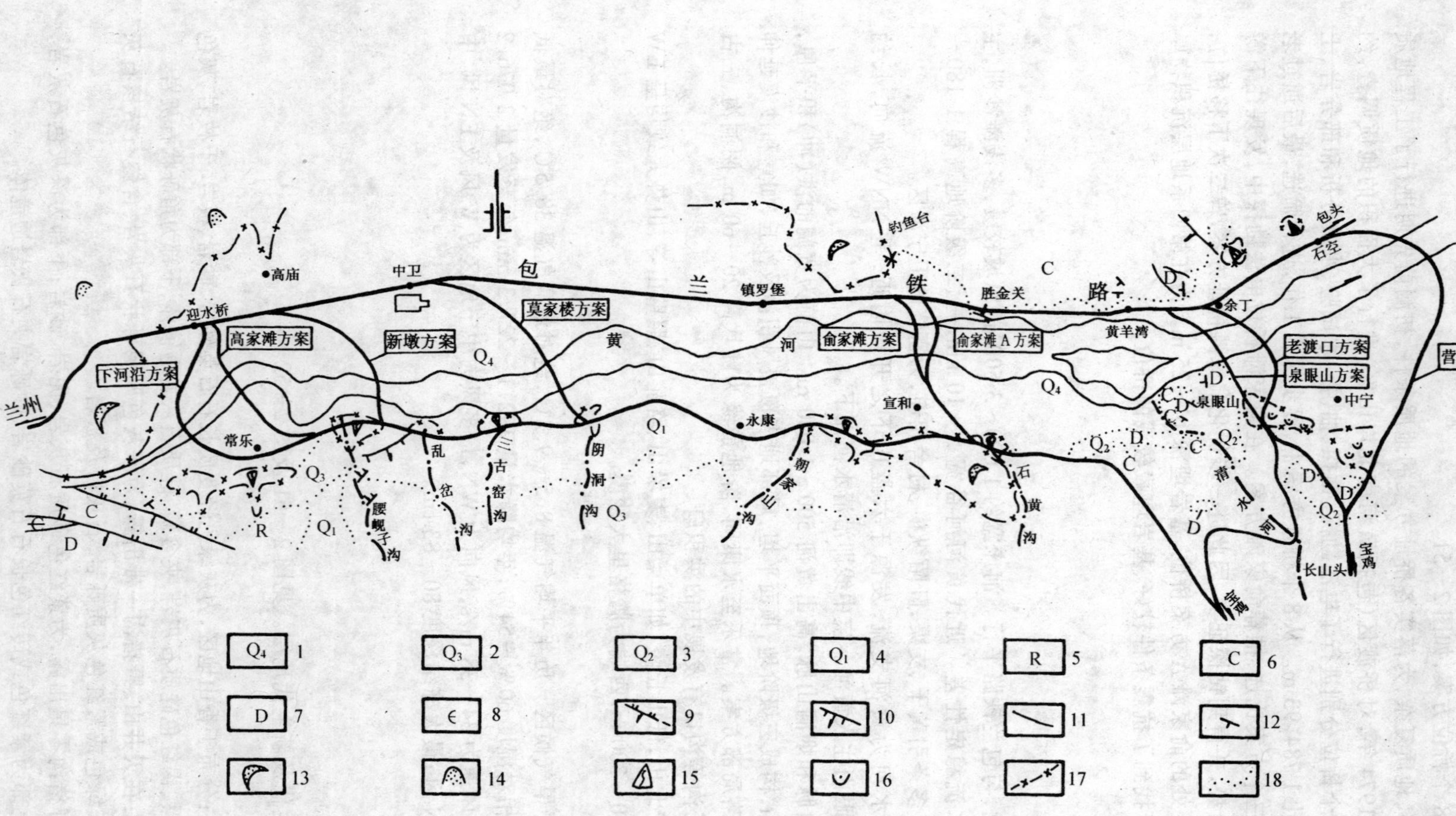

图 2-51　桥址方案工程地质示意图

1—全新统；2—上更新统；3—中更新统；4—下更新统；5—第三系；6—石炭系；7—泥盆系；8—寒武系；9—逆断层；10—正断层；11—性质不明断层；12—岩层产状；13—新月形沙丘；14—陇岗状沙丘；15—冲积扇；16—含盐土；17—不良地质界线；18—岩层分界线。

泥盆系(D)上统:出露于下河沿腰岘子以南红沟梁、天井山一带及烟洞山、泉眼山、余丁山、单梁山等地。上部为紫红、暗红、暗紫色砂岩夹砂质页岩、泥灰岩;下部为紫红、暗红色砂岩、砾岩夹灰绿色砂质页岩。泉眼山桥址下有该层。

石炭系(C):下部为浅海相、海陆交互相,上部为陆相沉积。主要出露于卫宁北山、下河沿一带,泉眼山、野猪沟一带有零星出露。

下石炭统(C_1):为深灰、灰褐、紫红、灰绿色石灰岩、页岩、砂岩夹炭质页岩、煤线及透镜状石膏层。

中石炭统(C_2):为灰白色砂岩、灰黑色页岩夹炭质页岩、石灰岩,煤层含结核。在俞家滩及泉眼山桥址钻探中发现该层。

上石炭统(C_3):砂岩、页岩夹石灰岩、煤层、油页岩,含结核。

二叠系(P)下统:在卫宁北山出露较多,见于钓鱼台、麦垛山、照壁山等地,下河沿以南有零星出露。为灰绿、黄绿、紫红色砂岩夹页岩、泥岩、凝灰岩、炭质页岩及煤线。

(2)新生界

第三系(R):分布于各山麓地带及山间洼地,为山麓堆积和湖相沉积。

下第三系始新统(E):为紫红、砖红、橙红、黄灰色砾岩、含砾砂岩、砂岩等。分布于天井山山麓及山间洼地,烟洞山东北麓、石空以北。

上第三系甘肃统(N):为杂色泥岩、粉砂岩、砂岩、砾岩等。分布于腰岘子—团不拉大断层一线及烟洞山南麓。老渡口及俞家滩桥址下均有该层。

第四系(Q)

下更新统(Q_1):古河床冲积相及山麓洪积相,前者磨圆度好,后者带棱角。杂色或灰色砾岩、砂岩、砾石、砂,具水平层理及交错层理,局部有钙质或砂质胶结,夹有黏土层。主要分布于下河沿、烟洞山一带及石空、余丁以北一带,组成高级阶地。如新墩桥址下有该地层,在南岸南山台子有出露。

中更新统(Q_2):多以冲、洪积砾石、碎石、砂、砂质黏土、石质黄土等,具水平及交错层理,主要分布于下河沿及烟洞山一带,据钻探各方案桥址下均有分布。

上更新统(Q_3):风积、冲积、坡积的砂质黄土、砂、砾石、碎石、黏质砂土及砂质黏土等。微具交错层或呈互层状,磨圆及分选性差。黄土中有钙核,主要分布在下河沿至烟洞山阶地顶部。据钻探各方案桥址下均有该层。

全新统(Q_4):沿近代黄河河谷狭长带分布,顶为砂黏土、黏砂土或粉砂,厚 0.5~6 m,下为卵、砾石土夹砂等薄层。宣和至长山头、钓鱼台到黑山嘴和腾格里有大面积风积沙。

2.区域地质构造

本区主要构造体系,有陇西旋卷构造体系,卫宁北山纬向构造带,北东向构造。如图 2-52。

(1)陇西旋卷构造体系:主要由香山旋回褶带与烟洞山旋回褶带组成,其间为清水河—中卫新生代沉降盆地。

a.香山褶带包括香山背斜、腰岘子—团不拉断层。其西端在下河沿与卫宁北山纬向构造带为重接或斜接关系复合。

腰岘子—团不拉断层,为香山隆起与中卫新断凹的接触带,位于香山褶带的北缘。此断层为本区最活跃的断层,在下河沿几个沟谷中均见到石炭系地层推覆于第三系地层之上,是新生代以来断层活动的形迹。

b.烟洞山褶带:为陇西系的外围分散成分,主要有黑阴弯山—余丁褶皱群及其两侧的黑山嘴—古刹昆大断层和金沙—马过井大断层。本褶带在中宁泉眼山附近穿过黄河与卫宁北山纬向构造带呈斜接关系复合。

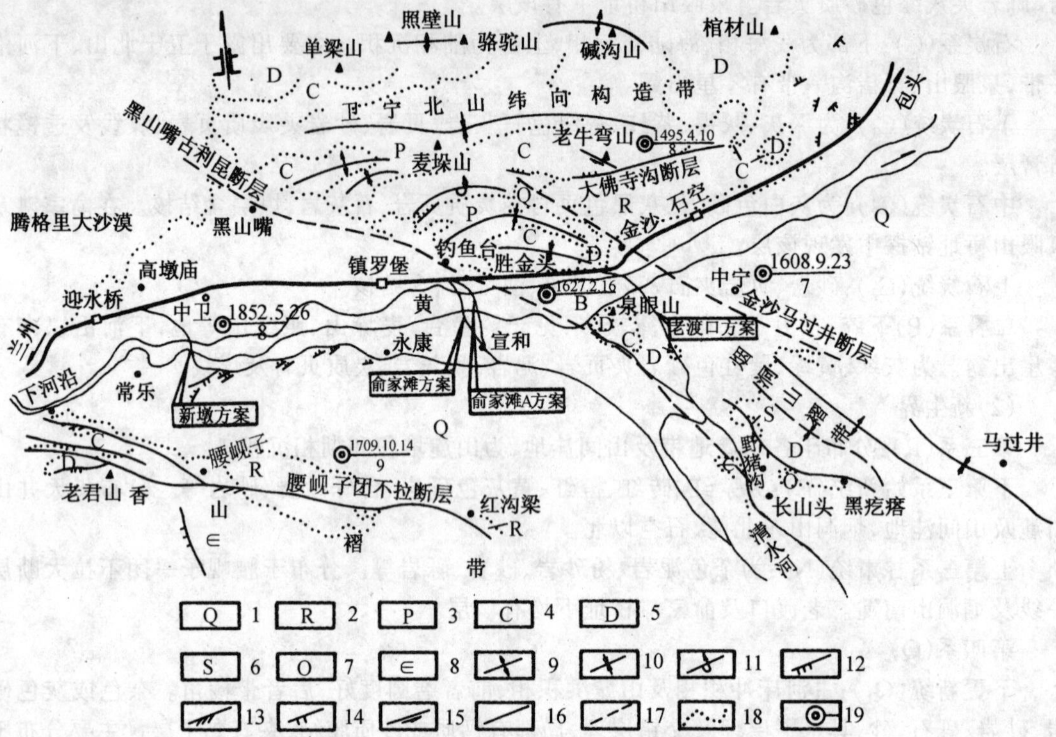

图 2-52 卫宁地区地质构造与震中分布图

1—第四系；2—第三系；3—二叠系；4—石炭系；5—泥盆系；6—志留系；7—奥陶系
8—寒武系；9—背斜；10—向斜；11—倒转背斜；12—压性断层；13—压扭性断层；
14—张性断层；15—平移断层；16—性质不明断层；17—推测断层；18—岩层分界线；
19—震中$\frac{\text{发震日期}}{\text{烈度}}$。

黑山嘴—古刹昆断层：走向 NWW，大部隐伏于第四系地层之下，仅在中宁南野猪沟、黑疙瘩到同心黑阴弯山东的古刹昆一段断续可见，垂直断距超过 2000 m，断层倾角 40°～50°，倾向 SW，奥陶系石灰岩向北盖在泥盆、石炭、第三系地层之上；在长山头附近寒武系地层向北推覆于第三系地层之上；山河桥附近清水河呈北西反向顺该断层流入黄河。该断层过黄河经过胜金关、钓鱼台均有痕迹，直至北段黑山嘴发现残留的山嘴，为断层角砾岩构成，宽 40～50 m。该断层挽近活动明显，在俞家滩方案东北侧通过。

金沙—马过井断层：为烟洞山褶带与中宁沉降盆地之接合处，长度＞100 km，西起中卫以北，沿烟洞山麓向东南延伸，为逆断层，断层倾角 60°～70°，倾向 S，南盘为泥盆、石炭系地层，北盘为石炭、第三系地层，喜山期复活。

(2)卫宁北山纬向构造：分布于黄河以北，大致在麦垛山以北地区，由泥盆系、石炭系、二叠系 EW 向的一系列背、向斜组成，褶皱紧密，与之相伴随的尚有压性断层。由于受陇西系及 NE 向构造的影响，中间微向北突，西段向 SWW 偏转，东段向 SEE 偏转。

(3)北东向构造：NE 向构造形迹零散，且不明显。在天井山一带有 NNE 向压扭性断层，在枣园白马寺、永康至常乐间新生代地层内中小型 NE 向断层，屡见不鲜。黄河流过鸣沙洲后呈 NNE 向转弯，则与 NE 向构造有关。

(4)挽近构造：新生代以来，桥渡区构造活动甚为明显。腰岘子—团不拉断层、金沙—马过井断层及黑山嘴—古刹昆断层，均为较老地层逆覆于第三系地层之上。其中尤以腰岘子—团不拉断层活动性最强，据地震观测资料，1971 年至 1973 年，该断层南盘与北盘顺时针相对移动 0.7～0.8 mm。

第三系地层多呈平缓的褶皱，伴随有断裂，在三古窑沟、下河沿、白马寺、石空以北和大佛寺沟第三系地层内均有断层，但规模较小，延伸不远。

第四系地层内断层，在永康至长乐间最为发育。高级阶地各沟内几乎均有，走向为 NNE～NEE，多在中、下更新统地层内，如图 2－53。

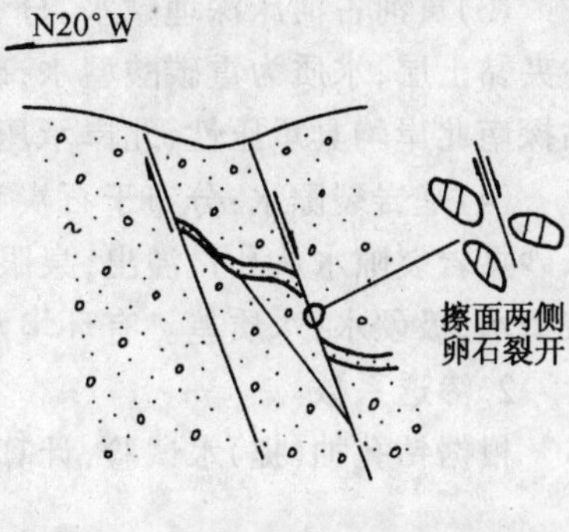

图 2－53　腰岘子沟口西岸 Q_1 断层

永康至常乐间高阶地前缘为 20～60 m 高陡坎及沟口跌水，是第四纪差异运动的形迹。腰岘子沟、乱岔沟、三古窑沟、阴洞沟等沟口均有发育中的泥石流冲积扇，也是第四纪地壳活动的产物。

(四)地震

1. 历史地震

据历史记载(见表 2－28)，卫宁地区发生≥7 度地震 6 次，震中大致沿黄河河谷分布(如图 2－52)。

表 2－28　卫宁地区历史地震(≥7 度)表

发震时间		震中位置	震级	烈度
1495 年 4 月 10 日	明弘治 8 年 3 月 16 日	中宁北　N37°36′ E105°36′	6.5	8
1561 年 7 月 25 日	明嘉靖 40 年 6 月 14 日	中宁红寺堡　N37°24′ E106°00′	7.25	9
1608 年 9 月 23 日	明万历 36 年 8 月 15 日	中宁　N37°30′ E105°42′	5.75	7
1627 年 2 月 16 日	明天启 7 年正月初一	中宁黄羊湾　N37°30′ E105°30′	6.5	8
1709 年 10 月 14 日	清康熙 48 年 9 月 12 日	中卫永康南　N37°24′ E105°18′	7.25	9
1852 年 5 月 26 日	清咸丰 2 年 4 月 8 日	中卫　N37°30′ E105°12′	6.5	8

1561 年中宁地震，极震区位于牛首山和烟洞山之间，长轴方向呈 NW—SE 向，而且范围较大，破坏区主要包括鸣沙洲，红寺堡、韦州、广武等地。

1709 年中卫地震，破坏区主要在中卫一带，尤以黄河南岸为严重，极震区呈 NW—SE 向的椭圆状。

近代弱震，主要发生在香山褶带及烟洞山南部。卫宁北山也有发生。

2. 地震与构造的关系

陇西系是本区最活跃的构造体系，且大型断层均具弧形转弯的轨迹。中卫、中宁两个盆地是新生代以来强烈下陷地区，挽近活动的形迹屡见不鲜，说明该地区是处于不稳定状态，是未来发生地震的危险地带。

3. 地震基本烈度

宁夏回族自治区地震烈度区域划分报告和兰州地震大队区划抗震队的《宝中铁路沿线地震烈度区域划分初步意见》，均将中卫、中宁桥渡区的地震基本烈度定为八度。

(五)水文地质

1. 地下水类型

(1)上层潜水:分布于黄河两岸一、二级阶地下,一般埋深<3 m。补给来源为远离河床地下水渗流、大气降水、水渠水和黄河水。水质、水位均随季节性变化。一般为重碳酸型水或重碳酸—硫酸型水,碱性、淡、硬水,无环境水侵蚀性。

老渡口方案南岸水质为氯化—重碳酸型水或硫酸—重碳酸型水,碱性、极硬盐水,有环境水硫酸盐侵蚀性。

(2)黄河河床潜水:分布于近代河床及浅滩下部,含水层为全新统卵石土,水量充沛,水质较佳,为重碳酸型水,碱性、淡、硬水,无环境水侵蚀性。

(3)黄河古河床深埋藏水:分布于河床潜水下部,埋藏深大于15 m,含水层为更新统砾石、砂夹黏土层,水质为重碳酸型水,碱性、淡、硬水,无环境水侵蚀性。局部具承压性。新墩方案钻探南北岸均具承压性,北岸承压水高出孔口0.16 m。

(4)基岩裂隙水:分布于石炭系及泥盆系岩石裂隙中,具承压性,钻探时,俞家滩方案石炭系砂页岩裂隙水从孔口溢出,泉眼山方案泥盆系砂岩裂隙水承压高至孔口。水质为氯化—硫酸型水,极硬水,水质差。有环境水硫酸盐侵蚀性。

2.渗透系数

根据钻孔抽(提)水试验,计算土、岩的渗透系数值如表2-29。

表2-29 抽(提)水试验渗透系数计算表

含水地层及地下水类型	试验地点	落 程(m)	涌 水 量(m^3/d)	渗透系数(m/d)
卵石土潜水	老渡口	1.84	386.4	19.0
		3.52	606.2	17.3
	泉眼山	1.78	291.8	22.3
		3.29	523.8	24.2
	俞家滩	0.90	109.8	12.14
	新 墩	1.67		28.72
		4.16		28.72
炭质页岩裂隙水	俞家滩A	21.97	8.28	0.315
		23.08	8.22	0.139

(六)桥址工程地质概况及方案评价

宝中线北端与包兰铁路接轨,跨黄河桥址的比选,与编组站位置密切相关,同时要结合线路走向、工程造价、水文条件、地质条件和占用农田等诸多因素,综合考虑。

包兰铁路从石空至迎水桥共有5个编组站方案,经过综合经济技术比较,最后确定在迎水桥设编组站。编组站的比选,也影响桥址方案的比选。从石空至迎水桥长60 km的沿黄河段内,历年来对桥位均有选择,归纳为8个桥位方案,如图2-51。

1.桥址方案初步评价

(1)石空接轨

营盘滩方案:营盘滩桥址方案的提出,其前提是宝中线走清水河东岸,石空设编组站。因石空已不设编组站,且宝中线走清水河东岸工程大,造价在8个方案中最贵,又因受长山头水库的控制,线路选定走清水河西岸。所以营盘滩方案不予采用。

(2)迎水桥接轨

a. 下河沿方案：桥址位于黄河峡谷出口，水流稳定，水面宽 500 m，桥长 583.7 m。缺点是桥位于腰岘子—团不拉断层西端，属一级构造的活动断层，地质稳定性差，对抗震不利。线路较新墩方案长 11 km，以回头弯接入迎水桥站，方向不顺，运营条件恶化，造价高于新墩方案。且线路走在黄河南岸高阶地前缘，要穿过腰岘子沟、三古窑沟、阴洞沟等沟口洪积扇及宣和沙漠等不良地质。腰岘子沟尚需增设一座大桥。

b. 高家滩方案：在下河沿桥位下游黄河曲流地段，水面宽约 700 m，桥长 812.7 m。南岸为常乐向北凸的岸边，受水流冲刷，防护困难。线路较新墩方案长 4.35 km，其它与下河沿方案缺点相同，造价高于新墩方案。

c. 新墩方案：在高家滩桥位下游，河宽 1 100 m，桥长 910.8 m。两岸地势平缓，为一、二级阶地，为耕地村舍。水流偏向北岸，河心有浅滩。桥址位于中卫凹陷盆地，高庙沉降中心附近，南距腰岘子—团不拉断层 8～10 km。南岸南山台子第四系地层中断层较多，挽近构造活动频繁。高阶地前缘陡坎高 20～60 m。线路要通过阴洞沟、三古窑沟等沟口洪积扇及宣和沙漠。桥址处为巨厚的第四系沉积层。见图 2－54。

上部为全新统卵石土夹细砂薄层，厚 10～20 m，粒径 10～50 mm，中实，饱和，$\sigma_0 = 500$ kPa。

中部为上更新统黏砂土夹砂砾层，厚 0～5 m，水平层理，可塑，$\sigma_0 = 100 \sim 200$ kPa。

下部为中、下更新统圆砾土夹粉、细砂层，厚度＞50 m，灰褐、草黄色，为古河床沉积，局部有钙质胶结，密实，$\sigma_0 = 400 \sim 500$ kPa。

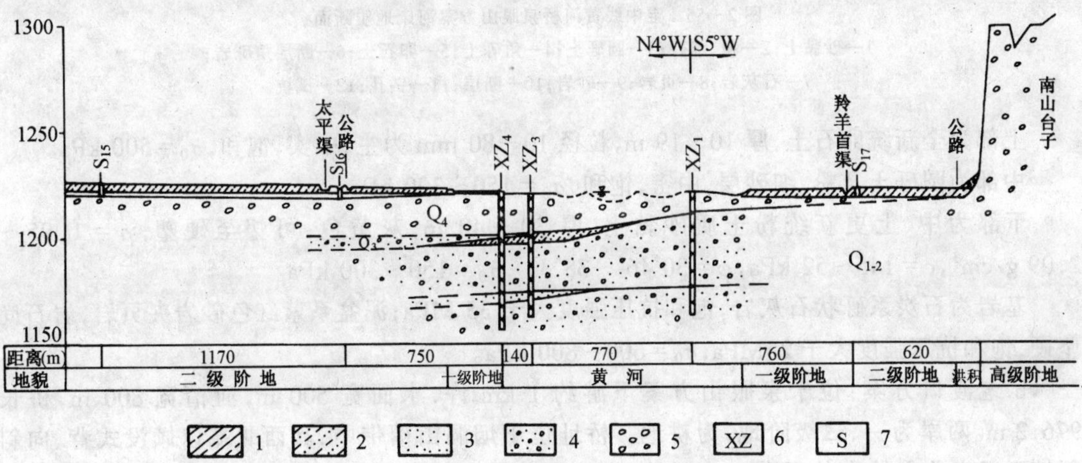

图 2－54　宝中线黄河桥新墩方案河床地质断面

1—砂黏土；2—黏砂土；3—粉、细砂；4—圆砾土；5—卵石土；XZ—钻孔；S—试坑。

在迎水桥站接轨三个方案中，经综合经济技术比较，推荐新墩方案。

(3) 中卫接轨

莫家楼方案：桥位于中卫至中宁老公路黄河轮渡口。1959 年钻探 2 孔 47.34 m，1960 年初步设计与俞家滩方案比较提出此方案，因“黄河河槽不稳定，泛滥宽 1.7 km，南岸造成灾害，水文条件极差，调节建筑物难度大，费用贵”，故放弃该方案。

(4) 黄羊湾接轨

a. 泉眼山方案：桥址南岸位于泉眼山东麓，北岸位于余丁山南侧，桥长 1 172.4 m，河心有较大浅滩。桥渡区位于烟洞山褶带轴部，其西北端以倾没式背、向斜与卫宁北山纬向构造带斜接关系复合，NE 向构造又以截接关系穿过桥位，构造复杂。电探推测河心泥盆系与石炭系地层接触带可能为EW走向的断层。钻探南岸桥台附近发现泥盆系地层断层宽50 m。桥址下基岩埋深50～65 m。桥基地层，如图2－55。

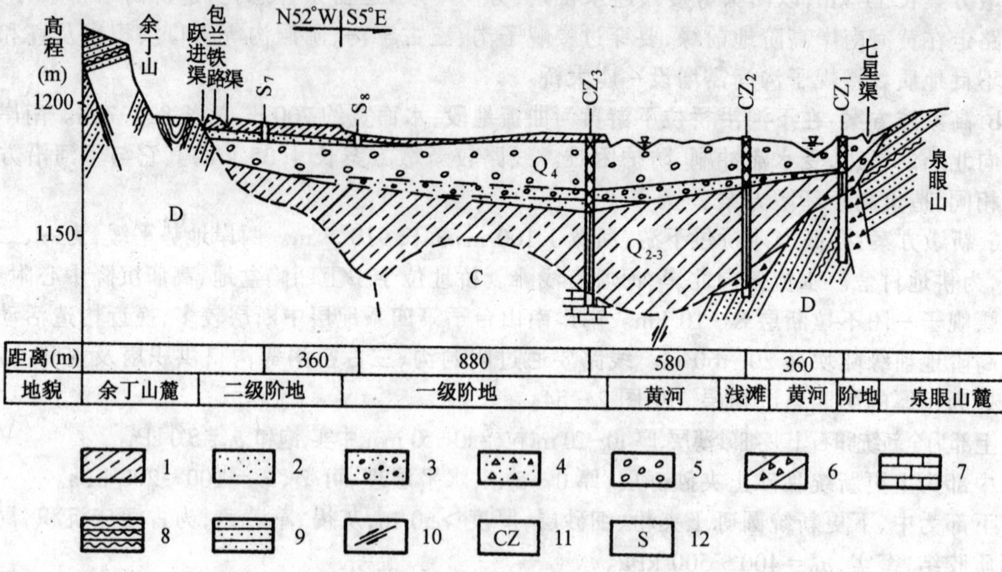

图2－55　宝中线黄河桥泉眼山方案河床地质断面

1—砂黏土；2—粉、细砂；3—圆砾土；4—角砾土；5—卵石土；6—断层角砾岩；

7—石灰岩；8—页岩；9—砂岩；10—断层；11—钻孔；12—试坑。

上部为全新统卵石土，厚10～19 m，粒径10～80 mm为主，中实，饱和，$\sigma_0=500$ kPa。

中部为圆砾土及粉、细砂层，中密，饱和，$\sigma_0=150\sim300$ kPa。

下部为中、上更新统粉土质砂黏土，厚30～40 m，灰黄色，可塑至硬塑，$\rho=1.95\sim2.09\ g/cm^3$，$c=145\sim52$ kPa，$\varphi=30°46'\sim38°30'$，$\sigma_0=150\sim300$ kPa。

基岩为石炭系砾状石灰岩，饱和抗压强度大于35 MPa；泥盆系紫红色砂岩夹页岩，岩石尚坚硬，饱和抗压强度大于25MPa，$\sigma_0=600\sim800$ kPa。

b.老渡口方案：位于泉眼山方案下游约1 km许，水面宽500 m，河槽宽800 m，桥长976.2 m。两岸为一、二级阶地，为耕地。桥址位于烟洞山褶带中，其西北端以倾没式背、向斜斜接于卫宁北山纬向构造带，NE向构造与之截接，构造复杂，距金沙—马过井断层2.0～2.5 km。桥基地层，如图2－56。

上部为全新统卵石土夹粉、细砂薄层，厚10～20 m，粒径10～60 mm为主，中实，饱和，$\sigma_0=500$ kPa。

下部为中、上更新统的圆砾土、砾砂、砂黏土夹粉、细砂，岩性及层位多变化，总厚>50 m，密实、饱和，$\sigma_0=200\sim400$ kPa。

泉眼山与老渡口方案比较，泉眼山位于烟洞山褶带轴部，有断层，地质构造复杂，基岩埋深50～65 m，有厚30～40 m粉土质砂黏土，基础地质条件差，抗震条件不利，不如老渡口方案。

(5)镇罗堡接轨

a.俞家滩方案：现代河槽宽550～600 m，有两个较大浅滩，南北岸均为宽阔的一、二级阶地，为耕地及村舍。桥位于中卫凹陷盆地东北边缘，邻近烟洞山褶带，距黑山嘴—古刹昆断层约1.5～2.0 km。桥址地层，如图2－57。

上部为全新统卵石土夹细砂薄层,厚 24～27 m,粒径 10～60 mm 为主,中实,饱和,$\sigma_0=500$ kPa。

中部靠北岸为中、上更新统粉、细砂、砂黏土层,厚 10～20 m,$\sigma_0=150\sim300$ kPa。

下部为下更新统圆砾土、砾砂,局部胶结成岩,厚 4～5 m,$\sigma_0=400\sim500$ kPa。

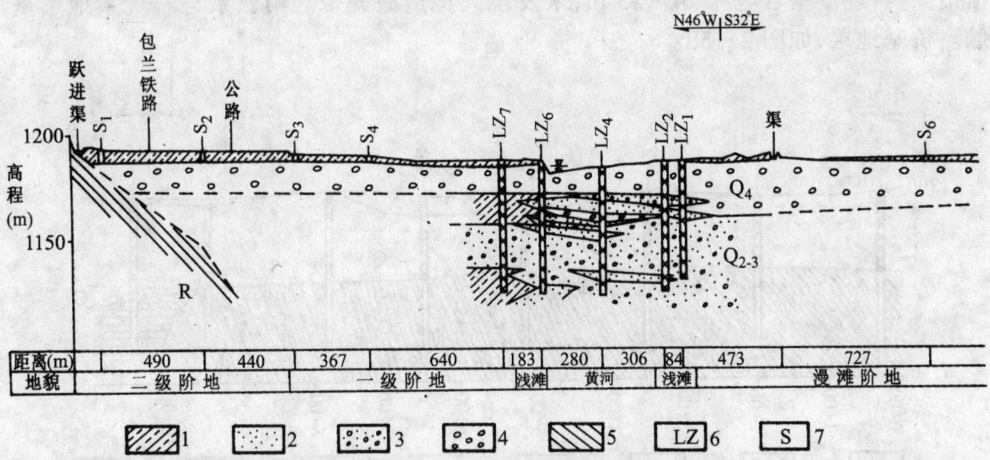

图 2-56 宝中线黄河桥老渡口方案河床地质断面

1—砂黏土;2—粉、细砂;3—圆砾土;4—卵石土;3—第三系黏土岩;6—钻孔;7—试坑。

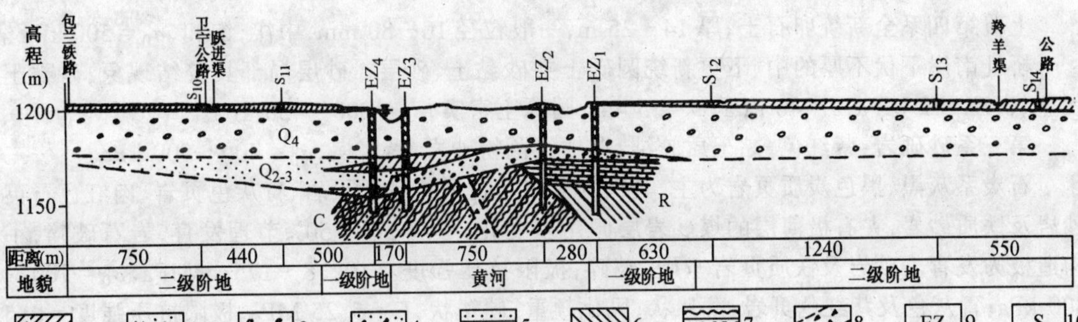

图 2-57 宝中线黄河桥俞家滩方案河床地质断面

1—砂黏土;2—粉、细砂;3—卵石土;4—圆砾土;5—砂岩;6—第三系黏土岩;

7—页岩;8—构造异常带;9—钻孔;10—试坑。

基岩为第三系砂岩、黏土岩和石炭系砂页岩,二者呈不整合接触。第三系为棕黄色、红褐色泥质砂岩、砂砾岩、黏土岩,岩性尚坚硬,柱状岩心,$\sigma_0=400\sim500$ kPa。石炭系页岩砂岩,页岩为紫红、灰褐、黑色,薄片状构造,层理明显,层面光滑,倾角 25°～26°,节理发育,岩石破碎;砂岩为硅质或钙质胶结,节理发育,节理面有铁锈薄膜,局部含铁质,为赤铁矿砂岩或铁质砂岩。从磨片及岩心中看到有不规则的裂隙及相互嵌入现象,显然是受构造破坏影响造成的,部分岩心似断层状产物,据电探河心有构造异常带。

俞家滩方案 1959 年曾钻 4 孔 143.59 m,是初步设计报铁道部鉴定批准的桥位。本次勘测经电探指引,发现往黄河下游基岩埋藏有变浅趋势。因此二次下移桥位,并经钻探证实,下移约 800 m,基岩埋藏浅,约 14～25 m,抗震条件好,故将俞家滩方案进一步优化为俞家滩 A

方案，并进行水上钻探。

b. 俞家滩 A 方案；桥址处河水宽 230～300 m，上下游均较宽，并有浅滩，河水冲刷北岸，建有片石丁坝及护岸，南岸有 1964 年流水的旧河道，修丁坝及长堤后，目前基本稳定。

桥位位于中卫凹陷盆地的东北边缘，邻近烟洞山褶带，距黑山嘴—古刹昆断层 1.0～1.5 km。

据钻探，桥址下基岩埋深 14～25 m，未发现大构造破碎带。第三系与石炭系地层呈不整合接触。桥基地层，如图 2－58。

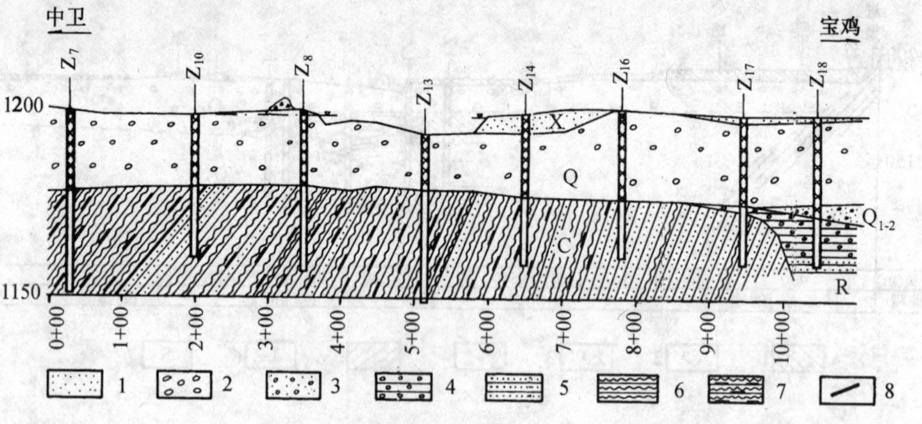

图 2－58　宝中线黄河桥俞家滩 A 方案桥址地质纵断面

1—细砂；2—卵石土；3—圆砾土；4—砾岩；5—砂岩；6—页岩；7—炭质页岩；8—煤层。

上覆第四系全新统卵石土，厚 14～25 m，一般粒径 10～80 mm，中实，饱和，$\sigma_0 = 500$ kPa。

桥址南岸下伏不厚的中、下更新统圆砾土夹砂黏土、砂层。砂层局部具胶结现象；砂黏土硬塑状，$E = 12$ MPa，$c = 40$ kPa，$\varphi = 35°44'$；圆砾土密实，$\sigma_0 = 300 \sim 450$ kPa。

第三系砂砾岩：紫红色，黏土质胶结，夹桔红色粉砂岩，尚坚实，$\sigma_0 = 400 \sim 500$ kPa。

石炭系灰黑、黑色炭质页岩为主，其次为紫红色泥质或铁质页岩、青灰色页岩、肉红色石英砂岩及铁质砂岩，夹有极薄层的煤。岩层倾角多变化，一般 20°～50°，节理发育，岩石破碎，小构造极为发育。砂岩及铁质页岩坚硬、破碎，极限抗压强度 = 102.8～175.6 MPa，$\sigma_0 = 700 \sim 800$ kPa；青灰色及紫红色页岩，薄片状，风化颇重，硬塑状，$E = 5.25$ MPa，极限抗压强度 = 0.5～2.0 MPa，$\sigma_0 = 300 \sim 500$ kPa；炭质页岩由泥质及炭质组成，薄层理发育。钻探岩芯天然状态下软硬不一，呈无规律的互层状，硬者坚实，锤不易击开；软者呈泥状，用手可搓泥条，岩芯可拉长。多组试验资料列入表 2－30。

表 2－30　炭质页岩试验资料一览表

试验项目	w_n(%)	ρ(g/cm³)	e	w_L(%)	w_p(%)	I_p	I_L	E(MPa)	R(MPa)
坚硬者	$\frac{9.1 \sim 27.7}{16.6}$	$\frac{1.95 \sim 2.56}{2.18}$	$\frac{0.307 \sim 0.797}{0.525}$	$\frac{34.5 \sim 48.9}{42.2}$	$\frac{19.3 \sim 26.5}{22.0}$	$\frac{14.8 \sim 22.4}{19.4}$	$\frac{-0.17 \sim -0.72}{-0.4}$	$\frac{10.1 \sim 23.8}{14.6}$	$\frac{0.76 \sim 1.93}{1.23}$
软者	$\frac{19.6 \sim 33.6}{27.8}$	$\frac{1.70 \sim 2.06}{1.82}$	$\frac{0.584 \sim 1.10}{0.938}$	$\frac{31.9 \sim 54.5}{45.6}$	$\frac{18.1 \sim 37.2}{27.5}$	$\frac{13.8 \sim 21.7}{16.9}$	$\frac{-0.3 \sim 0.25}{0.01}$	$\frac{4.67 \sim 7.45}{5.92}$	$\frac{0.17 \sim 0.38}{0.23}$

据表 2－30 试验资料，炭质页岩软者 $\sigma_0 = 200 \sim 240$ kPa，硬者 $\sigma_0 = 380 \sim 470$ kPa。

2. 推荐方案评价

迎水桥设编组站，黄羊湾、镇罗堡及迎水桥接轨推荐的老渡口、俞家滩 A 及新墩方案比较列入表 2－31。

表 2-31　宝中线黄河桥址方案工程地质评价表

方案名称		老渡口方案	俞家滩A方案	新墩方案
地质构造与地震		烟洞山褶带与NE向构造复合部位，距金沙—马过井断层2.0～2.5 km。1627年及1608年震中之间，基本烈度八度	中卫凹陷盆地东北边缘，邻近烟洞山褶带，距黑山嘴—古刹昆断层1.0～1.5 km。第三系与石炭系地层不整合接触，石炭系地层小构造发育。邻近1627年震中，基本烈度八度	中卫凹陷盆地，高庙沉降中心附近，南山台子第四纪地层中断层多，挽近构造活动频繁。靠近1852年震中，基本烈度八度
桥基地层		均为第四系沉积。上部Q_4卵石土夹粉、细砂，层厚12～15 m，$\sigma_0=500$ kPa；下部为Q_{2-3}圆砾土、砾砂、砂黏土夹粉、细砂，厚＞50 m，$\sigma_0=200\sim400$ kPa	上覆Q_4卵石土夹砂，厚14～25 m，$\sigma_0=500$ kPa；南岸下有不厚的Q_{1-2}圆砾土夹砂黏土、砂层，局部胶结，$\sigma_0=300\sim450$ kPa；南岸下第三系砂砾岩，黏土质胶结，$\sigma_0=400\sim500$ kPa；石炭系炭质页岩$\sigma_0=200\sim470$ kPa、页岩$\sigma_0=300\sim500$ kPa、砂岩$\sigma_0=700\sim800$ kPa	均为第四系沉积层。上部Q_4卵石土夹砂，厚10～20 m，$\sigma_0=500$ kPa；中部Q_3砂黏土夹砂砾层，厚0～5 m，$\sigma_0=100\sim200$ kPa；下部Q_{1-2}圆砾土夹粉、细砂层，局部胶结，厚＞50 m，$\sigma_0=400\sim500$ kPa
河槽		水流集中，河心无浅滩	水流集中	水流较集中，河心有小浅滩
桥长		976.2 m	1 012.8 m	910.8 m
地下水		河床潜水及深埋藏水，均为重碳酸型水，无环境水侵蚀性。南岸上层潜水为氯化—重碳酸型水，有环境水硫酸盐侵蚀性。卵石土，渗透系数$K=17.3\sim19.0$ m/d	河床潜水为重碳酸型水，无环境水侵蚀性，石炭系裂隙水为氯化—硫酸水，水质差，有环境水硫酸盐侵蚀性，有承压性。渗透系数：卵石土$K=12.14$ m/d；炭质页岩$K=0.139\sim0.315$ m/d	河床潜水为重碳酸型水，无环境水侵蚀性；深埋藏水具承压性，无环境水侵蚀性。卵石土$K=28.72$ m/d
与线路有关因素		需在长山头下游跨一次清水河，经过一片盐渍土	经过宣和沙漠	经过宣和沙漠及阴洞沟、三古窑沟、乱岔沟等洪积扇
同心至迎水桥	线长	120.03 km	108.85 km	109.35 km
	工程费	8677.7万元	8455.5万元	9153.1万元
占用良田		747亩	658亩	408亩

卫宁地区地质构造复杂，处于发震频繁和高烈度地震区。从工程地质角度讲，桥基的抗震条件，应是主要考虑因素。从表2-31看俞家滩A方案桥基持力层为基岩，抗震条件明显优于老渡口和新墩方案的第四系松散沉积层。从同心至迎水桥线路工程费俞家滩A方案最低，桥址水文条件也最好；编组站设在迎水桥，镇罗堡接轨，可充分利用原中卫机务段设备；1960年俞家滩方案是铁道部鉴定批准方案，俞家滩A方案是其优化方案，综上所述，推荐俞家滩A方案。但俞家滩A方案的缺点也是明显的：桥基炭质页岩软硬不一，软者呈软塑状，极限抗压强度极低，基本承载力是按土工试验的数据提供的，其值低，后在定测时，采用多种测试手段，逐墩布孔取得了详细的基础地质资料；石炭系基岩裂隙水具承压性，且有硫酸盐侵蚀性。

（七）小结

1．宝中线跨黄河桥渡方案，从50年代就开始选择，各次勘测均采用了电探、钻探等综合勘探手段。特别是电探对俞家滩方案的进一步优化有重要作用，使在第四系沉积厚度大而宽阔河谷地段，找到了基岩埋藏浅的桥位。由此可见物探具有轻便、经济、点多面广的特点，应予充分重视，应发挥其在工程地质勘测中的作用。

2．跨黄河各桥渡方案，涉及黄河河段长60 km，河谷宽5～10 km，加之其第四系沉积厚度大，地质构造复杂，又为高烈度地震区，为稳定和选好方案，必须要进行大面积地质调查和相应的勘探测试工作，地质专业工作量很大。为此，在初测前，先期进行工作，为初测打下基础，不失为一种好的工作安排，可做为今后工程地质工作安排的参考。

3.宝中铁路已于1995年建成通车，桥位为俞家滩A方案，桥基采用钻孔桩。定测时，一墩一孔，炭质页岩采用多种测试手段，取得有关数据，对软的及硬的炭质页岩，采用不同桩长，施工及运营情况良好。

十六、陇海铁路天兰段增建二线大营梁越岭地区的杂色土特征与选线

高天鹅

(一)概况

陇海铁路天兰段由于线路限坡大、弯道多、半径小，虽经1976年电气化技术改造工作，使线路技术标准和运能有了较大的改善与提高，但还是不能满足运能日益增长的需要，滞后于大西北经济建设的开发与发展，成为陇海铁路的一段盲肠。为此于1993年开展了天兰段增建二线的初测工作。

天兰段大营梁地区为陇西盆地与定西盆地的分水岭，由于杂色土形成环境复杂，地层岩性差异变化大，在区域地质资料中没有介绍，而在天兰段地质调查报告中称为桑园子系，为天兰段的“特殊土”，在水的活动参与作用下，路堑边坡易失稳，产生坍塌，路堤易下沉滑移，路基基床易产生下沉翻浆、冒泥、冻胀，隧道工程渗、漏水严重，造成仰拱损坏下沉。

大营梁地区的马河镇至荣家湾两个区间为天兰段的唯一复线地段，均穿越大营梁分水岭，其上行线路坡度20‰，与全线限坡13‰不一致，存在增建二线越岭隧道的地质选线问题。见图2-59。

(二)地形地貌

大营梁地区为黄土梁峁区，是渭河水系与祖厉河水系的分水岭，即为陇西盆地与定西盆地的分界岭，冲沟发育，多为“V”字形，沟深10～14 m，冲沟上部为第四系上更新统风积黄土，厚1～20 m，沟壁近于直立，下部及冲沟底部为中、下更新统杂色土，坡度较缓，为15°～25°。其间多有溪流及泉水出露。受新构造运动的影响，冲沟下切和溯源侵蚀严重。

(三)地层

1.地层岩性特征

(1)第四系全新统冲、洪积黄土质砂黏土及圆砾土(Q_4)

黄土质砂黏土：淡黄色，具孔隙，土质较均，局部夹砂砾石层，半干硬至硬塑，厚度5～15 m，分布于马家河两岸。

圆砾土：主要分布于马家河河床表层及黄土质砂黏土之下，厚2～10 m，稍湿至饱和，中密。

(2)第四系上更新统风积新黄土(Q_3)

新黄土：淡黄色、灰黄色，土质均匀，大孔隙，具垂直节理，壁立性好，能保持10余米的陡壁，土质疏松，半干硬至可塑，厚5～20 m，分布于山脊山坡表层，在河床附近陷穴发育。

(3)第四系中、下更新统杂色土(Q_{1-2})

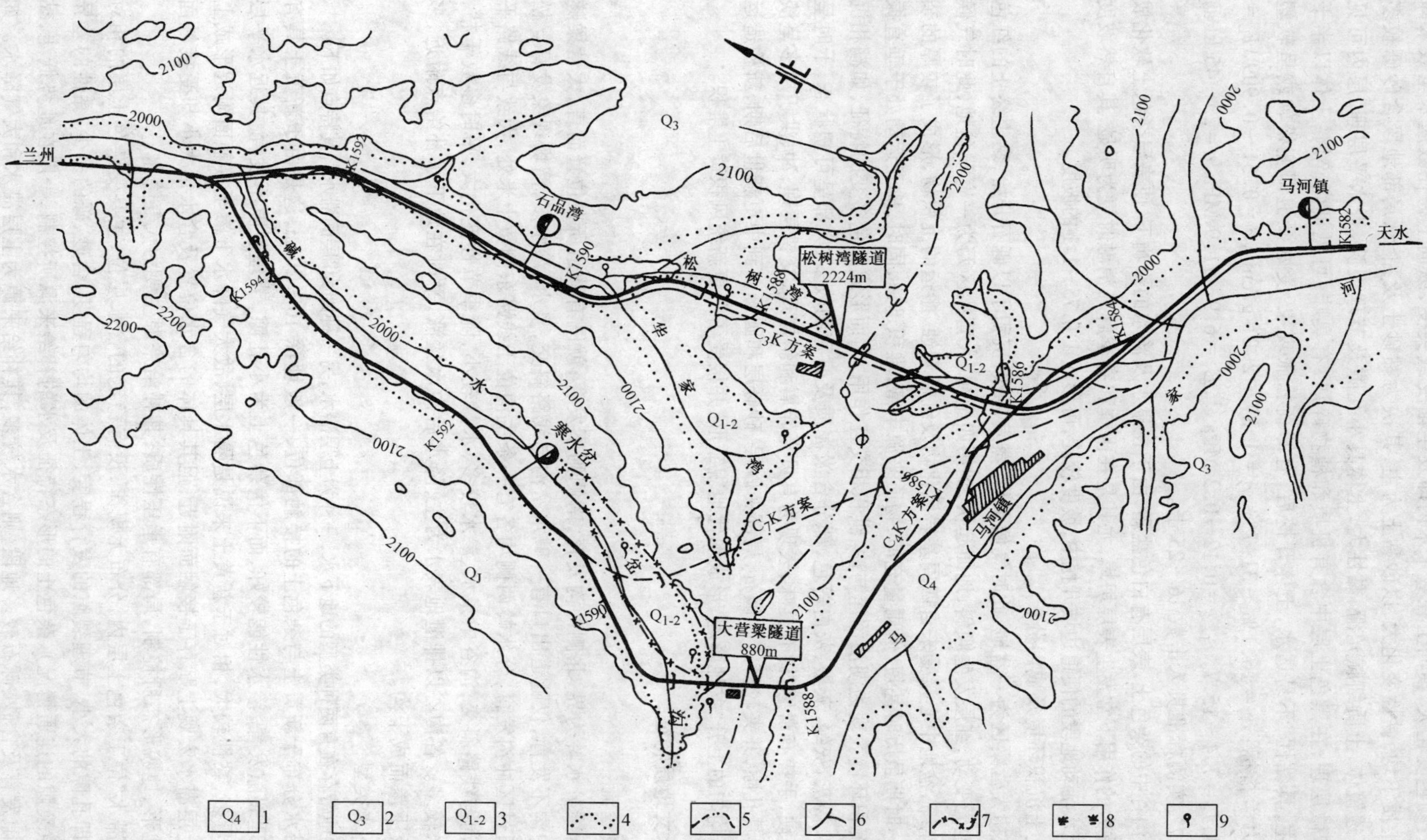

图 2-59　大营梁隧道方案比选地质平面示意图

1—黄土质砂黏土及圆砾土；2—新黄土；3—杂色土；4—岩层分界线；5—山脊线；6—水系；7—不良地质界线；8—湿地及溜坍；9—泉水。

杂色土：颜色变化大，横向上在数十米内即发生渐变或突变，纵向上往往数厘米至数米即发生变化，土质不均，黏性变化大，以砂黏土为主，其次为黏砂土及黏土，局部地段含砂砾较多或呈砂砾石透镜体，土质细腻光滑，黏性大，土体具小孔隙及节理裂隙，近水平层理，层内可见斜交及交错微层理；在黑色土层中含有机质和植物碎屑，有臭味，可见贝壳碎屑；土体以半干硬、硬塑为主，具黏性，不易透水，土体开挖后，有卸荷松胀现象，受水浸泡即变松软或呈软塑状，其物理力学指标：$w=16.1\%\sim31.7\%$，$\rho=1.87\sim2.21\ g/cm^3$，$e=0.51\sim0.909$，$I_L=0.3\sim0.824$，$I_p=7.4\sim15.7$，$a_{1-2}=0.12\sim0.2\ MPa^{-1}$，$E_s=6.9\sim11.9\ MPa$，$c=23\sim45\ kPa$，$\varphi=19°\sim27°$，实测标准贯入击数16～25击。

裸露于沟谷中的杂色土，表层有白色盐霜，由于在泉水及渗水的影响下，使表层杂色土软化成软塑状，在重力的作用下常发生表层坍塌，尤其是在雨季和春季解冻消融时更为明显，其自然坡度1:2。但在无水活动地段的便道边坡开挖中，坡度较陡，可形成1:0.75～1:1的坡度。

2.杂色土沉积环境及成因分析

第三纪初大营梁区为一盆地，此时气候干旱，蒸发甚烈，沉积了以砾石开始，黏土终止的红色地层，后经地壳变动，红层发生倾斜，地面起伏，到第四纪初，大营梁区乃为一宽浅盆地，此时气候湿润，沼泽连绵，盆地中心接受来自四周基岩风化物及红层剥蚀、搬运的沉积物，形成了较厚的杂色土层，这一时期虽历时甚短，但雨量充沛，物质来源丰富，堆积迅速，同时，地壳运动处于垂直振荡运动，其沉积环境表现为湖泊沼泽与冲、洪积相交互作用，因而形成颜色多变的特征，如湖相沉积多呈浅灰、褐灰、灰绿、灰黑、灰白等色，部分含淤泥质及腐殖物较多，大部呈可塑状态，干时呈硬块甚至坚硬，手搓有滑感，微有臭味，表现为有贝壳碎屑和斜层理、交错层理；冲、洪积层多呈淡黄、棕黄色，具孔隙，并夹较多的砂礓石，局部夹砂层、砂砾层和圆砾。到中更新世后期，新构造运动表现为不均匀的上升，盆地隆起，形成现代地貌雏形，并接受了上更新统风积黄土堆积。

(四)水文地质特征

1.地表迳流

以大营梁分水岭为界，北侧冲沟发育，南侧则不发育；就既有隧道所在位置而言，大营梁隧道通过区冲沟不发育，仅隧道出口有一碱水岔沟与线路斜交，泉水、渗水多，溜坍现象发育。松树湾隧道通过区冲沟发育，分水岭两侧均各有一条主沟位于线路东侧数十米处，大致与线路平行，且其支沟与线路斜交，沟谷中泉水、渗水较多，水量较小，随季节性变化大，平时多数干枯，但雨季渗水较多。各沟谷以排泄地表水为主，降水后沟水猛涨，平时在地下水补给点附近，多数因蒸发及下渗而成干沟。

2.地下水类型

大营梁地带存在有两种类型的地下水，一种为上层滞水，另一种则为"层间滞水"，其特点如下：

上层滞水分布于新黄土与杂色土的接触部位，一般埋深10～20 m，这是由于新黄土具有大孔隙，节理裂隙发育，渗水性能较好，而下伏杂色土为小孔隙，节理裂隙不发育，具近水平层理，黏粒含量多，黏性较大，相对于新黄土来说是隔水层，故大气降水下渗至接触面附近形成上层滞水。上层滞水宏观上赋存于接触面附近，但其具体的含水位置及含水量大小却受接触面形态及微地形、地貌形态所控制，局部有承压性质，其补给来源主要为大气降水。

"层间滞水"位于杂色土层内，分布无规律，没有稳定的含水层位，主要受杂色土层的相对渗透性能(即孔隙的大小，节理裂隙的发育程度，土体的均匀程度，含砂、砾的多少，黏性的差异程度及孔隙裂隙的连通情况)、杂色土的形态特征及水的补给来源所控制，一般在地势低洼，黏性较小，裂隙发育及含砂、砾石较多地段，则含水较多，其补给来源为上层滞水和大气降水。如松树湾隧道建成后，隧道顶部的村民生活井中水量骤减，沟谷泉眼多数干枯，雨季隧道渗、漏水趋于严重的事实可说明其补给关系。值得注意的是，这种“层间滞水”在没有破坏其平衡条件时，水的连通性很差，一旦平衡条件被打破，如隧道的掘进，在临空面形成负压区，时间一长导致四周土体中的“层间滞水”互为连通，涌向隧道，加剧了隧道的漏水。像松树湾隧道在出口端遇到的“层间滞水”，隧道刚建成时不漏水，2～3 年后才开始漏水。

3.大营梁区水文地质特征

(1)大营梁区年平均降水量为 513.3 mm，属潮湿向半干旱区过渡带，大气降水补给条件较充足。大营梁汇水面积大，表土松散，山坡、山顶均为耕地，沟岸附近陷穴发育，渗水性好，降水多往下渗补给地下水，很少形成地表径流。

(2)本区地下水局部有承压现象。含水层分布极不规律，而是随地形、地质、沉积层颗粒大小而变化，一般为不规则的扁豆体状，地下水位高程受土层内不透水黏土的隔离作用而变化。

(3)地下水为土中水、黏着水、上层滞水与“层间滞水”的混合类型，补给来源系汇水面积中之大气降水，活动形态属于渗透性质，并很缓慢，渗透系数在 1×10^{-5}～1×10^{-7} cm/s 之间，在钻孔中需经数月才能测出稳定水位。

(4)地下水发育在杂色土分布地段，相对于大营梁分水岭而言，北侧比南侧发育。就隧道而言，两座既有隧道进口端，上部黄土，杂色土不发育，含砂质多，其下有砾石层，且接近于河床，所以雨水透过黄土层，逐渐下渗至砾石层，沿马家河河床排泄；隧道中部及北部，杂色土发育完全，雨水透过黄土受杂色土阻碍，不能顺利的渗下，一部分形成上层滞水，一部分下渗，蕴蓄于杂色土层内，形成“层间滞水”。正如当地村民所说：“大营梁是一条龙，龙头(指分水岭北侧)有水，龙尾无水”。

(5)地表沟谷发育地段，“层间滞水”相对不发育，水量也相对较小，这是因为地表径流发育，雨水易沿地表沟谷流失，或部分上层滞水由于沟谷的切割而裸露，排泄条件好，使“层间滞水”的补给来源减少。如大营梁隧道穿凿时有 10 余处出水，最严重处每日出水量达 86 t，杂色土中普遍渗、漏水严重，而松树湾隧道仅出口端水量稍大，其余段渗、漏水相对较少。

(6)“层间滞水”主要赋存于黏性小、含砂较多地段，且水量较大，在含砾较多地段，甚至会出现突然涌水现象。

(7)上层滞水多为淡水，可供饮用，水质较好；“层间滞水”水质较差，对普通硅酸盐水泥具有侵蚀性，其水质情况为：pH=7.1～7.9，Ca^{2+}=175.2～410 mg/L，Mg^{2+}=120.8～175.7 mg/L，HCO_3^-=107.4～225.7 mg/L，Cl^-=630.5～1 076.4 mg/L，SO_4^{2-}=180.5～1 411.2 mg/L。

综上所述，大营梁隧道附近，地表沟谷不发育，地表水及地下水排水不畅，故地下水发育；而松树湾隧道附近，由于沟谷较发育，地表水及地下水排泄条件较佳，故地下水相对不发育。

(五)既有工程概况

1.隧道

隧道工程突出的地质问题，一是“层间滞水”富集地段易造成坍塌，给施工造成困难，二是杂色土遇水易软化，若施工不当，则给工程留下隐患，以下行线松树湾隧道为例，简介如下：

(1)松树湾隧道施工整治情况

因大营梁隧道漏水，限坡太大，1956 年开始勘测松树湾隧道，1959 年 4 月开始施工，1960 年 6 月竣工并运营，又因蒸汽机车劳动条件恶劣，不符合卫生及劳动保护的要求，将隧道封闭停运。1971 年 10 月 6 日对全隧道进行整修，同年 11 月 23 日恢复单向运行，运营期间，除渗、漏水严重外，发现仰拱多处损坏下沉，兰州铁路局于 1972 年 12 月和 1975 年 10 月分别整治了三段仰拱,总长约 200 m。以后在天水端洞口 800 m 范围内又陆续发现仰拱多处下沉。1976 年开始天兰段电气化改造勘测时,对该隧道仰拱及病害进行勘测设计,1984 年 5 月施工,1985 年 3 月竣工。运营至今隧道工程基底稳固,除渗、漏水外,无其它地质病害。

松树湾隧道施工时未产生大的塌方,仅在出口浅埋段,发生坍顶,但数量不大,约十几立方米;在掘进过程中,一般地段未支撑,土质较坚硬,只是在坍塌地段采用圆木支撑,坍塌多位于隧道中部,一般含有砂、砾石层,水量也较大。衬砌结构采用曲墙带仰拱,中心水沟排水,洞身衬砌外围压浆处理。

电气化改造时,主要病害为仰拱开裂下沉,渗水冒水,局部地段翻浆冒泥,中心水沟堵塞和拱部边墙漏水等,尤以天水端更为严重,在 1984 年至 1985 年整治过程中采取了改善洞内排水,增设两侧水沟,堵塞或拆除原进口端仰拱下部的中心排水沟;对仰拱严重下沉及病害集中地段,拆除重建,基底软弱层全部清除,以 100 号片石混凝土回填,对仰拱厚度<40 cm 及局部下沉病害(进口端 800 m 范围内)集中、翻浆冒泥渗水地段,采用基底土壤硅化法加固措施;对施工中个别缺陷,采用局部凿除成楔形槽状,然后用膨胀水泥拌制的混凝土填塞或喷混凝土进行嵌补处理等综合治理措施,效果良好。

(2)松树湾隧道渗、漏水情况

松树湾隧道除进口端 200 m,出口端 40 m 范围内无渗、漏水外,其余地段都有不同程度的渗、漏水现象,渗水主要通过拱顶边墙接缝,排水孔及墙脚部位渗出,局部地段呈线状漏出,在严寒季节结成冰柱、冰块,在渗、漏水的洞壁上留下白色盐碱的痕迹,使混凝土变得松碎,手可掰掉。雨季(7~9 月)渗、漏水最严重,冬春季渗、漏水最小,枯水季节该隧道侧沟日排水量约为 16 t。

(3)松树湾隧道病害原因

a.施工质量差,部分仰拱厚度未达到设计要求,基底软泥杂物未清除干净,施工中边墙和仰拱接茬不良,甚至部分模板、木桩未拆除,致使仰拱与边墙结合不严,整体性差。

b.隧道中心排水沟易堵塞,造成排水不畅,且维修困难。松树湾隧道仰拱个别地段发生断裂后,致使中心排水沟的水下渗至隧底顺坡而下,软化、冲蚀进口端土层,使断裂范围继续扩大,造成恶性循环,但隧道出水主要在出口端,而仰拱破坏下沉相反以进口端严重,故不宜在隧道中心设排水沟。

c.杂色土遇水软化,而隧道存在地下水,防排水措施未跟上。

(4)围岩类别划分的探讨

杂色土的围岩类别一般认为:半干硬至硬塑状态为Ⅱ类围岩,软塑及“层间滞水”较富集或影响较大地段为Ⅰ类围岩;松树湾隧道在施工设计中,杂色土的 f 值在 0.4~0.8 之间。据该隧道施工中未发生较大的塌方事故,隧道掘进中,一般土质坚硬地段未支撑,只是在“层间滞水”活动较强烈的地段采用圆木支撑,所以软塑状杂色土及“层间滞水”较富集地段的围岩类别应高于Ⅰ类,接近Ⅱ类围岩,从施工返回的信息来看,地下水不发育地段的杂色土采用Ⅱ类围岩较妥,地下水富集地段应慎重划分。

2.路基工程

既有路基工程地质病害主要集中于大营梁隧道上行线上,分布于杂色土层中,在修建过程中及运营期间病害较多,后经逐年整治及局部补强措施,目前均已稳固。

(1)路堑边坡

杂色土路堑边坡的稳定性主要取决于杂色土的含水特征,一般来说,不含水的杂色土边坡稳定,而有地下水或地表水影响的边坡易产生病害。如上行线 K1589+220~+500 段路堑工程,挖方最深约 25 m,地势左高右低,边坡 1:1,地下水在路基面以上 6~12 m 处出露,使左侧边坡路基面以上 6～12 m 范围内的杂色土呈饱和状态,地下水渗出坡面,汩汩成流,造成下部边坡坍塌,在雨季时泥水拥向线路,淤塞水沟造成排水不良,据访问工区在 1956 年 3 月曾清理了左侧 12 m 内的流泥,但至 8 月流泥又拥至侧沟边,由于边坡下部坍塌,则上部边坡因失去支承而随之坍塌。

(2)路堤

路堤工程病害表现为下沉,如 K1589 + 985～ + 995 段,原沟左高右低,纵坡较陡,填方高 8～10 m,由于填方时未曾夯实,且路基基底有地下水流出,故路堤下沉甚为显著,据访问,1955 年 6 月至 1956 年 8 月下沉约 0.5 m,1955 年前下沉更多。又如 K1594 + 360～ + 560 段沟深且陡,左高右低,最高填方约 31 m,1956 年右侧修坡脚护道,1957 年进行加固,下游有 4 个泉水出露,常年流水,其中最不利者为路堤与原地面接触面的泉水,水量约 2.6～3.1 l/min。主要病害是路基下沉,1955 年下沉 0.5 m,同时发现裂缝及滑动迹象,其主要原因是沟底地下水发育,土体较软弱,基底防、排水措施不力所致。

(3)路基基床

路基基床病害主要表现为下沉,翻浆冒泥及冻胀。如 K1589 + 220～ + 850 段路基,在 1952 年施工开挖后,由于地下水发育,泥水混淆成一片泥塘,1952 年 10 月天兰段通车时,以十万根枕木架设枕木垛维持通车,后以填石换出枕木,两侧修筑盲沟,路基渐渐干燥,病害逐年减少,但在 K1589 + 470～ + 510 段,1957 年春当火车通过后,枕木下沉,道碴高出枕木,并有轻微的翻浆及冻害现象,经开挖道碴,发现下有稀泥厚 0.2 m,其原因是泥土堵塞盲沟,水渗入基床所致。

(4)路基病害原因及措施

产生路基病害的主要原因是地下水发育且埋藏深度浅,或地表水排水不畅,渗入路基而导致病害的产生与发展。

路堑顶外的地下水出露和地表潮湿地段,须作好引、排水措施,必要时需设数道排水沟;路堑边坡宜采用 1:1,太陡不利于边坡稳定,太缓则汇水面积增大,导致边坡冲刷拉槽现象;边坡防护措施,根据挖方高度酌情选用;地下水出露或地下水发育地段边坡,须设盲沟引水,保持边坡干燥。

路基基床两侧设侧沟排水系统,保持基床干燥,即可避免病害;若基床下部地下水发育,且埋深浅,须采用盲沟或砂卵石垫层排泄地下水。

路堤地段,若沟谷地表潮湿,地下水发育地段,应采用盲沟或砂卵石垫层,桥涵位置宜设在沟中心。路堤上游,须做好排水措施,避免地表水及地下水进入路堤。

3. 桥涵工程

杂色土地段既有的桥涵工程,一般完好,没有地质病害,但部分涵洞孔径偏小,上游泥流往往堵塞涵洞,使涵洞排水不畅,表水聚集,渗入路堤,引起路基病害。杂色土地段涵洞孔径的大小,除受流量控制因素外,还应考虑不同沟谷地下水发育的情况及杂色土坡面的溜坍所形成泥流的危害程度来综合考虑确定,此外涵洞的中心位置宜选在沟心位置,以利于排水。

(六)增建二线越岭隧道选线

马河镇至荣家湾为天兰段唯一复线区间,既有下行线松树湾隧道方案,线路通过杂色土地段短,深挖高填工程少,水文地质条件等均优于上行线。既有路基工程病害主要集中于上行线上,经过多年整治与局部补强措施,目前既有线隧道及路基工程均已稳固。

增建二线越岭隧道方案,主要围绕能否利用既有大营梁隧道而进行比选,共 7 个方案,经筛选为 3 个方案,见图 2－59。其中的 C_7K 新建大营梁隧道方案,为了利用部分既有线而新修大营梁隧道,限坡 13‰。该方案通过隧道出口地段及碱水岔沟谷地带,地下水发育且埋深浅,多以渗水及泉水形式出露，使表层杂色土软化，溜坍现象严重，涵洞、高路堤地段工程地质条件差，工程处理困难，因条件欠佳而放弃。C_3K 贯通方案（与松树湾隧道并肩方案）和 C_4K 主要比较方案（利用大营梁隧道 16.5‰限坡方案），见表 2－32。

表 2－32　C_3K 方案与 C_4K 方案比较表

方案名称	C_3K 贯通方案（13‰）	C_4K 主要比较方案（16.5‰）
线路长度	18.7 km，废弃既有线长度 10.9 km	22.17 km，新铺正线 14.22 km，废弃既有线长度 4.5 km
工程数量	中桥 1 座，隧道 1 座，涵洞 25 座，土石方561 965 m^3	中桥 4 座，小桥 1 座，涵洞 10 座，土石方 568 419 m^3
概算总额	9 071 万元	2 078 万元
方案优缺点	线路顺直，比 C_4K 短 3.47 km，坡度 13‰，与全线限坡一致，隧道进出口位置好，养护维修方便，工程地质及水文地质条件好。但工程造价高，比 C_4K 方案贵6 993万元	工程造价低，坡度 16.5‰，与全线限坡不一致，运营里程长

由上表所述，C_4K 利用大营梁隧道 16.5‰限坡方案，其优点是利用了既有大营梁隧道及最大限度地利用了既有线路，工程造价低；其最大缺点是 16.5‰限坡，与全线 13‰限坡不一致，小半径曲线多，运营里程长；杂色土地段的既有隧道、桥涵、路基工程经多次整治补强，病害基本消除。C_3K 即与松树湾隧道并肩方案，其优点是，线路顺直，比 C_4K 方案短 3.47 km，运营时间短，因与既有线并肩，故养护维修管理方便，13‰的纵坡，与全线限坡一致，通过杂色土地段相对较短；隧道进出口位置较好，工程地质和水文地质条件相对较好，其缺点是工程造价高，比 C_4K 方案贵6 993万元，故建议采用 C_3K 方案。

（七）结语

1．越岭隧道的选线，是山区越岭线路的关键，对工程和运营均有很大的影响，既有大营梁隧道，由于受当时的技术条件、施工条件和国家财力、物力的限制，采用了 20‰限坡的短隧道越岭方案，通车不久，这一段线路成为天兰线的控制区段，不得不于 60 年代改为 13‰的限坡，修建松树湾隧道。

2．大营梁杂色土地区的路基和隧道工程，在通车运营后病害较多，尤其是大营梁隧道方案出口段，沿碱水岔沟通过杂色土地段较长，因杂色土受水易软化，原有路堑边坡坍塌、坡面流泥、路堤基底松软下沉和路基基床翻浆、冒泥、冻胀等多处病害。又因杂色土土质不均，节理裂隙发育，所形成的“层间滞水”，致使在隧道施工中易坍塌，运营后渗、漏水严重，并易使基底杂色土软化，造成仰拱损坏下沉。后经历年的病害整治和局部补强措施，特别是 80 年代进行了电气化技术改造工程，使线路技术标准和运能有了较大的改善与提高，但教训是深刻的，代价是昂贵的。

3．杂色土分布区地质工作的重点，应放在水文地质的调查研究上，不但要选择好越岭隧道的位置，同时要兼顾路基工程，尽量通过地下水相对不发育的地段，必须通过时，防、排水工程一定要跟上，达到一次根治不留隐患。

4．在设计时隧道中宜采用两侧侧沟排水；隧道坡度宜根据水文地质特征选用一字坡或人字坡排水。

十七、宝成铁路马蹄湾（K190）崩塌地段改线

方　利

马蹄湾 K190 病害工点位于宝成铁路马蹄湾至徐家坪车站间（K190＋800～＋900）嘉陵江左岸，上部为一破碎岩体的高位滑坡，其前缘（即原既有线路左侧边坡）表现为崩塌（如图 2－60）。

1992年5月、6月和11月,该处先后3次发生了规模较大的崩塌,塌下的松散堆积物将线路掩埋,明洞压裂,中断行车累计达1个月之久,严重影响了运营安全。当时,滑坡仍有向上和向宝鸡侧发展的趋势,尽管采取了增建、加固明洞,减载、增强基础,裂缝灌浆等一系列措施,但仍不能保证行车安全,改线已势在必行。

鉴于改线地段岩质软弱,岩层破碎,滑坡密集,为选好线路方案做了大量的地质调绘、测量和勘探工作。

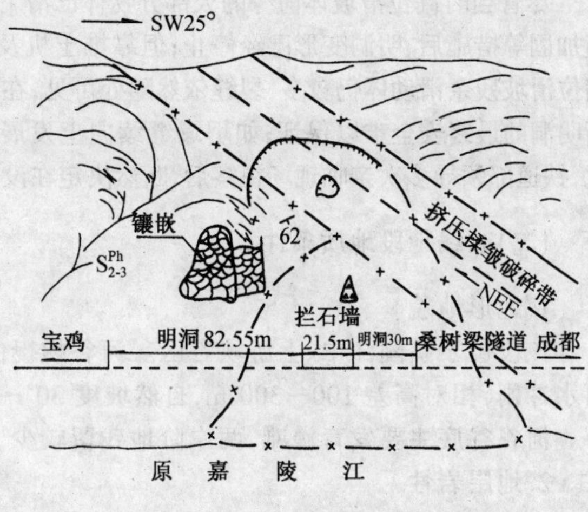

图2-60 K190病害工点立面示意图

(一)病害发生经过及整治概况

马蹄湾K190病害处山高坡陡,相对高差近300 m,自然坡度40°~50°,上缓下陡,该处为嘉陵江冲刷的凹岸。基岩为志留系千枚岩,岩质软弱,受地质构造影响严重,岩层挤压揉皱,片理、节理和小断层发育。50年代施工时,线路于坡脚以挖方通过。因山坡发生崩塌、落石,在桑树梁隧道进口接长了30 m明洞。60年代,又紧挨明洞向宝鸡方向修建拦石墙长21.5 m。随着时间推移,在长期风化和重力作用下,岩体不断松动,山坡开裂变形,并发生崩塌和落石。80年代水害整治时,又修筑长82.55 m明洞,并增加了山坡防护和保护植被等措施,拦石墙和明洞已连为一体,才勉强维持运营。

1992年5月20日,工点山坡冲沟中部岩体突然松动坍塌,上部松动岩体被牵动后滚滚而下,大部分崩落岩块从明洞顶部通过滚入江中,部分堆入两明洞间设有拦石墙长21.5 m的明线上,造成中断行车。经奋力抢险,在两明洞间建成防坍棚架(棚洞),于5月27日恢复通车。但山体滑坡、崩塌一直没有停止,而且愈来愈剧烈。6月19日又一次断道,6月23日再次抢通。但6月25日,在较大降雨后,引起了更大规模的崩塌、落石,完全砸毁了抢修好的棚架,掩埋铁路,再次中断行车,经过半个月的奋力抢修,代替棚架的明洞才基本建成,于7月13日恢复通车。时隔4个月后,于11月9日,该处山坡又一次发生较大规模的崩塌,崩塌而下的岩块堆积在明洞顶部,使得新建明洞和原有明洞均发生不同程度开裂,宝鸡端长82.55 m明洞压裂30 m,新建明洞向河倾斜2°~3°,隧道进口明洞压裂,并向河侧错开10 cm,明洞衬砌侵入限界,又一次中断客车运行,货车勉强维持运行,经抢修,于11月20日才恢复通车。

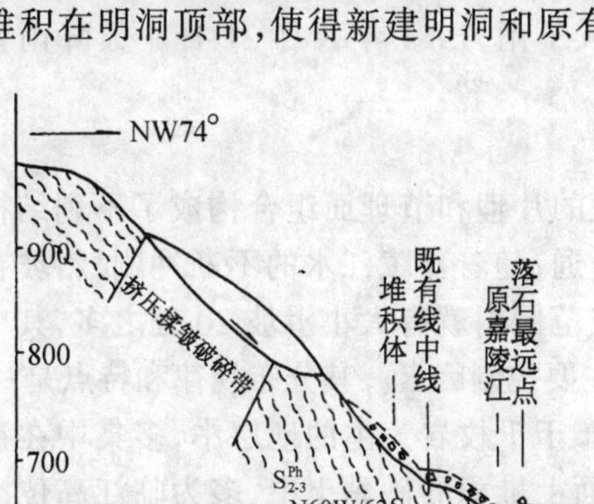

图2-61 K190病害工点断面示意图

经地质调查、分析,工点处上部为一个破碎岩层的高位滑坡,正处于蠕动变形阶段,表现形式为上部岩体蠕动下滑,至前缘陡坡处,突然崩塌而下,呈滑坡→崩塌→岩堆过程。滑坡面高出线路约100 m,滑塌范围160 m×100 m,厚20~40 m(如图2-61)。

病害发生的原因,主要是工点处上部存在NEE向展布的挤压揉皱破碎带,带内岩层揉皱褶曲、松散破碎,软弱结构面发育。在地表水下渗的长期作用下,软弱结构面不断软化,抗剪强度逐渐降低,在重力作用下发生蠕动变形,沿高陡临空面剪出,最终导致灾害发生。

尽管当时高位滑坡体前缘的大部分物体已滑下，采取了明洞上部清方减载、明洞自身钢拱架纵横加固等措施后，明洞变形已经停止；但靠推土机及人力在明洞顶部清方减载非长远之计，且上部高位滑坡残余滑动体仍较多，裂缝依然随处可见，在长期暴雨条件下，滑坡体大规模下滑在所难免，新明洞的最终安全难以保证；如坍塌继续向上发展，必然还要影响前后两段原有明洞的安全。因此，铁道部领导多次亲临现场视察后，断然决定在设法维持既有线通车的同时，尽快实施改线。

（二）改线地段地质条件

1.地形地貌

该段位于嘉陵江中、上游峡谷区。河谷蜿蜒曲折，河曲发育，两岸自然山坡陡峻，多处受到河水冲刷，相对高差 100～300 m，自然坡度 30°～50°，多呈下陡上缓，古滑坡、岩堆缓坡地貌发育。河谷谷底主要发育漫滩，两岸阶地残留较少，不甚发育。

2.地层岩性

本段除缓坡地带和梁顶分布有较厚的第四系砂黏土和碎石土层外，大部分地段基岩裸露。主要地层以志留系中、上统千枚岩和板岩为主，局部夹片岩和石灰岩（如图 2－62）。高家坝隧道（K190）以北，以砂、钙质板岩为主，夹薄层石灰岩和千枚岩，岩质较硬；高家坝隧道南以千枚岩为主，夹薄层板岩和片岩，局部为炭质（或含炭质）千枚岩，片理发育，揉皱强烈，质软，抗冲刷和风化能力差，遇水易软化；据钻探揭露，风化层厚可达 3～17 m，风化严重带内多呈泥状。

3.地质构造

本段在区域构造上属南秦岭海西—印支褶皱带白水江倒转背斜南翼，次级褶曲发育，构造节理、小断层及强烈挤压揉皱破碎带发育，大大地影响了山体的稳定性。

岩层片理和节理发育，片理面多呈波状，走向 N55°W～EW，倾角 50°～80°倾向 S。节理主要有两组：N5°～20°E/60°～70°S 和 N10°～40°W/40°～80°N。

4.水文、气象

本段地下水主要为潜水和基岩裂隙水。河床中潜水较丰富。由于基岩为板岩和千枚岩，自身充水性能差，一般地段节理、裂隙不是特别发育，所以，节理裂隙水水量不是很大。但受构造影响地带，缓坡地带及千枚岩风化层中，裂隙贯通性好，节理裂隙水较丰富。

本地区属暖温带亚湿润气候区，年最大降水量 1353.3 mm，年平均降雨量 787.8 mm。1981 年 8 月一个月降雨 689.9 mm，全月 31 天就有 21 天下雨，1981 年 8 月 21 日一天降雨量就高达 113.9 mm。

5.不良地质

由于本段岩层中多夹千枚岩和含炭质千枚岩，山坡上的片理和节理面组合构成了不利结构面，在地下水的长期作用下，各种软弱结构面不断软化、连通，随着嘉陵江水的不断冲刷，斜坡在重力作用下，易形成滑坡。经调查落实，在 5 km 长的改线范围内就有大小滑坡 20 处之多，其中 K190 病害工点是其突出代表，构成了对线路方案选择的主要控制因素。其分布规律和特点是：

（1）主要为岩层滑坡和土层滑坡。岩层滑坡主要分布于千枚岩为主的地层中，多集中在嘉陵江河流弯曲的主冲地带；土层滑坡主要分布于老侵蚀面上堆积的砂黏土中，多为临江高位滑坡或支沟两侧向沟内滑动的滑坡。

（2）岩层滑坡具有分布范围广、规模大、滑动体厚和成群分布等特点；土层滑坡一般分布范围小，滑坡体厚度也薄。

（3）岩层滑坡多为古老滑坡，由多个滑动体组成，较为复杂，目前一般整体稳定，而局部仍不稳定。土层滑坡多为新滑坡，一般不稳定。

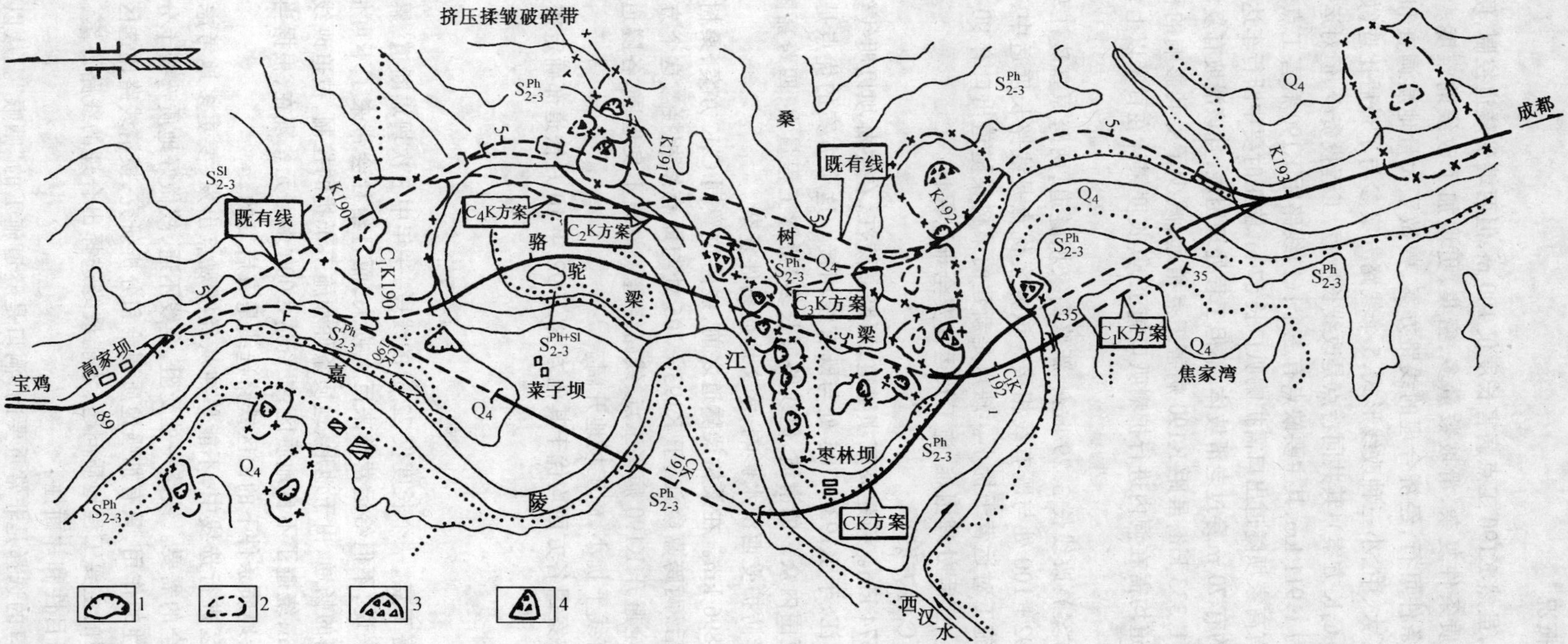

图 2-62　宝成铁路 K190 病害工点改线方案示意图

Q_4—第四系；S_{2-3}^{Ph}—志留系中、上统千枚岩；S_{2-3}^{Sl}—志留系中、上统板岩；1—滑坡；2—老滑坡；3—崩塌；4—岩堆。

(三)改线方案选择概况

由于铁路的特殊性,虽然 K190 工点病害长度仅 100 m,但两端受隧道控制,便线和短改线条件都不具备。加上地质条件复杂,滑坡数量多、密集,更增加了改线的难度。为彻底根治 K190 病害,选择出技术条件可行,经济合理的线路方案,曾做了大量地质调查和方案比选工作。经反复筛选,提出了大、中、小三种改线形式,5 个线路方案参与了最后比选(如图 2－62)。

1.小改方案(C_2K 和 C_4K 方案):其共同特点是改线长度短,工程投资少,但对运营干扰太大。

C_2K 方案改线长度为 1.911 km,其主要缺点有三个:(1)线路距 K190 病害工点较近,仍无法完全避开其影响;(2)既有高家坝隧道出口需扩喇叭口长 57 m,施工时要中断行车达 1～2 个月之久;(3)桑树梁隧道出口约有 70 m 穿过老滑坡体,不但工程处理困难,且该滑坡有复活的可能。

C_4K 方案改线长为 1.333 km,虽距 K190 病害工点稍远,减少了受其影响的程度,但既有高家坝隧道和桑树梁隧道均需在洞内进行扩喇叭口施工,其长度累计在百米以上,施工时中断运营时间将更长。

2.中改方案(C_3K 方案):改线长 3.29 km。新修高家坝隧道,两跨原嘉陵江马蹄湾河湾,再建桑树梁隧道,在 K192＋100 处与既有线相接。该方案优点是线路长度适中,彻底避开了 K190 病害工点的影响,施工对运营干扰小。缺点是新建的桑树梁隧道出口有 90 m 在滑坡体内,洞口工程地质条件差,工程处理困难,施工及运营安全难以保证。

3.大改方案(CK 和 C_1K 方案)

CK 方案改线长 5.574 km。新建高家坝隧道,两跨嘉陵江,在枣林坝以明线绕过桑树梁,在焦家湾附近两跨嘉陵江,于 K193＋705 处与既有线相接。这个方案的优点是彻底避开了 K190 病害工点及改线范围内众多的滑坡,但线路展长多,桥隧工程量大,四跨嘉陵江主流,施工场地狭窄,枣林坝河岸防护受西汉水影响,水文地质条件复杂。

C_1K 方案改线长 4.896 km。在桑树梁隧道之前,线路位置同 C_3K 方案,桑树梁隧道选在滑坡群间稳定坡面出口后,两跨嘉陵江,于 K193＋705 处与既有线相接。这个方案优点是改线长度适中,较顺直;完全避开 K190 病害工点,线路绕避了沿线不良地质,各隧道洞口地质条件相对较好,施工对既有线干扰小,施工场地开阔。

经综合比较,C_1K 方案因各方面均优于其他方案,1992 年 10 月铁道部确定按 C_1K 方案实施改线施工。

(四)经验与教训

宝成铁路 K190 病害工点,一个长度仅 22 m 的线段,一年中 3 次坍塌断道,累计中断行车 35 天,对一条主要干线来说,不但给运营带来巨大损失,而且给社会带来了不可估量的影响。为了确保西南、西北通路的畅通,由于地形、地质条件和施工干扰的控制,被迫改线 4.9 km,采用四桥三隧,总长 3.4 km,绕避了不良地质区,投资达 8 000 多万元。现在,根据当时的具体情况来总结,对今后在复杂地质条件下的山区铁路选线是有启发的。

1.在地质复杂的山区进行选线中,不能单纯从经济观点出发,要更多地考虑工程地质条件,服从于施工、运营安全的需要。铁路一处受阻,全线不通,故做好地质选线十分重要。工程地质条件常常起着决定性的作用,只有加强地质调绘和分析研究,摸清线路比选区段工程地质条件,落实控制线路方案的主要工程地质问题,才能最终选择出合理的线路方案,才能提高铁路选线的科学性,避免盲目性和片面性。

2.山区铁路隧道洞口的选择是非常重要的,洞口是隧道施工的“咽喉”。从以往施工经验来看，洞口选择不好，很容易出现病害，对施工工期和相邻工程都有很大影响。因此，在选线时要特别注意洞口位置的选择。在河谷两岸山坡滑坡比较发育地段，一些古老滑坡的滑坡地貌多不明显，稍不注意就有可能将洞口选在滑坡体上。在滑坡体集中分布地带，首先要加强地质调绘，落实滑坡准确边界。为选线需要，必要时应实测滑坡边界及重要控制点，以便落实洞口位置。如 C_1K 方案线路通过地带滑坡密集，受滑坡控制，可供选择的洞口位置较少。高家坝隧道出口右侧为菜子坝古老滑坡，滑坡体范围大，滑坡物质松散；左侧为黄土滑坡，中部只有宽 100 m 完好岩层。桑树梁隧道进口，左侧为崩塌体，右侧为滑坡群，中间只有宽 140 m 完整岩层；桑树梁隧道出口部位，左侧为老滑坡群，右侧一支沟两侧均为滑坡，中间仅有完好岩层宽 50 m。焦家湾隧道进口，左侧为岩堆，右侧山坡破碎，稍完整岩体也仅有宽 50～100 m。所以，必须要进行不良地质边界测量，这样才能保证隧道洞口设于较好的地层中。

3. 对控制线路方案的不良地质，需要确定其稳定程度。为了稳定方案，除进行详细地质调查外，还要进行必要的勘探。如 C_3K 方案，改线长度较 C_1K 方案短 1.6 km，但桑树梁隧道出口位于老滑坡体中，如果滑坡体可以通过，可节约主要工程费近 2000 万元，很有比较价值。为此，在对老滑坡进行详细的地质调查和分析的基础上，进行了滑坡主轴剖面勘探，查明了该滑坡是一个大型、顺层、多期、多层、多次滑动的滑坡，在线路高程下至少有两个明显的滑动面，且长期处于地下水的浸泡中；在特定条件下（地震、河岸冲刷、长时间暴雨或不恰当的人为活动）有可能复活。C_3K 方案近于平行其主轴断面，隧道通过滑体长 90 m，工程处理极为困难。经综合比较，最后只得将 C_3K 方案舍弃。

4. 铁路以明线通过高陡斜坡时要特别慎重，要加强地质调查和分析研究，不仅对已产生的斜坡变形现象要注意，而且，要对尚未产生的、但铁路修建后可能产生或发展的不稳定斜坡，要预测其稳定性，即可与已产生斜坡变形的同类斜坡进行对比，如有产生斜坡变形的类似条件，则要认真对待，将线路绕避或内移做隧道。宝成铁路 K189～K193 范围，长 4 km，除两处明线各长 300 m 外，其余为桥隧相连。两处明线地段，也是不良地质发育地段。K192 处为一个古老的坍塌堆积体，有少量地下水，线路开挖后，局部产生滑坡，已做抗滑工程；K190 病害工点从航片影像图上，可以看到明显的圈椅状坍塌地貌，显示曾发生过较大范围的坍塌，也是一个古老的坍塌体。如果当年对两处坍塌体有明确的认识，对山体稳定有恰当的评价，该段线路采用 2 km 左右的隧道方案或采用现在的改线方案，其线路长度、桥隧总长与既有线大体相当，线路病害就可能避免。

5. 地质条件复杂的山区，路堑边坡切忌过高，边坡总高度一般不超过 30 m 为宜。K190 是一个半路堑工点，边坡高度虽然只有 10～20 m，但由于该段山坡高陡，自然坡度达 40°～50°，相对高差近 300 m，实际边坡总高度已近 300 m。在这样高陡的边坡下采用明线通过，即使是稳定性较好的基岩山坡也不可能完全避免落石的危害。因此，今后在地形、地质条件复杂的山区，路堑边坡的确定要考虑两个问题。一是要考虑边坡的总高度对线路的影响；二是考虑边坡总高度内山体的稳定条件，预测其安全度，确保运输安全。

6. 在地形、地质条件复杂，山坡坍塌量较大的高陡山坡下的明洞，一定要有足够的强度来抵御大量坍塌物对明洞的影响，防止坍塌物引起明洞开裂变形。K190 工点新建和原建明洞在洞顶坍塌体厚度达 15～20 m 时，明洞即产生严重变形，拱部和边墙剪裂错开，宽达 10～20 cm，使净空减小而不够，因而中断行车。清除坍塌体后，明洞变形才渐趋稳定。

7. 山区铁路受地形和工程控制，常常一处受阻，全线不通，修复固然艰难，改线更加困难，其安全度应有必要的储备。不但应顾及当时的安全，还要预测其后来的效果。只有瞻前顾后，才能做到万无一失。

十八、结 束 语

工程地质选线是铁路工程建设的基础，本章共选入实例 17 篇。其中越岭地质选线 5 篇、不良地质及特殊土地区选线 6 篇、河谷选线 3 篇、大河桥渡选线 1 篇、旧线改造 2 篇。

在地质复杂地区，铁路选线必须进行大范围、大面积的地质调绘，地质工作量大，但却必不可少，对此本章录入的文稿，均有阐述。如 80 年代末和 90 年代初，铁一院在铁道部支持下，在西康线及西南线越秦岭地区，于初测前增加"初测子阶段"或"加深地质工作"；投入较多的人力、物力、财力，进行以遥感、物探为主的大面积综合地质勘探，提出一整套齐全的工程地质资料，提高了地质选线水平，在众多越岭方案中，选出了最佳方案。早在 70 年代的宝中线黄河桥渡方案选址中，铁一院就曾在初测前组织地质专业人员进行过大范围的区域地质调绘和适量的物探、钻探，最后在 8 个桥位方案中选出了较好的桥址。

越岭选线关键是选好垭口及搞清楚山前引线段的工程地质条件。从地质构造角度看，山岭垭口大多是构造薄弱地段，地质条件差，而山前地带又往往是构造断裂带，滑坡、崩塌、泥石流等不良地质现象发育，给引线增加困难，所以，本章的有关实例阐述了"越岭选线必须将垭口选择和山前引线综合考虑"的观点。

铁路沿河谷行进，地质选线主要是进行左、右岸有利条件的选择。为绕避严重的滑坡、错落、泥石流等不良地质及高陡山坡，线路往往需要多次跨河或靠山修建隧道，即这样无疑会增大工程数量，因此，必须反复比较，慎重评价，才能选出技术上可行、经济上合理和安全可靠的线路方案。为此，本章选入了 3 篇河谷选线实例。而由于初期考虑不周，在施工中或通车后造成被迫改线的实例，也有 2 篇。

阳安铁路，阳平关至勉县段，大部沿汉江的青羊驿大断层行进。通过对断层的深入调查、剖析、分带，且考虑位于六度地震区，线路选择了顺断层走在断陷丘陵洼地的优化方案，在能确保施工及运营安全的前提下，大大降低了工程造价，是断层带选线成功的一个实例。曾获 70 年代部级工程优秀设计奖。

沙漠与盐渍土是西北干旱气候条件下的特殊地质现象。本章沙漠地区选线列入 2 篇实例，包兰铁路所通过的腾格里大沙漠东南部的沙坡头地区，当时认为是禁区，但经过勘测者深入到沙漠腹地，艰苦认真的调查与分析，找出了风沙活动的规律，提出了相应的对策，终于选出并修建了我国第一条沙漠铁路。经过有关单位长期的观测、研究及运营、养护、治理，目前沙坡头地区已改造成为一片绿洲，被联合国列为沙漠筑路的典范。盐渍土地区选线，也选入 2 篇实例，该两例盐渍土线路本可绕避，但因要靠近重点城镇及照顾到工农业开发，满足地方要求，线路采用了通过盐渍土地段的方案，采取了有关措施，获得了成功。

小煤窑采空，由于一般开采历史悠久，为民间私人开采，无规律，且古窑口多被掩埋，不易查找，给铁路修建及运营造成隐患。铁一院在包西、阳涉、侯月、孝柳等铁路勘测中，主要利用搜集矿区地质图，调查、访问当地居民，并辅以钻探，查找采空区，并通过对小煤窑采空地区的勘测，总结了小煤窑采空区分区及处理的原则，为铁路选线及处理采空提供了资料，本章有 2 篇这方面的实例。

地质复杂地区的铁路选线，工程地质工作有着举足轻重的作用，应该说已为各级领导和广大铁路工程技术人员所认同，当前的问题是，如何给这项"举足轻重"的工作提供法规上和组织上的保证。只有有了这种保证，工程地质工作才能更好地为铁路选线服务。

第三章　路 基 地 质

一、宝成铁路丁家河滑坡勘测与整治

方　利

(一)概况

丁家河滑坡位于宝成铁路聂家湾车站与徽县车站间，聂家湾车站南约 3 km 处，里程为 K144 + 360～K144 + 754。滑坡处于嘉陵江左岸的缓坡地带，为堆积层顺基岩面滑动的滑坡。滑坡体长约 650 m，宽约 200 m，厚 10～30 m，上薄下厚。

1954 年勘测时，没有认识到是滑坡，线路在其前缘以挖方通过，边坡高 13 m，坡度 1∶1。1956 年雨季竣工，发现靠山坡侧堑坡脚出现裂缝，并有错动面，向山倾 30°。当时认为边坡不稳，采取削平堑顶、放缓边坡的措施(边坡放缓至 1∶1.5)。1957 年外侧堑坡也坍滑，亦有滑动面向山倾 30°左右，实际上是滑坡前缘滑动面的反翘部分。曾布设观测桩，测得雨季平均每日走动 1～2 mm，最大 4～6 mm。经会勘，采取堑坡支撑渗沟和线路内侧纵向盲沟等工程措施。1958 年发现盲沟被剪断外移，山坡地表裂缝继续向上发展，民房开裂，上部出现长 100 m 的弧形裂缝。当时认为，路基变形是施工开挖不当，受地下水和地表水影响所致。

1959～1960 年，铁路、地质学院及科研单位曾协同进行考察研究。1960 年由铁道部坍方研究所重新布网观测，曾提出上部是土滑，下部是老滑坡复活，路基变形是由于超挖回填，填土不良所引起。处理方案是以整治路基为主，排除地下水、整治古滑坡为辅。此后，变形仍继续发展。1961 年西安铁路局委托铁一院作为重点病害进行勘测设计。经全面调查勘探后，查明为深层滑坡。认为地下水是促进滑坡滑动的主要因素，同时认为顶部泉水富集，形成水塘湿地。表层滑动及溜坍，对深层滑动有促进作用，故在地下水规律还没有彻底查清前，于 1962 年先在滑坡中上部设了第一期地表排水工程。1963 年通过对地下水的勘探和观测，实施了第二期排水工程，主要是在滑坡体内布设了三道防线，滑坡上部设截水渗沟，中、下部设渗水隧洞、纵向渗沟和支撑渗沟等。全部工程于 1965 年 9 月竣工。工程整治以来，经历了近 30 年的运营，特别在 1981 年长时间的特大暴雨，滑坡未发展，目前既有线使用状况良好。

图 3－1　丁家河滑坡地理位置图

(二)滑坡的基本特征

1.地形、地貌特征

丁家河滑坡位于嘉陵江中上游丁家河一带。该段河谷由南北向转为东西向,如图3-1,两岸地形呈现不对称状,滑坡位于左岸缓坡地带,后缘600 m以上为班家塘陡崖。右岸傍河为悬崖陡壁。

滑坡在地貌上呈簸箕状,上小下大,中部发育有一自然沟,叫仙茶沟,又名丁家河,为V形沟,深5~10 m,中段切入基岩,如图3-2。前缘在高出河床10 m的铁路路基上,后缘至班家

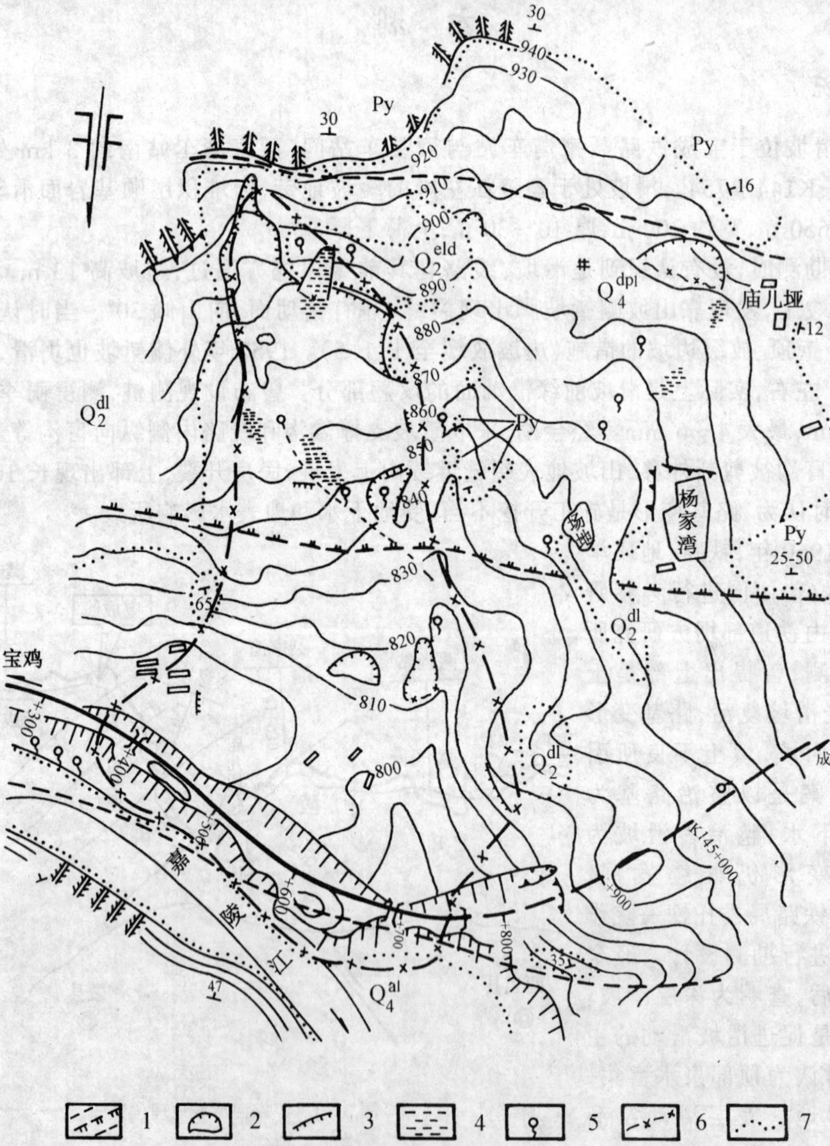

图3-2　丁家河滑坡工程地质示意图

Q_4^{al}—冲积卵石、砂层;Q_4^{dpl}—坡积、洪积砂黏土;Q_2^{eld}—残积、坡积碎石;Q_2^{dl}—坡积块石;Py—下二叠系阳新统石灰岩;1—逆断层;2—滑坡;3—地表裂缝;4—湿地;5—泉水;6—不良地质界线;7—岩层分界线。

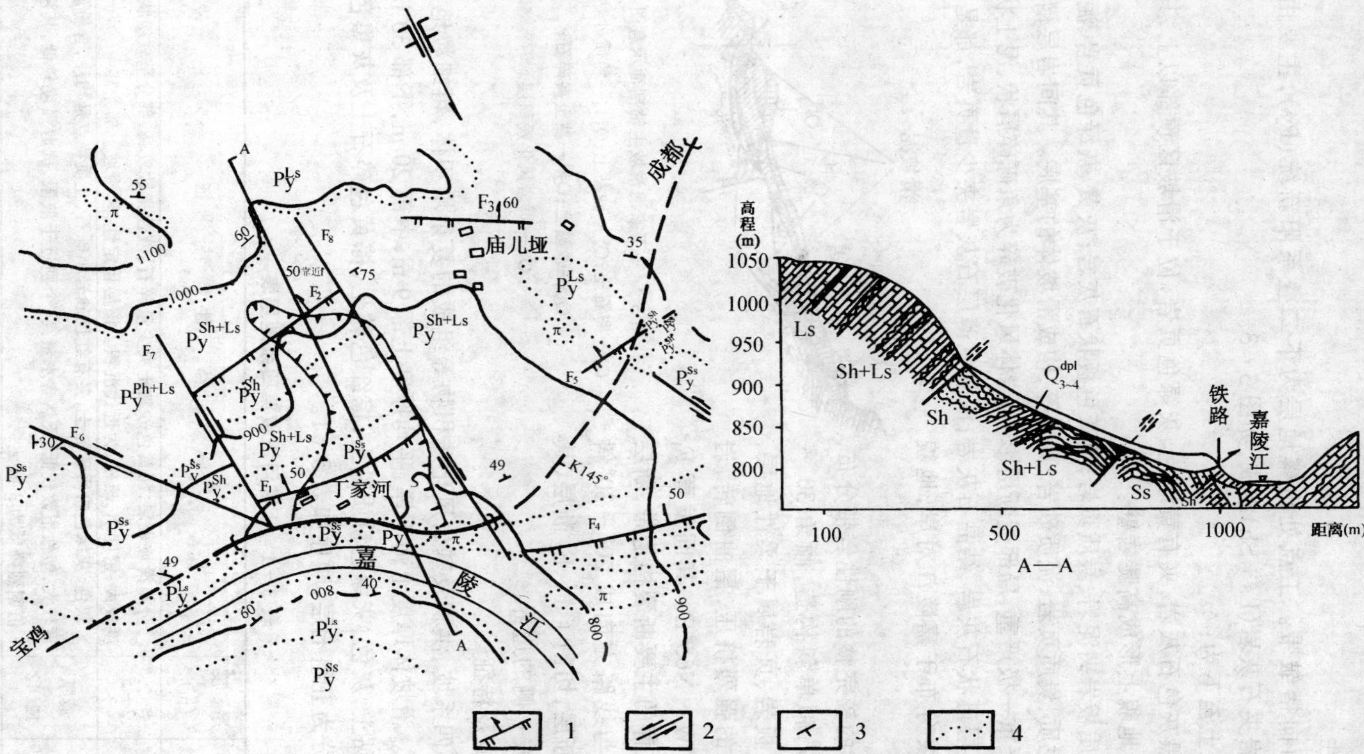

图 3-3　丁家河滑坡构造地质平面及剖面示意图

Q_{3-4}^{dpl}—滑坡堆积；Py—下二叠系阳新统；Ls—石灰岩；Sh—页岩、板岩；Ss—砂岩；π—长英斑岩；

1—逆断层；2—扭性断层；3—岩层产状；4—岩层分界线。

塘陡崖崖脚，滑坡中部宽约 200 m，沿滑坡中轴长 650 m，线路通过滑坡长 332 m，滑坡前后缘高差 120～150 m。沿滑坡中轴坡度上陡下缓，中部有二、三级小台阶，前缘呈反坡状。滑坡体坡度上部为 40°～15°，中部为 5°～18°，前缘为 0°～7°。

2. 地层岩性特征

(1)区域地层岩性

本区属秦岭东西向褶皱带。工点处出露地层为下二叠系阳新统(Py)，主要由石灰岩(Ls)、页岩(Sh)和页岩夹石灰岩(Ls + Sh)组成，如图 3－3。

地层分布层序从上至下为：

上部为深灰色、黑灰色石灰岩，夹有黄绿色、灰绿色页岩，位于滑坡区顶部以上，其间构造节理发育，风化颇重，地貌上形成高陡岩壁。

中部为灰黑色硅质板岩夹泥岩、炭质页岩；黄灰色板状石灰岩；灰黄、灰绿色页岩、泥岩；褐黄色、灰色硅质板岩夹泥质、炭质页岩；泥质砂岩、页岩等，构成滑坡体的基底。其间岩层褶皱强烈，断裂构造发育，风化严重—极严重，局部受断层影响，岩体风化破碎为角砾碎屑状、泥土状。

下部为浅灰色厚层砾状石灰岩、结晶石灰岩；深灰色薄层石灰岩夹少量页岩，都是较均一完整的稳定岩带，主要分布于嘉陵江对岸，地貌上表现为高崖陡壁。

从工点两侧出露的较完整的刚性岩带分布，本段岩层产状近 EW，似单斜构造，倾角 30°～50°，向南倾。其间的板岩、页岩属于柔性地层，因受 SN 向构造应力的强烈挤压，褶曲倒转，岩层走向多变，为 N60°W～N65°E。其间发育 F_1 和 F_2 断层，为本区发育的主要断裂构造带，断层带垂直于滑坡主轴，与线路方向成 20°～30°斜交，两侧为两条扭性断层，切割了 F_1、F_2 断层，其中 F_8 断层构成了滑坡一侧的边界。

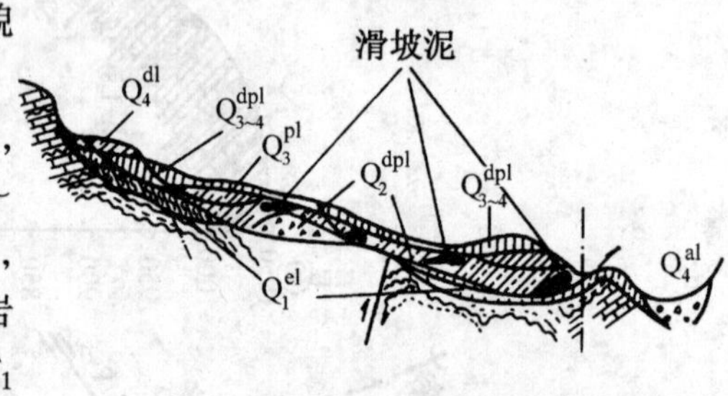

图 3－4　丁家河滑坡主轴剖面示意图

Q_4^{al}—卵石土；Q_4^{dl}—砂黏土；Q_{3-4}^{dpl}—粉质砂黏土；Q_3^{pl}—砂黏土；Q_2^{dpl}—黏土夹碎石；Q_1^{el}—页岩风化残积层。

(2)滑坡体的组成及特征

滑坡体为一套第四系坡、洪积及基岩风化残积物等组成的复杂堆积体，粗细粒地层交错，极不均匀，如图 3－4。滑坡体厚度上薄下厚，平均厚度上部 9 m，中部 20 m，下部 30 m。主要包括黄色坡、洪积砂黏土，灰色、灰绿色粉质黏土，棕红色黏土，棕黄色碎石土及灰黑色炭质页岩风化残积层组成，分为五组七层，顺序如表 3－1。

表 3－1　丁家河滑坡第四系地层表

第四系地层		地层分布自上而下	厚　度(m)	岩　性　特　征
组	层			
第一组	第一层	Q_4^{dl}	2～5	分布滑坡表层，深黄色砂黏土夹少量碎石，液性指数较高，部分呈软塑状态，孔隙度较大，密度小，疏松，为近代沉积。该层稳定性差，滑坡上部尤甚
第二组	第二层	Q_3^{pl} 及 Q_3^{al}	最厚 12.42	灰色、灰绿色粉质砂黏土，夹有红色砂岩小砾石，土质特点是均一，含粉质的孔隙度较大，塑性指数较低，天然含水量高，个别近于液限，抗剪强度较低，其浸水剪切 c 值剧烈降低为 3 kPa
	第三层	Q_3^{pl}	层厚较小	灰色砂黏土，本层与上层相似，同为灰色，孔隙度大，疏松，抗剪强度低于上层
				本组地层为灰色、灰绿色，均匀，天然含水量高，为山地沟谷静水沉积，带有沼泽性

续上表

第四系地层		地层分布自上而下	厚度(m)	岩性特征
组	层			
第三组	第四层	Q_2^{pl}	5～20	主要分布在滑坡下部。为棕红色黏土，土质均一，特点是天然含水量较低而均匀，密度大，塑性指数大于17，为塑性最高的地层，沉积时代较早，沉积环境较稳定，抗剪强度高
	第五层	Q_2^{dpl}		灰色黏土夹碎石，本层与上层相似，但颜色不同，含碎石较多，塑性指数略低，半数在17以上，地层差异较大，沉积环境不如上层稳定，沉积年代也较早
第四组	第六层	Q_2^{dpl}	10	本层在滑坡的上下部都有分布，主要为棕黄色碎石土，灰色砂黏土夹碎石，为轻型砂黏土，地层差异最大，天然含水量的差异也很大，多粗粒，易充水成为囊中水
第五组	第七层	Q_1^{el}		黑色页岩风化残积物，为经断裂构造破坏风化而成。又经过滑动重力挤压，呈薄层状，有光滑面，污手，夹有硅质岩屑，密度较大，黏土状，滑腻污手，间夹碎屑，层状排列，自身不透水，为隔水层，有利于储水、聚水。本层抗剪强度最低

基底主要为黄灰色板状石灰岩，灰黄、灰绿色页岩和泥灰岩，褐黄色、灰色硅质、泥质砂岩和页岩等组成，均褶皱破碎，风化严重。滑坡前后缘为灰黑色硅质板岩夹泥岩和炭质页岩的断层破碎带，风化极严重，岩石破碎为角砾碎屑状、泥土状。前缘有长英岩侵入。

(3)滑动面的组成及特征

从调查、试坑及钻探资料分析，该滑坡位移主要发生于第四系堆积层，其基底基岩岩性不均一，断裂构造交叉发育，褶皱强烈，使得岩体风化破碎，这就为孕育滑坡提供了条件。炭质页岩的风化残积物易产生滑动面，在滑动位移过程中，一些残积风化泥以及碎石、角砾状的破碎物也顺滑动带断续挤推。

试坑和施工开挖资料表明，滑动面主要集中在残积层上下部(上部土层内未发现有明显的滑动面)，可见多层滑动面，而且滑坡床多为黑色风化残积层，只是厚薄不一，一般厚度约2 m，最薄1 m，前缘增厚为5 m，滑动面随基岩顶面呈波浪状起伏，在断层通过处变化最为强烈。但较为明显的滑动面有两种：一种分布在残积层底部，硬塑—半干硬，肉眼可见错缝，呈灰黑色、黑灰色，擦痕明显，指向N3°～50°W，平整光滑；另一种在残积层顶面，软塑—流塑状，滑动面新鲜，上面为黄色，下面为灰色，擦痕不明显。前者为大滑动面，表明滑动量较大；后者为新鲜滑动面，为近期滑动，位移量不大。另外，便线开挖时，在残积层底部发现有厚0.2～1.1 cm的石膏膜和石膏脉，膜面也有擦痕，说明古滑坡确实相对稳定过一段时间。

黑色风化残积层，原状剪切值的低值为 $\varphi=7°47'$，$c=16.5～21.5$ kPa，高值为 $\varphi=21°49'$，$c=40$ kPa；夯后浸水固结快剪值的低值为 $\varphi=7°50'$，$c=18.8$ kPa，高值为 $\varphi=13°47'$，$c=20$ kPa。按滑坡平衡状态求得 φ、c 综合值为 $\varphi=7°25'～7°50'$，$c=13.3～13.8$ kPa。

3.水文地质特征

本区年降雨量达800 mm，属于暖温带亚湿润气候区，雨季长达四五个月之久。工点处背靠高山，前临嘉陵江，有良好的补给和排泄条件。滑坡体由厚10～30 m粗细粒交互堆积层构成。周边和基底为风化破碎带，裂隙水源远流长，构成了较丰富的、错综复杂的地下水体系。勘测时在滑坡的上部、腰部多见泉水湿地，在前缘嘉陵江边也有泉水多处。

地下水以松散堆积物中的孔隙潜水为主，主要集中在底部的碎石层中，埋深8～24 m，沿碎石孔隙流动，有潜水面和潜水流，水位变化幅度反映较迟缓，但坑井开挖时往往呈射流状涌出，水量大，局部因上部有隔水层，形成承压水，水头高4～17.83 m，钻孔涌水量0.03～

0.38 l/s。个别地方在堆积层中发现有上层滞水，水位不固定，多呈囊状。在底部基岩中含有基岩裂隙水，多沿裂隙破碎带流动，在残积层局部缺失处补给孔隙潜水。

总的来看，滑坡体上下普遍含水，时而集中，时而分散形成断续的片流和线流，基坑所见水量大小不一，有微弱滴水，有涓涓细流、小股流，也有大量涌水。

（三）滑坡形成原因

工点位于山坡洼地。上部堆积有厚层的第四系松散地层，其底面顺坡有一定斜度；下部具有明显的基岩凹槽，为地下水的积聚创造了良好的条件。基底岩层为软硬不一的石灰岩、页岩，除局部由于褶皱出现顺山坡层理外，大部分岩层倾向山里，似乎不利于滑坡滑动。但在石灰岩之间的板岩、页岩经过强烈挤压，岩层褶曲，揉皱破碎，岩层的原生层理已完全失去，而这时断裂构造则起到了主要的控制作用，是决定滑坡滑动的主要内在因素。分布在基岩凹槽面上的软弱岩层，遭受强烈风化后形成风化残积层，随基岩面呈波状起伏，联成一片，在地下水的长期作用下，不断软化，抗剪强度降低，以致上部的第四系松散堆积物沿基岩面滑动形成古滑坡。

古滑坡基本上是顺基岩凹槽活动，经过大幅度滑动位移后，土体下滑力做了调整，前缘又有反坡抗滑部分，活动力大为减弱，水文地质条件也起了变化，滑动面（带）由于压密硬化作用，抗剪强度随之增加。一般来说，在此情况下，古滑坡再不会产生大幅度的位移。但残积层中碎石土孔隙长期充水，水量丰富，残积层中的黏性土受到浸润，局部地下水对滑体有一定的浮托作用，所以滑动的危险性依然存在。1956 年，由于前缘开挖路堑，造成古滑坡复活。滑坡产生后，不适当的刷方减重，导致滑坡进一步恶化。

（四）滑坡的整治及效果

由于铁路路堑的开挖，使古滑坡失去平衡，滑坡处于缓慢的位移状态，虽然位移量不大，但滑动仍在发展，整治势在必行。地下水是造成滑坡滑动的主要因素，因此，当时考虑了以排除地下水为主的整治方案。该滑坡按其不同的部位，不同的含水性质，做了渗水隧洞、渗水盲沟、支撑渗沟等工程，共 1088 m，如图 3－5。

1962 年，第一期工程加强地表排水后，一些地表泉水湿地已经消失。

1963 年，布置了第二期工程，主要包括：1. 上部设横向截水沟一道（第一道渗沟），长 280 m，深 10～14 m。主要拦截上部的上层滞水和裂隙水，以切断和减弱地下水的补给来源。2. 中部设渗水隧洞（第二道渗水隧洞），长 442 m。主要排除基岩裂隙水和基岩凹槽部分地下水，同时间隔相连的竖井（检查井共 10 个）也起到排除上层滞水和孔隙潜水的作用。3. 在滑坡前缘，垂直堑坡设置平巷式支撑渗沟 10 个，各长 10 m，间距 10 m，可起到前缘疏干的作用，并可稳定边坡，增加支撑力量。与支撑渗沟相连设平行线路的纵向渗沟（第三道渗沟）一道，长 165 m。并平行滑坡主轴增设引水隧洞两道，长分别为 64 m 和 87 m，以加强排水疏干效果。

第二期工程 1963 年 7 月施工，1965 年 9 月竣工。施工时导坑和基坑中普遍发现了滑动面。上部第一道渗沟施工时，微量渗水。渗水隧洞中遇含水层时，均大量涌水。初期水量很大，以后逐渐减弱，疏干工程做好后，山坡泉水和湿地相继减弱，上部的裂缝也逐步消失，路基和山坡恢复稳定。说明设置的各项排水工程是正确的。1981 年 8 月经特大暴雨洪水的考验，该滑坡仍然基本稳定，整治效果比较理想。

（五）经验与教训

宝成铁路宝略段分布有较多的大型滑坡。从施工到 60 年代中期，相继进行了整治，都取

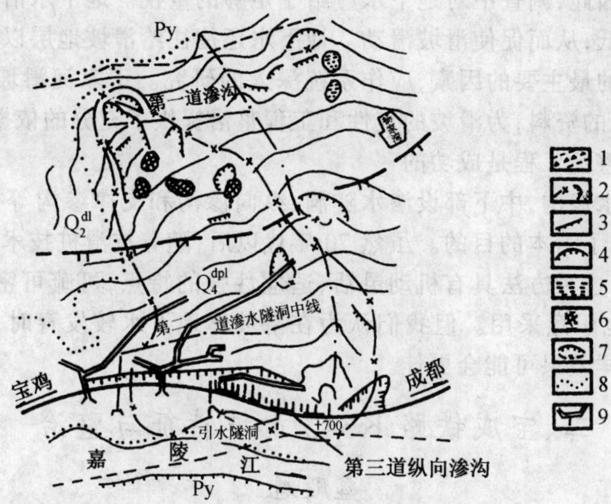

图 3-5　丁家河滑坡整治工程平面布置示意图

1—断层;2—滑坡移动范围;3—地表裂缝;4—陡坎;5—湿地;6—边坡堆塌;7—表土溜塌;8—岩层分界线;9—排水沟。

得了较满意的效果。其中丁家河滑坡,从路基变形处理至 1962 年的全面整治,历时 8 年之久。整治以来,经历了 30 多年的运营考验,并经过 1981 年 8 月特大暴雨洪水的袭击,滑坡一直处于稳定状态。这是一个以排水疏干为主整治滑坡的成功实例。下面谈几点经验与教训:

1. 该工点比较突出的问题就是对滑坡的发现与认识

开始勘测时没有认识是滑坡,将线路选择在滑坡前缘通过,而且过多地切割山坡坡脚,致使古滑坡复活。滑动产生后,不恰当的刷方减重,更加剧滑动,使整治滑坡过程达 8 年之久。今后我们在进行铁路勘测时,要注意发现及认识滑坡。对一些地貌形态明显的滑坡,一般比较容易发现和认识;而那些地貌形态不明显,或地貌形态已经过改造或夷平的古老滑坡一般不容易发现。所以,我们在进行野外调查时,对那些地貌相对平缓,地层凌乱,前缘或中部有泉水或湿地出露的斜坡,特别要给予足够重视,不要被一些貌似"稳定的平缓山坡"所迷惑。如果采用调查方法不容易确定,则要布置适量的勘探来进行定性评价。对一些前缘有变形迹象的斜坡,不要过早的下"整体稳定、局部滑动"的结论,古滑坡的复活往往都是从前缘变形开始的。只有在掌握了较全面和系统的资料(经调查、勘探和试验)以后,得出的结论才是正确和经得起考验的。

2. 坚持滑坡勘测工作两阶段

第一阶段先进行定性工作,要在较大范围内进行地质调查测绘,研究滑坡的发生和发展规律,进行必要的勘探,至少要布置一个滑坡主轴断面(要包括滑坡体以外一部分),这一阶段工作是非常必要的,特别对指导线路方案的选择有着至关重要的作用。第二阶段工作要在整治方案确定以后再实施,要在整治工程(如挡墙、抗滑桩、疏干排水工程等)的轴线上进行,并相应做一些局部的补充工作。丁家河滑坡 1961 年以前也做过不少工作,勘探 35 孔 970.27 m,但多限于前缘,滑坡的定性问题没有解决,急于进行工程整治,零散而不系统。1961 年至 1962 年进行了系统调查勘探,钻 22 孔 566.51 m,实际上均属于第一阶段的工作,1963 年又钻探了 12 孔 311.66 m,这才是第二阶段的工作。

3. 加强地下水的调查研究

滑坡活动大多与地下水活动有关。有地下水活动,又存在可滑的地层和可滑的构造,是产生滑坡的必要条件。因此,调查中对地下水应给予足够的重视。地下水活动浸泡了滑动地层,使其抗剪强度剧烈降低,从而促使滑坡滑动。地下水还往往给滑坡地层以动水压力。因此,地下水是促进滑坡活动的最主要的因素,应作系统深入的研究。丁家河滑坡做了大量的水文地质工作,取得了较系统的资料,为滑坡的定性和工程整治提供了充分的依据。

4.丁家河滑坡的整治工程是成功的

采取了上部设截水渗沟,中下部设渗水隧洞、纵向渗沟和支撑渗沟等排水工程,排除了滑坡体内的地下水,达到了治本的目的。虽然70年代以后,随着抗滑桩技术的成熟,滑坡整治多采用抗滑桩处理方法,这种方法具有机动灵活,适应性强的特点,可疏可密,可深可浅,有很大的优越性,施工单位也乐意采用。但我们认为在滑坡体地下水较发育时,不妨将两者结合起来,进行综合整治,这样效果可能会更佳。

二、宝成铁路K343滑坡特征与整治

盛殿魁

(一)滑坡概况

K343滑坡位于宝成铁路冉家河车站以南3.5k m,南距广元车站10.5k m,该处为须家河村,曾称须家河滑坡。工点范围TK343+890～+970,沿线路长约80 m,滑坡上宽70 m,最宽处95 m,滑坡纵向长240 m,滑坡体面积16 000 m^2,滑动面平均深约15 m,总体积约27万m^3。山坡自然坡度平均为28°。

因该工点复杂,在1962年的病害整治中,采取两阶段勘测,第一阶段为查明滑坡性质、地下水分布规律及其特征,以确定整治滑坡的工程措施;第二阶段主要是收集整治方案的施工设计资料。1962年11月20日完成第一阶段任务,经审查决定:该处以避绕滑坡的现行便线提高线路标准作为主要方案,恢复原有旧线与整治滑坡作为次要方案。在第二阶段应收集主要方案的施工设计资料,次要方案只收集初步设计资料,作为两方案比较的依据。

本次完成的外业测绘及勘探工作量计有:1.1/500地形地质测绘0.16 km^2;2.1/2 000地形地质测绘0.66 km^2;3.1/200滑坡地质断面测绘7个;4.1/2 000水文地质调查0.8 km^2;5.钻探16孔计293.49 m;6.试坑26个计156.6 m;7.电测深203个;8.物体充电4处;9.电测井3个;10.土壤物理力学试验79组;11.水化学成份分析46个;12.绕避滑坡方案全套地质资料,并进行了施工设计。

1963年9月滑坡发生大滑动,改变了滑坡情况及滑坡体内的土层结构,原设计图已不能适合新情况。同年11月又进行了大滑动后的补充测绘及地质勘探工作:1.1/500地形图0.05 km^2;2.地质断面7个共长1 600 m;3.改沟3条共长500 m;4.改沟断面60个;5.截水隧洞2条共长240 m;6.截水隧洞断面18个;7.改线650 m;8.线路断面50个;9.钻探7孔共计123.5 m。

根据补充资料,重新编制了施工设计,交付施工。

经过1963年的整治,该滑坡已稳定,并经受了1981年特大暴雨的考验。

(二)病害简历

该滑坡原为地下水路基工点。线路以深约10 m路堑通过,左侧边坡为1:0.75,右侧(山侧)边坡为1:1,当时对地下水未采取必要的拦截或排泄措施。1955年通车后,1956年雨季在TK343+890～TK344+020右侧边坡发生坡面溜坍,以后将边坡放缓为1:1.5,并在边坡泉水出露处坡面作深2.0 m的拱形支撑盲沟。

据记载，1958 年雨季前，山坡上发现 3 道裂缝，其中最外一道长 100 m，下错 20～30 cm；路基每昼夜上臌 4 cm，工务段每天需落道 2～3 次。1958 年 8 月以后，裂缝由 3 cm 扩大为 15 cm，下错增至80 cm，路堑坡脚侵入路基面 1～2 m；在 TK343 + 930 处有地下水渗出，流量 19 l/h。1962 年铁一院勘测期间，调查证实最外一道裂缝 1959 年已发展成为滑坡陡壁。

1959 年初，为避免滑坡对线路的直接危害，在路堑靠河侧修建便线通车。并提出整平地表、作横向及纵向盲沟排除地下水，靠近路堑坡脚作片石压脚的抗滑方案，当时由铁二院设计后，于同年 4 月交付施工。施工时先在 TK343 + 910 及 TK343 + 940 两处开挖盲沟，由于在施工中土体仍在缓慢地向下移动，所以山坡裂缝随挖随裂，至 6 月滑动速度加快，至 8 月滑坡环形裂缝下错达 1.5 m，在 8 月 15 日一次雨后裂缝下错达 4.0 m，坡脚挤到原路基中心。自 6 月 15 日至 8 月 20 日水平移动累计达 4.5 m，沿滑坡壁下错 5.0 m 多，原路基隆起 1.5 m，将已成横向盲沟部分挤坏，纵向盲沟开挖的基坑挤拢，被迫停工。

1959 年施工时在山坡上建立了观测网，根据观测资料，移动量总计达 6700 mm，滑动方向偏向成都。该观测网于 1960 年 2 月以后曾多次重新建网，继续进行观测。

1960 年雨季滑坡体北侧原小桥上游表层裂缝发展，继续往下坍塌，桥孔淤积厚达 1.5～2.0 m。

1961 年雨季后，山坡上又有新的滑动和开裂，原有弧形裂缝往北(宝鸡方向)延伸至大排水沟附近。在 TK343 + 884.5 处原小桥上游由于继续滑坍而淤平桥面，沟水从桥面通过。原路基上臌 1.0 m 多。

访问证实是 1961 年雨季后，山坡上新的滑动裂缝即勘测时滑坡体上部滑动裂缝的位置，该裂缝在 1962 年雨季中因土体向下继续滑动而有较大的发展。在 1963 年 9 月 13 日、14 日发生了大滑动，后经整治，该滑坡即趋于稳定。

(三)地形地貌

该工点处为单面山中低山地形，北坡平缓，南坡由于侵蚀、剥蚀作用，基岩裸露多呈壁立陡崖状。嘉陵江流经坡脚，与基岩走向大致垂直，工点附近主流冲刷坡脚后流向对岸(东岸)，水面宽 100～130 m。水流通过本区切穿单面山呈峡谷。滑坡体位于嘉陵江河谷右岸斜坡洼地上，三面基岩山脊环绕，下部呈扇形，面临嘉陵江。整个斜坡呈簸箕状凹槽，山坡坡度 15°～20°，相对高差 300～400 m，斜坡坡面起伏不平，大部辟为阶梯式耕地，台阶高 1.5～2.0 m，宽 10～30 m，有树木生长。北侧为厚层砂岩形成凸起的脊梁，自然坡度 20°～30°倾向洼槽。滑坡体下为煤系地层，岩性较软。受剥蚀后形成单面山洼地，在洼地上沉积了较厚的第四系地层，线路即在此洼槽斜坡下部通过，见图 3 - 6。

工点处路基面高程为 363～364 m，高出勘测时嘉陵江水位约 18 m，高出历史最高洪水位约 6 m。

该区小支流多沿岩层走向发育，长年有水流。

该区属北亚热带湿润气候区。最高月平均气温不大于 28 ℃，绝对最高气温为 38.9 ℃，最低月平均气温不低于 3 ℃，绝对最低气温 - 8.1 ℃。年平均降雨量为 992.7 mm，一次最大降雨量为 164.4 mm。该区年平均蒸发量达 1 529.3 mm。

(四)地质与构造

该工点位于飞仙关背斜之南翼，背斜轴部位于冉家河车站以北飞仙关附近。在 K343 滑坡处属单斜构造，地层单一，无大的构造，仅于坡面露头上见有沿节理面的小错动。岩层产状

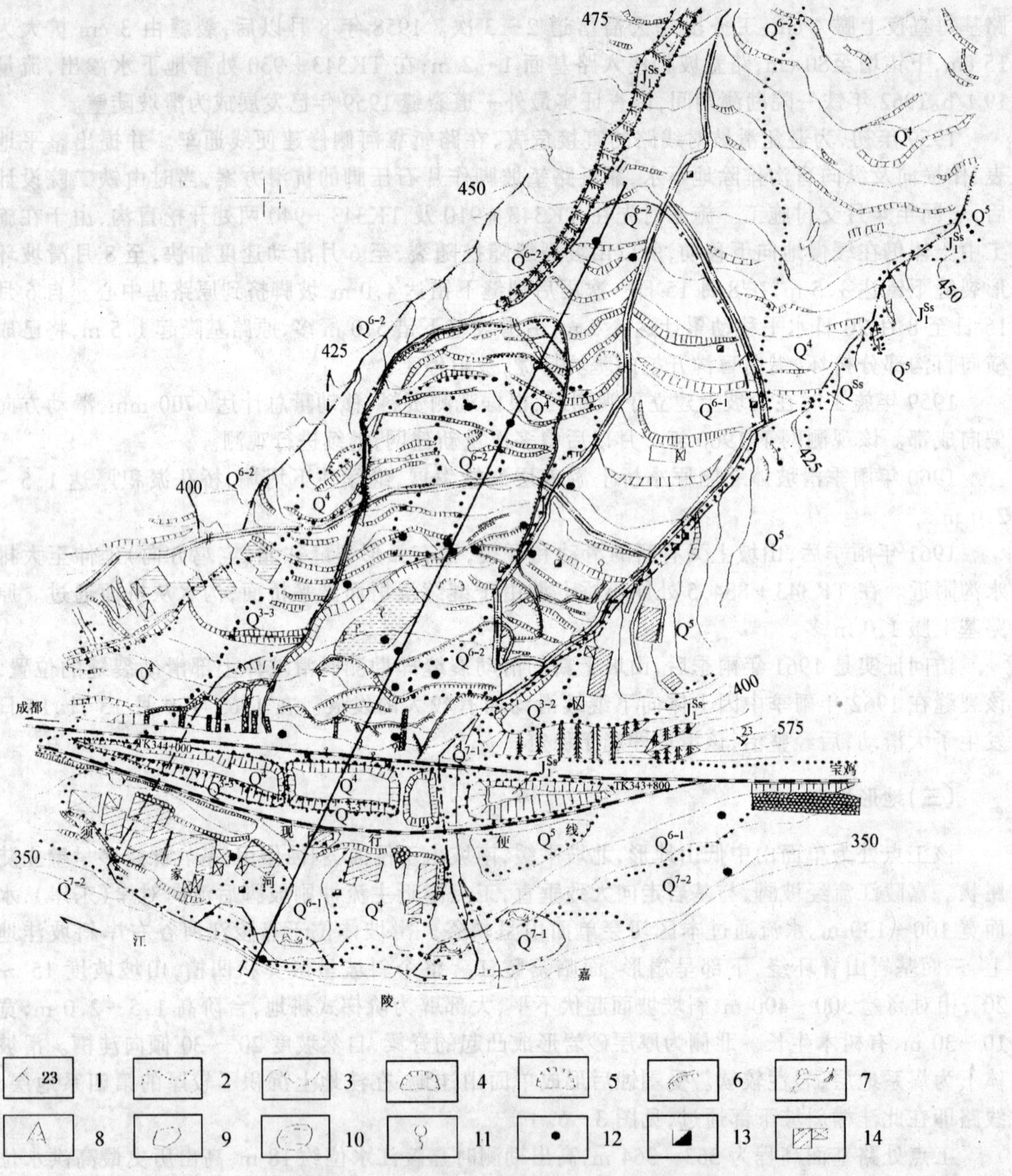

图 3－6　宝成铁路 K343 滑坡工程地质平面图

Q^{7-2}—砂；Q^{7-1}—块石；Q^{6-2}—砂黏土；Q^{6-1}—角砾土；Q^{5}—砂黏土夹碎石；Q^{4}—砂黏土夹碎石、块石；Q^{3-3}—黏土；Q^{3-2}—黄土质砂黏土；J_1^{Ss}—侏罗系砂岩。1—岩层走向及倾角；2—岩层分界线；3—古滑坡界线；4—现代滑坡；5—古滑坡；6—滑坡裂缝；7—河岸冲刷；8—冲积扇；9—天沟被冲坏范围；10—湿地；11—下降泉水；12—钻孔；13—试坑；14—房舍；

N60°～80°W/20°～30°S，倾向河。

该区基岩为下侏罗系须家河统煤系地层，厚 111 m，构成滑坡体基床，出露不好，仅于洼槽斜坡顶部有零星出露。据钻孔揭露，为黄绿色泥质页岩及灰黑色炭质页岩与灰黄色、深灰色细砂岩互层，一般层厚 0.5～2.0 m，最厚可达 7～8 m，风化严重，节理极发育，其岩芯呈泥状或粉末状和碎屑状，部分砂岩较硬呈碎块状。在页岩内夹有多层劣质煤，一般煤层厚 10～100 mm，在滑坡体下部最厚煤层有 3 层，厚 200～300 mm。沿页岩层面有完好的植物化石。

在洼槽内，煤系地层之上普遍为第四系坡积、洪积地层所覆盖，第四系地层的厚度随着分布位置不同，变化较大，一般从北西向东南逐渐增厚，最大厚度达 20 m 左右，洼槽下部为洪积的砂黏土层与冲积层呈犬牙交错状。第四系地层岩性特征由下至上分别叙述如下：

1. 风化残积层(Q^1)：为侏罗系煤系地层风化残积物，在洼槽基岩顶部普遍分布，一般厚 1～3 m，最厚可达 5 m，天然露头少，仅在滑坡体北侧自然沟口及洼槽斜坡顶部有零星出露。

2. 坡积、洪积砂黏土夹碎石(Q^2)：以黄色为主，团粒结构，压密度好，洼槽内普遍分布，一般厚 5～7 m。

3. 洪积、淤积淤泥质砂黏土(Q^{3-1})：灰绿及灰黑色，略具臭味，厚 0～3 m，分布在旧线路一带，向山坡方向逐渐尖灭，地表没有出露。

4. 坡积、洪积黄土质砂黏土(Q^{3-2})：棕黄色，孔隙明显，含有成层水平排列的钙质结核，分布于现代滑坡北边自然沟北侧山坡前缘，与滑坡无直接关系。

5. 坡积、洪积黏土(Q^{3-3})：褐红色，致密组织，块状结构，一般厚 4～8 m，滑坡体内普遍分布，在路堑边坡坡面及 1959 年滑坡壁上均有良好露头。

6. 坡积、洪积砂黏土夹碎石、块石(Q^4)：淡黄色，中等密实，为滑坡体表部主要出露地层，一般厚 3～6 m。

7. 坡积砂黏土夹碎石(Q^5)：浅黄色为主，分布于斜坡上部北侧缓山坡及南面陡崖下部坡脚，厚 3～6 m，滑坡体内无分布。

8. 人工弃碴角砾土(Q^{6-1})：灰黑色，松散的，为旧矿坑弃碴，分布于滑坡体上部及南侧，厚 1～5 m。

9. 人工弃土砂黏土(Q^{6-2})：淡黄色，疏松，为旧线路堑挖方弃土，堆积于现行便线外侧嘉陵江边，滑破体内无分布。

10. 洪积大块石(Q^{7-1})：成分以砾岩为主，砂岩次之，分布于滑坡体北侧自然沟沟口洪积扇上。

11. 嘉陵江冲积砂及卵石(Q^{7-2})：以粉、细砂为主，卵石成分为火成岩及紫红色细砂岩，一般粒径 20～60 mm，分布于嘉陵江漫滩上。

(五)水文地质特征

1. 水文地质概述

(1)地表水：在滑坡体及其四周的汇水区共约 24 000 m^2，每年承受 23 825 m^3 的降水量，由于地表为疏松的耕地及开采煤矿的弃碴所覆盖，估算渗入滑坡体中约 40%(9 530 m^3)，其中约有 80% 是集中在每年的 5～9 月渗入。

(2)第四系砂黏土及黏土孔隙裂隙水：具有上层滞水的特征，此类水存在于滑坡体坡、洪积地层内，沿着其裂隙及碎石集中处运动潴集，无统一含水层。受季节控制，雨季地表呈湿地，旱季干枯。底部砂黏土层中水，层厚 2～4 m，埋深 10～15 m，普遍含水，且水量大，其受地表水、残积层或基岩裂隙水补给，是造成滑坡滑动的主要含水层。

(3)残积层脉状水：存在于第四系底部的风化残积层中，厚 1～3 m，埋深 10～20 m，不普遍。据钻孔中揭露该地层含水位置、水量和流向等都相差悬殊，可以看出在残积层中呈脉状流动，局部具承压。

(4)基岩裂隙水：位于侏罗系地层节理发育处或风化破碎带中，不普遍、不成层，水量及承压高度不一。据调查访问，该处有废煤矿洞，已被覆盖，其方向约为 S72°W，4 个洞身互相平行。由废煤矿洞内流出的水。流量大者可达 3.0 l/s,小者只 0.01 l/s。

2.影响本区水文地质条件的因素

(1)气候因素:本区年平均降雨量为 992.7 mm,最大降雨量可达 1518.4 mm(1961 年),一般 80%的降雨都集中在 5 月至 9 月,雨量充沛且集中,大量补给滑坡体。

(2)地形因素:由于滑坡体位于单面山的洼槽内,有较厚的第四系地层覆盖,有利于地表水向滑坡汇集并渗入滑坡体。

(3)地质因素:本区位于秦岭与龙门山褶皱带交叉处,侏罗系地层内有较发育的节理,小的错断较多,组成了侏罗系地层地下水通道;在滑坡体上的第四系黏土有比较发育的裂隙,砂黏土中含有不规则的碎石,是第四系地层孔隙水形成、潴集及活动的通道;较厚的残积层存在于基岩顶部,又由于残积层中碎石、黏土含量差异甚大,使地下水呈脉状分布。

(4)人类活动因素:约在 200 年前人类在本区进行采煤,在滑坡体之南侧及西侧有许多废窑存在,这些煤窑构成地下水的通道。另外,路堑加大了地下水的动水压力,影响边坡稳定。

(六)滑坡位移观测

滑坡位移观测可以确定滑坡范围、性质、滑动规律、滑动速度及整治工程的效果等,一般较大滑坡都应设观测网进行滑坡动态观测。

1.观测网观测位移情况

1959 年观测,山坡移动量总计达 6 700 mm。

1960 年 2 月设观测桩 27 个,至 1961 年 5 月,观测结果,滑坡体上部未动,中上部水平位移 0~20 mm,中部位移 50~120 mm,下部 0~20 mm。

1961 年 6~7 月大雨后,观测桩被破坏,8 月补桩 16 个,9 月 8 日观测,滑坡体上部未动,中部两排桩分别移动 70~220 mm、100~210 mm。至 1962 年 9 月 22 日累计移动为 920~1 190 mm。

因观测网两次遭到破坏,于 1963 年 7 月 10 日又重新建网,设 49 个观测桩,共 16 条观测线,见图 3-7(K343 滑坡 1963 年 9 月大滑动前后位移观测平面图)。8 月 20 日观测,滑坡中部移动 80 mm,下部移动量小,旧路堑未动;9 月 11 日观测,滑坡上部移动 2 000 mm,中部向河移动 3 857 mm,下沉 6 030 mm,旧路堑移动 3~10 mm。

2.1963 年 9 月 13 日至 14 日大滑动前后情况

据观测人员反映,8 月中旬至 9 月 6 日连续下雨,降雨量达 188 mm,山体变形,顶部裂缝下沉 1 m。据说 11 日山坡滑动,当地居民听到响声。9 月 12 日旧路堑被滑坡体填满,滑坡中部 77 m 长的天沟下移 3~4 m,北侧小桥盖满。9 月 13 日至 14 日,滑坡体发生剧烈的滑动,致使原有滑坡体的地形地貌完全改观,滑坡体坡度较前为缓,整个滑坡体分为两个稍具反坡的平台;滑坡上部形成弧形陡壁,高约 10 m。陡壁下和平台内侧均出现积水洼地。滑坡中部浆砌片石排水沟被剪断后向下移动 40 余米。滑坡舌部受左侧原开挖路堑剩下的土墩阻挡,旧路堑填满后土体顺土墩向上翘起,约 13 m 左右。滑坡体坡面裂缝杂乱,宽 0.05~0.5 m,间距 0.3~1.5 m。树木均向外侧倾倒,但所有地物仍保持其相对位置。9 月 14 日凌晨 4 时,通讯电杆被推倒,上午 10 时,线路左侧土墩开始出现裂缝,宽 3~6 mm,16 时宽 20~30 mm,24 时宽 60 mm。9 月 15 日上午 10 时,土墩向外移动 10~20 cm,9 月 17 日基本停止位移。

大滑动后重新对滑坡范围进行实测,上宽 70 m,下宽 90 m,上界距旧线中心 200 m,距便线中心 230 m,上下高差 70 m,与原来滑坡范围基本一致。

根据大滑动位移观测分析,可以看出在距线路右侧 180 m 左右,滑动方向向左(北)有 1 个 11°转角,到线路(旧路堑)处与线路成 94°角(见图 3-7),其方向与基岩顶板的凹槽方向一致。

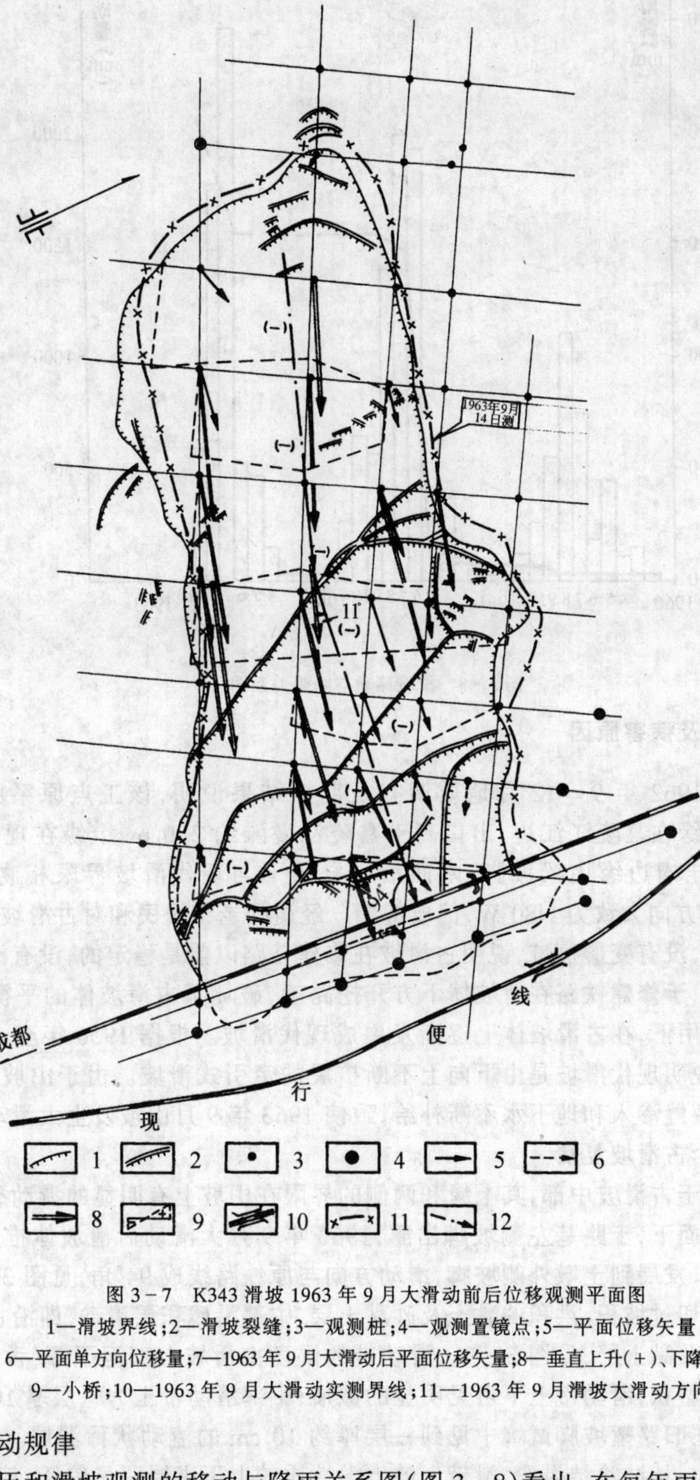

图 3-7　K343 滑坡 1963 年 9 月大滑动前后位移观测平面图

1—滑坡界线；2—滑坡裂缝；3—观测桩；4—观测置镜点；5—平面位移矢量；
6—平面单方向位移量；7—1963 年 9 月大滑动后平面位移矢量；8—垂直上升(+)、下降(−)；
9—小桥；10—1963 年 9 月大滑动实测界线；11—1963 年 9 月滑坡大滑动方向。

3. 滑坡移动规律

从病害简历和滑坡观测的移动与降雨关系图(图 3-8)看出，在每年雨季滑坡体都有新的滑动和发展，滑动量与降雨有密切关系，雨季土体孔隙充满水，土体重量增加，抗剪强度降低，所以滑动速度快，雨季后，水分逐渐从土体中排出，土体恢复原来的强度，所以旱季滑坡速度缓慢或趋于暂时稳定。

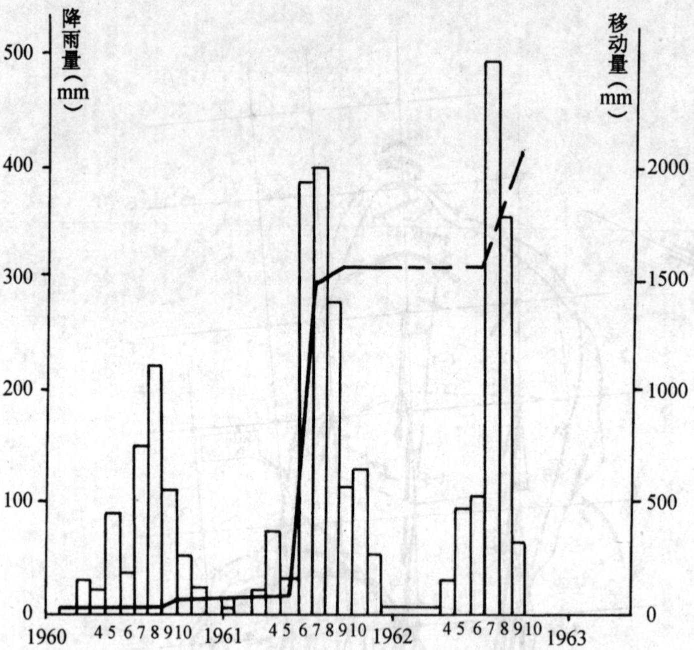

图 3－8　滑坡移动与降雨关系图

(七)滑坡性质及病害原因

1. 古滑坡:经 1962 年 9～12 月地质调查及勘探结果说明,该工点原系已稳定的古滑坡。古滑坡范围下缘在嘉陵江江边,出口高于嘉陵江漫滩约 2.0 m,上缘在现代滑坡界限外 60～70 m,北侧至洼槽边缘山梁坡脚,南面沿小脊梁下与现代滑坡界限相吻合,分布高程 350～445 m。滑动方向大致为 N80°W,偏成都端。经访问老年居民和对古滑坡上的 200 余年前的房屋进行观察,没有变形痕迹,说明古滑坡在修建铁路以前是稳定的,没有滑动。

2. 现代滑坡:由于修建铁路在滑坡体下方开挖路堑,破坏了古滑坡体的平衡,大量地表水渗入和地下水的作用下,在古滑坡体上逐渐发展成现代滑坡。根据 1956 年至 1962 年路堑上方山坡变形现象,说明现代滑坡是由下向上不断扩展的牵引式滑坡。由于山坡上裂缝愈发展愈多,大量降水沿裂缝渗入和地下水不断补给,致使 1963 年 9 月山坡发生大滑动,若不及时整治,很可能促使整个古滑坡复活。

现代滑坡发生于古滑坡中部,其上缘和两侧的界限在山坡上有明显的滑动裂缝和错壁,其下缘出口通过路基面下,于路基左侧坡脚出露,1963 年 9 月大滑动后滑坡体推动左侧路堑外土墩,滑坡下缘出口发展到土墩外侧坡脚,滑动方向与原铁路线成 94°角,见图 3－7。

现代滑坡上部切过坡积、洪积的黏土及砂黏土层,中部沿残积层滑动,即沿古滑坡面滑动,下部又切入砂黏土及黏土层,见图 3－9。滑动带的湿度由滑坡上部至下部(舌部)逐渐增大。上部滑动带土为可塑状,滑动带上下可见明显的擦痕;中部滑动带土为一层厚 10～20 cm 接近流动的软泥;下部在旧路堑坡脚试坑中见到一层厚约 10 cm 的流动状稀泥层。滑动带土普遍夹有灰白色的黏泥。从试验结果看,滑带土的力学性质较上下土层明显偏低,其内摩擦角不超过 10°,凝聚力一般为 50 kPa 左右。

根据钻孔资料,滑坡体内地下水主要为第四系孔隙水和残积层脉状水,由于褐红色黏土具有垂直方向的裂隙,有助于地表水下渗和砂黏土中含有不规则的碎石为地下水的潴集创造了

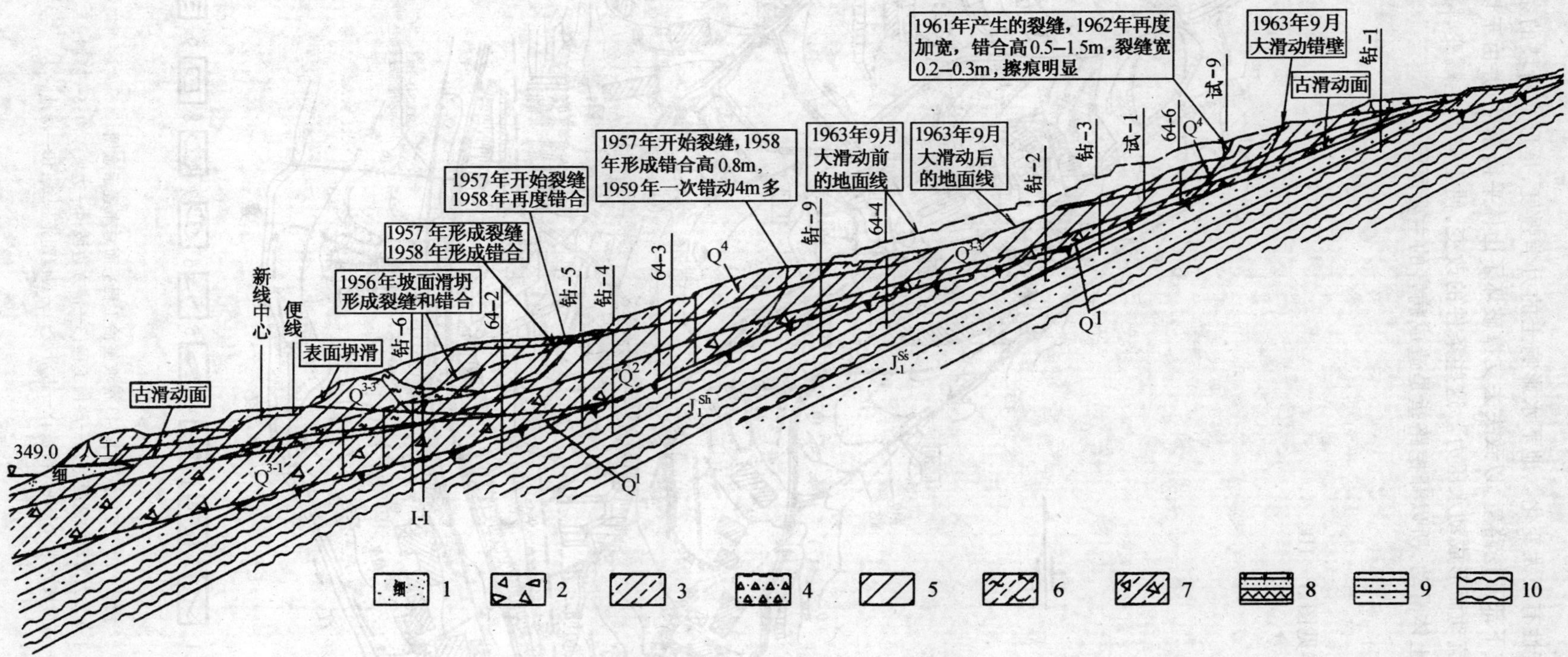

图 3-9　宝成铁路 K343 滑坡地质纵断面图

1—Q^{7-2}砂；2—Q^{7-1}块石；3—Q^{6-2}和 Q^4 砂黏土；4—Q^{6-1}，角砾土；5 - Q^{3-3}黏土；

6—Q^{3-1}淤泥质砂黏土；7—Q^2 砂黏土夹碎石；8—Q^1 残积层；9—J_1^{Ss} 砂岩；10—J_1^{sh} 页岩。

条件。地下水随季节性有很大变化。地下水影响土的力学强度，是形成滑坡的条件和因素之一。修建铁路在滑坡下部开挖路堑，以致失去支撑破坏了山体平衡条件；并由于切断地下水通道，使地下水沿斜面流动而形成动水压力。这些条件的改变，使土体产生蠕变，降低了土层原来的结构强度，引起土体滑动，所以开挖路堑是造成病害的主要原因。

(八)整治工程

整治工程内容详见图 3－10。

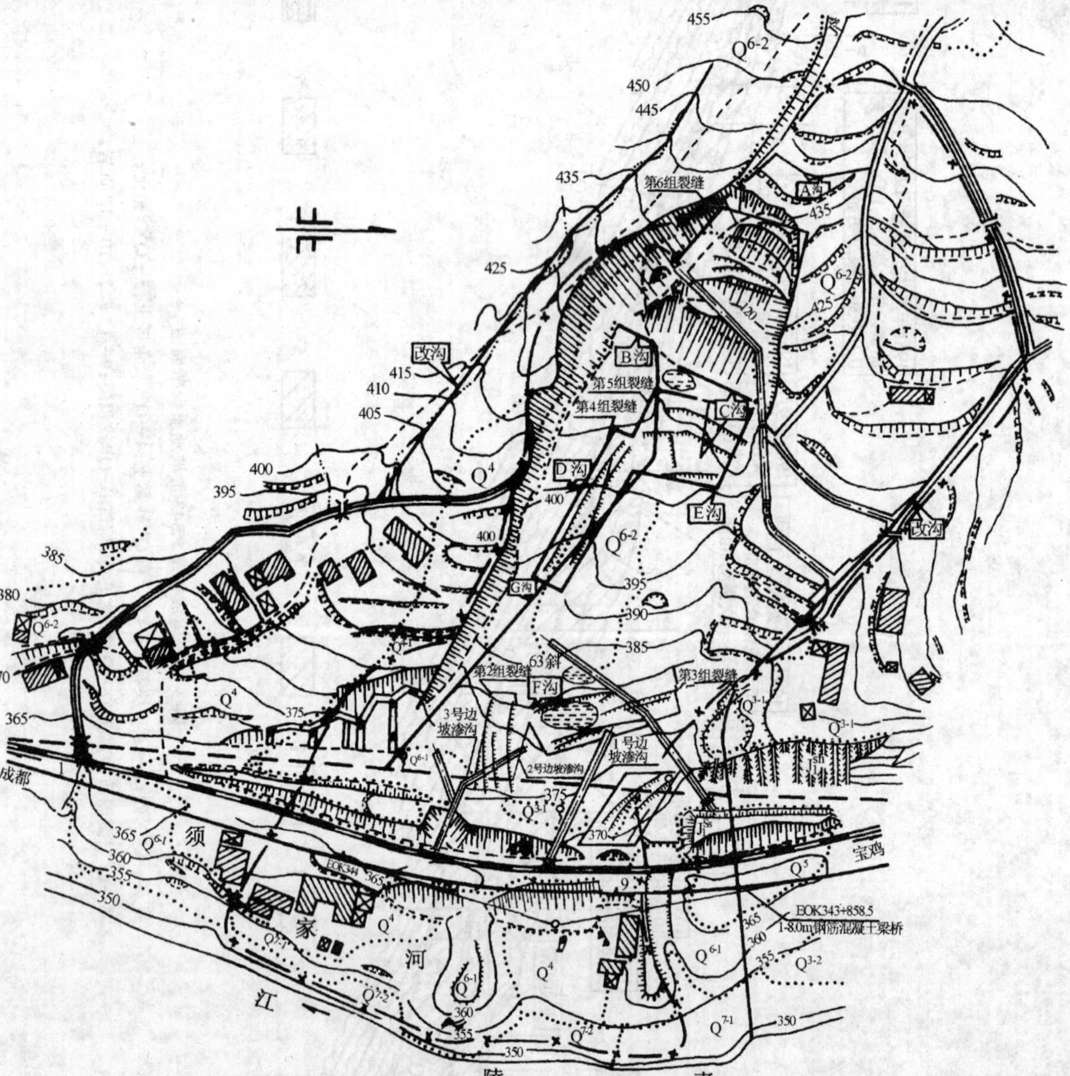

图 3－10　宝成铁路 K343 滑坡整治工程平面总布置示意图

1—1963 年 9 月大滑动的裂缝组；2—改沟工程；3—清方边坡；4—边坡渗沟；5—隧洞；6—古滑坡界线；7—现代滑坡；8—古滑坡；9—裂缝组范围线；10—湿地。

1. 整平地表：大滑动后裂缝较多，虽进行整平地表及夯填裂缝等临时措施，但由于土体特别疏松，夯实的仅是表面很薄的一层，且地表不平顺，雨后地表水仍下渗，故需重新整平进行机械滚压，做到有一层不小于 0.5 m 厚的压实层，并不积水。滑坡体上严禁耕作，但允许种植经济林。

2. 设置地表排水系统工程：大滑动后原排水系统已完全破坏，重新布置树枝形排水沟，除平行滑动方向设一条主沟(G 沟)外，在其两侧自上而下每隔 50 m 左右设一条支沟(B、C、D、E、F，共 5 条)；另外在滑坡顶部范围以外设一条截水沟(A 沟)。滑坡体北侧大自然沟的上部拆除翻修；滑坡体南侧自然沟有向滑坡体供水现象，故将上游自然沟铺砌延长一段。滑坡体北侧小桥及沟床堵塞，需将 EOK343 + 885.5 原有自然沟处的小桥向北改移 27.0 m，在 EOK343 + 858.5处设 1 孔 8.0 m 钢筋混凝土梁桥，并进行相应的改沟工程。

3. 截排地下水工程：为截排地下水，在滑坡中上部设置第一道截水隧洞，长 93 m，并设 3 个检查井；在线路右侧 80 m 设置第二道截水隧洞，长 79.2 m，设检查井 2 个。为了疏导大滑动后积于旧路堑土体中的地下水，以及排引掩埋的观测孔内的水，以增强整个滑坡的稳定性，在 EOK343 + 926.5 及 EOK343 + 969 的右侧，顺滑动方向设置 2 条伸入滑坡体下部的渗沟。

4. 改移线路工程：大滑动后，现行便线左侧部分民房已经拆迁。为使在滑坡体下部与线路之间留出适当的缓冲距离和照顾到 EOK343 + 858.5 的 1 孔 8.0 m 小桥的施工方便，并在不加大河岸防护工程的原则下，采用 EOK 线。

另外，因为线路改移，在宝鸡端增加了一些河岸防护工程；因为通讯线杆倾倒需改移一段通讯线路。

(九)小结

K343 现代滑坡，主要是由于修建铁路开挖路堑，引起古滑坡部分复活。1955 年通车后，从 1955 年雨季始，路堑右侧坡面发生溜坍，1957 年山坡发生裂缝，以后每年雨季山坡有变形，滑坡体侵入路堑，至 1963 年 9 月发生了大滑动。

在 50 年代初，铁路勘测设计时，若认识到此处为古滑坡，不在前沿挖较深的路堑，铁路以填方在现行线或原便线处通过，则很可能不会产生现代滑坡。

三、宝成铁路 K345 滑坡特征与整治

楚涌池

(一)概况

K345 滑坡位于四川省广元县境内，嘉陵江右岸坡麓，铁路高出河床约 14 m。北 1 km 为须家河煤矿，南 10 km 为广元车站。嘉陵江河面宽约 200～250 m，流向 S20°W，主流偏铁路对岸。

滑坡区自然山坡约 15°～25°，横向地形梁槽相间，为侏罗系砂页岩构成的单斜构造，单面山地形。滑坡区凹槽上窄下宽，内沉积砂黏土夹碎石、块石，上薄(2～4 m)下厚，嘉陵江边厚约 30 m。滑坡即发生于此堆积层内。如图 3－11。

该地区属北亚热带湿润气候区，月平均气温 5～26 ℃，冬季不结冰、少雪，夏季闷热，年平均降雨量 992.7 mm，年最大降雨量 1 518.4 mm，一次最大降雨量 164.4 mm。

1954 年施工开挖堑坡时坍塌，1955 年刷缓边坡，堑顶修土截水沟，山坡顺凹槽修浆砌排水沟，后路基翻浆隆起，继在右侧沟外修纵向盲沟，深 3.8 m，长约 120 m，上堆砌片石垛压脚，高 3.0 m，1956 年元月竣工，路基翻浆上鼓现象稍好转。1956 年 3 月发现山坡上布满裂缝，浆砌

排水沟断裂。1957 年布设观测网，观测至 1960 年，观测桩有位移，山坡在滑动。

1961 年 2 月重建观测网，观测山坡仍在滑动，雨季较烈。片石垛挤出显著，侧沟挤拢，路基有隆起现象，直接危及线路安全。

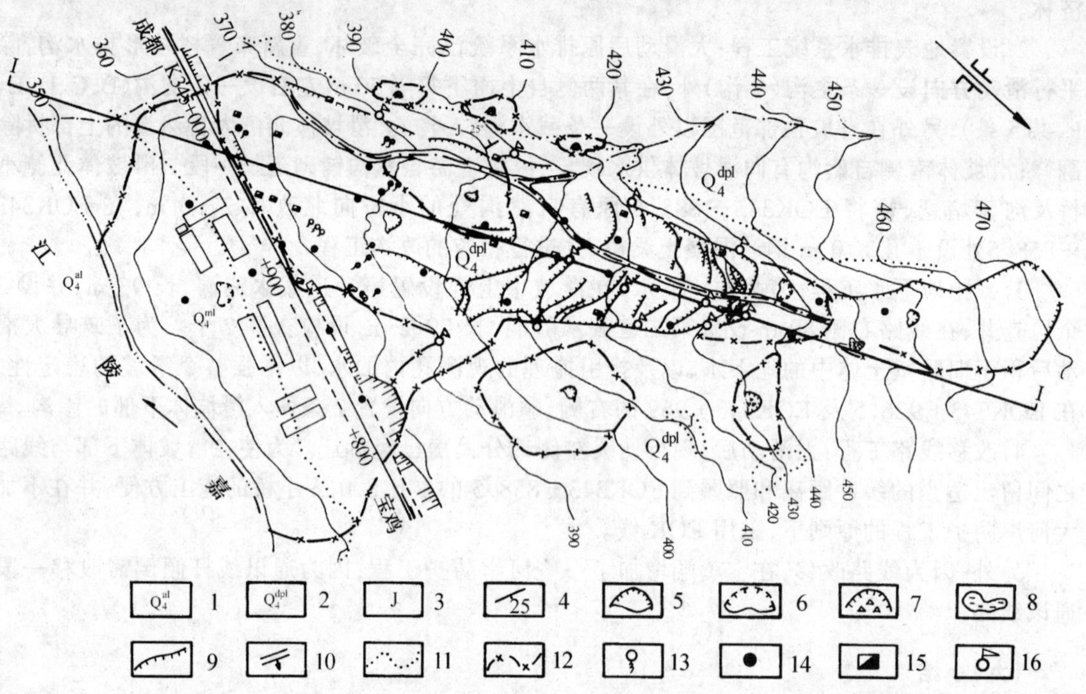

图 3－11　滑坡工程地质平面示意图

1—冲积卵石土、细砂、砂黏土；2—坡、洪积砂黏土夹碎石、块石；3—侏罗系砂质页岩、砂岩夹页岩；4—岩层产状；5—现代滑坡；6—古滑坡；7—崩塌；8—湿地；9—滑坡裂缝；10—滑动面反倾；11—岩层分界线；12—不良地质界线；13—泉水；14—钻孔；15—试坑；16—观测点。

(二)滑坡区地层特征及成因分析

1. 地层特征

从新至老描述如下，如图 3－12。

全新统(Q_4)

(1)细砂：嘉陵江河滩冲积，层厚 0.5～2.0 m。

(2)砂黏土夹碎石、块石：坡、洪积，层厚 0.85～3.40 m，灰黑色、黄褐色，土质松散，裂缝发育，有大空隙，富含植物根，夹碎石、块石 10%～40%。

(3)块石、碎石：坡、洪积，层厚 0.8～4.5 m，成分砂岩、砾岩，直径 50～800 mm，大者达 1.5 m，夹土质 30%～50%。

(4)砂黏土夹碎石：坡、洪积，层厚 1～16 m，深黄、棕黄色，硬塑状，黏性强，夹碎石 5%～20%。

(5)砂黏土：冲积，层厚 0.9～5.4 m，浅黑褐色，粉土质成分，夹零星砂粒。

(6)卵石土：嘉陵江河谷冲积，层厚 15～25 m，形状浑圆，直径 5～30 mm。

上更新统(Q_3)

(7)砂黏土夹碎石：坡、洪积，层厚 1.5～5.6 m，黄褐、灰黑色，夹有机质较多，夹碎石、块石

10％～30％。

(8)砂黏土夹碎石：坡、洪积，层厚 2.1～18.0 m，棕黄、棕红色，偶夹青灰、紫红等杂色，黏土质，硬塑状，夹碎石 5％～20％，成分砂岩为主，砾岩、页岩次之，部分砂页岩块已风化呈粉状包裹于土中。

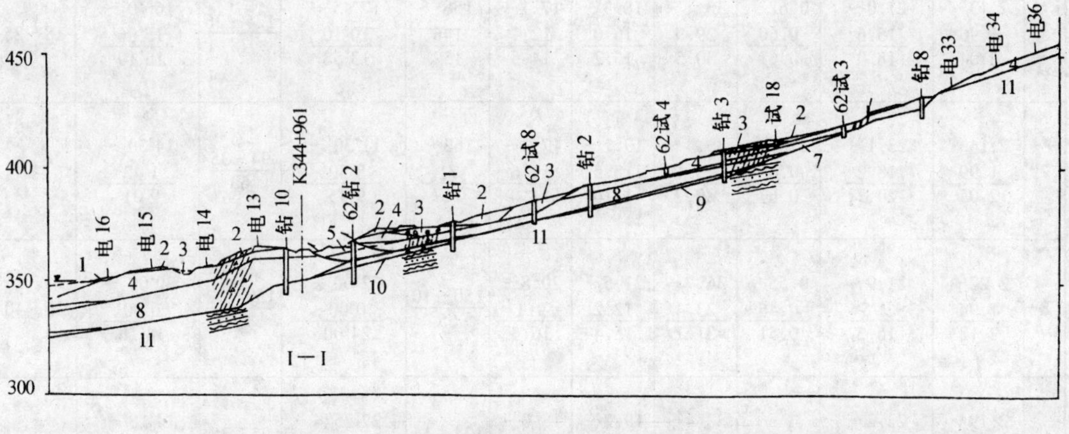

图 3－12　滑坡主轴地层断面示意图

1—细砂；2—砂黏土夹碎石、块石；3—块石、碎石；4—砂黏土夹碎石；5—砂黏土；6—卵石土；
7—砂黏土夹碎石；8—砂黏土夹碎石；9—砂黏土；10—角砾土；11—侏罗系砂质页岩、砂岩、页岩。

(9)砂黏土：层厚 0.3～0.5 m，局部厚 1.5 m，棕红、浅红色，软塑状，黏性强，夹零星砾石，据勘探证实，在滑动面及滑动带间均有该层。勘测时，现场取样作滑动面重合剪试验，得到的抗剪强度平均值为：$c = 30$ kPa，$\varphi = 4°27'$，应为滑动时的抗剪强度值。

(10)角砾土：层厚 0.5～3.0 m，砂页岩风化残积层，紫红、青灰、灰绿、灰黄等杂色，为碎屑、碎块及泥质，结构不均匀。

侏罗系(J)

(11)砂质页岩、页岩夹砂岩：呈 0.3～1.5 m 厚互层，页岩为紫红色夹青灰色等，泥质，质软，风化严重，该层构成滑坡床；砂质页岩为灰绿色，质尚坚硬，风化颇重，砂岩灰绿色，质坚硬，风化颇重，细、中粒，部分为砂砾岩。岩层产状 N70°～80°W/20°～28°S。

2.地层物理力学性质，如表 3－2。

表 3－2　地层物理力学性质表

层号	天然密度 ρ (g/cm³)	天然含水量 w_n (％)	孔隙比 e	液限 w_L (％)	塑限 w_P (％)	塑性指数 I_P	固结快剪 c(kPa)	固结快剪 φ(°)	快剪 c(kPa)	快剪 φ(°)	视电阻率 Ω·m
2	2.04～1.99 / 2.01	24.9～16.3 / 19.9	0.63～0.60 / 0.61	34.4～30.6 / 32.7	18.1～15.8 / 17.2	16.3～14.6 / 15.4			21	9°06′	50～200
4	2.20～1.97 / 2.09	23.0～12.1 / 17.5	0.56～0.44 / 0.51	36.7～26.4 / 31.7	19.4～13.5 / 15.9	17.9～12.9 / 15.4	112～10 / 65	30°40′～10°50′ / 22°20′	110～42 / 70	22°30′～11°18′ / 15°34′	30～100

续上表

层号	天然密度 ρ (g/cm³)	天然含水量 w_n (%)	孔隙比 e	液限 w_L (%)	塑限 w_P (%)	塑性指数 I_P	固结快剪		快剪		视电阻率 Ω·m
							c(kPa)	φ(°)	c(kPa)	φ(°)	
5	$\frac{2.13\sim1.96}{2.04}$	$\frac{21.0\sim15.6}{18.0}$	$\frac{0.62\sim0.60}{0.61}$	$\frac{33.1\sim29.9}{30.5}$	$\frac{18.3\sim16.0}{16.2}$	$\frac{17.1\sim12.7}{14.5}$	$\frac{158\sim146}{152}$	$\frac{17°45'\sim10°10'}{13°58'}$	$\frac{124\sim26}{78}$	$\frac{16°40'\sim15°06'}{16°10'}$	18~25
7	$\frac{2.14\sim1.99}{2.05}$	$\frac{23.1\sim18.2}{20.7}$	$\frac{0.69\sim0.66}{0.67}$	$\frac{33.4\sim25.1}{29.7}$	$\frac{19.1\sim13.5}{16.0}$	$\frac{17.4\sim11.6}{14.0}$	$\frac{163\sim71}{117}$	$\frac{11°30'\sim8°30'}{9°45'}$	$\frac{94\sim35}{60}$	$\frac{14°50'\sim1°42'}{9°01'}$	
8	$\frac{2.22\sim1.94}{2.12}$	$\frac{21.9\sim9.5}{16.3}$	$\frac{0.55\sim0.46}{0.51}$	$\frac{36.7\sim23.4}{31.7}$	$\frac{21.5\sim12.2}{15.4}$	$\frac{20.8\sim9.1}{16.3}$	$\frac{150\sim10}{65}$	$\frac{32°00'\sim0°00'}{24°00'}$	$\frac{150\sim12}{87}$	$\frac{30°00'\sim0°00'}{14°18'}$	25~40
9	$\frac{2.19\sim1.86}{2.08}$	$\frac{22.2\sim14.4}{19.0}$	0.61	$\frac{33.4\sim24.1}{31.7}$	$\frac{19.2\sim13.3}{15.5}$	$\frac{18.0\sim8.9}{16.3}$	$\frac{124\sim16}{52}$	$\frac{27°25'\sim2°36'}{15°25'}$	$\frac{95\sim35}{57}$	$\frac{14°18'\sim0°00'}{4°49'}$	

注：①表中$\frac{最大值\sim最小值}{平均值}$；

②第 9 层滑面抗剪强度值：$c=\frac{43\sim21}{30}$；$\varphi=\frac{6°00'\sim2°54'}{4°27'}$。

(三)水文地质

滑坡区地下水主要分为 3 类：

1. 基岩裂隙水

在古滑坡复活区未发现基岩裂隙水。仅在滑坡体外顶部山坡凹槽内发现侏罗系砂岩中有基岩裂隙水，据钻孔资料，基岩裂隙水具承压性质，一般埋深 7～25 m，属重碳酸型水。Q = 0.000 62～0.091 l/s。该裂隙水顺凹槽下泄，补给滑坡体。

2. 滑坡体孔隙潜水及上层滞水

滑坡体为砂黏土夹碎石、块石，属半透水或不透水层，因此构成的孔隙水，无统一的潜水面和完整的含水层。主要分布于滑坡体上部裂缝发育的拉裂带。大气降水沿裂缝下渗，并顺裂缝流动，是良好储水带，裂缝与裂缝间无水力联系，水一般顺裂缝流入排水沟或边缘裂缝，水位埋深 1～6 m，水量随季节性降雨量的大小而变化，其泉水流量 Q = 0.000 14～0.015 l/s。

滑坡体中部块石、碎石土中的孔隙潜水，埋深 2.5～3.9 m，呈透镜体状，Q = 0.003 9～0.005 3l/s，流向排水沟。

滑坡体中、下部，一部分接受上部裂缝水的渗流，大部分是大气降水直接渗入，形成上层滞水，埋深 0.5～1.5 m，水量雨季达 0.002 5～0.018 l/s，降雨 1～2 个月后干枯。受人工切坡及耕地影响，呈泉及湿地出露。

路基下及其左侧上层滞水，埋深 5.5～10.2 m，其流出量 Q = 0.007 9～0.08 l/s。

孔隙潜水或上层滞水均为重碳酸型水。

孔隙潜水及上层滞水，特别沿裂缝活动的地下水，一是增加滑坡体的重量，增加了下滑力，一是沿裂缝下渗浸润滑动带的土层，呈软塑状态，降低滑动带的抗剪强度。

3.嘉陵江潜水区

嘉陵江河谷卵石土中，水量丰富，地下水位随江水涨落而变化，埋深为14.6～16.0 m。

(四)古滑坡的存在及其稳定性分析

1.古滑坡的存在

据勘探揭露，滑动面或滑动带有棕黄、棕红等残积型杂色土分布，为软塑状砂黏土，且有明显的擦动痕迹，这是本滑坡滑动带的标志层。

滑坡滑动面位置及深度，在滑坡体上部基岩风化层顶部及滑坡体中部残积层顶部，勘探中均发现滑坡擦动痕迹，说明滑坡中、上部是沿基岩顶部滑动的。滑坡下部是沿线路左侧基岩陡坎外的砂黏土夹碎石层内产生滑动，钻探在三个深度上发现滑坡擦动痕迹，说明有三次滑动，滑动带内并有残积相的杂色土碎屑，显然是滑动过程从中部残积层内携带下来的。

砂黏土夹碎石堆积层位于基岩山坡凹槽内，滑坡体横向两侧稍低洼，中间突起。河边砂黏土夹碎石(Q_3)地层沉积后，外侧沉积了15～25 m厚的卵石土，说明砂黏土夹碎石(Q_3)地层已经处于稳定状态，但在Q_4地层沉积过程中曾有过滑动现象。

据上述分析，古滑坡是存在的，其范围是上部在土层最薄处，大致高程为435 m左右，下部已达河边，南侧是基岩陡坎，北侧以小山梁为界，如图3－11。滑动面在线路右侧位于基岩残积层顶部，至路基及左侧位于第四纪地层内。

2.古滑坡稳定性分析

(1)据访问资料，在铁路修建前，山坡是基本稳定的。

(2)古滑坡最上部土层厚1～4 m，地表无变形，虽地下水较发育，在重力作用下滑动力也很小，难以产生滑动，是稳定的。

(3)路基及其左侧，修路前没有变形迹象，说明当时山坡是稳定的。由基岩顶板图显示，岸边基岩坡度为30°～45°，而河床较缓，坡、洪积堆积体从线路至河边宽约60 m，外侧沉积了厚15～25 m的卵石土，因此沿基岩面滑动是不可能的。在砂黏土夹碎石层内三个深度上发现的滑动面，是古滑动面，后期是处于稳定的。开挖路堑，相对这一部分土体来说，等于上部减重，更增加其稳定性。铁路修建后，该部分无变形现象，在勘测期间埋设的简易观测桩，该处无位移现象，说明路基及其左侧土体处于基本稳定状态。

通过以上分析，说明古滑坡处于稳定状态(也可能为极限平衡状态)。铁路修建，开挖路堑，才引起线路右侧古滑坡中部的复活。

(五)现代滑坡(古滑坡中部复活区)

1.滑坡特征

(1)滑坡范围：如图3－11，周界均有滑坡裂缝包围。上部是以最外缘的拉张裂缝为界，高程大致在423 m左右；西南侧以基岩陡坎脚剪切裂缝为界；东北侧以小山梁处剪切裂缝为界；下部以线路右侧侧沟为界。呈上宽50 m，下宽110 m，轴向长260 m之舌状。纵向坡度13°～15°。

(2)滑坡移动方向

a.据略阳工务段1961年及1962年观测资料，见图3－13。根据观测桩移动量计算方向，如表3－3，其中因2号桩位于沟边，11号桩位于滑坡上部边缘，受影响较大，不宜采用。以5号及8号桩为准，滑坡滑动方向与线路夹角为40°10′～42°48′。

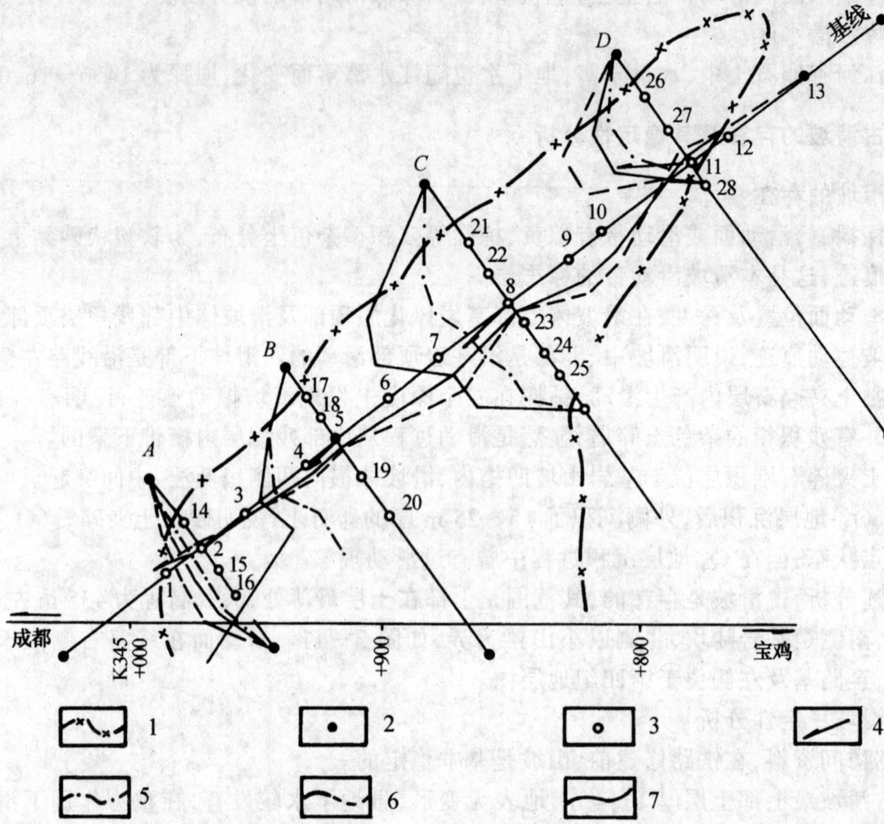

图 3-13 滑坡观测位移图

1—滑坡范围线;2—观测基桩;3—观测桩;4—移动方向;5—1961 年 2~8 月移动线;6—1961 年 2~12 月移动线;7—1962 年 2~11 月移动线。

表 3-3 观测滑动方向计算表

桩号	与基线夹角	与线路方向夹角	备注
2	$\tan^{-1}\frac{25}{255}=5°35'$	31°55′	1. 基线与线路夹角为 37°30′ 2. 基线观测偏宝鸡方向为负,偏成都为正
5	$\tan^{-1}\frac{-75}{1600}=-2°40'$	40°10′	
8	$\tan^{-1}\frac{-38}{410}=-5°18'$	42°48′	
11	$\tan^{-1}\frac{120}{195}=31°37'$	5°53′	

b. 本次勘测期间,在 K344+920 右堑坡,于 1962 年 10 月 16 日开挖一试坑,11 月 12 日竣工,坑深 12.35 m,鉴定时发现在深 9.5 m(高程 360.69 m,低于路肩 2.3 m)处,坑壁错移 1~2 mm,至 12 月 19 日错移量增至 20 mm,滑动面产状为 N25°W/19°S,呈反坡倾向山,擦痕指向 S35°E,与线路夹角 54°30′。

根据上述资料,滑坡移动方向与线路夹角约为 42°左右,临近线路,受基岩顶面地形影响,滑动方向稍向宝鸡偏转，与线路交角为 54°30′。

(3)滑坡移动速度

a.观测网资料

1957～1960 年观测资料提供的数据：

1957 年 7～12 月，移动 402 mm；

1958 年 6～12 月，移动 1373 mm；

1959 年 6～12 月，移动 580 mm；

1960 年 6～12 月，移动 515 mm。

1961 年重建观测网，至 1962 年移动量见图 3－13。从图中可看到 B、C 断面移动量较大，而 A、D 断面移动量较小。以 B 断面 19 号桩为例：1961 年 2～12 月，移动 860 mm；1962 年 2～11 月，移动 625 mm。

b.滑坡移动速度与降雨量关系

从观测资料，滑坡移动速度与降雨量关系密切，一般 1 至 6 月份较小，6 月份以后速度突然增加，以 19 号及 27 号桩为例，如图 3－14。大致月降雨量＜100 mm 时，滑坡体移动很少，＞100 mm时，则移动量大，一般是在降雨后一个月出现。

c.片石垛变位情况

这次勘测时，在 K344＋935 右侧开挖试坑，发现片石垛的位置与 1956 年 1 月 26 日竣工时片石垛位置变化如图 3－15，约移动 5.7 m，抬高 1.4 m。片石垛底部发现滑动面。盲沟内淤积饱和的稀泥状黏土，有水渗出。

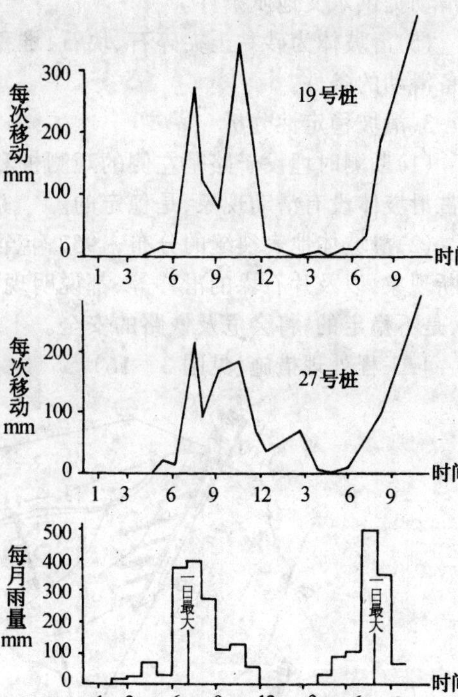

图 3－14　滑动与降雨量关系曲线图

(4)滑坡裂缝变形

滑坡体周界均有裂缝贯通，如图 3－11。

滑坡体上部沿轴长 80 m，宽 35～60 m，为拉裂带，以弧形拉张裂缝为主，与两侧周界裂缝羽状相连，裂缝张开 0.1～0.4 m，错台高 0.1～0.5 m，裂壁新鲜，可测深 0.4～1.0 m，裂缝内有水流动。浆砌排水沟有拉开错断现象，与地表裂缝相对应。

滑坡体中部沿轴长 150 m，宽 70 m，以整体下滑为主的滑移带，两侧有贯通的边缘裂缝。除次生滑坡产生的裂缝，浆砌排水沟在陡坎下有剪切裂缝外，无其它内力表现的变形现象。

滑坡体下部沿轴长 30 m，宽 110 m，为隆起剪出带，出现的擦动痕迹，显示了向山倾的滑动面或滑动带，滑坡体剪出隆起。K344＋890～＋960 段片石垛挤出明显，此段侧沟挤拢，沟边隆起 0.2～0.4 m。

2.滑坡形成原因

(1)铁路修建前，山坡处于极限平衡状态。开挖路堑使山坡失去支撑，抗滑力降低，是引起滑动的直接原因。前缘滑动面反倾，滑坡体隆起剪出，即是证明。

(2)滑坡体上裂缝总长达 1 228 m 以上，且全部为张开，降雨贯入裂缝的水，不但增加滑坡体的重量，即增加下滑力；而且水下渗减弱了滑动面的抗剪强度，是促进滑动的主要因素。

(3)基岩及残积层顶面有一层软塑状的砂黏土，天然含水量为19%，抗剪强度低，$c=57$ kPa，$\varphi=4°49'$，是孕育滑动的内在因素。

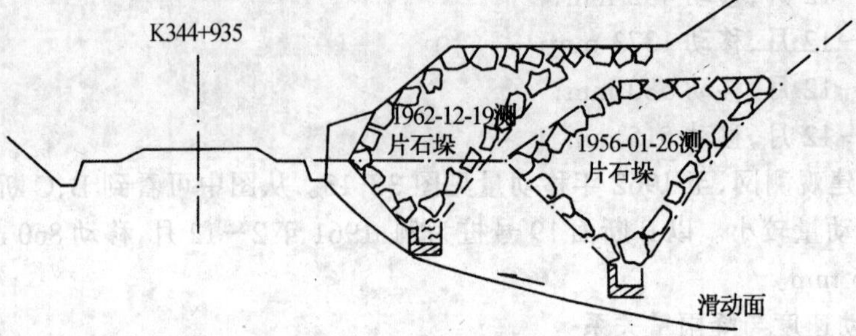

图3-15　片石垛滑动位移图

(4)滑坡山顶凹槽地带，有较大的汇水面积汇集降水，且有基岩裂隙水，补给下面的滑坡，为滑动提供水文地质条件。

(5)滑坡体为砂黏土夹碎石、块石，堆积于山坡基岩凹槽内，凹槽纵坡约15°，据经验分析，具备滑动的条件。

3.滑坡稳定性分析

(1)勘测时埋设于路基左侧的观测桩和历史访问资料，以及前述分析，都说明路基及其左侧古滑坡体没有滑动现象，是稳定的。

(2)滑坡体地表裂缝的分布，1957年至1962年观测桩位移资料，勘测时开挖试坑的坑壁剪断现象，以及片石垛的滑移等，都说明现代滑坡(古滑坡中部复活区)的存在，而且在继续滑动，是不稳定的，将会危及铁路的安全。

4.工程处理措施(见图3-16)

图3-16　滑坡整治平面总布置图

1—设计排水沟；2—设计截水渗沟；3—设计抗滑支撑渗沟；4—设计挡土墙、沉井。

(1)截排地表水

a.为减少流入滑坡体的地表径流,在成都侧陡坎顶,顺天然小沟,直至滑坡凹槽顶部修建滑坡体外浆砌截水沟,将水引入 K345+000 拱涵,总长约 550 m,改沟断面按流量 17.18 m^3/s 设计。

b.滑坡体内纵向浆砌排水沟已断裂损坏,需进行翻修,长约 343 m。

c.在滑坡纵向浆砌排水沟两侧修 5 条横向浆砌排水沟,将水引入纵向排水沟。

(2)拦排地下水

a.在滑坡纵向排水沟顶部修两条截水渗沟,拦截滑坡顶部凹槽地下水。

b.在滑坡中部排水沟宝鸡侧修截水渗沟,排除滑坡体裂缝浅层地下水。

c.K344+883~+995 右侧 9 m 顺线路设纵向渗沟,排除支撑渗沟引来的地下水及原片石垛下渗沟中的积水,并起疏干路基附近土层的作用。纵向渗沟水排入 K345+000 拱涵。

(3)支挡工程

a.K344+883~+976.5 右侧 10 m 布设 6 条抗滑支撑渗沟,渗沟底置于滑动面以下,依靠其摩擦力稳定滑坡。按 $\rho=2.05\ g/cm^3$, $c=20\sim33$ kPa, $\varphi=3°\sim6°$,根据水平推力设计支撑渗沟及干砌片石垛断面,安全系数 $K=1.25\sim1.36$。

b.沿滑坡主轴,距线路(K344+961.49)120 m 处,修筑抗滑挡土墙及抗滑沉井 3 个(6 m×9 m,其长轴平行于滑动方向),总长 56 m,高 4.0~9.5 m,基础埋入基岩。挡土墙计算的力学数据: $\rho=2.1\ g/cm^3$, $c=15$ kPa, $\varphi=7°$。检算稳定系数 $K=1.5$。

(4)整平滑坡地表及夯填裂缝

将滑坡体上的坑洼不平处,进行整平,不使有积水洼地,将所有的裂缝夯填密实。

(六)小结

本工点原为古滑坡,且处于极限平衡状态,修建铁路以挖方通过滑坡舌部,引起古滑坡复活,是值得借鉴的教训。今后在铁路选线过程中,应该特别注意避免类似情况发生。

本工点,采用了钻探、井探、物探及水、土、石试验等综合勘探手段,并布置了滑坡观测网,对新、古滑坡的分析、滑坡地层的分布、滑动面及力学参数的确定、滑坡体裂缝分布及分析、滑动方向及速度、地下水活动规律及性质,都有详细的说明及附图,资料详实、细致,为整治工程提供了可靠的资料。

四、陇海铁路宝天段胡店不良地质区工程地质勘察

刘湛省

宝天段胡店车站(K1300+412)位于渭河北岸,在车站附近(K1300+200~K1301+370)1.5 km×1.2 km 范围内,发育有大大小小 10 余处滑坡、错落、岩堆、溜坍及数条泥石流沟,见图 3-17,其密度之大在有"铁路盲肠"之称的宝天段上也是少有的。

(一)地质特征

1.自然概况

胡店不良地质区地处渭河峡谷地段,山高坡陡,河道蜿蜒,海拔高程为 782~1395 m,相对高差约 600 m,北岸山坡呈上陡(约 40°)中缓(20°~25°)下陡(40°~45)°状,坡面植被稀疏,在陡坡地段有灌木生长,缓坡地段地表为耕地。气候属暖温带亚湿润气候区。地震基本烈度为七度。

2.地层与岩性

本区基岩为一套古老的变质岩系，在山坡缓坡地带堆积有坡积物和风积物。在不良地质区一带的斜坡地层自上而下为：

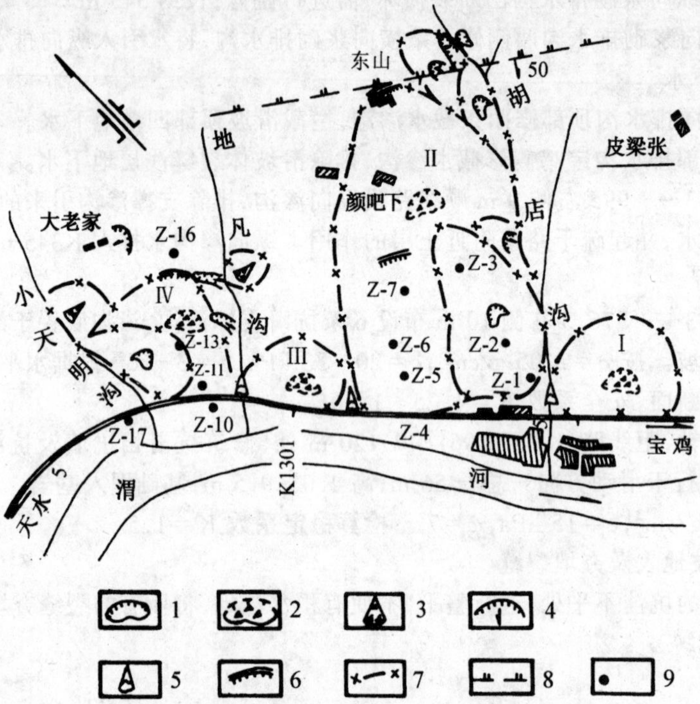

图 3－17　胡店地区不良地质示意图

1—滑坡；2—古错落；3—岩堆；4—溜坍；5—泥石流；6—地面裂缝；7—不良地质界线；8—逆断层；9—钻孔。

上部为厚 5～10 m 淡黄色的黄土质砂黏土，以风积为主，兼有坡积成因。土质较疏松，半干硬，孔隙发育，夹有大量钙质结核，局部可达 10%～30%。土体中还夹有零星碎石、角砾等。在表层有 0.3～0.8 m 的耕植土。

中部为碎、块石土，厚度变化较大，一般为 20～40 m。碎、块石成分与山坡基岩岩性相同，以角闪片岩为主。在碎、块石土中，夹有角砾土、砂黏土透镜体。碎、块石土中，粒径＞200 mm 的约占 40%，块石粒径一般在 0.5～1.0 m 之间，20～200 mm 的约占 30%，其余为角砾、砂黏土等，松散，在山坡中部，有时可看到依稀可辨的堆积层理，在山坡前缘，则是大小混合、杂乱无章。碎、块石自山坡后部向河边由薄变厚，局部可达 50 余米。

下部为震旦系下统角闪片岩、石英片岩夹云母片岩、石英岩、硅质大理岩等。角闪片岩、石英片岩、石英岩、硅质大理岩岩质坚硬，风化轻微至颇重，节理较发育，云母片岩呈灰绿色或灰褐色，多夹于角闪片岩和石英片岩之中，出露厚度一般不大于 1 m，风化程度较角闪片岩为深，岩质较软，易沿片理面裂开呈页片状。

3.构造

本地区属秦岭褶皱带北缘，历经多期构造运动，特别在燕山运动时期，大规模的岩浆侵入，褶皱断裂构造发育，岩层产状多变，为 N20°～75°W∕25°～60°S。从横切渭河的断面，图 3－18 来看，北岸岩层片理倾向渭河，为顺层山坡，从山顶到河边，岩层片理倾角由陡变缓；在顺线路方向上，岩层片理产状呈波状起伏，形成波浪状的基岩顶面。

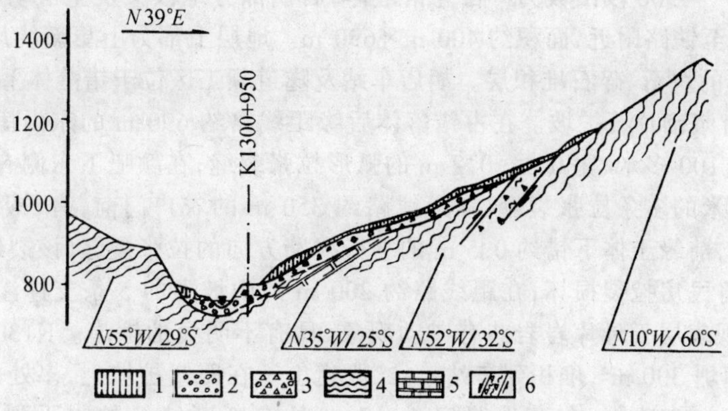

图 3－18　K1300＋950 垂直渭河地层剖面图

1—黄土质土；2—卵石土；3—碎、块石土；4—片岩；5—大理岩；6—断层带。

在线路北侧约 700 m 的大老家—东山—皮梁张一线，发育一条宽约 60～80 m 的断层破碎带，其产状为 N55°W/50°S，为逆断层。断层带由断层泥、断层角砾、挤压片岩及零星角砾岩等组成。下盘岩层受断层影响轻微，岩层较完整；上盘受断层影响严重，岩体较破碎，局部有错动现象。由于第四系地层覆盖，断层延伸长度不详。该断层带对胡店各种不良地质区形成起着重要的影响。

本段岩层节理较发育，主要为 NE 向和 NW 向两组，节理的切割既破坏了岩层的完整性又降低了岩石的力学强度。

4.水文地质

胡店车站地处秦岭山区，雨量较充沛，年均降水量 679 mm，支沟均汇入渭河。

(1)地表水：胡店沟、地凡沟、小天明沟等均长年有水，水清味淡，水量较大，可供饮用，受大气降水和基岩裂隙水补给。

(2)地下水：山坡缓坡地带都是上部为黄土质土，中部为碎、块石土夹砂黏土透镜体，下部为角闪片岩。胡店沟、地凡沟、小天明沟切割较深，不良地质多位于山梁、山坡上，汇水面积较小，无法储藏大量的地下水。由于在山坡中上部发育一条断层破碎带，基岩顶部呈波状起伏，在碎、块石土下部赋存少量地下水，在下部边坡坡脚小天明沟口有泉水渗出。赋存于松散堆积层中的地下水水量一般较小，主要受大气降水补给。

(二)不良地质

由于该区不良地质多，分布范围较大，不良地质体相互重叠、嵌套，现将对线路有直接影响的错落、滑坡由东向西划分为Ⅰ～Ⅳ区，见图 3－17，对这 4 个区及相关的 4 条泥石流沟分述如下：

1.错落、滑坡

(1)Ⅰ——古错落区

位于 K1300＋200～＋490 段山坡，范围约为 260 m×180 m。表层为黄土质砂黏土，下部为碎、块石，厚 20～30 m。1978 年 9 月 1 日，在 K1300＋200～＋400 段，坍塌 50 余 m^3。

由于该处山坡较缓，地表排水条件较好，该错落体已稳定，在局部坍塌地段，修建浆砌片石护坡后未发生变形现象。

(2)Ⅱ——古错落、滑坡区

K1300+490～+900段山坡为一古老错落体，后期部分地段又发生滑动。古错落体后缘在东山一带，前缘至铁路附近，面积约400 m×690 m。地层上部为上更新统风积黄土，厚5～10 m，下部为巨厚的块石、碎石堆积层。胡店车站及隧道领工区位于错落体下方，挖方边坡1∶1，高60～70 m，有浆砌片石护坡。在古错落体后缘距线路约690 m的东山房后梯田内，有平行线路方向、延伸100多米、宽0.1～0.2 m的弧形拉张裂缝；在颜吧下东侧有垂直线路、倾向胡店沟，延伸几十米的多条拉张裂缝；在距线路约350 m的农户门前，有长几十米，宽0.2～0.3 m，深5～6 m，前缘土体下错约0.5 m的平行线路方向的拉张裂缝(该裂缝经夯填后现在未张开)，此裂缝将民房拉裂损坏；在距线路约200 m的山坡上的5条支撑渗沟发生臌裂、损坏。在钻探中发现表层云母片岩岩芯有错动现象，具有不明显的擦痕。K1300+680～+730段，1981年8月溜坍300 m^3，堆积到车站一、二股道上。在路堑护坡上，多处出现拉裂外臌现象，K1300+630～+810段，在高出路肩1～2 m处有断断续续的水平裂缝，延伸总长近200 m；K1300+710～+720段有竖向裂缝；在K1300+786处有地下水渗出；在距线路右侧约120 m的天沟、吊沟多处拉裂。

根据工务段台账记载，1959年山坡表面发现有裂缝，1960年山坡局部发生溜坍，1964年该段护坡外臌变形，1965年翻修，1984年又被推断裂开，迄今仍在变化。据1985年7月8日到1989年5月16日观测，中部移动25～45 mm，东、西两边相对较少，一般在10～15 mm。

K1300+490～+680段土体，在错落体形成以后又发生过滑动。从地表上看，滑坡地貌十分明显，范围约200 m×400 m，主轴方向为S20°W。钻探发现滑动带，滑动带土 $c=6$ kPa，$\varphi=24°26'$，滑坡体厚度30～40 m，见图3-19。K1300+500～+600段，1981年8月21日，溜坍100余 m^3，砸倒工区住房并发生漫道，K1300+550右侧约30 m的边坡外臌，致使与边坡相抵的围墙发生剪切破坏，并将工区房屋后墙推裂内凹。

稳定性分析：

a.山坡后缘和中部有拉张裂缝，下部有臌出及剪裂现象，而且变形仍在发展；基底基岩面约32°，路基边坡高60～70 m，临空面大，且在碎、块石下部赋存有少量地下水。据此认为，因Ⅱ号山坡已经过长期的蠕动，当条件成熟时，终将会产生滑动。

b.由于Ⅱ号山坡不同部位变形速度不同，山坡东侧土体是不稳定滑坡，在山坡下方又有基岩出露，滑动发生时将可能是分块滑动。

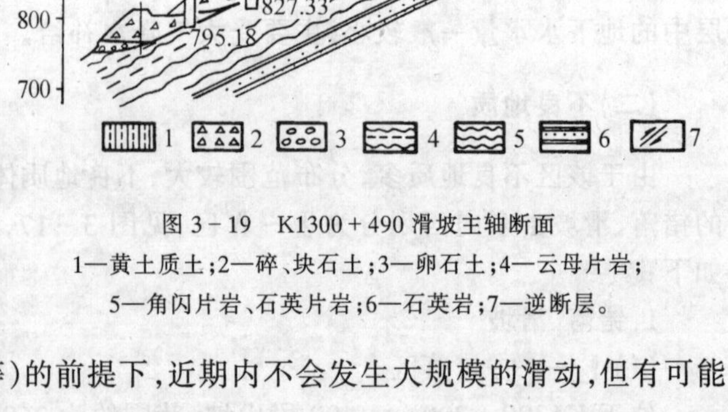

图3-19　K1300+490滑坡主轴断面

1—黄土质土；2—碎、块石土；3—卵石土；4—云母片岩；5—角闪片岩、石英片岩；6—石英岩；7—逆断层。

c.目前，该滑坡尚处于斜坡蠕变酝酿阶段，在不发生强烈地震或其它因素影响(如长期浸水软化或人为前缘切坡等)的前提下，近期内不会发生大规模的滑动，但有可能产生局部的、浅层的坡面溜坍或坍塌。

(3)Ⅲ——古错落

位于K1300+900～K1301+126段山坡，范围约210 m×150 m。表层为上更新统风积新黄土，下部为错动过的松散片岩岩体或岩块，其片理产状水平或倾向山内(正常岩层片理产状为 N30°W/30°S)，错动面产状为 N10°W/40°～60°S，错落体厚约 10～15 m。

该古错落体整体性较好，下部基座较高、较平缓，多年来未发现边坡变形现象，是一个已稳定的错落体，但有局部坡面溜坍和天沟被毁坏现象。

(4)Ⅳ——古错落、滑坡区

位于 K1301+130～+300 段斜坡地带，范围约 250 m×300 m。

该山坡为一突出山嘴。上部为上更新统风积黄土，厚 4～6 m，中部为碎、块石土，厚 12～15 m，下部为下震旦系角闪片岩。山梁上地下水不发育。

1949 年连下 40 多天大雨，挖方边坡发生大坍方，将电线杆、钢轨、枕木推入渭河，在线路右侧 260 m 的山梁上，有两条开裂下错的弧形裂缝，自 1949 年开始裂开，长期留有变形痕迹(目前地表裂缝已被掩埋，近几年来未见发展)。第一条裂缝走向与线路方向平行，长约 75 m，朝线路方向位移与下错；第二条裂缝走向与线路方向垂直，长约 45 m，朝地凡沟方向位移与下错；在山梁东侧出露的角闪片岩，岩层与岩层之间发生过挤压错动，在岩层内形成垂直于层面的锯齿状张裂缝；1962 年 10 月，在距线路 170 m 处，向地凡沟坍方约 500 m^3；1963 年 11 月，在距线路 240 m 处，向地凡沟坍方约 300 m^3。在 K1301+140～+200 段右侧护坡下部有一条斜向裂缝，长约 62 m，裂缝呈锯齿状，上部边坡向外剪出。

在小天明沟东侧山坡下部发育有一个范围为 150 m×220 m 的滑坡，滑动方向为 S70°W，发生于碎石土中，滑坡前缘已建有 7 根抗滑桩和挡土墙。目前该滑坡已稳定，但表面土体仍经常发生溜坍。

60 年代中期，采取了地表排水、放缓边坡、浆砌片石护坡等措施后，30 多年来，岩层裂隙、黄土裂缝再没有扩大发展，边坡未发生大的变形，说明该段山体是基本稳定的。但由于古错落体底部有软弱面，70 年代以后在距线路右侧约 500 m 的山坡上曾产生过平行线路的环形裂缝，说明该山坡还是有着缓慢的、微弱的变形，随着时间的推移，当软弱面(潜在滑面)抗剪强度降低到小于上覆岩、土体的剪切力时，即使没有外部干扰，也会失去稳定，产生滑动。然而，这一过程将需要相当长的时间。

稳定性评价：

在继续做好坡面排水、及时夯填裂缝等工程措施下，在近期内，该段山体不会产生给线路带来巨大危害的大规模滑移，但有可能发生浅层的、局部的坡面流泥或坍滑，其方向可能主要是朝向小天明沟。

2. 泥石流

胡店车站一带自东向西发育有 4 条泥石流沟，见表 3-4。

表 3-4　胡店附近 4 条泥石流沟情况统计表

沟　名	线路里程	对线路危害程度	流域面积 (km^2)	沟床纵坡(‰)			固体物质储量 (10^4m^3)	不稳定物质储量 (10^4m^3)	泥石流沟谷类型
				形成区	流通区	沉积区			
胡店沟	K1300+495	严重	0.5	636	373	141	22.5	2.1	沟谷型
	K1300+894	轻微	0.14	600	600				山坡型
地凡沟	K1301+126	轻微	0.34	785	450		3	0.3	沟谷型
小天明沟	K1301+304	轻微	0.8	750	323	176	16	1.13	沟谷型

(1)胡店沟(K1300+495)：胡店沟位于胡店车站站内，沟长约 1 km。沟内有大量的坡积物，滑坡、坍塌、溜坍等不良地质发育，岩体破碎，坡面不稳，松散固体物质十分丰富，流通区和形成区

无明显区别,在沟口形成洪积扇,将渭河挤向对岸。宝天铁路修建时,修建1孔3 m拱涵,1949年泥石流冲毁并掩埋胡店车站及民房;1952年12月改建为3孔16 m钢筋混凝土梁桥,以后经常淤积;1980年11月在桥下修建急流槽,在沟内修建4道拦石坝,其中4号坝高7 m;1981年8月21日暴发泥石流,内1号、2号、3号坝被冲毁,桥址下游57 m处的人行便桥被冲走,在桥下淤积700 m^3;泥石流流动开始时有浪头,响声很大,阵发性明显,属黏性泥石流。

由于该沟有着丰富的固体物质来源,沟床纵坡又较陡,是处于发展—旺盛阶段的泥石流沟谷,一旦有较强的集中暴雨,就会暴发泥石流。目前铁路桥下铺砌有急流槽,纵坡为140‰,槽底宽6 m。在一般情况下,能够排泄泥石流所携带物质;但由于桥下净高偏低(急流槽底距梁底3.1 m,沟床两侧距梁底2.3 m),当暴发较大泥石流时,仍有可能摧毁桥梁,掩埋线路,给胡店车站带来极大威胁。属一条危害严重的泥石流沟。

(2)K1300+894沟:为一山坡型小型泥石流沟,沟槽短小,主沟纵坡与山坡坡度基本一致,山坡坡面有局部溜坍现象。1978年改建成1孔2 m拱涵,1980年6月22日淤积100 m^3;1981年8月21日暴发泥石流,巨石堵涵,洪水漫道,站内淤积500 m^3;1983年新建1孔6.0 m箱涵,设急流槽排导。该沟属一条间歇性的、对线路危害轻微的泥石流沟。

(3)地凡沟(K1301+126):该沟长约0.65 km,沟坡上有部分坍塌体,在沟心及两岸有少量洪积、坡积物,沟床纵坡较陡,目前为1孔5.5 m小桥,下设急流槽排导。该沟属一条危害轻微的泥石流沟。

(4)小天明沟(K1301+304):该沟长约1.45 km,"V"型沟谷。上游基岩裸露,岩层节理发育,有少量崩塌物质,中、下游山坡发育有岩堆、溜坍、滑坡等,沟心有洪积物,松散固体物质较丰富,在沟口形成较明显的洪积扇。1981年8月21日暴发泥石流,由于既有线桥址与上流沟谷不顺直,泥石流改道冲毁急流槽,堆积于宝鸡端线路上,漫道长30 m,中断行车46小时,泥石流一部分流入桥下,泥石流顶到达桥台顶。1982年在正对原沟槽K1301+304处,新建1孔20 m低高度钢筋混凝土梁桥。目前该沟属一条对线路危害轻微的泥石流沟。

(三)不良地质形成原因

胡店地区不良地质如此发育,是由其所处独特的地理位置、地层岩性、构造、水文地质条件等因素所造成的。

1.地层岩性:本地区以下震旦系的角闪片岩为主,在角闪片岩中夹云母片岩、石英岩、硅质大理岩等。角闪片岩、石英岩、硅质大理岩岩质坚硬,层与层之间抗剪强度很高,而云母片岩易风化,岩质软,易沿片理裂开,属于"易滑地层"。

2.构造:胡店一带岩层产状为N20°～75°W/25°～60°S,北岸岩层向渭河倾斜,为顺层山坡,从山顶到河边,片理倾角由60°→32°→25°,上陡下缓逐渐发生变化,见图3-18,片理面倾向与山坡坡面倾向一致,部分地段片理倾角小于坡角;在纵向上,基岩顶部呈波状起伏,由于重力作用,使得波峰地段的岩层向波谷地段滑动的趋向,在波谷内又易汇集地下水;在东山—皮梁张一线的山坡陡缓变化处,有一条平行线路方向的断层,切割了断层南、北岩层的联系,加上胡店沟、地凡沟、小天明沟的切割,以致使所包围的岩层成为一个个孤立的岩体。以上各种因素,都对边坡的稳定性是很不利的。

3.渭河:河床纵坡为3.36‰,河水拐弯直冲北岸,长期冲刷掏蚀坡脚,将岩层下方切断或掏空,大大加剧了山坡的不稳定性。

4.水文地质条件:胡店地区受秦岭半湿润气候的影响,年降水量较多。山坡上的岩体,遭受地表水的浸渗、饱和作用后,容重增加,产生渗压,使顺坡向分布的亲水性强的软弱岩层泥化、软化,大大降低了其内摩擦角和凝聚力。

高陡的斜坡、不利的岩层产状和所存在的“易滑地层”,中部的断层切割,渭河的长期冲刷坡脚,地表水和地下水等综合作用,使得山体终于失稳,发生了大规模的山体下错、滑动、坍落、溜坍等不良地质,也为泥石流的产生储备了丰富的松散固体物质。

5.植被条件:在胡店一带,由于中部地形略为平缓,大面积的地表在近代被垦为农田,地表裸露,植被稀疏,生态平衡失调,水土流失严重,一旦有雨,松散土、石就会随洪流而下。

6.地形特征:胡店一带沟谷多为“V”型,流域高差达 600 多米,山坡坡度多在 25°~45°,山高坡陡,临空面大,边坡易失稳,主沟纵坡在 250‰~450‰之间,沟床狭窄,但在临近河床处(即线路附近)突然增宽,纵坡变缓,泥石流容易发生淤积,危及线路安全。

7.降雨特征:由于胡店属内陆性气候,降水量分配很不均匀,集中在 7、8、9 三个月。暴雨,尤其是特大暴雨,往往使沟谷暴发泥石流。

(四)小结

由于渭河北岸胡店一带岩层倾向线路,受地质作用及人为因素的影响,滑坡、错落等十分发育,面积大,滑坡体厚;泥石流密集,危害严重,整治困难,西安铁路分局曾在《陇海线宝鸡~天水段铁路病害普查总报告》中指出:“由于该处山坡各部分均处于变化之中,滑坡、错落的体积很大,泥石流较多,一旦变化加剧,将会引起严重的灾情,工点又恰处在车站位置,故对行车安全威胁十分严重”。在宝天段增建二线选线进程中,对胡店地区进行了重点调查,将渭河两岸的地质条件对比分析后认为南岸地区,岩层向山倾斜,岩层较完整,坡面稳定,沟谷内仅有少量碎屑物质,无大的不良地质现象,工程地质条件比北岸明显优越。因此,从工程地质角度来看,从长远打算,在增建二线勘测中绕避胡店滑坡及泥石流区,采用从南岸通过的方案是正确的。

五、陇海铁路宝天段 K115 错落的形成与处理

刘德基

(一)前言

K115 错落位于陇海铁路宝天段葡萄园车站西约 4 km 处。地处渭河峡谷北岸,山坡高 600 m,坡脚受渭河剧烈冲刷,山坡下部基岩裸露,以泥盆系石英片岩为主,有多期岩浆岩侵入贯穿,山坡上部为上更新统黄土覆盖。岩层受 EW 向及 NW 向褶皱、断裂挤压,均割切成块状,坡面普遍有崩塌落石,冲沟中有泥石流堆积物。

1942 年宝天铁路修建时,该段以路堑通过,开挖后即出现崩塌;1945 年铺轨时,崩塌仍在发展,只好外移便线通车。但逢雨必塌,塌必中断行车。曾采取刷坡清碴措施,但越刷坡,崩塌范围越扩大。

1950~1951 年因崩塌中断行车十余次,决定修建明洞,1952 年 1 月开工,12 月 2 日山坡发生错落,使刚建成的部分明洞因开裂变形、外错而停工。后以清刷错落体上松石填筑便线通车。

1953~1954 年进行地质调查、勘探及观测,提出明洞复工、内移设隧道及改线走渭河南岸三个方案,同时为维持便线通车河边修建防护工程。1954 年 8 月确定采用明洞复工方案,9 月渭河洪水冲毁河岸防护工程,便线轨道悬空,为抢修通车,又刷取错落体坡脚松石填筑便线路基,10 月山坡上部错落发展,使复工的明洞暗挖导坑变形,支撑木折断。此时出现了是滑坡还是错落之争,决定在路基面上部开挖三个横向水平探洞,均未见到滑动面,才统一认识,定名为错落。根据洞探的完整岩层深度,最后确定隧道方案的线路位置。1956 年 3 月隧道开工,

1957 年 2 月竣工,运营几十年未见新的病害,病害整治获得成功。1986 年宝天段电气化改建时,因别的原因,线路改至渭河南岸,本段线路随之废弃。

(二)自然概况

1.地形地貌:错落体所位于的岩石山坡 40°～45°,生长有杂草灌木,上部黄土山坡 20°～38°,辟为耕地。坡脚为渭河主流冲刷地段,河谷宽 200～400 m,低水位时水面宽 50 m 左右,雨季洪峰期,冲刷剧烈。线路高出河床约 30 m,以挖方通过,挖方高 20～30 m,堑坡为 1:0.25～1:0.75,经历次崩塌、错落后抢修通车,边坡成 1:1.1～1:1.25。

2.地层构造(图 3-20)

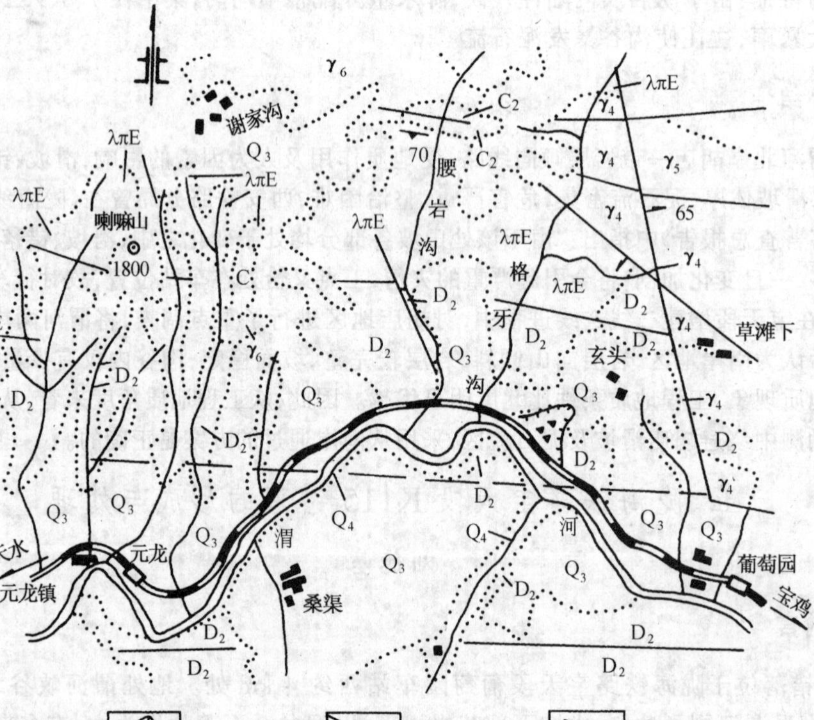

图 3-20 陇海铁路宝天段葡萄园地区地质平面图

Q_4—第四系全新统冲积砂、卵石土;Q_3—第四系上更新统黄土;

$\lambda_{\pi E}$—下第三系火山岩;C_2—中石炭统;D_2—中泥盆统;γ_4、γ_5、γ_6—海西、燕山、喜山期花岗岩侵入体;1—K115 错落;2—断层产状;3—片理产状。

本区基岩,主要为中泥盆统变质岩系及海西、燕山、喜山期侵入岩体。山顶及边坡覆盖上更新统黄土,厚 6～12 m,下部有厚 1～2 m 残积、坡积碎、块石土。

错落地段为渭河复背斜翼部,地层主要为中泥盆统绿色石英片岩夹绿泥石、角闪石片岩,产状 EW/45°～65°N,有石英、花岗岩脉贯穿,顺片理面有多条走向断层,呈压性及压扭性,断层带一般宽 0.5～2.0 m,最宽 4.0 m,均向山内倾斜,为片岩角砾、碎屑,部分糜棱岩化,亦有 NW 及 NE 向平移紧密错断,穿插其间,将岩层切割成方块状;片岩节理张开宽度多为 10～100 mm,间距 0.1～1.5 m,自然坡面,风吹就有剥落、落石现象。

3.水文地质

据访问,修铁路前,河岸基岩坡脚有泉水,水清可饮,终年不断。1953 年钻探时,在一钻孔内高出路面约 20 m 处的错落体中,发现少量地下水。在路基、坡面及其它地段均未发现地下水。1954 年开挖河岸防护挡墙基础时,在基岩中见有裂隙水渗出。

渭河北岸的支沟有冯家川沟(K114)、格牙沟(K116)等,终年有水流,暴雨有泥石流。错落体两侧有地表水冲刷的干沟,沟壁不稳定,沟床内有崩塌、错落堆积。1954 年 9 月暴雨产生泥石流曾将错落体东侧干沟便线上的拱涵冲入渭河。

(三)病害发展过程

该工点 1942 年开工,堑坡 1:0.3~1:0.5,1943 年边坡挖至 16 m 深时,山坡发生崩塌,掩埋路堑而停工。

1945 年 10 月,又继续开挖,挖到路面时,又发生一次崩塌,将路堑填满,崩塌体顶部山坡出现环形裂缝,为抢通铺轨,将线路外移至半填半挖的弃碴上以便线通车。由于路基软硬不均,经常发生脱轨。

1946~1949 年间,该边坡年年崩塌,设专业队进行清方,才能维持通车。1946 年 1 月发生大崩塌,中断行车达两个多月。1949 年渭河洪水将弃碴填筑的路基冲垮,线路内移刷坡,引发山坡顶裂缝,坡面下错,崩塌 $4\times10^4\ m^3$ 掩埋路基,抢修 45 天才通车。

1950~1951 年采用堑坡清方,河边建石笼护坡等措施,维持便线通车。在刷坡过程中,不断发生崩塌,中断行车十余次,其中最大的有三次,每次崩塌达 5 000~50 000 m^3。山坡裂缝不断向山坡上部扩展。1951 年底决定采用明洞方案恢复正线,明洞长 318.82 m。

1952 年 1 月 5 日明洞开工,鉴于当时的施工条件,全部采用明挖施工,临时开挖边坡 1:0.25,4 月中旬挖出部分明洞基础时,陆续出现崩塌,只好随塌随抢,一边维持行车,一边进行明洞施工。1952 年 12 月 2 日下午 7 时,当明洞基础即将全部挖通,宝鸡端明洞建成 20.5 m,天水端建成 145.5 m 时,山体突然下错,错落体达 $26\times10^4\ m^3$(图 3-21),掩埋便线 300 多米,已成明洞边墙变形,外错 3 cm,拱部纵向裂缝宽 3 cm,造成明洞停工,并中断行车 50 多天。为抢修通车,又从山上往下刷坡,维持便线行车。

1953 年为避开错落体上松动岩石崩塌的威胁,将便线外移,在便线外侧河边设挑水坝和护坡(图 3-22、图 3-23)。6 月开始施工,工程修建一半,即被洪水冲毁,新筑便线被冲走数千立方米。雨季后变更设计,将坝身加固,并在上游 118 号隧道外侧增建挑水坝并改移河道,至 10 月便线恢复通车。同时开始进行工程地质勘测,并建立观测网,对崩塌体变形进行观测。后提出线路内移设隧道、原线恢复明洞和改线走渭河南岸三个整治方案(图 3-24)。

改线走渭河南岸方案:线路位于复式褶曲南翼,且平行南翼中的大断层。山坡岩层受褶曲、断裂动力作用,呈松碎片岩,有崩塌、落石,坡脚有岩堆体;线路若靠山则隧道需通过断层;若走河滩,则填土高 30 m,长约 4 km,取土困难。该方案尚需增加两座渭河大桥及两座中桥,工程较大。

线路内移设隧道方案:隧道进、出口位置紧贴陡坡,平行运营线,施工干扰大,且隧道长 800~900 m,工程较大。

原线恢复明洞方案:据当时观测资料,天水端已建成明洞(长 145.5 m)内的中线桩,未移动,边墙及拱顶裂缝无发展。因此,经铁道部领导及苏联专家现场研究决定,采用原线恢复明洞方案,利用宝鸡端已建 20.5 m 及天水端已建 145.5 m 明洞,并予以增强加固(图 3-25),重新设计其间剩余的 152.82 m 明洞(图 3-26)。

1954 年 8 月 1 日明洞复工,并提出明挖、暗掏、灌浆、沉井、钢板桩围堰、分段开挖及预制拱圈等施工方法供选择。如采用明挖从错落体上部以台阶挖下,挖方量近 $20\times10^4\ m^3$,数量

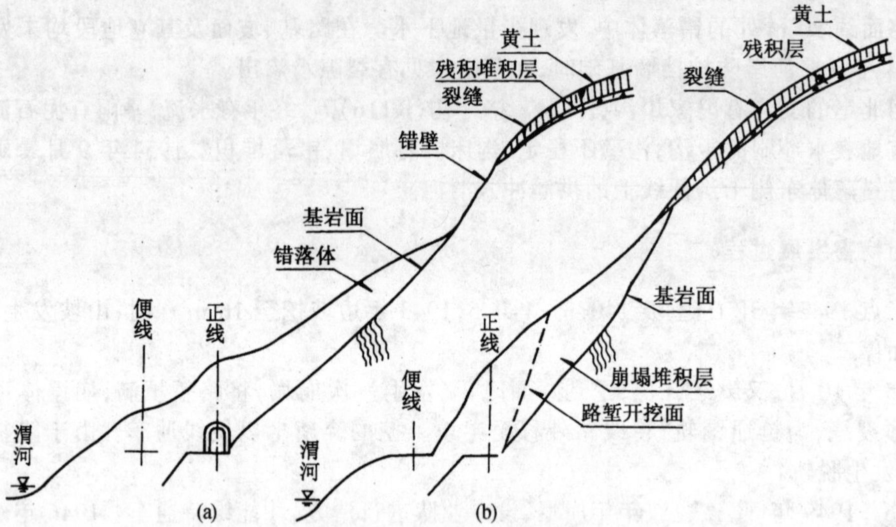

图 3－21　陇海铁路宝天段 K115 错落断面示意图

(a)错落后的断面示意；(b)明洞开挖前崩塌堆积断面示意

图 3－22　陇海铁路宝天段 K115 错落改河、防护平面示意图

大，并可能引起 1952 年的错落体再次扩大；如灌浆凝碴掏挖，操作技术无经验；用沉井，钢板桩围堰及成品拱圈施工，松动错落体的侧压力难以估计；最后决定采用暗掏法，从天水端明洞向宝鸡端掏挖。1954 年 9 月，洪水将便线的河岸防护全部冲毁，轨道悬空。1954 年 10 月为抢修通车，在错落体上取土填筑便线路基时，山体上部又错落 8×10^4 m^3，已完成的 22 m 导坑受压

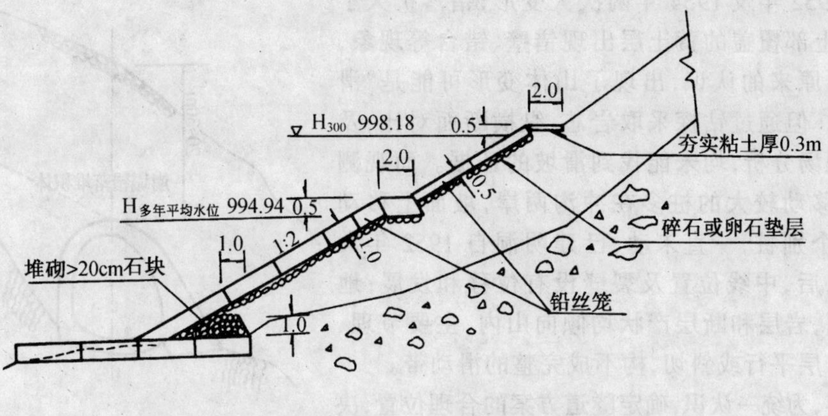

图 3－23　陇海铁路宝天段 K115 错落铅丝笼护坡断面示意图

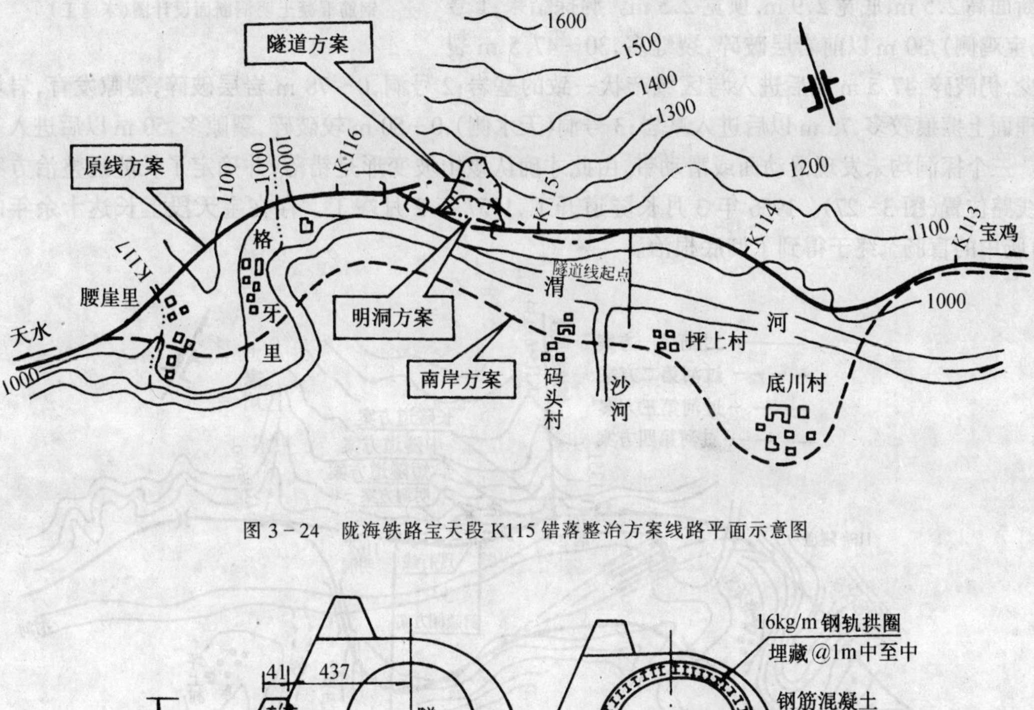

图 3－24　陇海铁路宝天段 K115 错落整治方案线路平面示意图

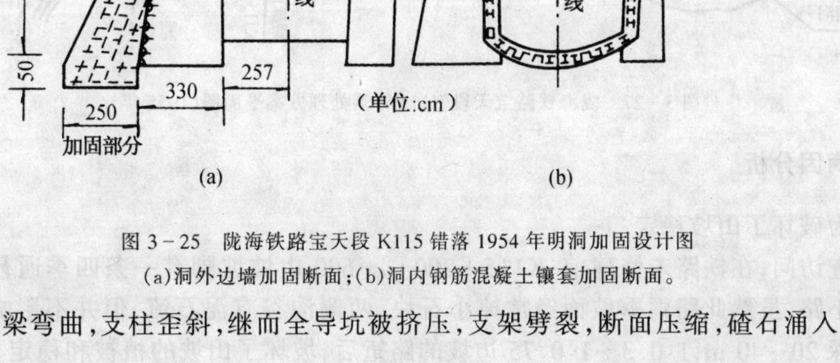

图 3－25　陇海铁路宝天段 K115 错落 1954 年明洞加固设计图

(a)洞外边墙加固断面；(b)洞内钢筋混凝土镶套加固断面。

变形，支撑横梁弯曲，支柱歪斜，继而全导坑被挤压，支架劈裂，断面压缩，碴石涌入导坑，被迫停工。

由于1952年及1954年两次大变形，错落扩大了范围，山坡上部覆盖的黄土层出现错壁、错台等现象，从而动摇了原来的认识，出现了山体变形可能是“滑坡”的观点。但通过钻探采取岩芯、纵横断面对比，及苏联专家现场分析，均未能找到滑坡的证据。而观测资料显示，移动较大的桩多在冲沟两岸，坡面上移动量很小，且个别桩，一直未动；已建明洞自1952年大错落变形以后，中线位置及裂缝没有位移和发展；地质调绘表明，岩层和断层产状均倾向山内，主要节理、劈理均与岩层平行或斜切，构不成完整的滑动带。

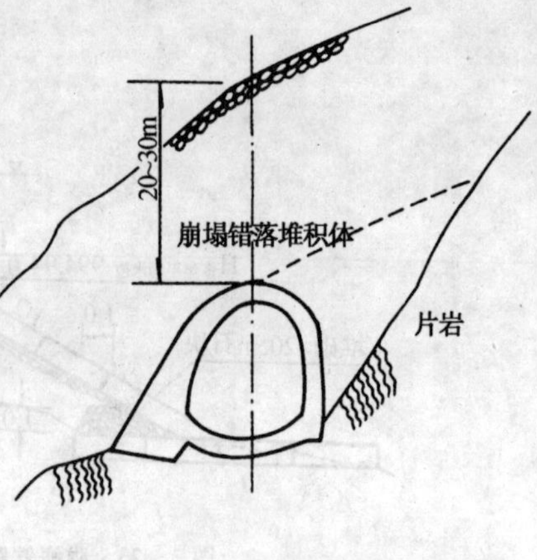

图3-26 陇海铁路宝天段K115错落新建钢筋混凝土明洞断面设计图(未施工)

1955年，为统一认识，确定隧道方案的合理位置，决定从路基面向山内开挖3个横向水平探洞进行调查，探洞断面高2.5 m，底宽2.9 m，顶宽2.5 m。洞探结果：1号洞(宝鸡侧)，30 m以前岩层破碎，裂缝多，30～47.5 m裂隙少，仍破碎，47.5 m以后进入与区域产状一致的基岩；2号洞，0～78 m岩层破碎，裂隙发育，岩块节理面上擦痕较多，78 m以后进入基岩；3号洞(天水侧)，0～50 m较破碎，裂隙多，50 m以后进入基岩。三个探洞均未发现滑动面或滑动带，由此才确认该山坡变形是错落，并确定了长隧道整治方案的线路位置(图3-27)。1956年3月长隧道开工，1957年2月竣工。存在宝天段上长达十余年的“盲肠中的盲肠”，终于得到了彻底根治。

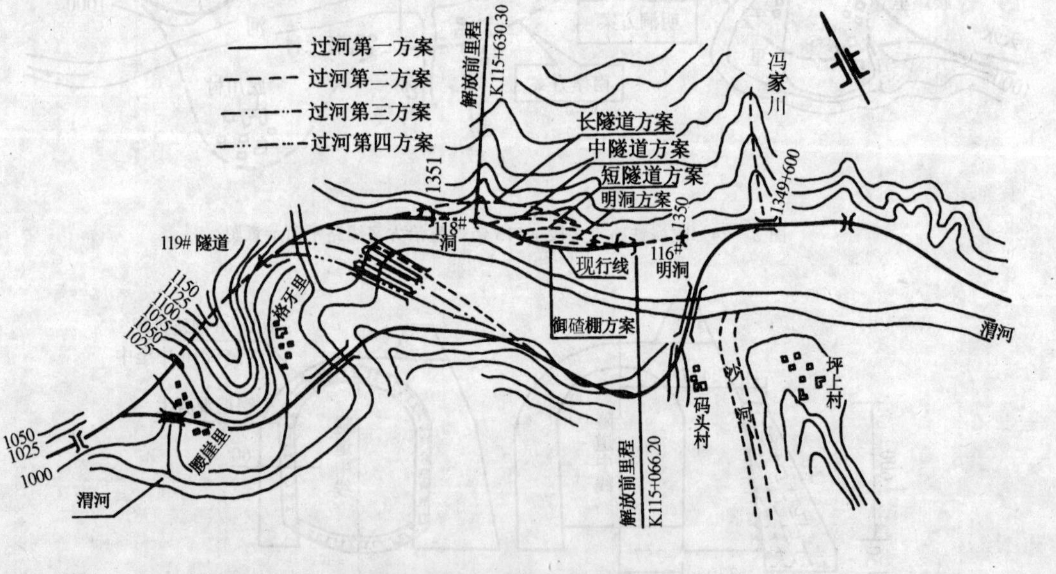

图3-27 陇海铁路宝天段K115错落处理方案平面图(1955年)

(四)病因分析

1.人为破坏了山坡稳定

据调查访问，在铁路未修建前，K115+200～+600山坡坡脚有一条四季通行的葡萄园至元龙镇的小路，虽然此路雨季坡面经常掉小石块，两侧沟谷有泥石流，但并不影响人行。1942年施工了深20～40 m，1∶0.3～1∶0.75边坡的路堑后，坡坏了山坡的植被和稳定，因此在1943

年挖至 16 m 深时发生崩塌,但并未引起重视。从 1943 年至 1952 年,在长达 10 年的病害处理中,仍然主要靠刷方来维持通车。刷方不断,崩塌不止,刷的越多,塌的越多,塌方顶上的裂缝延伸的越远,病害规模越塌越大。据竣工资料,1945 年为抢修正线通车,崩塌约 4×10^4 m^3,错落体上缘高出路面 60～70 m,清 8 000 m^3,以便线慢行通车。1952 年 12 月建明洞挖基中,崩塌26×10^4 m^3,错落体上缘高出路面 150～210 m,顶部裂缝高出路面 270 m。

1954 年 8 月渭河洪水将便线冲毁,轨道悬空,刷方取填料约 10 000 m^3,1954 年 10 月 1 日即崩塌 80 000 m^3,错落体上缘高出路面 350～410 m,裂缝高出路面 460 m。

上述情况说明,依靠刷方来整治类似病害,将使病害愈演愈烈,规模愈演愈大,刷坡实际是引起病害发展的直接原因。当然,造成这种局面的不只是认识问题,还有当时施工技术落后,整治费用匮乏等原因。

2.地表水促进了病害发展

工点处山坡高 600 m,病害范围宽 400～500 m。坡面 50～150 m 以上为上更新统黄土所覆盖。该区年降雨量 500～600 mm,且多集中在七、八、九月。修铁路前,坡面有植被,有一定保护作用,后辟为梯田,经雨水冲刷,形成许多新生深切冲沟,促成坡面不稳定。铁路边坡每发生一次较大的崩塌、错落,坡面上部裂缝即向上延伸发展。崩塌,错落规模越大,其裂缝向上延伸的越远越长。加之 1953 年前从未对山坡上出现的裂缝进行过夯填,也未设排水设施,地表水沿裂缝灌入,浸润、软化下部破碎岩体,使黏着力、摩阻力减小,侧向动压加大,促进了山坡向不稳定方面的发展。

(五)经验教训

1.该区为秦岭纬向断褶带与六盘山经向断褶带复合地带,岩浆岩多期侵入贯穿,有宽达数十至数百米的 EW 向压性断裂,伴有 SN 向及 NW 向张扭、平移错断,错落位于 EW 轴向的复式褶曲翼部,岩层以泥盆系石英片岩为主,石质坚硬,但均割切成块状。在区域内经地表水冲刷,破碎岩体裸露出来的山坡上,普遍存在有崩塌、落石现象,显示区内山坡普遍不稳定。本段山坡虽然主要层理、节理倾向山内,坡面有植被灌木,但山坡高达 600 m,又有剧烈揉皱、挤压破碎岩体的区域地质背景,山坡不甚稳定,若在修筑铁路的当时,采取正确的工程措施,或在线路方案选择中采用靠山以隧道通过的话,就不会造成事后发生不该发生的病害。

2.工点处基岩自然山坡坡度 40°～45°,黄土自然山坡坡度 20°～28°,施工设计堑坡 1:0.25,设计边坡偏陡,又未作挡护工程。今后在遇到强烈挤压、切割、软硬不均的片岩时,堑坡应根据自然地形、地质条件确定。

3.当初开挖路堑,发生崩塌,造成停工后,即应分析评价山坡的稳定性,查明边坡变形的真正原因,提出防护措施或改变设计。病害不清,即盲目采取不恰当的整治措施,导致 1942 年至 1952 年的十年间,该工点病害越来越严重;而 1955 年采用洞探方法将病害原因查明,将该段线路内移用隧道通过后,便恢复了正常运营,没有再发生病害;对比十分明显。

本工点勘测、设计和反复整治中的这些经验和教训,非常典型,值得吸取。

六、陇海铁路宝天段 K1342 滑坡特征

楚涌池

(一)概况

工点原称陇海铁路宝天段 K107 滑坡,位于建河车站与葡萄园车站之间,渭河左岸(北

坡），陇海铁路连续里程 1342 km 附近，线路高出河床 54 m。

1945 年宝天段通车时此处为路堑。1946 年阴历 8 月堑坡坍塌，抢修中刷缓了堑坡。1960 年雨季右堑坡顶环谷状凹地内发现裂缝；1961 年雨季发生滑塌，约 400 m^3，堆在路基上，中断行车，即由铁一院安排勘测。因钻机不足，未进行钻探，只安排第一期勘测工作，设计施工了堑坡加固及排除地下水工程，于 1963 年 7 月竣工。

1963 年 9 月连绵阴雨月余，堑顶环谷状凹地内又发生浅层滑坡，滑坡体掩埋路基，造成列车颠覆事故。立即安排第二期勘测工作，历时 4 个月，钻探 18 孔 744.84 m，坑探 17 孔 94.95 m，槽探 29 个总延长 273.5 m；试验土 47 组、水 29 个、岩石磨片 7 个；电测深 74 条。利用钻孔 9 孔 513.33 m，坑探 14 孔 63.5 m。

勘测结束后实施了以明洞为主的处理方案。明洞修建至今已三十余年，再未出现任何病害。

(二)自然地理

1.地形

渭河切割秦岭中山地区，在工点处渭河呈 S 形弯曲，河床纵坡约 1.92‰，水面宽 100～150 m，对岸为浅滩，主流靠线路，水流湍急，流速约 6 m/s，下切及旁蚀剧烈。

陇海铁路宝天段位于渭河北坡，高出河床 54 m，以挖方通过，右侧堑坡高 50～60 m。山坡顶原为渭河四级阶地，高出渭河约 250～290 m，现呈一山梁向后延伸，梁脊平缓，约 8°～9°倾向渭河，为耕地。前缘山坡坡度 40°～45°，上陡(40°～60°)下缓(25°～30°)。线路左测临河山坡 45°～50°。东西两侧为小山梁，构成环谷状凹地。如图 3－28。

2.气候

工点位于秦岭中山区，海拔 950～1 500 m，属暖温带亚湿润气候区，因位于渭河河谷，南北两山夹峙，故又具有山区气候的特点。

据宝鸡和天水气象站资料：日温差 22～23 ℃，年降雨量 540.5～704.5 mm，集中在雨季，占年降雨量的 60%～85%，多以连阴雨或暴雨形式出现。最大年降雨量 868.2 mm，最大日降雨量 82.5 mm，一次最大降雨量 133.8 mm。年总蒸发量 1 357.5～1 392.8 mm，大于年降雨量，但在雨季有时出现蒸发量小于降雨量的特殊情况。

3.地震烈度

勘测时定为九度。根据 1/400 万《中国地震烈度区划图(1990 年)》，工点处地震基本烈度为八度。

(三)地层与构造

1.地层

基岩为元古界变质岩系，分布于铁路及其北侧。第四系地层覆盖于元古界地层之上。即四级阶地上部为中更新统冲积的老黄土与洪积的碎、块石土；前缘斜坡环谷为全新统坡积的黄土质砂黏土、碎石、块石土及残、坡积的角砾土；基底为海西期侵入的花岗岩与元古界片岩，在工点周围有出露。

(1)元古界(Pt)

云母石英片岩：灰绿、灰黑色，矿物成分为石英、云母，具定向排列，晶粒致密，变质较深。次生矿物较多，以绿泥石为主，构造破坏及化学风化严重，小断裂及节理发达，岩石破碎，夹有绿泥片岩、绿色及白色硅质大理岩、石英片岩等。岩层产状大致为 EW 向，倾角 30°～80°倾向

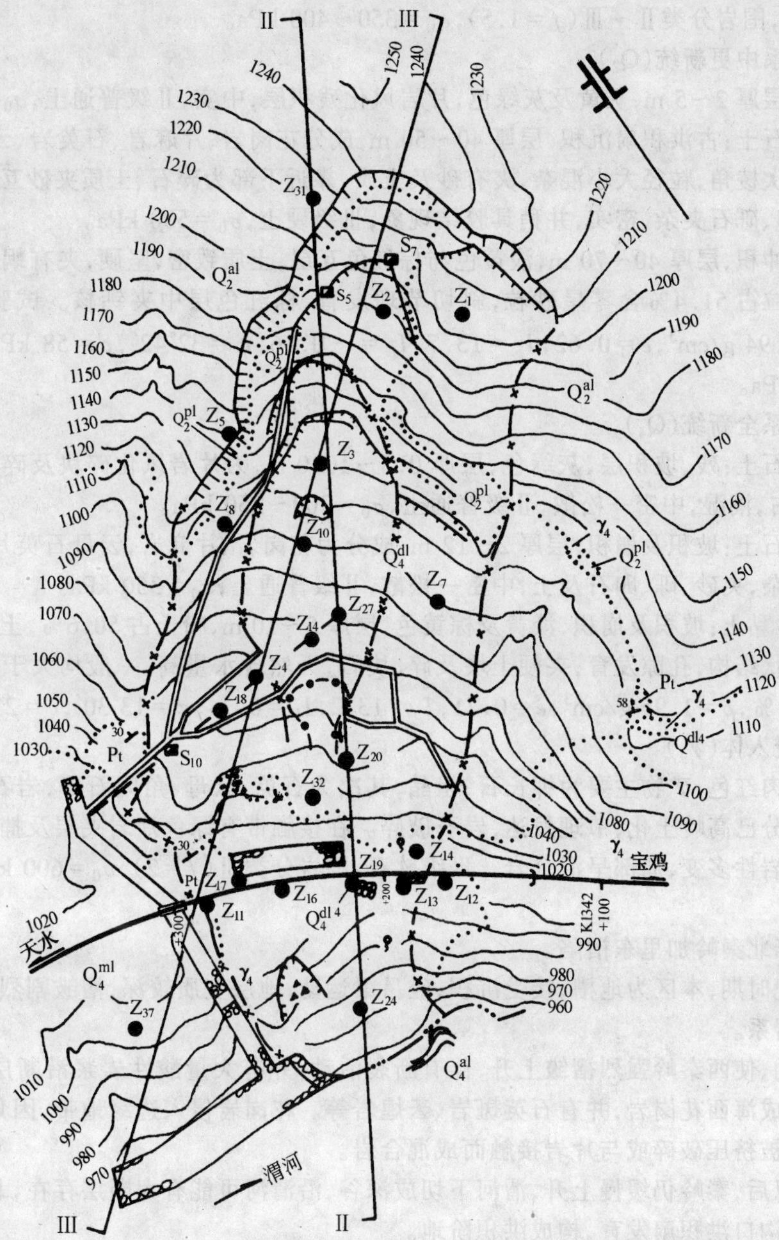

图 3－28　K1342 滑坡工程地质平面图

1—人工碎石、块石土；2—冲积卵石土；3—坡积黄土质砂黏土；4—残、坡积角砾土、碎石、块石土；5—冲积老黄土；6—洪积碎、块石土；7—元古界云母石英片岩；8—海西期花岗岩；9—滑坡；10—崩塌；11—河岸冲刷；12—裂缝；13—泉水；14—岩层产状；15—钻孔；16—试坑；17—浆砌水沟；18—泄水隧洞；19—错落、1920 年崩塌性滑坡界线；20—1963 年浅层滑坡界线；21—1961 年浅层滑坍界线。

N。Ⅳ级软石，围岩分类Ⅱ～Ⅲ($f=1.5$)，$\sigma_0=350\sim400$ kPa。

(2)第四系中更新统(Q_2)

角砾土：层厚2～5 m，灰黄及灰绿色，片岩风化残积层，中实，Ⅱ级普通土，$\sigma_0=250$ kPa。

碎石、块石土：古洪积扇沉积，层厚40～50 m，成分花岗岩、片麻岩、石英岩、云母片岩等及其风化碎屑，次棱角，粒径大小混杂，夹有砂及土质，靠近下部为碎石、土质夹砂互层，底部有冲积的浑圆的卵、砾石夹杂，密实，并稍具胶结现象，Ⅲ级硬土，$\sigma_0=500$ kPa。

老黄土：冲积，层厚40～70 m，淡黄色与棕红色互层，土质致密，坚硬，夹有蜗牛壳碎片，有褐色斑点，粉粒占51.4%含零星砂粒，斜切节理发育，棕红色层中夹钙核。试验均值：$w_n=17.6\%$，$\rho=1.94\ g/cm^3$，$e=0.62$，$I_p=13.7$，$I_L=-0.16$，$\varphi=32°42'$，$c=58$ kPa。Ⅱ级普通土，$\sigma_0=300$ kPa。

(3)第四系全新统(Q_4)

角砾、碎石土：残、坡积层，灰绿色，层厚0.5～10.0 m，为片岩风化碎块及碎屑，夹风化的泥质30%左右，潮湿，中密—松散，Ⅱ级普通土，$\sigma_0=200\sim250$ kPa。

碎石、块石土：坡积及崩积，层厚2～12 m，成分为花岗岩、片麻岩，云母石英片岩及其风化碎屑，粒径混杂，夹砂、砾、卵石及土，中密—松散，Ⅱ级普通土，$\sigma_0=350$ kPa。

黄土质砂黏土：坡积及崩积，淡黄及棕黄色，层厚5～10 m，粉土占50.6%，土质疏松，可塑—软塑，具粒状结构，孔隙发育，夹硬土块及碎、块石，天然含水量高，一般均大于塑限，试验资料：$w_n=21.9\%$，$\rho=1.95\ g/cm^3$，$e=0.71$，$I_p=13.2$，$I_L=0.34$，$\varphi=13°30'$，$c=21$ kPa。

海西期侵入体(γ_4)

花岗岩：肉红色，矿物主要为钾长石，粗晶，其次为石英、云母、角闪石等，岩石风化颇重—严重，长石部分已高岭土化，节理发达，岩石破碎。在接触带有绿色片岩夹层及捕虏体，部分具片麻状构造，岩性多变，局部呈混合岩。Ⅳ级软石，围岩分类Ⅲ($f=2$)，$\sigma_0=600$ kPa。

2.构造

本区位于北秦岭加里东褶陷。

前震旦纪时期，本区为地槽，接受沉积，经吕梁运动，地层变质较深，褶皱剧烈而成山，构成元古界变质岩系。

海西运动，使西秦岭强烈褶皱上升，伴有断裂活动，并有大量酸性岩浆沿断层带或适宜的构造侵入，形成海西花岗岩，并有石英斑岩、云煌岩等。花岗岩侵入边缘地带，因角闪石含量高而成灰绿色、被挤压破碎或与片岩接触而成混合岩。

第三纪以后，秦岭仍缓慢上升，渭河下切成深谷，沿渭河可能有大断层存在，北岸较南岸上升剧烈，北岸沟口洪积扇发育，构成洪积阶地。

整个第四纪时期，工点附近可分出四级阶地，但因河谷狭窄，水流蛇曲，阶地保存不完整，呈岛状分布。工点处形成河弯陡坡。

渭河长期掏刷侵蚀，陡坡下部破碎基岩被冲蚀，加上地下水的活动，山坡失稳，形成错落，如图3－29。错落切割四级阶地前缘，形成山坡环谷状凹地。

1920年海原大地震，再次引起四级阶地前缘陡坡的崩塌性滑坡，使环谷状凹地向后延伸，崩塌土体大部倾入渭河。如图3－30。

(四)水文地质

工点处地下水有上层滞水、孔隙潜水和基岩裂隙水。三者之间存在着密切的相互补给与排泄关系；水质具明显的垂直和水平分带，并随其所在的地层、岩性不同，水质也有差异。

1.上层滞水

分布于 K1342+210～+270 右侧 80～230 m 的滑坡错落堆积体内,含水层为黄土质砂黏土,水量微小,主要接受大气降水补给。雨季时降水丰沛,水量大,平时土呈流塑状。

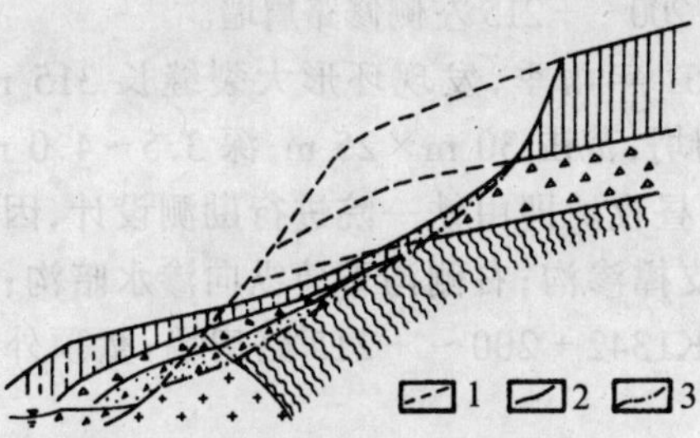

图 3-29 古错落示意图

1—错落前地面及地层线;2—错落后地面及地层线;3—错落面。

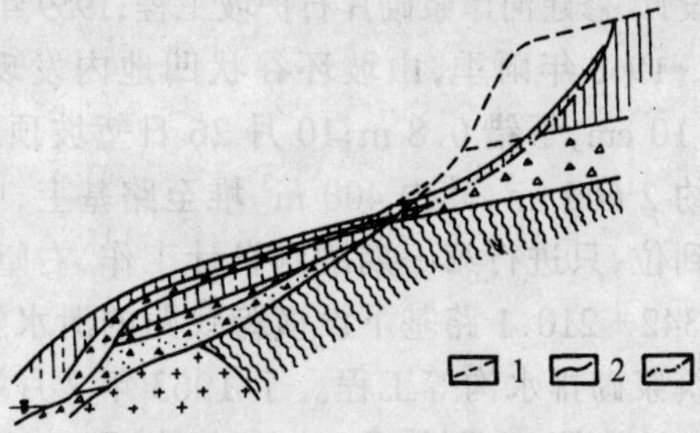

图 3-30 1920 年崩塌性滑坡示意图

1—滑动前地面及地层线;2—滑动后地面及地层线;3—滑动面。

2.孔隙潜水

埋藏于四级阶地碎、块石土层及 K1342+186～+260 线路两侧的坡积、残积碎石类土层中。

四级阶地水位高程 1 122～1 152 m,有两个含水层,含水层厚 0.20～1.45 m,涌水量=0.1～9.3 t/d,属重酸碳—硫酸型水,总硬 16.5°～27.2°,有硫酸盐侵蚀性。补给来源为北部山地基岩裂隙水。渗流排入滑坡错落体底部之碎、块石土层中。

埋藏于线路两侧坡、残积碎石土中,含水层厚 0.69～3.44 m,透水性弱,水量小,涌水量=0.35～1.67 t/d,水质为重碳酸—硫酸型水或硫酸型水,总硬度 16.6°～142.6°,水质差,具硫酸盐侵蚀性。补给来源为四级阶地碎、块石层中孔隙潜水和基岩裂隙水。排泄方式为泉水、泄入堑坡渗沟和下渗入基岩裂隙。

3.基岩裂隙水

埋藏于工点范围的基岩裂隙中,在地表下 25～40 m 的破碎片岩和花岗岩中,其中 K1342+186～+260 右侧 100 m 范围内最富水,形成一个厚 10～17 m 的裂隙富水带,裂隙水相互有水力联系,并具 1～8 m 承压水头,水量较大,钻孔提水涌水量 $Q=10～16$ t/d。此裂隙富水带的形成,是由于片岩破碎,裂隙发育,而左侧花岗岩构成一条沿线路方向的"挡水墙",促使右侧地下水位壅高。水质属极硬的硫酸型水或重碳酸—硫酸型水。

(五)工程地质特征

1.历史病害及整治工程

据访问,1920 年以前山坡即为环谷状凹地。1920 年海原大地震,引起山坡滑坡,滑坡体泻入渭河,堵塞河床,水淹对岸水关村。存留在山坡上的土体,极度松散,陷穴空洞多,1939 年曾有一耕牛跌入空洞内。

据访问,K1342+182.5～+195.5 左侧路肩墙系宝天铁路修建时砌筑,说明该处山坡凹槽在修路时即已存在。

1945 年 12 月通车天水,1946 年阴历 8 月在 K1342+220～+270 右堑坡发生坍方,上缘坍至现堑顶附近,推断是堑坡过陡,地下水的作用所引起,故当即抢修刷缓堑坡。

1949 年雨季,泥石流将 K1342+301 小桥冲走,1953 年改建为 1 孔 10 m 钢筋混凝土板梁。

1952 年在 K1342 + 218.1～ + 269.5 右堑坡修浆砌片石护墙，并在 K1342 + 240 及 + 255 堑坡修横向盲沟两条，堑顶设浆砌天沟一条。

1954 年及 1956 年雨季，K1342 + 189～ + 213 左侧临河边坡发生溜塌，1956～1958 年由铁一院勘测设计，修建河岸浆砌片石护坡工程；1959 年在 K1342 + 200～ + 215 左侧修路肩墙。

1960 年雨季，山坡环谷状凹地内发现裂纹。1961 年雨季，发现环形大裂缝长 315 m，宽 8～10 cm，下错 0.8 m；10 月 26 日堑坡顶山坡发生溜坍，范围 30 m×25 m，深 3.5～4.0 m，坍体约 2 600 m^3，其中 400 m^3 堆至路基上，中断行车一昼夜。即由铁一院进行勘测设计，因钻机不到位，只进行第一期勘测设计工作，右堑坡修 2 条支撑渗沟；右侧沟下建纵向渗水暗沟；并在 K1342 + 210.1 路基下设横跨线路的泄水隧洞；加固 K1342 + 200～ + 215 路肩墙；堑顶外山坡修筑浆砌排水沟等工程。于 1963 年 7 月竣工。

连绵阴雨月余后，1963 年 9 月 22 日沿山坡环形大裂缝发生浅层滑坡，总滑坡体约 25 000～30 000 m^3，塌到路基上1 260 m^3，造成列车颠覆事故，中断行车 36 小时。

2. 山坡变形演变分析

(1)古错落

a. 古错落存在的依据

据访问当地农民，早在 1920 年以前，该处山坡便是一环谷状凹地，称“野山洼”，并有耕地 4 亩，1920 年前错动的陡壁仍清晰可辨。

环谷状凹地堆积的与四级阶地沉积的黄土质砂黏土与碎、块石土，成分是一致的，但环谷状凹地堆积的地层不同于临近地区相应高程的地层，其土体结构破坏剧烈，显然是经过急剧变位后的堆积。该黄土质砂黏土与碎、块石土，垂直线路呈缓坡倾向渭河，向山侧急剧尖灭；顺线路(平行山坡)亦向宝鸡端和兰州端逐渐尖灭，无渭河水流沉积的特征，也不是沟口的洪积。黄土质砂黏土与碎、块石土分层清楚，无互相混杂现象，因此也不能解释为零散的坡积物。

基岩顶面的角砾、碎石土，为极纯的片岩风化物，呈次棱角状，充填的土质较多，与基岩接触面呈 20°～28°倾向渭河，具不明显的擦痕。该层在线路左侧有向渭河倾斜的斜层理，临河覆盖在冲积的卵石土上。

在 Z_{16} 试坑中，古错落体与下伏片岩接触面走向近 EW，倾角 22°～29°倾向 S，擦痕不明显。片岩与花岗岩接触带厚 0.4 m，为灰绿、灰褐和桔黄等杂色风化泥质夹角砾，该带倾角 15°～20°倾向渭河，与线路右侧正常接触带倾向相反。且在该带下部于坑壁四周出露有呈走向为 N40°W/34°S的新鲜滑动面，擦痕清楚。

根据地层、岩性的剧烈破坏，斜坡坡度约 25°～30°，错落高差 80～100 m，该次错动是突然发生的，历经时间很短，运动的速度很快，具有相当大的动能与下冲力，故当其运动停止而堆积后，就获得了较大的稳定系数。我们将这次山坡破坏变形现象称为古错落。

b. 古错落体的范围

前缘临渭河，山侧约于 Z_{10}—Z_4 间，宝鸡侧与海西花岗岩接触面处，兰州侧以 Z_{17} 处片岩露头顶面为界，错落体堆积于片岩与花岗岩侵入体之上。

(2)1920 年崩塌性滑坡

a. 滑坡产生的位置

据访问，在 1920 年以前，环谷状凹地后缘在 Z_3 附近，原与 Z_1 处平台相连，同为四级阶地前缘斜坡地段，坡度约 40°。顶部平缓，为梯田，有裂缝。1920 年阴历 11 月 7 日傍晚，海原大地震引发山坡崩塌性滑坡，形成 Z_2 处之现环谷状凹地，宽 60～70 m，长约 90 m，平均厚约 20 m，滑动土体部分推入渭河，堵塞水流，水淹对岸水关村，迫使村民迁居山上。

b. 滑坡地层纵向分布,如图 3-31。

在环谷状凹地上部,据 Z_2、S_7 等勘探揭露,经过破坏的、疏松的、软塑的黄土质砂黏土厚 4~9 m,直接堆积于四级阶地斜坡凹槽内,这个凹槽是 1920 年崩塌性滑坡形成的,而表层松散土体则是该次破坏变位后的残留土体。

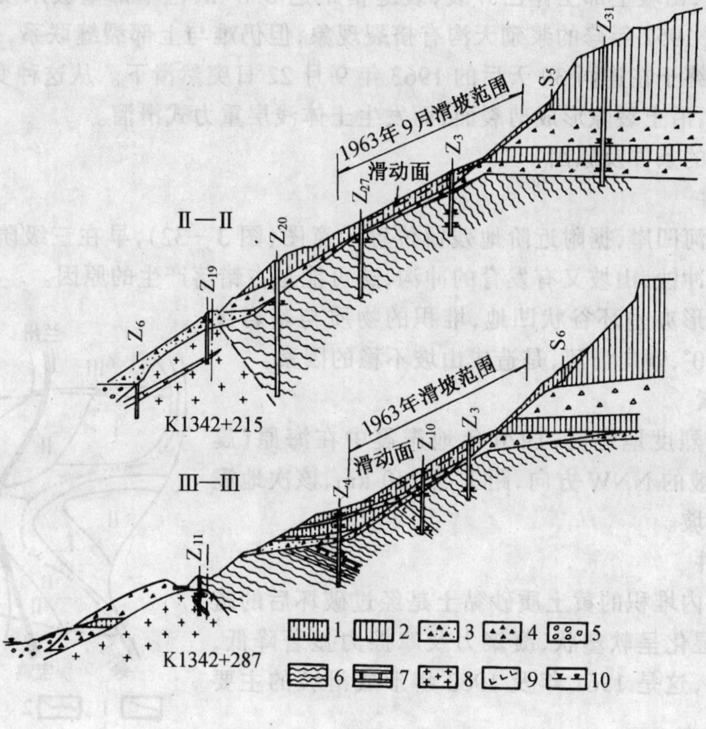

图 3-31　工程地质断面图

1—黄土质砂黏土;2—老黄土;3—角砾土;4—碎石、块石土;5—卵石土;6—云母石英片岩;7—大理岩;8—花岗岩;9—云煌岩;10—地下水。

在环谷状凹地腰部,相当于 Z_3—Z_{10} 间,表层为已遭破坏的疏松的可塑的黄土质砂黏土,厚 5~10 m,下部为厚 2~4 m 的碎、块石土,成分与四级阶地一致,直接覆盖在片岩残积层顶部基岩凹槽内,接触斜坡 25°~30°,这种斜坡堆积,也只能是四级阶地崩塌性滑坡形成的堆积。

在环谷状凹地下部,相当于 Z_4、Z_{18} 堑顶缓坡地段,表层为厚 5~6 m 的黄土质砂黏土,下为厚 2~3 m 的碎、块石土,与四级阶地成分一致,破坏现象更明显,直接覆盖在古错落体上,因而出现了黄土质砂黏土与碎、块石土层重覆叠积现象。

c. 滑坡运动的形式

崩塌性滑坡是切割四级阶地前缘的土体,在地震作用下,短时间内急速下滑,在 Z_3—Z_{10} 间大致沿基岩顶面残积层滑动,在 Z_{10} 下侧剪出冲向斜坡下方,由于坡度陡,大部土体倾入渭河,部分土体堆留在古错落体上。这种山坡变形现象,当地农民称"山顶帽子揭了,飘到渭河里"。

(3)1963 年浅层滑坡

a. 范围

如图 3-28 所示,上缘沿 1961 年环形大裂缝,前缘在 Z_{20} 附近挤出,长约 110 m,两侧受小山梁所限,宽 50~60 m,顺山坡呈舌状,滑坡面深 4~5 m。

b. 滑动特征

该次滑动是在很短时间内产生的，滑下的土体呈软塑状态，滑动面浅，位于黄土质砂黏土层内，1952 年修的浆砌天沟被剪断，滑动土体约 25 000～30 000 m^3，但堆至路堑内仅 1 260 m^3，绝大部分土体仍残留在坡面。

1961 年雨季，山坡上部土体已开裂，裂缝错距达 0.8 m，但下部堑坡未发现任何变形，到 1963 年 5 月发现 1952 年修的浆砌天沟有挤裂现象，但仍难与上部裂缝联系，裂缝虽经几次夯填，但继续开裂，终于在连雨 39 天后的 1963 年 9 月 22 日突然滑下。从这种变形破坏现象看，为土体饱水下滑，沿土裂隙形成剪裂面，而发生土体浅层重力式滑溜。

3. 山坡变形的条件及原因

(1)地形条件

该处位于渭河凹岸，据附近阶地残留位置示意图(图 3－32)，早在三级阶地形成后，一直遭受渭河的剧烈冲蚀，山坡又有发育的冲沟，这可能是古错落产生的原因。

基岩顶面地形亦呈环谷状凹地，堆积的物质与基岩接触面倾角 25°～30°，倾向渭河，是造成山坡不稳的因素。

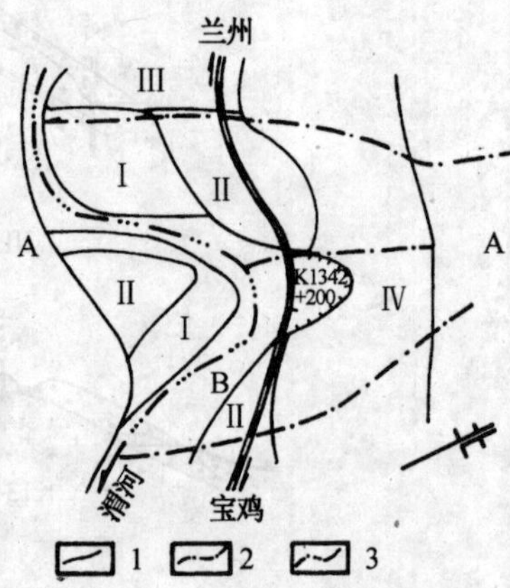

图 3－32　阶地残留位置示意图
1—地貌分界线；2—支沟；3—渭河；
A—中山斜坡；B—渭河浅滩；
Ⅰ、Ⅱ、Ⅲ、Ⅳ为一、二、三、四级阶地。

(2)地震因素

本地区为高烈度地震区，1920 年地震震中在海原(震级 8.5)，位于滑坡的 NNW 方向，距工点 240 km，该次地震引发了崩塌性滑坡。

(3)岩性条件

环谷状凹地内堆积的黄土质砂黏土是经过破坏后的疏松土体，易受水湿化呈软塑状，凝聚力及摩擦力显著降低，具备了滑动条件，这是 1961 年及 1963 年形成滑坡的主要原因。

碎、块石层也是经过变位后的堆积，透水性强，本身摩擦力是较大的，但其下伏残积层则相对透水性较弱，在底部形成滞水带，因而构成下伏的软弱面。

(4)气候条件

1961 年及 1963 年滑坡与降雨关系密切。山坡变形均发生在雨季后期，特别连阴雨天气后期，最易引起山坡变形破坏。连阴雨天气时平均相对湿度偏高，出现蒸发量少于降雨量的特殊现象，如表 3－5，使降雨大量渗入土体，增加土体滑动的因素。

表 3－5　山坡变形与有关气象资料

时　间	1960 年 8 月	1961 年 10 月	1963 年 9 月
病害现象	山坡裂纹	发生环形大裂缝，堑顶溜坍	发生浅层滑坡
月降雨量(mm)	182.9/136.0	119/	151.7/82.9
月蒸发量(mm)	105.0/130.4	25.9/	107.7/65.4
相对湿度(%)	81/83	86/	86/64
月降雨天数	17/16	27/	23/18

注：宝鸡气象站资料/天水气象站资料。

(5)水文地质条件

山坡变形与地下水的活动有密切的关系。

黄土质砂黏土层中有上层滞水，呈渗流或使土体成过湿状态，一般埋藏浅，受大气降水补给，沿土体空隙及裂隙渗漏聚集，构成软塑地层。1961 年滑坍和 1963 年浅层滑坡，在滑动面上就有微量滞水现象。

四级阶地碎、块石层中，靠下部有地下水活动，补给滑坡环谷状凹地。

基岩顶残、坡积层，为极度潮湿或含小量水，构成软弱层。

基岩裂隙水，主要存在 25～40 m 深度内，水量较大，钻孔涌水量 $Q=10\sim16\ m^3/d$，具承压性，属硫酸型水，加速岩层的化学风化。特别是动水压力和静水压力的作用，降低着山坡的稳定性。

该处山坡变形破坏很复杂，具备了产生病害的各种条件，但当某一条件起主要作用时，便构成了病害产生的直接原因。如前所述，渭河冲刷形成古错落；地震引发了崩塌性滑坡；连阴雨引起浅层滑坡等。因此，该山坡变形随着时间的不同，其性质就有差异。按 1963 年及 1920 年的病害，将此工点定名为“滑坡”。

4. 山坡稳定性分析

(1)古错落堆积体

古错落是一次剧烈而急速的山坡变形破坏，其停止下来后错落体即稳定，后 1920 年地震产生的崩塌性滑坡，未能冲动古错落体，也说明古错落体具有较大的稳定性。

铁路在古错落体舌部开挖路堑，挖去大量土方。但修铁路以来，线路没有向河移动现象，堑坡也无剪出破坏现象。后期修的堑坡护墙、路肩墙和堑坡顶天沟均无变形、损坏，说明古错落体是稳定的。

引起古错落的直接原因是河岸冲刷，已做了河岸防护工程。目前影响古错落稳定的主要隐患是地下水的活动，特别基岩裂隙水的动水压力和渗流潜蚀作用，应予以拦截排除地下水，则古错落体可继续保持稳定。

(2)1920 年崩塌性滑坡体

山坡环谷状凹地上部凹槽堆积，有厚 4～9 m 可塑的黄土质砂黏土，系滑坡尾部残留堆积，坡度 40°～42°倾向渭河，有即将坍滑之势，是不稳定的土体。

环谷凹地上部凹槽堆积宝鸡侧 Z_1 附近的平台，虽受 1920 年崩塌性滑坡动力牵引的影响，但未能整体坍塌下来，其后缘陡壁高 20 m 左右。分析其下伏基岩顶面平缓，碎、块石土层密实，土体强度较大，滑坡牵动仅是表层土体坍落，整体是稳定的。因沿陡壁下有弧形裂缝，表层及斜坡土体疏松故仍有局部坍滑的可能。

(3)1963 年浅层滑坡体

1963 年浅层滑坡体仍大部分残留覆盖于环谷状凹地内，含水量大，力学强度低，表面虽作夯拍，但在连阴雨后会再度滑塌。

(4)其它

该工点病害及历史变形过程较长，且影响因素复杂，因而形成了复杂的第四系堆积层，环谷状凹地周边多裂缝分布，且山坡陡，零星小片的坍塌将在所难免，且易落入路堑内。

(六)整治方案

根据勘测资料分析，古错落体是稳定的，且渭河岸边已做防护工程。

山坡上部土体不稳定的范围大而零散，山坡高达 230 m，水平距离约 320 m，斜坡坡度 40°～45°，处理工程较为困难而复杂。根据本工点的实际情况，提出两大整治方案，一个是明洞方案，一个是山坡刷方与山坡排水综合整治方案。后者由于地下水和雨水较多，不易疏干，刷方量大，且边坡高，不能保证运营安全。最后采用明洞方案，其主要内容如下：

1. K1342+170～+284 建明洞

明洞外墙基础：K1342+170～+232 置于花岗岩内，K1342+232～+246 置于角砾、碎石土内，K1342+246～+284 置于片岩内；内墙基础：K1342+170～+178 置于花岗岩内，K1342+178～+246 置于角砾、碎石土内，K1342+246～+284 置于片岩内。地基基本承载力：角砾、碎石土为 250 kPa，片岩为 350 kPa，花岗岩为 600 kPa。

明洞结构：K1342+170～+175 为拱式明洞（带拉杆），K1342+175～+232 为棚式明洞，K1342+232～+280 拱式明洞（带仰拱），K1342+280～+284 为拱式明洞（带拉杆）。

由于 K1342+175～+232 左侧明洞基础深，采用倾斜的墙柱形式，共 10 个，柱高（轨顶面以下）14.32～21.59 m。

2. 排水工程

(1)保留右侧侧沟下的纵向暗沟。另在明洞内边墙后增设泄水纵向盲沟，在洞顶填土边缘线外加做截水沟一道。将原边坡渗沟与原纵向暗沟联通。

(2)明洞顶夯填土，中心高 3.0 m，边坡 1:1.8 及 1:5。

(3)自 K1342+300 小桥右侧 59.01 m 处，沿 $Z_{27} \rightarrow Z_9 \rightarrow Z_4 \rightarrow Z_{18}$ 线地下富水带修泄水隧洞，长约 139 m，每 25～30 m 设检查井，共 4 个，起检查及渗水作用。施工中发现水量小，将尾部坡度抬高，出水量仍甚少。

(七)小结

1. 本工点为宝天铁路原 K107 滑坡，是重点病害地段之一。1963 年前所修建工程，如河岸防护、路肩墙、堑坡渗沟及纵向暗沟，效果是良好的。1961 年发生滑坍后，即应急速对山坡进行彻底整治，但因某些客观原因，只进行第一期勘测设计工作，对山坡未做根治，直到 1963 年再次发生滑坡，造成列车颠覆事故。教训是沉痛的。因此，对病害必须一次查清，彻底根治，不留后患。

2. 对本工点山坡历史变形的定性和稳定性分析，如古错落、崩塌性滑坡等，应该说基本是正确的。根据这些定性采用的明洞、泄水洞等综合整治措施，经过三十多年的运营考验，再未发生任何病害，应该说整治是成功的。

七、宝中线火烧寨滑坡特征

刘天哲

(一)概况

火烧寨滑坡位于陕甘交界陕西省侧峡口河上游右岸，宝中铁路从火烧寨Ⅱ号埋藏式古滑坡中部以路堑形式通过（图 3-33）。

峡口河地处陇东低中山区、六盘山拗陷带和鄂尔多斯地台西南缘接壤处，构造复杂，新构造运动主要表现为不大的升降运动。峡口河上游下白垩统地层为单斜地层，产状 N35°E/5°～8°S，节理较发育，主要的二组节理分别为 N73°W/70°N、N75°W/79°S。

峡口地区属暖温带亚湿润气候区，年平均降水量 679.1 mm，年最大降水量 948.6 mm，雨季主要集中在 7、8、9 三个月。

火烧寨滑坡曾先后于 1960 年、1988 年、1989 年与 1992 年进行初测、定测、补充定测与施工勘测设计，共钻探 22 孔 368 m。还进行过坑探、槽探等。

1960 年初测时曾在Ⅰ号滑坡与Ⅱ号埋藏式古滑坡中前部南侧边缘钻 14 孔。发现Ⅰ号砂黏土滑坡，稳定性差，线路通过此段滑坡，填挖均需予以处理，施工难度大，尚需考虑河岸防护与乡间公路等问题。经过局部方案比选后，决定以火烧寨隧道绕避Ⅰ号滑坡，以深路堑从Ⅱ号埋藏式古滑坡中部通过（图 3－33），勘测时认为该处山体为一稳定的黄土斜坡。

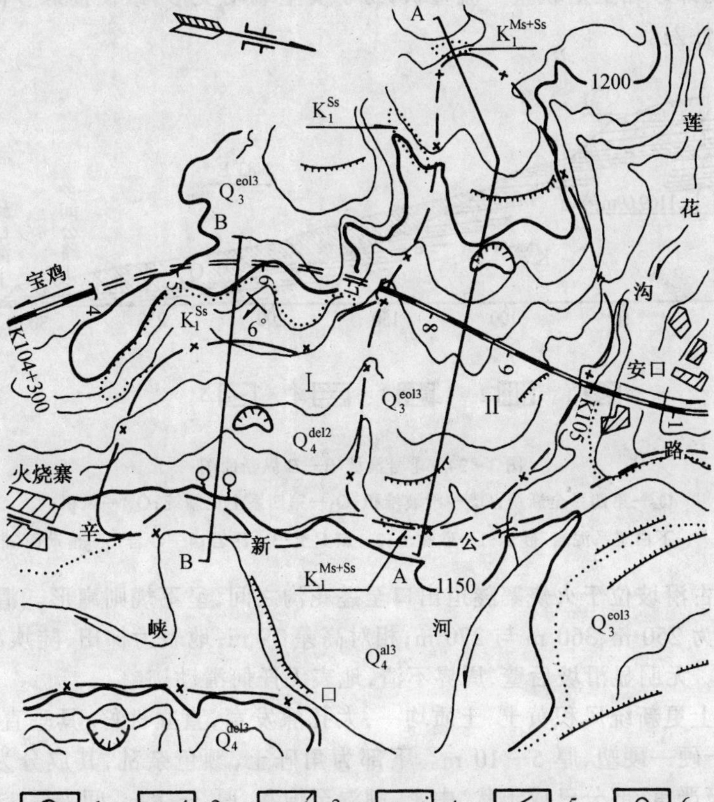

图 3－33 火烧寨滑坡工程地质平面图

Q_4^{al}—冲积黄土质砂黏土；Q_4^{del}—滑坡堆积砂黏土；Q_3^{eol}—风积新黄土；

K_1^{Ms+Ss}—下白垩系泥岩、砂岩；1—滑坡；2—滑坡界线；3—埋藏式古滑坡界线；

4—岩层分界线；5—岩层产状；6—泉水。

1988 年定测时，按深挖（K104＋750～＋910）钻 4 孔，其中 2 个钻孔发现滑动面（带），滑动面（带）深 15.3 m。但这一现象没有引起足够重视，而在圈定滑坡周界证据不足的情况下，就认为是稳定黄土斜坡的一部分（K104＋736～＋875 左 28 m 以下）与Ⅰ号滑坡归为一体。事实上，二者在地貌与地层岩性上均有较大差别。

1989 年补充定测时，为进一步查明前述所谓稳定黄土斜坡的地质情况，钻 2 孔，但未鉴定出滑动面（带）。施工图设计即在认定路堑以上“黄土斜坡是稳定的”情况下完成。

1992 年施工导致“稳定黄土斜坡”中后部滑动，勘探与施工证实，此“稳定黄土斜坡”实际上为一隐蔽型的埋藏式古滑坡。

（二）火烧寨滑坡的地质情况

火烧寨滑坡包括Ⅰ号滑坡与Ⅱ号埋藏式古滑坡。

Ⅰ号滑坡圈椅状滑坡后壁高陡,不规则的马蹄形滑坡地貌明显。滑坡长约 200 m,中前部宽约 260 m,相对高差 32 m,自然纵坡约 9°。滑坡前部有两处泉水,水量受季节影响明显,形成一大片湿地,树木与喜湿植物生长茂盛。由于受峡口河长期旁蚀,前缘滑动面(带)裸露。

滑动体厚 5~10 m(图 3-34),以坡、洪积砂黏土为主,颜色杂乱,半干硬~可塑状。前部由于泉水出露,局部砂黏土呈软塑—流塑状,易于发生蠕动变形,致使前缘乡间公路不断往上改移。滑坡稳定性差。

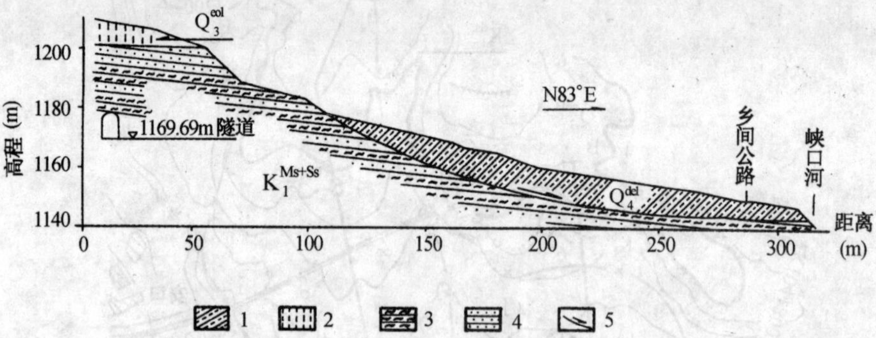

图 3-34 Ⅰ号滑坡 *B*—*B* 纵断面图

Q_4—第四系全新统;Q_4^{del}—滑坡堆积;Q_3—第四系上更新统;Q_3^{eol}—风积;

K_1^{Ms+Ss}—下白垩系泥岩、砂岩;1—砂黏土;2—新黄土;3—泥岩;4—砂岩;5—滑动面(带)。

Ⅱ号埋藏式古滑坡位于火烧寨隧道出口至莲花沟之间,呈不规则扇形。滑坡长约 588 m;上、中、下宽依次为 250 m、360 m 与 270 m;相对高差 79 m;地表为梯田,陡坎高 1.0~4.5 m,自然坡度 7°~9°。无明显滑坡后壁,周界不清,地表无任何滑动迹象。

滑坡上部为上更新统风积黄土,土质均一,大孔隙发育,直立性好,具垂直节理,未见扰动和受力现象,半干硬—硬塑,厚 5~10 m。下部为角砾土,颜色杂乱,其成分为泥岩与砂岩混杂,风化严重至极严重,部分已成土状,中密,潮湿至饱和,厚 3~8 m,间夹厚 1.95 m 黄土质砂黏土透镜体,角砾土为下白垩统地层经滑动扰动后的残留体(图 3-35)。

该滑坡下伏下白垩统河湖相泥岩夹砂岩,薄层至中厚层,质软,易于风化,抗冲刷能力差。泥岩,泥质胶结,隔水性强,长期受水浸泡易于风化形成软弱结构面(带)。砂岩,粉细粒结构,泥钙质胶结。岩层产状 N35°E/5°~8°S,倾向峡口河。

(三)Ⅱ号埋藏式古滑坡的特征

1.岩层滑坡的形成

Ⅱ号埋藏式古滑坡原为基岩顺层滑坡,在中更新世以前已经形成。此滑坡规模大,且在内、外营力的地质作用下,长期遭受风化剥蚀与峡口河的冲刷和旁蚀,原滑坡地貌受到严重的破坏与改造;滑坡体厚度变小,尤以前部变化明显;前沿部分滑坡体早已荡然无存,经勘探以及施工开挖后,得到了证实。

峡口河强烈下切,致使岸坡形成高陡的临空面,为岩层滑坡的产生有了外部环境;其次,下白垩统泥岩夹砂岩,节理裂隙发育,大气降水与地表径流易于下渗,底部泥岩隔水性强,长期受水浸泡易形成软弱结构面(带),此是岩层滑坡形成的内在因素;且下伏泥岩夹砂岩微倾向河谷,更促使滑坡的形成。即当其前缘高陡基岩遭受剪切破坏、后缘产生拉裂、软弱结构面(带)不断延伸直至贯通时,便形成了此岩层滑坡。

峡口河、莲花沟二级基座阶地中更新统早期砂黏土与卵石土，一级基座阶地上更新统早期新黄土与卵石土，和现代河床全新统黄土质砂黏土与卵石土沉积。在莲花沟沟口左、右两侧地貌与地层岩性相差悬殊，其左侧为完整的基座阶地，二级阶地地面平缓；右侧Ⅱ号埋藏式古滑坡前缘二级阶地缺失，仅残留部分一级阶地地层，地貌上呈不规则扇形。

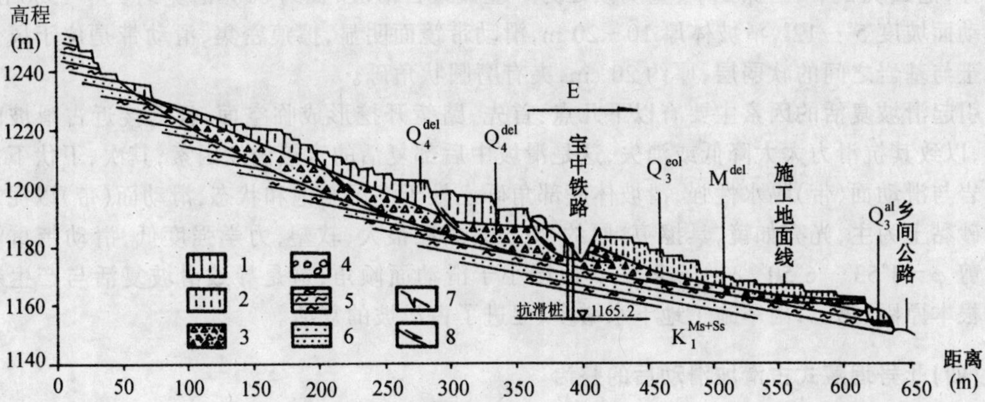

图 3－35　施工时Ⅱ号埋藏式古滑坡复活 A—A 纵断面图

Q_4—第四系全新统；Q_4^{del}—滑坡堆积；Q_3—上更新统；Q_3^{al}—冲积卵石土；

Q_3^{eol}—风积；M^{del}—中更新统以前堆积；K_1^{Ms+Ss}—下白垩系泥岩、砂岩；

1—黄土质砂黏土；2—新黄土；3—角砾土；4—卵石土；

5—泥岩；6—砂岩；7—地面裂缝；8—滑动面(带)。

综合以上因素分析，中更新世时，岩层滑坡严重侵占河床，迫使峡口河改道东移。中更新世以后，受峡口河长期的冲刷、旁蚀作用，岩层滑坡前缘的堆积体被不断地搬运迁移；滑坡体上部的地层亦长期遭受风化剥蚀与改造，因而形成了上述岩层滑坡的古地貌形态。

2.Ⅱ号埋藏式古滑坡的特征

该岩层滑坡经过上述发展变化后，开始接受风积新黄土的沉积，原岩层滑坡的残留体，便被后期形成的厚 5～10 m 的新黄土覆盖而形成埋藏式古滑坡。施工及钻探证实，该滑坡线路经过处(图 3－35)的中下部角砾土中夹有厚约 1.95 m 的黄土质砂黏土透镜体。由此判断，此滑坡在新黄土形成初期曾出现过局部滑动。

上更新世晚期至宝中线施工以前，由于内、外营力及人为活动的长期作用，原滑坡地貌已有所改变；一是在Ⅱ号埋藏式古滑坡的两侧形成冲沟；二是人工修建梯田耕作；三是滑坡后壁因长期遭受风化剥蚀而不明显；四是因属埋藏式古滑坡，致使滑坡周界不清。总之，该滑坡地貌甚至是微地貌很不明显，新黄土陡坎直立性好，无任何滑动变形迹象，滑坡地貌不典型，所以一般很难发现。

3.宝中线施工导致滑坡中后部复活

宝中线以挖方从埋藏式古滑坡中部通过，山侧最大挖方高度 17 m。于 1992 年 8 月中旬该段采用机械化拉槽施工，当开挖至 1176 m 高程，距路肩设计高程尚有 5 m 左右时，山侧山坡失稳产生滑动，呈牵引状向中后部发展。在线路左侧 30～40 m 处形成长约 140 m，宽 0.2～2.0 m的拉张裂缝，下错 0.2～3.5 m，地面呈支离破碎状，新产生的滑坡体最厚约 13 m。根据 1983 年1∶2000与 1992 年 9 月实测 1∶500 地形图和 A—A 纵断面分析，路堑开挖导致滑坡范围最远已至线路左侧 195 m，且在距线路 170 m 范围以内的原阶梯平台多呈反坡状。

滑坡的前缘从路堑 1 176 m 高程以下附近剪出，形成高 0.2～1.2 m 的隆起鼓包，臌胀裂缝纵横交错。滑坡体内的第四系孔隙潜水从其前缘呈渗流状涌出，在低凹处形成大面积的积水洼地，长时间不干。

山坡变形发生后，补钻 10 孔 281.51 m，最深孔 40 m，10 个孔均发现地下水，为了圈定滑坡边界，挖试坑 2 个、槽探 2 个，查明该处为一埋藏式古滑坡，长约 600 m，宽约 250～360 m，主轴滑动面坡度 5°～12°，滑坡体厚 10～20 m，滑动带镜面明显，擦痕密集，滑动带是位于风化层角砾土与基岩之间的软弱层，厚约 20 cm，夹有磨圆状角砾。

引起滑坡复活的因素主要有以下几点：首先，路堑开挖形成临空面，且已接近古滑坡的滑动面，以致其抗滑力大大降低或消失，这是滑坡中后部复活的直接诱发因素；其次，下伏下白垩统泥岩与滑动面（带）隔水性强，滑坡体底部角砾土处于潮湿至饱和状态，滑动面（带）以泥岩风化物砂黏土为主，光亮如镜，具擦痕，厚约 20 cm，黏性很大，软塑，力学强度低，滑动带重塑土多次剪 $\varphi=4°53'\sim6°50'$，$c=10$ kPa，φ 值已小于滑动面倾角，这是导致滑坡复活与产生新滑坡的根本原因；第三，雨季施工地下水增多，促进了古滑坡的复活。

（四）Ⅱ号埋藏式古滑坡滑动后的整治

针对该滑坡的特点，拟定了三个整治方案，一是抗滑挡墙方案，缺点是施工中不易保证滑坡稳定，工程造价也高；二是抗滑明洞方案，但施工难度大，工期难以保证，工程造价也高；三是抗滑桩方案，能彻底根治滑坡，施工安全，工程造价低。经过方案比选，结合施工技术与工期要求，决定在线路左侧采用半埋式抗滑桩与抗滑挡墙相结合的综合整治方案，桩截面为 2 m×3 m，桩间距 6 m。并对新滑坡体上部进行适当减载整平，夯实裂缝，做好地表及地下排水。经整治施工后，既稳定了中后部复活的滑坡体，也防止了各抗滑桩之间因边坡过高、土体松散而产生局部坍滑。整治方案经济合理，效果颇佳。

（五）结论与反思

1.埋藏式古滑坡是滑坡的一种类型。其最主要的特点就是早期形成的滑坡被后期形成的地层所覆盖，上覆地层未参与滑动，无受力迹象；周界不清晰，滑坡地貌不明显。此类滑坡在勘察中不易被发现，因而在施工中易造成地质病害，产生不良后果，火烧寨滑坡即为一个典型例子。

2.先宏观，后微观；由远及近，由表及里是滑坡调查中的一种常规工作方法。然而，依据某些微观地质现象，诸如局部地层异常，在勘探中发现滑动面（带）或软弱层，则应对其深入研究分析，由微观至宏观，由表及里，不断扩大调查范围，合理布置勘探，则会获得较好的效果。

3.勘探是滑坡勘测中的一种重要手段，要善于运用不同的勘探方法去解决滑坡勘测中的一些地质问题。

槽探、坑探具有开挖简便，经济灵活，易于操作，被开挖地层不受扰动、直观可靠等优点。根据滑坡的具体情况，在滑坡的前缘、后壁坡脚及可疑周界处，适当布置 5 m 以上的浅层挖探是准确圈定滑坡周界、寻找滑动面（带）的一种有效的勘探手段。

钻探是解决深层滑动面（带）的主要手段。但由于受钻探技术与工艺的限制，岩芯易受扰动或破坏，往往导致鉴定滑动面（带）极为困难，且有时不够准确可靠。要解决这一问题，除了对钻探提出严格的技术要求以外，同时在岩芯鉴定、特别是对可疑地段或某些异常地质现象鉴定时，应在岩芯保持最佳湿度时进行，必须仔细辨认，必要时应与附近露头较好的地层岩性进行工程地质类比，以确保鉴定出的滑动面准确无误。

4.在黄土地区，一些规模大，在调查中不易被发现的滑坡，通过遥感判释，却可获得意想不到的效果。曾在配合施工时,对Ⅱ号埋藏式滑坡进行 1:10 000 航片判释,结果发现,此滑坡不规则扇形地貌与其南、北毗连的地貌形态差异较大,其滑坡后壁在立体镜下高陡,呈现出上小下大的不规则圈椅状微地貌特征。如此客观清晰的异常地质现象,在野外调查时一般较难发现。因此,加强滑坡遥感判释工作是不可忽视的。

5.泥岩地层隔水性强,当大气降水与地表径流沿节理裂隙或易透水地层不断下渗时,其底部一定深度的泥岩长期受水浸泡,易于风化形成软弱结构面(带)。若泥岩产状倾向河(沟)谷,其上覆地层稳定性就差,即使原不是滑坡,但不恰当的人为活动也容易形成滑坡,所以,线路通过时一定要慎重对待。

八、侯月线郑庄滑坡及整治

王笃实

侯月线郑庄滑坡(DK130+875~DK130+990),位于山西省沁水县郑庄乡附近,地处沁河与县河交汇处,河谷南岸残留三级阶地。沁河在此 90°急拐弯,由北向南流,改为自西向东流,河床下切冲刷南岸,形成高达 40 m 基岩陡崖。受冲刷影响,早期曾发生多处滑坡,见图 3-36。线路高出现代河床 40 m,以挖方通过,边坡高约 30 m。施工期间发生山体滑坡,滑坡体约 30×10^4 m^3。在滑坡整治过程中,因施工弃土不当,又引起了附近古滑坡复活。

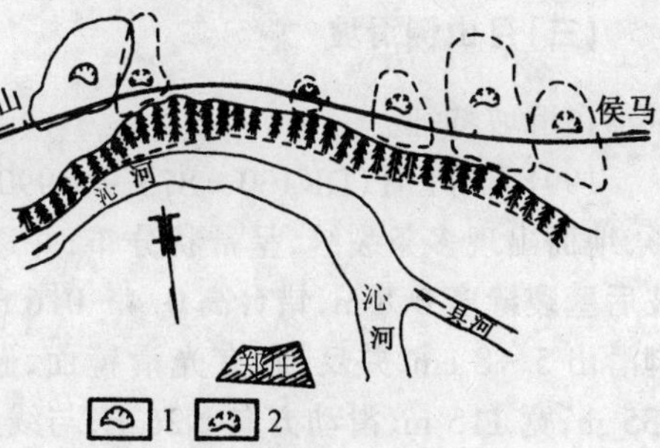

图 3-36 郑庄滑坡平面示意图

1—滑坡;2—古滑坡。

(一)地质概况

1.地层岩性

地层主要有第四系上、中更新统黄土质砂黏土、砂黏土夹碎石,厚度 25~30 m,其下为二叠系上统砂岩、页岩等,地质构造属沁水坳陷,岩层倾角平缓,岩层产状 N70°~75°W/8~10°N。

(1)上更新统黄土质砂黏土:淡黄色,粉土质颗粒均匀,具大孔隙,半干硬至硬塑,厚 4~8 m,$\sigma_0=150$ kPa。

(2)中更新统黄土质砂黏土:棕黄、褐黄色,土质较均匀,天然含水量 18%~29.1%,天然密度 1.78~2.06 g/cm^3,天然孔隙比 0.555~0.836,液限 28.2%~32.7%,塑限 16.4%~21.4%,塑性指数 8.4~13.8,液性指数 0.05~0.32,硬塑,压缩系数 0.08~0.17MPa^{-1},属中低压缩性土。夹 2~3 层棕红色古土壤层及少量礓石,古土壤液限 45.4%~47.4%,塑限 23.1%~24.8%,塑性指数 22.3~22.6,黏性较大。$\sigma_0=250$ kPa。

(3)砂黏土夹碎石:紫红色,为页岩、砂岩风化残积坡积物,碎石成份为砂岩,占 20%~35%,硬塑至软塑,塑性指数 11.9,厚度 1~4.6 m,钻探岩芯中见有多组光滑镜面及擦痕,为滑动带地层。

(4)砂岩:深灰、灰绿色,粉细粒结构,泥钙质胶结,间夹页岩薄层,节理发育,主要节理有 N20°W/70°S,N70°E/90°,N80°W/90°,间距 0.2~0.6 m,风化颇重,形成陡崖或陡坡,$\sigma_0=800$ kPa。

(5)页岩:紫红色,砂泥质结构,节理较发育,易风化剥落,风化颇重至严重,附近露头地貌呈 15°~25°缓坡,厚度 20~25 m,$\sigma_0=400\sim600$ kPa。

2.水文地质

(1)临河陡崖砂岩节理裂隙中有滴水现象,水量不大。

(2)在 DK130+950 左 60 m 岸坡上与基岩接触面有季节性泉水出露，水量微小。

(3)挖方均在黄土质砂黏土层内，路基面雨季潮湿松软，在载重汽车运输振动下，有膨胀和积水现象，DK130+890 路堑右侧坡脚有微量地下水渗出。

(4)在 5 号、6 号钻孔，滑坡体土层中发现有地下水，属壤中水，为大气降水及节理裂隙水补给，钻孔提水试验，涌水量 0.46～0.47 l/min，水质：pH=7.8～8.0，总矿化度 291～338.5 mg/L，无侵蚀性。

3.气象

本地区年度最大降水量为 986.3 mm，月最大降水量 408.2 mm。

(二)路基设计

本段路基为黄土深路堑。右侧边坡高30 m，设计堑坡 1:0.75，设侧沟平台；边坡高每10 m设2 m宽平台，平台上设截水沟，侧沟及截水沟均为浆砌片石，每级边坡坡脚设1.0 m高浆砌片石护脚，以防坡面水浸润剥蚀。

(三)月山侧滑坡

1.滑坡特征

1991 年 11 月(DK130+875～+990)路堑施工基本结束。12 月上旬线路右侧山坡发现变形，地面出现多条裂缝，呈帚状分布，并逐渐扩大。有三个大小不等的陷穴成串珠状分布。滑坡后壁裂缝宽 0.8 m，错台高 0.4～0.6 m，长数十米，呈弧形展布。滑坡体前缘，在路基左堑坡脚滑出 5～8 cm，并反翘，有光滑镜面，路基面多处隆起臌胀。滑坡平面近似椭圆形，主轴长 135 m，宽 115 m，滑动方向 N26°E，与线路呈 55°斜交，见图 3-37。

为查明滑坡体厚度及滑坡性质，钻 10 个孔，挖试坑 5 个，取土 12 组，水 3 组。钻探发现，滑坡体厚 30.4 m，为深层滑坡。滑动带为紫红色砂黏土夹碎石，系页岩、砂岩风化残积、坡积物，厚 1.0～4.6 m，硬塑至软塑状，重塑土剪切试验 $c=15\sim17$ kPa，$\varphi=12°24'\sim14°22'$。滑坡床为砂岩、页岩层，为黄土层顺基岩面滑动，滑动体约 30×10^4 m^3，见图 3-38。

2.滑坡产生原因

(1)地貌条件：本滑坡地处沁河与县河交汇处的残留三级阶地，沁河在此 90°急拐弯，由北向南流改为自西向东流，河床下切冲刷南岸。受河流冲刷影响，在本滑坡侯马方向同一高程、同一地貌单元，早期曾发生多处滑坡，见图 3-36。本滑坡位于侯马侧一古滑坡的边缘，为古滑坡边缘的残留土体。

(2)地层因素：页岩易风化剥落，地表呈缓坡状，页岩风化残积层吸水性强，遇水易软化，抗剪强度很低，因而堆积在页岩上的土体，如有地下水作用，极易产生滑动。

本段岩层层理倾向沁河，线路右侧基岩节理裂隙水向线路方向流动，地下水软化滑动带土层，降低了滑动带土层抗剪强度，为滑动创造了条件。

(3)人为因素：在滑坡前部，路堑挖方土体约 5.7×10^4 m^3，路堑边坡高 30 m，铁路挖方促使山体失去平衡而产生滑动。

3.滑坡整治工程

滑坡下滑力的检算，采用在滑坡主轴断面上恢复滑动前的原始状态后，经反算求出综合 φ 值，再根据路堑挖方部分土体产生的被动土压力进行校核，求得主轴断面上的下滑力 $E=225.73$ t。由于滑坡的下滑力较大，单一抗滑措施难以整治，需采取清方减载和抗滑桩，并加强地表排水和排除滑坡体内地下水的综合治理措施。

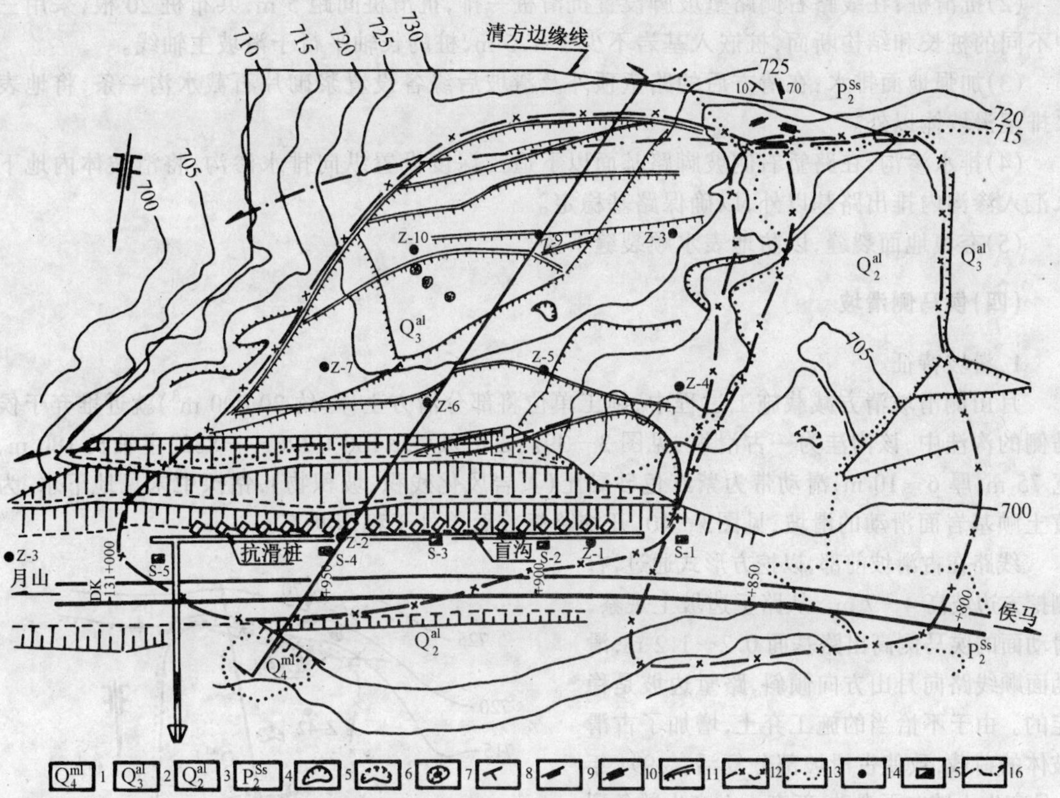

图 3－37　DK130＋875～＋990 郑庄滑坡地质平面示意图

1—第四系全新统人工填土；2—第四系上更新统黄土质砂黏土；3—第四系中更新统黄土质砂黏土；4—二叠系上统砂岩；5—滑坡；6—古滑坡；7—陷穴；8—岩层产状；9—节理产状；10—垂直节理；11—地面裂缝；12—不良地质界线；13—岩层分界线；14—钻孔；15—试坑；16—截水沟。

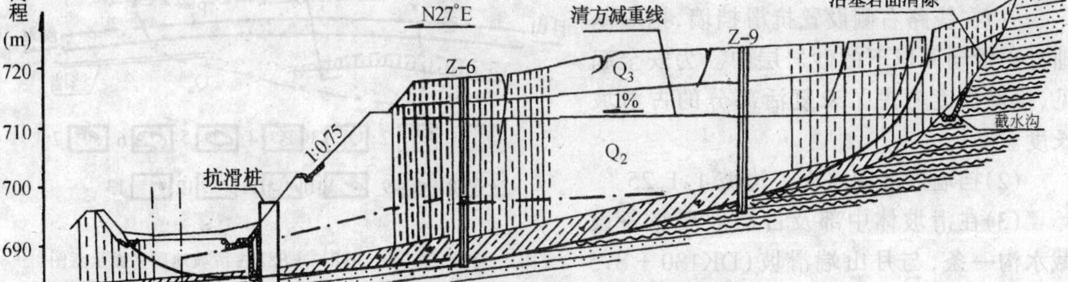

图 3－38　郑庄滑坡主轴断面示意图

1—上更新统黄土质砂黏土；2—中更新统黄土质砂黏土；3—砂黏土夹碎石；4—砂岩；5—页岩；6—地下水位线；7—岩层分界线。

(1)清方减载：在滑坡体上部清除土方厚度 7～12 m，共减载 8.9×10^4 m^3，以降低滑坡体的下滑力。减载土方设计要求运至 DK130＋150 做高路堤的填料，运距 1 km。

(2)抗滑桩:在线路右侧路堑坡脚设置抗滑桩一排,抗滑桩间距 5 m,共布桩 20 根,采用三种不同的桩长和结构断面,桩嵌入基岩不少于 4.5 m,桩的长轴平行于滑坡主轴线。

(3)加强地面排水:在清方后的路堑顶外及滑坡后缘各设置浆砌片石截水沟一条,将地表水排至滑坡体以外。

(4)排水渗沟:在路堑右侧坡脚路基面以下适当深度设置纵向排水渗沟,将滑坡体内地下水汇入渗沟内排出路基以外,以确保路基稳定。

(5)夯填地面裂缝,以防地表水顺裂缝下渗。

(四)侯马侧滑坡

1.滑坡特征

月山侧滑坡清方减载施工过程中,施工单位将部分清方土体(约 20 000 m^3)就近堆弃于侯马侧的沟洼中,该沟洼为一古滑坡,见图 3-39。古滑坡(DK130+798~+882)主轴长 180 m,宽 75 m,厚 6~10 m,滑动带为紫红色砂黏土(页岩风化残积、坡积物),钻探中未见地下水,为黄土顺基岩面滑动的滑坡,见图3-40,开挖路堑前后曾处于稳定状态。

线路在古滑坡前部,以挖方形式通过,右侧挖方边坡高 4~7 m。从路堑边坡上观察,滑动面的侯马侧高出路基面 0.2~1.2 m,滑动面顺线路向月山方向倾斜,路堑边坡是稳定的。由于不恰当的施工弃土,增加了古滑坡体的荷载,致使古滑坡部分复活。1994 年 7 月产生山坡向下滑动,新弃土上产生数条裂缝,宽 2~10 cm,滑坡体自路堑边坡挤出约 0.1 m。复活部分滑坡主轴长 60 m,宽 52 m,包括人工弃土厚 12~17 m,系沿古滑动面滑动的滑坡,见图 3-40。

2.滑坡整治工程

(1)在线路右侧设置抗滑挡墙,挡墙基础置于滑动面以下的砂岩层中。为安全起见,挡墙长度考虑了未复活部分的古滑坡长度。

(2)挡墙以上刷缓人工边坡 1:1.25。

(3)在滑坡体中部及古滑坡后缘各设截水沟一条,与月山端滑坡(DK130+875~+990)截水沟顺接。

(4)滑体上的地面裂缝回填夯实。

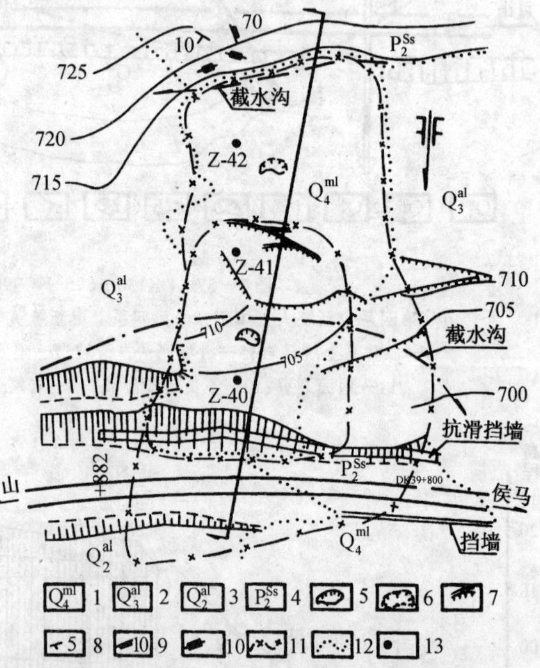

图 3-39 DK130+798~+882 古滑坡地质平面示意图

1—第四系全新统人工填土;2—第四系上更新统黄土质砂黏土;3—第四系中更新统黄土质砂黏土;4—二叠系上统砂岩;5—滑坡;6—古滑坡;7—地面裂缝;8—岩层产状;9—节理产状;10—垂直节理;11—不良地质界线;12—岩层分界线;13—钻孔。

(五)小结

1.河谷线路走行在山坡缓倾、地层为页岩、岩层层理倾向线路、受河流冲刷的凹岸,其上又有第四系堆积层的地段时,可能会发生滑坡。为此,在工程地质勘测中,对此类山坡,应加强地质调查研究,要进行稳定性评价,尤其是在古滑坡前缘,不应以深路堑的形式通过,并在路基设计中采取相应的工程措施,以确保安全。

2. 施工弃土应严禁就近堆弃在线路路堑上方的斜坡上，尤其不能在古滑坡体上弃土，以防引起路堑边坡不稳或古滑坡复活。

3. 该工点两处工程滑坡分别于 1992 年 10 月及 1995 年 5 月整治完工，1995 年底交付运营，日后再未出现新的病害，说明其整治措施是成功的。

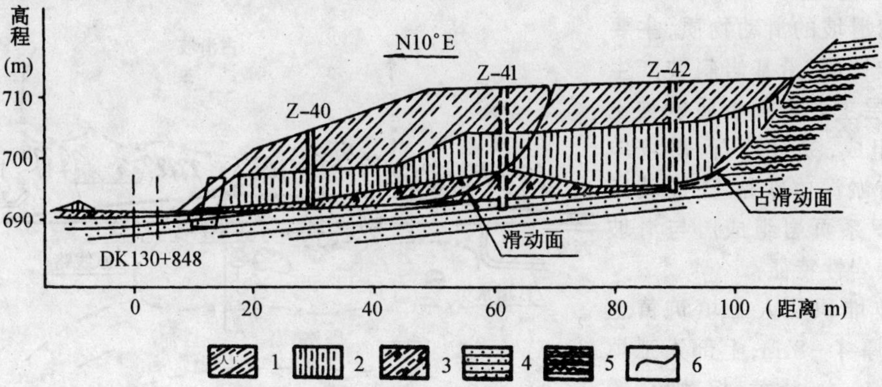

图 3-40　DK130+798～+882 古滑坡主轴断面示意图

1—人工砂黏土；2—黄土质砂黏土；3—砂黏土夹碎石；4—砂岩；5—页岩；6—岩层分界线。

九、包西线西安至延安段史家湾滑坡特征与处理

陈占新

(一) 概况

史家湾滑坡位于包西线西安至延安段甘泉县城以南约 6 km 的史家湾村南侧。该滑坡为一堆积层滑坡。勘测时，DK555+920～DK556+121 段线路从洛河西岸基岩陡坡下的堆积层上部以填方通过，中心填高 1～5 m。1991 年 6 月 10 日开始施工填筑，6 月 21 日当填土高度接近设计高程时，路基面及山侧的土质山坡出现大致平行线路的拉张裂缝，随后，裂缝呈弧形断续贯通，横穿线路，延伸至洛河河边，其前缘耕地内亦出现部分裂缝，路堤连同其下的堆积层向北东方向靠河侧有少量的位移，其中 DK556+025～+083 段路基面纵向裂缝变形尤为严重，裂缝宽 20～45 cm，相对下错 30～50 cm，随着弧形裂缝的贯通，该处堆积层已形成滑坡。根据滑动后前四天位移观测，平均滑移速度为 5 cm/d，处于持续缓慢的滑移状态。此时，延安至道镇段桥隧工程基本完工，路基本体工程已大部分成型，准备于 7 月 16 日开始自道镇向北铺轨，该滑坡距铺轨起点约 1.8 km，为保证全线铺轨工期，在原线 DK555+820～DK556+400 段山侧修建临时便线 580 m，并在便线路基下码砌片石垛进行临时基底处理，计土石方约 1.7×10^4 m^3，架 1 孔 4.5 m 扣轨便桥 2 座。随后，在滑坡范围内进行工程地质勘测和工程处理，以保证铁路的正常运营。

(二) 区域地质概况及滑坡特征

该区属陕北黄土高原中的洛河河谷区。洛河河床弯曲，高漫滩发育，断续分布有一级阶地，其上覆盖有冲积的黄土质砂黏土；二级及其以上阶地上部为风积及河、湖相沉积的巨厚黄土，厚 30～100 m，河谷深切，呈现黄土梁、峁地貌。

区内基岩为侏罗系中、下统紫红色和青灰色页岩及砂岩，受构造运动影响轻微，褶皱和断裂等构造形迹少见，岩层近水平或倾角小于 5°，倾向 NW。

史家湾滑坡位于洛河右岸斜坡地带，如图 3－41，平面上呈不规则的簸箕形，沿线路方向宽 160～220 m，沿滑坡主轴方向长约 100 m；滑坡体前缘高程 948 m，后缘高程 976 m，滑坡坡面自然坡度 10°～25°，倾向洛河，前缘部分地面略有反翘现象，后部陡壁大部分基岩裸露，陡壁上缘高出滑坡体后缘 20～30 m，高程 994～998 m，上部为一稳定的古滑坡。古滑坡体物质已大部分堆积于陡壁下的斜坡上，仅剩圈椅状外貌及少部分残留物质。属一稳定的古滑坡。

史家湾滑坡的滑动物质，主要是坡麓的堆积层，沿基岩斜坡产生滑动，堆积层主要由黄土质砂黏土及砂黏土组成，夹有碎石，滑坡体底部局部有淤泥质砂黏土；滑坡床主要由侏罗系页岩组成。与滑坡有关的地层岩性特征：

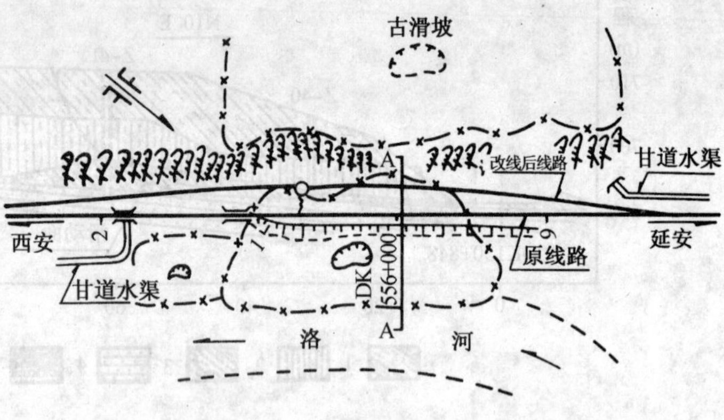

图 3－41　史家湾滑坡平面示意图

1.滑坡堆积及人工填筑黄土质砂黏土：厚 4～8 m，上部人工填筑的厚 1～5 m。淡黄、棕黄色，粉土为主，具孔隙，夹有碎石、块石及黏土，软塑—硬塑，位于滑坡体中、上部。

2.砂黏土：灰绿、灰黄色，土质不均，黏性强，夹有碎石及砂，软塑—硬塑状态。主要分布在滑坡体下部，部分组成滑坡体中的透镜体。

3.淤泥质砂黏土：深灰色，粉土为主，含腐殖质，偶夹砾石及卵石。软塑—硬塑状态，仅滑坡北侧下部局部有分布，厚约 6 m。

4.冲积卵石土：主要位于前部滑坡体下部，灰绿色，卵石成分以砂岩为主，石英岩次之，粒径 20～60 mm 的占 45％，60～80 mm 的占 20％，余为砂砾充填，磨圆度较好，中密。

5.页岩夹砂岩：页岩，青灰、灰绿及紫红色，质软，风化严重，遇水易软化，形成泥带，构成滑坡床；砂岩，灰黄色为主，细粒，泥钙质胶结，风化颇重—严重，裂隙发育，滑坡后部陡坎处为厚层状，滑坡床中呈薄层状夹于页岩中。

滑坡位于洛河主槽冲刷的凹岸，堆积层土体堆积过程，迫使洛河主槽东移，堆积层前缘不断受洛河水流冲蚀。

滑坡区的地下水主要为滑坡后部及底部砂页岩中的基岩裂隙水，同时，甘泉至道镇的灌溉水渠隧洞从滑坡后部的砂页岩中通过，因隧洞未衬砌，故渠水沿基岩节理裂隙渗漏，也补给基岩裂隙水。滑坡体后部局部有泉水，从滑动后拉张裂缝中渗出。地下水沿裂隙渗透至堆积层底，浸泡和软化斜坡堆识层底部的土和风化页岩，形成可滑泥带。

(三)滑坡滑动面特征及滑坡产生原因

1.滑动面特征

根据钻探、试坑和便线施工开挖揭露，线路附近的滑动面在堆积层与基岩接触处，见图 3－42，滑动面倾角 30°～40°，倾向洛河。滑动带物质由灰黄、灰绿和紫红色泥质组成，系页岩风化、受水浸泡软化形成，呈软塑状，滑动带泥厚 2～10 cm，其上下厚 20～30 cm 范围内为软塑状。滑动面埋深横向 3～15 m；沿滑动方向，自滑坡体后部向前缘，由浅变深，为 3～20 m。试坑及施工中均可见到贯通的滑动镜面及滑动擦痕。据对主滑段滑动面及滑动擦痕实际量测，滑动面产状为 N25°～35°W/23°N，擦痕倾向（滑动方向）为 N55°～65°E。原状滑动面重合剪：$\varphi=6°51'$，$c=10$ kPa。塑限 $w_p=17.2\%$，液限 $w_L=30.6\%$，塑性指数 $I_p=13.4$。

2. 滑坡原因分析

(1)较陡的基岩顶面是产生滑动的潜在滑动面；

(2)基岩裂隙水和甘道水渠隧洞渗漏水"浸润"软化滑动带土，降低了滑动带土的抗剪强度；

(3)洛河主流冲蚀堆积层前缘土体，是促使堆积层产生滑动的主导因素；

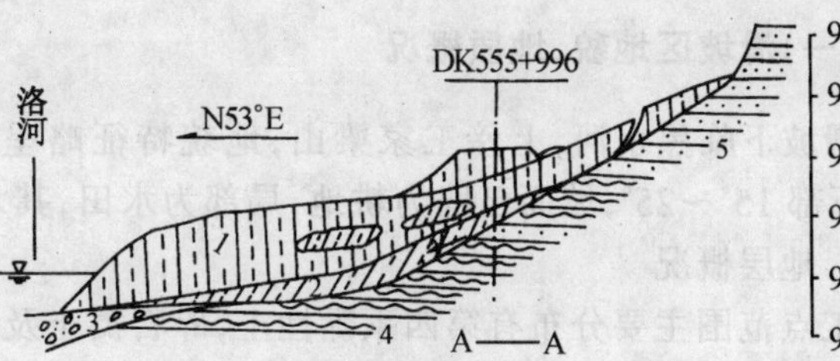

图 3－42　史家湾滑坡主轴断面示意图

1—黄土质砂黏土；2—砂黏土；3—卵石土；4—页岩；5—砂岩。

(4)铁路路堤位于堆积层的后上部，增加了滑坡体上部荷载，使处于临界状态的堆积层土体失去稳定而产生滑动。

（四）滑坡工程处理措施及效果

在滑坡后部以临时便线通过，保证按期铺轨的同时，通过对滑坡勘测，拟定了两个整治处理方案：

1. 原线整治

根据钻探，DK555＋920～DK556＋010 段基岩埋深 13～15 m，土层厚度大，路基支挡工程困难，拟考虑采用旱桥通过，并清除墩、台附近土体；DK556＋010～＋121 段基岩埋深 6～9 m，滑坡土体厚度不大，可设置路肩墙，但在已铺轨通车的情况下，施工难度大，且圬工数量相当可观。

2. 改线方案

该方案在便线平面位置上，进一步改善线路技术条件，使其成为正线。便线路基下基岩埋深 4～6 m，挡护工程均有基础条件，为了保证施工期间行车安全，减少施工干扰，下挡采用 8 根 1.5 m×2 m 的抗滑桩加桩间墙，分段施工。但该方案使 DK556＋130、DK556＋182 两处原线 1 孔 4.5 m 的小桥报废。

对以上两方案进行技术、经济和施工条件等方面的综合比较，采用了改线整治方案。滑坡整治后，经过数年的通车运营，路基均处于稳定状态，证明整治措施是行之有效的。

（五）经验教训

在山区铁路选线中，当从坡麓堆积层上通过时，应当查清堆积层处的工程地质、水文地质条件以及堆积层与其基底接触面倾角等，对斜坡堆积体作出稳定性评价。对处于临近滑动状态的斜坡堆积体，线路位置宜慎重选择，尽量从堆积体前缘以填方形式通过，而不应增加堆积体荷重在后部以填方通过。

十、阳安铁路徐家坝车站滑坡特征与整治工程

刘双进

徐家坝滑坡位于阳安铁路徐家坝车站堑顶缓坡上（K14＋750～K15＋120）。1981 年 8 月暴雨之后，堑顶地面开裂，山坡滑动明显。变形范围顺线路方向长 370 m，垂直线路最远达 310 m，总面积 4.6×10^4 m^2。是一组在古滑坡上局部复活的滑坡群，三条高角度的压性断层控制其边界。由于滑动使地面开裂，房屋倒坍，挡墙变形开裂，推倒部分挡墙，砸坏接触网电

杆，车站内第三股道道床隆起，钢轨弯曲。1982 年进行了病害整治的勘测设计，1983 年施工，1984 年整治工程竣工后，至今运营正常，滑坡稳定。

(一)滑坡区地貌、地质概况

滑坡下临黑水河，上傍王家梁山，地貌特征略呈圈椅状，地面横坡上陡下缓，上部 25°～30°，下部 15°～25°，坡面已辟为耕地，局部为水田，其水引自滑坡东侧山沟内。

1. 地层概况

工点范围主要分布有第四系黏性土，碎石类土及残积层，基岩为元古界变质岩系。

(1)第四系地层

砂黏土(Q_4^{dl2})：主要分布于各滑坡体表层，局部挤入层间，褐黄色，黏粒为主，硬塑。

碎石土(Q_4^{dl7})：为第四系主要覆盖层，普遍分布于各滑坡体之上，灰绿色为主，土黄色次之，碎石含量 50%～60%，成份以片岩为主，一般呈棱角状。充填物为砂黏土或片岩风化物，中密，稍湿—潮湿，局部饱和。

片岩残积层(Q_4^{el})：灰绿及黄绿色，主要为片岩风化残积物，结构紊乱，含大量角砾(20%～30%)，灰绿色的含水量较大，不胶结，黄绿色的基本无水，黏土质半胶结，其强度指标 φ = 15°～16°，$c = 0$。

(2)基岩

该区基岩为元古界变质岩系，为绿泥石石英片岩、绿帘石绢云母片岩、绿泥石片岩、绿泥石石英片岩。有霏细斑岩与石英安山斑岩岩脉穿插。岩层片理产状较陡 40°～50°，走向近乎垂直线路。从钻探岩芯看，基岩完整，未曾滑动。

2. 水文地质特征

(1)地表水

工点东侧有一常年流水沟槽，下切较深，基岩出露。有多处跌水，但水量不大。滑坡区内有一纵向自然沟槽，由于滑坡滑动影响使沟槽呈波状摆动，汇集泉水，形成小的径流。

(2)地下水

本区地下水分为第四系孔隙潜水和基岩裂隙水两种。

第四系孔隙潜水多以下降泉出露于地表，各泉水流量 0.01～0.04 l/min。东部主要分布于片岩风化残积层上的碎石土中，中部多集中于风化残积层中。

基岩裂隙水主要分布于西部基岩裂隙中，水量小于潜水。

地下水东部水量较大；西部水量较小。从南至北顺山坡岩层发育，有潜水补给基岩裂隙水，地下水质良好，无侵蚀性。

(二)滑坡形态及变形特征

该处山坡变形由四个滑坡组成，其中Ⅳ号滑坡范围最大，Ⅳ号滑坡又包括Ⅳ－1 与Ⅳ－2 两块，见图 3－43。

1. Ⅰ号为错落体，发生在下古生界绿泥片岩及绿帘石片岩中，其主轴垂直线路，面积 1 750 m²。错动面呈台阶状，埋深 7～15 m，坡度约 45°。错落使前缘 11 m 高之路堑挡墙上部前倾，伸缩缝局部错开 0.1～0.2 m，墙面出现断续裂缝，墙背填土开裂成 0.2～0.4 m 宽的贯通裂缝，堑顶天沟局部错断，错距 0.4 m 左右，缝宽约 0.2 m，由于其紧临线路，危害随时会发生，故需及早治理。

2. Ⅱ号为堆积层滑坡，面积 3 325 m²，主轴垂直线路，从钻探资料分析，滑动带为埋深 6～

20 m 的片岩风化残积层。古滑动面前缘坡度约 8°，本次未滑动；新滑动面坡度约 17°，大致呈直线坡，滑坡体厚 6～15 m。以碎石土为主，表层局部为砂黏土，属推动式滑坡，滑坡后壁可见 0.5～1.5 m 台阶。该滑坡将前沿堑顶天沟错断，使高 4.5 m 路堑挡墙严重开裂，外臌，侧沟被挤窄，车站第三股道道床被挤隆起 0.2 m，钢轨弯曲，由于其紧临线路，对铁路运营，存在危害，需进行治理，见图 3－44。

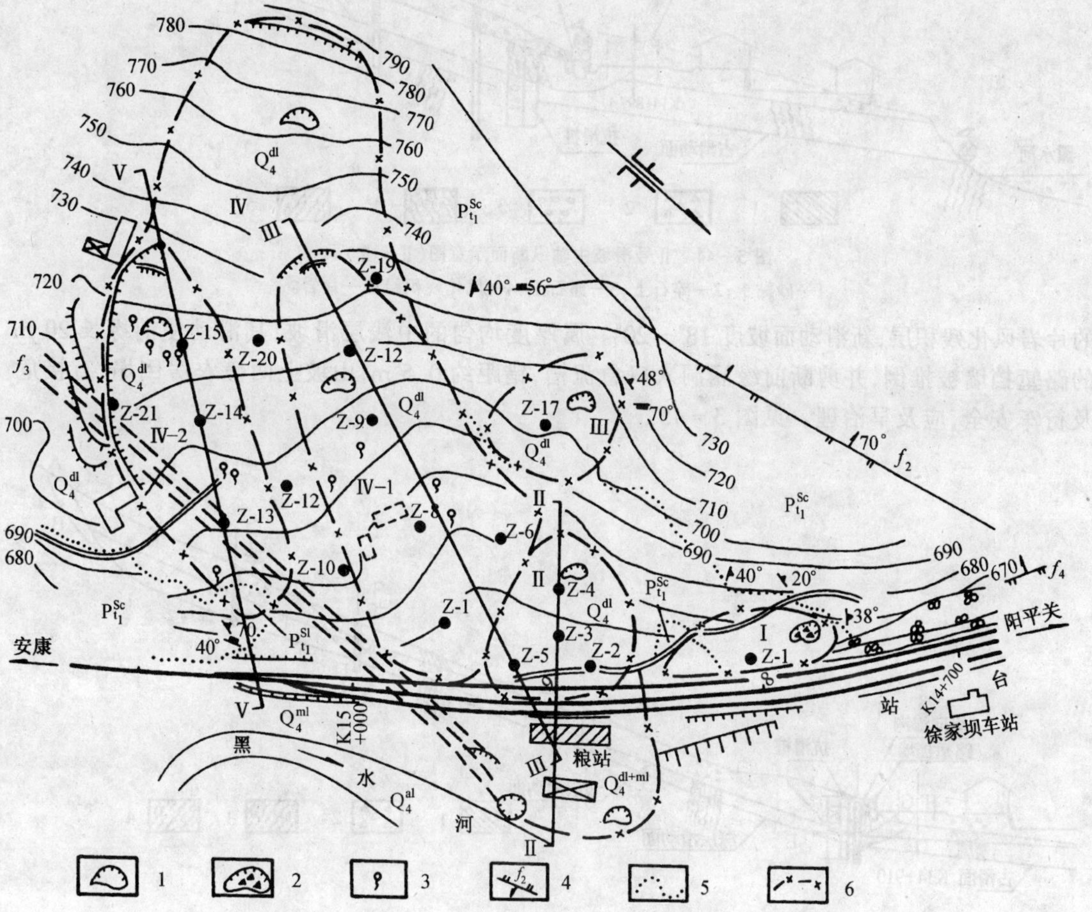

图 3－43 徐家坝车站滑坡平面示意图

Q_4—第四系全新统；ml—人工填土；dl—坡积层；al—洪积层；P_{t_1}—上元古界；
Sc—片岩；Sl—板岩；1—滑坡；2—错落；3—下降泉；
4—断层及编号；5—岩层分界线；6—不良地质界线。

3. Ⅲ号属浅层砂黏土堆积层滑坡，面积 1 750 m^2，主轴近东西向，主滑动带埋深 2～9 m，后壁为0.7 m的台阶，前缘不明显，滑坡体前薄后厚，为推动式滑坡，由于距线路较远，对铁路无直接影响。

4. Ⅳ号滑坡纵向长约 320 m，横向宽约 80～140 m，面积约 38 800 m^2，坡面环状裂缝较多，地表多见臌胀隆起。滑坡后部滑动方向与Ⅳ－1、Ⅳ－2 两块不同，属叠加而成，据勘探资料分析，Ⅳ号滑坡基岩面与地面形态基本一致，呈两槽一脊状。且具有槽厚脊薄的特征。Ⅳ－1、Ⅳ－2 两块相对变形较大的滑体分别位于两槽内，分述如下：

(1)Ⅳ－1 滑坡：主轴平行于基岩岩层走向，与线路呈 60°夹角。主滑动带为埋深 5～15 m

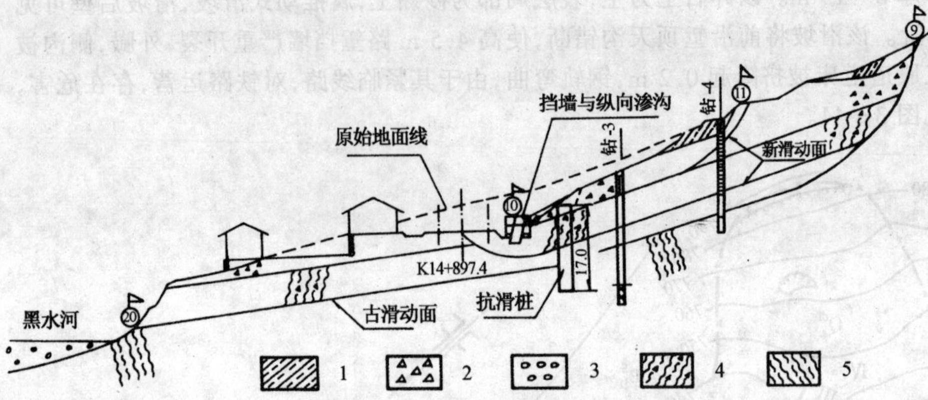

图 3-44　Ⅱ号滑坡主轴纵断面示意图(Ⅱ—Ⅱ)

1—砂黏土;2—碎石土;3—卵石土;4—风化残积层;5—片岩。

的片岩风化残积层,新滑动面坡度 18°～20°。属厚度均匀的中浅层滑坡,其滑动使前缘长 20 m 的路堑挡墙被推倒,并剪断前缘涵洞入口急流槽,错距约 0.5 m,山坡上两幢农房倒塌,直接危及行车安全,应及早治理。见图 3-45。

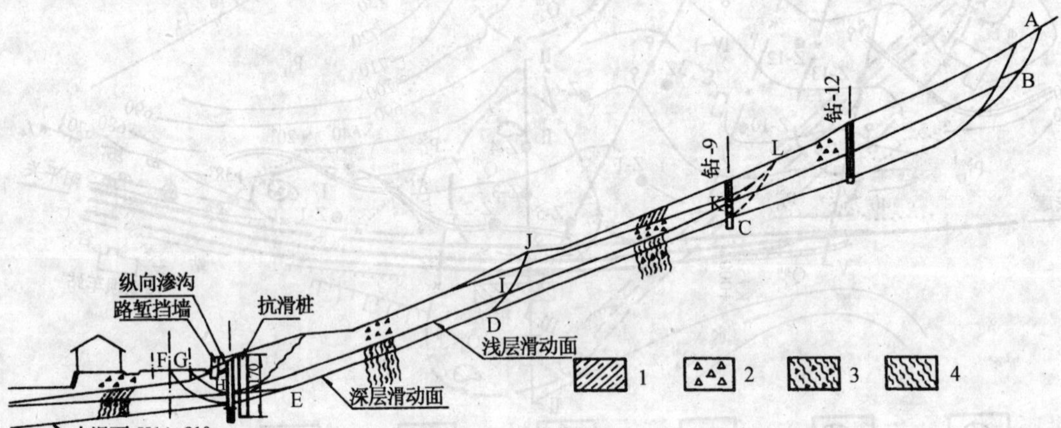

图 3-45　Ⅳ-1 滑坡主轴断面示意图(Ⅲ—Ⅲ)

1—砂黏土;2—碎石土;3—片岩风化残积层;4—片岩。

(2)Ⅳ-2 滑坡:主轴与线路呈 73°交角,主滑动带为埋深 3～10 m 的片岩残积层与上覆砂黏土、碎石土的交界面。滑动面坡度 17°～21°,前缘临空面高出路基面 20 m,下为基岩陡坎。坡面上有多处泉水出露,形成常年地表径流。本次滑动使天沟剪断约 40 余 m,山坡多处田埂及场院被滑动错断,并伴有地面下沉、水田漏水现象,前缘土体溜坍堆积在路肩之上,堵塞侧沟。对铁路运营造成极大的危害,故应对其进行全面整治,见图 3-46。

(三)滑坡成因分析

该工点地处气候湿润、雨量充沛的陕南地区。地表水、地下水发育。滑坡区上部第四系土体结构疏松,透水性强,特别是碎石土有利于地表水的下渗。大气降水通过堆积层下渗到透水性差的泥质片岩残积层中,滞留浸泡土体,形成饱水软化带。1981 年 8 月的暴雨,使大量地表水下渗，特别是 8 月 21 日一天降水 186 mm，使滑坡体容重增加，下滑力随之增大。加之滑动带的饱水软化，使滑动面的摩擦系数降低。因而导致古滑坡上局部土体的再一次滑动。

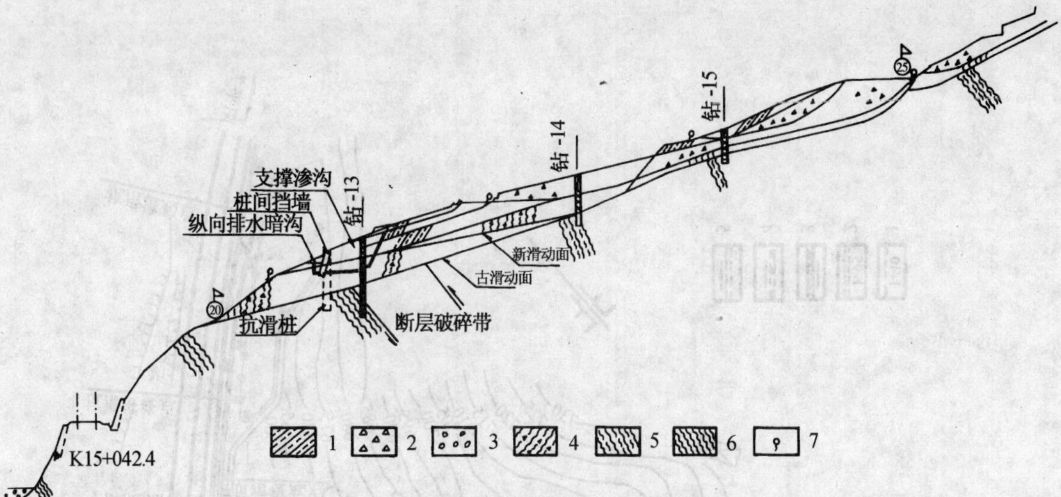

图 3-46　Ⅳ-2 滑坡主轴断面示意图（Ⅴ—Ⅴ）

1—砂黏土；2—碎石土；3—卵石土；4—片岩风化残积层；5—片岩；6—板岩；7—泉水。

（四）滑坡整治工程

滑坡整治应遵循因地制宜、分清主次、综合治理、早治、根治的原则进行，处理时既要看到已滑动的部分，又要兼顾潜在的滑动地段，还要减小对行车的干扰，考虑施工安全。该滑坡工点的整治是古滑坡上复活的滑坡群的整治工程。因此除了设置支挡结构外，排水工程则显得更为重要。只有采用支挡与排水相结合的手段，进行综合治理才能起到较好的效果。

Ⅲ号滑坡与Ⅳ号滑坡后部，滑动不明显，仅表现在局部土体的膨胀，加之距线路较远，危害程度不大，故仅考虑做好排水工程，暂不采取其它处理。

针对Ⅰ号错落及Ⅱ号、Ⅳ-1、Ⅳ-2 号滑坡特征分别采用抗滑桩、挡墙、支撑渗沟、截水渗沟等手段综合整治，并做了全区的地表排水设计，见图 3-47。

具体措施分述如下：

1. Ⅰ号错落体，虽然还未形成连通的错落面，但由于对线路运营危害大，认为应在考虑施工安全的前提下，采取在原墙后用抗滑桩加固的方案，同时用护坡封闭挡墙以上错动体，防止地表水下渗。抗滑桩 10 根，桩长 12.7 m，截面 2 m×2 m，间距 7～8 m，主筋用 43 kg 旧钢轨；基坑用厚 0.25 m 混凝土护壁支撑，其顶部 2 m 加配钢筋保护坑口，距桩底 3 m 范围可不设护壁。

2. Ⅱ号及Ⅳ-1 号滑坡前缘在线路附近交汇叠加，勘探证实，存在多个滑动面，既有表层溜坍，又有浅、中层新的滑坡产生，基岩顶面的老滑动面依然存在，情况复杂，经计算分析认为，采用抗滑桩加固新的滑坡，并兼防老滑坡的复活，对浅层和表层溜坍用挡墙，支撑渗沟加固。

整治方案设计 10～17 m 长的抗滑桩共 19 根，截面 2 m×3 m，间距 6～7 m。主筋采用 50 kg 旧钢轨，桩长穿过老滑动面，锚固于基岩内 3.5～5 m。

沿线路设 105 m 长 4～6 m 高的路堑挡墙，其中在 65 m 范围墙背设纵向渗沟排水，并在抗滑桩间，垂直纵向渗沟设置 10 条支撑渗沟，用以疏干地下水，促使桩间土体稳定。

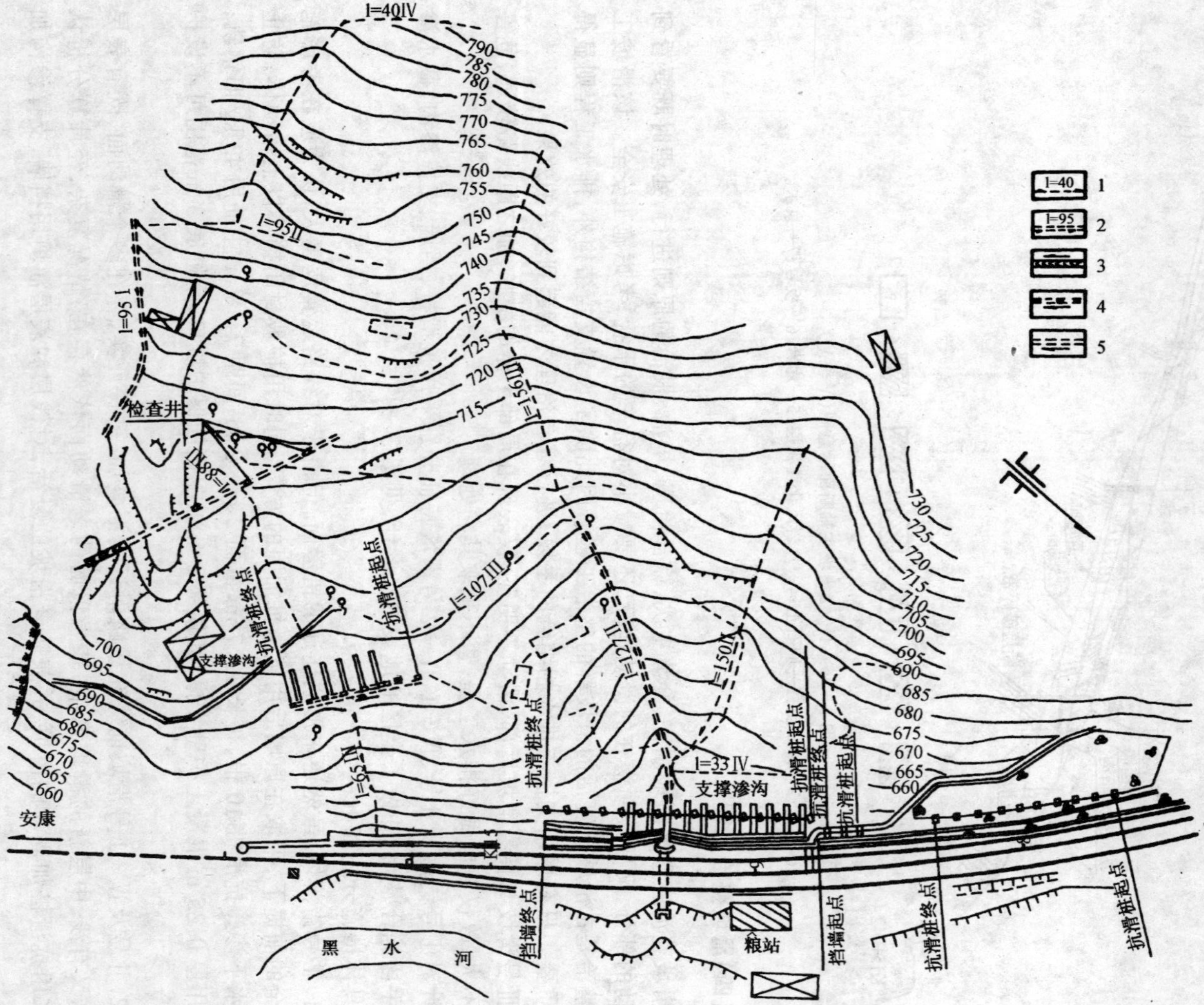

图 3-47　徐家坝车站滑坡整治工程平面图

1—排水沟（l—斜长）；2—扩大排水沟（l—斜长）；3—急流槽；4—截水渗沟（有检查井）；5—排水暗沟。

3. Ⅳ－2号滑坡，前缘位移明显，致使碎石土缺失。砂黏土直接覆盖于片岩风化残积层上，泉水多处出露，加之滑坡体地下水发育，应在滑坡前缘用抗滑桩，桩间用挡墙支挡。在滑坡中后部设置截水渗沟，阻断向滑坡体补给的地下水。

整治方案设计12～16 m长抗滑桩9根，截面2 m×2 m，间距6 m，埋深穿透风化岩层，锚固于基岩内4.5 m左右，主筋采用50 kg旧钢轨。

由于滑坡体地下水发育，故在抗滑桩间设置了4～6 m高的6段桩间挡墙共21 m，并在每段墙背中心设置宽2 m、长10 m的支撑渗沟6条。用以支挡桩间土体的下溜和排除滑坡体地下水。墙前设纵向排水暗沟，排除支撑渗沟来水。截水渗沟设在滑坡体中后部，垂直地下水流向，总长88 m，深4.6～6.6 m，宽2.1 m；上部填洗净的大卵石。下部用直径1 m、每节长0.49 m的预制混凝土圆管，间隔2 m分别安放在0.6 m厚的混凝土基座上。洞口接急流槽，以排导地下水与地表水。

4. 水是滑坡活动的内在因素之一，对滑坡的整治首先做好排水设计。排除地表水工程，不使其下渗至滑坡体内部，对稳定滑坡能起到良好的效果；排除地下水工程能够拦截旁引滑坡体范围内的地表水；使地表水及地下水尽快排出滑坡体。

在该工点的整治过程中，首先将工点范围内地表裂缝全部进行了回填夯实，并结合地形地貌特征，设置数道浆砌片石截、排水沟，总长1 074 m，滑坡内泉水采用浅小渗沟将其引入排水沟中，同时将Ⅳ号滑坡体上的水田改为旱地。以增加滑坡的稳定因素。

（五）结语

影响滑坡稳定的因素是多方面的。整治工程应具备正确的施工方法、施工时间与施工步骤。该工点由于地质条件及整治工程均较复杂，因此施工技术管理工作显得非常重要。施工顺序应先做抗滑桩，再做支撑渗沟、挡墙及纵向渗沟，然后设置截水沟，最后做地表排水沟和截水沟。

施工季节应避开雨季，开挖基坑要做好临时排水设施。不使水流入基坑，施工结束及时回填夯实。

施工要确保工程质量，当地质条件与资料不符时，要及时修正设计资料。设计单位要做好配合施工工作。

该工点整治后经十几年的运营考验，未出现新的病害；滑坡稳定，说明达到了整治效果。

十一、梅七线K57滑坡勘测与整治

盛殿魁

（一）地形、地质概况

工点（DⅡK57＋137～＋340）位于梅七线安子沟车站以南2 km，教场坪一支沟右侧山前洼地中。在地貌上呈簸箕形，略显滑坡地貌。地面平缓，约6°～10°，向东倾斜，地形呈波状起伏。

地表上覆棕黄色、淡黄色砂黏土，厚7～25 m，下伏三叠系砂页岩互层，其倾角平缓，基岩顶板具有与地表大致相同的簸箕形洼槽形态，其顶面有1～2 m厚的黄绿色残积砂黏土。工点地下水很发育，有多处泉水，造成地表潮湿。

线路在滑坡体上方，以0～5 m的浅路堑及0～8 m的路堤通过。线路通过滑坡体长203 m。

（二）滑坡变形情况

本滑坡由Ⅰ、Ⅱ号上、下两个滑坡组成，见图3－48所示。Ⅰ号滑坡长300 m，平均宽150 m，

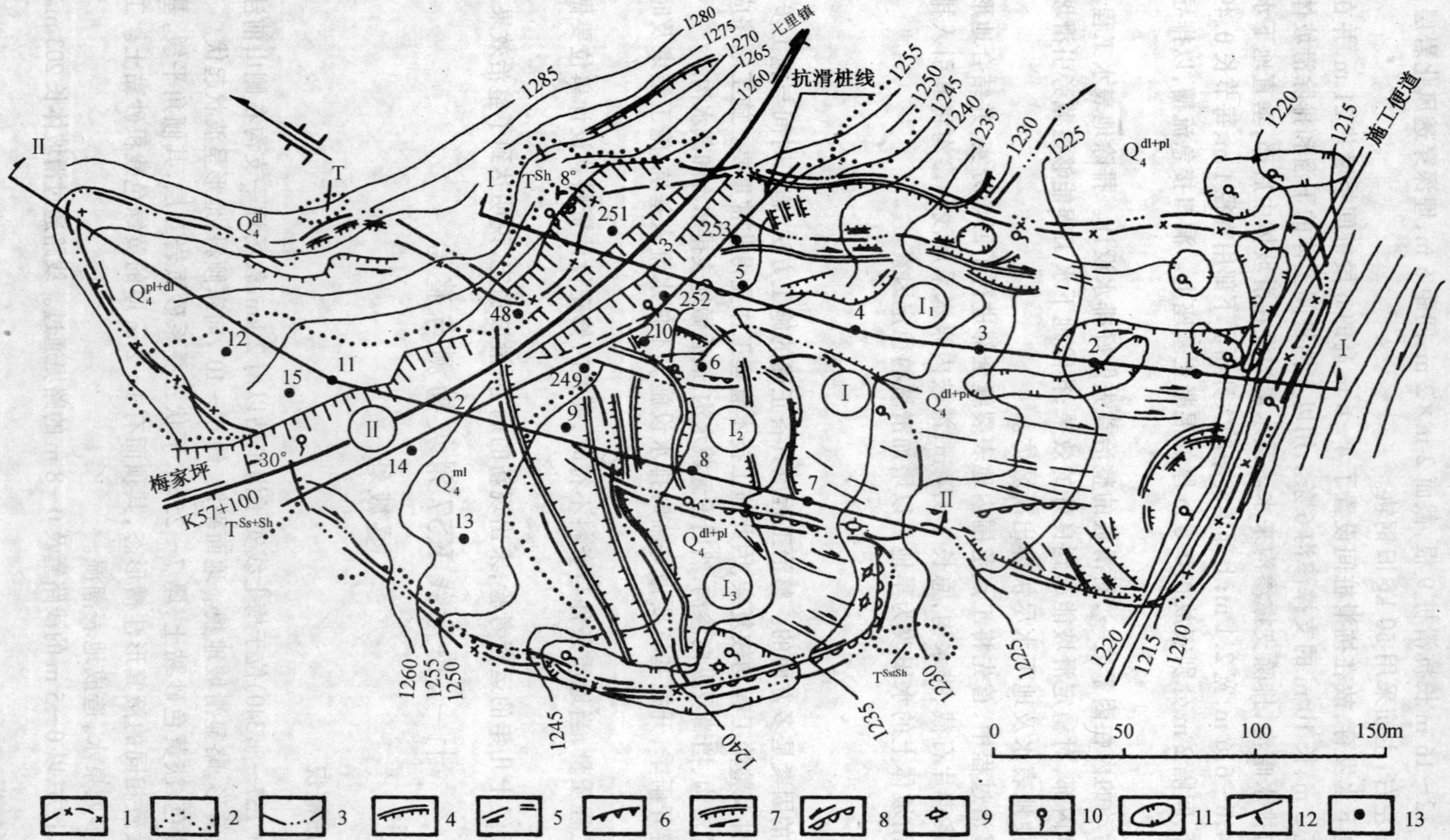

图 3－48　梅七线 K57 滑坡平面图

Q_4^{ml}—人工填土(砂黏土、碎石土)；Q_4^{dl+pl}—砂黏土；T^{Ss}—三叠系砂岩；T^{Sh}—三叠系页岩；

1—不良地质界线；2—岩层分界线；3—滑坡分区界线；4—张裂缝；5—剪切裂缝；6—压性裂缝(或挤出线)；7—张剪性裂缝；8—压剪性裂缝；9—滑坡前缘鼓丘；10—泉水；11—湿地；12—岩层产状；13—钻孔及编号。

最宽处 200 m,滑坡深约 15～20 m;Ⅱ号滑坡长 360 m,平均宽 120 m,最宽 150 m,滑坡深约 15 m。

1969 年勘测时,曾将上部Ⅱ号滑坡定性为古错落体,但当时并未发现下部Ⅰ号滑坡。1972 年路基竣工后未发生变形。1975 年雨季后,Ⅰ号滑坡上部首先出现环状裂缝,为此于 1976 年上半年在线路左侧修截水沟 2 条。1976 年雨季后的 9～10 月间,Ⅰ号滑坡突然剧烈发展,坡面裂缝密集,新建的截水沟被拉断成 3 段,最大错距达 5.7 m,路堤大量下沉位移,K57+297 的涵洞被毁;与此同时上部的Ⅱ号滑坡也开始出现裂缝,产生变形,其间Ⅰ号滑坡呈$Ⅰ_1$、$Ⅰ_2$、及$Ⅰ_3$等 3 个条块各自分异活动,纵向剪切裂缝很多。滑动后路堤下沉 2 m,横向位移 5 m,斜坡中部和前缘推出。至此老滑坡整体复活,只好修便线维持通车。

(三)地层简述

地表为第四系棕黄色、淡黄色砂黏土,厚 7～25 m,基岩顶面为厚 1～2 m 的黄绿色残积砂黏土,下部基岩为基本呈水平状的三叠系砂页岩互层。见图 3-49。

滑动带为残积砂黏土,其物理力学指标为:$w=26\%$,$\rho=2.07\ g/cm^3$,$w_L=32.7\%$,$w_p=18.8\%$,$I_p=13.9\%$;重塑剪:$c=27\sim29$ kPa,$\varphi=10°10'\sim17°15'$;多次剪:$c=11\sim15$ kPa,$\varphi=6°15'\sim8°30'$。检算时采用:上部 8°30′,中部 6°,下部 6°。

岩层滑床倾角 5°～10°。

(四)滑坡产生原因

1.本工点原为一不稳定的老滑坡,在Ⅰ号滑坡体上部填筑路堤后,不但增加了滑坡体的荷重,而且由于取弃土等人为破坏,改变和恶化了原来的排水条件,破坏了土体平衡。Ⅰ号滑坡的滑动,使Ⅱ号滑坡失去支撑,也跟着滑动。

2.降雨量增大,影响滑带土的力学强度。梅七线及相邻地区降雨量为 551.4～743.7 mm,年最大降雨量为 869.8 mm,其中距本滑坡 10 km 的 67 km 凤凰山分水岭降雨量最大。降雨量最多的年份(1975 年和 1976 年)滑坡活动也是最为活跃的。大量雨水的下渗,影响和软化了本来软弱的老滑坡面,大大降低了滑动带土的力学强度。

3.滑坡体中地下水发育,从图 3-48 中可以看出泉水有 16 处之多,2 号泉最大涌水量达 5 t/d,湿地有 7、8 处,地下水富集也增加了滑坡体的重量,降低了土壤的力学强度,促使滑坡体下滑。

总之,由于路堤施工诱发了滑坡的发生,Ⅰ号滑坡的变形,又使Ⅱ号滑坡失稳,最终导致老滑坡的整体复活。

(五)滑坡整治措施

1.整治原则:鉴于线路位于Ⅰ号滑坡上部及Ⅱ号滑坡的腰部(中部)的具体情况,决定采用将大化小、分而治之,只保证线路稳定,置滑坡其余部分于不顾的整治原则。这样工程简易,经济合理。

2.具体措施

(1)线路右侧 11～23 m 做 200 号钢筋混凝土抗滑桩 1 排 29 根,桩长 12～21 m,桩距 4～10 m,截面 2 m×3 m。

(2)布置排水系统,尽快排除地表水;废弃 K57+297 涵洞,另于 K57+217.6 及 K57+340 各修建 1 孔 1.0 m 盖板涵。

整治效果良好。

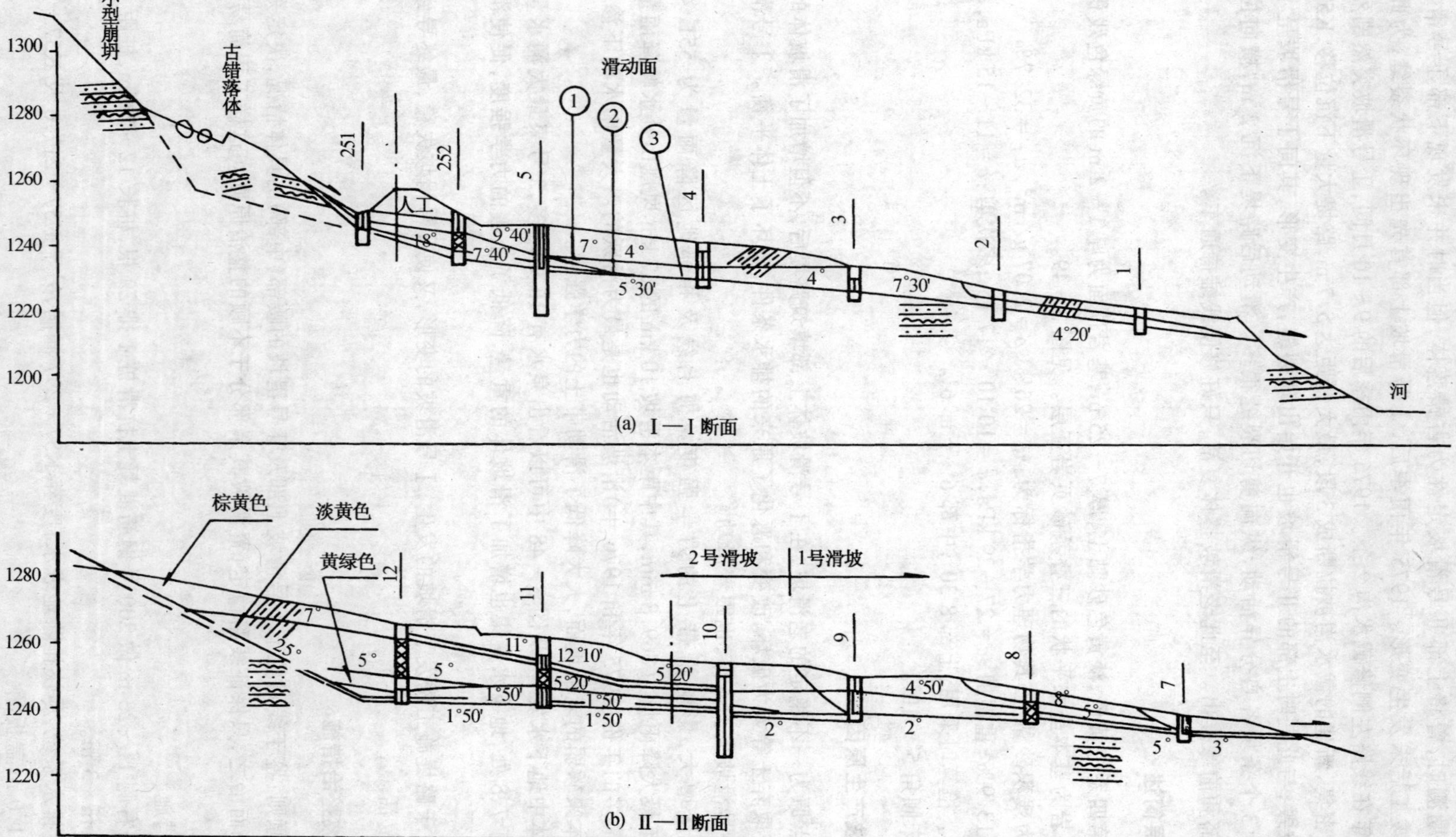

图 3-49　梅七线 K57 滑坡断面图

(六)经验教训

1.梅七线梅家坪至前河段,全长 71.2 km。1969 年 8 月开始定测,于同年 10 月陕西梅七指挥部组织民工施工,当时要求边勘测、边设计、边施工,最初提出 1971 年通车,1972 年指挥部撤消移交铁一局施工,1973 年底临管通车,病害勘测和整治工程至 1980 年仍在进行。在"文革"中极"左"思潮泛滥,大办铁路,抢进度,勘测设计中提出了"线路中线通,一通百通"、"施工开挖是最好的勘探"、"施工中再变"等错误口号,打乱了勘测设计程序,那时技术人员的工作处于艰难的境地,受到不公正待遇,特别是地质调查工作远远达不到要求,造成选线不当,该绕避的滑坡未绕避,需调查的不能深入调查,几乎取消了必要的地质勘探工作。因此,施工中不断出现病害,新的滑坡病害在铁路验交时达到 40 处,累计长度 7 305 m,有 3 处滑坡被迫改线(长3.4 km),造成了国家投资的大量浪费,教训是深刻的。

梅七线地质病害,主要是滑坡问题,40 处滑坡主要集中在 33～70 km 之间,平均每公里超过 1 处,较密集的 56～65 km 就有 17 处。大部分滑坡属于黏性土堆积层沿基岩面滑动的顺层滑坡,少数为顺层岩石滑坡及小煤窑采空塌陷滑坡。后经详细勘测、勘探等工作,地质及路基人员努力探索,1985 年各滑坡整治基本完毕,效果良好。

2.K57 滑坡,如前述,在勘测中未发现是老滑坡,因而造成在滑坡上以填方通过的失误,施工中未注意做好排水及疏干地下水、排除地表水等工程措施,致使整治费用近百万元。但本滑坡发生后,地质调查仔细,基础资料齐全,定性分析准确,设计措施得当,是梅七线大型滑坡中一次整治奏效的一个成功实例。

十二、宝成铁路观音山车站高边坡岩体开裂及其整治

林清华

宝成铁路观音山车站 1955 年采用大爆破施工,岩石边坡高达百余米,曾产生坍方和岩体开裂。1981 年特大水害又加剧了边坡裂缝的发展。为确保车站运输安全,采用了以预应力锚索为主的综合整治措施,稳定了边坡,消除了病害。

(一)病害简历

观音山车站位于宝成铁路 K26+500 附近,地处秦岭北坡中山区,山高坡陡,沟谷深切,自然山坡多陡于 45°。车站在清姜河右岸半山腰上,为劈山填沟修建而成,中心挖高 0～30 m,左侧堑坡高达百余米,边坡岩体开裂已久。

1954 年 11 月施工设计,设计堑坡 1∶0.5～1∶1.0。1955 年 8 月进行大爆破施工,使用炸药总量约 100 t。大爆破施工后边坡上陆续发生病害,主要表现为以下两个方面:一是边坡坍方,由于设计边坡较陡,岩体破碎,于 1956 年在 4 号山头一次坍塌 15 000 m^3;二是边坡上岩体开裂。线路至边坡上部自然陡崖之间出现数条近 EW 向延伸的裂缝,陡崖以上的坚硬岩石顺构造节理开裂形成危岩。

针对上述病害,历年来主要采取了以下整治措施:

1.1958 年在左侧堑坡坡脚修建了 12 m 高的挡墙,同时将边坡坡率削缓至 1∶0.75～1∶1.5,坡面采用 0.2 m 厚的三合土捶面防护。

2.1964 年,对 3 号山头陡崖以上的危岩采用小爆破进行了清方刷坡,陡崖下部设置了挡护工程,同时对地面裂缝进行了嵌补。

以上整治措施对稳定山坡起了积极作用，通车 20 年来，未发生危及行车安全事故。但山坡裂缝在各种因素作用下仍在间歇性的持续缓慢的发展。

1967 年秋发现原已嵌补封闭的裂缝重新开裂。裂缝有 7 条，缝宽 0.15 m，最长者达 90 m，后用灰浆勾缝，并增修排水沟，直到 1981 年水害前，这些裂缝无明显变化。

1981 年 8 月秦岭南北遭受了历史上罕见的水害，降雨时间长，雨量大。据秦岭气象站记载，8 月份降水量 474.5 mm，为年平均降雨量的一半，8 月 21 日降雨量达 111.9 mm。宝成、宝天铁路沿线普遍出现病害，本处边坡裂缝也有较大发展，主要表现为原有裂缝延长、增宽、加深，同时产生一些新的裂缝，边坡上的排水沟和挡护工程都有不同程度的开裂和破坏。

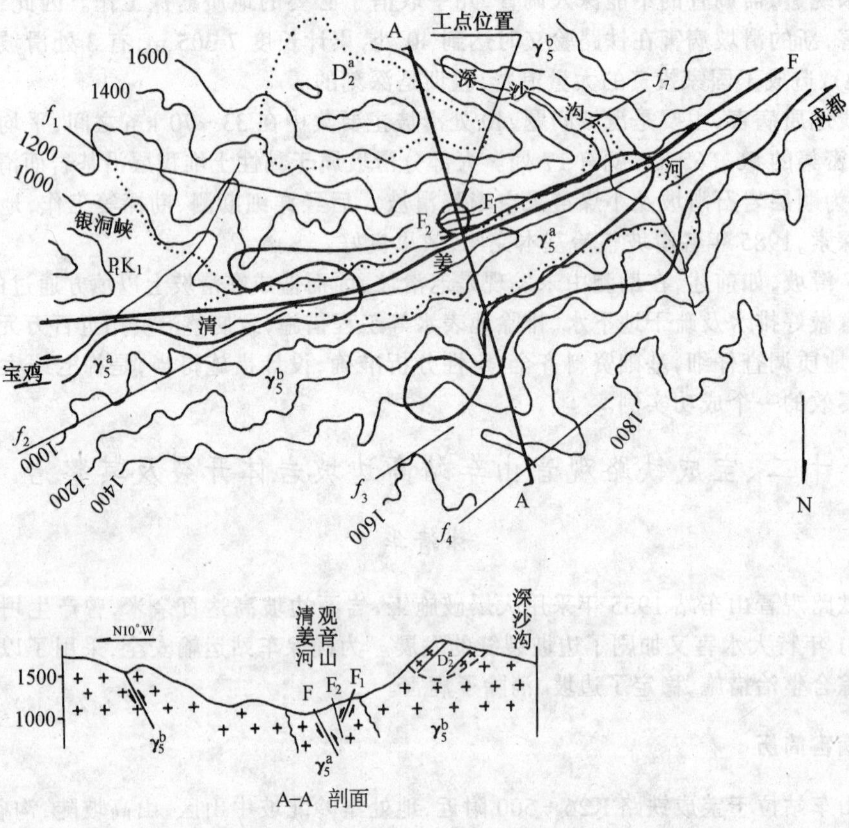

图 3－50 观音山工点区域地质平面图

P_tK_1—元古界黑云母石英片岩；D_2^a—古生界中泥盆统片麻岩；

γ_5^a—燕山期中、粗粒花岗岩；γ_5^b—燕山期中、细粒花岗岩；

1—断层及其编号；2—正断层；3—岩层分界线；4—宝成铁路。

(二)工程地质条件

1. 地层

本区较老地层为上古生界黑云母斜长片麻岩和闪长岩，在侏罗纪末与白垩纪初的燕山运动时，大量酸性岩浆呈岩基、岩墙和岩脉状侵入，地表大量出露花岗岩类岩石，古老地层呈浮托状局部出露，侵入岩带产状近 EW 向，50°～55°倾向 S(图 3－51)。

边坡自下而上主要地层为下部为中、粗粒花岗岩，岩质坚硬，抗风化能力较强，由于矿物粒度较粗，又含黑云母、长石等易风化矿物，坡面多有槽状风化；中部混合岩化的闪长岩和片麻岩，主要矿物成分有斜长石、石英、绿泥石、绢云母等，由于混合岩化和构造作用，晶粒多有蚀变和碎裂现象，岩石强度相对较弱，抗风化能力较差。在混合岩带中有一条抗风化力较强的石英岩墙，横贯边坡；陡崖以上为中、细粒黑云母花岗岩，岩质坚硬，抗风化能力强。

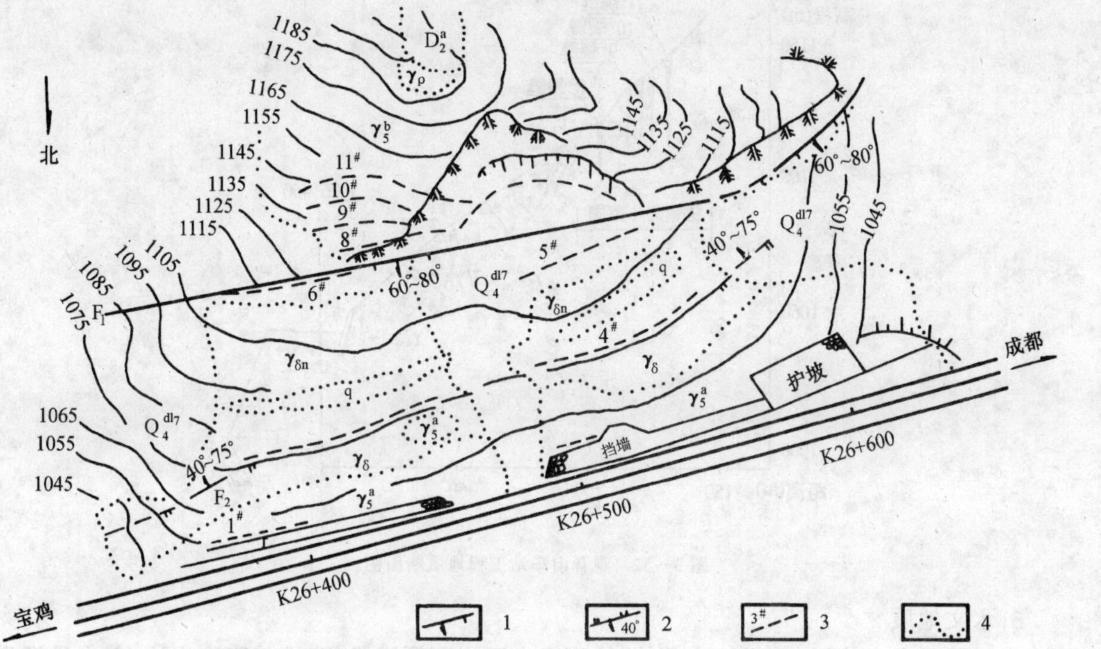

图 3-51　观音山车站工程地质平面图

Q_4^{dl7}—第四系坡积层；γ_5^a—中、粗粒花岗岩；γ_5^b—中、细粒花岗岩；

γ_δ—闪长岩；$\gamma_{\delta n}$—混合岩(花岗岩化闪长岩和片麻岩)；γ_ρ—伟晶岩脉；

q—石英岩脉；D_2^a—片麻岩；1—正断层；2—逆断层；3—裂缝及其编号；4—岩层分界线。

此外在 3 号山头的西北角，有黑云母斜长片麻岩分布，为本区的古老地层，片理发育，岩质较弱，易风化成碎屑及土状，见图 3-51 及图 3-52。

总之，边坡主要由岩浆岩构成，岩带产状倾向 S。由于岩石的矿物成分、粒度结构以及受构造作用强弱的差异，导致抗风化能力的不同，较软弱易风化的混合岩位于边坡的中部，从而给边坡岩石开裂变形提供了地质条件。

2.构造

北秦岭加里东褶陷在加里东期就奠定了基础，海西至印支期使其发展成熟，燕山期至喜马拉雅期主要是大量裂隙产生，岩浆岩侵入，由于历次构造运动对本区的改造与复合，从而加剧了本区地质构造的复杂性。

本区以 SN 向压应力为主，因而发育 EW 向压性构造带，同时伴生有 NEE 和 NW 向压扭性断裂。

该处主要断裂为清姜河断层(F)，产状为 N60°E/70°～80°S，为秦岭褶皱带的次级构造，位于观音山车站至清姜河的山坡上，延伸数十公里，边坡上分布有近于平行的 F_1 和 F_2 两条断层，F_1 位于边坡上部陡崖之下，产状 N70°～80°E/60°～80°N，属压扭性断层，断层带宽 6～

15 m,呈碎石、角砾状;F_2 断层位于边坡的中下部,产状 N65°~70°E/40°~75°S,为压扭性逆断层,断层带宽 10~20 m,其间夹厚 0.7~1.0 m 尖灭状分布的断层泥,其余呈碎石、角砾状。这两条断层倾角较陡,一条倾向山里,一条倾向山外,将边坡中部切割成宽 60~80 m 的楔形状破碎岩体。沿构造线两侧岩体,节理发育,尤以 NEE 和 NWW 向的剪切节理为突出。本工点裂缝主要沿各种岩带分界线、断层和节理,缓慢发展而成。

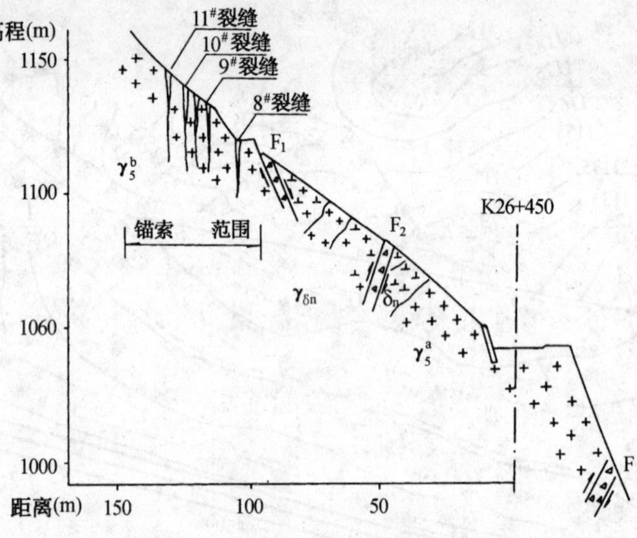

图 3-52 观音山车站工程地质断面图

3.水文地质

本区既无含水地层,又无储水条件,然而工点区岩石裂隙发育,大气降水丰沛,雨水易沿裂隙下渗,形成受季节性控制的浅层裂隙水,工点区三面临空,山高坡陡,沟谷发育,季节性的裂隙水和地表水均易排泄。经勘探证实,因受 F_2 断层尖灭状断层泥的阻隔,在深 11~23 m 处有少量裂隙水,钻孔涌水量 0.047 l/s,由大气降水补给,于谷坡排出。

(三)1981 年水害时边坡裂缝特征

1981 年 8 月连降大雨后,边坡裂缝明显加剧,既有裂缝大多延长、增宽,同时产生一些新的裂缝。主要裂缝有 11 条,其中边坡陡崖下 7 条、以上 4 条,以张裂为主,局部属挤压裂缝,裂缝方向多呈近 EW 向平行山坡分布(见图 3-52)。裂缝特征如表 3-6。

表 3-6 观音山车站边坡岩石裂缝统计表

裂缝编号	裂缝长度(m)	裂缝宽度(cm)	裂缝走向	裂缝倾角	裂缝特征描述
1	95.0	2.0~5.0	N85°E		位于路堑挡墙顶部,裂缝短而不连续,间有小臌包 Φ=0.2~1.0 m,为浅层松动岩块经挤动而成
2	14.0	1.4~4.0	N80°~85°E		
3	82.0	20.0~70.0	N85°E		裂缝沿闪长岩与混合岩接触面发育,与 F_2 断层方向一致,其间凹槽,由于植被覆盖,未见延伸踪迹,外侧臌高 0.1~0.2 m
4	82.5	10.0~50.0	N65°E		
5	59.0	10~100.0	N73°E		产生于坡积块石层前缘

续上表

裂缝编号	裂缝长度(m)	裂缝宽度(cm)	裂缝走向	裂缝倾角	裂缝特征描述
6	65.0	20.0～50.0	N70°E		位于陡崖东侧之下部,多植被覆盖,出露不明显,据访问局部下错 1.0 m
7	72.0	30.0～80.0	N50°～70°E	70°S	位于陡崖西侧之下,岩石与坡积层间,自1955年施工以来,出现至今,并有发展,呈弧形张裂,下侧下错 0.3～1.0 m
8	60.0	10.0～34.0	N70°～80°E	上部 80°～85°N	位于陡崖以上的坚硬岩石中,深度大于 20 m
9	10.0～24.0	5.0～30.0	N50°E～EW	上部 76°N	在 8 号裂缝之上,由 6 条裂缝组成,局部外错 0.3～0.4 m,将岩石切割成大块体,可测深度 16.95 m
10	30.0	50.0～80.0	EW	68°S	由 2 条支裂缝组成,沿节理面发育
11	45.0	30.0～40.0	N57°E～N85°W	60°～75°S	由 5 条支裂缝组成,外侧部分下错 0.25～0.50 m,主要沿 N57°E/87°N 节理面发育,可测深度 12.0 m

裂缝的分布和特征,可归纳如下规律:

1～7 号裂缝,主要沿断层带和软、硬岩石接触带分布;8～11 号裂缝主要沿岩石的构造节理面发育,裂缝的发育与地层岩性和地质构造密切相关。

裂缝以张裂为主,局部有下错和外臌现象,但边坡挡护墙的开裂,主要是由于基础置于风化破碎带上,因不均匀沉落所造成。

1982 年 3 月至 9 月对 3、5、7、8、10、11 号裂缝建立 19 个临时观测点,各进行 4 次观测,除个别点有数毫米的变化外,其余均无发展。

1983 年 3 月凤州工务段对陡崖以上的 4 条裂缝建立简易观测桩,除冬季大雪封山不能观测外,每月观测一次,观测方法是测量两固定桩的间距,测量裂缝变化情况,其结果见表 3-7。

表 3-7 观音山边坡挡墙以上 4 条裂缝观测变化值表(mm)

时间＼桩号	1	2	3	4	5	6	7	8	9	10	注
1983 年 3 月 20 日	1256	0987	1036	0952	0881	0538	0849	0856	0910	1080	表中变化值及桩距均以 mm 计。1983 年 3 月 20 日各桩的数字为设桩时的桩距,以后各次的测量值为与原桩距的变化值,(+)为扩大,(-)为缩小
5 月 18 日	0	0	+1	0	+2	0	+14	+2	+2	0	
6 月 17 日	0	0	0	0	+2	0	+14	0	+2	0	
7 月 13 日	0	0	0	0	+2	0	+14	0	+2	0	
8 月 20 日	+2	0	+4	0	+2	0	+15	+3	+3	+1	
9 月 14 日	+2	0	+4	0	+2	0	+15	+3	+3	+3	
10 月 15 日	+2	0	+4	0	+2	0	+15	+3	+3	+3	
1984 年 3 月 20 日	+2	0	+4	0	+2	0	+15	+3	+3	+3	
4 月 19 日	+2	0	+4	0	+2	0	+15	+3	+3	+3	
5 月 20 日	-2	-1	-6	+2	+2	+3	+14	+7	+7	+3	
9 月 17 日	-1	+3	-6	+2	+2	+4	+15	+7	+13	+8	
总变化量	-1	+3	-6	+2	+2	+4	+15	+7	+13	+8	

从表 3-7 观测数据看,仅 7 号和 9 号观测点的总变化量大于 10 mm,其余都在数毫米之

间变化。每年雨季(八、九月)变化较大。说明雨水的下渗对裂缝的发展有一定的影响。同时考虑到人为丈量误差,总的认为近几年来裂缝无明显发展,边坡基本处于稳定状态。

(四)裂缝形成和发展的原因分析

1.地质原因

地层岩性主要为侵入的岩浆岩类,由于岩石的矿物成分、结晶程度、组织结构及与母岩的混合程度不同,形成的各种岩石在抗风化的能力上有差异。岩层经受不同时期多次构造作用的影响,形成多种组合形式的结构面,给岩石开裂变形提供了基本条件。影响该边坡开裂的主要构造是 F_1 和 F_2 断层以及 NWW、NEE 向的构造节理,两条断层在边坡中部形成楔形的碎裂岩带,且为本区松弛地层与坚实地层间的接触带,陡崖以下的 3、4、5、6 号裂缝基本沿此带发展。构造节理在完整岩石中成为相对的薄弱结构面,抗震力差,陡崖以上的几条裂缝都与此密切相关。由此可见,地层和构造格局是本区裂缝形成和发展的基础。

2.人为原因

大爆破形成的震动波对岩体的松动作用,使原存于岩体中的结构面张开和扩展,并产生新的裂隙,震动波传入岩体,也会使原存于岩体中的应力状态发生变化,需要一个较长时期的调整和平衡过程,这是边坡长期开裂变形的重要原因之一。

大爆破对边坡的影响与地层岩性和地质构造密切相关,也与爆破药室位置和装药量的多少有关。据访问,在 8～11 号裂缝的下方爆破时就有药室且装药量较多,可见大爆破是裂缝产生和发展的直接原因。

线路在本段是以挖方通过,中心挖高 0～30 m,左侧挖方边坡高 100 余 m。山坡大量刷方减重,将会产生卸荷效应,地应力重新调整,残余的水平应力会使边坡产生回弹变形。

3.自然因素

本工点边坡高达百余米,边坡 1:1～1:1.15,针对本区岩石性质,应属稳定边坡。但因边坡太高,边坡中部又有破碎岩带,在山体重力作用下,对山坡稳定性有一定影响。

大气降水,尤其是暴雨期间大量的地表水灌入,易使岩石加速风化,增加岩体重量和产生一定的动水压力,尽管影响时间短暂、压力有限,但对高陡的破碎岩体边坡影响是明显的。1981 年水害时裂缝的显著发展就是例证。

(五)边坡稳定性评价

本工点虽边坡高陡,且有长期的坡(地)面开裂变形问题,但就其边坡整体而言尚属稳定,不具备边坡整体性错滑的地质条件。其理由如下:

1.边坡主要为花岗岩、闪长岩和混合岩等岩浆岩类岩石,在构造及风化作用下,多呈散粒、角砾、碎石状破坏,难于形成完整可滑的软弱面,目前尚无滑动的必备条件,从边坡上各类岩石的分布和产状看,抗风化较差的混合岩体夹于坚实的花岗岩之间,各岩带产状倾向山里,边坡下部的花岗岩已起到天然的支挡作用,对边坡整体稳定性极为有利;

2.F_1 和 F_2 两条断层间的岩石风化破碎严重,在 F_2 断层中还有尖灭状分布的断层泥带。F_1 断层以高倾角倾向山外,F_2 断层倾向山里,仅在边坡中部形成一个上宽下窄插向山里的楔形破碎带,故不致于影响边坡的整体稳定性;

3.本区降水量较大,岩体裂隙发育,地表水易渗入岩体形成季节性裂隙水。但本区岩体无储水条件,地形上又三面临空,排泄条件良好,故对岩体整体稳定性无大影响;

4.以花岗岩为主体的秦岭北坡,未见大型滑动体,本工点自采取削缓边坡、坡面防护和清除危石以来,边坡上从未发生错滑和大量坍方、落石,而且路基和路堑墙未见变形迹象,从1981年水害以来的观测,裂缝无明显的发展趋势。

综上所述,本工点就整体而言,是一个较长时期只裂不滑的特殊病害类型,形成这种类型的基本条件是断层形成的碎裂结构的岩石边坡、层面和结构面以高角度反倾山内、人为开挖和大爆破形成的残余地应力和自重应力对边坡的作用,这种力学机理对边坡的变形主要经历以下三个阶段:

1.回弹变形阶段:由于边坡的开挖和爆破震动,使岩体中地应力发生变化,残余的水平应力施于边坡上,使边坡产生回弹变形而形成裂缝。

2.压密剪切阶段:水平应力继续使边坡产生回弹变形,直至释放完毕,继而自重力传递到岩层和构造的反倾结构面上,分解成下滑力和法向推力,前者指向山里,而法向推力使边坡不断压密,同时使软弱岩带向临空面挤动,导致边坡裂缝的发展和坡面的局部臌胀,形成锯齿状坡面形态。

3.倾倒或坍塌阶段:在山坡自重力作用下,使边坡岩体不断向临空面一侧位移,在临空面经风化剥蚀变陡的地方,将会产生倾倒和坍塌。

目前本工点边坡还处于压密剪切阶段,且以压密为主。剪切力是沿反倾结构面指向山里,局部凹槽以上陡坡地段在向倾倒和坍塌阶段发展。

(六)整治措施方案及实施

1.整治方案的选择

该处边坡整体上是基本稳定的,没有产生大规模错滑的地质条件,但由于边坡高陡,构造面发育,中部有破碎岩带,又有因爆破形成的大量裂隙和裂缝,兼之本区雨水充沛,并时有暴雨发生,已具备局部不稳定因素,若不做适当处理,任其风化剥蚀、裂缝加剧,可能发生局部坍塌、落石,加之车站位于足坡展线地段,工点前后桥隧相连,受地形和工程限制,无改线条件,故需做必要的工程处理,并设想了以下三种方案:

(1)明洞方案:在线路上修建约80 m长的三线明洞。由于路堑顶部(高出路面100 m)开裂岩体不经处理,一旦发生岩体坍塌,仍可能危及明洞安全。且三线明洞施工对运营干扰大,对车站作业带来不便,造价也高。

(2)挡墙方案:挡土墙设于开裂岩体下部,基础地质条件差,且岩体裂缝近于垂直张裂,挡墙难以阻挡其变形。

(3)预应力锚索加护坡、排水方案:陡崖以上的裂缝区,采用预应力锚索,穿过主要裂缝,锚固于稳定岩体内,通过施加预应力使开裂岩体挤压紧密,形成一个挤压组合连结体,从而阻止开裂岩体的位移;对路基到陡崖之间的坡面,采用轻型短锚固加铁丝网的防护工程。采用这种加固方法,可在保持既有坡面的情况下,深入山体内部进行大范围的加固,并可利用锚索孔进行灌浆,以提高岩体强度和整体性,其结构简单、用材少、造价低,且施工与运营干扰少。

经比较,本工点整治采用了第3方案。

为满足锚索设计,需查明裂缝的延伸情况,其平面上分布比较清楚,而坡内变化由于裂缝张口较小,上宽下窄,且呈锯齿状,难于直接丈量。根据目前裂缝在平面上的展布情况和访问大爆破时的药室位置,采用“爆破松动圈理论”圈定岩石大致的松动范围,同时考虑不同地层的边坡稳定角,按最不利情况提供设计参数。

2.预应力锚索设计

根据裂缝的平面分布和推测的岩石松动范围,设计预应力锚索时考虑了锚索的方向、排距、孔距和孔深，经综合计算分析，确定孔距采用 3.5 m，共设计 72 根长 7～33 m 预应力锚索，总计长 1 150 m，并在排与排之间布置 $\Phi22$ 长 3.2 m 的短锚杆。见预应力锚索加固断面示意图(图 3－53)。

3.预应力锚索施工

预应力锚索施工主要由造孔、孔口垫墩、锚索的组装下锚、张拉锁定和封孔灌浆等工序组成。

造孔采用 110 mm 终孔，孔深要至完整围岩内 4～5 m。

预应力锚索施工完成后，还要进行预应力锚索测试、锚索体钢绞线受力状态测试、岩体裂缝测试和长期观测等工作，对成果进行综合分析，得出成功或失败的结论。

该工程于 1985 年底开始施工，1986 年 10 月竣工；后又进行了二年效果观测。

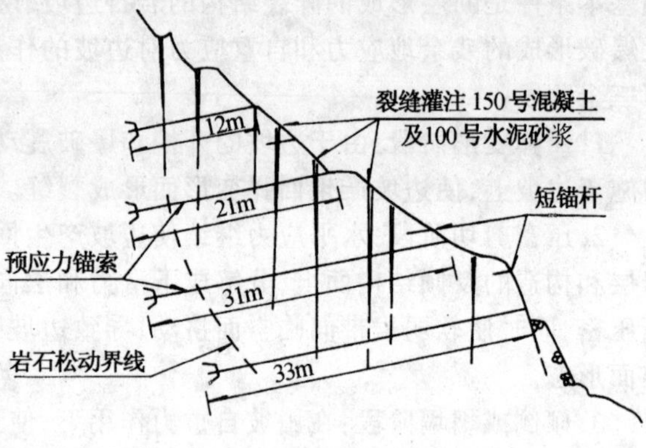

图 3－53　预应力锚索加固断面示意图

(七)结束语

1.分析本工点岩石开裂的历史，从其发生、发展演变，到影响其发展的地质和外界因素，认为这是一个“只裂不滑”的特殊山坡变形类型，没有可滑地层，不存在倾向山坡下部的软弱结构面(即可滑面)，缺少产生滑移的必备条件，因此不会产生整体性的滑动。

2.如此高大的岩体开裂变形的边坡，采用预应力锚索整治，经多年观测分析是成功的。这种方法具有施工较简便，结构较轻，节省圬工，造价较低，减少劳动强度，可在较小的场地上施工等优点。具有明显的经济和社会效益。

3.高陡边坡难于抵抗长期风化作用，后患多，设防又很困难，铁路选线应避免挖方高边坡。在地质不良地区，更不宜采用大爆破施工。

十三、宝成铁路青石崖车站危岩落石与整治

盛殿魁

(一)概况

青石崖车站位于宝成铁路宝略段，秦岭北坡清姜河左岸山坡上，中心里程为 K37＋674.48，是一个两股道的会让站，站两端部分股道在隧道内。站内 K37＋375～＋490 为老鸦崖隧道出口路堑，K37＋490～＋767 及 K37＋892～＋960 为高填方，K37＋767～＋892 为深挖方。K37＋521～＋565 右侧修有干砌片石垛；K37＋902～＋950 左侧 40 m 为长 48 m 的路堤挡土墙；略阳端靠山侧有 180 m 长的避难线，其靠山侧有旧轨做的拦石栅栏。原自然山坡及堑坡存在有程度不同的危岩和危石。

1955 年青石崖车站施工时，为解决路堤填料，K37＋540～＋660 采用大爆破施工(因位于定测百米标 545＋75～550＋70，故称 550 借方大爆破工点)；将 K37＋767～＋892 段青石崖 1 号隧道改为深挖大爆破工点(因同样原因，该处称为 552 深挖大爆破工点)，从而加重了该工点的病害。

1964 年由西安铁路局、第一勘测设计院和铁科院西北研究所组成的两宝病害普查组，对

该危岩落石工点提出了病害原因分析及整治措施。后西安铁路局委托铁一院对该工点进行勘测设计,1965 年 6 月铁一院提交了施工图,并交付施工,取得了一定的整治效果。

(二)地质概况

1.地形

青石崖车站地处秦岭北坡,属高中山区,地形陡峻,自然山坡 40°～60°,地表灌木丛生。线路从宝鸡车站引出,过渭河(高程 584 m)后,因地形陡峻,以 30‰限坡迂回展线,至青石崖车站高程即达 1 290 m。站内有两条自然沟与线路斜交,一为杏树坪沟,一为宝山后沟,为秦岭北侧清姜河的支沟,平时无水。清姜河河身短、比降大,属深峻河谷。

2.地质

本区分布的岩石主要是下古生界花岗岩和花岗片麻岩,其中夹有云母片岩及角闪片岩,并穿插有伟晶岩脉,因后期构造的影响,形成基底褶皱,并产生巨大断裂。局部山坡或自然沟中堆积有大块孤石或块石层。

花岗岩:为褐红色、肉红色、灰白色、灰红色,成分以石英、长石为主,含云母 10%～15%,风化轻微至颇重,岩石坚硬,矿物保持原有光泽,节理发达,间距 0.2～2.0 m,表部节理大部张开,底部节理密闭。岩芯长 4～9 cm,长者 12～14 cm,短者 2～3 cm。表部褐红色花岗岩风化严重,据钻探厚 19.2 m,矿物失去光泽,黑云母已绿泥石化。花岗岩属Ⅴ级次坚石,$\sigma_0=500$～1 500 kPa。

块石土:成分为花岗岩,直径 0.5～1.0 m,局部为大孤石,最大一块体积约 10 m^3。

3.气象、地震

绝对最高气温 39.7 ℃,绝对最低气温 -16.7 ℃;历年最大降雨量 868.2 mm,历年最小降雨量 514.1 mm,一日最大降雨量 82.5 mm;最大积雪厚度为 16 mm;主要风向为东南风,冬季为西北风,最大风速达七级。勘测时本工点定为五、六级地震区,据 1990 年版《中国地震烈度区划图》,地震基本烈度为七度。

(三)不良地质

青石崖车站主要病害是危岩及落石。

1.1964 年局、院、所普查意见

1964 年由西安铁路局、第一勘测设计院及铁科院西北研究所抽调技术人员共同组成的两宝(宝天、宝成)病害普查组,对该工点曾进行调查。其主要病害情况是:

(1)K37+375～+490 段:青石崖车站宝鸡端右侧堑坡顶有危石,坡面岩石节理裂缝很多,经常坍方、落石,威胁着行车安全。1957 年 7 月崩塌 1 200 余 m^3,中断行车 2 小时;1959 年 6 月落石 0.7 m^3;1961 年 6 月落石 0.6 m^3,打坏接触网,中断行车;同年 9 月在 K37+411 坍方 15 m^3,又中断行车;1963 年 4 月在 K37+501 处坍方 0.05 m^3。1961 年,在坡面及坡顶做了部分支顶危石及护墙,但病害仍未根治,威胁行车安全,在 K37+531 小桥上游自然沟内及两侧有危石顺沟溜坍,经常砸坏小桥上游挡石墙和沟底铺砌的干砌片石,自然沟北侧山坡上有危石两处,极不稳定,后用钢筋捆揽,仍不稳定。

(2)K37+540～+660 段:青石崖车站中部,右侧 50～100 m 的山坡上,高约 120 m 处施工时采用定向大爆破借方施工,现坡面岩石风化破碎,经常有碎块掉落,路基右侧修建有干砌片石挡石墙一条。

(3)K37+767～+892 段:青石崖车站成都端,右侧山坡在施工时采用大爆破施工,中心挖高 48 m，右侧边坡高约 130 m，主要节理向山倾，因大爆破关系，岩石受震破碎，节理张开，坡面有凹坑，经常有碎石掉落于避难线和正线上，威胁行车安全。

2.青石崖采用大爆破施工始末

青石崖车站范围内采用大爆破施工有 2 段，一为"552 深挖大爆破工点"，一为"550 借方大爆破工点"，见图 3－54。这两处大爆破对边坡的稳定性都产生了不良影响。

(1)552 深挖大爆破工点：位于 K37＋767～＋892 段，该处为一突出山嘴，原设计为青石崖 1 号隧道，长 87 m，设计图已交付施工。

1954 年秋，铁道部第六工程局拟采用大爆破施工，因技术上毫无经验，未能提交可靠设计资料(当时规定大爆破设计由施工单位做)，未能施工。

1954 年 11 月，铁道部工作组到宝成线检查施工时，关于青石崖深挖采用大爆破施工问题，提出做 5 个专题研究，当时设计部门考虑到 K37＋690～＋890 段岩石节理发达、挖方中心高 48 m、右堑坡高达 130 m，且堑坡上部无钻探资料。花岗岩风化严重层厚近 20 m，风化岩石堑坡采用 1∶1，不能保证稳定，且堑坡高，整个坡面暴露太大，将加重岩石的风化作用，认为本工点隧道改深挖存在严重问题；铁道部工作组同意这个意见，责成用其它方案作经济比较。以后本工点变更为三线隧道。

1955 年 2 月，铁六局开始青石崖 1 号隧道施工，两条导坑已挖通 1 条，另一条尚有 32 m 即可挖通。同年 5 月，铁道部召集各方会议研究青石崖工点采用大爆破施工问题，当时只同意《550 借方大爆破》工点。《552 深挖大爆破》因资料不全，仍采用三线隧道方案。

1955 年，铁道部宝鸡统一指挥所于 7 月 1 日、7 月 5 日邀请原苏联爆破专家契契金及西北铁路设计分局原苏联专家、隧道专家到现场进行实地察看及研究分析，认为可以采用大爆破施工，并解决了设计中提出的技术问题。7 月 15 日，在铁道部宝鸡统一指挥所的主持下，讨论决定青石崖 1 号隧道改为深挖，实行大爆破施工。当时认为可节约 10 万元。随即铁道部新建工程总局指示铁六局："青石崖车站(37)号甲二线隧道(即青石崖 1 号隧道)业经部决定改为深挖大爆破施工，你局应根据苏联专家对大爆破设计建议的意见，将原三线隧道改为深挖大爆破设计报部备查，并希积极筹备布置施工，勿延为要"(程施 55 字 2233 号)。

1955 年 7 月 18 日铁六局第三工程段提交了《宝成铁路青石崖车站 552 路堑大爆破设计书》。

该设计的主要内容是：根据地质资料、边坡设计断面情况，药室布置在 6 个断面及不同高度，药室 4 层共 18 个，计算共用发射药 239 t，另加一定比例的 TNT 炸药 20 t，共计 259 t，实际装药共计 304 t。8 月 21 日开工，10 月 8 日完成大爆破，爆破石方约 15×10^4 m^3。大爆破危险区半径为 4 864 m。到 1956 年 4 月土石方调配及清理刷坡完工。

(2)550 借方大爆破工点：位于 K37＋540～＋660 右侧山坡上，属定向借方大爆破。药室布置在右侧 50～100 m 边坡上，17 个药室，共用炸药约 40 t，其主要目的是为解决左侧路堤填料。

3.不良地质分区

根据工点范围内各种不同的地貌形态，危石、危岩分布情况及对铁路安全的影响程度等，将本工点划分为 5 个不同的工程地质区(图 3－54)，现将各区地质概况及危害情况分述如下：

Ⅰ区(边坡—山坡崩塌落石区)：位于老鸦崖隧道出口右侧堑坡及山坡上，堑坡高约 30 m，1∶0.5，堑坡以上为＞50°的陡竣山坡，坡面生长较密的灌木。岩石为风化轻微的肉红色花岗岩，以长石为主，石英及黑云母次之，中粗粒晶体，节理极发育，主要节理有 N63°E/67°S，N70°E/84°S 及 N28°E/76°N，节理间距 0.5～2.0 m，局部为 0.1～0.5 m，靠近堑坡表面及自然山坡地表裂缝张开，宽 0.3～1.0 m，并有危石突出于坡面，该区共有危石和危岩 17 处，勘测前山坡曾修过支顶、嵌补等小型工程。落石均能危及路基，对线路威胁较大。

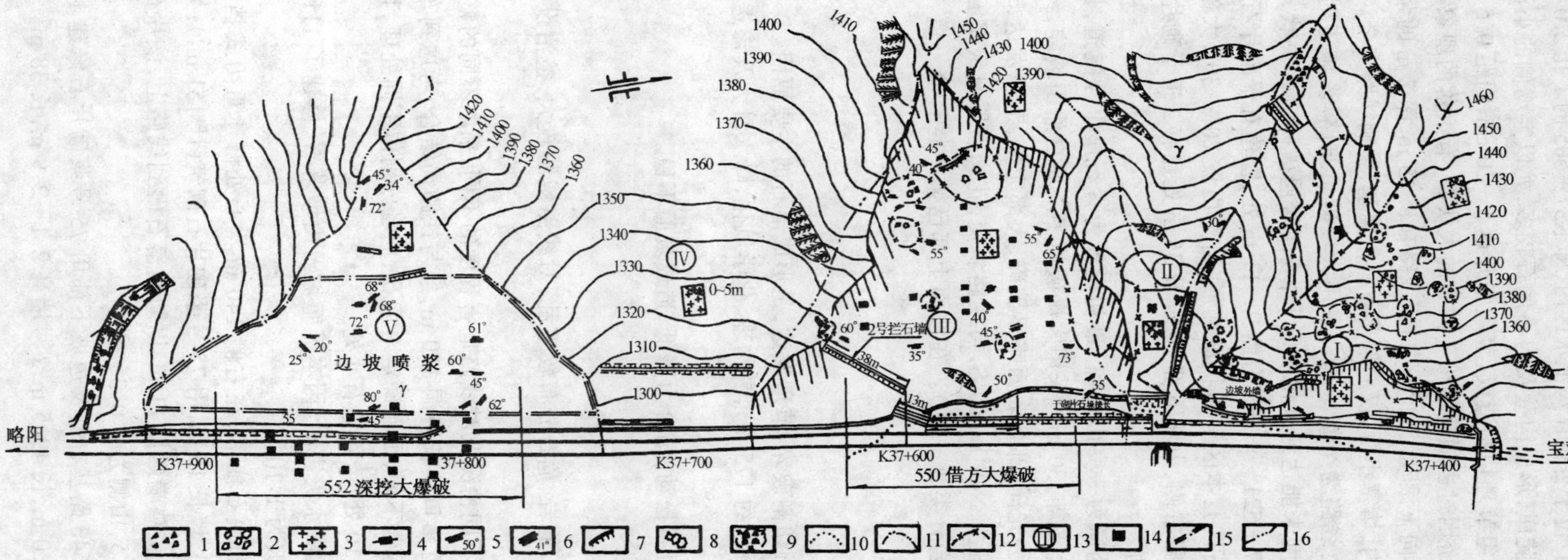

图 3－54　青石崖车站危岩落石工点工程地质平面示意图

1—碎石土；2—块石土；3—花岗岩；4—垂直节理；5—节理走向及倾角；6—张开节理走向及倾角；7—裂缝；8—零星危石；9—集中危石或危岩；10—岩层分界线；11—工程地质分区界线；12—不良地质界线；13—工程地质分区编号；14—大爆破药室；15—边坡喷浆界线；16—水沟。

Ⅱ区(沟谷落石—流石区):位于杏树坪沟汇水区内(即 K37+505 的 1 孔 2.0 m 小桥上游),沟床纵坡 30°~40°,沟谷两岸多陡崖,形成沟壁及沟心危石较多,尤以宝鸡侧的小沟及沟壁危石成堆叠状,主要为水平与垂直两组节理切割造成,节理张开达 5~20 cm,间距 0.5~2.0 m,危石块体大,约为 1~4 m^3。沟心上游因过去崩落堆积于沟心的大块石,有滚落的现象。本区落石均先由沟壁坠入沟中,然后沿沟心向下滚动。由于沟口至线路有长 15 m、深 2 m 的浆砌片石凹槽,因此一般落石停积于沟口或槽内,堵塞小桥,仅局部落石坠击路基,影响线路安全。

Ⅲ区(边坡崩塌落石区):线路为半堑半堤。采用大爆破填筑路堤,施工时称为"550 借方大爆破工点",因爆破开挖深度未能达到风化层以下,坡面岩层破碎成碎块状,很松动,边坡上分布危石及危岩 7 处,在 K37+521~+563 右侧 9~11 m 处,曾建有干砌片石垛,作用较好。

Ⅳ区(山坡凹槽零星落石区):本区呈凹状簸箕形,自然山坡 20°~30°,大部覆盖第四系碎石、块石,并有植物生长。线路右侧、山坡下部 10 m 及 35 m 处建有 2 道干砌片石拦石墙,虽有少量危石,但对线路已无威胁。

Ⅴ区(边坡落石区):该处原为一突出山嘴,最初设计为青石崖 1 号隧道,长 87 m,施工时改为深挖(中心挖深 48 m,堑坡高 130 m),采用大爆破施工。原自然山坡陡,约 60°左右,基岩为花岗岩,风化颇重,矿物失去光泽,部分表面略显破碎,大部完整,节理发达,节理间距 0.3~1.0 m,张开的较多,主要节理为 N40°W/60°S,与线路斜交,花岗岩属Ⅵ级坚石,地表 10 m 为Ⅴ级次坚石,f 值为 3~7(围岩分类Ⅳ~Ⅵ)。在坡面上部已修小拦石墙一道,有少量危岩、危石,对线路有一定威胁。

(四)病害原因

1.堑坡及山坡陡峻,岩石切割破碎,节理发达,是形成落石的主要原因。

2.边坡暴露面大(边坡斜长约 175 m),易物理、化学风化,降水量大及渗透淋漓作用,促进落石发展。

3.大爆破强烈振动,使岩石松动,结合力降低,造成坡面不稳。

(五)整治措施

1.本工点为电气化铁路,危岩、危石分布较零乱,对线路威胁较大,整治设计以支挡为主,尽量少刷方。

2.按各工程地质分区的不同情况及对线路危害程度的不同,采取不同的整治措施。

Ⅰ区:原考虑老鸦崖隧道出口接长明洞 120 m,经与铁路局结合,考虑到车站双线明洞在电气化铁路上施工困难,且运营不便,因而确定对危石、危岩分别作不同处理,其中坡面用水泥砂浆勾缝 3 处,支顶、支挡墙 10 处,清除危石 4 处。

1981 年宝成线发生特大洪水灾害时,因本区堑坡及山坡落石,修建了 111 m 双线偏压明洞,洞顶填土厚 1.5 m,填土坡为 1:10。

Ⅱ区:为防止沟心堆积的块石崩落,在右侧 140 m 沟心处修建重力式挡土墙,墙高 1~7.25 m(沟心处墙高 7.25 m),墙长 15 m,用 75 号浆砌片石砌筑(计 151 m^3);另将原有 K37+521~+565 的干砌片石垛向宝鸡端延长 11 m,以防止落石砸到线路上,该片石垛高 1.85 m,顶宽1.5 m,边坡外侧为 1:0.5,山侧为 1:0.35。

Ⅲ区:在 K37+565~+643 路基右侧及边坡下部用 75 号浆砌片石修建 1 号及 2 号拦石墙,以拦截落石。1 号墙高 7.0 m,长 49.5 m;2 号墙高 2.1~2.9 m,长 38 m。

Ⅳ区:不再作处理。

Ⅴ区：原山坡上的小拦石墙以上不作处理，小拦石墙以下坡面作喷浆处理。

（六）小结

青石崖车站的危石及危岩的形成除了地质因素外，主要是由大爆破的强烈振动所造成。原来预计 552 大爆破施工可以节约资金 10 万元，实际上大爆破造成铁路下线的小桥及隧道流石堵塞清理费用亦相当可观；另外 1965 年 6 月青石崖危岩落石工点处理的总概算又花去 6.4 万元；1981 年特大洪水抢险时增修 111 m 防落石明洞，又是一笔大的费用。但在 50 年代初期采用大爆破施工，极大地加快了施工进度，对 1956 年 7 月 1 日宝成线通车起到了保证作用。

十四、兰新铁路 K232 跌落崖崩塌整治工程

盛殿魁

（一）概况

跌落崖崩塌位于兰新铁路兰武段十八里铺站与古浪站间，工点里程为 K232 + 430～K232 + 630，见图 3－55。该段线路 1952 年冬定测，设计时按一般路基。1953 年施工时，因取用石料，在跌落崖石灰岩山头进行大爆破，因此引起崩塌、落石。当时，兰新线工期紧，为了铺轨通车，不得已将跌落崖附近一段线路临时改走对岸，避绕跌落崖，两跨古浪河，便线、便桥通车，后仍恢复正线，1956 年兰新线正式交付运营。

兰州铁路局为防治顶部岩体发生崩塌，于 1957 年采用大爆破刷方清除顶部危岩，并将线路外移。在旧线附近，曾在 1958 年修建一条高 2～3 m 干砌片石拦石墙，但不久即拆除。清方后，中上部的虎嘴虽去掉，但大爆破引起的不良影响并未消除，落石仍不断发生，春融及雨季尤甚，严重危及铁路运营安全。养护部门除设巡山工看守外，每年都要组织人员清除危石并对节理、裂缝进行灌浆勾缝。这样仍不能根治病害，成为兰武段重大病害之一。

1985 年兰新铁路兰武段电化改造初测中，铁一院把跌落崖崩塌列为重大工点，进行详细的地质调查，提出整治方案。最后确定采用明洞方案。1988 年按明洞方案进行施工图设计，现已通车，畅通无阻。

（二）地形地貌、气象及地震

1. 地形、地貌

跌落崖地形陡峻，崖高 180 m，长 200 m，平均自然坡度约 60°。其上部为 60°～70°的陡坡，高约 70 m；中部山坡陡立，为 70°～80°，突兀不平，高约 60 m，部分为倒坡，呈老虎嘴状；下部岩堆坡度为 40°左右，高约 50 m。坡面有 5 条小冲沟，沟宽 0.2～1.0 m，沟深 0.4～0.6 m，坡面植被稀少，见图 3－56。岩堆下部是崩落碎、块石堆积的缓坡，宽度 25～35 m，坡度 5°左右。在 K232 + 500 南侧陡山坡的中上部有一凹坑，为大爆破药室留下的炮窝，其附近岩体陡立，较平整，下部岩体突出；在 K232 + 500 以北，坡面凹凸不平，犬牙交错，裂隙较多。跌落崖顶部为古浪河残余的三级阶地，坡度平缓。

跌落崖三面凌空，南有头沟，北有太平沟，前临古浪河。古浪河由龙沟河、黄羊川河在十八里铺以上汇集而成，水源多为祁连山之融雪水，属内陆河流。古浪河流到头沟后转向东北，跌落崖正处于被冲刷的凹岸，河床宽 15～20 m，纵坡大，水流湍急。

2. 气象

本地区属中温带干旱气候区，气候条件恶劣，干旱、寒冷，冻结期长，季节温差与昼夜温差

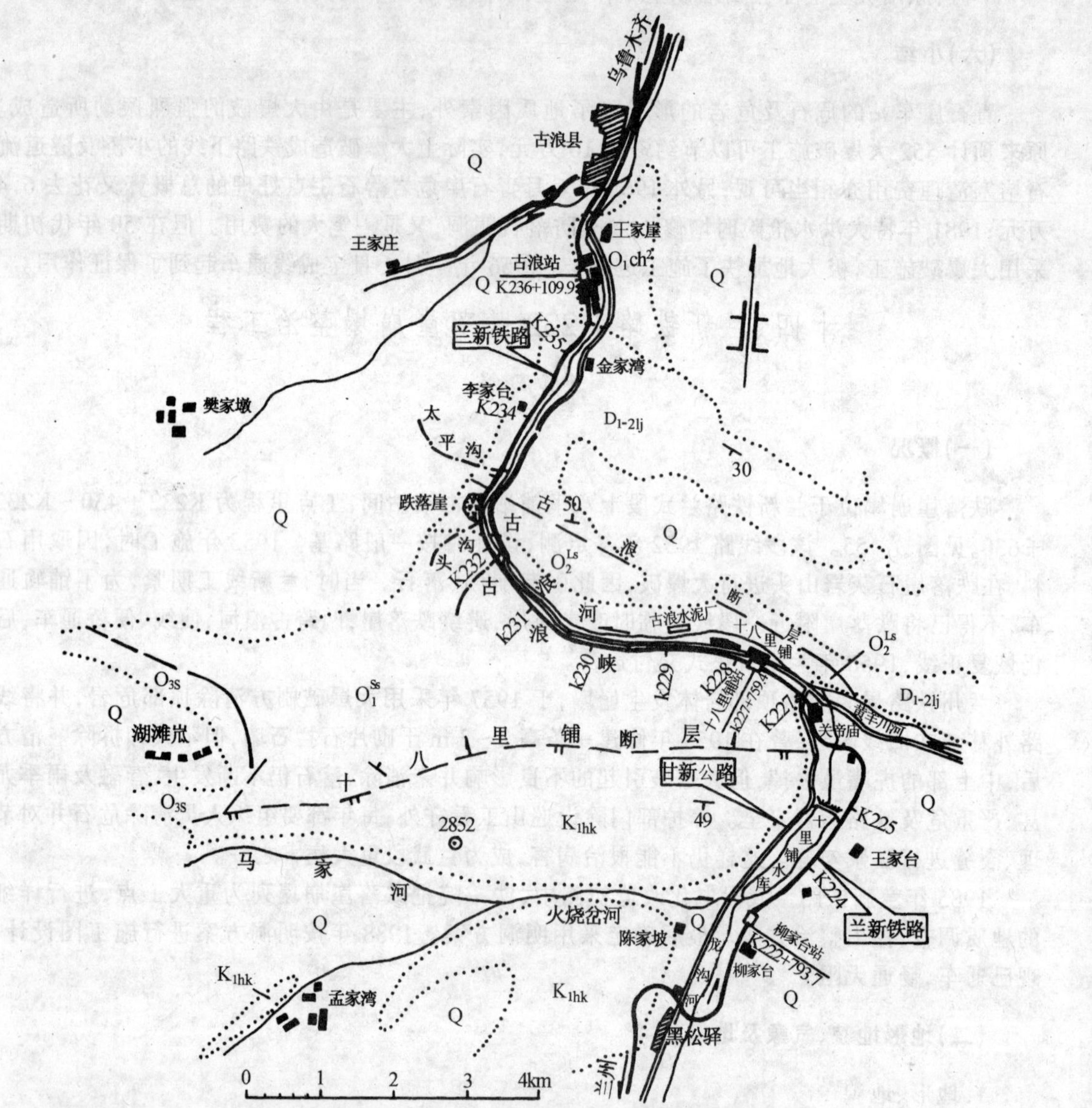

图 3－55　兰新线跌落崖崩塌工点地质平面图

Q—第四系；K_{1hk}—白垩系下统河口群；D_{1-2lj}—泥盆系中、下统老君山群；O_{3S}—奥陶系上统石门沟组；O_2^{LS}—奥陶系中统古浪群；O_1^{Ss}—奥陶系下统车轮沟群；1—推测逆断层；2—实测及推测正断层；3—岩层分界线；4—崩塌；5—岩层产状；6—县、镇；7—村庄。

大。年平均降水量 360.7 mm，年最大降水量 460.6 mm（1979 年），年最小降水量 275.6 mm（1972 年）；年平均降水日数 78.1 天；年平均蒸发量 1777.1 mm；年平均气温 4.9 ℃，极端最高气温 33 ℃（1967－07－28），极端最低气温 －26.4 ℃（1968－02－18），最热月（7 月）平均气温 17.5 ℃，最冷月（1 月）平均气温 －9.8 ℃。最大冻结深度 2.0 m。

3. 地震

50 年代勘测时，调查到黑松驿、古浪、双塔一带为地震多发区，1927 年 5 月 23 日曾发生里氏 8 级古浪强烈地震。据有关资料记载，地震猛烈，城垣房屋震倒，人畜伤亡严重，高陡山坡崩塌，壅塞流水成湖，水深十数米，后湖水决口，挟带土、石涌流而下造成灾害，淹没城东一带村庄、田舍，……。访问当地居民谈，地震时跌落崖崩塌，滚落岩石最大直径可达 5 m(折合 65 m^3)，也有的说最大掉块约 40～50 m^3，有些岩块崩落至古浪河右岸。勘测时尚有大块石灰岩堆积在河床中阻碍水流。当时确定地震烈度为九～十度。

根据兰州地震所(79)兰震研烈字第 010 号文及铁一院(80)字第 010 号文通知，该地区地震基本烈度为七度。

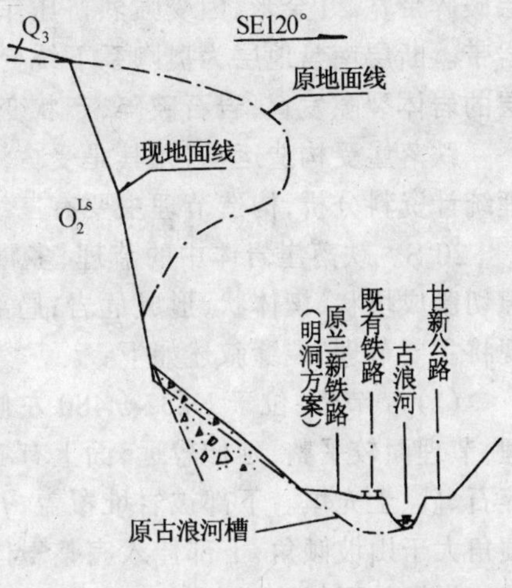

图 3-56　跌落崖地形断面轮廓示意图

(三)工程地质及水文地质

1.地层及岩性

跌落崖出露地层主要为奥陶系中统古浪群白云质石灰岩和石灰岩，跌落崖两侧为紫红色含砾砂岩。在跌落崖南侧中、下部还出露有奥陶系下统车轮沟组变质砂岩。跌落崖顶部覆盖有第四系上更新统冲、洪积卵石土及黄土质砂黏土，坡麓有第四系全新统冲、洪积卵石土、崩积碎石土及人工填筑的碎石、块石土。现将主要地层、岩性分述如下：

(1)全新统人工碎(块)石土：分布于线路附近，厚 0.5～7.0 m。成分主要为石灰岩、白云质石灰岩，棱角状，无分选性，颗粒大小不均，粒径多为 20～80 mm，最大达 400～500 mm，颗粒间充填物少，孔隙大，孔洞多，松散，属Ⅱ级普通土至Ⅲ级硬土。

(2)全新统崩积碎石土：为跌落崖坡麓岩堆，厚 4～20 m，成分为浅肉红色白云质石灰岩，灰白色、青灰色石灰岩夹少量变质砂岩。颗粒呈棱角状，具有自上而下由细变粗的特点，上部粒径多为 20～40 mm，下部粒径一般为 50～80 mm，分选性差，大颗粒间充填细小颗粒，多孔隙、空洞，无胶结，属Ⅱ级普通土。

(3)全新统冲积卵石土：厚 4.5～7.0 m。青灰色，成分以变质岩、砂岩、花岗岩为主，粒径多为 20～80 mm，占 75%，圆棱状，无分选性，颗粒间充填砂、砾及土，松散至中密，属Ⅱ级普通土，$\sigma_0 = 400$ kPa。

(4)奥陶系中统古浪群厚层白云质石灰岩及石灰岩：肉红色，灰白色，主要矿物成分为方解石、白云石，显晶结构，厚层、块状构造，性脆，坚硬，节理较发育至发育，间距 30～50 cm，岩层风化轻微至颇重，属Ⅴ级次坚石。

(5)奥陶系中统古浪群含砾砂岩：出露于跌落崖两侧。紫红色，中粒至粗粒结构，层状构造，砾石直径 2～3 mm，含量约 15%，铁锰质胶结，石质坚硬，表层风化颇重，Ⅴ级次坚石，南侧岩层产状 N70°W/50°N，北侧岩层产状 N80°W/58°S。

(6)奥陶系下统车轮沟组变质砂岩：见于跌落崖南侧中、下部，灰绿色，主要成分为石英、长石，中、细粒结构，层状构造，致密，坚硬，岩层产状 N35°～45°W/71°N，岩体中节理较发育，间距 50～60 cm，表层风化颇重，Ⅴ级次坚石。

2.地质构造特征

跌落崖崩塌工点位于雷公山复向斜北翼，跌落崖向斜的南侧，北临古浪断层，南距十八里铺断层 3.5 km，见图 3-55。受区域构造影响，工点范围内岩体节理发育，并局部有层间挤压破碎带。

古浪断层：为一压扭性断层，出露于 K232 + 650 左侧山坡，长 6 km，产状 N80°W/66°S，断层破碎带宽 20 余米，因受强烈挤压作用，断层带中部产生近 10 m 宽的糜棱岩带，两侧为碎裂岩带。断层南盘地层为奥陶系下统变质砂岩和中统含砾砂岩、白云质石灰岩及石灰岩，靠近断层的岩体裂隙发育，岩石破碎，产状变化较大。

跌落崖受构造运动，尤其是受古浪断层的影响，岩体节理裂隙发育。根据岩体几个点的节理统计资料分析，构造节理主要有三组：N10°～20°E/80°～86°S、N48°W/75°N 及 N60°～75°E/8°～20°S。跌落崖岩体中的节理，多属受大爆破影响而被改造的构造节理，有的岩体被节理裂隙切割成块状、楔体状，形成危岩；局部节理、裂隙密集，形成软弱带；还有倾向线路的张节理。现将主要节理、裂缝叙述如下：

(1) f_1 节理：位于 K232 + 480 左侧山坡(见图 3 - 57*A* - *A*)，产状为 N45°E/55°S，张性节理，节理面较平整，延伸较远，面上有 NE 向擦痕，节理张开宽度 10～20 mm，节理缝中有少量碎石、砂、土充填。下部被岩堆覆盖，f_1 拉开宽度较大，上部岩体破碎，对岩体稳定不利，f_1 因倾角大于山坡倾角，下部伸入完整岩体中，且上部岩体中节理未完全贯通，所以 f_1 面以上发生整体崩塌的可能性不大。f_1 面位于跌落崖中、下部，距轨面高 60～70 m，产生掉块，其弹跳力小，不可能对线路产生很大威协。

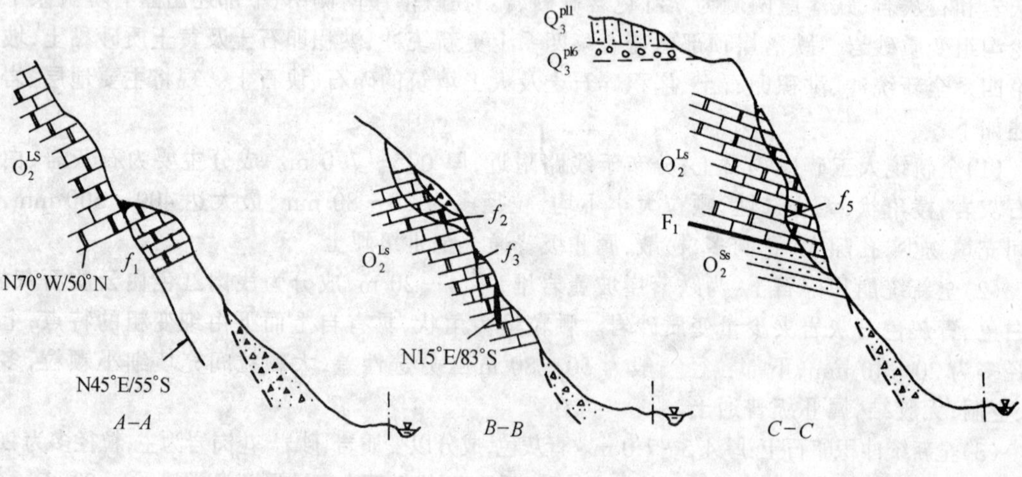

图 3 - 57　节理裂隙剖面示意图

(2) f_2 弧形节理面：位于 K232 + 530 左侧山坡，主要由两组节理面组合而成(见图 3 - 57*B* - *B*)。一组以 60°～70°倾向线路与另一组 30°倾向线路的节理面复合形成 f_2 弧形节理面，尚未形成连贯的、有一定拉开距离的破坏面，根据 f_2 附近的节理统计资料分析，该处主要是爆破裂隙或受大爆破影响改造的构造节理，岩石十分破碎，多呈碎块状杂乱排列。f_2 上部的破碎岩体，虽经防护，因其位置距轨面 90 m 以上，一旦发生掉块，其能量大，可能跳滚至线路上。

(3) f_3 张性节理：位于 f_2 的下部(见图 3 - 57*B* - *B*)，有一组产状 N15°E/83°S 的高角度陡倾节理，张开宽 50～200 mm，上宽下窄，无充填物，节理间距大于 1.0 m。陡倾的节理面将脆性的厚层白云质石灰岩切割成厚板状，在自重作用下产生弯曲，向外倾倒以至可能从根部折断，发生坠落。因位置较高，对线路有威协。

(4) f_4 垂直山坡的软弱带：位于跌落崖北侧，相当于 K232 + 540 山坡，从顶至底上下贯通，远观似两条切割跌落崖中部的大裂缝，实为一风化裂隙集中发育带，有流水冲蚀痕迹，下部与岩堆上的冲沟相连，f_4 靠近古浪断层，周围岩体裂隙发育，后经物理风化作用及地表水冲蚀，形成宽 1～2 m 的软弱破碎带。因 f_4 发育浅，且方向与坡面正交，对山体稳定性影响不大，但软弱带中的危石需清除。

(5) f_5 弧状 S 型拉张裂缝：位于跌落崖北侧边缘中部 K232 + 580 左侧山坡（见图 3 - 57 $C-C$）。它由产状为 N20°E/70°S 和 N40°E/30°S 的两组很发育的密集节理组合而成。节理张开宽 5～200 mm，无充填物，未完全贯通。f_5 两侧局部岩体有相对位移，外侧岩体下滑，滑距 50～100 mm，f_5 上部岩体较破碎，风化严重。

综合以上所述，除 f_1 节理外，其它几组结构面都发生在跌落崖的北侧及中部，结构面形成的软弱带，对岩体的稳定不利，大爆破遗留在坡面的危石和松动的岩体、岩块，对线路造成直接威胁。因此，在跌落崖南侧主要是受危石的威胁，在北侧主要为节理裂隙发育，而产生松动的岩体和岩块。

3. 水文地质

工点范围内未见地下水露头，坡面较为干燥。据钻探揭示，铁路路基处地下水埋深 7.0～9.0 m，主要受河水补给，水质良好，对圬工无侵蚀性。

(四) 岩体稳定性评价及崩塌、落石原因分析

1. 跌落崖岩体稳定性分区

根据跌落崖不同部位的工程地质特征及其对工程的影响程度，对跌落崖的稳定性划分为四个区，即：Ⅰ——不稳定区；Ⅱ——较稳定区；Ⅲ——稳定区；Ⅳ——坡麓岩堆区。见图 3 - 58。

Ⅰ——不稳定区：位于跌落崖中、上部，包括 f_1 节理面上部的松动危岩及零星松动危石。该区岩石节理发育，受大爆破影响较大，风化严重，是落石最多的区域，对铁路危害最大，应重点处理。

Ⅱ——较稳定区：该区处于跌落崖中部，f_3 节理面切割岩体及 f_5 弧状 S 型拉张裂缝前部岩体。岩体正处于发展的拉张裂缝前部，各节理面向未张开方向发展，但目前尚未形成贯通的破坏面，仅产生少量的落石。Ⅱ区岩体应采取措施，阻止或减缓节理进一步发展。

Ⅲ——稳定区：位于Ⅰ、Ⅱ区以外的岩体。该区岩体完整性较好，风化轻微，基本处于稳定状态，可不作工程处理。

Ⅳ——坡麓岩堆区：位于跌落崖坡麓。岩堆坡度略大于自然休止角。坡脚距铁路 25～35 m，自然坡度为 5°。该区处于稳定状态，可不作工程处理。

2. 崩塌、落石原因分析

(1) 不良的地质环境，造成岩石挤压破碎、节理裂隙发育，岩体被切割成块，这是崩塌、落石的基本条件。

(2) 陡峻的地形、地貌、不规则的高陡山坡（局部悬空倒坡），岩体易于崩塌、落石，这是崩塌、落石的必要条件。

(3) 地震及大爆破是诱发崩塌、落石的重要条件。古浪地区在历史上曾发生数十次强烈地震，1927 年古浪地震达到里氏八级，促使跌落崖大崩塌，将古浪河积坝成湖，后溃决造成严重损失。兰新线施工时不恰当地采用大爆破造成崩塌、落石进一步发展。

(4) 岩体中裂隙水对稳定性产生不利影响；该地区气温年较差和日较差大，促进岩石的风化；冬季寒冷，裂隙水冻胀促使岩体节理裂隙的扩张，这就是为什么年年清除危石，年年产生落石的原因之一。

(5) 列车振动对崩塌、落石也有一定影响。列车振动影响是长期、断续的，虽不大，但与其它风化营力作用的同时，会促使裂隙逐渐扩大、降低岩体抗剪强度，这是促使崩塌、落石的潜在条件之一。

(五)落石试验

为了落实挡石墙方案的可行性,在 1986 年 9 月 22 日下午铁一院第三勘测队与兰州铁路局武威工务段古浪工区共同在跌落崖进行了落石试验。

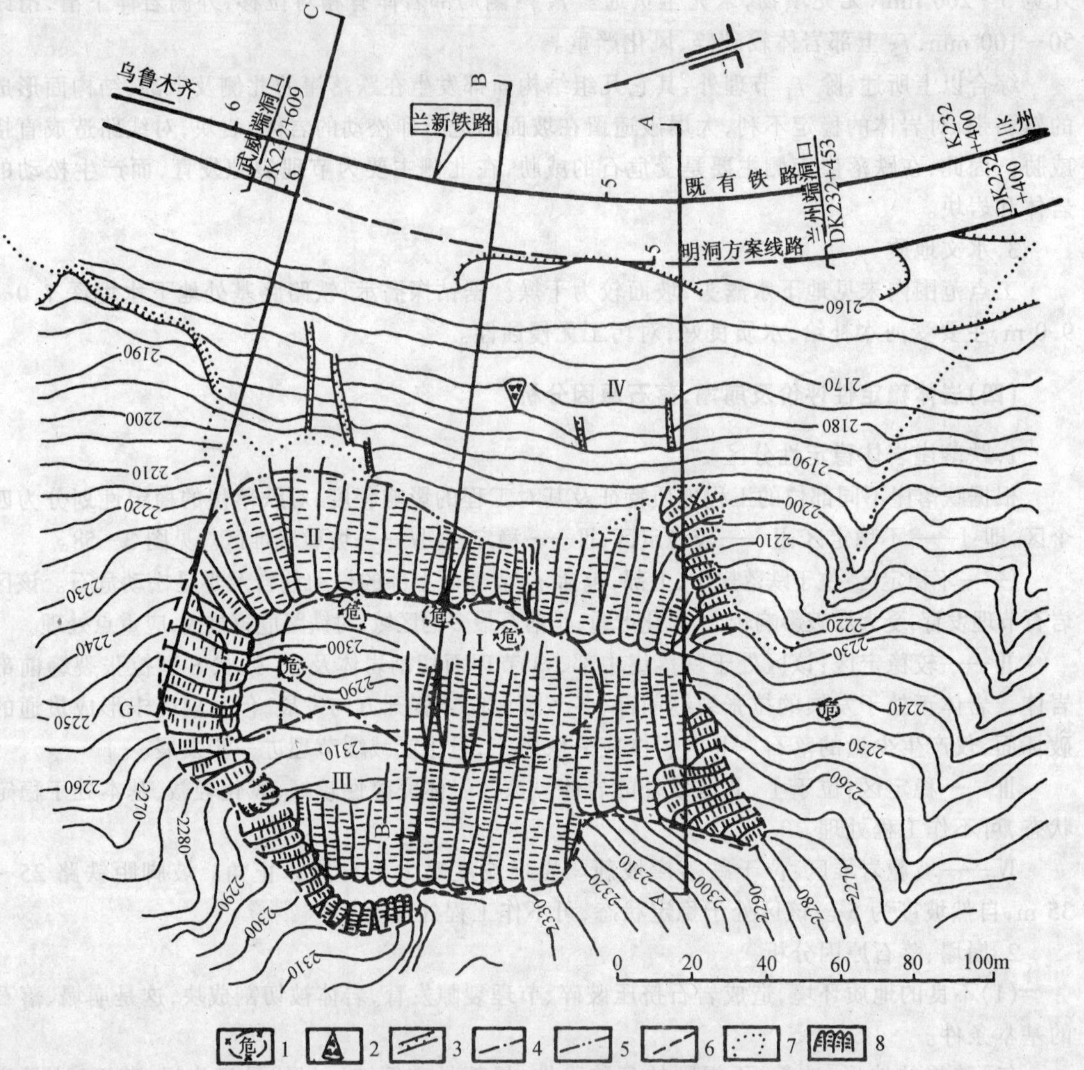

图 3-58　跌落崖岩体稳定性分区简图

1—危石;2—岩堆;3—冲沟;4—不稳定区(Ⅰ)界线;5—较稳定区(Ⅱ)界线;6—稳定区(Ⅲ)界线;7—坡麓岩堆区(Ⅳ)界线;8—岩石陡崖。

试验从山顶、中部及两侧边缘三个部位向下滚石,石块直径 0.3~0.5 m,计 15 块。石块在下落过程中经碰撞多碎裂成较小的石块向下运动,运动开始时一般为滚动,渐变为跳跃。石块在基岩表面上的弹跳及飞跃能力很大,石块落至山坡下段的坡麓岩堆后其运动速度及弹跳高度锐减,并继续在线路左侧的平缓地段减速冲向线路。试验中除一块直径 0.2 m 的石块滚至道心外,其余均停积在线路左侧。石块在线路附近的弹跳高度不超过 1.5 m。

从 DK232+500 左 100 m 处的凹坑向下落石 5 块,该处高差约 100 m,石块下落过程中弹跳高度虽不大，但滚落较远，其中一块直径 0.3 m 的石块砸在左侧钢轨后，飞跃至线路右侧 6 m 处，其弹跳高度不超过 1.5 m。

此次试验因限于条件关系，未能选择更大直径的石块进行试验。

(六)整治方案的选择

初测提出两个整治方案：

1.挡石墙方案

(1)挡石墙方案，线路位置不变，挡石墙位置选在线路左侧 5～7 m(K232+450～K232+600)，长 150 m，挡石墙高 2.0 m；挡石墙外侧(山侧)设宽度大于 8.0 m 的落石槽。

(2)该方案除作挡石墙及落石槽外，还应对上部岩石坡面进行清理和加固，即对不稳定区需清除危石、松动岩块，并拉网喷浆、锚杆加固等，改善其整体性能；对较稳定区可采用灌浆勾缝、锚杆加固等，防止节理、裂缝进一步发展。

该方案主要优点是造价低，行车干扰小；缺点是坡面仍需大面积处理，施工较难，安全可靠性不如明洞。

2.明洞方案

有两个明洞方案，即原线不动修建明洞及线路左靠 10～15 m 至老线位置修建明洞。

(1)原线不动修建明洞方案：明洞自 K232+470 至 K232+570，长 100 m，明洞左边墙下基岩深 14.0～14.5 m，右边墙下基岩深 15.5～16.0 m，明洞两端需接长挡石墙(兰端 20 m，乌端 30 m)，且在 K232+430～K232+510 右侧受古浪河水冲刷，需设护岸工程。

(2)改线修建明洞方案：将线路向山侧改移 10～15 m，明洞自 K232+453 至 K232+609，长 156 m。线路左侧回填土与山坡之间设截水及拦石用的沟槽。

经比较，初测时确定为改线修建明洞方案，定测时按改建明洞方案设计。明洞方案安全可靠，一劳永逸，但造价较高。明洞设计详见图 3－59。

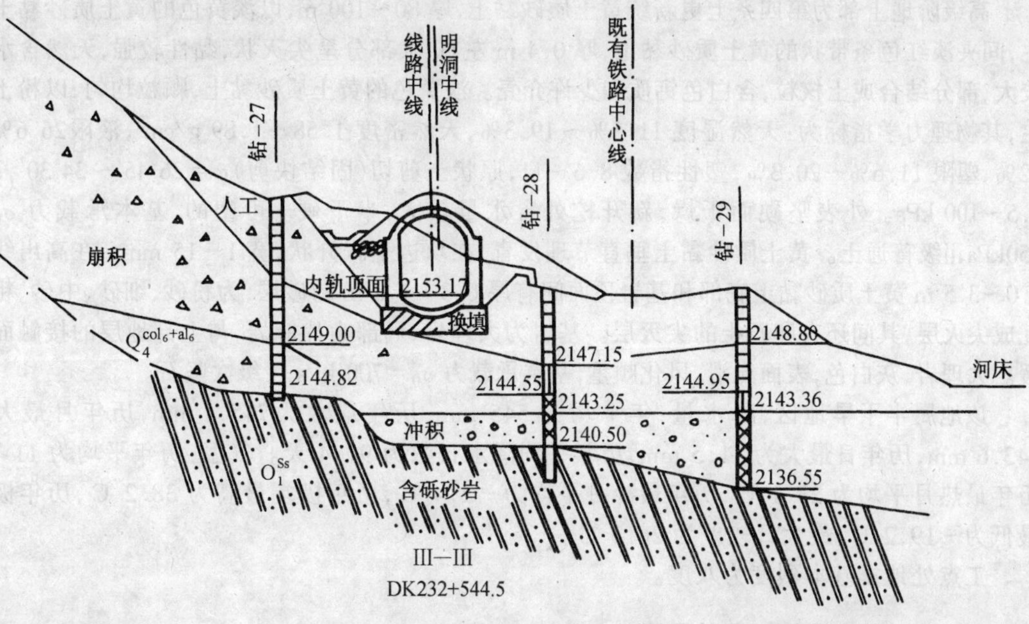

图 3－59　跌落崖明洞方案设计图

(七)小结

50年代初勘测时,该工点仅按一般工点勘测设计,对跌落崖山坡的稳定性未作调查研究,且施工时采用大爆破,产生崩塌、落石后,才引起重视,1956年3月兰武段交付运营以来,落石不断危及行车安全,虽采用清除危石、灌浆等办法,设巡山工看守,一直不能解决问题,于1985年兰武段电气化改造时才列为工点,从1953年施工起至1988年止进行勘测设计、整治,1988年按明洞方案施工,至今,运营情况良好。

十五、陇海铁路宝天段K1384崩塌与整治

陈品文

1959年1月施工宝天段K1384+130～+585右侧天张线路堑边坡时,由于未考虑当地的工程地质条件,采用较陡的1:0.5边坡和不恰当的施工方法,造成部分边坡崩塌(原资料中定名为坍方)。后经变更设计,放缓边坡为1:1～1:1.25,刷方85×10^4 m^3,最高边坡达103 m,堑坡上设较宽的平台,平台上设排水沟。1959年底施工完,初期因坡面太大和所种草未长好,路堑坡面尚有冲刷、流泥现象,后经三十余年的精心养护,现坡面稳定,草丛茂密,已无不良地质现象。

(一)地形、地质和气象概况

线路左侧临近渭河主流,右侧为高90～110 m的黄土高级阶地,顶部自然坡度平缓,为10°～20°,已辟为梯田,两端有沟槽割切,见图3-60。K1384+150～+313崩塌体坡度为40°～60°,K1384+313～+585段据访问原曾发生过崩塌,坡度为50°～70°,坡面陷穴发育。

高级阶地上部为第四系上更新统黄土质砂黏土,厚80～100 m,以淡黄色的黄土质砂黏土为主,间夹淡红色条带状的黄土质砂黏土,厚0.4 m左右,大部分呈尖灭状,黏性较强,天然含水量较大,部分结合成土核粒,含白色钙质和少许介壳。淡黄色的黄土质砂黏土,颗粒均匀,以粉土为主,其物理力学指标为:天然湿度11.5%～19.3%,天然密度1.58～1.89 g/cm^3,液限26.6%～32%,塑限11.6%～20.3%,塑性指数8.6～11,原状土剪切(固结快剪)$\varphi=26°45'\sim34°30'$,$c=$8.5～100 kPa。外表坚硬而干燥,新开挖处含水量较大,半干硬—可塑的,基本承载力$\sigma_0=$150kPa,Ⅱ级普通土。黄土质砂黏土垂直节理发育,在坎边呈张开状,宽1～15 mm。在高出线路2.0～3.5 m黄土质砂黏土底部和基岩顶面间有厚0.3～1.8 m的砂层,为粉砂、细砂、中砂、粗砂互成尖灭层,其间还有卵石土的尖灭层。基岩为大理岩,局部为片麻岩,与上部地层的接触面平缓。大理岩,灰白色,表面光滑,风化颇重,基本承载力$\sigma_0=700$ kPa,Ⅴ级次坚石。

该地属半干旱地区,降水量:年平均为545 mm,历年最大为745.4 mm,历年月最大为243.6 mm,历年日最大为71.5 mm,历年平均降水日数为91.4天。气温:历年平均为11 ℃,历年最热月平均为23.1 ℃,历年最冷月平均为-2.4 ℃,历年极端最高为38.2 ℃,历年极端最低为-19.2 ℃,最大日较差为26.3 ℃。

工点处地震基本烈度为八度。

(二)山坡不稳定情况及其原因

此处不稳定的山坡可分为二段:

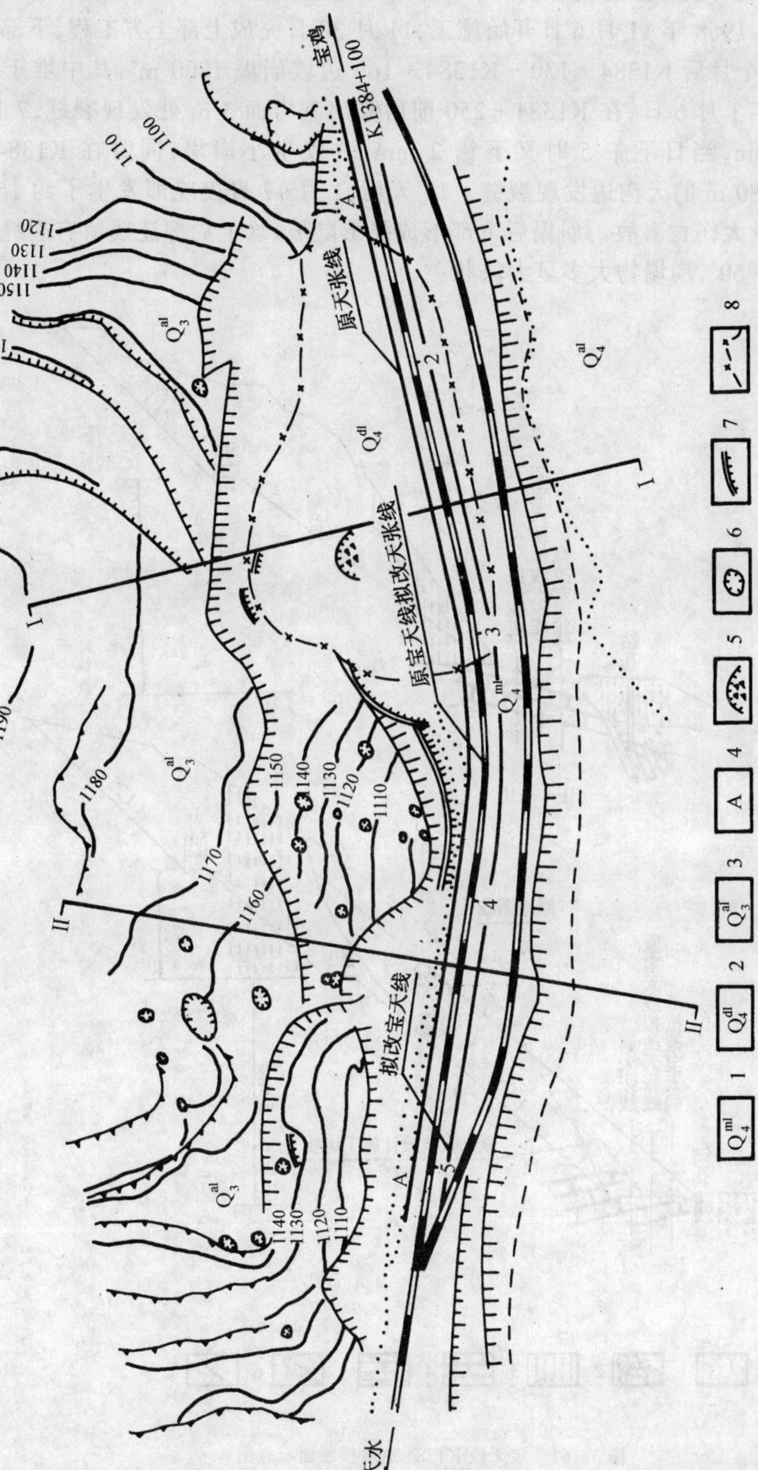

图 3-60 宝天段 1384 崩塌地质平面图

1—人工填筑土;2—第四系全新统黄土质砂黏土;3—上更新统黄土质砂黏土;

4—前震旦系大理岩或片麻岩;5—崩塌;6—陷穴;7—裂缝;8—不良地质界线。

第一段为已发生崩塌的 K1384 + 130～K1384 + 313 段。原宝天段的路堑边坡为1∶0.75，在其右侧修建天张线时设计路堑边坡为 1∶0.5，施工边坡已基本上与上部陡山坡相接，见图 3-61 Ⅰ—Ⅰ断面。1958 年 11 月 6 日开始施工，11 月 30 日完成上部土方工程，下部石方因无炸药暂停施工。一个月后 K1384 + 130～K1384 + 160 边坡崩塌 1800 m^3，其中堆于宝天段的有 130 m^3。1959 年 1 月 6 日，在 K1384 + 250 前后高出基岩面 3 m 处发现裂缝，7 日上午 11 时该裂缝下错 2 mm，当日下午 5 时又下错 2 mm，并发生小崩塌，同时在 K1384 + 150～K1384 + 313段、高 80 m 的天沟边发现裂缝。10 天后，1 月 17 日夜晚即发生了约 15×10^4 m^3 的大崩塌，并酿成重大伤亡事故。崩塌后上部形成弧形陡坡，坎上局部还残留有裂缝。崩塌体的坡度大致呈 40°～60°，崩塌物大多呈大块状。

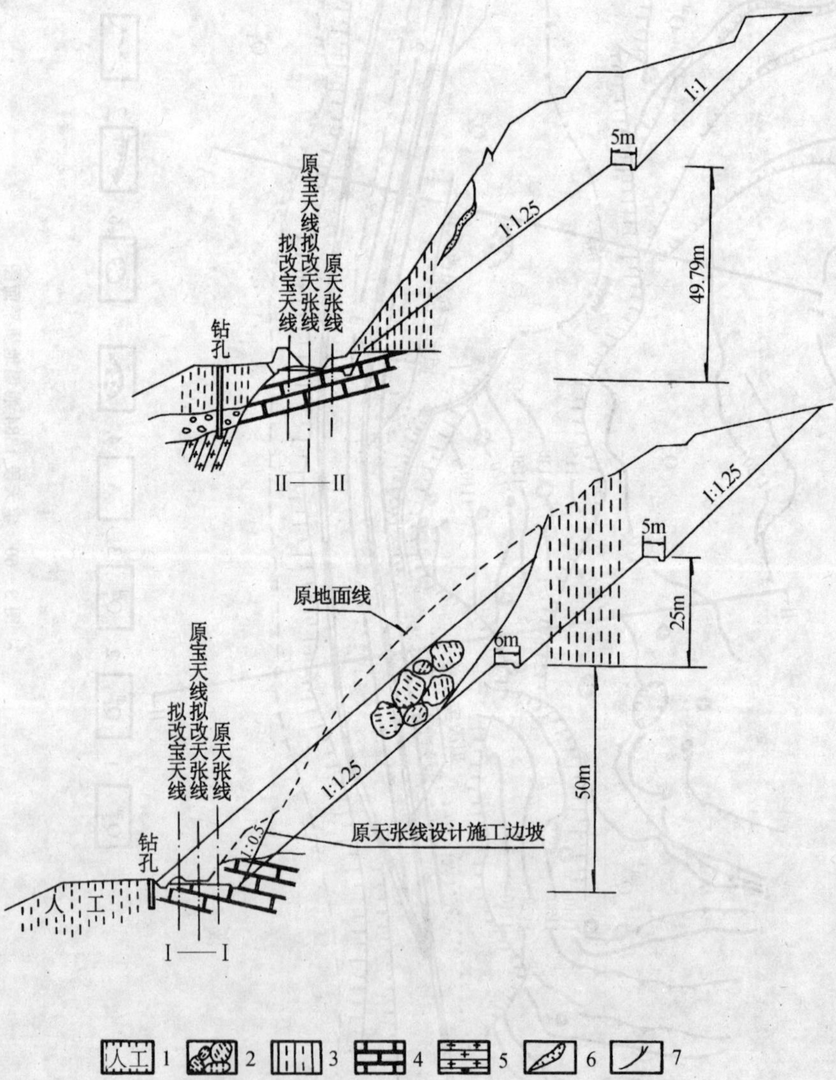

图 3-61 宝天段 K1384 地质横断面示意图

1—人工填筑土；2—崩塌堆积土；3—黄土质砂黏土；4—大理岩；5—片麻岩；6—陷穴；7—裂缝。

分析认为，造成崩塌的主要原因是：

1.原天张线设计路堑边坡 1:0.5，太陡，施工边坡与上部陡山坡相连，边坡太高；

2.施工中采用了在边坡下部掏“神仙土”的不恰当施工方法。

造成崩塌的客观原因是，该处山坡的稳定性本来就较差，这是因为：

1.构成山坡的黄土质砂黏土垂直节理发育，地表水易沿节理渗入，并逐渐扩大，形成陷穴或冲沟，山坡土体的整体性较差；

2.黄土质砂黏土层中有淡红色夹层，该层黏性大，透水性差，造成夹层顶部潮湿，抗剪强度降低，对山坡土体的稳定性，造成不利影响。

第二段为尚未发生崩塌的 K1384 + 310～ + 400 段。该段路堑边坡上有较多的裂缝，据访问 1946 年雨后，该段山坡曾发生过崩塌，堆压在宝天铁路内的就有 500 m^3，影响了通车，200 人清除了三天三夜。调查发现 K1384 + 310～ + 550 右侧路堑外山坡上有 2 个弧形陡坎，陡坎下个别处有裂缝，堑顶与陡坎间陷穴较多，陡坎外亦有陷穴分布，陷穴深度为 4～15 m，直径为 0.5～2.0 m，有的陷穴以暗穴形式上下串通，陷穴深度范围内土质疏松，影响了山坡土体的稳定性。据此情况，若天张线仍在山坡下部采用 1:0.5 的陡坡施工，势必会象第一段一样，造成整个山坡的不稳定。

(三)路堑边坡设计

在施工中，于不同段落采取 16 组土样进行了物理力学试验。经研究分析认为，变更设计的路堑边坡应采用如下检算数据：天然密度 $\rho = 1.75\ g/cm^3$，内摩擦角 $\varphi = 29°08'$，$c = 48.1\ kPa$。Ⅰ—Ⅰ断面用圆弧法进行检算后得知，当边坡坡度采用 1:1.25 坡率，设宽度分别为 6 m、5 m 的二级平台，得安全系数 $K = 1.21$。

根据上述工程地质情况和路堑边坡稳定性检算结果，变更设计中采取了如下工程措施：

1.对已发生崩塌地段，上、下边坡均采用 1:1.25 的坡率，并在高 50 m、75 m 处分别设宽 6 m、5 m 的平台，见图 3－61 之Ⅰ—Ⅰ断面；对尚未发生崩塌地段，即相对高差较低的地段，下部采用 1:1.25，上部采用 1:1，并在高 50 m 处设宽 5 m 的平台，见图 3－61 之Ⅱ—Ⅱ断面。

2.在路堑顶外 10～15 m，修浆砌片石天沟一道；在堑坡平台上各修浆砌片石排水沟一道；其纵坡均不得小于 2‰。分别排入两端小桥。

3.路堑坡面种草籽。坡脚砂层作干砌片石护坡，路堑坡面外 30～40 m 范围内禁止耕种，并将所有陷穴用原土夯填。

后又研究决定，将本段宝天铁路位置向河侧改移 5 m，天张线改至原宝天线位置，以减少路堑挖方数量。

(四)小结

1958 年对该工点的地质勘测、设计工作做得较粗，未认真调查分析当地的工程地质条件，即采用了较陡的 1:0.5 的设计边坡，加之又采用了不恰当的施工方法，致使发生大崩塌，造成重大伤亡事故。后经 1959 年初详细地质调查、勘探和试验，进行了稳定性检算和周密的设计，并认真做好配合施工，1959 年底施工完后，边坡病害基本上得到了整治。初期虽因坡面太大和所种草未发挥作用，坡面有冲刷、流泥现象，但经三十余年的精心养护，植被逐渐茂密，坡面得到稳定，保证了行车安全和畅通，整治取得了圆满成功。

十六、兰州枢纽大洪沟泥流及整治

楚涌池

(一)概况

大洪沟与其东侧的小洪沟、滥泥沟和西侧的狼沟同为兰州枢纽南侧深切皋兰山的流泥沟，在沟口黄河二级阶地上漫流形成洪积扇，为荒地野坟。

1952 年修建天兰线，根据省、市对兰州市区的规划，铁路走在皋兰山脚下，直穿几条流泥沟洪积扇，受到泥流的威胁。为减轻泥流对铁路的危害，当时采取了由城市和铁路联合挖沟直通黄河的办法。大洪沟挖沟纵坡，从沟口至黄河分别为 20‰、10‰、5‰，沟底宽 4～7 m，沟深 3.8～4.8 m，沟坡 1:1，过铁路设 1 孔 31.3 m 钢桁梁桥。下游与狼沟汇合。

1953 年 6 月 20 日洪水造成铁路桥下游满槽淤积及停积泥球现象。

1958 年增建兰州枢纽客技站，将大洪沟改沟，沿山脚向东汇入滥泥沟再入黄河(如图 3－62)，设计改沟纵坡为 7.0‰～4.3‰，沟底宽 4 m，堤高 5 m。并将 31.3 m 钢桁桥拆除，填死原沟。

1959 年雨季，改沟工程尚未完工，一场暴雨即淤积 2×10^4 m^3，最大淤积厚 1.8 m。

1961 年 7 月又是一次暴雨，淤积 3.8×10^4 m^3，最大淤积厚 4.0 m，在大洪沟口转弯处淤积最为严重，个别地段流泥漫出，直接影响客技站，危及铁路安全。

(二)地形地貌

大洪沟为深切皋兰山高阶地的一条侵蚀性间歇性沟谷，水流自南向北，汇水面积约 7.5 km^2，流域长 5.2 km，主沟槽长 5.0 km。沟岸相对高差 400～600 m。斜坡经侵蚀支离破碎，形成许多浅、细沟和冲沟，较大支沟有 7 条，东边 2 条，西边 5 条(如图 3－62)。高程 1 850 m 以上较缓斜坡，多为耕地，有保持水土修的水平沟及种植的幼林。村舍分布于梁顶或近岭顶山坡上。

沟上游约 2.2 km 范围内，呈“V”形，纵坡陡，达 200‰以上，黄土山坡 30°～50°，天然草皮较稠密，但沟坡残破不堪，陷穴成群。

沟中游 2.0 km 范围内，纵坡约 120‰，沟谷较宽阔，呈“U”形，两侧有宽 50～60 m 阶地，沟槽下切深 4～6 m。上部黄土山坡约 40°，坡体尚齐整，陷穴零星分布。下部山坡第三系红层局部出露，有崩塌现象。

下游沟岸斜坡 50°～70°，局部出现负坡，第三系红层裸露，上覆厚层黄土，山坡上缓下陡，坡面侵蚀严重，沟谷狭隘陡峻，下切甚强，伴随旁蚀，主流冲刷左岸。岸坡凹凸不平，山体稳定性差，右岸有大型错落体，是泥流的主要供给区。

(三)泥流形成条件和发展趋势

1. 泥流形成条件

大洪沟泥流形成的基本条件，主要表现在：

(1)有丰富的固体松散物质

大洪沟是典型的流泥沟。流域范围内储存有大量的固体松散物质，主要由三部分构成：一是距沟口 500 m 处右岸的错落堆积体，是当前流泥的主要来源；其次是黄土深切沟谷，陷穴发育，多冲蚀、崩塌，长期大范围的供给流泥；三是下伏第三系红层，为泥质砂岩及黏土岩，产状 N20°W/20°S，成岩差，胶结不好，风化颇重，节理发育，沟下切构成不稳定的陡坡，形成崩塌，

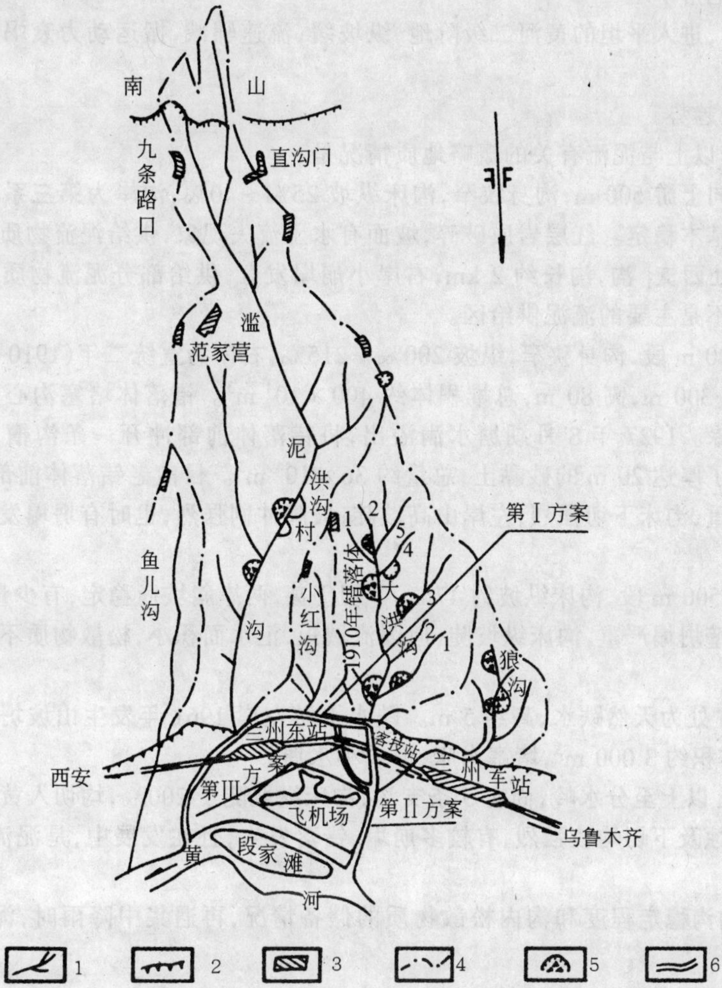

图 3－62　大洪沟全貌图

1—沟心线；2—山脚线；3—村庄；

4—山脊线；5—错落或崩塌；6—人工开挖沟槽。

中、下游段尤为明显，浸水解体后供给泥流。

(2)有集中的降雨过程

据资料：1951 年 8 月 14 日一次降雨量(18 h)76.3 mm，约占年降雨量的 23%，其中 1 h 最大降雨量 27 mm，占该次降雨量的 35%。

1961 年年降雨量为 405.1 mm，9 月 1 日 1 h 最大降雨量 14.9 mm，为一日降雨量 22.2 mm的 67.1%，10 min 降雨量 8.7 mm，占一日的 58.3%。

历年统计年最大降雨量为 471.9 mm，一日最大降雨量为 71.8 mm，1 h 最大降雨量 50 mm，10 min 最大降雨量为 11.1 mm。

集中的降雨过程可形成较大的迳流，便携带大量松散物质下泄。

(3)沟谷纵坡陡

大洪沟汇水区域大，流量大，流速大，沟床纵坡陡，主沟槽平均坡度为 96‰，冲刷及搬运动力较强。

(4)沉积区地形平坦

流泥出沟后，进入平坦的黄河二级阶地，纵坡缓，流速骤减，搬运动力衰竭，固体物质便沉淀淤积。

2.泥流发展趋势

大洪沟沟口以上与泥流有关的概略地质情况是：

(1)自沟口向上游 500 m，沟身狭窄，沟床纵坡 25‰～40‰，沟岸为第三系红层陡坡，上覆厚层黄土，山坡基本稳定。红层岩质破碎，坡面有水土流失现象，供给泥流物质不多。

(2)500 m 处西支$_1$ 沟，沟长约 2 km，右岸小崩塌发育，供给部分泥流物质；左岸陷穴成群发展，但目前还不是主要的流泥供给区。

(3)500～900 m 段，沟身狭窄，纵坡 200‰～215‰，右岸为宣统二年(1910 年)发生的错落体，长 400 m，宽 300 m，高 80 m，总堆积体约 400×10^4 m^3。错落体堵塞沟心，形成土坝和湖塘，集水水色碧绿。1927 年 8 月湖塘水满溢出，将错落体前部冲开一条沟槽，集水逐渐被疏干，湖塘底沉积了厚达 20 m 的砂黏土，总量约 36×10^4 m^3。目前老错落体前部又发生新的错落，坡面坍塌严重，沟床下切强烈；左岸山高坡陡，坡脚冲刷强烈，也时有坍塌发生，是目前泥流的主要供给区。

(4)900～1 500 m 段，沟床纵坡约 47‰，下切仍甚，两岸斜坡尚稳定，有少量松散物质。左岸西支 2 沟，沟壁坍塌严重，沟床纵坡陡，但因流域短，汇水面积小，松散物质不易带出，仅在沟口有小洪积锥。

(5)1 500 m 处为天然跌水，高约 5 m。跌水下游左岸 1961 年发生山坡坍塌，高 25 m，长 30 m，厚 4 m，体积约 3 000 m^3，堵塞沟床，形成小水塘。

(6)1 500 m 以上至分水岭，尚有 5 条支沟，沟床纵坡陡于 200‰，均切入黄土层，部分切入黏土层，溯源侵蚀及下切均较强烈，有较多崩塌、错落发生，且在发展中，是泥流的长期不断的供给区。

根据大洪沟沟稳定程度和沟内松散物质的储备情况，再遇集中降雨时，泥流将会连续发生。

(四)泥流有关参数

1.流泥天然容重(γ_c)

利用人工搅拌黄土泥浆，模拟泥流的稠度，使达到 1961 年流泥时的浓度，请流泥时目睹者甘肃省公安厅的警卫战士目测鉴定，泥浆 $\gamma_c=1.43$ g/cm^3；

调查观察 1961 年流泥时粘结在沟壁上的硬泥壳，厚 1～5 cm，分析得出 $\gamma_c=1.5$ g/cm^3；

1962 年 9 月 14 日一场流泥，9 月 18 日取流泥样品进行测试，$\gamma_c=1.63$ g/cm^3；

每次流泥的稠度不尽相同，最后施工时，推荐采用 $\gamma_c=1.6$ g/cm^3。

2.流泥比重(γ_H)

根据室内试验，γ_H 推荐采用 2.7。

3.一次最大流泥量估计

1952 年兰州市政府土地调查，得 1951 年大洪沟洪泛面积约 52×10^4 m^2，平均淤积厚约 0.25 m，淤积量约 13×10^4 m^3；

勘测时调查资料：1959 年改沟内流泥淤积量为 2×10^4 m^3，1961 年为 3.8×10^4 m^3。根据历年日、1 h、10 min 降雨量最大值，分别为 1961 年的 3.23、3.36、1.28 倍，如平均按 3 倍计算，则 $3.8\times3=11.4\approx12\times10^4$ m^3；

施工设计推荐一次最大流泥量为 $12\times10^4\ m^3$。

4.沟内泥流松散物质储量估算

表 3－8　大洪沟固体松散物质储量估算表

位　置		西支沟					东支沟		主沟	错落体	总计
		1	2	3	4	5	1	2			
储量 (10^4m^3)	近期	0.20	0.30	4.09	1.78	2.95	1.67	16.86	22.07	9.00	58.92
	远期	22.4	0.80	9.67	4.62	6.54	1.88	17.70	34.98	360.00	458.59

参见表 3－8,大洪沟泥流的松散物质储量近期约 $60\times10^4\ m^3$,远期约 $460\times10^4\ m^3$。

5.沟床不淤积纵坡的探讨

沟床不淤积纵坡的探讨,是试图找到一个合理的沟床纵坡,使泥流沿沟顺利的送入黄河,而不要在沟床内淤积下来,或者使淤积压缩到最低限度,不致产生危害。

(1)大洪沟老洪积扇扇坡,沟口 0～700 m 为 29‰,700～1 000 m 为 16.7‰,无固定沟槽,是漫流的淤积坡;

(2)大洪沟沟口向上游 200 m 段,沟床纵坡为 25‰,历史上该段没有淤积,说明沟床内≥25‰是不淤积坡;

(3)1952 年修建天兰铁路时,人工挖沟纵坡为 20‰、10‰、5‰。1953 年暴雨泥流,铁路桥上游 20‰纵坡不淤,而下游 10‰及 5‰纵坡有大量淤积;

(4)1958 年大洪沟沿山脚改沟纵坡为 7‰～4.3‰,淤积严重,1959 年淤 $2\times10^4\ m^3$;1961 年淤约 $3.8\times10^4\ m^3$,淤积后的纵坡为 10‰。

上述实例说明,大洪沟改沟纵坡达到≥20‰时,才是不淤积坡。若条件限制,至少也应大于 10‰。结合每次发生泥流的稠度不同和实地地形、地物情况,故设计改沟纵坡可选择在大于 10‰至 20‰之间。

6.大洪沟流量计算推荐值

清水流量:$Q_{100}=81.6\ m^3/s$。

泥流量:$Q_{50}=121.1\ m^3/s$;

$Q_{100}=151.4\ m^3/s$。

堵塞系数:0.2q。

流泥系数:$1+\varphi=1.546$。

(五)整治原则与设计方案

大洪沟口距黄河 3 km 余,其间有兰州医学院、西北油漆厂等城市建筑。人工沟槽显然不能按不淤积坡设计,因此必须有拦淤的措施,且 $Q_{100}=81.6\ m^3/s$ 的清水流量必须给予出路,因此对大洪沟的整治原则应该是“治山、拦淤、排洪”。

1.沟内治理

(1)治山

即治理流泥的来源。应采用保持水土,如挖水平沟、植树、种草等综合措施,由当地政府实施。

(2)拦淤

根据铁道部鉴委(62)字第 105 号文,“先做试点,以观后效”的精神,1962 年做了施工设计,1964 年 12 月又根据铁道部鉴委 441 号文进行过修改,主要设计内容如下。

a.在沟内 500 m 错落体以上地段,沿沟修柳条桩坝 12 个。

b.在错落体处做急流槽

急流槽底土要求夯实度达到 95%,干密度达到 1.76 g/cm^3;急流槽边坡为 1:1,浆砌片石,边坡顶与原山坡间留 1.5 m 平台,急流槽底为现场浇注 0.4 m 厚混凝土板。施工必须在雨季前一气呵成。

c.错落体至沟口间修建土坝高 1.0 m、2.0 m 各 1 个,土坝迎水面砂浆护面。

上述工程 1965 年施工,1966 年雨季前完工。

2.沟外改沟

1962 年初步设计时提出 3 个改沟方案(如图 3-62):

(1)第Ⅰ方案:亦称弯沟方案,即施工方案。出沟口后,大致沿 1959 年改沟线,在平面及纵断面上加以改善,经小洪沟口接滥泥沟口而入黄河。改沟第一期工程按 Q_{100}泥流量加高 1 m 培堤,堤高 15 m,内侧做浆砌片石护坡,堤顶宽 3 m,堤外地面与堤顶高差 22~25 m。

该方案优点是初期沟内可停淤 40×10^4 m^3,后期可停淤 300×10^4 m^3,工程可分期投资。大洪沟至小洪沟后期纵坡可达 15‰,小洪沟至滥泥沟可达 12‰。该改沟能保证城市规划的整体性,铁路高程不需提高,还能保证铁路客技站作业的完整性。

缺点是沟堤较高,且在沟口转弯,万一造成决堤或滥泥沟淤塞,后果将不堪设想。

因此这个方案的前提是,一定要保证沟堤的坚固性和滥泥沟的畅通,并需配合做好大洪沟沟内治理。

(2)第Ⅱ方案:亦称直沟方案,基本恢复 1952 年人工沟道,过铁路后与狼沟会合,流入黄河南故道(养鱼池)。

该方案优点是沟口至黄河顺直,距离短,与滥泥沟无干扰。

缺点是沟床设计纵坡过铁路时为 22‰,而下游为 11‰~0.7‰,入黄河沟底高程低于黄河最高水位,每年需清淤,无停淤场地。

(3)第Ⅲ方案:在大洪沟口建导流坝,在洪积扇东侧低洼处设停淤场后,过铁路,在飞机场西改接第Ⅱ方案。

该方案的优点是初期可停淤 40×10^4 m^3,后期 70×10^4 m^3;与滥泥沟无干扰;距黄河较近。

缺点是占地多;停淤不如第Ⅰ方案多;影响铁路客技站布局;坡度小;与城市规划干扰大。

后来经过研讨,并根据兰州市人民委员会(62)兰工马字第 116 号文及铁道部鉴委(62)字第 105 号文,采用第Ⅰ方案进行设计,并施工了第一期培堤工程。

(六)小结

大洪沟泥流,从 1951 年至 1962 年,断续几次形成灾害,直接危及城市和铁路安全。1962 年至 1964 年勘测,并经市人委、铁道部研究,同意"治山、拦淤、排洪"的沟内外综合治理方案由铁路负责的沟内拦淤和沟外改沟培堤,早在 1966 年即已竣工。但沟内治理迄今尚无动工的消息。根据大洪沟沟坡稳定程度和沟内松散物质储备情况,如再遇集中暴雨时,其流泥将有继续发展的趋势。

泥石流是一种突发性的自然灾害,并非年年暴发,三十年来未再发生灾害,只能说明拦淤、改沟、加高培堤工程起到了一定效果,但并不能保证灾害就一定不会发生。停淤只是治表的办法,一旦再发生较大暴洪泥流,培堤失效,灾害将是严重的。这个方案的前提就是寄希望于沟内的治理。因此，培堤养护固然不能放松，但沟内治理才是治本之策，仍需跟上。特别是现在堤外铁路工程及城市建筑成群布置，原机场已改建成机关和居民区，安全性就更显重要。

泥石流是一种不良地质现象，在修铁路或作城市规划前均应做好调查勘察，对其工程地质条件及可能出现的灾害，做出评价，并预测其发展趋势，然后再采取行之有效的治理措施。象大洪沟、小洪沟和滥泥沟这样强制合并改沟排洪，对泥石流沟来说，违反了自然规律，是不适宜的。

十七、青藏线扎麻隆峡各区的泥石流防治

刘德基　孙全德

1959 年 7 月 7 日，青藏线西宁西约 20 km，正在施工的扎麻隆峡谷，突然狂风暴雨大作，巨石洪流翻滚，房舍、耕地大量被毁，居民、牲畜伤亡惨重。已修成的铁路拱涵，多被淤塞，公路、邮电遭破坏，给当地居民及铁路施工队伍造成重大损害。

(一)自然概况

扎麻隆峡谷长 15 km，谷底宽 50～100 m，高程 2 500～2 600 m，西川河沿谷底迂回东流，汇入黄河支流湟水。线路进入峡谷后，先沿西川河南岸而上，后在大、小黑沟间跨西川河沿北岸而行，如图 3－63。在南北两岸先后通过柴宁沟，小渡口沟、大渡口沟、小黑沟，二号沟、无名沟、拦占坝沟等支沟，大部属间歇性流水的沟谷，沟口均有较古老的冲积扇，沟内村舍密布，树木成荫，当地居民居住已近百年。

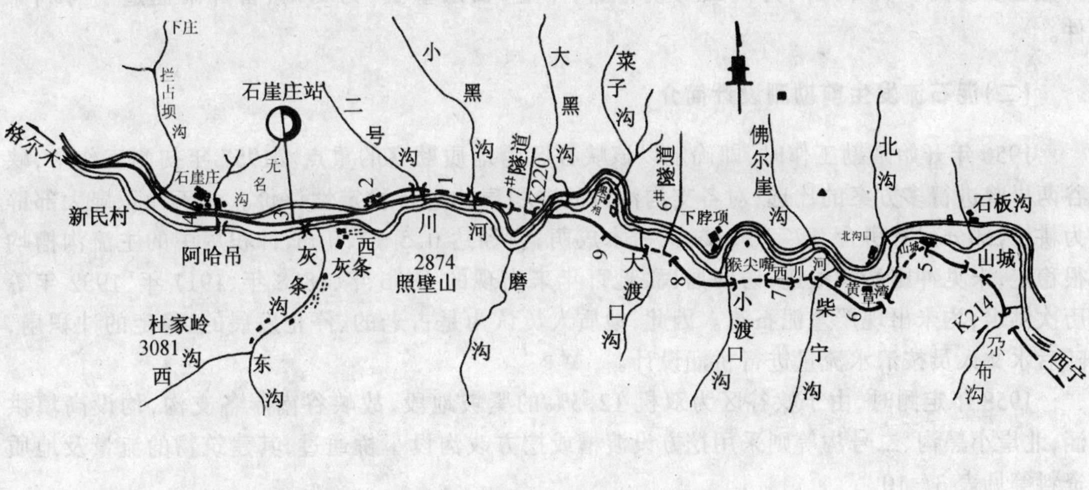

图 3－63　青藏线扎麻隆峡地区线路平面示意图

峡谷区覆盖层较薄，岩层出露面积占 40％～60％，以下古生界变质岩系为主，岩性有千枚岩、板岩、大理岩、片麻岩等，有多期酸性、基性岩脉贯穿，片理、节理均较发育，NW 及 EW 向的褶曲、断裂揉皱切割，节理裂隙间距一般 0.3～1.5 m，最密 0.1～0.3 m，缝宽 3～5 cm。由于地区温差大，冻结、融化、分解作用强烈，促使区域岩层普遍破碎，风化深度一般达 3～7 m。

第四系以冲积、洪积、坡积漂石、卵石、碎石、黏性土及黄土质土为主，分布于沟底及两岸山坡，地形平坦地段土层较厚，多辟为耕地。

该区属青藏高原温带亚干旱气候区，温差大，多风少雨，雨多集中在夏季，占全年降水量 80％以上。西宁、湟源气象站及扎麻隆水文站气象资料，见表 3－9。

表 3－9　西宁、扎麻隆、湟源气象资料

项　目		西　宁	扎麻隆	湟　源
建站日期		1937 年 1 月	1952 年 1 月	1955 年 1 月
气温(℃)	绝对最高	33.9	34.0	27.0
	绝对最低	－27.2	－26.6	－27.5
降雨量(mm)	最大年降雨量	421.7	572.0	616.0
	最大月降雨量/月份	167.2/8	108.8/8	152.0/9
	最大日降雨量	52.1	62.3	38.5
	历年降雨日数平均值(天)	79	108	71
湿度(%)	历年平均值/最小值	59/0	69/4	51/0
蒸发量(mm)	年最大蒸发量	1596.1	1051.0	1930.6
	月最大蒸发量/月份	265.4/5	127.3/6	430.7/7
降雪(cm)	最大积雪厚度	9	30	10

从表中显示，扎麻隆峡谷区与西宁和湟源比较，湿度大，蒸发量小，一日最大降雨量及降雨日数也多。由于峡谷四周为高山环绕，风向不定，云层重叠，为暴雨、雷阵雨创造了有利条件。

(二)泥石流发生前勘测设计简介

1956 年开始踏勘工作时，即确定以该峡谷区为地质勘察的重点。1957 年初测工作中，峡谷两岸曾进行多方案的比选，对各支沟沟口的冲积扇均进行稳定性评价。由于冲积扇大部辟为耕地，部分建有房舍、庙宇、戏楼，又树木成荫，树径达 0.5～1.0 m，冲积扇中的主流沟槽均很稳定，未见冲刷淤积痕迹；访问居民，近百年来出现的 1866 年、1898 年、1917 年、1932 年等历次洪水，均未出现严重泥石流。因此，地质人员认为是古老的、停止发展的、稳定的冲积扇，随后水文人员按清水流量进行桥涵设计。

1958 年定测时，由于峡谷区为双机 12.5‰的紧坡地段，故峡谷南岸各支沟，均设高填拱涵，北岸小黑沟、二号沟等则采用挖方设渡槽或挖方改沟设小桥通过，其建筑物的流量及地质资料等见表 3－10。

(三)泥石流发生后的勘测

1959 年 7 月 7 日及 7 月 13 日在扎麻隆峡谷中发生两次集中暴雨，引发泥石流，将南岸各支沟已建成的铁路桥涵全部淤塞、端墙冲毁；北岸小黑沟、二号沟，线路通过冲积扇区的建筑物，全被泥石流覆盖冲毁，严重影响正在施工中的铁路安全，铁一院立即组成地质、水文两个专业组，进行病害勘测。

1.访问

通过与当地年老村民座谈，请目睹泥石流的村民现场介绍。据说 1866 年(清同治 4 年)曾遇 7 天 7 夜大雨，西川河暴涨，但未形成水害；1898 年(清光绪 24 年)、1932 年(民国 21 年)都

表 3-10　1958 年各支沟桥涵设计情况简表

项　目	里　程	流域纵坡(‰)	汇水面积(km^2)	暴雨连续时间(min)	吸水系数	暴雨强度(cm/s)	单位面积暴雨流量($m^3/s\cdot km^2$)	同时汇水面积(km^2)	Q_{100}(m^3/s)	孔径式样	设计说明	地　质　情　况
柴宁沟	K216+434	185	29.4	19.85	0.72	1.56	14.00	1.92	21.50	1-2m 拱涵	原沟设涵	碎石土为主,分布于沟床及南岸冲积扇上
小渡口沟	K217+482	151	1.55	18.40	0.78	1.63	14.17	0.82	9.30	1-1.5m 拱涵	原沟设涵	冲积扇及其端部沟床无淤积现象,沟内有厚0.2～0.6m 块石淤积
大渡口沟	K218+584	179	2.17	18.40	0.78	1.63	14.17	0.92	10.40	1-1.5m 拱涵	原沟设涵	主沟顺直,沟底为碎石土,冲积扇稳定,1917 年以来未见流石现象
小黑沟	K220+640	129	7.46	18.89	0.76	1.61	14.17	1.96	22.20	1-4.6m 排水槽	线路挖方、明洞顶排水	据访问,1866 年洪水高 2.5m,无流石,沟内房舍密布,树林茂密,两岸多为耕地,冲积扇稳定,地层为砾石夹土层
二号沟	K221+335	242	1.53	17.35	0.83	1.68	14.17	0.86	10.00	1-4.5m 桥	线路挖方于冲积扇东侧设桥	上部为砂黏土厚0.1～0.5m,下部为卵石土
无名沟	K223+578	164	1.46	19.80	0.72	1.57	14.20	1.20	13.70	1-4.5m 桥	原沟设桥	沟底为卵石土,未发现不良地质现象
拦占坝沟	K224+771	35	32.6		0.84				30.60	1-16m 桥	原沟冲积扇边设桥	桥址范围树木成林,上部砂黏土厚0.4～1.0m,下部为卵石土,沟上游有淤积

发生过洪水，但均未发生大规模泥石流现象。1959 年 7 月 7 日暴雨集中于小黑沟东侧山脊至无名沟西侧，范围不到 4 km^2。当天气温很高，下午 6 时许，积云自东向西，进入峡谷，15 分钟后乌云密布，狂风大作，瞬时，暴雨倾盆，历时 40 分钟，降雨量达 120 mm(据施工用的汽油桶集水推算)，小黑沟内大量石块随山洪涌向沟口，其规模大，来势猛，冲击力大，直泻西川河，响声震天，村民躲藏不及，被冲走 17 人；洪水所到之处，树木房舍，一触即毁，已施工的铁路路堑被淹埋，原冲积扇尾部公路 1 - 3.6 m 石拱桥被冲毁，邮电线路中断；冲毁大小树木 5 620 株、牲畜家禽约 600 只、房屋 127 间，冲走大批铁路建筑材料，给当地村民、公路、铁路均造成极惨重的损失。7 月 13 日峡谷南岸又降暴雨，但较 7 日为弱，柴宁沟、小渡口沟、大渡口沟已建成的铁路拱涵均遭淤塞，端墙及两端填土路堤被冲坏。

2. 调查测绘

(1)沉积区(冲积扇)

小黑沟沉积区长 750 m，尾部宽 350 m，冲积扇中央凸起，向两侧辐射，自然坡度 4°～6°，地表大部为耕地，主沟两侧杨树成林，房屋密布，中部有一株被冲断的杨树直径达 1.2 m，从树根部锯出的年轮推算，树龄至少 150 年。

小黑沟泥石流涌出沟口后，即将原沟堵塞，洪峰高达 3 m，巨大石块均在中部停积，较小者冲向东西两侧，泥石流沉积面积约 0.02 km^2，厚 0.5～2.0 m，总量近 3×10^4 m^3，扩散沉积，主流冲移物全为片麻岩块，泥砂罕见，多呈圆棱形，大者粒径 2.2 m，一般 0.95 m，原公路拱桥东端桥台下 3.4 m×2.8 m×2.0 m 之巨石，被冲移 56 m 到西川河边。洪流沿冲积扇两侧强烈下切，东侧沟槽下切 2～5 m，最深达 7 m，宽 4～7 m，呈现冲刷阶梯；西侧沟槽下切 0.5～1.0 m，局部达 2 m，较东侧稍浅。冲刷坡度为 40‰～100‰。

二号沟沉积区长 630 m，沟口宽 40 m，尾宽达 290 m，将原地表冲出深 1～2 m 的新沟槽，泥石流涌向西川河，迫使河道南移 10 m，流石较大直径 1.8～2.0 m，沉积量达 1.5×10^4 m^3。

(2)汇水区(包括通过区及供给区)

小黑沟主沟长 7.1 km，汇水面积 7.46 km^2；二号沟主沟长 2.2 km，汇水面积 1.53 km^2。

小黑沟通过区长 320 m，沟床宽 10～20 m，纵坡 100‰～115‰，东侧为陡峻山坡，西侧有较宽的阶地，多为耕地。供给区长 2.43 km，主沟有两级冲蚀形成的跌水，高达 15 m，跌水以上为较平缓的沉积地段，东西两侧有 14 条冲刷发展的新生冲沟，沟深 1～3 m，长 100～400 m，为泥石流提供物质来源，尤其西侧的支沟及山坡坍塌严重，沟口堆满石块，沟壁坍塌沉积总储量约 41 500 m^3。供给区以上至沟脑分水岭长 3.6 km 地段，两侧山坡稳定，草丛较密，无冲沟下切旁蚀现象。

二号沟通过区长 475 m，沟槽顺直，经下切呈 6～8 m 宽的矩形谷，谷底沉积 1～2 m 厚的石块，纵坡平均 135‰～140‰。上游接连供给区，纵坡变陡，至分水岭长 1.1 km 地段，纵坡由 197‰变陡 670‰，两侧山坡坡度 40°～50°，新生冲沟有 8 条，宽 1～2 m，深 2～4 m，山坡均被松散堆积层覆盖，为泥石流提供大量物质；且沟谷沿断层发展，岩层挤压破碎，松散堆积物多，加之纵坡大，沟床顺直，大量松散物质随山洪直泄而下，属典型的泥石流沟。

3. 泥石流的流量

泥石流的流量计算采用形态调查法和汇水面积法。采用形态调查法水位一般好找，可以从明显的冲刷、撞击、淹没痕迹(泥迹)来决定，应取历史最高泥石流水位，基线应布置在通过区段中河床顺直、冲淤最小、壅水最低的地方。用各种公式计算泥石流的流量时，应互相核对，确定是否合理。

扎麻隆峡谷泥石流发生后，主要沟谷勘测调查成果列表如下。

表 3-11 扎麻隆峡谷主要沟谷地段特征表

里程	沟名	汇水面积 (km^2)	流域长度 (km)	流域平均宽度(km)	冲沟总数 (条)	山坡坡度 (度)	沉积区段		
							沟床纵坡 (‰)	长度 (km)	冲积扇扩散角 (°)
K217+482	小渡口沟	1.55	1.91	0.812	7	35~50	100	0.36	60
K218+584	大渡口沟	2.17	2.50	0.866		35~50	100	0.60	50
K220+640	小黑沟	7.46	7.1	0.920	17	20~70	40~80	0.75	50
K221+335	二号沟	1.53	2.2	0.637	15	25~50	100~110	0.65	50

里程	沟名	通过区段				供给区段		
		沟床纵波 (‰)	山坡坡度 (°)	长度 (km)	沟宽 (m)	沟床纵波 (‰)	山坡坡度 (°)	长度 (km)
E217+482	小渡口沟							
E218+584	大渡口沟	127		0.78		250		1.12
E220+640	小黑沟	100~115	40~50	0.32	10~20	200~370	40~70	2.43
E221+335	二号沟	135~140	30~45	0.48	6~8	272~696	40~50	1.12

(四)泥石流发生原因分析

形成泥石流的自然因素很多。通过对扎麻隆峡谷的全面调查测绘,综合各种物理地质现象,泥石流形成原因主要有下列几方面:

1.猛烈而集中的暴雨

猛烈而集中的暴雨是产生泥石流主要条件之一。据青海省气象局1959年7月7日气象报告,当日来自孟加拉湾之暖流波及西宁地区,有雷阵雨,风向东南,傍晚风力为四级,云层极不稳定,西行进入扎麻隆峡谷后,与湟源东行云层相遇,因而暴雨骤生,40 min,降雨量达120 mm。集中的暴雨,引发猛烈山洪,严重破坏了山坡稳定,冲出新生冲沟,为泥石流提供大量固体物质。

2.丰富的松散物质

区域为下古生界变质岩系,经褶曲断裂挤压破坏,节理裂隙发育,表层普遍风化严重,大量松散物质覆盖于坡面,堆积于沟谷,为泥石流提供物质基础。

小黑沟供给区有一段宽畅平缓沟槽,在一般降雨时,是泥石流固体物质积累堆积区,1959年7月7日集中暴雨,为泥石流提供了丰富的固体物质。

3.坡陡、水急、切割剧烈

区域自然坡度平均在35°左右,接近于碎、块石安息角,地表水冲走碎、块石之间的黏性土;地表水渗入,又减弱碎、块石土层与下伏岩层间的抗滑力,径流促使松动碎、块石滚动、滑行,且促使山坡表面拉槽下切。7月7日暴雨强度3 mm/min,山坡和沟槽水量大大增加,加之沟床纵坡陡峻,加大了流速,沟床中的堆积物在未被冲垮以前,水位壅高,形成陡坎跌水,当冲垮一瞬间,瞬时流速加大,水流动能增加,为携带大量石块创造了条件。

由于流速加大,动能增加,沟岸旁蚀,下切力强,特别在沟床凹岸,山坡坡度达50°~80°,造成大量坍塌,阻塞沟槽,水位壅高,新跌水相继出现,流速、动能又复加大,旁蚀下切更加强烈,如此,交替进行,就形成固体物大量倾泄的灾害。

(五)泥石流防治情况

根据调查各泥石流沟的性质、严重程度,以及已施工的情况,对扎麻隆峡中各泥石流沟分别采用了不同工程处理。

1.线路方案的研究

山洪泥石流最严重的小黑沟至拦占坝沟段,由于沟床纵坡陡、洪积扇沉积范围广、破坏现象严重,为此,提出3个线路方案进行比较,见图3-64。

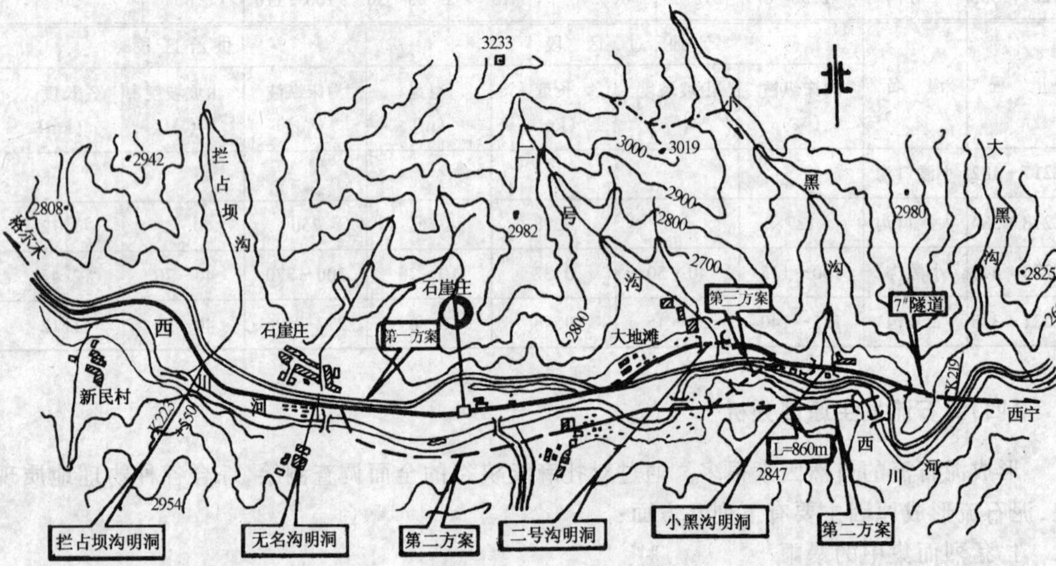

图3-64 小黑沟、二号沟线路方案比较示意图

第三方案过西川河时,净空高度不够。因在紧坡地段,线路已不能再提高,技术条件限制,第三方案不能采用。

第二方案是线路出7号隧道后,改走南岸,线路长5.177 km,工程造价286.84万元,是三个方案中最贵的,施工条件差,交通不便,且两跨西川河,增加两座中桥,新增一座长860 m隧道,影响通车日期;优点是地质条件好,严重泥石流地段少。

第一方案为已施工的线路方案,只在泥石流沟口冲积扇局部改线,其优点是工程造价为149.18万元,在三个方案中最便宜,有公路,交通方便,施工条件好,不影响工期,缺点是严重泥石流地段多,局部改线处理工程费用大。

经过综合经济技术比较,采用第一方案,即北线方案。

2.工程处理

由于在紧坡地段,线路提高有困难,山谷狭窄,小黑沟线路局部向沟口改移,小黑沟及二号沟均采用了全冲积扇宽度修建明洞渡槽方案。

小渡口沟、大渡口沟等这次泥石流把已施工的石拱涵全部淤塞,泥石流淤积厚度为2.5 m,且因沟床纵坡较陡,拦截措施不能取得预期效果,考虑这段填土高达18~26 m,因此线路位置不动,改用桥的设计方案。

各泥石流沟改变设计,工程处理见表3-12。

表 3－12　扎麻隆峡谷区泥石流沟处理情况表

顺号	里　程	原设计孔跨式样	施工情况	病害情况	改变后孔跨式样	处　理　概　况
1	K215＋700	1－1.5 m 圆涵	已施工	有轻微泥石流	1－1.5 m 圆涵	K215＋765 沟原合并此涵。因 K215＋765 沟泥石流比本沟严重，水管淤积，故取消改沟
2	K215＋765	路　基	已施工	有轻微泥石流	1－2.0 m 拱涵	原合并 K215＋700 涵内，因泥石流较多，有淤积，故取消改沟，增设拱涵
3	K216＋434（柴宁沟）	1－2.0 m 拱　涵	已施工，路堤未填	拱涵淤塞	2 孔 23.8 m＋2 孔 16 m 桥	泥石流较严重，拱涵已全部淤塞，填土高达 26 m，故改桥通过
4	K216＋940	路　基	已施工	泥石流冲毁已填路基	1－4 m 桥	原合并在 K216＋792 1－1.2 m 圆涵，因山坡陡峻，有泥石流，增设小桥
5	K217＋482（小渡口沟）	1－1.5 m 拱　涵	已施工，路基未回填	拱涵淤塞	1 孔 23.8 m＋3 孔 16 m 桥	泥石流严重，淤塞了整个涵洞，冲毁了出口翼墙，迫使西川河向外移 10 m，填高 26 m，改建桥通过
6	K217＋710	1－1.25 m 圆涵	已施工	有泥石流现象	1－1.5 m 拱　涵	加大孔径，利用 K217＋482 拱圈修建
7	K218＋584（大渡口沟）	1－1.5 m 拱　涵	已施工，路基未回填	淤满沟床厚 1～2 m	4－16 m 桥	泥石流现象严重，改建桥通过
8	K219＋808	1－1.2 m 圆涵	未施工	泥石流现象较严重	1－16 m 桥	泥石流严重，线路处净空不够，线路外移争取高度，以桥通过
9	K220＋370	1－1.25 m 圆涵	未施工	有轻微泥石流	1－2 m 桥	加大孔径
10	K220＋640（小黑沟）	1－4.6 m 排水槽	排水槽未施工，路堑已施工	淤满路堑，泥石流严重	160 m 明洞，2 个渡槽	该处原为挖方，泥石流严重，线路上移，争取净空，以明洞、渡槽通过
11	K221＋335（二号沟）	1－4.5 m 小　桥	未施工	泥石流严重	150 m 明洞、渡槽	线路上移，争取净空，以明洞、渡槽通过
12	K223＋578（无名沟）	1－4.5 m 桥	未施工	泥石流严重	1－16 m 明洞、渡槽	线路填方仅 2 m，泥石流淤积高 2.5 m；将线路向沟口改移，满足明洞净空要求采用明洞渡槽方案
13	K224＋771（拦占坝沟）	1－16 m 桥	未施工	泥石流严重	36 m 明洞、渡槽	改线到沟口，以明洞渡槽通过

（六）经验教训及问题

1.泥石流地段应重视汇水面积内的地质调查

扎麻隆峡谷区，山高坡陡，地形陡峻，有大量松散固体物质覆盖于山坡，充塞沟谷，在集中暴雨冲刷作用下，有形成山洪泥石流的条件。在勘测设计中，不能被泥石流沟“间歇期”现象所迷惑，不深入到通过区、汇水区勘测和了解沟谷内纵、横坡度及物质储备等情况，仅从沉积区冲积扇表面的房屋与树木观察、访问，就认为稳定已达百年，得出没有问题的结论，结果严重泥石流灾害造成铁路施工的重大损失，教训深刻。

2.泥石流流量计算不能按清水流量计算

山洪泥石流是在地形、地质、水文等自然条件下的综合复杂现象,在桥涵设计中用清水流量的重现期计算办法进行计算,显然不合理,清水流量是单纯的雨水流量。山洪泥石流,是储备物质丰富、山坡沟床坡度陡、暴雨强度大三者具备时形成的,因此仅根据清水流量设计桥涵孔径,有很大差异,显然不能排泄泥石流流量,势必使其遭到堵塞或冲毁。

3.加强小区域集中暴雨的调查

形成这次山洪泥石流的重要因素是集中暴雨,1959 年 7 月 7 日在 4 km^2 范围内,40 分钟,降雨达 120 mm,使稳定达百年的泥石流又复活。据当地年老的农民谈,从前未见过,也未听先辈说过有这样的大雨。因此在泥石流地区的新线勘测中应重视集中暴雨的调查,在泥石流发育的沟谷应尽量考虑用桥通过。西北的自然特征之一是“气候干旱,雨量集中”,过去只注意了“气候干旱”,而忽略了“雨量集中”的一面,往往一场洪水,流量超过原设计流量的数倍甚至十数倍,扎麻隆峡的泥石流灾害正说明了这一点。

1980 年泥石流联合调查组提出该地段泥石流暴发的基本降雨条件为月降雨量须大于 80 mm和 24 h 降雨量须大于 18 mm。

4.这次山洪泥石流,是在泥石流发生以后去调查的。在调查中发现有些沟谷历史上从未发生过泥石流,沟口也没有冲积扇,但却发生了泥石流,并使建筑物遭到破坏。我们在今后工作中,对地形、地质、水文、集中暴雨等自然环境条件应进行深入的研究和探讨。

十八、包兰线沙坡头沙漠路基设计

盛殿魁

(一) 前言

包兰线中卫至干塘段经过腾格里沙漠的东南边缘,前后共有 6 段,总长 40 km 的沙漠地带,其中以中卫县以西的迎水桥至孟家湾间沙坡头段的 16 km 沙漠起伏最大,沙丘相对高差达20～30 m。

当时对在沙漠中修建铁路没有经验,缺乏信心,深恐铁路在运营中被流沙掩埋。1953 年 10 月,铁道部邀请原苏联专家雪洛敏才夫和卡甫兰诺夫到现场勘察后,认为:“沙子所受大风吹扬程度还不大,线路可以通过”,还介绍了沙漠地区一般设计原则,并建议成立沙漠观测站,进行风向、风速等气象要素及移沙量观测。1954 年 1 月铁一院三总队在中卫县沙坡头村西1.9 km的茶房庙(文革中被拆除)成立了沙漠观测站,进行气象及风沙移动观测,以及植物试种。

1954 年 6 月,包兰线兰银段黄河南北线比较方案经铁道部鉴定(见本书《包兰线沙坡头沙漠选线》),同意采用北线方案。并根据苏联专家建议于 1955 年 5 月在该处修筑示范性试验路基作进一步观测和试验,以积累经验。1956 年国家建委将包兰线中卫沙坡头沙漠路基列为国家科研重点项目,由铁研院主持,铁一院和中科院沈阳林业土壤研究所(后改为兰州沙漠所)参加,组成包兰线中卫沙坡头铁路防沙研究站,开始固沙造林的试验研究工作。1957 年铁一院根据有关勘测及试验研究资料,提出沙漠路基设计文件。1958 年上半年铁一局施工。保证了包兰线如期于 1958 年 7 月 30 日在银川接轨,并于 8 月 1 日举行通车典礼;尔后即交付运营。为保证固沙造林的顺利开展,同年铁道部邀请林业部提供固沙造林设计文件,由运营单位——兰州铁路局负责施工。1959 年铁道部在中卫召开现场会议,就沙漠路基的勘测、设计、施工和养护方面做出初步总结,与会同志对此给予高度评价。40 年来,坚持固沙造林试验和大面积栽种,原来铁路两侧光秃秃的流沙已被草方格和林带锁住,保证了列车的畅通。

这条铁路是我国筑路史上的创举,沙坡头治沙工程荣获国家颁发的“科学技术进步特等奖”,并被联合国列为沙漠筑路范例。每年都吸引着世界各国大批专家学者的参观和考察,已成为国内外的旅游胜地。

(二)沙漠与气候概况

1.自然地理、地质概述

沙区位于宁夏回族自治区中卫县西。南面诸山属祁连山余脉,在西部其高程达2000 m,向东渐低,一碗泉以南称为地埫山,孟家湾以南称为野猫子山,相连成为沙漠南缘的屏障。北部山脉多不连续,由西向东为庆阳山、通湖山和单梁山,起伏不大,多为剥蚀残丘。

本区最大水系为黄河,从黑山峡口经沙漠东南缘流入中卫平原;其支流长流水沟,经孟家湾从沙漠边缘汇入黄河。通湖山南麓地表水流汇积,杂草丛生,是蒙族人民放牧和聚居之处。

本区有变质岩和沉积岩出露,变质岩主要由奥陶系变质石灰岩、志留泥盆系灰绿色变质砂岩和石英片岩组成,一般变质轻微,分布在本区南北两侧山地;沉积岩有石炭系老君山统紫红色砂岩、砾岩,分布在西面庆阳山和北面通湖山一带;石炭系臭牛沟统灰色块状石灰岩、砂质泥岩,分布在庆阳山一带;二叠系泥质砂岩和砂岩砾岩互层、紫红色砂岩和砂质泥岩互层、三叠系延长统灰紫色块状砂岩和砂岩与砾岩互层,零星分布于庆阳山东段。新生代地层有第三系甘肃统砂岩砾岩互层,零星分布于羊顶山一带。在沙丘边缘的不同地区,第四系地层较为发育,计有砾石层、黄土、沼泽土、山麓堆积及河流冲积等。

水文地质条件对固沙造林有重要意义。沙坡头东南有小范围的地下水,埋深不超过2 m;长流水村西侧沟头有泉水出露,长年有水,但水量不大。其余地段,特别是沙坡头车站附近地下水埋深较大。

2.气候特征

沙坡头沙漠地区属干旱荒漠带,为典型大陆性气候。详见本书地质选线章《包兰线沙坡头沙漠与选线》一文。

3.沙区分布

中卫县以西迎水桥至孟家湾,线路穿过腾格里沙漠东南边缘,长约16 km(见图2-36),东侧有贺兰山阻挡,东南边缘原以长城为界,经沙丘长期移动逐渐延伸,越过长城达迎水桥附近的美利渠旁(据中卫县志),西面是祁连山余脉,北面为广阔的腾格里沙漠,被内蒙古自治区的通湖山所隔,沿通湖山两侧,沙漠分两股向沙坡头会合,通湖山南自团不拉水经水梢子至通湖盐池一带,有草原、沼泽、盐池和固定沙丘,绵延十几公里,形成沙区的北缘。据1760年中卫县志记载:“沙山在县西五十里,因沙所积故名,为西通兰凉驿站,随沙岭曲折而上,三十里至长流水,人马惮行,浮沙没胫,元志所谓西据沙山是也”;同篇又载:“大沙子山在县西七十里,旧志云迤西近庄浪兰州界,殆即今之鸳沙坡”;古迹考杂记篇载:“县西六十里外,旧皆沙迹,沙涌若丘陵者已久”。上述历史记载和向当地居民的访问,说明,这一沙区的分布情况,至少在近二三百年以来没有多大变化。

4.沙、沙丘及沙丘移动

(1)沙

取铁路沿线地表沙样分析结果见表3-13。

表3-13 沙坡头地区铁路沿线沙的颗粒分析

粒径(mm)	1~0.5	0.5~0.25	0.25~0.05	0.05~0.01	<0.01
%	0~7.4	1.4~4.8	67.3~93.9	1.5~2.8	1.51~2.06

根据颗粒分析，属于细沙。沙的天然密度为1.6 g/cm³；比重为2.5；空隙率为36%；pH为7.0；成分以石英、长石为主，还含有一部分黑色矿物，含硫量很少。

(2)沙丘类型

铁路沿线有各种不同类型沙丘，从植物生长情况及沙丘稳定程度，可分为三种类型，即固定沙丘、半固定沙丘及流动沙丘。

a.固定沙丘：植物生长茂盛，一般呈坟丘状或钟形，高约1～2 m，分布密集，远望有如荒冢万千，多位于平坦地区、湖泊边缘及流动沙丘的外围，如一碗泉车站、上茶房庙及水梢子至通湖盐池皆有分布，植物以白茨、沙蒿及坝王为主，小苦豆、碱蓬次之，颗粒组成亦有变化，黏粒及粉粒增多，向荒漠灰土化过渡，表面结有硬壳，不易遭到风力破坏，这类沙丘对铁路无大的危害。

b.半固定沙丘：植物覆盖度约15%～40%，有一定固沙作用，大风时，沙子有少量移动，其形态较复杂，一般呈浑圆或长条状，高3～5 m，多分布在一碗泉、郑家湖及长流水的沙漠边缘，植物以柠条、老虎爪及沙蒿为主，这类沙丘属于过渡类型，稍加防护，即可稳定。

c.流动沙丘：完全裸露，无植物覆盖，在风蚀洼地及背风坡脚，有少量花棒及沙蒿生长，这种沙丘的形态很复杂，随风向、风力不同，有很大变化，高度由数米至数十米，往往密集成群，宛若沙海，广泛地分布在孟家湾至迎水桥铁路沿线及其以北地区，这类沙丘的流动性大，对铁路的危害性也最严重。

流动沙丘按形态，又可划分为三种：

(a)新月形沙丘，沙丘中部高，两侧低，形成两只沙角，形如新月，高1～2 m，也有高5 m的，迎风坡坡度8°～12°，背风坡28°～30°。中部高，移动慢，两侧低，移动快。这种沙丘多出现在沙坡头至麻黄滩一带的一级阶地上，地势平，沙量少。有时，由于分布较密集，伸出的沙角联结成复合形态。

(b)新月形沙丘链，系单个新月形沙丘向两侧扩张，左右与相邻沙丘彼此曲折相连而成，(见图3－65)，一般高约1～5 m(但在通湖盐池南侧马食槽一带，沙丘链相对高达30 m)，长约300～500 m，其走向与主导风向(WN风)垂直，有时密集成群，大体上互相平行，分布于沙坡头以东，黄河二级阶地及迎水桥附近。

(c)格状新月形沙丘，

由于当地有两个近于垂直的风向，便产生两组互相垂直的新月形沙丘链，并呈现格状形态，这类沙丘纵横长度，一般为50～100 m，也有长达150 m的，中部为洼地，呈波状起伏。这类沙丘广泛分布在孟家湾至迎水桥铁路以北地区。

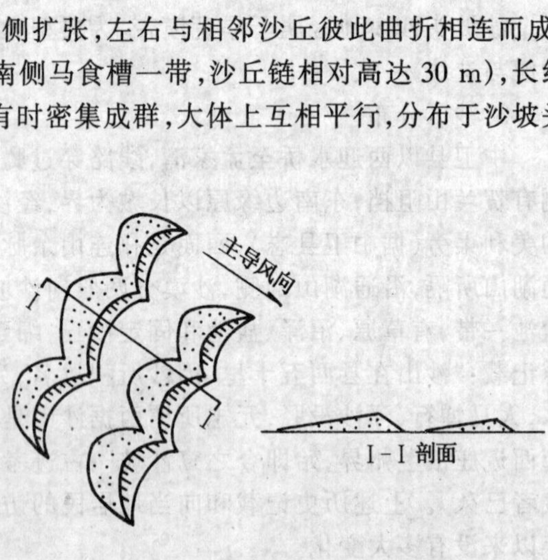

图3－65　平行新月形沙丘链示意图

(3) 沙丘的移动

根据中卫县志舆图的记载，沙漠边缘以长城为界，目前已越过长城达迎水桥附近的美利渠边，沙坡头村西原有空地十余亩，已逐渐为流沙掩没，说明沙丘是向前移动的。

为了解沙丘移动规律，以供路基设计和固沙造林参考，自1954年起建立沙丘移动观测，在孟家湾、沙坡头及迎水桥三处沙漠中，用横断面测量法(各埋设10排木桩，每排间距为20 m，长300 m，左右每20 m埋一木桩)，每月定期观测各桩吹散、吹集、沙丘移动情况，并绘出沙丘移动横断面图，见图3－66。从图中可以看出沙丘的移动情况。当冬季WN风为主时沙脊向前移动，沙脊部分降低，坍塌坡很长；夏季ES风时，沙脊向相反方向移动，此时坍塌坡变短，一般不超过 3 m。根据分析沙丘移动与沙丘高度、风力、风向、沙粒大小以及沙丘链间距离有以下关系：

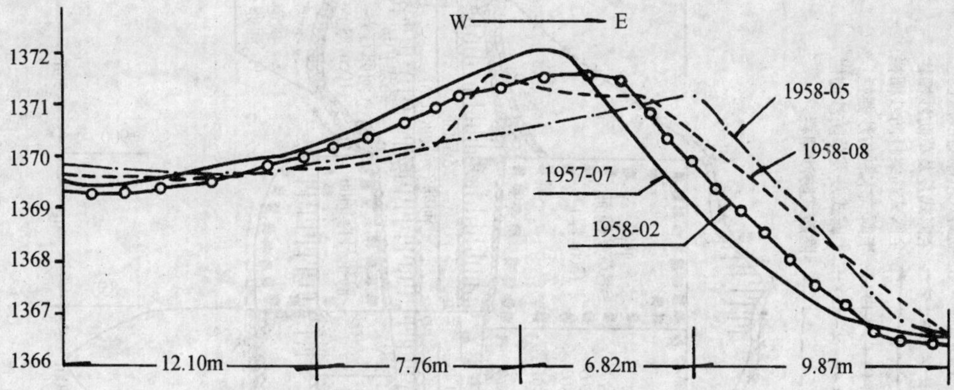

图 3-66 茶房庙北侧沙丘移动横断面图

a.沙丘一年间随季风作往复前进式移动，总的方向与主导风向一致，由 WN 向 ES，每年平均前进 2～5 m，个别新月形沙丘超过 5 m。

b.沙丘移动快慢与风速大小成正比，即风速大，移动快；与沙粒大小成反比，即沙粒大，移动慢。

c.沙丘移动快慢与沙丘高度成反比，即沙丘高，移动慢。

d.沙丘链的间距愈近，移动愈慢，相隔愈远，移动愈快。

（三）示范性试验路基

修建示范性试验路基的目的是，采用不同的断面形式和不同的防护工程筑成路基后，进行观测，比较成效，总结经验，提出沙漠路基设计、施工及养护的方案。为便于观测、研究，不考虑将来利用作正式路基。

示范性试验路基选在 OK291＋500～＋950 线路北侧（茶房庙以东），该处线路走向 N80°E（兰州至包头），与主导风向（WN）呈 55°夹角。因该处沙的移动性较大，具有较好的代表性，且接近茶房庙沙漠观测站，施工及观测均较便利。

试验路基修筑于 1955 年 5 月，共长 450 m，其中 350 m 长两侧有大平台，并分为三种不同形式的路基：(1)不填不挖；(2)0～3 m 高的路堤；(3)0～3 m 深的路堑。另在试验路基两端各留出长 50 m 两侧不设大平台，即按一般的路基形式做成路堤和路堑，作为有无平台的比较，见图3-67。

试验路基宽度按 5.5 m、6.0 m、9.0 m；大平台宽度分为三种：(1)北 60 m，南 40 m；(2)北 50 m，南 30 m；(3)北 40 m，南 20 m。为防止路基坡面及大平台内的沙地被风蚀，并使飞沙沿地表滑过，路基及大平台面铺设了各种材料的防护层。这些防护材料有：(1)河卵石铺面（厚 3～20 cm 不等）；(2)黏土掺入 3％水玻璃（厚 15 cm）；(3)沥青拌沙（各 50％，厚 30 cm）；(4)稻草席铺面（厚 3 cm）；(5)高粱杆编席铺面（厚 3 cm）；(6)黏土混麦草（厚 15 cm）；(7)砂黏土混麦草（厚 20 cm）。

路堤及路堑边坡坡度采用 1:1.75，坡面用河卵石铺护，有平铺和格状（2 m×2 m 或1 m×1 m）铺护，部分路堑及路堤边坡用席防护，见图 3-68。

各种活动防沙栅栏有三种：(1)全露式（露出地表 0.7 m，埋入沙内 0.4 m）；(2)半露式（露

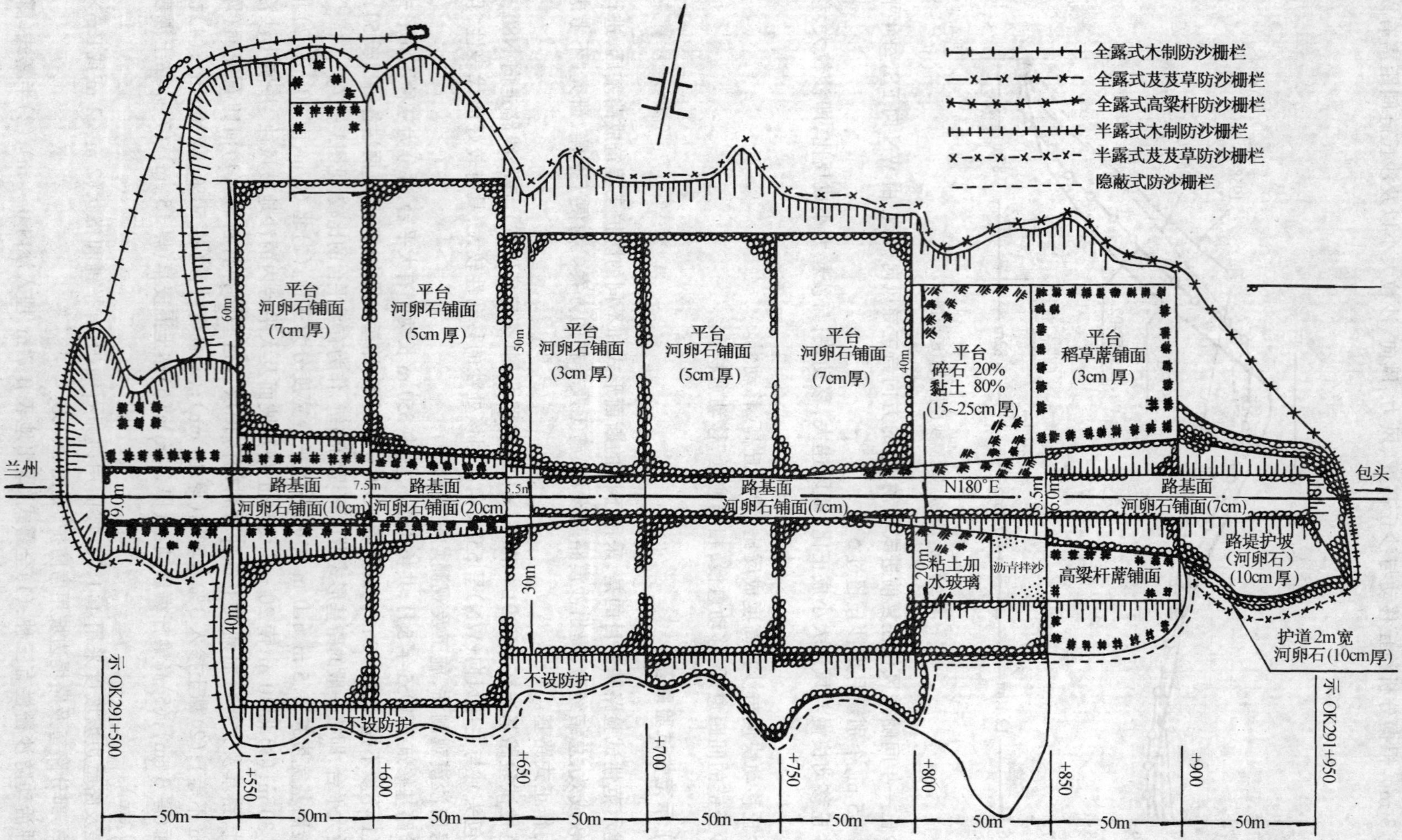

图 3－67 沙坡头沙漠试验路基平面布置示意图

出地表 0.3 m,埋入沙内 0.3 m);(3)隐蔽式(露出地表 0.1 m,埋入沙内 0.2 m)。栅栏构造有实体式和炉篦式,因该处细沙移动性大,故采用实体式。防沙栅栏所用材料,主要以木制栅栏为主,但苞谷杆、稻草等可就地取材,价格低;芨芨草编席亦可采用,以试验其成效。见图 3-69 及图3-70。

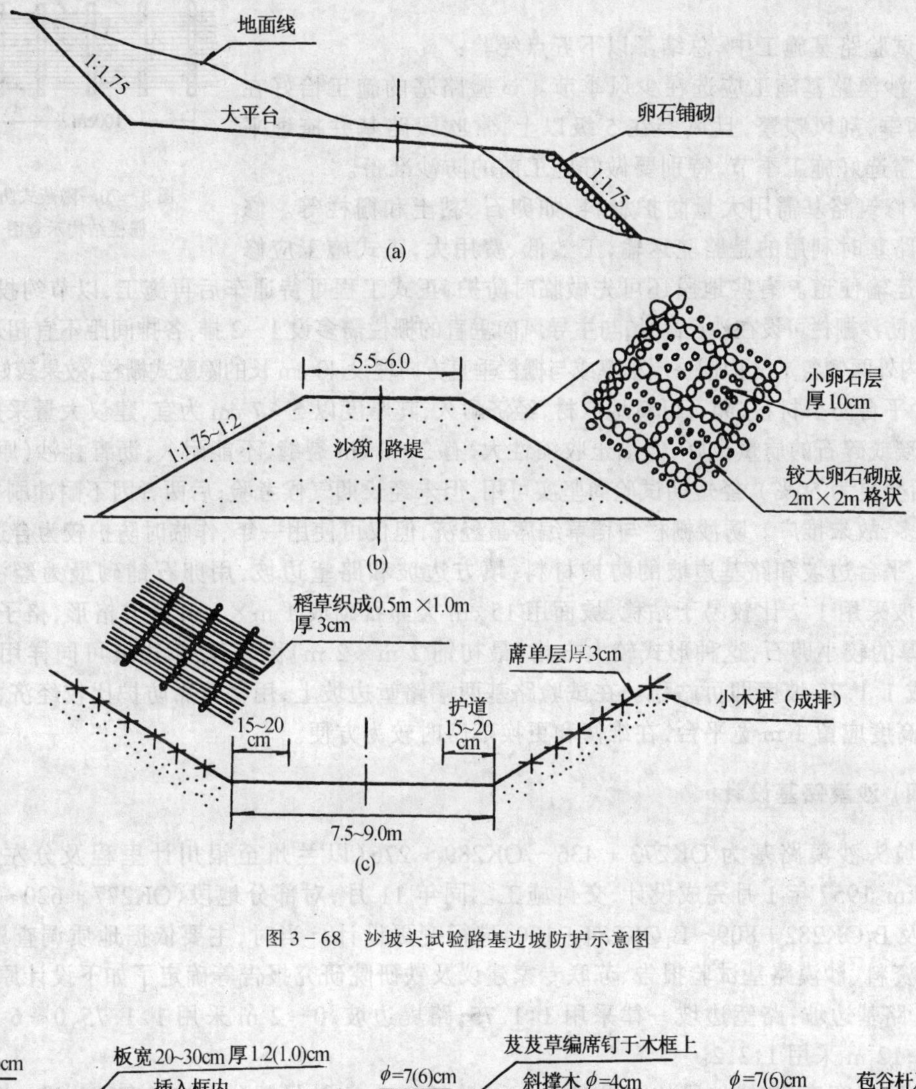

图 3-68 沙坡头试验路基边坡防护示意图

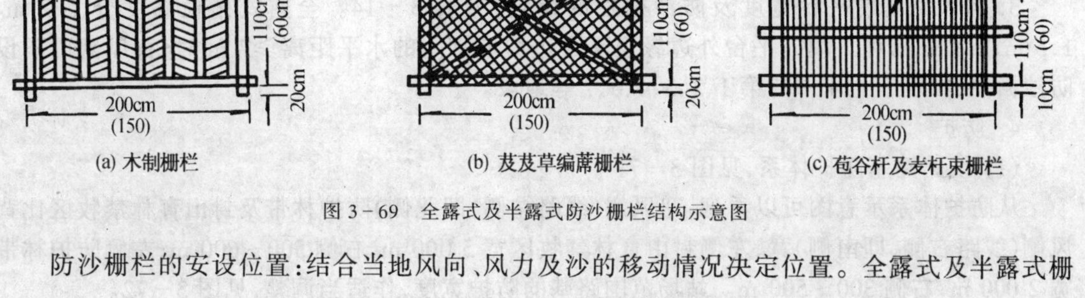

图 3-69 全露式及半露式防沙栅栏结构示意图

防沙栅栏的安设位置:结合当地风向、风力及沙的移动情况决定位置。全露式及半露式栅栏设在线路北侧坡顶以外及试验路基的前后两端3～5 m处,以拦阻风沙;隐蔽式栅栏置于南侧(靠黄河一侧),距平台坡脚0.5～1.0 m,防止坡脚风蚀。栅栏顺地形等高线安设在沙丘的高岗上;为防止栅栏被大风吹倒,将栅栏排成曲折形;各栅栏相接处,用铅丝绑牢成整体,以防风沙侵入。

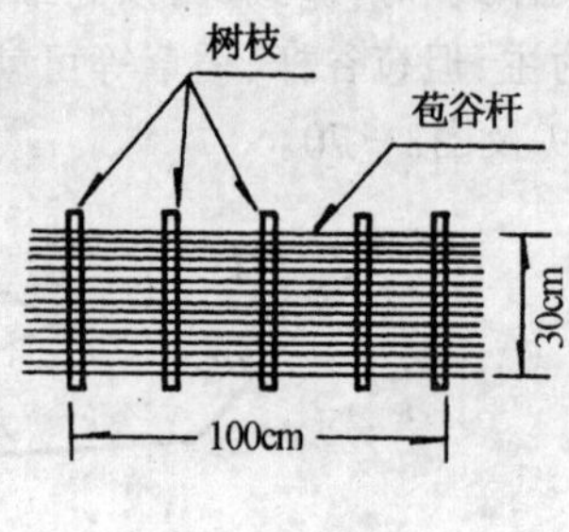

图3-70 隐蔽式防沙栅栏结构示意图

在试验路基施工中,总结了以下五点经验:

1. 沙漠路基施工应选在少风季节。试验路基的施工恰好在冬、春两季,刮风频繁,且风多在5级以上,常吹毁路基并掩埋平台。故需选好施工季节,特别要做好施工前的防沙准备。

2. 修筑路基需用大量防护材料,如卵石、黏土和栅栏等。修筑试验路基时利用的是骆驼运输,工效低、费用大,正式施工应修筑汽车运输便道。有些地段还可先做临时防护,正式工程可待通车后再施工,以节约投资。

3. 防沙栅栏可设在沙丘高处;与主导风向垂直的栅栏需多设1～2排,各排间距不宜超过10 m。在栅栏内外两侧各1 m内铺一层稻草或与栅栏垂直方向埋设40 cm长的隐蔽式栅栏,效果较好。

4. 平台防护材料,卵石可就地取材,经济耐久,其厚度以5～7 cm为宜,建议大量采用;黏土掺水玻璃或碎石的质量也好,但黏土收缩性大,有2～3 cm裂缝,不能耐久;沥青拌沙(原沥青占10%,后变更为50%),经短期试验尚坚实可用,但未经长期气候考验;后两者因不耐冲刷并费力、费时较多,故未推广。防沙栅栏与稻草编席最经济,但仅可使用一年,作临时防护较为合适。

5. 平台边坡和路基边坡的防护材料:填方边坡和路堑边坡,用卵石铺砌最为经济耐久。路堤边坡采用1:2比较易于站稳,坡面用15 cm大卵石砌成1 m×1 m斜方格形,格子中间铺10 cm厚的较小卵石,这种形式较大方格(最初铺2 m×2 m)稳固;路堑边坡可同样用上述方法,做成1:1.75坡度即可站稳。在试验路基两端路堑边坡上,用稻草席防护比较经济,但每隔6 m的高度应留1 m宽平台,在维修和更换草席时较为方便。

(四)沙漠路基设计

沙坡头沙漠路基为OK273+436～OK289+276(以兰州至银川计里程及分左右),长15.84 km。1957年1月完成设计,交付施工。同年11月,对部分地段(OK277+620～OK278+900及B_1OK282+809～B_1OK284+100)进行变更设计。当时,主要依据地质调查资料、气象观测资料、沙漠路基试验报告、苏联专家建议及铁研院研究报告等确定了如下设计原则:

1. 路基边坡:路堑边坡一律采用1:1.75;路堤边坡,0～2 m采用1:1.75,0～6 m采用1:2,6～12 m采用1:2.2。

2. 路基宽度:直线地段的路堤宽5.6 m,路堑8.8 m,站场部分以站场宽度为准;曲线加宽在外,无路拱、无底碴,道碴厚0.3 m,路基面提高0.3 m;路堑无侧沟。

3. 各段路基的平台宽度及防沙栅栏的设置,见表3-14。全露式栅栏高度分1.2 m、1.5 m、1.8 m三种。填方平台外边缘至平台边坡坡脚间的水平距离≥7 m时,背风侧可不设防沙栅栏,如表3-14中的第1、2、3、4、6、7等地段。

4. 防护

(1) 线路路基防护体系,见图3-71。

从防护体系示意图可以看到,迎风侧(线路左侧,即北侧)防护林带及封山育林禁牧区比背风侧(线路右侧,即南侧)宽,左侧封山育林禁牧区宽5 000 m,右侧500～600 m;左侧防护林带宽2 000 m,右侧300～500 m。站场范围路基的防护宽度,作适当调整,见图3-72。

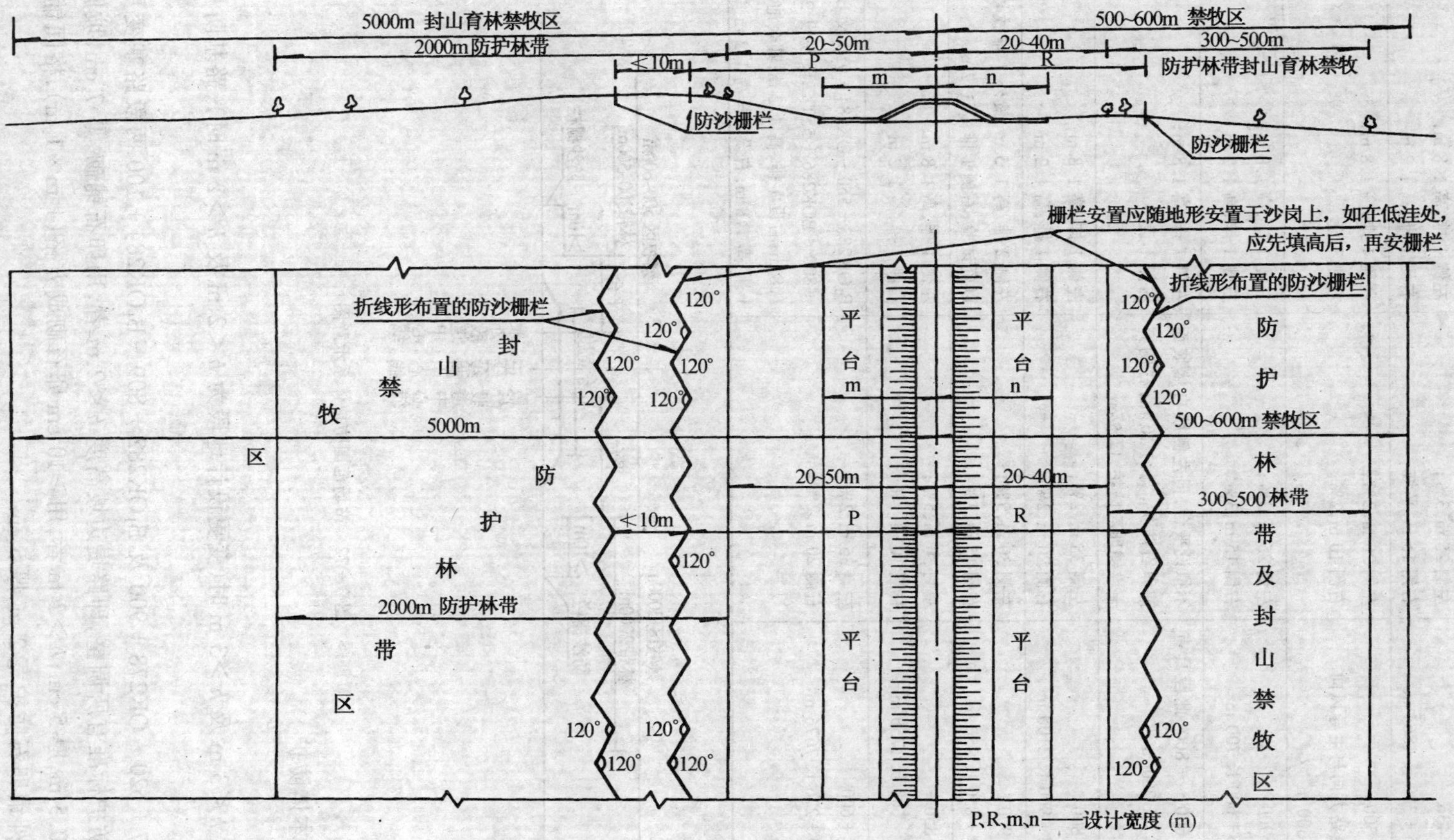

图 3－71　沙坡头沙漠地区线路路基防护体系示意图

表 3-14　沙坡头沙漠路基工点各段平台宽度及防沙栅栏位置

序	里程及长度	平台宽度及横坡	防沙栅栏设计
1	OK273+436 ～OK275+300 长 1864 m	左侧 25 m,3%； 右侧 15 m,平坡	左侧 1 排,高 1.8 m； 右侧 1 排,高 1.2 m
2	OK275+300～ +900(线路方向与主导风向较顺)长 600 m	左侧 20 m,2%； 右侧 10 m,2%	左侧 1 排,高 1.8 m； 右侧不设
3	OK275+900 ～OK276+600 长 700 m	左侧 25 m,3%； 右侧 15 m,3%	左侧 1 排,高 1.8 m； 右侧 1 排,高 1.2 m
4	OK276+600～+800(此段具有试验性质)长 200 m	不拟设平台,但左侧顺自然坡面铺卵石防护,宽约 10 m;右侧弃土堆铺卵石防护,厚 5 cm	左侧 1 排,高 1.8 m； 右侧不设
5	OK276+800 ～OK268+900 长 2100 m	左侧 35 m,2%； 右侧 20 m,2%	左侧 1 排,高 1.8 m； 右侧 1 排,高 1.2 m
6	OK278+900 ～OK279+850 长 950 m	左侧 30 m,5%； 右侧 15 m,2%	左侧 2 排,高 1.5 m,最外 1 排做竹质的,以资试验;右侧 1 排,高1.2 m
7	OK279+850～ B_1OK281+600 长 1750 m	左侧 30 m,5%； 右侧 10 m,1%	左侧 1 排,高 1.8 m； 右侧 1 排,高 1.2 m
8	B_1OK281+600 ～OK289+276 长 7676 m	左侧 35 m,2%； 右侧 20 m,2%	B_1OK283+550～OK284+950 及 BOK285+800～BOK286+550 二段左设 2 排,高 1.8 m;右设 1 排,高 1.2 m;其余地段左设 1 排 高 1.8 m;右设 1 排高 1.2 m

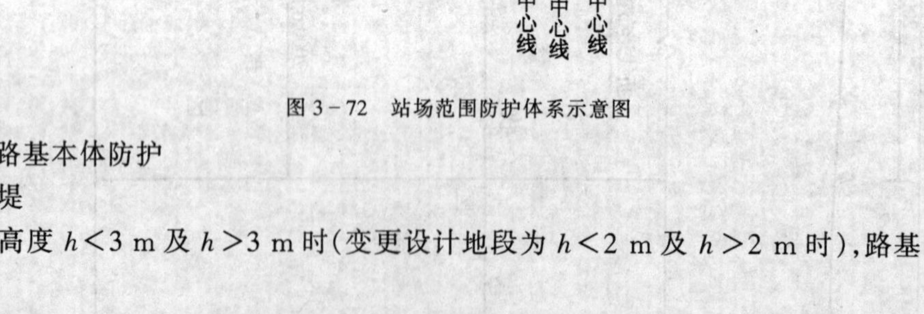

图 3-72　站场范围防护体系示意图

(2) 路基本体防护

a. 路堤

路堤高度 $h<3$ m 及 $h>3$ m 时(变更设计地段为 $h<2$ m 及 $h>2$ m 时),路基防护见图 3-73。

在 OK277+620～OK278+900 及 B_1OK282+809～B_1OK284+100 两段路基变更设计中,路堤边坡防护标准有所调整,即路堤边坡高度 $h<2$ m 者,用卵石铺砌,厚 7 cm,坡脚外铺卵石护道,宽 0.5 m,厚 5 cm;$h>2$ m 者,用≥10 cm 卵石砌成方格(1 m×1 m),格间铺卵石,厚 5 cm,坡脚外铺卵石防护宽 2 m,厚 5 cm。

b. 路堑

路堑边坡防护,见图 3-74。

在 OK277 + 620 ~ OK278 + 900 及 B_1OK282 + 809 ~ B_1OK284 + 100 两段路基变更设计中，路堑边坡标准有所调整，即路堑边坡高度 $h<2$ m 者，用卵石铺砌，厚 5 cm，堑顶外铺卵石防护宽 1.5 m，厚 5 cm；$h>2$ m 者，用≥10 cm 卵石砌成 1 m×1 m 方格，格间铺卵石厚 5 cm，堑顶外铺卵石层护道，宽 1.5 m，厚 5 cm。

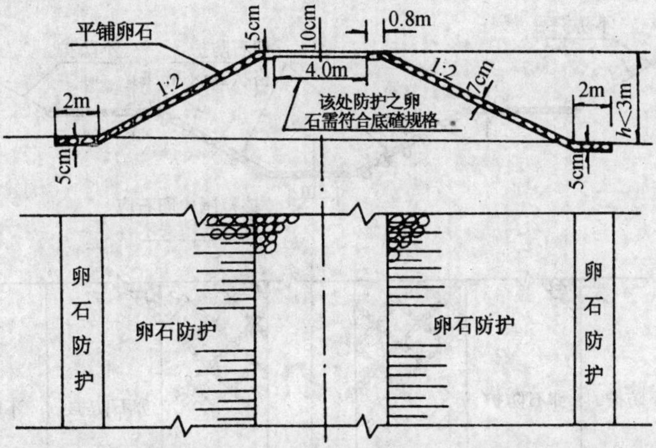

(a) $h<3$m

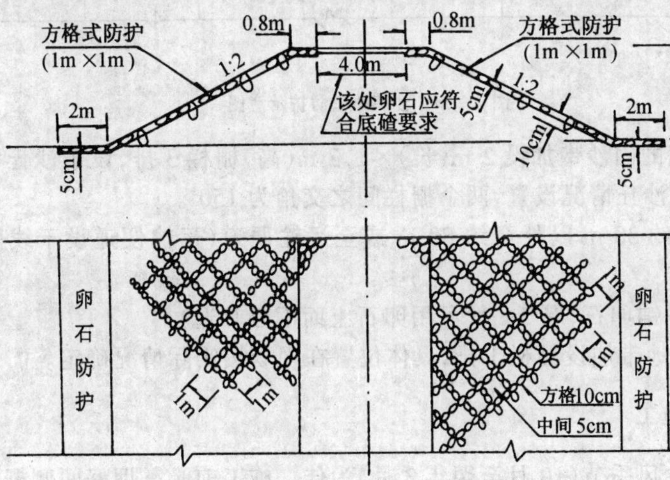

(b) $h>3$m

图 3－73　沙漠路堤防护示意图

5. 固沙措施——沙障及栅栏

现将 OK277 + 620 ~ OK278 + 900 及 B_1OK282 + 809 ~ B_1OK284 + 100 地段固沙措施简介如下。

该两处除用平铺卵石、格状卵石防护路基边坡及大平台外，稻草(或麦草)格状沙障也是良好的固沙措施，虽然它是一临时措施(一般可使用 4~5 年)，但造价低、施工简易，受到施工、运营单位欢迎。设立沙障的目的可以防止就地起沙，防止沙粒沿地表向前滚动，使路基两侧不致受流沙侵袭，同时防止栽种的苗木不被风蚀或沙埋而造成大量死亡。

线路中心两侧各约 30 m 以内、路基护道以外的地带，其地表若凹凸不平时，应整平，然后再用草类(稻草、麦草或芦草)打成高约 0.45 m(埋入沙内 0.2 m，露出沙面 0.25 m)、长宽为 1 m×1.5 m 的方格沙障。

(1) 线路迎风侧约 30 m 以外至约 130 m 的 100 m 宽地带，分为两个 50 m 宽的固沙带：

a. 靠近线路的 50 m 宽的地带，在沙丘迎风面用草类打成 1 m×1.5 m 草方格沙障：

b. 远离线路的 50 m 宽的地带，在沙丘迎风面用草类打成 1.5 m×2.0 m 草方格沙障，因运输原因，此带可于通车后施工，以节省运费。

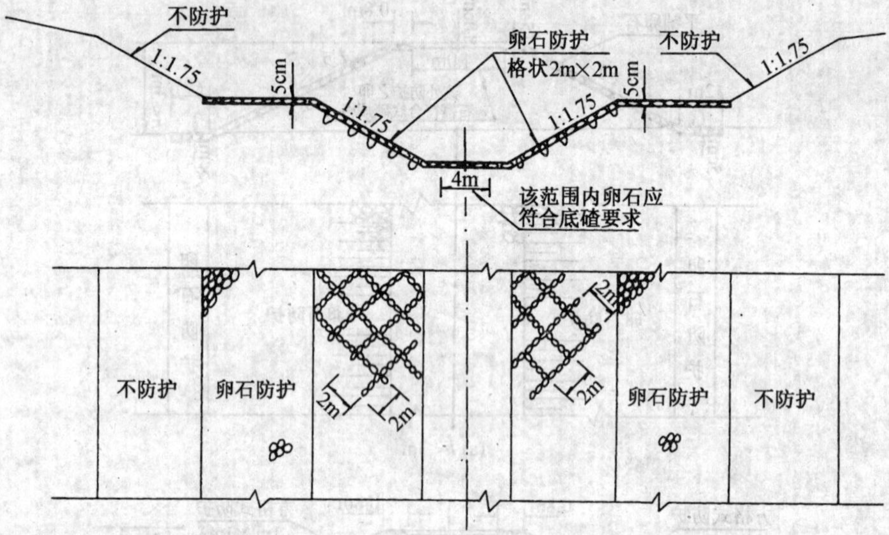

图 3-74 沙漠路堑防护示意图

在上述 100 m 宽的固沙带加设 2 m(长)×1.2 m(高)栅栏 3 排，设于沙丘脊线附近，具体位置可在现场按实际沙丘情况设置，两个栅栏间之交角为 150°。

(2) 线路背风侧约 30 m 以外至约 80 m 或至运输便道(运输便道设于线路右侧，即背风侧)的约 50 m 宽地带：

a. 于沙丘表面平铺卵石，厚 5 cm(可用卵石土而不必筛选)；

b. 于约 50 m 宽地带加设栅栏 1 排，具体位置在现场按实际情况确定。

(五) 沙漠路基施工

1. 施工季节以少风季节(10 月至翌年 3 月)为佳。施工前必需埋好两侧栅栏，并随时增加临时防护。

2. 路基应分段一次修成，并立即加临时防护。

3. 路堤必需多次滚压至密实程度(干沙的夯实效果优于湿沙)。

4. 取土坑必需设于背风面，距坡脚不小于 10 m，以免引起新的沙源。

5. 施工时要保护好植被，不许乱砍伐树木。

6. 已成路基必需加强维修养护，加强巡道，及时清除积沙；特别在大风季节，如栅栏被吹倒，应及时重设，如被掩埋，应即提高。

7. 施工中应加强对防沙措施效能的观测研究，以便及时改进。

1958 年 10 月包兰铁路交付运营后，兰州铁路局与有关科研单位继续在沙坡头进行防沙试验研究工作。为使铁路两侧及早形成林带，中卫铁路固沙林场，从 1968 年起，将沙丘平为梯田，营造乔、灌木混交林带，并修建高扬程提灌工程，引黄河水进行浇灌，保证了林、草的成活，很快起到防沙效果，从而锁住了大面积流沙，保证了列车畅通。

十九、干武线沙漠路基勘测与设计

盛殿魁　赵性存

干武线起于包兰铁路的干塘站，终至兰新铁路的武威南站，全长 772 km。其间火落井至土门子断续通过沙漠 67 km，为全线重点不良地质地段，也是我国继包兰铁路后的第二条通过沙漠地区的铁路线。见图 3－75。

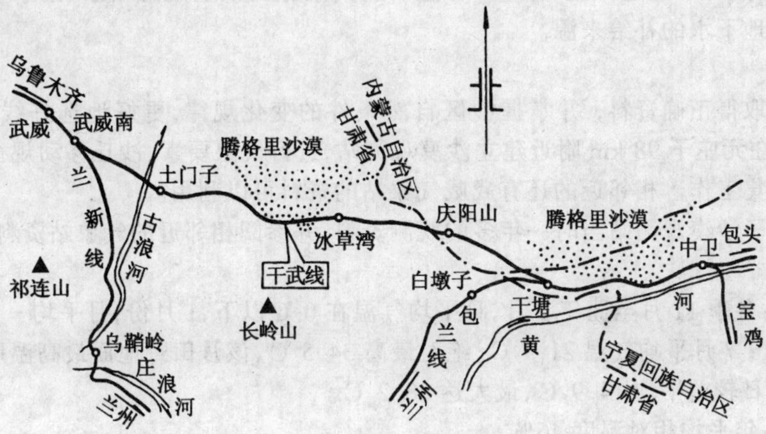

图 3－75　干武线地理位置示意图

干武线从 1955 年提出《铁路路线初步研究报告》起，历经草测、初测、定测和施工设计，于 1958 年 10 月开工，1961 年 3 月铺轨通车，1966 年元旦兰州铁路局正式运营。

(一) 线路自然概况

1. 线路概况

干武线东起宁夏回族自治区中卫县干塘站，向西经内蒙古自治区，地形平坦，越江格达垭口(高程 1 676 m)，于 35 km 处进入甘肃省境内，此段为山间平原，亦为畜牧草原地区。65～85 km 间为祁连山余脉之长岭山山前丘陵区，地形起伏较大，沟槽显著，85～95 km 间，紧靠腾格里大沙漠南缘的走廊地区，沿线居民较多，大部为农田地区。95～139 km 间，为沙漠区，丘陵起伏，固定、半固定与流动沙丘断续分布，防沙工程大，工程困难。139 km 至武威南站，大部分为农垦区，地形平坦。

2. 地形地貌

干武线所经地区，属祁连山系的北缘部分，长岭山横亘于路线以南，走向近 EW，海拔 2 600～2 900 m，相对高差 200～400 m，地形崎岖，高山深谷，山势由西向东逐渐降低，构成海洋河系与内陆河系之分水岭，为长岭山剥蚀地区，由志留—泥盆系的变质岩系和第三系泥质岩系组成，此外还有火成岩侵入体出露。线路以北为腾格里沙漠区，沙漠边缘呈舌状向南延伸，各类沙丘呈片状分布。

长岭山北与腾格里沙漠之间为山前冲积、洪积平原，呈微坡向北倾斜，因受流水割切略有起伏，地面均为第四纪沉积物所覆盖，近山麓地带为巨厚的洪积物，以碎石土及圆砾土为主，厚数十米，向北因水流携带力减弱逐渐为黏性土或砂类土所代替，在冲积、洪积的过程中，还广泛受到风力的影响，构成流水与风力交替沉积，这些细颗粒沉积物成为区域内丰富的沙源。

3. 水系

线路所经地区的河流均属内陆河系，多呈树枝状分布，由于气候干燥、雨量稀少，源头地下水供给不足，故均呈季节性水流，平时干涸无水，在暴雨及融雪季节始有径流发生。如长岭山北麓之大泉水沟、马家磨河、大靖河、旱石河、头坝河和古浪河等，上游在山区中河身较窄，中游进入冲积平原后则河身宽阔，河岸较浅，分支也多，下游注入沙漠后经渗透蒸发而消失。

4. 地下水

本区地下水分布于长岭山麓，水井则集中于山前平原地带，一般井水深度为 60～70 m。地下水的形成有其分带性，靠近山区为基岩裂隙水，水质较好；近代河床及干沟冲积扇中为潜水及上层滞水，距山区愈远，水质愈差。祁连山及其余脉山顶上之融雪水、雨水及近代河床的地表水为本区地下水的补给来源。

5. 气象

为给设计取得正确资料，并掌握沙区自然条件的变化规律，更好地选好线路，铁一院于1957 年 12 月在元庄子 98 km 附近建立沙漠观测站，进行气象要素、沙丘移动规律和沙地含水量等资料的搜集工作。相邻近的还有武威气象站的资料可以利用。

根据元庄子沙漠观测站当时一年多的观测资料，并参阅相邻近的气象站资料，本区气候特征如下：

(1) 气温：冬季 11 月至翌年 2 月，日平均气温在 0 ℃以下，1 月份，月平均 -11.8 ℃，绝对最低 -31.2 ℃；7 月平均气温 21.7 ℃，绝对最高 34.5 ℃，该月田野地面最高温度达 66 ℃，平均为 51.7 ℃，日较差平均 14.9 ℃，最大达 28.2 ℃。

(2) 湿度：年平均相对湿度 46%。

(3) 降水：1958 年全年降水量为 202.5 mm，雨季集中在 5～9 月，占总降水量的 92%，一日最大降水量为 22.8 mm，出现于 6 月。一日降水≥20 mm，全年只有一次，≥10 mm 也只有 7 次。1958 年 8 月中旬降水较多，元庄子气候观测站积水 0.3～0.5 m。

(4) 蒸发：1958 年全年总蒸发量 2645 mm，最大蒸发出现于 6 月。

(5) 风：根据铁一院元庄子沙漠观测站 1957 年 10 月至 1958 年 7 月的统计资料，主导风向为 WN 风，其次为 ES 风，从 10 月至翌年 4 月以 WN 风为主，5 月至 9 月以 ES 风为主。WN 风平均风速为 5.25 m/s，最大风速为 24 m/s，相当于 9 级。

(6) 其他气象要素

a. 风沙日数和能见度，见表 3-15。

表 3-15 风沙日数和能见度表

月 份	1	2	3	4	5	6	7	8	9	10	11	12
风沙日数（日次）	8	8	19	20	26	16	11	4	2	1	2	2
小于 3 级能见度（次数）	1	4	6	9	5	2	0	0	0	0	0	0

注：① 因风沙飞扬，水平能见度在 1000 m 以内的叫风沙日；

② 能见度用 0～9，十个等级表示，3 级能见度距离≥500 m、<1000 m。

b. 冻结深度：历年平均冻结期由 11 月至翌年 2 月中旬，平均地面冻结深度约为 0.9 m。

6. 地震

线路通过地区适为阿拉善地台与祁连山褶皱带交界处，且处于祁吕贺山字型构造带内，故本区地壳具有较大的活动性，历年各次大地震均造成了严重的破坏，其中尤以 1920 年海原地震和 1927 年的武威古浪地震对本区影响大。勘测期间全线地震基本烈度定为 6°～7°，与 1977 年版 1/300 万《中国地震烈度区划图》相近。1990 年版 1/400 万《中国地震烈度区划图》，全线为八度。

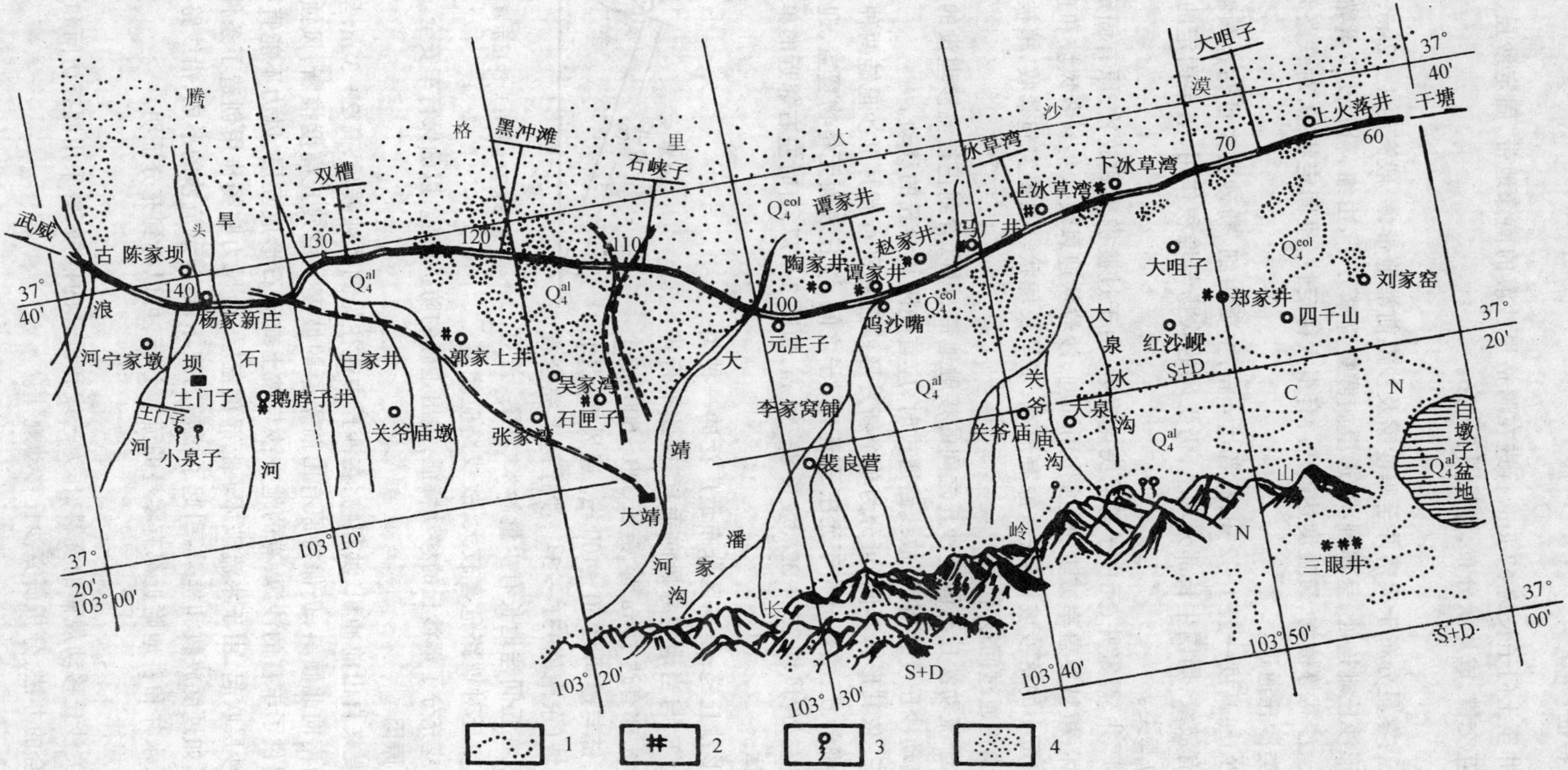

图 3-76　干武线元庄子地区沙漠分布图

Q_4^{eol}—风积沙；Q_4^{al}—第四纪冲积层；N—第三系；C—石炭系；

S+D—志留、泥盆系；γ—侵入岩；1—岩层分界线；2—井；3—泉；4—沙丘。

(二) 沙漠区特征

线路从火落井至土门子长约 67 km,行进在腾格里沙漠的南缘地带,固定沙丘、半固定沙丘与流动沙丘相互交错,成片状分布,详见图 3－76。

1. 沙丘形态

(1) 固定沙丘:零星分布于火落井至鸣沙嘴及沙漠前沿地带,一般高约 1～2 m,多分布于低洼处或与新月形沙丘毗连处,呈浑圆状,远望如群集荒冢万千,由细、粉砂及少量黏土颗粒组成,表面长满白茨、沙蒿等植物,覆盖度达 50%,有很大稳定性,呈固定状态,对铁路无危害,线路主要选择在这类沙丘通过。

(2) 半固定沙丘:高度一般 1～2 m,高者达 4 m,主要由细、粉砂及少量黏土颗粒组成,因受风的作用表面有波纹,周围生长部分草丛,仍受风的吹扬与堆积作用,呈半固定的状态。依成因不同,可分为二类。

a. 分布于马厂井、谭家井、元庄子等居民点附近,由于过渡樵采和放牧,原有固定沙丘,长期遭到人畜的破坏,植被覆盖率减少,风蚀作用加剧,沙粒从迎风坡吹集到背风坡和丘间低地,故有沙纹、沙脊和短小的落沙坡,已失去原有形态,多呈长垅状。只要实施禁牧,植被将很快恢复,趋于固定,故线路通过问题不大。

b. 广泛分布于流动沙丘与固定沙丘之间的接触地带,可以看到正被流沙埋没的固定沙丘露头,因为是受流动沙丘侵袭所致,故线路通过时,应首先阻止沙丘的移动。

(3) 流动沙丘:依其形态不同,可分为单个新月形沙丘和平行新月形沙丘链两种。

a. 单个新月形沙丘:稀落分布于元庄子至土门子之间,沙丘表面无植物覆盖,迎风坡 6°～12°,坡长 30 m 左右,背风坡 25°～32°,坡长 8～10 m,如图 3－77,有时左右邻近的单个新月形沙丘毗连成复合体。

b. 平行新月形沙丘链:是本区分布最广泛的一种类型,走向 N20°～40°E,与当地主导风向垂直,彼此平行排列,一般高 3～10 m,亦有达 15 m 者,链长 300～600 m,个别链长可达 1 km,链与链间距 50～100 m,迎风坡(西北侧)16°～20°,背风坡(东南侧)31°～34°,沙丘链上完全裸露,无植物覆盖,仅在丘间洼地长有少量沙米、沙蒿、苦豆子、白茨等。此类沙丘对铁路危害较大,故线路应绕避,如不能避绕时,则应充分了解沙丘的移动特征,提出正确的防护措施,以确保行车安全。

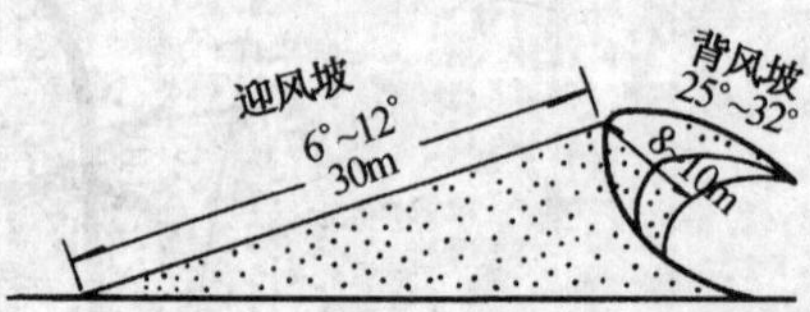

图 3－77　新月形沙丘示意图

2. 沙丘形成原因

当地沙子主要来自山前冲积、洪积物,在沙丘中往往见到风蚀残丘,高 2～3 m,呈圆柱状,分布零散,大抵由南向北倾斜,仍保持原有山前平原的坡度。由残丘高度推断,风蚀厚度在 3 m 以上,给本区提供了丰富的沙源,有的地方沙与黏土或砾石形成互层,风力不能直接将埋藏在地下较深处的沙层吹起,由于水流破坏了上部覆盖层,给风力吹扬作用创造了条件,此外由于人类经济活动(如过度放牧和樵采)引起了植被的破坏,也导致流沙的形成,沿线路一带往往见到所有居民点、水井和耕地附近都有零星的流沙分布,可以得到充分证明。

3. 沙丘移动规律

为了收集有关沙丘移动规律的资料,作为选线和设计的依据,曾采用调查访问和沙漠观测站实地观测相结合的办法,分析研究沙丘移动规律。

(1) 调查访问

1957 年 4 月，自冰草湾至鸣沙嘴沿途作了访问，据多数居民称沙丘不移动，有的甚至说几辈人均未发现有移动现象，如蒋家井某 54 岁居民谈，在蒋家井东南面有一古老水井，距今(1957 年)至少 100 年，井北 20 m 有一沙丘，从未移动，水井也未被掩埋。也有的居民反映说，沙丘向东南面有少量移动，如石家井居民苏向白谈，他们初来此地时(约 40 多年前)房子修在沙丘边沿，房前为一草滩，现沙丘已移至房前约 40 m，此沙丘不甚稳定，有反向大风时(ES 风)可能吹散。有的反映在房子东面有一沙丘，刚来此地时约距凉州大道 15 m，现已移至大路，迫使大路向南绕行。据测算，沙丘平均向东南移动的速度约为 0.3～0.8 m/a，见图 3－78。

根据调查，在马厂井，15 年间沙丘约向东南方向移动 40 m，平均移动速度约为 2.6 m/a。如图 3－79 。

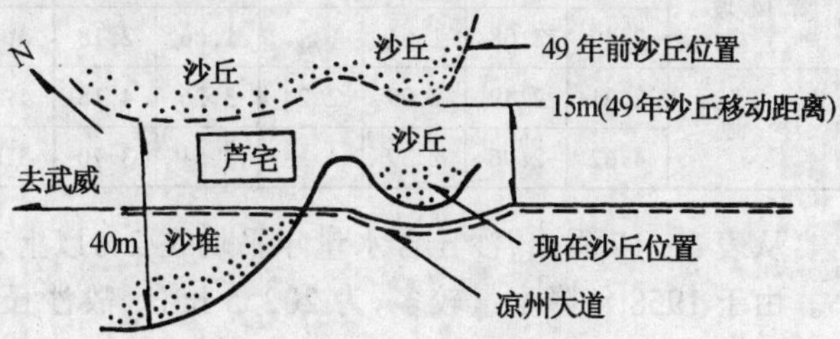

图 3－78　访问沙丘移动示意图

(2) 实地观测：1957 年 12 月元庄子沙漠观测站刚一建站就在 98.5 km 处布置横断面 5 个(平行于主导风向——WN 风)，每隔 2～4 m 埋设竹杆 1 根，每月定期观测 3 次。一年的观测说明，除第 1 断面因坡脚长有植物移动不明显外，其余 4 个断面均由 WN 向 ES 方向移动，移动距离依次为 1.1 m、0.8 m、0.45 m及 0.82 m，平均为 0.8 m。同时迎风坡下部吹失带的吹失厚度为 20～40 cm，背风坡下部的吹集带的吹集厚度为 50～60 cm，沙脊两侧为不稳定的交换带，常因风向而变化，一年中大多由西北向东南，只有夏季 ES 风时，沙丘顶部出现暂时的反向落沙坡。

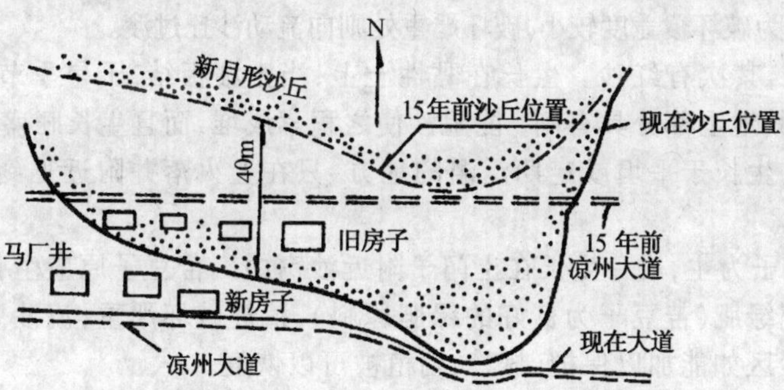

图 3－79　马厂井某一沙丘移动示意图

根据调查及观测认为，当地流动沙丘移动速度不大，年净移距为0.8 m，移动方向 EES，但在个别年份，由于风力强弱不一，可能有较大的移动。通过观测分析，在两种方向相反的冬、夏季风的交替作用下，沙丘具有前进、后退、又前进的特点，为往复前进式移动。

4. 沙的粒径与含水量

(1) 沙丘颗粒组成及成分：根据沙丘 0.2～1.0 m 深度取样，颗粒分析结果，见表 3－16。

表 3－16　沙的颗粒分析汇总表

取样深度(m)	颗粒分析(%)			
	＞0.5 mm	0.5～0.25 mm	0.25～0.1 mm	＜0.1 mm
0.2～1.0	0.04～1.24	1.22～21.03	68.3～86.7	4.6～13.6

沙粒以细沙为主，其矿物成分以石英为主，长石及黑色矿物次之，呈淡黄或浅红色，浑圆及半圆状。

(2) 沙的含水量

沙丘含水量对于固沙造林有重要意义。元庄子沙漠观测站在元庄子北面的流动沙丘中，分别在迎风坡、背风坡、风蚀洼地取样，每处由 0～1.2 m，每隔 20 cm 取样，1.2～2.0 m 每隔 40 cm 取样，于月中及月底测定两次，其含水量测定结果见表 3－17。

表 3－17　1958 年沙子含水量(%)表

月　份	1	2	3	4	5	6	7	8	9	10	11	12	年平均
迎风坡	2.10	1.73	2.41	1.70	2.37	1.46	1.95	2.48	2.21	2.96	2.61	2.78	2.23
	1.97	2.22	1.48		1.14	1.59	2.00	3.23	2.84	2.78	3.13		2.24
背风坡	1.62	2.95	2.14	1.98	2.12	2.13	2.33	2.42	2.88	2.22	3.77	3.05	2.38
	2.49	2.08	1.61		1.66	2.18	2.18	2.83	2.67	2.55	2.45		2.37
洼　地	2.31	2.49	2.09	2.24	3.26	4.18	4.19	5.69	3.70	4.56	4.15	3.97	3.57
	4.62	2.96	2.37		8.51	3.70	3.66	4.22	3.61	4.64	4.43		4.28

从表 3－17 看出，沙丘含水量年平均在 2%以上，其中以洼地最大，背风坡次之，迎风坡最小。由于 1958 年降水量较多，为 202.5 mm，故沙丘含水量比较稳定。但仍可看出沙层潮湿程度与降水量有密切关系，如 8 月份降水量为 75.9 mm，所以沙丘含水量也是全年中最大的。一般耐旱植物凋萎系数约 0.7%，根据上述含水量测定结果，在新月形沙丘含水量达 2%以上时，一般耐旱植物是可以生长的。惟夏季时，干沙层厚达 20 cm 左右，因此直播较为困难，造林时要采用深栽，成活才有保证。

5. 沙丘植物类型

(1) 花棒群落：在一般流沙区，沙丘的背风坡或沙窝中，其植物有籽蒿、花棒、浜草、沙米等。由于人为的破坏，植被覆盖度还不到 1%。

(2) 黄蒿群落：主要植物为黄蒿，这是固定沙丘的代表类型，位于沙区的边缘，植被覆盖度一般为 50%～60%。在居民点附近由于人为破坏覆盖度较小，破坏严重处则向流动沙丘过渡。

(3) 白茨群落：其中以白茨为主，其次有红沙。生长在黏性土上，当土壤板结，干旱季节，白茨能忍受，而且根系伸展很长，因其地上部分具有刺，能阻沙使之积累成堆，而且生长旺盛。

(4)芨芨草群落：以芨芨草为主，生长于平坦或定期泛滥的地方，只在上火落井附近见到，覆盖度约为 50%～60%。

(5) 苦槐(苦豆子)群落：以苦豆子为主，成片生长在土门子附近沙窝中。苦豆子原应生长在固定沙地，由于当地居民放牧及挖绿肥(苦豆子为良好的绿肥原料)，植被破坏严重，流沙飞扬，其它处之流沙亦随之而来。该沙区如能加以保护、封禁，则植被可以恢复。

其它过渡的中间类型有猫头刺、柠条、坝王，但未见单纯群落。

(三) 沙漠路基设计

根据 1959 年沙漠路基设计图资料统计，线路路基本体通过各类沙丘计 82 处，其中：固定沙丘 44 处，半固定沙丘 26 处，半固定与活动沙丘 4 处，活动沙丘 8 处。

路基设计内容如下：

1. 断面设计

(1) 填方

根据路堤填料及边坡防护材料不同，有以下几种形式。

a. 填细砂：边坡 0～6 m 1∶1.75，6～12 m 1∶2。填高＜2 m 时，边坡平铺 0.07 m 厚的卵石，填高＞2 m 时，栽砌 1 m×1 m 卵石方格，方格内铺卵石厚 0.07 m，路肩栽砌 0.1 m 厚卵石(见图 3－80 Ⅰ型)。

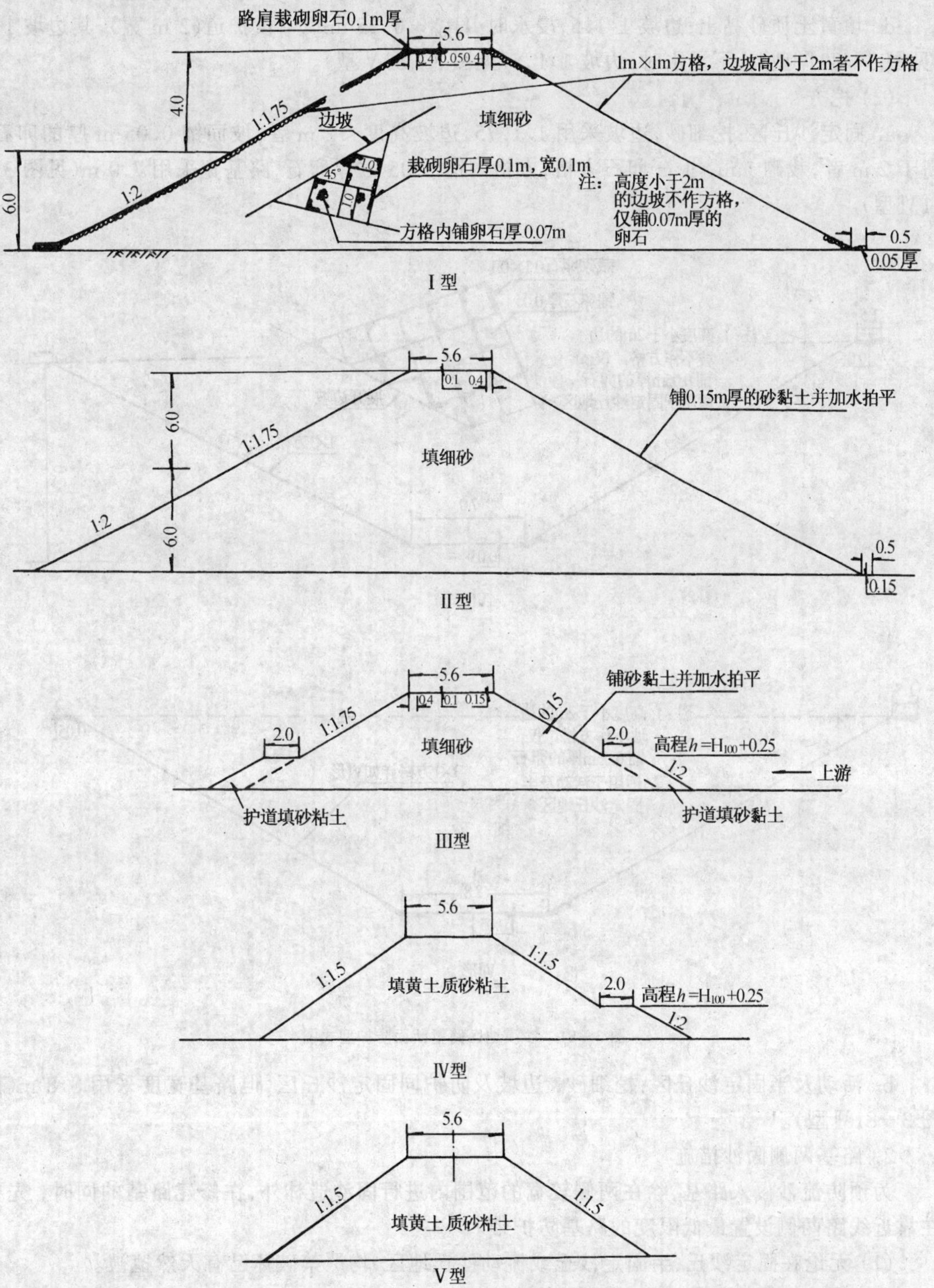

图 3－80　沙漠地区路堤断面防护型式图

b．填细砂：边坡率同上，边坡铺 0.15 m 厚的砂黏土并加水拍平（见图 3－80 Ⅱ 型）。

c．填细砂：边坡率同上，边坡铺砂黏土并加水拍平，在 H_{100} + 0.25 m 以下设护道（2 m

宽),护道填砂黏土,其边坡1:2(见图3-80Ⅲ型)。(H_{100}为100年一遇的洪水位)

d. 填黄土质砂黏土:边坡1:1.5,浸水时,H_{100}+0.25 m以下设护道(2 m宽),其边坡1:2(见图3-80Ⅳ型)。不浸水时,边坡1:1.5(见图3-80Ⅴ型)。

(2) 挖方

a. 固定沙丘区:挖细砂,边坡采用1:1.75,边坡高度<2 m者,坡面铺0.05 m厚的卵石;高于2 m者,栽砌1 m×1 m卵石方格,方格内铺0.05 m厚卵石,路基宽采用7.0 m(见图3-81Ⅵ型)。

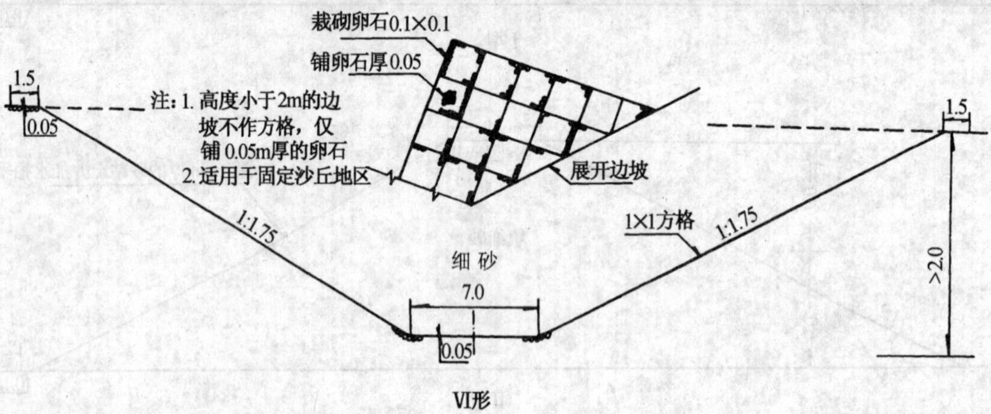

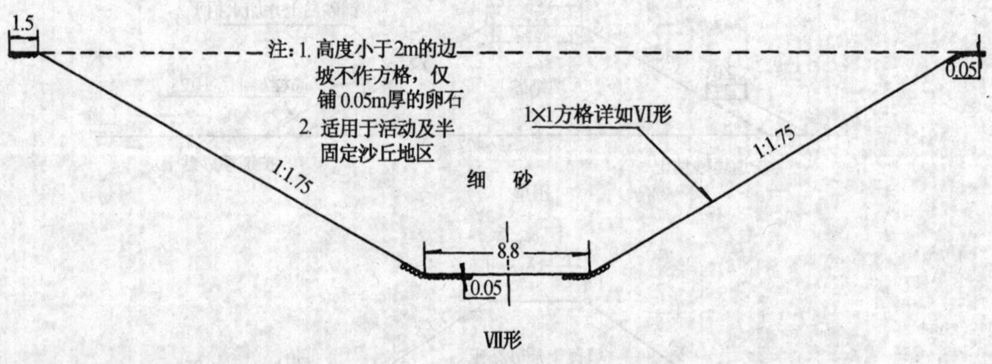

图3-81 沙漠地区路堑断面防护型式图

b. 活动及半固定沙丘区:挖细砂,边坡及防护同固定沙丘区,但路基宽度采用8.8 m(见图3-81Ⅶ型)。

2. 路基两侧固沙措施

为预防流沙侵入路基,除在两侧较宽的范围内进行固沙造林外,在修建路基的同时,先要在靠近线路两侧设置最低限度的路基防护带。

(1) 无论在固定沙丘、半固定沙丘或流动沙丘地区,均严禁破坏已有天然植被。

(2) 铁路两侧划定禁止樵采放牧范围,迎风(主导风向——WN)侧2 km,背风侧1 km。

(3) 在半固定沙丘地区路基两侧埋草方格(2 m×2 m)防护带,各宽约50 m,顺线路每50 m设5 m宽的防火带,详见图3-82。

(4) 在活动沙丘地区路基两侧埋草方格(1 m×2 m),迎风侧约100 m,背风侧约50 m,详

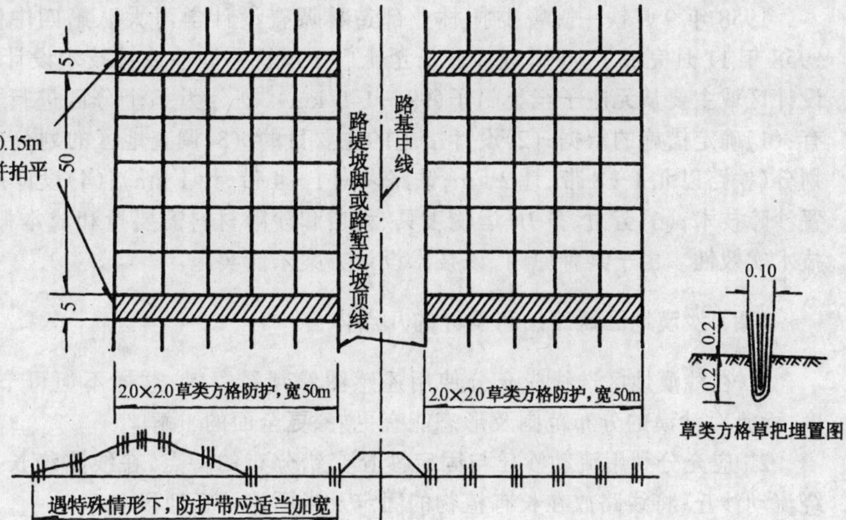

图 3-82　半固定沙丘区草方格防护布置示意图

见图 3-83。两侧路堤坡脚或路堑边坡顶线处及顺线路每 50 m 设 5 m 宽的防火带。施工时，如当地不能一次筹足所需草类数量，可在迎风侧暂减至 50 m 处加设防沙栅栏 1 排，其余 50～100 m 范围通车后再作。如在当地有植物茂密生长，可灵活地不设草方格或把草方格尺寸加大，切忌在防护范围处只防护半个沙丘而另一半任其吹蚀，所以防护范围（50 m 或 100 m）不是死规定，应视每处具体沙丘分布情况予以增减。

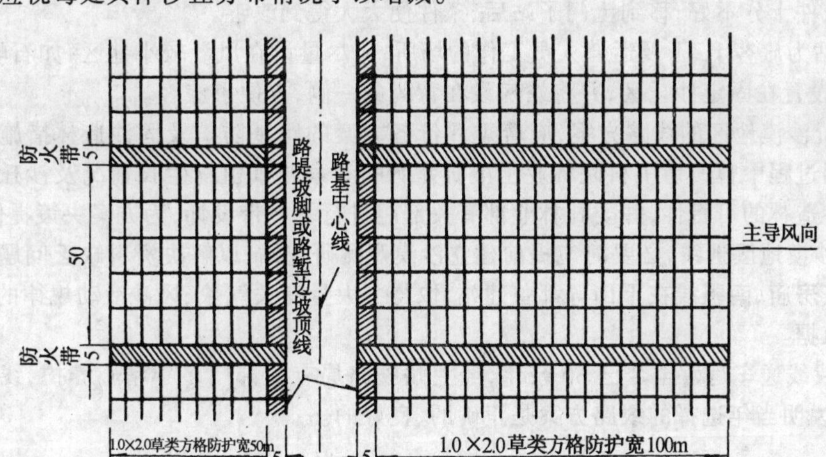

图 3-83　活动沙丘区草方格防护布置示意图

(5) 无论是固定沙丘、半固定沙丘或流动沙丘地区的弃土堆、取土坑，都设于背风侧并适当防护，不使风蚀起沙飞扬。

3. 固沙造林设计

1958 年 9 月铁一院曾委托林业部造林调查设计学习大队第四中队进行造林技术设计，1958 年 11 月完成了《干武线元庄子至土门子段铁路固沙造林技术设计方案》。固沙造林调查设计区域主要从元庄子至土门子(99～140 km)，划分为 5 个分区进行，其技术设计主要内容有：(1)确定措施的依据；(2)设计措施的主要目的；(3)调查地区的划分(5 个分区)和防护带的划分(铁路以北 1～8 带，计 2 km；铁路以南 1～4 带，计 1 km)；(4)设计措施；(5)造林技术与设置沙障技术；(6)劳力、畜力、运输工具、种苗和沙障材料需要量和成本概算；(7)经济合理性与技术实效性。由于某种原因，该技术设计方案未能实施。

(四) 沙漠地区铁路勘测设计的几点体会

1. 在沙漠地区选线应充分使用遥感图像判释资料，这样不但可节省工时和减轻劳动强度，而且对沙漠的分布范围及形态能有更好、更全面的了解。

2. 应充分利用流动沙丘与固定沙丘交错分布的特点，在线路绕长不多的原则下，尽量避绕流动沙丘，将线路放在长有植物的固定及半固定沙丘地段。

3. 本区新月形沙丘链呈平行排列，走向 N20°～40°E，而线路方向正好与当地主导风向(WN 风)平行，与沙丘链成垂直，或成锐角相交，这样就减轻了流沙对线路的威胁，使防沙工程量大为减少。

4. 沙漠路基需要大量防护材料，如卵石、黏土等，在工程费用中占很大比例，使线路尽可能接近材料产地，作到就地取材，即可大大降低工程造价。因此应成立建材调查队调查所需材料，以便准确地为方案比选提供依据。

5. 沙漠地区水源困难，给水站最好布置在沙区以外，如本线给水站原拟设在沙区的双槽，水文地质条件十分不好；移到土门子站后，条件便大大得到改善。

6. 车站为旅客上、下及运营人员工作的场所，应尽量设在风沙较小地区，如石峡子及黑冲滩车站，均设置在固定沙丘区，并将站房设在背风的一侧，方便了旅客。

7. 评价沙漠地区的线路方案，应着重评价各方案的路基防护及固沙造林措施的合理性。本线在勘测过程中曾邀请中科院林业土壤研究所的专家调查植物生长情况及沙丘水分测定，探讨了固沙造林的可行性，并委托林业部有关部门进行了林带设计，为方案决策提供了依据。

8. 在沙漠地区选线，必要时应提前建立沙漠观测研究站，以解决资料缺乏问题，如包兰线在沙坡头茶房庙、南疆线在干山等都曾建站，取得了大量有关气象、风沙活动规律的资料，为设计提供了依据。

9. 干武线通车运营至今已 30 余年，经兰州铁路局有关部门多年精心养护，线路畅通，运营安全，也说明当年选择的线路方案是正确的、良好的。

二十、兰新铁路大风地区路基的风蚀现象及其防治措施

曾广勇

兰新铁路进入新疆维吾尔自治区后，先后经过七角井风口和达坂城风口，见图 3－84。由于风口风力强大，通车以后路堤产生严重的风蚀，累计风蚀长度达 60 多 km，路堤风蚀后边坡变缓，坡面凹凸不平，路肩吹成浑圆状，路肩宽度显著减小，轨枕外露，严重影响行车安全。为了防治路堤风蚀，1965 年至 1968 年在两段开展了观测研究工作，在取得成果基础上，进行了路基防护加固设计和施工，保证了行车安全，使列车畅通无阻。

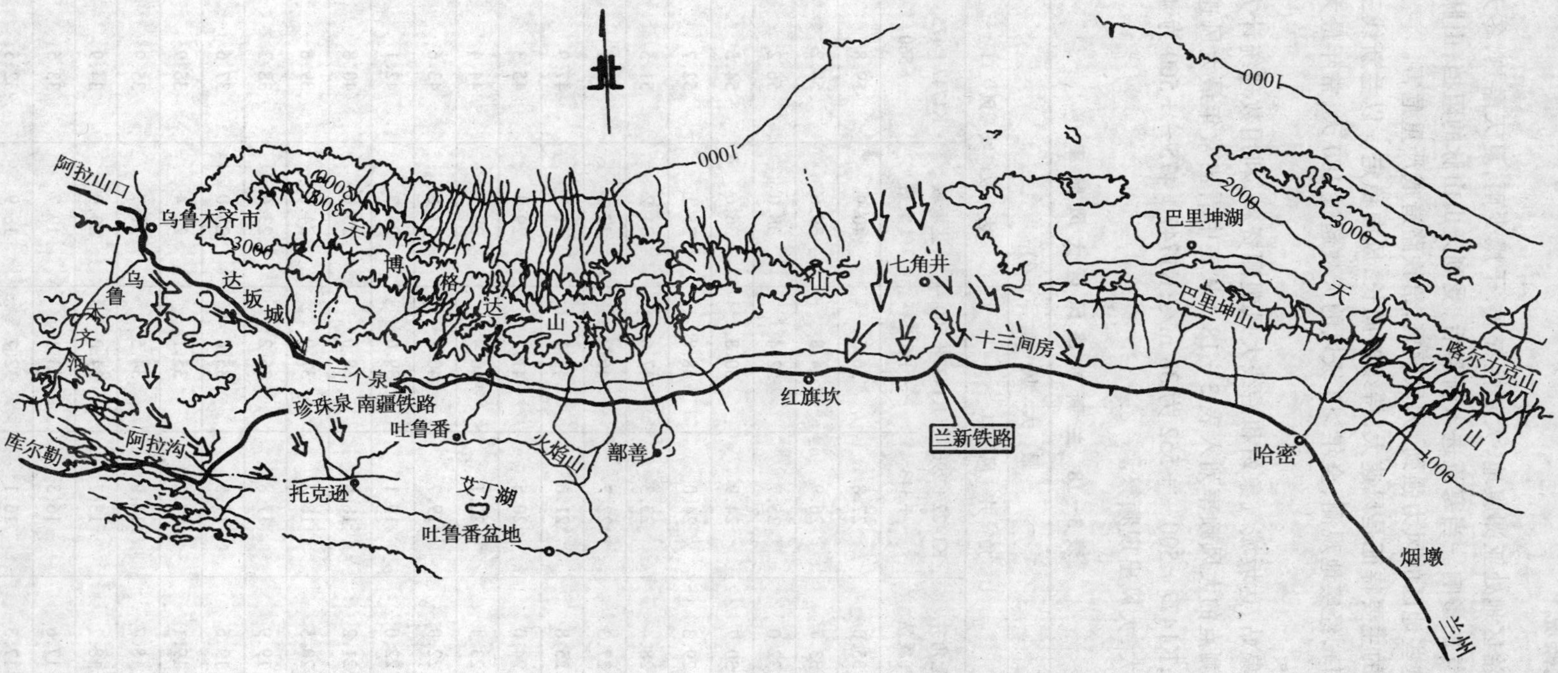

图 3－84 兰新铁路大风地区风口示意图

(一) 沿线大风概况

新疆维吾尔自治区地处亚洲腹地,大陆性气候,干燥少雨,夏天酷热,冬天严寒,并经常受西伯利亚南下冷空气的影响。当寒流进入新疆后,受到天山山脉的阻挡,山脉垭口成为气流南下的天然通道,故这些地区的风力强劲,大风频繁,给铁路造成严重危害。

铁路沿线大风的主要特征是风速大,持续时间长,风向稳定。以兰新线三个泉车站为例,该站地处达坂城风口,经实地观测,全年>8 级风的天数超过 180 天,常年最大风速 40 m/s,主导风向 WWN、WN。

根据七角井气象站、达坂城气象站和沿线大风观测资料,利用数理统计方法,推算出兰新线三段风蚀路基观测点的大风频率列入表 3-18。从表中看出常年最大风速:K1422+296~+343 为 18.6 m/s;K1477+500~+552 为 38 m/s;K1747+475~+560 为 40.8 m/s,说明达坂城风口的风速最大,大风出现频繁。

表 3-18 兰新铁路风区大风频率

大风概率(%)	最大风速 (m/s)					大风重现期(年)
	七角井风口			达坂城风口		
	七角井气象站	K1422+296~+343	K1477+500~+552	达坂城气象站	K1747+475~+560	
0.1	35.0	27.8	56.5	40.9	59.8	1 000
0.2	33.7	26.9	54.8	39.6	58.2	500
0.5	32.0	25.7	52.4	38.0	56.2	200
1.0	30.7	24.9	50.8	36.6	54.5	100
2.0	29.3	24.0	48.8	35.1	52.7	50
3.0	28.4	23.3	47.6	34.2	51.5	33
5.0	27.3	22.7	46.2	33.1	50.1	20
10	25.8	21.6	44.1	31.3	47.9	10
20	24.0	20.5	41.7	29.3	45.3	5
25	23.4	20.1	40.9	28.5	44.4	4
30	22.9	19.7	40.2	27.8	43.6	3
40	22.0	19.1	39.0	26.7	42.1	2.5
50	21.2	18.6	38.0	25.6	40.8	2
40	20.5	18.2	37.0	24.6	39.6	2.5
30	19.9	17.8	36.2	23.6	38.3	3
25	19.5	17.5	35.6	23.0	37.6	4
20	19.1	17.2	35.1	22.4	36.9	5
15	18.7	16.9	34.5	21.7	35.9	7
10	18.2	13.7	34.0	20.9	34.9	10
5	17.6	16.3	33.1	19.7	33.5	20
3	17.3	16.1	32.7	18.9	32.5	33
1	16.7	15.7	31.9	17.6	30.9	100

(二) 路堤处的风速变化

路堤是气流运行的屏障，气流通过路堤时，由于气流沿路堤坡面分离，一部分气流拥塞在迎风侧，坡脚形成低速区，风速降低 20%；另一部分气流沿坡面上升，在迎风侧路肩形成一个高速区，风速增加 90%。当气流达到背风侧路肩时，气流迅速下沉，使背风侧产生一个涡流低速区，背风侧坡脚处风速降低 70%，见图 3－85。由此可见，两侧路肩气流变化最大，风蚀也最严重。

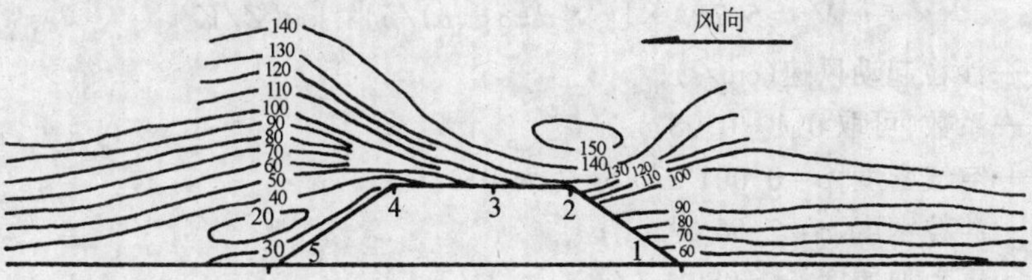

图 3－85　路堤风速场示意图

1—迎风侧路堤坡脚；2—迎风侧路肩；3—道心；4—背风侧路肩；5—背风侧路堤坡脚。

路堤迎风侧路肩上的风速包括两部份：一部分由于路堤增高，梯度风速变大；另外因路堤的屏障作用，使迎风侧路肩上流线加密，风速增大。经实测（见表 3－19），路堤上的风速可用下式表示：

$$V_1 = V_2 H^{0.1836} \tag{3-1}$$

式中　V_1—— 路肩上 2 m 高的风速(m/s)；

V_2—— 风影响路堤范围外平地 2 m 高的风速(m/s)；

H—— 路堤高度(m)。

式 3－1 表明，路肩风速与路堤高度按指数规律递增。如果已知平地 2 m 高的风速，可以求出任一高度路堤迎风侧高出路肩 2 m 处的风速。

表 3－19　不同高度路堤上的实测风速

路堤高度(m)	路肩风速(m/s)	平地风速(m/s)	路堤高度(m)	路肩风速(m/s)	平地风速(m/s)
2.3	13.4	11.6	8.4	18.6	12.7
5.0	23.6	18.2	10.8	14.3	8.9
7.0	24.2	17.4	26.9	33.2	16.9

(三) 路堤的风蚀特征

1. 路堤填料

兰新铁路观测地段 K1422＋296～＋343，路堤高度 4～8 m，填料为泥灰岩碎屑；K1477＋500～＋552，路堤高度 4～6 m，填料泥岩碎屑。上述两段填料易风化，无筛分资料。K1747＋475～＋560，路堤高度 7～10 m，填料圆砾土，颗粒级配如表 3－20 所示。

表 3-20 路堤填料颗粒筛分资料

颗粒粒径(mm)	≥40	20	10	7	5	3	2	1	0.5	0.25	≤0.1
级配百分数(%)	9.38	10.28	14.90	8.66	8.30	10.67	1.39	9.78	10.12	7.91	8.62

2. 沙粒起动风速

路堤风蚀的实质是路堤填料颗粒在风力作用下发生滚动或飞扬,使路堤遭到破坏。根据著名风沙物理学家拜格诺的研究,沙粒起动风速用式 3-2 表示:

$$V_z = 5.75A \times [g \times d(\sigma - \rho)/\rho]^{0.5} \log(Z/K) \tag{3-2}$$

式中 V_z——沙粒起动风速(cm/s);

A——系数,可取 0.1~0.08;

ρ——空气密度,$\rho = 0.001\ 225\ 5 g/(cm^3)$;

σ——沙粒密度,$\sigma = 2.56\ g/cm^3$;

g——重力加速度,$g = 980\ cm/s^2$;

d——沙粒粒径(cm);

Z——测风高度(cm),一般测风高取 200 cm;

K——地表粗糙度,砾石用 0.410,卵石戈壁用 0.475。

式 3-2 表明,路堤风蚀量的大小与填料颗粒的粗细和风速的大小密切相关,填料颗粒越粗,风蚀量越小;风速越大,风蚀量越大。

3. 风蚀作用

路堤的风蚀作用可分为吹蚀、磨蚀和掏蚀三种情况。吹蚀是风力直接带走路堤填料颗粒,使路堤遭到破坏,往往在特大风力作用下,形成突发性的风蚀,一场大风可将路肩吹成浑圆状。磨蚀是气流中挟带的沙粒不断冲击填料颗粒,使颗粒发生位移或磨损,加快风蚀速度。掏蚀是路堤坡面不平整,形成局部小涡流,卷走细小颗粒,使大颗粒失去稳定性而落于坡脚。特别在路堤的背风侧,由于强大的涡流作用,掏蚀现象严重。

4. 风蚀形态

因路堤各部位风速有显著的变化,使路堤坡面分三个带:上部是风蚀带,下部是堆积带,中间为过渡带,见图 3-86。但是这三个带也不是固定不变的,是随风速大小和颗粒粗细而变化,有时在一场大风作用下,整个迎风坡可能会产生风蚀。路堤迎风侧以吹蚀为主,普遍是路肩吹成浑圆状,坡面有吹蚀槽痕;背风侧以掏蚀为主,坡面常出现凹凸不平。

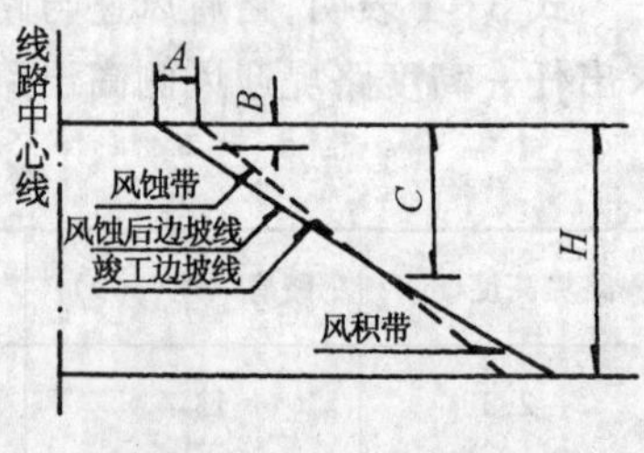

图 3-86 路堤风蚀形态示意图
A—水平风蚀量;B—垂直风蚀量;
C—风蚀高度;H—路堤高度。

5. 路堤的风蚀高度

路肩风蚀后,从路肩高程算起,垂直风蚀深度称垂直风蚀量;从路肩边缘算起,水平风蚀宽度称水平风蚀量。经实测水平风蚀量约为垂直风蚀量的 2.5~3.0 倍,见表 3-21。

路堤的风蚀高度与边坡高度有关,边坡越高,风蚀高度也相应的增大。经观测统计,路堤的风蚀高度约为边坡高度的 2/3,见表 3-22。

6. 风蚀量的变化规律

通过 1965 年至 1968 年的四年观测,路肩背风侧垂直风蚀量最大的是泥灰岩碎屑填料,累计达 215 mm,其次是泥岩碎屑填料,累计 138 mm,圆砾土填料风蚀量最小,累计只有 44 mm。

迎风侧风蚀量小于背风侧，见表 3－23。据表列数据得出两侧风蚀量的变化逐年减小，变化曲线服从指数衰减规律(这衰减规律是与路堤坡面上的细颗粒被吹蚀、粗颗粒逐年存积增多有关)，如图 3－87 所示。假设 y_1 代表年垂直风蚀量(mm)，x 代表风蚀年限，利用数理统计，求得年风蚀量计算式列入表 3－24。

表 3－21　路肩垂直风蚀量与水平风蚀量实测值

测点位置	垂直风蚀量(cm)		水平风蚀量(cm)	
	迎风侧	背风侧	迎风侧	背风侧
K1422＋296～＋343	9	10	22	25
K1477＋500～＋552	8	4	20	11
K1747＋475～＋560	5	7	15	22

表 3－22　路堤风蚀高度实测值

测点位置	边坡高度(m)		风蚀高度(m)	
	迎风侧	背风侧	迎风侧	背风侧
K1422＋296～＋343	5.9	7.4	3.7	6.1
K1477＋500～＋552	4.0	5.5	2.9	3.2
K1747＋475～＋560	7.5	9.7	6.0	6.6

表 3－23　路肩垂直风蚀量(mm)随时间的变化

测点位置	1965 年		1966 年		1967 年		1968 年		备注
	迎	背	迎	背	迎	背	迎	背	
K1422＋296～＋343	63	96	45	61	11	42	11	16	泥灰岩碎屑
K1477＋500～＋552	47	35	12	45	5	38	2	20	泥岩碎屑
K1747＋475～＋560	11	17	5	13	2	5	3	9	圆砾土

注：迎——路堤迎风侧，背——背风侧。

表 3－24　年垂直风蚀量计算式

测点位置	迎风侧		背风侧	
	计算式	相关系数	计算式	相关系数
K1422＋296～＋343	$y_1=74.23x^{-1.4056}$	$r=-0.92$	$y_1=112.61x^{-1.1624}$	$r=-0.92$
K1477＋500～＋552	$y_1=50.73x^{-2.2189}$	$r=-0.99$	$y_1=42.18x^{-0.3008}$	$r=-0.72$
K1747＋475～＋560	$y_1=10.33x^{-1.1086}$	$r=-0.91$	$y_1=16.95x^{-0.3602}$	$r=-0.75$

同样，逐年累计风蚀量变化曲线服从指数递增规律，见图 3－88。假设 y_2 代表逐年累计风蚀量(mm)，x 代表年限，求得累计风蚀量计算式列入表 3－25。利用这些公式可计算一定年限内不同填料路堤的风蚀量，也可计算路肩帮宽的使用年限。

表 3－25　累计垂直风蚀量计算式

测点位置	迎风侧		背风侧	
	计算式	相关系数	计算式	相关系数
K1422＋296～＋343	$y_2=66.33x^{0.5383}$	$r=0.97$	$y_2=99.05x^{0.6035}$	$r=0.99$
K1477＋500～＋552	$y_2=47.94x^{0.2556}$	$r=0.98$	$y_2=36.77x^{1.0174}$	$r=0.99$
K1747＋475～＋560	$y_2=11.18x^{0.4610}$	$r=0.99$	$y_2=17.51x^{0.6735}$	$r=0.99$

通过上述观测、统计、分析，可以得出以下结论：

(1) 路堤风蚀量的大小与填料种类、颗粒粗细、风速大小密切相关；颗粒越粗，抗风能力越强；风速越大，风蚀量越大。

(2) 路堤两侧均有风蚀现象，迎风侧为吹蚀，背风侧为掏蚀，背风侧风蚀量大于迎风侧。两侧风蚀高度均为边坡高度的2/3。

(3) 路肩垂直风蚀量随时间按指数规律衰减，累计风蚀量随时间按指数规律递增。

(4) 不同填料的路堤，风蚀量截然不同，泥灰岩碎屑风蚀量最大，泥岩碎屑风蚀量次之，圆砾土风蚀量最小。表明圆砾土抗风蚀能力最强，利用帮宽路肩完全可以解决路堤风蚀问题。泥灰岩碎屑、泥岩碎屑抗风蚀能力差，在大风地区使用这两种填料时，路堤边坡必须采取防止风蚀的防护措施。

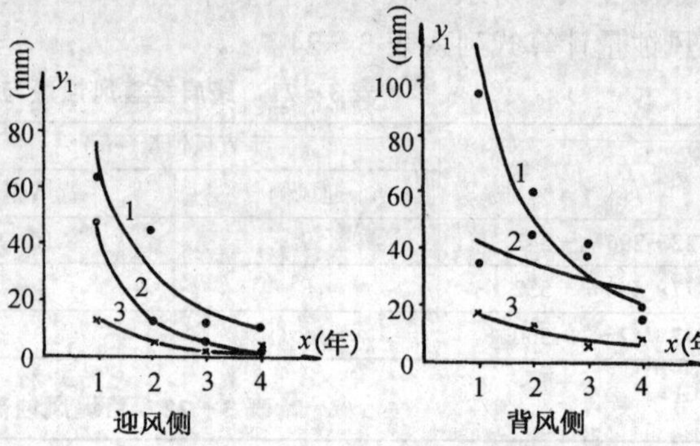

图 3-87　路肩风蚀量衰减曲线图

1—泥灰岩碎屑；2—泥岩碎屑；3—圆砾土。

(四) 防护措施

1. 帮宽路基

路堤填料为卵、砾石土时，采用帮宽路肩作为预留风蚀量。根据路堤的风蚀规律，卵、砾石土具有很强的抗风蚀能力，若路肩两侧各帮宽 0.3 m，至少可使用 10 年左右。在卵、砾石土地段普遍采用这种措施。

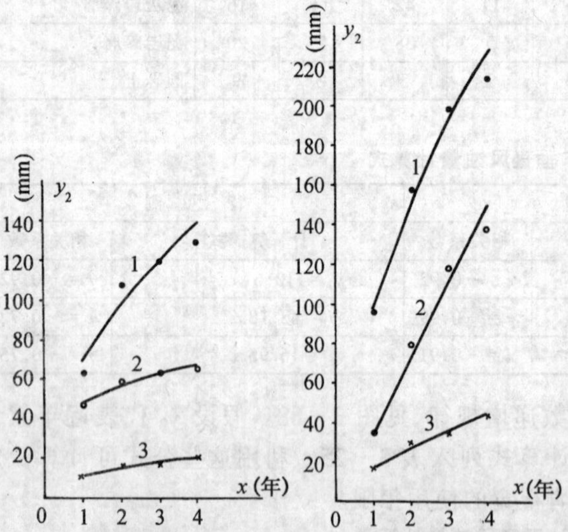

图 3-88　路肩风蚀量累计曲线图

1—泥灰岩碎屑；2—泥岩碎屑；3—圆砾土。

2. 栽砌卵石或片石方格

路肩栽砌卵石或片石，坡面用粒径大于或等于 10 cm 的卵石或片石栽砌与水平成 45°角的方格，方格尺寸可用 1 m×1 m 或 1.5 m×1.5 m 两种类型，在方格内平铺 5～7 cm 厚的碎石或卵石作为保护层。当边坡高度＜3 m 时，可全断面防护；边坡高度＞3 m 时，只在路肩下 2/3 边坡高度内防护。下部帮宽 0.3 m，防止碎(卵)石下落。

这种防护措施虽然施工复杂，但坚固耐用，抗风蚀能力强，广泛用于戈壁大风地区。

3. 干砌片石

路肩和坡面用片石铺砌，其厚度 20～30 cm，防护高度为路肩下 2/3 边坡高度，下部帮宽 0.3 m，防止片石下滑。此措施主要用于线路横跨沟槽高路堤地段，可抵抗强大风力的侵蚀，且附近石料丰富。

4. 铺砌混凝土板

路肩和坡面用 100 号细砂混凝土板铺砌。板长 50 cm，宽 30 cm，厚 5 cm。当边坡高度＜3 m时，全断面铺砌；边坡高＞3 m 时，铺砌高度为路堤的 2/3，下部帮宽 0.3 m，防止混凝土板下滑。

此措施用于当地缺乏卵、砾石、黏性土等防护材料地段。

5. 泥糊抹面

在第三系泥岩地区,用水浸泡泥岩风化碎屑物,使其成糊状,内加 50%～70%的卵、砾石作为骨料,涂抹在路堤坡面,其厚度 7～10 cm。这种措施成本低,施工简单,具有很强的抗风蚀能力。缺点是用水量大。

以上防风蚀工程措施都比较成功。当时还做过乳化沥青、水玻璃加固坡面、坡面洒盐水,使其表面结皮等抗风蚀措施试验,但效果都不佳。

(五)小结

针对兰新铁路大风地区的风蚀灾害,建立专门的小组,进行现场系统的观测研究,保证了资料和分析的齐全和正确。通过该组三年多的观测研究,基本上掌握了兰新铁路 K1422+296～+343、K1477+500～+552 和 K1747+475～+560 不同填料路堤地段的风蚀规律,并根据当地的自然条件和填料种类,因地制宜地提出路堤的各种防护形式,实施后取得了满意的效果,保证了兰新铁路的畅通。

二十一、兰新铁路大风地区的挡风墙工程

曾广勇

兰新铁路在新疆维吾尔自治区境内,先后经过七角井风口和达坂城风口,由于风口风力强大,自通车以来,据不完全统计,曾 9 次发生大风吹翻行驶中的列车车辆事故,给国家造成重大经济损失。如 1961 年 10 月 8 日在 K1748+940 处,大风曾将一列上行货物列车尾部第二辆 50 t 的空棚车吹翻在线路南侧的路堤下;又如 1963 年 4 月 15 日在 K1748+920 处大风又将一列上行的货物列车的守车吹翻在路堤边坡上;更严重者是 1971 年 1 月在 K1750+100 处大风将一列行进中的货物列车中间的 10 节空棚车吹翻,造成车辆设备和财产重大损失。为了确保风区铁路行车安全,运输畅通,曾先后在大风地段路堤迎风侧修筑多处挡风墙工程,收到了较好的效果。

(一) 大风概况

新疆地处亚洲腹地,大陆性气候,干燥少雨,夏天酷热,冬天严寒,并经常受西伯利亚冷空气南下的影响,当寒流进入新疆准噶尔盆地后,受到天山山脉的阻挡,山脉垭口成为南下气流的天然通道,故有大风口之称,如七角井风口,达坂城风口(见图 3－84)。兰新铁路从沙尔车站至红旗坎车站(K1417+270～K1554+897)长 137 km,受七角井风口影响,称为“百里风区”。头道河车站至后沟车站(K1735+452～K1768+405)长 33 km,受达坂城风口影响,称为“三十里风区”,这些地段风力强大,大风频繁。

风口大风的主要特征是风速大,持续时间长,风向稳定。以三个泉车站为例,该站地处达坂城风口,经实地观测,全年>8 级风的天数超过 180 天,常年瞬时极大风速 40 m/s,主导风向 WWN、WN。

(二) 临界翻车风速

1. 临界翻车风速

车辆在强大横向风力作用下,使车体向一侧倾斜,车体的稳定力矩减小,当等于或小于倾

覆力矩时，将有发生车辆倾覆的危险，这时的风速叫临界翻车风速。

2. 临界翻车风速风洞实验

大风吹翻列车是一种罕见的自然灾害现象，无法在翻车时进行现场实地观测，而临界翻车风速是设置防风措施的主要依据，此值可以通过风洞实验取得。1970 年 10 月曾在北京航空学院 D－1 风洞内进行实验，风洞风速用 20.2 m/s 和 27.4 m/s 两种，车辆模型用木材制做，比例尺为 1:50 和 1:100 两种。该次实验采用航空上常用的表压分布法，在风力作用下，测出模型表面各点的压力分布，再沿模型表面积分，得出模型所受合力，外推到实物尺寸，即为实物所受风力，再考虑车辆行驶时横向摆动和弹簧垂直振动的影响。经计算求得最易翻车的 50 t 和 60 t 棚车的临界翻车风速为 50.6 m/s，此值为瞬时风速。

3. 翻车时的实际风速

翻车时，位于线路上风侧的七角井气象站和达坂城气象站均有大风自记记录。为验证临界翻车风速的准确性，大风季节在翻车地点用 EL－26 型电接自记风速仪进行风速测量，分别与七角井气象站和达坂城气象站的风速记录进行相关分析，求得翻车地点翻车时的瞬时极大风速列入表 3－26。

表 3－26　翻车时的实际风速

翻　车　地　点	翻车日期	气象站 10 分钟平均最大风速(m/s)		翻车地点瞬时极大风速(m/s)
		七角井气象站	达坂城气象站	
K1448＋060～＋800	1979－05－19	27		59.6
K1454＋250～＋600	1971－04－06	24		58.9
K1457＋750～K1458＋050	1972－03－21	29		61.4
K1469＋100～＋250	1982－04－05	24		47.4
K1749＋800～K1750＋300	1971－01－09		24	60.8

从表 3－26，可见历次翻车时瞬时极大风速有 4 次大於临界翻车风速，只有 1 次翻车时瞬时极大风速小於临界翻车风速。翻车因素很复杂，除了风力外，还与当地地形、线路平面、路堤高度、坡道、行车速度、颠簸摆动、空棚车门关闭状态等因素有关，所以有时在大风地区风速虽未达到临界翻车风速也可能翻车。兰新铁路是采用 50.6 m/s 作为临界翻车风速设置挡风墙的。

（三）挡风墙勘测

1. 野外调查

历次翻车地点均为线路横跨沟谷的高填方地段，且沟谷顺直，上下游连通。这种地形由于狭管作用，风速很大，且沟谷宽度不及一个列车的长度，当列车行驶到占满整个沟谷时，吹向列车的气流不能从列车两端绕流，只能从车辆顶部翻越流动，这时车辆顶部风速很大，使车辆承受很大横向风压，而且产生很大的升力减轻车辆重量，车辆的稳定力矩减小，当稳定力矩小于倾覆力矩时，即产生翻车。

挡风墙在大风地区是一种良好的防护措施，防风效果很好，墙后风速降低很大，保证了列车安全行驶。

野外调查的目的就是了解沿线地形地貌、主导风向、风速等，确定设置挡风墙地段。

2. 大风观测及风速相关分析

大风观测是挡风墙勘测的主要工作。通过沿线大风测量，建立沿线各点与附近气象站的风速相关关系，然后利用气象站的长期观测资料，推算铁路沿线风速的大小。

百里风区在十三间房车站，利用自记风速仪与七角井气象站进行对比观测；三十里风区在三个泉车站，利用自记风速仪与达坂城气象站进行对比观测，取两地一场大风中日最大风速值(表 3－27、表 3－28)进行相关分析，利用数理统计中的最小二乘法，求两地的风速相关关系。

表 3－27　十三间房与七角井日最大风速(m/s)

出现日期 (1983 年 5 月)	7 日	9 日	16 日	19 日	22 日	28 日
十三间房车站	27	23	20	27	30	24
七角井气象站	14	19	17	26	25	21

表 3－28　三个泉与达坂城日最大风速(m/s)

出现日期 (1991 年 5 月)	3 日	4 日	7 日	8 日	9 日	23 日	25 日	26 日
三个泉车站	17.2	25.8	17.8	14.2	13.7	14.0	24.0	21.2
达坂城气象站	14.3	20.3	11.7	10.7	11.0	9.3	15.3	15.3

十三间房与七角井风速相关方程为式 3－3。

$$y_1 = 0.97x_1 + 3.8 \tag{3-3}$$

$$S = 1.5$$

$$\gamma = 0.96$$

式中　y_1——十三间房风速(m/s)；

x_1——七角井风速(m/s)；

S——均方差(m/s)；

γ——相关系数。

三个泉与达坂城风速相关方程为式 3－4。

$$y_2 = 1.32x_2 + 0.7 \tag{3-4}$$

$$S = 1.4$$

$$\gamma = 0.94$$

式中　y_2——三个泉风速(m/s)；

X_2——达坂城风速(m/s)。

其他符号意义同前。

铁路沿线各点利用轻便风速仪与十三间房车站或三个泉车站进行风速对比观测，由于沿线各点观测时间较短，且不连续，建立两地相关方程有困难，故采用比值法建立两地风速相关关系，定义为测点的风力系数，如式 3－5。

$$K = \frac{1}{n}\sum_{i=1}^{n}\frac{y_i}{x_i} \tag{3-5}$$

式中　n——观测次数；

y_i——各测点第 i 次观测风速(m/s)；

x_i——十三间房车站或三个泉车站第 i 次观测风速(m/s)。

沿线各点大风观测计算结果列入表 3－29。

表 3-29　各测点风力系数

顺号	测点位置	代 表 里 程	风力系数 K	均方差 S
1	K1455+600	K1455+498～K1456+050	1.23	0.22
2	K1462+800	K1462+500～K1462+950	1.27	0.12
3	K1463+900	K1463+650～K1464+020	1.24	0.11
4	K1469+945	K1469+810～K1470+122	1.28	0.19
5	K1473+704	K1473+370～K1474+053	1.27	0.20
6	K1502+725	K1502+600～K1503+030	1.30	0.28
7	K1509+130	K1509+010～K1509+262	1.36	0.31
8	K1511+680	K1511+400～K1511+960	1.48	0.54
9	K1512+280	K1512+233～K1512+635	1.36	0.72
10	K1514+320	K1514+350～K1514+980	1.42	0.43
11	K1747+600	K1746+900～K1747+715	1.23	0.17
12	K1748+150	K1748+105～K1748+275	1.31	0.16
13	K1748+900	K1748+720～K1749+050	1.36	0.17
14	K1750+040	K1749+720～K1750+220	1.35	0.17

计算式 3-3 和式 3-4 的建立,所用原始数据风速时距为 10 分钟平均风速,临界翻车风速是以瞬时风速为标准,因此需要建立两种风速的相关关系,据实测资料(表 3-30),瞬时风速与 10 分钟平均风速相关方程为式 3-6。

表 3-30　瞬时风速与平均风速值

10 分钟平均风速 (m/s)	4.5	6.9	9.5	12.4	15.5	18.9	22.0	26.0	29.4	33.9
瞬时风速 (m/s)	9.9	12.9	16.9	19.9	23.9	27.9	31.9	35.9	38.9	42.0

$$y=1.11x+6.1 \quad (3-6)$$
$$S=1.28$$
$$\gamma=0.99$$

式中　y——瞬时风速(m/s);

x——10 min 平均风速(m/s);

S——均方差(m/s);

γ——相关系数。

3. 大风频率

大风重现期的推算对防止风害,修筑防风设施,组织运输生产有很大的参考价值。根据七角井气象站 1954～1991 年年最大风速和达坂城气象站 1958～1991 年年最大风速作原始数据进行数理统计,由于风速大小分布近似正态分布、故采用数理统计中常用的皮尔逊Ⅲ型曲线进行计算,结果列入表 3-18。

4. 挡风墙的防风标准

确定某处是否会产生大风吹翻列车车辆,是以车辆临界翻车风速 50.6 m/s 为标准。某处大于临界翻车风速出现的时间与列车运行到该点的时间不一定恰好一致。如某处出现大于临界翻车风速时,列车未行驶到该处,或列车行驶到该处时,未出现大于临界翻车风速,这样列车车辆也不会被大风吹翻。因此某处大于临界翻车风速出现的时间与列车运行到该处的时间存在着概率问题,这种概率究竟是多少,未进行研究。

修建铁路是百年大计,考虑到某处大于临界翻车风速出现的时间与列车运行到该处的时间存在的概率问题,笔者认为挡风墙的防风标准, 宜按 30 年一遇出现的大风进行计算,设置挡风墙工程。1989 年至 1994 年兰新线复线勘测设计时,根据野外调查和风速计算,确定百里风区设 10 处挡风墙,三十里风区设 4 处挡风墙(见表 3-29),挡风墙累计长度 6 456 m,其中土堤式挡风墙 4 处,总长度 1 815 m,钢筋混凝土 L 型挡风墙 1 处,全长 683 m,其余均为加筋土挡风墙。这些挡风墙在兰新复线建设中一次建成。

(四) 挡风墙设计

1. 挡风墙的风压标准

挡风墙所受的力主要是风力,即风压。它是挡风墙设计的主要依据,风压按式 3-7 计算。

$$p=\frac{\gamma}{2g}v^2 \tag{3-7}$$

式中 p——风压(Pa);

g——重力加速度(m/s^2);

γ——空气重度(N/m^3);

v——风速(m/s)。

在标准大气压下,重力加速度(g)和空气重度(γ)基本上是一个定值,因此风压的大小是由风速决定的。挡风墙是重要的铁路建筑物,它的风压按 100 年一遇的 10 min 平均最大风速进行计算。该标准用于挡风墙稳定性检算和结构计算。

2. 挡风墙的合理高度

最初设计的挡风墙,高出路肩的高度按铁路车辆棚车的高度确定,有 5.4 m 和 4.5 m 两种高度。由于挡风墙造价昂贵,每 km 高达百万元以上,为了降低造价,确定挡风墙的合理高度是值得研究的课题。

1972 年 8 月中国科学院原冰川冻土沙漠研究所与铁道部第一勘测设计院二总队组成的 101 线风沙研究组的研究报告认为,从风洞试验表明,挡风墙的合理高度是车厢高的 70%,再高就无意义了。

1989 年 7 月乌鲁木齐铁路局和铁道部科学研究院联合进行挡风墙合理高度的研究,通过不同车型的室内风洞试验和现场实体棚车试验,确定挡风墙的合理高度为 3 m。后来在兰新复线设计中,挡风墙的高度,从路肩至墙顶均按 3 m 设计。

3. 挡风墙的结构型式

兰新线挡风墙的结构型式有三种,即土堤式挡风墙、钢筋混凝土 L 型挡风墙及加筋土挡风墙。

(1) 土堤式挡风墙

在路堤的迎风侧,采用土石修建土堤形式的挡风墙,并与路堤连成一体,墙顶宽 1.0 m,背风侧边坡 1:1,迎风侧边坡 1:1.5~1:1.75。挡风墙背侧坡面用浆砌片石,迎风侧坡面在墙顶下 2/3 高度内用干砌片石、墙顶也用干砌片石加固。其结构型式如图 3-89 所示。

此类型挡风墙抗风能力强,施工维修方便,适用于路堤填料丰富,且附近有石料地段。缺点是工程造价较高。

(2) 钢筋混凝土 L 型挡风墙

路堤建成后，在其迎风侧路肩设钢筋混凝土 L 型挡风墙，墙高 3.5 m(包括基础埋入路基面下 0.5 m)，挡风墙底板宽度 2.2 m，墙踵距路堤坡面的垂直距离不小于 0.5 m，迎风侧路肩上仍用夯填土，并顺坡至挡风墙悬臂处，坡面用干砌片石防护，防护高度为坡面高度的 2/3。L 型挡风墙的结构型式如图 3－90 所示。挡风墙的倾覆稳定性检算和结构设计采用 100 年一遇的风压，并考虑迎风侧填土的影响。

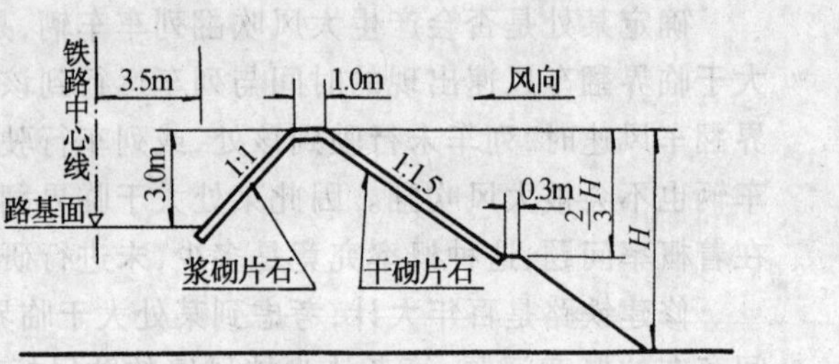

图 3－89　土堤式挡风墙

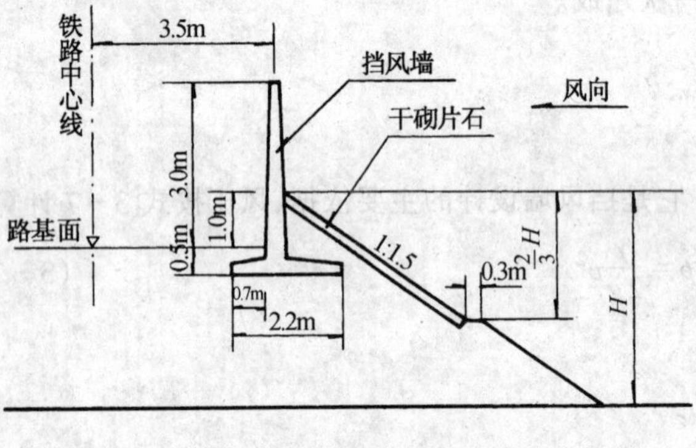

图 3－90　钢筋混凝土 L 型挡风墙

该类型挡风墙的施工，可就地灌注钢筋混凝土，也可预制拼装。墙的悬臂混凝土表面容易被大风刮起的石子打磨，要经常维修。挡风墙工程造价昂贵，只适宜于路堤填料缺乏地段。

(3) 加筋土挡风墙

路堤建成后，在路堤迎风侧路肩，修建对拉式加筋土挡风墙，墙高 3 m，宽 1.5 m，基础埋入路基面下 0.5 m，墙面板为十字型，用 200 号钢筋混凝土预制，板厚 0.15 m，拉杆选用 A_3 型钢筋，迎风侧路肩及其下 2/3 边坡高度内铺设干砌片石防护，墙内用当地土填筑，人工夯实。结构型式如图 3－91 所示。

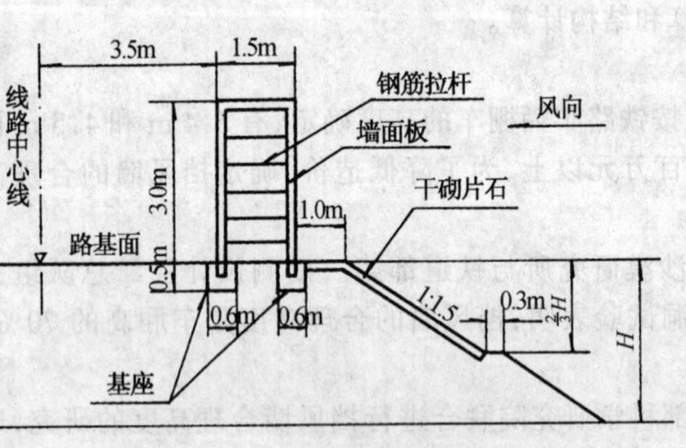

图 3－91　对拉式加筋土挡风墙

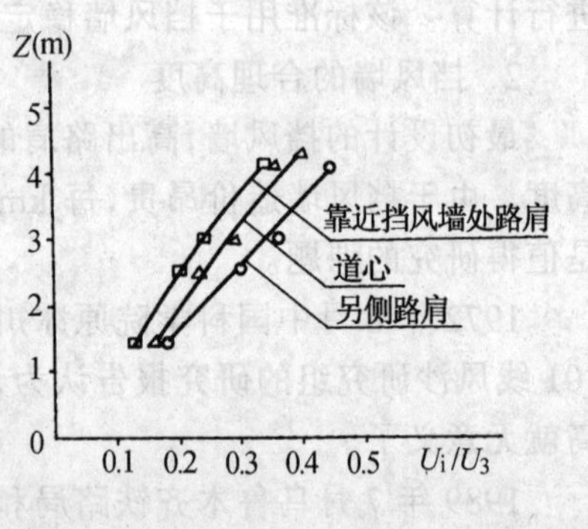

图 3－92　土堤式挡风墙背风侧风速变化曲线

U_i—挡风墙背风侧风速；U_3—无挡风墙处 3 m 高处风速；Z—测点距路面的高度。

挡风墙的倾覆稳定性按 100 年一遇的风压检算，拉杆和墙面板按墙内填土受力情况计算。该型挡风墙施工较复杂，且墙面板混凝土容易被大风刮起的石子打磨，要经常维修。但工程造价最低。

(五) 挡风墙的防风效果

设挡风墙后，当气流受到挤压越过挡风墙时，在墙顶尖角处产生分离，形成一个很薄的强剪切层，由于气体有黏性，剪切层两侧的压差使绕流线向下弯曲，接近路基面时，流线又返回分离区，即在挡风墙背风侧形成一个强大的涡流区。由于涡流区的存在，使墙后风速显著降低，经实测挡风墙高度为 3.5 m 时，挡风墙背风侧两侧路肩及道心的风速急剧减小，约为无挡风墙时 3 m 高处风速的 10%～30%。挡风墙背风侧路面上各点风速垂直分布如图 3－92 所示。

兰新铁路从 1971 年开始，陆续在大风造成翻车地段修建挡风墙，1991 年兰新复线施工时又增建了 14 处挡风墙。从运营实践看，修建挡风墙后，均未再发生翻车事故，保证了行车安全和列车畅通无阻。可见，挡风墙是一种非常有效的防风措施。

二十二、京沪铁路泰安岩溶地区路基塌陷与整治

曾经道　张举贤　盛殿魁

(一)路基塌陷的发生

京沪铁路泰安岩溶地区路基塌陷病害段，位于山东省泰安市西南泰安站至泮河桥间，并涉及辛泰线，辛津联络线，累计长度 6.9 km。随着泰安市城市建设和工农业的发展，地下水开采量和开采深度与日俱增，地下水位大幅度下降。从 1964 年 7 月至 1980 年 5 月地面塌陷共 21 次，其中 1977 年至 1980 年计 19 次。塌陷形状多呈直筒状和坛子状，最大直径 10 m，一般为 4～6 m，下陷深度为4～6 m，有的塌陷坑回填砂卵石，第二年又在原位置造成第二次塌陷。

由于铁路陆续发生塌陷，造成铁路路基、桥涵毁坏，多次中断行车，危及泰安车站及泰安以南京沪正线、辛泰线和联络线，列车长期限速慢行，严重威协铁路运输安全。

该工程于 1981 年委托铁一院勘察设计，经过大量调查测绘、地质勘探、分析研究，查明了病害原因，找出了塌陷规律，经过对“改线绕避”、“引水回灌”、“原线整治”等多种方案的比较，最后采用“岩溶注浆”与“旱桥跨越”相结合的原线就地整治方案。整治工程总量为：岩溶注浆 3 554 m^3，新建两座 12 孔 32 m 旱桥，总长 806 m，铁一院岩土工程公司承担岩溶注浆工程施工，济南铁路局工程公司承担路基改桥工程施工。经整治后，铁路已恢复正常运行。

该工程 1991 年获国家优秀勘察银质奖。

(二)地质、水文地质概况

泰安市北靠泰山，东邻泰(安)莱(芜)盆地，京沪铁路位于泰安市西南缘、山前倾斜平原中、下部，地面高程 126～140 m，地形平缓，季节性河流泮河及渿河穿越塌陷区西北、东南边缘。年平均降水量 700 mm。

1. 地层、岩性及构造

地面塌陷区位于由北侧的泰山断裂、南侧的徂徕山断裂、东侧的岱道庵断裂和西侧的洪沟断裂所组成的断块构造内，地表为第四系地层覆盖，下伏基岩为寒武系(厚度大于 486 m，各组岩性见表 3－31)及奥陶系地层。奥陶系地层分布在塌陷区东部，总厚度大于 450 m，岩性为石灰岩及白云质石灰岩。岱道庵断裂以东第四系覆盖层以下有较厚的第三系地层，该断块构造以北、以西及以南，主要为前震旦系花岗片麻岩、片岩等变质岩系，见图 3－93 。

在地面塌陷区内的第四系地层总厚度一般为 20～31 m，北部较薄处＜10 m。从上到下呈 4 层结构，第一、二层为全新统，第三、四层为更新统，各层岩性简述如下：

第一层为砂黏土，棕黄色，中密，半干硬—可塑。$w_n = 14.4\% \sim 36.2\%$，$\rho = 1.74 \sim 2.08\ g/cm^3$，$e = 0.56 \sim 1.18$，$w_p = 14.0\% \sim 22.1\%$，$w_L = 21.8\% \sim 37.6\%$，$I_p = 7.1 \sim 16.2$，$c = 9 \sim 68\ kPa$，$\phi = 7°04' \sim 26°34'$，$K = 2.47 \times 10^{-7} \sim 5.33 \times 10^{-4}\ cm/s$。

表 3-31　泰安地区寒武系地层特征表

统	组	段	厚度(m)	岩性特征
上寒武统 $\in_3$	凤山组 $\in_3^f$	$\in_3^{f-4}$	>50	豹皮状、致密状、条带状石灰岩。产谭氏满苏虫(Mansuyia Tani),发状济南虫〔Tsinania Conens (Waicott)〕、亚球形褶盾虫(Ptychaspis subglcbosa),偶夹薄层鲕状或砾状石灰岩,未见底
		$\in_3^{f-3}$	28	薄层状页岩、石灰岩互层,夹薄层砾状或鲕状石灰岩
		$\in_3^{f-2}$	13	鲕状石灰岩及细粒结晶石灰岩。鲕状细而密,产满苏虫(Mansuyia Sp.)及济南虫(Tsinania Sp.)。顶部有薄层深灰色页岩
		$\in_3^{f-1}$	17	豹皮状、疙瘩状、致密状石灰岩,偶夹条带状、砾状石灰岩及页岩薄层
	长山组 $\in_3^c$	$\in_3^{c-3}$	14	砾状或竹叶状石灰岩,砾石多有紫红色氧化圈。顶部为条带状石灰岩或夹疙瘩状石灰岩
		$\in_3^{c-2}$	37	页岩,灰黑及蓝灰色,夹薄层石灰岩、砾状石灰岩
		$\in_3^{c-1}$	7	大竹叶状、鲕状、致密状石灰岩,富含海绿石,产庄氏虫(Chuangia)
	崮山组 $\in_3^g$	$\in_3^{g-3}$	12	页岩,灰黑色,夹致密状石灰岩。局部有薄层砾状或鲕状石灰岩
		$\in_3^{g-2}$	20	疙瘩状、致密状、豹皮状石灰岩。底部夹黄绿色页岩
		$\in_3^{g-1}$	45	页岩,杂色,夹薄层石灰岩。产太子河辽宁虫(Liaoningaspis taitzchoensis)
中寒武统 $\in_2$	张夏组 $\in_2^z$	$\in_2^{z-3}$	37	致密状石灰岩与页岩互层,灰色及青灰色
		$\in_2^{z-2}$	22	致密状石灰岩,灰色。下部为薄层页岩
		$\in_2^{z-1}$	63	鲕状石灰岩,青灰或灰黑色,鲕粒直径>1 mm,下部夹石灰岩与含灰质结核的钙质页岩
	徐庄组 $\in_2^x$	$\in_2^{x-3}$	9	页岩,黄绿及紫红色,夹薄层鲕状石灰岩。产毕雷氏虫(Bailiella)
		$\in_2^{x-2}$	13	鲕状石灰岩,深灰色,鲕粒直径 0.4-1.0 mm,富含海绿石
		$\in_2^{x-1}$	28	砂质云母页岩,灰黑、紫灰色,夹鲕状石灰岩、钙质石英粉砂岩,未见底
下寒武统 $\in_1$	毛庄组 $\in_1^{mz}$	$\in_1^{mz-2}$	>10	页岩,淡棕色,常有灰黄色条带,页理面含较多云母片
		$\in_1^{mz-1}$	30	页岩,暗紫色,层面上有翠绿色晕状斑点,偶夹薄层鲕状石灰岩
	馒头组 $\in_1^m$	$\in_1^{m-2}$	23	页岩,砖红色夹灰绿色条带,页理不发育,易碎裂
		$\in_1^{m-1}$	>8	泥灰岩,紫灰色夹棕红色条带,下部为钙质粉砂岩,未见底

第二层为各类砂,以中、粗砂为主,级配不佳,砂粒成分以石英、长石居多。本层为第四系主要潜水含水层。

第三层为风化极严重的卵石土,厚 4～15 m,卵石成分多为花岗片麻岩,含土较多,长石多已高岭土化或呈粉末状,遇水易崩解。一般为潮湿,中密,属弱透水层。采样分析结果:$w_n=16.7\%\sim30.6\%$,$\rho=1.85\sim2.11\ g/cm^3$,$e=0.57\sim0.91$,$c=16\sim38$ kPa,$\varphi=16°42'\sim24°13'$,$K=1.78\times10^{-7}\sim1.23\times10^{-4}$ m/d。

第四层岩性可分为含砾黏土、角砾土、碎、块石土,一般厚度 1～11 m,最厚 17.8 m。含砾黏土呈棕红色或褐红色,结构致密,具高塑性,隔水性能良好,黏土中夹杂的砾石多为页岩风化碎屑。角砾土及碎、块石土呈棕褐色,成分全为风化极严重的页岩碎块,偶夹风化卵石。碎块裂隙面多有水膜或黏土充填,具有水流痕迹,无盐酸反应,一般呈潮湿状,局部饱和,见表 3-32。

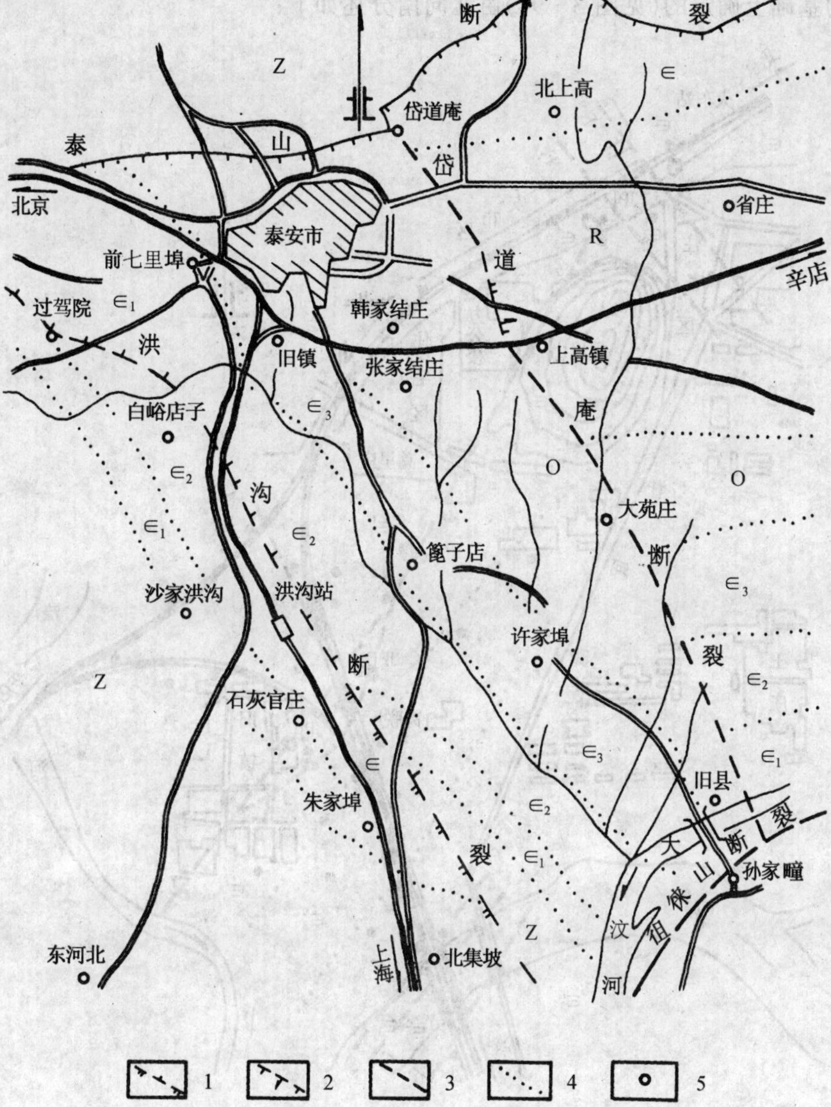

图 3-93　泰安及附近基岩地质图

R—第三系；O—奥陶系；$\in_3$—上寒武统；$\in_2$—中寒武统；$\in_1$—下寒武统；

Z—震旦系；1—逆断层；2—正断层；3—性质不明断层；4—岩层分界线；5—村镇。

表 3-32　第四层土各项物理力学指标

土层名称	天然含水量（%）	天然密度（g/cm^3）	天然孔隙比	液限（%）	塑限（%）	塑性指数	凝聚力（kPa）	内摩擦角（°）	渗透系数（m/s）
含砾黏土	23.8～61.2	1.05～2.05	0.61～1.72	36.2～81.2	18.5～41.3	14.6～42.1	27.0～125	5°08′～19°17′	14.99×10^{-9}～1.48×10^{-5}
角砾土	26.4～36.6	1.75～1.96	0.81～1.06						2.62×10^{-5}～2.23×10^{-3}
碎、块石土	16.3～60.1	1.59～2.07	0.63～1.72				20～92	11°19′～25°38′	1.41×10^{-7}～1.85×10^{-4}

由于岩层露头很少，在坍陷区内的断裂是根据钻孔的岩性对比和构造角砾岩的存在，在分析和研究的基础上确定的(见图 3－94)由北向南分述如下：

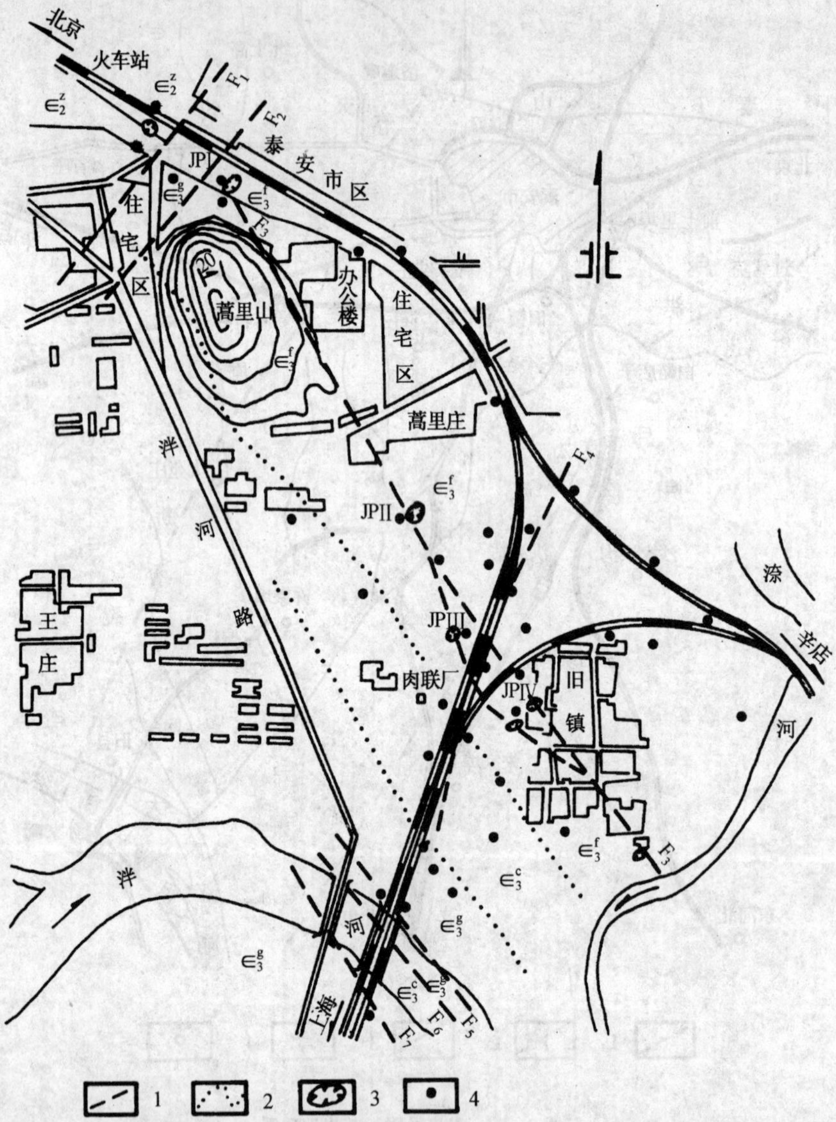

图 3－94　基岩及 $F_1 \sim F_7$ 断层分布示意图

1—断层破碎带；2—岩层分界线；3—塌陷坑；4—钻孔。

F_1：在泰安车站立交桥处，走向 NNE，高角度的断层，断层北侧为张夏组地层和徐庄组地层，南侧为崮山组地层，断距约 130～150 m。

F_2：在泰安车站立交桥南侧，走向 NNE，高角度的断层，北侧为崮山组，南侧为凤山组地层，断距 70～80 m。

F_3：横贯全区，走向 N30°～40°W，向西北延伸可能与 F_2 相交。向东南经蒿里山东麓、JPⅡ、JPⅢ至 JPⅣ以远，在 JPⅢ处有一条分支断裂，在 JPⅠ处的地层混乱；在蒿里山北麓岩层极破碎，构造角砾岩化；在 JPⅡ处的少数钻孔中有构造角砾岩；在 JPⅢ处地层混乱、错开，在分支断裂中有构造角砾岩，断距不大，是一条挤压破碎带，主断裂带 40～50 m 宽，分支断裂带 10～20 m 宽。

F_4：在 JPⅢ处京沪复线间，走向 NNE，平行一段京沪线向北跨越辛泰线，向南延伸穿越联络线，断距 8～10 m。

F_5：位于泮河桥头北侧，走向 NW，倾向 SW，倾角 60°～70°，断距约 30 m，推测为正断层。

F_6：位于泮河内，走向 NW，倾向 SW，倾角 70°～80°，北东盘为崮山组地层，南西盘为长山组地层，断距 60～70 m，推测为正断层。

F_7：位于泮河桥南岸，走向 NW，倾向 NE，倾角 70°～80°，南西盘为崮山组地层，北东盘为长山组地层，断距 70～80 m，推测为正断层，与 F_6 构成地堑式断层。

本区断裂甚多，因有覆盖层的存在，断层间的成因联系、力学性质及构造体系等，尚须进一步研究和探讨。

2. 水文地质

地下水主要有第四系冲、洪积层中的孔隙潜水和基岩中的岩溶裂隙水两种。

(1) 第四系潜水

含水层为砂、圆砾土，水位埋深 2～8 m，其厚度与季节密切相关，一般为 1～5 m。提水、抽水试验列于表 3－33。

表 3－33　第四系潜水抽(提)水成果表

钻孔编号	水位埋深(m)	含水层厚度及名称(m)	降深(m)	出水量(l/s)	单位出水量(l/s·m)	渗透系数(m/d)	观测孔降深	
							观 1(m)	观 2(m)
提水 1	4.54	2.95 粗砂	3.25	0.56	0.172	0.7		
抽水 2	7.20	4.40	4.52	2.30	0.509		0.28	0.22
	7.26	粗　砂	2.18	2.01	0.922	75.62	0.22	0.16
抽水 3	3.39	4.06	1.42	0.45	0.317	12.23	0.59	0.50
		中　砂	2.70	0.78	0.289	55.69	1.10	1.06
抽水 4	7.15	2.00	4.91	0.60	0.122		0.02	0.11
		粗　砂	1.78	0.42	0.236	19.30	0.05	0.12

据观测资料，4～5 月为低水位，8～9 月为高水位。水化学类型 60 年代前为 HCO_3-Ca 型，后因工业污水大量排放渗入地下，已变为 SO_4-Ca 型，不能作生活用，只能用于农业灌溉。潜水流向与地形倾斜方向基本一致(见图 3－95)。

(2) 岩溶裂隙水

碳酸盐岩中普遍含岩溶裂隙水，具承压，水头高度与第四系潜水位基本持平，高程约在 128.0 m。1960 年以后，随着地下水开采量和开采深度与日俱增，岩溶裂隙水由承压变为无压，水位大幅度下降，形成大规模的降落漏斗。到 1982 年岩溶裂隙水最低水位高程为 90 m，低于基岩顶面约 20 m，形成以泰安市岱庙一带为中心的地下水漏斗，见图 3－96。

岩溶水水量 3 360～26 m^3/d，相差悬殊，这主要取决于岩溶裂隙发育程度、岩溶网络的连通性、充填物性质及充填程度。区域性水流方向为自北西向南东，但在下降漏斗内发生逆向倒流。高水位出现在 10 月下旬至 12 月上旬，滞后降水峰期 2～3 个月，低水位在次年 4～5 月份，年变幅 2.5～19.1 m。

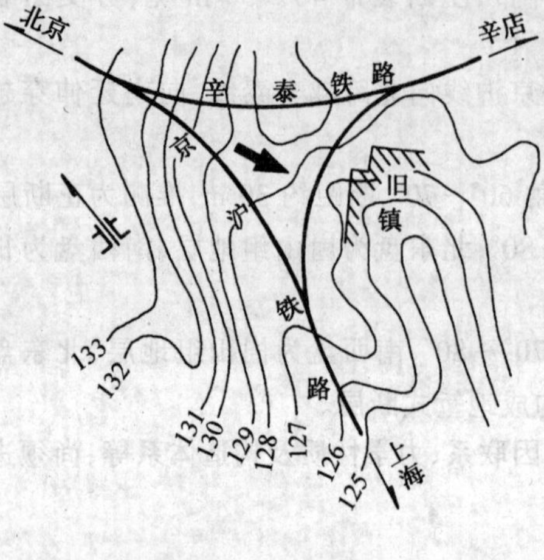

图 3-95　第四系潜水位等高线及流向示意图

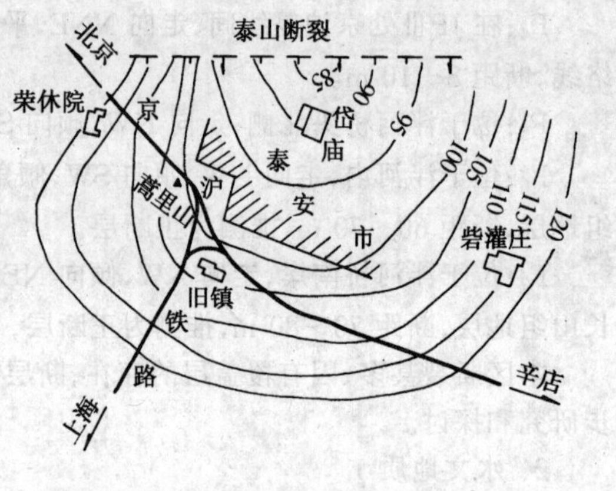

图 3-96　泰安地区岩溶水等水位线示意图

(三)岩溶特征及地面塌陷成因

1. 岩溶特征

(1) 岩溶发育规律

a. 岩溶发育主要受岩性控制

通过 72 组岩样化学成份分析,从表 3-34 可表明岩石结构较化学成份对岩溶作用的影响更大,无论平均洞高或最大洞高都明显的看出致密结晶石灰岩、鲕状石灰岩最发育,其次为豹皮状、砾状、竹叶状石灰岩。条带状石灰岩,由于泥质含量增多,岩溶现象则不发育。

表 3-34　岩溶与岩性关系统计表

岩 土 名 称	溶洞个数	一般洞高(m)	最大洞高(m)	$CaCO_3$ 含量(%)	
				数值范围	平均值
致密结晶石灰岩	49	0.5～0.8	7.23	58.1～95.5	84.9
豹皮状石灰岩	52	0.3～1.0	2.77	73.9～98.5	83.3
鲕状石灰岩	86	0.6～1.2	8.75	74.9～95.8	87.2
砾状、竹叶状石灰岩	18	0.2～0.9	2.2	81.6～94.4	88.6
疙瘩状石灰岩	10	0.1～0.4	0.82	77.1～93.6	85.1
条带状石灰岩	3	0.3	0.3	62.0～84.8	74.6
页　　岩	0			0.01～43.5	19.8

b. 沿断层挤压带附近,尤其在断裂复合部位岩溶特别发育

本区主要有 NW 向张性和 NE 向张扭性两组断裂。从钻孔揭示,JPⅡ、JPⅢ、JPⅣ三个解剖点均处在 NW 断裂带附近,JPⅠ为上述两组断裂的复合部位,其岩性以上寒武系凤山组致密结晶、鲕状、豹皮状石灰岩居多,因此岩溶特别发育。平均线岩溶率都在 20%以上,最高达 78.62%,最大溶洞高 13.6 m,故此处曾相继发生地面塌陷,有的重复发生。泮河桥头虽然位于一组 NW 向地堑式断层附近,但因其岩性以上寒武系固山组页岩为主,故虽地层破碎而岩溶却不发育。虽曾发生过塌陷,但规模不大,平均线岩溶率仅 13.1%。

c. 岩溶的发育随深度增加而渐次减弱

根据 235 个钻孔资料统计分析,未遇见岩溶只占 8.6%。按高程 90 m 以上岩段计算,钻

孔线岩溶率<5%的占28.6%,>15%的占41.1%,最大为82.9%。岩溶发育程度随高程降低而减弱,根据钻孔资料,顺次截取各孔相同高程上每米溶蚀的累计高度与岩段的比值,见图3-97,明显看出,岩溶主要发育在高程90 m以上。

(2)岩溶形态

a. 岩溶裂隙

其发育特点与溶洞相似,延伸方向主要受构造线控制。如JPⅢ解剖点岩溶裂隙长达50 m左右,最大洞高13.6 m,见图3-98,而其两侧相距仅数米的钻孔,所遇溶洞少而小,溶蚀现象甚微弱。

b. 溶沟、溶洼

石灰岩顶面有溶沟、溶洼,多处钻孔基岩面高程相差8~12 m,物探资料也反映本区存在NW向沟槽。

c. 溶洞

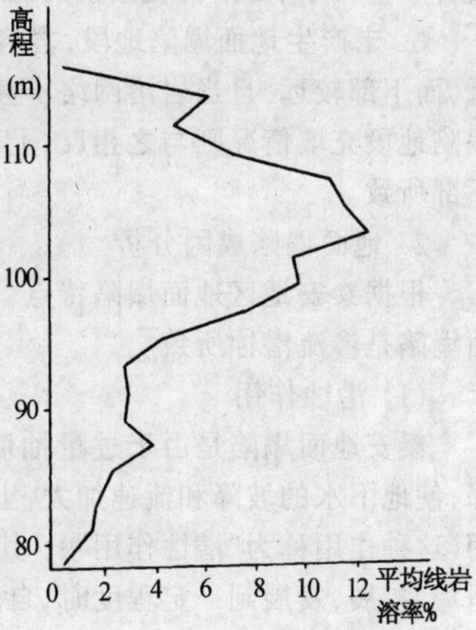

图3-97 岩溶发育深度图

在本区石灰岩地层中,普遍发育有溶洞,只是规模不一,充填程度各异。根据资料统计,岩溶遇见率达80%以上。按高程90 m以上岩段计算岩溶率一般为5%~20%,属中、强岩溶区。

(3) 岩溶充填情况

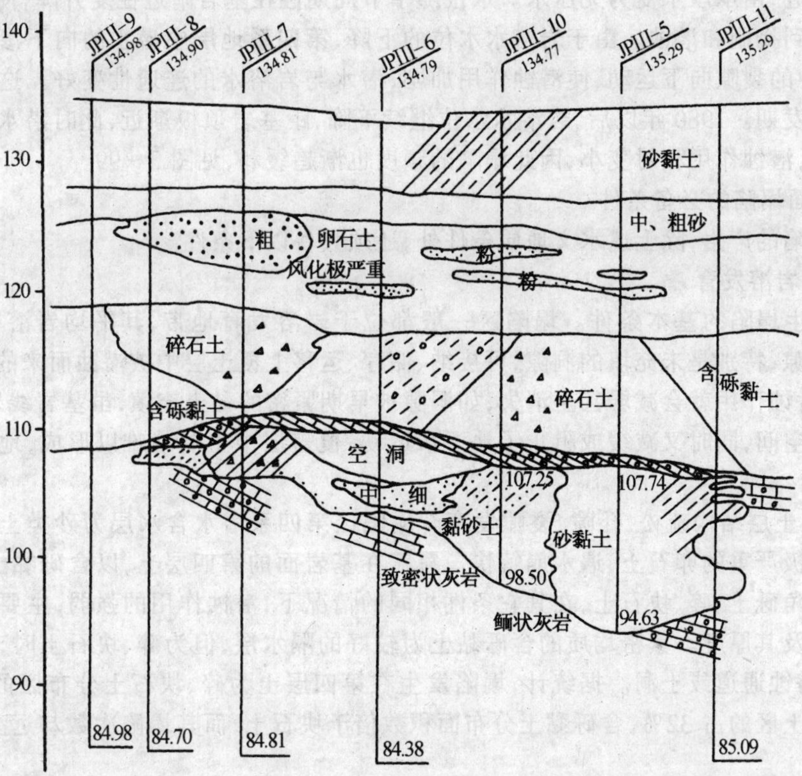

图3-98 JPⅢ解剖点溶裂纵剖面图

本区岩溶70%~90%,被后期物质充填。其特点:

a. 已产生过地面塌陷的岩溶充填物多为含水量较大的稀软泥砂混合物;未产生塌陷的一般含水量较小、为结构较紧密的黏性土。

b. 未产生地面塌陷地段,岩溶上部充填率高,下部则较低。这是由于上部接受土的来源近,而下部较远,且当岩溶网络不甚发育时,充填物在运转过程中被阻的缘故。在已产生地面塌陷地段充填情况则与之相反,上部充填率低,下部充填率高,这是由于上部物质被冲蚀流入下部所致。

2. 地面塌陷成因分析

根据泰安地区地面塌陷特点,并通过对5个塌陷坑洞的解剖资料分析,泰安岩溶地区的地面塌陷是渗流潜蚀所致。

(1) 潜蚀作用

泰安地面塌陷是由于过量抽取地下水,人为地改变了地下水动力条件,造成地下水位下降,使地下水的坡降和流速加大,土层及石灰岩裂隙通道中的充填物受到潜蚀、冲刷和掏空作用(这种作用称为"潜蚀作用"),其结果是在第四系底部土层中形成空洞,洞顶不断向上剥落、坍塌、扩展,发展到一定程度时,自然拱受到破坏而发生地面塌陷。

地面塌陷与岩溶水水位的下降密切相关。根据1958年和1959年的资料,岩溶水水位高于基岩顶板20 m左右,岩溶洞穴均被水和泥砂、含砾黏土、角砾土充填,从钻孔资料看,有的洞穴被含砾黏土充填得相当密实。1975年以前虽已开采岩溶地下水,造成地下水位下降,但岩溶水的最低水位仍高于基岩顶板。到1976年以后,由于过量开采岩溶水,使其水位急剧下降至基岩面附近,由承压水变为无压水。水位随季节周期性在基岩附近往复升降,使上覆土层的底部不断受到掏刷和潜蚀。由于岩溶水水位的下降,第四系地层中潜水的向下渗透作用也加强,沿土层中的裂隙向下运动,使潜蚀作用加剧,潜水与岩溶水的连通性变好。这一阶段是地面塌陷的高发期。1980年以后,岩溶水水位继续下降,距基岩顶板渐近,此时潜水与岩溶水的连通性减弱,潜蚀作用相对变小,因此塌陷的频度也渐趋缓和,见图3-99。

(2) 地面塌陷的必备条件

地面塌陷的产生,除上述水文地质条件外,还须具备以下条件。

a. 基岩岩溶发育

这是产生塌陷的基本条件。塌陷区一般都位于岩溶发育地带,其平均岩溶率在15%以上。岩溶洞隙,特别是未充填的洞隙,可接纳、储存、运移上覆土层中被潜蚀而来的土。如果洞隙被堵塞,潜蚀作用就会减弱甚至消失;如洞隙被早期紧密的黏土充填,虽基岩线岩溶率较高,但因无储存空间,同时又减缓或阻止了地下水运动,覆盖层中土洞就难以形成,地面塌陷亦不会发生。

b. 覆盖土层结构疏松,孔隙、裂隙发育。塌陷区第四系潜水含水层为砂类土,结构疏松,其下为风化极严重的卵石土,遇水崩解快。覆盖在基岩面的第四层土,以含砾黏土为主,也有页岩成分的角砾土、碎、块石土,在其它条件相同的情况下,潜蚀作用的强弱,主要取决于第四层土的岩性及其厚度。紧密均质的含砾黏土为较好的隔水层,但为碎、块石土时,则遇水易软化,易形成潜蚀通道或土洞。据统计,塌陷发生在第四层土为碎、块石土分布区的占68%,发生在含砾黏土区的占32%,含砾黏土分布面积数倍于块石土,而其塌陷次数却远少于碎、块石土区。

c. 渗流作用强烈。当岩溶水位下降后,第四系潜水位与其产生水头差,水位差愈大,压力差也愈大,潜蚀作用也愈强。因此,渗流是本地区产生潜蚀的必要条件。

另外,从本区构造破碎带延伸的方位与地面塌陷位置分布的关系,明显地反映出来,即地面塌陷基本上沿断裂带伸展方向和断裂带交汇处集中分布。如 JPⅠ、JPⅡ、JPⅢ和 JPⅣ的塌陷坑都分布于横贯本区的 F_3 这条断裂带上。经勘探查明这几处塌陷的石灰岩地层中都有岩溶洞穴存在。在 1982 年 8 月 24 日夜间,旧镇大队五队的仓库处突然发生地面塌陷,其位置也在这条构造破碎带的延伸线上。F_3 和 F_4 构造破碎带在 JPⅢ交汇,这一带地面塌陷坑的数量较多。

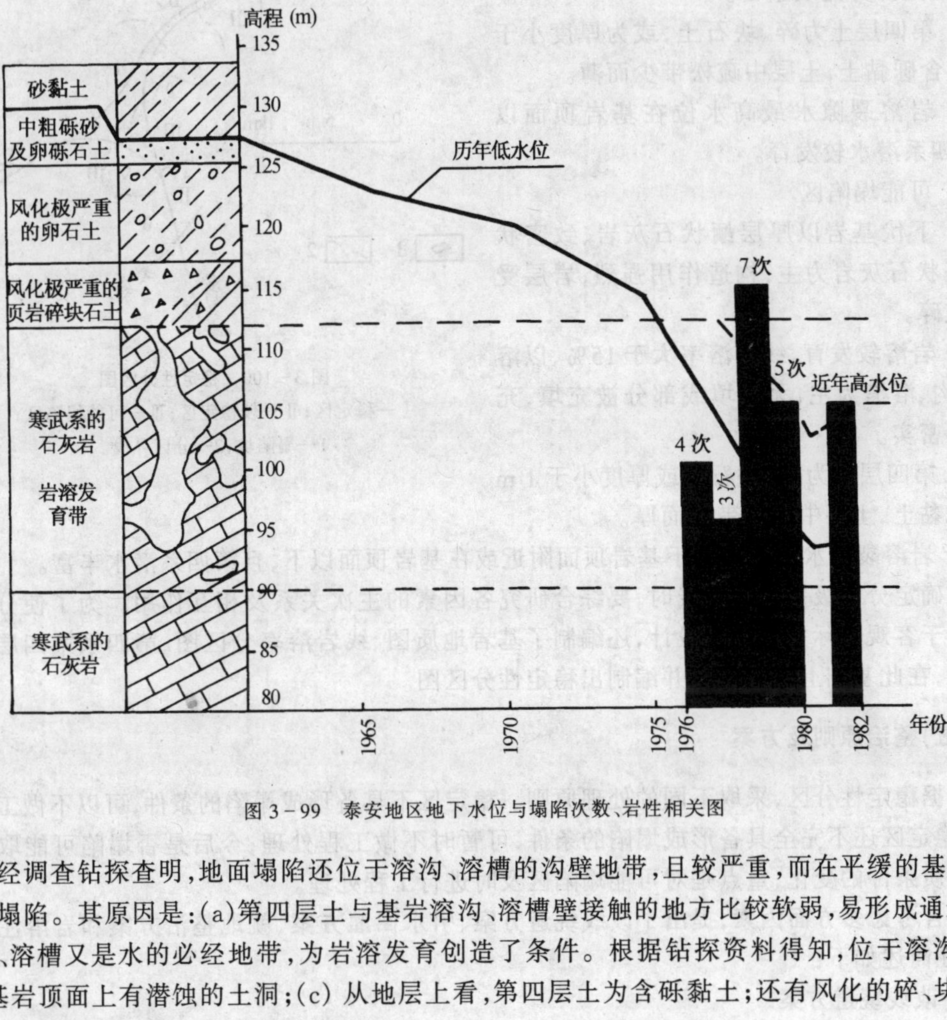

图 3-99　泰安地区地下水位与塌陷次数、岩性相关图

经调查钻探查明,地面塌陷还位于溶沟、溶槽的沟壁地带,且较严重,而在平缓的基岩顶面处无塌陷。其原因是:(a)第四层土与基岩溶沟、溶槽壁接触的地方比较软弱,易形成通道;(b)溶沟、溶槽又是水的必经地带,为岩溶发育创造了条件。根据钻探资料得知,位于溶沟、溶槽内,基岩顶面上有潜蚀的土洞;(c) 从地层上看,第四层土为含砾黏土;还有风化的碎、块石土,具较多裂隙,遇水易软化崩解,易被潜蚀。

(四)稳定性分区

结合泰安地面塌陷地区的地层岩性、构造特征、岩溶化程度、水文地质条件等诸因素,沿铁路线的带状范围划分为稳定区、较稳定区和可能塌陷区,见图 3-100。

1. 稳定区

a. 下伏基岩为页岩或以页岩为主夹薄层石灰岩,以及石灰岩地层稳定,构造断裂少,岩溶裂隙不发育,平均线岩溶率小于 5%。

b. 下伏基岩以石灰岩为主,岩溶均已被充填,且充填物较紧密。

c. 第四层土以含砾黏土为主,其中无疏松带。

d. 岩溶裂隙水最高水位高出基岩顶面，无第四系潜水或水量甚微。

2. 较稳定区

a. 下伏基岩以石灰岩为主夹薄层页岩，虽受构造挤压，但岩体较完整。

b. 岩溶较发育，线岩溶率一般为 5% ~ 15%，且大部分充填紧密。

c. 第四层土为碎、块石土，或为厚度小于 3 m 的含砾黏土，土层中疏松带少而薄。

d. 岩溶裂隙水最高水位在基岩顶面以下，第四系潜水较发育。

3. 可能塌陷区

a. 下伏基岩以厚层鲕状石灰岩、致密状或结晶状石灰岩为主，构造作用强烈，岩层受挤压破碎。

b. 岩溶较发育，线岩溶率大于 15%，以溶洞、溶沟、溶槽为主，无充填或部分被充填，充填物不密实。

c. 第四层土为碎、块石土或厚度小于 1 m 的含砾黏土，土层中疏松带多而厚。

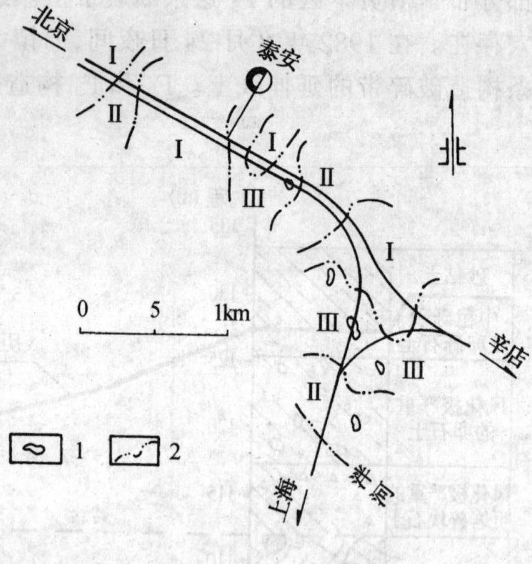

图 3－100　稳定性分区图

Ⅰ—稳定区；Ⅱ—较稳定区；Ⅲ—可能塌陷区；
1—塌陷坑；2—分区界线。

d. 岩溶裂隙水水位摆动于基岩顶面附近或在基岩顶面以下，且第四系潜水丰富。

在确定分区级别及其界线时，要综合研究各因素的主次关系及相互作用。为了使分区指标接近于客观实际并应用于设计，还编制了基岩地质图、线岩溶率分区图、第四系第四层土岩性图等，在此基础上研究确定并编制出稳定性分区图。

(五)整治原则及方案

根据稳定性分区，采取不同的处理原则。稳定区不具备形成塌陷的条件，可以不做工程处理；较稳定区还不完全具备形成塌陷的条件，可暂时不做工程处理；今后是否塌陷可能取决于水文地质条件的变化；重点是对可能塌陷区及时进行工程处理。

综合考虑多方面因素，提出了改线绕避方案、引水回灌方案、就地整治方案和岩溶注浆方案，现在简述如下：

1. 改线绕避方案

根据地形、地质条件及既有铁路现状，有改线条件，但改线工程除京沪正线外，还涉及泰安站站区及从泰安站接轨的辛泰铁路，新建工程及废弃工程量大，还影响泰安城市规划，改线后泰安站离市区较远。

2. 引水回灌方案

引水回灌恢复岩溶裂隙水位，并封闭现有水源井的方法，可以消除塌陷危害。但本来就相当突出的泰安市工业及生活用水问题在短时间内尚难解决；维持现有水源井继续开采(或限量开采)，在丰水季节引水回灌，使岩溶裂隙水有所回升和控制的方法，能否达到消除塌陷危害的目的，在技术上难以得到保证，还存在引水水源难以解决的困难。这个方案还须对已形成的塌陷予以适当处理，不能放弃不管。

3. 原线整治方案

保持铁路线不动，就地整治塌陷病害。各种工程措施按其性质分为两类，一类是直接消除塌陷因素，确保铁路路基稳定的方法；另一类是采用跨越建筑物，避免塌陷危及行车安全的方法。由于京沪铁路是国家Ⅰ级干线，所以对局部塌陷最严重、最集中的地段采用了技术成熟、稳妥可靠的路基改建旱桥的跨越方案。该段线路上、下行路基分离，便于铺设临时运营便线和建桥施工。桥址处第四系覆盖层厚度约 20 m，疏松变形带及土洞较发育；潜水较丰富；岩溶裂隙水水位低于基岩顶面约 10 m，裂隙型岩溶较发育，充填较低；因此，选用了 12 孔 32 m 钢筋混凝土梁桥，基础采用沉井套桩置于较完整基岩上。

但是，在泰安站站场范围内(特别是咽喉区)，以及无铺设便线条件的地段，旱桥跨越方案便受到技术与经济上的限制。

4．岩溶注浆方案

此方案系通过钻孔灌注水泥浆液，堵塞基岩顶部的岩溶洞隙空间，截断上部土层被潜蚀、运移的通道，消除产生塌陷的基本条件，达到防止塌陷的目的。泰安地区岩溶发育深度不大，形态以裂隙型为主，大型溶洞很少(最大溶洞分布地段采用旱桥跨越)，充填率高，而且具有较厚的第四系覆盖层。这些特点，使岩溶注浆方案在技术可靠性和经济合理性方面明显优于其他整治方案。岩溶注浆方案还具有施工简便、对行车无干扰、不污染地下水源、不增加工务维护工作等优点，因此，列为泰安路基塌陷病害整治工程的主要方案。

(六)岩溶灌浆设计、施工及检查

为了论证注浆方案在技术上的可行性，效果上的可靠性和经济上的合理性，取得有关技术参数，推荐合理的施工程序，良好的施工工艺，合适的灌注材料，总之，为设计提供所需的数据，于 1983 年 3 月 28 日至 5 月 25 日进行了灌浆试验。

1．注浆设计主要技术参数

(1) 注浆处理范围至铁路路基坡脚外 5 m；

(2) 注浆孔按孔距≤8 m，并结合场地条件布置；一般采用垂直孔，与铁路行车发生干扰处采用斜孔；

(3) 注浆孔深至基岩顶面以下 2～3 m；注浆段孔径 110～130 mm；

(4) 浆液采用 425 号普通硅酸盐水泥掺加速凝剂($CaCl_2$)配制，水灰比一般选用 0.8:1～1:1。

(5) 岩溶注浆量的计算，采用经验公式：

$$Q = \pi R^2 \cdot H \cdot \mu \cdot \beta \cdot \alpha (1 - \gamma) \lambda \tag{3-8}$$

式中 Q——设计注浆量(m^3)；

R——浆液扩散半径(m)；

H——基岩注浆深度(m)，根据实际情况，H 值大于灌浆段高度，即实际浆液充填深度比灌浆底面要深，故 H 值应比灌浆段高，约 5m 左右；

μ——平均岩溶裂隙率(%)；

β——有效充填系数，一般 $\beta = 0.8 \sim 0.9$；

α——超灌系数，与岩溶空间形态及注浆技术有关，一般取 $\alpha = 1.2$；考虑岩溶发育的不均匀性和浆液的流失，将 α 值提高到 1.4；

γ——岩溶裂隙充填率(%)；可达 70%～80%；

λ——地区性经验系数。

实际注浆工程都是一定范围内的多孔注浆，将 πR^2 改用注浆面积 S，则上述公式为

$$Q = S \cdot H \cdot \mu \cdot \beta \cdot \alpha (1 - \gamma) \lambda \tag{3-9}$$

(6) 土层注浆量与疏松带(包括土洞、缝隙)发育程度有关。在泰安塌陷地区,土层注浆量为岩溶注浆量的5%~10%。

2. 注浆施工工艺

(1)按先外围后中间的顺序注浆;注浆孔采用取芯钻进方法,并进行简易水文地质测量;第四系潜水层需用套管封闭;注浆套管下至基岩面以上0.5 m,并嵌固于含砾黏土层中。在含砾黏土松软或很薄时,采用黏土球回填夯实的方法嵌固。

(2) 清洗孔底基岩注浆段,但清洗时间不宜过长,一般以3~5 min为宜;对不漏水的孔应进行压力洗孔,洗孔最大孔口压力不超过500 kPa。

(3) 进行注水试验,测定基岩注浆段单位吸水量。

(4) 根据钻孔岩芯及注水试验资料选用适当的浆液浓度、速凝剂配比、注浆压力、注浆流量等参数,并视注浆过程中基岩吸浆量及注浆压力的变化加以调整。在实际工作中,遇到多种情况与多种变化的多种组合,关系比较复杂。一般对吸浆量较小的孔,采用先稀后浓的浆液进行连续的压力注浆;对于吸浆量较大的孔,采用先浓后稀再浓的浆液进行多次定量间歇注浆;对于遇到较大岩溶通道、吸浆量又较大的,应在注浆的同时加注骨料(一般选用中、粗砂),并选用适宜的浆砂比。

(5) 岩溶注浆结束的标准为:孔底压力达到600~700 kPa;吸浆量小于4 l/min,并稳定30分钟。由于岩溶发育的不均匀性,各注浆孔的实际耗浆量相差很大,先期注浆孔的耗浆量一般大于平均单孔耗浆量,后期注浆孔则较小,所以切不可以单孔耗浆量作为注浆结束的标准。

(6) 岩溶注浆结束后,提拔套管,进行土层注浆,注浆孔口压力一般<100 kPa。

3. 注浆效果检查

浆液的扩散是在地下隐蔽进行的,必须通过注浆效果检查来确认其工程质量。京沪铁路泰安路基塌陷病害的岩溶注浆整治工程,主要采用钻探方法来检查。

(1) 检查钻孔的数量为注浆孔数的10%~20%,采用有分析地布置在注浆孔之间或随机布置的方法布孔,部分检查孔(20%~30%)的位置是由建设单位和接收单位的监理人员和验收人员在现场确定。检查孔深度比邻近注浆孔深度深2~3 m。

(2) 对检查孔岩芯进行检查,在基岩和土层部位都再未遇到洞隙空间,原有岩溶洞隙或土洞、土缝可见到柱状、片状的胶结致密的水泥结块。

(3) 进行孔内注水(压水)试验,测定注浆后基岩(浅部)单位吸水量,与注浆前对比。注浆前的注浆孔内单位吸水量一般在10~30 l/(min·m·m),部分>50 l/(min·m·m);注浆后的检查孔内单位吸水量多数小于0.05 l/(min·m·m)。

(4) 对个别吸水量较大的检查孔,进行压力补注浆;单位吸水量大于4 l/(min·m·m),或补浆量较大的,则要结合有关注浆孔的地质资料和注浆施工资料进行综合分析,适当增布检查孔和补注浆孔。

(七)整治效果及结论

地处我国北方的山东省,分布广泛的碳酸盐岩层中发育有不同程度的岩溶。虽然发育程度不及我国南方地区,但过量抽取岩溶地下水引起的环境地质问题仍日益突出。特别是地面塌陷,往往会造成极大的危害。

泰安岩溶地面塌陷区范围大,工程地质及水文地质条件复杂。京沪铁路泰安地区地面塌陷病害整治工程,采用钻探与物探(以电法、地震法为主)及原位测试相结合的方法,基本上查明了工程地质及水文地质条件,并根据塌陷成因和场地条件作出稳定性分区,采用了以岩溶注浆为主、局部地段路基改桥的工程整治措施。到目前为止，虽然在铁路范围以外及改桥地段仍有地面塌陷发生，但经整治后的线路多年来路基稳定、运营正常。证明塌陷成因分析和稳定性分析基本上符合实际，确定的整治方案和整治范围合理。

二十三、孝柳线石庄小煤窑采空区工程地质勘察及处理

刘双进

孝柳线通过石庄小煤窑区长约 7.0 km，古窑、废窑多，并有生产窑，线路行进在虢义河左岸，采空区长约 5.6 km。严重影响线路方案及重点工程。因此，在勘测中应查清采空区的工程地质条件，为各阶段设计提供可靠的基础资料。

(一) 小煤窑采空区的地质勘察程序

1. 准备工作

(1) 资料收集：收集山西省地质局、汾西矿务局及临近煤矿的煤田地质资料，掌握区域地质构造特征和地层层序，重点了解含煤地层的分布特点和埋藏深度，分析小煤窑采空可能出现的区段，结合线路方案确定调查范围。

(2) 调查访问：采用从上到下，层层访问，先到汾阳县矿管局和社、队了解测区小煤窑的分布情况、开采历史和现状、开采规模和远期规划；后找社、队、有关人员了解小煤窑的具体情况，并请了解情况的人员到现场指认古、废窑、生产窑井口位置和地面变形等有关情况，这样即可基本掌握各小煤窑开采和废弃的情况，并把这些反映在 1/10 000 的地形图上，作为线路走向方案研究的依据。

2. 初测

(1)地质调绘：初测时逐个落实小煤窑窑口位置，调绘在 1/2 000 地形图上，对影响线路的窑口则用经纬仪测绘。同时对控制线路方案的地段做进一步补充调查，落实采空及地面变形情况，配合纸上定线，稳定线路方案。

(2) 钻探验证：在调绘的基础上，布置适当的钻孔，以验证调查资料，钻孔均结合工程进行布设，共完成 20 孔 1 214 m，基本掌握了本段地质构造、地层层序、可采煤层层数、厚度变化、埋藏深度和采空情况，为地区稳定性评价提供了可靠的依据。

(3) 整理分析：根据钻探和调查访问资料，绘制采空区地质纵断面图，根据小煤窑煤层埋藏深度，进行稳定性分段，满足初步设计的要求。见图 3－101。

3. 定测

对初测资料进行核定，补充收集沿线现代小煤窑资料，在 1/2000 地形图上调绘其规划开采边界(如补充了常树沟古竖井)，结合工点进行工程勘探，完成钻探 30 孔 1 013.48 m，掌握了本段煤层的埋深、厚度及分布规律，补充调绘杨寨至虢义河 2 号桥的地质纵断面，修正初测稳定性分段，基本查清大、中桥基底小煤窑采空情况，满足了施工设计的要求。见图 3－102。

(二) 小煤窑采空区的工程地质特征

1. 地形地貌及工程概况

本段线路行进在虢义河左岸阶地，溯河西上，全长约 7 km，主要工程有杨寨隧道、石庄车站、大中桥 5 座(泉则沟、枣沟、道场沟、安家沟、东耳沟等)。深挖方 9 处，高填 9 处，陡填 1 处。

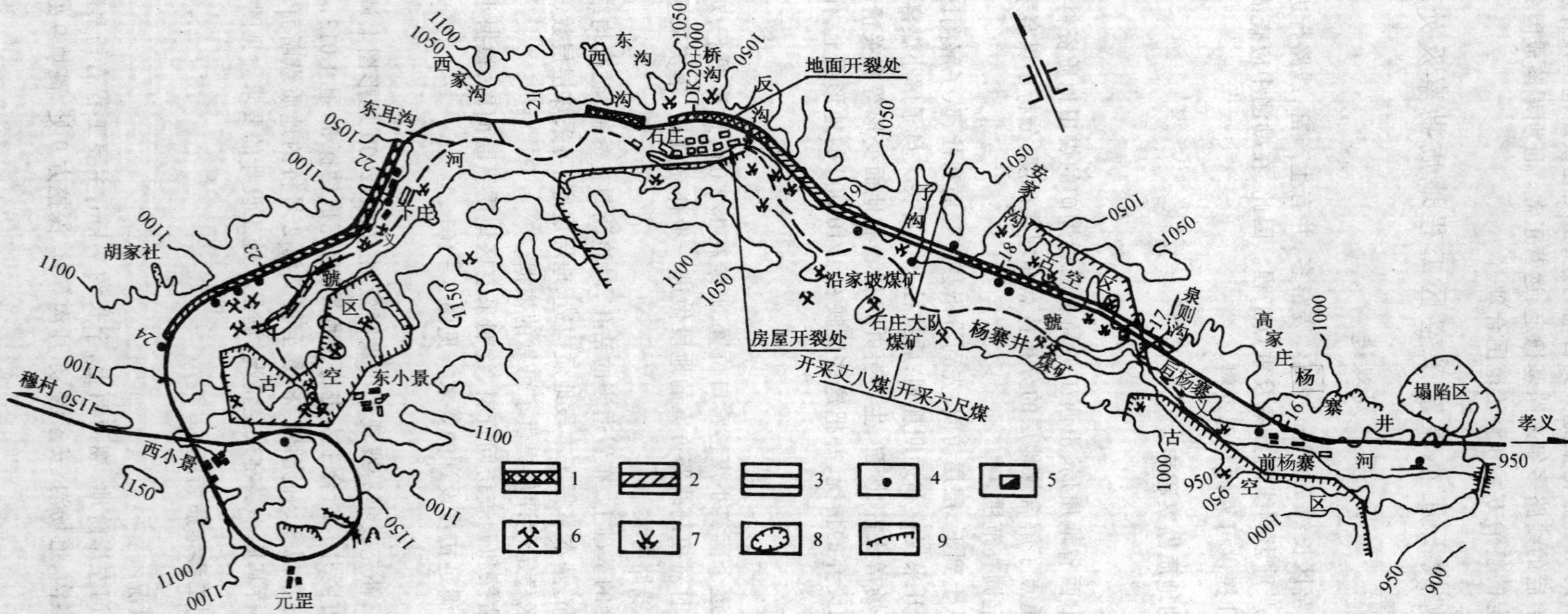

图 3-101 孝柳线石庄小煤窑采空平面示意图

1—可能塌陷段；2—可能变形段；3—基本稳定段；4—钻孔；5—试坑；
6—现代开采煤窑；7—古小煤窑；8—坍陷区；9—老采空区边界。

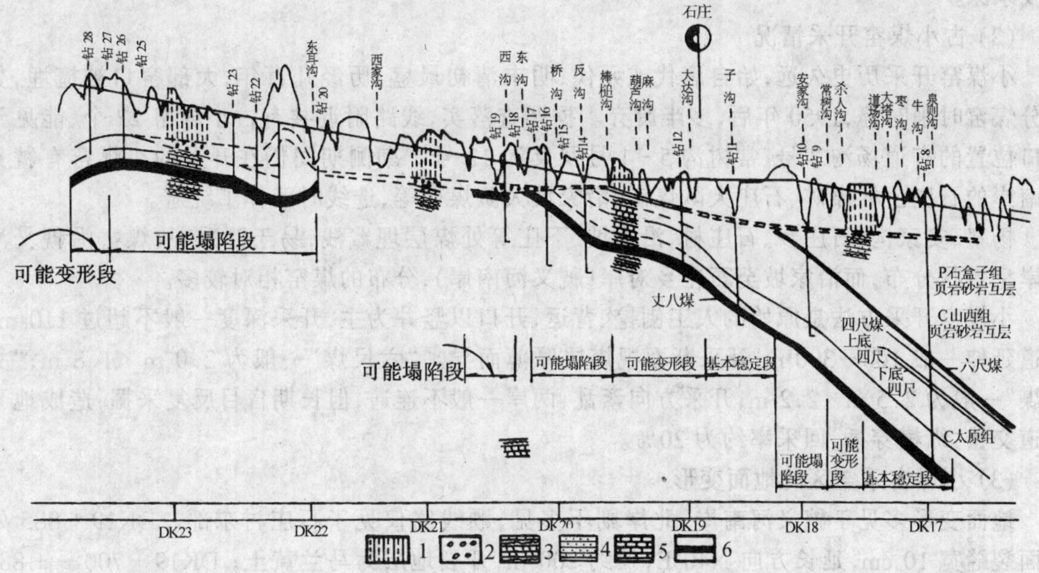

图 3-102　孝柳线石庄小煤窑采空区纵断面示意图

1—黄土质砂黏土；2—卵石土；3—页岩；4—砂岩；5—石灰岩；6—煤层。

地貌上属梁峁状黄土丘陵地带，地形起伏较大，横向沟谷发育。

2. 区域地质及地层

(1) 区域地质

本段属吕梁背斜东翼，东临晋中拗陷西缘，主要构造形迹为平缓褶曲，伴随有较多小型断裂，古生代地层以小角度向东偏北倾伏，产状 N4°～12°W/8°～15°E，消失于前杨寨东。在下庄有一背斜，太原组地层隆起，煤层被剥蚀。

(2) 地层概况

地表为第四系上更新统黄土质砂黏土，厚 10～20 m，其下为中更新统砂黏土厚 5～20 m 及卵石、圆砾土层厚 2～15 m，底部为石炭系砂页岩及煤层，东部有二叠系砂页岩；虢义河和支沟内出露全新统砂黏土、黄土质砂黏土及卵石土。

本段主要为石炭系煤系地层，多出露于虢义河右岸及左岸的一些支沟内，由东向西为山西组和太原组，地层产状 N5°～15°W/8°～15°N。

山西组(C_3^s)：海陆交互相及滨海沼泽深湖相沉积。灰白、灰、灰黑色砂岩、砂质页岩、页岩及煤层组成，厚 50～60 m，是主要含煤地层，分布于道场沟与子沟之间。

太原组(C_3^t)：海陆交互相沉积，由灰白、灰黑色砂岩、砂质页岩、石灰岩及煤层组成，厚度>60 m，亦是主要含煤地层，分布于子沟以西。

3. 主要煤层及小煤窑开采情况

(1) 主要煤层

本段主要煤层有 6 层。山西组有 3 层为："六尺煤"、"四尺煤"和"底四尺"煤；太原组有 3 层为："丈八煤"、"铜二尺"煤、"铜三尺"煤。可采煤层为"六尺煤"和"丈八煤"。

"六尺煤"分布于杨寨至子沟之间，埋藏深度 13～130 m，东深西浅，煤层厚 1.3～1.8 m，属中厚煤层，顶板为砂质页岩，底板为页岩；"丈八煤"分布于子沟至虢义河 2 号桥之间，厚 5～9 m，属厚层煤，结构复杂，中间常夹页岩而被分为 2～3 层，顶板为石灰岩，底板为页岩，埋深 12～100 m，西浅东深。

(2) 古小煤窑开采情况

小煤窑开采历史久远，始自唐代或元代，明末清初最盛，历经几百年，大部窑口被掩埋，少部分煤窑时采时停，1950 年后，多半废弃。据调查落实，线路附近共有古小煤窑 22 个，能见到窑口位置的有道场沟 3 号、常树沟 5－1 号及反沟 12 号。勘测期间仍在开采的小煤窑有虢义河南岸的石庄公社煤矿、石庄大队煤矿、沿家坡大队煤矿等，选线时已作了绕避。

杨寨、安家沟、石庄乡、石庄村、沿家坡、下庄等处煤层埋藏浅，易于开采，故煤窑沿虢义河两岸呈带状分布，而沿家坡至石庄乡对岸(虢义河南岸)，分布的煤窑相对较多。

小煤窑开采方法是原始的人工刨挖、背运，开口以竖井为主，开采深度一般不超过 110 m，巷道延伸一般 100～300 m，开采断面视煤层厚薄而异。“六尺煤”一般为 2.0 m×1.8 m；“丈八煤”一般为 2.5 m×2.2 m；开采方向紊乱，两岸一般不连通，但长期盲目反复采掘，造成地下巷道交错，纵横穿插，回采率约为 20%。

(3) 小煤窑采空区的地面变形

地面变形多见于虢义河南岸，北岸则不多见，顺线路仅见于石庄村东部。DK19 + 885 处地面裂缝宽 10 cm，延长方向 N40°E，长约 200 m，开裂地层为马兰黄土；DK19 + 700～ + 885 房屋、窑洞拱顶及边墙开裂约 70 余间，并且有十余间房屋倒塌。产生地面变形的直接原因是石庄大队在 1958 年“大跃进”时期，12 号小煤窑的开采及六七十年代向西采掘过程中突然出现“古空水”，在排除“古空水”过程中造成地面塌陷。

4. 采空区的水文地质条件

测区地下水不甚丰富，埋深一般在支沟的沟底以下 4～20 m，为基岩裂隙水，受大气降水补给。测区无地表长年水流，局部有泉水出露，属下降泉。

测区含水层主要是太原组石灰岩和砂岩，山西组砂岩因页岩阻隔则赋存层间裂隙水。太原组石灰岩为良好的含水层，节理发育并有溶蚀现象，太原组和山西组砂岩呈扁豆体状，为弱含水层。

煤层的开采，尤其在“丈八煤”的开采过程中均切穿页岩隔水层，使砂岩、石灰岩及煤层直接联通，地下水大量涌向开采巷道。小煤窑停采，巷道便充满地下水，当地称此水为“古空水”，其水量大，水力联系广。它的存在对后来小煤窑的开采有极大威胁，将其排出之后，特别是突然的排出，将会引起采空顶板的塌陷，从而产生山体下沉、地面变形、建筑物开裂等不良地质现象。

(三) 小煤窑采空区的稳定性评价及工程处理意见

1. 选线原则

勘测中，选线原则上应尽量绕避严重小煤窑采空区。就测区小煤窑采空区分布及严重情况来说，虢义河南岸小煤窑采空范围明显大于北岸，而且分布有较多的现代小煤窑，因此就虢义河南、北岸方案比较来看，线路走在北岸是合理的。

2. 稳定性评价

测区线路总长 7 km 左右，小煤窑采空区约 5.6 km，依据小煤窑采空区地层资料、小煤窑形态调查资料、地面变形调查资料、塌陷变形计算和阳涉线等稳定性评价经验，确定本线稳定性分段的原则是：A. 采空区上覆顶板厚度 0～30 m 为可能塌陷段；B. 上覆顶板厚度在 30～60 m 为可能变形段；C. 上覆顶板厚度＞60 m 为基本稳定段。(上覆第四系地层按 3∶1 折算)。

全段采空区 5.6 km，分布于 DK16 + 850～DK18 + 200、DK18 + 200～DK20 + 200、

DK20+350～+700及DK21+800～DK23+700。按上述原则分段，基本稳定段长1.15 km，可能变形段长1.5 km，可能塌陷段长2.95 km。其中可能塌陷段中有大桥2座、小桥涵12座、深挖4处、高填2处、陡填2处；可能变形段有石庄车站1处，深挖2处，高填1处，无大中桥工点 。采空稳定性分段见表3-35。

表3-35　采区稳定性分段表

<table>
<tr><th>顺号</th><th>起迄里程</th><th>延长(m)</th><th>稳定性评价</th><th>开采煤层</th><th>位　置</th></tr>
<tr><td>1</td><td>DK16+850～DK17+550</td><td>700</td><td>基本稳定段</td><td rowspan="3">“六尺煤”</td><td rowspan="2">后杨寨</td></tr>
<tr><td>2</td><td>DK17+550～+750</td><td>200</td><td>可能变形段</td></tr>
<tr><td>3</td><td>DK17+750～DK18+200</td><td>450</td><td>可能塌陷段</td><td>安家沟</td></tr>
<tr><td>4</td><td>DK18+200～+650</td><td>450</td><td>基本稳定段</td><td rowspan="6">“丈八煤”</td><td>安家沟—子沟</td></tr>
<tr><td>5</td><td>DK18+650～DK19+650</td><td>1000</td><td>可能变形段</td><td></td></tr>
<tr><td>6</td><td>DK19+650～DK20+200</td><td>550</td><td rowspan="3">可能塌陷段</td><td rowspan="2">石庄</td></tr>
<tr><td>7</td><td>DK20+350～+700</td><td>350</td></tr>
<tr><td>8</td><td>DK21+800～DK23+400</td><td>1600</td><td>东耳沟—胡家沟</td></tr>
<tr><td>9</td><td>DK23+400～+700</td><td>300</td><td>可能变形段</td><td>胡家沟—虢义河2号桥</td></tr>
</table>

3. 工程处理原则及处理措施

(1) 可能塌陷段所有工程均需进行基础处理，大、中桥墩台基础均应置于可采煤层以下坚实的基岩中，小桥涵基础及路基工程应对采空区进行灌浆处理。具体处理措施如下：

a. 本段需进行处理的大、中桥有安家沟及东耳沟大桥。安家沟大桥采用挖孔桩基础，基础置于煤层以下。东耳沟大桥仅6号墩位于采空区内，采用沉井基础对6号墩进行处理，基础置于煤层以下。

b. 采空区小桥涵、路基基底处理措施

处理方法：采用在钻孔中灌黄土水泥浆的方法，封填煤层中空洞。

处理宽度：路堑从两侧坡脚、路堤从两侧坡脚向外2 m处，各做垂线外成30°角的斜线。该斜线与采空顶面相交处，两侧交点范围即为处理宽度。见图3-103、图3-104。

灌浆深度：路堑从路基面、路堤从填方基底至煤层底板下。

灌浆孔布置：灌浆孔一般按排距5 m、间距8 m成梅花形布置。线路中线必须设置一排钻孔。施工中视具体情况适当调整排距及间距。但务必将处理范围内空洞填死。涵洞基础范围内钻孔排、间距加密1倍。

灌浆材料：用当地黄土质砂黏土加10%的水泥拌匀，加水拌成黄土水泥浆。浆液比重0.5:1～2:1。灌浆时先稀后稠。当遇空洞，出现压浆机久不升压时，可加砂、碎石等粗骨料间歇灌注。

变更设计：在吸取“西延”、“阳涉”等线小煤窑处理经验基础上，结合本段具体情况，原处理方案布孔偏多，做了适当减少变更。

路堑布3排、路堤两坡脚按排距5 m、间距8 m布孔。(涵洞及小桥墩台应有钻孔)。灌浆压力200～400 kPa。每孔必灌。

路堤、路堑在最外一排发现空洞时,应按30°稳定角向外沿空洞方向补孔。

对无煤及煤层厚度≤1 m的地段,不布灌浆孔。

根据采空范围大小,按空洞孔数的5%~10%布置质量检查孔。

(2) 可能变形段中无大、中桥及隧道重点工程,对房建基础进行压浆处理。

(3) 基本稳定段可不做处理。

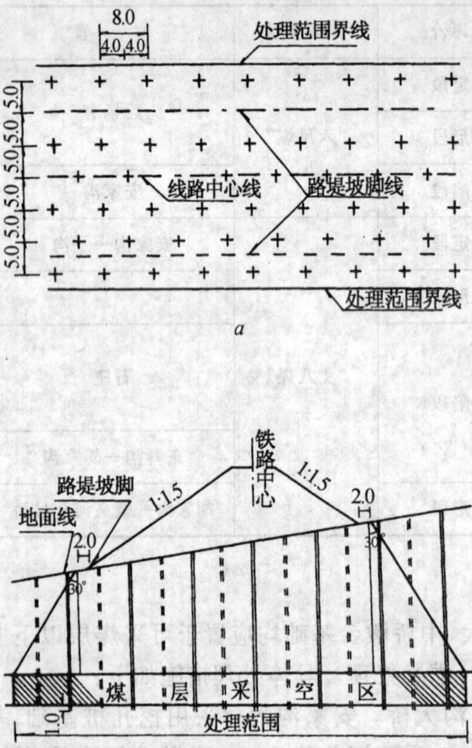

图3-103 孝柳线石庄小煤窑采空区路堤灌浆孔布置示意图

a—路堤灌浆孔平面布置;b—路堤灌浆孔横断面布置。

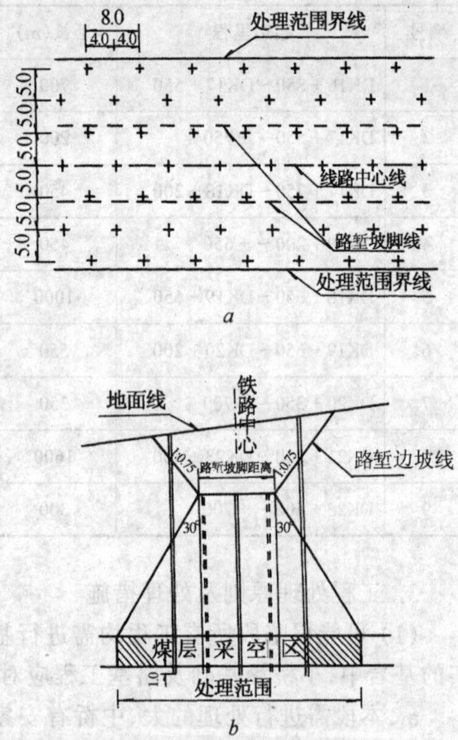

图3-104 孝柳线石庄小煤窑采空区路堑灌浆孔布置示意图

a—路堑灌浆孔平面布置;

b—路堑灌浆孔横断面布置。

(四) 结语

1. 小煤窑开采年代久远,开采无规划,因此收集煤田资料及调查、访问便成为地质工作的主要手段,访问中要认真仔细,并应实地验证。

2. 新线勘测设计,对小煤窑采空应有足够的重视,在选线中尽量绕避严重的采空区,如必需通过时,要进行详细勘察,并在设计中避免设置车站和桥、隧等重点工程。

3. 要重视区域地质调查工作,特别对采空区的区域地质、煤层厚度、分布规律、地下水状况及构造特征进行详细的了解、查证。

4. 开展综合勘探,在调查的基础上,充分利用钻探、物探等勘探方法,落实采空范围及埋藏深度。

5. 稳定性评价不仅要考虑空洞的大小,还要结合煤层的层数、可采性、厚度、埋藏深度、覆盖层厚度及岩性、水文地质条件、洞内充填情况、地面变形等因素综合分析评价。

二十四、包西线西安至延安段秦家川车站和马四川黄土路堑高边坡稳定性

陈占新

(一) 概述

包西线西延段由陇海铁路的新丰镇接轨，向北经坡底到延安北站，全长约 320 km。其 90％以上的路段行进在陕北黄土高原区，铁路路堑边坡多为黄土，由于受地形限制，边坡高度多大于 30 m。秦家川车站路堑边坡高度达 60 m。设计中路堑边坡坡率采用合适与否，直接影响工程造价和正常运营。本文拟通过已建成的秦家川车站和马四川两处路堑边坡的形式及使用中的稳定效果，从工程地质比拟角度作对比总结，供以后在类似工程的勘测设计中参考借鉴。

(二)区域地质特征

两工点在地貌上属陕北黄土高原沟壑、梁、峁区。沟谷深切，沟梁相间。黄土梁、峁及部分二级阶地上部覆盖第四系上更新统风积新黄土(Q_3^2)，在风积新黄土之下，在二级阶地部位为第四系上更新统早期冲、湖积黄土质砂黏土(Q_3^1)，沿线以洛河和延河的分水岭九燕山为界，以南以河流沉积相为主，在区域上属乾县组，以北以河、湖相沉积为主，属萨拉乌苏组地层。三级阶地及斜坡的风积黄土之下为第四系中更新统(Q_2)老黄土，梁、峁核部有第四系下更新统(Q_1)老黄土。基底为三叠系和侏罗系砂页岩，岩层受构造影响微弱，岩层倾角小于 5°。

(三)工程实例

1．秦家川车站黄土路堑边坡

(1) 地形地貌及地层岩性

工点位于洛河右岸黄土斜坡，斜坡自然坡度 40°～50°左右。线路在 DK622＋167～＋351 段以深挖通过，最大挖方边坡高度 60 m。斜坡上部为 Q_3 风积新黄土，厚 5～10 m，大孔隙发育，中密，半干硬，具有湿陷性；新黄土之下为 Q_2 老黄土，厚度大于 50 m，黏性较强，夹少量礓石，较紧密，半干硬，一般不具湿陷性。基底三叠系页岩夹砂岩，层理近水平，位于挖方段路基面以下。

(2) 路堑坡率及边坡形式

经钻探、取样、稳定性检算及现场调查资料分析，设计总坡率采用 1∶1.25，分级设平台，单级边坡高 12 m，边坡坡度为1∶0.75，每级平台宽 6 m，均设加固的截水沟(图 3－105)。路堑边坡主要由(Q_2)老黄土构成，土工试验资料：$\rho=1.8\ g/cm^3$，$\varphi=30°$，$c=25$ kPa。

(3) 堑坡稳定性

该处黄土路堑高边坡按照设计的边坡形式，建成至今，经过近 10 年的考验，一直处于稳定状态。

2．马四川(DK490＋030～＋178)黄土路堑边坡

(1) 地形地貌及地层岩性

该工点位于延河右岸二级阶地斜坡处，自然坡度 25°～40°，上陡下缓。最大中心挖深 24 m，左侧路堑边坡最大高度 33 m。路堑边坡地层主要为 Q_3 冲积黄土质砂黏土，属萨拉乌苏组

地层，粉质为主，黏性差，含粉砂较多，半干硬—硬塑，土工试验资料：$\rho=1.7\ g/cm^3$，$\varphi=26°\sim30°$，$c=8\sim10\ kPa$；基底为三叠系砂岩夹页岩，分布在路基面以下。

(2) 设计与施工

西延段在该工点的设计原则是，采用陕北黄土高原南部乾县组冲积黄土质砂黏土路堑坡率的资料，每单级边坡高标准 10 m，单级边坡 1:0.75，边坡高大于 10 m 设一级平台，大于 20 m设二级平台，每级平台宽 2.0 m，并设截水沟，每单级坡脚设 3 m 高的护脚墙。

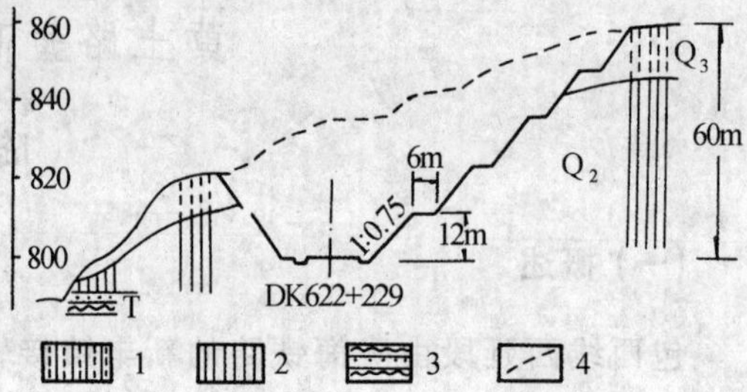

图 3-105 秦家川路堑地质断面图

1—新黄土；2—老黄土；3—砂页岩；4—原地面线。

当施工开挖至路基面，路堑边坡还未形成时，左侧堑顶出现贯通的拉张裂缝，裂缝倾向线路，倾角 40°～45°，已难以按原设计路堑边坡形式实施。为了尽量降低边坡高度及保证坡体稳定，变更设计改为下挡上护，即第一级边坡高 10 m 改为挡土墙，墙顶留 2 m 平台，以上顺裂缝清掉已开裂的土体，按 1:1 刷坡，并设干砌片石护坡(图 3-106)。

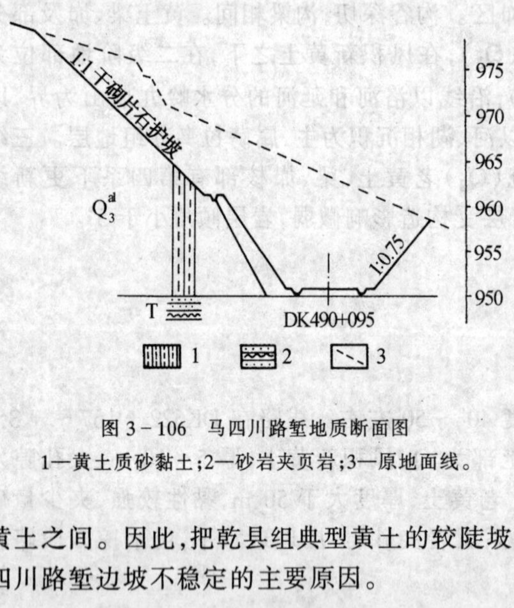

图 3-106 马四川路堑地质断面图

1—黄土质砂黏土；2—砂岩夹页岩；3—原地面线。

(3) 堑坡稳定性

按变更后的下挡上护、放缓上部边坡施工，近五年来，该工点路堑边坡处于稳定状态，未有变形发生。

3. 原因分析

对比分析以上两个工点，由于所处的地理位置不同，黄土的颗粒成分与粗细粒度含量的差异，即引起两处黄土工程地质性质上的差别。秦家川位于洛川附近，地层属洛河流域的乾县组，其黄土颗粒成分较细，黏性相对较强，其工程地质性质属典型黄土；马四川的黄土质砂黏土，属萨拉乌苏组黄土，含砂量大，黏性差，其工程地质性质决定了其稳定坡角介于粉砂与典型黄土之间。因此，把乾县组典型黄土的较陡坡率来设计萨拉乌苏组黄土的路堑边坡，是造成马四川路堑边坡不稳定的主要原因。

(四)体会

黄土高边坡，应充分利用黄土在天然状态下能保持直立的特征，其坡率一般宜选择得较陡些，可以减小坡面冲刷，减少土方量和坡面防护等工程，从而减小工程投资。但是，边坡过陡，超过其稳定限度，会出现路堑边坡变形破坏。最佳边坡坡率的选择，除了取决于地形及组成路堑边坡岩土的工程地质性质外，同时，在宏观上还有地区性的差异，即文内所述九燕山以南的乾县组黄土和以北的萨拉乌苏组黄土是有区别的。通常在边坡设计中，采用指标稳定性检算法、现场调查自然边坡比拟法和类似工程的工程地质比拟法等综合手段来选择路堑边坡的坡率和坡高。而工程地质比拟法在选择坡率时，不失为比较可靠的方法之一。

二十五、陇海铁路天兰段大河岔黄土路堤病害整治

高天鹅

(一) 概述

工点位于天兰段大河岔车站至高阳车站之间，其里程为 DK1562 + 580～+ 720，由于施工质量差，地表排水未处理好，自 1952 年通车运营以来，路堤填土不断产生下沉，形成道碴囊，并在线路左侧产生环形裂缝，部分发展成新生黄土陷穴和暗沟等病害。铁路工务部门每年在春融及秋雨后，采用开挖夯填和灌砂等措施进行整治，由于对路堤本体采取了不恰当的帮肩措施，以致道碴囊进一步发展。1961 年边坡修 10 条横向干砌片石盲沟，但 1962 年帮肩时把盲沟埋住，失去排水作用。工务部门虽历年进行维修整治，未见成效，隐患一直未根除，1980 年 7 月铁一院对病害工点进行勘察工作，查明了病害原因，采取了有效的整治措施，达到根治目的。

(二) 地形地貌

线路行进在大河(咸河)右岸，线路左侧为黄土梁峁地形，冲沟发育，右侧为大河河床。修铁路时将大河截弯取直，向外改移约 160 m，线路以高填形式沿大河凹岸老河床主流处通过，长 140 m，中心填高 26～30 m，路堤坡脚处为一公路便道，便道外侧有一长 130 m、高 5 m 的挡土墙，见图 3 - 107。

大河河谷较深，沟岸直立，高约 30 m，宽 40～80 m，河床内常年流水，平时水量很小，河床至黄土梁峁顶相对高差 80 余米。

线路左侧取土平台长百余米，宽 20～50 m，后缘为黄土陡坡，DK1562 + 671 为原山坡冲沟沟心，冲沟纵坡呈阶梯状，约 30°左右，DK1562 + 750 为洪水冲毁的旧涵址，DK1562 + 725.9为改沟新修的 1 孔 4.5 m 小桥。

(三) 地层岩性特征

1. 人工填筑土(Q_4^{ml})：淡黄色，为黄土质砂黏土，土质不均，疏松，半干硬至硬塑，厚 5～30 m，据土工试验资料，粉粒(0.05～0.005 mm)占 68.5%～70%，黏粒(<0.005 mm)占 19%～22%，而砂粒仅占 7.5%～12.5%，w_L = 25.5%～28.3%，10 m 以上，e = 0.95～1.06，ρ_d = 1.25～1.38 g/cm^3；10 m 以下，e = 0.85～0.95，ρ_d = 1.38～1.46 g/cm^3，渗透系数为 0.015～0.083 m/d。

2. 圆砾土(Q_4^{al})：淡黄、青灰色，粒径 2～20 mm 占 40%～45%，>20 mm 约占 25%，磨圆度好，呈浑圆至圆棱状，成分以石英岩、砂岩碎屑为主，稍湿至潮湿，中密，分布于大河河床。

3. 风积黄土(Q_3^{eol})：淡黄色，土质均一，以粉粒为主，半干硬至硬塑，具大孔隙及垂直节理，垂直渗透性强，具强湿陷性，在冲沟上游见串珠状陷穴，坡面有淋蚀陷槽。线路左侧平台有大小陷穴及暗沟 30 多个。

(四) 水文地质特征

年平均降水量 445.2 mm，小雨多渗入土中，仅在暴雨时，部分沿陷穴渗流，部分形成径流沿沟而下，水量较大。本段地下水埋藏较深。高路堤内无地下水，路堤内部含水量随降雨量而变化，一般自上而下，逐渐减少，平时上部为硬塑状，下部为半干硬。

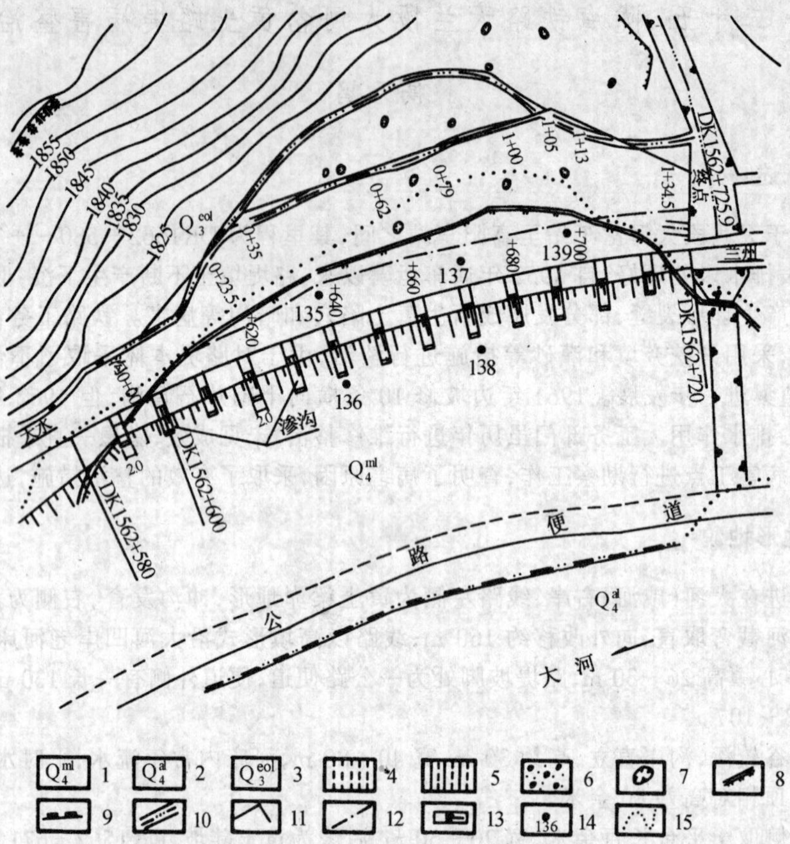

图 3-107　天兰段大河岔黄土路堤病害平面示意图

1—人工填筑土；2—全新统冲积层；3—上更新统风积层；4—新黄土；5—黄土状土；
6—圆砾土；7—陷穴；8—裂缝；9—挡土墙；10—既有排水沟；11—设计改沟线；
12—设计排水沟；13—边坡渗水沟；14—钻孔及编号；15—岩层分界线。

（五）路基病害及整治概况

1．路基下沉及路基帮宽

工务部门没有建立历年路基下沉量的台帐。据访问，路基下沉的总趋势是：刚通车时，下沉严重，以后稍好，但仍在继续下沉。由于路基下沉，1952 年至 1963 年，每年戴帽式帮宽一次，路肩填高 0.2～0.3 m，路肩帮宽 0.5 m 左右，一般帮宽坡脚到路肩以下 3 m 左右。1965 年从路堤坡脚往上帮；1969 年、1974 年及 1978 年从路基半腰往上帮宽。路堤帮宽填料均取自线路左侧山坡风积黄土，在帮宽时有的在路堤边坡每 10 m 挖一道台阶，有的根本没有挖台阶。

2．路基纵向裂缝及处理

线路左侧纵向裂缝距线路中心最远 14.5 m，开裂位置正好在人工填筑土与老土交界附近，即原老河床边岸附近。裂缝在平面上呈向山凸出的弧形，分别在 DK1562＋600 和 DK1562＋713 附近穿过路基。造成 DK1562＋725.9 小桥下游浆砌急流槽，开裂 3 道宽 1～3 cm 的裂缝，切断整个急流槽。此纵向裂缝是在 1952 年通车后，随路基下沉而产生，每年到 2、3 月春融后或 8、9 月雨季后，裂缝张开，便发展成 3～4 cm，随即进行处理，其方法是沿裂缝挖深 1～3 m，再夯实，以防进水，路基工区每年处理 2 次。

3. 道碴陷槽及修建盲沟

由于路堤不断下沉，路肩逐年加高加宽，为了维持轨面平顺，在养护维修中不得不用道碴抬高线路，使道碴越来越厚，形成道碴陷槽带，自碴肩至陷槽最低点一般深 3～3.5 m，见图 3－108a。陷槽内道碴呈潮湿状态，污垢较重，含泥量 20％左右。道碴陷槽在断面上呈不规则的 U 形，向河侧倾斜，是路基下沉及少量外移的结果，见图 3－108b。为整治道碴陷槽，定西路基工区曾于 1961 年修筑了宽 1 m，深 2 m 的 10 道横向盲沟，间距 12.5 m，盲沟底填 0.3 m 厚的碎石，上部再填片石。竣工后，在雨季盲沟出口有水渗出，但在 1962 年帮宽路基时，将盲沟埋住，以后再没有翻修过。由于路基帮宽堵死了盲沟水的出路，致使 1979 年 5 月 28 日新填土滑走，中断行车 3 天。

4. 排水不良及陷穴处理

工点左侧的两条排水沟未浆砌，纵坡平缓，排水不畅，在暴雨时排水沟积水下渗，加上平台凹凸不平，有陷穴及暗沟，并有 2～4 条裂缝，由此造成地表水下渗进入路堤，引起路基病害。

据访问，1952 年通车时，DK1652＋750 原为 1 孔 2 m 箱涵，但因上下游陷穴贯通，直径 3～4 m，深 14～16 m，未做处理，于 1956 年 7 月 17 日造成路基下沉约 2 m，中断行车，后填死该涵，又在 DK1562＋725.9 处重建 1 孔 4.5 m 小桥。工务部门对陷穴曾采用过灌砂及挖开夯填处理措施。

5. 修筑路堤挡土墙

路基在下沉的同时，每年向河侧产生少量外移。据访问 1955～1956 年每年外移量 7 cm 左右，1978 年约 6 cm，1978～1980 年每年位移 2～3 cm，以致经常进行拨道，按以上位移量估算，通车以来至 1980 年的外移总量可达 169 cm。为了增加路堤的稳定性，工务部门 1980 年 5 月在 DK1562＋583～＋713 段线路右侧路堤坡脚处的便道外，修建了长 130 m、高 5 m 的衡重式路堤挡土墙，用来反压支撑路堤。

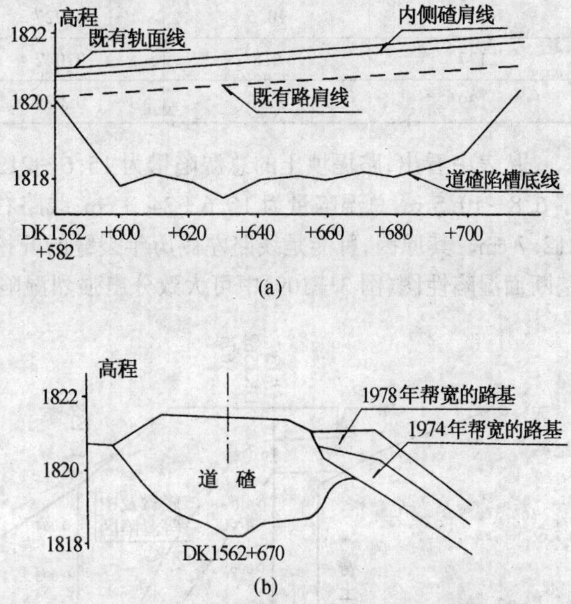

图 3－108 道碴陷槽纵横断面图

a—纵断面图；b—横断面图。

（六）病害原因

1. 新老土结合不密贴及夯实度不够

该工点为大河凹岸陡坎及陡坡地带，由于施工时黄土坡面没有挖台阶，致使人工填土与原坡面结合不密贴，为一薄弱带，雨水沿此带下渗，产生路基下沉外移，并形成裂缝；更主要的是，施工时为 1951 年冬至 1952 年春，正值严寒冬季，填土中夹杂冻土块，无法达到路堤要求的夯实度，且夯实也不均匀，造成了多年来路堤不断压缩下沉。到 1980 年，虽经过了 28 年的运营，但路堤填土的密实度仍未达到规定的标准。

据路堤填土的试验资料：0～10 m，孔隙比为 0.95～1.06，干密度为1.25～1.38 g/cm^3；10 m以下孔隙比为 0.85～0.95，干密度为 1.38～1.46 g/cm^3；而该土的夯实试验最佳干密度为1.67 g/cm^3,最佳含水量为16.8%,相应的孔隙比为0.88。显然填土的密实度远未达到要求的标准,10 m以上差17%~25%,10 m以下差13%~17%。

2. 填土的湿陷下沉

路堤填土取自线路左侧风积黄土,具大孔隙,结构疏松,具强湿陷性,做为路基填料,由于夯实不够,除自重压缩性沉降外,还存在湿陷性沉降,其湿陷土层厚度及湿陷总量见表3-36。

表3-36 路堤填土湿陷性表

钻孔编号	湿陷土层厚度(m)	湿陷系数	总湿陷量(cm)	注
138	25	0.090 ~ 0.101	212.7	位于线路右侧
136	19	0.044~ 0.500	96.8	位于线路右侧
135	10.5	0.027	24.3	位于线路左侧
137	6.8	0.042	22.3	位于线路左侧
139	7.75	0.025	15.6	位于线路左侧

从表中看出,路堤填土的总湿陷量为15.6~212.7 cm,具明显的规律性:线路左侧湿陷土层厚6.8~10.5 m,总湿陷量为15.6~24.3 cm;线路右侧湿陷土层厚19~25 m,总湿陷量为96.8~212.7 cm。其原因,可能是线路左侧历年裂缝的开挖夯填及地表水下渗,消减部分湿陷性。在路基断面湿陷性图(图3-109)中可大致分出强烈湿陷区、中等至轻微湿陷区和非湿陷区。

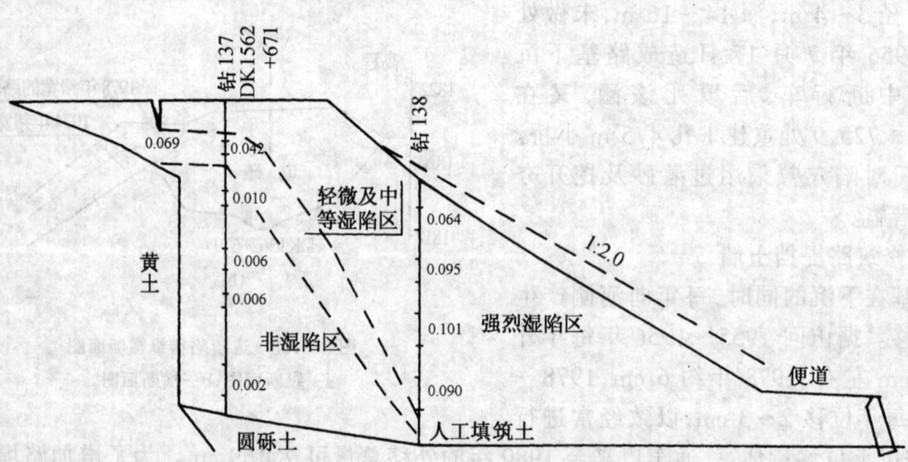

图3-109 路基断面湿陷性图

3. 路堤填土的压缩沉降量

土的压缩沉落量按 $S=\sum_{i=1}^{n}\frac{e_1-e_2}{1+e_1}\cdot h_i$ 计算,式中的 e_1、e_2 分别为0.1 MPa、0.2 MPa时的孔隙比,h_i 为孔隙比所对应的土层厚度。例如钻137孔深29.0 m,计算其压缩沉落量为0.636 m,见表3-37。

表3-37 钻137路堤填土压缩沉落量计算表

取样深度(m)	土层厚度 h_i(m)	e_1	e_2	S_i(m)
3.84~5.09	6.75	0.970	0.860	0.377
8.41~9.81	5.2	0.859	0.818	0.115

续上表

取样深度(m)	土层厚度 h_i(m)	e_1	e_2	S_i(m)
14.09～15.78	4.98	0.814	0.790	0.066
18.07～19.47	4.84	0.820	0.806	0.037
24.08～27.81	7.23	0.751	0.741	0.041
合　计				0.636

综上所述,路堤填土与原坡面结合不密贴及夯实密度不够是产生路堤病害的主要原因之一,也是产生路堤湿陷性沉降及压缩沉降的根源,其次地表排水不良,加速了病害的产生与发展。

(七) 工程处理

该路基工程,自通车运营近30年以来,投入了大量的人力、物力与财力,但没有针对造成病害的原因采取有效的治理措施,故病害未能根治,路堤在继续下沉。

1980年整治时,根据路基病害产生的原因,为达到根治目的,采取了三项措施,一是在线路左侧进行地面整平,夯填陷穴裂缝后,增设2道浆砌片石排水沟,使地表径流尽快汇集排走,并用钢筋混凝土圆管吊入DK1562+725.9沟内;二是根据道碴陷槽深度,沿线路纵向右侧每间隔10 m设路堤横向边坡渗沟一道,疏干路基本体道碴陷槽积水,渗沟沟底高程均低于道碴陷槽底高程以下0.5 m;三是在路堤右侧边坡挖平台帮宽路基0.5 m,一坡到顶。经本次整治后,路堤渐趋稳定。

(八)小结

对该路堤工程,经过详细勘测,查明了病害原因,采取了简捷适当的整治措施,通过10多年的运营检验,表明路堤稳固,达到了根治目的,说明整治工程是成功的。但从该工点病害产生与发展的角度分析,有以下几点教训值得借鉴:

1. 施工质量差,填土中夹有冻土块,填土密实度不够,与原地面未挖台阶,结合不密贴,是产生陷穴、裂缝的外在原因,也是路基病害产生与发展的直接因素之一。

2. 用湿陷性黄土做填料,由于夯填密度不够,填土仍具湿陷性。

3. 桥涵位置应设在原沟心。本工点施工中填死原沟,以路基侧沟及路基外排水沟将地表水引往两端桥涵排水,虽工程省,但不利于地表排水,对工程不利。实践证明,在高路堤两端设桥或设涵,即“深沟高涵”,必需在路基边坡上设急流槽工程,但一旦路基下沉,急流槽开裂,水下渗冲蚀,就会危及桥涵工程的安全,养护维修也较困难。

4. 修铁路时,由于受当时人力、物力和技术条件的限制,本工程为了避免两端深挖及大中桥工程,依据地形条件,选用线路曲线半径350 m,以高路堤形式通过。类似于该工点地形,线路平面宜靠山侧,两端以深挖形式通过;或者线路向河侧靠,选用大半径曲线或直线设旱桥通过,虽工程造价高,但利于运营。

二十六、青藏线察尔汗盐湖路基

王笃实

青藏线希里沟至格尔木段,横跨柴达木盆地察尔汗盐湖。察尔汗盐湖为一含有晶间卤水的盐滩,东西长150 km,南北宽15～50 km,第四纪以来,在干旱气候的强烈蒸发作用下,沉积了大量易溶盐，厚度10～18 m，最厚23.5 m。线路自DK893+480～DK925+870横跨盐湖中部，通过长度32.4 km，其中有约2.5 km的盐溶区。

在盐湖上修建铁路，我国没有先例，在世界上也是第一次，存在技术问题较多。为解决在盐湖修筑铁路的技术问题，1960年开始，由铁道科学研究院西北研究所主持，铁一院参加，进行了盐湖修铁路的研究工作。1967年完成了《察尔汗盐湖上能否修筑铁路的研究》的科研报告，研究结果表明，在察尔汗盐湖上是可以修建铁路的。1976年完成盐湖地段施工图阶段的勘测设计工作。

该段铁路于1979年底建成通车。由于盐湖地区路基工程修筑成功，获得70年代优秀设计表扬奖及铁道部优秀设计奖，1985年经国家质量评审委员会批准荣获银质奖章。

(一)气候特征

柴达木盆地深处内陆，四周为高山环绕，湿润空气很难侵入，表现为典型的荒漠性干旱气候，属青藏高原温带极干旱气候区，具有降水量少，蒸发量大，湿度小，温差大，风多风大的特点。根据察尔汗气象站资料：历年平均降水量25.7 mm，历年最大降水量66.6 mm，历年最小降水量4.6 mm，一次最大降水量13 mm。历年平均蒸发量3 535.9 mm，历年最大蒸发量3 770.2 mm。历年极端最高气温35.5 ℃，极端最低气温-28.4 ℃，最大日温差30.5 ℃，历年平均相对湿度29%，最大相对湿度40%。历年平均风速4.3 m/s，最多风向WN风，定时最大风速29 m/s，风向W风，八级以上大风日数最多达53天。根据调查，当地土壤最大冻结深度1.5 m，但盐湖卤水从不结冰，最大冻结深度为零。

(二)地质概况

察尔汗盐湖，在强烈蒸发作用下，湖水日趋减少，矿化度不断增高，盐类不断析出，而演变成一个以盐类沉积为主的干盐湖。目前在察尔汗盐湖区内留下常年有水的湖泊只有南、北霍鲁逊湖及达布逊湖，而协作湖和团结湖为季节性湖泊，在湖泊中均聚积有高浓度的卤水。盐湖海拔高程2 677～2 680 m，线路通过处地形极为平坦，地表为一层坚硬盐壳，呈蜂窝状及波浪状，在风蚀作用下形成尖锐的盐刺，寸草不生。北端有盐溶分布(见图3-110)。

1. 地层

盐湖地层以岩盐为主，线路附近岩盐厚10～18 m，南北两端较薄，厚度0.5～1.0 m，其下为湖相沉积层，盐湖北端为粗、中、细砂、砂黏土、圆砾土；盐湖中部为砂黏土、黏土、粉细砂；盐湖南部为砂黏土(见图3-111)。

(1)岩盐

表层有0.3～0.5 m的盐壳，坚硬，含少量粉砂及黏性土，其下盐质较纯，大部分具有较好的结晶。其组成主要为易溶盐，化学成分以氯化钠为主，无色透明或白色，晶粒粒度上部为细粒，中部为中粗粒，局部含石膏、碳酸盐及光卤石。孔隙度在潜水面以上平均为38.7%，以下平均为29.1%。干密度在潜水面以上平均为1.53 g/cm^3，以下平均为1.74 g/cm^3。试件抗压强度一般为700～2 000 kPa，最高超过5 000 kPa，最低为400 kPa。经承载力试验，确定基本承载力σ_0=127～193 kPa。

(2)砂黏土、黏土，可塑，σ_0=100～150 kPa。

(3)粉细砂，饱和，中密，σ_0=100 kPa。

(4)中粗砂，饱和，中密，σ_0=200～250 kPa。

2. 水文地质

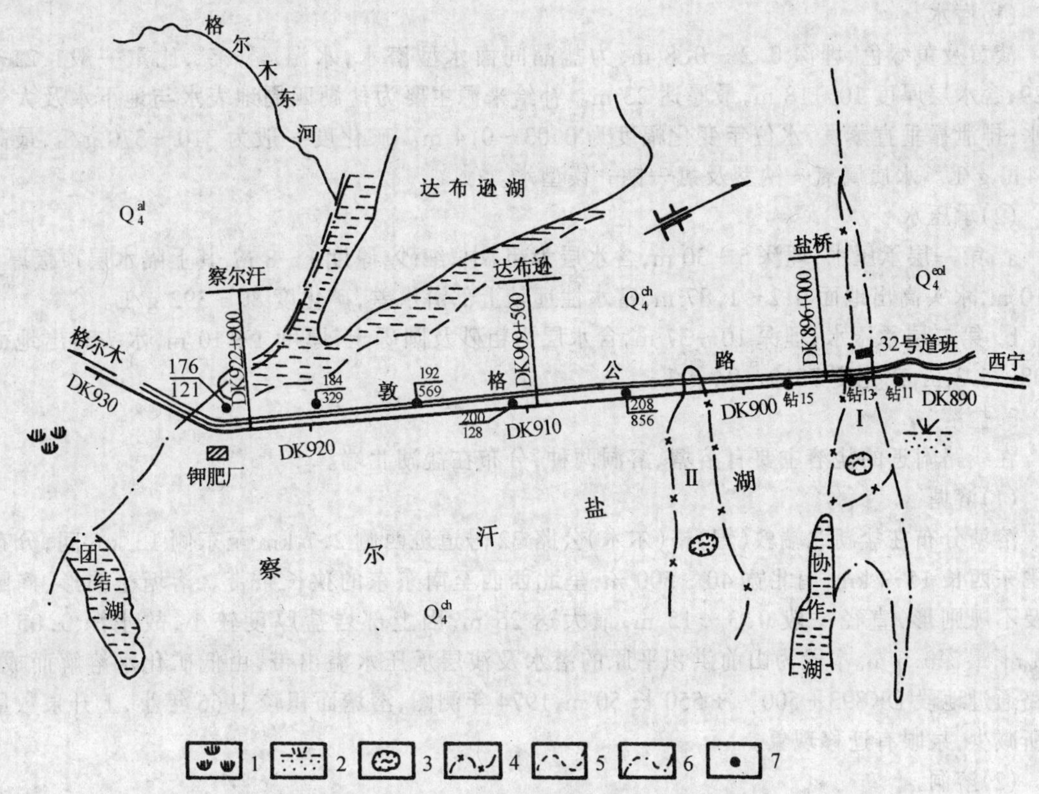

图 3－110 察尔汗盐湖路基工程地质平面示意图

Q_4^{ch}—第四系全新统岩盐；Q_4^{al}—第四系全新统冲积砂黏土；Q_4^{eol}—第四系全新统风积粉、细砂；

1—超盐渍土；2—半固定沙地；3—盐湖溶洞；4—不良地质界线；

5—湖水泛滥线；6—盐湖边界线；7—钻孔。

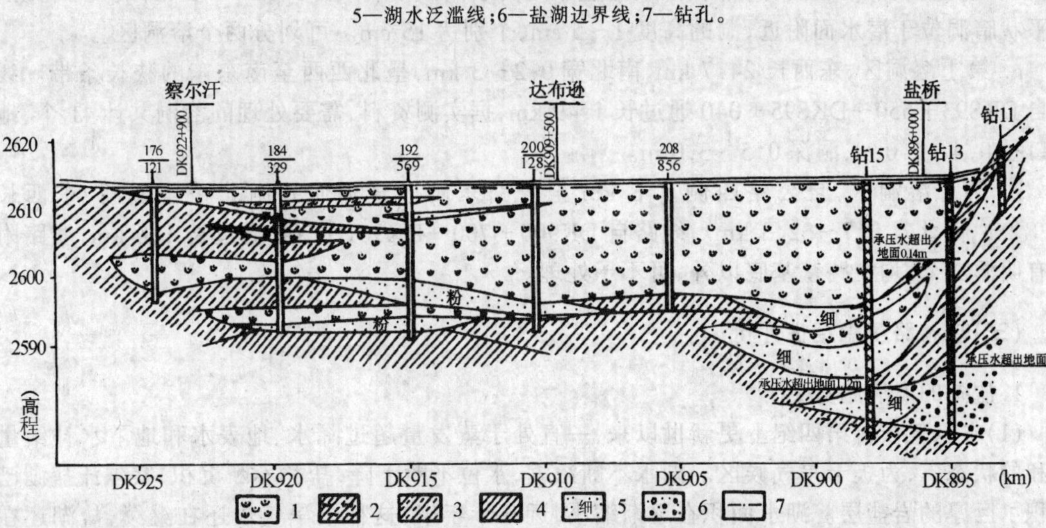

图 3－111 察尔汗盐湖路基工程地质纵断面示意图

1—岩盐；2—淤泥质砂黏土；3—砂黏土；4—黏土；5—粉、细、中砂；6—圆砾土；7—地下水位线。

察尔汗盐湖的地下水主要由卤水型潜水和两层低矿化度承压水组成。

(1)潜水

淡黄及黄绿色,埋深 0.2～0.8 m,为盐晶间卤水型潜水,水温 4°～5°,比重一般1.21～1.29,含水层厚度 10～18 m,最厚达 23 m。补给来源主要为盐湖四周地表水与地下水及大气降水;排泄靠垂直蒸发,水位年变化幅度为 0.03～0.4 m。矿化度一般为 310～370 g/L,最高达 440 g/L。水质属氯—钠型及氯—钠—镁型水。

(2)承压水

a. 第一层承压水,埋深 5～30 m,含水层为粗、中、细砂,厚度 1～8 m,其上隔水层顶板厚 1～10 m,水头高出地面 0.2～1.87 m,富水性远较上部潜水差,矿化度 80～392 g/L。

b. 第二层承压水,埋深 10～37 m,含水层为粗砂及圆砾土,厚度 1～10 m,水头高出地面 1.08～5.3 m,矿化度 78.9～94 g/L。

3. 盐溶

在线路附近的盐溶主要有溶塘、溶洞两种,分布在盐湖北端。

(1)溶塘

溶塘分布在盐湖北端敦(煌)格(尔木)公路 32 号道班西侧 2.7 km 至东侧 13 km 间,分布范围东西长 15.7 km,南北宽 40～500 m,呈北西西至南东东的狭长条带。溶塘呈圆形、椭圆形及不规则形,直径一般 0.3～15 m,最大达 25 m,因上部岩盐厚度较小,故水深 0.05～0.3 m,最深0.6 m。本段为山前洪积平原的潜水及浅层承压水溢出带,由低矿化水溶解而成。线路通过地段 DK893+500～+550 长 50 m,1974 年测图,溶塘面积较 1966 年小,上升泉数量有所减少,泉眼有迁移现象。

(2)溶洞

溶洞为本区盐溶的主要形态,也是控制线路方案的主要不良地质之一,有明洞和暗洞两种:明洞的口径一般为 0.5～2 m,个别大者达 8.2 m,深度随岩盐厚度而变化,浅者 0.35 m,最深达 17.24 m,其形态以管状、井状、倒漏斗状较多,其次有漏斗状、双漏斗状、裂隙状及蜂窝状;暗洞有管状、水平状两种,管状一般在盐晶间卤水面以下,口径 0.01～0.3 m,最大 0.5 m。水平状暗洞位于潜水面附近,洞的高度 1～5 cm,个别达 15 cm。可划分两个溶洞区。

a. 第Ⅰ溶洞区,东西长 24.7 km,南北宽 0.2～3 km,呈北西西至南东东的狭长条带。线路自 DK893+550～DK895+040 通过长 1.49 km,据实测资料,需要处理的溶洞共计 41 个,地面口径 0.4～1.0 m,洞深 0.5～3.0 m。

b. 第Ⅱ溶洞区,自公路西侧 0.8 km 至公路东侧一直延伸到南北霍鲁逊湖,东西长 43.8 km,南北宽 0.7～32.3 km。线路自 DK900+700～DK901+700 通过长 1.0 km,线路附近有明洞 2 个,均在路基基底以外,可不予处理。

(三)盐湖路基稳定性评价

1. 盐湖的发展趋势

(1)本区气候自第四纪上更新世以来,一直处于蒸发量超过降水、地表水和地下水补给量总和的状态下,为极干旱气候区。湖水不断浓缩,水位不断下降,盐类不断沉积,察尔汗盐湖已沉积了巨厚的岩盐层。湖水面积在逐渐缩小,近几十年来,这种干旱气候还在继续,盐湖还在进一步浓缩。

(2)现在盐湖距地表 0.2～0.8 m 以下的岩盐晶粒间,蕴藏着高浓度卤水。在盐湖周围呈环带状分布的广大冲积湖积平原地区面积约 14 000 km^2,其面积比盐湖区大 2 倍多,亦储存有高浓度卤水,对盐湖区进一步浓缩起着促进作用。

(3)盐湖区水的主要补给来源之一是周边的地表河水，近几十年来，由于在清水河、诺木洪及格尔木等地大面积扩建农场，农田用水量增加。据有关资料，1974 年格尔木河的水已不敷农垦 12 师的农田灌溉用水，又由于格尔木河上游修建水电站，设五个梯级水库，总蓄水量 $10\,000\times10^4$ m^3。所以一些主要河流注入盐湖的水量正在或将要大大减少。

综上所述，察尔汗盐湖地区的气候及周围环境，都是促使盐湖处于进一步浓缩中。

2.盐溶的发展趋势

(1)根据长期的观测资料分析，盐湖北部潜水位年变化幅度较小，1967 年降水量最大，导致溶塘面积有所扩大，但是新盐的沉积速度还是大于溶蚀速度，所以在目前的自然条件下，溶塘基本是处于平衡或极缓慢地缩小状态。

(2)溶洞是由盐湖区两层低矿化度承压水透过隔水顶板，渗入并溶解上部盐层而形成。由于承压水的上升通道小，承压含水层的径流条件较弱，富水性差，所以现有溶洞的口径都不大(极个别除外)。

(3)溶洞形成后，承压水从下部带上来的有机质和其他细颗粒土，以及盐晶间卤水与承压水相遇后产生的石膏或碳酸盐沉淀物，逐渐堵塞了通道，使溶洞由趋于平衡阶段趋向死亡阶段。铁路通过处的溶洞，绝大多数处于平衡阶段，或是趋向死亡阶段，少数是在死亡阶段。

在目前的自然条件下，本区溶洞的整个发展过程(从发生到死亡)是极为缓慢的，在短期内产生大口径溶洞是不可能的。

3.钾镁液体矿开采对路基稳定性的影响

察尔汗盐湖是我国最大的钾肥生产基地之一，大部分矿产资源为钾镁液体矿，固体矿(光卤石)沉积较少。固体矿主要分布在线路以东 5 km 左右处。DK922 + 600～DK925 + 600，线路通过固体矿透镜体，光卤石含量 1%～3.35%，埋深很浅，最深不超过 0.6 m，没有开采价值。大规模开采钾镁液体矿对铁路的影响问题：

(1)盐晶间卤水水位下降和周边地下水补给增加，影响路基稳定性问题

开采盐晶间卤水，1967 年粗略估计，近期年开采量 40×10^4 t，地下水位下降约 1.3 cm，远期年开采 200×10^4 t，水位下降 6.5 cm，水位变化幅度微小，因而周边地下水补给的增量也就很小，对路基影响极微。还应说明的，当远期年开采 200×10^4 t 时，大部分取自达布逊湖以西的盐晶间卤水，距铁路较远，影响就更小了。

(2)开采过程中液体矿的流动，能否改变现有液体矿与固体矿之间，和不同成分的液体矿之间的物理化学作用问题

开采过程中由于液体矿的流动而产生的物理化学作用肯定是存在的，据试验资料，在光卤石溶解的同时，结晶氯化钠充填其空隙。因此在钾镁液体矿开采过程中，光卤石的溶解，不会增加岩盐的孔隙度；相反的氯化钠结晶以取代光卤石，反而减小岩盐的孔隙度。所以钾镁液体矿开采不会影响路基基底的稳定。

(四)盐湖路基设计

1.岩盐路基

线路设计纵坡为平坡，路基高度一般 0.5～1.0 m，路基面按石质路基宽度为 5.5 m，每侧加宽 0.2 m，边坡 1:1.5，路基面采用圆砾土防护，厚度 0.15 m(见图 3－112)。

路基基底盐壳不铲除，碾压平整。路基填料为当地岩盐，每层 0.3 m 厚，分层填筑，碾压密实，密实度按干密度不小于 1.53 g/cm^3。

2.溶塘处理

DK893+500～+550 岩盐层厚度小于 1 m，结构疏松，其下为流塑状土层，厚 1 m，再下为黏砂土。处理措施是挖除基底岩盐层，铺填片石厚 0.5 m，挤掉软泥，其上填渗水土(圆砾土)，厚度高出地下水位0.5 m，路基填粉细砂，每层厚 0.3 m，分层碾压密实。路基宽度 6.5 m，每侧加宽 0.2 m；边坡 1:1.75，用喷洒卤水防护，喷洒厚度 2 cm(见图 3－113)。

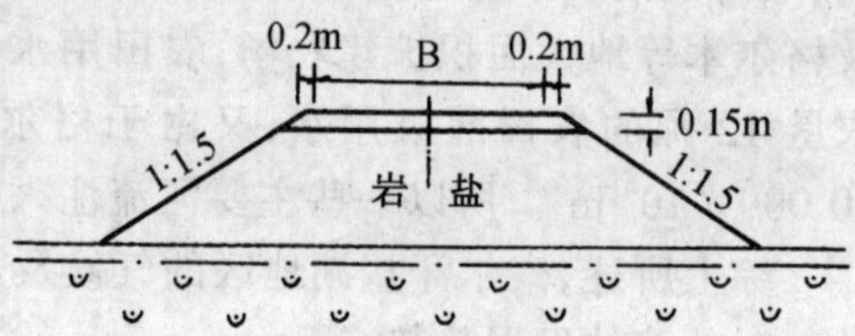

图 3－112　岩盐路基横断面设计示意图

3. 溶洞处理

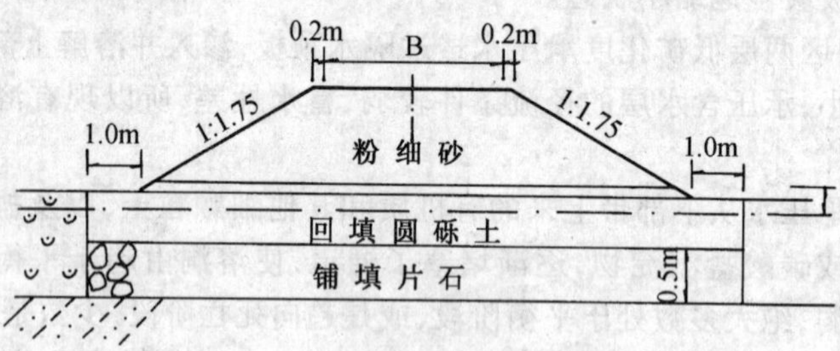

图 3－113　溶塘处理横断面设计示意图

(1) DK893+550～DK894+150 岩盐结构松密不均，溶蚀现象严重，明洞、暗洞及溶蚀小孔发育，岩盐厚 1.0～3.5 m，其下为黏砂土。处理措施是基底挖除岩盐层，回填砾砂，路基填砾砂，边坡 1:1.5，预留沉落量，每侧加宽0.2 m(见图 3－114a)。

(2) DK894+150～DK895+040 岩盐层厚 3.5～9.5 m，溶洞较发育。处理措施是基底盐壳挖除前，先将明洞用砾砂回填捣实，然后挖除盐壳，发现暗洞即用砾砂回填捣实，再回填卵、砾石至原地面；路基填砾砂，边坡 1:1.5，预留沉落量，每侧加宽 0.2 m(见图 3－114b)。在线路左侧设自流井排水，以减少渗入岩盐层的承压水量，降低承压水头高度，控制溶洞发展。

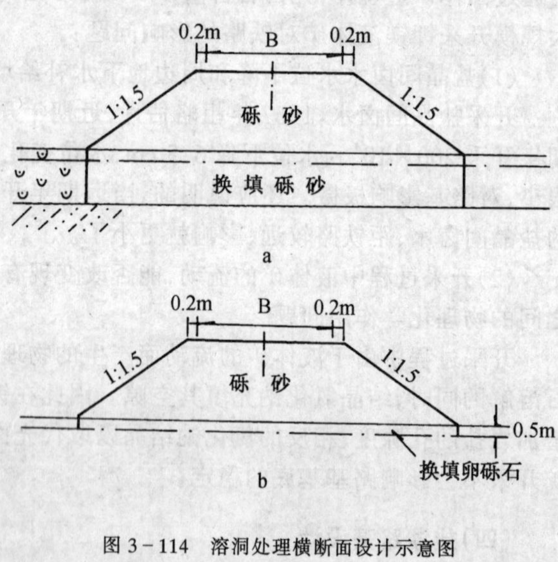

图 3－114　溶洞处理横断面设计示意图

(五)运营回访

盐湖路基于 1976 年开工修建，1979 年建成通车。1987 年 9 月进行了现场回访调查，访问了工务段、领工区及工区。

1. 自流井排水效果

1982 年 6 月选定 6 个孔进行观测，在实施自流排放之前，计算该 6 孔承压水的压强分别为+2.095、+0.503、+5.844、+1.992、+1.287、+1.406 kPa，实施自流排水后，于同年 8～11 月，每日观测一次，4 个月压强平均值，分别为－1.903、－6.701、+0.230、－3.228、－4.428、－4.494 kPa，除一个孔压强为正值外，其余 5 孔均为负值，说明自流排水工程对减缓盐溶发展的作用是良好的。多年来自流排水孔的排水状况基本正常，但流量有逐年减少的趋势,1989 年上半年进行一次全面清孔,排水量得到恢复。

2. 基底长期稳定性预测评价

1987 年 6 月 8 日,国家地震局地质研究所(承担察尔汗盐湖盐溶路基基底下沉及受载监测预报评价工作)提供的资料说明,基底面实测短时下沉量小于预测下沉量,实测盐溶速率小于预测值,路基基底是稳定的。在动、静荷载状况基本稳定的条件下,路基基底面异常下沉速率为 1.5~2.0 mm/年,隐伏溶洞危险顶板厚度为 0.84 m,均在安全值以内。

(六)小结

察尔汗盐湖铁路路基工程的修建,是我国铁路建设史上一项突破性岩土工程实践,在世界铁路建筑史上也是罕见的。运营 20 年来,路基基本稳定,使用效果良好,它为我国铁路建设事业增添了新的篇章。

二十七、青藏线察尔汗盐湖南缘盐渍土路基

王笃实

(一)概况

青藏线西宁至格尔木段,横跨柴达木盆地,在察尔汗盐湖南缘分布大面积的盐渍土,线路自 DK925 + 870 至 DK983 + 380 通过超盐渍土地段,长 57.51 km,地表 1 m 深度内平均含盐量高达 30.9%,地下水位浅,矿化度高,填料采取困难。如何在超盐渍土地段修筑铁路,1960 年铁道科学研究院西北研究所做了大量的研究工作。在勘测期间,1975 年由铁一院主持,铁研院铁道建筑研究所和西北研究所参加的盐渍土科研组,进一步作了专题研究,取得了大量科研成果,为设计、施工提供了丰富的数据。

柴达木盆地深居内陆,四周高山环绕,海洋湿润气候难以侵入,为典型的荒漠性干旱气候,具有降水量少、蒸发量大、湿度小、温差大,风多风大的特点。干旱气候为本地区大面积盐渍化创造了条件(见表 3-38)。

表 3-38 气象资料汇总表

项目	单位	格尔木	察尔汗	项目	单位	格尔木	察尔汗
历年极端最高气温	℃	33.1	35.5	历年平均蒸发量	mm	2 839.7	3 535.9
历年极端最低气温	℃	-33.6	-28.4	历年最大蒸发量	mm	3 232.3	3 770.2
最大日温差	℃	29.5	30.5	历年平均相对湿度	%	34	29
历年平均降水量	mm	39.2	25.7	历年最大相对湿度	%		40
历年最大降水量	mm	101.8	66.6	定时最大风速及风向	m/s	24,W	23,W
历年最小降水量	mm	11.4	4.6	八级以上大风日数	天	46	53
一次最大降水量	mm	32	13.4				

(二)地质概况

1. 地层

本段线路位于昆仑山山前洪积平原与察尔汗盐湖之间的过渡地带,地层主要为第四系全新统洪积、冲积、湖积砂黏土、黏砂土、粉细砂、中粗砂、圆砾土等,厚度大于 10 m;洪积地层主要分布在格尔木附近,湖积地层则靠近察尔汗盐湖,由南向北土颗粒逐渐变细(见图 3-115 及图 3-116)。

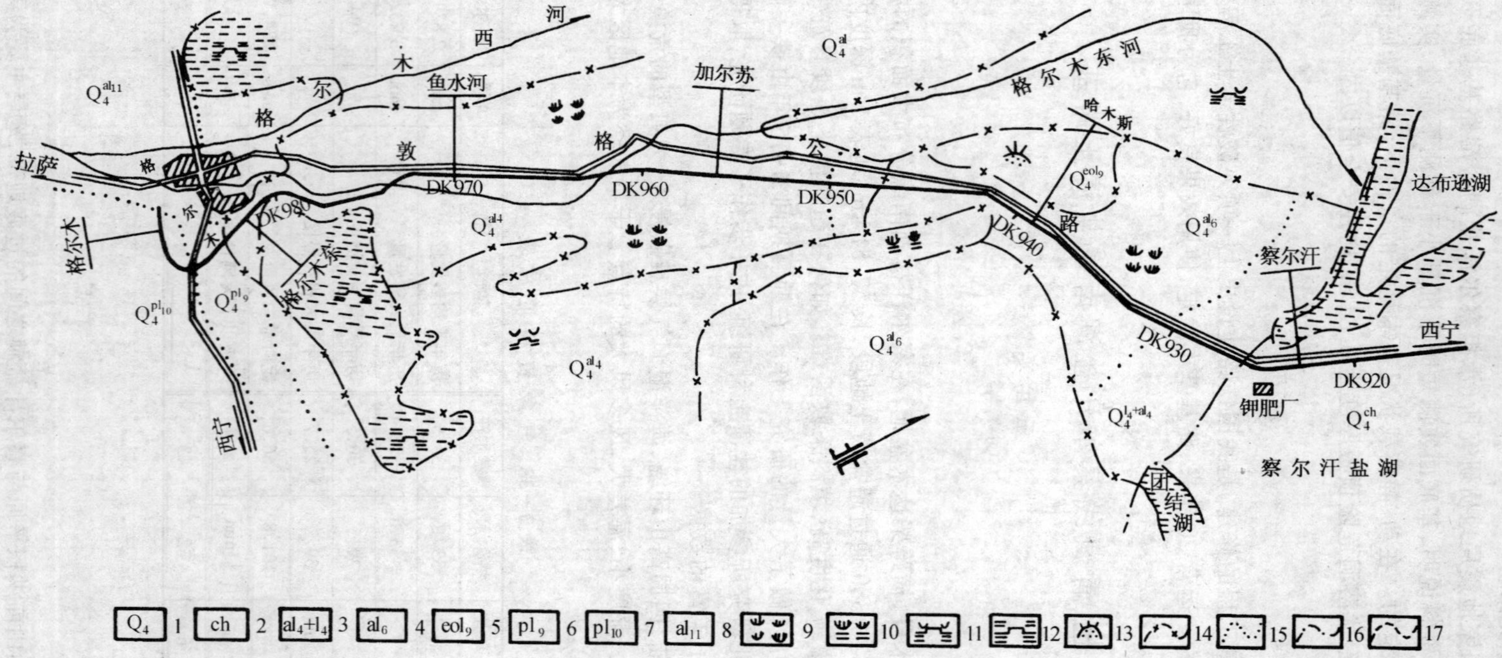

图 3－115　盐渍土路基工程地质平面示意图

1—第四系全新统；2—岩盐；3—冲积、湖积砂黏土；4—冲积黏砂土；5—风积粉、细砂；6—洪积中粗砂；7—洪积圆砾土；8—冲积卵石土；9—超盐渍土；10—湿盐渍土；11—盐渍化湿地；12—盐渍化沼泽；13—固定沙丘；14—不良地质界线；15—岩层分界线；16—盐湖边界线；17—湖水泛滥线。

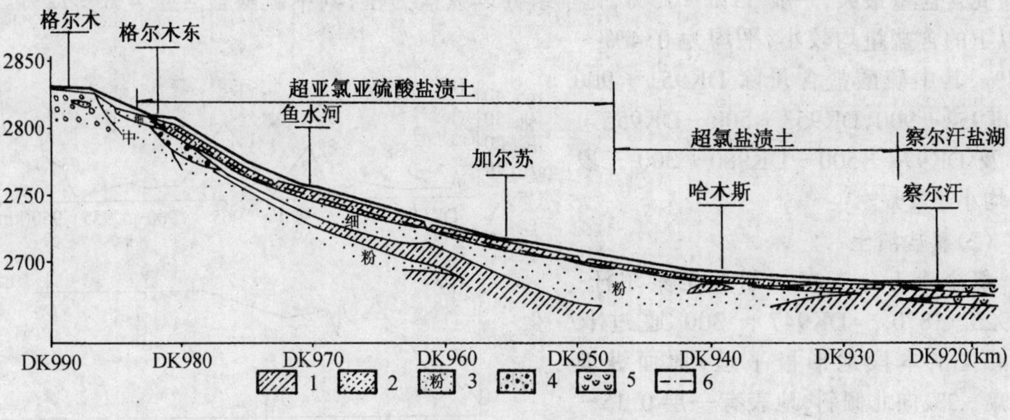

图 3-116 盐渍土路基工程地质纵断面示意图

1—砂黏土;2—黏砂土;3—粉、细、中、粗砂;4—圆砾土;5—岩盐;6—地下水位线。

(1) 砂黏土、黏砂土:褐黄色,与粉细砂呈互层或交错沉积,土层中有时可见到盐晶,可塑状,$\sigma_0=100\sim150$ kPa;湿盐渍土地段呈软塑状,$\sigma_0=75\sim100$ kPa。

(2) 粉、细砂:褐黄色,颗粒较均匀,有时可见到盐晶,潮湿至饱和,中实,$\sigma=100\sim150$ kPa。

(3)中、粗砂:棕黄色,夹少量小砾石,潮湿至饱和,中实,$\sigma_0=200\sim250$ kPa,分布在盐渍土南端,格尔木附近。

(4)圆砾土:褐黄色,粒径一般 2~5 mm,半浑圆状,潮湿至饱和,中实,$\sigma_0=350$ kPa。

2.水文地质

在格尔木县城附近,为昆仑山山前倾斜平原地下水溢出带,沿等高线泉眼较多,湿地、沼泽呈环带状分布。地下水水源主要由昆仑山融雪水补给,由于径流长,沿途溶解了大量的易溶矿物,地下水的矿化度逐渐增高。格尔木河为柴达木盆地主要河流之一,长年流水,径流汇入达布逊湖,部分河水补给盐渍土地段地下水源。

盐渍土地区地下水埋深一般 0.4~3 m,部分大于 3 m,两端埋深浅而中部埋深大,为潜水,含水层为黏性土及粉细砂,渗透系数较小,水质矿化度由南向北逐渐增高,其中 DK948+000~DK983+380 为 0.9~33 g/L,水质属 SO_4—Cl—Na 型及 Cl—SO_4—Na 型,对普通水泥有侵蚀性。DK948+000 以北矿化度迅速上升,DK925+870~DK945+000 矿化度一般为 200~300 g/L,最高达 333 g/L,颜色呈黄绿色,为饱和卤水,水质类型属 Cl—Na 及 Cl—Na—Mg 型,对所有水泥均具有侵蚀性,地下水矿化度见图 3-117。

3.盐渍土分类及分布

本区地形平坦,地势由南向北倾斜,由于地下水埋深浅,矿化度高,在干旱气候的强烈蒸发作用下,大量盐分聚积地表而盐渍化,且由南向北盐渍化程度逐渐增高,根据取样试验盐渍土的化学组分可分为亚氯、亚硫酸盐渍土和氯盐渍土两大类型。

(1)亚氯、亚硫酸盐渍土

分布在格尔木以北至加尔苏附近,DK947+300~DK983+380 通过长 36.08 km,本段地面纵坡 3‰~5‰向北倾斜,地表密长旱苇、野麻、红柳及骆驼草等耐盐植物,表层有一层厚 0.1~0.25 m的坚硬或疏松盐壳,其中 DK949+000~DK983+300 盐壳之上有 0.05~0.1 m 的浮土,极松软,脚踩下陷,人行困难。1 m 内平均含盐量 7.01%~15.7%,最高达 24.95%,其中硫酸盐含量均大于 2%,属超亚氯、亚硫酸盐渍土(图 3-118)。盐分的垂直分布呈漏斗状,表层盐壳含盐量最大，一般35%～75%，化学组分以氯盐为主，其中硫酸盐含量4%～12%。盐壳以下的含盐量均较小，平均为0.4%～4.5%，其中硫酸盐含量除DK951+900～DK952+900，DK953+500～DK955+400及DK978+500～DK980+300三段外，均小于2%。

(2)氯盐渍土

氯盐渍土分布在加尔苏至察尔汗，DK925+870～DK947+300通过长21.43 km，本段地形极平坦，地面纵坡0.5‰～2‰向北倾斜，地表有一层0.15～0.4 m的盐壳，呈暗褐色，蜂窝状，由于盐渍化严重，地面寸草不生，在地貌上与亚氯、亚硫酸盐渍土分界较明显。取样试验，1 m内平均含盐量为8.89%～23.61%，最高达30.9%(图3-119)，硫酸根离子与氯离子的比值均大于2，其中硫酸盐含量小于2%，属超氯盐渍土。地表盐壳坚硬，含盐量一般为35%～79.5%，分层含盐量见表3-39。

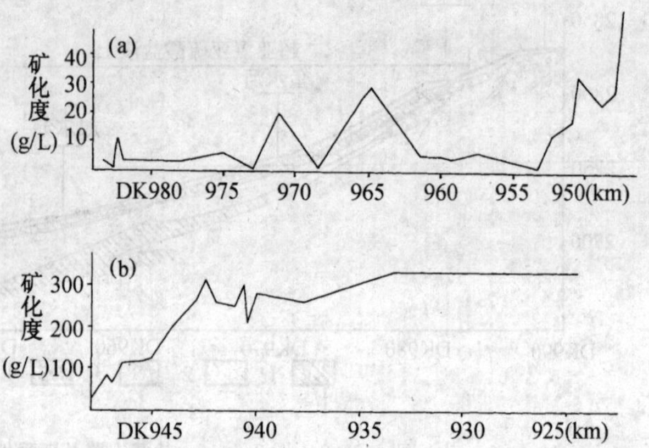

图3-117 盐渍土路基地下水矿化度曲线图

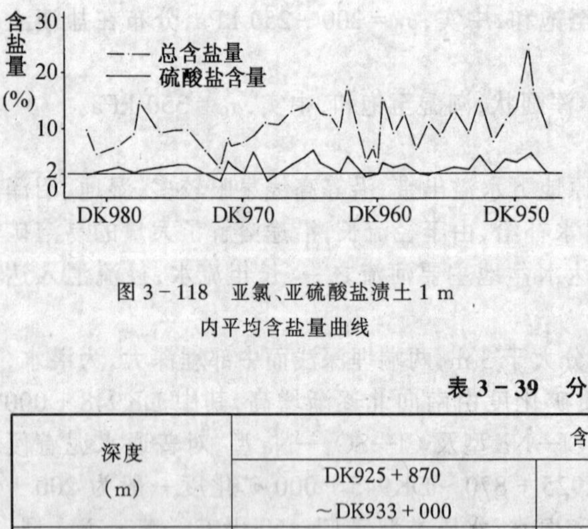

图3-118 亚氯、亚硫酸盐渍土1 m内平均含盐量曲线

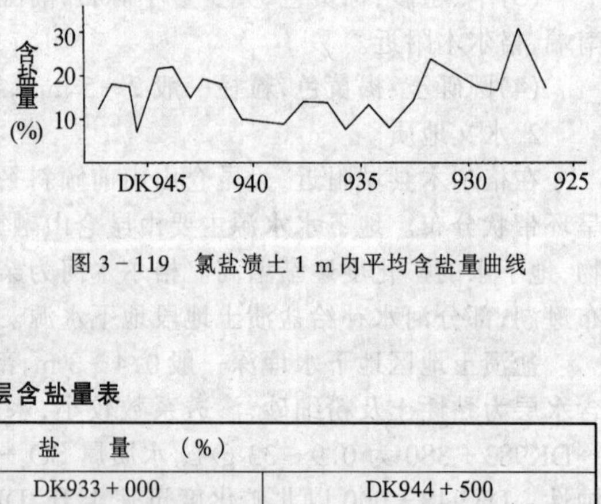

图3-119 氯盐渍土1 m内平均含盐量曲线

表3-39 分层含盐量表

深度(m)	含盐量(%)		
	DK925+870～DK933+000	DK933+000～DK944+500	DK944+500～DK947+300
0～0.25	26.2～63.4	19.3～75.7	26.5～79.5
0.25～0.5	10.4～43.2	5.82～27.8	1.3～5.5
0.5～0.75	7.1～11.7	3.9～6.9	1.24～4.05
0.75～1.0	2.95～19.0	1.5～7.45	1.11～5.3

超氯盐渍土有较强的吸湿性，当空气中的湿度较大时，能吸收空气中的水分而变软，致使地面泥泞，人行困难，这种现象当地称为“泛潮”。现场调查，吸湿影响深度一般3～4 cm，室内试验量可达到57.2%～125%。吸湿对防止蒸发，保持路基土中水分有一定作用。

(三)亚氯、亚硫酸盐渍土的松胀和膨胀性

亚氯、亚硫酸盐渍土具有松胀与膨胀的特性，用亚氯、亚硫酸盐渍土作填料，常产生路基高

低不平等病害,影响路基稳定和行车安全,这主要与盐渍土的松胀和膨胀有关。

1.松胀与硫酸盐含量的关系

取不同硫酸盐含量的土作室内松胀试验,绘制松胀曲线如图 3-120,从图中可以看出,在含水量和密度相同的情况下亚氯、亚硫酸盐渍土中的硫酸盐(主要成分为硫酸钠)含量为 2% 时,其松胀量较小;当硫酸盐含量为 3% 及 5% 时,松胀量明显增加。试验表明,松胀量随硫酸盐含量的增加而增大。这是由于土中的无水硫酸钠分子结晶时需吸收 10 个水分子,变为结晶硫酸钠,其化学方程式为 $Na_2SO_4 + H_2O = Na_2SO_4 \cdot 10H_2O$,体积要增大 3.2 倍。硫酸盐这种体积变化是产生亚氯、亚硫酸盐渍土松胀的基因。

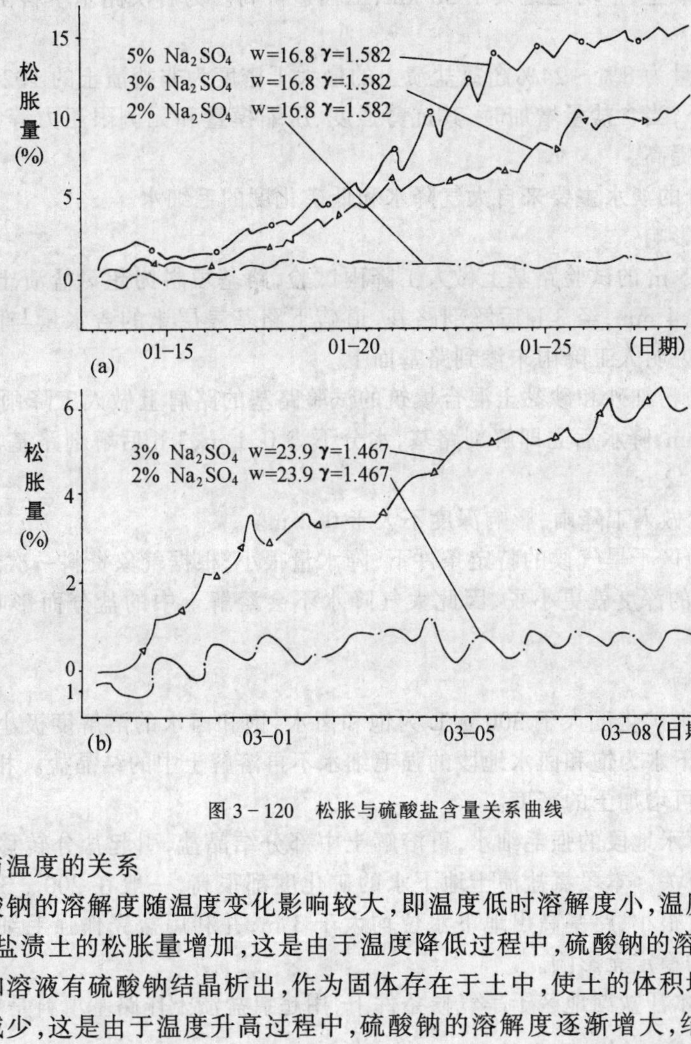

图 3-120 松胀与硫酸盐含量关系曲线

2.松胀与温度的关系

由于硫酸钠的溶解度随温度变化影响较大,即温度低时溶解度小,温度高时溶解度大。当温度降低时,盐渍土的松胀量增加,这是由于温度降低过程中,硫酸钠的溶解度逐渐变小,土中的毛细水饱和溶液有硫酸钠结晶析出,作为固体存在于土中,使土的体积增大;当温度升高时,松胀量逐渐减少,这是由于温度升高过程中,硫酸钠的溶解度逐渐增大,结晶硫酸钠又溶解于毛细水,作为液态存在于土中,因而土的体积缩小;这样在昼夜温差的作用下反复循环,使盐渍土产生松胀。现场调查,松胀影响的深度一般为 0.5 m。对路肩及边坡有一定影响。

受季节性温差的变化,秋后至冬季,气候变冷,地温逐渐降低,盐渍土深部毛细水饱和溶液有硫酸盐结晶析出,使土体产生膨胀;春后气候变暖,地温升高,结晶硫酸盐又溶解于毛细水中,土的体积缩小而恢复原来状态;在季节性温差的影响下,硫酸盐的膨胀性常引起路基的隆起和下沉,造成路基的高低不平,影响路基稳定和行车安全。

本地区为荒漠性干旱气候，日温差和季节性温差均较大，为防止路基产生松胀与膨胀等病害，亚氯、亚硫酸盐渍土的路基填料，控制硫酸盐含量不大于2%是必要的。

(四)超氯盐渍土作路基填料的可行性

规范规定，氯盐渍土的含盐量超过8%，不得用作路基填料。因为含盐量超过8%以后，土中将有结晶盐作为土骨架存在，当这些结晶盐被淡水溶解后，土的密度就会变小，从而影响路基的强度和稳定。

本段盐渍土1 m深度内的平均含盐量大，最高达30.9%，地下水位浅，如控制含盐量，填料来源困难，需远运取土，平均运距大于30 km，工程造价高。为解决路基填料困难，能否突破8%的规定呢?

1.据试验，含盐量为8%～24%超氯盐渍土的最大干密度为非盐渍土的102%～108%，在含水量相同的情况下，当含盐量增加时，其抗剪强度、压缩模量和无侧限压力等力学性质并无显著降低，反而略有提高。

2.溶解土中盐分的淡水主要来自大气降水和低矿化度的毛细水。

(1)大气降水的影响

a.在道碴厚0.45 m的试验路基上做人工降雨试验，路基填料为超氯盐渍土，降水时间为45 min，降水量为31.4 mm，经3 h后解剖路基，道碴下路基表层土的含水量与降雨前的含水量对比无明显变化，说明人工降雨未渗到路基面上。

b.在路基填料为粉细砂和砂黏土混合填筑的试验路基的路肩上做人工降雨，降水时间45分钟，降水量25.3 mm，降水后立即解剖路基，水分下渗0.1 m，3 h后解剖路基，取样试验，降水影响深度不大于0.2 m。

c.在路基边坡上做人工降雨，影响深度不大于0.2 m。

在察尔汗盐湖地区干旱气候的特定条件下，降水量很小，根据气象资料一次最大降水量只有13 mm，降水渗透的深度就更小了，因此大气降水不会溶解土中的盐分而影响路基的强度和稳定。

(2)强毛细水影响

a.据试验，地下水矿化度大于300 g/L为饱和卤水，饱和卤水的溶解度极小，一般不再溶解结晶盐。因此，地下水为饱和卤水地段的强毛细水不再溶解土中的结晶盐。相反，在蒸发作用下有结晶盐析出，可增加土的密度。

b.低矿化度地下水地段的强毛细水，可溶解土中部分结晶盐，引起盐分转移，其溶解量与地下水矿化度大小有关。本段氯盐渍土地下水的矿化度都很高，一般在200～300 g/L之间，因而毛细水的溶解度很小，路基高出地下水位均大于3 m，并利用盐壳作强毛细水隔断层，因此强毛细水对路基的稳定无影响。

综上所述，在察尔汗盐湖地区干旱气候条件下，用超氯盐渍土作路基填料是可行的。

(五)盐渍土的冻结深度和毛细水强烈上升高度

规范规定：盐渍土地区路基的路肩高程，应高出冻前(或最高)地下水位高程加临界冻结深度加毛细水强烈上升高度加0.5 m安全值。所以冻结深度和毛细水强烈上升高度是控制盐渍土路基高度的重要指标，其目的是防止路基产生冻害和次生盐渍化。

1.冻结深度

盐渍土的冻结深度与地温、地下水矿化度及土的含盐量密切相关，地下水矿化度高，土中的含盐量大，则冻结深度小。试验表明，盐渍土的起始冻结温度随含盐量的增加而降低，盐渍土的起始冻结温度低于当地最冷月平均地温时，土就不冻结。在当地气候条件下，地下水矿化度大于 150 g/L 时，盐渍土不冻结，即冻结深度为零，现场调查，外露地表的地下水从不结冰，冬季挖探土层也不冻结。因此，地下水矿化度大于 150 g/L 或土中水溶液浓度大于 15.7% 的地段，路基高度可以不考虑冻结深度的影响。

本地区非盐渍土的最大冻结深度为 1.5 m，本段盐渍土的最大冻结深度，根据地下水矿化度及土中的含盐量分布特点划分，见表 3－40。

表 3－40　冻结深度分段表

里　　程	最大冻结深度(m)
DK983＋380～DK961＋000	1.5
DK961＋000～DK940＋000	1.0
DK940＋000～DK925＋870	0

2. 毛细水强烈上升高度

盐渍土地区的毛细水强烈上升高度与土质及地下水矿化度有关，在土质条件相同的情况下，地下水矿化度愈大，则毛细水强烈上升高度愈小。试验采用含水量分布曲线法，取黏性土的塑限含水量及砂性土的最大分子吸水量作为毛细水强烈上升高度的界限指标。试验表明，黏性土比砂性土毛细水上升高度大，黏性土的塑性指数愈大则毛细水上升高度愈大。试验结果，本地区毛细水强烈上升高度黏性土为 2.0～2.8 m，粉细砂为 1.1～1.5 m。

3. 盐壳对毛细水的隔断作用

本段盐渍土地表一般有一层厚 0.15～0.4 m 的盐壳，含盐量 35%～79.5%，较坚硬，孔隙度大。现场试验地层为黏性土，地下水埋深 1.08 m，地表铲除盐壳与不铲除盐壳，在其上填土观测毛细水强烈上升高度，经过十一个月后，取样试验，铲除盐壳的填土含水量普遍增大，毛细水强烈上升高度达到 1.92 m，而未铲除盐壳的填土含水量比施工时的含水量普遍减少，毛细水没有上升到填土中，说明盐壳隔断了毛细水。现场和室内试验均表明，当盐壳厚度大于 0.1 m，盐壳底面距地下水位大于 0.35 m 时，对毛细水有良好的隔断作用。

(六)路基设计

1. 亚氯、亚硫酸盐渍土

(1)路基高度考虑临界冻结深度与毛细水强烈上升高度的影响。

(2)路基宽度 6.5 m，每侧加宽 0.3 m 以防止松胀，边坡砂黏土 1:1.5，粉细砂 1:1.75，基底盐壳不铲除，碾压密实(见图 3－121)。

(3)路基填料取土时需铲除盐壳，控制硫酸盐含量不超过 2%，填土分层压实，要求密实度达到最佳密度的 90% 以上。

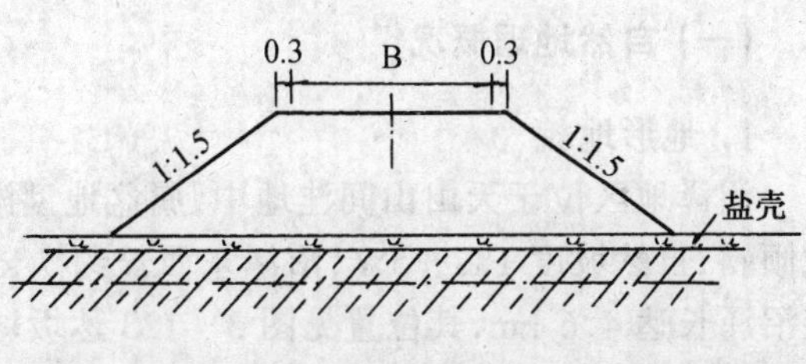

图 3－121　亚氯、亚硫酸盐渍土路基横断面设计示意图

2. 超氯盐渍土

(1)路基宽度 6.5 m，两侧各加宽 0.2 m，边坡砂黏土、黏砂土为 1:1.5，粉细砂为 1:1.75。

(2)超氯盐渍土作填料，不铲除盐壳，分层填筑，碾压密实，要求密实度达到最佳密度的90%以上。路肩填砾砂厚0.1 m,宽0.8 m,以防氯盐吸湿和大气降雨对路基的影响(见图3-122a)。路基基底盐壳不铲除,碾压密实,可作隔断毛细水之用。

(3)湿盐渍土地段地下水位浅,取土困难,填料取自钾肥厂矿碴(岩盐)。路基宽度为5.5 m,两侧各加宽0.4 m,边坡1:1.5,路基面用圆砾土防护,厚0.15 m(见图3-122b)。

(七)小结

本段盐渍土路基于1976年开工修建,1979年建成通车,1987年9月进行现场回访调查,访问了工务段、领工区和沿线工区,并进行了小型勘探和取样试验。

1.路基基本稳定,没有出现冬季冻胀,春融翻浆冒泥现象,说明高矿化度地下水地段盐渍土的路基高度不考虑冻结深度的影响是可行的。

2.解剖六个路基断面,取样54个(每0.5 m分层取样)作含盐量、含水量分析,一般含水量6%~15%,平均10.7%,小于塑限含水量(16%),除路基面表层受蒸发作用,填土特别干燥外,以下至基底的含水量基本上没有太大的差异,这说明强毛细水未上升至路基内部,基底盐壳起到了隔断强毛细水的作用。勘探中洛阳铲打至路基基底高程时,遇坚硬盐壳难以打进,说明基底盐壳保存完好,没有受强毛细水作用而软化,没有产生盐分转移现象。

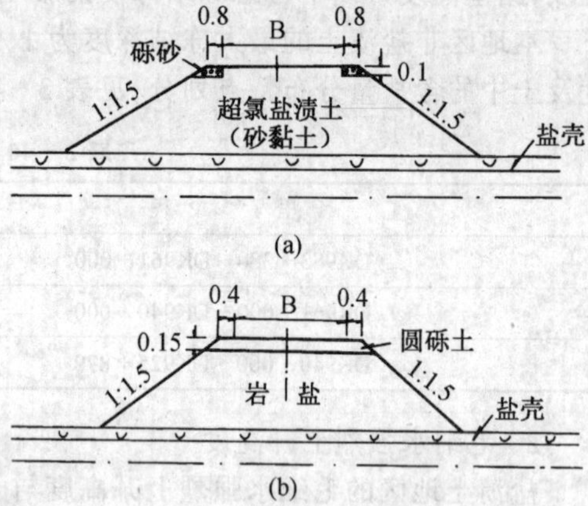

图3-122 超氯盐渍土路基横断面设计示意图

3.超氯盐渍土路基的含盐量确实很大,总含盐量25%。运营几年来,除个别有少量(10~15 mm)沉落外,路基状况基本良好,说明在干旱少雨地区,不控制含盐量,用超氯盐渍土作路基填料是可行的。

4.本段盐渍土路基的修建,是一项突破性的岩土工程的实践,它的成功经验已被有关规范、规则所采纳,节省了大量土方及防护工程,降低了工程造价,取得了明显的经济效益。

二十八、兰新线达坂城沼泽(软土)路基工程

盛殿魁

兰新线达坂城沼泽(沼泽土按TBJ12—85称为软土,本文系采用50年代的彭正平的资料,故仍用沼泽土名,与现行规范分类稍有不同。)位于哈密至乌鲁木齐间、达坂城东南,工点范围为BOK463+930~BOK468+530,全长4 599.67 m,地面高程1074~1095 m。

(一)自然地理概况

1. 地形地貌

沼泽地区位于天山山间洼地中,属盆地型湖相沼泽,四周高山环绕,其地势自西北向东南微倾斜,自然坡度1‰~5‰,沼泽东西长约7 km,平均宽约2 km,东部宽达3 km多。线路斜穿沼泽长达4.6 km,其位置见图3-123达坂城沼泽平面图。

2. 气象

本区属中温带亚干旱气候区,降雨量极少,而蒸发量极大,约为降雨量的100多倍。年平均气温5.8 ℃,年平均最高气温18.3 ℃,年平均最低气温-1.7 ℃,绝对最高气温43.4 ℃,绝

对最低气温 -41.5 ℃。最大土壤冻结深度 1.4～1.7 m,冻结期为 10 月至翌年 4 月。年最大降雨量 60 mm,日最大降雨量 32 mm。年平均蒸发量 6 000 mm,年最大蒸发量 7 000 mm,月最大蒸发量 1028.1 mm。

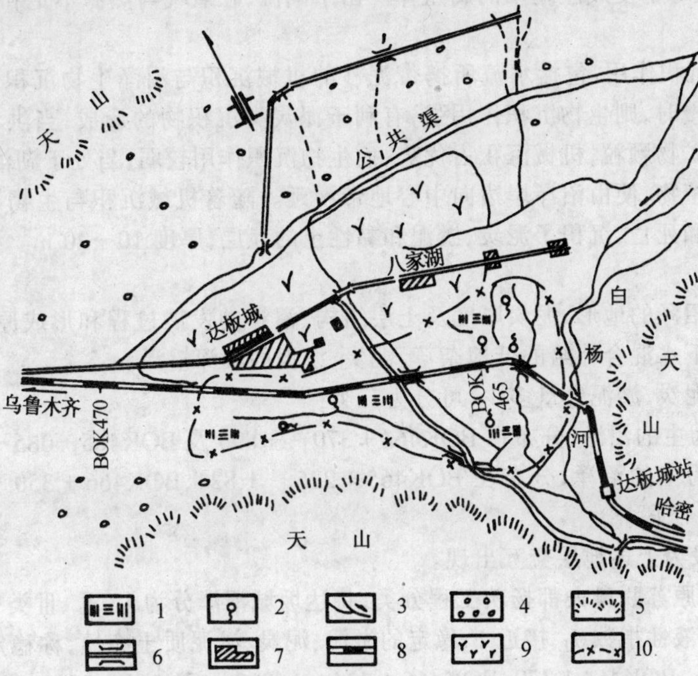

图 3-123 达坂城沼泽平面示意图

1—沼泽;2—泉;3—河流;4—戈壁滩(山前平原);5—天山;6—公路及桥;7—房屋;8—铁路;9—耕地;10—不良地质界线。

(二) 水文地质

沼泽地区地表水及地下水均发育,水源主要靠北面博格塔山的冰川和积雪的融化水补给,水源丰富。

上层潜水:含水层为泥炭层,埋深浅,多以泉形式出露地表。

下层承压水:含水层为卵、砾石土层,有承压性,隔水顶板为淤泥质土。钻探时,承压水头高出地面 1～5 m。据电探测定,地下水以 0.21～0.71 m/d 的流速流向白杨河。地下水多沿淤泥和黏性土顶板的潜蚀管道,溢出地表形成上升泉,泉眼直径 1～3 m,深 1～4 m,竹杆能探入3～6 m。泉附近土层松软泥泞,特别在地势低洼的沼泽地,上升泉分布较多。

沼泽地局部常年积水,水深 0～3 m,由于该地土层、植物和腐殖体具有很高的吸湿性能,大大地增加了土中含水量。寒冷季节,地表结冰,厚 0.05～0.6 m。冻胀作用形成许多冻胀鼓丘,高 0.5～0.8 m,直径 1.0～1.5 m。

(三) 达坂城沼泽成因与分类

1. 沼泽成因

(1) 地势低洼:该沼泽处于山间洼地最低处,地表水及地下水在这里汇集,有利于喜水植物繁殖。植物生长的种类、范围随地形、地质及水文地质等条件的不同而异。如在地形低洼过度潮湿或积水处，以筐柳、牛毛草为主，其次则多为芦苇及蒲草；地势较高而稍干燥处则多为马兰草、芨芨草。根深0.5～3.0 m，甚丛密，其中以芦苇根最深。

（2）植物腐烂，形成泥炭：在春末至秋初，喜水植物生长非常茂盛，深秋后开始枯死，其枯枝落叶、茎杆藤根等都变成洼地中的腐殖体。由于潮湿，在氧气与热源不足和厌氧细菌的缓慢作用下，形成泥炭。

（3）沼泽的沉积作用：包括水流所携带泥沙的机械沉积与沼泽生物沉积。如果沼泽水处于停滞或流动很慢时，则生物沉积作用强，有利于泥炭类沉积物的形成；当洪水泛滥时则水流携带较多的微细矿物颗粒，机械沉积占优势，而生物沉积作用较弱；当处于湖泊的衰退过程中，不同陆生与水生植物，便由沼泽岸边向中心地带漫延。随着机械沉积与生物沉积的交替作用以及植物的生长和死亡，沉积了泥炭、淤泥和黏性土的互层，厚度10～20 m。

2. 沼泽分类

根据达坂城沼泽的地形、泥炭厚度及土层结构、沼泽的发展过程和形成原因，达坂城沼泽属于地表水和地下水混合补给的低地杂草、泥炭、淤泥的较深沼泽。

根据沼泽中泥炭、淤泥含量多少，可分为三类：

（1）以泥炭为主的沼泽，分布在BOK464+370～+890及BOK465+085～+225两段。

（2）以淤泥为主的沼泽，分布在BOK465+225～+824、BOK466+350～+465及BOK467+350～+550三段。

（3）其它地段为上述地层交互出现。

勘测时，根据原苏联奥夫都扬茨工程分类，将达坂城沼泽分为Ⅰ、Ⅱ、Ⅲ类：

Ⅰ类沼泽：被液性指数 I_L 接近1、稳定的淤泥、泥炭、淤泥质土充填，称稳定的沼泽。分布在BOK463+930～BOK464+370，BOK465+424～+913，BOK466+220～+350，BOK466+465～BOK468+530，总长3124 m。一般位于地形较高处，地下水位在0.5～2.0 m以下，生长稀疏的马兰、牛毛草、芨芨草、筐柳及芦苇等，部分地表覆盖有0.3～2.0 m的泥炭，还有部分地表覆盖有砂黏土类的硬壳，厚0.5～3.0 m，下部为淤泥或淤泥质土，淤泥层中偶夹有薄层透镜状砾石或砂层，其代表地质断面如图3-124a。

Ⅱ类沼泽：被液性指数 $I_L \geqslant 1$、不稳定的淤泥、泥炭充填，称不稳定的沼泽。分布在BOK465+225～+424，BOK466+350～+465，总长314 m。地形低洼平坦，地下水接近地表，个别地段由于泉水出露或耕地排水，地表常年积水，芦苇、筐柳、芨芨草、马兰草等植物生长较为茂盛。地表泥炭厚0.35～2.0 m，间夹有薄层淤泥质细砂，其下为淤泥，淤泥最厚达11 m，多与黏性土成互层，夹有细砂或砾石透镜体，其代表断面如图3-124b。

Ⅲ类沼泽：有泥炭皮，表层泥炭厚2.0～4.5 m，由泥炭到沼泽底为淤泥沼泽，称极不稳定的沼泽。分布在BOK464+370～+890，BOK465+085～+225，总长660 m。地势甚为低洼，地下水大多出露地表，部分洼地常年积水，水深0～0.15 m，筐柳、芦苇、牛毛草等生长茂盛，地表1～3 m草根交织成毡状，有的人能在上通行，经施工开挖，堑槽坡较陡，具有高度弹性，饱含水份，在2.2 m以下泥炭层及其下面淤泥夹较多粉砂、砂黏土及圆砾土透镜体。其代表地质断面见图3-124c。

其余地段，BOK464+890～BOK465+085和BOK465+913～BOK466+220为软弱地基。

（四）沼泽区地层及工程地质特征

1. 泥炭

(1) 泥炭皮:厚0.3～0.6 m,淡褐色或深褐色,由未腐朽或轻微腐朽的草根组成,含水量很大,在手中捏之则有黄褐色污水溢出,脱水后甚轻,几乎全部烧失,极不稳定。应全部清除。

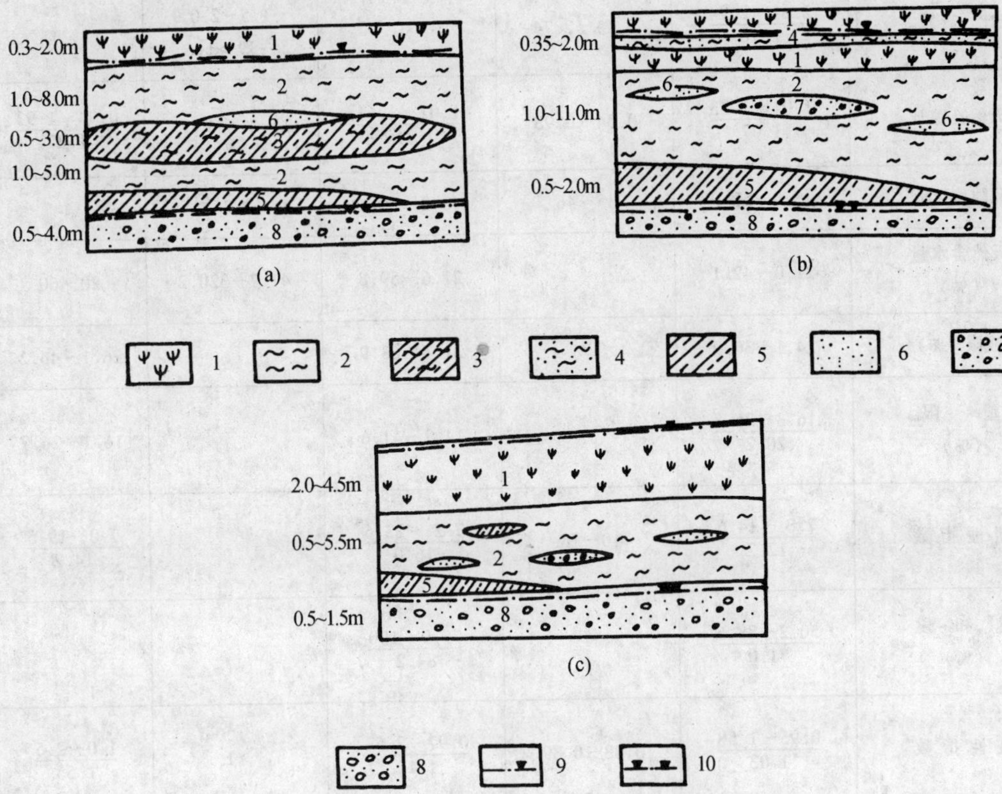

图3-124 达坂城沼泽地质断面示意图

a—Ⅰ类沼泽;b—Ⅱ类沼泽;c—Ⅲ类沼泽;1—泥炭;2—淤泥;3—淤泥质砂黏土;4—淤泥质粉砂;5—砂黏土;6—砂;7—圆砾土;8—卵、砾石土;9—潜水水位线;10—承压水水位线。

(2) 泥炭:厚0.5～4.0 m,由分解与半分解的沼生植物残骸、腐殖土、黏土和砂组成,深褐色或黑色,上部有明显的纤维状结构,腐朽程度20%～50%,并有未腐朽的草根穿插,有臭味,吸水能力强,充水似海绵,干燥后体积缩小66.6%～85.7%,据试验资料(表3-41),天然含水量为41.7%～320%,孔隙比为1.555,压缩系数>5.0 MPa^{-1},属高压缩性土,灼失量为11.5%～12.37%,其工程性质甚差,基底泥炭需全部或部分清除换填渗水土。

表3-41 达坂城沼泽土物理力学性质表

沼泽类型	Ⅰ类沼泽及软弱地基土		Ⅱ类沼泽	Ⅲ类沼泽及软弱地基土	
取样深度(m)	0.4～7.6		0.4～8.84	0.4～3.64	2.2～5.82
土层名称	淤泥	淤泥质土	淤泥	泥炭	淤泥
天然密度(g/cm^3)	$\frac{1.64\sim1.99}{1.77}$	1.89～2.09	$\frac{1.52\sim2.06}{1.81}$	0.7～1.48	$\frac{1.51\sim1.99}{1.83}$

续上表

沼泽类型	Ⅰ类沼泽及软弱地基土		Ⅱ类沼泽	Ⅲ类沼泽及软弱地基土	
比　　重	$\frac{2.61\sim2.74}{2.70}$	2.71～2.74		1.5～2.0 一般＞1.6	
天然孔隙比	$\frac{1.01\sim1.43}{1.07}$	0.54～0.98	$\frac{1.02\sim1.61}{1.157}$	1.555	$\frac{0.94\sim1.93}{1.27}$
孔隙度(%)	45.8～58.9	35～46	40.2～69.1	＞85	
天然含水量(%)	21.0～42.1		21.6～59.8	41.7～320.2	20～60
液限(%)	24.1～36.9		21.4～63.9		26.1～46.2
塑　限(%)	$\frac{16.3\sim25.3}{20.2}$		14.2～41.6		16.1～26.7
塑性指数	$\frac{7.8\sim14.6}{12.2}$	10～18	$\frac{7.2\sim23.6}{16.0}$		$\frac{7.0\sim19.5}{14.2}$
饱和度(%)	$\frac{50.2\sim88.6}{71.0}$		$\frac{75.9\sim100}{84.2}$		
液性指数	$\frac{0.95\sim1.58}{1.03}$	0.48～0.89	$\frac{0.97\sim2.52}{1.12}$	＞1	$\frac{1.0\sim2.5}{1.55}$
快剪 内摩擦角(°)			11°12′	$\frac{8°18′\sim9°39′}{8°58′}$	
快剪 凝聚力(kPa)			8	$\frac{6.5\sim8.0}{7.2}$	
固结快剪 内摩擦角(°)	14°～30°	17°45′～25°15′	$\frac{17°30′\sim34°37′}{25°05′}$	5°～25′	$\frac{12°40′\sim26°34′}{18°50′}$
固结快剪 凝聚力(kPa)	0.5～13	17～35	$\frac{0\sim31}{9.5}$	1～4	$\frac{4\sim38.5}{15.8}$
压缩系数(MPa^{-1})	0.58～1.04	0.19～0.44	2.0～3.0	一般＞5	

注：表中横线以上或无横线的数值表示指数变化范围，横线以下为平均值。

2. 淤泥：厚 0.5～8.0 m，灰色或灰白色，夹有泥炭或砂砾透镜体，含有机质 2.4%～19.8%，具臭味，黏性强，据试验资料(表 3－41)，天然孔隙比 1.07～1.27，个别达 1.93，渗透能力差，天然含水量 20%～60%，液性指数 1.03～1.53，个别达 2.52，流塑至流动状，压缩系数为 0.58～3.0 MPa^{-1}，为高压缩性土。估计承载力，可塑状态 $\sigma_0 = 100$ kPa，软塑状态 $\sigma_0 =$ 80 kPa，流动状态 $\sigma_0 = 30$ kPa

3. 淤泥质土：厚 0.2～7.0 m，灰色或淡红色，呈尖灭状和透镜体状，有机质含量 3%～10%，压缩系数 0.1～0.5 MPa^{-1}，属中压缩性土，孔隙比<1，透水性次于淤泥，有砂粒感，天然含水量接近液限，软塑至可塑状态，估计承载力 $\sigma_0=100\sim200$ kPa。淤泥质土性质随埋藏深度不同而变化，如表 3－42。

表 3－42　达坂城沼泽不同深度的淤泥质土物理力学指标表

埋藏深度(m)	5.1～5.4	6.9～7.3	孔隙比		0.98	0.54
塑性指数(%)	16.8	10.2	压缩系数 (MPa^{-1})		0.5	0.23
液性指数	0.816	0.480	固结快剪	内摩擦角(°)	17°45′	22°30′
有机质含量(%)	4.3	2.4		凝聚力(kPa)	17.5	33
天然密度(g/cm^3)	1.89	2.09				

4. 粉、中、粗砂：多呈尖灭状和透镜体状，中等密实，饱和，估计承载力 $\sigma_0=80\sim300$ kPa。

5. 圆砾土：粒径 5～10 mm 占 55%，10～20 mm 占 25%，含砂量 20%，成分为玄武岩、安山岩及石英岩等，中等密实，饱和，估计承载力 $\sigma_0=400$ kPa。

6. 砂黏土：呈尖灭状或薄层状，分布于沼底卵、砾石土顶部。

7. 卵、砾石土：粒径>10 mm 者占 50%以上，2～10 mm 占 5%～25%，成分为玄武岩、安山岩及石英岩，中等密实，饱和，估计承载力 $\sigma_0=500$ kPa。

(五) 沼泽工程地质评价

1. 达坂城沼泽区有着复杂的地质剖面，由各种稳定程度不同的中等厚度的草类、泥炭和厚层淤泥组成，且分布有较深的承压水上升泉，特别在 BOK464＋400～＋700Ⅲ类沼泽地段中有泥炭溶洞（潜蚀管道）和坍陷漏斗等不良地质现象，这是其它软土地区所没有的。

但达坂城沼泽总的趋势是趋向衰亡。根据访问，1955 年前本区雨雪量较为丰富，沼泽区开垦范围小，Ⅲ类沼泽区整个被水浸没，长有茂密芦苇丛，人马不易通行。1955 年以后由于雨雪量显著减少，同时由于在达坂城沼泽区不断进行开垦，耕地需灌溉用水，使沼泽水源减少，芦苇生长范围逐渐缩小。该处水井自 1949 年到 1959 年水位下降 2.1 m。总之，达坂城沼泽在逐渐衰退。

2. 沼泽是一种不良地质，沼泽土含水量大，压缩性高，地基承载力极低，线路通过必须进行工程处理：

(1) 泥炭层

根据前述泥炭层的特点，不能做任何建筑物的基础，必须换填渗水土或清除。

(2) 淤泥

在Ⅰ类沼泽区的淤泥，在线路附近所挖试坑，其坑壁垂直经久不坍；一般埋藏深度在 1～3 m 以下，天然含水量一般稍低于液限，为可塑状态，在沉积过程中已经过一定的硬化作用，但在沉积过程中由于沉积环境的变化，有些形成软硬层不均现象，但仍具有高压缩性，其承载力接近于 100 kPa，这种淤泥只须稍加处理，基本上可以利用作为一般路基的地基。一般以采用降低地下水位和利用路基填土压实固结即可。

Ⅱ类沼泽区的淤泥，从其产生条件看，地下水很发育，且有不少承压水泉，淤泥层中夹有较多的粉、细砂和砾石透镜体，而这些透镜体为层间蓄水层，水有一定承压性，地表常年积水，使淤泥饱水稀软呈不稳定状态，液性指数为 0.97～2.52，属软硬相间地层，天然含水量稍大于液限，孔隙比为 1.02～1.61，压缩系数为 2～3 MPa^{-1}，快剪 φ 为 11°12′，c 为 8 kPa，其承载力＜100 kPa。这种地段必须采取增强土质强度及提高承载力的工程措施，同时应降低地下水，并在路基底部增设隔断层。

Ⅲ类沼泽区的淤泥，天然密度 1.51～1.98 g/cm^3，天然含水量 20%～60%，液性指数为 1.0～2.5，平均为 1.53，孔隙比为 0.94～1.93，平均为 1.27。在钻探过程中，套管有自动下沉现象，淤泥在套管内局部有涌升现象，由于淤泥稀软，很难采取土样。估计承载力＜50 kPa。故路基工程一般除降低地下水位外，要采取挖除基底泥炭、换填渗水土挤压淤泥的办法，部分淤泥较厚地段增设马道（反压护道），以使路基基底稳定。

(3) 淤泥质土

达坂城淤泥质土的厚度一般为 1～7 m，其上部覆盖有 1～6 m 的黏性土或其它沼泽土，根据表 3－42 淤泥质土随深度的变化，对铁路路基工程来说，它比高压缩性的泥炭、淤泥要好，其承载力可达 100～200 kPa。淤泥质土基本上可利用作为一般路基的天然地基。

（六）路基工程

1. 路堤断面设计及结构

在沼泽区，线路均应以填方通过，路堤未浸水部分填砂黏土（严禁用泥炭及有机质含量较多的土作填料），边坡采用 1∶1.5；浸水部分采用渗水土，当浸水边坡高度加 0.25 m，在 6.0 m 以内时，边坡采用 1∶1.75。

不同沼泽类型路堤采用不同的断面结构形式。

Ⅲ类沼泽：地层均为泥炭及淤泥，采用挤压沉底办法施工，下部填渗水土，上部填土或渗水土，详见图 3－125。Ⅲ、Ⅱ类沼泽区采用挤压法施工，可先做局部试验性施工，如挤压有困难时，可采用底部爆破、上部挤压相结合的施工方法。

Ⅱ类沼泽：一般表层为 0.4～1.0 m 泥炭，其下为淤泥，采用清除表层泥炭，回填渗水土，并利用自重和预加荷重加速压密，铺轨前三角形荷重分别移于路堤两侧做成宽 3.0～3.5 m 护道，根据基底淤泥层厚度及其压缩系数等因素预留沉落量，见图 3－126。

Ⅰ类沼泽：一般仅地表有薄层泥炭，其下为淤泥。路堤高度≥3.0 m，不须挖除泥炭，厚度≤0.5 m 的草皮及树根允许留在基底上。当路堤高度＜3.0 m，地表泥炭全部清除。见图 3－127。

潮湿路基：当地下水位距路肩高程＞2.0 m 时，不设渗水土垫层；当＜2.0 m 时，增设渗水土垫层，厚 0.5 m，起防冻作用，个别松软地段路堤两侧增设护道。

2. 预留沉落量

预留沉落量可按式 3－10 计算：

$$S=\frac{e_o-e_i}{1+e_o}\cdot H \qquad (3-10)$$

式中 S——沉落量(m)；

e_o——天然孔隙比；

e_i——相当于填筑路堤加活载时的孔隙比；

H——基底压缩层的厚度(m)。

达坂城沼泽区路基预留沉落量，参照表 3－43。

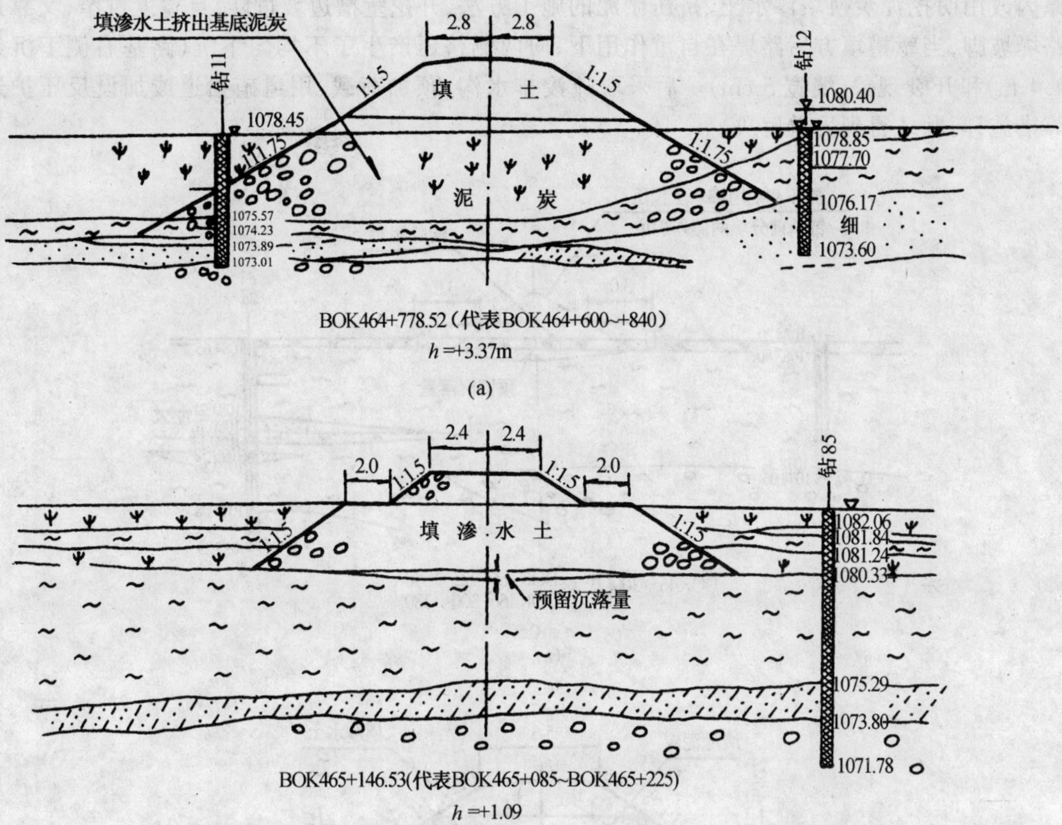

图 3－125　Ⅲ类沼泽区路基设计横断面示意图

表 3－43　达坂城沼泽区路基预留沉落量参考表

淤泥、泥炭压缩层厚度（m）	按路堤高度淤泥、泥炭压缩下沉率（%）		
	1～2 m	2～3 m	3～4 m
＜2	40	50	60
2～3	30	40	50
3～4	20	30	40

注：需预留沉落量地段的路堤，其路基宽度亦相应地加宽。

3．排水设计：路堤两侧均设排水沟（或利用取土坑），沟深 1～1.5 m，边坡 1∶1.5。在Ⅲ、Ⅱ类沼泽地段，排水沟边缘至填方坡脚至少 4 m；Ⅰ类沼泽地段，排水沟边缘至填方坡脚至少 2 m。

（七）小结

1．兰新线达坂城沼泽区路基 1958 年施工。由于采取了明挖清除泥炭、换填渗水土或加设反压护道，以及排水设施等，虽然局部路基由于不均匀下沉而产生了纵向裂缝，但总的情况是良好的。

2. Ⅲ类沼泽路基设计原采用爆破炸开泥炭、填料挤压沉底的施工方法，但当时由于某种原因改用明挖泥炭换填渗水土、挤压淤泥的施工方法，开挖堑槽边坡过陡，且宽度过窄，又靠近路堤坡脚，当堑槽填方后路堤在自重作用下，向两侧挤压产生了不均匀下沉（路基右侧下沉约 0.4 m）和开裂现象（缝宽 5 cm）。后采取疏浚排水沟、预加荷载、用道碴抬道或加设反压护道等措施，问题才得到妥善解决。

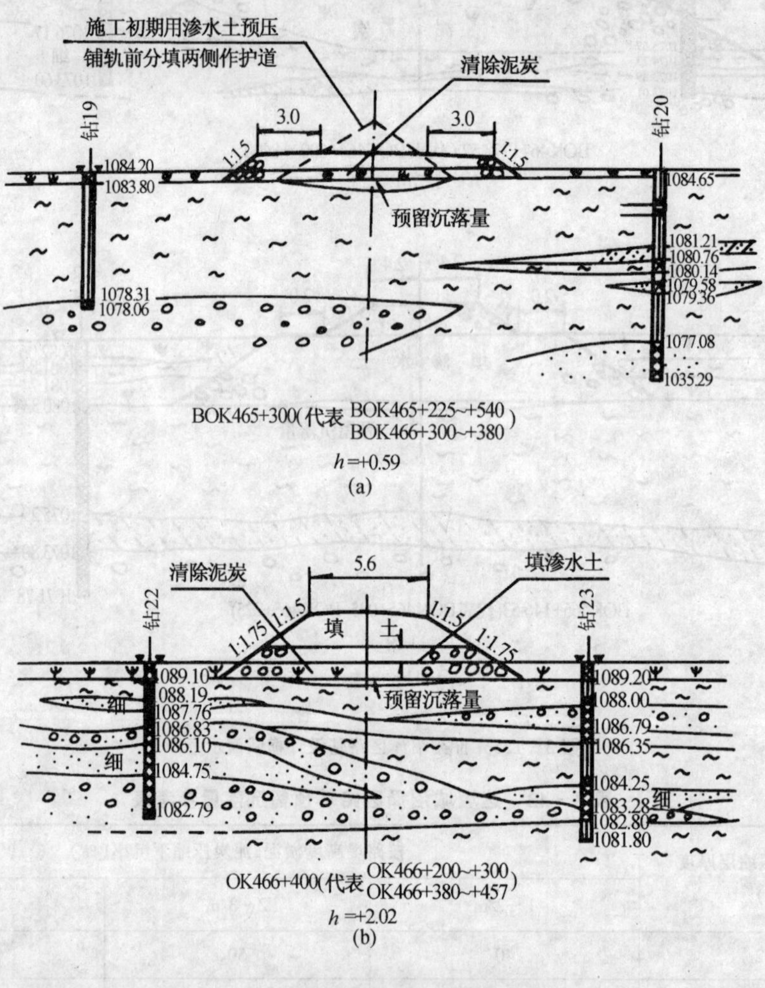

图 3－126 Ⅱ类沼泽路基设计横断面示意图

3. 在达坂城沼泽区勘测期间，用地植物法调查各类沼泽，取得了较好效果。调查说明各个植物群落的生长、分布，明显地与地形、地层和水文地质条件等有密切关系。因此，查明了沼泽区各种植物的分布，也就查明了适应各种植物生长的地形、地层和水文地质条件。这对选线和地质调查等工作起到事半功倍的作用。

4. 沼泽区钻探应注意承压水流出地面后的处理。钻探了解地层到一定深度即可，最好不要都钻透隔水层顶板。当钻透隔水顶板，不能满足地质、设计要求时，应备好封孔材料，及时封堵，以免危及地基的稳定性。

5. 排水沟的冻害应引起注意。达坂城沼泽路基经过一个冬季，淤泥地段的排水沟由于冻胀作用，沟壁有坍塌、沟底有隆起现象，大大减弱了排水效果。今后这种地区的排水沟应设计成保温、防冻水沟，可充分利用泥炭的保温防冻作用。

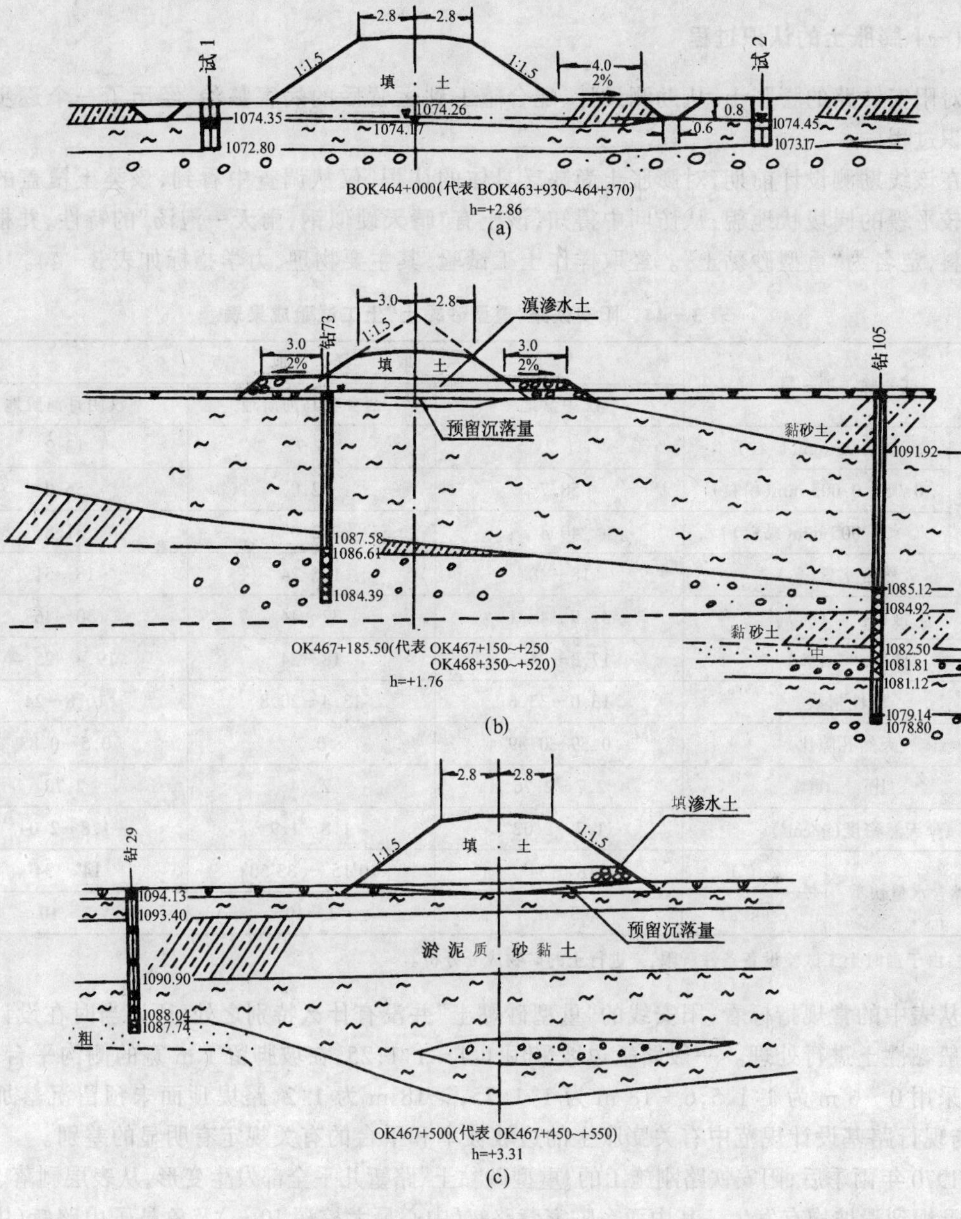

图 3-127 Ⅰ类沼泽区路基设计横断面示意图

二十九、阳安铁路的膨胀土路基病害及整治

李法昶 孙全德

阳安铁路西起宝成铁路阳平关车站，东至陕南重镇安康市，途经勉县、汉中、西乡、石泉、汉阴等县，全长 356.7 km。1965～1970 年勘测设计，1965 年冬季开始施工，1973 年全线通车，1976 年 9 月交付运营。阳安铁路有 136.4 km 通过膨胀土分布区，约占全线长度的 38%；较集中的是汉中盆地、西乡牧马河阶地及汉阴月河阶地 3 段。在施工中和运营后，膨胀土地段的路

基先后产生过许多病害，曾进行了较长时间的整治工程。因此，总结其经验和教训，很有必要。

(一) 膨胀土的认识过程

对阳安铁路的膨胀土，从勘测设计、配合施工到运营后的病害整治，经历了一个逐步深化的认识过程。

在该线勘测设计前期，对膨胀土尚缺乏具体的认识，仅从调查中看到，该类土覆盖的山坡均为较平缓的岗垅状地貌；从访问中得知，该土有“晴天硬似钢，雨天一泡汤”的特性，并根据区域资料，定名为“重型砂黏土”。经取样作土工试验，其主要物理、力学指标如表3-44。

表3-44　阳安铁路“重型砂黏土”土工试验成果表

<table>
<tr><th colspan="2" rowspan="2">试验项目</th><th colspan="3">取样地点</th></tr>
<tr><th>汉中盆地</th><th>西乡牧马河阶地</th><th>汉阴月河阶地</th></tr>
<tr><td rowspan="3">粒度组成(%)</td><td>>0.05 mm(砂粒)</td><td>1.2</td><td>5.7</td><td>13.2</td></tr>
<tr><td>0.05~0.005 mm(粉粒)</td><td>58.7</td><td>52.0</td><td>55.0</td></tr>
<tr><td><0.005 mm(黏粒)</td><td>40.4</td><td>43.0</td><td>31.8</td></tr>
<tr><td colspan="2">天然含水量(%)</td><td>18~28</td><td>18~24</td><td>18~31</td></tr>
<tr><td colspan="2">液限　(%)</td><td>31.9~48.1</td><td>32~44</td><td>30~46</td></tr>
<tr><td colspan="2">塑限　(%)</td><td>17.3~24.5</td><td>18~24</td><td>19.4~25.4</td></tr>
<tr><td colspan="2">塑性指数</td><td>13.0~23.6</td><td>13.4~20.8</td><td>10.8~24</td></tr>
<tr><td colspan="2">天然孔隙比</td><td>0.59~0.89</td><td>0.7</td><td>0.5~0.83</td></tr>
<tr><td colspan="2">比重</td><td>2.7~2.76</td><td>2.74</td><td>2.70</td></tr>
<tr><td colspan="2">天然密度(g/cm³)</td><td>1.7~2.02</td><td>1.8~1.9</td><td>1.8~2.04</td></tr>
<tr><td rowspan="2">天然含水量快剪</td><td>φ(°)</td><td>18°~34°</td><td>10°15′~33°50′</td><td>14°~34°</td></tr>
<tr><td>c (kPa)</td><td>3~6</td><td>1~10</td><td>2~10</td></tr>
</table>

注：由于当时土工试验设备条件所限，未进行土的矿物成分分析。

从表中的常规指标看，阳安线的“重型砂黏土”并没有什么特别之处，所以当时在设计上仍按一般黏性土进行处理。一般路堑边坡采用1∶1~1∶1.25，在坡脚留1 m宽的侧沟平台；路堤边坡采用0~6 m为1∶1.5，6~18 m为1∶1.75，>18 m为1∶2，路堤顶面未预留沉落加宽宽度，与现行路基设计规范中有关膨胀土的边坡坡率和平台的有关规定有明显的差别。

1970年雨季后，阳安铁路刚施工的“重型砂黏土”路堑几乎全部发生变形，从表层剥落、流泥、浅层溜坍到滑坡均有发生。其中西乡陈家营路堑(中心最大挖深10 m)及象鼻子山路堑(中心最大挖深20 m)的路基病害成为铺轨计划的“拦路虎”。陈家营路堑是溜坍进一步发展为滑坡，随挖随滑坍，路堑难以成形；后来通过大量清方减载及设置支挡工程，才最终使滑坡稳定下来。象鼻子山深堑长约150 m，适逢雨季施工，坡面挖开后尚未来得及支挡即发生泥浆式溜坍，加之堑底局部为含水的砂、卵石层，经过500多民兵和机筑队工人艰苦奋战，推迟两周，才勉强达到铺轨程度；该工点前后耗时5年，对全堑坡实施了三级挡护工程，耗费圬工5 000 m³后，仍然没有使边坡完全稳定，1981年左侧堑坡的一段5 m高的挡墙曾被推断并挤入路堑。

阳安铁路用“重型砂黏土”填筑的路堤发生的变形，比路堑出现病害要晚一些。1973年全线通车前后，由于通过列车很少，除个别施工质量较差的地段外，一般路堤均较稳定，路堤变形基本未列入病害整治的议程。但通车一二年之后，随着行车密度的增加和反复接受大气降水产生的湿胀干缩作用，路堤变形工点便逐渐增多起来，甚至在整治重点上出现了取代路堑之势。病害的主要类型有基床病害、路堤下沉、坍肩、边坡溜坍等。

实践使我们感觉到，必须对阳安铁路的“重型砂黏土”重新加以认识。铁一院分别在汉中、西乡、汉阴等地又取土样，请中国科学院地球化学研究所作了差热、X射线的分析和鉴定。还先后与铁科院西北研究所(现西北分院)、西安铁路局科研所、西南交大等单位合作，对阳安线“膨胀土的基本特征及其对路基工程的影响”进行了研究。并逐步确认阳安铁路原定名的“重型砂黏土”实际是膨胀土，其主要物理力学指标如表3-45。

表3-45　阳安铁路膨胀土土工试验成果表

试验项目			取样地点		
			汉中盆地	西乡牧马河阶地	汉阴月河阶地
粒度(%)	>0.05 mm	(砂粒)	2.6~7.5	1.5~4.7	1~14.7
	0.05~0.005 mm	(粉粒)	56.7~63.8	48.9~56.8	48.0~56.7
	<0.005 mm	(黏粒)	33.2~37.0	40.5~46.4	35.8~51.0
物理指标	天然含水量	(%)	22.25	28.90	22.18~22.25
	液限	(%)	36.9~39.7	33.7~48.4	36.2~40.5
	塑限	(%)	20.4~22.4	19.2~24.5	20.2~20.6
	塑性指数		16.5~18.3	16.8~23.9	16.0~19.7
	天然孔隙比		0.640	0.740	0.640
	比　重		2.69	2.69	2.69
	天然密度	(g/cm^3)	1.97	1.86	1.9~2.0
抗剪强度	天然密度、天然含水量快剪	φ(°)	18~34	10.25~33.83	14~34
		c (kPa)	3~6	1~10	2~10
	烘干一次浸水无膨胀饱和快剪	φ(°)	7~16	25	10~18
		c (kPa)	2~3	5	2~4
	烘干一次自由膨胀饱和快剪	φ(°)	5~7	25	8~10
		c (kPa)	0.8~0.9	0.9	0~1
膨胀	膨胀力	(kPa)	40~120	60~120	40~120
	膨胀量	(%)	11.0~28.7	11.4	13.6~22.7
总体积收缩量		(%)	8.9~11.3	3.7~4.4	12.8~13.5
压缩系数			≤0.02	≤0.02	≤0.02
代换性阳离子总量		(%)	17.5~22.2	18.2~24.9	15.5~25.7

随着认识的深化，阳安线在最后阶段的线路方案比选中，吸取中、西段在深长膨胀土路堑中普遍出现病害及整治的教训，在东段的选线过程中便尽量避免采用深长膨胀土路堑，收到了较好的效果。如东段恒口至安康间翻越长枪岭时，曾作了直穿的长隧道和绕线的深路堑两个方案，吸取了中、西段膨胀土深长路堑病害频频出现，而使按计划铺轨难以实现的教训后，才下决心摒弃东段的深路堑绕线方案，采用直穿的隧道方案。

(二)膨胀土路堑的病害类型及整治

1. 病害类型

阳安铁路膨胀土路堑的病害类型主要有滑坡、坍滑和溜坍三种。

(1) 滑坡:阳安铁路的膨胀土滑坡,多数是膨胀土沿基岩顶面或沿膨胀土中灰白、灰绿色的夹层滑动。一般来说,滑坡体中的含水量较大,滑动面的坡度较缓,整治这类病害的投资较大。

(2) 坍滑:是阳安铁路常见的一种膨胀土路堑病害。它的性质介于溜坍和滑坡之间。该病害系人为边坡与土的强度所能维持的坡度不适应而造成,由于膨胀土下部有基岩,或层内有灰白、灰绿色夹层,在坍塌的同时还产生滑动。

(3) 溜坍:是阳安铁路膨胀土路堑中最普遍的一种病害。一般在正常情况下,边坡较稳定,但在雨季或雨季后,边坡含水量过大,便失稳,形成饱和土体顺坡下溜的现象。这种破坏深度较浅,多局限在气候作用层范围内,一般并不影响整个边坡的稳定,较易整治。

2. 整治措施

通过工程实践及对阳安铁路膨胀土的认识,提出以下设计原则和工程整治措施。

(1) 膨胀土堑坡坡率不宜陡于1:1.25~1:1.5;堑坡高度>6 m设边坡平台,平台宽度为2~4 m;侧沟平台宽1~2 m;侧沟与边坡平台排水沟均应圬工加固;弃方应距堑顶10 m以外。

(2)膨胀土堑坡一般宜作防护。阳安铁路膨胀土堑坡开挖后,每逢雨季即发生变形,最好是在旱季挖出新鲜堑坡后立即进行防护,并注意将坡面的深风化土层或浅层溜塌土体全部清除。

阳安铁路有8个渡槽横跨膨胀土路堑,高度为6~11 m,施工设计的堑坡坡率均为1:1~1:1.25,但开挖后,即用厚35 cm的浆砌片石作了防护,并谨慎地处理了输水渠道与渡槽出入口的顺接与防渗工程,渡槽建成通水后,堑坡无一发生变形。这就给了我们一个很好的启示:及时做好堑坡防护,是防止膨胀土堑坡变形的有效措施。相反,不及时防护,或者处理堑坡病害时束手束脚,图暂时的"省工、省事",人为地缩短工程处理的长度与高度,结果适得其反,反而造成工程处理的多次反复,施工队伍的几上几下,最终还得采取多级挡护,实际上造成了更大浪费。

(3) 膨胀土路堑的防护分轻型、重型两种。轻型防护,如浆砌片石、混凝土骨架(方形、拱形)护坡,一般适用于较稳定的低路堑;骨架内铺草皮或种紫穗槐均有一定效果,但铺混凝土预制板或沙浆抹面,却多因施工质量难以保证而失败。重型防护,如护墙、挡土墙和抗滑桩等,适用于堑坡土体风化裂隙十分发育,或已溜坍、坍滑和滑动的堑坡。

(4) 完善的排水系统与全方位的防护,是确保挡护工程全面、有效地发挥作用的关键。从阳安铁路的施工、运营实践看,膨胀土路堑挡护工程的破坏,几乎都与地表水渗入有关。据研究,膨胀土含水量超过一定值后,土的强度会发生突然衰减,并形成土体滑坡。为防止雨水渗入,膨胀土堑坡不仅宜一护到顶,而且边坡平台与全部排水系统均应用圬工封闭,堑顶也要有一定宽度(5 m左右)的封顶。挡墙必须设泄水孔及墙后反滤层。所有地表水、地下水都要通过完善的排水系统引出。所有排水构筑物都要注意日常的养护、维修,严防渗漏。

1976年阳安线正式交付运营后,郑州铁路局西安科研所等单位通过运营地质实践,又提出和实施了"装配式锚杆框架护坡"、"素混凝土和改性土骨格护坡"、"尼龙网垫和植物护坡"、"土钉加固裂土堑坡"等,使阳安铁路膨胀土堑坡的防护形式更加丰富多样。

3. 病害实例

阳安铁路约有膨胀土病害工点80多处,总延续长度达20 km,仅施工期间因其病害而增设的圬工数量即达20×10^4 m^3。其中规模较大的有勉县西站3号山头滑坡、洋县小老瓜山滑坡和西乡陈家营滑坡等。现将后两例的情况介绍如下。

(1) 小老瓜山滑坡(IDK159+900)

铁路以挖方通过汉江三级阶地前缘,中心最大挖深为13 m。阶地上部为厚10～20 m的上更新统冲、洪积型膨胀土,下部为上更新统杂色砂夹卵石土,层厚2～3 m,底部为风化严重的太古界花岗岩,基岩顶面平顺。路堑基床位于花岗岩或杂色砂层内,基岩出露高度为1～2 m。1970年底路堑开挖过程中,在右侧堑顶10～50 m以外形成环形裂缝,裂缝内土体向线路滑动,粗略估计滑坡体积超过50 000 m^3。滑动面在右侧堑坡呈20°倾角剪出,高出路基面约3 m。当时因施工力量有限,又忙于抢通铺轨,前后两次计清除滑动体约20 000 m^3,但效果很差,滑坡体继续发展,1971年5月滑坡裂缝范围扩大至堑坡外75 m以远。见图3－128、图3－129。现场设计组对该滑坡进行了大范围补充地质调查及勘测工作,并钻探7孔123.04 m,确认该滑坡体有两层滑动面,一是表层滑动,滑动面深3～4 m;二是深层滑动,滑动面深7～8 m。两层滑动面均位于膨胀土层内,呈软塑状,并夹有青灰色黏土薄层,钻探过程中缩孔严重。根据力学检算,确定采用以抗滑挡墙为主的综合整治方案。除了上部清方减重外,主要的整治措施有:

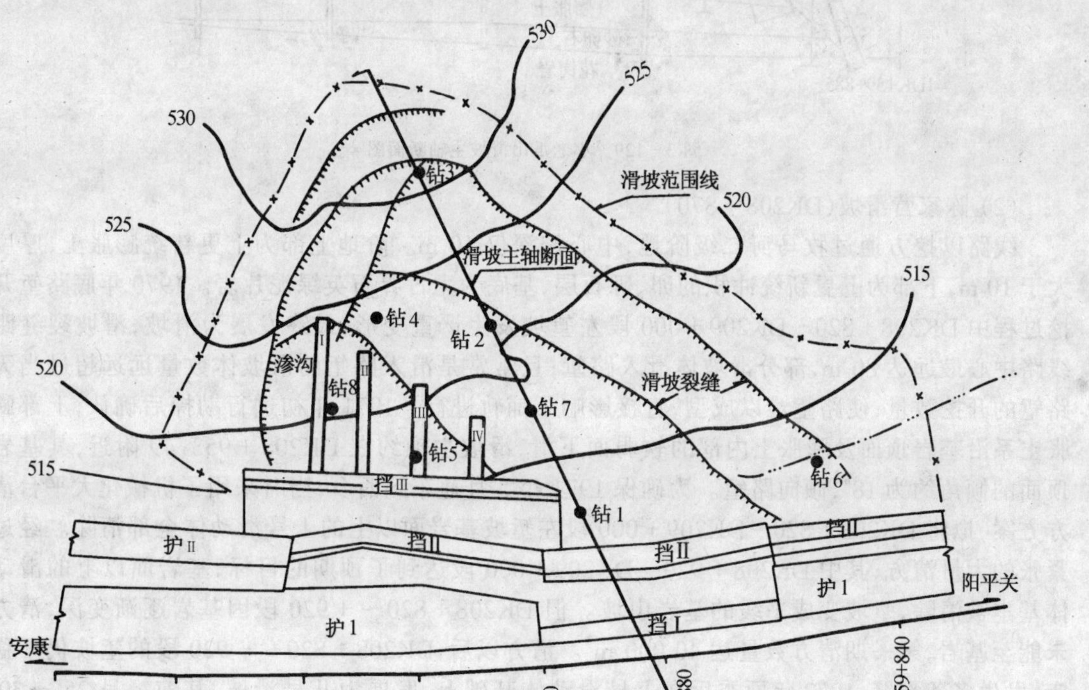

图3－128 阳安铁路小老瓜山滑坡平面图

a. IDK159+825～+942右侧设第Ⅱ级抗滑挡墙,用于整治表层及浅层滑动。挡墙断面按滑坡推力50 t设计;

b. IDK159+942～+980未滑动地段设第Ⅱ级护墙;

c. IDK159+800～IDK160+012右侧设第Ⅰ级挡、护墙,防止膨胀土及砂、卵石土堑坡被冲蚀;

d. IDK159+895～+950设第Ⅲ级挡、护墙,并作支撑渗沟4条,整治该段膨胀土的表层滑坡；

e. 夯填滑坡范围内的裂缝，整平地表并局部掺砂改土，设置截水沟，建立完善的排水系统。

由于当年雨季第Ⅱ级抗滑挡墙未施工，1971 年 12 月竣工不久的第Ⅰ级挡、护墙均被剪断，错距达 0.3 m。当时还有一点侥幸心理，所以 1972 年仅对第Ⅰ级挡、护墙进行了局部加固。1973 年滑坡继续发展，裂缝又向外发展了 40 m，至此才下决心，按设计图全面进行整治，滑坡随即趋于稳定。

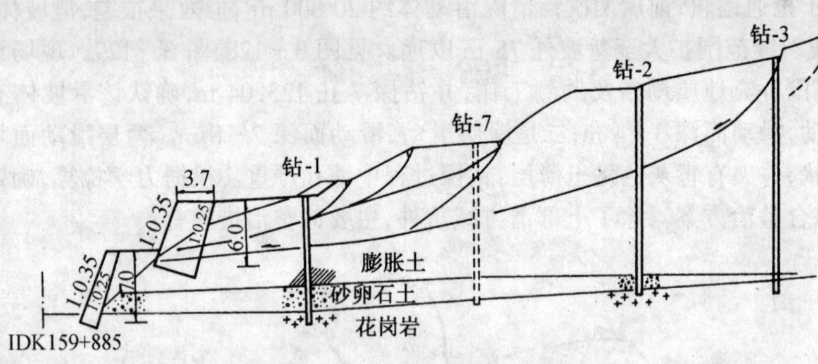

图 3－129　小老瓜山滑坡主轴断面图

(2) 陈家营滑坡(DK208＋870)

线路以挖方通过牧马河二级阶地，中心挖深仅 10 m。阶地上部为上更新统膨胀土，厚度大于 10 m，下部为上更新统冲积的卵、砾石层，基底为太古界石英绿泥片岩。1970 年底路堑开挖过程中 DK208＋820～DK209＋000 段左堑坡发生严重变形，最终发展为滑坡，滑坡裂缝距线路中心最远达 80 m，部分滑坡体滑入路堑；且常常是滑入路堑的滑坡体数量远远超过当天路堑的开挖数量，使路堑难以成型，直接影响了铺轨进行。1971 年初进行勘探后确认，上部膨胀土系沿基岩顶面及膨胀土内部的软弱面下滑，滑坡主轴约在 DK208＋953.49 附近，其基岩顶面的倾角约为 18°，倾向路堑。为确保 1971 年 5 月通车到西乡，当时采用了机械化大平台清方方案，拟将 DK208＋820～DK209＋000 段左堑坡基岩面以上的Ⅰ号滑动体全部清除。经过紧张的大量清方，其中 DK208＋920～DK209＋000 段达到了预期的目标，基岩面以上的滑动体基本被清除，堑坡变成平缓的基岩山坡。但 DK208＋820～＋920 段因基岩逐渐变深，清方未能至基岩，第一期清方数量达 40 000 m^3。清方以后，DK208＋820～＋920 段的堑坡仍不稳定，发生多条裂缝，1972 年雨季后在Ⅰ号滑动体基础上，发展为Ⅱ号滑坡，其前缘呈 25°～30°反翘，从路堑左侧沟处剪出，将已砌筑好的浆砌片石侧沟推倒，使路基面上拱。后来，根据补充钻探确定的滑动面位置，采用支撑渗沟和抗滑桩方案进行了整治，见图 3－130、图 3－131。

抗滑桩以 DK208＋873.49 为检算主轴断面，用极限平衡法反算求得滑坡推力为 26 t。抗滑桩按刚性桩设计计算，桩长 9 m，埋于滑面以下 5 m，滑面以上 4 m，桩底嵌入基岩 2.5 m。桩断面 2 m×2 m，计 12 根。桩间设置挡墙以防流泥。施工完毕后滑坡即停止发展。

(三) 膨胀土路堤的病害类型及整治

1. 病害类型

阳安铁路膨胀土的路堤病害主要有基床病害、路堤下沉和坍滑两大类型。

(1) 基床病害：主要是翻浆冒泥、道碴囊及道碴陷槽等，总延长达 36 km，占全线总长度的 10.1%，其中以勉西工务段内最为严重。膨胀土路堤的基床病害，常年影响列车的运行速度，甚至还出现过列车掉道事故。

(2) 路堤下沉和坍滑：膨胀土路堤当时是利用就近的路堑弃方或邻近山坡上膨胀土填筑的。由于天然状态下的膨胀土，多半呈半干硬状态，难以击碎、夯填密实；加之膨胀土路堤几乎全部是由人工填筑，夯实密度远远达不到设计标准（即上层 1.2 m 内应达最佳密度的 90%～95%，下层不得低于 85%）。加之膨胀土遇水膨胀、失水缩裂。因此，阳安铁路自施工与运营以来，膨胀土路堤普遍沉落。路堤越高，沉落越大，下沉延续的时间也越长，并产生路堤肩裂、堤坡坍滑等病害，对行车安全构成了严重威胁。

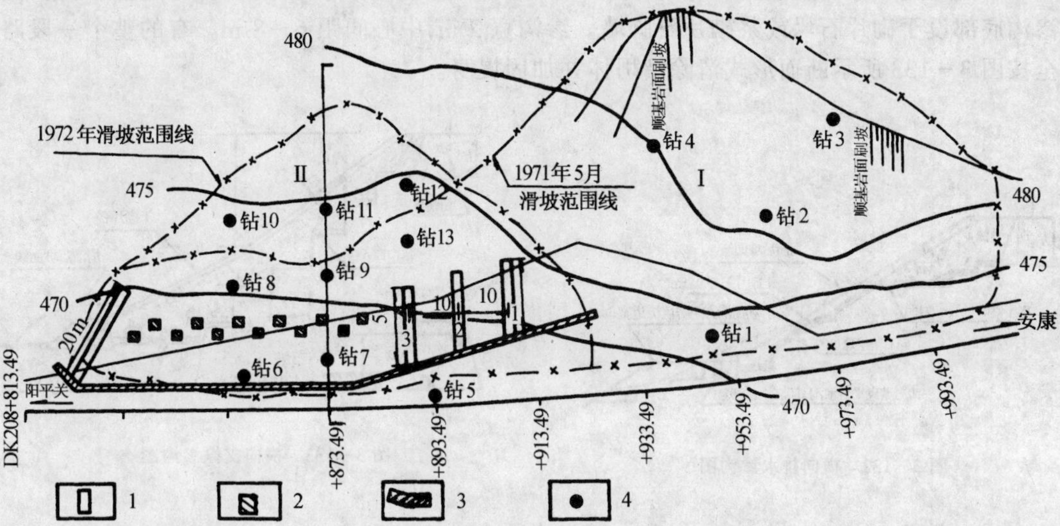

图 3－130　阳安铁路陈家营滑坡平面图

1—渗沟及编号；2—钢筋混凝土抗滑桩；3—挡墙；4—钻孔及编号。

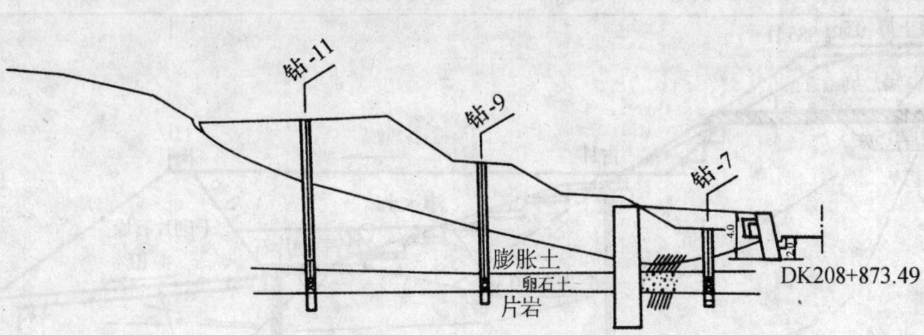

图 3－131　阳安铁路陈家营Ⅱ号滑坡主轴断面图

2. 整治措施

(1) 基床病害的整治

据回访调查，阳安铁路用于处理各种基床病害的工程措施有十余种，如隔离、封闭、换土、排水、垫砂和垫石碴、铺土工织物等，办法不少，但收效却不大。往往一次刚整完，又需接着进行下一次整治。较为行之有效的办法是用渗水土换填基床土，并做好排水渗沟；为避免影响列车运行，施工必须扣轨进行。铁科院西北分院曾在白龙塘车站用灰土作基床的试验，掺用 6%～8%的石灰，能达到彻底改变膨胀土工程性质的作用。西安铁路局安康分局采用 SPB－2

型聚乙烯塑料排水板整治膨胀土路基基床的翻浆冒泥，试铺2年多后作检查，发现道床干燥、清洁，无泥浆混杂物，塑料板完整无损，柔软、弹性如铺设初期。这是一种见效快、施工方便、造价较低的方法。据总结资料，它适用于主要为大气降水所形成的路基基床病害的整治。

(2) 路堤下沉和坍滑的整治

对于一般的下沉，采用渗水土填高路肩并起道，同时帮宽并加密堤身。

对于路肩错落或上部边坡坍溜，下部边坡基本稳定，基本上采用横向排水渗沟，沟宽1.5～2.0 m，中心间距8～10 m，渗沟内用好土夯填(有时掺砂)并修整边坡，夯填土垂直厚度>1 m，见图3-132。

对于高路堤夯填极差或基底软弱导致全部堤坡不稳而溜坍的，则采用横向支撑渗沟。支撑渗沟底部设干砌片石垛或浆砌片石脚墙。渗沟宽2 m，中心间距6～8 m。有的整个一段路堤全按图3-133所示断面形式清除溜坍体并加固堤身。

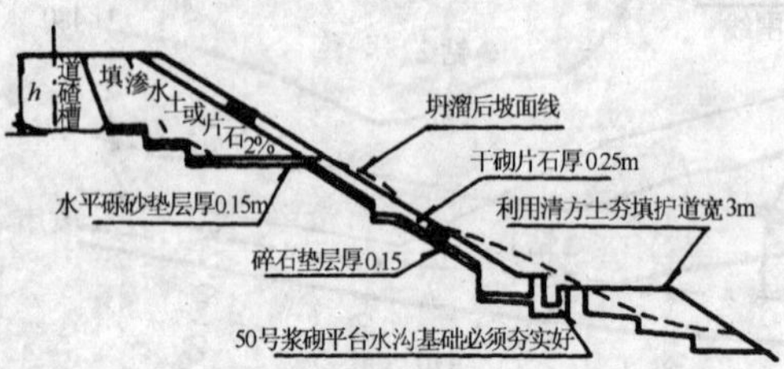

图3-132 横向排水渗沟图

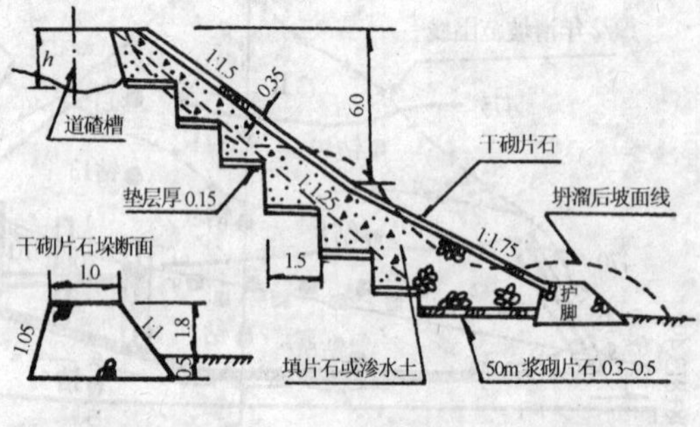

图3-133 横向支撑渗沟图

对于个别工点，由于基底软弱(水稻田)而引起整个路堤滑动的，则采用反压护道整治，如图3-134所示。

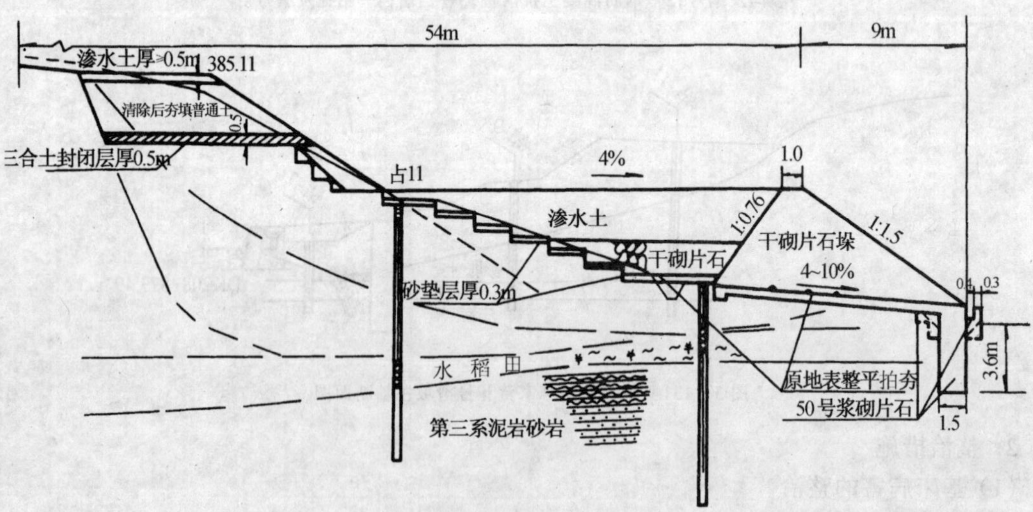

图3-134 阳安铁路汉阴货场右侧路堤滑动整治断面图

一般冲蚀明显的膨胀土坡面，从1972年起大量种植紫穗槐，对防冲蚀及稳定堤坡起了良好的作用。

郑州铁路局西安科研所70年代末试验研究的《改性土桩整治路堤塌滑》的方法特别值得推

广。他们在膨胀土路堤坍滑地段先用1:2:7(石灰:砂:土)的三合土夯填边坡,然后打入桩间距为1 m正方形排列、直径200～300 mm的石灰砂桩(灰砂比为1:2,并加入3%的生石膏粉),桩长以能加固好坍滑体为度。1980年,经在阳安铁路某膨胀土路堤坍滑工点试验,经受了1981年安康地区特大降水的考验,至今效果良好。其工程费用仅相当于常规处理费用的1/5。

(四)经验和教训

1. 阳安铁路的实践表明,膨胀土地区的深长路堑和高大填方,病害普遍,整治工程浩大;据不完全统计,阳安铁路在交付运营后的1976～1986年十年间,用于膨胀土路基病害的整治费用即达2400万元之多。因此,对膨胀土可能对路基工程造成的危害,要有足够的认识,在选线过程中要尽量避免深长的膨胀土路堑。现在看来,西乡盆地的几个深路堑,如果当时采用隧道方案,不但线型好,而且投资省,还可免除施工和运营过程中的许多后患。在确定膨胀土地区的高大填方方案时,要确实考虑填料的来源,应坚决杜绝不采取任何特殊措施,便单纯用膨胀土做填料的做法。

2. 对膨胀土地区的路堑滑坡,单纯用清方的方式进行处理,往往收不到好的效果。采用上部适当清方,下部进行支挡,做好防护工程及排水系统的综合整治方案则是可取的。

三十、柴达尔煤矿专用线冻土特征与路基设计

陈品文　龙锦永

(一)概述

柴达尔煤矿专用线由柴达尔(热水)支线的柴达尔车站至煤矿矿区,全长7.8 km。该专用线的6.04～7.8 km段位于青海省祁连山系大通山南麓的多年冻土边缘地带,正线、站线合计通过长约3 km多年冻土区,冻土厚度5.3～25.0 m。线路以路堤通过,填方高1.5～4.0 m,柴达尔装车站站线低填浅挖,填、挖高度<3.0 m。1970年由铁一院勘测设计,1971年铁一局四处施工,1973年建成通车。该段多年冻土区铁路路基工程已经过多年考验,运营基本良好,为在高原冻土区,尤其是在多年冻土边缘地带勘测设计铁路提供了经验。

(二)地形及气象

DK6+040～DK7+800多年冻土段,线路位于柴达尔沟与其支沟之间的三角地段,靠近柴达尔沟,高程3660～3700 m,见图3-135。该段为洪积阶地,地形平坦,地面横坡为2°～5°,地表多沼泽湿地,草丘隆起,相对高度0.3～0.6 m,低凹处易积水。

该地处于高原亚寒带亚干旱区,年平均气温-2.9 ℃,年绝对最低气温-32.4 ℃,冻结期10月至翌年4月,长达7个月,年平均地温-0.2～-1.6 ℃,暖季温度不高,年绝对最高气温19.5 ℃。年平均降水量511 mm,年平均雷暴日数50.3天,年平均蒸发量1 169.7 mm。

地震基本烈度七度。

(三)地质特征

该地位于祁连山断褶带木里复向斜南翼,周围丘陵出露地层有中生界侏罗系砂页岩夹煤层,古生界二叠系石灰岩和志留系片岩、板岩,三类地层间呈断层接触。柴达尔沟中有冲、洪积碎石、卵石土。地表覆盖有草皮,其下依次为泥炭、淤泥质砂黏土、淤泥质砂黏土夹冰层、砂黏土,基底为砂页岩,见图3-136。多年冻土厚度5.3～25.0 m,由边缘向腹地逐渐增厚。现将

各地层岩性分别描述如下：

1. 草皮：厚0.2～0.4 m，褐色，质轻，具弹性，含少量淤泥质砂黏土。

2. 泥炭、淤泥质砂黏土：厚0.5～1.5 m，褐色、褐黄色，含半腐烂的草根、叶等有机质占30%～40%，质轻，有臭味，土中有<1 mm的冰粒，融化后呈软塑状，局部为流塑状，总含水量为30%～80%，基本属季节融冻层，Ⅱ级普通土。

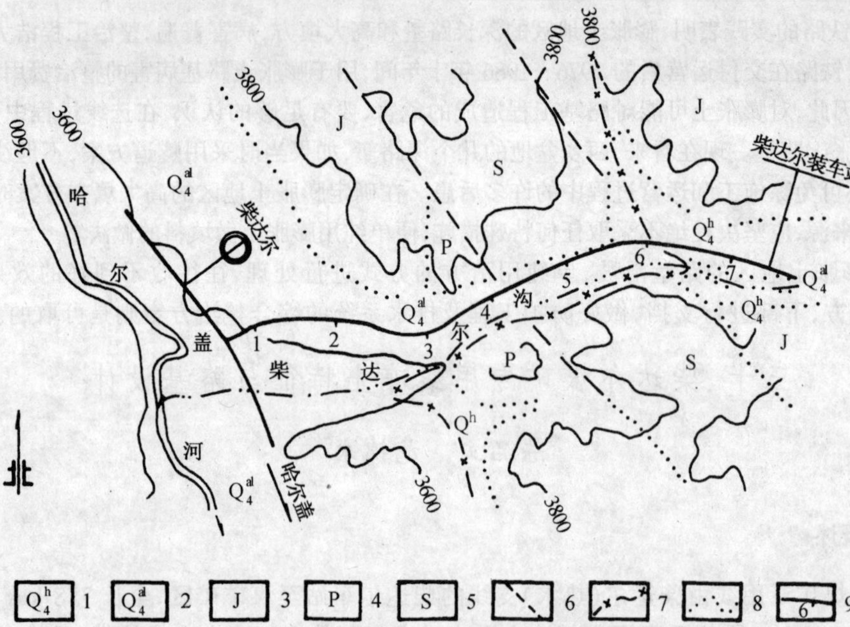

图 3-135 柴达尔煤矿专用线地质平面示意图

1—第四系全新统泥炭、淤泥质砂黏土夹冰层；2—砂黏土、碎石、卵石土；

3—侏罗系砂页岩夹煤层；4—二叠系石灰岩；5—志留系板岩、片岩；

6—断层；7—多年冻土边缘界线；8—岩层分界线；9—线路公里标。

3. 淤泥质砂黏土夹冰层或含冰土层：厚2.0～4.0 m，褐色、褐黄色，土中夹有冰层，厚0.5～2.0 m，个别厚2.7 m，或土与冰互层，融化后呈流塑状，局部夹有碎石、角砾。天然密度$\rho=1.1\sim1.6\ g/cm^3$，塑限$w_p=27.2\%$，总含水量$w=50\%\sim300\%$，其中冻土上限下1 m内最大总含水量580%。多年冻土上限埋深1.1～1.4 m，局部沟谷处有角砾、碎石土，上限较深，基本承载力$\sigma_0=200\sim250$ kPa，Ⅳ级软石。

4. 砂黏土：厚1.0～4.0 m，褐色、棕红色，冰粒2～3 mm大小均匀散布于冻土中，含冰量20%～30%，往下逐渐减少，相应地角砾、碎石含量增多，为20%～30%，总含水量$w=30\%\sim50\%$，融化后呈软塑状，基本承载力$\sigma_0=200$ kPa，Ⅲ级硬土。

5. 砂页岩：紫红色、青灰色，风化层厚>2 m，裂隙中为冰粒充填，含冰量20%～30%，钻孔中取出岩芯呈碎块状，少量为短柱状，总含水量27.5%～31.9%，融化后呈软塑状，基本承载力$\sigma_0=400$ kPa，Ⅳ级软石。

（四）多年冻土上限测定和最小保温层厚度的确定

1. 多年冻土上限埋深和人工填筑土引起的上限上升值的测定

该地多年冻土上限埋深是通过调查、勘探和地温测量来确定的；人工填筑土引起的上限上升值是通过实地勘查和布置试验路堤确定的。

(1) 多年冻土上限深度的勘探，一般在九、十月进行，通过钻孔取岩芯鉴定或试坑直接鉴定，确定上限深度值；亦可通过野外测温计测出各个深度地温变化情况，不但可测出多年冻土的上、下限，而且可测出多年冻土边缘的界限。

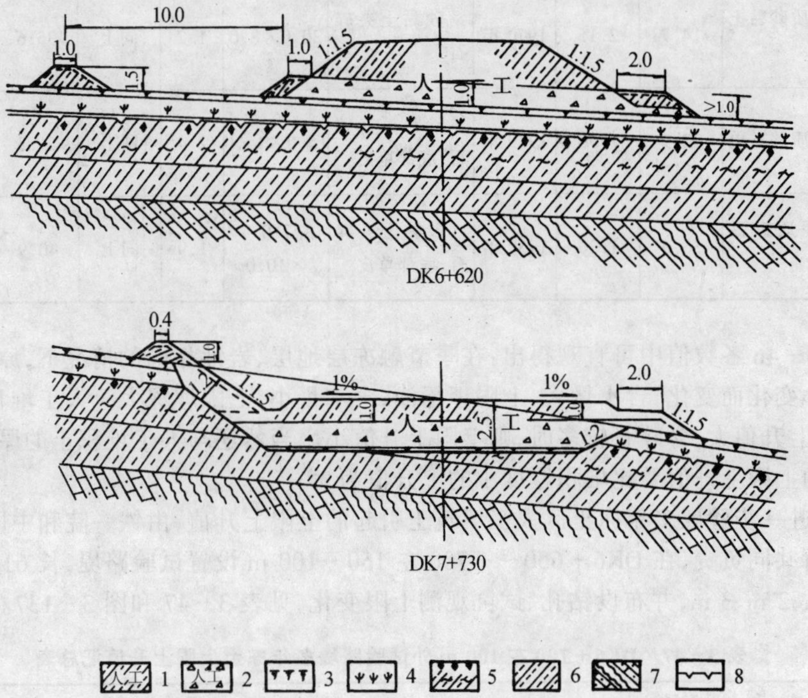

图 3－136　多年冻土路基地质横断面示意图

1—人工填筑砂黏土或黏砂土；2—人工填筑碎石土或卵石土；3—草皮；
4—泥炭、淤泥质砂黏土；5—淤泥质砂黏土夹冰层；
6—砂黏土；7—砂页岩；8—多年冻土上限。

(2) 为确定多年冻土区人工填筑土引起的上限上升值，于 1971 年 10 月在柴达尔装车站附近对 6 处人工堆积土进行了勘查，每处挖试坑 2 个，其中 1 个在原地面，1 个在人工堆积土上，进行上限测量，并做含水量试验，其结果如表 3－46 所列。

表 3－46　柴达尔装车站附近多年冻土地段人工堆积土上限上升值统计表

融冻层地层			人工堆积土							上限上升值 (m)
土名	含水量 (%)	上限埋深(m)	填筑时间	土名	范围 (m×m)	厚度 (m)	观测时间	含水量 (%)	上限埋深 (m)	
泥炭、淤泥质砂黏土	80.9	1.20	1960 年	上部 0.65 m 砂黏土夹碎石；以下砂黏土	7.1×6.0	1.2	1971 年 10 月	中湿	1.30	1.10
泥炭、淤泥质砂黏土夹碎石	54.7	1.42	1960 年	砂黏土夹碎石	5.2×8.5	1.1	同上	76.7	1.30	1.22
泥炭、淤泥质砂黏土夹碎石	39.5	1.34	1970 年	砂黏土夹碎石	6.4×76.4	2.0	同上	29.2	1.98	1.36

续上表

融冻层地层			人工堆积土							上限上升值(m)
土名	含水量(%)	上限埋深(m)	填筑时间	土名	范围(m×m)	厚度(m)	观测时间	含水量(%)	上限埋深(m)	
泥炭、淤泥质砂黏土夹碎石	14.7	2.15	1970年	砂黏土夹碎石	20.0×8.0	1.2	同上	35.6	1.76	1.59
泥炭、淤泥质砂黏土	72.9	1.30	1959年	砂黏土夹碎石,底部草皮	15.0×15.0	2.4	同上	21.5	2.60	1.10
泥炭、淤泥质砂黏土、黏砂土	56.6	1.30	1959年	砂黏土夹碎石,底部草皮	7.0×10.0	1.9	同上	40.9	1.96	1.24

从表3－46各数值中可直观得出:在季节融冻层地层、岩性相同的情况下,原上限埋深,随含水量大小变化而变化,含水量大,上限埋深浅;含水量小,上限埋深大。人工堆积土中含碎石少时,上限上升值大,含碎石较多时,则上限上升值小。当然还与人工堆积土的厚度有关,即堆积厚度大的上限上升值要比堆积厚度小的上升值为大。

(3)为进一步验证多年冻土区人工填筑土引起的上限上升值,由铁一院和中国科学院冻土沙漠研究所共同负责,在DK6＋650～＋700左150～100 m设置试验路堤,长61 m,路堤高度分别为1 m、2 m、3 m,并布设钻孔、试坑观测上限变化,见表3－47和图3－137。

表3－47　DK6＋700左100 m外试验路堤多年冻土上限上升值汇总表

融冻层地层		试验路堤				上限上升值(m)
土名	上限埋深(m)	填筑时间	路堤高度(m)	填料	上限埋深(m)	
泥炭、淤泥质砂黏土	1.05	1971年10～11月	1 2 3	碎石土	1.83 2.91 3.73	0.22 0.14 0.32

从表3－47和图3－137显示,当季节融冻层地层、岩性和路堤填料相同时,其多年冻土上限上升值随试验路堤的高度不同而不同。

2. 最小保温层厚度的确定

该地多年冻土最小保温层厚度是从以下三个方面考虑的:

(1)从表3－46多年冻土地段人工堆积土上限上升值统计表和表3－47试验路堤多年冻土上限上升值汇总表中可清楚地看出,填土高度在1 m及其以上者,多年冻土上限均上升。

(2)柴达尔的高海拔多年冻土地区与东北牙林、嫩江两线的高纬度多年冻土地区相比,虽然两地相隔甚远,但在气温、地温和地质等主要条件方面还是极其相似的,借鉴上述两线设计、运营方面的经验,柴达尔铁路修建后,经过20余年运营的考验,除局部路堤因浸水产生热融而缓慢下沉外,路基状况基本良好。

(3)从热力计算考虑,由于路堤填土,原季节融冻层(草皮、泥炭、淤泥质砂黏土)被压密,厚度减薄，随之其导热系数和容积热容量等热参数发生变化，致使保温性能不足，需要由一定厚度的填土来弥补保温性能的损失。通过保温层有关公式计算，路堤填高 1 m 及其以上时，即可起到保护多年冻土的作用。若路堤高度不到 1 m 者，填土加换填厚度则需要 2 m，若其全部是碎石土则需要 2.5 m。这与设计保温层的厚度为上限埋深的 1.2～1.5 的经验值是基本吻合的。

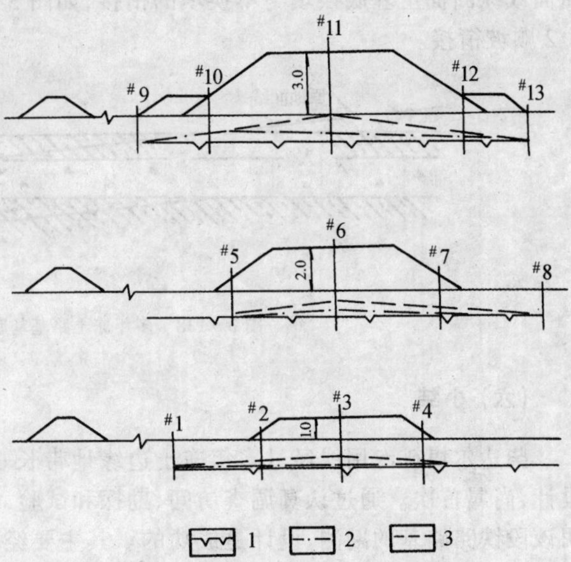

图 3－137　试验路堤多年冻土上限逐年上升示意图

1—填土前上限；2—1972 年 10 月实测新上限；3—1973 年 10 月实测新上限。

(五) 多年冻土路基设计

DK6＋040～DK7＋800 间一般以路堤通过，填方高度为 1.5～4.0 m，柴达尔装车站设四股道，有填有挖，填挖高度均＜3 m。通过地下埋藏冰地段原曾考虑过挖除后回填碎石土或砂岩碎块，后经过对当地人工堆积土勘查、试验路堤观测、与东北多年冻土的比较和热力计算等多方面综合研究分析后，确定采用保护多年冻土的设计原则。

1. 正线路堤横断面设计

当路堤高度≥1 m 者，边坡采用 1∶1.5，在设计中考虑了以下几点，见图 3－136 DK6＋620 断面。

(1) 路基两侧加宽，以防基底热融和压缩沉陷而引起路基面宽度不够。

(2) 路堤两侧设置保温护道，为防止路堤坡脚因热融而影响路堤边坡的稳定，护道表层铺设草皮。

(3) 路堤基底原地面铺设一层当地草皮，尤其应填平坑洼处，以防路堤修建后积水，并可起到较好的保温作用。

(4) 斜坡路堤上坡侧坡脚 5～10 m 外设置挡水埝，根据调查该地已建排水沟，因发生严重的热融沉陷而失效，所以不宜挖设排水沟，应采用挡水埝。挡水埝既可阻挡地表水，又可促使多年冻土上限升高，以截断季节融冻层内的地下水流向路堤基底。挡水埝填黏性土，表层铺草皮。

(5) 宜在 11 月至次年 5 月，即季节融冻层被冻透后至春融前施工，以免路堤基底产生热融、沉陷而影响路堤的稳定，但铺设草皮宜在暖季施工。

2. 站线路基横断面设计

当路堤高度＜1 m 或浅挖方时，路基面以下保温层≥2.0～2.5 m，即当填黏性土时≮2 m，填碎石类土时为 2.5 m，并在设计中考虑了以下几点，见图 3－136 DK7＋730 断面。

(1) 路堑边坡坡度 1∶1.5，边坡应多挖厚 1.2 m 后用草皮码砌回填；为防止地表水渗入路基基底，路基面和侧沟下 1 m 用黏性土填筑。

(2) 路肩加宽，填方侧设护道，表层铺设草皮。

(3) 堑顶设挡水埝，用黏性土填筑，表层铺设草皮。

3．路堑与路堤间衔接设计，即基底换填与不换填间的衔接。在柴达尔装车站内，线路横断面或纵断面上基底换填与不换填的衔接，如图 3－136 和图 3－138 所示，从换填至不换填以 1:2 顺坡衔接。

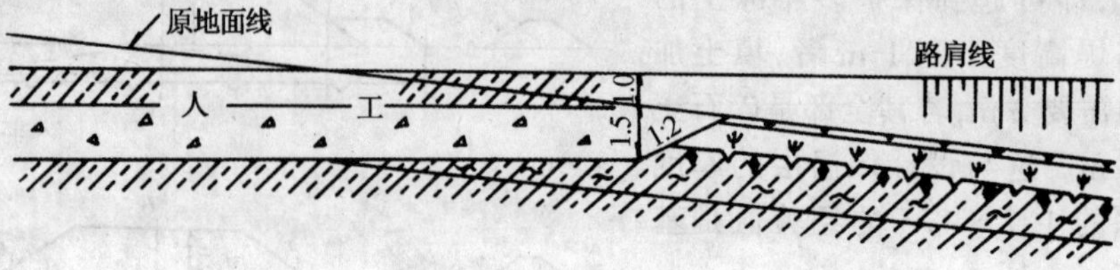

图 3－138　多年冻土路基基底换填纵断面示意图

（六）小结

柴达尔煤矿专用线经过多年冻土边缘地带长 3 km，当时，在多年冻土区进行铁路勘测和设计，尚属首次。通过认真调查访问、勘探和试验，该线 1973 年建成后，已经受了多年考验，说明该段铁路路基的勘测、设计是成功的。其主要经验教训是：

1．对该段多年冻土除按一般地区的要求开展了工作外，还结合该地多年冻土的特征查明了多年冻土的范围、类别、含冰量、总含水量和冻土沼泽、厚层地下冰等情况，尤其是查明了多年冻土上限和人工填筑路堤后上限的上升值，进行地温量测，地质资料满足了施工设计的要求。

2．地质和路基专业人员紧密配合，路基人员参加调查、地质人员参加设计，共同进行配合施工，使设计符合实际，工程措施正确，施工贯彻了设计要求。所以经多年运营，路基状况良好，铺设的草皮基本成活，保温护道及挡水埝上草皮极少被破坏，在有厚层地下冰地段路堑边坡草皮生长良好。路基沉降值接近设计预留沉降值。

3．正线路基修成后，按预定计划对两处路基了进行地温、沉降观测，并对原试验路堤继续观测。证实路基修筑后多年冻土的上限逐年上升，取得了预期的效果，见图 3－137 和图 3－139。

4．柴达尔装车站与工业广场因没有统一规划地表排水系统工程，和局部地段铁路设置的挡水埝与路堤间纵向排水不畅，1975 年雨季时挡水埝外侧多处积水，个别积水范围达 100 m×10 m，水深 0.5～1.0 m，积水沿挡水埝、站场填方基底横向渗流，致使数处路堤坍塌、下沉。另外还存在，施工时因将基底原地面部分草皮挖除，未再补铺，而造成该处路堤沉陷的现象。

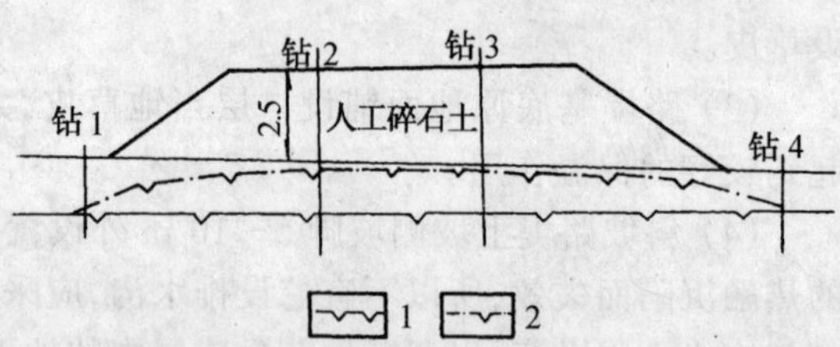

图 3－139　柴达尔装车站路堤修筑后多年冻土上限上升值示意图

1—1972 年冬季修筑路堤前上限；

2—1973 年 10 月修筑路堤后一年新上限。

三十一、结　束　语

本章主要内容为不良地质及特殊土地段的路基工程，共录入实例 30 篇。其中滑坡、错落、崩塌及落石 15 篇,泥石流 2 篇,沙漠及大风 4 篇,岩溶及小煤窑采空 2 篇,黄土、盐渍土、膨胀土、软土及冻土 7 篇。

1. 滑坡是铁路建设中常见的不良地质现象,据不完全统计,铁一院在勘测中遇到的较大型滑坡达 240 多处,整治 140 多处,主要分布在宝成、宝天、阳安、梅七等线。如梅七线 33～70 km 间,仅 37 km 就有滑坡 40 处;宝成线宝略段也有 38 处大型滑坡。勘测时,由于对古滑坡认识不足或因客观条件所限,造成线路以挖方通过古滑坡体前部,从而引起古滑坡复活的实例颇多。本章对此也作了较多介绍。

多年来,通过对复杂大型滑坡的勘测,铁一院总结出了先定性后定量的两阶段勘测方法;对特别复杂的滑坡还设置观测网,观测滑坡动态,确定滑坡性质,收到了很好的效果。在滑坡整治方面,亦经历了由简单到复杂、由单一手段到综合治理的发展过程。初期以刷坡、力学平衡(上部减重、下部反压支撑)的整治手段为主;1956 年在宝成线处理几个大滑坡时,则采用了支撑渗沟、抗滑挡墙、泄水洞,建立引排地下水和地表水系统等综合整治方法;到 70 年代初期,开始采用钢筋混凝土抗滑桩为主的整治方案,效果良好;80 年代以来,又增加了锚索等方法,使处理滑坡的措施更加多样化。

滑坡与错落是两类性质不同的山坡变形,容易混淆。滑坡沿着一定的滑动面(或带)移动,而错落可能找不到完整的错动面,且在一次错动后常常要稳定一个时期。两者在整治措施上,也不尽相同。实例中选入陇海铁路宝天段老 K115 错落工点,以其与滑坡的整治措施相区别。

崩塌、落石是山区铁路高边坡地段常见的不良地质现象。本章有 3 篇这方面的实例。

2. 建国以来,西北地区已成铁路发生的泥石流灾害,据不完全统计有 148 处之多,中断行车 71 次,历时 2 059 h,本章选入 2 篇这方面的实例。

兰州枢纽大洪沟泥流,是将兰州南山北麓的大洪沟与小洪沟、滥泥沟等合并后改建成的流泥沟,沟不顺,泥流不畅。为防止泥流外溢造成灾害,后期只好在改沟外侧培堤,约束泥流,堤高达 15 m,堤外地面与堤顶高差达 22～25 m。看来,将流泥沟合并改沟的作法是违反自然规律,也是不适宜的。

青藏线扎麻隆峡泥石流,在勘测时,沟口冲积扇上,村舍密布、树木成荫、当地居民平安居住近百年,因此,决定铁路在冲积扇上按清水流量、挖方设渡槽通过。但在施工过程中,突然暴发泥石流,造成重大损失。应接受的深刻教训是,勘测时不能被沟口稳定的冲积扇假象所迷惑,必须认真地深入到汇水区内进行调查。

3. 沙漠是我国西北和内蒙古自治区等内陆干旱地区特有的不良地质现象。铁一院首次遇上大规模沙漠选线是 1953 年勘测包兰线中卫至干塘段时,该段跨越了长约 40km 的腾格里沙漠边缘地带。此后又在兰新、干武、吉兰泰等线遇到沙漠。铁一院在沙漠地区勘测时,一般是先建立风沙观测站,掌握风沙活动规律,并安排科研工作和先期施工防风沙试验路基工程,以指导勘测、设计及施工。本章录入这方面的实例 2 篇。其中沙坡头沙漠路基工程,1978 年获铁道部科学大会奖,1986 年获科技进步一等奖,1988 年获国家科技进步特等奖。

风害是铁路在西北遇到的独特的自然灾害。在兰新线“三十里风口”、“百里风口”及南疆线铁泉至布尔碱间曾多次发生大风吹翻列车车辆的事故。铁一院与科研部门合作在兰新铁路大风地区开展调查,并进行风洞试验,提出了防治措施,本章录入这方面的实例 2 篇。

4. 岩溶、小煤窑采空,本章各选入 1 篇实例。80 年代铁一院承担的京沪铁路泰安岩溶勘测及整治,取得了成功,1990 年获铁道部优秀工程勘察一等奖,1991 年获国家勘察银质奖,这是一个整治岩溶成功的实例。铁一院在勘测阳涉、侯月、孝柳等铁路时,均遇到的了小煤窑采空问题,实践中,取得了一些处理小煤窑采空区及选线的经验,本章录入的一个实例,具有一定代表性。

5. 黄土的工程性质有别于一般黏性土。铁一院在20余条铁路的勘测中曾遇到黄土。本章录入这方面的实例3篇:宝天段K1384黄土崩塌,主要因当时“大跃进”的气氛,极“左”的思潮,导致原设计边坡偏陡,施工方法不妥所致,结果造成重大事故,教训深刻。包西线秦家川车站和马四川黄土路堑高边坡实例说明两地黄土沉积相、含砂量、黏性等不同,其堑坡也应采用不同的坡率。天兰段大河岔黄土路堤病害,则由于使用湿陷性黄土做填料,施工质量差,且采用“深沟高涵”高路堤,以致造成多年病害。

6. 在西北的多条线路上铁一院遇到了盐渍土问题。铁路建成后产生了再盐渍化、冻胀、盐胀、融沉、翻浆等不同程度的病害,后经做试验路基,进行试验研究,积累了许多整治病害的成功经验。本章录入了这方面的实例2篇。一篇是察尔汗盐湖盐渍土路基,另一篇是青藏线察尔汗盐湖路基;后者也是我国第一条盐湖铁路路基,曾获得70年代铁道部优秀设计奖,1985年获国家银质奖。

7. 近年来,膨胀土对铁路的危害,已逐渐被工程技术人员所认识。铁一院最早遇到膨胀土是在阳安线(膨胀土地段占该线总长达38%),在勘测上经历了从不认识到认识,设计上也经历了对病害反复整治的过程;直到后来铁路局又作了大量整治工作,教训十分深刻。

本章录入的实例,成功的经验应推广,失败的教训要记取。实践证明,勘测设计者只有以科学的态度、刻苦的精神、深入实际、发现问题、解决问题、才能不断取得工程技术上的进展。

第四章　桥 涵 地 质

一、灵武支线黄河特大桥桥基勘测

陈品文

(一)概况

灵武支线黄河特大桥位于青铜峡市东北约 10 km,东距银川至吴忠公路约 1 km,见图 4-1。于 DK28+141.45~DK29+717.75 跨越黄河,全桥长 1 576.30 m,为 24 孔 32 m 预应力混凝土简支梁+10 孔(46、46、85) m 预应力混凝土箱形简支梁+9 孔 32 m 预应力混凝土简支梁桥。桥址位于鄂尔多斯块陷西北边缘银川断陷盆地的南部,沉积巨厚的第四系沉积物,桥基主要地层为第四系全新统圆砾土夹细砂尖灭层,细砂厚度一般为 1~4 m,最厚达 8 m,经标准贯入试验,在地下水位以下,深度 20 m 以上,饱和细砂尖灭层均为地震可液化层。灵武支线黄河特大桥 1988 年初测、初步设计,1989 年定测、施工设计,1991 年施工,1994 年竣工,通车多年来,运营情况良好。

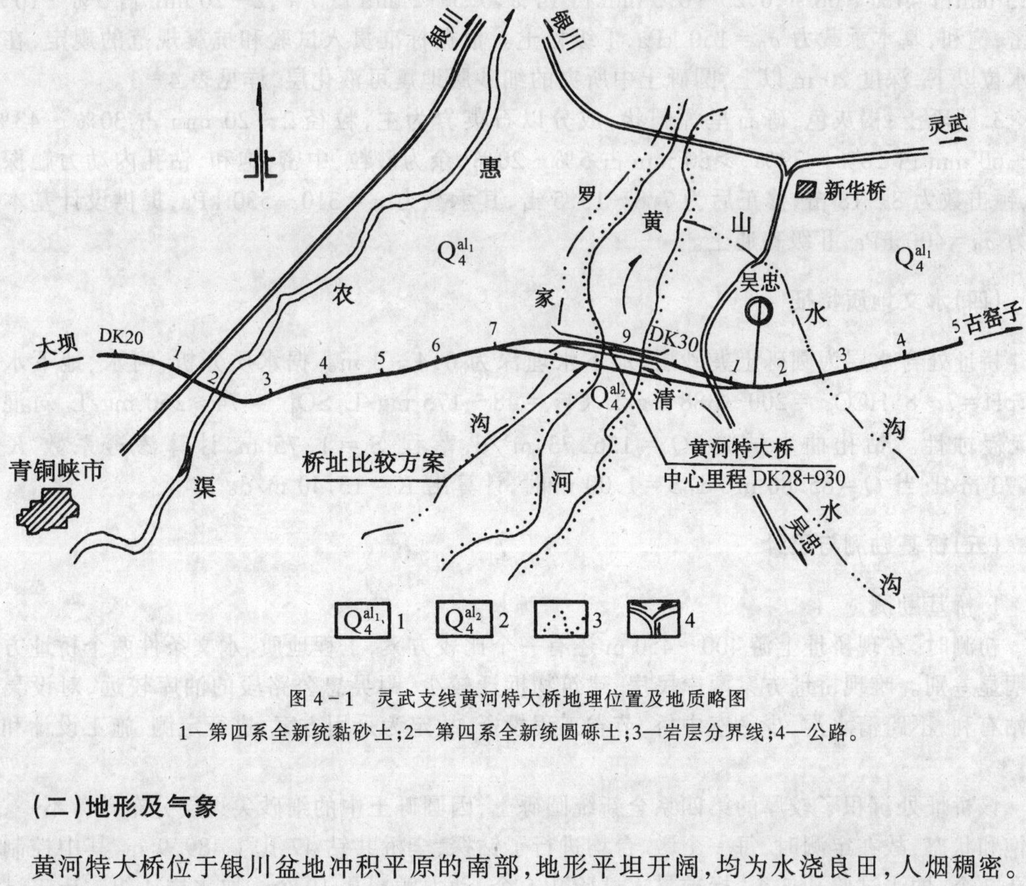

图 4-1　灵武支线黄河特大桥地理位置及地质略图

1—第四系全新统黏砂土;2—第四系全新统圆砾土;3—岩层分界线;4—公路。

(二)地形及气象

黄河特大桥位于银川盆地冲积平原的南部,地形平坦开阔,均为水浇良田,人烟稠密。黄河主流靠东岸，河中有河心滩地，宽 300～600 m，高出常水位 1～2 m。两岸顺河筑有土质堤坝，宽 2.5～3.0 m，高 2～3 m，沿岸设置有石笼丁坝导流建筑物，两岸堤坝间现河宽 1 000～1 100 m，历史最大流量 Q = 7 450 m^3/s，设计流量 Q_{100} = 6 980 m^3/s。

该地属暖温带干旱气候区，夏季炎热，冬季寒冷，年平均气温 8.8 ℃，最高气温 41.4 ℃，最低气温 -28 ℃，年平均降水量 207.6 mm，最大降水量 352.4 mm，年最大蒸发量 2 303.3 mm，为年降水量的 6.5 倍，≥8 级的年平均大风日数 12 天，年平均沙暴日数 35 天，冻结深度 1.1 m。

地震基本烈度八度。

（三）地质特征

桥址位于鄂尔多斯块陷西北边缘银川断陷盆地的南部。银川盆地为新生代断陷盆地，沉积巨厚的第四系沉积物，在盆地中心第四系地层厚 1 600 m，第三系地层厚 1 700 m。桥址处 DK28 + 982 钻孔揭示，在深 60.15 m 范围内，全为第四系全新统圆砾土夹 3 层细砂尖灭层。在桥址范围内细砂尖灭层厚度一般为 1～4 m，最厚为 8 m，见图 4 - 2。圆砾土地层中偶夹中砂和卵石土，两岸阶地地表有厚 0.5～4.0 m 的黏砂土覆盖。堤坝为黏砂土填筑。

1. 黏砂土：浅黄、褐黄色，土质不均夹少量的粉、细砂，富含植物根，可塑状；地下水位以下，液性指数 I_L = 1.2，流塑状，基本承载力 σ_0 = 80～100 kPa，Ⅱ级普通土。

2. 细砂：为圆砾土中的尖灭层，灰、灰褐色，据筛分资料，粒径＜0.1 mm 占 10%，0.1～0.25 mm占 44%～68%，0.25～0.5 mm 占 14%，0.5～2 mm 占 7%，2～20 mm 占 5%～10%，中密，饱和，基本承载力 σ_0 = 150 kPa，Ⅰ级松土。根据标准贯入试验和抗震规范的规定，在地下水位以下，深度 20 m 以上，圆砾土中所夹的细砂属地震可液化层，详见表 4 - 1。

3. 圆砾土：褐灰色，砾石呈浑圆状，成分以石英岩为主，粒径 2～20 mm 占 30%～43%，20～60 mm 占 26%～39%，＞60 mm 占 5%～20%，余为砂粒，中密，饱和，钻孔内动力触探试验，锤击数为 8～18 击，修正后为 7.8～13.5 击，其承载力 σ = 310～530 kPa，提供设计基本承载力 σ_0 = 400 kPa，Ⅱ级普通土。

（四）水文地质特征

桥址处含水层为圆砾土夹砂层，地下水埋深为 0.4～3 m。据水质分析，河水、地下水水质，pH = 7～8，HCO_3^- = 200～388 mg/L，Cl^- = 48～175 mg/L，SO_4^{2-} = 74～250 mg/L，对混凝土无侵蚀性。钻孔抽水试验，Q = 156.73 m^3/d，落程 S = 1.75 m，计算渗透系数 K = 15.73 m/d；当 Q = 85.80 m^3/d，S = 1.00 m 时，计算出 K = 13.40 m/d。

（五）桥基勘测与设计

1. 桥基勘测

初测时，在现桥址上游 400～450 m 还有一个比较方案，工程地质、水文条件两个桥址方案无明显差别。唯现桥址方案两岸民房、建筑物拆迁较少，距吴忠公路段的油库较远，对设吴忠车站有利；不跨清水沟，少一座中桥，节省工程投资，故定为采用方案，进行定测、施工设计和施工。

该桥址处沉积了较厚的第四系全新统圆砾土，因圆砾土中的细砂尖灭层分布厚薄不一，且呈饱和状态，故在定测时，每一个墩、台均进行了钻探，全桥共钻 47 孔 1 489.9 m，其中控制性深孔 3 个，抽水试验孔 3 个，标准贯入试验孔 5 个，动力触探孔 10 个。取水样 4 组，土工试验

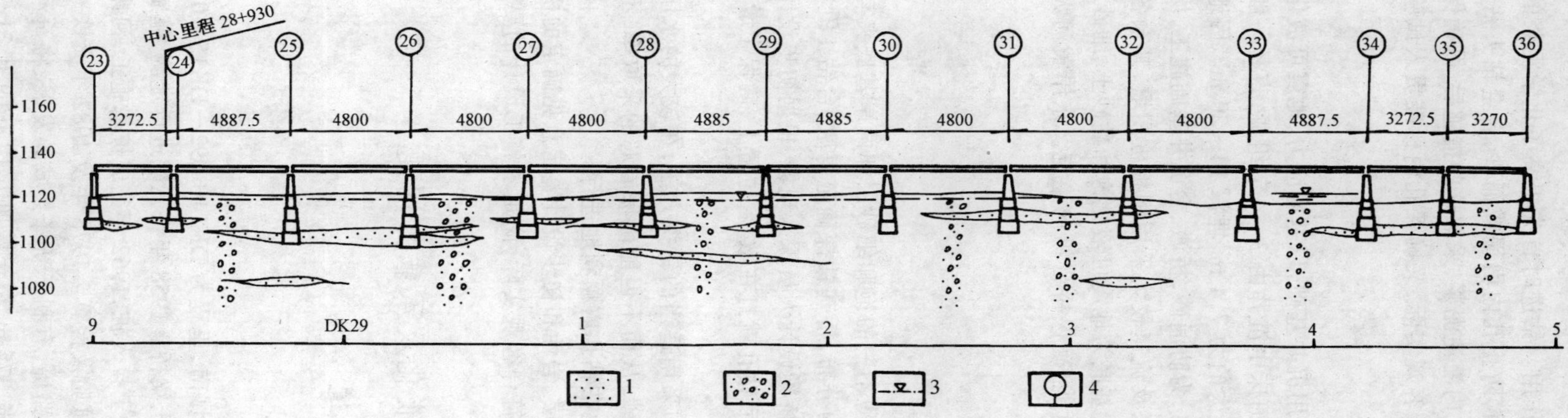

图 4-2　灵武支线黄河特大桥部分地质纵断面示意图

1—细砂；2—圆砾土；3—地下水水位线；4—桥墩编号。

表 4-1　黄河特大桥部分标贯试验地震液化判定汇总表

钻孔里程	土名	标贯深度(m)	地下水埋深(m)	标准贯入锤击数(击)	临界锤击数(击)	地震液化判定
DK28+377	细砂	11.5	1.35	4	20	液化
DK28+377	细砂	12.8	1.35	5	21	液化
DK28+508	细砂	13.0	1.20	10	21	液化
DK28+835	细砂	11.8	0.90	4	21	液化

14组,并对圆砾土中细砂进行了地震液化判定。

桥基钻探中,采用化学泥浆护壁,起到了较好的作用。钻进时首先提高了化学泥浆的比重、黏度等,以增加对孔壁的压力和起保护孔壁的作用,防止孔内坍塌或涌砂,合金钻头钻进,压力不能过大,转速不能过高,提钻时要轻、稳,并向孔内灌注泥浆,采取这些措施后,既确保了钻探顺利地进行,提高了钻探质量,使岩芯的岩性符合客观实际,又确保孔内标准贯入试验和动力触探等作业顺利地进行。

2.桥墩、台基础设计、施工

该桥采用T型桥台、圆形实体桥墩,桥墩、台均采用沉井基础,以基底应力、地震可液化细砂层、冲刷深度和偏心来控制基础面积和埋置深度。河床中沉井由3～4节组成,直径一般为4.75～6.00 m,上部一节最小的为2.9 m,下部一节最大的为7.4 m,埋深14～20 m。因地下水埋藏较浅,圆砾土层中涌水量较大,且有细砂尖灭层,为防涌砂,桥墩、台沉井基础施工,均采用不排水下沉。32号～35号墩位于主河槽内,因水深及流速较大采用钢板桩围堰,其余各墩采用草袋围堰。桥两端设梨形导流堤,浆砌片石防护,基底为地震可液化饱和黏砂土、细砂层,采用振、冲砾石桩进行加固处理,以消除地震液化的可能,确保桥台纵向稳定。东岸黄河大堤和挑水丁坝则以铁丝石笼进行加固防护。

(六)小结

该桥在工程地质勘测工作中,有以下三点值得参考:

1.该桥地层虽较简单,但由于在圆砾土中夹有厚薄不一的饱和细砂层和两岸基底夹有饱和黏砂土及细砂层,在定测时为查明黏砂土、细砂层的分布,桥基钻探确定每墩、台钻1孔,并代表性的作标准贯入试验,以判定是否有地震液化。桥梁设计人员深入现场,根据初步设计鉴定时对桥梁孔跨式样的意见,具体布置墩、台位置,然后钻孔就打在墩、台位置上,确保了墩、台位置下面的地层、岩性的可靠性。

2.在圆砾土夹细砂层钻探中采用化学泥浆护壁和采用适当的钻探方法,在较大的水压下能保持孔壁基本稳定,防止了孔内较大坍塌和严重涌砂,从而不但能确保岩芯的采取率,不遗漏细砂层,而且能确保标准贯入试验、动力触探等作业在钻孔内顺利地进行。

3.该桥定测钻探、布孔是根据初测勘探揭示的地层、岩性和初步设计鉴定意见确定的桥梁孔跨式样、基础类型等进行的,故所取得的地质资料符合客观实际,满足了施工设计的要求。该桥1994年建成通车,多年来运营情况良好。

二、侯西线汾河特大桥地震液化及承载力问题

陈品文　曾经道

(一)概况

汾河特大桥位于山西省临汾盆地西南缘,新绛县城南,里程为DK14+092～DK15+037,全长945 m,为26孔31.7 m+3孔24.6 m钢筋混凝土梁桥。1958年铁三院进行定测、施工设计,设计桥长570 m,17孔31.7 m,桥基采用钢筋混凝土打入桩,1962年完成桩基施工,河床中部6号～12号墩已修筑承台,随后即进行拔桩、静载试验及检算。1978年及1982年交铁一院进行复工定测、施工设计。为避免设置高8～13 m的路堤,有利于新绛县城的发展,将汾河特大桥向西延长过西天池,即较原已施工桩基的桥位延长375 m,桥长增加了12孔(9孔31.7 m

+3 孔24.6 m)。

1982 年复工定测工程地质勘测,除按《铁路工程地质技术规范》进行工作外,还要求着重查明以下三个关键问题:1.桥渡处地层是否全是原资料所定的第四系全新统冲积层(基本承载力均定为 100 kPa),其下有无第四系中更新统较紧密的地层,其承载力能否提高;2.深度 15 m 以内的粉、细砂、黏砂土、砂黏土地层是否属可液化层;3.1978 年复工勘测中曾否定了"地下水水质无任何侵蚀性"的结论,究竟地下水有无侵蚀性。通过此次详细地质调查,采用多种勘探、测试手段,解决了以上三个问题,该桥向西延长部分采用沉井基础,基底置于下部中更新统地层中。全桥 1987 年竣工通车,运营情况正常。

(二)地形及气象特征

汾河特大桥桥址处,汾河河床宽 500~800 m,河面宽 100~150 m。左岸为宽广的高河漫滩及一级阶地,高出河床 1.5~4.0 m;右岸为高河漫滩,宽约 500 m,以外为汾河二级阶地,高出河床 20 余米。线路于 DK14+678~+860 通过新绛县城西南西天池水塘,西天池原系汾河古河道的残存段,地势低洼,水塘东西长 200 m,南北宽 80 m,积水深度 1~2 m。

桥址处汾河由 NNE 流向 SSW,在桥址下游 2.5 km 处有浍河汇入,于桥址下游 5.5 km 处汾河转为 E—W 流向,见图 4-3。

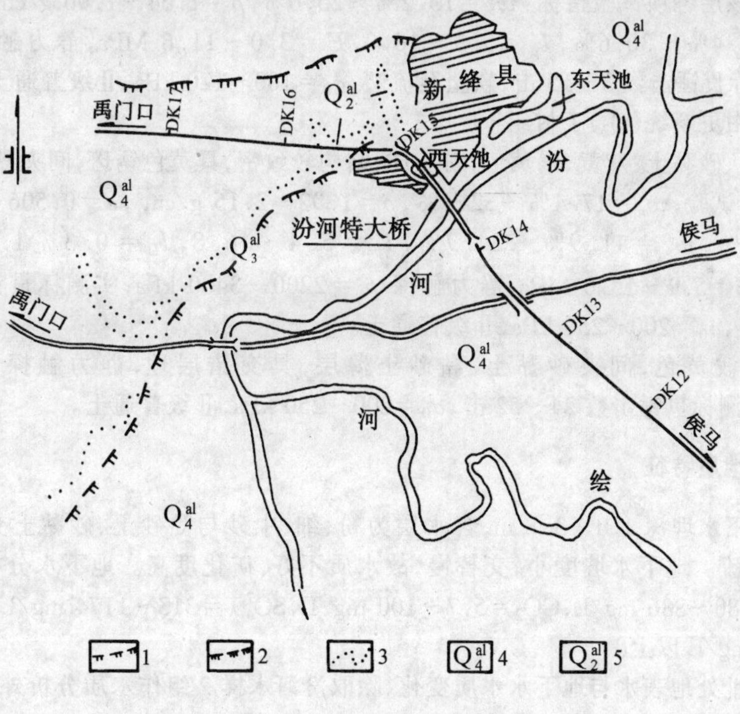

图 4-3 汾河特大桥地貌位置示意图

1—二级阶地前缘;2—三级阶地前缘;3—岩层分界线;

4—第四系全新统冲积层;5—第四系中更新统冲积层。

该地属暖温带湿润气候区,年平均降水量 472.2 mm,最大日降水量 99.9 mm,平均年蒸发量 1841.7 mm,绝对最高气温 40.7 ℃,绝对最低气温 -17.8 ℃,土壤最大冻结深度 800 mm,冻结期为 11 月至翌年 3 月。

地震基本烈度七度。

(三)地质特征

汾河特大桥位于中朝断块区晋陕断块汾渭地堑块陷内,新构造运动强烈,两侧山地抬升,中间盆地下沉,第四系地层沉积厚度>100 m。

桥址处地层,上部为厚15~18 m第四系全新统粉、细、中砂、黏砂土、砂黏土层,河床以砂类土为主,两岸则以黏性土为主,在西天池处有淤泥质砂黏土,该层底部夹有粗、砾砂尖灭层,河相沉积;下部为厚度>20 m的第四系中更新统丁村组粉砂、砂黏土、黏砂土互层,河湖相沉积。现将与桥基有关的各地层特征分别叙述如下,见图4-4。

1.第四系全新统(Q_4)

(1)淤泥质砂黏土:厚3~8 m,灰褐色,有机质含量较高,具腐泥臭味,夹砖瓦碎片,经十字板剪切试验,抗剪强度 $Cu=42\sim55$ kPa,软塑~流塑,$\sigma_0=50\sim80$ kPa,Ⅰ级松土。

(2)粉、细砂:主要分布于河床、河漫滩中,粉砂与细砂相互渐变,夹中砂尖灭层,该层底部还夹粗、砾砂尖灭层,实测标贯锤击数3~15击,松散至中等密实,潮湿至饱和,$\sigma_0=100\sim120$ kPa,Ⅰ级松土。

(3)黏砂土、砂黏土:主要分布于两岸高河漫滩或一级阶地中,灰黄色,颗粒不均匀,夹粉、细砂透镜体。该层各项试验指标:$w_n=13.2\%\sim25.0\%$,$\rho=1.64\sim1.96$ g/cm^3,$e=0.711\sim0.926$,$w_L=18.4\%\sim30.6\%$,$I_p=5.3\sim10.0$,$E=3.0\sim11.6$ MPa,静力触探 $p_s=600\sim800$ kPa,实测标贯锤击数3~15击,软塑至流塑,$\sigma_0=100\sim120$ kPa,Ⅱ级普通土。

2.第四系中更新统(Q_2)丁村组

(1)黏砂土、砂黏土:灰黄、褐黄色,粉土质,结构较致密,具黄色锈斑,间夹黏土团块和半钙化土块,经取样试验,$w_n=17.4\%\sim32.4\%$,$\rho=1.92\sim2.15$ g/cm^3,$e=0.506\sim0.887$,$w_L=18.9\%\sim41.5\%$,$w_p=11.9\%\sim24.7\%$,$I_p=5.4\sim16.8$,$I_L=0.3\sim1.0$,$a=0.1\sim0.33$ MPa^{-1},$E=5.9\sim15.0$ MPa,静力触探 $p_s=2200\sim3400$ kPa,实测标贯锤击数16~52击,硬塑至软塑,$\sigma_0=200\sim250$ kPa,Ⅱ级普通土。

(2)粉砂:浅黄色,间夹砂黏土、黏砂土薄层,具交错层理,静力触探 $P_s=9\,000\sim24\,000$ kPa,实测标贯锤击数24~52击,$\sigma_0=200\sim250$ kPa,Ⅱ级普通土。

(四)水文地质特征

桥址处地下水埋深1.0~3.8 m,含水层为粉、细、中砂与黏砂土、砂黏土交替穿插,水量小,属中、弱水流。地下水坡度小,交替慢,故水质不好,矿化度高。地下水分析:pH=7.5~8.0,$HCO_3^-=280\sim886$ mg/L,$CO_2=5.7\sim100$ mg/L,$SO_4^{2-}=313\sim1174$ mg/L,其中 SO_4^{2-} 含量一般>500 mg/L以上。

为查明桥址处地表水与地下水水质变化,除取汾河水样2组作水质分析外,于1982年11月完成3个钻孔,全部采用干钻,套管封水,分层取水,共取地下水样10组,最大取样深度29 m。水质分析结果发现,汾河河水水质有恶化趋势;且地下水游离 CO_2 和 SO_4^{2-} 含量,两侧河漫滩较高,向河床略呈下降趋势,见表4-2,但 SO_4^{2-} 含量>250 mg/L,具有结晶型侵蚀。按规范规定,在设计中应考虑侵蚀性。

(五)地震液化判定

桥址处深15~18 m以上,地层为第四系全新统粉、细、中砂、黏砂土、砂黏土或淤泥质砂黏

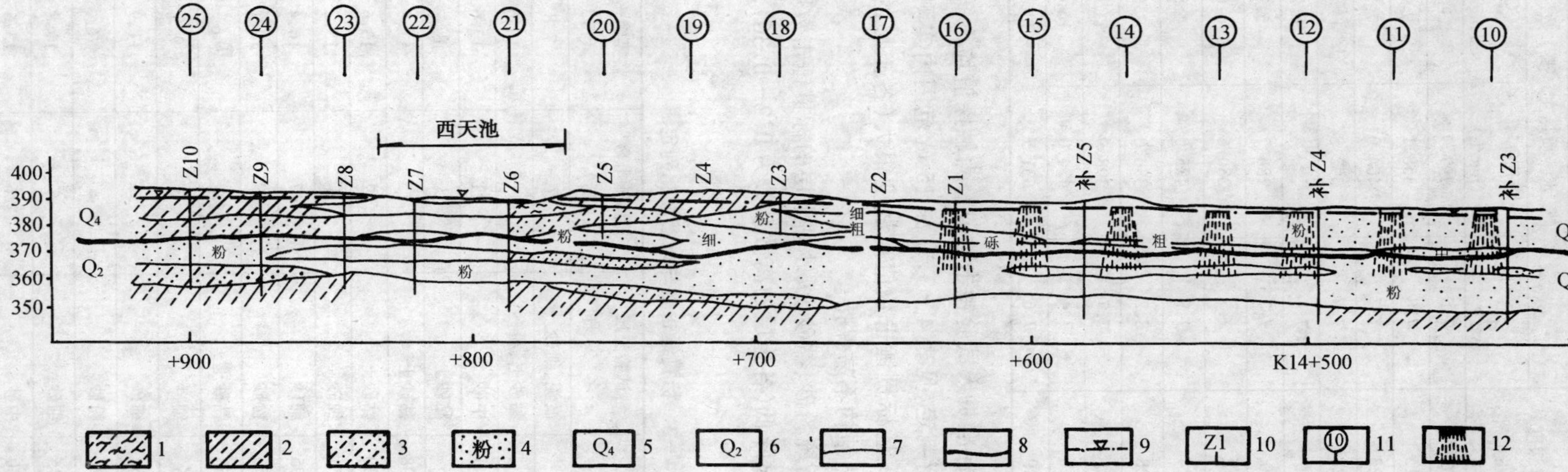

图 4－4　汾河特大桥部分地质纵断面示意图

1—淤泥质砂黏土；2—砂黏土；3—黏砂土；4—粉(细、中、粗、砾)砂；

5—第四系全新统地层；6—第四系中更新统地层；7—岩层分界线；8—Q_4 与 Q_2 地层分界线；

9—地下水位线；10—钻孔编号；11—桥墩编号；12—1962 年竣工的桩基。

表 4－2　水质分析部分指标

取样里程	取样深度(m)	水质主要数据			
		pH	HCO_3^- (mg/L)	CO_2 (mg/L)	SO_4^{2-} (mg/L)
DK14+183	6	7.5	797.9	11.0	973.4
	15	7.8	458.1	9.2	773.3
	23	7.7	404.0	7.5	983.0
	28	7.5	392.8	11.0	1174.1
汾河河水	0	7.4		8.2	190.0
	0	7.7	286.7	5.7	313.4
DK14+496	14	7.7	280.6	6.6	510.7
	24	7.9	405.0	4.8	280.8
	28	8.2	380.0	2.6	269.8
DK14+642	11	7.7	398.9	11.0	860.2
	18	7.4	424.0	16.3	874.6
	29	7.6	631.7	11.0	853.0

土，地下水埋深浅，为 1～3.8 m，标准贯入试验锤击数或静力触探值均很低，按当时《铁路工程抗震设计规范》试用稿中规定进行判定，见表 4－3，在深 15 m 范围内实测标贯锤击数多数低于临界锤击数，属地震可液化土。且标贯锤击数值离散度很大(各土层的离散系数为 0.5～0.91)，反映了该地层易扰动，天然结构不易保持。

15～18 m 以下第四系中更新统粉砂、黏砂土、砂黏土层的标贯锤击数明显增大，均高于临界锤击数，锤击数值离散度也明显降低(各土层的离散系数为 0.2～0.36)，反映了该地层结构较紧密，天然结构较易保持。

表 4－3　标贯锤击数与地震液化判定

里　程	试验深度(m)	试验土层名称	实测锤击数(击)	临界锤击数(击)	地震液化判定
DK14+104	5.1～5.4	淤泥、细砂	7	7.8	液化
	8.9～9.2	黏砂土、粉砂	11.5	10.6	
	13.11～13.41	中砂	11	13.6	液化
DK14+183	6.05～6.35	黏砂土	3	8.4	液化
	10.68～10.98	黏砂土	15	11.9	不液化
	13.00～13.30	黏砂土	12	13.6	液化
	15.21～15.51	细砂	3	15.2	液化
	16.75～17.05	细砂	47	16.4	Q_2 地层
	20.26～20.56	粉砂	39	19.1	不液化
DK14+496	2.35～2.65	黏砂土	4	6	液化
	7.56～7.86	细砂	3	9.5	液化
	10.38～10.68	细砂	35	11.9	不液化
DK14+642	3.22～3.52	粉砂	4	6	液化
	10.15～10.45	细砂	5	11.8	液化
	13.00～13.30	中砂	26	13.6	不液化

(六)桥基承载力的确定

前二次勘测,将桥址范围内所有的饱和粉、细、中砂和砂黏土、黏砂土,不管时代新老及密实程度,基本承载力 σ_0 均定为 100 kPa。1959 年施工桥基时采用钢筋混凝土打入桩,设计桩长 30 m,因下部地层有别于上部地层,施工中桩打不下去,曾两次变更设计,桩长缩短至23 m。

1982 年复工勘测时,通过区域地质调查,研究分析既有资料,加强钻探、标贯、静力触探等工作,查明深 15～18 m 以下地层有别于上部地层。

1.桥址位于汾渭地堑块陷内,经调查分析汾河各阶地的形态,判断在桥址处第四系全新统地层的厚度不应太大,其下应有较老地层,呈现上叠阶地形式。1959 年桥基施工时,打入桩在深 18 m 左右往下打入就比较困难,说明上、下部地层有差别。

2.1982 年钻探过程中,上部第四系全新统地层中黏性土多有缩孔,各类砂层发生坍塌与涌砂,下钻困难,多用钢丝钻头才能取出岩芯,以砸套管跟进方式护孔(当时还未开始采用化学泥浆护孔)。但下部中更新统地层则无需护孔,钻进顺利。

3.在第四系全新统地层中钻进,岩芯多已扰动,无法从岩芯本身鉴定其密实程度,只能综合其他因素分析定为松散至中等密实。而下部中更新统地层,有部分岩芯呈块状或短柱状,虽用手轻压即散,但下部地层显然比上部地层要密实。

4.土工试验,中更新统黏砂土或砂黏土较上部全新统地层天然密度要大些,孔隙比要小些,压缩模量要大些,显示了中更新统地层结构较紧密,强度较高。

5.标贯锤击数有显著差异,全新统地层实测锤击数 3～15 击,属松散至中等密实,中更新统地层实测锤击数要大得多,为 16～52 击,属中等密实至密实。静力触探 p_s 值上下部地层亦有显著的差异,为了取得中更新统地层的静力触探贯入阻力 p_s 值,专门钻了 3 个配合静力触探的钻孔,钻透全新统底部粗、砾砂层后,下套管护孔,清孔后将触探探头直接置于中更新统地层内,贯入深度不到 2 m,反力装置即被顶起。测得粉砂 p_s 值为 9 000～24 000 kPa,黏砂土、砂黏土 p_s 值分别为 2 200～5 600 kPa、2700～3400 kPa,比上部全新统地层黏砂土(p_s = 600 kPa)、砂黏土(p_s = 800 kPa)要大得多。

综合分析后,得出了较为符合实际的工程地质数据,提高了下伏中更新统地层的基本承载力(见表 4-4),为该桥延长部分的优化设计创造了条件。

表 4-4　桥基基本承载力确定一览表

时代成因	土的名称	基本承载力(kPa)			
		查　表	标贯试验	静力触探	设计采用
Q_4^{al}	淤泥质土		50	50	
	砂黏土	80～150	80～120	118	100
	黏砂土			96	100
	粉砂		50～150		100
	细砂		50～200		100
	中砂		150～300		
Q_2^{al}	砂黏土	200～380	350～400	250～290	250
	黏砂土	250～300	250～390	223～388	250
	粉砂		250～400	252～426	250

(七)小结

汾河特大桥历经三次勘测设计,随着勘测工作的逐步深入,对桥渡处的工程地质条件的认识得到不断深化,最终收集到满意的工程地质资料,为优化设计、顺利施工创造了条件。通过该桥的勘测实践有以下4点值得今后参考。

1.在地基勘测,尤其是在重大工程地基勘测中,一定要掌握区域地质情况。首先应弄清各类地层在平面、剖面方向上的分布及变化。在布置钻探工作之前对地层应做到心中有数,即首先应进行较大范围地质调查,对区域地质资料和既有地质资料进行充分研究、分析,这对具体工点的勘探、试验可起重要的指导作用。

2.为查明桥址处地层的物理力学性质,确定各土层的基本承载力,在1982年复工定测中,采用了钻探、取土试验、标准贯入试验和钻孔内单桥静力触探等综合勘探、测试手段,并且结合岩芯鉴定,钻进情况等进行相互比较,相互验证,进行综合研究分析,提供各地层的基本承载力值和判定地震可液化层,取得了很好的效果。这次实践证明,在第四系细粒土和砂类土地层中采用标准贯入及静力触探等原位测试手段,可提供可靠的定性结论和定量数据,值得推广应用。

3.在第四系地层中钻探,钻进中应采取有效措施,既要有较高的岩芯采取率,又要尽量做到岩芯完整、原状。该桥在前几次钻探中未注意此问题,不但将上部松散至中等密实的地层钻松了,而且把下部较密实的中更新统地层也钻松了,使钻孔岩芯鉴定时很难确定土层的密实程度和潮湿程度。原勘测资料把桥址处的上、下部地层均定为第四系全新统地层,这与钻探质量不高是有很大关系的。另外,应提高钻孔中取原状土的质量,以便获得可靠的土工试验数据。

4.地区的水质好坏,与环境的变化关系极大。对本工点的水质,原资料曾有"无任何侵蚀性"的结论,但随着工农业的发展,汾河河水水质在一段时间内实际呈现了恶化的趋势。本次重新勘测,针对这种情况,认真取样进行化验,不但证实了这种"恶化趋势",而且定量地确定了水质的侵蚀类型和程度,使设计采取了必要措施,保证了工程质量。

三、侯月线河口特大桥3号至6号墩下沉的处理

王笃实

侯月线河口特大桥,位于河南省济源市河口村附近。为1孔24 m+17孔32 m预应力钢筋混凝土梁桥,全长594 m,桥高40 m,为双线桥。于1992年10月竣工,1995年12月交付郑州铁路局洛阳分局运营。1996年4月5日洛阳分局发现3号墩、6号墩下沉,最大下沉量83 mm,需查明原因,进行整治。

(一)桥址工程地质条件

DK205+582河口特大桥,地处太行山南麓山前倾斜洪积平原边缘,地层以第四系上、中更新统洪积的卵石土、黄土质砂黏土为主,总厚度>50 m,桥址中部厚而两端薄,在侯马端其下为二叠系下统页岩及砂岩,月山端为奥陶系中统白云岩、石灰岩,月山端桥台附近山坡基岩裸露(图4-5),其地层岩性特征为:

1.第四系

(1)上更新统黄土质砂黏土:淡黄、棕黄色,土质不均匀,夹砂砾5%~15%,硬塑,具Ⅰ级

非自重湿陷，$\sigma_0 = 150 \sim 200$ kPa，与卵石土呈互层或交错层，有时呈透镜体状分布，单层厚 1～8 m。

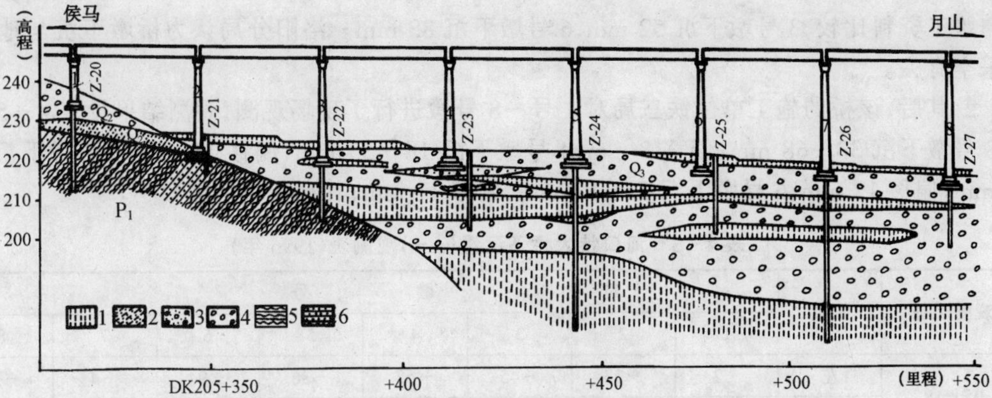

图 4－5　1 号～8 号墩地质纵断面图

Q_3—第四系上更新统；Q_2—第四系中更新统；P_1—二叠系下统；

1—黄土质砂黏土；2—黏砂土；3—圆砾土；4—卵石土；5—页岩；6—砂岩。

(2)上更新统卵石土：灰、灰黄色，成分为石灰岩，粒径一般为 20～60 mm，夹漂石 10%，含土质 15%，局部夹薄层圆砾土厚 1～2 m，与黄土质砂黏土呈互层或交错层，单层厚 3～15 m，潮湿，中实，$\sigma_0 = 500$ kPa，圆砾土 $\sigma_0 = 400$ kPa。

(3)中更新统卵石土：灰黄色，成分为石灰岩，粒径一般为 20～80 mm，砂粒占 15%～20%，级配不均匀，稍湿，中实，层厚 6～12 m，$\sigma_0 = 450$ kPa。

(4)中更新统黏砂土：棕黄色，土质不均匀，砂性较大，半干硬，$\sigma_0 = 250$ kPa。

2.二叠系

(1)下统页岩：灰、褐黄色，泥质结构，岩层节理发育，风化严重，$\sigma_0 = 300$ kPa。

(2)下统砂岩：灰黄、黄褐色，中粗粒结构，泥钙质胶结，岩层产状 N70°E/40°N。受构造影响节理发育，岩层破碎，风化严重至颇重，$\sigma_0 = 400$ kPa。

3.奥陶系

中统白云岩、石灰岩：深灰色，中厚层，岩质坚硬，节理发育，风化轻微，$\sigma_0 = 1\,500$ kPa。

桥址处为间歇性干沟，平时沟床内无水流。勘测时未发现地下水，地下水埋深在 50 m 以下。

(二)设计与施工

1.设计

侯马台及 1 号墩基础置于第四系中更新统卵石土层中，2 号墩置于二叠系下统砂岩层内，3 号～12 号墩置于第四系上更新统卵石土层中，13 号墩至月山台均置于奥陶系中统白云岩、石灰岩层内。

侯马台、1 号～8 号墩、12 号墩、14 号～17 号墩及月山台均为扩大基础；9 号～11 号墩及 13 号墩为挖井基础。

2.施工

本桥于 1989 年 10 月开工，1992 年 10 月竣工，施工基础地层与设计的一致，竣工测量符合质量精度要求。

(三)桥墩下沉情况

1.1996 年 4 月 5 日,郑州铁路局洛阳分局洛北工务段发现 3 号墩、6 号墩有下沉现象,测量与竣工资料比较,3 号墩下沉 52 mm,6 号墩下沉 83 mm。洛阳分局认为桥墩下沉与地方煤窑采空有关。

2.其后,该桥的施工单位铁三局对 1 号～8 号墩进行了现场观测,观测结果见表 4－5。其中 3 号墩下沉 33～68 mm,偏移 8 mm;4 号墩下沉 18～53 mm,偏移 11 mm;5 号墩下沉 7～36 mm,偏移 12 mm;6 号墩下沉 56～94 mm,偏移 11 mm;其余各墩下沉微小。

表 4－5　河口特大桥下沉量(mm)观测表(1996 年)

观测时间	位置	墩				号			
		1	2	3	4	5	6	7	8
05－18	左	－2	－13	－45	－53	－36	－94	－4	－23
	右	＋10	＋14	－48	－18	－7	－58	＋10	－6
05－30	左	－12	＋1	－38	－53	－29	－88	＋5	－25
	右	＋7	－3	－55	－22	－23	－75	＋6	－10
06－09	左	－10 ＋6	＋16	－33	－34	－15	－72	＋6	－7
	右	＋3 ＋1	－3	－57	－25	－21	－56	－5	－14
06－19	左	＋11	－6	－53	－37	－21	－88	－12	－12
	右	－4 ＋3	＋23	－58	－26	－21	－56	－3	－13
06－29	左	－16 ＋1	－2	－49	－40	－25	－89	－6	－16
	右	＋1 ＋3	－2	－65	－27	－20	－69	－13	－15
07－06	左	－16 －2	－4	－51	－43	－25	－92	－8	－15
	右	－1 ＋3	－8	－68	－27	－27	－68	－15	－16
07－16	左	－14 ＋1	＋3	－49	－34	－23	－87	－1	－10
	右	＋1 －1	－2	－63	－25	－18	－66	－3	－14
07－29	左	－12 －1	＋3	－51	－37	－26	－88	－11	－8
	右	－1	－2	－62	－27	－20	－68	－10	－15
横向偏移量(mm)		3	6～7	6～8	10～11	11～12	9～11	8	9

(四)地质复查

诸多桥墩下沉,引起了铁道部领导的关注,铁一院立即组织有关专业进行现场调查和地质复查。

1.现场访问调查

(1)3 号～5 号墩桥下铁路用地范围内地面潮湿,农作物生长良好,访问正在桥下耕作的农民讲:“桥址附近农田浇水时水存不住,马上全部下渗”。

(2)在 3 号墩附近(DK205 + 370 左 6 m)有一新建蓄水池,长 7 m,宽 3 m,深 3 m,为河口村养鸡场 1993 年建,水池有渗水现象,危及桥基稳定。

(3)在 5 号～6 号墩之间新修一条地方公路,公路两侧侧沟为水渠,水渠渗水。一侧留有缺口浇灌 6 号墩旁耕地。另一侧公路侧沟修建时将 5 号墩基础一角外露约 1 m 高。

(4)2 号～6 号墩之间纵向有两条、横向有 4 条灌溉水渠(图 4－6),其中两条干渠为浆砌片石水渠,经常流水,支渠为培土水沟,其渗水软化了桥基土层。

2.地质复查勘探

1996 年 6 月,铁一院对 1 号～8 号墩进行基础地质复查勘探及落实地方煤窑采空情况,共钻探 14 孔 387.3 m,土工试验 18 组,标贯 8 处,动探 22 次。

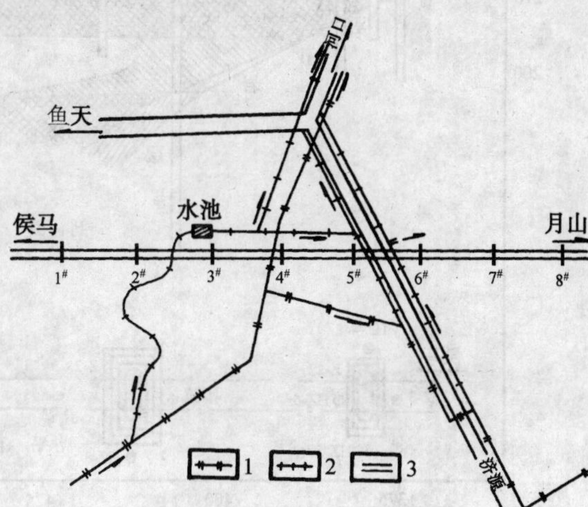

图 4－6　灌溉渠水系示意图

1—干渠;2—支渠;3—公路。

(1)地层

重点勘探复查 3、4、6 号墩的地层变化,各补钻 4、2、3 个孔,其余 1、2、5、7 和 8 号墩各补钻 1 孔。根据补钻资料,总的看,地层结构、层次和层位基本上与施工前勘探资料相吻合。但从沟床陡坎剖面观察及补钻资料得知,上更新统洪积卵石土层中夹的黄土质砂黏土的层位不甚稳定,多呈透镜体或尖灭层状,局部变化较大。其中 3 号～6 号墩的黄土质砂黏土(下卧层)变化(图 4－7)与设计密切相关的有:

a.3 号墩,在补钻的 4 个孔中,HZ－5、HZ－6 发现在右线设计基底 1.28～1.64 m 以下,夹有一层厚 0.6～1.2 m 黄土质砂黏土,较原设计提高 2.91～3.27 m。

b.4 号墩,在补钻的 2 个孔中,仅 HZ－8 发现右侧设计基底局部在黄土质砂黏土层上。但施工单位未发现(重视)该层。

c.5 号墩,HZ－9 钻孔中发现在设计基底下 0.25 m,局部夹有一层厚 0.6 m 的黄土质砂黏土,较原设计提高 0.81 m。

d.6 号墩,补钻 3 个孔,发现在设计基底 1.57～1.90 m 以下,夹有一层厚 0.6～1.2 m 的含砾黄土质砂黏土,较原设计提高 3.12～3.45 m。

e.1 号墩基础在中更新统卵石土层上,2 号墩基础在二叠系砂岩层上,下沉量微小,无影响;7 号、8 号墩基底下卧层局部也有变化,但基础下沉量很小,对运营无影响。

(2)地层基本承载力,上更新统黄土质砂黏土,通过土工试验,天然含水量 16.0%～25.5%,天然孔隙比 0.649～0.889,液限含水量 27.0%～29.6%,σ_0＝150～200 kPa;动探($N_{63.5}$)试验,圆砾土 σ_0＝400 kPa;卵石土 σ_0＝500 kPa。核实后的地层基本承载力与原勘测资料一致。

3.地方煤窑采空

(1)桥址靠近克井煤田东部边缘,在桥址右侧 200 m 以外公路北侧有小煤窑采空,为解放前所采,有古窑 90 余个,沿公路方向分布,每个小窑沿走向开采长约 100 m,倾向开采宽 40～60 m,煤层埋深 35～60 m,现已形成塌陷区(图 4－8),但对桥址工程无影响。

(2)克井煤田西部为村办马庄煤矿,于 1993 年建井,竖井开采,井深 182 m,巷道向东掘进

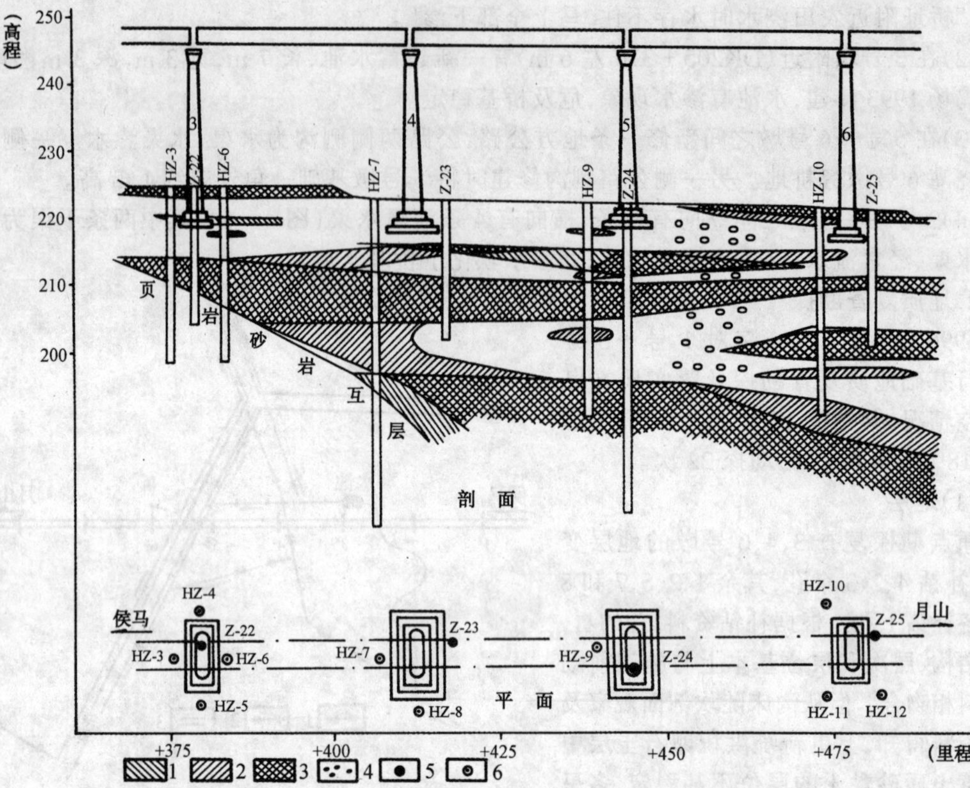

图 4-7　河口特大桥 3 号～6 号墩下卧层勘测复查对照图

1—勘测黄土质砂黏土；2—复查黄土质砂黏土；3—层位重合层；4—卵石土；5—勘测钻孔；6—复查钻孔。

250 m，已到矿区边界(图 4-8)。煤层底板高程 170～75 m，煤层走向 N70°E/35°～40°N，煤层厚

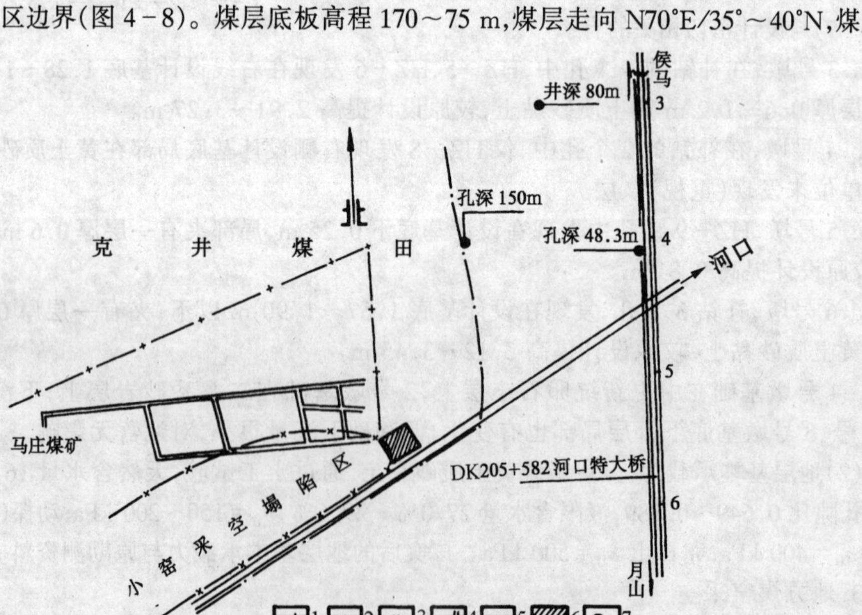

图 4-8　小煤窑采空平面图

1—矿区界线；2—煤层边界线；3—不良地质界线；4—煤矿开采巷道；5—公路；6—房屋；7—钻孔或挖井。

度 5～8 m。煤矿开采对桥址工程无影响。

(3)经访问，河口村曾想建矿采煤，曾在线路 DK205 + 400 右 150 m 附近河口村地界内，请黄河管理委员会勘探队钻探找煤，孔深 150 m，未见可采煤层；又在 DK205 + 300 右 80 m 挖井找煤，井深 80 m，亦未见煤层。

(4)本次地质复查在 4 号墩钻探 1 孔 48.3 m，亦未见煤层。

根据上述资料说明河口特大桥基底下没有煤层，地方煤窑采空距离桥址较远，对桥墩下沉没有影响。

(五)下沉、偏移的原因

根据现场调查及地质复查结果与原设计进行对比分析，本桥 3 号～6 号墩下沉、偏移的主要原因为：

1. 由于设计对洪积卵石土地层中的黄土质砂黏土夹层没有足够的重视，且某些桥墩的基础尺寸偏小，基底下卧层设计应力接近容许应力，当卵石土地层中的黄土质砂黏土夹层的实际深度和厚度向不利方面有所变化时，桥墩的实际应力便超过地基的容许应力而产生压缩变形。

2. 桥下沟渠纵横交错，农民随意挖渠灌溉，放水漫流，灌溉水下渗至桥墩基底以下，造成下卧层软化，承载力降低和产生湿陷。

(六)加固原则及处理措施

1. 加固原则

(1)从基础下沉量考虑，对下沉量大于 $10L^{0.5}$(L 为两相邻跨中较短桥跨的跨度)时进行加固。

(2)从应力角度考虑，当基底设计应力大于容许应力时进行加固。

2. 处理措施

(1)根据下沉观测资料及复查地质资料检算分析，决定对下沉量较大的 3、4、5 号和 6 号墩进行基础加固处理。其中 3 号和 6 号墩原设计基础尺寸偏小，采用钻孔桩扩大基础加固。3 号墩桩长 19～22 m，嵌入基岩适当深度，6 号墩桩长 23 m，置于卵石土层中；4 号和 5 号墩采用明挖扩大基础加固(图 4－9)。

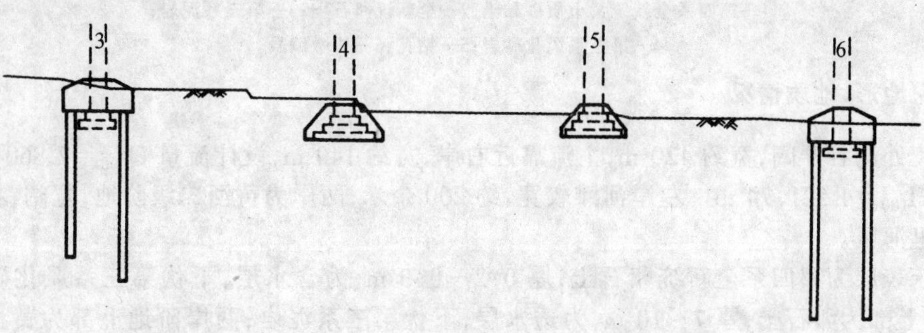

图 4－9　3 号～6 号墩基础加固立面示意图

(2)6 号墩下沉量较大，梁上道碴调整困难，抬梁至设计高程；其余墩下沉量较小，以梁上加厚道碴调整至设计高程。

(七)小结

1. 本桥桥址地层为洪积层，下卧层变化较大，地层结构复杂，勘测中虽然每墩钻了一孔，仍难以控制地层变化，不能满足设计要求。今后类似工点应加密勘探点，较详细查明下卧层的变化情况。

2. 设计人员应针对洪积地层的地质特点，选择适当的基础类型。另外在设计中对地质难以查清的软弱下卧层的变化，应给予足够重视，留有一定余地。对农田灌溉水对桥墩基础持力层的软化影响，也应给予重视，将必要的措施纳入设计。

四、兰州七里河黄河公路大桥桥基风化砂岩的承载力

陈品文

(一)概况

兰州七里河黄河公路大桥为5孔40 m+2孔30 m双悬臂式混凝土梁桥，桥长276.12 m，桥面宽17.6 m。2号、3号墩间为通航孔。1号至4号墩的沉井基础置于第三系风化砂岩中，见图4-10，兰州台、5号、6号墩基础置于第三系泥岩中，十里店台基础置于第四系全新统卵石土中。当时存在的主要问题是该桥1号至4号墩基底风化砂岩的基本承载力。该桥1955年至1956年勘测设计，1957年施工，1958年通车。

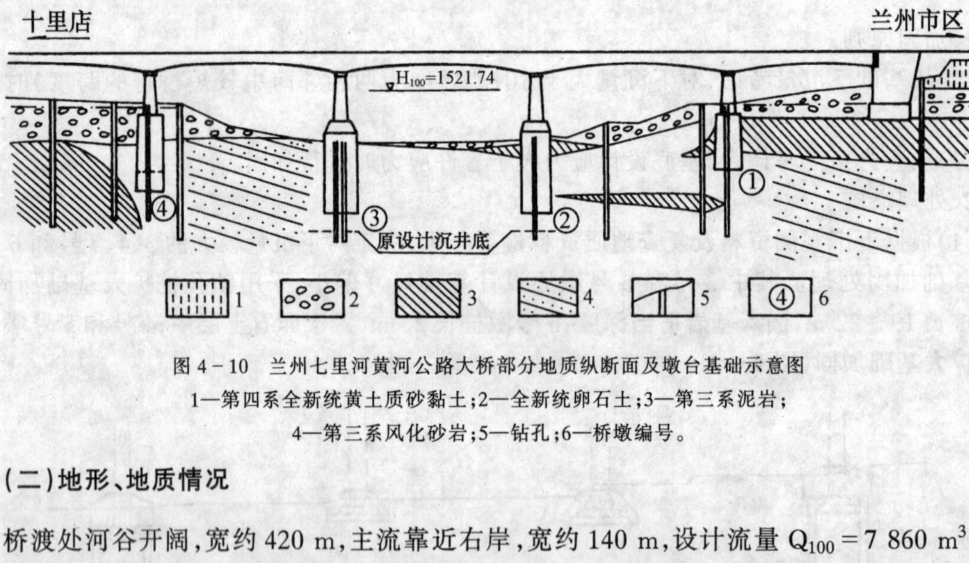

图4-10 兰州七里河黄河公路大桥部分地质纵断面及墩台基础示意图
1—第四系全新统黄土质砂黏土；2—全新统卵石土；3—第三系泥岩；
4—第三系风化砂岩；5—钻孔；6—桥墩编号。

(二)地形、地质情况

桥渡处河谷开阔，宽约420 m，主流靠近右岸，宽约140 m，设计流量 Q_{100} = 7 860 m^3/s，设计水位 H_{100} = 1 521.74 m。左岸河滩较宽，约200余米，两岸为黄河二级阶地，宽阔，右岸为兰州市七里河区。

河床表层为第四系全新统卵石土，厚0.2～0.3 m，为含水层，下伏第三系风化砂岩夹泥岩；河滩上部为卵石土，厚7～10 m，为透水层，下伏第三系泥岩；两岸阶地上部为黄土质砂黏土，厚1.0～2.5 m，其下为卵石土，下伏第三系泥岩。其岩性特征为：

1. 黄土质砂黏土：淡黄色，具层次及孔隙，半坚硬—可塑。

2. 卵石土：青灰色，卵石呈浑圆状，成分为石英岩、花岗岩等，颗粒粒径一般为30～80 mm，中等密实，稍湿—饱和，基本承载力 σ_0 = 500 kPa，Ⅱ级普通土。

3. 泥岩：红色、浅红色，黏性大，呈块状，局部夹有细砂粒或厚0.1～0.2 m的风化砂岩，泥岩成岩作用差，呈土状，取样试验：天然含水量17%～18%，天然密度2.11～2.26 g/cm^3，天然孔隙比0.51～0.53，液限26.5%～39.9%，塑限14.3%～19.9%，塑性指数11.7～20.2，液性

指数 $-0.190\sim-0.842$,泥岩表层厚 1~2 m 呈可塑状,基本承载力 $\sigma_0=250$ kPa,以下半坚硬,基本承载力 $\sigma_0=400\sim500$ kPa,Ⅲ级硬土。

4.风化砂岩:风化极严重,呈砂土状,深黄色,颗粒以细砂为主,夹中、粗砂和黏土,密实的,基本承载力 $\sigma_0=200\sim250$ kPa,Ⅲ级硬土。

两岸地下水位随黄河水位变化而变化,河滩地下水埋深 1~3 m,两岸阶地地下水埋深 5~6 m,抽水试验计算得渗透系数 $K=40.4$ m/d,水质分析:pH>7.0,$SO_4^{2-}=272\sim2\ 220$ mg/L,$Cl^-=119\sim1\ 903$ mg/L,对普通水泥有硫酸盐侵蚀。黄河水无侵蚀性。

地震基本烈度八度。

(三)风化砂岩密实程度和承载力的确定

在勘测时风化砂岩的物理力学性质较难确定。当时钻探采用日本利根式 50 m 的老式钻机,钻探工艺比较落后,且河床钻孔中水量很大,岩芯采取困难,岩芯采取率普遍很低,仅为 10%~30%,取出的岩芯呈粉、细砂状,其颗粒级配 0.10~0.05 mm 占 18%,0.05~0.005 mm 占 63%,<0.005 mm 占 19%,当时定名为细砂,实为第三系砂岩的风化产物,潮湿的。

通过勘测设计和配合施工的地质工作,对风化砂岩的密实程度和基本承载力是逐步认识、确定和验证的。

1.在 3 号墩钻孔中封水,用人力进行勺钻,二人钻 32 转和三人钻 19 转,均转入 8 cm;并用重 227 kg、Φ89 的管钻冲击,落程 0.9 m,人力拉 20 次钻进 4 cm。并取样作极限抗压试验,最大者为 170~180 kPa,一般为 28~36 kPa。据此,风化砂岩虽呈砂土状,确定为密实的,提供基本承载力 $\sigma_0=200$ kPa。

2.在施工前进行试桩,木桩端部用铁靴保护,试打后入土深度仅为 0.2 m,木桩在铁靴顶部折断;后改用重 1.5 吨双衡式汽锤打钢板桩,嵌入土中仅为 0.3 m,再不易进入,拔出钢板桩其下端已折弯。带出的岩样置于水中,很快散成一粒粒细砂,彼此不相结合。故认为该地层承载力是高的,但经不住水的浸泡,原定的基本承载力 $\sigma_0=200$ kPa 较低,当时确定基本承载力 $\sigma_0=250$ kPa,设计中利用加深基础的埋置深度以提高基底的容许承载力。

3.在 4 号墩基础施工中基底为细、中、粗砂夹红黏土,用钢钎才能下挖,证实风化砂岩是密实的、稍湿的,有人认为基本承载力可给 500 kPa,并在基底量得砂岩产状 N25°~30°W/15°~22°N。但由于基底地层不均,沉井下沉后偏斜 1/90,略超出规定的允许偏差 1/100,幸亏沉井上部面积较大,设计的桥墩底面积比之要小些,才未对桥墩施工产生不良后果。

(四)1 号至 4 号墩基础设计

1 号至 4 号各墩间梁的跨度均为 40 m,1 号、4 号墩高 7.5 m,2 号、3 号墩高 8.8 m,位于河床中。4 个桥墩的沉井基础均置于第三纪的风化砂岩夹泥岩中。2 号、3 号墩为 2 个圆形直径 6.8~7.6 m的沉井组合而成,沉井上部为厚 2.5 m 的顶盖与上部桥墩联结。1 号、4 号墩为长八角形沉井,其纵向宽 6.6 m,横向长 17 m。4 个墩的沉井设计深度分别为:1 号、4 号墩 11 m,2 号、3 号墩 19.5 m。在配合施工中,因风化砂岩确认为密实的,则其抗局部冲刷中的允许流速要比原设计的提高,故 2 号、3 号墩的基底提高 4 m,即沉井施工深度均为 15.5 m。又因 4 号墩接近主流和原基底地层误判为砾岩,实际为风化砂岩夹砾石、黏土,地层不均匀,即在沉井基底的风化砂岩面积内,其分布为:中、细砂夹薄层黏土占 30%~35%,粗、中砂夹砾石占 30%,黏土质粉、细砂占 20%,纯黏土占 10%~15%,故 4 号墩基底降低 4 m,沉井施工深度为 15 m。

(五)经验教训

该桥勘测、设计、施工是在50年代中后期,当时工程地质技术规范不完善、不健全,工程地质工作尚属摸索前进阶段,但所作的工程地质资料比较齐全,基本上满足了设计和施工的需要,同时工程地质人员和设计人员配合紧密,并共同参与配合施工。保证了施工的顺利进行。该桥的经验教训为:

1. 工程地质调查、勘探、试验工作做得比较认真仔细,工程地质资料收集整理得比较齐全,除工程地质说明、地质平、纵断面图和勘探、试验资料外,对地质复杂的1号至4号墩还绘制了地质横断面图和基底地质平面图等。全桥共打钻孔24孔672.12 m,其中1号至4号墩打钻孔16孔488.44 m。

2. 为摸清1号至4号墩基底风化砂岩的物理力学性质,在当时有限的条件下,除做室内试验外,还在个别钻孔钻进工艺上有所改进,即在钻孔内封水后进行勺钻、管钻;施工中进行试桩,与设计人员紧密配合确定了风化砂岩的密实程度和承载力。经施工验证,见到了沉井基底风化砂岩的颗粒组成,虽呈砂土状,但证实其是密实的、稍湿的,承载能力是较高的。

3. 当时钻探机具设备比较陈旧,钻进工艺比较落后,河床钻孔中水量很大又采用清水液钻进,以致造成绝大部分风化砂岩的岩芯采取率普遍很低。若钻探质量高些,不但可减少钻孔数量,亦不致于将4号墩基底的风化砂岩误判为砾岩,幸亏在施工中得到及时纠正,但教训仍然是深刻的。

五、侯月线海子沟高桥黄土地基工程地质特征

王笃实

(一)概述

侯月线DK62+688海子沟高桥,位于山西省翼城县北黄土塬深切90 m的冲沟内。为1孔32 m+1孔63 m+2孔84 m+1孔63 m+1孔32 m双线钢筋混凝土连续梁桥,桥长370 m,高91 m,墩高81 m,采用挖孔桩基础,桩长20~25 m,置于第四系中更新统黄土层内,为目前我国最高的黄土地基双线铁路桥。在黄土地区修建高墩、大跨度连续梁桥,我国还是第一次。高墩、大跨度连续梁桥对基础地质的要求较高,黄土地层能否满足桥基要求,需进行深入的工程地质工作。为查明桥址黄土地基的工程地质条件,在勘测期间铁一院做了大量地质工作,从地质调绘入手,采用钻探取原状土样、静力触探、载荷试验等综合勘探手段,分层取得了地基土的物理力学指标,且在施工前对桩基的侧壁摩阻力做了试验,对中更新统黄土的工程性质作了比较深入的研究分析。

根据钻探揭示,桥址处黄土层总厚度>130 m,其中在沟床表层及月山侧岸坡有全新统砂黏土,厚5~10 m;沟岸两侧黄土塬表层为上更新统黄土,淡黄色,属Ⅲ级湿陷性黄土,厚15~25 m,其下为中更新统黄土(图4-11)。

沟床内平时无水,雨季有少量地表水。地下水埋深1~8 m,为孔隙潜水,水量甚微,水质无侵蚀性。

(二)中更新统黄土的主要特征

1. 物理性质

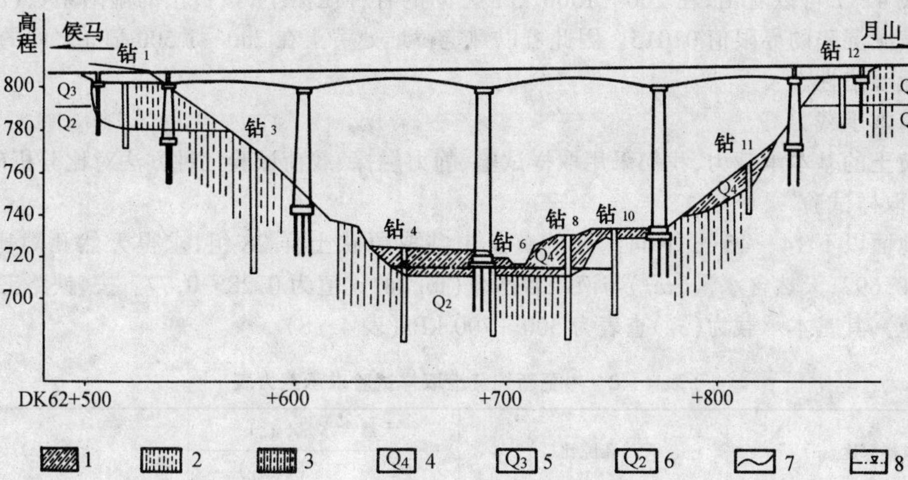

图 4-11 海子沟高桥地质纵断面示意图

1—砂黏土;2—上更新统黄土质砂黏土;3—中更新统黄土质砂黏土;4—第四系全新统;
5—第四系上更新统;6—第四系中更新统;7—岩层分界线;8—地下水位线。

棕黄、褐黄色,颗粒组成以粉粒为主,含黏粒较多,夹多层棕红色古土壤条带,层厚 0.3~1.2 m 不等,含礓石及礓石层,垂直节理较发育,壁立性强。天然含水量 16.1%~23.8%,天然孔隙比0.457~0.692,塑性指数 11.2~22.8,碳酸钙含量 5.9%~19.7%。

2.压缩性

在黄土不同深度处取原状土样 9 组,每组按压力 0.1~0.2 MPa,0.1~0.3 MPa,0.3~0.5 MPa,1.1~1.3 MPa,1.3~1.5 MPa 五个档次做压缩试验,求得压缩系数(a)及压缩模量(Es),见表 4-6。

表 4-6 中更新统黄土压缩试验成果表

试验压力(MPa)	0.1~0.2	0.1~0.3	0.3~0.5	1.1~1.3	1.3~1.5
压缩系数(MPa^{-1})	0.08~0.06	0.065~0.05	0.045~0.03	0.035~0.02	0.035~0.02
压缩模量(MPa)	20.25~27.17	24.92~32.60	35.40~54.00	45.03~77.45	45.77~78.20

试验结果表明,压缩系数 $a_{0.1\sim0.2}$为 0.08~0.06 MPa^{-1},属低压缩性土。随压力增加压缩系数减小,压缩模量增大。

3.抗剪强度

在黄土的不同深度取原状土样 23 组做剪切(直剪)试验,求得 c 值为 48~120 kPa,φ 值为 15.2°~28.5°,c、φ 值的变化幅度均较大。一般 c 值大,塑性指数也大;同时又取 6 组原状土样做三轴剪切(不固结不排水)试验,求得 c 值为 243.2~227.84 kPa,φ 值为 18.6°~20.82°。

4.湿陷性

在黄土中,自 1.5~4.5 m 间不同深度处取原状土样 35 组做湿陷性试验,按浸水压力 200 kPa、300 kPa、600 kPa、900 kPa、1200 kPa 和 1500 kPa 六个档次做湿陷性试验,其试验结果汇总于表 4-7。

表 4-7 中更新统黄土湿陷试验成果表

浸水压力(kPa)	200	300	600	900	1200	1500
湿陷系数(δs)	0.000~0.003	0.000~0.002	0.000~0.003	0.000~0.003	0.000~0.002	0.000~0.003

从表 4－7 可以看出，在 200～1500 kPa 之间的各种压力下，该黄土的湿陷系数(δs)均小于判定黄土湿陷的界限值 0.015。因此可以判定桥址处黄土在 200～1 500 kPa 之间的各种压力下均无湿陷性。

5.基本承载力

对黄土的基本承载力，我们采用取样试验、静力触探、载荷试验三种方法对比分析确定。

(1)取样试验

在地面以下 14～45 m 不同深度的黄土中共取原状土样 28 组，求得天然孔隙比(e)为 0.457～0.692，天然含水量(w_n)与液限含水量(w_L)的比值为 0.28～0.77。按《铁路工程地质技术规范》，其基本承载力(σ_0)查表为 500～700 kPa(表 4－8)。

表 4－8　中更新统黄土取样试验求承载力表

取样深度(m)	天然孔隙比(e)	天然含水量(w_n)/液限(w_L)	σ_0(kPa)
14.0～45.0	0.457～0.692	0.28～0.77	500～700

(2)静力触探

由于黄土的密实度较大，触探探头难以从地面压入土层深部，故采取孔内触探，即钻孔钻至持力层深度再进行触探。触探 3 孔，求得探头锥尖阻力 Ps 值为 7 500～8 700 kPa。采用本地区的承载力经验公式 $\sigma_0=19.4+0.065Ps$ 进行计算，求得基本承载力 $\sigma_0=507$～585 kPa。

(3)载荷试验

在桥址处第四系中更新统黄土层上部做了 4 处载荷试验，承压板面积 1 000 cm^2，慢速加荷，求得压力(P)与地层变形量(s)关系曲线，根据 $P-s$ 曲线按比例极限求得基本承载力 $\sigma_0=$ 500～700 kPa。

上述三种承载力试验结果的对比情况见表 4－9。

表 4－9　中更新统黄土试验基本承载力成果表

试验方法	取样试验	静力触探	载荷试验	采用
σ_0(kPa)	500～700	507～585	500～700	500

从表 4－9 可以看出，三种手段判定的基本承载力很接近。最后确定本桥中更新统黄土采用基本承载力 $\sigma_0=500$ kPa。

6.侧壁摩阻力

为求得桥址处黄土地层较为准确的侧壁摩阻力参数，施工前在黄土层中做试桩试验，模拟挖孔桩基础灌注混凝土挖孔桩，在桩顶加压试验，求得黄土挖孔桩极限侧摩阻力(f_i)大于 200 kPa，远远超过规范极限侧摩阻力 75 kPa 之规定。因此可采用 200 kPa。

(三)小结

通过深入的工程地质工作，说明桥址处第四系中更新统黄土为低压缩性土；在 200～1500 kPa各种浸水压力下均无湿陷性；基本承载力 σ_0 达 500 kPa；挖孔灌注桩极限侧摩阻力达 200 kPa；完全可以作为高墩、大跨度连续梁桥的地基，并据以提供了设计参数。

该桥于 1990 年 4 月开始修建，1993 年 9 月竣工，并通行工程列车，1995 年底交付运营，一直运作良好，被评为铁道部优质工程。

六、宝中线颉河6号大桥跨越隐伏断层

陈品文　高天鹅

宝中线颉河6号大桥中心里程DIK238+190，为10孔32 m预应力混凝土梁桥，全桥长340.23 m，在DIK238+197.7～DIK238+212间，该桥5号、6号墩跨越隐伏断层，见图4-12及图4-13。3号至7号墩墩高50 m，为宝中线大桥中最高的桥，是全线的重点工程之一。1988年勘测，1990年施工设计，1992年施工，1995年通车运营。

(一)地形、地质情况

颉河是泾河水系的主要支流之一，发源于六盘山，至桥渡处河长13.1 km。河床纵坡14‰，桥址上、下游较顺直，河槽呈U形，宽80～160 m，枯水季节有小股水流，水面宽1～3 m，水深0.1～0.4 m，设计流量$Q_{100}=545\ m^3/s$，设计水位$H_{100}=1\ 821.49$ m。右岸山坡较陡，坡度为40°～50°；左岸山坡稍缓，坡度为35°～38°。

河床表层为第四系全新统(Q_4)冲积砂黏土及圆砾土，其厚度分别为0.2～1.0 m和7～19 m。圆砾土为含水层，砾石成分为泥岩、泥质石灰岩，砾石呈扁圆棱状，粒径一般为2～10 mm，中等密实，潮湿至饱和的，基本承载力$\sigma_0=200\sim250$ kPa，Ⅱ级普通土。中卫端岸边局部有人工堆积的碎石土。下伏中生界下白垩系(K_1)的泥岩夹石灰岩，两岸山坡泥岩夹石灰岩裸露。泥岩：蓝灰色，层厚0.2～2.0 m不等，泥质胶结，石质软，易风化剥落，夹薄层石灰岩，风化层厚1～3 m，基本承载力$\sigma_0=200\sim300$ kPa；风化层以下，经抗压试验，干抗压强度18.1～25.6 MPa，饱和抗压强度11.3～24.7 MPa，基本承载力$\sigma_0=600$ kPa，Ⅳ级软石，是良好的基础持力层。但泥岩易软化，软化系数0.624～0.785，略具膨胀性，膨胀量0.9%～5.8%，故在桥基施工中，基坑开挖后应及时砌筑基础，保持泥岩的原始湿度，防止基底软化或膨胀。

六盘山地区为陇西系与祁吕贺山字型脊柱的复合部位，主要是陇西系六盘山旋卷褶皱带。桥渡处位于六盘山东侧大关山和小关山断层之间，呈单斜构造，岩层产状为N50°～80°W/8°～12°S，岩层节理发育，小断层较多。小断层长度一般为数米至10余米，宽0.1～2.0 m，沿断层走向追索，逐渐变成节理密集带，多数呈旋转迹象。由钻孔资料揭示，在DIK238+197.7～DIK238+212处为断层，断层面倾向北，倾角65°～75°，破碎带宽度约14.3 m，走向N70°～80°W，顺颉河河谷方向延伸。断层破碎带内岩芯破碎，呈碎石状、角砾状和土状(断层泥)，岩芯手捻易碎，可见擦痕、镜面和构造角砾。参照清水河1号大桥在断层破碎带内所做的载荷试验成果，破碎带内基本承载力$\sigma_0=200$ kPa。泥岩被水浸泡后，强度明显降低，故破碎带不宜做该桥桥墩基础的持力层。

河床中心地下水位埋深0.5～2.0 m，钻孔抽水试验计算得圆砾土的渗透系数$K=27.6$ m/d，地表水、地下水均无侵蚀性。

地震基本烈度八度。

(二)地质调查、钻探情况

根据桥渡所处的区域构造单元，在桥址附近调查时，发现岩层节理发育，小断层较多，且在桥址下游1 km外卧羊川口、杨庄等处颉河岸边有此断层的痕迹，即泥岩夹石灰岩破碎，呈碎块、角砾状和土状，并显示了扭压的迹象。

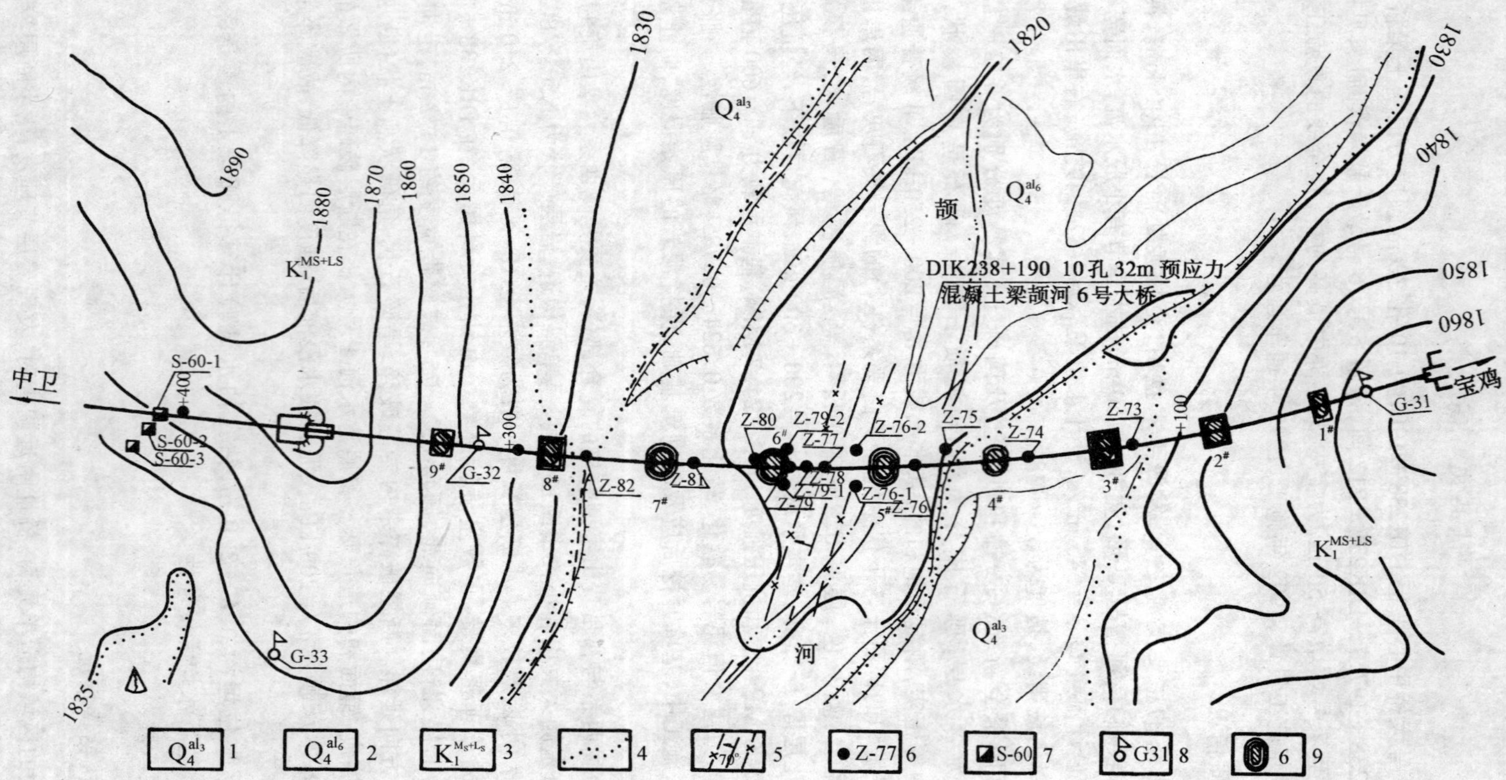

图 4－12 宝中线颉河 6 号大桥工程地质平面及桥孔布置示意图

1—第四系全新统砂黏土；2—全新统圆砾土；3—下白垩系泥岩夹石灰岩；4—岩层分界线；5—断层产状；6—钻孔编号；7—试坑编号；8—观测点编号；9—桥墩编号。

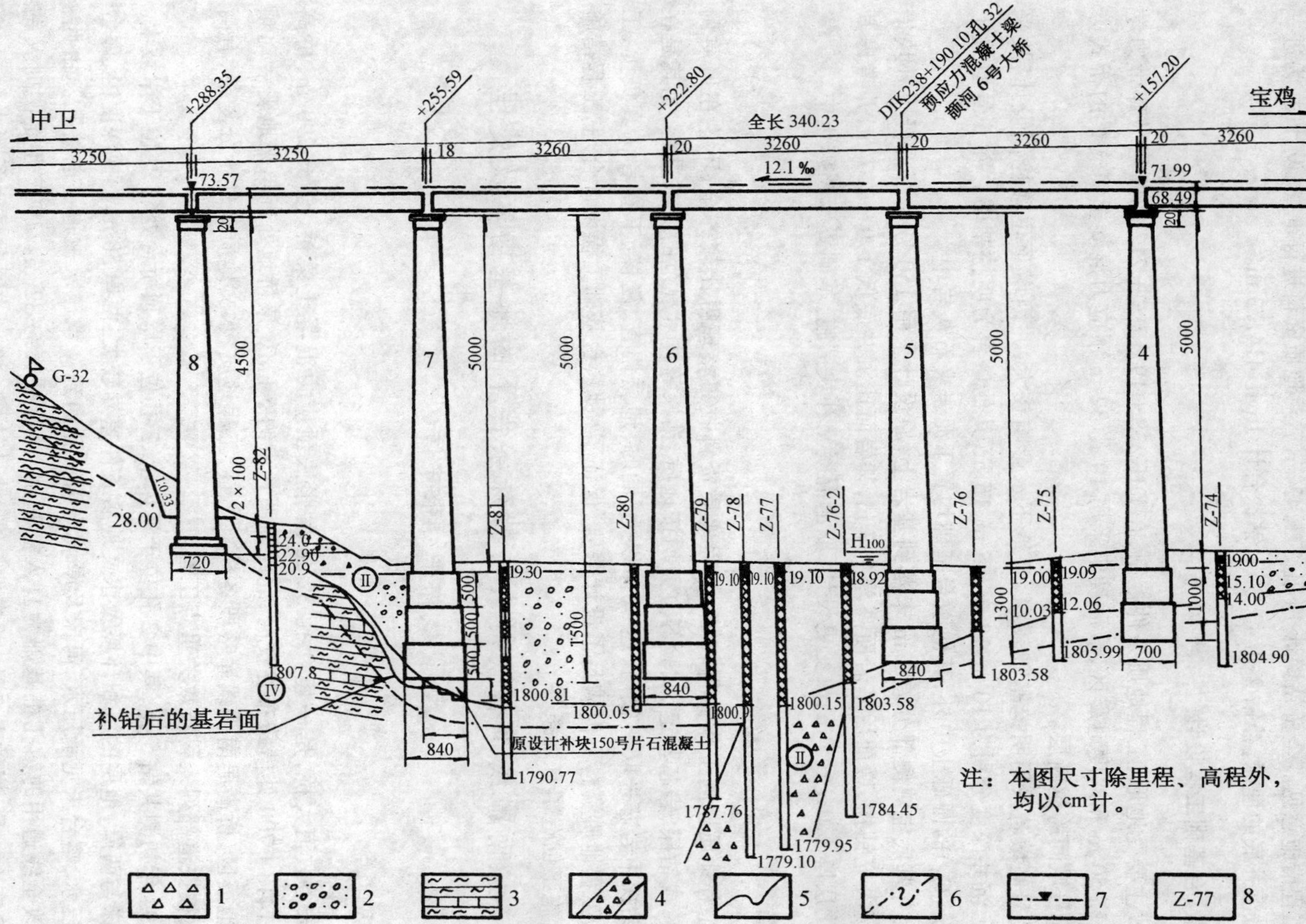

图 4－13　宝中线颉河 6 号大桥部分地质纵断面及墩基础示意图

1—碎石土；2—圆砾土；3—泥岩夹石灰岩；4—断层破碎带；

5—岩层分界线；6—风化层界线；7—地下水位线；8—钻孔编号。

按原定桥式孔跨布置钻孔进行钻探时，首先在 Z－77 钻孔中发现断层破碎带，尔后打Z－78钻孔仍是断层破碎带。为了查明桥渡处隐伏断层的宽度和产状，相继又打了 Z－79、Z－79－1、Z－79－2和 Z－76－1、Z－76－2 五个钻孔。查明了断层破碎带的产状及宽度，除在工程地质平面图、纵断面图上显示外，还绘制了地质横断面图，同时在工程地质说明中提出改变桥式跨越断层破碎带的工程措施意见。全桥钻探计 14 孔 371.43 m，后对地质资料进行审查、设计时，为进一步确定 7 号墩沉井底的埋深，补钻 2 孔 43.3 m，钻探合计 16 孔 414.73 m。

（三）桥墩、台基础工程设计

本桥桥式主要受地形、工程地质条件控制，在 DIK238＋197.7～＋212 间断层破碎带力学性能差，且墩高 50 m 和八度地震区，最后确定采用 10 孔 32 m 预应力混凝土简支梁的桥式方案，于 5 号、6 号墩间跨越断层。

4 号至 7 号高墩若采用明挖基础较深，且地下水影响较大，并因墩顶位移控制设计，故采用沉井基础。沉井深度分别为 10 m、13 m、15 m、15 m，其他墩台为明挖基础。除 6 号墩置于第四系全新统(Q_4)的圆砾土中外，其他墩台基础均置于泥岩夹石灰岩中。

7 号墩沉井基底宝鸡侧部分差 3 m 未落到基岩上，原设计采用 150 号片石混凝土补块措施解决。后经补充钻探，墩前后基岩面高差 1.7 m，基岩面比沉井底低 1.0～2.7 m，并考虑其下部泥岩风化层厚 1.0～1.5 m，故变更设计，取消混凝土补块措施，基础置于圆砾土中。

（四）小结

该桥的工程地质勘测工作做得较细，工程地质资料收集整理得比较齐全，不论在地质调查、测绘方面，或钻探、岩芯鉴定、试验等方面均按地质、钻探等技术规范的要求进行，尤其是在断层破碎带钻探中岩芯采取率较高，达 90％以上，同时，地质调查、复核、审查者认真负责，工作做得较深，工程地质资料不但满足了设计需要，保证了桥墩、台基础工程设计合理，工程措施得当，而且给施工创造了有利条件。

七、南疆线布谷孜河大桥特殊条件下的地基勘察及处理

钱伟平　张守信

（一）概况

南疆线布谷孜河大桥，是一座 9 孔 32 m 后张法预应力混凝土梁桥，全长 290 m，桥高 23 m，于 DK1418＋700 处横跨布谷孜河，北距阿图什市约 5 km。该桥地处近年来地震活动频繁的高烈度地震区，桥高居南疆线库喀段各桥梁之首，工程地质、水文地质条件十分复杂，有高承压含水层，被铁道部列入科技攻关重点工程。

本桥 1994 年初测共钻 5 孔，其中 2 孔位于河床上、2 孔位于岸顶桥台处、1 孔位于岸坡上。勘探揭示河床与两岸，地层的沉积环境及水文地质条件差异较大：两岸 50 m 勘探深度内，库台钻孔遇到承压水，喀台未见承压水，河床及岸坡均因钻孔遇到高承压水被迫提前终孔。由此，本桥初设时改全线通用的钻孔桩基础为打入桩基础，设计桩长约 32 m。1997 年定测时又钻 14 孔，其中河床上 4 孔，岸坡上 3 孔，两岸上 7 孔，共计钻探 540 m。同时采用了静力触探、综合物探、标贯及动探等手段。勘察中采用多种先进工艺，克服了塌孔埋钻、高承压水带来的困难，查明了桥址各墩台基底的地质情况，完成了包括科研在内的各项勘察任务，使原有桥基设计进一步得到优化，为施工创造了良好的条件。

(二)地形、地貌及地质特征

1. 地形、地貌

本桥地处天山南麓山前冲、洪积倾斜平原布谷孜河中下游段，桥址处河槽呈 U 形，河床宽约 100 m，下切深达 15 m，已至潜水位以下 7～8 m，两岸均已辟为耕地。由黏性土构成的两岸岸坡不对称，陡缓变坡于潜水水位附近，库岸陡坎高 4～5 m，相对稳定，局部有河水旁蚀现象；喀岸陡坎高近 10 m，因河流旁蚀及潜水水动力作用，岸坡不太稳定，有坍塌现象。桥位上、下游各约 200 m 范围，河道顺直平坦。见图 4－14。

2. 地质特征

(1)地层、岩性

布谷孜河两岸地层由厚度大于 50 m 的砂黏土为主组成，库岸夹三层圆砾土，浅部较厚 5~8 m；喀岸仅见厚约 1 m 的圆砾土透镜体。河床地层较复杂，砂类土、淤泥质土、黏性土、碎石类土交错分布，各层位随着河床和坡岸的变迁而变化，展现出与两岸不同的沉积，见图 4－15。河床表层粉、细砂层，松散，饱和，其下淤泥质土、黏性土厚 7～10 m，为隔水层顶、底板，硬塑至软塑状，钻进中易出现缩径、卡钻、黏钻等现象；其间碎石类土层，以圆砾土为主，厚 2～10 m 不等，岩性松散，颗粒不均，易坍塌掉块，钻探取芯困难。砂黏土物理力学指标见表 4－10，设计参数见表 4－11。

表 4－10　砂黏土主要物理力学指标汇总表

试验项目	库岸上	河滩内	喀岸坡脚	喀岸上
w_n(%)	19.8～30.5 / 24.0	19.0～33.6 / 27.0	19.5～33.7 / 25.0	23.1～34.1 / 28.0
ρ(g/cm³)	1.98～2.09	1.99～2.08	1.92～2.08	1.92～2.08
e	0.548～0.739 / 0.70	0.545～0.817 / 0.70	0.546～0.884 / 0.70	0.626～0.931 / 0.80
w_L(%)	24.8～37.1 / 30.0	30.6～39.3 / 34.0	21.8～34.1 / 25.0	21.8～34.1 / 25.0
w_p(%)	15.7～23.6 / 20	19.3～24.8 / 21	13.1～21.5 / 15	13.1～21.5 / 15
I_p	8.4～13.1 / 11.0	8.0～14.5 / 11.0	9.2～16.3 / 11.0	9.0～13.2 / 11.0
I_L	0.3～1.0 / 0.6	0.01～1.4 / 0.6	0.3～1.0 / 0.6	0.3～1.0 / 0.6
有机质(%)	2.8～4.2 / 3.2	2.8～4.7 / 3.2	2.8～4.7 / 3.2	
$a_{0.1\sim0.2}$(MPa^{-1})	0.13～0.27 / 0.21	0.17～0.33 / 0.25	0.16～0.32 / 0.25	0.19～0.40 / 0.30
$E_{0.1\sim0.2}$(MPa)	6.26～11.8 / 7.5	6.91～9.5 / 8.0	4.68～10.59 / 8.0	4.45～8.25 / 6.5
$a_{0.2\sim0.3}$(MPa^{-1})	0.09～0.21 / 0.13	0.11～0.17 / 0.16	0.09～0.19 / 0.14	0.12～0.51 / 0.30
$E_{0.2\sim0.3}$(MPa)	7.91～17.12 / 10.0	10.64～14.53 / 12.0	9.3～16.64 / 12.0	3.24～12.9 / 8.0
c(kPa)	9.5～88.4 / 30	12.7～71.4 / 30	14.1～53.4 / 35	10.5～52.6 / 30
φ(°)	14.4～42.4 / 30	15.1～38.0 / 25	7.6～37.3 / 25	11～33.8 / 24
固 c(kPa)	10.7～51.9 / 20	37.5～65.0 / 40	16.8～43.6 / 25	19.5～63.6 / 30
固 φ(°)	37.6～39.1 / 38	13.0～28.4 / 23	27.6～36.0 / 30	11.0～40.4 / 25

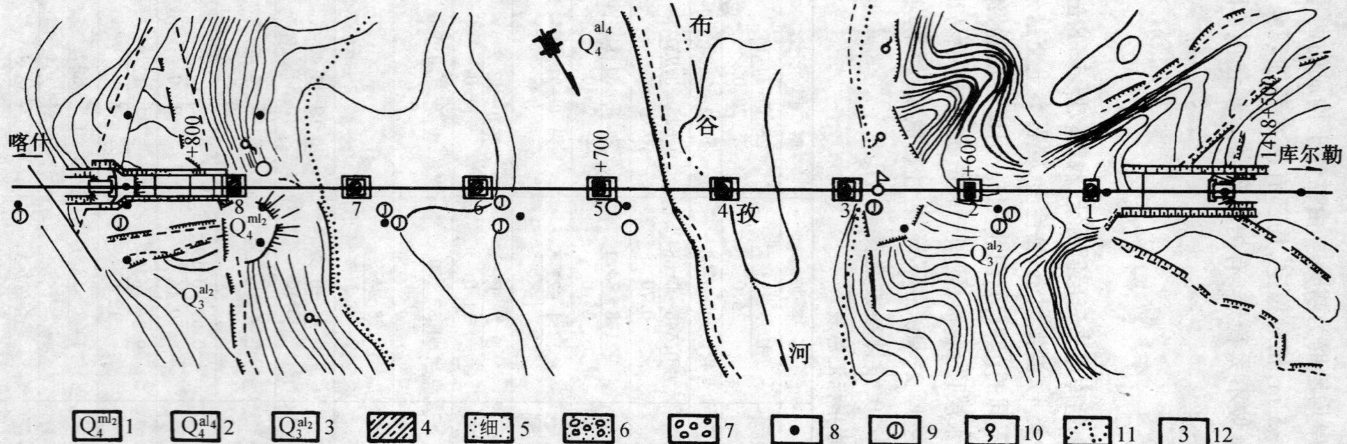

图 4-14　布谷孜河大桥工程地质平面示意图

1—第四系全新统人工填筑土；2—第四系全新统冲积层；3—第四系上更新统冲积层；4—砂黏土；5—粉、细砂；6—圆砾土；7—卵石土；8—钻孔；9—静探孔；10—泉水；11—岩层分界线；12—桥墩编号。

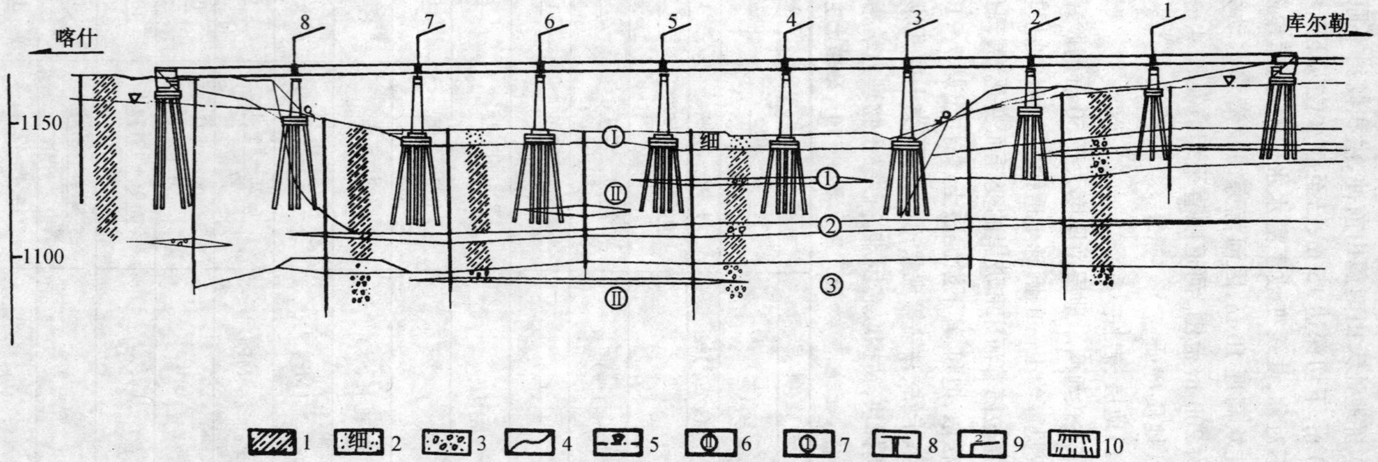

图 4-15　布谷孜河大桥工程地质纵断面示意图

1—砂黏土；2—粉、细砂；3—圆砾土；4—岩层分界线；5—地下水位线；6—土石工程分级；7—承压含水层编号；8—钻孔；9—桥墩编号；10—打入桩桩基。

表 4-11　各地层静探指标及设计参数

土　名	锥尖阻力 q_c(kPa)	侧摩阻力 f_s(kPa)	摩阻比 R_f(%)	贯入阻力 P_s(kPa)	基本承载力 σ_0(kPa)	桩周土极限摩阻力 f_i(kPa)	桩尖土极限承载力 R(kPa)
粉细砂	$\frac{200\sim4600}{2300}$	$\frac{3.3\sim37}{20}$	$\frac{0.2\sim1.8}{1.0}$	$\frac{220\sim5000}{2500}$	$\frac{30\sim210}{135}$	$\frac{3\sim25}{19}$	2000
砂黏土	$\frac{200\sim6400}{3400}$	$\frac{15\sim85}{50}$	$\frac{0.2\sim3.8}{2.0}$	$\frac{220\sim7000}{3600}$	$\frac{30\sim250}{170}$	$\frac{15\sim80}{50}$	2200
粗砾砂					$\frac{300\sim400}{350}$	$\frac{70\sim90}{80}$	4500
圆砾土					$\frac{400\sim600}{500}$		5000

(2)构造及地震

工点位于南天山断褶带和塔里木断块交汇处。第三纪以来,垂直上升运动较强烈,区内发育了一系列轴向东西的褶皱,如阿图什背斜、向斜等。影响本区之主要构造为依斯拉克—卡拉乌尔断裂,它是巴什索贡复背斜与塔里木断块的分界线,从桥位以北约 20 km 处通过,倾向 N,为压扭性断层,是本区的主要发震构造,1902 年阿图什 8.25 级强烈地震,就发生在该断裂的东端。近几年阿图什地区连续多次发生里氏 5.0 级以上破坏性地震,就是该断裂周期活动、地应力释放的结果。

根据 1/400 万《中国地震烈度区划图》,本区地震基本烈度为九度。

(3)水文地质条件

布谷孜河为常年有水河流,平时水流细小,由上升泉群及高出河床的潜水补给。洪水往往在雨季暴雨后形成,多集中于 7、8、9 三个月。勘测期间潜水位埋藏较浅,库侧 1.0～4.5 m,喀岸侧 6～8 m,河床中 0～0.5 m;在河床 47 m 深度范围内有 3 层高承压含水层,第一层承压含水层分布在 DK1418+636～+701 段河床内,埋深 13～14 m,层厚 1.0～2.5 m;第二层承压含水层见于整个河床及库岸一侧,埋深 25～31 m,层厚 1.5～3.5 m;第三层承压含水层在全桥范围均有分布,埋深 35～47 m,厚度较大,最厚>10 m,未钻透。涌水压力和涌水量自上而下逐层加大,最大承压力为 0.68 MPa,各层承压水详细情况见表 4-12。分层取水分析表明,潜水和第一层承压水水质较差,SO_4^{2-} = 440.0～2 257.4 mg/L,具弱—中等硫酸盐侵蚀性,其下两层承压水水质相对较好,不具侵蚀性。

表 4-12　各层承压水承压高度和涌水量

含水层号	埋深 (m)	层顶高程 (m)	含水层厚度 (m)	含水地层	承压高度 (m)	涌水量 (l/s)	含水层特点
第一层	13～14	1 230～1 231	1～2.5	圆砾土	21～25	4.5～8.5	薄层、不连续、稳定
第二层	25～31	1 218～1 220	1.5～3.5	圆砾土	35～38	0.7～16.7	中层、连续、稳定
第三层	35～47	1 206～1 209	>10	圆砾土	48～57	1.2～32.7	厚层、连续、稳定、不均匀

(4)不良地质

主要有河岸冲刷、坍塌和饱和砂土的地震液化,其中,饱和粉、细砂可液化层分布于河床表层,厚约 5.5 m。

(三)勘察技术要求

鉴于桥渡区特殊的地质环境和复杂的地质条件，要求采用钻探、标贯、动探、静力触探、综合物探等综合勘探方法，查明桥址处工程地质、水文地质条件和高烈度地震区地基土的地震效应，提供设计要求的地质资料。

为此，铁一院根据九度高烈度地震区Ⅲ类场地铁路桥梁抗震设计的需要，对本桥的地质勘察和试验工作提出如下要求：

1.为合理确定桥长，研究地震效应下岸坡的稳定性及对桥的影响，要求在桥的两台中心、两台台背 30 m、坡脚处和桥墩位置上各布置钻孔一个；为考虑地震塌岸的因素，要求在较高陡的喀台坡脚上、下游 20 m 处各布钻孔一个；河床中的各钻孔应偏离中线(向下游侧)5～10 m 设置，以免涌出之高承压水恶化场地条件，影响勘察、施工。钻孔深度除台背 2 孔及线路位置上的钻孔孔深设计为 50 m 外，其余钻孔均设计为 30 m。

2.原则上对桥址处不同时代的各种黏性土层均要求取原状土样进行常规物理力学试验，并提供压缩曲线；砂类土、碎石类土应取扰动样进行筛分试验，提供颗粒级配曲线；地面下 20 m以内各类黏性土、粉、细砂还要求进行静三轴试验(饱和粉、细砂取不成试样时，可用重塑土替代)；黄土质土要取样进行湿陷性试验，并判定湿陷等级和湿陷土层厚度。

3.每个墩台要求进行双桥静力触探，触探深度应达圆砾土顶面，以取得包括淤泥质土在内的细颗粒土的分层厚度及土的侧摩阻、锥尖阻力等参数，最大孔深预计为 20 m。

4.因地处九度高烈度地震区，饱和砂土的震动液化是主要不良地质问题，所以要求在 1 号墩、6 号墩的两个钻孔及喀什台中心的钻孔中进行标贯试验或动探试验，试验深度为 20 m。

5.考虑地震波对桥基的影响，要求在喀什台附近选三个钻孔在地下水位以上各种地层中进行剪切波速测试。

6.本桥所在的高承压含水层，对桥的施工及基础类型选择影响很大，因此要求钻探应分层查明各承压含水层的层位及岩性，顶、底板高程，承压水初、终水位、水头高度、涌水压力及涌水量等。钻探完毕必须封堵钻孔。

(四)地质勘探工艺设计、所遇难题及对策

1.地质勘探的工艺设计和施工方法

针对场地的地质特点和钻探工作的难点，结合勘探技术要求及可能出现的问题，勘探队预先进行了钻探工艺设计、相应制定和采取了以下技术措施和施工方法：

(1)所有钻孔均采用回转取芯、孔底无泵反循环、活套接头及跟管隔离联合钻进技术，确保成孔钻进和岩芯采取率。

(2)依据压力平衡钻进理论做好压力计算，对高承压含水层孔段，调整控制泥浆密度(重度、稠度)，提高泥浆液柱静压力(在泥浆中加重晶石粉使之能平衡承压水的喷涌压力)，解决异常高承压水的喷涌问题。

(3)钻穿高承压含水层后，及时跟砸套管，对高承压含水层及其上部孔壁进行隔离和保护。

(4)上部砂类土层和黏性土层，以优质泥浆或化学泥浆护壁和平衡地层压力，孔底无泵反循环钻进。钻进至接近高承压含水层时，换用加重泥浆，采用活套接头，肋骨钻头，正循环钻进，调控液柱静压力和动压力(提升钻具对液柱及孔壁产生的压力)，防止高承压水喷涌和保护孔壁；钻进至高承压含水层底板后，提出孔内泥浆，让承压水喷涌一段时间，测定承压水头高度和涌水量后，再跟砸套管至该层底板下一定深度，对高压水层及其上部孔壁进行隔离和保护，

再向孔内灌注优质泥浆或化学泥浆，孔底无泵反循环钻进，循序渐进。

(5)在做好压力计算的基础上，钻进中注意动压力的调控，以防止动压力的瞬间骤增骤减所造成的承压水喷涌及对孔壁稳定的危害；尽量减少提钻次数，提钻取芯时，尽量使钻头保持在接近孔底的状态，避免粗径钻具在不稳定地层段开泵，开泵时不应一下开全量，应缓慢分步进行，由小到大调控。关泵时也缓步进行，尽量避免突然停泵。钻具上下运动时，由环空流速变化所形成的挤压和抽吸力很大，而且具突变性，极易使钻孔压力与地层压力失去平衡，造成高承压水的喷涌或井壁坍塌，故升降钻具时，规定以低挡慢速为主，控制环空流速，提钻和下钻的开始和终了时段，尽量减慢速度，避免突然刹车，同时坚持对孔内回灌泥浆。

2. 地质勘探中所遇难题及对策

(1)由于实钻中对所要钻穿的高承压含水层的涌水压力及相关压力(地层压力、钻孔压力、地层破裂压力)的计算难以把握，在钻进中对动压力的调控往往不很切合实际，以至钻进中，钻孔孔口大量冒水，有时水头高出地表十数米，如不及时采取措施加以制止，任其自流，不但钻进操作困难，还会冲跨机台。为了解决这个难题，采取了以下对策：

a. 施钻前，在钻机机台位置铺设防水布，同时开挖排水沟，以防承压水上涌冲跨机台。

b. 坚持采用预定的“边钻进、边跟砸套管”的跟管钻进方法，预先配备、合理调控泥浆密度，提高液柱静压力。

c. 在机具安装时采用“孔口分水新技术”，使涌水从孔口管三通处引流出去，这样可使孔口管上部涌水大大减少，从而方便了操作，保证了成孔钻进和取土、测试工作的顺利进行。

(2)量测水压、水量，以往对涌水量不大的钻孔，在测定水头、水压时，一般采用孔口接管子的方法，但在本桥勘探中，因水头高出地表十数米，远远超过钻架顶部，无法接管量测。为此，特研制了三通测压管测定水压。这种测压方法，解决了水头高度大于钻架无法接管量测水头的难题，而且简单易行，节省劳力，数据可靠。

(3)终孔要封水，因承压水涌出地面形成水塘，既影响勘测、施工，又因涌水携带出大量泥砂，会造成地面塌陷，恶化桥位地质条件。用传统回填塞堵方法，由于承压水水压太大，尤其是钻进遇到第三层承压水的钻孔，填料无法填入孔口。针对这个难题，利用已跟砸的套管，在其顶端接装专门研制加工的一种“特制封水套管接头”，最终将承压水关止在套管内。

(五)勘察效果

本次勘察由于钻探准备工作充分，技术措施正确，工艺选用合理，解决问题及时，对策得当、切合实际，并采用了先进技术，使整个勘察工作进展顺利，仅用40余天，就圆满完成了包括测试、试验、物探在内的各项任务；探明了桥址处的工程地质、水文地质条件，并将钻孔高承压涌水封死；孔内测试(标贯、动探)、取原状土样及岩芯采取率等全部满足质量要求，为抗震设计与研究提供了准确的数据，为类似地区的工程勘察提供了方法和经验。

(六)设计、施工简况

科研单位对桥址岸坡做了地震滑移稳定性分析研究，设计人员从安全合理和强震区不宜设置高填土桥台方面考虑，采取增加桥长、按9孔32 m梁布置孔跨，即采用了距河岸相对较远的台位方案。喀台桩长30 m，库台桩长25 m；梁部按隔震技术设计，采用铅芯橡胶隔震支座以减小梁部的地震水平力；采用T型桥台，圆端形混凝土桥墩，基础采用预制打入式 $\Phi55$ cm 预应力离心混凝土管桩(打桩时孔端焊死，以防承压水上涌)，桩长由初设的32 m变更为22～27 m(桩底距第二层承压含水层顶面1 m以上)，同时为防止桩基可能出现负摩阻及地震时结构位移,增加了斜度为 8:1 的斜桩以提高基础的抗震能力。由于地下水具有中等硫酸盐侵蚀性,设计百年洪水位 +0.5 m 以下的墩身、桥台及承台,管桩均采用掺量为 4% 的 CMgt-1 防腐混凝土,墩台及承台上覆部分表面设环氧沥青防护涂层。

本桥于 1998 年 4 月开始动工兴建,由于该桥地质资料准确、完整,设计符合实际,同年年底主体工程即顺利完成。

(七)小结

布谷孜河大桥工程地质、水文地质条件复杂,对技术质量要求高,勘察难度大,由于采用了综合勘探方法,尤其对钻探工作十分重视,针对在高承压含水地区钻探可能遇到的困难和问题,事先进行了分析研究,应用压力平衡钻进理论技术,制订了相应的对策,使整个勘察工作进展比较顺利,并取得了良好的效果。

八、三峡工程对外交通公路下涝溪大桥宜昌台岸坡稳定性分析及加固处理

李法昶

(一)概况

随着改革开放,计划经济向市场经济转变的情况,铁一院承担了许多原勘测设计范围以外的建设项目的勘测设计工作,三峡工程对外交通准一级公路便是其中之一。

下涝溪大桥地处宜昌西 3 km 长江支流下涝溪峡谷之中,主跨为钢管混凝土拱桥,全长 280 多米,桥高 137 m,是三峡工程对外交通专用公路的控制工程。宜昌端桥台处地形险峻,地质复杂,拱座设置在 70 多米高的岩石陡壁上,工程十分艰巨。针对宜昌台的这种情况,设计时在桥跨布置、岩壁稳定性分析、加固措施等方面,反复验证,认真比选,做了大量工作。该桥 1996 年建成,通车以来,运用情况良好。

(二)地质概况

下涝溪大桥地处长江北岸的低山丘陵与构造剥蚀侵蚀山地过渡带,地形起伏,沟谷深切,岸坡高陡,相对高差达 150~200 m。下涝溪自北向南流入长江,河谷呈 U 形,水面宽 20~40 m。除沟床有第四系地层覆盖外,两岸基岩裸露,为寒武系上统三游洞组石灰质白云岩,层厚 0.2~0.6 m,产状 N32°E/5°S,向宜昌端岸坡内及下游倾斜。发育有两组高倾角的节理。桥址处,三斗坪端岸坡下部 50°,上部相对平缓约 20°。宜昌端岸坡,因下部修建宜莲公路时开挖人工边坡,坡度大部较陡,达 75°以上,局部还为负坡,形成 70 余米高的岩石陡壁。陡壁顶裂隙已张开,系由节理发育而成,陡壁上部多处见有不连续的较光滑的面,系岩体沿节理面崩落后所留。陡壁多见溶沟、溶槽、小型溶洞等溶蚀现象。有裂隙水沿坡面下渗。陡壁岩体结构较紧密,无新近崩落痕迹,宜莲公路在陡壁脚下通过,下涝溪大桥桥跨处,山峦叠翠,林木葱笼,峭壁凌空,怪石林立,溪水碧蓝,山川秀丽,如桥型选择优美,将与下游 800 m 处的宜昌著名旅游胜地三游洞、白马洞、龙泉洞遥相辉映,给旅游区增添新景。

(三)宜昌台岸坡稳定性问题的提出

合理的桥型不仅要安全、经济,满足使用需要,而且应与自然环境协调、美观。该桥地处旅

游胜地，桥高137 m，桥址处沟谷顺直，净空不受水文条件控制。桥址位于下涝溪深切的、不对称的U形峡谷，三斗坪端岸坡缓，宜昌端岸坡陡，公路高程以下，两岸陡壁间距约150 m。主跨大小不仅受岸坡稳定性的控制，而且受地形和施工技术水平的限制，跨度小则势必增加高墩数量，为减少高墩必然需加大跨度。这就要求对跨度大小做好认真比选。

初步设计中，针对该桥特殊的自然地理环境，为了体现技术上先进、经济上合理，曾进行过多方案的桥型、桥式比较。经筛选，最后提出钢管混凝土拱桥和斜腿钢构桥两大方案供业主选定。经业主组织专家论证，因钢管混凝土拱桥方案投资较省，结构新颖，技术先进，且桥型美观，可为三游洞、白马洞、龙泉洞这片旅游胜地增辉添彩，而被选中。由于受两岸地形限制、无场地可利用，主跨的钢管混凝土拱采用转体法施工。

桥型确定后，由于宜昌台拱座位置与所处岸坡的稳定性密切相关，该岸坡的稳定性便成为设计中重点研究的问题。如果拱座过分靠溪，会危及桥梁安全；如果拱座靠山较多，安全度固然较高，但要增加挖方工程量，而且将带来跨度加大，投资增加，拱顶与溪心错位，桥跨与旅游区自然环境不协调等一系列问题。经反复比较，最后确定采用主跨为160 m的钢管混凝土拱桥，宜昌端设1孔20 m、三斗坪端设4孔20 m预应力钢筋混凝土简支板梁，三斗坪端拱座设在缓坡台地上，宜昌端拱座设在中段陡坡坡顶、拱顶与溪心基本对称、拱座设置有一定安全度、对拱座以下陡峭岩壁进行适当加固的桥跨布置方案(图4－16)。由此便引出了需对宜昌台拱座下岸边进行稳定性评价和加固的问题。

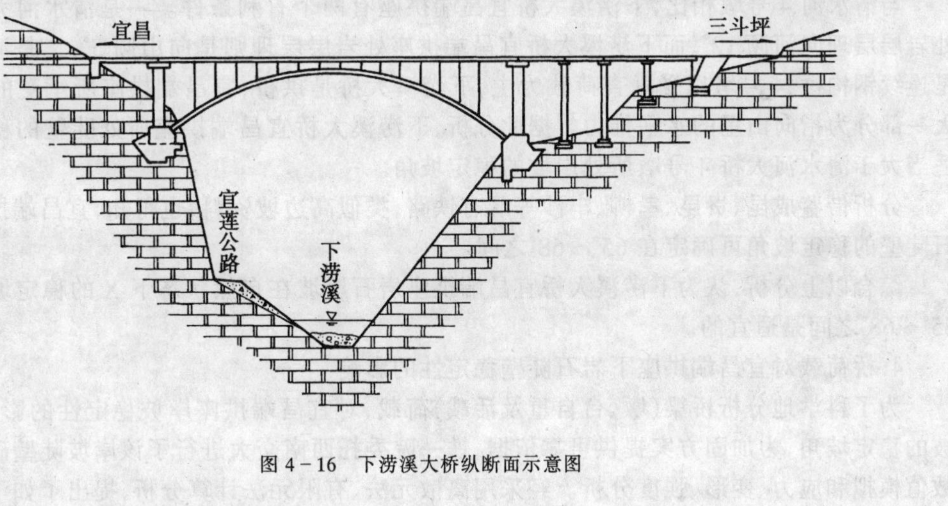

图4－16　下涝溪大桥纵断面示意图

(四)宜昌端拱座下岸坡的稳定性分析

对宜昌端拱座侧岩石岸坡的加固，首先应做好对该岸坡的稳定性评价，并建立起破坏时的力学模型。通常，对于那些高度较低，有明显破坏面或顺层的岩石边坡，其力学模型易于考虑，而这样高陡，又切层的岸坡，其力学模型则较难建立。若将岸坡稳定坡角确定得过小，势必加大工程，造成浪费，若选择的过大，则又可能给大桥留下不安全的隐患。

岸坡稳定坡角的选择既与该岸坡的地质条件、岩石强度及其在自然状态下的稳定性密切相关，又取决于桥梁墩台及汽车等附加荷载的大小和作用方式，据此，即可建立岸坡的破坏模式。

1. 宜昌端拱座下岩石岸坡的地质条件

宜昌端拱座所处岸坡由下至上大致由三段折线坡组成。第一段从下涝溪沟底至宜莲公路路面，高约 30 m，坡度 34°，坡面基本为第四系堆积物，岸坡稳定；第二段从公路至陡壁顶，坡高 72 m，坡度约 78°，大桥的拱座即设在此坡段的坡顶内，因此本坡段是需要加固处理的主要对象；第三段从陡壁顶至山顶，坡高 63 m，坡度约 60°～30°，岸坡较稳定，无需处理。第二、三坡段全部裸露基岩，为中、厚层石灰质白云岩，夹少量薄层石灰岩，岩层倾向山内约 5°左右，对边坡稳定稍有利；风化颇重至轻微；向河倾的高倾角微张卸荷节理较发育，间距大多在 0.4～0.8 m之间，对边坡稳定不利。拱座基础埋置深度约 10 m，挖基量约 3 000 m^3，基础以上中心挖高达 27 m，刷方量约 15 000 m^3。开挖中发现，岩体新鲜、完整，未见溶蚀现象。

2.宜昌端拱座下岩石岸坡的岩石强度

经取样试验，该处岩石的干抗压强度为 76.0 MPa，饱和抗压强度为 65.0 MPa，软化系数为 0.85，承载力较高，拱座基底应力受结构控制，尚有相当大的安全储备，岩石强度对基础稳定性的影响可不考虑。

3.用相似工点对比分析，确定的宜昌台岩石岸坡的稳定坡角

在建的南昆线清水河大桥，桥跨 128 m，墩高达百米，地处峡谷之中，两岸地形险峻，地层为白云岩，岩层层理向河侧倾角 12°，层面结合良好，偶见泥化夹层，发育 2 组共轭 X 垂直节理，间距＞1 m，岩体完整性好。该桥 4 号墩处于清水河深切 V 形陡谷坡的岸边，陡坡高约 80 m，在地形、地质条件方面与下涝溪大桥宜昌端拱座的情况十分相似。经铁二院进行大量分析研究后确认该桥墩所处岸坡的稳定坡角为 60°。

与清水河 4 号墩相比，下涝溪大桥宜昌端拱座有两个有利条件。一是清水河大桥 4 号墩处岩层层理向河倾 12°，而下涝溪大桥宜昌端拱座处岩层层理则是向山倾 5°，二是清水河大桥是连续钢构桥，4 号墩以受垂直荷载为主，下涝溪大桥是拱桥，宜昌端拱座所承受的力有相当大一部分为指向山里的水平推力。据此分析，下涝溪大桥宜昌端拱座所处陡壁的稳定坡角可适当大于清水河大桥 4 号墩所处岸坡的稳定坡角。

分析借鉴成昆、贵昆、孝柳、丰沙等既有铁路，类似高边坡资料，也得知，宜昌端拱座所处岩石陡壁的稳定坡角可确定在 65°～68°之间。

综合以上分析，认为下涝溪大桥宜昌端拱座岩石岸坡在自然状态下 X 的稳定坡角确定在 65°～68°之间是适宜的。

4.桥荷载对宜昌端拱座下岩石陡壁稳定性的影响

为了科学地分析桥梁（墩、台自重及活载）荷载，对宜昌端拱座岸坡稳定性的影响，确定岸坡的稳定坡角，为加固方案提供可靠依据，铁一院委托西南交大进行了该岸坡陡壁破坏模式的数值模拟和应力、变形、强度分析。经采用离散元法、有限元法计算分析，提出了如下结论性意见。

(1)通过破坏模拟分析认为：

在岸坡陡壁顶修建拱座后，岸坡陡壁的变形主体是陡壁顶部拱座影响范围内的岩体。该范围岩体的变形是一个统一而连续的过程，主要表现为沿着垂直层理面的节理面向下剪出。模拟结果还表明如果采用增大岩体的块度（即完整性）的加固方法，陡壁岩体的稳定性可得到明显的提高。

不同时段陡壁坡面不同坡高处岩块的位移增量曲线，同样表明位移变化最大亦为陡壁顶，从坡顶向下，其位移逐渐减小，在近坡脚处达到最小，而后因坡脚处是应力集中的区域，位移又有逐渐上升的趋势。位移增量曲线为岸坡加固范围及位置提供了依据。

(2)假设天然应力状态和桥荷载作用状态两种情况，以现有自然边坡 78°坡角为参照系，分别就 75°、66°、60°坡角采用应力分析、变形分析和强度分析三种手段对岩体进行的数值模型

模拟分析计算显示：

a.自然状态下，在 78°、75°、66°坡角的边坡岩体内没有明显的强度破坏区。但是，坡角的变化对应力场和变形场的影响表现出明显的界线，78°和 75°坡角边坡岩体特征基本相同，坡角<66°，尤其<60°后，岩体内应力场和变形场状态有显著改善。

b.桥荷载作用状态下，四种坡角边坡岩体除表现出上述应力场和变形场特征外，强度特征也表现了明显界线。78°和 75°坡角岩体的强度特征基本相同，在拱座下方和陡壁脚处岩体内出现较大面积的剪切应力区和张拉应力区。坡角 66°时坡角处剪切应力区和拉张应力区明显减小。60°坡角时，坡角处剪切应力区和拉张应力区消失，拱座下方剪切应力区和拉张应力区明显减小。据此认为，在桥荷载作用下，下涝溪大桥宜昌端拱座岩石陡壁采用的稳定坡角应<66°。

(五)宜昌端拱座下岩石岸坡的加固处理

1.加固力学模型要素的选定

(1)根据前述各项，综合宜昌端拱座岩石岸坡的地质条件、岩石强度、工程地质对比分析，在桥荷载作用下岩体应力、变形与强度分析，确定该岸坡的稳定坡角采用 65°。

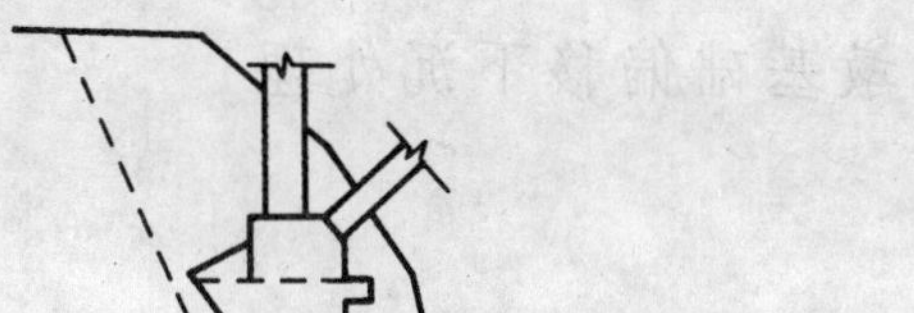

图 4－17　预应力锚索及锚杆横断面布置示意图

(2)经多方案比较，决定采用增大岩体块度的预应力锚索加固边坡方法。锚索的长度以锚住稳定坡角 65°外岩体为度。

(3)加固竖向高度为自公路路面至拱座基底，共约 63 m。但根据破坏模型分析，桥台基础下 1/3 坡高，坡脚上 1/3 坡高，应力集中，可能变形较大，是加固的重点坡段。对中段坡高仅适当加固，以减少工程投资。

(4)横向加固宽度根据模型试验，拱座传递的应力在横向影响范围很小。设计中为安全计，加固宽度从拱座侧边各向外延出 5.0 m。

2.加固措施

根据上述力学模型，设计按 65°稳定坡角进行力学计算。根据计算和检算，经多方案比选，并报业主审定，决定采用重、轻加固相结合的工程措施，并在施工前进行了拉拔试验，确定了锚索的长度和有关参数(图 4－17)。

(1)对公路以上 16 m 高的边坡设预应力锚索加固，锚索的水平间距及竖向间距均为5.0 m，按不等边梅花形分布。每束锚索的最大张拉吨位是 101.2 t，永存吨位是 65.8 t，不再进行补张拉，以加快施工进度。

(2)对拱座之下 21 m 的边坡设预应力锚索，锚索的水平及竖向间距分别为 3.5 m 及 3.0 m，按不等边梅花形分布。每束锚索的最大张拉吨位等与上列相同。

(3)对中部其余边坡挂网喷射混凝土，挂网锚杆采用 Φ20 钢筋。

(4)对边坡坡脚(公路面以上)呈负坡的范围，用 C20 混凝土嵌补成与现有坡面同坡度的边坡，以防坡脚失稳。

(5)在边坡加固的范围内，除坡脚浇注 C20 混凝土，中部挂网喷射混凝土区外，为防止坡面风化、剥落，坡面全部喷射 C20 混凝土防护，其厚度为 8 cm。

(6)预应力锚索的钻孔直径为 130 mm，其成孔深度应比钢绞线的有效长度加自由长度多 0.5 m，锚孔方向应与线路方向一致，并与水平线向下成 15°的倾角。

(7)锚索的材料选用强度级别是 1 570 N/mm^2，直径为 15 mm 的 7Φ5 钢绞线，每束(孔)锚索由 7 根 7Φ5 钢绞线组成。参考国内外大量已成工程实例，钢绞线的设计强度采用其材料保证强度的 75%，锚索有效锚固长度的安全系数为 3.0。

(六)结语

1.三峡工程对外交通公路下涝溪大桥，在特定的自然条件和特定的桥式、桥跨要求下，对宜昌端拱座下岸坡稳定性进行了深入细致的调查研究和工程类比、模型试验等工作，为设计提供了充分、可靠的依据。其方法和成果可供类似工程借鉴。

2.采用岸坡破坏模式数值模拟试验，不但可检查、验证工程类比法的结果，使岸坡稳定角确定更为科学合理，而且可揭示岩体变形的范围、过程、应力集中的部位，使加固设计的针对性更强。

九、侯月线小东沟大桥 5 号、6 号墩基础偏移下沉处理

王笃实

(一)概况

侯月线 DK111+201 小东沟大桥位于沁水县城东小东沟下游，线路右侧紧靠新建的晋韩公路。该处沟呈"S"形弯曲，沟床宽 10～15 m，两岸岸坡较陡。设计为 7 孔 24 m 双线钢筋混凝土梁桥，桥高 25 m。1990 年 8 月开始施工，1991 年 11 月建成，1992 年 11 月发现 5 号、6 号墩基础偏移下沉。

(二)桥址工程地质情况

桥址处基岩为二叠系上统石盒子组砂岩与页岩互层，构造简单，岩层产状平缓，一般倾角 8°～12°，向南西倾斜。月山端岸坎基岩裸露，呈陡崖状，侯马端为县河三级阶地，上部为第四系上更新统黄土质砂黏土，其下为卵石土和砂黏土；沟内表层有人工堆弃的黏砂土和碎、块石土。如图 4-18。

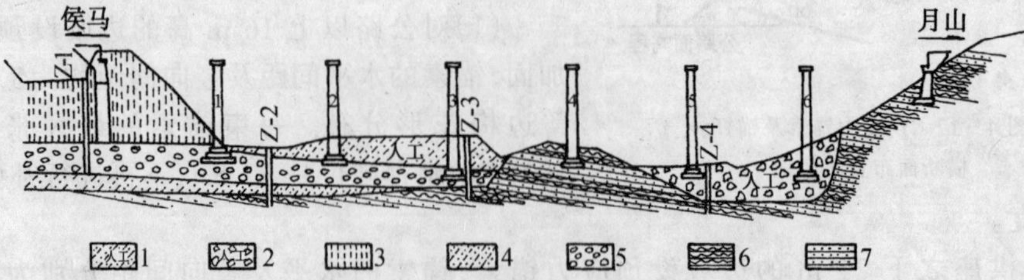

图 4-18 小东沟大桥地质纵断面示意图

1—人工黏砂土；2—人工碎、块石土；3—黄土质砂黏土；4—黏砂土；5—卵石土；6—页岩；7—砂岩。

1.人工黏砂土(Q_4)：土质不均匀，含卵石、角砾 30%，松散，半干硬，厚 3～7 m，为侯马端

公路施工弃土堆积。

2.人工碎、块石土(Q_4):为风化砂页岩块石、碎石,级配不均匀,局部夹砂黏土,松散,稍湿至潮湿,厚 3~9 m,为月山端公路施工弃碴堆积,提供基本承载力 $\sigma_0=300$ kPa。

3.黄土质砂黏土(Q_3):淡黄色,土质均匀,半干硬,具Ⅰ级湿陷性,厚 12~20 m,$\sigma_0=150$ kPa。

4.卵石土(Q_3):黄灰色,成分以砂岩为主,粒径一般 40~120 mm,半圆状,局部夹黏性土,中实,潮湿,厚 3~7 m,$\sigma_0=600$ kPa。

5.黏砂土(Q_3):灰黄色,土质不均匀,含页岩碎屑 25%,可塑,$\sigma_0=150$ kPa。

6.页岩(P_2):灰黄、杏黄色,泥质,钻探岩芯呈碎块、碎片及饼状,风化层厚 1.5~4 m,$\sigma_0=300\sim400$ kPa,风化层以下 $\sigma_0=500\sim600$ kPa。

7.砂岩(P_2):灰、灰黄色,中细粒结构,泥钙质胶结,钻探岩芯呈块状、短柱状,风化层厚 0.5~3 m,$\sigma_0=400\sim500$ kPa,风化层以下 $\sigma_0=600\sim800$ kPa。

(三)基础设计简况

桥址处人工填筑土为 1984 年修建晋韩公路之弃土,因堆弃时间较短,不能作为基础持力层,勘测期间,地质说明建议墩、台基础应置于基岩或卵石土层中。在设计时,侯马台、1 号、2 号和 3 号墩基础均置于卵石土层中,4 号墩及月山台基础置于基岩中,5 号和 6 号墩基础置于人工弃碴碎、块石土上。设计基础类型除侯马台为挖井基础外,其余各墩、台均为扩大基础。

(四)施工地质及变更设计情况

1.5 号墩基础埋深 4 m,基坑开挖后,为人工的碎、块石土且夹有砂黏土,监理人员认为地质情况与设计相符,维持原设计。

2.6 号墩基础埋深 6 m,基坑开挖后,地层为块石、碎石、角砾夹砂黏土,层厚 0.2~0.6 m,呈 30°~35°角倾斜交错堆积,潮湿,松散,基本承载力由原来的 $\sigma_0=300$ kPa 变更为 $\sigma_0=200$ kPa。6 号墩基础地质与设计不符,经设计、监理人员现场核实后,决定将基础加深 1.0 m,增加一层基础,即原设计的两层基础改为三层基础。

3.其余各墩、台施工地质与设计符合。全桥于 1991 年 11 月施工完毕,11 月底竣工测量符合精度要求。

(五)5 号、6 号墩偏移下沉情况

1992 年 11 月 3 日施工单位进行月山端路基挡土墙放线测量时,发现 6 号墩横向右偏 0.123 m,桥墩下沉 0.12 m。同年 11 月 11 日复测时,发现 6 号墩向侯马方向位移 0.22 m;5 号墩向侯马方向位移 0.22 m,下沉 0.14 m。

现场调查发现,月山台后路堑挖方之弃碴,原设计要求运至 DK111+670 作高路堤填料,但施工单位图方便,却就近将弃碴堆于 5 号墩与月山台之间。5 号与 6 号墩高 21 m,其中 6 号墩处弃碴高度已与墩顶平,5 号墩处弃碴已将墩身填埋 2/3(图 4-19)。5 号、6 号墩的偏移与下沉显然与弃碴有较大关系,随即要求施工单位加以清除。

1993 年 4 月施工单位清碴减载至原设计地面。为核查基底持力层地质情况,于 1993 年 6 月对 5 号、6 号墩各补钻一孔,其中 5 号墩基础以下地层依次为人工碎石土厚 2.95 m,人工角砾土厚 1.7 m,其下为页岩;6 号墩基础底以下地层依次为人工碎石土 0.6 m,人工块石土

1.6 m,人工碎石土 2.15 m,其下为页岩。

挖探坑检查,5 号与 6 号墩墩身及基础均未见断裂变形。

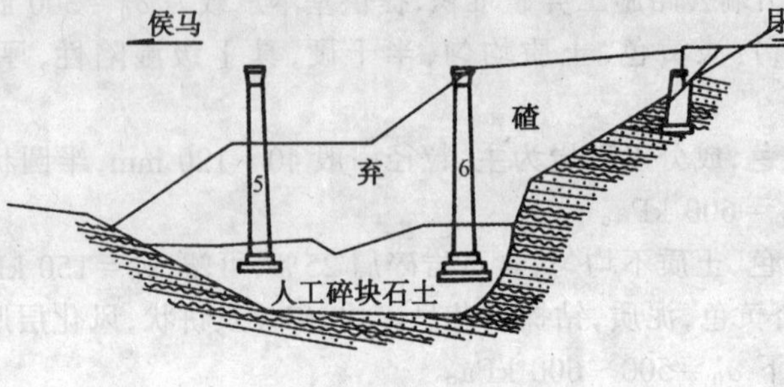

图 4-19　弃碴纵断面示意图

(六)5 号、6 号墩偏移下沉的原因

1.来自月山方向的大量施工弃碴是造成 5 号、6 号墩偏移下沉的主要原因。弃碴增加了 5 号、6 号墩身的侧压力,弃碴过程中的冲击力、以及弃碴的自重压力,促使基底不太密实的人工碎石类土产生不均匀下沉,便引起 5 号、6 号墩向侯马方向的偏移和下沉。

2.人工碎、块石土,未经压实,空隙较大,松散,且堆弃时间较短(6 年),土体正处在自然沉落压密过程中,砂岩、页岩岩块还易风化,作为墩台基础持力层是不合适的。

(七)5 号、6 号墩的处理措施

除对 5 号和 6 号墩的墩身作了整修处理外,对基底处理曾考虑了三方案:

1.基础帮宽方案;

2.压缩桥孔方案:将月山端桥台前移;5 号墩至月山台间全部填筑成路堤;

3.桩基加固方案。

1994 年 7 月经过铁道部组织专家论证,决定采用挖孔桩加固方案(图 4-20),桩底全部嵌入基岩(其中 5 号墩嵌入基岩 1.7～3.0 m,6 号墩嵌入基岩 1.7～3.8 m)。

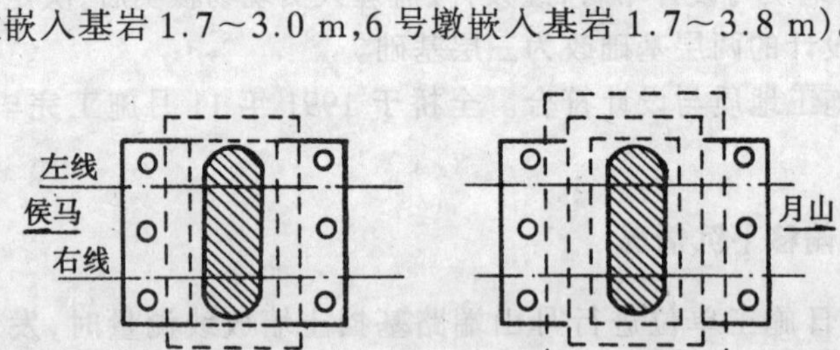

图 4-20　墩基加固桩平面示意图

(八)经验教训

1.新近人工弃碴,密实度很低,土质松散,作为墩台基础持力层,很难不导致工程失败。此例所得教训,值得深刻记取。

2.施工管理应加强。一般桥墩是不能承受侧压力的,本桥竣工后,桥墩竟然让弃碴推歪,又长时间无人过问,要改变这种情况,看来必须加强施工管理。

十、宝中线三岔沟2号大桥中卫台施工

陈品文

(一)地形、地质概况

宝中线三岔沟2号大桥为3孔32 m预应力混凝土梁桥,中心里程为DIK163+405,全桥长107.46 m。线路跨过三岔沟后,中卫台位于三岔沟左岸缓坡上,高出沟床3~4 m。根据中卫台左侧钻孔Z-5和相邻的2号墩处的钻孔Z-4揭示,桥台处的地层,上部为第四系全新统黄土质砂黏土,厚3.5 m;其下为淤泥尖灭层,厚1~3 m,下部为第四系中更新统砂黏土,厚度大于20 m,基本承载力$\sigma_0=250$ kPa,Ⅱ级普通土。见图4-21。地下水位埋深约3 m,经提水试验,钻孔涌水量为0.35 l/s,水量较小,属弱水流,水质无侵蚀性。原设计中卫台台身高5.78 m,其下设二台基础深2 m,采用明挖施工,基底置于下部的砂黏土层中。该台1990年12月开挖基坑砌筑基础,至1991年5月,除尚未进行架桥外,全部施工完毕。

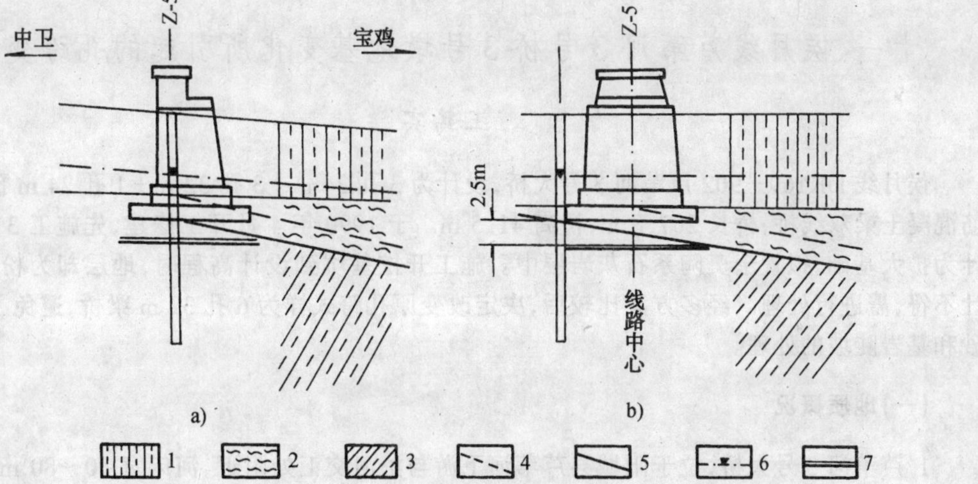

图4-21　宝中线三岔沟2号大桥中卫台地质纵、横断面示意图

a—中卫台地质纵断面图;b—中卫台地质横断面图;

1—黄土质砂黏土;2—淤泥;3—砂黏土;4—变更设计前淤泥层底线;

5—变更设计后淤泥层底线;6—地下水位线;7—变更设计后桥墩实际基础底面。

(二)中卫台变更设计及其原因

1993年8月经测量,确认该桥台整体向线路右侧倾斜,偏移10.2 cm,平面无偏转,基础未滑动。在基础周边开挖基坑,进行静力触探,结果查明基础底下有淤泥层,右侧基础底下剩余淤泥层厚达1.5 m,其基本承载力$\sigma_0=84$ kPa,小于设计时提供的砂黏土基本承载力$\sigma_0=250$ kPa,以致造成桥台向右侧宝鸡方向倾斜。1993年10月施工单位将该桥台炸毁,进行变更设计,基础加深2.5 m,置于下部砂黏土中,重新进行施工。尽管发现早,及时进行处理,未影响架梁铺轨工作的进行,但造成直接经济损失数万元。

该桥台基坑挖完后砌筑基础时,监理单位的监理人员还未进驻工地,由施工单位派人验坑,时值夜间,又是寒冬季节,技术主管人员仅核对已挖至设计高程,在基础底的淤泥还没有完

全清除的情况下，就让砌筑基础，继续施工，以致造成竣工后桥台倾斜而报废。

（三）经验教训

在基础工程中，检验基坑工作很重要，基坑开挖后，尤其是要核对基础底地质情况是否与设计的相符，要认真仔细的进行验坑，决不可草率从事。当时，若能及时发现基础底下还有淤泥，应继续下挖将基础加深置于淤泥层下的砂黏土中，此次工程事故就可能不会发生。

另外，在工程地质工作方面，该桥台左侧Z－5钻孔中虽然没有发现淤泥，但在邻近2号墩Z－4钻孔中见有厚3.4 m的淤泥，2号墩位于三岔沟沟槽内，因桥位与三岔沟呈45°斜交，沟槽即靠近桥台的右侧，相应的桥台右侧淤泥层厚度要比桥台左侧厚一些，即事后查明该桥台右侧淤泥层厚2～3 m，向桥台左侧变薄并逐渐尖灭。勘测时仅在桥台左侧布有一个钻孔，未发现该软弱夹层，但根据桥址地质纵断面图上已显示的淤泥层，应引起重视，在工程地质说明中或在施工设计说明中要强调要求：在施工中中卫台基础应置于淤泥层下的砂黏土内。当时，若钻孔岩芯鉴定仔细些，再做些标准贯入等试验工作，并于右侧加一个勘探点，绘制出地质横断面图，设计者就会把设计的基础再往下设置，则情况可能就不同了。概括而言，在工程地质工作过程中，要运用地质基础知识，结合工程，随时进行分析，认真仔细地做够做好工作。

十一、侯月线芦苇河3号桥3号墩地基变化所引起的孔跨变更

王笃实

侯月线DK169＋902芦苇河3号大桥，设计为3孔24 m＋3孔32 m＋1孔24 m预应力钢筋混凝土梁双线桥，桥长207.8 m，桥高41.5 m。于1990年4月开工修建，先施工3号墩，设计为扩大基础，拟置于奥陶系石灰岩层中。施工开挖基坑到设计高程时，地层却为粉砂，与设计不符，需进行处理。经多方案比较后，决定改变原孔跨式样为6孔32 m梁桥，避免了基底粉砂和基岩陡坡的处理。

（一）地质概况

1.芦苇河3号大桥，位于阳城县芦苇河下游与沁河交汇处附近，河床宽50～80 m，常年流水。河谷呈“U”形，两岸地形陡峻，相对高差40～60 m，谷坡多基岩裸露。定测时按7孔32 m预应力钢筋混凝土梁桥布置钻孔，收集了地质资料。

2.根据钻探，河床内为第四系全新统圆砾土，厚5～13 m，其下为奥陶系中统石灰岩，仅侯马端河滩表面有3 m左右的砂黏土分布。侯马端桥台附近为河谷三级阶地，表层为第四系中更新统黄土质砂黏土，厚2.5 m，其下为卵石土，厚2～2.5 m，基底为奥陶系中统泥灰岩，厚5～8 m。月山端桥台则石灰岩全部裸露（图4－22）。

（1）砂黏土（Q_4）：棕黄色，黏性较大，下部含砂粒较多，半干硬，$\sigma_0=200$ kPa。

（2）圆砾土（Q_4）：灰黄色，浑圆状，粒径一般5～30 mm，含土质5%，中实，饱和，间夹砂黏土薄层，$\sigma_0=400$ kPa。

（3）黄土质砂黏土（Q_2）：棕黄色，含钙质结核及钙质斑点，黏性大，具垂直节理，半干硬，$\sigma_0=250$ kPa。

（4）卵石土（Q_2）：灰黄色，浑圆状，成分为石灰岩、砂岩等，粒径一般30～100 mm，级配较均匀，稍湿，中实，$\sigma_0=500$ kPa。

（5）泥灰岩（O_2）：姜黄色，薄层状，水平层理，岩质较坚硬，节理发育，风化轻微，$\sigma_0=1\,000$ kPa。

(6)石灰岩(O_2):青灰色,致密,中厚层,岩质坚硬,月山侧山坡岩层局部有扭曲现象,节理发育,多陡倾节理或垂直节理,风化轻微,岩层走向 N8°～59°E/5°～17°S,σ_0 = 1 200 kPa。

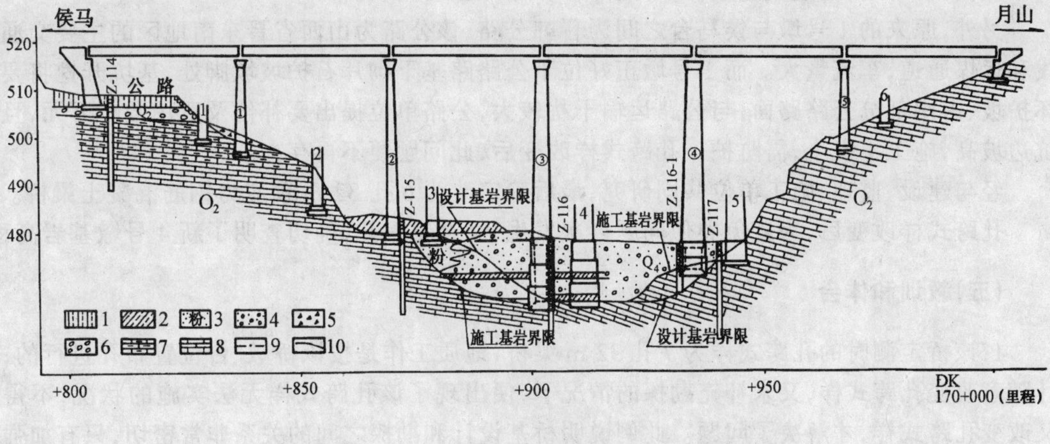

图 4-22 芦苇河 3 号桥地质纵断面示意图

Q_4—第四系全新统;Q_2—第四系中更新统;O_2—奥陶系中统;

1—黄土质砂黏土;2—砂黏土;3—粉砂;4—圆砾土;5—碎石土;6—卵石土;

7—泥灰岩;8—石灰岩;9—地下水位线;10—岩层分界线。

3. 河床内常年流水,地下水位较高,为河水补给,地下水位随河水涨落而变化,水质无侵蚀性。

(二)设计概况

施工图设计时,调整孔跨式样为 3 孔 24 m + 3 孔 32 m + 1 孔 24 m 预应力钢筋混凝土梁桥。拟将侯马台基础置于卵石土层中,1 号墩基础置于泥灰岩层中,2、3、4、5、6 号墩及月山台基础均置于石灰岩层中。4 号墩为沉井基础,置于地下水水位以下,其余各墩台基础均无地下水(图 4-22),为明挖基础。

(三)3 号墩的地质问题

本桥于 1990 年 4 月开工修建,由于场地较宽敞和基础上部为第四系地层等原因,施工单位先施工 3 号墩(其他各墩尚未开工)。3 号墩基础埋深 5 m,嵌入基岩 2 m,基础尺寸 4.54 m × 9.64 m,开挖边坡 1∶0.5。当基坑开挖到设计基底高程时,未见基岩,地层为饱和粉砂,σ_0 = 100 kPa。基坑内地下水深 0.15 m,坑壁有坍塌现象。地质及水文地质情况与设计不符。

为了解基底地层,在基坑内挖深 2 m,仍为粉砂,未见基岩。随后改用钎探探测 5 个点,其中侯马侧 2 个点,测得基底下基岩埋深 3.3 m,月山侧 3 个点,测得基底下基岩埋深 5.12 m,基底下基岩呈陡坡状分布。

(四)处理方案

根据钎探查明的基底基岩分布形态,3 号墩基础需加深 7 m 才能置于基岩中。在有地下水的情况下,扩大基础施工,坑壁易坍方,支撑困难,安全无保障,施工难度很大,需变更基础类型。为此,考虑了三个处理方案:

1. 沉井方案:由于沉井的一侧为基岩,一侧为粉砂,地层软硬不均,下沉过程中容易产生偏斜,纠偏十分困难,实施此方案有一定困难。

2.钻孔桩方案:此方案安全、可行,但施工单位无此设备,无法实施。

3.改变孔跨式样方案:将3孔24 m+3孔32 m+1孔24 m梁桥改变为6孔32 m梁桥,桥长不变,桥台不动,通过调整墩位,来避开原3号墩基岩陡坡。

另外,原来的1号墩与侯马台之间为晋韩公路,该公路为山西省晋东南地区的主要交通干线和运煤通道,车流量大。而1号墩正好位于公路路基干砌片石护坡坡脚处,基坑开挖将要破坏护坡、占用部分公路路面,与公路运输干扰较大,公路单位提出要补偿及费用数十万元,且基坑边坡高,施工不安全,需防护。孔跨式样改变后,此问题便不再存在。

经与建设、监理、施工单位共同研究,最后确定改为6孔32 m预应力钢筋混凝土梁桥。

孔跨式样改变后,为避免类似问题再次发生,又补钻一孔,确切查明了新4号墩基岩高程。

(五)教训和体会

1.该桥定测时的孔跨式样为7孔32 m梁桥,地质工作是按该桥墩、台位置布孔进行的;设计随意改变孔跨式样,又未补充勘探的情况下,便出现了该孔跨式样无法实施的状况,不得已又改变孔跨式样,才解决了问题。此例说明桥基设计和勘探之间的关系非常密切,只有加强设计与地质的联系,类似问题才能避免。

2.勘测时,勘探点的布置既要重视查明各墩、台的基础地质情况,又应重视对地层变化点的控制。原3号墩附近Z-115钻孔与4号墩附近Z-116钻孔的基岩高程相差近15 m,结合现场上下游基岩陡崖的出露情况,有隐伏基岩陡坎或陡坡存在是明显的,在这种情况下,如果在两个钻孔之间再增加一个钻孔,此处的基岩界线就可控制,类似情况就可能不会发生了。

3.本桥因3号墩的问题改变孔跨式样后,既解决了3号墩的基础地质问题,又改善了1号墩的施工条件,减少了与公路的干扰。

十二、宝中线上清水沟2号栈桥变更设计

陈品文

(一)概况

宝中线上清水沟2号栈桥原设计为3孔32 m预应力混凝土梁桥,因中卫台基础在施工过程中,发现有埋藏基岩陡坎而造成基础设置困难,当时在宝鸡台和1号墩已竣工完的情况下,做变更设计使全桥桥式采用不等跨,即为1孔32 m+3孔24 m预应力混凝土梁桥,中心里程为DK232+136,全桥长为120.51 m。

(二)地形、地质概况

桥址位于上清水沟右岸沟岸冲刷处和线路左侧山坡坡脚处,山坡坡度40°~45°,见图4-23。DK232+085处为一流石沟,在线路右侧上清水沟沟边形成洪积扇。根据钻孔Z-40和在施工时补充钻探补Z-1揭示,桥台处的地层上部为第四系全新统(Q_4)砂黏土,厚7~9 m,基本承载力$\sigma_0=150$ kPa,Ⅱ级普通土。下部为下白垩系(K_1)泥岩,左侧山坡上泥岩裸露。泥岩风化层厚约2 m,基本承载力$\sigma_0=200\sim300$ kPa;未风化层的基本承载力$\sigma_0=500$ kPa,Ⅳ级软石。在原设计的桥台前半部基础底上、下部地层间为第四系全新统(Q_4)砂黏土夹角砾,厚约5 m,基本承载力$\sigma_0=150$ kPa,Ⅱ级普通土。埋藏泥岩陡坎坡度为75°左右,见图4-24。地下水位埋深12 m左右,水量较小。

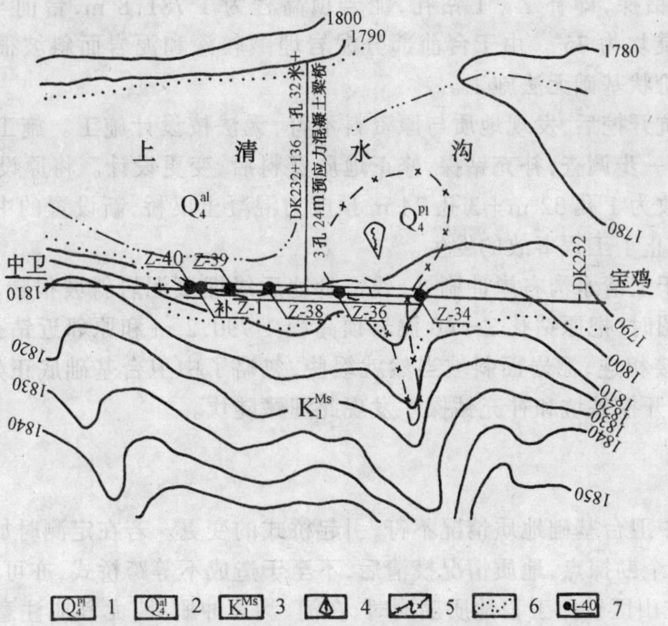

图 4－23　宝中线上清水沟 2 号栈桥工程地质平面示意图

1—第四系全新统角砾土；2—全新统砂黏土；3—下白垩系泥岩；

4—洪积扇；5—不良地质界线；6—岩层分界线；7—钻孔编号。

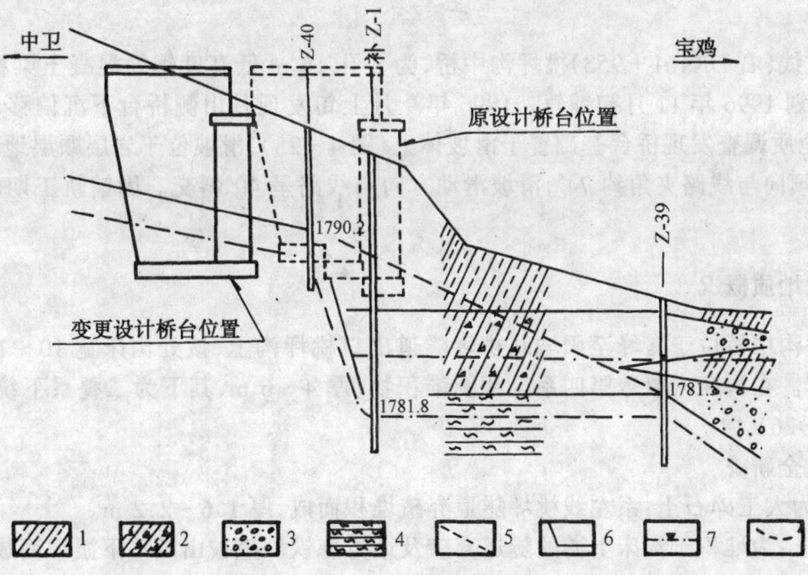

图 4－24　宝中线上清水沟 2 号栈桥中卫台地质纵断面示意图

1—砂黏土；2—砂黏土夹角砾；3—圆砾土；4—泥岩；5—变更设计前岩层分界线；

6—变更设计后岩层分界线；7—地下水位线；8—岩层风化线。

（三）中卫台变更设计及其原因

1991 年 6 月中卫台基坑开挖后，桥台台前部分基础基底地质情况与设计的不符，原资料泥岩埋深高程为 1790.2 m，风化层厚 2 m，台尾部分地质一致，台前部分泥岩埋藏较深。经

1991 年 6 月补充钻探，即补 Z－1 钻孔，泥岩顶高程为 1 781.8 m，台前与台尾泥岩顶高差 8.4 m，其间泥岩陡坎为 75°。由于台前部分泥岩埋藏较深和泥岩面斜坡很陡，故原中卫台基础设计采用的台阶状基础无法施工。

施工单位基坑开挖后，发现地质与原资料不符，无法按设计施工。施工、监理及设计单位实地会勘，并经进一步调查，补充钻探，修正地质资料后，变更设计。将原设计的 3 孔 32 m 预应力混凝土梁桥改为 1 孔 32 m＋3 孔 24 m 预应力混凝土梁桥，新设置的中卫台后移，基础全部置于泥岩内，防止了工程事故的发生。

原中卫台位于上清水沟右岸冲刷处，残留阶地后缘埋藏泥岩斜坡很陡。勘测中绘制桥址工程地质纵断面图时，把原钻孔 Z－40 泥岩顶高程 1 790.2 m 和原邻近钻孔 Z－39 泥岩顶高程 1 781.5 m 直接相连，泥岩面斜坡当然就缓些，忽略了中卫台基础底正处于埋藏泥岩陡坎处，后经施工单位开挖基坑和补充钻探才发现此埋藏陡坎。

(四)小结

该实例是因中卫台基础地质情况不符，引起桥式的变更。若在定测时加强调查分析，并在纵、横向各增加一个勘探点，地质情况摸清后，不至于造成不等跨桥式，亦可避免施工工期延长 2 个多月。以后在山区铁路工程地质勘测时，在河、沟岸冲刷处，尤其应注意埋藏基岩陡坎，其勘探点布置纵、横向均应控制，以免发生类似情况。

十三、侯月线桃坪沟滑坡引起桥台位移及其处理

王笃实

侯月线右线(右 DK161＋953)桃坪沟中桥，为 2 孔 16 m 低高度钢筋混凝土梁桥，1995 年 10 月竣工，计划 1996 年 11 月初铺轨。1996 年 9 月上旬发现月山侧桥台下沉偏移，最大偏移量 14 cm，经地质调查发现桥台基础置于滑坡体上(图 4－25)，滑坡位于岩层顺层地段，倾向线路，倾角 18°，倾向与线路夹角约 74°，滑坡滑动方向与线路呈 40°斜交。因铺轨工期临近，需立即整治。

(一)桥址地质概况

右线桃坪沟中桥位于嘉峰至阳城间桃坪隧道出口桃坪沟上，该处沟床宽 10～15 m，两岸山坡基岩裸露。在沟床内覆盖第四系全新统堆积物，厚 4～6 m，其下为二叠系下统下石盒子组泥岩(图 4－26)。

1. 第四系全新统

(1)表层为人工碎石土：系左线桃坪隧道弃碴堆积而成，厚 1.6～2.2 m。

(2)碎石土：为堆积于沟床上游的隧道弃碴及地方炼铁炉碴被山洪冲下淤积而成，松散，潮湿，厚 0.5～2.0 m。

(3)圆砾土：成分为砂岩、泥岩碎屑，半圆状，中实，潮湿至饱和，厚度 1～2 m。

2. 二叠系下统泥岩：杏黄色，间夹薄层深灰色，泥质结构，岩层产状 N33°E/18°S，钻探岩芯呈饼状、短柱状，岩层破碎，节理发育，风化严重至颇重，风化深度 3 m，风化层以下 $\sigma_0=500\sim600$ kPa。

3. 沟床内常年有小股地表水径流。地下水埋深 3 m，为孔隙潜水，含水层为圆砾土及碎石土。地表水补给，水质较好，可作工程和生活用水。

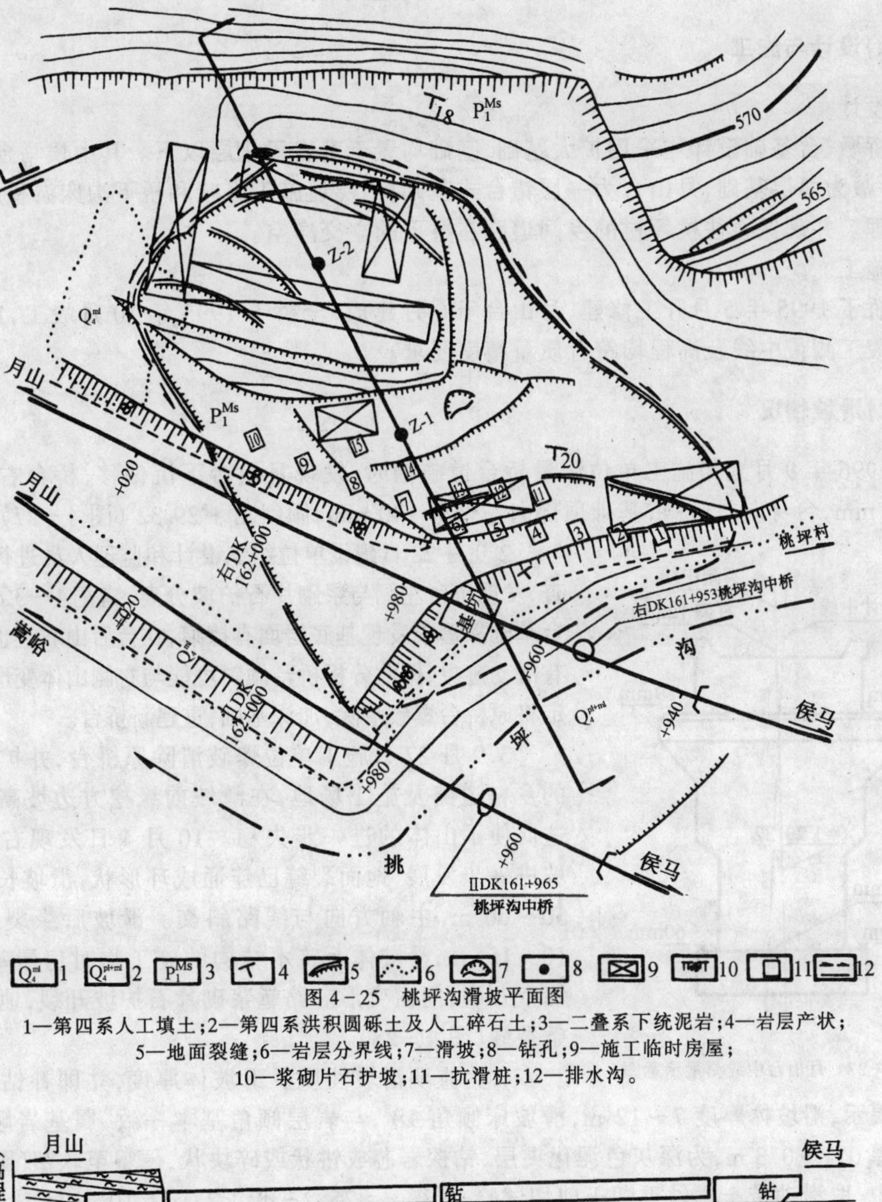

图 4－25　桃坪沟滑坡平面图

1—第四系人工填土；2—第四系洪积圆砾土及人工碎石土；3—二叠系下统泥岩；4—岩层产状；5—地面裂缝；6—岩层分界线；7—滑坡；8—钻孔；9—施工临时房屋；10—浆砌片石护坡；11—抗滑桩；12—排水沟。

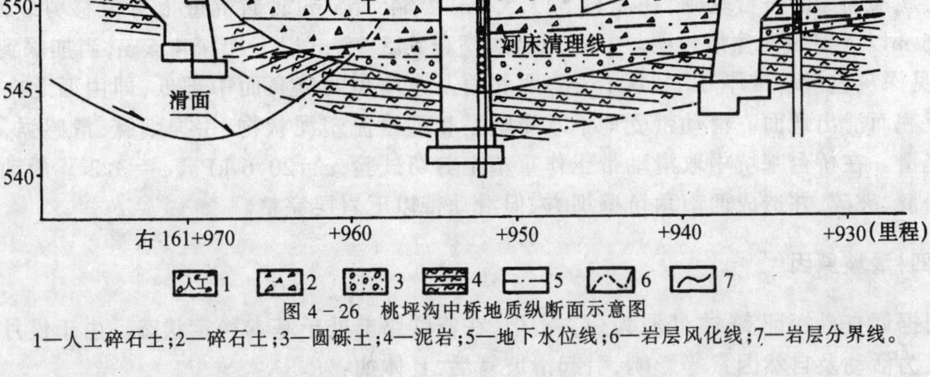

图 4－26　桃坪沟中桥地质纵断面示意图

1—人工碎石土；2—碎石土；3—圆砾土；4—泥岩；5—地下水位线；6—岩层风化线；7—岩层分界线。

4. 本桥于 1993 年勘测，勘测时未发现有不良地质现象。

（二）设计与施工

1. 设计

本桥墩、台基础设计均采用扩大基础，基础均置于基岩风化层以下。其中侯马台为一层半基础，桥墩为两层基础，月山台为一层错台式基础；因隧道施工弃碴和桥下沟床淤积严重，需作清除处理。并确保通往桃坪村的乡间道路在桥下的立交净空。

2. 施工

本桥于 1995 年 5 月开工修建，月山台于 6 月建成，全桥于 1995 年 10 月竣工，1995 年 11 月 3 日竣工测量中线及高程均符合质量精度要求。

（三）滑坡情况

1. 1996 年 9 月上旬施工单位测量桥台道碴槽时，发现月山台下沉偏移，桥台右侧最大下沉量 89 mm，台身向右倾斜，基础顶部向左偏移 140 mm，倾斜角 1°29′32″（图 4－27）。

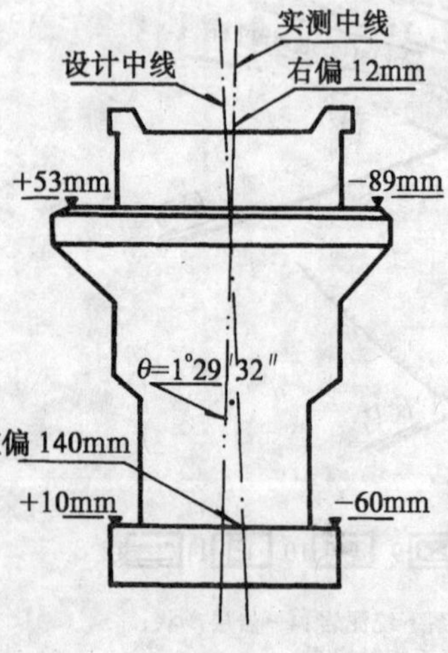

图 4－27　月山台中线测量示意图

2. 9 月 22 日建设单位组织设计和监理人员进行了现场调查，发现桥台左侧与浆砌片石护坡分离，缝宽 1～3 cm，并在桥台基础探槽中发现基底岩面有擦痕，在台后山坡上也发现地面有滑动迹象，据此分析桥台倾斜可能与右侧山体变形有关。决定将原桥台爆破清除，加深基础，重建新桥台。

3. 9 月 27 日施工单位爆破清除原桥台，并扩宽了桥下的乡村道路及施工场地，在滑坡前缘挖方边坡高 6～8 m，这促使了山体的进一步失稳。10 月 4 日发现右侧山体滑坡进一步发展，地面裂缝已连通成环形状，滑坡长 70 m，宽 50～60 m，主轴方向与线路斜交。滑坡后缘裂缝最大宽 10～15 cm，滑坡体上砖木结构的施工临时房屋基础下沉，墙壁开裂，门窗变形。路堑浆砌片石护坡开裂，地面出现多条裂缝（图 4－28）。

4. 为查明滑坡性质及滑坡体厚度，立即补钻 2 孔。根据钻探揭示，滑坡体厚度 7～12 m，滑坡床倾角 18°，与岩层倾角基本一致，属基岩顺层滑坡。滑动带厚 0.1～0.3 m，为深灰色泥化夹层，钻探岩芯成饼状或碎块状，硬塑至软塑（图 4－28）。在钻孔中，取滑动带土样做重塑土剪切试验，求得 $c = 25.2 \sim 42$ kPa，$\varphi = 10° \sim 7.2°$。

5. 观察加深的桥台基础，在高程 549.55 m 及 545.65 m 北面坑壁上有位移剪裂面，其中 549.55 m以下剪裂面擦痕较明显。自原基底高程 545.95 m 以下加深 4.5 m，当加深到 3.5 m 时，可见深灰色滑动带厚 0.1～0.15 m，西北角及东南角两侧高而中部低，即由西北向东南呈弧形反翘而滑出地面。滑动带受地下水影响呈软塑至流塑泥状物，手捏细腻，滑感强，滑动面平整光滑。在桥台基坑中取滑动带土作重塑土剪切试验，$c = 20.6$ kPa，$\varphi = 3.2°$。滑动带以上岩层松散、破碎，并造成西南角坑壁坍方，但滑动带以下岩层完整。

（四）滑坡原因

根据调查勘探证实，本处原为一古滑坡，在修铁路前处于基本稳定状态。由于侯月铁路施工的人为活动及自然因素等影响，引起滑坡复活，具体如：

1. 在滑坡上修建仓库、办公室、宿舍、试验室等施工临时房屋，增加了滑坡体重量。

2. 大量生活、办公用水下渗，软化滑动带。

3. 1996 年雨季的降水量大，降水次数多，且降水集中，根据阳城县气象站资料，7 月 30 日至 8 月 5 日连降大雨，总降水量达 254.7 mm，占全年平均降水量的 40%。降水下渗，软化了滑动带，促使滑坡滑动。

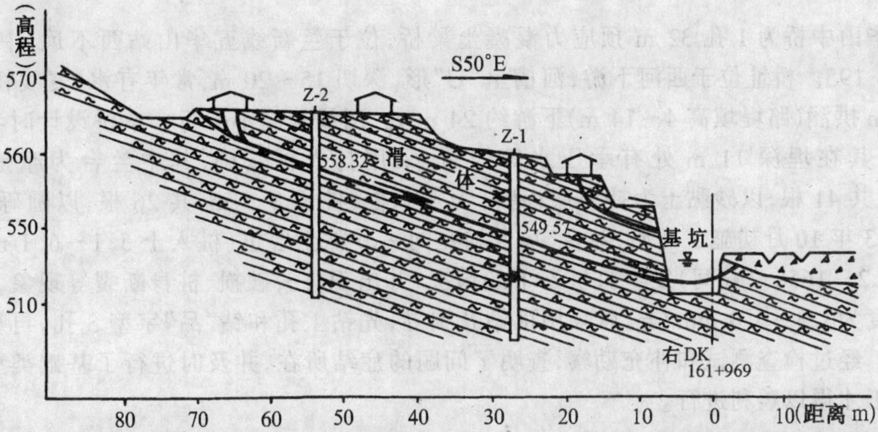

图 4－28　桃坪沟滑坡主轴断面图

4. 在滑坡前缘修建乡村道路，扩大施工场地，大量挖方减少了滑坡前缘的抗滑阻力，破坏了滑坡平衡。

5. 施工爆破震动，诱发了滑坡变形。

(五)滑坡的整治

滑坡被发现后，为不影响铺轨工期，铁一院立即组织以地质、桥涵、路基专业为主的现场设计组，采取边勘探、边设计、边施工的“三边”措施，加速月山端桥台变更设计及滑坡整治。

1. 月山端桥台变更设计

爆破清除原桥台，加深基础，将基础置于滑动面以下。因桥台施工在前，滑坡整治滞后，为防止滑坡对新建桥台产生影响，桥台设计采取了加强措施。

2. 滑坡整治

采用抗滑桩予以加固。桩的断面尺寸为 2 m×2 m 及 2 m×3.5 m，桩长 20 m。为确保安全，设置两排抗滑桩，共计 15 根，平面布置见图 4－25。

加强地表排水，在滑坡后缘及两侧设排水沟，夯填裂缝，以防地表水渗入滑体内。

3. 通过各方面通力合作，重建桥台于 1996 年 10 月底竣工，确保了按期铺轨。滑坡整治也于 1997 年 1 月竣工。交付运营以来，滑坡稳定，中桥运行良好。

(六)小结

1. 岩层顺层地段，易产生顺层滑坡，在顺层地段进行工程地质勘测，如发现有软弱夹层，应引起注意，加强对微地貌变化特征的调查，并对边坡的稳定性作出评价，必要时应主动采取工程措施，并提醒施工单位注意。

2. 本桥施工中发生问题后，整治及时，措施得力，减少了滑坡对工程的危害，确保了工程进度。

十四、兰新复线五华山中桥打入桩基础施工问题及处理

钱伟平

(一)概况

五华山中桥为1孔32 m预应力混凝土梁桥,位于兰新线五华山站西不远,中心里程为DK844+195。桥址位于西河下游,河槽呈“U”形,深切15～20 m,常年有水,复线桥在既有1孔4.5 m拱涵(路堤填高4～14 m)下游约24 m处,两线等高不平行。本桥设计时考虑地层、岩性,尤其在埋深11 m处有承压水等因素,采用打入桩基础,其中兰台为摩擦桩,桩长10.5 m,共41根,以砂黏土为持力层;乌台为端承桩,桩长8.5 m,共26根,以圆砾土作持力层。1993年10月初施工开始,兰台、乌台均在同一砂黏土层位(桩入土5.1～6.1 m深度,高程1657.2～1656.2 m间)发生打桩不下的情况,并出现桩头破损、桩身断裂等现象,此时实测的贯入度为3.3～5.0 mm/击。后采用由钻孔引导,先钻1孔和钻“品”字型3孔,再行打桩,仍打不下。经过检查测试和补充勘察,查明了问题的症结所在,并及时进行了基础类型的变更,桥基施工才得以顺利进行。

(二)桥址地层及补充勘察情况

1.桥址地层岩性

工点范围上部为第四系全新统冲积砂黏土、圆砾土和卵石土;下伏上更新统冲积砂黏土夹砂层。见图4-29。

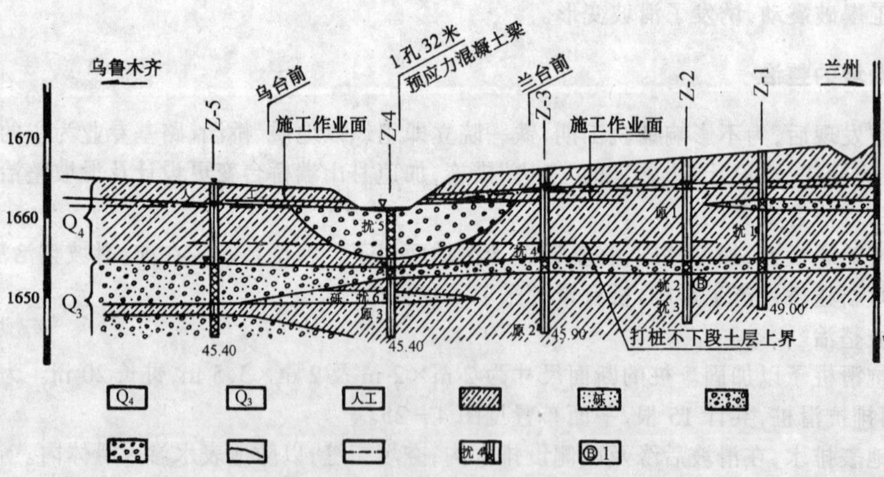

图4-29　五华山中桥地质纵断面图

1—第四系全新统;2—上更新统;3—填筑土;4—砂黏土;5—砾砂;6—圆砾土;
7—卵石土;8—岩层分界线;9—地下水位线;10—取土样编号;11—标贯及编号。

(1)全新统冲积砂黏土:褐黄色,局部为灰黑色,土质不均匀,局部有呈窝状分布的圆砾及杂粒砂,可见微细层理,可塑,比重 $Gs=2.69\sim2.70$、天然密度 $\rho=2.12\sim2.14\ g/cm^3$、天然含水量 $w=16.3\%\sim31.4\%$、天然孔隙比 $e=0.462\sim0.673$、快剪 $c=36$ kPa、$\varphi=18.8°$、压缩系数 $a_{0.1\sim0.2}=0.26\ MPa^{-1}$、压缩模量 $Es=6.15$ MPa,属中压缩性土,硬塑状,局部软塑。

(2)全新统冲积圆砾土：呈夹层分布于砂黏土层中，厚 1～2 m，灰黄色、青灰色，颗粒成分为砂岩、石英岩、花岗岩等，圆棱状为主，饱和，中密。

(3)全新统冲积卵石土：仅见于河床内，灰褐色，成分为砂岩、石灰岩、石英岩等，圆棱状为主，分选性差，松散至中密。

(4)上更新统冲积砂黏土：钻孔揭露在高程 1 653.70 m 以下为该层，厚度大于 7 m，褐黄色，上部土层含砂量高，局部夹砂层，下部土层含零星卵、砾石，属中压缩性土，硬塑，局部软塑。

(5)上更新统冲积砾砂：呈透镜体分布，层厚为 0.8～3.0 m，褐黄色为主，颗粒＞20 mm 者占 3.9%～9.3%，粉、黏粒占约 5%，岩芯散状及块状，局部具弱泥质胶结，饱和，中密至密实。

根据钻探和试验，结合地层时代提供给设计的基本承载力为：第四系全新统硬塑状砂黏土 $\sigma_0=150$ kPa，软塑状砂黏土 $\sigma_0=120$ kPa；上更新统硬塑状砂黏土 $\sigma_0=200$ kPa，软塑状砂黏土 $\sigma_0=150$ kPa；中密的砾砂 $\sigma_0=300$ kPa；中密的圆砾土 $\sigma_0=400$ kPa；中密的卵石土 $\sigma_0=500$ kPa。

根据土的名称和液性指数，设计时将第四系全新统冲积砂黏土按软塑提供打入桩桩周土的极限摩阻力为 $f_i=40$～50 kPa，其中打桩不下段土的桩周极限摩阻力采用 $f_i=50$ kPa。

2.补充勘察情况

问题出现后，先对预制桩的生产厂家的资质、桩的出厂质检报告以及用回弹仪对桩进行检查、检测，排除了桩的质量问题，又对兰台、乌台重新进行钻探(共计 5 孔)、测试，结果是地层定名、分层与原勘测资料基本一致，但在打桩不下段土层结构紧密，且间夹薄层粉、细砂，实测标贯锤击数 N' 值为 11～24 击/30 cm，经表 4－13 杆长修正和公式 4－1 推算，查表得砂黏土的基本承载力 $\sigma_0=210$ kPa，与原资料所给的基本承载力 $\sigma_0=120$～150 kPa 相差 60～90 kPa。

表 4－13　打桩不下段地层标贯测试表

钻孔位置	深　度 (m)	锤垫高 (m)	杆长 (m)	实测击数	杆长校正 系数	杆长修正 后锤击数	标贯地层名称
DK844＋160	3.7～4.0	1.40	4.20	11	0.95	10.45	砂黏土
	5.3～5.6	1.75	7.20	18	0.90	16.20	砂黏土
DK844＋215	4.1～4.4	1.60	5.75	14	0.92	12.88	砂黏土
	6.2～6.5	2.40	8.75	24	0.86	20.64	砂黏土

根据标准贯入试验锤击数(修正后的)确定地基基本承载力时，现场试验锤击数应经下式修正：

$$N=\mu-1.645\sigma \tag{4-1}$$

式中　N——现场试验修正后锤击数(计算值取至整数位)；

μ——标准贯入试验杆长修正后标贯锤击数的平均值，其值为：

$$\mu=\frac{\sum_{i=1}^{n}\mu_i}{n}$$

σ——标准差，其值为：

$$\sigma=\left[\frac{\sum_{i=1}^{n}\mu_i^2-n\mu^2}{n-1}\right]^{0.5}$$

其中　μ_i——各参加统计的杆长修正后标贯锤击数；

n——标贯锤击数参加统计的个数。

(三)原因分析及处理方法

1.原因分析

(1)初、定测时在现桥址共打钻孔5个,初测时原定桥跨式样为3孔16 m,每一墩、台都有钻孔,采取原状土样3组,扰动土样13组,各个时代的砂黏土层中基本上均有代表性土样。从量上看,钻孔及取样数量并不少。然而,细致分析勘探、试验资料后,不难发现有以下不足之处:

a.钻孔多、测试少。5个钻孔中仅有1孔在16.0 m深度处做标贯1次,其值为10击/18 cm,试验取值不标准。

b.每层仅有一个原状土样,代表性不强,同时根据试验数据求得全新统硬塑状砂黏土 $\sigma_0=400$ kPa、软塑状砂黏土 $\sigma_0=290$ kPa,其值过高,现场技术人员不敢引用。这样,所给设计用的各地层承载力仅凭经验提供,且由于设计中采用的桩周摩阻力 f_i 偏小,以至造成工程措施不当。

(2)施工单位所租用打桩机(费用约6000元/日),锤重仅为4 t,偏小;且打桩机没有配射水设备(由于经验不足,当时也没有意识到打桩机锤重偏小和利用射水设备配合打桩的问题)。

(3)对提供岩土工程地质数据的重要性及其与施工的相关性认识不足、重视不够,缺少必要的横向比较和综合分析,以致所采取的数据偏于保守。

(4)对主要勘探手段本身的精度问题了解不深,对勘探手段使用中由于操作不规范、取样扰动、延期试验(往往导致试验数据失真,如土工试验天然含水量、孔隙比偏小,查表 σ_0 值偏大)等存在的弊端认识不足;工程地质数据的确定,往往缺乏作为依据的原位测试资料,而只是凭肉眼鉴定和经验确定。

2.处理方法

鉴于土层工程性质及工程数据的变化,不得已将打入桩的基础形式变更为钻孔桩,才保证了施工的顺利进行。此项变更设计追加工程费用近百万元。

(四)体会

本工程由于地质资料中的物理力学指标不准和采用的工程措施不当,造成打桩不下,引起变更设计。以前在北疆线新、老精河中桥打入桩基础施工中,也曾出现过个别地层地质资料有误及现场打桩设备不足(打桩机锤重为6 t、没有配备射水设备)的情况,造成打桩不下。前者变更基础为钻孔桩、后者等待射水设备配齐后,才完成打入桩施工。这些工程实例,给我们带来以下深刻的经验和教训:

1.从工程地质勘察方面讲

(1)对地基地层以第四系黏性土、细粒砂类土为主的大中桥、大型房屋等工程,须采用原位测试方法(静力触探、动力触探、标准贯入等)与钻探、取样配合进行。对可能成为基础持力层或打入桩要穿过的砂土的密实程度、基本承载力等,应在对全部勘探、测试、试验资料进行全面分析后,综合确定。

(2)认真做好包括各种地质因素、各种测试数据、地面调绘和勘探资料在内的综合分析工作。工程数据的综合分析,既不能单凭经验随意取舍,也不宜采用简单的数学平均值,更不能就低不就高,取值过于保守。而应采取去粗取精、去伪存真、相互弥补、注重规律性分析的方法。

(3)遵循下列原则,实事求是地选取和提供岩土主要工程地质数据:

a.鉴定和说明某一类地层性质时,须严格按照规范的要求对照描述;其主要工程地质数据的选取,亦应按规范的要求分析选定。

b.主要工程地质数据的选取,一般不得低于规范规定的最低值,当有充分依据时,方可高于或低于规范规定值。

(4)尽可能在现场完成土工试验项目,切实保证取样质量,尽量减少土样搬运,及时进行试验分析,从而保证试验数据准确而不失真。

2.从工程设计方面讲

(1)设计者在选择、设计基础类型时,采用打入桩基础形式要慎重,当缺乏原位测试资料时,应在补做原位测试资料后再作决定。

(2)设计采用打入桩基础的工程,应强调并建议承建或施工单位选用与地层反力相匹配或适当大于地层反力的打桩机,并配备必要的打桩附属设备(如射水设备等)。

3.从施工方面讲

施工单位在接受打入桩基础施工任务后,要认真分析研究设计资料,尤其是地质资料,有针对性合理地选配施工设备,各种困难及不利因素要估计充分,并备齐必要的打桩设备,以免遇到打桩不下的情况时,手足无措或引起不必要的变更设计。

十五、宝中线大峡口中桥沉井施工问题的处理

张照财

宝中线大峡口(DK299+892)中桥,为3孔24.0 m梁桥,位于清水河右岸高级阶地前缘的黄土冲沟上,桥台采用挖井基础,沟中两墩,采用沉井基础,见图4-30。其中的2号沉井,由于施工方法不当,施工近一年,还未就位封底,一座中桥几乎成为严重影响铺架进度的,"钉子"工程。

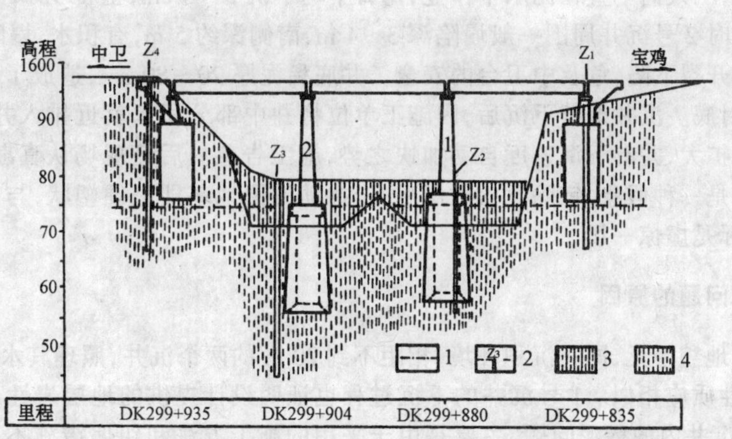

图4-30 桥址地质纵断面及墩、台布置图

1—地下水位线;2—钻孔及编号;3—Q_4黄土质砂黏土;4—Q_3黄土质砂黏土。

(一)勘测设计简况

宝中线大峡口附近线路定测开始于1988年秋季,桥位处原为一长约百米的冲沟,两岸坎壁陡立,高约12 m;冲沟底宽约30 m,已辟为耕地。汇水面积及流量较小,原定为长63.42 m的1孔2 m盖板涵。定测时在涵址中心挖一试坑,查明为新近沉积的黄土质砂黏土,在坑深5 m

左右见地下水,软塑状。$\sigma_0 = 100 \sim 120$ kPa。

1992 年施工时认为该沟线路右侧 30 m 处,即为高约 8 m、两沟夹一梁的双沟汇流跌水,涵洞洞门直逼跌水坎下,两沟进涵的水路不畅,容易淤塞;涵基施工中还发现,持力地层松软,地基处理困难;加之涵顶填土高达 17.74 m,经有关各方研究,决定将涵改为 3 孔 24.0 m 梁桥。

补充勘探时,经访问当地居民得知,本沟的老沟床还在现在地面下 5～6 m,现地面是因近 10 年来,下游 100 m 处所修东干渠阻断沟水淤泥而成,因此涵址处地基含水、松软。经勘探试验(钻探 4 孔,采取原状土样 17 组,标贯试验 1 孔),上述访问资料得到证实;并确认此处 Q_3 黄土质砂黏土,为Ⅲ级非自重湿陷性黄土场地;且表 4－14 标准贯入试验数据,确定 Q_3 地层的综合 $\sigma_0 = 150$ kPa。据此,两台设计为挖井基础,两墩设计为沉井基础。

表 4－14　桥墩基础地层标准贯入试验汇总表

试验深度(m)	杆　长(m)	$N_{(63.5)}$击/30 cm	σ_0(kPa)
3.0	4.8	2.0	(80)
5.0	5.6	4.0	140
8.0	9.2	6.0	170
10.5	11.35	9.0	210

(二)施工简况

大峡口中桥 1992 年 7 月沉井浇注施工,同年 9 月沉井下沉至地面下 2.7～5.0 m 时遇淤积的灰褐色含水土层。这时两沉井均有 5～17 cm 的偏斜。1 号沉井采取钢丝绳拖拉就位及井口编织袋装土加压纠偏后继续下沉;此后,1 号沉井地层从软塑转变为硬塑,下沉 8 m 后,土质日趋干燥。2 号沉井则采取外侧开挖注水的方法纠偏和下沉,根据有关纪录,共注水 63 t。造成泥水不断,工人们一直在泥水中作业,每日平均下沉 5～8 cm,至 1993 年 6 月才基本达到设计高程。这时 2 号沉井周围一般塌陷深 3～4 m,南侧深约 5 m,有积水,塌陷半径 6～10 m,中卫台前土坎开裂下陷,危及中卫台的安全。井底稀泥厚 20～80 cm,造成了设计与地层不符的假象,未敢封底。沉井继续下沉后,因施工单位将井中部分积水就近排入井外塌陷坑中,使塌陷范围逐渐扩大,并有下沉速度自动加快之势,施工告急。后经现场认真勘查,才发现井底表层松软完全是一种假象,铲除此松软层后,未扰动的原地基即呈硬塑状,与 1 号沉井的地层完全一样,实际是虚惊一场。

(三)产生问题的原因

位于同一地貌单元,同一沉积环境,相距不到 20 m 的两个沉井,照理其水文地质条件和土的物理、力学性质应相似。1 号沉井的下沉过程也证明设计提供的地层岩性与施工开挖的是相符的。2 号沉井内的稀泥问题,主要是由于采用的施工方法和纠偏措施不当所引起。此处黄土质砂黏土按当时的规范判定具有Ⅲ级非自重湿陷性,同时其透水性较强,在沉井外侧开挖注水纠偏,使沉井附近的地层成为饱和黄土,便造成了沉井周围的塌陷和井底表面土层呈现人为活动的震(扰)动液化现象。

(四)处理措施

1. 饱和黄土虽有震(扰)动液化现象,但沉井封底后即截断了上部地下水的下渗反冒通道,基底地层将趋于硬塑非饱和状态,加之本处为 Q_3 地层,可不考虑液化的影响。

2. 针对现状，变更 2 号沉井地基承载力 σ_0 为 120 kPa，由于其值小于设计应力值，因此采取了将实心沉井改为空心沉井的结构措施。

3. 鉴于 2 号沉井已经超深 1 m 多的现状，向稀泥中抛填片石，并向刃脚下打入钢管桩或其他支垫物，清除片石上稀泥及水，平铺一层砂夹石干拌混凝土，然后用 250 号混凝土封底，并规定封底前井底地面高程不得高于刃脚以上 20 cm。

4. 沉井的封底厚度，由原来的 3.6 m 增厚到 4.0 m，并在刃脚斜面的上部加两层 Φ20，20 cm×20 cm 的钢筋网。沉井的上部顶盖处，先凿加钢轨梁后，铺模板并加两层 Φ20，10 cm×10 cm 的钢筋网，现浇顶盖并由 2.0 m 加厚至 2.5 m。

5. 对井口外侧的下沉塌陷区，用三七灰土夯填，表层做防渗处理。

6. 中卫台前陡坎塌陷部分，夯填后做片石挡墙和护坡处理。

（五）结论

大峡口中桥的沉井施工问题，经过现场调查，设计、施工及监理三方研讨，确认原设计及勘测资料符合实际。由于施工中对黄土本身的特殊性认识不足，造成 2 号沉井出现问题。经过认真研究分析，找出了发生问题的原因，在确认地基 σ_0 值有所降低的情况下，采取果断措施，加快了施工进度，为宝中线顺利铺架和 1994 年全线通车创造了条件。

十六、陇海铁路 K1387+780.5 立交桥工程地质勘测

楚涌池

（一）概况

K1387+780.5 立交桥位于陇海铁路宝兰段天水车站西咽喉区，原为宽 10 m 平交道，为北道埠南北之交通要道。铁路电化改建时，配合城市规划要修建 4 m+8 m+4 m 立交桥一座。铁路在上，有 5 股道，公路在下，中孔为机动车道，净空 4.5 m，两边为非机动车道，净高 3.5 m。

此处铁路路基高出地面仅 1～2 m，故需下挖设桥，南北引道长 400 m，路堑需设挡土墙。

（二）桥址地质情况

1. 地层

桥位于渭河北岸一级阶地，地层自上而下如图 4－31。

(1)人工杂弃土：厚 1～3 m，砂黏土夹大量炉碴、煤灰、砖块等混杂物。

(2)砂黏土：厚 3.4～5.0 m，淡黄色，土质较疏松，具大孔隙，夹少量植物根，软塑至流塑，有薄层粉、细砂。土质物理力学性质见表 4－16。

表 4－15　砂黏土质物理力学性质表

取样深度(m)	天然含水量 w (%)	天然密度 ρ (g/cm³)	孔隙比 e	液限 w_L (%)	塑限 w_p (%)	塑性指数 I_p	液性指数 I_L	压缩系数 a (MPa^{-1})	压缩模量 E (MPa)	抗剪强度	
										c(kPa)	φ
1.5～3.0	24.0～32.1	1.91	0.760～0.875	28.5～29.5	18.3～19.1	10.2～10.4	0.6～1.3	0.42～0.36	3.87～4.76	15	7°10′
5.0～6.0	24.8～29.2	1.92	0.818	30.0	21.2	8.8	0.9	0.40	4.25	22	3°40′

据静力触探结果，大致在深 3 m(高程 1080.4 m)以上，$p_s = 700 \sim 1\,000$ kPa，$\sigma_0 = 100 \sim 130$ kPa；以下 $p_s = 500 \sim 520$ kPa，$\sigma_0 = 80$ kPa。

(3)粉、细砂：层厚 0～0.8 m，淡黄色，颗粒均匀，含土质，中密，饱和，$\sigma_0 = 150$ kPa。

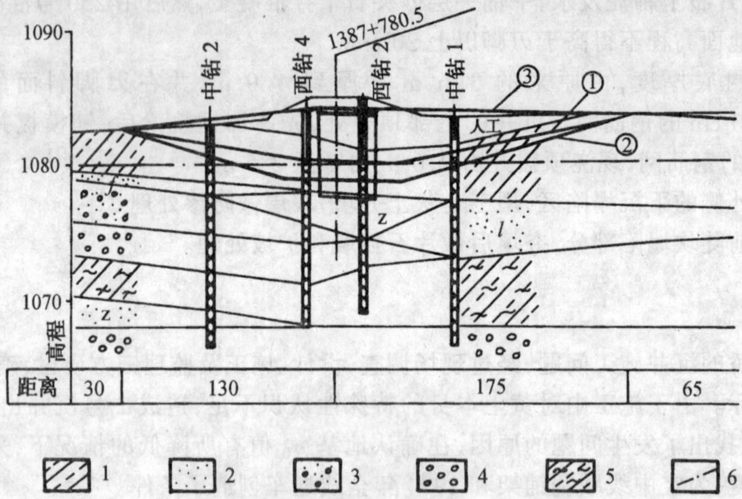

图 4－31　地质纵断面示意图

1—砂黏土；2—粉、中、砾砂；3—圆砾土；4—卵石土；

5—淤泥质砂黏土；6—1978 年地下水位线；

①—非机动车道路面线；②—机动车道路面线；③—挡土墙顶面线。

(4)中砂：层厚 0.5～3.2 m，淡黄色，中细粒为主，占 60%，夹砾、卵石 5%～10%，中实，饱和，$\sigma_0 = 250$ kPa。

(5)粗、砾砂：层厚 3.0～4.5 m，灰黄色，>2 mm 占 10%～40%，余为中、细砂及土质，夹卵、砾石薄层，中实，饱和，$\sigma_0 = 350$ kPa。

(6)圆砾土：灰黄色，2～20 mm 占 20%，20～80 mm 占 30%～40%，余为杂粒砂及土质，颗粒呈浑圆状，成分石英岩等，中实，饱和，$\sigma_0 = 350$ kPa。

(7)卵石土：层厚 1.5～5.3 m，灰黄色，20～50 mm 占 40%～50%，50～100 mm 占 10%～25%，2～20 mm 占 20%，余为砂及土质，形状浑圆，成分石英岩、大理岩、花岗岩等，中实，饱和，$\sigma_0 = 500$ kPa。

(8)淤泥质砂黏土：层厚 1.2～4.8 m，为牛轭湖相沉积，灰褐色，含腐朽植物根，有轻微腐臭，有淤泥质粉细砂薄层，据静力触探，$P_s = 700$ kPa 左右，$\sigma_0 = 100$ kPa。

(9)卵石土：灰黄色，粒径 20～80 mm 占 50%～60%，成分大理岩、石英岩等变质岩，顶部有中、细砂尖灭层，中实，饱和，$\sigma_0 = 500$ kPa。

2. 水文地质

地下水位高程 1080.02～1080.30 m，受大气降水和渭河水补给，主要含水层为砂、砾、卵石层。

据抽水试验：落程 $S = 3.31$ m 时，影响半径 $R = 100$ m，钻孔涌水量 $Q = 162.48\ m^3/d$，计算渗透系数 $K = 8.27$ m/d。

水质分析：$SO_4^{2-} = 535$ mg/L，对混凝土有硫酸盐型结晶性侵蚀。

(三)工程情况

本立交桥设计为 4 m＋8 m＋4 m 钢筋混凝土框架式结构，采用从南向北的顶进法新技术施工，节长 23.2 m，施工过程中采用降水措施，使水位低于底板 0.5～1.0 m，就位后，基础置于中、砾砂层上。

路堑引道南长 160 m、北长 240 m，路堑用重力式挡土墙，基础置于砂黏土上，按 $\varphi = 18° \sim 20°$。$\sigma_0 = 80$ kPa 设计。

在公路北引道最低处、桥北口设雨水口，使雨水通过设有铁篦的集水槽、地下集水管汇入集水井，再经泵站抽排至渭河。

施工中线路采用吊轨梁，工字钢横梁加固，道岔部分用扣轨梁加固。开挖引道时，由于地下水过盛，松软土层变成泥浆，曾引起边坡坍塌，采用钢轨桩加木板挡护，才保证了施工安全。

本工程设计被评为甘肃省 1980 年优秀设计。

(四)小结

本工点地下水位浅，高出施工后的公路面，需作经常性的排水工程降低地下水位。作为路堑挡土墙基础的软塑状砂黏土，承载力低。勘测中，除采用钻探手段外，还使用静力触探，取得了软弱地基的承载力值；并做抽水试验，取得地下水有关参数，为设计及施工提供了可靠数据。

十七、兰新复线既有五道沟中桥基础下沉的注浆加固

钱伟平

兰新铁路既有五道沟中桥建于 1956 年，采用明挖扩大基础，建成以来一直使用良好。1993 年上游复线新桥建设施工时，由于施工方法不当，致使既有桥 2 号墩产生不均匀沉降，最大沉降量达 126 mm，造成既有线在此限速行车，影响了兰新铁路的正常运营。

(一)概况及病因

1.概况

兰新铁路五道沟桥位于疏勒河站西 7.5 km，中心里程 K909+009.2 处。复线新桥为 2 孔 32 m 钢筋混凝土梁桥，沉井基础，埋深 11.3 m；其北(下游)侧为 4 孔 16 m 钢筋混凝土梁既有老桥，采用明挖扩大基础，埋深 6.1 m，两桥相距 30 m，桥下净空均约 4.5 m(图 4－32)。

桥址两岸及局部河滩地表为第四系全新统冲积砂黏土，其下为全新统冲积卵石土、圆砾土，厚度＞15 m。其间在 9.3～11.1 m 深处，有一层 1～2 m 厚的砂黏土夹层，由东向西渐薄，在乌台附近尖灭。勘探和取样试验表明，卵石土、圆砾土地层颗粒不均，大小混杂，局部夹粗、砾砂或粉、细砂透镜体。既有桥墩台基坑回填有漂石土、卵石土和圆砾土(图 4－33)。

五道沟有长年流水，地下水位埋藏浅，两岸水位 2～3 m，河滩上仅 0.5 m 左右，且水质较差，具中等结晶型侵蚀性。

2.病害原因

在复线新桥沉井基础施工中，为赶工期，施工单位未注意不排水下沉的设计要求，而采用抽水下沉的施工方法，结果造成既有桥 2 号墩下沉变形，停止抽水后，下沉变形也趋停止。很明显，沉井施工中，大量抽出地下水，致使水力坡度增大，地下水流速加快，形成潜蚀，使既有桥基础以下土层中细颗粒流失，地基土变松、孔隙增大，承载力降低，是造成桥墩下沉变形的主要原因。其次，既有桥之明挖扩大基础埋深较浅，新桥基础埋深较大，埋深和施工方法差异较大，也是诱因。

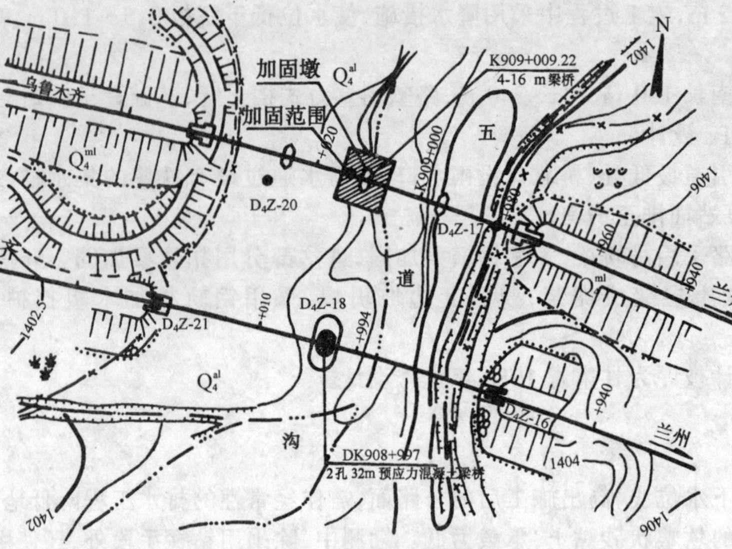

图 4－32　五道沟桥址地质示意图

1—第四系全新统；2—冲积层；3—人工填筑土；4—盐渍土；
5—湿地；6—不良地质界线；7—岩层分界线；8—钻孔及编号。

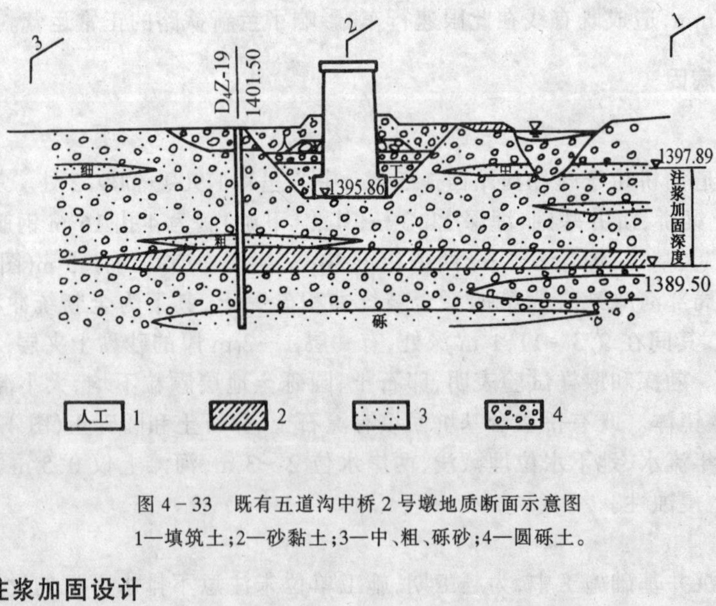

图 4－33　既有五道沟中桥 2 号墩地质断面示意图

1—填筑土；2—砂黏土；3—中、粗、砾砂；4—圆砾土。

(二)基础注浆加固设计

1. 注浆设计梗概

(1)加固处理范围

对桥及地面变形进行观测对比、结合地层和对复线新桥沉井抽水下沉情况综合分析后，确定对既有桥 2 号墩加固处理的范围是，墩基底轮廓线外延 1.5 m 的矩形面积，南北方向长

11 m，东西方向宽 9 m。深度以第二层砂黏土为底界，自地面以下 4.11～12.5 m（高程 1 397.89～1 389.50 m）处理厚度 8.39 m。处理面积约 99 m^2，体积约 686 m^3。

(2)注浆方式

根据桥墩变形情况及桥址处的水文地质、工程地质条件，针对被加固地层含水，且流速相对较大，可能稀释或冲走浆液这一特点，决定分别采用帷幕孔和加固孔两种注浆孔。帷幕孔是在桥墩外围注浆形成帷幕，防止浆液流失。而加固孔则是在帷幕以内及桥墩基底注浆加固地基。针对前述病因，通过这种注浆方式可使原砂砾石层的渗透性明显降低，地下水的潜蚀作用减小，地基承载能力显著提高。

成孔方法采用工程钻机成孔，取芯跟管钻进；注浆方法采用上行（由下向上）分段式注浆，每个注浆段长≤3 m。

(3)注浆孔布置及要求

注浆孔布置见图 4－34。外围的 1 号～22 号为帷幕注浆孔，总计 22 个；23 号～34 号为注浆加固孔，总计 12 个，其中 23 号（斜 3）、24 号（斜 4）及斜 1、斜 2 为斜孔，是加固基础下土层的孔。

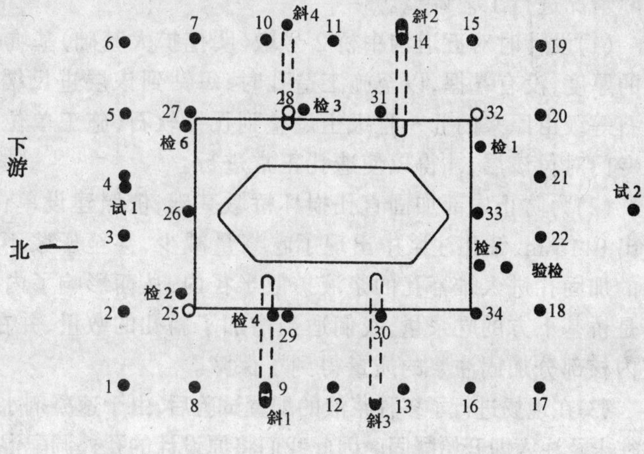

图 4－34　五道沟中桥 2 号墩注浆加固钻孔布置图

为保证注浆质量，造孔及注浆次序采用先下游，后上游；先外圈，后中间的原则，间隔并对称进行。

(4)注浆参数的选择

设计采用压力灌浆球形扩散理论，单孔理论灌浆量计算公式采用：

$$Q = A\pi r^2 hn\alpha \tag{4-2}$$

式中　Q——每孔（段）理论灌浆量（m^3）；

A——浆液损耗系数，一般 $A = 1.15 \sim 1.30$；

r——扩散半径（m）；

h——加固土体厚度（m）；

n——孔隙率，$0 < n < 1$；

α——有效灌注系数，$0 < \alpha < 1$。

在试验钻孔完成前，暂依据已有试验资料和注浆技术规程（YSJ211－92＝YBJ44－92），选用下列注浆参数进行设计及试验性施工：

帷幕孔：$r = 1.2$ m，$h = 8.39$ m，$n = 0.35$，$\alpha = 0.85$，水灰比 0.6:1 水泥浆，加 40°Be 水玻璃，体积比 10:1，容许注浆压力 300～500 kPa。

加固孔：$r = 1.5$ m，$h = 8.39$ m，$n = 0.35$，$\alpha = 0.85$，水灰比 0.8:1 水泥浆，加 26°Be 氯化钙，重量比为 3:1，容许注浆压力 500～1 000 kPa。

(5)施工前期准备及要求

a.浆液的配置试验：通过试验要掌握并了解不同配比水泥浆，在加入不同类型、不同数量（浓度）速凝剂后凝结效果及初凝、终凝时间。

b.注浆试验孔：要达到两个目的，一是通过孔内的标贯、动探、取样、抽水及压水等试验，掌握注浆加固前被加固地层的物理力学性质及各有关指标；二是通过注浆试验，对设计方案进行印证,对不合理的设计参数进行调整修改并取得注浆孔实施的实际参数。

(6)注浆结束的标准

正常情况下,在满足下述条件之一时,可考虑结束注浆:

a.在容许注浆压力以内,注浆孔吃浆量达到 1 m^3/m;

b.在容许注浆压力下,每注浆段注浆 10 min。

2.注浆过程的工艺调整

注浆施工及造孔基本是依照设计意图实施的,由于地质及环境条件的变化,也需依据现场实际情况进行工艺调整。

(1)设计时对五道沟中桥 2 号墩(明挖扩大基础)基坑中,为防冲刷而回填约 1.5 m 厚漂石层的厚度,没有掌握,以至施工造孔时,每钻到该层进尺缓慢,影响了施工速度。据此,我们将土石等级由原来的Ⅱ～Ⅲ级土调整到Ⅳ级软石,施工单位及时调上先进的潜孔锤和空压机设备专门对付该层,才得以使造孔正常进行。

(2)为防止内部加固直孔损坏桥墩基础,依照建设单位要求,实施时加固孔位较设计向外移出 0.15 m,钻孔注浆中出现了吃浆量减少,甚至压浆不入的情况。分析其原因主要是外移后的加固孔进入帷幕孔的浆液扩散半径内,从而影响了内部加固孔的吃浆量。为保证质量,尤其是桥基下方的吃浆量,我们适当增加了斜孔的数量,并在一些注浆薄弱处,增补了注浆直孔,使内核部分加固注浆的质量得到了保障。

(3)在现场进行了多种浆液的配置试验后,由于速凝剂水玻璃与水泥浆化合迅速,初凝时间快,往往未及注入即开始凝固。因此我们将原设计的孔外调配混合的单液注浆改为孔内混合的分液注浆,即在注浆段先注入一定量水泥浆,而后再注入相应配比的水玻璃,或者采用两台压浆泵,将两种浆液分路注入孔内混合的双液注浆,从而避免了浆液在调配箱或注浆管中凝固的情况。

(4)针对普遍出现的表层注浆段浆液沿人工填土(漂石层、圆砾土)回返外冒问题,我们除对个别薄弱冒浆处及时进行封堵外,还采取了将上部注浆段封孔位置下移至原始地层内,适当减小注浆压力和加大浆液浓度,设法缩短初凝时间等对策,收到了较好的效果。

(5)针对土质不均,渗透性差异较大,部分土层(如圆砾土空隙为粉、黏粒充填或粉、黏粒含量高的砂夹层)吃浆量小、甚至不吃浆问题,我们采取了稀浆、低压、慢灌等项对策,也较好地得以解决。

(6)针对既有桥墩基坑回填土在造孔过程中的塌孔问题,采用黄土、干水泥或初凝后的水泥—水玻璃浆封孔填实后再钻等办法,使问题得以较好解决,从而保证了施工进度。

(7)针对胶球封不住钻孔致使孔口返浆问题,采用多种钻头变径,胶球、海带综合止浆工艺,保证了钻孔内的封堵,使注浆工作得以顺利进行并确保了注浆质量。

(8)针对冬季严寒地区施工带来的注浆管路冻堵问题,经采用增加炉火,搭严厂房,提高工棚温度以及让管路保持循环,及时清洗管路,作业完,随时排干等办法,减轻或消除了冻堵及可能对施工质量产生的不利影响。

(三)注浆工程检验

注浆结束一段时间以后,在内核部分,共钻 6 个孔进行了质量检查。检查孔除钻在原试验孔旁外,还重点布在注浆加固的薄弱部位。其目的,一是检查注浆加固的质量,二是继续复灌补强。

质量检查及验交抽检,有以下结论:

1.五道沟中桥 2 号墩注浆加固的范围满足了设计要求。这在一些位于帷幕孔设计扩散半径($r=1.2$ m)以外的加固孔造孔时,见到水泥浆液,以及位于设计加固范围边界上的质量检查孔,岩芯充填大量的水泥浆和已胶结的柱状岩芯这两点得到充分证实。

2.注浆加固后地基的动探击数有大幅增高(表4－16),说明注浆加固从提高桥基强度方面满足了设计要求。这一点从质量检查孔加固范围大量已固结的柱状岩芯(照4－1)和各质量检查孔加固范围内岩芯滴稀盐酸均起反应(即说明有水泥浆充填),即可以证实。

表4－16　地基处理前后动探击数对照表

钻孔编号	深　度(m)	处理前后每10 cm锤击数				击数增值	地层名称
4	5.25～5.55	前	18	24	25	13～20	圆砾土
		后	38	37	40		圆砾土
	8.10～8.40	前	40	48	41	4～13	圆砾土
		后	46	52	54		圆砾土
验1	7.78～8.08	前	26	29	30	7～20	圆砾土
		后	33	48	50		圆砾土
	8.68～8.98	前	22	21	18	4～6	圆砾土
		后	26	25	24		圆砾土
	9.70～10.0	前	20	23	19	2～5	圆砾土
		后	25	25	24		圆砾土
验2	8.10～8.40	前	23	27	30	5～20	圆砾土
		后	28	35	50		圆砾土
	9.10～9.40	前	25	27	28	2～5	圆砾土
		后	30	29	31		圆砾土
	10.3～10.6	前	25	27	26	2～10	圆砾土
		后	35	37	28		圆砾土
验5	7.78～8.08	前	26	29	30	10～15	圆砾土
		后	36	39	45		圆砾土
	8.68～8.98	前	22	21	18	16～35	圆砾土
		后	38	45	53		圆砾土
	9.70～10.0	前	20	23	19	29～38	圆砾土
		后	49	55	57		圆砾土

照4－1　注过浆的柱状岩芯

另外，工程竣工后的运营实践也充分表明，本次桥基的注浆加固是可靠的、成功的。

(四)经验与体会

1.在地下水位浅、有碎石类土或砂类土分布的复线上新建桥梁、房屋等工程时，勘测中应注意采取扰动土样进行颗粒分析，查明粒度组成；设计施工中，对那些细颗粒含量较大或有粉、细砂夹层的碎石类土和砂类土，采用抽水降低地下水位的施工方法，须谨慎。不得已采用时，应在加强对地面和附近建筑物沉降观测的基础上，采取各种措施，如减小泵量、增加井点、加设滤网等，避免抽水涌砂造成地基土层潜蚀而引发病害。临近大、重型工程或高层建筑，采用抽水降低地下水位开挖基坑的，还应在基坑周围设置帷幕或挡护工程以确保安全。

2.五道沟中桥沉降病害，注浆处理的成功实践表明，采用注浆方法加固既有桥梁地基，可以恢复和提高地基土原有的工程性质和承载能力，从而保证桥梁的正常使用。进行复线建设，或在建筑物较集中、相互干扰大的地区施工，采用注浆法加固地基，可避免大面积、大深度开挖所带来的行车及居民生活和安全的相互干扰，从适应性，可靠性和可行性来说，都不失为一种可供选择的较好方法。

十八、结 束 语

本章共选入实例 17 篇，其中特大桥 3 篇，高桥 2 篇，大中桥 11 篇，小桥 1 篇。经施工检验，证明勘测成果较好的实例有 7 篇，因各种原因引起变更设计的有 10 篇；实践证明，在工程地质勘测中凡是按《铁路工程地质技术规范》的要求进行工作，如实反映了实际地质情况，所提出的工程措施意见正确、又照章施工者，一般来说均属于前者，否则就会出现这样、那样的问题。当然，在勘测设计中地质工作者还应与桥梁设计者紧密配合，并做好配合施工。根据各实例的情况，对桥涵勘测设计可归纳出如下几点经验和教训。

1.应注重对区域地质、区域构造的调查、研究

在桥基勘探之前，要收集、调查、研究区域地质及构造，预测桥址处的地层、岩性、地质构造和不良地质，以使勘探工作有目的的进行，避免盲目性。灵武支线黄河特大桥勘测前就掌握了它位于银川断陷盆地南部，掌握了第四系全新统圆砾土夹细砂层厚度大于 60 m 的情况，因而选用的勘探测试手段得当，所收集的地质资料完整、齐全，满足了设计要求，为施工创造了良好条件；而侯西线汾河特大桥却因没有查明区域地层情况，忽视了 15～18 m 以下中更新统砂黏土、粉、细砂层的存在，发生了施工中部分桩打不下的情况；宝中线颉河 6 号大桥事先掌握了区域构造，并通过钻探查清了隐伏断层的具体位置，使桥墩基础避开了断层；而侯月线桃坪沟中桥月山台，却因未重视呈单斜构造的二叠系泥岩潜在的顺层滑动问题，造成施工后发生变形，尔后被迫整治滑坡，重建桥台。上述实例都说明，勘测中掌握区域地质与构造是多么重要和必要。

2.注意古地貌形态和上覆第四系地层的沉积特征

在大多数桥基工程地质勘测中，通过地质调查、勘探，都能查明与工程有关的古地貌形态和上覆第四系的沉积特征。但不重视或疏忽这项工作，从而造成不良后果的事情也时有发生。宝中线上清水沟 2 号栈桥中卫台，因埋藏基岩陡坎位置与实际不符而引起桥梁孔径式样的变更；宝中线三岔沟 2 号大桥中卫台基底没有查清淤泥分布范围、厚度，致使桥台倾斜、偏移，被迫重建，就是这方面的典型。

3.提高勘探质量、做好测试工作，正确确定土、石工程性质

一般来说，铁路桥基勘探数量约占全线勘探总量的60%以上，并且以钻探为主。所以，钻探质量的好坏与地层划分、隐伏断层的揭示或土、石工程性质的确定紧密相关。本章实例揭示，凡钻探岩芯采取率高，且完整性较好者，则地层划分、隐伏断层揭示均较符合实际，亦便于采用有关手段确定土、石工程性质；反之，则不然。兰州七里河黄河公路大桥勘探中，由于当时客观条件所限，钻探岩芯松散破碎，采取率低，使得地层未能正确定名，直接影响了承载力的确定。后来，由于不断提高钻探技术，改进钻探方法，采用化学泥浆护壁和高承压水地区钻探技术，便取得了良好的效果，确保了钻探质量。

实践表明，除在钻孔中取水、土、岩样进行室内试验外，还应根据实际需要在钻孔内进行动探、标贯和静力触探等原位测试，因为这些手段更能客观、真实地反映土石的工程性质。侯月线海子沟高桥桥基置于第四系中更新统的黄土中，将这类地层的基本承载力定为500 kPa，开始地质人员把握不大；但若低于此值，则对设计和投资影响均较大。后来，通过取样试验、静力触探和载荷试验等大量工作，综合确定其基本承载力可以达到500 kPa，从而满足了设计要求。确实不失为桥基工程地质勘测中的一个范例。

4.地质勘测与桥梁设计要密切配合

定测阶段，要求桥梁设计者应准确提供各桥的桥墩、台位置，及采取的基础类型，桩基还宜提出桩长，以便确定钻孔位置和深度。尤其在夹有淤泥、饱和粉、细砂的地层、下伏基岩或岩溶区进行钻探，更应保证所提桥墩、台位置的准确，且在设计时不要轻易变动，如有变动则应及时通知地质人员，以便确定是否应进行补充勘探。侯月线芦苇河3号桥3号墩设计时改变了勘测时的墩位，在开挖基坑时遇到饱和粉砂层和埋藏基岩陡坎，使设置基础困难，从而引起桥梁孔跨式样变更，就是突出的一例。

桥基定测资料，应既要如实反映地质情况和提供有关设计参数，又要提出确切的工程措施意见，包括从工程地质角度提出基础类型和基础埋置深度的意见。侯月线小东沟5号、6号墩因基础置于人工弃碴(碎、块石土)上，竣工后施工单位又大量堆填弃碴，而造成桥墩偏移、下沉，只好进行加固处理。这虽然是设计、施工上的失误，但若在工程地质说明中，对人工弃碴(碎、块石土)不提供承载力，并郑重提出基础应置于其下面的基岩中，则很可能设计中就不会发生这种失误。

5.做好配合施工工作

在配合施工过程中，除可及时纠正地质有出入之处外，还可与设计者一起纠正因施工方法不当而引起的有关地质问题。兰新铁路复线新建五道沟中桥施工沉井基础时，由于采用抽水下沉的施工方法，导致下游既有中桥基础沉降变形；宝中线大峡口中桥2号墩基础在施工时，在湿陷性黄土地区采用沉井外侧注水方法纠偏、下沉，造成沉井超深和周围地表大面积湿陷，还引起黄土沟岸开裂、坍塌，影响桥台稳定等，若设计与施工做好配合，都本是可以避免的。因此，施工中一定要做好工程地质、设计与施工的密切配合，避免发生类似事故，巩固、发扬已取得的成绩，使桥基工程地质勘测更上一层“楼”。

第五章 隧道地质

一、宝中线堡子梁隧道滑坡影响段的病害整治

李法昶 邱成友

(一) 工程概况

堡子梁隧道位于宝中线冯家山站至千阳站之间、千河冯家山水库区西岸,全长 1 904 m。线路高程比水库设计水位高 22~28 m。隧道埋深一般 65~80 m,最大 120 m。地表有新、老黄土覆盖,洞身前半段大部分位于第三系泥岩中,后半段则位于二叠系砂岩、泥岩地层中。靠近隧道出口 DK34+144~+690 段,有堡子梁古滑坡,隧道洞身在该古滑坡后部滑动面下砂岩、泥岩中通过。

堡子梁古滑坡长约 580 m,宽约 800 m,地貌上呈圈椅状。后壁明显,高 15~25 m。滑坡体上有两条较大的 V 型冲沟,下切深 10~20 m,其支沟呈树枝状。整个滑坡除后半部坡面稍

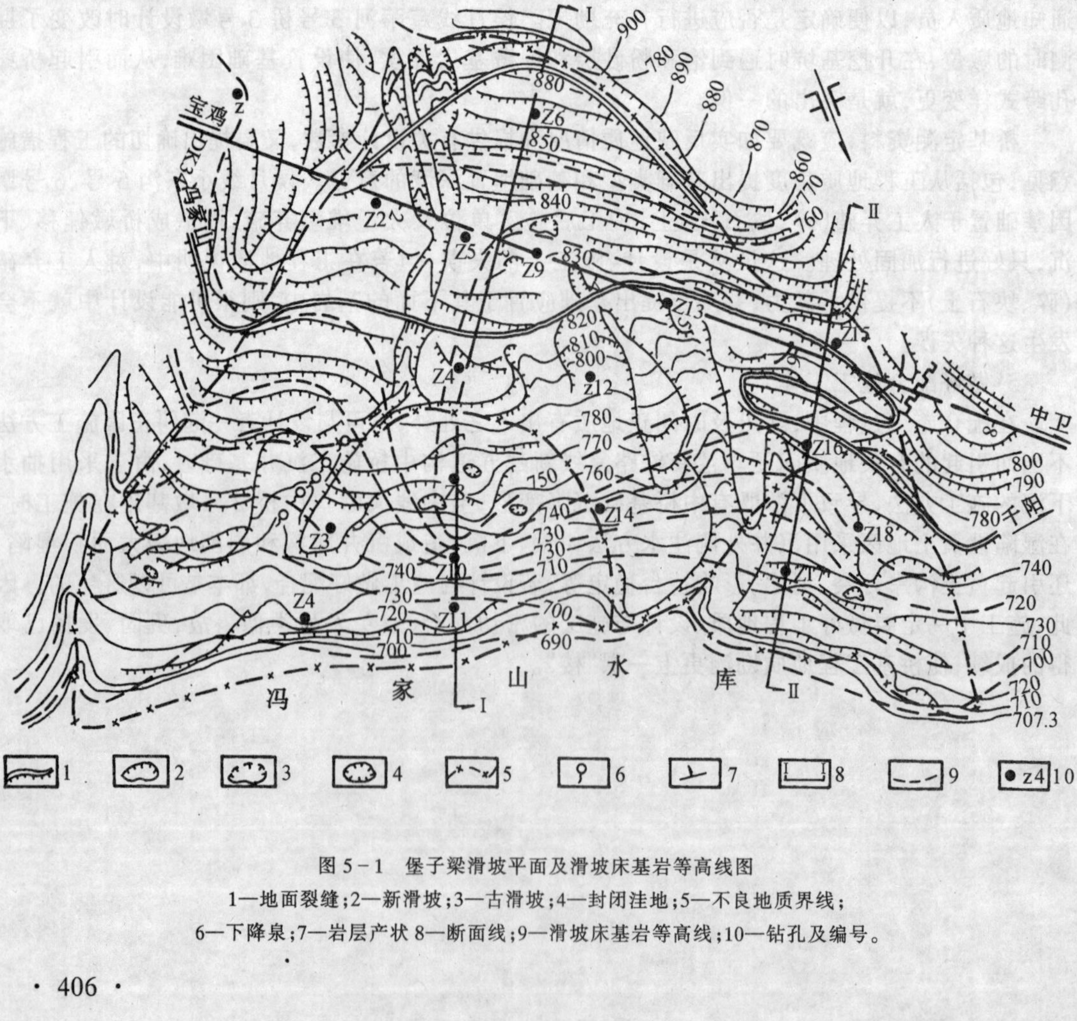

图 5-1 堡子梁滑坡平面及滑坡床基岩等高线图

1—地面裂缝;2—新滑坡;3—古滑坡;4—封闭洼地;5—不良地质界线;

6—下降泉;7—岩层产状 8—断面线;9—滑坡床基岩等高线;10—钻孔及编号。

平顺外,其余沟梁相间,坎坡错叠,十分零乱。山坡坡度滑坡前缘和后部较陡为 20°～30°,中部平缓约 15°左右(图 5-1)。

堡子梁隧道出口段受到该古滑坡的强烈影响。施工中,滑坡影响段发生了围岩坍帮、塌顶、支撑折断、衬砌开裂等严重变形,洞身变形还波及地面,使滑坡后缘产生宽 5～15 cm,下错 5～15 cm 的环形裂缝。病害的发生,立即引起路内有关方面的密切关注,即围绕隧道部分洞身是否位于滑动面之上、水库对病害段的影响程度,以及建成后能否保持稳定、要不要废弃已建成的隧道及改移线路位置等问题,曾有过争论。后经铁一院深入调研,提出整治方案,组织专家论证,进行整治后,该隧道已建成并交付运营,通车几年来,经受了多次集中降水和水库高水位的考验,隧道一直处于良好状态。

(二)勘测阶段对堡子梁古滑坡的稳定性评价及线路设计

1. 初测阶段

60 年代初进行初测时,经地质调查和钻探,确认本滑坡是一个深层的土质古滑坡,滑动面位于基岩顶面,主轴上滑坡体最大厚度 51 m。经调查分析和检算,认为滑坡处于稳定状态。当时确定线路以一般路基从古滑坡中部通过,并据此进行了线路设计。

1982 年宝中线重新初测时,冯家山水库已经建成蓄水,古滑坡前缘的环境地质条件发生了三大变化:一是位于古滑坡前缘的千河一级阶地已被淹没淤平;二是古滑坡前缘及两侧残留的二级阶地,受库水作用,发生大量坍岸,并产生少量顺阶地基底滑动的次生滑坡;三是古滑坡前缘已暴露的基岩岸坡,岩层较破碎,且时有小的坍塌发生。当时认为如果还按 60 年代的线路位置通过,很难保证线路安全,故决定将线路位置上移,在滑坡后缘附近滑坡底部以隧道通过。根据既有钻孔资料,滑坡的滑动面预计在隧道顶 22 m 以上,因此,在设计中没有考虑古滑坡对隧道的影响。

2. 定测阶段

1985 年定测时,堡子梁古滑坡前缘的部分次生滑坡已滑入水库,库水冲刷破碎岩层后,显示基岩岸坡基本稳定。经调查分析,重新确认,堡子梁古滑坡的滑动面位于基岩顶板处,且受古侵蚀地貌控制;鉴于古滑坡前缘与千河二级阶地后缘间在高程 730 m 以上(比水库水位约高 16 m)有连续、且尚属稳定的基岩岸坡,水库水位变化不会影响古滑坡的稳定。至于线路通过滑坡的部位和方式,当时认为初测所定隧道位置仍较合理。为了查明滑坡对隧道的影响,当时曾在洞顶布置百米左右的深孔,因需上大型钻机,涉及库区交通问题未能实施。也就是因为当时没有千方百计地去设法解决这个困难,便引出了后来发生的问题。

施工图设计时,考虑隧道通过的地层前半段为第三系泥岩,成岩程度差;后半段为二叠系砂岩、泥岩,比较破碎,全隧道均采用Ⅲ类围岩、锚喷临时支护、筑模混凝土衬砌。

(三)施工阶段地质编录工作及隧道变形

1991 年 6 月至 1992 年 7 月完成长约 530 m 的古滑坡下部隧道的施工。通过 14 个月的艰难施工,不但揭示了古滑坡底部的地质情况,而且也充分暴露古滑坡对隧道施工的影响。

1. 施工地质编录工作

当施工中发现古滑坡对隧道有影响后,铁一院立即派员驻现场,及时地开展了滑坡影响段隧道的施工地质编录工作。通过施工揭露和分析施工地质编录资料,滑坡影响段的地质情况大致可分为三段(图 5-2)。

(1) DK34+180～+327 段

围岩以灰绿色泥岩为主，层理尚清晰，中、薄层，节理发育，岩石较破碎；隧道通过 DK34 + 262～ + 285 沟槽下部时，地下水较多，流量约 24 t/d，其余地段也有渗水，但水量较小。该段围岩工程性质均较差，施工中曾多处发生坍塌。经坍塌揭示和后来的钻探查明，本段滑坡的滑动面位于隧道拱顶以上 1～3 m。滑动面为砂黏土，厚 10～20 cm，极光滑，硬塑状，连续分布于下部的破碎基岩上，滑动面以下有 2 m 左右的影响带，二叠系岩层极为破碎，向下才逐渐完整。

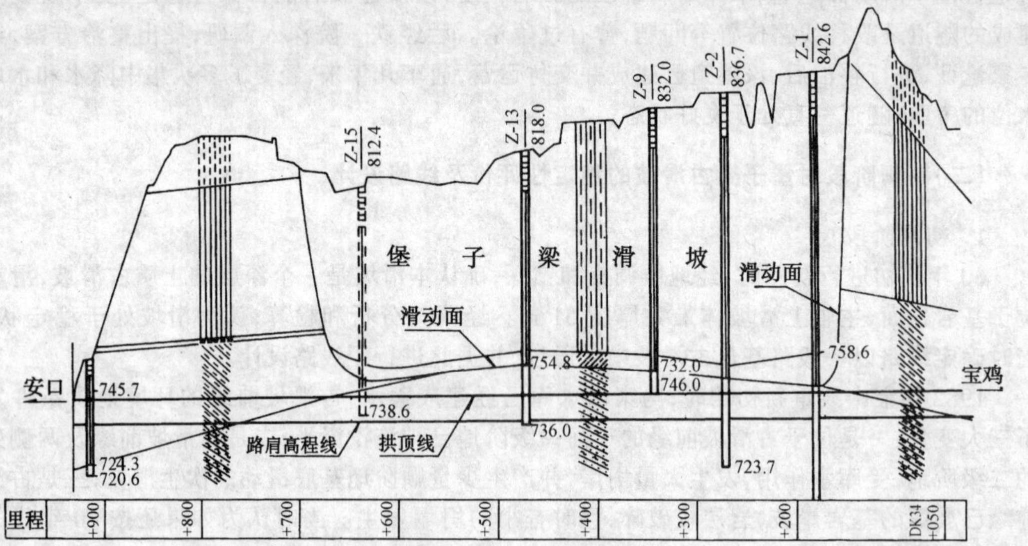

图 5－2 堡子梁隧道出口端洞身与滑坡关系图

(2) DK34 + 327～ + 590 段

围岩以紫红色砂岩为主，间夹灰绿色泥岩，层理清晰，中、厚层，节理较发育，仅局部有地下水活动，岩层较完整。除局部地下水活动处有一些小的坍塌、掉块和内挤现象外，施工一般较为顺利。经后来钻探查明，本段滑坡的滑动面距隧道拱顶约为 10 m 左右。

(3) DK34 + 590～ + 650 段

围岩以灰绿色泥岩为主，层理清晰，中、薄层，节理裂隙很发育，岩层破碎，岩质软，易开挖。地下水较发育，主要出水段长约 14 m，计 4 处，流量 5～13 t/d。拱部开挖常有坍塌，山体压力大，内挤严重，该段围岩工程性质很差，施工困难。施工中的坍塌及后来的钻探揭示，本段滑坡的滑动面位于隧道拱顶以上约 3～6 m 的基岩顶板处。

2. 隧道施工中的变形

堡子梁隧道是进、出口两端同时施工。隧道进口端位于第三系泥岩地层中，施工较为顺利。靠近隧道出口端，当施工进入堡子梁古滑坡影响段后，围岩及衬砌发生了变形。

(1) 洞身变形

施工地质编录表明，隧道变形的发生与围岩地质条件的好坏密切相关，滑坡影响段隧道洞身的变形，主要集中发生在拱顶离滑坡滑动面较近、围岩条件较差的上述第 1 和第 3 段内；而拱顶离滑动面较远、围岩条件相对较好的第 2 段则基本没有发生什么变形。

a. DK34 + 180～ + 327 段

施工中本段坍塌不断，导坑木排架多处被压裂、压断，拱顶、拱腰衬砌多处产生纵裂、环裂和斜裂缝，且各段变形差异较大。在本段 147 m 长度内，有长 65 m 的段落以不均匀分布的环裂为主,缝宽一般 1 mm,最大 5 mm,局部拱顶有剥落、掉皮现象;有长 58 m 的段落为沿两侧拱腰发育的纵向裂缝,缝宽 20～50 mm,局部拱部掉块、掉皮严重,个别保护层脱落,钢支撑外露,局部拱脚内移,净空减小,侵限严重,施工中曾出现过下导坑排架下沉、内挤,装碴矿车不能通过的现象;本段其余 24 m 以毛裂为主,变形较轻微。

b. DK34 + 590～ + 650 段

该段是施工中最早发生变形的地段,也是变形最为严重的地段,从拱脚至拱顶,纵裂、环裂和斜裂缝普遍交错分布。在 60 m 长度内,有 39 m 长变形很严重,裂缝一般宽 5～20 mm,最大 150 mm,最大错台 50 mm,部分拱顶挤压、掉块成槽状,有的裂拱在挖马口过程中发生掉落。本段挤压、掉皮、剥落现象极为普遍,所加木对口撑被挤压变形,部分断裂,两拱脚内移,净空减小,侵限达 10～30 cm。

滑坡影响段隧道洞身变形的基本特征是:

a. 拱顶距滑动面近时,洞身受影响大,变形严重;反之,受影响小,变形轻微。

b. 滑坡对洞身的影响主要表现在边墙 1/3 高度以上(特别是拱腰以上)的围岩压力很大,共同向隧道中心挤压;隧底压力小,无底鼓现象。

c. 地下水发育,有软弱夹层,岩层破碎地段变形严重。

(2) 洞顶山坡变形

1992 年 5 月下旬,当上导坑开挖至 DK34 + 235 时,在地表古滑坡后缘出现了弧形张开裂缝(见图 5 - 1),长约 450 m,裂缝宽 5～15 cm,下错 5～15 cm,裂缝面比较粗糙,呈雁行排列,未完全贯通;但滑坡体两侧和前缘没有任何变形。裂缝出现后,随即在裂缝两侧设桩进行观测。经过施工后期的系统观测,发现滑坡后缘地表裂缝宽度的变化与滑坡影响段隧道施工进展情况密切相关。1992 年 8 月 10 日上导坑贯通前,变形呈上升趋势,最大裂缝宽度增量达 12 cm;同年 9 月 14 日拱部衬砌完成前后,裂缝宽度增量迅速下降,个别点甚至趋于平稳;11 月 5 日边墙衬砌完成后,裂缝宽度增量逐步平缓下降;12 月 10 日仰拱施工完成后,裂缝宽度增量已大部回落至观测测量误差范围内。

(四) 滑坡影响段的整治措施及其效果

为了确保滑坡的长期稳定和滑坡影响段隧道的安全,采用了隧道整治和地表整治相结合的办法。

1. 地表整治措施

地表整治主要有二点:(1) 在地表变形稳定后,对地表裂缝进行回填夯实,并在滑坡体内外纵横交错地设置了 9 道排水沟,形成地面排水系统,使大气降水既不向滑坡体上汇流,又使滑坡体范围内的水流能及时向外排泄,避免地表水在滑坡体内下渗;(2) 对滑坡体前缘的水库库岸做浆砌片石护坡。

2. 洞内整治措施

由于对滑坡影响段的认识经历了一个较长的过程,前后共进行了四次大的变更设计。

(1) DK34 + 590～ + 650 段

该段是隧道最早出现变形的地段。由于隧道出现变形时,没有明确认识到古滑坡对隧道的影响,所以在整治措施上经历了初期、中期和后期三个阶段的反复。变形初期,对衬砌出现的裂缝一直认为是拆模过早所致,除对施工方法提出一些要求和在个别地段每米增加一榀钢拱加强外,实际未作任何变更,延误了时机。变形中期,已认识到围岩压力很大,原有的支护措施与围岩压力极不相称,故及时降低了围岩类别,改变了支护类型和施工方法,同时对已衬砌完的地段,实施了压浆处理。压浆初期,由于施工用水控制不好,压浆后曾一度使衬砌背后压力增大,出现裂拱变形加快的现象;因此有人曾认为压浆恶化了地层,加剧了变形。但实践证明,这只是暂时现象,压浆一段时间后,隧道变形即明显趋于稳定,压浆可起充填反压稳定地层的作用。变形后期,才认识到隧道变形主要是受古滑坡的影响,因而加强支护的决心和措施都比较坚决。主要措施是面对既成衬砌结构这一事实,分别情况给予加钢拱、打长锚杆、深孔注浆,尽快施工200号钢筋混凝土仰拱,形成封闭圈。经过以上处理,本段再未发生新的变形。最早出现的裂缝,随着上述补强措施的实施,亦渐趋稳定。

(2)DK34+327～+590段

本段施工中变形相对较小,总结前一段施工中的教训,仅采取了如下一些措施:降低围岩类别,对衬砌断面预留加宽量,对局部软弱围岩地段进行衬砌加强和打锚杆补强,并进行全面压浆。本段施工较为顺利,衬砌完成后,没有变形发生。

(3) DK34+180～+327段

这一段隧道在古滑坡下所处的位置和地质情况与DK34+590～+650段十分相似,按说这一段施工在后,有了前一段的教训,本应较为顺利地施工,但在实际施工中仍有反复。主要是因为DK34+327～+590段施工较为顺利,按照原设计图,通过地面DK34+250沟槽下部后,预计施工很快即可进入地质条件相对较好的第三系泥岩地段,因而,施工初期,曾经按DK34+327～+590段的地质情况予以对待,由于围岩压力大,地下水发育,岩层破碎,所以实施后围岩和衬砌变形均较严重。这时,才意识到,这一段隧道的处境可能与DK34+590～+650段相似,应加强施工支护和衬砌强度,因而将围岩类别降低为Ⅰ类;加设全断面钢拱架,断面加宽;裂缝及拱顶脱皮段采用凿槽嵌补和嵌缝处理;在拱、边墙和仰拱形成封闭圈后,进行全面深孔注浆,加固地层。上述措施全面实施后,变形逐渐停止发展。

3. 整治效果

1992年12月施工全面完成后,铁道部建设司邀请路内外专家,对堡子梁隧道与古滑坡的稳定性等有关问题进行论证。专家们认为"根据目前隧道变形中线测量成果及地表变形形态看,可以认为古滑坡是基本稳定的","目前所实施的整治措施基本上是合适的",并根据"宁强勿弱,一次根治,不留后患"的原则,又提出了一些补充整治意见。根据专家们的意见和铁道部的要求,认真检查整治效果,做好施工对古滑坡稳定性影响和隧道受古滑坡影响的动态监测,随即在滑坡地表的中后部和洞内设立了精度较高的观测网。

动态监测网的布置和结论是:

(1) 监测网的布置

a. 在滑坡体外选择4个基准点构成中点四边形做为首级控制,同时选择6个工作基点做为水平位移监测基点,构成6条监测视线,在滑坡中后部的视线上布置26个监测点。对各点分别进行平面和高程测量,分析滑坡的变形情况。

b. 在滑坡后缘裂缝两侧在原有12对观测桩基础上,延续设置9对裂缝监测桩,进行平面和高程测量,监测裂缝的变形情况。

c. 由中卫端洞口引导线入隧道,过滑坡影响段后返回洞外,并在隧道内布置7个钢尺丈量断面和5个QJ－85型收敛计测绘的断面,共12个,其中8个在滑坡影响段,4个在滑坡影响段之外的稳定区以便对比分析,同时设视准线1条,在视准线上设监测点13个,以监测隧道的中线和衬砌变形情况。

(2) 监测结论

分析1995年7月交付运营前监测网的各项监测数据,可以得出如下结论:

a. 滑坡地表变形观测桩：前3次对26个观测桩的观测，有18个桩(占69.2%)的数值变化在允许误差范围内，有8个桩(占30.8%)的数值变化超出了允许误差，但以后，超出误差的桩，逐次减少，直到最后消失。一个值得注意的现象是，有26个桩匀称分布在滑坡中后部的情况下，超允许误差的桩由边缘向中心呈逐渐收敛缩小的趋势。到第4次观测时，在平面图上超允许误差的范围已变为DK34+250沟槽为中心的6个点构成的小圆圈。这个小圆圈所对应的正是滑动面距拱顶最近、当初隧道施工中变形最严重的滑坡形变敏感区。还值得一提的是，地表的滑坡敏感区，对洞内围岩扰动较大的是加固施工，如拱部凿槽、嵌补、打深孔注浆等，反映十分明显；每遇这种情况，地表观测桩的变形值便会出现台阶状升高。

b. 滑坡后缘裂缝观测桩：在前3次观测中，远离滑坡主轴线的6对观测桩一直较稳定，另3对观测桩约有5 mm左右的微动。经后来观测，这3对桩也稳定。

c. 洞内监测情况：历次观测均表明隧道中线没有任何变化。至于监测断面，从数据图象看，开始变化值有些还在1 mm以上，但其变缓收敛的趋势十分明显，随后的测量都在允许误差范围内变化，说明围岩和衬砌变形已基本稳定。

对上述监测成果，1995年铁道部曾组织过专家论证。专家们认为“监测内容比较齐全，监测方法和技术要求合理，成果资料完整可信”，“在当前环境条件下，古滑坡是稳定的”，“隧道结构是稳定和安全的，可以满足安全使用的要求”。

(五) 对古滑坡与隧道关系及其稳定性的分析评价

1. 隧道与古滑坡的关系

经施工揭露和补充勘探证实，堡子梁古滑坡的滑动面位于上覆土层与基岩面的交界处。因古滑坡的滑距较大，在滑动过程中，滑动面以下岩层曾受到较大影响和牵动。其影响程度与下伏地层岩性有关：DK34+327～+590段为厚层砂岩，受影响较小；DK34+180～+327及DK34+590～+650段为中、薄层泥岩，受影响较大，其影响和牵动深度一般为1～3 m。

堡子梁隧道是从古滑坡后缘附近的滑动面下基岩中通过的，隧道拱顶距上面的滑动面有1～10 m不等的距离。隧道围岩受滑坡影响的程度，除与地层岩性有关外，还与拱顶距滑动面的高度有关。DK34+327～+590段，滑动面高于拱顶约10 m，受影响程度小；DK34+180～+327及DK34+590～+650段，滑动面距拱顶分别为1～3 m和3～6 m，受影响程度大。

2. 隧道变形原因分析

堡子梁古滑坡影响段，在施工过程中发生不同程度的变形，其原因比较复杂，可能是多方面的，主要有以下几点：

(1) 隧道拱部严重变形段，主要是隧道洞身进入滑坡影响带的地段，地层以泥岩为主，围岩类别低，有地下水的作用，还具膨胀性，开挖后围岩压力很大，便造成了多处坍塌和衬砌变形。

(2) DK34+180～+327和DK34+590～+650两段洞身位于滑坡后缘滑动面的陡缓转折部位之下的滑坡三角区(图5-3、图5-4)，该区既有剪应力，亦有垂直压力和水平侧压力，导致应力集中分布，隧道拱顶离滑动面又很近，隧道所处空间位置极为不利。所以施工形成临空面后，随着应力的释放，围岩自然要产生变形。

(3) 施工方法、支护强度等与围岩应力状况不相适应。这一点在施工初期表现最为明显，隧道施工形成临空面后，后续工序不能紧跟，变形就十分明显。后来，当施工方法和支护强度逐渐与围岩压力相适应后，变形便明显得到控制。

(4) 古滑坡后缘地面裂缝的产生是开挖隧道所引起的山体应力调整所致，是洞身围岩变形在地面原有的最薄弱处的反映。

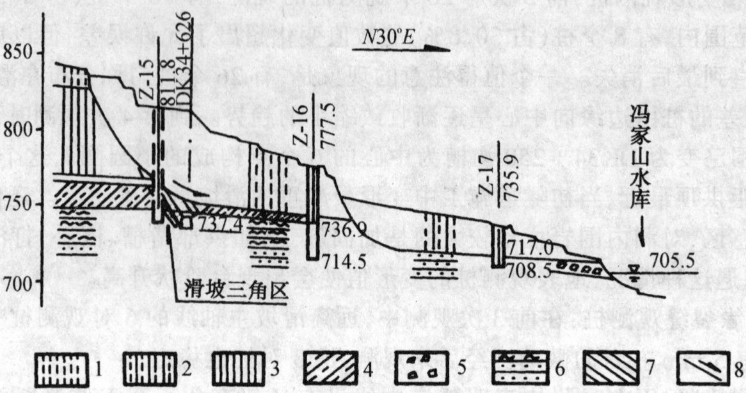

图 5－3　堡子梁滑坡Ⅱ—Ⅱ断面图

1—新黄土；2—黄土质砂黏土；3—老黄土；4—砂黏土；
5—块石土；6—泥岩、砂岩；7—滑坡影响带；8—滑动面。

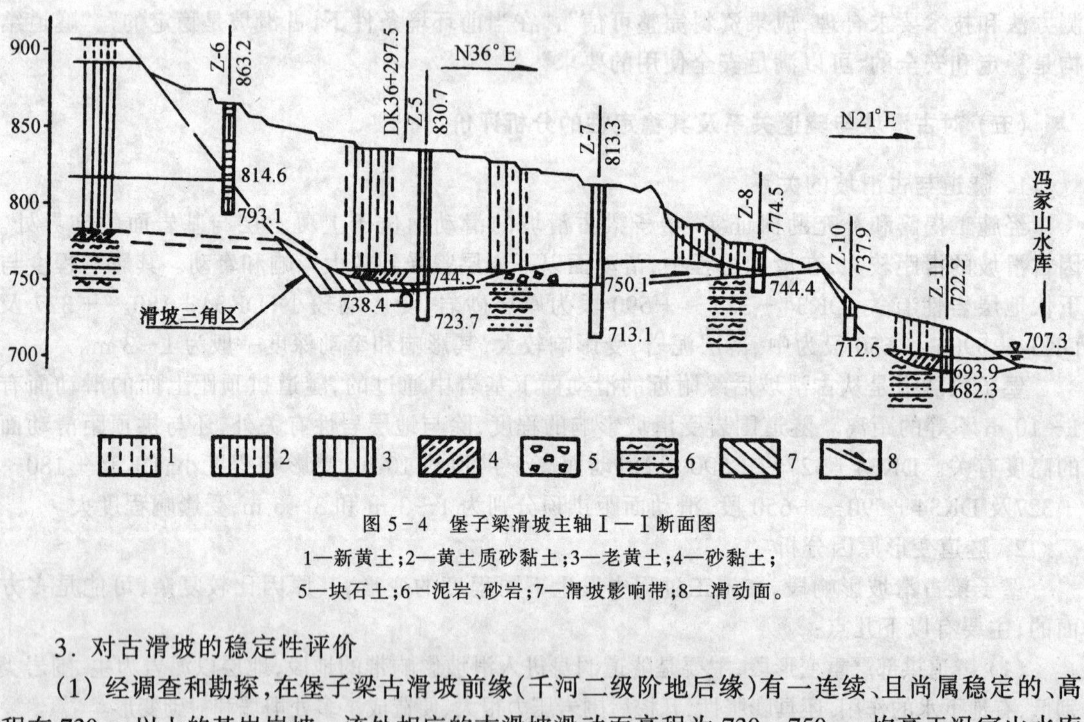

图 5－4　堡子梁滑坡主轴Ⅰ—Ⅰ断面图

1—新黄土；2—黄土质砂黏土；3—老黄土；4—砂黏土；
5—块石土；6—泥岩、砂岩；7—滑坡影响带；8—滑动面。

3. 对古滑坡的稳定性评价

(1) 经调查和勘探，在堡子梁古滑坡前缘(千河二级阶地后缘)有一连续、且尚属稳定的、高程在 730 m 以上的基岩岸坡。该处相应的古滑坡滑动面高程为 730～750 m，均高于冯家山水库正常高水位(714 m)，因此，库水位升降的变化，不会浸润滑动面而引起古滑坡边界条件的变化。

(2) 经施工和勘探查明，古滑坡的滑动面干燥无水，滑动面下岩层较破碎，经施工中应力调整影响和施工扰动，滑动面和基岩顶板已不具隔水性，滑坡体中的地下水已在隧道开挖过程中大量被疏干和向下潜移。地下水的疏干和下潜，已使滑动面缺少了“润滑剂”，不可能再沿老滑动面滑动。

(3) 从滑坡主轴断面(图 5－4)看，古滑坡的滑动面较平缓，前缘有反翘现象，滑坡中部还残存有一个基岩孤包，滑坡的下滑力明显小于抗滑力，有较大的安全度。

以上情况表明，堡子梁古滑坡总体上是稳定的，而且在目前的边界条件下，隧道施工和水库水位变化都不会改变其稳定性。因而，在今后它不会影响堡子梁隧道的稳定。这个结论已为隧道变形发生后和交付运营中，对隧道洞身和地面滑坡的多次精密监测所证实。

（六）几点教训

对堡子梁古滑坡，在初测过程中做了必要的地质工作，定性评价亦基本正确，并按滑坡工点搜集了资料。定测中本应在隧道顶部进行钻探，查明隧道与古滑坡的关系，当时因水库已蓄水，交通困难，未予实施，结果造成了后来发生的问题。不但给施工造成很大困难，而且给国家造成经济上的损失，教训十分深刻。

1. 勘测中，对可能与滑坡发生关系的工程，一定要慎重对待。难以避绕或绕避不合理时，该进行的勘探一定要做，不但要查明工程与滑坡的关系，而且要查明滑坡的稳定性，慎重评价其对工程的影响，并有确实可行的措施。

2. 范围较大的深层滑坡，在滑动面下还有一个具有一定厚度的影响带，深层滑坡后缘陡缓转折部位滑动面下，可能存在一个应力集中区（滑坡三角区），在这些部位设置工程，应持慎重态度，要予特别关注。

3. 治理隧道地质病害，关键是要做好病害原因的地质分析和论证。要坚持“宁强勿弱，一次根治，不留后患”的原则，采取与围岩应力相适应的支护措施和施工方法，并适当留有余地；要避免反复施工对围岩的多次扰动。

二、包西线西安至延安段田庄隧道滑坡勘测及整治

黄晓霞

（一）概况

田庄隧道位于包西线延安至坡底间，里程为 $D_1K634+640 \sim D_1K638+130$，全长 3493 m。1973 年定测，1974 年施工，1976 年完成主体工程。洞身全部通过三叠系砂页岩，属Ⅳ类围岩。1978 年 7 月 8 日雨后在隧道进口地面出现一道长约 180 m 东西向贯通的大裂缝，局部裂缝处地面严重下沉，形成陷穴槽，基岩露出，并能见到基岩裂缝。与此同时 $D_1K634+640 \sim +710$ 隧道洞身衬砌也出现与线路略成 45°夹角的裂缝 10 多条，主要集中在右侧拱部，缝宽 1～2 mm，并有漏水现象，对隧道威胁较大。经组织有关人员会勘研究，认为隧道变形与滑坡有关，随于同年 9 月中旬至 12 月上旬完成了以抗滑桩为主的整治方案，交付施工。近二十年来，滑坡已稳定，隧道使用状况良好，整治效果显著。

（二）滑坡特征

1. 滑坡组成

线路左侧为洛河，河岸冲刷严重，右侧为高达 100 m 的黄土塬。该滑坡由黄土滑坡及块状顺层滑坡重叠而成，见图 5－5。其中主要由块状顺层滑坡引起隧道变形。

黄土滑坡，为基岩顶部以上黄土沿基岩面滑动的大型黄土老滑坡，发生时代较早，过程复杂，在黄土梁塬的边缘，新、老黄土总厚度达 50 m 以上，长期的滑动使原始地貌改变，呈簸箕形滑坡地貌景观，上窄下宽，地表坡度 5°左右，土体厚 5～10 m，土体杂乱掺合。在土层与基岩接触面处有清晰的残存滑动擦痕。

块状顺层滑坡的特点是块状岩体顺层面滑移，移距由几厘米到几十米甚至百米。隧道左侧山坡为延续的基岩断壁，150 m 以外洛河边的巨大岩块是岩层拉裂后的滑移块体（30 m×

100 m)，现仍在滑动中。$D_1K634+360\sim+460$ 左侧河边有 200 年以前滑移过的孤峰岩体，1978 年 3 月一次滑移 17 m，沉陷3.7 m，压缩洛河河床达 8 m，目前仍在缓慢滑动中。早期的滑动与洛河冲刷有关，目前隧道外侧岩体已形成临空面，为块状岩体滑坡的形成提供了条件，危及隧道安全。

2.滑坡区地层

地层由老到新为三叠系延长群砂岩、页岩，第四系新、老黄土（图 5－6）。基岩由下往上依次为灰、灰白色页岩、厚层砂岩、第三层黑色页岩；灰、深灰色页岩、砂岩互层，第二层黑色页岩；灰色砂岩夹页岩、第一层黑色页岩。黑色页岩是可滑地层，分别夹于砂页岩层间，厚度 2～8 m 不等，连续分布，岩性据磨片鉴定以泥质为主，含有微量的石英粒及少量黄铁矿，其中第二层黑色页岩厚度 1.5～2.5 m，是形成该滑坡的可滑地层，促使块状顺层滑坡滑动，直接危及隧道的安全；第一层黑色页岩在隧道顶部，厚度 5～8 m，隧道顶部的黄土滑坡即沿本层发生。

第四系地层由洪积的 Q_2 老黄土、坡积风积的 Q_3 新黄土以及坡积的 Q_4 黄土质砂黏土组成，其中 Q_2 老黄土夹有多层古土壤。在滑坡体内多见长期滑动挤压的交错剪切面，鳞片状、团块状的土体相互掺杂。

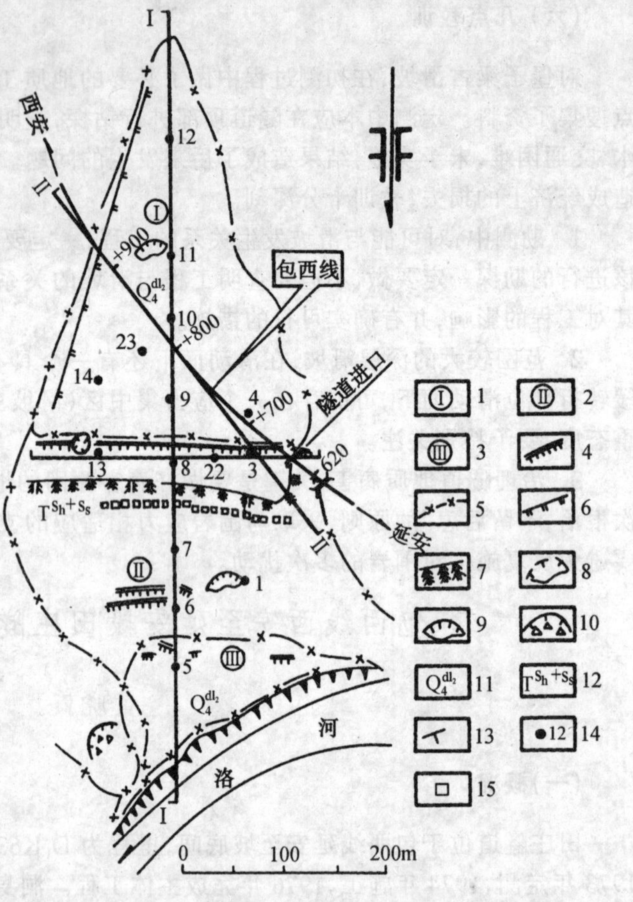

图 5－5　田庄隧道滑坡工程地质图

1—黄土滑坡；2—块状顺层滑坡；3—滑移块体；4—裂缝；5—不良地质界线；6—逆断层；7—基岩断壁；8—古滑坡；9—滑坡；10—崩坍；11—黄土质砂黏土；12—砂页岩；13—岩层产状；14—钻孔及编号；15—抗滑桩。

3.地质构造

(1)本段位于渭北盆地的东南，岩层为单斜构造，岩层产状 N50°E/7°～10°N，隧道洞顶山坡顺黄土滑坡边界有一逆断层，与线路成 50°交角，产状 N15°～25°E/20°～25°S，断距 10～12 m，影响带宽度 15～20 m，在 $D_1K634+800$ 左 170 m 左右，有完整露头。由于断裂构造形成地貌上的断坎及地层上的不连续，断层两侧有伴生的小型错断、层间挤压错动、岩层褶曲陡立等现象。隧道顶部黄土滑坡的东部边界，受该断层控制。

(2)本段具有 EW、SN 向两组垂直节理，切割岩体成块状，多是延续、连通节理，张开无充填，对隧道有影响的为 EW 向节理，田庄隧道滑坡及其隧道进口洞顶滑移岩体都是沿此组节理产生。

(3)第二层黑色页岩遇水易膨胀软化，是一软弱层，极易形成滑动面。

4.地下水

本区地下水露头较少，滑坡体地表未见出露。但隧道的平行导洞的岩层内普遍含水，部分地表水还由大裂缝渗入导洞内，致使洞底停积厚 30～40 cm 的黄土泥浆，地下水主要储存于砂页岩层中，在 24 个钻孔中有 16 个发现有地下水，其中土层含水的仅有 1 号孔，含水层位于黄土滑坡土体底部附近，钻孔流量 $Q=4.8$ t/d，其余 15 孔地下水均在砂岩、页岩层中，$Q=0.13\sim3.4$ t/d，水位高程变化幅度较大，一般不具承压或稍具承压，含水层位在滑动面上下。地下水主要是通过断层和基岩大裂缝的地表水补给，广泛存储于砂岩裂缝之中，使黑色页岩浸润软化，促使滑坡的形成和发展。

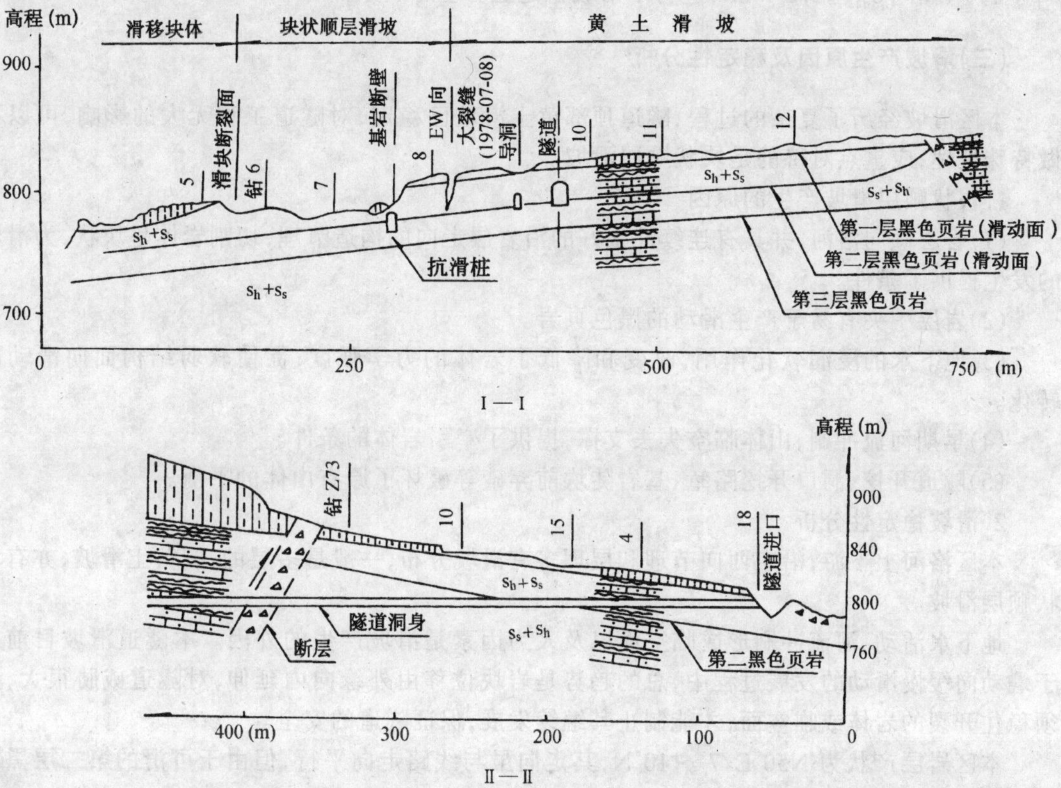

图 5-6　滑坡地质断面图

5. 滑动带物理力学性质

滑动面发生在第二层黑色页岩中，大部分钻孔中都有发现，滑带泥夹于黑色页岩间，厚度 0.5~2.0 cm，有的灰白色，细腻光滑具黏性，软塑状并具腊状或油脂光泽。大部分有明显梳状擦痕或擦槽，由于滑动时挤压揉皱，有的已成为不规则的光滑曲面。由于滑动过程复杂，滑动面埋藏较深，取原状滑带泥极其困难，且单靠 1 个孔的滑带泥数量也不够制样测试，故将 5 个钻孔同一滑动面扰动土样混合制成重塑土，进行室内一次剪和多次剪，采用原始含水状态测定 φ、c 值及其它有关指标。其试验结果，如表 5-1。

表 5-1　滑动带土试验一览表

取样位置	深度 (m)	w (%)	ρ (g/m³)	e	Sr (%)	w_L (%)	w_p (%)	I_p	I_L	重塑土 一次剪 φ(度)	重塑土 一次剪 c(kPa)	重塑土 二次剪 φ(度)	重塑土 二次剪 c(kPa)
$D_1K634+708.5$ 右 8.5 m(4 号孔)	29~29.03	33.8	1.85	0.866	100	44.6	24.7	19.9	0.46	4°35′	22	3°05′	8
$D_1K634+773$ 右 36.5 m(9 号孔)	23.06	28.5	1.94	0.710	100				0.19	4°50′	46	3°	14

从表 5－1 可以看出，滑动面土的塑性指数(I_p)为 19.9，天然含水量(w)处在塑限(w_p)与液限(w_L)之间，饱和度(Sr)已达 100%，液性指数(I_L)为 0.46 及 0.19。由于钻探中基岩裂隙水和钻机本身用水的影响，测出之含水量可能偏高。同时考虑到本滑动岩块位移不远，认为采用重塑土一次剪的数值较为合适。结合相邻工点的试验数据，本工点采用 $\varphi=5°$，$c=10$ kPa，$\rho_{土}=1.9$ t/m^3，$\rho_{石}=2.2$ t/m^3，进行了滑坡稳定验算。

(三)滑坡产生原因及稳定性分析

本区滑坡经历了复杂的过程，隧道顶部黄土滑坡已稳定，对隧道工程无大的影响，可以不做特殊处理，应重点对待的是块状顺层滑坡。

1.块状顺层滑坡产生的原因

(1)岩层倾向洛河，并具有连续性很好的沿岩层走向的构造节理，切割岩体呈块状，为滑坡的发生提供了条件。

(2)岩层中夹有易于产生滑动的黑色页岩。

(3)地下水的浸润软化作用，改变和降低了岩体的力学强度，促使软弱结构面向滑动面转化。

(4)早期河流冲刷，山体临空失去支撑，提供了牵引岩体的条件。

(5)隧道开挖、洞口开挖路堑、基岩陡坎前弃碴等破坏了原有山体的平衡。

2.滑坡稳定性分析

本区洛河上下游，沿东西向节理和层理多有滑坡分布，一般是多层的，有黄土滑坡，亦有块状顺层滑坡。

地下水活动、河流冲刷形成临空面以及人为因素是滑坡产生的外因。本隧道滑坡目前处于蠕动向缓慢滑动的发展过程中，总的趋势是岩块位移由外缘向内延伸，对隧道威胁很大，必须稳住开裂的岩体或临空面，才能制止其继续发展，保证隧道的安全。

本区岩层产状为 N50°E/7°～10°N，其走向虽与线路走向平行，但由于可滑的第二层黑色页岩面，在延安端洞门处已埋入路基面以下 15 m，且前缘有着巨厚的支撑岩体(见Ⅱ—Ⅱ断面)，因此，认为向延安端洞门方向的滑动是不可能的，其主要方向应是向河侧滑动。

现有已拉裂的大裂缝上方岩体是否稳定，对评价本滑坡的稳定性也十分重要。从构造条件说，存在着东西向的连通性裂缝，也就存在其滑移的可能性。目前大裂缝以下的块状顺层滑坡，其岩块变位的历时已较长，虽已滑动，但目前滑距不大，岩块尚完整，滑动仅处在起始阶段，且时断时续，滑坡上部地表尚未发现明显的滑动凹槽、岩体位移开裂等现象。因此，大裂缝以上的岩块若存在类似位移，滑距则更小，如果稳住目前开始滑移的大裂缝以下的岩体，从整体上来说就可以确保整个岩体的稳定。

(四)整治措施及效果

对本工点采取了以锚固滑动的岩块为主的整治措施。在隧道左侧高 15～20 m 的基岩断壁下部设置了 19 根抗滑桩，桩长 10.5 m(埋入滑动面以下 4.0 m)，桩截面 2 m×3 m，间距 7～8 m。隧道洞内裂缝采用压浆处理，并加强地表排水。施工至今已近二十年，滑坡已稳定。洞内衬砌裂缝未再发展，漏水现象逐年减轻，经整治后，隧道病害消除，保证了正常运营。

(五)经验教训

1.选线时，由于对本区块状顺层滑坡的滑动，缺乏经验，未作详细勘察，也未及时提出处理措施。后来在三叠系延长统含煤地层中发现多处顺层滑坡，其中黑色炭质页岩易形成滑动面，当倾角 5°～10°时即可产生滑坡，从而加深了对本工点的认识。

2. 这种受构造面控制的顺层滑坡，其滑动很独特，表现在滑动过程中岩块时断时续向前位移，本身始终不能形成抗滑部分而达到平衡。若不采取有效的抗滑措施，就不能稳定岩块。本隧道滑坡虽然其位移不大，但若不能及时整治，任滑坡继续发展，则处理就更加困难了。采用抗滑桩稳定滑坡，是完全必要的。

三、阳安铁路新渔坝隧道古错落影响段的病害整治

李法昶

阳安铁路新渔坝隧道位于茶镇站至缯溪河站之间，石泉水库南岸，运营里程 K253 + 222～K254 + 729，全长 1507 m。由于一部分洞身位于新渔坝古错落体内，造成施工中坍塌严重，通车后，出现过几次大的变形，影响行车安全。经多次加固整治，现未见明显变形，但始终是一个潜在的隐患。

(一)古错落体问题的引出

阳安铁路茶镇至石泉段为汉江峡谷区，地形陡峻，地质复杂，还有石泉水库的影响，所以 1969 年定测时，新渔坝隧道选用的是地质条件好，受水库影响小，长 3 617 m 的长隧道方案。1970 年 8 月当施工队伍进入现场后，阳安线修建指挥部为加速施工进度，在没有任何资料的情况下，便决定以总长 2 969 m 的五个傍山隧道取代原长隧道方案。改线后的新渔坝隧道长 1 507 m(见图 5－7)。因急于施工，便形成了边勘测、边设计、边施工的“三边”局面，地质调查十分粗略，只是感性地认为新的新渔坝隧道的地质条件比原长隧道方案差得较多，但并未发现古错落。在后来的隧道施工中，K253 + 749～ + 894 段坍塌不断，竣工后衬砌变形严重，但当时并未将这些现象与古错落体联系起来。直到 1975 年进行补充地质勘探，才初步判定这段病害的发生与新渔坝古错落体有关。

(二)隧道病害段的变形和整治情况

新渔坝隧道病害段大致有施工期间和交付运营后的 1973 年、1983 年三次大的变形和整治。

1. 施工期间的变形和整治

新渔坝隧道于 1970 年 11 月开工，1972 年 3 月竣工。施工中发现病害段岩层十分破碎，除个别地段外，绿泥石英片岩大部风化呈土状，开挖导坑和马口扩大时坍塌不断，加之中间更换施工单位，停工时间太长，致使部分下导坑排架变形，立柱折断，左右侧均出现不规则的错动面，部分地段隧底还有隆起现象；扩大断面施工中有大量对口撑挠曲折断；衬砌完成后，拱部及边墙多处开裂、下沉，甚至掉块，且河侧较山侧情况严重。施工后期将裂缝剔大进行勾缝处理和拱墙背后压浆，共用水泥 240 多吨，平均 1.27 t/m。

洞内的变形也反映到地面。早在 1971 年 6 月洞顶右侧王家大院(距中线 240 m，高差 120 m)的院坪、水塘、房屋土墙即发生裂缝并部分下错，地面裂缝还沿屋后山根向两侧山下延伸，然后逐渐消失(见图 5－7)。

2. 运营后的第一次变形及整治

1973 年 3 月临时运营后，复测时发现病害段洞身衬砌多处开裂，右侧普遍侵限 5～15 cm。同年雨季过后，进一步发现避车洞环裂，侧沟水平断裂，拱顶错缝、掉块，边墙墙顶与拱脚连接处断续有劈裂、错缝现象。同时，在洞外线路附近山坡上又出现了 2 处新的环形裂缝。从

1973 年 8 月到 1975 年 6 月，进行了该隧道病害段的第一次系统整治。采取的整治措施有：避车洞加钢筋混凝土套拱，将原素混凝土边墙全部更换成 200 级钢筋混凝土直墙，变形较严重的拱部换成钢筋混凝土拱，增加仰拱，对地层进行深孔压浆加固等。在加固过程中，新衬砌仍时有变形发生，严重处还有混凝土剥落、钢筋外露、墙拱连接处劈裂等现象，说明衬砌尚不适应围岩的压力。为了彻底查明情况，1975 年铁一院对该段山体开展了补充工程地质工作，并初步判定在新渔坝隧道处存在着一个古错落。新渔坝隧道 K253＋749～＋894 段产生病害的原因，主要是该段洞身位于古错落体内。因此，阳安线修建指挥部研究确定，加强隧道病害段的衬砌，将衬砌全部更换为曲墙、仰拱，形成封闭的钢筋混凝土结构，并在边墙内每米增加 8 kg/m 小钢轨一榀，与拱筋焊牢。上述措施 1976 年 8 月全部实施完成后，恢复隧道中线、水平，在洞内外布置观测网，对古错落体和隧道衬砌的稳定情况进行了定期观测。观测表明，1976 年 8 月至 1983 年 10 月隧道未发生变形，使用良好。

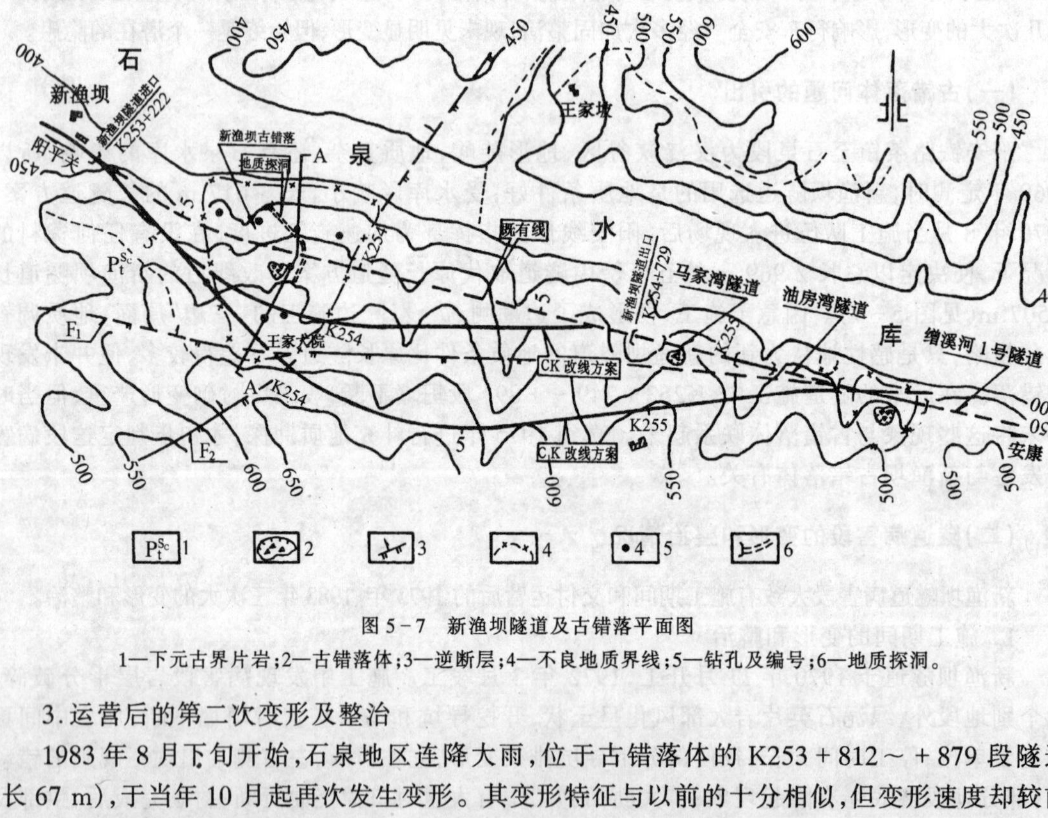

图 5－7　新渔坝隧道及古错落平面图

1—下元古界片岩；2—古错落体；3—逆断层；4—不良地质界线；5—钻孔及编号；6—地质探洞。

3. 运营后的第二次变形及整治

1983 年 8 月下旬开始，石泉地区连降大雨，位于古错落体的 K253＋812～＋879 段隧道（长 67 m），于当年 10 月起再次发生变形。其变形特征与以前的十分相似，但变形速度却较前快得多，严重威胁行车安全。

变形的情况是：K253＋812～＋879 左边墙起拱线处裂缝贯通，缝宽 20～30 mm，其中部分地段混凝土被压碎、掉块，拱脚与边墙错台达 56 mm。K253＋852～＋877 右边墙起拱线处裂缝基本贯通，缝宽 30～40 mm，部分混凝土被压碎，最大掉块达 90 cm×70 cm×180 cm，部分掉块后的新茬面很快又出现龟裂，拱脚与边墙错台达 80 mm。部分边墙及拱顶掉块后，小钢轨、钢筋外露。K253＋824～＋849 右半拱还出现环形裂缝，并与左右边墙的竖向裂缝连通，情况十分危急。但幸好，到 1984 年 11 月变形很快停止发展。

针对隧道的这次变形，从 1984 年 11 月起又采取了如下加固和监测措施：

(1)在隧道全断面衬砌内嵌入 43 kg/m 钢轨，每米 1 榀或每 2 米 3 榀。

(2)凿除破损衬砌，用200级混凝土修复，并按梅花形布置打长锚杆、深孔压浆，使周边围岩与衬砌联为整体。

(3)加强排水，将墙后水流引走，并作好洞外地面排水系统工程。

(4)对病害段和古错落体进行监测。

鉴于当时对病害定性评价的依据尚不充分，病害是否还会继续发展，心中也无数，在对隧道病害段实施加固的同时，从1984年9月起，还采取了如下措施：

(1)在隧道上方(因受水库水位控制，在隧道下方无法实施)错落体中基本垂直线路开挖地质探洞一个，初估长度250 m。目的是查明错落体的情况，综合其它资料，进行分析研究，提出其稳定性评价意见；探洞加固后，兼起到疏排错落体内地下水作用。

(2)进行绕避错落体的改线方案和错落体的加固方案的可行性研究，并编制概算，作出技术经济比较。

(三)古错落体概况及其与隧道的关系

1. 古错落体概况

经过1975年的补充地质调查、勘探及1985年的地质探洞调查，较详细查明了新渔坝古错落体的情况(详见图5-7、图5-8、图5-9)。

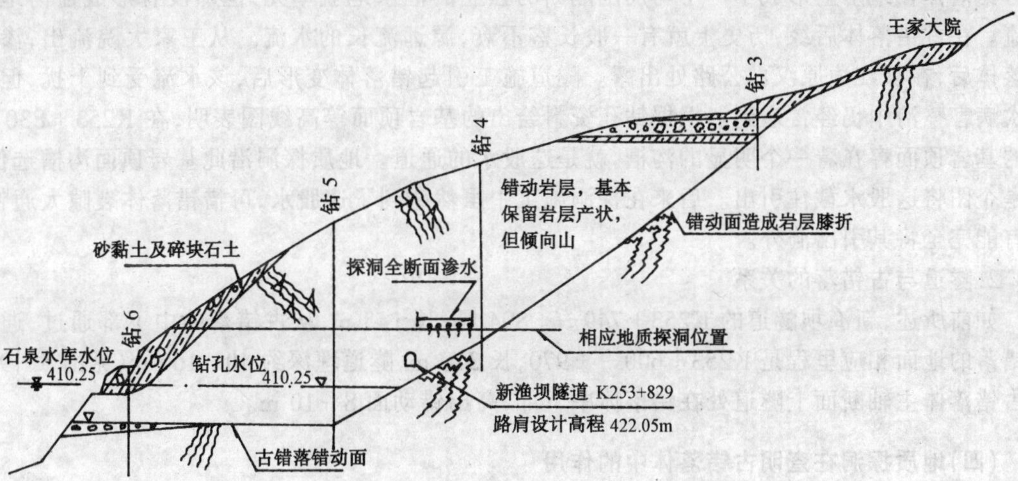

图5-8　新渔坝古错落体 A-A 主轴断面图

新渔坝隧道全部位于志留系绿泥石英片岩地层内，在隧道进口段山坡上分布着新渔坝古错落体。

古错落体呈圈椅状地貌，其后缘位于王家大院屋后，有明显的错壁，两侧边界明显，有多处错动带露头，已下切为两条双沟同源的沟谷。在错落体的中上部有平缓的错台，前缘伸入汉江，掩盖了汉江一级阶地的卵石土，在汉江河道内，形成明显的鼓肚。错落体南北长约500 m，东西宽约400 m，前后缘相对高差约190 m。主轴断面显示其底部十分平缓，但后壁长而陡，约30°～35°。错动岩体最厚达100～120 m。古错落受渔坝河—油房湾(F_1)EW向压扭性断裂和茅岭—王家坡(F_2)NE向断裂的控制。区域构造作用，使本区褶皱岩体处于一个大的扭性剪切带中，可见到众多的小断层和十分密集的节理带，有些部位可见断层角砾和泥砾。这两条断层及受其影响产生的剪切构造节理、一些次级张性断裂及膝折带断裂，便构成了古错落体的周边及底部边界。古错落形成后，上述众多的构造面不仅得到了保留，而且还有所加强，又形成了许多新的错动面。因此，只要山体有应力调整，首先便会在这些结构面上反映出来，这是造成隧道病害段一系列变形的内在原因。

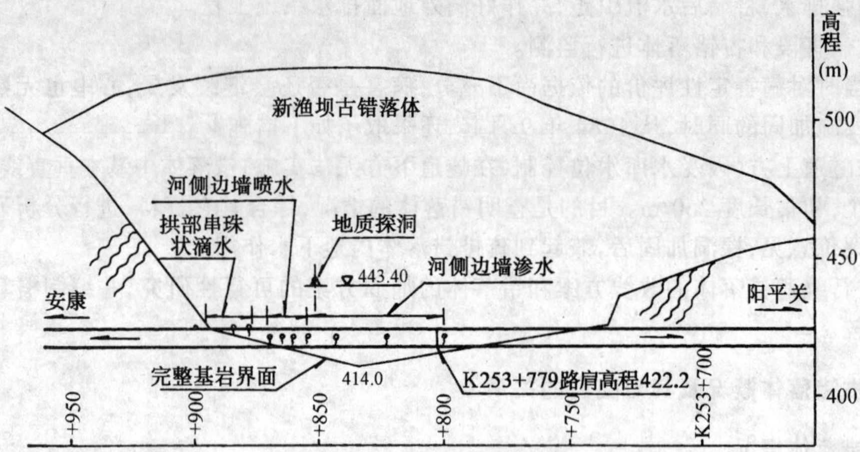

图 5-9　新渔坝隧道与古错落关系图

错落体在地形上形成了一个与周围隔断的独立的汇水地貌单元，但却没有形成任何地表径流。在古错落体后缘，历史上就有一股长盛不衰，源远流长的水流。从王家大院流出，渗入错落体后，在汉江边原汉白公路处出露。隧道施工引起错落体变形后，该水流受到干扰，但在历次病害整治中仍经常遇到。根据钻孔资料绘出的基岩顶面等高线图表明，在 K253＋830 左右的基岩顶面存在着一个明显的沟槽，就是这股水的通道。地质探洞沿此基岩顶面沟槽选位，便是企图将这股水截住引出。后来在探洞施工中虽然碰到了这股水，可惜错落体裂隙太通畅，没有能完全将其引出洞外。

2. 隧道与古错落的关系

如前所述，新渔坝隧道的 K253＋749～＋894 段，长 145 m，从古错落的中下部通过，通过古错落的地面相应里程是 K253＋600～＋970，长 370 m，隧道埋深约 40～100 m(见图 5－9)。在古错落体主轴断面上隧道处在错落体中下部，高出错动面 8～10 m。

(四)地质探洞在查明古错落体中的作用

1. 为什么要开挖地质探洞

1983 年新渔坝隧道又一次发生严重变形后，人们在认识上便有了很大分岐。归纳起来基本上有三种意见：(1) 大多数人同意 1975 年经过调查、勘探所作的“新渔坝是个古错落体”这一结论；认为本处岩层近乎直立而略向山倾，EW、NE 向的断裂形成了错落东、南面的边界，构造变动造成岩层的膝折带断裂，形成了错落的底部及后缘边界。由于汉江冲刷山坡的前缘，造成山体失稳的那个地质年代，受重力作用，整体突然下错而成错落。其与滑坡的最大不同在于它没有一个倾向汉江的软弱面，且垂直位移大于水平位移，以压密为主，下错完成，错落体也就趋于稳定。(2) 说是岩石滑坡的人认为，这个地貌上呈双沟同源、圈椅状，存在有可滑地层，在工点底部存在有一个或数个可滑的软弱面(带)，在水和其它因素影响下，在重力作用下，岩体沿着这个软弱面作缓慢的整体的滑动，才造成了隧道的变形。(3) 说是错落向滑坡转化的人则认为，原有的错落面，在该处多次变形过程中，特别是在水的作用下，已软化为一个滑动面或带，1983 年隧道急剧变形，说明了这种转化已经完成。到底哪个意见正确，当时仅凭隧道变形和钻探资料,很难作出判断。而对病害作好定性和稳定性评价又至关重要,因此尽管要花较大代价,还是下决心挖地质探洞,以便对古错落体进行直观的、确切的了解。

2.地质探洞所查明的情况

1984 年 10 月至 1985 年 10 月地质探洞施工,长度为 255 m,根据地质探洞调查,结合钻孔和地面调查,查明了以下情况:

(1)在错落体范围内,志留系绿泥石英片岩,岩层破碎而不均一,基本保持原有结构,并且是分带的。

0～44 m 是错落体前缘的崩塌堆积物,地层松散,有大量地下水,极易坍塌。

44～211 m 是古错落体错动岩层,又可明显分为三段:a. 44～80 m 地层极破碎、挤压强烈,地下水少,但极易坍塌。b. 80～160 m 相对好一些,但终究是错动过的岩层,也夹有软弱泥带,开挖中也常发生小的坍塌;其中仅 107～130 m,岩层整体性好,无坍塌;这一段岩体好,有它的二重性,既对错落的稳定起强大的支撑作用,又对地下水的排泄起阻拦作用。c. 160～211 m 的地层又极破碎,其中 176～205 m 段有大量基岩裂隙水。

211～255 m 段为没有错动过的、完好的新鲜岩层。岩层是否受过错动,在这个面上有着十分明显的区别。211 m 之后,岩层突然变好,坚硬、新鲜、陡立。错动还造成下部完好岩层的膝折,在错动面上可见明显的拖拽现象(见图 5－8)。

(2)错动岩层以 30°～40°的倾角倾向山内,层间软弱错动面除极个别的外,也主要是倾向山内。这就纠正了以往单凭只能发现软弱面及其倾角、但却确定不了它的倾向的钻孔资料,在错落体主轴断面上所连结的隧道拱脚及三个以上不是倾向汉江软弱泥带点的滑动面的错误,从检算上大大提高了错落体的稳定性。这是地质探洞揭示的、影响这个工点定性和稳定性评价的最重要的地质现象。

(3)错落错动面是一个规则的、极粗糙的、完好岩层和破碎岩层的明显分界面。在错动面以上存在一个错动带,厚约 3～5 m,由小角砾夹岩屑末组成。由于错动过程中的压缩作用,它是紧密的、干燥的,是既不含水,又不透水的,抗剪强度很高,重塑土直剪(筛去角砾 30%)$\varphi = 22°47'$,$c = 2$ kPa。因此,它不是一个可促使上部岩层滑动的滑动面。

探洞的上述揭示,结束了前边的争论,说明本工点既不是岩石滑坡,也没有发生错落向滑坡的转化,它确实就是一个古错落。

(五)隧道病害段变形原因分析

新渔坝隧道地质条件复杂,影响因素较多。病害的形成是各种因素综合作用的结果。

1.从根本上说,这是当时采用外绕方案的恶果。

沿汉江一带,受断层影响,岩层破碎,不良地质现象发育,除本工点外,在马家湾、油房沟等还有几个错落。加上水库的影响,问题很多。线路走在这个地带自然是很不利的。新渔坝隧道的变形段位于古错落体内,岩层破碎,便于地表水下渗,地下水发育,使众多的结构面受到浸润,力学强度降低,隧道在其中形成临空面后,岩层产生松弛和应力调整,围岩便产生了较大压力,所以引起坍塌和变形。

2.隧道衬砌与围岩压力不相适应

施工中支撑排架变形、立柱折断,说明围岩的压力是很大的,但一开始设计的衬砌强度显然不足以抵抗来自围岩的巨大压力。后来进行加固,几次开挖翻修,反复施工,促成岩体多次松弛,使影响范围越来越大,造成恶性循环。在改用钢筋混凝土曲墙、仰拱的封闭结构后,衬砌强度才逐渐适应了围岩的压力。

3. 施工中衬砌背后回填不密实留下了隐患

施工中处理坍塌的排架及背柴大部来不及取出，年久腐烂后，必然形成大量空隙，在围岩应力调整中，便对衬砌造成过大的压力。衬砌变形严重段，一般都发生在施工坍塌严重段的事实，说明这种危害是很大的。

4. 大气降水的大小和隧道变形有着直接关系

本区年平均降雨量为 840～920 mm。分析隧道变形和降雨资料后，说明大气降水和隧道变形有明显关系。由表 5-2 中可以看出，隧道变形都发生在雨水多的年份，百年一遇时变形最大，而且变形多发生在雨季一个月左右，随着隧道不断加固，其适应雨量的能力也不断提高。水对隧道围岩的影响，主要表现在二个方面：

表 5-2　新渔坝隧道变形与降雨量关系表

年　份	年降雨量 (mm)	隧道变形情况
1972	1 168.1	3 月隧道竣工，同年 11 月衬砌发生变形
1973～1975	1 000～800	隧道继续变形，加固后，变形显著减缓
1976～1980	800～900	1976 年 8 月隧道运营后的第一次加固完毕，隧道无变形
1981	1 115.5	隧道无变形。雨量虽较大，但衬砌较适应围岩压力
1982	809.2	隧道无变形
1983	1 435.5（百年一遇）	雨季降水 1 045 mm，隧道发生急剧变形
1984	1 212.5	隧道继续有变形，到 11 月变形停止发展
1985～1990	800～1 100	隧道衬砌无变形

(1)增加了动水压力：正常降雨年份地下水沿已有通道即可从容宣泄，而多雨年份，原有的通道来不及排泄，特别是隧道外侧那 80 m 厚的完整岩带，起着阻水作用，使错落体内饱水，增加了围岩的动水压力。

(2) 对软弱结构面有很大影响：饱和以后，围岩内原来干燥或稍湿的软弱结构面，受水浸润，所含蒙脱石、伊利石、绿泥石等矿物，吸水膨胀，将产生出比原来大十多倍的膨胀力，降低了岩层的力学强度，增加了围岩的压力。

由于水对隧道围岩有很大影响，能否制止隧道变形和古错落体局部变形发生，在很大程度上取决于对地下水的合理处置。

5. 水库对错落体的影响

汉江石泉水库坝址在下游，距本工点约 15 km。它是与阳安铁路同时建成投入使用的。水库常水位为 410.25 m，百年洪水位 416.4 m。新渔坝隧道最低高程 420.0 m，高出水库最高洪水位仅 3.6 m。雨季或特大洪水时库水向错落体渗透以及退水时动水压力影响古错落体前缘，但这种影响尚不能促使古错落体复活，也即威胁不到隧道安全。

(六)对古错落体的稳定评价

综合以上情况及研究分析认为，新渔坝古错落体在整体上是基本稳定的。这个评价结论应包括以下三层含义：

第一，鉴于：(1)古错落带的土是密实的、粗糙的、无水的，周边尚没有促使它重新整体错动的因素和条件；(2)错动岩层层理是倾向山内的，软弱结构面(带)也主要是倾向山内的；(3)距隧道外侧约 10 m 左右，有厚约 80 m 的较好岩带支撑着错落体，等于在隧道外设了一道大的挡墙；认为古错落体整体是稳定的，在目前的边界条件下，岩体不会发生大规模的整体变位。

第二,由于人为的破坏或者地下水的作用等因素,有可能造成错落体某一部分的局部松弛和应力调整,发生局部压密变形。

第三,在一定条件下,整体稳定还有可能向不稳定转化。除了大的地震外,可能引起这种转化的重要因素就是水。如果不对地下水进行合理处置,将会大大恶化错落体的地质条件,以至引起新的不稳定。因此,引排古错落体的地下水和长期监测等工程措施,不可放松。

(七)关于改线方案的考虑

面对新渔坝隧道的上述情况,改线也许是彻底解决问题、一劳永逸的办法。但是,由于制约改线方案的因素太多,在隧道还能正常使用的情况下,改线的决心并不好下。首先,改线必须面对沿江山坡地质条件普遍较差这个现实;其次,改线既需绕避古错落体,但又不能废弃太多既有工程,其中与工点相邻的马家湾隧道是一个控制点。因为马家湾隧道是一个病害隧道,它也位于一个错落体内,又是几条小断层的交汇处,施工时坍塌不断,竣工后衬砌变形严重,几番整治,才勉强稳定。据此,1985 年根据当时的情况,考虑了短改线 CK 方案和长改线 C_1K 方案(见图 5－7)。经勘探、调查,若采用 C_1K 方案,在长 2 200 m 隧道内,地质较差的Ⅰ、Ⅱ类围岩地段长约 1 080 m;若采用 CK 方案,在长 1 603 m 隧道内,地质条件较差的Ⅰ、Ⅱ类围岩地段长约 640 m。根据以往的经验,改线施工稍有不慎,还会引发新的山体变形。既有新渔坝隧道经过 1976 年以前的整治,安全使用到 1983 年;1983 年虽遇百年一遇降雨影响,但变形段已由原来的 145 m 缩短为 67 m,事实说明原实施的整治措施是有成效的,继续采取加固和排水措施,稳定古错落体是可能的。在判定古错落体整体上是基本稳定的、既有线的整治证明是有成效的、原病害段已由 145 m 缩短为 67 m、改线的地质条件仍然较差的情况下,经 1986 年 4 月、10 月郑州铁路局和铁道部工务总局两次召集有关专家论证,都主张继续原线整治,没有下得了改线的决心。

1997 年阳安线扩能可行性研究调查中,对新渔坝隧道进行的系统调查表明,近十年来,原隧道病害段的衬砌再没有变形,王家大院的裂缝也无发展,该隧道没有列车缓行的记录,证明隧道运用情况良好。但 1990 年 9 月～1994 年 4 月安康铁路分局委托铁科院西南分院先后采取多种方式对隧道及古错落体进行监测,他们根据个别观测孔尚有向水库方向的微动,认为古错落体尚不稳定。而 1998 年 4 月铁道部组织专家对这次监测成果进行认真论证后,未作明确结论。因此,目前进行的阳安线扩能改造,没有考虑对新渔坝隧道进行改线,至于阳安线增建二线,则确定采用 1969 年定测的 3 617 m 长隧道单线方案。

(八)教训和经验

1.新渔坝隧道的问题是“文化大革命”极“左”思潮的产物。新渔坝隧道病害的发生再次证明,坚持正常的勘测程序,做好地质选线,在铁路勘测设计中是多么重要。线路位置选择不当,可能会带来无穷的后患,想节省反而浪费了,想快反而慢了,甚至可能象新渔坝隧道这样“骑虎难下”。

2.整治工程病害,首先应查明病因。新渔坝隧道病害段在病因不清的情况,即摸索整治,虽然也逐渐有些成效,但毕竟反复次数太多,多次扰动围岩,客观上反而恶化了地质条件。直到 1975 年补充勘测,查明病害原因后,才下了彻底整治的决心。可惜又没有遵循“一次根治,不留后患”的原则,措施还是弱了些,例如,只嵌入衬砌 8 kg/m 小钢轨,而不是 43 kg/m 轨。也许当时用上 43 kg/m 钢轨,就不会再有 1983 年 67 m 长的再次变形。看来,病害整治还是得适当“狠点”。

3.象新渔坝隧道这样的大型、复杂、疑难工点,单靠使用钻探这样的勘探手段,有很大局限性,甚至还不能完全解决问题,而在适当的位置开挖地质探洞,则是十分可取的。它虽然花钱较多,但能直观地查明许多问题,在病害的定性、定量评价和稳定性分析中往往能起到钻探无法替代的作用，值得推广。

四、梅七线崔家沟隧道膨胀岩病害整治

崔　兴　林清华

崔家沟隧道通过三叠系泥质页岩及砂岩地层，具膨胀性，施工中出现隧道底部膨胀开裂病害，采用密井暗管法和增设钢筋混凝土仰拱等整治措施，取得了成功。

（一）概况

1.地质条件

崔家沟隧道为梅七线穿越凤凰山的越岭隧道，相对高差150～200 m，隧道全长3835 m（里程DK65+508～DK69+343），隧道轴向N20°E。

该区位于鄂尔多斯地台南缘，地质构造较简单。隧道DK67+000～DK69+000段横穿阳沟背斜，背斜南翼缓，北翼陡；DK65+918～DK66+125段通过南庄子—马场沟逆断层，断层产状N70°E/50°～60°S。

隧道通过地层为三叠系泥质页岩夹砂岩，偶夹薄煤层，岩层产状N65°～75°E/8°～20°N。页岩以泥质为主，灰色至灰黑色，薄层至中厚层；砂岩为泥质胶结，灰黄色和灰绿色，薄层至中厚层状。岩体风化颇重至严重，节理较发育，间距一般为0.3～0.4 m，主要节理为N60°E/89°N，N65°E/70°S。隧道洞身地质情况见图5-10。泥质页岩干燥时较坚硬，遇水易软化。岩层中有少量裂隙水。

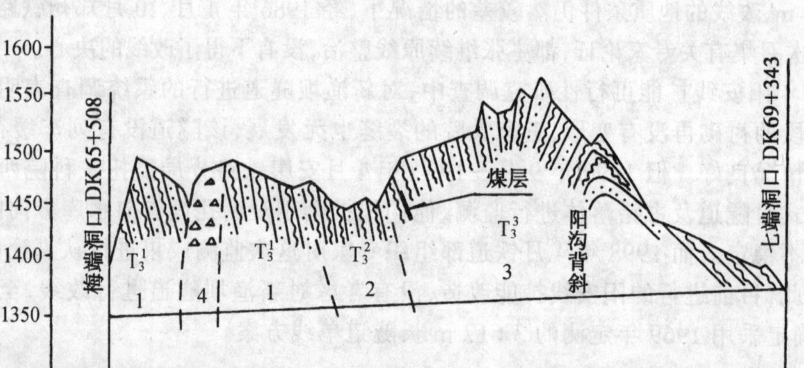

衬砌类型	f=3	f=2	f=4	f=2	f=3

设计坡度	7.0 / 530	7.7 / 3100	2.5 / 430	2.5 / 720

里　程	DK66+000	DK67+000	DK68+000	DK68+000

图5-10　隧道洞身地质纵断面

1—砂页岩互层；2—页岩夹薄层砂岩；3—页岩夹厚层或薄层砂岩；4—断层破碎带。

2.隧道设计和施工

隧道设计中采用岩石坚实系数$f=2\sim4$，相当于现行的Ⅲ～Ⅳ类围岩。全隧道均设计为直墙衬砌断面，右侧设高式水沟。

隧底原设计为碎石道床，铺底厚10 cm，后改为整体道床，长3 750 m，道床宽230 cm，厚40 cm。

该隧道1970年1月完成定测，但1969年10月隧道已经开工，为加快施工进度，设有3处斜井，全隧道采用上、下导坑先拱后墙法施工。

在施工中，向下坡掘进地段，导坑排水不畅，隧底岩层表面被积水浸泡，而形成崩解、膨胀，到1973年整体道床施工前(全隧道铺底及侧沟工程大部完成)，先后发现隧底多处臌胀开裂，累计长约1 000 m。鉴于隧道边墙侧沟已建成，当时仅隧底局部返工，铺底加厚10 cm，并改用C_{12}号混凝土等加固措施。隧道于1973年底竣工，次年交付使用。

(二)隧底病害及整治过程

1.隧底病害情况

施工期间，发现DK68+120～DK69+340段下导坑底板上臌，直接影响导坑设置的控制桩，凡泥质页岩地段均大部出现臌胀现象。虽在铺底施工时曾做过处理，但不久，铺底又多处变形开裂，至1973年5月调查，铺底变形7段，累计长885 m，其中DK67+800～DK68+122段臌胀值为110～180 mm，几个月后，全隧道铺底陆续出现病害。为保证整体道床的稳定，根据铺底破坏程度，分别按双层$\Phi16$及单层$\Phi16$钢筋混凝土铺底加固，铺底厚度不小于30 cm。

整个道床1973年10月竣工后，于1974年下半年发现道床有裂缝和臌胀，且病害日益严重。1977年测量，道床上臌段长1680 m，最大臌胀量146 mm。一般为水沟侧高于另一侧，右轨高于左轨，两轨最大高差达45 mm。伴随着道床隆起，发现横向裂缝333条，缝宽0.5～1.5 mm，最大缝宽4～8 mm(3条)。DK67+540～DK68+270道床两侧与回填混凝土间多处出现纵向脱离缝，最宽达18 mm，有的还出现错台。

1978年5月测量，最大臌胀量177 mm，两轨最大高差50 mm，1979年1月测量，最大臌胀量208 mm，两轨最大高差62 mm；1980年测量，最大臌胀量216 mm，两轨最大高差64 mm，说明道床膨胀现象逐年有发展趋势，1980年～1982年进行了7次精测，发现隧底地层不断上臌，左右钢轨上升不均，很难通过调整线路坡度或其他局部整治措施予以解决，且不易保持稳定，将长期影响行车安全。

2.隧底病害原因分析

通过岩样试验及施工过程中泥质页岩崩解、软化膨胀过程揭示，页岩遇水膨胀是隧底产生病害的主要原因。

1973年在隧道内取过6组岩样进行试验，其中5组膨胀力平均为638 kPa。1982年至1983年修建仰拱时又取15组岩样，其中13组为泥质页岩，2组为粉砂质页岩，黏土颗粒(<2μm)含量占全量的15%～42.5%，平均为28.75%，试验数据见表5-3。

表5-3 岩石膨胀性试验指标汇总表

岩石名称	数值	黏土矿物含量(<2μm)(%)				膨胀力(kPa)		自由膨胀率(%)	膨胀量(%)
		伊利石	高岭石绿泥石	蒙脱石	高岭石	平衡法	胀压法		
泥质页岩	范围值	41～77	22～55	1～5		500～1250	880～2800	23～139	3.2～48.8
	平均值	63.0	34.0	3		823.8	1 513.0	90.3	20.9
	岩样组数	6	6	4		13	13	13	13
粉砂质页岩(粉土岩)	范围值	33		46	21	150～450	250～1 860	152～162	48.5～77.1
	平均值	33		46	21	300	1 055	156.5	62.8
	组数	1		1	1	2	2	2	2

从表 5－3 岩石试验数据可看出，隧道通过的泥质岩层中的黏土颗粒含有较多的伊利石、绿泥石、高岭石和蒙脱石等易膨胀的黏土矿物成分，自由膨胀率、膨胀力和膨胀量都较大。当时国内还无膨胀岩判定的标准，到 1986 年铁一院提出膨胀岩判定标准暂行规定如下：

(1)黏粒含量$<2\mu m$ 的$\geq 25\%$，$<5\mu m$ 的$\geq 30\%$；

(2)蒙脱石含量$\geq 6\%$或伊利石含量$\geq 15\%$，或伊利石和蒙脱石含量之和$\geq 15\%$；

(3)膨胀量(无荷，有侧限，试件高 2 cm)$>20\%$。

(4)当蒙脱石与伊利石成混层结构时，以膨胀量为主要判定指标。

当满足(1)条，并满足(2)、(3)、(4)中任何一条时，则判定为膨胀岩。

该隧道页岩试验数据黏粒含量$<2\mu m$ 占 28.75%；伊利石和蒙脱石含量之和占 19.1% 或 22.7%，膨胀量为 20.9% 或 62.8%。按上述规定应定为膨胀岩。显然这是引起该隧道底部膨胀开裂变形的内在原因。

膨胀岩的膨胀力和膨胀量的大小，除取决于黏土矿物成分及其物理化学性质等外，还与其所处环境有关，特别与水的作用有关。

该隧道渗水地段很少，洞身本应基本干燥。但因 DK68＋700 附近 2 号斜井水量较大，与出口段长大路堑施工干扰，引排不畅，使洞内部分段落长期积水，据 DK68＋370～＋330 段测试，每小时有 0.79 m^3 的水渗入基底。随着隧底上臌，侧沟破坏，水流不断地沿裂缝进入隧底，岩层软化臌胀又促使结构破坏，形成了恶性循环。

以上分析说明，隧底病害主要内因是泥质页岩中含膨胀性黏土矿物，水则是主要外因。

3. 病害整治过程

通过施工和临管运营的测试研究，初步认识到泥质页岩遇水膨胀是引起铺底和整体道床上臌变形造成病害的重要原因，其中水是造成病害的直接因素。所以，整治病害首先要引排地下水，疏干道床下部地层，以减少和消除引发岩石臌胀的因素。

(1)在 DK67＋300～＋600 段试用密井暗管排水法，将道床用千斤顶顶起，挖出隧底软化岩层，再在两侧每 5 m 设渗水井，井间用暗管连通，以期疏干道床基底，最后再将道床降至设计高程，道床和地层间的空隙，回填 C_{15}号混凝土。此段 1979 年 5 月 12 日开工，11 月完成，此法的优点是利用既有道床，报废工程少，不需扣轨施工；缺点是工作面窄小，施工困难，预留沉落量难以掌握，轨顶高程调整困难。

(2)基于密井暗管法施工困难，轨顶高程调整困难，又提出拆除整体道床，改设钢筋混凝土仰拱方案。其上部暂时铺设碎石道床，观测其变化，以后改铺轨枕板道床，并分别按 500 kPa 和 300 kPa 的膨胀力计算和设计仰拱断面，仰拱均按无铰拱进行内力计算，荷载按竖向均匀分布，两种断面均采用 C_{28}号钢筋混凝土。此方案具有仰拱受力条件好，可抵御较大膨胀力，施工条件好，速度快等优点，但报废工程大，新增工程多，投资高，且需扣轨施工。除已施工的 300 m 密井暗管法之外，其余 3535 m 隧底均改建仰拱，1981 年 1 月开工，1984 年 8 月底全部完工，经十多年运营考验，至今完好无损。

(三)地层压力量测及结构受力分析

为了摸清隧底压力与变形的关系，了解隧道底部的实际膨胀力，1982 年在仰拱整治段选择了 3 个断面，埋设了 YJ－2 型双膜压力盒，用 JD－8 型弦式传感器测定仪进行应力量测。从 1982 年到 1989 年的量测结果，压应力随时间的增长关系见图 5－11 和表 5－4，实测地层压力与室内试验膨胀力的比较见表 5－5 。

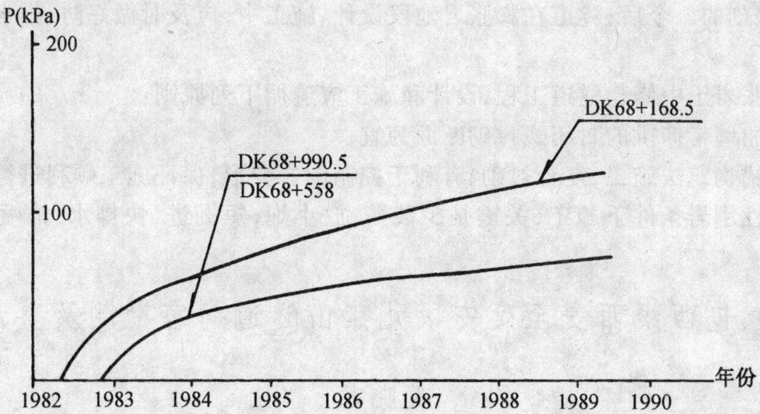

图 5－11　断面压力增长曲线

表 5－4　压应力年增长值表(kPa/年)

观测时间	第一周年	第一周年至第二周年	第二周年至第六周年	第六周年以后
DK68＋168.5	49	16	12	7
DK68＋558	33	7	6	4
DK68＋990.5	35	10	6	4

表 5－5　实测地层压力与室内试验膨胀力的比较(kPa)

膨胀力(平衡法)		压力盒实测值		
里　程	数　值	里　程	各压力盒最大值平均数	最大值
DK68＋158	920	DK68＋168.5	128	180
DK68＋995	920	DK68＋990.5	80	168

从以上图表可以得出以下结论：膨胀性岩层的应力及变形的时间效应十分显著，尽管初期地层压力增长快，变形大，但在一定时间内是持续增长，且要经过六年以上的时间才能稳定。实测地层压力远比室内试验的膨胀力数值为小，这是因为试验所取岩样是单一的均质泥岩，而实测地层压力是砂页岩岩体的综合反映，受岩质和岩体的结构构造影响，不是单一的膨胀力，因而两者相差很大。

(四)结语

崔家沟隧道整治，长 300 m 采用密井暗管排水；长 3535 m 采用钢筋混凝土仰拱，均是成功的。直到现在，运营中道床稳定，但病害整治费用较高。从崔家沟隧道病害整治和地层压力量测结果分析，其经验和教训是：

1.勘测阶段未考虑到此类岩层的膨胀性问题，缺少取样试验分析资料。直到现在，对膨胀岩仍存在学术上的不同意见。

2.设计中对 $f=2\sim4$ 的岩层中一律采用直墙式衬砌断面是不合适的。

3.施工中整体道床基底未清理并存有杂物。

4.从地层压力量测的数值分析，采用 500 kPa 和 300 kPa 的仰拱计算荷载是安全的。

5.该隧道由于在施工中排水不畅，隧底膨胀岩被积水浸泡而膨胀，致使隧道原整体道床出现裂缝、膨胀等病害，后在病害整治中重新设置仰拱和部分地段设置密井暗管排水，代价是昂贵的，教训是深刻的。今后，隧道在膨胀岩地段设计、施工中，应及时做好防、排水设施，避免类似情况重演。

今后在膨胀岩土中修建隧道工程，设计和施工应遵循下列原则：

1.以采用曲墙带仰拱的封闭式衬砌断面为宜；

2.采用喷锚构筑法施工，复合衬砌，有利于控制围岩变形，保证施工顺利进行；

3.在膨胀性围岩条件下施工，关键是少装药，放小炮，短掘进，快排水，锚喷支护，衬砌紧跟，及时封闭。

五、包西线西安至延安段九燕山隧道病害勘测及整治

黄晓霞

（一）概况

九燕山隧道位于包西线西安至延安段，延安南站至九燕山车站之间，为穿越九燕山分水岭的越岭隧道，全长 2522 m(DK520+254～DK522+776)。铁一院于 1971 年勘测，1973 年交付设计文件，1974 年施工至 1978 年，除整体道床外基本竣工。1980 年西延段工程奉命停建。1987 年复工初测中，发现隧道衬砌开裂变形，拱部及边墙渗(漏)水严重。1988 年 9 月铁道部和陕西省在初步设计鉴定的批复中，提出九燕山隧道病害整治的意见。同年四季度由铁一院配合铁一局对该隧道进行全面调查，重点查明隧道洞身山体的稳定性、隧道围岩红黏土的性质、地下水的埋藏条件等，为病害整治提供了依据。通过“表截、拱堵、墙排”及设置泄水洞等措施，达到了整治目的。

（二）隧道工程地质条件

隧道地处洛河支流劳山川与延河支流南川河的九燕山分水岭，为陕北黄土高原黄土沟壑区，相对高差 50～200 m，隧道最大埋深约 160 m，最小埋深仅 3～4 m。地层上部为风积上更新统新黄土，厚 40～145 m，下部为第三系红黏土，底部为侏罗系砂岩夹薄层泥岩。隧道除进口段 DK520+254～+580 长约 326 m 基础置于砂岩夹薄层泥岩外，洞身主要通过第三系红黏土。

第三系红黏土为棕红、褐红色，颗粒较细，结构紧密，黏粒含量较高，含有约 20%～30%的礓石结核，粒径 20～80 mm，网状裂隙发育，裂隙面上可见褐色水锈，仰拱下土质多呈硬塑或半干硬状。边墙及拱顶土质中多含水呈软塑状。据试验资料，其主要物理力学指标：天然含水量平均为 23.2%，天然密度 1.9～2.1 g/cm^3，天然孔隙比 0.63～0.70，塑限 23.3%，液限 34.5%～46.3%(平均 37.8%)，塑性指数 12.7～18.7(平均 14.4)，自由膨胀率 40%～53%(平均45.6%)，黏粒含量 $<5\mu m$ 占总重 48%，其中 $<2\mu m$ 的占总重 30%，膨胀力 30～130 kPa，膨胀量 5%～15%。土的矿物组成：蒙脱石占 6%，伊利石占 79%，高岭石和绿泥石占 15%。土的垂直渗透系数 $K_v=2.84\times10^{-5}$ cm/s，水平渗透系数 $K_h=1.23\times10^{-5}$ cm/s，综合判定属膨胀土。

隧道地处分水岭，为中温带半湿润气候区，降雨量较少，据延安、甘泉气象站资料，年总降雨量约 550 mm 左右，年蒸发量 1500～1600 mm。地下水主要储存于第三系红黏土裂隙中，为大气降水补给，一般水量不大，赋存条件差，多受裂隙发育程度及大气降水补给量控制。在洞外沟谷中很少见到泉水露头，而在隧道内则发现衬砌裂缝、圬工破损、剥落以及施工缝处均有水渗漏。1971 年 9 月施工前，拱顶附近钻孔涌水量 5～12 m^3/d，1990 年 3 月施工后隧道总出水量 76 m^3/d，其中进口端 62 m^3/d，出口端 14 m^3/d。由于隧道施工前后水文地质条件的改变，尤其是隧道贯通后，改变了地下水的径流条件，从而使施工后流量有较大的变化。地层总

的含水量虽然不算太大，但对隧道工程来说却完全可酿成病害。

（三）隧道病害类型及特征

1．衬砌渗、漏水

渗、漏水是隧道的主要病害，也是整治重点。根据施工记载，隧道在施工期间，洞内渗、漏水十分严重，隧底积水泥泞，给施工造成相当大的困难。据调查，渗、漏水地段总长1451 m，占隧道总长的57.5%，渗、漏水较严重和严重段，主要集中在DK521+600～DK522+545出口段。严重渗、漏段长283 m，多呈线串状于拱部及拱脚处泄出；较严重渗、漏段11处长545 m；一般渗漏段16处长623 m。主体工程虽竣工10余年，但洞内渗、漏水现象未能终止，只是其严重程度随季节、地表水下渗补给量的大小而变化。

2．衬砌开裂、变形

隧道衬砌开裂、变形是另一个突出问题。变形部位主要在拱部、边墙、排水沟、道床等处，而以拱部变形最为严重。变形特征以衬砌裂纹、破损、剥落为主。

(1)拱部裂纹

洞内衬砌裂纹多为拱部纵裂，也有环裂，共计143条，长1765 m。主要分布在DK520+300～+530和DK521+400～DK522+700两段，其中裂缝宽度＜5 mm的6条，总长686 m；裂缝宽度＞5 mm的80条，总长1 079 m；最长的一条裂缝长160 m，宽40 mm。其中DK521+470～+625长155 m拱裂最严重，呈网状。

(2)拱脚封口脱落、红黏土外露

拱脚封口脱落主要集中在DK522+090～+550出口段两侧，张口宽10～20 cm，大部分红黏土外露，并可见到冲蚀凹槽。拱脚封口纵裂掉皮5处长947 m，全隧道拱脚封口病害共计7段1 422 m。

3．洞内冻害

进口段长500 m，出口段长1 128 m，洞内严重积水。DK521+705～DK522+776长1071 m，边墙挂冰44处，冰柱厚1.5 m，顺线路宽1～3 m，高4.2 m，道床则成20～40 cm厚的“冰层”。至翌年4～5月才逐渐解冻。此外，由于洞内季节温差悬殊，冻融反复作用，使较长范围内的混凝土排水沟、人行道碎裂呈豆腐渣状，两侧共计长1 210 m。

4．道床病害

主要为道床排水不畅，隧底严重淤积，仰拱厚度不足，道碴槽冒水(2处)，仰拱与边墙接触处涌水(7处)，以及进出口段纵向暗沟堵塞等。

（四）病害产生原因

造成隧道病害的原因是多方面的，但最主要的还是水及施工质量差所致。

1．由于水的长期作用，降低了红黏土的强度，因而产生了一系列病害。该隧道红黏土层内网状裂隙发育，成为水的储存和渗流通道。隧道水量虽不大，但在开挖暴露过程中使地层软化、失重而坍塌形成空洞，并不断扩大，随之压力增大，坍塌频频发生。

2．施工质量较差，尤以出口段为甚。据施工日志和病害地段钻孔发现，施工中拱部坍塌达40余处，大部分回填不密实，有的未做回填处理；施工中发生的衬砌裂缝亦未进行认真观察与处理，如拱部最长的一条裂缝，从开裂到竣工未处理；有的部位混凝土中还含有泥块。在DK522+270处施工时发现洞顶地面有直径约2 m的孔道和陷穴，但在施工前未及时回填，使地表水流入隧道洞身。另据钻孔查明，约有80%～90%的仰拱厚度不足。

3．对洞内红黏土地层的防排水设计缺乏经验。如边墙墙背底部暗沟的设置，不仅施工困难，而且日久堵塞后难于清理维修，一旦形成积水，排泄不畅，致使流水下渗，进入道床基底，对基底不利。此外，该隧道处于寒冷地区，对洞身防冻设计缺乏经验，考虑不周。

4. 受当时客观条件限制，水泥供应不足，衬砌跟不上开挖进度，致使导坑暴露时间过长，压力增大，造成坍塌。

5. 隧道竣工已达 10 余年，中途停建，长期未进行养护维修，衬砌变形不但未及时整治，而且还有所发展。洞身水沟淤塞，积水下渗，恶化了地基条件，加之渗水结冰，冻融循环变化，也加剧了衬砌变形。

(五)病害整治原则及措施

鉴于隧道现状以及地质条件，隧道平面中线位置不变，纵断面设计主要结合隧底工程一并考虑。对于渗、漏水整治基本采用"表截、拱堵、墙排"的原则。地面回填陷穴；拱部局部压注 DM－1 浆液防水，嵌补、网喷或喷网纤维混凝土掺加 BR 型防水剂；边墙集中引排水，埋设疏水板和在适当的避车洞内设置潜水孔等引排措施，并设置适当数量的墙背盲沟。

采用综合方法，多层次堵渗、引排，将衬砌背后和表面的水有效的汇集到侧沟内。进、出口冻害地段水沟采取防寒措施，使洞内外形成一个完整的排水系统。

为了有效的引排地下水，在西安端靠公路侧，平行隧道设置长 1250 m 的泄水洞，泄水洞每 60 m 与正线设置一个横通道(共 16 处)以导排山侧水流。

对于衬砌开裂，视其裂损程度分级处理。采用裂缝凿除嵌补、喷钢纤维混凝土或网喷混凝土加固。其它病害亦作相应的有效处理。

(六)经验教训

1. 70 年代初，对在第三系红黏土中修建隧道工程可能存在的问题认识不足，对红黏土所具有的网状裂隙，将可能成为地下水储存和渗流通道，而导致病害，没有作出分析预测，以致造成施工中的被动局面。

2. 隧道是地下隐蔽工程，作好地质工作，查清有关的工程地质问题十分重要。本隧道位于分水岭地带，地形起伏较大，勘测时仅在几个沟心进行钻探，且有的偏离洞身较远，施钻中虽然发现有水，却忽视了水对红黏土工程性质的影响。并试图通过降低 f 值来加强衬砌断面(有水地段 $f=1.0$、无水地段 $f=1.5$)，防止病害发生，实践证明这是片面的，不可取的。

3. 该隧道由于地下水的作用引起病害，所以确定以治水为主的综合整治方案是可行的。通过"表截、拱堵、墙排"的治水原则，以及嵌补、压浆、洞外设置泄水洞等措施，收到了预期效果，达到了整治目的。

六、侯月线桃坪隧道施工坍塌及环境地质问题

王笃实

侯月线桃坪隧道，位于山西省沁水县与阳城县交界的山岭地带，地形起伏较大，相对高差 100～200 m，自然山坡 30°～45°。为两座平行的单线隧道，线间距 30 m。其中左线隧道里程为ⅡDK157＋650～ⅡDK161＋883，长 4233 m；右线隧道里程为右 DK157＋656～右 DK161＋875，长 4219 m(见图 5－12)。隧道最大埋深 154 m，最小埋深 20 m。左线隧道在施工中发生多次范围较大的坍塌。吸取左线隧道坍塌及处理的经验教训后，右线隧道施工中基本没有坍塌，较稳妥地解决了环境地质问题。

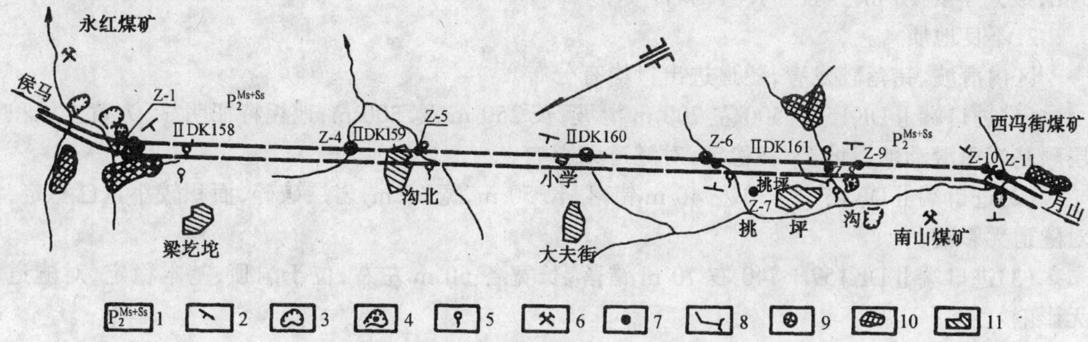

图 5-12 桃坪隧道平面示意图

1—二叠系上统泥岩夹砂岩;2—岩层产状;3—滑坡;4—错落;5—下降泉;
6—生产煤矿;7—钻孔;8—斜井;9—竖井;10—弃碴场;11—村庄。

(一)地质概况

隧道地区属山西陆台沁水坳陷南部边缘,以平缓的褶曲为主,断裂构造少见。地层以二叠系上统泥岩夹砂岩为主,山坡大部裸露基岩,仅山顶及缓坡地段有第四系黄土覆盖,厚度一般5~10 m,局部厚30 m。隧道洞身通过地层均为二叠系上统泥岩夹砂岩,见图5-13。

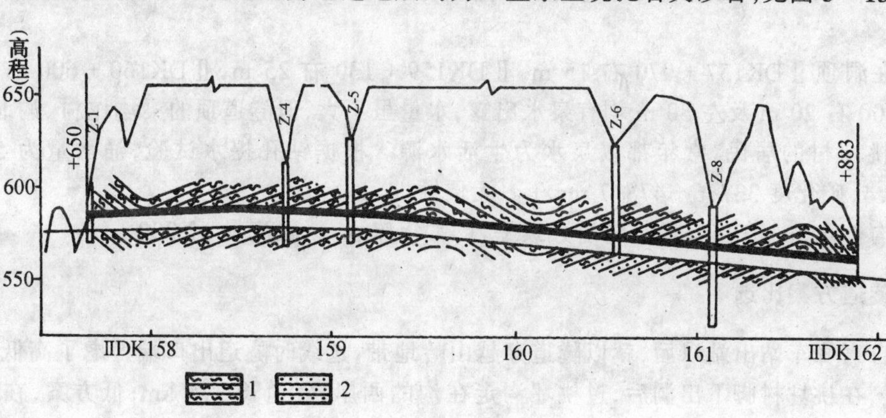

图 5-13 桃坪隧道地质纵断面示意图

1—泥岩;2—砂岩。

1. 地层岩性

(1)泥岩:青灰、黄绿色,泥质及泥砂质结构,岩质较软,不耐风化,柱状岩芯在阳光下暴晒数日即出现裂纹,易风化剥落,风化岩块吸水性强,节理发育,主要节理有N75°~85°W/83°N~85°S,N10°W/74°~81°N,N27°~40°E/80°N~90°,N5°E~N5°W/80°~84°S,节理间距0.1~0.5 m。间夹青灰色泥化夹层,厚0.05~0.2 m,多呈硬塑至软塑状,与上下层间结合较差。岩层产状在进口端为N30°W~N30°E/4°~12°S,中部为N35°~40°E/5°N~10°S,出口端为N30°~65°E/10°~25°N。$<2\mu m$的黏粒含量35%~53%,黏粒矿物成分以高岭土、伊利石、蒙脱石为主,含少量的绿泥石,自由膨胀率39%~67%,膨胀量0.7%~2.5%,具有一定的膨胀性。为Ⅲ~Ⅳ类围岩。

(2)砂岩:青灰色,中、细粒结构,泥质及泥钙质胶结,岩质较坚硬,节理发育,厚度一般1~

5 m,最大厚度 12 m,为Ⅲ～Ⅳ类围岩。

2.不良地质

区内滑坡、错落较发育,隧道进出口均有分布。

(1)进口端ⅡDK157+500 左 200 m 滑坡,长 250 m,宽 300 m,地貌特征明显,为黄土堆积层顺基岩面滑动的滑坡,不甚稳定,对隧道无影响。

(2)进口端ⅡDK157+630 左 40 m 错落,长 50 m,宽 60 m,岩层破碎,面积较小且已稳定,对隧道无影响。

(3)进口端ⅡDK157+740 右 70 m 错落,长宽各 60 m 左右,位于洞顶,基本稳定,对隧道无影响。

(4)ⅡDK161+140 右 50 m 错落,长 90 m,宽 100 m,位于隧道洞顶,已稳定,对隧道无影响。

(5) 出口端右 DK161+900 错落,长 40 m,宽 35 m,为黄土错落,位于右线隧道洞口外路堑,已挖方清除。

(6)ⅡDK162+000 右 50 m 滑坡,长 70 m,宽 55 m,右线以浅路堑通过滑坡边缘,为基岩顺层滑坡,对工程有一定影响。

3.水文地质

隧道区内地下水以节理裂隙水为主。裂隙水为大气降水补给,本地区年平均降水量 627.4 mm。裂隙水的水量受节理裂隙发育程度的控制,分布不均匀,地表多数沟床无水流,井泉的水量都较小。勘察中根据地表调查及泉水露头分析,区内地下水由于泥岩的渗透性弱,不甚发育。

实际在洞顶ⅡDK157+970 右 15 m,ⅡDK159+130 右 25 m,ⅡDK160+600 右 35 m,DK161+100 右 20 m 及左 80 m 均有泉水出露,水量虽不大,但隧道顶的梁圪坨村、沟北村、大夫街村和桃坪村的居民,常年都以泉水为生活水源。根据钻孔提水试验,涌水量为 55 t/d。pH=7～8.4,矿化度 337.6～478.7 mg/L。无侵蚀性。

桃坪沟长 4 km,在出口段与隧道大致平行,常年流水,一般流量 17 200 t/d。

(二)隧道方案比选

线路自嘉峰车站出站以后,就以隧道穿越山岭地带,选线时隧道出口端考虑了高低两个方案:高方案,在桃坪村脚下出洞后,过桃坪沟走在沟的西岸,隧道长 3.5 km;低方案,在西冯街沟附近出洞后过桃坪沟走西岸,隧道长 4.2 km(见图 5-14)。两方案隧道洞身工程地质条件基本相同,但高方案隧道在桃坪村脚下出洞,埋深浅,对村庄影响大;出洞以后线路(桃坪至美泉)有 3 km 走在山坡基岩顺层地段,岩层倾角 10°～25°,局部为 28°～33°,线路以挖方通过多处顺层滑坡,对边坡稳定不利。而低方案挖方少,挖方边坡较低,过芦苇河以后线路走在芦苇河河滩及低阶地上,以填方通过,基本避开了顺层地段,虽然隧道较长,工程造价稍高,但地质条件明显优于高方案。经方案比选,决定采用隧道长 4.2 km 的低方案。

(三)左线隧道设计、施工概况

1.设计

左、右线隧道分期施工,先施工左线隧道。左线隧道进口在 450 m 半径的缓和曲线上,出口在 500 m 圆曲线上,洞身在直线上,设计高程 579～553 m,隧道纵坡为“人”字坡,以利排水。

隧道通过地层以泥岩夹砂岩为主,除进出口按Ⅲ类围岩外,其余地段均按Ⅳ类围岩设计,直墙断面衬砌,由于泥岩易风化,具有一定的膨胀性,隧底设仰拱,两侧设排水沟,采用轨枕板

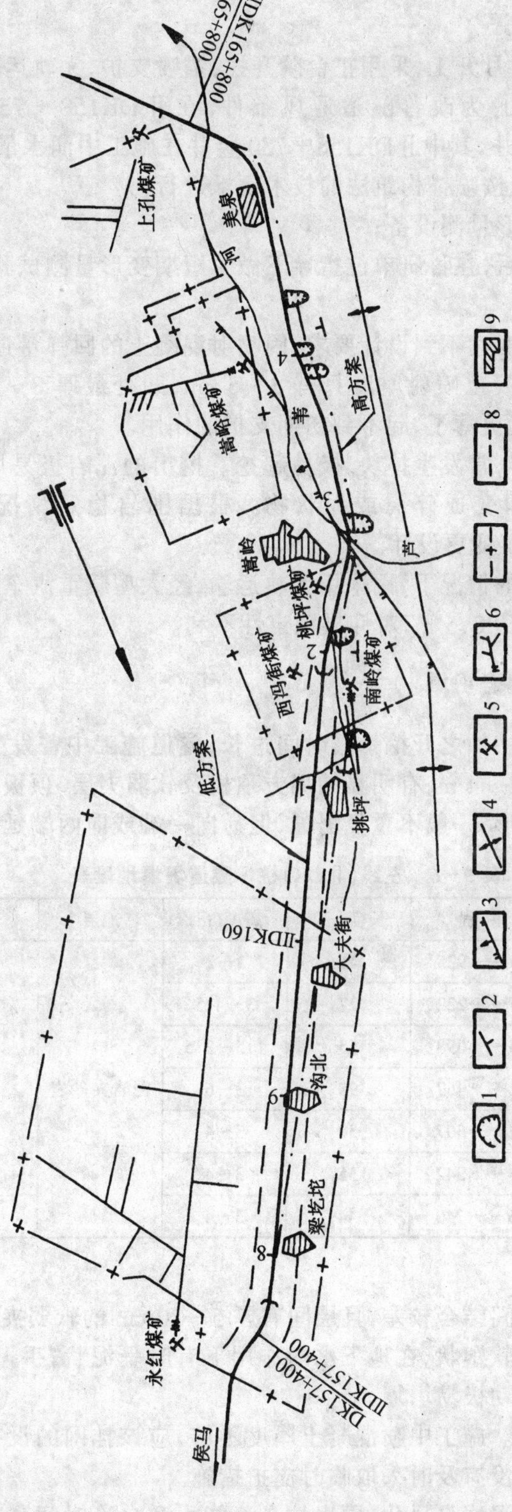

图 5－14 桃坪隧道高、低方案比较示意图

1—滑坡;2—岩层产状;3—正断层;4—背斜;5—煤矿;6—采煤巷道;7—煤矿区界线;8—保安煤柱边界线;9—村庄。

道床。按喷锚构筑法施工原理设计初期锚喷支护，二次衬砌根据量测围岩变形情况决定模筑衬砌厚度。开挖除进出口两个工作面掘进外，在ⅡDK161＋110设斜井一处，采用有轨运输。

2. 施工

左线隧道于1989年10月开工，采用正台阶开挖，锚喷支护，无轨运输，后做仰拱。施工将斜井改设在ⅡDK160＋880，为改善隧道通风条件，在ⅡDK158＋750、ⅡDK159＋930及ⅡDK160＋560三处增设竖井，其中ⅡDK158＋750竖井在施工中涌水量较大。

施工因下面原因未完全按喷锚构筑法的技术要求进行：

(1)开始施工时因无变形量测设备；

(2)中途购来量测设备后，在科研单位指导下做了短期变形量测试验，因缺量测技术人员，故变形量测未能继续进行；

(3)初期支护的锚喷厚度达不到设计要求，因喷射混凝土的回弹量过大，损耗多，后增加速凝剂效果也不理想，一般混凝土喷射厚度只有3～5 cm，凹处最厚8～10 cm，凸起部分只有1～2 cm，边墙的喷射厚度就更薄了，起不到初期支护的作用。

施工掘进中岩层较破碎，常发生掉块，极易超挖。挖出的泥岩极易风化，块状弃碴经数月的日晒雨淋之后而解体，即变成碎屑或泥状物。根据围岩稳定情况，Ⅳ类围岩地段，有2950 m按Ⅲ类围岩衬砌作了变更设计。

泥岩地层，在有地下水的情况下，因采用无轨运输，经大型载重汽车反复碾压，隧底多松软呈稀泥状，稀泥或积水坑深达0.5 m，对仰拱稳定性不利。

(四)左线隧道施工中围岩坍塌

由于泥岩的自稳能力差，加之开挖暴露时间过长，隧道施工中曾发生多次坍塌，坍塌地段见表5－6。坍塌高度一般2～4 m，有明显的塌方顶板及软弱夹层，顶板岩面平整光滑，坍塌形状有梯形、阶梯形及不规则形，一般不重复坍塌，但易向一端或向两端延伸(见图5－15)。

表5－6　左线(ⅡDK)桃坪隧道坍塌地段表

<table>
<tr><th>时　间</th><th>塌方里程</th><th>长度(m)</th><th>高度(m)</th><th>地层</th><th>地下水</th><th>施工方法</th></tr>
<tr><td>1990－07－17</td><td>157＋880～＋925</td><td>45</td><td>1～2</td><td rowspan="7">泥岩夹砂岩</td><td rowspan="6">少量</td><td rowspan="7">正台阶开挖，锚喷支护</td></tr>
<tr><td>1991－09－24</td><td>158＋195～＋222</td><td>27</td><td>3～4.5</td></tr>
<tr><td>1992－08－24</td><td>159＋043～＋098</td><td>55</td><td>1.5～2.5</td></tr>
<tr><td>1993－03－28</td><td>159＋372～＋467</td><td>95</td><td>3～6</td></tr>
<tr><td>1991－08－26</td><td>160＋277～＋307</td><td>30</td><td>3～4</td></tr>
<tr><td>1991－09－20</td><td>160＋307～＋342</td><td>35</td><td>3～4</td></tr>
<tr><td>1990－07－17</td><td>161＋696～＋740</td><td>44</td><td>3～4</td><td>微量</td></tr>
</table>

1. 坍塌原因

(1)由于泥岩夹砂岩层间结合较差，且层间有厚5～20 cm的软弱夹层，为地质构造过程中层间错动所形成，呈硬塑至软塑状，在地下水的作用下有时呈泥状，手捏细腻，透水性差，与上下岩层结合较差，受爆破震动极易坍塌。

(2)初期支护措施不力。施工中喷混凝土厚度不够，应该挂网的没有挂网，锚固点的间距过大，对地质条件较差地段没有及时采取临时支护措施。

(3)衬砌跟不上。由于泥岩易风化，围岩的自稳能力和自稳时间衰减较快，而衬砌距开挖工作面的距离(＞200 m)较远，围岩暴露时间太长，衬砌不及时。

2. 坍塌处理措施

对坍塌地段，一般采取以下几项处理措施：

(1) 增设钢(或格栅)拱架，根据坍塌的严重程度不同，钢(或格栅)拱架的间距 0.8～1.0 m 一榀，钢拱采用 38 kg/m 或 43 kg/m 旧钢轨。

(2) 加强拱部衬砌，增加衬砌厚度，提高衬砌混凝土强度。

(3) 拱顶以上增设护拱，厚度 1.0 m。

(4) 拱顶以上塌空部分采用浆砌(或干砌)片石回填，也有的采用袋装炉碴回填。

(5) 拱顶压浆。

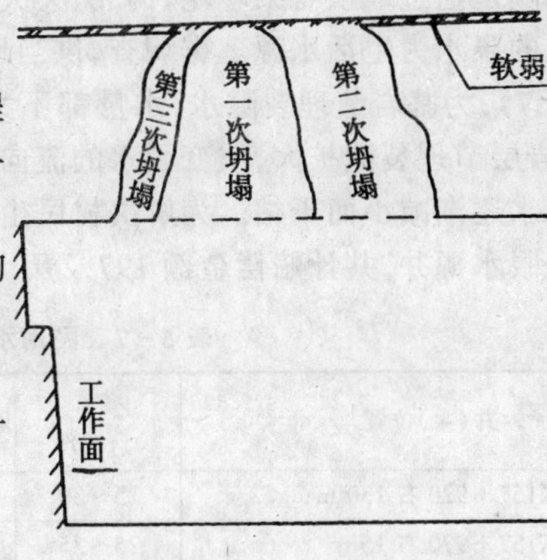

图 5－15 坍塌发展示意图

(五)右线隧道设计、施工概况

1. 设计

右线隧道的工程地质条件与左线隧道基本相同，根据左线隧道围岩变更设计情况，右线隧道自进口至右 DK161＋430 按Ⅲ类围岩设计，右 DK161＋430 至出口段平行桃坪沟，埋深较浅，按Ⅱ类围岩设计。采用喷锚构筑法施工原理，正台阶开挖，复合式衬砌，及时进行变形量测，先拱后墙法施工，拱部衬砌后即做仰拱，而后砌边墙。运输方式采用无轨运输。

在右 DK158＋318、右 DK160＋178、右 DK160＋598、右 DK161＋318 四处设横向通风道，以利隧道通风。施工斜井利用左线隧道斜井延长至Ⅱ DK160＋848，以增加施工工作面。

2. 施工

由于左线隧道坍塌较多影响工程进度，为总结经验，建设、设计、施工、监理等单位，对其坍塌原因和防治措施作了认真研究。并要求在右线隧道施工中采取短开挖、小爆破、强支护、衬砌紧跟的措施。

(1) 短开挖、小爆破：每次开挖进尺控制在 1.5 m 左右，控制爆破用药量，以减少爆破对周边围岩的松弛影响。

(2)强支护：对节理发育，岩层破碎地段，采取挂网喷混凝土措施，增加喷混凝土厚度，并加密锚杆。在Ⅲ类围岩中，有 13 段共长 458 m 的破碎岩层或软弱夹层位于洞顶地段，增加钢拱架或格栅拱架，并加长锚杆，以增强拱顶围岩的稳定性。

(3) 衬砌紧跟：泥岩的自稳能力较差，开挖暴露时间不宜过长，需及时衬砌。施工中衬砌工序抓得较紧，衬砌距开挖工作面的距离一般为 80～150 m，破碎岩层地段有时减少到 60 m，尽量减少围岩暴露时间。

右线隧道于 1994 年初开工，施工单位吸取左线隧道施工中的经验教训，重视施工地质工作，结合地质情况改善施工方法，调整施工工序，地质条件较差地段及时加强临时支护，及时衬砌，重视洞内排水，由于早做仰拱，改变了左线洞内运输的泥泞状态，洞内施工环境有较大改善，施工进展比较顺利。通过施工单位的努力，右线隧道围岩坍塌明显减少，除个别地段小塌外，没有发生较大坍塌事故。隧道主体工程于 1996 年 8 月提前完成，施工质量较左线隧道有较大提高。

(六)隧道施工的环境地质问题

1. 隧道施工排水引起村民生活水源干枯

桃坪隧道通过地段有梁圪坨、沟北、大夫街、桃坪四个村约1500余人居住,耕作生息,常年靠山沟里的泉水为生活水源。据调查,供当地村民饮用的泉水有7处,均在隧道顶部线路附近(见表5-7),为基岩节理裂隙水,水量都不大。隧道埋深16～57 m,受隧道施工爆破震动影响,洞顶岩层节理裂隙扩大,改变了水的流向,大量节理裂隙水向隧道内汇集,由隧道排出,原有的井泉水逐渐减小而干枯。为解决村民生活用水,需另找水源,经与当地村委会协商,每个村赔建一眼水源井,共计赔偿金额197.2万元。

表5-7　民用水源井(泉)水量变化表

井(泉)位置		水量(t/d)	隧道埋深(m)	水量变化	处理措施	费用(10^4元)
梁圪坨	ⅡDK157+920右130 m	25～30	55	减少	建浅井一眼	27.76
	ⅡDK157+970右15 m	25～35	57	干枯		
大夫街	ⅡDK159+100右20 m	60～80	52	干枯	建深井一眼	149.75
	ⅡDK159+130左25 m	60～80	50	干枯		
桃坪	ⅡDK160+600右35 m	20～30	43.5	干枯	建浅井一眼	19.7
	ⅡDK161+100右20 m	40～50	19	干枯		
	ⅡDK161+120右80 m	40～50	16	干枯		
合　计						197.21

2. 施工爆破震裂民房

隧道顶部四个自然村,房屋以窑洞为主,有土窑、砖窑,也有近年新建的二层楼房,基础埋置较浅,有的年久失修,已属危房,村庄之下隧道埋深50～150 m,受隧道爆破震动影响,多数房屋开裂,墙壁掉块,少数房屋倒塌。例如位于ⅡDK158+600中心新建的大夫街小学,为二层砖混结构,基础在黄土层内,埋深较浅,该处隧道埋深120 m,受爆破震动影响,多数房屋被震裂,其中有10余间裂缝宽达30～50 mm,裂缝呈45°倾斜。两座隧道施工共震裂房屋面积达20 000余m^2(见表5-8),赔偿金额201.37万元。

表5-8　民用住宅震裂汇总表

村　名	隧道埋深(m)	房屋结构	震裂面积(m^2)	处理措施	费用(10^4元)
ⅡDK158+100右300 m 梁圪坨村	76～86	土窑洞,砖窑洞,二层砖房		微裂、轻裂的修复;严重开裂、倒塌的重建	75.92
ⅡDK159+000右50 m 沟北村	65～95		7200		39.95
ⅡDK159+800右300 m 大夫街村	143～153		2380		16.0
ⅡDK161+000右150 m 桃坪村	33～63		8587		63.5
ⅡDK159+600 大夫街小学	120	二层砖房	1400	修复	6.0

3. 隧道施工弃碴处理

隧道弃碴易造成水土流失,淤积河床,对生态环境影响较大,是当地环保部门最关心的问题。桃坪隧道,总弃碴量49.5×10^4 m^3,除少量用作路堤填料外,大部分为废弃碴,设计有4个弃碴场,共计占地127.2亩。为防止水土流失,对弃碴场采取了防护措施:(1) 弃碴坡脚有3处采用浆砌片石挡墙,1处采用片石笼防护;(2) 考虑了绿化。经地方政府环保部门检查,比较满意。

4. 施工临时住地产生山体滑坡

(1) 隧道进口端施工临时住地，在洞口左侧 200 m 的古滑坡体上，建筑面积 1300 m^2，并在滑坡后缘修建蓄水池，地面无排水设施。由于人为活动，大量生活用水排入滑坡体内，水池漏水和大气降水下渗，造成古滑坡滑动带地层软化，抗剪强度降低，于 1996 年初滑坡复活。滑坡长 250 m，宽 300 m，为堆积层顺基岩面滑动的滑坡，地面出现多条裂缝，宽 1～5 cm 不等，大部分房屋开裂，十余间房屋倒塌，造成经济损失数十万元。

(2) 隧道出口端施工临时住地，在ⅡDK162＋000 右 50 m 古滑坡体上，建筑面积 800 m^2。因人为活动，生活用水和大气降水下渗，软化了滑动带土，于 1996 年 9 月古滑坡复活。在长 70 m，宽 55 m 的地面出现多条裂缝，裂缝最大宽度达 0.2 m，大量房屋开裂，部分房屋倒塌，经济损失数十万元。

看来，在选择施工临时住地时，也应注意山坡的稳定性。

5. 隧道与地方煤矿相互干扰

根据山西省煤化局地质勘探队 1975 年 8 月编制的沁水煤田阳城矿区町店详查勘探区 3 号煤层底板等高线图，隧道进口端煤层埋深 210 m，出口端煤层埋深 90 m，煤层厚度 5～6 m。

(1) 勘测时隧道通过永红和桃坪 2 个煤矿区(见图 5－14)，其中永红煤矿为沁水县县办煤矿，规模较大，隧道通过矿区压煤距离长。桃坪煤矿为村办煤矿，矿区面积较小，有两条开采巷道伸入线路下部，已做压浆处理。

(2) 1989 年 4 月铁道部与山西省人民政府达成协议，双方同意煤矿在铁路下预留保安煤柱，禁止在保安煤柱内采煤。其中永红煤矿可在隧道下修建 2 条横向巷道穿过保安煤柱到铁路右侧采煤，但巷道需衬砌加固。

(3) 1991 年在隧道出口端地方又增建南岭和西冯街 2 个煤矿，据了解其均在隧道保安煤柱以外采煤。

(七)小结

1. 在越岭隧道方案比选过程中，重视工程地质选线，综合考虑了隧道与路基工程的地质条件，避开了顺层地段，增强了铁路路基的稳定性，取得了较好的效果。

2. 通过桃坪左、右线隧道施工对比，可看出二叠系泥岩工程地质条件较差，易发生坍塌。但如果施工方法得当，隧道坍塌还是可以避免的。

3. 要重视隧道施工引起的环境地质问题。桃坪隧道因在勘测设计中对环境地质重视不够，设计中未采取必要措施，施工引起当地水源井干枯，爆破震裂民房和煤矿干扰等问题，造成了较大的经济损失。

七、西康线秦岭特长隧道Ⅱ线平导施工的地质灾害与整治措施

孟祥连　舒　磊　毛建安

(一)引言

西安至安康线秦岭特长隧道由两座长约 18.4 km 的平行单线隧道组成，其中Ⅱ线(右线)作为平行导坑采用人工钻爆法施工；Ⅰ线(左线)采用隧道掘进机(TBM)施工。隧道最大埋深约 1650 m，是我国目前最长的铁路隧道，其投资占全线的 27%。

隧道地处北秦岭褶皱断裂带，该带在地质历史时期经历了多期构造运动、岩浆活动及混合岩化作用，地形、地质条件十分复杂。隧道自北向南依次通过混合片麻岩、混合花岗岩、混合片

麻岩、含绿色矿物混合花岗岩四个大的岩性段，穿过十余条规模较大的断层，其中 F_2、F_4、F_5 属区域性大断裂(图 2-4)。

隧道地形、地质条件复杂，在Ⅱ线平导三年多的施工中出现了岩爆、突然涌水、坍塌三类主要地质灾害，现对其灾害的发育特征及整治措施进行初步总结。

(二)秦岭隧道主要地质灾害

1.岩爆

岩爆是在高地应力地区地下洞室施工中，围岩应变能突然释放造成一种动力，促使围岩脆性破坏而失稳的现象。它是深埋地下洞室开挖中出现的一种地质灾害。根据前人多年来对岩爆现象及岩爆形成机理的研究，岩爆多发生在地应力高、埋藏深，坚硬完整、干燥无水的脆性岩体中。围岩中的高地应力是导致岩爆发生的一个外部主导因素，而岩性条件是内因，只有具备了上述两个条件才有可能发生岩爆。

秦岭隧道Ⅱ线平导洞身围岩的物理力学试验结果，岩石的单轴干燥抗压强度为 $\sigma_d=110\sim156$ MPa，抗拉强度为 $\sigma_t=5.4\sim9.4$ MPa，单轴饱和抗压强度为 $\sigma_c=105\sim142$ MPa，岩石弹性能量指数 $W_{ET}>5$(弹性能量指数是指做岩石单轴抗压试验时，加载到$(0.7\sim0.8)\sigma_c$，再卸载到$0.05\sigma_c$，这时卸载释放出的弹性应变能与耗散的弹性应变能之比。一般 $W_{ET}\geqslant2$ 时，岩石就有可能发生岩爆)，属硬脆性岩石。Ⅱ线平导洞身三维地应力测量成果分析计算，隧道中段(DyK71+000～DyK78+000)初始地应力值＞20 MPa，属高地应力区。从而为岩爆的发生提供了必要的条件。

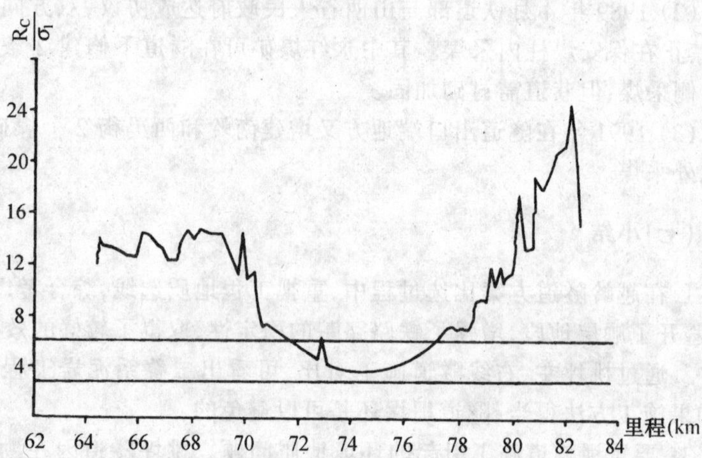

图 5-16　沿隧道轴线的强度应力比值 Rc/σ_1 图

以往的工程实践表明，岩石单轴抗压强度 R_c 与最大地应力 σ_1 的比值能较好地预测岩爆的发生，当 $R_c/\sigma_1<6$ 时，就可能有岩爆发生；当 $R_c/\sigma_1<3$ 时，则可能发生强烈岩爆。根据秦岭隧道分段测得的单轴抗压强度 R_c 与相应的最大主应力 σ_1，可得出沿隧道轴线的强度应力比值 R_c/σ_1，如图 5-16 所示。

平导施工中共有 43 个段(点)发生岩爆，按岩爆的表现形式和对施工的影响程度，分为轻微岩爆、中等岩爆和强烈岩爆三种类型。

(1)轻微岩爆：岩爆坑零星分布，规模小，坑径仅几十厘米，且较浅，爆落岩片尺寸小，数量少，多为破裂剥落型。对正常施工影响小。共有下列 27 个段(点)，累计长 1124 m：DyK64+500～+570、DyK65+135～+170、DyK66+730～+760、DyK71+620～+770、DyK72+080～+200、DyK72+560～+680、DyK73+072、DyK74+610～+628、DyK75+414～+416、DyK75+505、DyK75+583、DyK75+880～+882、DyK75+960～DyK76+144、DyK76+204～+209、DyK76+362～+364、DyK76+370～+373、DyK76+443～+449、DyK76+480～+500、DyK76+510～+530、DyK76+576～+658、DyK76+890、DyK76+946、DyK77+144～

+152、DyK77+185～+193、DyK77+278～+360、DyK77+619～+756、DyK77+830～+850。

(2) 中等岩爆：岩爆坑成片连续分布，岩爆坑明显，规模较大，坑径可达数米，坑深可达2 m左右，爆落岩片尺寸较大，数量较多。为弹射型及破裂剥落型，威胁施工人员与设备的安全。对正常施工影响较大。共有下列12段，累计长650 m：DyK64+809～+814、DyK65+170～+198、DyK69+100～+108、DyK72+200～+430、DyK72+470～+560、DyK73+810～+875、DyK74+328～+332、DyK74+700～+755、DyK74+852～+890、DyK76+530～+550、DyK77+152～+185、DyK77+756～+830。

(3) 强烈岩爆：岩爆坑连续分布，坑深可达2 m，爆落岩片尺寸大，数量多，且造成围岩大面积开裂失稳，威胁施工人员及设备的安全，对正常施工及洞室稳定影响大。共有下列4段，累计长120 m：DyK72+430～+470、DyK73+360～+395、DyK74+298～+331、DyK74+351～+363。

统计显示，岩爆发生的段落，除DyK64+500～DyK69+108间几段岩爆发生在隧道浅埋地段(一般埋深＜300 m)，导致产生的高地应力主要是由斜坡应力集中作用引起的以外，其余段落所发生的岩爆均在隧道的深埋地段(埋深600～1 650 m)，较大的岩体自重应力和构造应力是构成高地应力的主要因素。施工过程还证实岩爆的产生与否、岩爆程度的强弱，除受岩性与地应力的控制外，还与围岩的完整性、地下水的发育程度以及施工工艺密切相关。只有对上述因素进行综合分析，才能准确地预测、判定岩爆的发生、规模及应采取的工程措施。

2.突然涌水

秦岭隧道Ⅱ线平导开挖中发生较大(＞300 m^3/d)突水、涌水段共9处，详见表5-9。

表5-9　平导集中涌水点(段)情况表

序号	里程位置	主要出水形式及出水部位	集中涌水的时间	最大涌水量(m^3/d)	稳定涌水量(m^3/d)	衰减情况	所处构造部位
1	DyK69+033～+070	片状、股状出水。右起拱线及边墙	1996-07-20～08-28	375	300	断面开挖初期水量不大，经6日后，达峰值，随后逐渐稳定于300 m^3/d，注浆后水量减至200 m^3/d	F_4断层影响带
2	DyK74+180～+220	主要呈股状、片状、线状出水	1998-01-23～02-10	7 200	300	衰减很快，约半个月衰减至300 m^3/d	岩脉侵入带
3	DyK77+490～+520	片状、股状出水	1997-01-24～02-01	3 900	1 200	经20日后衰减至1 900 m^3/d，后仍慢慢衰减，至5月18日减为1 200 m^3/d，仍呈继续衰减状态	
4	DyK77+870～+890	片状、股状出水。整段发育(主要左边墙)	1996-11-25～11-26	5000	1300	经1日后，衰减至1 500 m^3/d，15日后衰减至1 300 m^3/d，并仍在继续衰减之中	f_{q12}断层影响带，岩脉大量穿插，张性结构面及节理十分节育
5	DyK78+025～+120	主要为淋雨状，有几处呈股状、大股状	1996-10-28～10-30	3 500	1 000	衰减缓慢，前期衰减较慢，中后期衰减较快，有些出水点已干枯，目前涌水量为1 000 m^3/d，仍在衰减	
6	DyK78+145～+153	片状、股状出水，左起拱线	1996-10-04～10-05	4 500	400	经1日后，衰减至1 000 m^3/d，后经一个星期衰减至400 m^3/d，目前基本干枯	

续上表

序号	里程位置	主要出水形式及出水部位	集中涌水的时间	最大涌水量(m^3/d)	稳定涌水量(m^3/d)	衰减情况	所处构造部位
7	DyK78+387～+397	大股状涌水，右拱部	1996-08-14～08-16	3500	350	经2日后，衰减至2 250 m^3/d，再经7天衰减至500 m^3/d，后逐渐稳定至350 m^3/d	f_{q12}断层影响带，岩脉大量穿插，张性结构面及节理十分节育
8	DyK78+420～+450	线状、片状、股状出水，拱部及右边墙	1996-08-05～08-08	2 100	250	经3日后，衰减至1 500 m^3/d，经15天衰减至500 m^3/d，半年后衰减至250 m^3/d，目前呈滴嗒状态	
9	DyK78+876～+916	主要呈股状、片状	1996-05-27～05-29	1 500	20	衰减很快，约一星期衰减完毕，涌水量变为20 m^3/d	f_{q12}断层破碎带

由于秦岭山区基岩裂隙水和构造裂隙水分布的不均匀性，致使秦岭隧道地下水的分布和发育特征十分复杂，总的特征是受断裂构造控制，大的出水段均位于断层破碎带、节理密集带及岩脉侵入带，其特点是以静储量为主，开始涌水量较大，随后迅速衰减，有的出水点至平导贯通时已基本呈干枯状态。

3.坍塌

秦岭隧道Ⅱ线平导施工中共发生坍塌42处，其中大坍塌，坍高＞6 m，坍方体积＞100 m^3的有9处；中坍塌，坍高3～6 m，坍方体积30～100 m^3的有9处；小坍塌，坍高＜3 m，坍方体积＜30 m^3的有24处。

9处大坍塌为：

(1) DyK68+097～+131，发生于f_{SN17}断层带，节理裂隙很发育，地下水活跃，坍塌物为断层泥砾、碎裂岩，总坍塌量100 m^3。

(2) DyK69+016～+040，发生于F_4邻近地带，发育有一条F_4的派生小断层(f_{SN21})，岩体破碎，稳定性差，断层带内片状、股状涌水，$Q_{max}=375\ m^3/d$；总坍塌量约2 000 m^3。

(3)DyK78+384～+404，节理密集带，岩体破碎，坍塌量200 m^3。

(4) DyK78+190～+223，发生于f_{ss13}断层带，岩体很破碎，坍塌量300 m^3。

(5) DyK78+000～+050，节理密集带，岩体破碎，坍塌量150 m^3。

(6) DyK74+755～+795、DyK74+683～+693、DyK74+511～+546三处，发生于混合片麻岩夹大量云母片岩地段，两者间构成软弱面，加之高地应力作用，开挖后坍塌严重，坍塌量为150～200 m^3。

(7) DyK74+180～+220，发育花岗伟晶岩脉侵入体及集中涌水，脉岩内微裂隙发育，且多充填有糜棱状薄膜，开挖暴露后极易风化破坏，坍塌量150 m^3。

9处中坍塌为：

(1) DyK67+495～+517，位于f_{q4}断层带，坍塌量50 m^3。

(2) DyK67+884～+892，位于f_{SN16}断层带，坍塌量50 m^3。

(3) DyK75+657～+665，节理发育，岩体破碎，坍塌量30 m^3。

(4) DyK77+552～+574，发生于f_{ss15}断层带及影响带，坍塌量40 m^3。

(5) DyK77+890～+910，发生于f_{ss14}断层带，坍塌量50 m^3。

(6) DyK77+925～+960，挤压软弱结构面，岩体破碎，坍塌量40 m^3。

(7) DyK78+870～+838,发生于 f_{q12}断层破碎带,坍塌量 60 m^3。

(8) DyK78+950～+980,发生于 f_{q12}断层带,坍塌量 30 m^3。

(9) DyK79+765～+800,发生于 f_{q14}断层破碎带,坍塌量 40 m^3。

78%左右的大、中型坍塌发生于断层破碎带或节理密集带,16.6%发生于混合片麻岩夹大量云母片岩残留体地段,仅有1处发生于岩脉侵入体处。且坍塌处多有地下水涌出或渗出,因此断裂构造和地下水是坍塌灾害产生的主要因素,施工中爆破震动,开挖形成临空面则是形成坍塌的触发因素。

(三)施工中采取的整治措施及效果

对地质灾害的准确预测预报及采取合理的有针对性的整治措施是确保隧道工程顺利施工的关键。为确保秦岭隧道工程施工的安全和顺利,在勘测阶段投入大量人力物力,进行了详细的地质调查、资料收集、勘探测试及分析论证,从宏观上对可能发生的地质灾害进行预测预报,并在设计上采取相应的措施,以防止灾害发生或减小其危害程度。平导施工阶段,根据施工时同步进行的地质测试,对施工前方短距离内可能发生的地质灾害又进行了更为细致的预测预报,并及时将预报成果通知施工单位,以便采取预防措施。最后对施工中发生的地质问题,设计、施工、监理三方及时进行会勘,分析原因,制定对策。通过上述三阶段的工作,较好的解决了秦岭隧道施工中遇到的地质灾害问题。

1.岩爆灾害的治理

(1)治理岩爆的措施

a.对岩爆地段的围岩喷洒高压水,以降低岩体的脆性,减弱岩爆的强度。

b.加强巡回找顶(查找、清除隧道拱顶危石),岩爆剧烈时采取短时间待避,保证安全。

c.对连续分布的中等或强烈岩爆段,加打应力释放钻孔及超前锚杆。以达到释放应力和加固围岩的目的,同时对岩爆部位及时进行锚喷,若是重复型的岩爆则要进行复喷。

d.及时调整施工方案,在岩爆段采取小药量,短进尺,多循环的施工方法,以减少对围岩的扰动;同时加强光面爆破效果,保证洞室轮廓规则圆顺,避免造成局部应力集中。

e.给施工机械设置铁丝网及竹排防护,给作业人员配备钢盔和防弹衣。

(2)岩爆治理效果

由于在施工中依据岩爆具体情况,有针对性的采取了上述措施,防止了岩爆发生或减轻了岩爆的危害程度,减少了因发生岩爆耽误的时间,保证了施工工期,在秦岭隧道Ⅱ线平导岩爆段施工中未发生人员伤亡和机械设备严重毁损的恶性事故,实现了快速安全生产。

2.突然涌水的治理

(1)顺坡施工段,以自然排水为主,在平导洞底两侧设置足以排出最大涌水量的排水沟。

(2)反坡施工段,根据预测的最大可能涌水量及最大突然涌水量,配置排水机械,设置机械排水管路。具体作法是:在反坡地段每隔400～800 m设置一个泵站,泵站内配备4～8台泵流量为200 m^3/h的水泵,泵站间以管路相连,如图5-17。

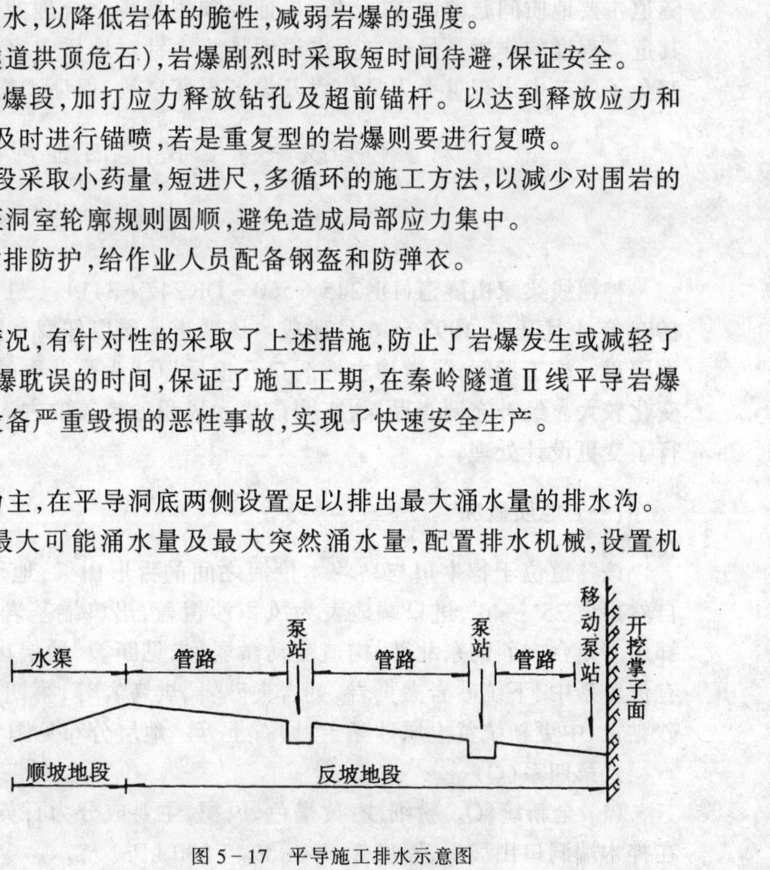

图5-17 平导施工排水示意图

除上述排水措施外,根据平导内随时可能发生突然涌水的情况,还适时采用了用移动水泵直接将水抽入矿车内，用矿车拉出洞外的应急措施。由于采取了上述排水措施，在平导内几处大的突然涌水段施工中均未造成淹没洞室、严重毁坏机械设备及人员伤亡的事故；也未出现长期影响施工的情况，保证了施工的安全顺利进行。

3. 坍塌的治理措施

(1) 秦岭隧道Ⅱ线平导坍塌灾害的治理，坚持防、治结合的方针，在地质超前预报的掌子面前方围岩中的断裂构造发育、岩体破碎段，施工中采取短进尺(<2 m)、弱爆破和及时喷锚的措施，或改全断面开挖为正台阶法开挖，拱部及时设钢拱架，挂钢筋网和喷混凝土的工程措施，有效地防止坍塌发生。

(2) 对施工中已发生的坍塌，小规模的一般及时采用喷锚支护，较大规模的则根据具体情况，及时采取打系统锚杆、喷混凝土、局部加挂钢丝网或设置钢拱架等措施，防止了坍塌的进一步扩展。

采取上述预防和整治措施后，大大降低了秦岭隧道Ⅱ线平导坍塌灾害的发生频率及规模，施工中没有因坍塌造成人员伤亡和设备损毁事故；坍塌，只是增加了施工难度，影响和减缓了施工进度。

(四)结语

西康线秦岭特长隧道位于北秦岭褶皱断裂带内，地形地质条件十分复杂，施工中地质灾害的发生在所难免。但Ⅱ线平导施工实践表明，上述三类地质灾害的发生，无论从规模、还是从频率来看都是比较弱的。这一方面说明勘测和施工阶段综合地质测试工作是成功的，对秦岭隧道主要地质问题的调查、分析、论证及预测是科学合理的，起到了防止地质灾害发生或减小其危害程度的作用。另一方面也说明施工中针对地质灾害所采取的整治措施是恰当的，从而避免了施工中出现重大人员伤亡及设备损坏事故，保证了施工的顺利进行。

八、神朔线梁家山隧道因古沟槽变更设计

王笃实

神朔线梁家山隧道(DK245+560～DK247+341)，长1 781 m，位于陕西省神木县境内，于1988年4月开工，1992年6月建成。该隧道地层以侏罗系页岩夹砂岩、烘烤岩为主，为Ⅲ～Ⅳ类围岩。施工期间，隧道神木端洞口开挖后原认为是基岩的隧道拱部出现风积沙和土层，地质变化较大。经补充调查勘探，查明该段为风积沙掩盖的古沟槽，地质条件差，施工困难，被迫进行了变更设计处理。

(一) 地质概况

该隧道位于牸牛川与乌兰木伦河之间的舌形山梁，地形起伏较大，相对高差80～150 m，自然山坡35°～40°，进口端地表为风积沙覆盖，出口端基岩裸露。隧道最大埋深126 m，地处鄂尔多斯台向斜的东北部，构造变动微弱，未见断裂，地层以极缓的坡度向北倾斜。主要地层有侏罗系中、下统砂岩夹页岩、页岩夹砂岩、烘烤岩等；第四系全新统粉细沙、上更新统黄土质砂黏土、中更新统黄土质砂黏土、卵石土等。地层分布见图5-18。

1. 第四系(Q)

(1) 全新统(Q_4)粉细沙：黄褐色，风积，主要成分为石英、长石，松散，稍湿，Ⅰ级松土，分布在神木端洞口山坡上，厚度2～6 m，$\sigma_0=100$ kPa。

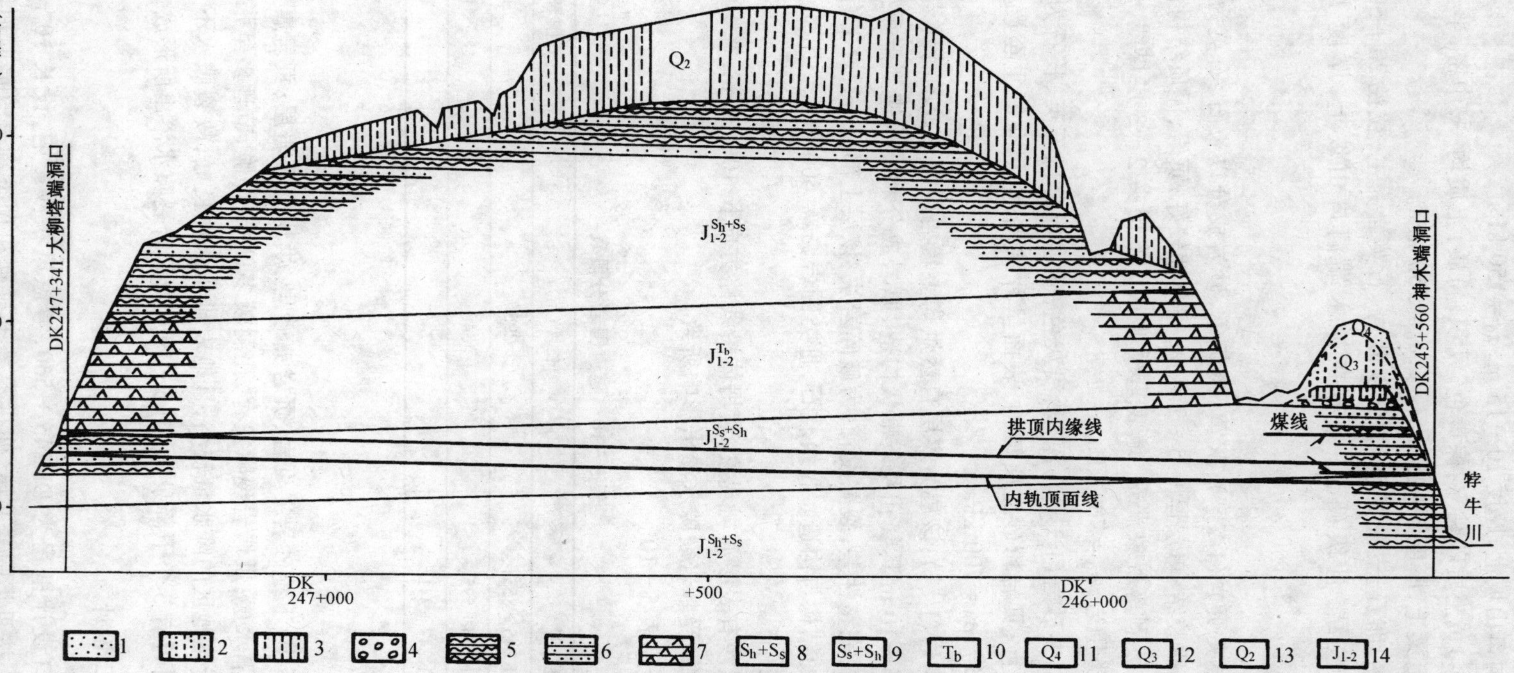

图 5-18 梁家山隧道地质纵断面示意图

1—粉细砂;2—黄土质黏砂土;3—黄土质砂黏土;4—卵石土;5—页岩;6—砂岩;7—烘烤岩;8—页岩夹砂岩;9—砂岩夹页岩;10—烘烤岩;11—第四系全新统;12—第四系上更新统;13—第四系中更新统;14—侏罗系中、下统。

(2)上更新统(Q_3)黄土质黏砂土:淡黄色,风积,粉砂质,土质均一,中密,半干硬,Ⅱ级普通土,分布在神木端洞口山坡上,厚度 10～15 m,$\sigma_0 = 150$ kPa。

(3) 中更新统(Q_2)黄土质砂黏土:棕黄色,风积,粉质,土质均一,中密,半干硬,Ⅱ级普通土,分布在隧道中部山梁上,厚度 5～25 m 不等,$\sigma_0 = 250$ kPa。

(4) 中更新统(Q_2)卵石土:浅黄色,成分以砂岩、石英岩为主,粒径 20～50 mm 占 50%,>50 mm占 20%,半胶结,Ⅲ级硬土,分布在神木端洞口山坡上,厚度 1～4 m,$\sigma_0 =$ 500 kPa。

2. 侏罗系(J)

(1) 中、下统砂岩夹页岩(J_{1-2}^{Ss+Sh}):灰黄、浅灰色,砂岩成分以长石、石英为主,中、细粒结构,泥质胶结,少量钙质胶结,单层厚 0.5～2.0 m,完整性较好;页岩,泥质结构,风化严重至颇重,风化深度 4 m,顺坡剥落现象严重,地表呈缓坡状。本层夹 2～3 层煤线,煤层厚 0.05～0.5 m,Ⅳ级软石,Ⅳ类围岩,$\sigma_0 = 700$ kPa。

(2) 中、下统页岩夹砂岩(J_{1-2}^{Sh+Ss}):深灰、浅灰色,砂岩成分以石英、长石为主,细粒结构,泥、钙质胶结,风化颇重;页岩粉砂泥质结构,表面呈片状剥落,风化颇重至严重,风化层厚 4 m,Ⅳ级软石,Ⅳ类围岩,$\sigma_0 = 700$ kPa。

(3) 中、下统烘烤岩(J_{1-2}^{Tb}):该层为煤层自然烘烤上覆岩层而形成的特殊岩层,砖红色,厚约 30 m。该层下部 5～10 m 具气孔及条带状构造,原岩成分和结构遭到严重破坏,其正常的组合关系已不复存在,完整性差,裂隙发育,为破碎岩块;该层上部 20 m,岩层有一定层状连续性,基本保持着原岩的结构与构造。Ⅳ级软石,Ⅲ类围岩,$\sigma_0 = 600$ kPa。

3.不良地质现象

神木端洞口风积沙有表层溜坍现象,溜坍体沿线路方向长 10～30 m,宽 100 m,厚 3 m 左右,主轴方向 NE60°,系受基岩裂隙水渗出影响所致。

4.隧道围岩划分见表 5－10。

表 5－10　隧道围岩分段表

里　　程	长度(m)	围岩类别
DK245 + 560～DK245 + 855	295	Ⅲ
DK245 + 855～DK246 + 595	740	Ⅳ
DK246 + 595～DK247 + 341	746	Ⅲ

(二) 水文地质

隧道通过侏罗系中、下统砂岩夹页岩、页岩夹砂岩、烘烤岩等岩层;页岩属柔性岩层,节理多呈闭合状,为相对隔水层;烘烤岩裂隙发育,孔洞较多;砂岩性脆,节理多呈张开状,为良好的裂隙含水层。但由于本地区的降水量较小,且地表排水条件良好,故裂隙水不丰富,神木端洞口在高程 1 010 m 附近有 3 个下降泉(见图 5－19),为基岩裂隙水渗出所形成,水量微小。

(三) 神木端洞口设计

隧道神木端洞口设计里程为 DK245 + 560,考虑风积沙影响,设长 10 m 明洞,设计于 DK245 + 570 进暗洞,按Ⅲ类围岩曲墙、仰拱混凝土衬砌和Ⅳ类围岩直墙断面混凝土衬砌,采用先拱后墙法施工;洞口风积沙清方刷坡,仰坡作干砌片石护坡(见图 5－20)。在施工交底时,施工单位要求全隧道改为喷锚构筑法施工。经建设单位同意,DK245 + 585～DK247 + 321

段按喷锚构筑法施工进行了变更设计。

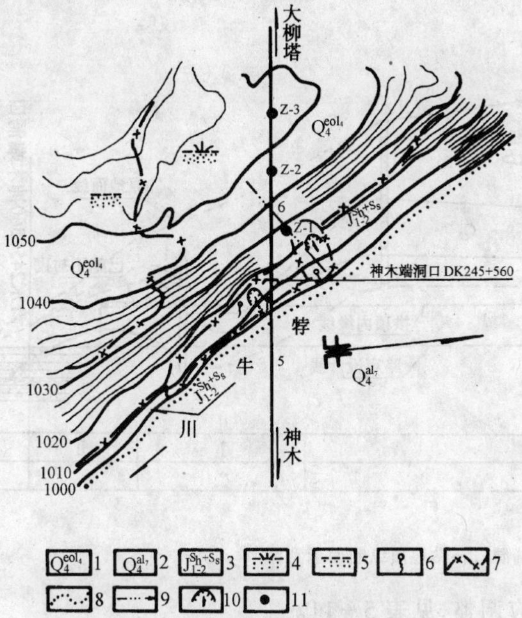

图 5-19　神木端洞口平面图

1—第四系全新统风积粉细砂；2—第四系全新统冲积卵石土；3—侏罗系中、下统页岩夹砂岩；4—半固定沙地；5—流动沙地；6—下降泉；7—不良地质界线；8—岩层分界线；9—古沟槽；10—表层溜坍；11—钻孔。

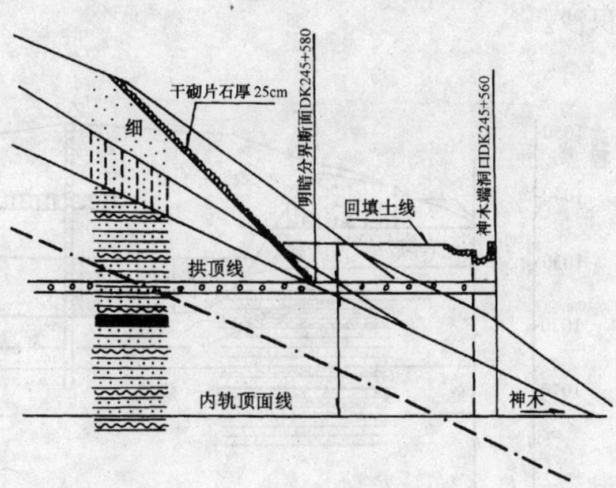

图 5-20　神木端洞口纵断面图

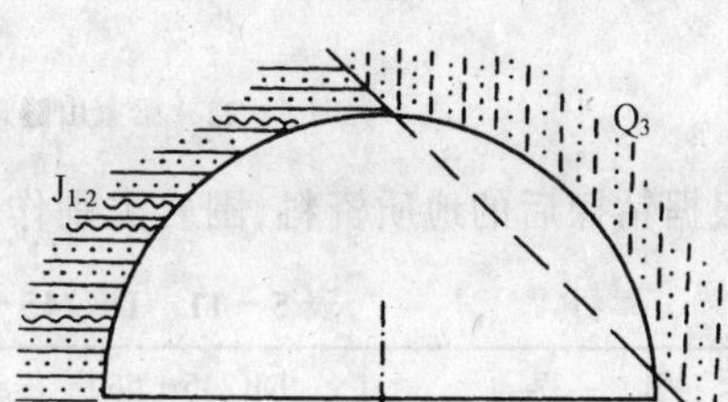

图 5-21　DK245+585 土石分界断面示意图

(四)洞口施工

该隧道于 1988 年 4 月开工，首先对洞口表层风积沙清方，因设计明暗分界处洞口岩层风化破碎，洞顶覆盖薄，围岩自拱能力差，进洞困难，改为明洞，于 DK245+580 才暗洞施工，采用先拱后墙法掘进。但进洞仅 5 m，即于 DK245+585 处遇到了土层，土石分界面走向 NE60°～70°，向 NW 倾斜，倾角 40°(见图 5-21)。土层潮湿，松软，有坍塌现象。因与原地质条件不符，且施工困难，故安排了补充勘测及变更设计。

(五) 补充勘测及变更设计

1.补充勘测

为查明隧道通过土层长度及工程地质条件，1988 年 9 月进行补充勘测，钻探 3 孔。补钻后的洞口地质纵断面见图 5-22。

根据钻探揭示及施工开挖情况，隧道拱部在 DK245+596 通过古沟槽，通过长度 23 m，古沟槽走向 N60°E，与隧道呈 35°斜交。钻探结果与原设计地质资料比较，地层变化较大。

(1)表层风积沙厚度由原来的 2～6 m 变为 14～18 m。

(2)黄土质黏砂土厚度由原来的 10～15 m 变为 4～10 m，下部土层局部含水量较大，呈硬塑至软塑。

(3)半胶结卵石土变为半胶结粉细砂层，厚度由原来的 1～4 m 变为 6 m。

(4)隧道拱部通过古沟槽长 23 m,原设计的砂岩夹页岩围岩变为黄土质黏砂土和风积沙。

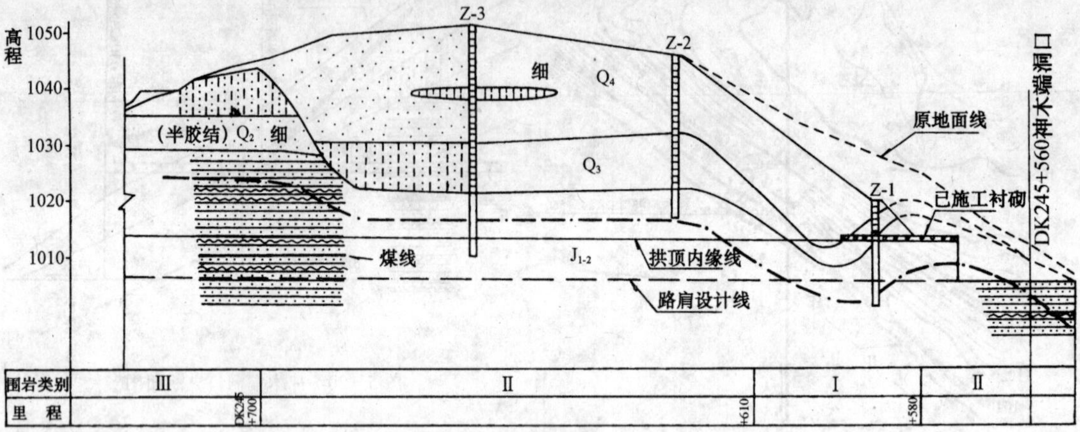

图 5-22　梁家山隧道神木端洞口补钻地质纵断面示意图

根据钻探后的地质资料,围岩类别作了相应调整,见表 5-11。

表 5-11　DK245+560～+700 段围岩类别调整表

里　　程	DK245+560～+580	DK245+580～+610	DK245+610～+700
原围岩类别	Ⅲ	Ⅲ	Ⅲ
调整围岩类别	Ⅱ	Ⅰ	Ⅱ

据调查,若将洞口位置南移 30 m,即可避开古沟槽(见图 5-23),且线路长度相当,虽然隧道略有增长,但牸牛川特大桥可相应缩短,地质条件也好。遗憾的是当时牸牛川特大桥已经施工,改线已不可能。

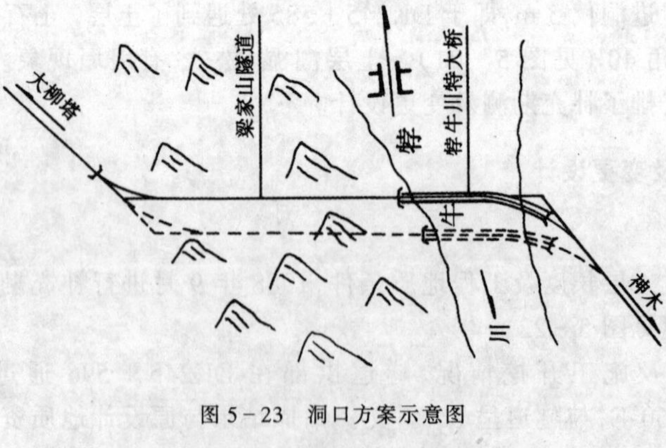

图 5-23　洞口方案示意图

2.变更设计

围岩类别调整后,隧道衬砌断面作了相应的变更设计,通过古沟槽的临时支护,采取超前锚杆,钢拱架管棚支护措施,钢拱采用 43 kg/m 钢轨,每米一榀,临时支护断面见图5-24及图5-25。要求施工单位根据围岩具体情况,采取短开挖,强支护,衬砌紧跟的措施,以减少围岩的暴露时间,防止围岩坍塌。

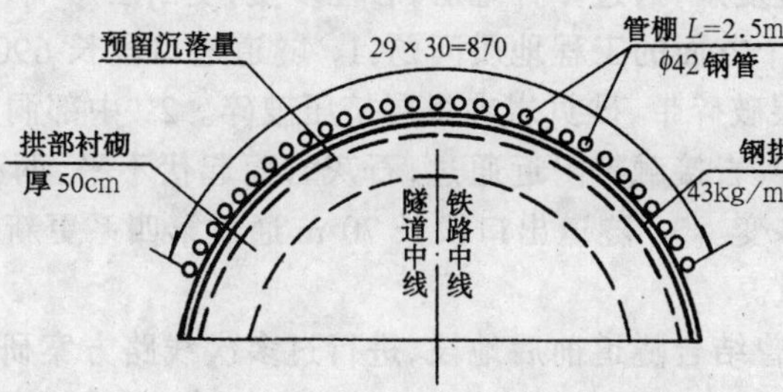

图 5-24 临时支护断面图

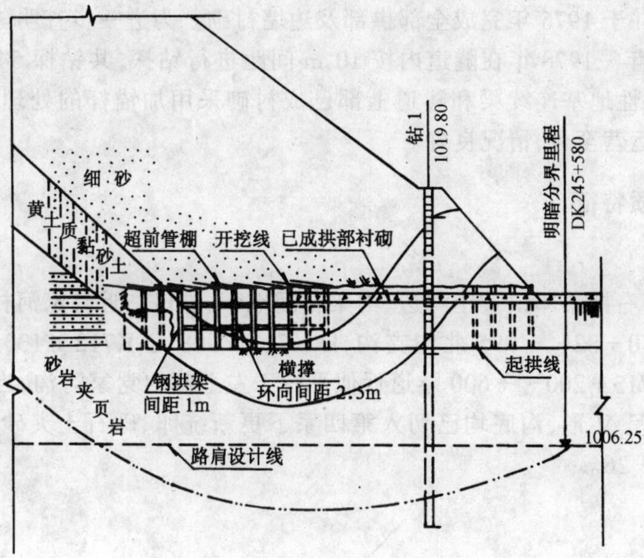

图 5-25 临时支护纵断面图

(六)小结

洞口位置选择,是隧道工程勘测的重要内容。本隧道神木端洞口有第四系土层覆盖,勘测时未进行必要的勘探,致使隧道洞口选择在古沟槽下,风积沙厚度大,易坍塌,施工困难,被迫进行了变更设计,不但增加了投资,而且延长了工期。如果事前调查、勘探充分,将洞口位置南移 30 m、避开古沟槽,则地质条件要好得多。这样的教训,值得记取。

九、包西线西安至延安段韩家河隧道工程地质勘测与设计

黄晓霞　陈品文

(一)概况

韩家河隧道是包西线西安至延安段最长的一座隧道,里程为 $D_1K710+471$～$D_1K713+983$,长 3 512 m,穿越蔡邓镇黄土塬边的沟梁相间地带,埋深一般为 75～120 m。隧道位于晋陕断块汾渭地堑的北缘。隧道通过地层依次为二叠系砂页岩夹煤层、铝土质页岩和奥陶系石灰岩,在隧道出口附近长约 70 m 为第四系下更新统卵、砾石土夹砂层。

隧道所处地段，古地貌复杂，通过多种地层，岩性多变，受断层影响，岩体节理发育，岩石较破碎。该隧道主要存在三个方面的工程地质问题：1．隧道进口段长 690 m，有小煤窑采空，并穿过长 40 m 的小华山断层破碎带，砂页岩夹煤层挤压破碎。2．中部洞身有 1240 m 长在石炭系铝土质页岩和奥陶系石灰岩接触带附近通过，石灰岩面起伏不平，两种地层犬牙交错，岩质软硬不均，隧道围岩分类多变。3．隧道出口段长 70 m 通过第四系更新统卵、砾石土夹砂层埋藏古沟谷，施工中坍塌严重。

自 1970 年开始勘测，曾结合隧道前后地段，进行过多次线路方案研究。1972 年重点针对小煤窑采空作了较大范围的地质调查和研究。1973 年 6 月决定采用通过小煤窑采空地段最短的长隧道方案，进行定测，共钻探 13 孔 1 073.1 m，随后进行了施工设计。1974 年由铁道部第一工程局施工，并于 1976 年完成全部拱部及边墙衬砌。为进一步查明隧道进口段基底小煤窑采空情况，1977 年～1978 年在隧道内按 10 m 间距进行钻探，共钻探 54 孔 2020 m，最后决定隧道底部采用弹性地基连续梁和隧道上部已成衬砌采用加锚杆的处理措施。1980 年该隧道全部竣工，通车运营至今，情况良好。

（二）地形、地质特征

1．地形、地貌

隧道位于洛河右岸蔡邓镇黄土塬边、沟梁相间地带，进口临近韩家河村，出口为桥子坡村。隧道依次在 D_1K710 + 824、+ 995 北沟支沟，D_1K711 + 908、D_1K712 + 130、+ 255 石曹沟支沟下部穿过，于 D_1K713 + 200～ + 600 隧道近似平行于左上侧的党家湾沟，当时沟内有水库。沟谷均系黄土冲沟，呈 V 形，沟底均已切入第四系下更新统卵、砾石土夹砂层内，沟长为 500～1500 m，详见图 5－26。

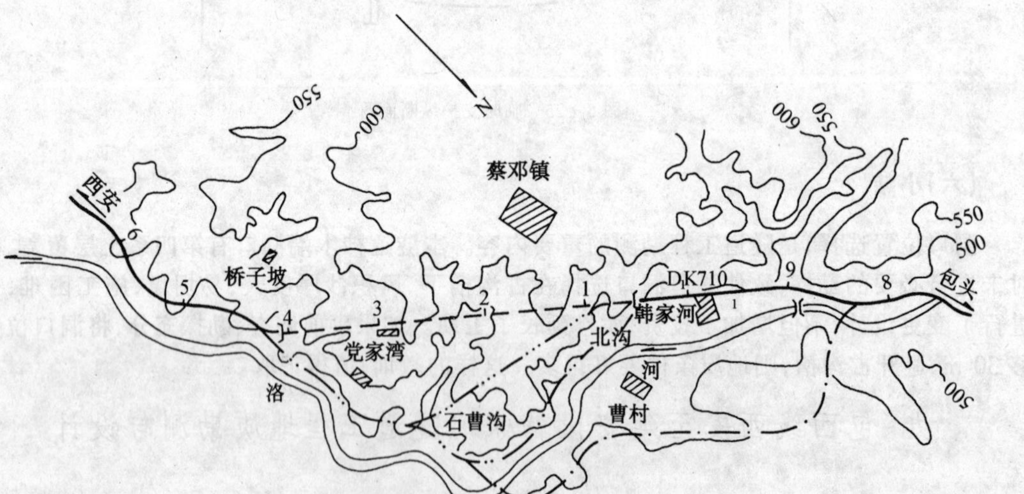

图 5－26　包西线韩家河隧道方案平面示意图

1—跨洛河方案；2—沿洛河隧道群方案；3—2.3 km 隧道方案；4—3.5 km 隧道方案。

2．地质、不良地质

(1)区域地质

隧道位于晋陕断块汾渭地堑北缘大断裂以北约 10 km,隧道进口以北约 300 m 有曹村正断层,产状为 N22°E/70°S,破碎带宽约 20 m。D_1K711 + 120 ~ + 160 通过小华山正断层,产状为 N36°E/70°N,破碎带宽约 10 m。受断层影响岩体节理发育。石炭系和二叠系地层层面略呈波状起伏,其产状为 N30°~50°E/5°~20°S,在断裂挤压变形中,煤层有被切断、减薄或增厚现象。炭质页岩、铝土质页岩、砂质页岩及砂岩,经受强烈挤压呈碎块状、泥状。

区域地层依次为:

奥陶系马家沟组(O_2)石灰岩:深灰色,以中厚层为主,均质,坚硬。

石炭系太原群(C_{3t})煤系地层:有 5 号、9 号、10 号煤层,炭质页岩,花斑状铝土质页岩夹薄层砂岩,有不连续的石灰岩和钙质砂岩,底部有鸡窝状黄铁矿层。

二叠系山西组(P_1^1)煤系地层:有 3 号、4 号煤层,炭质页岩,铝土质页岩,黑灰色厚层砂质页岩夹灰色砂岩。

二叠系石盒子组(P_1^2)煤系地层:有黄绿色砂质页岩,底部为含砾厚层砂岩。

第三系(N):红色砾岩、砂岩。

第四系下更新统(Q_1):半胶结卵、砾石土,粉、细砂层夹砂黏土层。

第四系中更新统(Q_2):老黄土,棕红色,均质密实。

第四系上更新统(Q_3):新黄土,具大孔隙,疏松,以粉粒为主,含钙量高,有强烈湿陷性。

第四系全新统(Q_4):黄土质土,冲、洪积,质不均,部分有强烈湿陷性,夹砂、砾石层。

(2)隧道洞身地层岩性

韩家河隧道通过不同时代的地层,岩性变化大,且受构造挤压影响,节理发育,岩石较破碎,围岩分类差别很大,现将隧道洞身地层岩性分段叙述如下,见图 5-27。

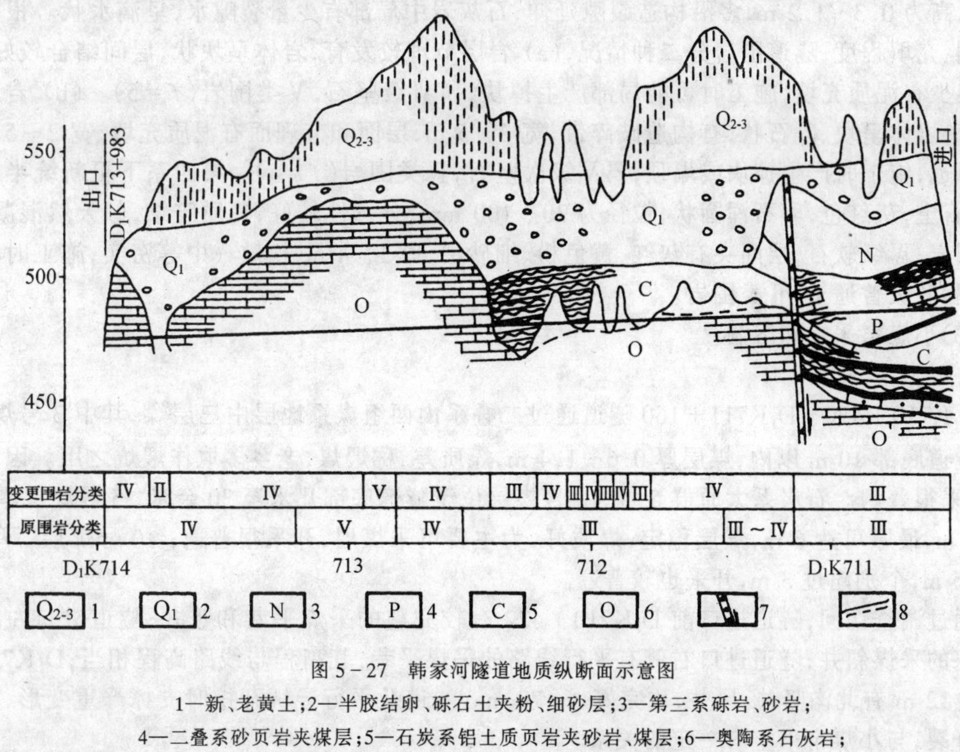

图 5-27 韩家河隧道地质纵断面示意图

1—新、老黄土;2—半胶结卵、砾石土夹粉、细砂层;3—第三系砾岩、砂岩;
4—二叠系砂页岩夹煤层;5—石炭系铝土质页岩夹砂岩、煤层;6—奥陶系石灰岩;
7—小华山断层破碎带;8—岩层分界线(虚线为原预测分界线)。

a. $D_1K710+471 \sim D_1K711+160$ 隧道通过二叠系山西组砂页岩夹煤层，以砂质页岩为主，具有微层理，均质，节理发育，开挖时为大块状，易风化破裂成泥屑状，局部有风化黄色泥层；砂岩，多微层理、交错层理，含黑色矿物和白云母，干抗压强度为50～80 MPa，尚坚硬，浸水软化，软化系数为0.5～0.33。因受相邻断裂带的影响，地层内出现一系列构造节理，层间位移，砂岩被错断张裂，页岩和煤层有褶曲、拉伸和压碎现象；铝土质页岩，质软，有滑感，能用小刀刻切，略具膨胀性，膨胀率为10.7%，煤层和铝土质页岩伴生者强度较低；小华山断层破碎带内的炭质页岩夹煤，经强烈挤压变形，呈片、块状，部分呈泥屑状，该段砂页岩夹煤层，岩体破碎，多泥质充填物，层间结合性差，施工时易产生掉块、塌顶，属Ⅳ级软石，Ⅲ类围岩（除隧道进口和小华山断层破碎带 $f=1.5$ 外，其余 $f=2.0$）。

b. $D_1K711+160 \sim D_1K712+400$ 隧道穿过石炭系铝土质页岩和奥陶系石灰岩接触带，原古地貌石灰岩面起伏不平，与铝土质页岩呈犬牙交错接触，高差为10～30 m，即低凹处为溶沟、溶槽，沉积石炭系铝土质页岩，高凸处呈石柱、石笋状，为奥陶系石灰岩。铝土质页岩为灰红、灰黄色或呈花斑状，薄层，叶片状，滑腻感强，手可捏碎，小刀易刻切，具膨胀性，膨胀率为26%～33%，膨胀力为245～320 kPa，质软，浸水易软化，且层间夹有白色石膏、红色黏泥、风化铁矿包裹体和石灰岩块、碎石等，个别处有微量裂隙水。该层岩性最弱，整体性差，开挖时易产生坍塌，属Ⅳ级软石，Ⅲ类围岩（$f=1.5$）。石灰岩为均质，致密，岩石坚硬，岩层倾角平缓，局部为10°～15°，有交错剪切节理，节理发育，层面及节理面有泥状充填物，呈块石、碎石状镶嵌结构，施工时产生掉块、塌顶，属Ⅴ级次坚石，Ⅳ类围岩（$f=3\sim4$），局部为Ⅴ类围岩（$f=5$）。

c. $D_1K712+400 \sim D_1K713+983$，除 $D_1K713+720 \sim +790$ 隧道通过埋藏古沟谷为第四系下更新统卵、砾石土夹砂层外，全段为奥陶系石灰岩，系深海相沉积，中、厚层，均质，致密，坚硬，抗压强度100～150 MPa，锤不易击碎，岩层倾角平缓，局部为10°～15°，有石灰岩小溶洞6处，宽、高为0.3～1.2 m，多沿构造裂隙延伸，石灰岩中局部有少量裂隙水，呈滴水状。根据节理切割、充填程度，隧道围岩分二种情况，(a) 岩层节理较发育，岩体呈块状，层间结合较好，没有或很少有泥质充填，施工时可能局部产生掉块，属Ⅵ级坚石，Ⅴ类围岩（$f=5$）。(b) 岩层节理发育，岩体呈块、碎石状，有构造破碎带，宽3～5 m，层面和节理面有泥质充填，宽2～5 cm，延伸不远，施工时产生掉块或塌顶，属Ⅴ级次坚石，Ⅳ类围岩（$f=4$）。第四系下更新统半胶结卵、砾石土，灰红色，卵石浑圆状，粒径为20～100 mm，分选性较好，钙质胶结，似天然混凝土，Ⅲ类围岩，Ⅳ级软石，层间夹有灰红、黄色粉、细砂层，厚1～4 m，松散～中等密实，施工时易产生坍塌，Ⅱ级普通土，Ⅱ类围岩。

(3)小煤窑采空和溶洞

a. 小煤窑采空

$D_1K710+470 \sim D_1K711+160$ 隧道通过二叠系山西组煤系地层中三层煤，其中3号煤层，位于隧道底部10 m以内，煤层厚0.6～1.4 m，煤质差，称煨煤，老乡多取作煨炕之用。因埋藏浅，开采很普遍。石炭系太原群5号、10号煤层位于隧道底部几米至30余米，5号煤层厚0.5～4.5 m，最厚可达6 m，煤层稳定，煤质好，为主要可采煤层，开采很普遍；10号煤层，厚0.4～2.25 m，个别超过3 m，开采也较普遍。

通过调查访问，隧道进口前 $D_1K710+422$ 有较完整的采煤平巷和竖井；隧道进口左侧有已堵塞的采煤斜井；隧道进口右侧有平行线路的采煤平巷，其高程与线路高程相当；$D_1K710+850$ 左12 m有北沟竖井、风井，均完好，深70 m。隧道及平行导坑开挖时支撑严重变形，局部衬砌开裂，与小煤窑采空有一定的关系。

小煤窑采掘，从竖井、斜井或平巷进入，以主巷道作为出入通道，两侧支巷采掘，留有一定的煤柱。巷道宽、高 1～2 m，最宽 3～7 m，最高 2～5 m，采掘边缘局部扩宽 5～10 m。在竖井附近呈辐射状开采，新、老巷道交错，一般不支撑或简易木支撑，有利用碎石、弃碴装入罗筐支撑的，巷道呈树技状、网格状，有单层，也有二、三层重复交叠，小煤窑采空率为 20%～50%。因小煤窑采空很普遍，故巷道有的被坍塌物充填，有的仍为残存空洞。

1977～1978 年在本段隧道内按 10 m 间距钻探，发现采空已多被坍塌物充填，但遇空洞而掉钻的亦不少。隧道进口和 $D_1K710+900$ 前后小煤窑采空较密集，施工揭示主洞或平行导坑的岩体均已松动，且支撑变形严重。

b. 石灰岩溶洞

本段石灰岩中发育有溶洞，主要分布在 $D_1K712+935$～$D_1K713+840$，施工中共发现 6 处，在洞顶呈斜向环状展布，宽 0.3～1.2 m，沿构造断裂带延伸。有少量裂隙水，系地表水补给。

(三)隧道勘测设计

1. 线路方案

1970 年开始勘测，曾结合隧道前后地段，进行过多次线路方案研究，1972 年重点针对小煤窑采空作了较大范围的地质调查，绘制了 1∶5000 工程地质图，结合控制性的勘探，初步查明了该段各类地层和小煤窑采空的分布情况，曾作了四个线路比较方案(见图 5－26)，即跨洛河方案、沿洛河隧道群方案，2.3 km 隧道方案和 3.5 km 隧道方案。前三个方案，沿河小煤窑采空密集，岸坡多坍塌变形，当时并有党家湾水库路堤浸泡问题，工程处理均较困难。而 3.5 km 隧道方案通过小煤窑采空地段最短，除在隧道内通过长 690 m 小煤窑采空，工程处理困难外，其余地段为一般路基及小桥涵工程。故于 1973 年决定采用 3.5 km 长隧道方案定测及设计。

2. 隧道设计

(1)小煤窑采空地段设计

对 $D_1K710+470$～$D_1K711+160$ 段，当时设计了几种处理措施：a. 预留可能变形的净空；b. 加仰拱；c. 压浆处理。施工中，按设计预留了可能变形的净空，但因隧道基底未作处理，所以仰拱没有做，压浆也因施工和质检有困难没有实施。当时亦曾考虑参照陇海铁路义马车站小煤窑采空处理方法，挖洞回填片石，但因挖洞是地下作业，工作条件艰苦，也不熟悉，而被否定。针对小煤窑采空的病害特征是突然塌陷，且其具体位置、形态难以预测的情况，最后确定隧道底部用弹性地基连续梁加固，隧道上部已成衬砌则采用锚杆加固。

根据煤层埋深、采空大小和塌陷直径确定弹性地基连续梁用 8 m、12 m 两种计算跨度，梁断面宽 2.5 m、高 1.0 m。西安端为奥陶系石灰岩，可做为固定支座，隧道进口端底部设挖孔桩做为固定支座，梁的计算跨度变化处因属小煤窑采空范围，通过钻孔压浆加固地层设置固定支座，即承托梁的两端为固定支座(铰接)，中间为弹性地基约束的多跨度连续梁，由于承托梁较长，施工中连续灌筑混凝土，设置通长钢筋等措施，跨度支点不代表任何里程，任何一点都可能成为支点，但要求塌陷间的最小距离为 7.37 m，根据国内小煤窑采空坍陷的情况，此值一般均能满足。

对小煤窑采空地段的边墙及拱部衬砌，采用锚杆加固，锚杆长 5 m，间距横向为 2 m，纵向为 1 m。

(2)隧道衬砌设计和变更设计

a. $D_1K710+471$～$D_1K711+160$ 段，砂页岩夹煤层Ⅲ类围岩。设计采用 140 级混凝土，厚 45～60 cm，直墙厚 60 cm，仰拱厚 70 cm，但在进洞口长 69 m 和小华山断层带长 40 m 段拱、墙厚分别增加 5、15 cm。本段岩体破碎，层间结合性差，多泥化夹层，山体压力大，围岩稳定性差，施工时平行导坑中横梁折断，支柱歪斜劈裂，后增加纵向钢轨，加密支柱，仍有下沉；在主洞中用双车道运输，暴露时间长，横梁有折断现象，个别支柱下沉 0.8 m；D_1K711 + 090 处小钢轨隆起，并产生掉块、塌顶。D_1K710 + 920 ～ + 977 拱顶坍塌高 1.0 ～ 4.25 m，D_1K711 + 000 ～ + 030 拱顶坍塌高 1.5 ～ 4.8 m，D_1K711 + 060 ～ + 082 拱顶坍塌高 1.2 ～ 7.15 m，D_1K711 + 140 ～ + 150 小华山断层带内，拱顶坍塌高 1 ～ 3 m。该段按设计要求进行衬砌后，D_1K710 + 860 ～ + 970 拱部发生裂纹，宽 2～5 mm，观测 2 个月，拱脚最大压缩位移量 4～9 cm，观测半年墙脚最大压缩位移量 3～5 cm，后经反复压浆，渐趋稳定。

b. D_1K711 + 160～D_1K712 + 400 段，为铝土质页岩和石灰岩接触带。铝土质页岩，Ⅲ类围岩，设计采用 140 级混凝土，拱厚 45～60 cm，直墙厚 60 cm，无仰拱。其中 D_1K712 + 150～ + 400 拱厚 50～75 cm，直墙厚 80 cm，无仰拱，D_1K711 + 160～ + 400，洞顶铝土质页岩，Ⅲ类围岩，拱脚、边墙为石灰岩，Ⅳ类围岩，拱厚 45～60 cm，墙厚 40 cm，详见表 5－12。该段勘测中未能掌握该接触带的古地貌形态呈犬牙交错状，即低凹处为溶沟、溶槽，沉积铝土质页岩夹煤层和石灰岩碎、块石，高凸处石灰岩呈石柱、石笋状。铝土质页岩，质软，易软化，节理发育，多光滑交叉节理，层间挤压破碎，夹有石膏、黏泥，整体性差，施工中围岩不稳定，易产生坍塌。如 D_1K711 + 791～ + 812 导坑开挖后因暴露时间过久，炸药量过大，扩大时导致坍塌，堵死上导坑长 21 m，坍塌高 4 m，D_1K711 + 931～ + 943 塌方高 12 m，局部有微量裂隙水，故变更设计为铝土质页岩段拱厚 50～75 cm，直墙厚 80 cm，带仰拱。石灰岩，均质，岩石坚硬，节理发育，呈块石、碎石状镶嵌结构，较原预测的岩性稍好些，故变更设计，石灰岩段拱和墙均采用 35～45 cm 等厚。

表 5－12　石炭系铝土质页岩、奥陶系石灰岩接触带原预测与实际地层岩性比较表

变更设计衬砌类型	变更后围岩分类	实际地层、岩性	中心里程	原预测地层	原围岩分类	原设计衬砌类型
拱厚 50～75 cm，直墙厚 80 cm，带仰拱	Ⅲ	铝土质页岩，质软，多光滑交叉节理，开挖易坍塌，夹石灰岩孤石，有裂隙水	+ 400 + 205	铝土质页岩	Ⅲ	拱厚 50～75cm 直墙厚 80cm，无仰拱
拱、墙 35～45cm，等厚	Ⅳ	石灰岩，石质坚硬，节理发育	+ 150 + 080			
拱厚 50～75cm，直墙厚 80cm，带仰拱	Ⅲ	铝土质页岩，质软，多光滑交叉节理，层间挤压破碎，开挖易坍塌	D_1K712 + 010	铝土质页岩	Ⅲ	拱厚 45～60cm，直墙厚 60cm，无仰拱
拱、墙 35cm 等厚	Ⅳ	石灰岩，石质坚硬，节理发育	+ 961			
拱厚 50～75cm，直墙厚 80cm，带仰拱	Ⅲ	铝土质页岩，质软，多光滑交叉节理，层间挤压破碎，开挖后易塌，扩大时塌高 12m	+ 885			
拱、墙 45cm 等厚	Ⅳ	石灰岩，石质坚硬，节理发育	+ 830			
拱厚 50～75cm，直墙厚 80cm，带仰拱	Ⅲ	铝土质页岩，质软，节理发育，整体性差，因炸药量过大，暴露过久，导致大坍塌，堵死上导坑长 21 m，塌方高 4 m	+ 735			
拱、墙 35～45 cm，等厚	Ⅳ （局部Ⅴ）	石灰岩，石质坚硬，节理发育，局部有小溶洞及节理缝	+ 400 D_1K711 + 160	洞顶铝土质页岩，拱脚、边墙石灰岩	拱 Ⅲ 墙 Ⅳ	拱厚 45～60cm 墙厚 40cm

c. $D_1K712+400 \sim D_1K713+983$ 段，为石灰岩，Ⅳ类围岩。设计采用 140 级混凝土，拱和墙 35 cm 等厚，部分地段为Ⅴ类围岩，拱和墙 25 cm 等厚。石灰岩，均质、致密，坚硬，整体性较好，节理发育，岩体较破碎，预测的围岩分类与施工中实际情况基本一致。变更设计将Ⅴ类围岩衬砌改为锚杆喷射 200 级混凝土，拱厚 15 cm，墙厚 10 cm，但在 $D_1K712+660 \sim +740$，岩层节理发育，岩体较破碎，有泥质和铝土质页岩夹层，施工中易掉块、坍塌，故拱和墙变更为 45 cm 等厚。

另外，D1K713 + 720～ + 790 段，在施工中遇见古埋藏谷，为第四系下更新统卵、砾石土夹粉、细砂层，砂层厚 4 m，位于拱顶以下 1～5 m 间，潮湿易塌，变更设计为拱和墙 60 cm 等厚。

对石灰岩中的 6 处溶洞，较小者进行了填塞，较大者则进行了架钢轨处理。

(四)经验与教训

1. 该隧道长 3.5 km，是重点工程。地质构造、地层岩性均较复杂，且地表为大面积黄土覆盖，露头不好。在勘测时抓住了重点，把小煤窑采空问题作为确定隧道、线路方案的关键，经施工、运营和工程实践来看，线路方案的选择是正确的；注重区域地质资料研究，深入、详细地进行地质调查和必要的勘探，预测隧道通过的地质构造、地层岩性和围岩分类等基本正确，在施工中没有引起大的变更，较准确地预报了隧道通过小华山断层破碎带的位置，使施工事前有所准备，地质复杂的长隧道能达到这样的效果，是不容易的；在施工中，地质、设计、施工三方配合紧密，对隧道通过小煤窑地段，底部采用弹性地基连续梁工程、上部衬砌采用加锚杆，进行了加固。对石灰岩与铝土质页岩接触带地层的频繁变化，也及时进行了变更设计，并随施工进度将地层、岩性、构造、掉块、坍塌和裂隙出水等现象进行了实录，为变更设计或进一步采取措施提供了依据，也为总结经验教训提供了实际资料。这些经验，值得借鉴。

2. 隧道穿过小煤窑采空区，处理比较困难，尤其在有地下水的采空地段，施工更加困难。今后在线路方案选择中，应力求避免在采空区设置隧道。

3. 本隧道洞顶为大面积黄土覆盖，露头不好，勘测时岩层分界线是根据间距 100～300 m 的钻孔直接相联的。尽管这样的钻孔密度已超过了规范的要求，但仍然未能揭示石炭系铝土质页岩与奥陶系石灰岩复杂的接触关系和石灰岩地层中的古埋藏谷，造成该段隧道围岩分类和衬砌厚度频繁变更和隧道出口段坍塌严重，对施工影响较大。事后发现古埋藏谷的位置与地表现代黄土冲沟的位置大体上是吻合的。可见，这些问题单靠钻探还不能完全解决，还得依靠详细的地质调查和准确的分析判断。如何查清类似隐蔽性强的工程地质问题，目前还是一道难题。通过这个工点，应该得到一点启迪。

十、孝柳铁路麻子山隧道煤窑采空段的病害与整治

陈元元

(一)工程概况

孝柳铁路是山西省的一条运煤专用线。该线麻子山隧道地处吕梁地区中阳县境内、枝柯站至柳沟站之间，全长 1 045 m。1987 年初由铁一院设计。在勘测设计阶段，进行了大量工程地质工作，基本查明了该区的地质情况，发现路肩下 60 m 左右的砂、页岩中夹有未开采的可开采煤层。线路左侧窑沟中有三个距今约 200 年的清代古窑，其开采规模小，且无回采现象，古窑的位置均在铁路保安煤柱范围以外，对隧道工程无影响。设计时考虑隧道洞身通过地层、岩性的情况，采用喷锚挂网支护，模筑混凝土衬砌，衬砌断面为曲墙带仰拱的封闭式结构，衬砌内轮廓预留补强空间，仰拱采用钢筋混凝土。该隧道于 1987 年 7 月开工，1990 年 10 月竣工，经临运后于 1992 年正式交付运营，至 1996 年 7 月工程情况良好，未发生任何变形和病害。

1996年11月10日,DK56+685～+830隧道出口段突然下沉,至11月26日线路最大下沉达352 mm,线路中心向左偏移,边墙、拱部多处出现裂纹,衬砌有压碎、掉块现象,地表也出现多条裂缝。于11月28日被迫封闭线路,山西省地方铁路局即组织有关单位进行了调查、论证。后查明病害原因是当地煤矿利用隧道出口外DK56+920左90 m的上桥煤矿四号井的5号风井,超越铁路保安煤柱界线,违章采煤,在隧道下面形成大面积采空区,并进行过量排水,造成了采空区坍塌、下沉,随之隧道突然下沉、开裂和引起地表裂缝。经铁一院勘察、勘探后,查明了采空区范围,上覆岩层变形带的特征及与采空的关系,提出整治隧道病害的方案。

(二)地形、地质情况

麻子山隧道位于枝东沟右岸,穿越双鸭沟和窑沟之间的山梁,地貌属梁峁状黄土丘陵区。出口段地形呈右高左低的缓山坡,坡度约30°,相对高差约75 m。属暖温带亚湿润气候区,年平均降水量515.9 mm,降水主要集中在七、八、九三个月,年平均蒸发量2003 mm。隧道两侧的沟谷属季节性流水沟。

隧道出口段地层自上而下为:

第四系上、中更新统洪积黄土质砂黏土,厚5～25 m,土质均匀,具孔隙,垂直节理发育,表层具非自重湿陷性。

中更新统膨胀土,厚5～35 m,局部夹卵石土透镜体,裂隙发育,自由膨胀率$Fs=37\%\sim60\%$。出口端隧道洞身位于该层中。

上石炭统太原组粉砂质页岩、铝土质页岩、炭质页岩、厚层细砂岩、石灰岩及煤层,为该地区主要含煤地层,开采煤层深埋于基岩面以下50～60 m,厚6～9 m,称"丈八煤",岩层的节理裂隙发育。

在区域地质构造上,该地区位于吕梁山隆起带的西翼,隧道地段为单斜构造,产状为NS/10°～12°W,煤层的产状与岩层产状一致。无大的断裂构造,地质条件简单。

(三)隧道病害情况

隧道出口段的病害,具体表现为线路下沉和偏移,边墙开裂,拱顶及拱脚衬砌压碎、掉块,以及洞顶山坡出现地表裂缝。

1.线路下沉及偏移情况

据孝柳工务段1997年1月初的测量,线路最大下沉量为395 mm,最大偏移量235 mm。根据我们1月底的测量结果:

线路下沉发生在DK56+685～+830,严重下沉段为DK56+700～+800,最严重地段为DK56+740～+780,最大下沉点为DK56+760,相对设计轨面的最大下沉量470 mm。各点相对于设计轨面的下沉量见表5-13。

表5-13 变形地段(DK56+600～+830)线路下沉表

里　程	+600	+650	+700	+720	+740	+760	+780	+800	+820	+830
内轨面设计高程	1 314.35	1 313.60	1 312.85	1 312.55	1 312.25	1 311.95	1 311.65	1 311.35	1 311.05	1 310.90
内轨面既有高程	1 314.30	1 313.54	1 312.76	1 312.39	1 311.91	1 311.48	1 311.38	1 311.26	1 311.00	1 310.85
下沉量(mm)	50	60	90	160	340	470	270	90	50	50

DK56+720～+835线路向左偏移,最大偏移点位于DK56+780,偏移量172 mm。各点偏移量见表5-14。

表 5－14　变形地段（DK56＋720～＋835）线路偏移表

里　程	＋720	＋740	＋760	＋780	＋800	＋820	＋830	＋835
偏移量(mm)	0	65	147	172	130	78	36	0

2.洞内衬砌的破损情况

DK56＋690～＋830 边墙裂缝较多。其中 DK56＋690～＋726 多为垂直裂缝，宽度 4～6 mm；DK56＋726～＋755 裂缝向进口方向倾斜，DK56＋755～＋800 裂缝向出口方向倾斜，宽度 2～10 mm，最大可达 40 mm，上细下宽，倾斜裂缝错台一般 10～40 mm，此段裂缝密集；DK56＋820 与明洞连接处产生垂直裂缝，衬砌有压碎现象。

DK56＋738～＋758 拱顶中部衬砌压碎、掉块宽 200～300 mm，厚 20～50 mm，DK56＋732～＋800 左边墙与起拱线间碎裂、掉块宽 150～200 mm，厚 20～50 mm。DK56＋740～＋820拱顶下沉，侵入限界最大为 160 mm。

3.地表裂缝

地表裂缝主要分布在 DK56＋650～＋830 右侧 80 m 范围内山坡上，线路左侧仅发现一条。裂缝一般宽 10～40 mm，延伸长度最大 110 m，无明显错距，仅交汇于洞顶浆砌片石天沟处的两条裂缝有错裂现象。按分布情况，裂缝可分为六组 24 条，如图 5－28 所示。

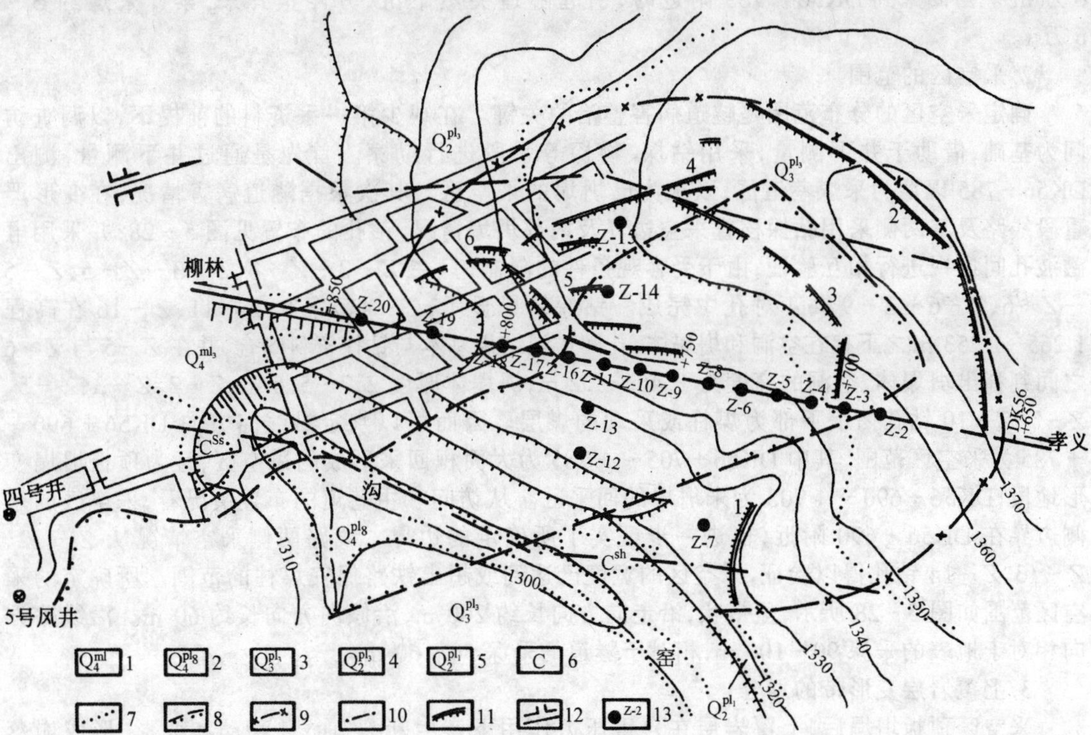

图 5－28　隧道病害段地质平面图

1—人工填筑土；2—全新统洪积块石土；3—上更新统洪积黄土质砂黏土；4—中更新统洪积黄土质砂黏土；5—中更新统洪积卵石土；6—石炭系；7—岩层分界线；8—采空区边界；9—地表变形区边界；10—保安煤柱边界线；11—地表裂缝；12—采煤巷道；13—钻孔及编号。

线路右侧地表各组裂缝断续相接，总体上呈弧形向下山方向展布，呈现一定的规律性。DK56＋750～＋800 裂缝密集，相应的隧道洞身变形最严重。由于土层覆盖较厚，采空坍塌引起的变形波及地表显得微弱,地表裂缝受塑性变形的影响,未产生明显的下沉错距,但其在陡坎处的延伸部分明显与黄土的垂直节理贯通。

(四)采空区范围及上覆岩层变形带的划分

1.井下开采情况

为确定采空区边界,查明井下开采的范围、规模、方式是十分必要的。由于该矿没有规划图,也未收集到采掘平面图,开采情况是通过井下测量、更多的是访问采煤民工和当地居民而获得。1994 年 11 月,位于枝东沟铁路以南的上桥煤矿为四号井田配备了 5 号风井,建成深 73.8 m的竖井,并开挖了联络四号井的通道。风井建成后,由个体矿主承包,改变了其使用性质,作为开采井向北、向西,即在铁路里程 DK56 + 650～DK57 + 000 下方两侧各宽 60～100 m 范围内采煤,形成采空区。1995 年开始巷道式开采,主巷道走向基本沿煤层的走向(NS～N10°W)。一般主巷道及联络巷道宽 2～4 m,高 1.5～3.0 m,主巷道间距 15～20 m;采煤巷道一般宽 4～6 m,高 2.0～3.5 m,局部最高处达 5 m,向北开采长度约 250 m。主巷道及联络巷道一般每隔 2 m 采用一榀圆木支撑,采煤巷道无支撑。煤层顶板以页岩为主,局部为砂岩、泥岩,底板高程 1 244～1 252 m。巷道采掘后,逐步自里向外(由北东至西南)回采,回采率约 70%,采煤方式为房柱式,顶板管理方法为全部陷落法。1996 年 6 月因井下涌水,排水量达 6 万 m^3。当回采到 DK56 + 785 附近时,引起隧道突然下沉,方停止开采,累计采煤约 5～6 万 t。

2.采空区的范围

确定采空区的分布范围是隧道病害整治的关键。在缺少第一手资料的前提下,以调查访问为基础,借助于井下测量,采用钻探、物探等手段进行勘察。首先是通过井下测量,测出 DK56 + 785 以西为采煤巷道区;以东为已坍塌的采空区。其次根据隧道病害情况,在变形严重段线路及其两侧采用钻探核查采空边界及内部坍塌情况,钻孔的布置见图 5 - 28;并采用电磁波孔间透视进行相互验证,由于受客观条件的限制,只在 $Z-2$～$Z-3$、$Z-3$～$Z-5$、$Z-5$～$Z-6$、$Z-6$～$Z-9$ 共 4 对孔中完成。钻探结果显示,$Z-4$、$Z-9$、$Z-11$、$Z-16$ 在高程 1 265～1 253 m 之下存在空洞和坍塌体,孔间透视结果基本与钻探资料吻合,并在 $Z-5$ 与 $Z-6$ 之间判释出坍塌体,空洞的高度为 1.45～3.2 m,坍塌体厚度 2.7～5.5 m;$Z-2$、$Z-3$、$Z-5$、$Z-7$、$Z-10$ 钻孔揭示下部为煤柱或采动的煤层。因而可以判定沿线路方向 DK56 + 690～+ 785 为采空区范围,其中 DK56 + 705～ + 785 为大面积回采形成的采空区,且为顶板坍塌变形地段;DK56 + 690～ + 705 为未坍塌的回采区。从访问和主巷道的布置情况看,采空区的东侧边界在 DK56 + 690 附近,也进一步证实了所确定的边界。线路两侧采空情况从 $Z-12$、$Z-13$、$Z-14$ 钻孔得以验证,采空区的宽度已达到或超出铁路保安煤柱的范围。所确定的采空区范围如图 5 - 28 所示,呈带状,沿走向方向长约 200 m,沿倾向方向长约 60 m。沿线路方向相对于地表的采深 90～100 m,相对于隧道的采深 50～60 m。

3.上覆岩层变形带的划分

采空区顶板坍塌后,上覆岩层在自重压力作用下产生断裂、崩落、移动和变形,形成崩落带、裂缝带、弯曲带。事实上,"三带"的划分是一个界线模糊的渐变关系,只能依据岩芯的破碎程度,做出近似划分,见图 5 - 29。

(1)崩落带(Ⅰ):高程 1265～1253 m 以下部分,包括坍塌体、上部空洞及采动过的煤层,高度约 5～10 m,此带界线明显。一般来说,崩落范围小于采空区面积,崩落岩体如同倒漏斗状,其四周断裂面与水平面的夹角 65°～68°,但此处崩落带未完全形成,仍遗存有空洞。

(2)裂缝带(Ⅱ):即破裂变形带,高程 1 278.5～1 269 m 以下的松动岩层,为严重变形带。上部界线的确定以三层脆性石灰岩作为标志层,上层石灰岩完整性较好,中层石灰岩破碎,裂

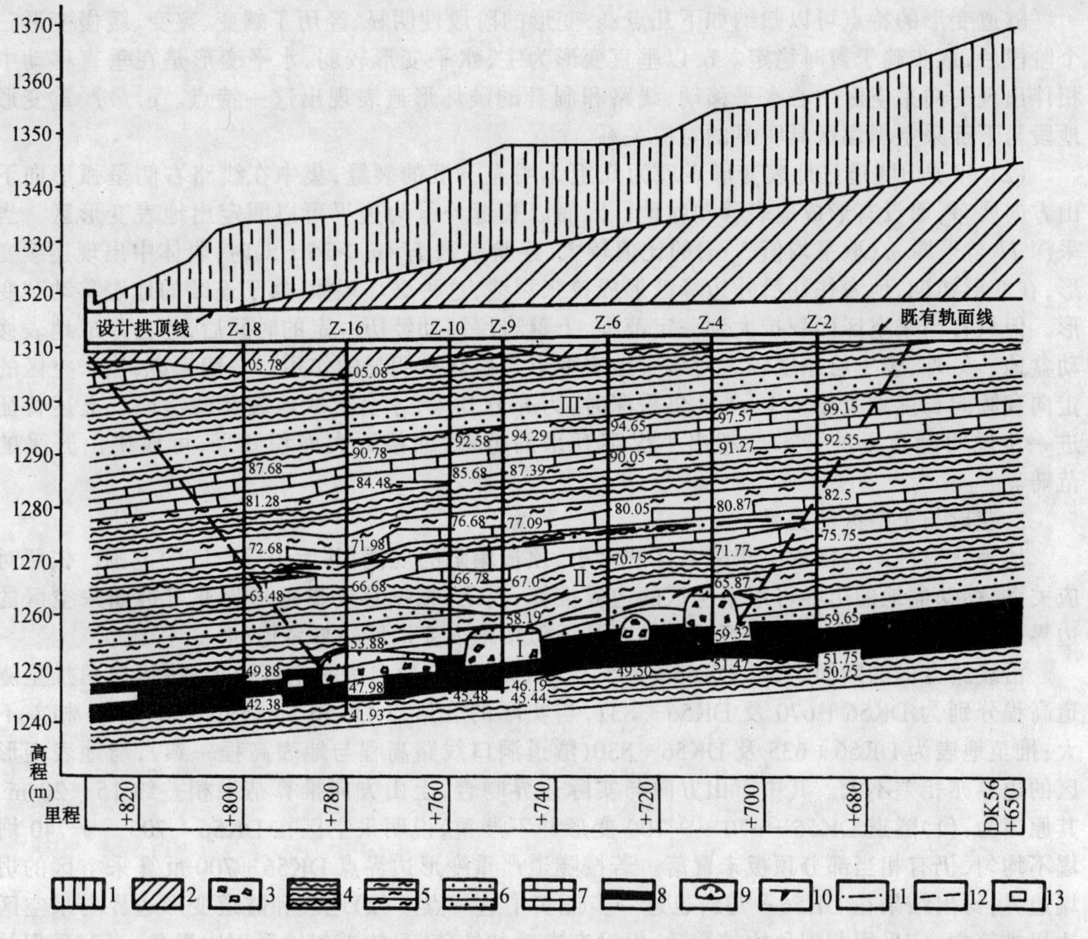

图 5－29　隧道病害段地质纵断面图

1—黄土质砂黏土；2—黏土；3—块石土(坍塌体)；4—页岩；5—泥岩；6—砂岩；7—石灰岩；
8—煤层；9—空洞；10—地表裂缝；11—变形带分界线；12—移动边界线；13—采煤巷道。

隙发育，页岩夹层以下的石灰岩又明显较其上中层石灰岩破碎，据此可以大体确定Ⅱ～Ⅲ带的分界线。此带高度 12～18 m。

(3) 弯曲带(Ⅲ)：即不破裂变形带，破裂变形带以上的岩土层。从地表变形看，此带应直达地表，隧道洞身位于该带内。

(五) 变形特征及与采空区之间的关系

1. 变形特征

地下煤层采空后，当顶板自重压力超过顶板抗拉强度和煤柱抗压强度时，顶板岩层平衡条件被破坏，产生弯曲、塌落。大规模的塌落通常是突发性的，塌落引起采空区上部整个地层的破坏和向采空区移动，以致地表产生变形和破坏。

(1) 隧道变形反映其垂直移动和水平移动的同时存在。线路下沉、边墙产生裂缝、明洞连接处的错裂为垂直变形，中线偏移、衬砌错裂、拱脚错裂为水平变形。水平移动除受水平向拉张力作用外，还受到山体偏压的作用。

根据表 5－13 变形地段线路下沉表和表 5－14 变形地段线路偏移表中的数值，计算得：沿线路方向的倾斜为 0.2～10 mm/m,平均曲率为 0.05～0.35 mm/m^2,水平变形为 1.75～3.25 mm/m。

隧道变形的特点可以归纳如下几点:a.变形的阶段性明显,经历了蠕变、突变、缓慢变形三个阶段后,逐步趋于暂时稳定。b.以垂直变形为主,水平变形较弱,水平变形是在垂直移动中相伴出现的向采空区中心水平移动,线路和洞身的破坏形迹表现出这一特点。c.最严重变形地段与下部采空坍塌区具明显的对应关系。

(2) 麻子山隧道区地表变形表现为几组无明显下沉的裂缝,集中在线路右侧呈弧形向下山方向展布,而没有形成地表移动盆地。因而以裂缝外缘为边界可以圈定出地表变形区。当采深 H 与采厚 m(取平均值 3 m)的比值较大(经验参数 $H/m>25\pm5$)时,岩体中出现连续变形,在变形初期,地表往往沿外边缘区形成拉张裂缝,这种破坏现象,属于连续的地表移动和变形。但只有当采空区面积扩大到一定范围,上覆岩层移动经历一定的时间后,才会形成地表移动盆地。另外,表土层厚度较大对缓解地表变形与破坏有明显的作用。一般来说,当采空区的走向和倾向长度均大于 1.1～1.4 倍采深时,为充分开采,才会形成地表移动盆地。上述特征进一步说明隧道下的开采已超出小煤窑开采的范畴,而接近大面积开采,可属矿山开采的范畴。

2.变形与采空区的关系

地表变形区的范围取决于采空区的大小、顶板塌陷的规模,并大于采空区的范围。依照对应关系,移动盆地的边界可用采空区的边界推算,反之,根据移动盆地边界亦可推断采空区的边界。因无明显的移动盆地,下述的推断是近似按地表变形区边界考虑的。

沿线路方向的断面上,以 DK56+705 及 DK56+785 两点为采空区边界,按边界角推至隧道高程分别为 DK56+670 及 DK56+831,与实际的变形点 DK56+685、DK56+830 相差不大;推至地表为 DK56+635 及 DK56+830(隧道洞口线路高程与地表高程一致),与地表变形区的边界亦相差不大。其中下山方向与实际边界吻合,上山方向推算结果相差约 15～20 m,其原因为:(1)隧道 DK56+670～+700 变形并不严重,说明采空区在 DK56+705～+740 坍塌不均匀,仍有相当部分顶板未冒落。若按隧道严重变形边界点 DK56+700 反算采空区的坍塌边界,得出结果在 DK56+735,也进一步证实了这一点。(2)地表和隧道变形边界与采空区边界推算中,应采用断裂角比较合适,但没有准确的数值,只能近似地采用边界角。(3)采用的断面并非主断面,岩土层间的界线并不十分准确等因素,都会使结果产生误差。(4)黄土质砂黏土的边界角采用 80°,是基于实际调查,因其垂直节理倾角为 80°左右;地表裂缝在陡坎处明显与黄土的垂直节理相贯通,符合形变裂缝往往多沿已有结构面延伸的规律,但还有待于更多的资料验证。

上述计算中参数采用:

煤层倾角　$\alpha=12°$

走向移动角　$\delta=72°$

上山移动角　$\gamma=72°$

下山移动角　$\beta=72°-0.6\alpha=65°$

上山边界角　$\gamma_0=\gamma-15°=57°$

下山边界角　$\beta_0=\beta-15(1-0.01\alpha)=52.5°$

走向边界角　$\delta_0=\delta-15°=57°$

黏土边界角　$\varphi=45°$

黄土质砂黏土边界角　$\varphi=80°$

(六)稳定性分析

麻子山隧道的变形经历了前期缓慢变形,中期急剧变形和后期又缓慢变形三个阶段。

1. 前期缓慢变形阶段：自 1996 年 7 月开始，主要为采空顶板变形，影响到隧道，变形显得微弱，历时约 4 个月，属前期缓慢变形阶段，即蠕变阶段。

2. 中期急剧变形阶段：地下采空后，围岩应力失去平衡，产生急剧变形。自 1996 年 11 月 10 日线路突然下沉，至 16 日，下沉量（最大点）达到 200 mm，向左偏移 100 mm，下沉速度为 33 mm/d，至 26 日，下沉量 352 mm，下沉速度 15 mm/d，隧道衬砌连续破裂，并向左偏移 235 mm（据孝柳工务段观测资料），垂直变形和水平移动同时变化，这一段时间为急剧变形阶段，但历时较短。

3. 后期缓慢变形阶段：经历了急剧变形，采空区上覆岩层塌落后，应力重新分布，形成新的应力平衡状态。至 12 月中旬下沉量 378 mm，1 月 15 日测得下沉量 395 mm，下沉速度为 1.3～0.6 mm/d，隧道衬砌上的裂缝有三分之一仍在发展，变化值 3～5 mm，偏移值未变，说明水平变形接近稳定，主要为垂直压缩变形，已逐渐在向第三阶段缓慢变形过渡，而缓慢变形需经较长一段时间才能达到稳定。

目前隧道处于缓慢变形状态。在采取临时加固措施的前提下，该线于 1997 年 5 月 10 日开通运营，每月增加动荷载 7×10^4～8×10^4 t。运营之初洞门上部的竖向裂缝垂直贯通，洞内裂缝无明显变化。经 5 月至 10 月份建立变形监测网，进行八次观测，结果是垂直变形、水平变形值均在 5 mm 之内，边墙上的裂缝没有明显发展。

综合分析，采空区及上覆岩层自突变，应力调整后，逐步趋于缓慢变形状态。但由勘探结果揭示，部分采空区坍塌后，塌体上部出现约 1.45 ～3.2 m 高的空洞，类似于新的采空；部分采空区仍未坍塌。上覆岩层的自重压力和火车通过时的动荷载，除岩层自身的抗拉力外，主要依赖于残余煤柱和坍塌体来支撑。随着下部煤柱的风化和地下水的潜蚀，不断产生塌帮，其抗压能力逐渐减弱，而上部动荷载不断增加，应力逐渐积累，变形将继续缓慢发展，不能排除再次发生突变的可能。变形达到完全稳定的时间，据国内某些大矿的资料，大面积冒落式开采，自采空区坍塌后约 3～5 年，才能达到稳定。由于麻子山隧道下部采空具特殊性，达到完全稳定所需的时间可能要更长些。为了保证运营安全，进行整治是必要的。

（七）隧道病害的整治方案

经过包括改线方案在内的多个整治方案的比选，从可实施性和工程经济方面比较，采用综合整治方案，即人工填充和地表灌浆相结合的方案较为合适。可分为上、中、下三部分分别实施。

下部，对影响隧道安全的采空区，采用井下作业方式进行处理，首先沿保安煤柱边缘，摸清采空区的边界和内部情况，对未坍塌的采空区及巷道采用土坯或浆砌片石进行填充，然后对无法充填的部分有针对性地在地表实施灌浆处理。

中部，对影响隧道安全的上覆岩层的裂隙、坍塌体中的空隙及上部的空洞采用钻孔灌浆处理。

上部，对变形段的既有隧道作加固处理。衬砌破坏严重地段，衬砌背后压浆，衬砌内表面凿槽镶嵌钢轨，挂网喷混凝土；一般地段的裂缝凿槽嵌补；断面侵限严重以及仰拱破坏严重地段拆换衬砌；洞顶山体刷方减载。

鉴于隧道变形已渐趋缓慢，运营单位在采取洞顶刷方减重，做好地面排水，洞内衬砌严重破损地段每 2 m 嵌入旧钢轨一榀，并垫碴补平、拨正线路后，已限速临时开通运营，拟在经费落实后，再逐步进行原线加固。

（八）几点经验和教训

1. 麻子山隧道的变形和破坏是由煤矿违章开采引起的，据初步估算，用于病害整治的费用将大大高于煤矿在此采煤所得，这是一个深刻的教训。我国压煤铁路还有不少，如何保证铁路保安煤柱范围内煤层不被开采，避免类似事件发生，应是有关铁路部门和地方政府的共同责任。

2.此次采空区的勘察，是在缺少采掘平面图的情况下，通过调查访问、分析变形和采用钻探、物探等综合手段进行的，其效果较好，基本查清了采空区范围和坍塌情况，可作为今后类似工程勘察的借鉴。但要完全探明采空区的内部情况，仅靠有限的钻探工作，难度较大；孔间电磁波透视，由于孔内灌水后，大部分孔漏水，无法充满，仅在四对钻孔中实施较成功；距基本摸清采空区情况尚有一定差距。因而，采用人工填充和钻孔灌浆的处理方法，在施工过程中，还应边勘测，边整治，以彻底查清采空范围和情况，不留后患。

3.麻子山隧道的情况说明，随着煤矿开采技术的不断提高，现代煤窑的开采深度和回采率将有较大提高，其对工程环境的影响也会愈来愈大，在铁路地质勘测工作中，对此应给于足够的重视，在认真执行已有规定和处理原则的同时，还应根据变化了的情况，对有关规定和勘察方法不断完善和创新。

十一、兰新铁路乌鞘岭隧道渗漏水整治

陈品文

(一)概况

乌鞘岭隧道系兰新铁路穿越祁连山东段北部乌鞘岭垭口处的越岭隧道，其走向近南北向，全长 972.72 m，埋深 20～60 m。该隧道于 1954 年竣工，洞身衬砌为尖拱形带仰拱，拱圈 170 级混凝土，厚 60～78 cm，边墙 140 级混凝土，厚 78～180 cm，仰拱 140 级混凝土，厚 50 cm，仰拱上设中心水沟。

在三十余年运营期间，隧道拱部、边墙普遍渗、漏水，严重地段拱部滴水成线，冬季拱顶挂冰，边墙挂满冰凌，两轨间形成笋状冰锥，易侵入隧道限界，部分避车洞因积冰而不能使用，同时，引起碎石道床冻胀和衬砌腐蚀剥落。冬季工务部门需每天派员刨冰，严重威胁着行车及人身安全。

为整治隧道渗、漏水，1985 年～1987 年进行了勘测设计。1988 年施工后，隧道的渗、漏水得到了整治，根治了病害，消除了不安全因素。

(二)自然地理、气候概况

乌鞘岭属祁连山北部的一支山脉，走向近东西，地势西面高，向东逐渐降低，隧道通过处的垭口地面高程 2 988 m，见图 5－30。由于地势较高，相对高差较大，南北纵坡较陡，越岭前后铁路以双机坡迂回展线。岭南为金强河，即庄浪河上游，属黄河水系；岭北为古浪河，属内陆河流，浸没于腾格里沙漠。

乌鞘岭地区属半干旱大陆性气候，夏季凉爽，冬季严寒，春秋季气候多变，年平均降水量 411.3 mm，年平均降水日数 133.4 天，最冷月平均气温－12.2 ℃，极端最低气温－30.6 ℃，冻结期 11 月上旬至翌年 5 月初，最大冻土深度采用值为 2 m。地震基本烈度七度。

(三)工程地质情况

乌鞘岭隧道位于祁连多字型槽地，祁吕弧北界与河西系褶皱、冲断三者复合地带，区内构

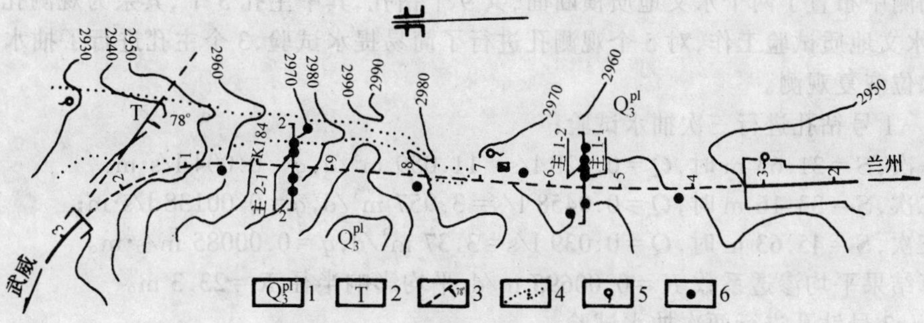

图 5-30 兰新铁路乌鞘岭隧道地质平面示意图

1—第四系上更新统黄土质砂黏土；2—三叠系砂岩、页岩互层；

3—断层产状；4—岩层分界线；5—下降泉；6—钻孔。

造复杂，本工点处断裂发育。

隧道通过地段，地表为砂黏土，厚 0～4 m，下为碎石土，厚 1～20 m，进口端厚达 30 m，其成分为砂岩、页岩，中密，Ⅱ级普通土，Ⅰ～Ⅱ类围岩，隧道进出口位于该地层内；下伏三叠系砂岩、页岩互层，偶夹薄层煤，厚 0.1～0.4 m，见图 5-31，Ⅳ级软石，Ⅱ～Ⅲ类围岩，洞身大部分地段通过此地层。砂岩为硅质、泥质胶结，由于受历次构造运动的影响，裂隙发育，倾角多变，产状大体为 N25°～90°W/30°～60°N，风化颇重至极严重；页岩为泥质的，局部为砂质页岩或炭质页岩，层理倾角变化大，普遍有揉皱现象，夹有次棱角状砂岩角砾或碎石，常见光滑面，风化严重至极严重。

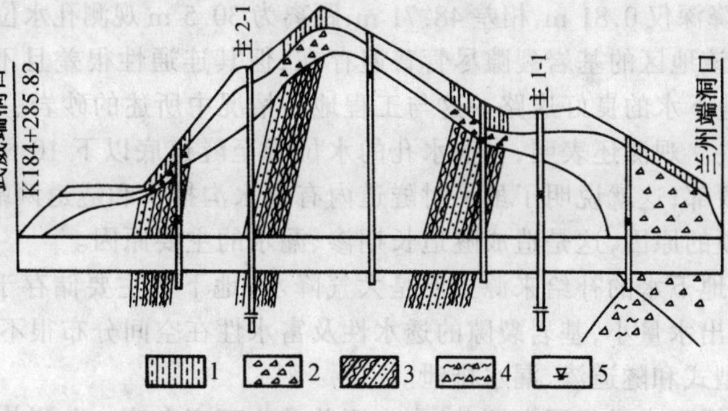

图 5-31 兰新铁路乌鞘岭隧道地质纵断面示意图

1—黄土质砂黏土；2—碎石土；3—砂岩、页岩互层；

4—断层破碎带；5—钻孔内地下水位。

在 1—1 断面主孔钻探时发现，隧道底以下有断层角砾夹有断层泥，走向 EW，与进口处厚层碎石土相接。且其与 1—1 断面东端最后两个钻孔（即主 1-2 号钻孔和观测孔）相距仅 2.4 m，而层位相差达 20.51 m，故应为一断层。但由于附近无露头，其性质难于判定。隧道出口端右侧还有一断层，但距线路较远。

（四）水文地质情况

隧道的病害是由地下水引起的，该区的地质、水文地质条件是复杂的。因此，查清水文地质条件，特别是查明基岩裂隙的特征及地下水的分布规律，对隧道病害的整治至关重要。

在勘测中布置了两个水文地质横断面，共9个钻孔，其中主孔3个，其余为观测孔，详见图5-30。水文地质试验工作，对5个观测孔进行了简易提水试验，3个主孔进行了抽水试验，均进行了水位恢复观测。

主1-1号钻孔进行三次抽水试验：

第一次，$S=31.63$ m时，$Q=0.128$ l/s$=11.059$ m^3/d，$q=0.004$ l/s·m；

第二次，$S=33.16$ m时，$Q=0.0458$ l/s$=3.957$ m^3/d，$q=0.00138$ l/s·m；

第三次，$S=45.63$ m时，$Q=0.039$ l/s$=3.37$ m^3/d，$q=0.00085$ m/s·m。

计算结果平均渗透系数$K=0.00695$ m/d，平均影响半径$R=23.3$ m。

主1-2号钻孔进行两次抽水试验：

第一次，$S=61.64$ m时，$Q=0.0812$ l/s$=7.016$ m^3/d，$q=0.00132$ l/s·m；

第二次，$S=67.49$ m时，$Q=0.0643$ l/S$=5.556$ m^3/d，$q=0.00095$ l/s·m。

计算结果平均渗透系数$K=0.00486$ m/d，平均影响半径$R=27.2$ m。

以上两个孔抽水试验Q—S关系曲线属反常型，分析是地下水补给不足所致。

主2-1号钻孔进行两次抽水试验：

第一次，$S=49.52$ m时，$Q=0.1063$ l/s$=9.184$ m^3/d，$q=0.00215$ l/s·m；

第二次，$S=29.32$ m时，$Q=0.0792$ l/s$=6.843$ m^3/d，$q=0.0027$ l/s·m。

计算结果平均渗透系数$K=0.00618$ m/d，影响半径$R=58.6$ m。

从抽水试验的观测结果得知：在1—1断面中，当主1-1号钻孔抽水时，相距0.75 m的辅孔与抽水孔三次水位降深的差值分别为15.95 m、17.46 m及29.91 m；距离为21.2 m的观测孔最大降深仅0.18 m。当1-2号钻孔抽水时，相距2.4 m的辅孔两次水位降深与抽水孔的水位降深相差竟达60.87 m及61.33 m；在2—2断面中，当主2-1号钻孔水位降深为49.52 m时，相距3.5 m的观测孔水位降深仅0.81 m，相差48.71 m；距离为30.5 m观测孔水位未下降。

上述结果表明，该地区的基岩裂隙尽管普遍存在，但其连通性很差且不均匀，在空间上尤其是横向并未形成地下水的良好通路。这与工程地质情况中所述的砂岩、页岩产状、成分和裂隙发育程度密切相关。观测还表明，当抽水孔的水位降至隧道底以下10 m余时，临近的观测孔水位仍高于隧道顶部；这就说明了虽平时隧道内有排水沟排水和隧道两端有泉水排泄，而地下水位仍远高于洞顶的原因，这是造成隧道长期渗、漏水的主要原因。

总之，隧道地区地下水的补给来源主要是大气降水，地下水主要储存于基岩裂隙中，裂隙间连通性差，地下水出水量小，基岩裂隙的透水性及富水性在空间分布很不均匀。地下水的排泄方式主要以泉水型式和隧道渗、漏水排泄。

在钻探过程中，还配合进行了电测井、水文测井及物理充电法。电测井曲线划分的电学地质断面与由钻探绘制出的地质断面及岩性基本一致。在两个水文地质断面中选择适当钻孔在提水或抽水试验后进行水文测井及物理充电法。测得结果：

1—1断面三个钻孔的碎石土与砂岩、页岩混合的地下水流速$u=12.8\sim14.16$ m/d，渗透速度$V=0.012\sim0.072$ m/d，裂隙度为0.48%～0.51%，流向为S83°E及S67°E；2—2断面三个钻孔基岩裂隙的地下水流速$u=0.92\sim8.7$ m/d，渗透速度$V=0.012\sim0.386$ m/d，裂隙度为0.95%～1.93%，流向N9°E及N32°E。

钻探中取水样分析结果，pH值为7.3～8.1，HCO_3^-为9.4～12.9 mg/L，Cl^-为47.9～81.7 mg/L，SO_4^{2-}为190.6～405.1 mg/L，对普通硅酸盐水泥具硫酸盐弱侵蚀。

（五）隧道病害状况

据调查，在三十余年运营期间，由于原来对工程地质、水文地质条件没有摸清和原整治措施不力，致使隧道拱顶、边墙普遍渗、漏水，洞内衬砌及轨枕受到腐蚀。见图 5－32。

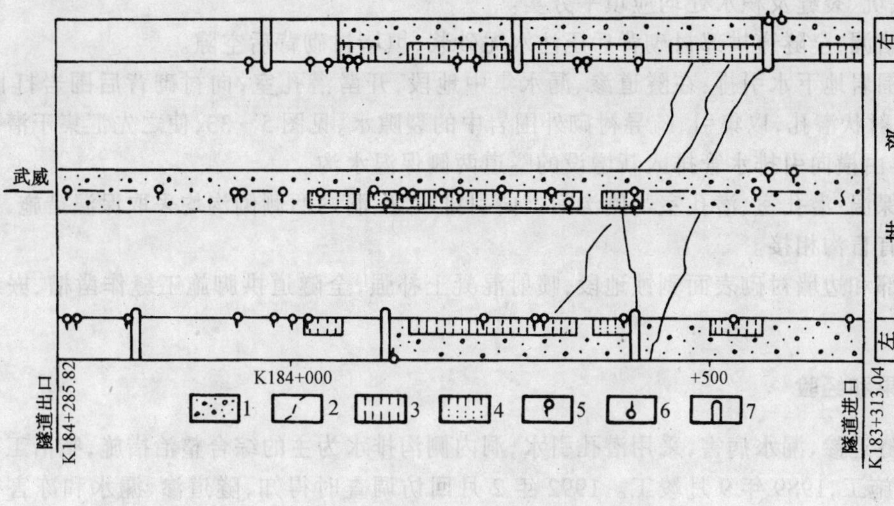

图 5－32　隧道渗、漏水及衬砌破损展示图

1—衬砌表面剥蚀；2—裂纹；3—渗水；4—滴水；

5—漏水点；6—涌水点；7—大避车洞。

1. 地下水渗、漏导致洞内结冰是本隧道的主要病害。钻探中测得地下水温度为 1.8～2.8 ℃，加之冬季气温低，使地下水渗入隧道即刻冻结。隧道进口至距出口前百余米之间，洞内普遍渗、漏水，多在拱脚边墙间渗出，沿壁面流淌，拱顶渗水则滴落于道心，初冬至翌年春末冻结成冰，布满边墙及钢轨两侧，滴水形成笋状冰锥，部分避车洞因积冰而不能使用，严重影响行车和人身安全。三十余年来工务部门一直是用人工将冰砸碎后运出洞外，勉强维持了通车。

2. 地下水渗、漏导致碎石道床冻胀，冻胀高度为数厘米；因衬砌表面长期潮湿、冻胀和受水的腐蚀，除拱部个别地段有裂纹外，拱部及部分边墙的混凝土表面均有不同程度的剥蚀，拱脚施工缝、进出口拱部伸缩缝均有破损，且洞内道床污染、轨枕腐蚀，给养护增加了不少困难。

(六)病害整治及工程措施

针对地质、水文地质和病害等情况，对地下水采取了以排为主，截、堵、排和防冻相结合的措施，使之形成完整的排水和防冻系统。其具体工程措施如下：

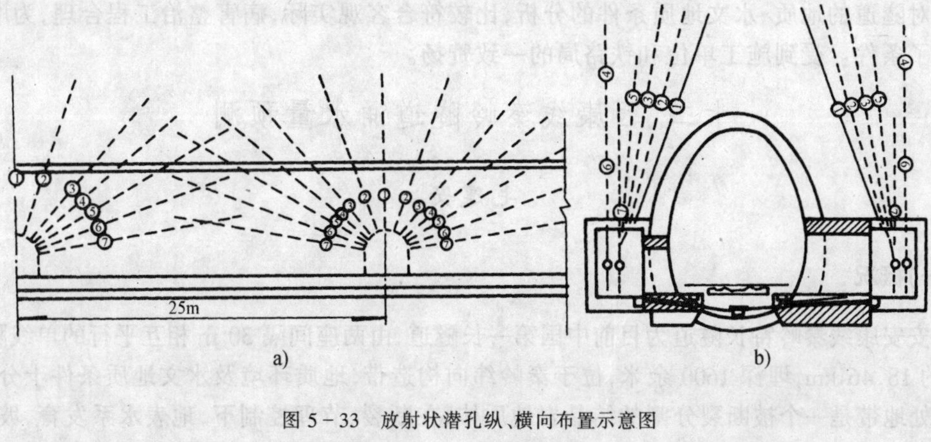

图 5－33　放射状潜孔纵、横向布置示意图

a—放射状潜孔纵向布置图；b—大小避车洞里程处设潜孔室断面图

1.地表防渗:兰州端洞顶洼地受右侧沟内泉水补给,长年积水,应疏导积水并铺设防水层;洞顶钻孔、试坑、裂缝及积水处均应填平夯实。

2.洞内堵漏:全隧道拱部衬砌背后压注水泥砂浆,填堵衬砌背后空隙。

3.隧道围岩地下水引排:在隧道渗、漏水集中地段,开凿潜孔室,向衬砌背后围岩打长10～15 m的放射状潜孔,以集引、疏导衬砌外围岩中的裂隙水,见图5-33,使之先汇集于潜孔室内沉淀池,再由横向引排水管排入新增设的隧道两侧保温水沟。

4.防寒保温:潜孔室、潜孔室与侧沟间横向引排水管、洞内两侧侧沟均采取保温措施,并与隧道出口既有盲沟相接。

5.对拱部和边墙衬砌表面剥蚀地段,喷射混凝土补强,全隧道拱脚施工缝作凿槽、嵌缝和堵漏处理。

(七)效果和经验

乌鞘岭隧道渗、漏水病害,采用潜孔引水,洞内侧沟排水为主的综合整治措施,整治工程于1988年7月施工,1989年9月竣工。1992年2月回访调查时得知,隧道渗、漏水和冻害得到了根除,保证了行车安全,结束了每年长达6个月组织专门人员破冰打凌的历史。

回顾这项工程,有以下三点经验值得借鉴。

1.认真收集隧道地区的地质、水文地质和区域地质资料,充分利用遥感、航片判释成果资料,详细调绘隧道病害,重点布设断面抽水孔、观测孔,进行水文地质试验、计算,并采用物探进行钻孔测井判释地下水动态,综合确定地下水位、水量、水质和活动规律。共完成遥感、航片、地质调绘5 km^2;物探完成电测井、水文测井和物理充电法计19孔次50条曲线;钻孔除利用原定测钻孔6孔215.39 m外,在两个横断面上布置抽水孔3孔,观测孔4孔,辅孔2孔计9孔701.87 m,取水样进行水质分析和氚含量测试。通过以上工作,基本上摸清了乌鞘岭隧道的地质、水文地质和病害等情况,为病害整治设计提供了一套完整的地质、水文地质资料。

2.为确保勘测资料的质量,注重每一个环节的工作。勘测中,对两个断面9个钻孔均采用清水钻进,同一机组钻探、提水、抽水、观测,物探认真做好配合测井工作,历经5个月,最后得出隧道地下水出水量小,基岩裂隙水连通性较差的结论。另采用地下水动力学法、地下水实际渗透速度和降水渗入法进行计算、预测隧道地下水涌水量(Q)分别为56.62 m^3/d,97.2 m^3/d和79 m^3/d。在1992年2月回访调查时,测得隧道出口盲沟排水量(Q)为40～80 m^3/d,与预测值基本吻合。

3.对隧道的地质、水文地质条件的分析,比较符合客观实际,病害整治工程合理,为顺利施工创造了条件。受到施工单位和铁路局的一致赞扬。

十二、西康线秦岭隧道涌水量预测

毛建安

(一)概况

西安安康线秦岭特长隧道为目前中国第一长隧道,由两座间隔30 m相互平行的单线隧道组成,长约18.46 km,埋深1600余米,位于秦岭纬向构造带,地质环境及水文地质条件十分复杂。隧道所处地带是一个被断裂分割的结晶岩地质体,在断裂、节理控制下,地表水系发育,坡降大,径流量大,加之地形复杂,使基岩裂隙水的分布及动态变化等水文地质特征也很复杂。

为查清隧道通过区基岩裂隙水的分布特征，较准确地预测隧道涌水量，以满足施工设计的要求，在总结国内外复杂地区基岩裂隙水勘察计算方法的基础上，勘察中采用多种水文地质综合勘探方法，查清了水文地质构造单元，通过水文地质模型的概化修正，重点运用地下水动力学法与地下水径流模数法，预测计算了隧道涌水量。秦岭隧道Ⅱ线平导于1995年1月开工，经三年多施工实践证明，这项涌水量预测计算成果较为接近实际。

(二)水文地质综合勘察方法的运用

1．遥感判释

秦岭隧道通过秦岭纬向构造带，属中高山区，沟壑纵横，山势陡峻，最大海拔高程2802 m，岭脊两侧数十平方公里为无人居住区，应用遥感影像判释，取得了良好的效果。

勘察中运用美国陆地卫星Mss、TM影像图进行了宏观判释，应用1/10000～1/20000黑白航空像片和彩红外航空像片进行了微观判释。通过判释，隧道通过区的河流、水系、沟谷、地貌、植被、泉水、居民点、岩带、断层带等的分布得到了较为充分的显示。在重点核对和复判的基础上编制了秦岭隧道地区断裂构造分布图、岩带分布图、水系分布图及地貌图，从而有效地掌握了隧道地区的断裂构造格局和控水特征，对水文地质调绘工作的进行，以及综合勘探工作的布置，有很好的指导作用。

2．综合物探的应用

为探明隧道洞身部位的水文地质条件与构造储水特征，以点、线、面结合的布线方法，重点运用了直流电法、高密度电法、氡异常值的测量、静电 α 卡法、综合物探测井以及近几年发展起来的 V_5 大地测深等技术手段，来获取水文地质信息成果，从定性与半定量方面分析研究隧道地区控水构造、控水岩性及破碎带储水能力的展布规律与物性特征。通过物探还得出了秦岭隧道岭北 F_4、F_5、f_{q4}(仙人岔)和岭南 f_{q12}(小羊圈)等逆断层的上盘影响带富水程度均较好的结论，后在施工中得到了充分的验证。勘察中，还围绕秦岭隧道的9个深孔(孔深210～603 m)，应用综合物探测井，划分出地层的破碎带范围、裂隙程度和地下水天然渗透速度等物性指标，为抽(压)水试验提供了依据。

3．钻探试验工作

秦岭长隧道地区，地势陡峻，山高路险，布置大量的钻探，是不可能的；但没有钻探试验所获得的水文地质技术参数，如涌水量 Q(m^3/d)、渗透系数 K(m/d)、影响半径 R(m)等，则无法定量评价水文地质条件。为既能减少钻孔，又能较全面地查清隧道地区水文地质条件，为隧道设计提供合理的技术参数，在秦岭隧道钻探中采用了"一孔多用"的原则，即每孔均开展抽(压)水试验、综合物探测井、井中测流试验等工作，深钻孔的布置与设计必须兼顾满足这些要求。

(1) 抽(压)水试验研究：这是为定量评价隧道深部破碎带、断裂构造带的富水性，获取水文地质技术参数涌水量 Q、渗透系数 K、影响半径 R、导水系数 T，以及为查清隧道地区基岩裂隙地下水的埋藏深度、渗透速度、边界条件等所开展的一项试验工作。

(2) 综合物探测井：开展的主要项目有：自然电位测量、井温测量、井径测量、井液电阻率测量、波速测量、γ 测量等，以便从物性角度对钻孔水文地质条件进行综合评价和研究。

(3) 井中测流试验：这是近几年来在国内外发展起来的一项新的水文地质试验技术。秦岭隧道引用该项试验解决了深孔深水位抽水试验难的问题。它可以分析研究钻孔不同深度、不同岩性地段的岩石渗透系数(K)，涌、漏水段的位置及涌、漏水量 Q，还可以分析钻孔不同岩性段落基岩裂隙地下水的性质，对研究与评价隧道洞身水文地质条件，可以提供极有意义的帮助。

4．水化学分析研究

主要是对地表水及钻孔水取样进行分析，研究隧道地区平面与剖面上水化学的分带规律、阴阳离子含量的规律性、矿化度的高低、pH值的大小、有无侵蚀性 CO_2 等，以便对基岩裂隙地下水的运移，循环交替性质及水质等水文地质条件作出评价。

5．环境同位素水文地质学研究与评价

环境同位素技术是近年来发展起来的一门先进技术，它可以提供地下水的演变过程和机理等重要信息。秦岭隧道首次运用了该项技术，重点对稳定同位素氘、氧－18及放射性同位素氚开展了研究。先后在地表不同高程及钻孔不同深度采取氚样品60组，氘、氧－18样品70多组，进行了研究和分析。建立了隧道地区地下水补给区的回归关系式、计算了地下水的年龄，评价了隧道通过区域地下水、地表水及大气降水的补给、径流、排泄三者之间的关系及其内在的水力联系；分析了基岩裂隙水的循环深度、交替强弱等水文地质特征，为隧道区的水文地质模型概化提供了理论依据。

（三）隧道涌水量预测计算方法的选择

在研究总结国内外基岩裂隙水预测计算方法的基础上，从快速、实用、可行的角度出发，在秦岭特长隧道地区选用地下水动力学法、经验公式法和地下水径流模数法进行了预测计算。

1．地下水动力学法

这是一种常规传统的水文地质计算方法，该法经过了水文地质模型概化，简化了水文地质条件，具有快速实用的特点。针对勘测区的水文地质条件，结合钻孔试验测试参数，在勘察阶段主要选择了下述几个公式进行隧道涌水量的预测计算。

(1)落合敏郎法预测隧道稳定涌水量

$$q = K\left[\frac{H^2 - h^2}{R - r} + \frac{\pi(H - h)}{\ln(4R/W)}\right] \tag{5-1}$$

式中 q——隧道单位长度稳定涌水量($m^3/d \cdot km$)；

K——由隧道地段钻孔抽水试验取得的渗透系数(m/d)；

H——含水体厚度(m)；

h——隧道排水沟水深(m)；

R——隧道涌水影响宽度(m)；

W——隧道断面宽度(m)，$r = W/2$。

公式5－1的适用条件是：基岩山地越岭隧道，含水体为无界潜水。概化后的模型见图5－34。

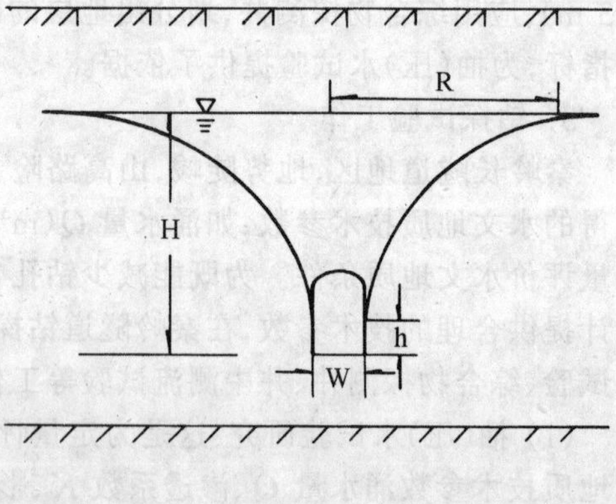

图5－34 落合敏郎法计算图式

(2)大岛洋志法计算隧道可能最大涌水量

$$q = \frac{2\pi K(H - r_0)m}{\ln[4(H - r_0)/d]} \tag{5-2}$$

式中 q——洞身通过含水体单位长度可能最大涌水量($m^3/d \cdot km$)；

K——含水体渗透系数(m/d)；

H——静止水位至洞底距离(m)；

d——洞身横断面等价圆直径(m)；

r_0——洞身横断面等价圆半径(m)；

m——转化系数，一般取0.86。

公式 5-2 的适用条件同公式 5-1,概化后的模型见图 5-35 。

(3)柯斯嘉科夫法计算隧道稳定涌水量

$$q=\frac{2\alpha KH}{\ln(R/r)} \tag{5-3}$$

式中 q——隧道单位涌水量($m^3/d\cdot km$);

H——隧道底部以上含水体厚度(m);

K——隧道穿越含水体的渗透系数(m/d);

α——修正系数,$\alpha=\pi/2+H/R$

R——隧道涌水量影响宽度(m);

r——隧道横断面宽度的一半(m),$r=W/2$。

公式 5-3 的适用条件是:基岩山地越岭隧道;含水体为无界潜水;含水体为无限厚度。概化后的模型同图 5-34。

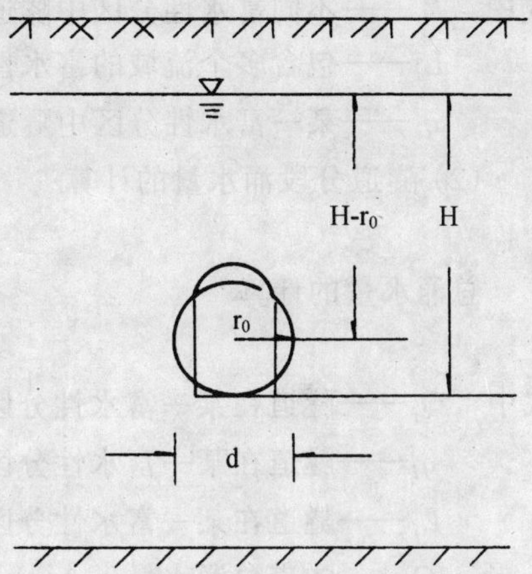

图 5-35 大岛洋志法计算图式

(4) 经验公式计算隧道稳定和最大涌水量

依据工程实践总结的经验公式如下:

最大单位涌水量:

$$q_0=1\,000(0.025\,5+1.992\,4KH)(m^3/d\cdot km); \tag{5-4}$$

稳定单位涌水量:

$$q_s=1\,000KH(0.676-0.06K)\ (m^3/d\cdot km); \tag{5-5}$$

K、H 符号意义同前。

(5) 影响宽度 R 的确定

利用地下水动力学法,结合工程实践经验,预测隧道排水的影响宽度 R 值,选用公式 5-6 进行粗略评估。

$$R=215.5+510.5K \tag{5-6}$$

依据公式 5-6 和隧道地区水文地质钻孔试验所取得的渗透系数 K 值,隧道两侧的影响宽度是,富水区段各为 500 m;弱富水区段各为 400 m;贫水区段各为 300 m。

2.地下水径流模数法

地下径流模数是指单位时间内单位流域面积上的地下水流量。

$$M_i=Q_i/F_i \tag{5-7}$$

式中 M_i——隧道通过区第 i 条支沟流域的地下径流模数($m^3/d\cdot km^2$);

Q_i——隧道通过区第 i 条支沟流域枯水期的地表流量,以此代表该流域地下径流量(m^3/d),该值来源于测区实测结果;

F_i——隧道通过区第 i 条支沟流域地表水汇水面积,以此代表相应区域地下水的流域面积(km^2),该值可在地形图上用求积仪求取。

(1) 隧道单位涌水量的计算

若隧道富水性分区只通过一个流域:

$$q_i=M_iL_i \tag{5-8}$$

式中 L_i——流域长度(m)。

若隧道富水性分区跨越多个流域:

$$q_i = \sum(M_i \cdot B_i \cdot L_i) / \sum L_i \tag{5-9}$$

式中 B_i——不同富水性分区中隧道两侧影响宽度之和(km)；

L_i——包含多个流域的富水性分区中隧道在第 i 个流域中的长度(km)；

q_i——某一富水性分区中隧道的单位涌水量($m^3/d\cdot km$)。

(2) 隧道分段涌水量的计算

$$Q_i = q_i \cdot L_i \tag{5-10}$$

总涌水量的计算

$$Q = \sum Q_i \tag{5-11}$$

式中 Q_i——隧道在某一富水性分区中的分段涌水量(m^3/d)；

q_i——隧道在某一富水性分区中的单位涌水量($m^3/d\cdot km$)；

L_i——隧道在某一富水性分区中的长度(km)；

Q——隧道总涌水量(m^3/d)。

(四)隧道涌水量的预测计算

根据遥感判释、水文地质调绘、综合物探等资料，经综合分析，并进行以下工作后，即可采用前述计算方法预测隧道的涌水量。

1. 在隧道通过的不同岩性构造富水与弱富水区段进行代表性水文地质钻探与试验工作，取得 Q、K、R 值等水文地质计算参数；

2. 对隧道穿越的沟谷径流，测试枯水期流量。

一般采用钻孔抽(提)水试验所取得的参数进行隧道富水与弱富水区段的涌水量预测计算；利用地下径流模数法计算贫水区段的单位涌水量。

现将秦岭隧道用上述方法预测计算的涌水量成果列于表 5-15。

表 5-15 秦岭隧道分段稳定涌水量、最大涌水量及总涌水量预测成果表

项目	富水性评价	段长(km)	单位涌水量($m^3/d\cdot km$) $q_{稳}$	单位涌水量($m^3/d\cdot km$) $q_{大}$	预测隧道稳定涌水量(m^3/d) 分段涌水量	预测隧道稳定涌水量(m^3/d) 岭南岭北涌水量	预测隧道稳定涌水量(m^3/d) 稳定总涌水量	预测隧道最大涌水量(m^3/d) 分段涌水量	预测隧道最大涌水量(m^3/d) 岭南岭北涌水量	预测隧道最大涌水量(m^3/d) 稳定总涌水量
DK64+366~DK67+290	弱富水	2.924	210	252	614.0			736.9		
DK67+290~DK67+800	富水	0.51	718	1 749	366.2	8 915.1		892.0	19 013.8	
DK67+800~DK70+925	富水	3.125	2 267	5 291	7 084.4			16 534.4		
DK70+925~DK75+650	贫水	4.725	180		850.5	DK75+650		850.5	DK75+650	
DK75+650~DK76+287	贫水	0.637	180		114.7		12 100.3	114.7		24 180.9
DK76+287~DK77+530	弱富水	1.243	390	468	484.4			581.7		
DK77+530~DK80+724	富水	3.194	649	1 131	2 072.9	3 185.2		3 612.4	5 167.1	
DK80+724~DK81+700	弱富水	0.976	320	674	312.3			657.8		
DK81+700~DK81+814	贫水	1.114	180		200.5			200.5		
富水段总长(km)		6.829				涌水量(m^3/d)		9 523.5~21 038.8		
弱富水段总长(km)		5.143				涌水量(m^3/d)		1 411.1~1 976.4		

根据隧道区域水文地质条件，秦岭长隧道按稳定单位涌水量划分出 3 个富水性区段，即：

富水区：$q > 390\ m^3/d \cdot km$；

弱富水区：$180\ m^3/d \cdot km < q \leqslant 390\ m^3/d \cdot km$；

贫水区：$q \leqslant 180\ m^3/d \cdot km$。

据表 5－15 计算，秦岭隧道总涌水量 $Q_{(稳定)} \approx 12\ 100\ m^3/d$；$Q_{(最大)} \approx 24\ 200\ m^3/d$。

（五）施工验证

秦岭特长隧道Ⅱ线平行导坑于 1995 年 1 月 18 日开工，通过 3 年多的施工，于 1998 年 3 月 11 日胜利贯通。施工实测的涌水量与预测计算的涌水量的对比情况，见图 5－36。

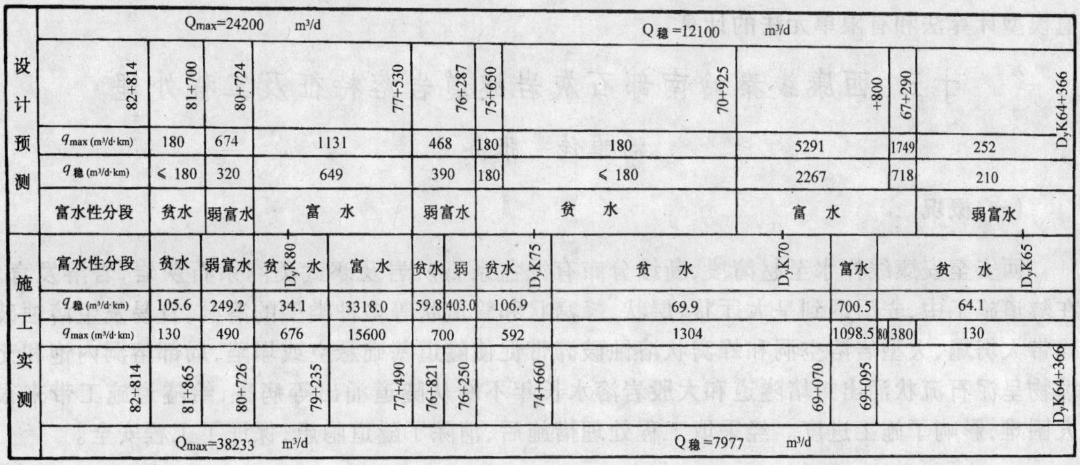

图 5－36　秦岭隧道Ⅱ线平导涌水量预测与实测对比图

从图中可看出：

1. 涌水量总的特征是施工实测单位稳定涌水量，多数较设计预测的单位稳定涌水量偏小；最大总涌水量偏大，为预测总涌水量的 163%；稳定总涌水量为预测的 66%。稳定涌水量从大到小有一个较长时期的衰减过程，目前还在衰减。平导几处大的涌水段点，均位于断层破碎带、节理密集带及岩脉侵入带。可见，断裂、构造带控制着涌水量。

2. 富水性评价等级，秦岭南段基本相符，秦岭北段有较大出入。分析认为：其一是秦岭南北水文地质条件截然不同。秦岭北坡，地形陡峻，水流湍急，下切深度 400～600 m，易于地表水的渲泄。秦岭南坡沟缓峪长，下切 200～400 m，易于地表水的汇集，因此使得秦岭南段的涌水量预测与实际大多接近，岭北则偏差较大。其二是由于钻孔一般布置于断层带附近，且数量有限，而基岩地区地下水运移规律不均一，富水边界、补给环境复杂，基岩裂隙水具各向异性等，与在钻孔中取得的参数差异较大。尽管如此，本次的预测计算成果在宏观上仍然可以基本控制隧道的总涌水量。因此，在基岩地区采用地下水动力学法、经验法和地下径流模数法进行基岩地区的涌水量预测是可行的。当然随着今后长隧道施工建设的不断发展，基岩地区隧道涌水量的预测计算必将走向成熟和完善。

（六）结语

1. 在基岩地区进行水文地质勘察必须采取综合勘探方法，在地面调绘的基础上采用多种勘探手段相互补充、相互印证，查清地表水、地下水的补、径、排条件，做好预测基岩地区涌水量的基础工作。

2. 进行涌水量预测,必须选用两种以上的方法进行计算、印证,并结合勘测区的水文地质条件进行综合分析,然后才可应用于工程设计。

3. 隧道涌水量预测计算应贯穿于勘测、设计、施工的全过程。在施工阶段对设计预测的计算成果,要不断地进行反演修正,以不断提高预测的准确性,更好地服务于施工。

4. 在基岩隧道地区进行涌水量预测计算,采用地下水动力学法和地下径流模数法相结合的计算方法,可以简化水文地质条件,缩短勘测设计周期,具有可行、实用、可迅速服务于工程急需的特点。

5. 基岩裂隙水具有不均一性、各向异性的特点,为圆满解决基岩地区复杂的脉状或网状裂隙水的隧道涌水量预测计算问题,从长远考虑,宜建立数值模型计算法,尤其是三维流的数值模型计算法和有限单元法的计算。

十三、西康线秦岭南部石灰岩隧道岩溶特征及工程处理

潘唯佳　张芬兰

(一)概况

西安至安康线柞水至赵湾段,断续分布有泥盆系石灰岩及寒武奥陶系石灰岩,岩溶发育。在隧道施工中,先后遇到呈大厅状、层状、蜂窝状和管道状等多种类型的溶洞,且易发生溶蚀破碎带大坍塌、大型岩溶空洞和蜂窝状溶蚀破碎带促使隧道基础悬空或塌陷,局部溶洞内饱和充填物呈泥石流状涌出封堵隧道和大股岩溶水长年不断从隧道涌出等病害,给隧道施工带来很大困难,影响了施工进度。经采取工程处理措施后,消除了隧道隐患,保证了工程安全。

(二)隧道岩溶特征及形成原因

1. 特征

西康线隧道岩溶主要分布在柞水至镇安之间,见图 5-37,该区乾佑河河岸岸坡和西旬公路边坡上均分布有大小不同的溶洞及石灰岩溶蚀现象,还分布有佛爷洞、菩萨洞、鱼洞、天洞、药王洞等较多大型溶洞。以位于该区的西康线陈家沟、油房湾、古道岭隧道洞身遇有管道状、槽状、大厅状、蜂窝状、层状等各种类型岩溶,分布较为集中,规模较大。在镇安北鱼洞峡隧道(DK131+950～IDK132+097)出口遇到了无充填大厅状溶洞;在青铜关南狮子岩隧道(IDK159+691～IDK163+824)中部遇到大股岩溶水;在两河关南鹰嘴岩隧道(IDK181+549～IDK183+651)中部遇到平行线路的槽状大溶隙,均对隧道施工造成过危害。

根据地质调查和施工揭露,溶洞大部分显示了无水、半充填的北方溶洞特点。岩溶沿节理带和劈理带发育;较大规模的溶洞多发育在褶皱轴部、断层带及石灰岩底部。溶洞群一般沿古侵蚀面呈层状出现,上下层之间以管道状溶洞连通。其发育程度与地层岩性、地质构造、新构造运动、地下水等因素有关。

岩溶地层主要有泥盆系中统石灰岩、寒武奥陶系石灰岩。

泥盆系石灰岩:灰色、灰黑色,稍有变质,具隐晶质变晶结构,厚层、巨厚层状,岩石完整,致密坚硬,节理较发育,风化轻微。岩溶主要发育在节理裂隙带、断层带和岩层分界处,岩溶形态为顺结构面发育的溶蚀孔穴、溶蚀裂隙和管道状、槽状溶洞。陈家沟隧道进口、古道岭隧道出口、鹰嘴岩隧道出口为顺节理发育的半充填和未充填管道状、槽状溶洞,一般无水,部分溶洞季节性过水;狮子岩隧道和小河口隧道沿节理裂隙带发育的溶蚀孔穴和溶蚀裂隙,成为岩溶水的

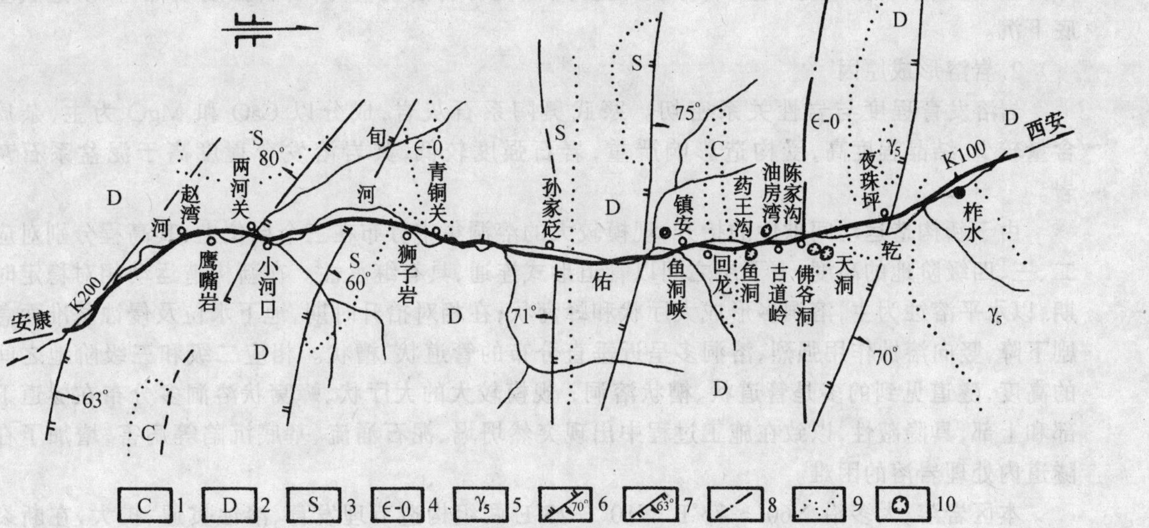

图 5-37　西康线柞水至赵湾地质略图

1—石炭系千枚岩；2—泥盆系千枚岩、石灰岩；3—志留系片岩；4—寒武奥陶系石灰岩；5—印支期花岗岩；6—逆断层；7—正断层；8—隐伏断层；9—岩层分界线；10—溶洞。

储存及径流通道；鱼洞峡隧道石灰岩底部与千枚岩接触面附近，发育有封闭的无充填大厅状溶洞，见图 5-38。泥盆系石灰岩溶洞洞壁岩石坚硬，充填物易坍塌。

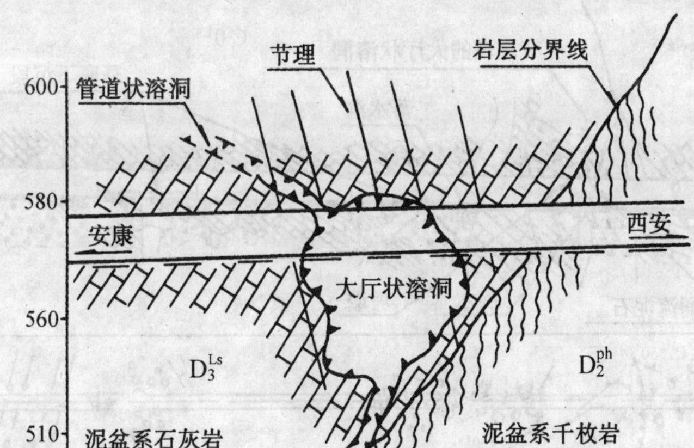

图 5-38　鱼洞峡隧道出口岩溶纵断面图

寒武奥陶系石灰岩：灰色、灰黄色，轻微变质，具中晶至细晶质变晶结构，厚层至巨厚层状，节理发育，风化颇重至轻微，岩溶较发育。沿节理带、劈理带多发育形成溶洞、溶隙或呈蜂窝状密集发育的溶蚀破碎石灰岩；断层带和褶皱轴部，常形成规模巨大的大厅状溶洞和有充填物的大厅状溶洞。油房湾隧道进口和古道岭隧道进口，顺节理发育有管道状、槽状溶洞，岩体常呈块石、碎石状镶嵌结构，岩石完整性较差。油房湾隧道、古道岭隧道中部出露的溶蚀破碎石灰岩，灰褐色，节理、劈理发育，溶洞、小溶洞及溶隙密集，其空隙多充填松散的细砂和砂黏土，部分为空洞，残余岩体风化严重，岩体破碎呈碎石、块石状松散结构，岩石强度较低，极易造成基底下沉。

2.岩溶形成原因

岩溶发育程度与岩性关系密切。寒武奥陶系石灰岩，成分以 CaO 和 MgO 为主，杂质含量较少，结晶程度高，受构造影响严重，岩石强度较低，其岩溶发育程度高于泥盆系石灰岩。

由于新构造运动间歇性的抬升，规模较大的溶洞集中分布在三个层位上，其高程分别对应二、三、四级阶地的高度，上下层之间以管道形式连通，具有继承性。在新构造运动相对稳定时期，以水平溶蚀为主，溶洞多形成大厅状和蜂窝状；在相对抬升时期，地下水位及侵蚀基准面急剧下降，竖向溶蚀作用强烈，溶洞多呈近垂直分布的管道状、槽状。相应二级和三级阶地之间的高度，隧道见到的多是管道状、槽状溶洞；规模较大的大厅状、蜂窝状溶洞多分布在隧道下部和上部，具隐蔽性，以致在施工过程中出现突然坍塌、泥石涌流、基底沉陷等病害，增加了在隧道内处理岩溶的困难。

本区岩溶，大多沿 N60°～75°E、N10°～25°E 两组构造节理发育、溶蚀贯通、扩大，在断裂带附近及背斜轴部，这两组节理密集，岩溶也特别发育。古道岭隧道出口管道状、槽状溶洞密集区以及药王洞岩溶均位于该组节理带上，见图 5－40；古道岭隧道中部半充填大厅状溶洞，位于云煌岩脉贯入的断层带内，见图 5－39；狮子岩隧道涌水段位于狮子岩向斜轴部，见图 5－41。因此，溶洞的发育，一般都有一定的构造背景。

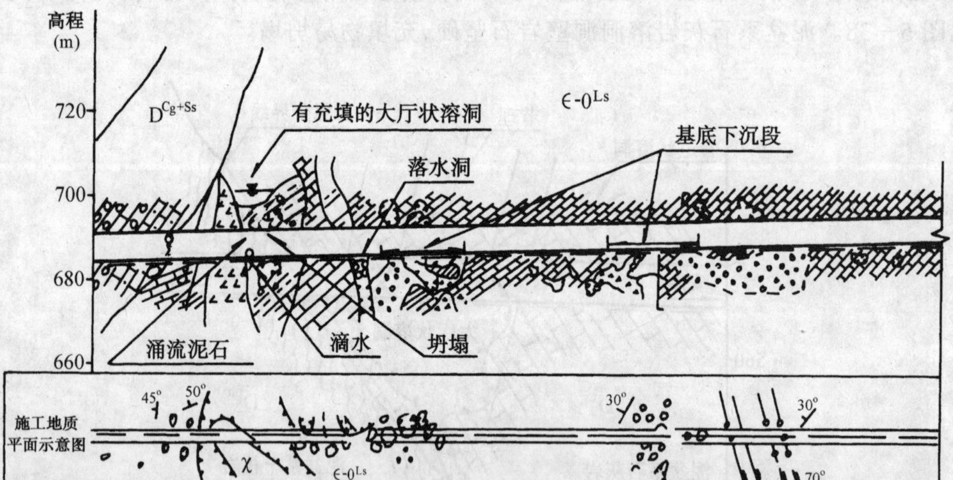

围岩类别	施工图	V								
	变更设计	IV	III	I	II	IV	V	IV	V	
线路里程		+965	+960	+900	+860	+818	+737	+716	+680	+650	IIDK116 +530

图 5－39　古道岭隧道中部岩溶纵断面图

D^{Cg+Ss}—泥盆系砾岩、砂岩；$\in$—O^{Ls}—寒武奥陶系石灰岩；χ—云煌岩贯入的断层带。

西康线岩溶区，地处秦岭南部，气候温和，雨量充沛，植物茂密，地下水十分发育。贯通的节理裂隙，构成了地下水的良好通道。褶皱轴部和断裂两盘，是地下水活动的部位，溶蚀作用强烈，易形成岩溶。

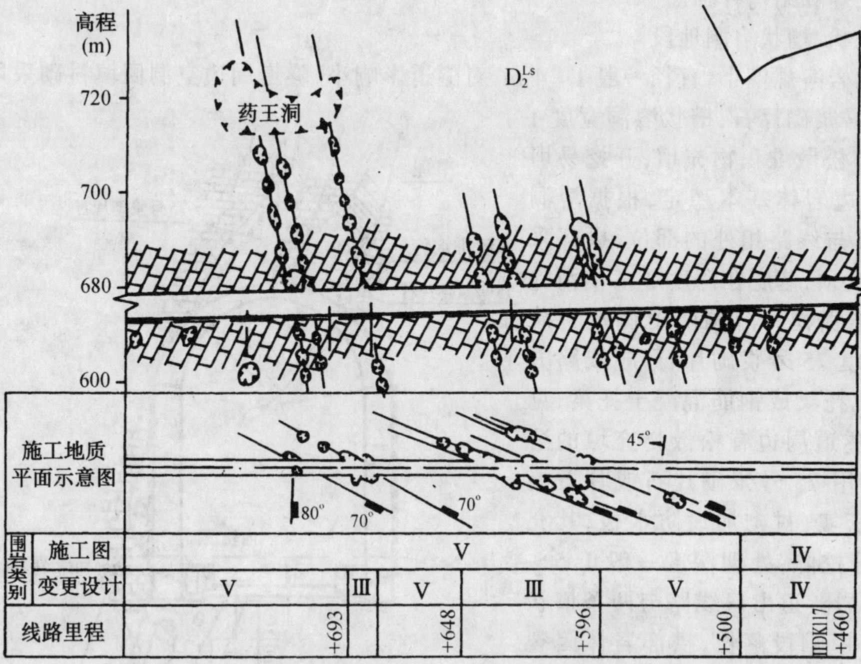

图 5－40　古道岭隧道出口节理带内管道状、槽状溶洞

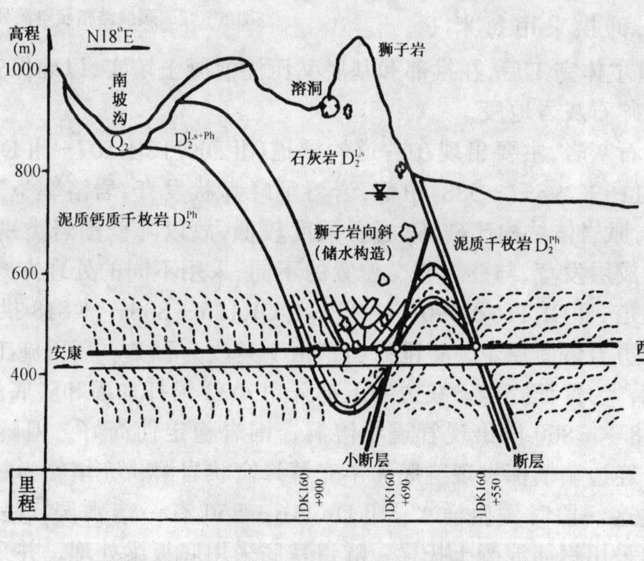

图 5－41　狮子岩隧道向斜核部岩溶涌水

(三)工程处理

由于岩溶的复杂性和隐蔽性,在勘测时较难作出准确的定量评价,因此不少岩溶和溶洞是在施工中揭露的。隧道穿越岩溶的部位不同,其对隧道的影响程度也不同,施工中曾出现过局部坍塌、突水涌泥现象。为保证施工安全,曾采取了局部溶洞回填、变更围岩类别和衬砌类型、加强支护和基底加设托梁,并采用钻孔注浆、加强排水等应急措施。并预先在边墙基底进行槽探、综合物探和地质钻探,探明了隧道下部隐蔽的岩溶,并按以下七种情况对隧道基底岩溶分

别进行了处理和结构补强。

1. 管道状、槽状溶洞地段

管道状岩溶规模小，直径一般 1～4 m，对隧道影响小，隧道周边空洞回填衬砌采用同级混凝土或 75 号浆砌片石；槽状溶洞宽度 1～5 m，内有松散堆积物充填，开挖易坍塌，但其周边岩体基本稳定，根据溶洞的形态及其与线路相处的部位，拱部采用 I_{16} 钢架支顶，基底在深度 2 m 内清除溶洞中的堆积物和溶洞隧道侧挖台阶扩宽，后回填 75 号浆砌片石，顺线路方向架设钢轨托梁或钢筋混凝土托梁，见图 5－42；隧道周边有松散物充填的溶洞或空洞，用 75 号浆砌片石或片石混凝土回填密实，衬砌加设防水板；其充填物须部分挖除，处理深度一般 1.5～2 m。鹰嘴岩隧道出口线路与两条槽状溶隙平行，影响段落长，拱部岩体因裂隙切割，风化严重，以致局部坍塌，围岩类别由Ⅳ类降为Ⅲ类，拱部采用每米 1～2 榀 I_{16} 钢架支顶，仰拱采用每米 1 榀 I_{16} 钢架加强。隧道主体完工后，在拱部和基底又压注混凝土填实，以确保工程安全。

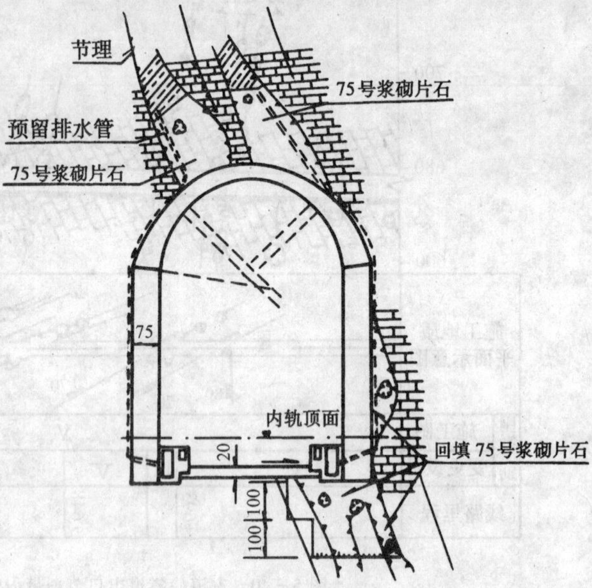

图 5－42　顺线路槽状空洞处理

2. 蜂窝状溶蚀破碎石灰岩地段

蜂窝状溶蚀破碎石灰岩，主要出现在古道岭隧道（ⅡDK116＋507～ⅡDK117＋822）进口与油房湾隧道（ⅡDK116＋295～＋388）中部，岩溶呈蜂窝状发育，岩溶率＞35％，单个直径小于 4 m，半充填，松散，原岩体结构已破坏，岩石强度较低，故以降低围岩类别，加强衬砌处理。由于溶蚀破碎石灰岩成层发育，与隧道相交位置的不同，采用不同的处理方式。

施工中古道岭隧道，ⅡDK116＋690～＋737、ⅡDK116＋808～＋818 拱部边墙局部发现蜂窝状岩溶，由于周边岩体尚稳定，将围岩类别由Ⅴ类改为Ⅳ类。后因施工机械碾压，这两段隧底发生明显下沉，为保证安全，在边墙下部采用 $\Phi32$ 锚杆加固和隧底注浆处理，见图 5－43。ⅡDK116＋818～＋860 段出现管道状溶洞，围岩稳定性尚好，但隧底在施工机械碾压下出现明显下沉，经边墙槽探发现隧底为半充填蜂窝状岩溶，充填物为粉、细砂、砂黏土夹块石等，施工通过这一段时发生涌水，ⅡDK116＋850 有一落水洞，是排泄地下水的通道。因此，边墙基础采用钢筋混凝土托梁，隧道基底采用底板梁处理，并采用 150 号混凝土回填，见图 5－43。

古道岭隧道ⅡDK116＋860～＋900 和油房湾隧道ⅡDK116＋325～＋348 段，隧道洞身穿过溶蚀严重的蜂窝状溶洞群，溶洞充填松散的砂黏土夹块石，极不稳定，开挖即塌。其中古道岭隧道ⅡDK116＋878～＋887 坍塌严重，为了应急，临时支护架设 I_{16} 钢架，挂网喷混凝土防护；最终采用了直墙加仰拱钢架钢筋混凝土衬砌断面；油房湾隧道采用曲墙加仰拱钢架钢筋混凝土衬砌断面形式。溶洞充填物严重坍塌处，用与衬砌同级的混凝土回填密实。

3. 无充填的大厅状溶洞

无充填的大厅状溶洞，洞壁稳定性较好，当其位于隧道洞身或上部时，对隧道工程影响不

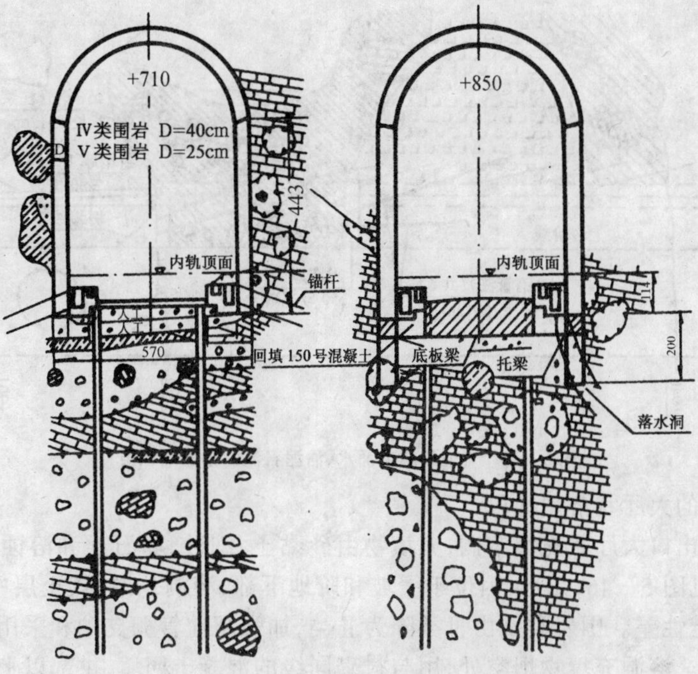

图5－43　古道岭隧道边墙加固及隧底注浆

大。位于下部时基底悬空，影响隧道衬砌结构稳定。鱼洞峡隧道出口DK131＋950～DK132＋097洞身左下部遇到的大厅状溶洞，宽度20 m，高度20 m。基底上部采用150号混凝土，下部采用150号片石混凝土或100号浆砌片石回填，左侧回填100号浆砌片石厚2 m，以外回填弃碴，见图5－44。

4.半充填大厅状溶洞地段

古道岭隧道ⅡDK116＋900～＋950段溶洞内由砂黏土、细砂和溶蚀残留或洞穴坍塌的大块石组成。砂黏土，棕红色，软塑状；细砂，灰黄色，饱和状；在砂黏土和细砂中夹有块石，粒径较大，一般为0.5～2 m，块石占35％～45％，土层松散，有承压岩溶水。施工至ⅡDK116＋923时，发生突然涌水，并夹杂泥石流涌出，淤积长200余米。围岩稳定性差，基底松软，严重影响施工及安全。为此，围岩类别由Ⅴ类降为Ⅰ～Ⅱ类。有岩溶水的松散土层段，按Ⅰ类围岩，采用钢筋混凝土衬砌断面加强。为探明情况及早通过溶洞，采用上导坑开挖先拱后墙法施工，并在拱部前方采用Φ50长管注浆加固地层，导管管棚作超前支护，分两次衬砌，第二次衬砌与边墙一次灌注，拱圈厚130 cm，两次衬砌之间与边墙后均设防水板，见图5－45；基底施工前用重锤夯实或机械碾压，并回填碎石，钢筋混凝土仰拱施工时按设计预留注浆孔注浆。经衬砌加强和改变施工方法，该段得以顺利通过。

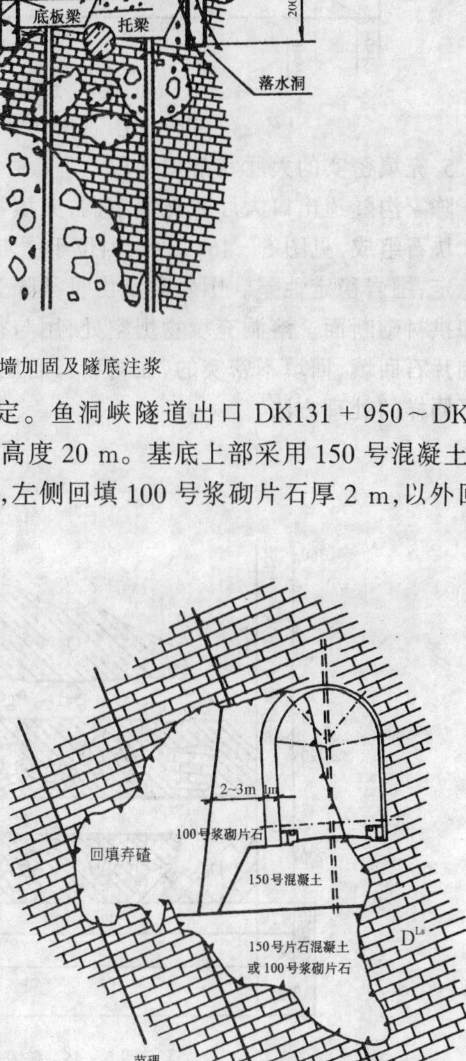

图5－44　鱼洞峡大厅状溶洞

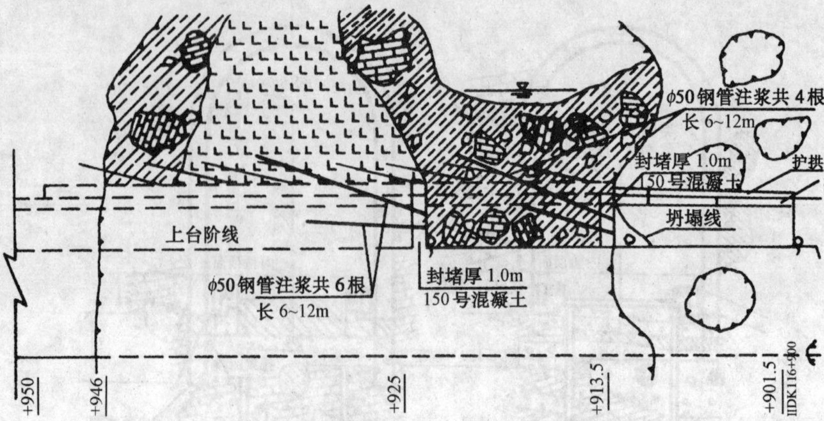

图 5-45　古道岭隧道涌水、涌泥石流的松散堆积层

5.充填密实的大厅状溶洞地段

陈家沟隧道出口大厅状充填溶洞,充填物由砂黏土、细砂、卵石土和溶蚀残留或洞穴坍塌的大块石组成,见图5-46,无水,因位于缓坡和阶地下部,溶洞顶敞露,土层中密至密实,基底较稳定,围岩稳定性差。围岩类别由Ⅲ类降为Ⅱ类,加强超前管棚支护和采用Ⅱ类围岩的曲墙加仰拱衬砌断面。溶洞充填物坍空处,用与衬砌同级的混凝土回填,拱部以上的空洞,用75号浆砌片石回填,回填不密实的,在衬砌背后压浆。在龙湾隧道中部遇到充填的大溶洞时,亦采取了同样的处理方法。

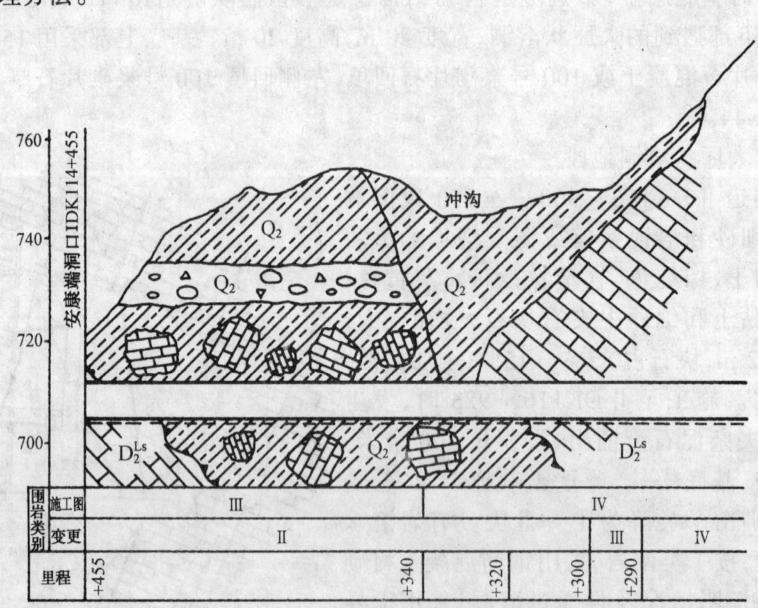

图 5-46　陈家沟隧道出口充填的溶洞

6.有岩溶水的溶洞地段

狮子岩隧道中部通过泥盆系中统岩溶石灰岩构成的向斜部位,施工挖开了向斜储水构造底部的隔水层,岩溶水突然涌出,淹没了反坡施工的隧道地段。为保证施工正常进行,在涌水后的十个月中,采用数台抽水机连续不断的抽排洞内积水,其出水量 6 000~8 000 t/d,直到隧道贯通,水才从出口排出。该岩溶水主要由山内两条大沟的地表水补给,最大水量达 10 000

t/d。为保证衬砌质量、结构安全和后期防水效果，在拱、墙灌筑混凝土前，顺节理裂隙凿槽埋管，集中引水，加大、加密盲沟排水，盲沟与隧道侧沟用软式透水管连通。衬砌采用双层拱墙加混凝土仰拱、双层防水板的结构形式，为防止衬砌两侧涌水量不均匀，影响水沟使用，在两侧水沟下部埋管连通。衬砌间与边墙后铺设全断面防水板防水。

7. 基底注浆岩溶地段

根据钻孔揭示的隧底岩溶情况，基底注浆分浅孔注浆(5 m)和深孔注浆(深 10～15 m)二种。注浆孔顺线路方向布置三排，排距 1.45 m，纵距 2.0 m，梅花形交错布置。由于岩溶发育的不均匀性，现场可适当调整孔深和孔距。为防止砂浆流散过远，根据孔内地质情况，注浆材料采用水泥单液浆、水泥和水玻璃双液浆。注浆顺序为先注河侧帷幕孔，再注山侧帷幕孔，最后中间注浆孔，并采用分层、间歇注浆法。如在钻孔中发现明显空洞，应先回填砂石，填满后再注浆。注浆完成后要检查。

注浆浆液注入量的估算，采用公式 5-12

$$Q = A\pi R^2 H n \beta \qquad (5-12)$$

式中 Q——每孔注入量(m^3)；

A——浆液损耗系数，1.15～1.3；

R——浆液有效扩散半径(m)，1.5～2.5；

H——注浆孔深(m)，5～15；

n——孔隙率，0.1～0.15；

β——浆液充填系数，0.8～0.9。

(四)体会

1. 应重视岩溶区的工程地质工作

在西康线秦岭南部石灰岩岩溶地区隧道施工中，曾出现过坍塌、涌水、涌泥石流、基底下沉等病害，对施工和运营构成了威胁。经过施工中的补充勘测和变更设计后的工程处理，部分隐患才得以消除。今后，应重视岩溶区的区域地质、岩溶地貌、地质构造、岩溶地下水及气象资料的调查，作好地层对比、古侵蚀面的分析研究，并安排适量勘探，以揭示岩溶发育层位和发育规律，做好线路方案选择。

2. 应做好岩溶区隧道施工地质工作

因岩溶发育的复杂性和隐蔽性，有许多不定因素，勘测时难以全面查清，只有加强施工地质工作，跟踪调查施工揭示的岩溶情况，并采用物探、钻探和槽探等手段，进行基底隐蔽岩溶勘探，综合分析岩溶的发育程度和形态，才能有针对性地采取合理的隧道结构和基底处理措施。

十四、西康线秦岭特长隧道地应力测试方法及其应用

孟祥连　宋丙林　毛建安

西安安康线秦岭特长隧道由 2 座长 18.46 km 的平行单线隧道组成，最大埋深约 1650 m，是我国目前最长的铁路隧道，其投资占全线的 27%。为确保工程建设的科学性、合理性、安全性，在勘察中较系统地探索了地应力的测试方法。先后开展了宏观地质研究、岩石微构造测量分析、岩石组构应力分析，并采用了深钻孔二维水压致裂法、平行导坑内三维水压致裂法和平行导坑内声发射法等多种地应力测试方法，收到了较好的效果。

秦岭特长隧道经历了初测子阶段、初测和定测三个大的阶段，各阶段勘测内容和深度不

同,地应力研究的目的和方法也不同。

(一)初测子阶段

初测子阶段是针对秦岭隧道地区地质复杂、地形陡峻、工程艰巨而专门安排的勘测阶段。其工作重点是,从宏观角度,开展以区域性、基础性或专门性为特色的工程地质勘测,查明线路方案,特别是对重点工程选位有控制作用的工程地质及水文地质条件;对各线路方案进行筛选,推荐初测范围;突出重点,避免和减少初测工作的盲目性和可能出现的决策失误,为开展初测打好基础。因此,初测子阶段,越岭垭口方案的选择是西康线秦岭隧道地质选线的首要任务,而对构造应力场的研究则是该项工作的重要组成部分。结合秦岭隧道地区的实际,进行了宏观地质研究、微构造分析和岩石组构分析等地应力研究工作。

1. 宏观地质研究

秦岭是我国黄河与长江两大水系的分水岭。地处北秦岭的秦岭隧道区,北接渭河盆地,南连南秦岭中低山区,东起大峪,西至石砭峪,比选区面积达 460 km^2。区内主峰牛背梁高程 2802 m,隧道进出口高差 1800～2000 m。秦岭北坡地形陡峻,谷深流急,较大支沟多呈南北向汇入渭河;南坡地形较缓,水系发育,且多呈树枝状,向源侵蚀明显。

北秦岭褶皱断裂带为我国华北地台与扬子地台的结合带,经多期构造运动及长期发展演化,其内部组成及构造形变复杂。工作区内,因构造断裂和混合岩化作用强烈,地层主要为混合片麻岩及混合花岗岩,岩质坚硬、性脆;主要断裂构造可分为近 EW 向、NE 向、NW 向及 SN 向四组,其中近 EW 向断裂为控制区内的主要断裂带。

因现存的构造形迹是地质历史时期构造运动的产物,故可利用构造形迹来确定其形成期的构造应力状态。在实际工作中,利用航卫片判释,结合地面调查、验证,查明了测区的构造、断裂及其性质、展布规律。结果表明本区主要构造线均呈近 EW 向展布,同时发育有 NE 和 NW 向两组区域性剪节理以及 SN 向张断裂,这种排列组合显示了 SN 向挤压应力场的状态。同时还表明该应力场在本区持续的时间较长,直到燕山期才终结。我们称之为"古构造应力场",它塑造了本区的构造格架(见图 5－47)。

2. 微构造分析(数值分析法)

微构造分析是在古构造应力场研究的基础上,测定新构造应力场的一种地质数值分析方法。岩体力学中阐述:一个已破裂的不连续硬脆性岩体,当经受又一次新的构造应力作用时,主要产生以断块间滑动为主要特征的变形,常在老断裂面上留下位移的痕迹,它指示了断块间相对位移的方向和性质,由此可得出造成此变形的受力状态。

依据以上论述,本区古构造应力场晚期,岩体以脆性断裂变形为主,使整个秦岭地区成为一个破裂的岩体。在燕山期之后的新构造应力场作用下,岩体产生了沿老破裂面滑动为主要特征的新的变形,它反映了本区新构造运动的方向和性质。据此我们对区内具有位移痕迹的微断层进行了系统的测量,包括断层面的走向、倾向、倾角、擦痕侧伏角、侧伏向、断层位移性质等。在区内 68 个点上共量测了 865 条微断层,通过对量测数据运用 E. Carey 的电算程序处理,获得本区如下三期新构造应力张量及变化特征(见图 5－48)。

第一期为扩张期(Ⅰ):微构造法测量分析计算表明,该期主压应力轴 σ_1 近直立,σ_2、σ_3 呈水平状态,反映本期主要为 NW 和 NE 向拉伸,其中以 NW 向拉伸最明显,优势方位为 N80°W～N30°W(图 5－48a)。

第二期为 NW—SE 向挤压为主的变形期(Ⅱ):测量分析计算结果表明,该期由两个变形阶段组成。初期主应力轴 σ_1、σ_3 水平,σ_2 直立;后期转变为主应力轴 σ_1、σ_2 水平,σ_3 近直立

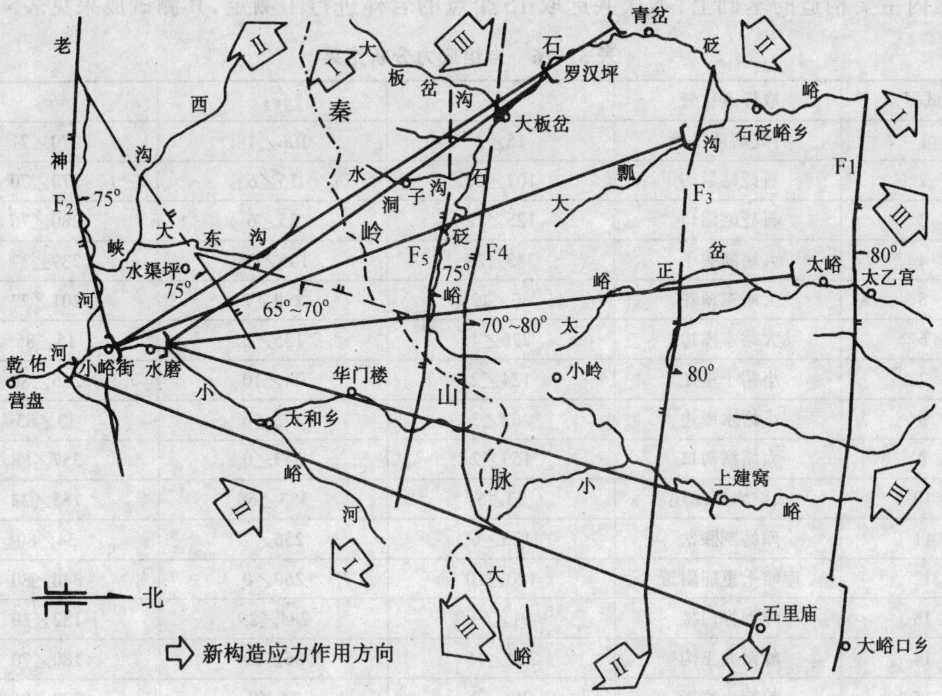

图 5－47　地质构造纲要及新构造应力场特征示意图

(图 5－48b)；本期两个变形阶段均表明为以 NW 向挤压为主的特征，主压应力方位 N24°W～N55°W。

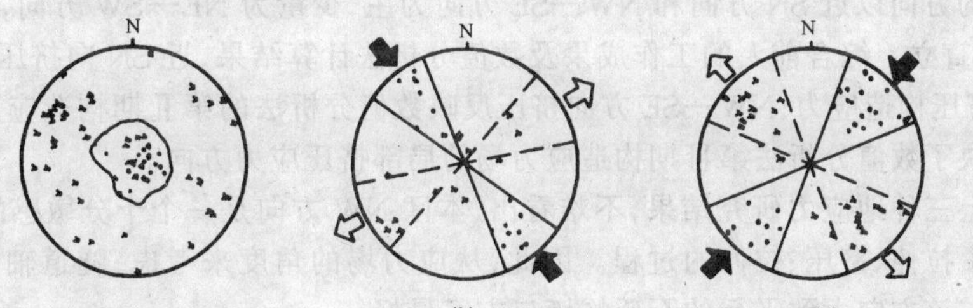

图 5－48　微构造方法测试的 σ_1 和 σ_3 主应力轴极点图

第三期为 NE—SW 向挤压、NW—SE 向拉伸的构造变形期(Ⅲ)：计算结果该期 σ_1、σ_3 近水平，σ_2 近直立(图 5－48c)；且 $|\sigma_2|<|\sigma_3|$，所以这是一个以 NW—SE 向拉伸为主轴，以 NE—SW 向挤压为特征的构造应力场。说明测区内仍处于以上升为主的松弛状态，而不是以 NE—SW 向挤压为主的挤压状态。

在上述新构造应力场研究的基础上，根据关中盆地的地震震源机制解译，获得的区域主压应力方向(NEE)、地裂缝、秦岭地区的现代构造活动表现(平均每年上升 2～4 mm)及 EW 走向断层的最后一次位移为左旋等大量事实，进一步分析认为，本区现代应力场仍以 NW 向拉伸、辅以 NE 向挤压为主，说明它是第三期新构造应力场的延续和继承。

3. 岩石组构分析法

岩石在应力作用下的变形分为连续变形和非连续变形，岩石应力分析方法就是通过测定岩石组构的变形主轴及岩石中微破裂面的产状来推求岩石变形时受到构造应力的状态。在研究测区内主要构造的基础上,本次共选取15个点的岩样进行了测定,其测试成果见表5-16。

表5-16　岩组应力分析结果

试样	取样点位置	σ_1	σ_2	σ_3
1	石砭峪罗汉坪	15∠3	106∠18	270∠71
2	石砭峪后沟	107∠20	15∠6	270∠70
3	石砭峪峪口	125∠12	35∠6	280∠76
4	大峪新关子	343∠22	106∠54	239∠27
5	大峪东翠花	30∠12	299∠2	201∠77
6	大峪水库边	226∠4	135∠2	15∠85
7	小峪十里庄	124∠2	34∠10	226∠80
8	小峪水库边	262∠3	172∠6	13∠83
9	太峪柳沟口	153∠2	343∠0	357∠88
10	太峪水库库尾	93∠5	353∠68	185∠22
11	库峪割膝岔	175∠6	256∠7	34∠80
12	库峪七里庙附近	170∠10	260∠0	346∠80
13	岭南桦门楼	61∠53	284∠29	182∠20
14	岭南龙王沟	354∠15	86∠10	180∠70
15	岭南小峪街	286∠0	16∠9	200∠81

注:表内数值前者为方位角,后者为倾角。

对测试成果加以分析,可以得出两点结论:

(1)σ_1 与 σ_2 绝大多数近于水平,σ_3 大多数近于直立,反映了本区构造活动以水平挤压为主。

(2) σ_1 的方向以近SN方向和NW—SE方向为主,少量为NE—SW方向,局部近EW方向,个别近于直立。综合前人的工作成果及数值分析法计算结果,近SN向挤压反映了本区早期SN方向挤压构造应力;NW—SE方向挤压反映数值分析法的第Ⅱ期构造应力场;NE—SW方向挤压反映了数值分析法第Ⅲ期构造应力场的局部挤压应力方向。

综合以上三种地应力研究结果,不难看出,本区NW方向是一个十分敏感的方位,在这个方向上经历了拉伸、挤压、拉伸的过程。因此,从应力场的角度来考虑,隧道轴向以NW向为最佳。显然与该方向大致平行的石砭峪垭口方案最好。

(二)初测阶段

在初测子阶段确定以石砭峪垭口方案进行初测的基础上,为进一步获取确切的地应力值及方向,认真做好隧道轴向选择,为初步设计提供地质资料,故在该地区开展了深钻孔二维水压致裂法地应力测试。

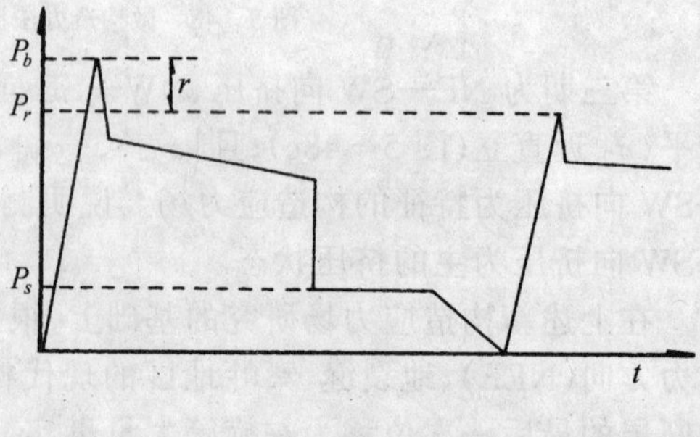

图5-49　典型的水压致裂应力测量压力—时间曲线

P_b—临界破坏应力;P_r—破坏重新张开压力;P_s—瞬时关闭压力。

水压致裂法是目前进行深部地应力测量的最佳方法,它是利用可膨胀的橡胶封隔器,在已知深度封隔一段钻孔,然后通过泵入流体,对这段钻孔增压,获取水压致裂应力,测量压力—时间曲线(图5-49),依据厚壁圆筒力学理论,推算地应力的一种测量方法。秦岭隧道深钻孔二维水压致裂法测得的最大水平主应力 σ_H 和最小水平主应力 σ_h 见表 5－17。

表 5－17　秦岭隧道深孔地应力测量成果表

钻孔编号	钻孔位置及地质特征	孔位处沟谷大致方向	孔口高程(m)	水压致裂法测得地应力随深度变化的关系式(MPa)	最大水平主应力平均方向
秦钻 1	石砭峪大板岔一级阶地上，在石砭峪峡谷区内，地层主要为混合花岗岩，较完整	N40°W	1 119.9	$\sigma_H=-4.67+0.1\,418H$ $\sigma_h=-1.01+0.066\,5H$ $\sigma_v=0.025\,9H$	N34°W
秦钻 3	石砭峪内大瓢沟白石岭村至沟边，地层为古生界片岩、大理岩，小断裂、裂隙发育	N13°E	1 291.89	$\sigma_H=8.49+0.016H$ $\sigma_h=4.89+0.012H$ $\sigma_v=0.026H$	N29.4°E
秦钻 4	石砭峪十道河风寒窑沟沟口，位于 F_5 断层内	N70°W	1 520.8	$\sigma_H=16.38+0.007H$ $\sigma_h=8.44+0.007\,9H$ $\sigma_v=0.026H$	N63.3°W
秦钻 5	岭南大东沟小羊圈，沟底与孔口高差约 250 m，位于小羊圈断带内	N6°W	1 508.55	$\sigma_H=7.1+0.016H$ $\sigma_h=3.13+0.01H$ $\sigma_v=0.026H$	N1°W

注：σ_H—最大水平主应力；σ_h—最小水平主应力；$\sigma_v(=\gamma H)$—铅直主应力；γ—岩石密度；H—深度(m)。

从表中可以看出，由于各孔所处地形、地貌不同，导致最大水平主应力方向有较大变化，一般均与附近沟谷方向大致平行。在所测深度范围内，主应力 σ_H 始终大于 σ_h（见图 5－50）。

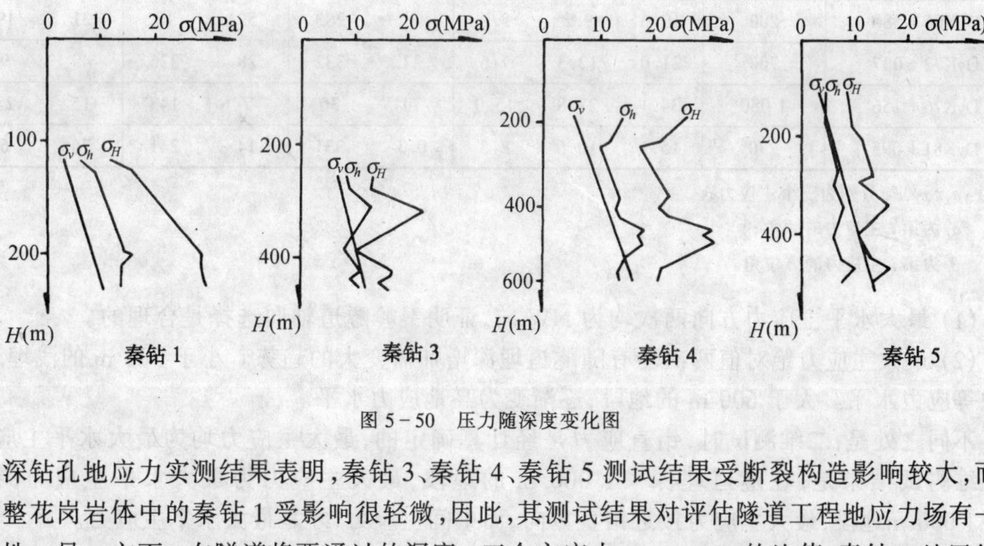

图 5－50　压力随深度变化图

深钻孔地应力实测结果表明，秦钻 3、秦钻 4、秦钻 5 测试结果受断裂构造影响较大，而位于完整花岗岩体中的秦钻 1 受影响很轻微，因此，其测试结果对评估隧道工程地应力场有一定代表性。另一方面，在隧道将要通过的深度，三个主应力 σ_v、σ_h、σ_H 的比值，秦钻 1 地区约为 1:2:4，差异较大，较为正常；而秦钻 3、秦钻 4、秦钻 5 地区则分别为 1:0.9:1.3，1:0.8:1.3，1:0.7:1.2，比较接近；最大主应力值也以秦钻 1 地区最大。

综合研究本次实测成果及初测子阶段成果，认为秦钻 1 的地应力测试成果，对本区有一定代表性，秦岭隧道的轴向最好选择在 N34°W 或与其夹角不超过 20°的范围内（因在此范围内，隧道侧壁的压应力增加较小)。这一结论,为秦岭隧道初测方案的比选,从应力场角度提供了可靠的依据。

(三)施工勘测阶段

该阶段是结合秦岭隧道Ⅱ线平行导坑施工的实际,查明隧道洞身的地应力状态,为平导本身及 TBM 施工的Ⅰ线隧道的施工图设计及地质灾害的防治提供依据。在充分分析、研究初测深孔地应力测量资料的基础上,在平导内选用三维水压致裂法和声发射法进行了地应力实测。

1. 平导内三维地应力测量

以水压致裂法进行单孔应力测量,只能获得垂直于钻孔轴的平面内的二维应力场,要想得出三维应力场,需对交汇的三个钻孔分别进行水压致裂应力测量。其钻孔空间分布见图 5-51。很显然,这一先决条件在勘测阶段是难以实现的,但秦岭隧道Ⅱ线平导的施工使其成为可能。为确切了解隧道洞身部位的真实地应力状态,我们在平导内开展了水压致裂三维应力测量工作(孔深 30 m)。共完成了四个点的测试,其成果见表5-18。

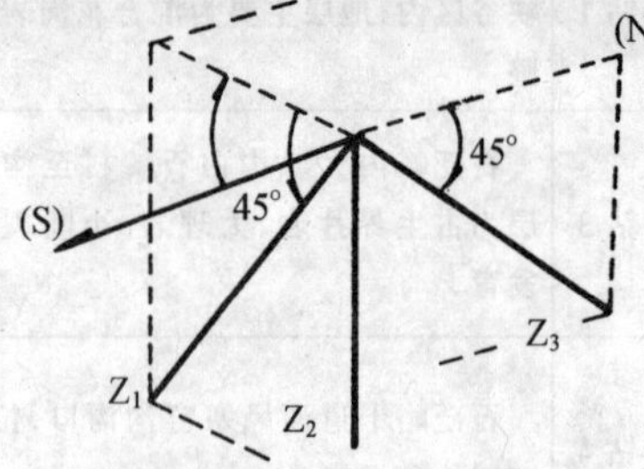

图 5-51 Z_1、Z_2、Z_3 孔为一组用于三维应力测量的钻孔

经分析,平导内的三维测试成果与初测阶段的二维测试结果有同有异。相同之处是:

表 5-18 秦岭隧道Ⅱ线平导三维地应力测试成果表

测点位置	测点处隧道埋深(m)	主应力值(MPa)			主应力倾角和方位角(度)					
		σ_1	σ_2	σ_3	α_1	β_1	α_2	β_2	α_3	β_3
DyK66+580	200	10.6	9.2	5.2	1	283	59	15	31	193
DyK72+037	700	21.0	12.3	7.6	27	332	28	226	49	98
DyK76+156	1 080	34.1	27.8	15.0	70	30	7	143	15	235
DyK81+095	270	15.1	10.6	8.3	0.3	331	14	241	76	62

注:σ_1、σ_2、σ_3 分别为三个主应力;
α_i 为第 i 主应力的倾角;
β_i 为第 i 主应力的方位角。

(1) 最大水平主应力方向两次均为 NW 向,证明秦岭隧道轴向选择是合理的。

(2) 最大主应力绝对值两次均有随隧道埋深增加而变大的趋势。小于 500 m 的浅埋地段属中等应力水平。大于 600 m 的地段,逐渐变为高地应力水平。

不同之处是:二维测试时,铅直应力是经计算确定的,最大主应力均为最大水平主应力,而三维测试结果是,在隧道埋深＜1 000 m 的地段,最大主应力为最大水平主应力;在埋深＞1 000 m地段,最大主应力接近铅直方向,而中间主应力,才是最大水平主应力。

2. 声发射法应力测量

声发射法岩体地应力量测是七十年代发展起来的一种新的地应力测量方法。它是利用岩石具有"记忆"先前应力历史的能力,即当对岩石重复加载达到前次所加荷载时,根据其出现的明显的声发射凯塞效应来确定岩体地应力的一种方法。可通过在秦岭隧道平行导坑边墙采取定向岩样,在室内利用凯塞效应进行测定而实现。其成果见表 5-19。

表 5-19　秦岭隧道声发射法地应力测试成果表

取样位置及岩石名称	初始地应力状态				取样位置及岩石名称	初始地应力状态			
	项目	一级	二级	三级		项目	一级	二 级	三级
DyK81 + 095 含绿色矿物混合花岗岩	σ_1	9.72	14.76	21.70	DyK60 + 580 混合片麻岩	σ_1	11.46	13.65	20.15
	σ_2	5.97	10.43	15.70		σ_2	6.53	10.16	12.78
	σ_3	4.06	8.48	12.06		σ_3	5.95	7.45	10.76
	α_1	39.5	32.4	37.4		α_1	4.2	32.0	16.7
	α_2	53.4	44.1	53.0		α_2	52.9	68.8	45.3
	α_3	50.1	28.6	37.0		α_3	36.8	56.8	51.2
	β_1	344.1	20.4	344.5		β_1	4.9	328.6	335.5
	β_2	62.6	72.5	68.1		β_2	280.5	169.3	192.2
	β_3	162.9	310.7	164.5		β_3	91.8	119.9	54.7

从表 5-19 可看出，随着洞室开挖，洞室周围岩体应力已进行了调整，不仅应力方向、倾角变化较大，应力值大小也与原地应力值不一致，岩体“记忆”了其承受三次应力的历史，最大期应力比原地应力值高出许多，且洞室开挖使洞室周围应力产生局部集中。

3. 高地应力段落及可能发生岩爆地段的判定

根据秦岭特长隧道水压致裂法地应力的测量结果，利用有限单元分析法对秦岭隧道周围的地应力进行了数值模拟和分析计算，得到隧道全段各主应力沿隧道轴线分布曲线如图5-52所示。

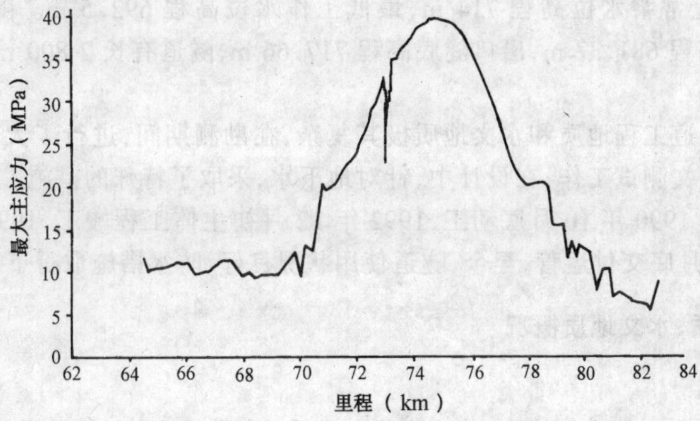

图 5-52　主应力沿隧道轴线分布曲线

从图 5-52 曲线上可以看出，隧道中段（DyK71 + 000 ～ DyK79 + 000）地应力值大于 20 MPa，属高地应力区。

岩爆是在高地应力、硬脆性岩体中开挖地下洞室时遇到的主要工程地质灾害，它不仅直接威胁施工人员及设备的安全，而且严重影响施工进度，增加工程造价，因此它是本次地应力测试研究中需要重点解决的问题。工程实践表明，岩石的单轴抗压强度与地应力的比值能较好地预测岩爆的发生。经验表明，当强度应力比 $Rc/\sigma_1<6$ 时就有可能发生岩爆，当 $Rc/\sigma_1<3$ 时就可能发生严重岩爆。据此，根据秦岭隧道岩石力学平均指标 $Rc=147$ MPa 和上面计算的应力值，计算出沿隧道轴线的应力比，见图 5-16 所示。

从图 5-16 看出，秦岭隧道中段 DyK72 + 000～DyK77 + 000 有产生岩爆的可能。对这一地段可结合其它影响因素详细预测划分岩爆的发生强度，以指导设计和施工。

(四)几点认识

1. 地应力综合测试是重大地下洞室工程地质工作的重要组成部分,它直接影响着地下洞室轴向的选择和设计、施工方案的确定。

2. 地应力测试工作应根据隧道工程建设的总体要求,并结合勘察设计过程中的阶段性特征,分别选用经济合理、技术可靠的综合测试手段。进行区域构造应力场研究,能够定性及半定量地确定比选地区的构造应力场特征,用于越岭垭口的选择;水压致裂法是目前进行地应力测量、尤其是深部地应力测量的最佳方法,它能够为隧道轴向选择及设计提供可靠的定量资料;在辅助坑道内进行三维地应力测量对重大工程来说是可行的,也是必要的,它能够直接获取工程部位的真实地应力状态,为施工设计、围岩稳定性评价及地质灾害的预报提供可靠的资料;声发射法是一种新型的地应力测试手段,在秦岭隧道的应用中有一定效果,有推广价值。

3. 秦岭隧道Ⅱ线平行导坑施工证明,勘测中对隧道轴向的选择是合理的,对高地应力和岩爆灾害的预测也是比较准确的。综合地应力测试达到了预定目的,其效果是显著的。

十五、宝中线冯家山隧道地下水的防治

邱成友

宝中线冯家山隧道(DK26+943~DIK30+066.5)位于陕西省宝鸡县冯家山水库西侧,长3123.5 m,隧道距水库边缘400~700 m。冯家山水库坝高73 m,坝顶高程714 m,正常蓄水位高程712 m,规划正常蓄水位高程714 m,最低工作水位高程692.5 m。隧道埋深约100~230 m,进口隧底高程681.37 m,出口隧底高程717.66 m,隧道有长2 800 m低于水库正常蓄水位712 m。

由于冯家山隧道工程地质和水文地质极其复杂,在勘测期间,进行了大面积的地质调查、综合勘探和各种水文测试工作;在设计中,针对地下水,采取了特殊的措施。

冯家山隧道于1990年10月底动工,1992年12月初主体工程竣工,1994年6月10日全线铺通,1995年6月底交付运营,至今,隧道使用状况良好,防水措施取得了成功。

(一)工程地质、水文地质概况

1. 地形、地貌

隧道通过地段有5条较大冲沟,冲沟内常年流水,水量较大,为基岩裂隙水以泉水形式出露汇集而成。隧道施工后,基岩裂隙水水位下降,隧道洞顶左侧原有泉水枯竭,使数户居民水源断绝。

DK26+500~DK27+500右侧350~700 m有一被第四系地层掩盖的古河道与隧道平行,是水库水渗向隧道的天然通道(图5-53)。隧道DK27+160~+910段,受水库影响最为严重,能见到水库渗流水沿隧道下导坑墙脚、掌子面右侧底部及右侧路基面呈股流涌水,洞身上部也出现过较大的渗水和滴水。

2. 地质、水文地质概况

隧道洞身通过高倾角的元古界片岩、石灰岩及大理岩。冯家山地区位于陇西系旋卷构造带与汾渭断陷接合部位,受两大构造体系的影响,区内断裂和褶皱发育,岩层较破碎。DK27+310~+466向斜核部地层为大理岩,该层与片岩接触部位比较破碎;DK28+900~DK29+300背斜核部为下元古界片岩,岩层破碎;隧道还通过8条走向断层、6段节理裂隙带。褶皱轴

部、断层带、节理裂隙带储存有大量的基岩裂隙水，导致隧道通过的地层，含有相当丰富的地下水。地下水主要为大气降水补给的基岩裂隙水和水库渗流补给的裂隙水。

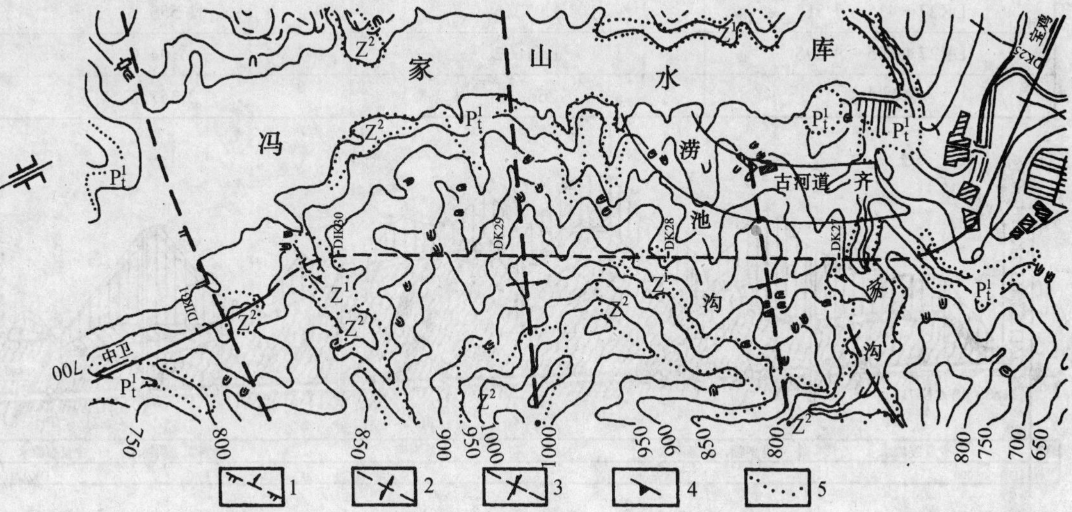

图 5-53　冯家山隧道平面示意图

Z^1—震旦系片岩；Z^2—震旦系石灰岩；P_t^1—下元古界片岩；P_t^2—下元古界大理岩；

1—区域断层带；2—背斜；3—向斜；4—片理产状；5—岩层分界线。

(二) 地下水与隧道的关系

1. 水库渗流对隧道的影响

冯家山水库位于隧道右侧，水库延伸方向与隧道走向基本平行，当水库水位为 708.55 m 时，齐家沟内水库水边距隧道进口附近仅 60 m，涝池沟内水库水边距隧道 DK27+780 处仅 350 m，其余地段水库水边距隧道约在 700 m 左右。隧道右侧古河道的进、出口均有大量泉水，出口泉水出露高程约 675 m，泉水成片分布，流量大于 600 t/d。古河道是水库水向隧道渗漏的天然通道。施工期间 DK27+595～+695 段发生较大涌水，1991 年 11 月 4 日 DK27+667 隧道内发生突然涌水，水量较大，涌水量达 27～28 t/h，出水部位高程 692.6 m，当时水库水位高程为 710.17 m。观测表明，水库水位高出隧道路肩愈大，水库水向隧道的渗流也就愈多，反之则少，这是隧道开挖过程中，下导坑及右侧边墙中、下部和隧道底具有较大成股涌水的主要原因。

隧道施工受水库水渗流的影响，在节理带、裂隙带、破碎带、软质岩带处，产生多处较大坍塌，影响了施工的安全和进度。这种情况，在进口地段表现得尤为明显。出口地段由于水库水位低于路肩高程，水库水渗流对隧道影响不大。水库水位、隧道施工坍塌及洞身出水、涌水情况见图 5-54。

由于冯家山水库渗流造成的隧道洞身涌水量的预测和施工实测对比情况，列如表 5-20。

表 5-20　冯家山水库渗流造成的隧道涌水量的预测与实测情况对比表

里　　程	预测涌水量(t/d)	施工实测涌水量(t/d)
DK27+164～+198	无	415.2
DK27+205～+213	无	144.0
DK27+332～+336	无	139.2

续上表

里　　程	预测涌水量(t/d)	施工实测涌水量(t/d)
DK27+415～+515	1 073.6	1 555.2
DK27+595～+695	1 616.2	1 104.0
总涌水量	2689.8	3 357.6

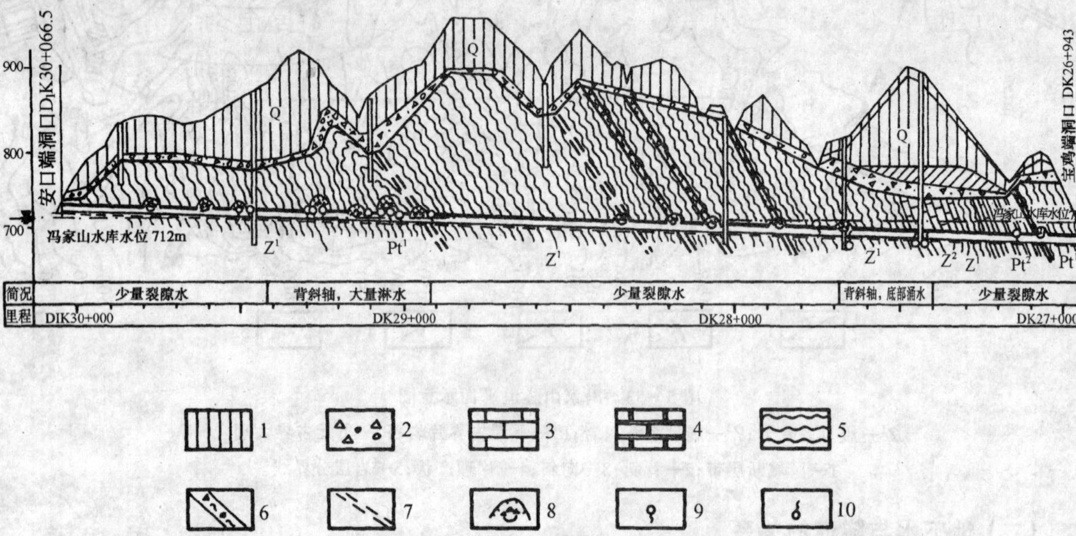

图 5-54　冯家山隧道地质纵断面示意图

1—黄土；2—碎石土夹卵石；3—石灰岩；4—大理岩；5—片岩；6—断层破碎带；7—节理裂隙破碎带；8—隧道坍塌；9—隧道出水点；10—隧底涌水点。

2. 基岩裂隙水对隧道的影响

高角度单斜地层、走向断层、强烈挤压破碎带及节理密集带，使第四系地层的孔隙水和基岩裂隙水得以相互连通，很容易使水库水下渗或成股流入隧道。施工时发现，隧道左侧局部地段有地下水呈股状涌出，最大股流宽度约 20 cm。地下水的发育程度严格受节理裂隙和岩层破碎程度的控制和制约。当岩层极为破碎、节理裂隙十分发育时，洞身地下水就如大雨状淋下，反之，则呈不同程度的渗水或滴水。DK28+945～DK29+400 为背斜轴部，施工时拱顶呈大雨般的淋水现象，1991 年 11 月初至 1992 年 2 月中旬，在洞内反坡开挖施工地段，淋水顺着导坑倒灌到掌子面，最大积水深 1 m，施工极其困难。

隧道基岩裂隙水涌水量预测和施工实测对比如表 5-21。

表 5-21　隧道基岩裂隙水涌水量预测与实测情况对比表

里　　程	预测涌水量(t/d)	施工实测涌水量(t/d)
DK28+945～DK29+120	无	45.6
DK29+130～+280	无	721.4
DK29+316～+400	无	624.1
总涌水量		1 391.1

总体看，由于冯家山隧道与水库平行，距离较近，其间又有古河道，围岩中断裂和节理裂隙

带发育，与水库水存在着联系，加上基岩裂隙水发育，以致在隧道开挖后水从有利地段涌、渗入隧道、或造成突然涌水。地下水也软化软质围岩，使工程地质、水文地质条件和环境地质条件恶化，给施工带来很大困难，隧道衬砌需普遍加强。

(三)隧道地下水的防治

对冯家山隧道的地下水，采用了“截、排、引、堵”的综合整治措施。

第一步整治：

DK26+943～DK27+120 和 DK29+950～DIK30+066.5 段，只有局部渗水，拱部采用复合衬砌，初期支护选用普通 200 号喷射混凝土，第二次模筑衬砌采用 150～200 号混凝土。

DK27+120～DK28+700 和 DK29+000～DK29+950 段采用复合衬砌，但拱、墙喷射混凝土加入 BR 防水剂，拱部裂隙水地段采用无纺布、塑料布将涌水集中引入边墙盲沟。拱、墙混凝土施工缝设 BW 止水条，第二次模筑混凝土采用 200 号防水混凝土。

由于水库渗流的影响，隧道底板大部分存在有压裂隙水的涌入，所以隧道铺底混凝土凡是有裂隙水涌入地段，均采用 200 号钢筋网防水混凝土，厚度加厚为 20 cm，以保证道床干燥无水。

第二步整治：

隧道在有压裂隙水涌入的情况下，采取复合衬砌，虽喷射防水混凝土，但施工很难保证拱部不滴水、边墙不淌水；况且在有压裂隙水涌入严重地段，喷射混凝土，在有水的情况下，密实度受到影响；因此在衬砌完工之后，DK27+087～DK29+866 局部出现拱脚滴水及边墙漏水现象，其中 DK28+800～DK29+000 段拱脚滴水、漏水严重，所以采取在拱脚用 1∶3 水泥砂浆分段压浆堵水，拱部出水处开槽引流。经过处理，除 DK28+820～DK29+000 拱部还有滴水现象外，其余地段均达到拱部不滴水，边墙不淌水。

第三步整治：

为彻底实现全洞身不滴、不漏、不渗水，又在 DK28+820～DK29+000 有滴水地段的拱部内，注入 DM-1 化学浆液堵水。DM-1 化学浆液注浆是对原混凝土灌注不密实、衬砌出现裂缝或造成较大面积渗漏处采取的一种有效的补强措施，它既可堵漏又可使衬砌本身得到补强。

冯家山隧道经三次整治后，实现了洞身基本干燥无水。

(四)小结

1. 冯家山隧道的水文地质条件相当复杂，通过收集古河道、库区等有关资料，并经钻孔水文地质测试后，预测冯家山水库渗水造成隧道的涌水量为 2 689.8 t/d，施工中实测为 3 357.6 t/d，预测与实测误差为 25%。这种预测的误差，可能与基岩裂隙水的影响有关。

2. 本隧道对基岩裂隙水的预测出入很大，今后在隧道水文地质勘测时，对高倾角岩层中的裂隙带、节理密集带、构造破碎带的储水能力要广泛收集信息(如泉水露头、沟谷中水流的渗透、破碎带的含水情况等)，必要时要有钻孔抽水资料，才能较准确的预测基岩裂隙水在隧道内的涌水量。后来西安安康线一些隧道的施工证明，高倾角岩层中的断裂带、节理密集带均含有丰富的地下水。

3. 对本隧道地下水，采取“截、排、引、堵”的综合防治措施，效果是显著的。针对地下水的活动状态，在渗、漏水处注入 DM-1 化学浆液，收到彻底根治病害的效果。

十六、结　束　语

本章共录入实例 15 篇。其中错落、滑坡整治的 3 篇，地质灾害整治的 4 篇，煤系地层采空处理的2篇,地下水预测及防治的3篇,和洞内岩溶整治、膨胀岩处理、地应力测试各1篇。除西康线越秦岭特长隧道的3篇有对工程地质问题预测防治的内容外,其余各篇均系在施工、运营中发生病害后,所进行的被动整治。另外,西康线越秦岭隧道,青藏线西格段关角越岭隧道,南疆线奎先达坂越岭隧道和侯月线中条山越岭隧道等四篇,因与地质选线有关,故录入第二章中。

从上述实例可以看出,防治隧道病害的关键,是要在勘察中查明隧道地区区域工程地质和水文地质条件,取得符合实际的地质资料;隧道位置应避开地质构造复杂、岩体破碎、岩溶发育或有不稳定的堆积层等不良地质地段,尤其应避开赋存地下水的宽大断层破碎带。当难以绕避时,则应根据实际工程地质、水文地质条件有针对性地采取强有力的工程措施和正确的施工方法。为此,在勘察设计中,应特别注意做好以下四点:

1. 越岭的长大隧道、特长隧道或地质复杂的隧道,在工程地质勘测中宜进行大面积地质调绘,掌握区域地质、水文地质特征和不良地质、特殊地质情况及其分布规律,做好线路方案选择、合理确定隧道位置。西康线、宝成线越秦岭隧道、青藏线西格段关角隧道和侯月线中条山越岭隧道均是通过大面积地质调查,摸清情况,经多方案比选后,才选择了较好的隧道位置、确保了隧道施工、运营的安全。

2. 在隧道地质勘察中,应积极采用地质综合勘探方法。首先应进行遥感判释和认真的地质调绘,勘探工作必须在地质调查的基础上进行;其次物探、小型勘探和钻探应取长补短,合理搭配,紧密结合,并进行必要的测试和试验工作;第三,对调绘、勘探和测试所取得的各项资料,必须进行综合分析;这样才能为隧道设计提供完整、准确的地质资料。西康线秦岭隧道通过采用地质综合勘探方法和Ⅱ线平行导坑施工地质调查,查明了地层岩性、构造断裂和地下水的分布及特征,判明了隧道围岩稳定性,对岩爆、突然涌水和坍塌等可能发生的地质灾害进行了超前预报和防治,从而保证了施工的顺利进行。而包西线西延段韩家河隧道出口地段和神朔线梁家山隧道进口段,却因地质调查不细,未进行必要的勘探,而遗漏了隐藏的第四系古沟槽,以致施工中坍塌严重,被迫进行补充勘察及变更设计,不但增加了投资,而且延误了工期,与采用了综合勘察方法的秦岭隧道施工情况形成了鲜明的对照。本章所介绍的既有隧道各类病害整治取得较好的效果,其主要原因是通过仔细的调查研究、必要的勘探和测试后,取得完整、准确的地质资料而得到的。为此,地质综合勘探是遂道工程地质勘察中一个重要的组成部分。

3. 必须重视和加强施工地质工作。由于隧道是地下隐蔽工程,对断层破碎带、地下水、岩溶洞穴和小煤窑采空等复杂地质问题,在勘测期间很难完全查清;为此,应加强施工地质工作,通过施工直接揭示的有利条件,进行地质调查及测试,进一步修正和完善地质资料,及时修改和变更设计,进行工程处理,以利于施工的顺利进行。侯月线桃坪左线隧道二叠系泥岩地段,在施工中曾多次发生较大的坍塌,经施工地质调查,找出了坍塌的原因,在右线隧道施工中,有针对性地采取工程措施后,施工进展比较顺利。

4. 必须查明隧道的水文地质条件,做好防、排水设计。地下水所造成的病害,常直接影响隧道围岩的稳定和施工、运营的安全。为此,必须要搞清隧道的水文地质条件,查明地下水的分布及特征,做好隧道防、排水设计。西康线秦岭隧道采用地质综合勘探技术,收集了较完整的水文地质资料,对隧道地区和隧道进行了富水性分区和分段,并运用地下水动力学法和地下水径流模数法等多种方法,相互补充,相互印证地预测计算了隧道涌水量,获得满意的结果。在兰新铁路乌鞘岭隧道渗、漏水病害整治中,通过详细勘察,在占有大量翔实、可靠的地质资料的基础上,对隧道内地下水采取以排为主,截、堵、排和防冻相结合的工程措施,彻底根除了隧道病害,确保了行车安全。这些经验都值得借鉴。

综上所述，要做好隧道工程地质工作，不但要做好地质调绘、工程勘探和测试的三结合、搞好地质综合勘探，而且还要做好勘察、设计和施工三结合，做好建设工程全过程的地质工作，不断补充修正和完善地质资料，为设计和变更设计提供系统、完整和准确的地质资料，才能确保施工、运营的安全。

第六章　工民建基础地质

一、甘肃省新闻出版中心高层楼地基勘察

尹鸿远

(一)工程概述

甘肃省新闻出版中心位于兰州市庆阳路,北侧为居民住宅楼,东西两侧分别为在建的37层国贸大厦及29层世纪广场,为兰州市最繁华的地段之一。

拟建高层主楼为25层(设计时按甲方要求,改为25～29层,最高99.9 m),群楼6～7层,设地下室2层,总建筑面积为35 580 m^2,采用钢筋混凝土抗震墙结构,基础设计采用筏基,基础埋置深度9.0 m,建筑物总荷重(包括基础)为773 743kN。

(二)勘察方案

1.勘察要求

(1)查明建筑区内各地层的厚度和性质,探明卵石层的埋深、厚度及夹层情况,提供卵石层、砂岩层的顶面等高线图,提供砂岩风化层和厚度。

(2)提供场地地震卓越周期和岩、土纵、横波速及动时程曲线。

(3)确定各地层的承载力值。

(4)查明场地水文地质条件。

(5)提出地基工程处理措施。

2.勘探测试工作

(1)钻孔布置及深度的确定

本次勘察为一级岩土工程勘察,根据建筑物布局,布置钻孔9个,间距16.5～26.5 m(见图6-1),其中控制性钻孔3个,分布在主楼处,孔深25 m,要求穿透卵石层钻入第三系砂岩15 m左右,其它为一般孔,要求钻入第三系砂岩2～5 m。实际完成9孔156.7 m。

(2)室内试验及原位测试工作

根据规范,对高层建筑测试和试验的有关规定及设计要求,本工程除取样进行室内试验外,在钻孔内进行了重型动力触探试验、标准贯入试验、提水试验及波速测试。

a.室内试验

取较均匀的杂填土进行了常规试验;取卵石样进行了筛分试验;考虑到砂岩为场地主要持力层和下卧层,而其岩性表现为半土半岩,因此除按土的特点做了常规试验外,还进行了无侧限抗压强度、压缩、直剪、三轴剪、回弹等试验;取水样进行侵蚀性分析。

b.原位测试

标贯试验主要用于确定杂填土和砂岩风化层的强度和密实性。

动力触探试验用于测定卵石层和砂岩的密实性和均匀性。

提水试验主要用于确定有关水文地质参数。

波速测试测得各地层的纵、横波速,用以划分场地土类型,计算场地卓越周期、动剪切模

量、动弹性模量和泊松比，并进行地震反应分析。

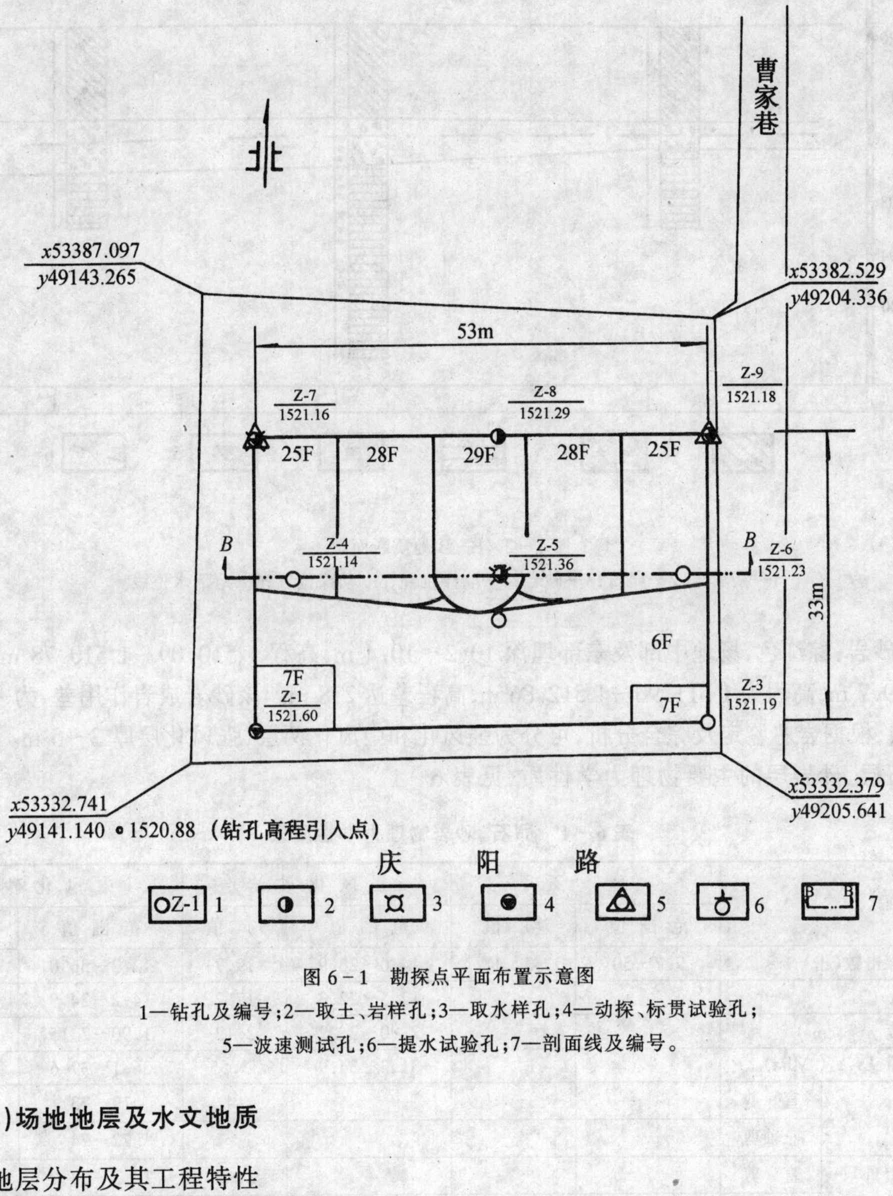

图 6-1 勘探点平面布置示意图

1—钻孔及编号；2—取土、岩样孔；3—取水样孔；4—动探、标贯试验孔；5—波速测试孔；6—提水试验孔；7—剖面线及编号。

(三)场地地层及水文地质

1.地层分布及其工程特性

建筑场地位于黄河二级阶地，距黄河约 1 km，地形较平坦，高程 1 521.0～1 521.6 m。表层为杂填土，其下为第四系全新统冲积卵石层，由于人为作用，卵石层上部的一层黄土质粉质黏土在本场地缺失，下伏第三系砂岩，见断面图(图 6-2)。另据钻孔揭示，场地北侧卵石埋藏浅，南侧突然变深，经调查确认，南侧原为一臭水沟。

(1)杂填土：灰褐、灰黄色，土质不均，成分杂乱，结构松散，南侧厚 6.0～7.1 m，北侧厚 3.4～4.0 m，在土质较均匀处取样试验，物理力学指标含水量：$w=20.1\%$，密度 $\rho=2.03\ g/cm^3$，压缩模量 $Es=6.135$ MPa，凝聚力 $c=21$ kPa，内摩擦角 $\varphi=9.1°$。

(2)卵石：青灰、灰黄色，受臭水沟影响，南侧埋藏深为 6.0～7.1 m，厚度为 2.0～4.5 m，顶面高程 1 514.04～1 515.00 m，北侧埋藏浅为 3.4～4.0 m，厚度为 4.3～7.8 m，顶面高程 1 517.16～1 517.89 m。卵石层局部呈钙质半胶结状态，中密，潮湿至饱和。

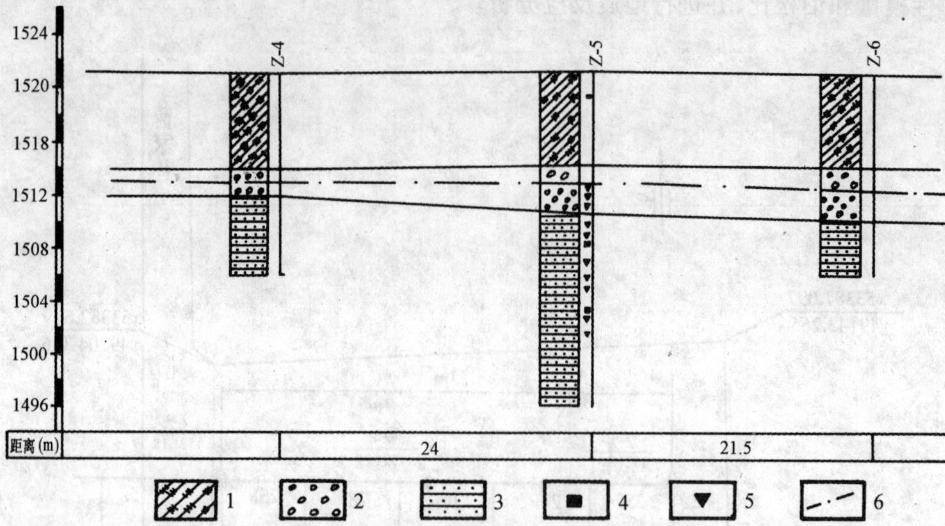

图 6-2　B-B′地质断面图

1—杂填土;2—卵石;3—砂岩;4—取样位置;5—动探位置;6—地下水位线。

(3)砂岩:棕红色,场地中部及东部埋深 10.2~10.4 m,高程 1 510.09~1 510.78 m,西部埋深 8.3~9.7 m,高程为 1 511.90~1 512.86 m,高程差达 2.8 m。该砂岩成岩作用差,为一套半岩半土地层,根据岩芯鉴定及综合分析,可分为强风化和中风化两层,强风化层厚 3~5 m。

卵石层、砂岩层的主要物理力学性质,见表 6-1。

表 6-1　卵石、砂岩物理力学性质表

项目		卵石		强风化砂岩		中风化砂岩	
		范围值	均值	范围值	均值	范围值	均值
校正动探击数(击)		9.7~50	32.1	14.0~26.9	19.7	12.2~36.0	26.5
含水量 w(%)				12.5~22.3	17.2	14.2~24.9	18.9
密　度 ρ(g/cm^3)				2.00~2.22	2.12	1.90~2.15	2.08
压缩模量 Es_{3-4}(MPa)				31.3~34.9	33.55	36.1~37.6	36.9
凝聚力 c(kPa)	直剪				14	19~73	46
	三轴剪					22~74	48
内摩擦角 φ(°)	直剪				21.3	20.3~28.9	24.6
	三轴剪					7.1~30.6	18.9
无侧限抗压强度 Q_u(kPa)					13	41~68	50.5
回弹指数 Cs					0.009		0.010
压缩指数 Cc					0.074		0.046
先期固结压力 Pc(kPa)					276		275
推荐值	承载力 f_k(kPa)	600		400		500	
	压缩模量 Es(kPa)	50		30		35	
	变形模量 E_0(kPa)	45		25		30	

2.地下水特征

场地地下水主要为潜水,含水层为卵石层,另外杂填土和砂岩层中也有地下水。勘察期间，因受东、西两侧高层建筑基础施工抽、排水影响，地下水情况异常，地下水位降低，水位较正常情况降低 3.3～4.6 m，涌水量减少。场地地下水主要由大气降水及上游潜水补给，水位随季节略有变化，波动值可按 0.5 m 考虑。地下水由西南向东北渗流，水力坡度较平缓。

据水质分析，地下水主要指标：pH = 7.57～7.71，HCO_3^- = 365.1～484.7 mg/L，Cl^- = 239～246 mg/L，SO_4^{2-} = 965.3～992.2 mg/L，Mg^{2+} = 67.6～85.8 mg/L。按照《岩土工程勘察规范》(GB 50021—94)地下水腐蚀性判定标准，场地地下水具中等腐蚀，应采取适当防护措施。

据场地附近有关钻孔抽水资料，推荐渗透系数 $K = 15$ m/d。

(四)场地地震效应及评价

1.地震液化

场地地震基本烈度为八度，受地下水下渗影响，砂岩风化层具有饱水特性，但其为基岩且较密实，不考虑地震液化。

2.场地动力特性

为了获得场地类型及动力参数，在 Z－7、Z－9 两个深孔中进行波速测试，测点间距为 1 m，分层点为 0.5 m，测得各地层平均横波和纵波波速如表 6－2 所示。

表 6－2　横波波速(Vs)和纵波波速(Vp)表

地　层	杂填土	卵石	强风化砂岩	中风化砂岩
Vs(m/s)	151	329	410	603
Vp(m/s)	487	807	2 459	2458

场地内杂填土平均厚度 5.64 m，卵石层平均厚度 4.54 m，砂岩强风化层按 4 m 考虑。以 Vs ＜500 m/s为界作为场地有效覆盖层厚度 dov(m)，则本场地 dov = 14.18 m，算得横波波速加权平均值 Vsm = 281.1 m/s。根据《建筑抗震设计规范》，判定场区为中硬场地土，Ⅱ类建筑场地。

按式 6－1 计算场地卓越周期(T)：

$$T = 4\sum(h_i / Vs_i) \tag{6-1}$$

式中　h_i——第 i 层土的厚度(m)；

Vs_i——第 i 层土的横波波速(m/s)。

计算得 $T = 0.2436$s

按式 6－2、式 6－3 及式 6－4 分别求地基土的动剪切模量 G_d(MPa)、动弹性模量 E_d(MPa)和动泊松比 μ_d，列入表 6－3。

$$G_d = \rho Vs^2 \tag{6-2}$$

$$E_d = \rho Vs^2(3Vp^2 - 4Vs^2)/(Vp^2 - Vs^2) \tag{6-3}$$

$$\mu_d = (Vp^2 - 2Vs^2)/2(Vp^2 - Vs^2) \tag{6-4}$$

式中　ρ 为质量密度($kN \cdot s^2/m^4$)，杂填土为 1.70，卵石为 2.3，砂岩为 2.1。

表 6－3　地基土动力参数(G_d、E_d、μ_d)成果表

地　　层	杂　填　土	卵　　石	强风化砂岩	中风化砂岩
G_d(MPa)	38.76	248.95	353.01	763.58
E_d(MPa)	112.16	697.24	1 048.94	2 241.84
μ_d	0.45	0.40	0.49	0.48

3. 地震反应分析

场区的地震反应与地层环境有着密切的关系，取决于场地地层分布及其动力特性。

根据兰州地震小区划所得到的基岩场地目标谱，分别拟合了相应于基准期为 50 年超越概率 63.5%、2% 的输入加速度时程，计算得 63.5%、2% 的地面峰值加速度分别为 0.077 g、0.476 g，反应谱特征周期 $Tg=0.3$ s，地震最大影响系数 $\beta_{max}=2.1$，规准化反应谱图 6-3。

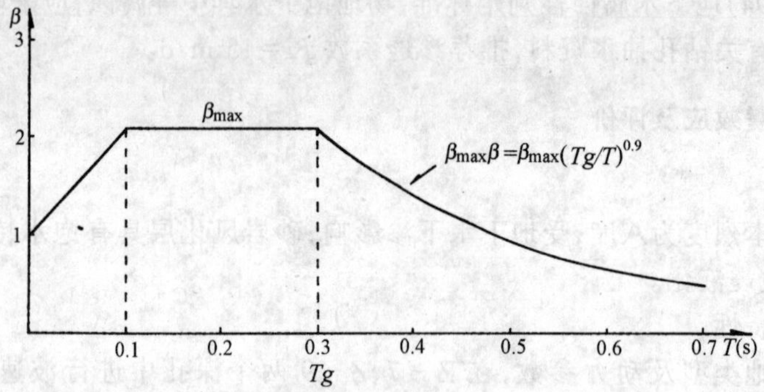

图 6-3　规准化反应谱图

T—结构自震周期；Tg—特征周期；β—地震影响系数；

β_{max}—地震影响最大系数。

50 年基准期超越概率为 63.5% 和 2% 的地面运动加速度各为 3 条，时间步长为 0.02s，总持时 20s，有效持时 16s。

（五）场地岩土工程评价

1. 基础方案的选择

建筑物拟设置两层地下室，根据地层情况，适宜的基础方式有两种，即箱形基础和筏板基础。由于地下建筑物的结构要求采用大开间，而箱形基础适用于小开间，因此采用钢筋混凝土筏板基础，基础埋深 9.0 m，其中筏基的底板厚 2.0 m。

2. 基础持力层的选择

基础埋深 9.0 m 时，筏基底面压力设计值为 442 kPa，而埋深 9.0 m 处土的自重压力平均值为 173 kPa，则基底下实际建筑物的附加压力为 269 kPa，埋深 9.0 m 以下的地层为卵石及砂岩风化层，其强度较高，承载力标准值分别为 600 kPa 与 400 kPa，附加压力仅占基底以下承载力标准值的 45% 与 67%，建筑物将不会产生大的地基变形，采用天然地基是安全的。但是基坑开挖到深 9.0 m 时，场地中部及东部下有 1～2 m 厚的卵石层，但西部（Z-1、Z-4、Z-7）一带卵石层厚 0～1 m，基础底以下卵石层厚度的变化，形成不均匀地基。因此应进行适当的地基处理，采取的措施是适当加厚筏基底板厚度，对西部基坑开挖后，卵石层厚度小于 0.6 m 的地段，换填标号 C_{10} 的素混凝土，以缩小其与卵石层强度的差异，成为均匀地基。

3. 基础施工

(1)基坑开挖时的边坡支护

按设计要求，基坑开挖深度 9.0 m，在该深度范围，上部为杂填土，结构疏松，下部为卵石，中密状态，壁立性较好。由于在高层主建筑物周边有地下锅炉房、消防水池、变电间等附属地下建筑物，基坑开挖为整个建筑场地，基坑边距周围建筑物太近，采用护坡桩支护。基坑开挖及基础施工表明，支护是成功的。

(2)基坑排水

场地正常地下水位埋深 4～5 m,位于开挖基坑以上,因此必须采取排水措施,可在基坑边缘处采用集水井抽降水。根据水文地质条件,基础施工时共布置 9 口降水井,其中南侧 3 口,东、西、北三侧各 2 口,有效的控制了地下水对基础施工和周围建筑物的影响。

(3)施工注意事项

场地砂岩为软质岩,具有遇水易软化,强度很快降低的特点,因此开挖基坑后应立即换填素混凝土,以免暴露时间过长,地基软化。降水井应设置在基坑外缘,并做好井管周围的砾石过滤层,封死管底,防止抽水时卵石和砂岩中的粉细砂粒被带走,形成空洞,影响地基的稳定性和已有建筑物的安全。

(六)小结

该工程勘察于 1997 年 9 月～10 月。1999 年开始基础施工,经基坑开挖验证,地质情况与勘察资料一致。由于基础类型选择合理,地质资料较齐全准确,基坑支护和降水措施得当,基础工程进展十分顺利。

二、西安市国安大酒店地基勘察

林清华

(一)概况

国安大酒店位于西安市西郊,北靠丰镐路,东南邻近西安飞机场,南与西安协和酒店毗邻。建筑场地为兰州空军干休所的所在地。地势平坦开阔,平房密集,道路纵横。

建筑场地总面积约 20 980 m^2,其中高层主体建筑场地 110 m×85 m。

地质工作按与国安大酒店签订的工程地质勘探合同,对西安国安大酒店的主体高层建筑及其裙体低层建筑物一次提供详勘工程地质资料。

勘探测试采用钻探和原位测试为主的综合勘探:共钻探 15 孔 496.45 m,静力触探单桥 4 孔 77.6 m、双桥 16 孔 161.5 m,旁压试验 6 次,十字板剪切试验 12 次,波速测试 13 次,土工试验 117 组,水质分析 6 组,标准贯入试验 68 次,动力触探 3.2 m,提水试验 3 孔。地质断面按方格网布置,见图 6－4。

(二)场地地质特征

1.地形、地貌及区域地质概况

场地位于关中平原的中部,北距渭河约 13 km。地貌属渭河右岸二级阶地,地形平坦,微向东北倾斜。

阶地上发育有数条渭河的支流,在场地附近,自西向东有沣河、滈河、灞河等,均发源于秦岭北坡,迂回北流注入渭河。这些河流曾在阶地上左右摆动,切割二、三级阶地,使阶地形成孤岛形状。场地位于滈河故道,本次勘探揭示,上部为古河道沉积地层,地表以下 12～13 m 内以近代沉积砂类土为主。

场地位于渭河地堑中部,长期以来以沉降为主,沉积有巨厚的第四系地层。地堑下部有隐伏断裂分布,如渭河断裂、临潼—长安断裂,距场地均在 20 km 以上,这些断裂近期有一定活动性,表现为西安市地裂缝的发育,但对本场地影响不大。

2.地层分布

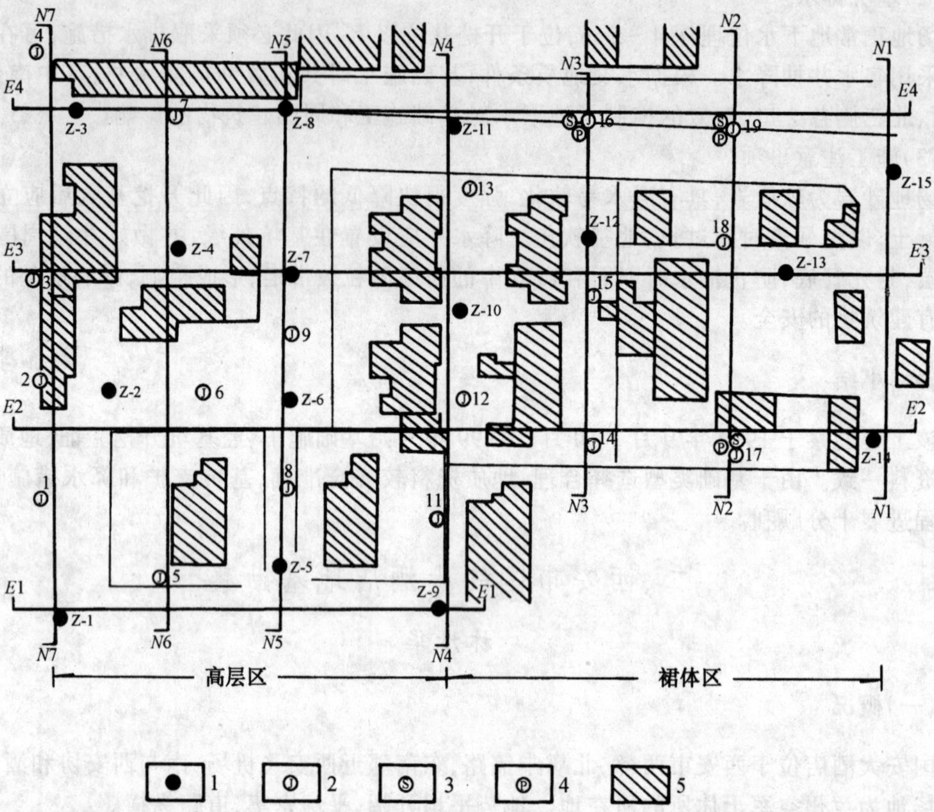

图 6-4 勘探点平面布置图

1—钻孔；2—静力触探孔；3—十字板剪切孔；4—旁压试验孔；5—既有房屋。

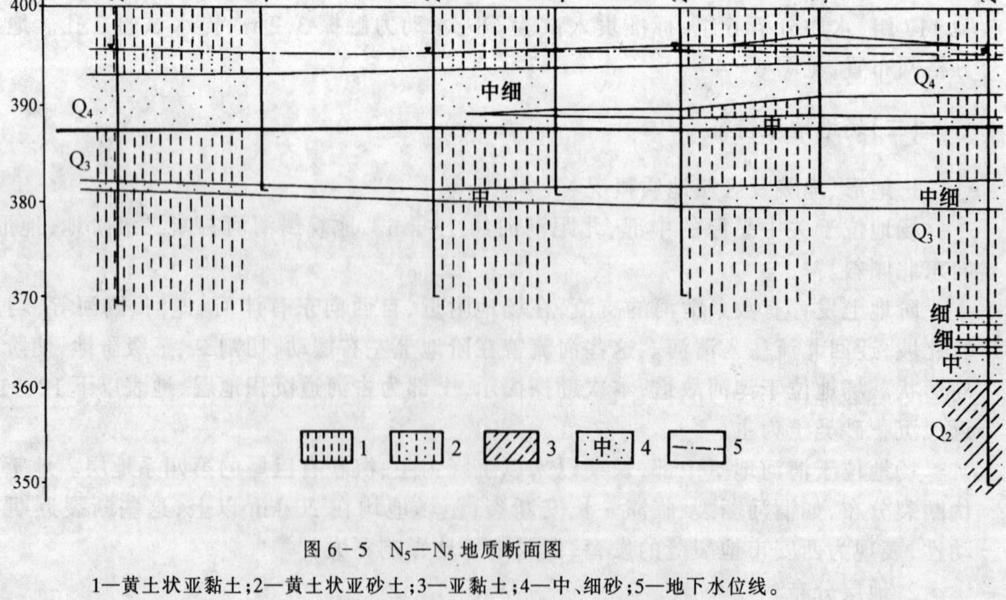

图 6-5 N_5—N_5 地质断面图

1—黄土状亚黏土；2—黄土状亚砂土；3—亚黏土；4—中、细砂；5—地下水位线。

钻探显示，地层以河流冲积、洪积相为主。分布虽较有规律，但透镜体和尖灭状地层较多，见图 6－5。自地表向下分层描述如下：

(1)第四系全新统(Q_4)

黄土状亚黏土(Q_4^2)：属冲积、洪积，并有人类活动遗留物。厚 3～6 m，平均厚度 4 m，灰、黄褐色，土质不均，以亚黏土为主，夹有亚砂土和薄层砂，硬塑至可塑，属中压缩性土，局部具有自重湿陷性。

黄土状亚砂土(Q_4^1)：厚 1.55～3.9 m，平均厚度 2.3 m，淡黄色，土质不均，粉粒含量较高，有亚黏土、粉、细砂薄层，软塑至流塑，属中压缩性土。

中、细砂(Q_4^1)：平均厚度 5.9 m，分布不均，局部夹有粉、粗、砾砂薄层，中密，饱和。在场地的东部和南部夹黄土状亚黏土和亚砂土，约厚 1.3 m，可塑至软塑。

(2)第四系上更新统(Q_3)

黄土状亚黏土：该层厚度较大，一般大于 20 m，分布较稳定，风积和冲积成因。淡黄色夹棕黄色，粉土质较均匀。在地表下 15 m 和 23 m 附近礓石较为集中。可塑状态，属中压缩性土。间夹砂层，厚度 1～3 m 不等，分布无规律，多呈透镜状和尖灭状。砂层的粒度变化大，有粉、细、中、粗砂之分，中密，饱和。在场地的南部有尖灭状分布的灰黑色淤泥质土。

(3)第四系中更新统(Q_2)

亚黏土：埋于地表 38 m 以下，杂黄色，有黑、黄锈斑，微发绿，局部含腐植质，夹零星圆形小礓石、土质较紧密，可塑状态，属中压缩性土。夹砂层，厚度 0.3～1.5 m，以中、粗砂为主，含个别卵、砾石，密实，饱和。

以上各层砂、土的物理力学指标详见标准贯入成果表(表 6－4)及黏性土物理力学性质表(表 6－5)。

表 6－4　$N_{63.5}$ 标准贯入成果表

地层时代		Q_4^2	Q_4^1			Q_3		Q_2	
地层名称		黄土状亚黏土	黄土状亚砂土	中、细砂	砂中夹黄土状土	黄土状亚黏土	中、粗砂层	亚黏土	中、粗砂层
平均厚度(m)		4.0	2.3	5.9	1.3				
实测击次	波动值	7～14	6～21	9～39	7～19	11～29	20～52	27	78
	均　值	10.3	10.7	25.6	15.3	21.2	36	27	78
校正击次	波动值	6.5～13.6	5.6～18.3	7.3～33.9	5.6～15.7	8.0～20.3	14～37	18.9	54.6
	均　值	9.8	9.6	21.5	12.5	15.1	25.5	18.9	54.6
查表有关力学指标	Es(MPa)	14.0	14.3	13.8	18.0	24.0	19.0	29.2	40.0
	φ(°)	22.6	22.8	37	24.3	25.7	>38	26.7	>38
	c(kPa)	62	64		78	91		100	
液化临界击次			12.7	16	17.4				
地震液化判定			液化层	无液化	液化层				

表 6－5　黏性土物理力学性质表

地层时代		Q_4^2	Q_4^1		Q_3	Q_2
地层名称		黄土状亚黏土	黄土状亚砂土	砂中夹黄土状土	黄土状亚黏土	亚黏土
天然含水量(%)	波动值	12.9～30.6	21.9～28.1	22.0～29.4	13.6～28.0	23.5～26.4
	均　值	23.0	25.6	25.5	23.2	25.0
密度(g/cm³)	波动值	1.58～1.98	1.86～2.11	2.03～2.17	1.95～2.09	1.98～2.00
	均　值	1.63	2.00	2.08	2.04	1.99

续上表

地层时代		Q_4^2	Q_4^1		Q_3	Q_2
地层名称		黄土状亚黏土	黄土状亚砂土	砂中夹黄土状土	黄土状亚黏土	亚黏土
孔隙比	波动值	0.645～1.079	0.584～0.849	0.518～0.694	～0.792	0.680～0.743
	均值	0.825	0.704	0.639	0.638	0.712
液限(%)	波动值	25.1～34.4	23.5～31.9	27.4～34.3	21.7～38.2	33.2～38.4
	均值	30.1	28.7	30.8	30.9	35.8
塑限(%)	波动值	16.5～21.8	16.5～20.2	18.2～21.0	14.0～21.1	19.5～22.6
	均值	19.0	18.8	19.3	18.5	21.1
塑性指数	波动值	6.7～13.8	7.0～13.0	8.5～14.4	8.3～15.6	13.7～15.8
	均值	11.1	10.0	11.5	12.5	14.8
内摩擦角	直剪	29°31′	33°32′		31°32′	30°40′
	三轴剪				24°08′	
凝聚力(kPa)	直剪	60	20		113	81
	三轴剪				46	
压缩系数(MPa^{-1})		0.21	0.18	0.23	0.17	0.15
压缩模量(MPa)		12.5	9.3	6.9	11.0	12.7
前期固结压力(kPa)					592.0	425.0
压缩指数					0.2	0.19

3.地层基本承载力推荐值及推荐基础持力层

Q_4^2 黄土状亚黏土:平均厚 4.0 m,土质不均,硬塑—可塑,局部具自重湿陷性。$\sigma_0=150\sim180$ kPa。

Q_4^1 黄土状亚砂土:平均厚2.3 m,软塑—流塑,属地震液化层。$\sigma_0=100\sim120$ kPa。

Q_4^1 中、粗砂:平均厚 5.9 m,中密,夹黄土状亚黏土层,呈不规则分布。砂层 $\sigma_0=250$ kPa;软弱夹层 $\sigma_0=120$ kPa。

Q_3 黄土状亚黏土:粉土质,可塑,$\sigma_0=200$ kPa。夹薄层中砂层 $\sigma_0=250$ kPa。

以上各层的基本承载力,设计中可参考标贯、静力触探及其它测试试验资料,结合断面位置及深度采用。

裙体建筑物,设置浅基时,应考虑黄土状亚黏土部分具湿陷性,而黄土状亚砂土,具有地震可液化性,须进行处理,表层 2.0 m 以内,含砖瓦碎片及灰碴等,不宜作为基础持力层。

高层建筑区,建议以 Q_4^1 中、细砂层作为持力层,局部软弱夹层须进行验算,如超过允许承载力或沉降过大,则应进行处理。

如若使用桩基,可参阅静力触探 q_c 及 f_s 值确定桩基的承载能力。各土层在沉降计算中,均按正常固结考虑。

4.水文地质条件

场地地层中,有多层含水层,以细、中、粗砂层为主,部分黄土状亚砂土也含水,平均总厚约 8 m,属潜水类型。地下水位埋深 4～5 m,流向自南而北,隔水层为黄土状亚黏土,补给源于大气降水和河水,其水位随季节性变化,变化幅度约 1～2 m。经钻孔提水试验,单位涌水量为 2.8 l/s·m,渗透系数 $K=5$ m/d,影响半径 100 m,水下施工时,应有足够的抽水设备。经水质分析,地下水属碳酸—钠钾型,硬度大,微具碱性,对普通水泥无侵蚀性。

(三)地基土地震效应

1.场地地震烈度

西安地区地震基本烈度为八度。因地区平坦，场地水文地质及工程地质条件相差甚微，故不考虑地震烈度增减值。至于建筑物设防烈度，设计中根据有关规定考虑。

2. 场地土类别及液化可能性

据(84)城抗字 289 号文判别，场地土属Ⅱ类地基土，其中黄土状亚砂土(Q_4^1)平均厚 2.3 m，埋深 3.4 m 以下，位于地下水位附近，软塑—流塑，为易液化层。其余地层除其中 Q_4^1 砂层中黄土状亚砂土及粉砂夹层外，均属非液化层。

3. 地层波速及地基动力参数

建筑场地各地层波速及动力参数值列于表 6-6。

表 6-6　地层波速及动力参数表

地层时代及名称	Q_4			Q_3	Q_2
	黄土状亚黏土	黄土状亚砂土	砂　层	黄土状亚黏土	亚黏土
天然密度 $\rho(g/cm^3)$	1.83	2.00	2.14	2.04	1.99
纵波速度 Vp(m/s)	360.5	489.5	761.6	997.6	1 274.4
横波速度 Vs(m/s)	200.3	283.4	225.6	249.4	289.0
动弹性模量 E_d(MPa)	191	409	322	380	499
动剪切模量 G_d(MPa)	75	164	111	129	169
泊松比 μ	0.277	0.248	0.452	0.467	0.473

4. 场地土地震卓越周期

建筑场地地基土属Ⅱ类地基土，按规范及查表得卓越周期 $Tg=0.3$s，波速资料推算地基土地震卓越周期 $Tg=0.32$s。建筑物设计中应使建筑物自震周期避开此范围，以防地震时引起共震，使建筑物遭到破坏。

(四)对基础设计及施工的建议

1. 高层建筑区

由于场地位于高烈度地震区，地下水埋深较浅(约 4～5 m)，在地下水位附近分布有黄土状亚砂土，属可液化地层，不宜做为高层建筑的地基持力层，建议持力层置于下部砂层中，并做适当处理。

基础的施工，水位以上可以明挖，水位以下，因抽水可能引起涌砂及附近建筑物地基下沉，需封住四周地下水后，再进行开挖施工。由于砂层中夹有土层，可能造成地基的不均匀下沉，设计时应根据地质断面地层分布情况进行适当处理。

高层建筑建议采用箱形基础。

2. 裙体建筑区

表层 Q_4^2 黄土质亚黏土，土质不均匀，局部具有自重湿陷性，下部 Q_4^2，具地震液化条件，如有浅基建筑物，建议用石灰桩处理地基。

在 Z_{14}中，15.2 m 附近，见有淤泥和腐木，属河流冲积、淤积物；在静力触探 J_{19}孔中，0.8 m 及 4.0 m 附近发现有空洞，设计时应予注意。

3. 工程施工必须保证地基施工质量，须加强现场监理及验槽。

(五)小结

西安国安大酒店基础地质勘察，采用了钻探、静力触探、动力触探、十字板剪切、旁压试验、物探和土工试验等综合勘探测试方法，查明了古河道位置、地层结构、地震效应、工程和水文地质条件，获取了较丰富的基础地质参数，满足了设计需要，经施工验证与勘察资料基本相符，建成后经多年使用未出现地基问题，经建设单位评为优秀勘察资料。

三、铁一院兰州高层住宅楼地基勘测

陈品文

铁一院兰州高层住宅楼平面呈一字形，住户为16层，包括顶层和地下室计18层，总高为53.1 m，采用钢筋混凝土箱形基础，基础置于卵石土中。1983年勘测，1984年设计，1985年施工，1988年竣工交付使用，为80年代兰州市较高的高层建筑之一。

(一)地形、地质概况

铁一院10号楼为高层住宅楼，位于兰州市城关区兰州铁路局的西侧，西环路旁，建筑物场地属黄河二级阶地，地形平坦，附近房屋稠密，见图6-6。

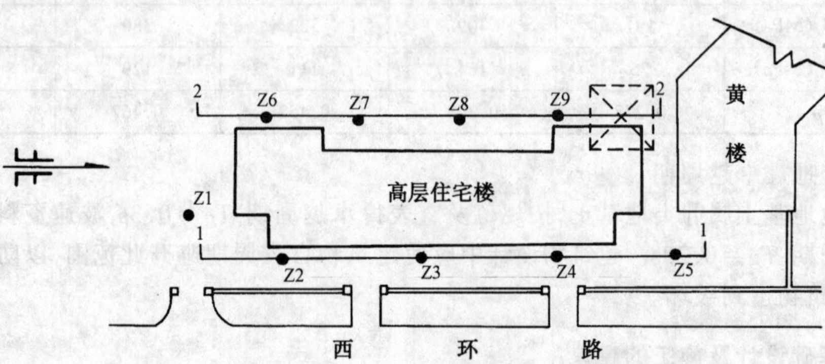

图6-6 铁一院高层住宅楼平面位置示意图

地层上部为近代人工填筑土，厚1~2 m，下为第四系全新统黄土质砂黏土，厚1~2 m，局部为3 m，下为全新统卵石土，厚5~7.5 m，基底为第三系砂岩夹泥岩，见图6-7。其岩性分述如下：

1.人工填筑土：褐灰色，以土为主，夹卵、砾石、碎砖、瓦片等约占5%~30%，松散，硬塑，Ⅰ级松土。

2.黄土质砂黏土：淡黄色，主要为粉土，可见孔隙，中等紧密，硬塑至软塑，其主要物理力学指标为天然含水量22.8%~27.0%，天然密度1.68 g/cm^3，孔隙比1.041，凝聚力19 kPa，内摩擦角22°32′，压缩系数0.41 MPa^{-1}，基本承载力$\sigma_0=100$ kPa，Ⅱ级普通土。

3.卵石土：灰白色，成分为石英岩、砂岩、花岗岩，呈浑圆至扁圆状，粒径20~80 mm占50%~70%，>80 mm占10%~25%，砾石占10%~20%，其余为中、细砂，中等密实，饱和的，基本承载力$\sigma_0=500$ kPa，Ⅱ级普通土，顶部和底部局部有粉、细砂尖灭层。在施工中发现卵石土上部有厚0.8~1.0 m的胶结卵石土，为Ⅲ级硬土。

4.砂岩：桔红色，粉粒，泥质胶结，节理较少，岩芯呈短柱状，其密度为2.0 g/cm^3，极限抗压强度为1 800~2 000 kPa，风化极严重层厚2.5~4.5 m，基本承载力$\sigma_0=300$ kPa，以下为风化严重层，基本承载力$\sigma_0=400$ kPa，Ⅳ级软石，偶夹泥岩薄层。

地下水位于黄土质砂黏土底部，经抽水试验计算渗透系数$K=17.22$ m/d，水质分析结果：pH＝7.3～7.5，SO_4^{2-}＝410.4～460.3 mg/L，HCO_3^-＝9.95～10.14 mg/L，Cl^-＝325.2～353.2 mg/L，对普通水泥具硫酸盐弱侵蚀。

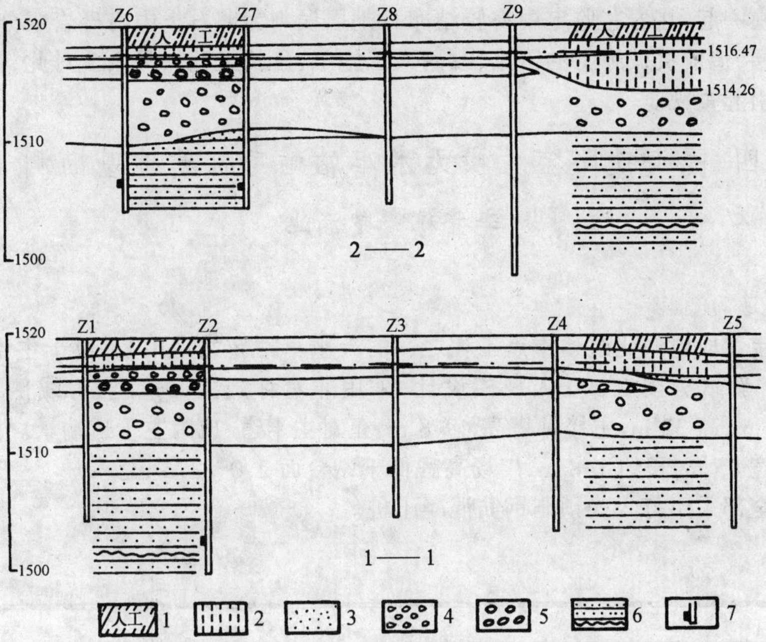

图 6－7　高层住宅楼地质断面示意图

1—人工填筑土；2—黄土质砂黏土；3—粉、细砂；4—卵石土；
5—胶结卵石土；6—砂岩夹泥岩；7—取岩样位置。

地震基本烈度八度，最大冻土深度 1.2 m。

（二）基础设置及变更设计

高层住宅楼平面呈一字形，采用钢筋混凝土箱形基础，基础下设 0.1 m 厚 150 号混凝土垫层，基础底高程为 1 514.72 m，基础置于卵石土中，离下部砂岩顶部为 3～3.5 m。在施工中，基底周围设排水沟，将地下水汇集于积水坑中用抽水泵排出。同时为确保其北侧黄楼的安全，两楼之间采用钢筋混凝土桩防护。

在勘探时，靠近黄楼处的旧房未拆除，以致 2—2 断面上的四个钻孔的距离未拉开，在旧房处没有钻孔，如图 6－6。在施工中基坑这一角挖到设计基础底高程处不见卵石土，一直挖到高程 1 514.06 m 才见卵石土，见图 6－7，后超挖部分用 100 号混凝土填实。

卵石土顶面以下 0.5～2.0 m 间有厚 0.8～1.0 m 的胶结卵石土，可能系矿化度较高的地下水随水位的季节性升降及长期蒸发，盐分聚集而形成的。在机械施工开挖基坑时碰到这一层，因坚硬而无法施工，只得用大锤击碎该层，以致延误工期一月余，造成一定的经济损失。

（三）小结

该高层住宅楼于 80 年代初进行勘测，当时高层建筑勘测在无规范可循的情况下，地质资料满足了当时的设计和施工的要求，也基本上符合现行的高层建筑岩土工程勘察规程的要求，但在工作中有两点不足，应予总结。其一，由于 2—2 断面靠近黄楼处钻孔不到位，在施工中开挖基坑时发现，卵石土埋深较 Z_9 钻孔处的卵石土顶面低 2.4 m，比基础底低 0.66 m，在施工验槽时发现及时，并作了加深基础处理，避免了该高层建筑可能产生不均匀沉降而引起的工程事故；其二，由于当时钻探过程中钻具的搅动，胶结卵石土层完全破碎，仅见卵石表面有胶结物或一两块卵石粘在一起，在岩芯鉴定中将胶结卵石土层误判为卵石土内有砾岩成分，以致漏划了该胶结卵石土层，造成机械施工的困难，改用人工施工，延长工期一月余。对此，在今后的类似地基勘测中应引起重视。

四、陇海铁路宝兰段天水车站站房扩建地基勘测

李登稼　楚涌池

(一)概况

陇海铁路宝兰段电气化改建重点工程之一的天水车站新站房中心，位于主干道解放路北端往东 138 m。新站房按 1 000 人规模设计，采用非对称式立面造型，为线侧下式，站房长 126.3 m，宽 30 m，高 32 m，主楼钟塔高 49.8 m，正对主干道，成为主干道端景。图 6－8。

站前广场宽 85 m，长约 148 m，广场高程低于站台面 2.0～3.5 m。

站房基础全部采用打入式预制钢筋混凝土桩。

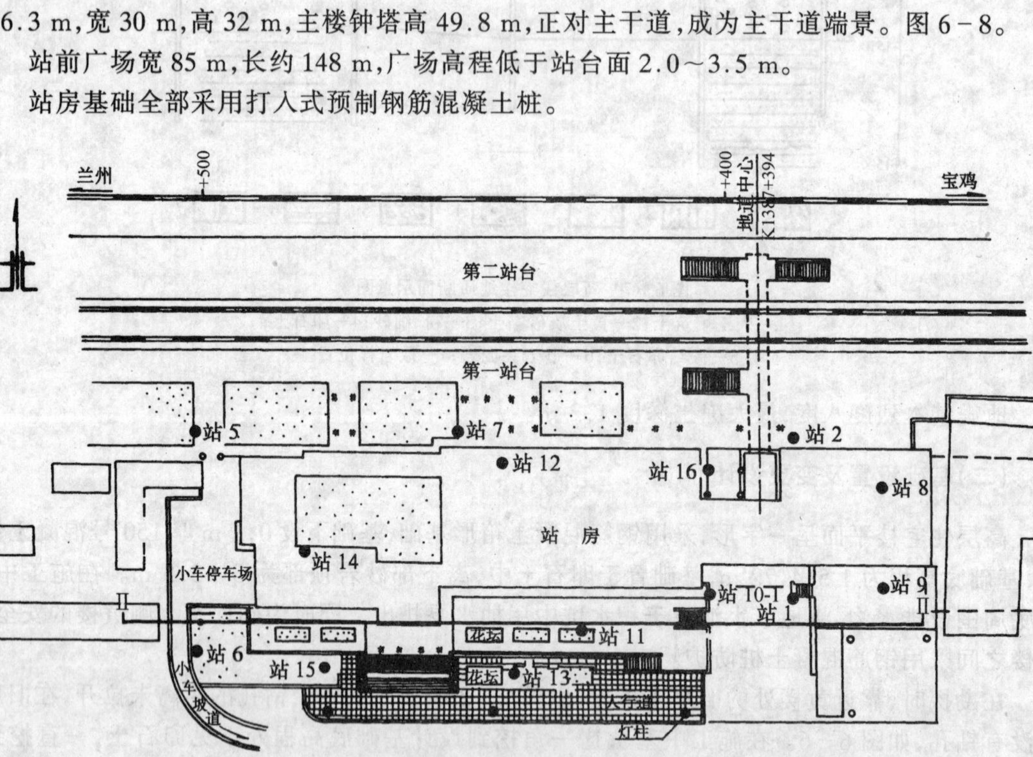

图 6－8　天水车站站房钻探平面布置图

(二)地形、地质

站房位于渭河北岸一级阶地，地形平坦，为原天水车站建筑区。最大土壤冻结深度 100 cm；地震基本烈度八度。

地层为第四系全新统沉积，从上至下如图 6－9。

1. 人工弃填土：厚 0.4～2.5 m，为人工堆弃，砂黏土夹大量炉碴、砾石、砖块等。

2. 砂黏土：厚 2.2～5.6 m，层位稳定，褐黄色，粉土成分，夹少量钙核及砾石，含有植物根

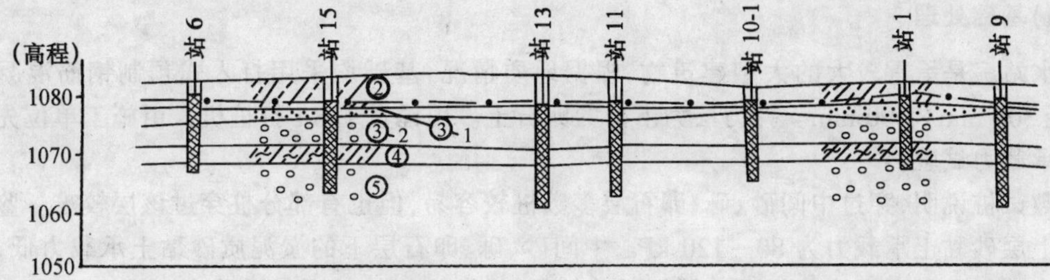

图 6-9 Ⅱ—Ⅱ地质纵断面图

②—砂黏土；③$_{-1}$—粉、细、中、粗、砾砂；③$_{-2}$—砾、卵石土；④—淤泥质砂黏土；⑤—卵石土。

系，地下水位以上可塑，$\sigma_0=100\sim120$ kPa，以下软塑至流塑，Ⅱ级普通土，$\sigma_0=80$ kPa。底部局部有0.3～1.0 m淤泥质砂黏土或淤泥质粉砂。砂黏土物理力学性质见表6-7。

表6-7 砂黏土物理力学性质表

取样深度	天然含水量 w_n(%)	天然密度 ρ(g/cm^3)	孔隙比 e	塑性指数 Ip	液性指数 I_L	压缩系数 a(MPa^{-1})	压缩模量 E(MPa)	抗剪强度	
								c(kPa)	φ
地下水位以上	26.6	1.94	0.768	10.8	0.9	0.42	3.96		
地下水位以下	26.3～32.1	1.91～1.93	0.691～0.88	8.5～15.8	0.6～0.9	0.36～0.55	3.00～4.32	15	3°16′

3. 砂、砾、卵石土：层厚5.3～7.2 m，灰黄色，为各类砂、圆砾、卵石土交互沉积，层位有变化，不稳定，饱和，中实。

一般上部为各类砂，以中、粗砂为主，有粉、细砂，也有砾砂，层厚分别为0.9～4.0 m不等，Ⅰ级松土，综合 $\sigma_0=100\sim250$ kPa；下部以圆砾土及卵石土为主，厚度2.6～4.5 m，成分主要为大理岩、砂岩、花岗岩、石英岩等，形状浑圆，粒径以2～40 mm为主，夹有砂层，Ⅱ级普通土，$\sigma_0=350\sim400$ kPa。

4. 淤泥质砂黏土：层厚2.4～4.1 m，层位稳定，黑灰色，粉土成分，含少量腐朽植物根，黏性强，微有臭味，夹少量卵石，局部为薄层淤泥质粉砂。软塑至流塑，$\sigma_0=50$ kPa。其物理力学性质见表6-8。

表6-8 淤泥质砂黏土物理力学性质表

天然含水量 w_n(%)	天然密度 ρ(g/cm^3)	孔隙比 e	液限 w_L(%)	塑限 w_p(%)	塑性指数 Ip	液性指数 I_L	压缩系数 a(MPa^{-1})	压缩模量 E(MPa)	抗剪强度	
									c(kPa)	φ
28.6～34.8	1.87～1.97	0.770～0.973	32.5	21.0	11.5～16.5	0.6～0.7	0.40～0.46	4.02～4.16	1.5	4°50′

5. 卵石土：厚度＞10 m，淡黄色，成分石英岩、大理岩、砂岩、花岗岩等，形状浑圆，粒径20～40 mm占40%，40～100 mm占20%～25%，余为砂，饱和，中实，Ⅱ级普通土，$\sigma_0=450$ kPa。该层顶部有薄层中、粗、砾砂。

(三)水文地质

地下水位一般埋深1.65～5.1 m，据实测，稳定水位1978年9～12月为1 079.20～1 080.50 m；1979年5～7月为1 078.36～1 079.00 m。

地下水主要受大气降水及渭河河水补给，含水层主要为砂、卵石层。砂黏土下部亦含水饱和。据水质分析，$SO_4^{2-}=1\ 076$ mg/L，具硫酸盐侵蚀。

(四)基础处理

天水站房是承重较大的大型建筑物,根据地质情况,基础均采用打入式预制钢筋混凝土桩,桩径300 mm×300 mm。持力层为下部的卵石土。用锤重1.8 t打桩机。由施工单位先做试桩和承载力试验。

少数试桩说明,穿过中间砂、砾、卵石层多数桩较容易,但也有部分桩穿过该层较难。鉴于地基土上层砂黏土承载力为80～120 kPa,中间砂、砾、卵石层下的淤泥质砂黏土承载力低,又处于八度地震区需考虑液化问题。根据试验结果,按长桩(16 m)进行设计。

在打桩过程中,出现桩打不下去的情况。经建设、施工、设计单位共同研究分析打不下去的原因:

1.未按设计施工程序打桩:应打完一根(需接桩一次),再打第二根。不应普遍开花,将桩都打完一半,停歇后再接桩;其次打桩应一排一排打,不应先打周围,后打中央。这两种情况,都将造成地基土的临时挤密状态,使接桩打不下去。

2.打桩时,部分桩的倾斜超过规定,造成打桩困难。

3.打桩锤重偏小。

最后决定:

改变打桩方法,改用2.5 t锤重;采用钻机成孔或钢管成孔解决穿过砂、砾、卵石层问题;对于钟塔下面部分桩无法打下去的既成事实,采用加桩处理。

(五)小结

天水站房地基是在旧站房密布的情况下,找空间施钻的,但经施工验证,地层资料准确。设计采用打入桩基础,桩尖置于下层卵石土层内,由于施工方法不当,造成打桩困难,不得不改变施工方法。站房于1989年建成,投入正常使用至今。

五、宝鸡市焦化厂改、扩建工程地质勘察

李法昶　林清华

(一)前言

宝鸡市焦化厂北靠陇海铁路福临堡车站,南邻渭河一级阶地上的福临堡村。原来仅单纯生产焦炭,占地面积不到20 000 m^2。1984年宝鸡市为满足全市人民对煤气的需要,决定将其扩建为以生产煤气为主的中型企业。改、扩建项目共有33项,其中重要的有:直径48 m、高50 m的贮气罐,高烟囱,气柜及筛焦楼等,总占地面积约90 000 m^2。要求一次性详勘。

渭河出宝鸡峡后,在福临堡附近成为宽谷地带,发育有宽坦的高河漫滩及一、二级阶地。高河漫滩与一级阶地间有明显的台坎,高约20 m,一、二级阶地台面差约16 m。各阶地地表均为黄土所覆盖。

改、扩建工程处于渭河北岸一、二级阶地的结合地带。但受长期人为活动的改造和影响,原两级阶地的地貌特征和界线在场地范围已不复存在,整个场地基本为一个由黄土覆盖的、自西北向东南缓倾的开阔平地(见图6－10)。鉴于部分改、扩建工程的基底可能座落在两个不同的阶地上,有的还可能同时横跨两个阶地。找出两个阶地的分界线,查清两个阶地不同的地层结构、工程性质,以及上覆黄土的湿陷性,便成了本次勘察的重点。

(二)勘探方法

寻找一、二级阶地界限、查明两级阶地地基土的结构和工程性质,以及黄土的湿陷性,是这

次勘察的重点，经过现场踏勘和对搜集到的既有资料分析研究后，决定选择钻探、静力触探、坑探和土工试验相结合的综合勘探方法。

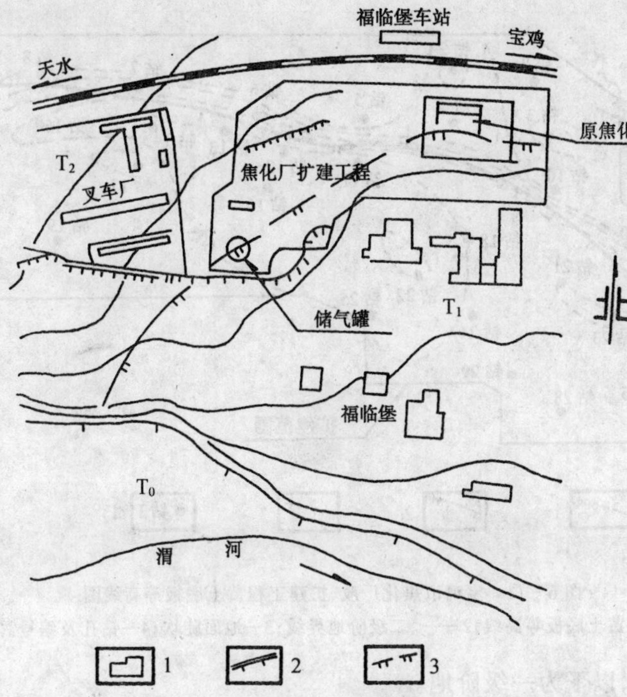

图 6－10　宝鸡市焦化厂改、扩建工程
地理位置和地貌单元示意图
T_0—高漫滩；T_1——级阶地；T_2—二级阶地；
1—建筑物；2——级阶地界线；3—二级阶地界线(虚线为推测)。

通过钻探采取岩芯，可以直观地鉴定地层性质，并可采取土样进行物理力学性质的试验，取得定性、定量资料。但它比较费时、费工，所需费用也较高，所取土样常易受到扰动。

通过静力触探，一是可绘制出地层的比贯入阻力曲线，它虽然不能直接鉴定地层，但却能直观地反映地层的力学变化，并通过相关公式的计算，得出地基的分层承载力和其它力学指标；二是用静探取原状土样，它对土样扰动较小，可与钻探取样进行对比，对地层力学性质的反映准确，施测简便，省时省力，费用也较省，非常适用于焦化厂这样的全新统和上更新统黄土地层，但却不适用于阶地下部的卵石土层。

坑探能直观调查地层情况，易于保证采取原状土样的质量，主要用来检查、核对重点工程关键部位钻探、静探所采取的原状土样是否受到扰动，以及其受扰动的程度，以便补救。因受地层和施工安全的影响，一般不能挖得太深。坑探是费时、费力的一种勘探方法，只能少量使用。

土工试验是通过对原状及扰动土样的试验，获取各层土的物理力学和湿陷性指标。

各种勘探手段发挥了各自的优势，弥补了各自的短处，经综合分析后提供的各项数据，既节省了费用、争取了时间，又保证了质量。

(三)主要勘察成果

1. 确定了一、二级阶地的界线

为了查明一、二级阶地的界线，在大量调查、分析工作的基础上，结合改、扩建工程的需要，在场地内合理地布置了穿透黄土层的钻孔，编制了黄土底板等高线图(见图6-11)。通过地层对比，确认图中近东西向的黄土底板等高线密集带，即为埋藏的二级阶地前缘的侵蚀斜坡，

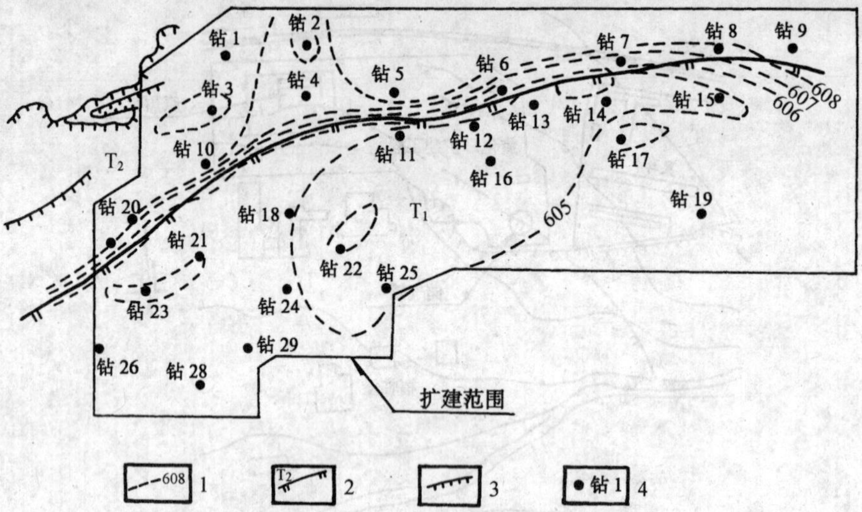

图6-11　宝鸡市焦化厂改、扩建工程黄土底板等高线图

1—黄土底板等高线；2—一、二级阶地界线；3—地面陡坎；4—钻孔及编号。

坡脚以上为二级阶地，以下为一级阶地。

2.查明了阶地的地层结构及其工程地质特征

为了做好勘察工作，分两步走。第一步是以定性勘察为主，确定地层的宏观结构，对场地的稳定性做出评价；第二步是以定量勘察为主，对地层进行工程分层，为工程设计搜集必要的资料。

经综合勘探、分析，在焦化厂改、扩建工程所涉及的范围内，阶地的地层结构较为稳定。上部为风积、冲洪积的黄土，下部为冲积砂、砾、卵石层，基底为第三系红色黏性土夹砂层。厂区地层结构见表6-9。

表6-9　宝鸡市焦化厂改、扩建工程场地地层结构表

地质时代			地层划分	地貌单元
第四纪	全新世(Q_4)	近期(Q_4^2)	近代上层黄土状土(新近堆积土)	一级阶地上层
		早期(Q_4^1)	近代下层黄土状土及砂、卵石层	一级阶地下层及二级阶地上层
	晚更新世(Q_3)		马兰黄土及砂、卵石层	二级阶地下层
第三纪(N)			红色黏性土夹砂层	阶地基底地层

土的工程分层是在第一步所进行的定性划分的基础上，以静力触探比贯入阻力曲线和土工试验资料为主要依据进行的。如图6-12所示。

综合一、二步定性、定量成果资料，编制出厂区地层剖面图，如图6-13所示。

从上到下，各地层简介：

Q_4^{2-2}：人工堆积、坡积、风积和洪积素填土和黄土状土的混合产物，分布于一级阶地之上，总厚度为2.5～8.0 m，土色较暗，多呈褐黄色，孔隙发育，土质不均匀，天然密度为1.57～1.97 g/cm³，孔隙比为0.684～1.041，天然含水量为12.1%～25.0%，具高压缩性和强湿陷

性，比贯入阻力为 800～1 200 kPa。

Q_4^{2-1}：黑垆土，分布于 Q_4^{2-2} 下部，厚度 1.3～2.5 m，在一级阶地后缘尖灭。呈深褐色，具团粒结构和针状孔隙，夹零星砾石和砖瓦碎块，偶见墓穴，具中等压缩性和湿陷性，比贯入阻力为 1 600～2 000 kPa。

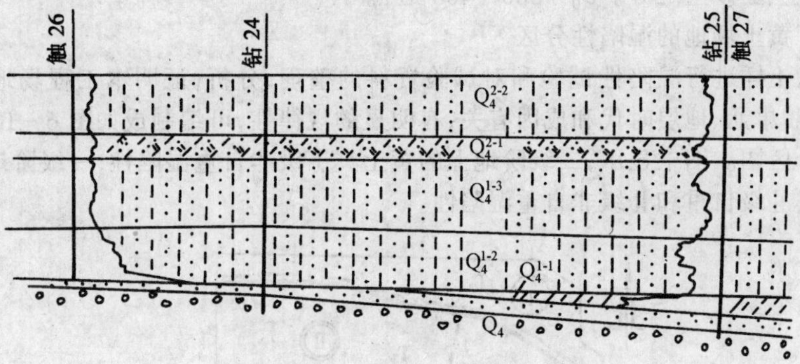

图 6-12　土的工程分层 X—X 剖面示意图

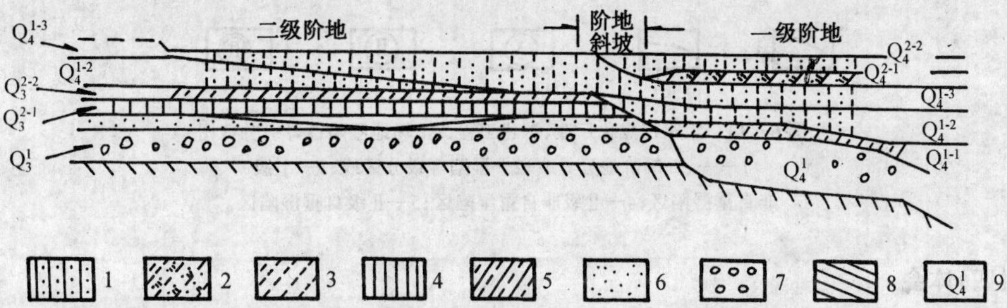

图 6-13　宝鸡市焦化厂改、扩建工程地层剖面示意图

1—黄土状土；2—黑垆土；3—轻亚黏土；4—黄土；5—亚黏土；6—砂层；7—卵石土；8—第三系黏性土；9—分层代号。

Q_4^{1-3} 及 Q_4^{1-2}：为全新世早期在风积、洪积及渭河横向环流作用下沉积而成的黄土状土，两层总厚度为 7～15 m，分布于一级阶地中层和二级阶地上层。从灰黄渐变至棕黄色，以粉粒为主，较均匀，具大孔隙，局部含白色钙丝或钙膜，土的物理力学性质 Q_4^{1-2} 比 Q_4^{1-3} 为好，主要表现在：下部礓石含量渐渐增多，天然含水量减少，密度变大，湿陷性减弱，压缩性变低。比贯入阻力 Q_4^{1-3} 为 1 400～1 600 kPa，Q_4^{1-2} 为 2 000～2 500 kPa。

Q_4^{1-1}：一级阶地下部的冲积轻亚黏土层，主要分布于阶地后缘的古洼地内，属滨河相缓流或静水沉积物，以粉砂粒为主，含水量大，有震动液化现象。比贯入阻力为 3 000～6 000 kPa。

Q_4^1：一级阶地底部的卵石层，厚 6～9 m，一般粒径 20～40 mm，成分以花岗岩为主，σ_0 = 500～600 kPa。

Q_3^{2-2}：分布于马兰黄土顶部的厚 1.5～2.0 m 的棕红色埋藏亚黏土，含白色钙丝和钙膜，呈平层分布。

Q_3^{2-1}：马兰黄土，厚 4～5 m，呈棕黄及淡黄色，色彩较鲜艳，以粉粒为主，较均一。含蜗牛壳及零星礓石，天然密度 1.9 g/cm³ 左右，具低压缩性和弱湿陷性，比贯入阻力为 2 000～

3 500 kPa。

Q_3^1:二级阶地底部的卵石层,厚 10 m 左右,其上普遍分布有 0.5～4.0 m 厚的黏性土和砂层,卵石粒径一般 20～80 mm,其它性质与 Q_4^1 基本相似。

N:第三系黏性土,棕黄至棕红色,夹有粉、细砂薄层,微具胶结。由于该层含砂量的不同,有黏土、亚黏土、亚砂土之分。$\sigma_0 = 300 \sim 400$ kPa。

3.进行了黄土场地的湿陷性分区

经取原状土样进行湿陷性试验和对试验资料的整理、分析,证明本工程场地黄土的湿陷性,主要与地貌单元、地层时代和成因有关,有明显的规律性,可编制成如图 6－14 所示的黄土湿陷性等级分区图。图中显示,二级阶地上的黄土具Ⅰ级非自重湿陷性,一级阶地及两阶地间的侵蚀斜坡具Ⅱ级自重和Ⅱ级非自重湿陷性。

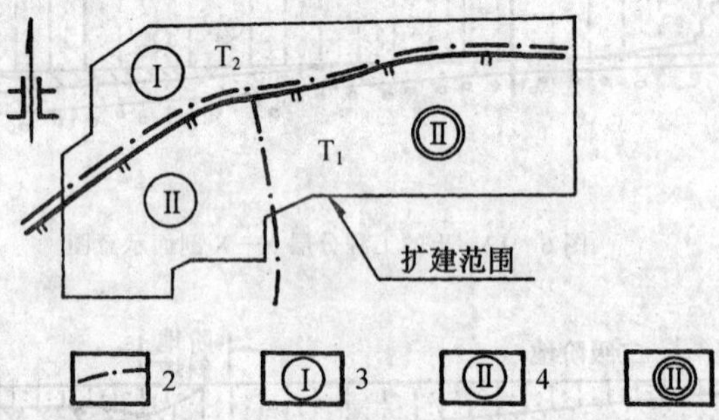

图 6－14　宝鸡市焦化厂改、扩建工程黄土场地湿陷性等级分区图

1—一、二级阶地分界线;2—湿陷等级分区线;3—Ⅰ级非自重湿陷区;4—Ⅱ级非自重湿陷区;5—Ⅱ级自重湿陷区。

(四)体会

宝鸡市焦化厂改、扩建工程的地质勘探,紧紧围绕查明黄土场地的地质条件和工程开展工作,并且合理地选择了综合勘探,较细致地进行了工程分层、湿陷性分区,满足了各类工程基础设置和处理的需要,又查明了宏观地质条件,使原来横跨一、二级阶地的许多工程布置有根据地进行了合理的调整,受到建设单位和设计单位的高度评价,是较为成功的一个勘察实例。

六、高压旋喷桩在黄土地基处理中的应用

蒲有林

兰州铁路分局和平新村 7 号住宅楼原设计地基为人工挖孔灌注桩,1996 年 5 月施工单位开挖井桩时抽水施工,1996 年 8 月发现东侧临近楼房(条形基础)有开裂、下沉现象。1996 年 10 月份由建设单位委托铁一院岩土工程处对该楼基础部分进行变更设计与施工。在原设计单位、建设单位和铁一院岩土工程处通过多种方案比选和论证后,决定对剩下未处理的地基在地下水位以下采用旋喷桩、地下水位以上采用人工井桩相结合的处理方案。1996 年 11 月开工,1997 年 1 月竣工,1997 年 6 月主体工程完工,至今使用良好。

(一)地形、地质和工程概况

1.地理位置及地貌

兰州铁路分局7号住宅楼，位于兰州市和平新村，西南侧200 m为五泉山公园，东侧20余米为80年代中期建成并使用的6层砖混结构居民楼群。场地属黄河南岸二级阶地后缘，原地面高程1 530～1 533 m，地形较平坦，施工平整后，地面高程为1 530 m。

2.地质情况

地层自上而下依次为黄土质土，厚12 m，局部为中、细砂、卵石土，厚3 m，其下为砂岩（见图6－15）。稳定水位1995年3月勘测时高程为1 521.05 m，1996年11月挖孔桩停工时高程为1 524 m左右，上升约2.95 m。黄土质土具Ⅱ级自重湿陷性。黄土质土试验指标见表6－10。

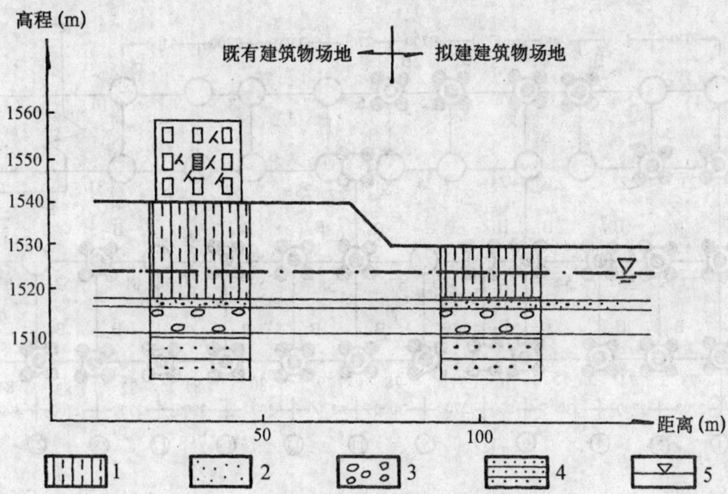

图6－15　建筑场地地质剖面示意图

1—黄土质土；2—中、细砂；3—卵石土；4—砂岩；5—地下水位。

表6－10　部分土工试验指标表

土	名	天然含水量(%)	天然密度(g/cm^3)	液限(%)	塑限(%)	天然孔隙比	饱和度(%)	湿陷系数	自重湿陷系数	标准贯入击数
饱水带以上	黄土质粉土	18.1	1.66	25.7	15.7	0.830	39.6	0.027	0.018	4
	黄土质粉质黏土	17.8	1.71	27.7	15.8	0.870	56.8	0.073	0.064	17
饱水带以下	黄土质粉质黏土	24.6	1.90	31.7	18.3	0.785	85.8			11

3.工程概况

7号住宅楼系8层框架结构，基础原设计是穿透厚12 m的黄土质土及中、细砂层后置于下部卵石土层中，用人工挖井的方式灌注直径1.0 m、深12 m的93根钢筋混凝土桩，由西向东抽水开挖施工，当完成63根桩时，东侧邻近楼群开裂、下沉、倾斜，工程被迫停工而变更设计。考虑已有2/3人工挖孔灌注桩灌注成形，且场地狭窄，新方案的选择要求本着既不能影响邻近建筑物的安全，又不能对环境产生公害，技术上可行、经济上合理的原则，在硅化法处理、机械钻孔灌注桩处理、高压旋喷桩处理等多方案中，经技术、质量、工期、经济比较后，确定在饱和黄土中采用既不抽水、也不振动的高压旋喷桩处理方案。

(二)设计

因工期要求紧,设计前未做现场试验,只是依据相关规范及兰州地区旋喷桩工程经验确定设计参数。

1. 布桩形式

旋喷桩采用群桩形式,为了保持和原人工挖孔灌注桩协调一致,旋喷桩顶以上部分仍采用人工挖孔灌注桩,桩径及钢筋笼长度不变,旋喷桩顶部设一混凝土承台,形状为圆形,但 27 号、56 号、77 号桩因结构间距不够,采用正方形,承台混凝土的标号与灌注桩标号相同。旋喷桩群的形心和人工挖孔灌注桩的中心重合,正方形的边长与定位轴线平行或垂直(见图 6 - 16)。

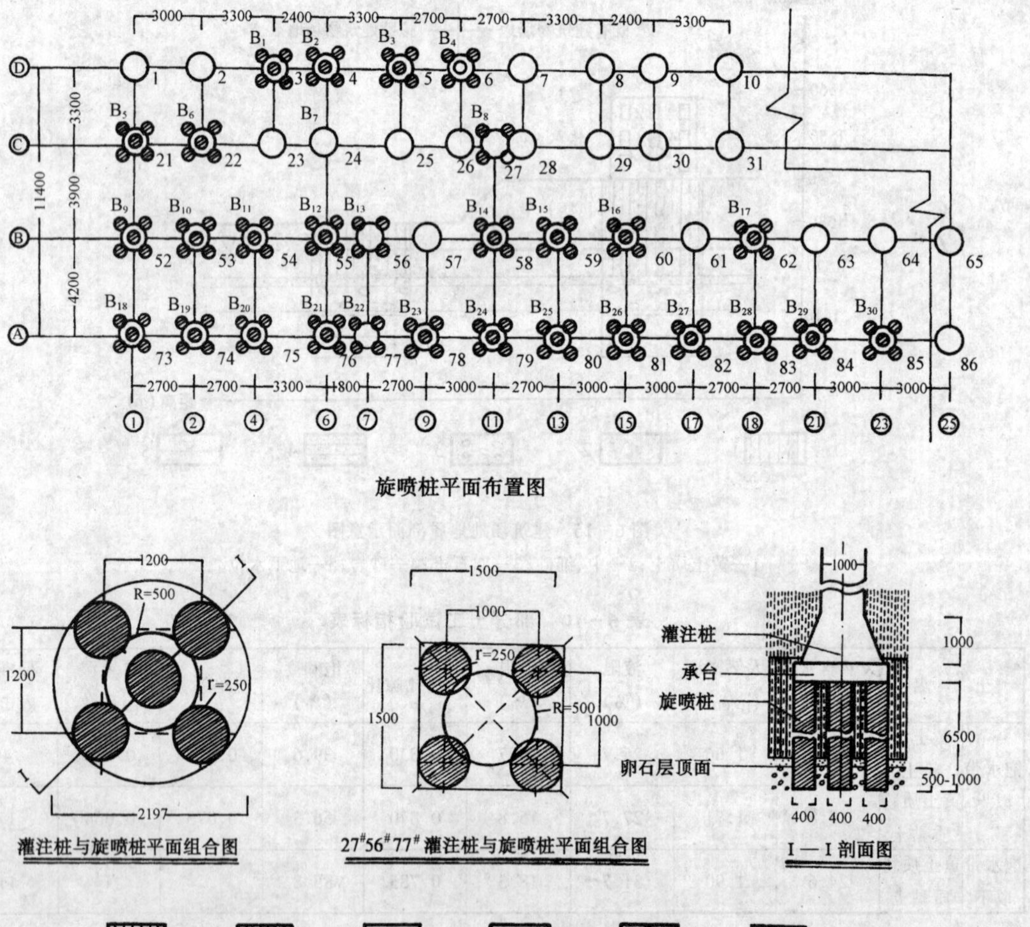

图 6 - 16　旋喷桩的平面布置与灌注桩组合图

1—黄土状粉土;2—黄土状粉质黏土;3—中、细砂;4—卵石土;5—灌注桩;6—旋喷桩。

2. 桩径

《建筑地基处理技术规范》(JGJ79—91)及条文说明中根据统计资料,黏性土标准贯入值(N)和旋喷桩径(d)的关系为:

$0 < N < 5, d = 0.5 \sim 0.8$ m;

$6<N<10$，$d=0.4\sim0.7$ m；

$11<N<20$，$d=0.3\sim0.5$ m。

本场地黄土状土标准贯入值(N)在 4～17 之间，桩径应在 0.4～0.7 m 范围内，取中间偏小值 $d=0.5$ m。

3.强度

据冶金系统资料统计及兰州地区旋喷桩资料分析，淤泥质黏性土层中旋喷桩的试块抗压强度均在 3.5 MPa 以上，考虑到本次旋喷桩加固对象主要为饱和黄土状土，故取桩体抗压强度 $f_{cuk}=3.5$ MPa。

4.桩数

据(JGJ79—91)规范规定，用旋喷桩处理的地基，宜按复合地基设计，但当用作挡土结构或桩基时，可按加固独立荷载计算。因此，本工程按独立承担荷载确定桩数。原设计人工挖井桩单桩容许承载力最大值 $R=1\,500$ kN；

按加固体独立承担荷载计算桩数，见式 6－5。

$$R_d = n f_{cuk} A_p \tag{6-5}$$

式中 R_d——单桩竖向承载力(kN)；

n——强度折减系数，取 0.45；

f_{cuk}——桩体强度取 3.5 MPa；

A_p——单桩平均截面积，$A_p=\pi(0.25)^2=0.196$ m^2。

计算得 $R_d=0.45\times3.5\times10^3\times0.196=308.7$kN；

则所需根数 $N=R_{max}/R_d=1\,500/308.7=4.8\approx5$(根)。

5.其它参数确定

(1)桩长及浆液

桩长 6.5 m，桩体进入卵石层 0.5 m，桩顶旋喷至地下水位以上 0.5 m，水灰比 1:1，水泥标号为 425 号，浆液配方以水泥为主，硬化剂掺入 0.05%的三乙醇胺和 1%的 NaCl。浆液喷嘴直径采用 2.8 mm。

(2)压力

通常在地层和其它技术参数不变的情况下，要采用适当压力，一般采用 15～30 MPa，本设计采用 20 MPa。

(3)钻头旋转速度

旋喷施工中，在地层和其它技术参数不变的情况下，自钻孔底部回返时，随旋转速度的快慢所形成固结体的形状、截面积的大小不同，则强度各异，即旋转速度过慢，固结形成螺旋状、不完整的圆柱状，强度低；转速过快，从喷嘴喷出的液体形成射流束的离心力剧增，减小了射流对地层的破坏力量，桩径小；一般采用转速 15～25 r/min，本设计采用 22 r/min。

(4)钻头提升速度

在地层和其它技术参数不变的情况下，旋喷提升速度的快慢影响固结体桩径、强度及造价。提升速度过快，喷射流和土体接触的时间短，固结体呈螺旋形，密实度差，强度低；提升速度过慢，桩径过大，密实度高，水泥含量高，但浆液用量大，返浆多，造成浪费。故提升速度应控制在高压喷射中能使水泥浆液和土层充分搅拌即可，则固结体均匀，强度最佳，造价低，本次采用 5 cm/min。

(三)施工设备

旋喷钻机是完成旋转、提升、喷射的主要机械设备，有改装的 XY－1 型和 GPP－7 型两种。改装的 XY－1 型需搭接施工，而 GPP－7 型施工时不需搭接，但桩长受控制，小于 20 m。本次施工采用的是 XY－1 型钻机，搭接长度＞30 cm。

高压泵是旋喷桩施工中的关键设备，把浆液低压吸入高压排出。

另外，还有搅拌机、排污泵、潜水泵及配套设施等。

(四)施工工艺

本次施工采用单管法施工。钻机就位后，把安装在注浆管底部侧向的特殊喷嘴($d=2.8$ mm)，置于土层的设计深度，高压泵把 20 MPa 左右的高压流从喷嘴中喷射出来，冲击破坏周围土体。当能量大、速度快和呈脉状的喷射流的动压超过土体结构强度时，土粒便从土体中剥落下来。并在喷射流的冲击力、离心力和重力等作用下，与浆液搅拌混合，并按一定的浆土比例，有规律的重新排列。浆液凝固后，便在土中形成一个固结体。

施工场地内要合理地布置旋喷材料、机具设备、水电接头、排污位置等。布置的原则是材料搬运距离短，水电接头方便，机具设备配套，要相互紧密联系，便于集中管理，尽量缩短高压浆液输送的距离。待一切准备工作安排就绪后，将钻机就位、造孔、下管子接喷嘴、试喷、旋喷正常作业，结束后拔管。施工过程及工艺流程见图 6－17。群桩施工顺序是首先施工中心桩，然后对称施工边桩，以保证相邻边桩、中心桩初凝后，具有一定抗冲击力，不被边桩施工时穿过裂隙的强大射流破坏掉。

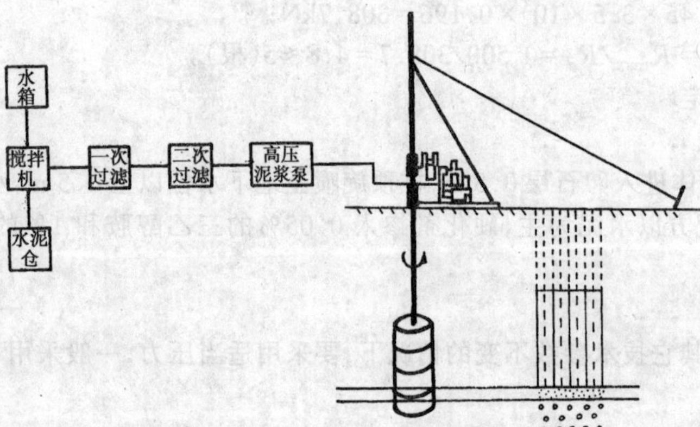

图 6－17　单管法旋喷示意图

对于旋喷过程中出现的返浆，要不停的观察，若返浆＞20％或根本不冒浆，都属非正常现象。若返浆太多就要提高喷射压力，缩小喷嘴直径，加快提升速度和旋转速度。若不返浆，往往是土层中有较大的孔隙造成浆液流失所致，要求增加速凝剂，缩短凝固时间，同时加大注浆量，方能见效。

(五)质量检查

当旋喷注浆工程结束后，要选择施工总数的 2％～5％检验。检验方式可采用开挖检查、钻孔取芯、标准贯入、载荷试验、动探试验或压水试验方法进行检验。

表 6－11　旋喷桩试块抗压强度值

编　号	1	2	3	4	5
28 天无侧限抗压强度(MPa)	15.0	15.8	14.6	8.3	11.5
取 样 部 位	桩身	桩身	桩身	返浆	返浆

本工程采取的方式是开挖检查,取芯试验。高压喷射注浆固结体的质量除与土质条件和喷射流的破坏力有关外,还受喷嘴喷射持续时间、注浆材质、施工深度和地下水状态等因素有关。对所有的桩开挖后,桩径在0.6～0.8 m之间,个别达1.1 m,大于设计值0.5 m,强度试验值全部>3.5 MPa,均满足设计要求,如表6-11。

(六)结语

高压旋喷桩在黄土地区地基处理中,已经由试验阶段到了推广应用的阶段。在兰州地区城市建设中,地基处理往往采用技术较简单、造价低廉的人工挖孔灌注桩。但随着城市建设的发展,楼房林立,地基施工抽水极易引起邻近建筑物的开裂下沉。而旋喷桩在众多的地基处理方案中脱颖而出,设备简单,操作简便,施工容易,尤其在场地狭窄,净空低的条件下施工,具有增强地基强度,提高地基承载力,止水防渗,减少支挡建筑物土压力,防止砂土液化和降低土的含水量等多种功能。

本次在和平新村兰铁分局7号住宅楼的黄土地基处理中应用,不但解决了地基处理工程在黄土饱水带以下施工难度大的问题,也解决了饱水带以上黄土的湿陷问题,同时也解决了已灌注成型的人工挖孔灌注桩的衔接匹配问题。由于工期紧迫,本次设计前未做试桩试验,没有取得准确的场地设计参数,成桩后质量检测中发现桩径、强度较原设计数值增大许多,虽提高了工程安全系数,但延长了工期,加大了材料消耗。

另外旋喷桩施工中,有10%～20%的返浆,既污染场地,又浪费材料,增大成本,如何回收利用,是今后工程中值得探讨的问题。

旋喷桩工程于1996年12月底竣工,楼房主体工程于1997年5月竣工,至今楼房使用良好。

七、兰州市新银金融贸易大厦岩土工程勘察

钱伟平　胡力学

(一)工程建筑概况

建筑场地位于兰州市城关区静宁路与秦安路交叉路口的东南角(见图6-18),建筑主楼平面形状近似等腰三角形,边长约37.5 m,占地面积约1 100 m^2,地面以上28层,高度99.8 m,地下4层,基础埋深约15 m;6层裙楼及22层住宅楼占地面积约1400 m^2,28层主楼及22层住宅楼为一级高层建筑。28层主楼为当时兰州市最高建筑。

(二)技术要求及完成的勘探工作量

1.技术要求

根据建筑平面布置图、设计单位要求和有关规范,结合建筑物特点及场地具体情况,勘察前制定了以下主要技术要求:

(1)钻孔布置(图6-18):28层主楼及22层住宅楼按一级高层建筑布置控制性技术钻孔7个,孔深40 m,其中包括波速测试孔4个;布置一般性钻孔7个,孔深30 m。6层裙楼布置钻孔7个,孔深15～20 m。抽水试验钻孔1个,观测孔4个;取水样孔3个。

(2)查明场地地层结构和各层岩、土的物理力学性质。

(3)查明场地软弱层及地震液化层。

(4)查明场地水文地质条件及地下水对混凝土的侵蚀性。

(5)对场地各层土的稳定性、均匀性、承载力等作出评价。

(6)从抗震角度评定场地土类型、建筑场地类别。

(7)对建筑物基础类型设计、施工基坑开挖、坑壁支护及注意事项、施工降水等提出建议。

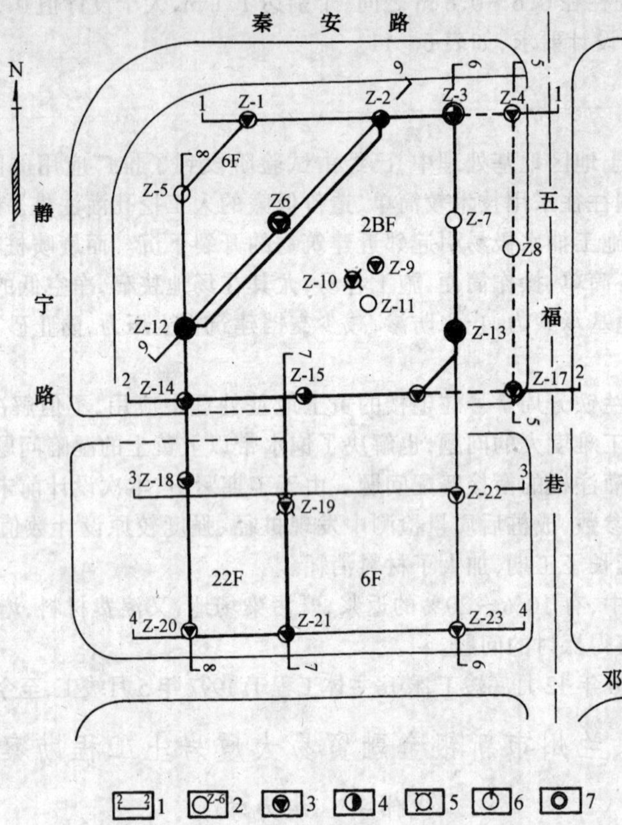

图6-18　建筑场地位置及钻孔布置平面图

1—地质剖面线及编号;2—钻孔及编号;3—动力触探试验钻孔;4—取岩样钻孔;5—取水样钻孔;6—抽水试验钻孔;7—剪切波速测试钻孔。

2.完成的主要勘探工作量

(1)钻孔23个,累计深621.15 m。

(2)抽水试验1孔(两个落程)。

(3)场地剪切波速测井4孔。

(4)对不同层次(持力层、持力层底至主要受力层底、主要受力层以下)的岩土,在18个孔内完成标准贯入试验5次,重型(2)圆锥动探84次;7个孔采取原状砂岩样18组54件;6个孔取扰动砂岩样6组。

(5)3个孔取水样3组。

(6)采取颗粒分析试样8组。

(三)场地工程地质条件

建筑场地位于黄河南岸二级阶地前缘,距黄河岸边约400 m,系旧房拆迁平整而成,地形平坦,地面高程1518.07~1518.94 m,略呈东低西高之势。

场地地层结构简单,覆盖层厚6.8~8.2 m,为杂填土及卵石,以下为基岩。表层杂填土厚

1.4～3.7 m,其下为第四系冲积卵石层,层厚3.3～6.6 m,局部夹薄层细砂透镜体,顶面高程1 514.45～1 517.00 m;基岩为第三系中新统(N_1)砂岩,顶面高程1 510.30～1 511.89 m。地层结构见图6－19、图6－20。

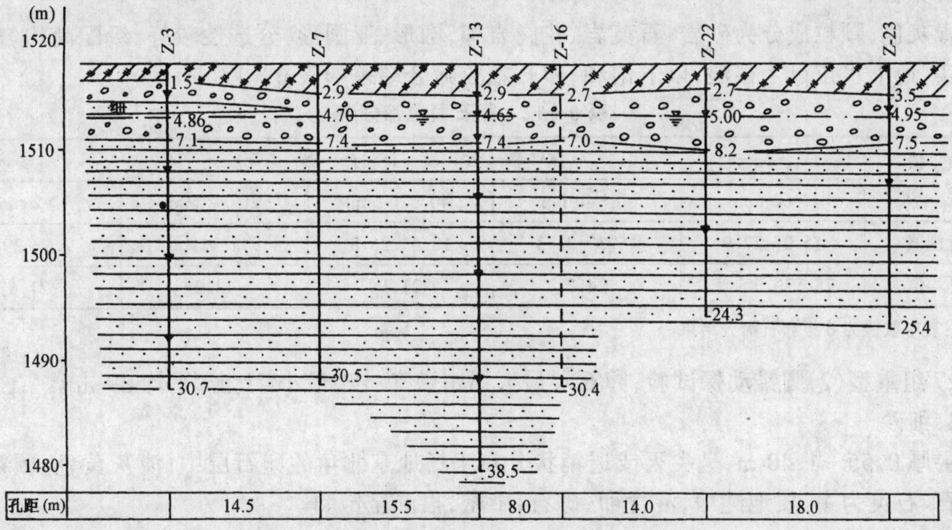

图6－19 工程地质剖面(6－6)图

1—杂填土;2—细砂;3—卵石;4—砂岩;5—动力触探位置;

6—取岩样位置;7—地下水位线。

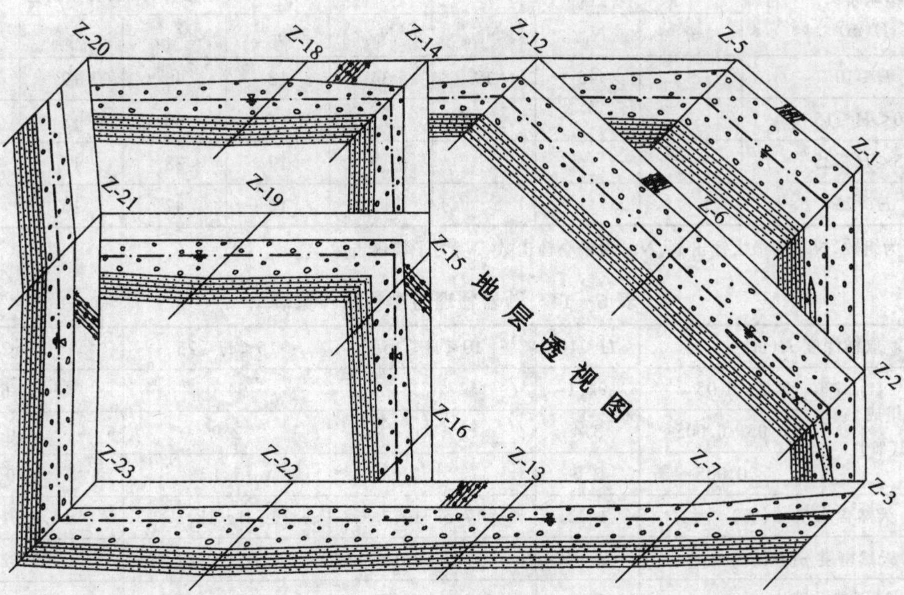

图6－20 地层透视图(示意)

各层岩性的情况是:

1.杂填土

灰黄色，土质不均，成分以粉土为主，混杂砖块、炉渣、卵石等，稍密，密度不均，其中表层0.2～0.5 m为拆迁房屋回填的建筑垃圾。

2.卵石

青灰色，颗粒成分为砂岩、石英岩、花岗岩等，圆形、亚圆形，分选性较好，级配尚均匀，中密至密实，地下水位以上很湿，以下饱和；卵石颗粒筛分结果如表6－12。

表6－12 卵石颗粒筛分表

数值类别	颗粒含量百分数（%）				
	>60 mm	60～40 mm	40～20 mm	20～2 mm	>2 mm
范围值	15.0～27.9	15.3～31.3	18.0～26.8	9.2～19.5	9.6～29.5
平均值	20.3	24.2	21.1	13.2	21.6

注：表中数值为6组卵石筛分结果

27组重型(2)圆锥动探试验，卵石层最大锤击数79击，最小21击，平均39击。

3.细砂

层厚0.55～1.40 m，呈尖灭或透镜状分布于场地东北角的卵石层中；淡灰黄色，颗粒成分以长石、石英为主，质地纯净，混含卵、砾石，中密，很湿至饱和。

4.砂岩

桔红色，以细砂颗粒为主，间夹中、粉砂颗粒，岩质较均匀，泥钙质胶结，成岩作用差，岩质软，含水饱和，属风化的半岩质极软岩，矿物成分为石英、长石等，砂岩动力触探成果见表6－13；其主要物理力学指标见表6－14。

表6－13 砂岩动力触探成果表

动探深度 H(m)	标准贯入试验				重型(2)圆锥动探试验			
	n	N_{max}	N_{min}	N_{av}	n	N_{max}	N_{min}	N_{av}
$H \leqslant 10$	3	43	19	34	12	46	19	26
$10 < H \leqslant 15$					14	68	18	28
$15 < H \leqslant 25$					19	38	13	23
$H > 25$					12	47	16	31

注：n为组数，N_{max}为最大锤击数，N_{min}为最小锤击数，N_{av}为平均锤击数。

表6－14 砂岩物理力学性质一览表

取样深度 H(m)		$H<10$	$10<H\leqslant15$	$15<H\leqslant25$	$H>25$
粒径组成(mm)(%)	2～0.05	94.1		94.0	93.6
	0.05～0.005	3.4		2.9	3.4
	<0.005	2.5		3.1	3.0
天然含水量 w(%)		14.3	17.5～19.7	13.4～18.3	14.5～19.2
天然密度 ρ(g/cm^3)		2.12	2.03～2.14	2.05～2.21	2.07～2.16
天然孔隙比 e			0.482～0.553	0.403～0.421	0.412
原状土无侧限抗压强度 q_u(kPa)	天然状态		19.3	14.1～14.5	14.3
	干燥状态		1369	496～610	553

续上表

取样深度 H(m)			$H<10$	$10<H\leqslant15$	$15<H\leqslant25$	$H>25$
原状土剪切强度	快剪	c(kPa)	11.1		18.3~19.1	0.68~21.5
		φ(度)	30.8		28.8~29.8	30.1~35.6
	三轴快剪	c(kPa)		27~61		
		φ(度)		29~31.6	23.8~36.3	
压缩试验	压缩系数 $a_{0.1\sim0.5}$(MPa^{-1})			0.043~0.055	变形模量计算公式：$E_o=\frac{(1-2\mu)(1+\mu)}{(1-\mu)}Es$	
	压缩模量 Es(MPa)			26.9~34.5		
	压缩指数 Cc(kPa^{-1})			0.040~0.042		
	回弹指数 Cs(kPa^{-1})			0.003~0.005		
	先期固结压力 Pc(kPa)			206~260		
泊松比 μ				0.3		
变形模量 E_o(MPa)				19.99~25.60		

(四)水文地质特征

1.水文地质条件

建筑场地地下水属黄河阶地潜水，地下水水位埋深 4.57～5.40 m，高程 1 513.46～1 513.56 m，地下水主要由大气降水及上游阶地地下水补给，由于场地离黄河较近，卵石层透水性好，黄河水位对场地地下水水位的升降有影响，卵石层为主要含水层，砂岩层也含水呈饱和状。

地下水由南西向北东流，天然水力坡度 1.4‰，地下水水位埋深随季节变化，春末最低，秋季最高，年变化幅度约 1 m。

2.抽水试验计算渗透系数 $K=19.2$ m/d，水文地质计算预测基坑疏干排水量及引用影响半径见表 6－15。

表 6－15　基坑疏干排水量及引用影响半径

项　目		22 层住宅楼	28 层大厦主楼
枯水期	基坑疏干排水量 Q(m^3/d)	102.0	231.7
	引用影响半径 R_o(m)	175	201.0
丰水期	基坑疏干排水量 Q(m^3/d)	213	400.8
	引用影响半径 R_o(m)	196	221

3.水质评价

地下水水质分析：pH＝6.4～7.3，HCO^-＝646.17～650.5 mg/L，CL^-＝618.3～772.17 mg/L，SO_4^{2-}＝900.56～1 026.3 mg/L，侵蚀 $CO_2=0$。地下水对混凝土有弱结晶侵蚀性。

(五)地震烈度

根据国家地震局、建设部发布的《中国地震烈度区划图(1990)》及甘肃省建委“甘发[1992]280 号”文通知的附件，兰州市区地震基本烈度为八度。

(六)场地工程地质条件评价

1.场地内地层结构单一,无不良地质现象,工程地质条件良好。

2.地基土为巨厚的第三系砂岩,为均匀地基。

3.地基土的容许承载力 f_k:细砂为 220 kPa;卵石为 600 kPa;砂岩为 400~450 kPa。

砂岩的变形模量 $Eo=19.99\sim25.60$ MPa;压缩模量 $Es=26.91\sim34.5$ MPa;压缩系数 $a_{0.1\sim0.5}=0.043\sim0.055\ \mathrm{MPa}^{-1}$。

4.地震效应

(1)场地土平均剪切波速(Vsm)

杂填土为 223 m/s;卵石为 394 m/s;砂岩为 538 m/s。

(2)地基土卓越周期 $Tc=0.128\ 5$S。

(3)场地土类型

按《建筑抗震设计规范》(GBJ11—89)规定计算,地基土平均剪切波速为 332 m/s,场地为Ⅰ类场地、中硬场地土。

(4)地震液化

经对场地饱和细砂层进行液化判别,标准贯入锤击数临界值 $Ncr=12\sim13$,标准贯入锤击数实测值 $N_{63.5}=21\sim27$,$N_{63.5}>Ncr$,判定为不液化层。

(七)工程措施建议

1.杂填土成分杂乱,密度不均,不宜作建筑物地基。

2.28 层主楼与 22 层住宅楼建议采用箱形基础,基础置于砂岩层中;6 层裙楼基础可置于卵石层中;砂岩层作为一级高层建筑基础,施工中应尽量减少扰动破坏和缩短暴露时间,以保持其原始结构状态。

3.设计时应注意验算主楼与裙楼之间的差异沉降。

4.对地下水水位以下的建筑应采取防水措施,设防高度应高于季节最高地下水水位,并考虑兰州市区地下水水位逐年上升的趋势。

5.开挖基坑前,应在场地周围设深井点集中降水;在抽水时需做好井管的砾石滤层,防止卵石层中砂粒及砂岩粒被带走,形成人为洞穴。

6.降水过程中,对影响半径范围内的楼群基础应进行监测,发现异常时立即采取有效措施;也可采用钢板围堰或注浆围幕隔水法开挖基坑,以免影响周围既有建筑的安全。

7.基坑开挖应注意对邻近楼房的影响,必要时进行支护或进行预加固处理;开挖临时边坡坡率,杂填土用 1:0.5,卵石、砂岩用 1:0.25~1:0.5。

8.基坑开挖至设计高程后,建议选二至三处进行载荷试验,以核实容许承载力与变形模量。

(八)基坑开挖、施工验槽及竣工后地基情况

1.基坑开挖前对静宁路侧做了大口径钻孔桩预加固处理,其它侧按 1:0.5 的边坡开挖;在基坑降水达到设计要求的情况下,开挖情况良好,边坡稳定。

2.在基坑开挖过程中及完成后,勘察、设计、施工、建设单位共同对基坑开挖情况进行了验槽,实际情况与勘察资料完全相符;勘察质量得到有关方面的一致好评。

3.第三系砂岩在没有水浸泡,镐头开挖十分困难,挖掘机无法挖掘,当水浸泡一段时间后则容易挖掘;用长约70 cm的短钢钎用8磅大锤击打,通过不同地点和深度的6次试验,10锤的击入量均小于5 cm,这与勘察中进行的动力触探试验的结果相一致。

4.工程竣工后,地基情况良好。

(九)几点体会

1.在高层建筑的勘察中,勘探点的布置在满足规范要求的情况下要尽量做到一孔多用,最好进行钻孔的总体及单孔设计,并逐项落实。

2.应重视动力触探试验的试验质量及其成果的分析。

3.应重视砂岩的取样质量。若用钻机取样最好低速钻进,宜采用泵压退芯的方法。

4.对高层建筑物地基要采用多种手段进行综合评价。

5.卵石层是高层建筑的理想持力层。砂岩在不破坏其原始结构的情况下,是良好的持力层;当砂岩作为高层建筑基础地基时,为使砂岩层受力状态良好,表层宜铺垫一定厚度的卵石。高层建筑的基础形式宜采用箱形基础。

6.施工降水的好坏直接影响到基坑开挖的质量及施工安全,在施工降水很好、基坑暴露时间不长、且远离既有建筑物情况下,基坑开挖边坡坡率,卵石用1:0.5,砂岩用1:0.75,是相对稳定的。在深基坑开挖中,查明水文地质参数是做好施工降水的关键一环。

八、结　束　语

本章录入实例7篇,其中高层建筑岩土工程勘察4篇、改扩建工程勘察1篇、车站站房地基勘测1篇、黄土地基处理1篇。

在高层建筑地基勘察中,有成功的经验,也有失误引出的教训。甘肃新闻出版中心及兰州新银金融贸易大厦均为超过20层、高度接近100 m的高层建筑。基础持力层为第三系风化砂岩或卵石土,有地下水,勘察中,对钻孔进行了总体和单孔设计,保证了一孔多用,取得了令有关各方满意的成果资料。西安国安大酒店,基础地层为全新统及上更新统的黄土状土和砂层,勘察时采用了勘探、原位测试及室内试验等综合勘探手段,取得了较好的基础地质参数,被评为优秀勘察资料。而16层的铁一院兰州10号家属楼,基础置于卵石土中,勘测时因旧房未拆,西北角有一个钻孔不能到位,造成施工验槽时与勘察资料局部不符;岩芯鉴定时,对卵石层中的胶结物产生误判,造成机械施工困难,不得不改变施工方法,延误了工期。

宝鸡市焦化厂改、扩建工程的地质勘察,也是采用综合勘探方法,取得较好勘察成果的一个实例。通过一系列工作,查明了隐伏的、工程性质有很大差异的渭河一、二级阶地的分界,进行了黄土湿陷性分区及地层的工程分层,指导了工程基础设置和处理,不但保证了工程的安全,而且节省了投资。

天水车站站房基础勘察实例说明,尽管勘察资料符合实际,但若采用的施工方法不当,仍然会出现问题、延误工期。

本章录入的高压旋喷桩处理黄土地基实例,是在一家属住宅楼基础施工中,由于采用挖孔桩抽取地下水,致使邻近房屋变形、下沉,危及安全的紧急时刻采用的,并在探索中取得了成功,值得今后类似工程借鉴。

第七章　技术总结及其他

一、青藏高原多年冻土

刘德基

青藏高原位于东经 78°～104°，北纬 27°～40°。祁连山为其北界，喜马拉雅山为其南缘，西至西昆仑及阿尔金山，东到黄土高原及川西、滇北。冈底斯山、喀拉昆仑山、唐古拉山、风火山、昆仑山横贯于高原中部，平均高程 3 500～5 500 m，喜马拉雅山达 6 000 m 以上。在青藏高原的腹地，分布有大片多年冻土，见图 7－1。

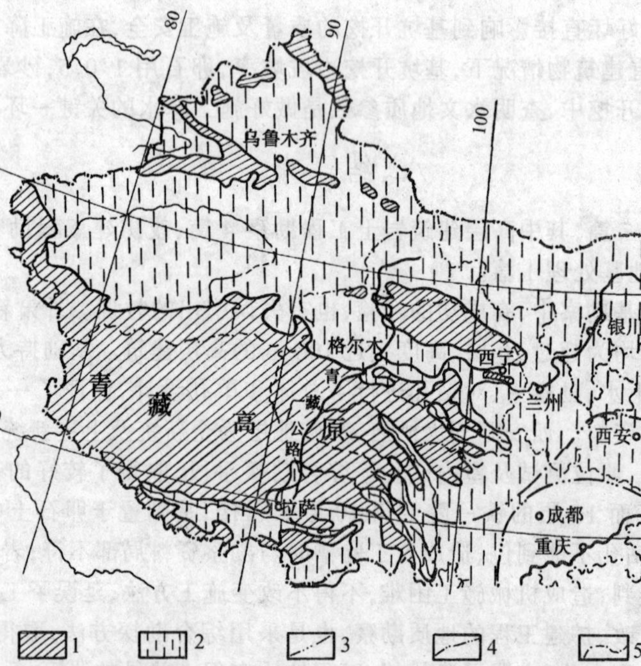

图 7－1　青藏高原多年冻土分布图

根据中国科学院兰州冰川冻土研究所　童伯良　周幼吾(1975 年)

1—多年冻土区；2—季节冻土区；3—季节冻土区南界；

4—季节冻土层 0.5 m 等厚线；5—省、自治区界线。

世界上多年冻土分布较多的国家有俄罗斯、美国、加拿大及中国。这些国家多年冻土主要分布在北纬 45°以北地区，而我国青藏高原的多年冻土则分布在北纬 27°～40°间，其多年冻土的形成与青藏高原的隆起及自然环境变化，密切相关。

(一)青藏高原的隆起

青藏高原的隆起，是近代亚洲地质史上的重大事件，因此成为中外地质学界最为关注的地区。1973～1976 年中国科学院青藏高原综合考察队，以我国西藏境内为重点，从地层、古生物、孢粉、地貌和新构造等进行了多方面考察研究，认为青藏高原是地球上最年青、最强烈的隆升地带，其隆起时间是从第三纪末开始的，第四纪以来不断急剧上升、隆起。因隆起高程高，气候严寒，为多年冻土的形成和发展创造了条件。

1.隆起时代

据上新世晚期地层中已有的吉隆三趾马、大唇犀、小古长颈鹿及羚羊等动物群和孢粉组合中有棕榈、楝、藜科及雪松等比较湿润的亚热带山地森林、草原植被的化石，经对比分析，认为上新世原始高原面大致在 1 000 m 左右。其隆起时代开始于第三纪末，其主要表现为：

(1)上新统地层受构造运动而变形倾斜，倾角一般为 5°～15°，局部达 30°～45°，且其间多有规模较大的断层。

(2)下更新统地层与上新统地层之间呈不整合接触。

(3)巨厚碎屑沉积物，广泛分布于高原外围山麓、盆地、河谷。其特点：

a.粒度粗：以卵、砾石为主，平均粒径 46 mm，磨圆度好，冲积为主。

b.砾石成分：以砂岩、石灰岩、石英岩为主，占 70%～80%，花岗岩类占 10%～15%，片麻岩、片岩占 4%～5%。

c.胶结物：以钙质胶结为主，成岩作用比上新统岩层好，多呈悬崖陡壁，砾石层形成上新统红层上的“顶盖”、呈“蘑菇”状。

d.厚度大：高原内部一般厚为 200～300 m，外围厚度惊人，喜马拉雅山南麓(上西瓦里克系巨厚砾石层)厚 1 803 m，昆仑山和阿尔金山北麓厚 2 000～3 000 m，兰州五泉砾石层也有 380 m。

e.分布广泛：在西北地区的天山、阿尔金山、祁连山、六盘山等山麓、盆地均可见到玉门砾石层、五泉砾石层分布。

从以上地层特征显示，早更新世是青藏高原剧烈隆起的时代。

2.隆起幅度

青藏高原的隆起是在漫长的地质历史时期，经受多期构造运动，大幅度抬升而形成的今日地形地貌。

B·M·西尼村认为青藏高原在第三纪时位于海平面以上的地区超过 25×10^4 km^2，到现在上升了 4 500～6 000 m。

中国科学院地理研究所张青松等以原始高原与现在高原的高差计算，第三纪末以来高原整体上升 3 000～4 000 m。高原隆起也有差异性，突出表现在塔里木、柴达木盆地与昆仑山之间的断裂升降幅度＞2 000 m。川西、滇北地区的天星场至箐门间航距 49 km，高程由 700 m 上升到 2 090 m，上升幅度 1 390 m。对青藏高原各地上新世末以来上升幅度的计算资料，见表 7-1。

表 7-1　青藏高原各地上新世末以来上升幅度

地　　区	地　　点	高原面海拔高程(m)	上升幅度(m)
昆仑山南麓	喀拉木伦山口南	4 900～5 000	4 000
藏北高原中部	伦坡拉、布龙	4 300～4 500	3 300～3 500
冈底斯山北麓	亚热	4 600	3 600
雅鲁藏布江上游河谷	玛法木错、仲巴	4 500～4 600	3 500
喜马拉雅山北麓	札达、邛多江、聂聂雄拉	4 500～5 000	3 500～4 000

注：① 表中所列不包括山地。昆仑山、喜马拉雅山等上升幅度要大于高原上升幅度；
② 上新世地面高程估计为 1 000 m 左右。

在高原整体大幅度上升的基础上,山地、盆地高低差异的变化,主要是受褶皱、断裂等地质构造的控制。

(二)青藏高原多年冻土的形成及发展

青藏高原现今的地形地貌,是在继承老的地质构造的基础上,经第三纪末及第四纪大幅度抬升而形成的。由于大面积抬升,海拔高程升高,产生了严寒的气候条件,才使多年冻土在该区得以形成和发展。

1. 气温与地温

形成一定厚度的大面积多年冻土,必须具备摄氏零下温度和相当长的低温时间,前者促使冻土的形成,后者则保存和促进了冻土的发展。

1958~1960 年铁一院在青藏高原上勘测的几条铁路收集到的气温资料(见表 7-2)和中国科学院冰川冻土研究所谢应钦 1978 年在青藏线西大滩至安多间收集多年冻土分布区的逐月及年平均气温见表 7-3。

表 7-2 青藏高原各线气象台站气温资料(1958~1960 年)

线别		青藏线(格尔木至拉萨)			西宁至玉树线			张掖至大通线	
站名		楚玛尔河	开心岭	温泉	黄河沿	兴海	玉树	门源	大通
北纬		35°20′	33°57′	33°10′	34°24′	35°46′	33°06′	37°27′	36°52′
东经		93°36′	92°37′	92°35′	98°31′	99°10′	96°45′	101°37′	101°33′
海拔高程(m)		4 500	4 760	4 980	4 281	3 781	3 702	2 492	2 500
气温(℃)	年平均	-6.2	-4.7	-4.1	-3.8	-0.5	3.1	-0.03	2.8
	极端最高	20.4	21.0	19.7	21.1	21.5	26.6	25.0	26.9
	极端最低	-37.5	-33.8	-33.0	-34.8	-25.2	-25.4	-29.3	-27.2
	最冷月平均	-18.0	-14.9	-14.0	-16.2	-11.6	-7.5	-10.1	-12.1
	最热月平均	6.4	7.9	7.0	7.2	9.2	12.5	14.4	14.5
	最冷月平均最低	-29.1	-26.4	-25.6	-23.4	-11.3	-14.9	-23.9	-19.8
0℃以上稳定气温日数		118	131	137	153	181	226	195	226

表 7-3 高原多年冻土区各气象台站逐月及年平均气温(℃)

台站	经度	纬度	高程(m)	月平均气温 1	2	3	4	5	6	7	8	9	10	11	12	年平均气温	年代
西大滩	94°36′	35°44′	4 500	-13.4	-11.3	-8.2	-2.8	0.6	4.9	5.9	7.4	3.8	-2.0	-10.0	-13.8	-3.2	1975~1977
五道梁	93°36′	35°15′	4 610	-17.0	-13.8	-10.6	-5.2	-0.7	2.5	5.5	5.0	1.4	-5.2	-12.7	-16.0	-6.5	1959~1976
风火山	92°52′	34°20′	4 700.0	-18.0	-14.7	-11.4	-5.9	-1.3	2.0	5.1	4.5	0.9	-5.9	-13.6	-16.9	-6.6	1959~1976
沱沱河	92°37′	33°50′	4 533.1	-16.2	-13.6	-9.0	-3.6	0.9	4.8	7.5	7.1	3.5	-4.2	-12.0	-15.6	-4.4	1959~1976
温泉	92°35′	33°10′	4 890	-14.2	-14.1	-9.5	-4.1	-0.1	3.9	7.0	5.7	2.6	-3.2	-9.7	-12.8	-4.1	1957~1961
清水河	97°08′	33°48′	4 415.4	-17.0	-14.8	-10.0	-3.8	0.7	3.8	6.7	5.7	2.6	-3.9	-11.7	-16.6	-4.9	1959~1970
唐古拉山垭口	91°38′	32°57′	5 067.8	-18.0	-15.4	-10.9	-6.0	-1.6	2.4	4.8	4.0	0.9	-6.1	-13.9	-17.2	-6.4	
玛多	98°08′	34°57′	4 220.7	-16.5	-13.8	-8.4	-2.9	1.6	4.8	7.6	6.8	3.3	-3.3	-11.0	-16.2	-4.0	1953~1970

续上表

台站	经度	纬度	高程(m)	月平均气温												年平均气温	年代
				1	2	3	4	5	6	7	8	9	10	11	12		
仁峡姆	99°01′	34°29′	4 211.1	−16.5	−13.4	−8.2	−2.4	2.3	4.9	7.7	7.1	3.6	−2.7	−11.3	−16.0	−3.7	1960～1961 1963～1970
土门格拉	91°34′	32°47′	4 900	−17.9	−15.1	−10.9	−5.1	−1.9	3.9	5.2	4.6	1.8	−4.8	−12.6	−14.9	−5.6	1964～1965
安　多	91°06′	32°10′	4 780	−15.0	−11.8	−7.3	−2.4	2.0	6.1	7.9	7.2	4.4	−2.6	−10.5	−14.3	−3.5	1965～1975

注:① 风火山气温系根据 1975～1977 年凤火山与五道梁气象站资料相关订正至历年值;

② 唐古拉山垭口气温引自中央气象局:《唐古拉山区、念青唐古拉山区青藏铁路气象考察报告》。

从各站气温来看,多年冻土分布区,其年平均气温均在 −3 ℃以下,0 ℃以上的稳定气温,全年最多只有 137 天;结合表 7−3 各站月平均温度来看,仅 4 个月月平均气温在 0 ℃以上,而其最高月平均气温只达到 7.9 ℃,说明多年冻土分布区的气温,绝大多数时间都保持在负温以下,这就给多年冻土的形成和发展创造了条件。

地温是衡量多年冻土形成发展的重要标志,它是地壳与大气圈之间的热交换过程中的产物,多年冻土地温的变化是分析多年冻土发展或退化的主要依据,也是评价多年冻土地基稳定性的依据。

据 1958 年在某方案昆仑山隧道进口钻孔中地温观测,地表至 5 m 是 −3.5～−3.8 ℃,5～6 m 是 −3.8～−4.0 ℃,8 m 以下多接近 −4.0 ℃。由于该方案在比选中被放弃,观测时间短,但从观测资料中,对该地区多年冻土的地温有一个初步的概念,即负温随深度增加,逐渐趋于稳定。后在风火山隧道北口多年冻土区也进行地温观测,其地温与昆仑山隧道地区类似,均在 −2～−5 ℃之间。由这些不完整的资料,当时结合区域地质,认为这些地区多年冻土层负温长期保持,属发展型多年冻土,所以在工程处理上采用了保护多年冻土的设计原则。

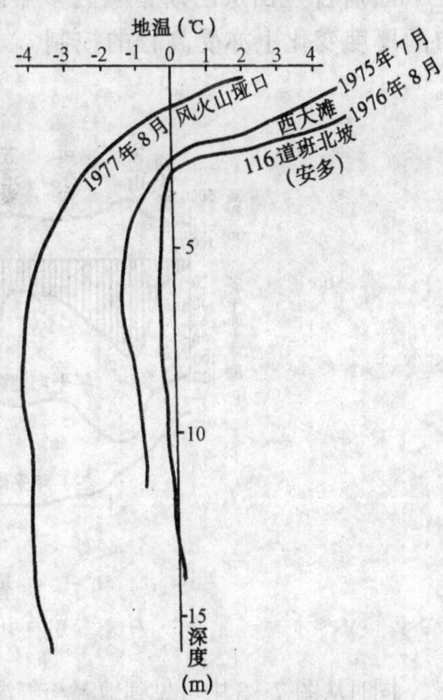

图 7−2　青藏公路沿线连续多年冻土南北界及中部地温曲线

据中国科学院冰川冻土研究所李树德对青藏线风火山连续多年冻土和其南北界安多、西大滩的岛状多年冻土的地温统计曲线图(图 7−2)中可看出风火山连续多年冻土区地温从浅到深,温度从 −0.2 ℃降至 −4.0 ℃,然后负温值逐渐趋于稳定,属保持负温的发展型曲线。而多年冻土边缘西大滩、116 道班(安多),随深度增大,地温逐渐升温,向正温值转化,是多年冻土趋向退化型曲线。

因上述气温能长期保持在负温以下,且深度越深其地温负温值越低,然后地温值趋于稳定的情况,这就给区域多年冻土的形成、保存、发展创造了条件。

2. 高程与厚度

海拔高程对高原多年冻土的分布起决定性作用,在一定的高程上才能出现多年冻土。

在青藏线格尔木至拉萨段、西宁至玉树线翻越巴颜喀拉山分水岭段、青藏线天峻至乌兰翻越关角垭口地段、青海湖至酒泉线大通山北坡、张掖至大通线翻越祁连山主峰的景阳岭及俄博岭地段,均遇到多年冻土分布，其具体位置及高程见表 7－4。

表 7－4　青藏高原勘测过的线路多年冻土分布位置及高程

线　别	线　　段	东　　经	北　　纬	高程(m)	勘测时间
青藏线	西大滩至安多	92°00′～95°00′	32°50′～36°00′	4 350～5 200	1958～1960 年
青藏线	关角垭口	98°31′	37°11′	3 900～4 000	1958 年
西玉线	巴颜喀拉山垭口	97°45′	34°10′	4 500～4 700	1960 年
青酒线	大通山北坡	99°00′～101°00′	37°50′～38°20′	3 500～3 600	1959～1960 年
张大线	祁连山分水岭	101°00′～101°20′	37°50′～38°00′	3 500～3 600	1959 年

从表 7－4 中可以看出多年冻土在青藏高原的分布是比较普遍的，而其分布范围多是受高程控制，多年冻土区所处的纬度不同，则其分布的高程随之变化，如向南部纬度较低地区，其多年冻土分布的高程则要高些，即多年冻土分布的最低高程是随着纬度的降低而逐渐上升。据有关资料记载，北纬纬度向南推进 100～200 km，其年平均地温升高 0.5～1.0 ℃。而随着高程的增高，表现在垂直分带上地温有差异，据昆仑山区观测，高程升高 100～150 m，年平均地温要降低 1 ℃左右，因此高程对青藏高原多年冻土的形成与发展起着决定性作用。

多年冻土的厚度在青藏高原区受地形地貌、土颗粒的粗细、植被覆盖情况、阴坡、阳坡、日照时间长短及地表水流等多种因素影响，但起控制影响的是高程（如图 7－3）。昆仑山、五道梁、风火山、开心岭、唐古拉山及桃儿九等高程较高地区，也是多年冻土层厚度较大的地区。除沱沱河及温泉由于长期水流及水温较高，形成融区外，其他均是随着高程升高而厚度增大。如从北界西大滩高程为 4 350 m 到昆仑山山脊高程为 5 000 m 左右，而其多年冻土厚度由 1 m 到 120 m；风火山 20 多公里地段，高程由 4 500 m 增至 4 700 m，多年冻土厚度由 75 m 增至 120 m；唐古拉山从巴斯错融区多年冻土数米厚，到山脊厚达 120 m。说明多年冻土在垂直分布的厚度变化上亦受高程的控制。

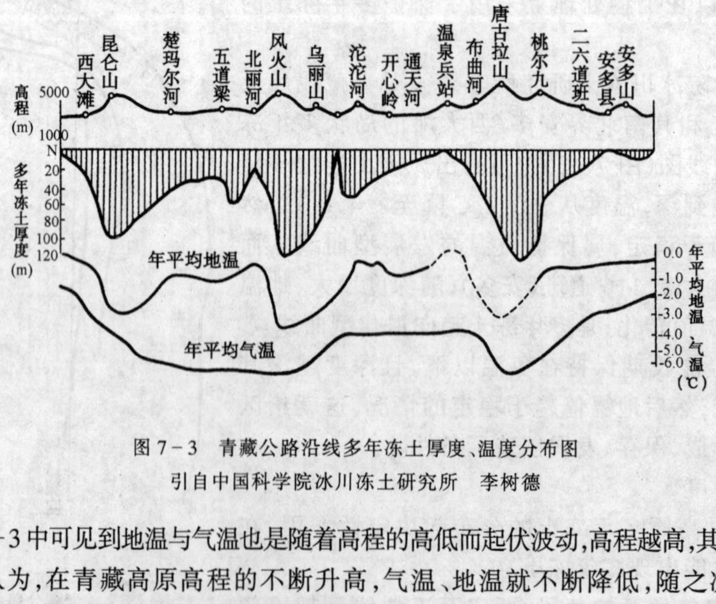

图 7－3　青藏公路沿线多年冻土厚度、温度分布图

引自中国科学院冰川冻土研究所　李树德

同时从图 7－3 中可见到地温与气温也是随着高程的高低而起伏波动，高程越高，其地温、气温越低。

因此可以认为，在青藏高原高程的不断升高，气温、地温就不断降低，随之冻土厚度不断加大，这是青藏高原多年冻土形成发展的主要因素。

总的来说，青藏高原大面积、大幅度隆起是从第三纪末开始，第四纪以来高原总体上升为 3 300～4 000 m，目前仍在上升。由于高程高，气候严寒，气温、地温长期保持在负温以下，给多年冻土的形成、保存、发展创造了条件。且多年冻土分布的高程越高，则厚度越大，零度以下的低温渗透的深度越深，所以促使该区多年冻土处于发展阶段。

至于有人担心气候波动是否会引起多年冻土退化问题。我们认为多年冻土形成是第四纪长期气候作用下的产物，目前短期气候变暖，只能使地表或多年冻土上限产生一些小的热融，不会导致整个多年冻土退化。

二、滑坡的形成与识别

刘德基

(一)前言

滑坡同错落、崩塌、泥石流一样是山区的一大自然灾害。西北是我国滑坡分布较多的地区之一。西北铁路滑坡勘测整治工作是从建国初期才开始，从不认识，到逐步认识，有过深刻的教训。如刚开始，在宝天铁路的滑坡勘测整治中，曾发生过误把错落当滑坡，打了许多钻孔找不到完整的滑动面，后来通过建网观测、开挖横洞，才查明原来是错落。宝成线宝略段开始勘测时，不认识古滑坡，把许多车站建在滑坡体上，开挖不当，引起古滑坡复活、新滑坡产生。尤其十年动乱中，打乱了正常工序，如梅七线梅前段，施工前只发现三处滑坡，施工开挖后出现30多处滑坡，致使多次勘测整治，浪费人力物力。为总结这些经验教训，就滑坡形成规律及勘测谈几点体会，以供参考。

(二)滑坡的形成

西北地处高原，地貌变化大，深切沟谷多，地层岩性破碎，断层褶曲发育，新构造运动活动剧烈，破坏性地震经常发生，温度变化大，岩石风化严重，松散固体物质贮积多而厚度大，加之降雨集中，所以在斜坡地下水活动地段，多有古滑坡存在，开挖前后如不能正确认识、及时处理，则很可能引起老滑坡复活，或形成新滑坡。

现按其地形地貌、地层岩性、地质构造、水文地质等形成条件简介如下：

1.地形地貌

滑坡多分布于峡谷中的缓坡、分水岭地段的阴坡、侵蚀基准面急剧变化的主支沟交会地段及沟的源头。

西北地区新构造运动活动剧烈，山坡陡峻，岸坡陡立，坡积、残积、洪积、冲积及重力堆积等物质相互重叠，这些交错及交互形成的堆积层斜坡，由于颗粒粗细不同，土的物理力学性质有所差异，在地表水、地下水的作用下，极易产生滑动。加之河流侵蚀切割斜坡坡脚，造成边坡失稳，更促使滑坡发生。滑坡发生后，其堆积物压缩河床，迫使水流冲刷河床对岸，又使对岸山坡失稳产生滑动，这样不断来回冲切，便在峡谷中形成许多由多期古滑坡堆积的缓坡地貌。1953年宝成线宝略段勘测中，对这类滑坡堆积地貌，后经河漫滩、一级阶地沉积其坡脚，趋于稳定的古滑坡，认识不清，将车站设在这些峡谷中的缓坡阶地上，施工开挖，古滑坡复活，新滑坡产生，给施工、运营造成许多困难和灾害。所以从宏观上，对峡谷中出现的缓坡，呈舌状伸入河床中的堆积层阶地，必须慎重对待。

西北地区河谷阶地发育，普遍有四、五级或更多阶地，高差由一二十米至二三百米。这些较稳定的阶地，由于河流的冲刷下切使侵蚀基准面不断下降，若坡脚缺失一、二级稳定阶地，且地层中有地下水活动，往往在三、四级阶地以上斜坡发生大规模的滑坡。西北各线经过的黄河、湟水、渭河、泾河、洛河等及其支流多有滑坡分布，尤其主沟与支沟汇合地段，最易发生坡脚失重，高差越大，形成滑坡越多，在兰州、天水地区各沟谷中普遍可见。故在黄土高原区选线时，对这种现象应给予足够的重视。

西北地区寒冷季节长，风雪多，分水岭阴坡积雪厚，日照时间短，在融冻季节，土层潮湿，土体容重增大，当有隔水或滞水层存在时，就会产生滑动。如兰新线乌鞘岭隧道出口(K184)的阴坡，1962年发生一次南北长800余米，东西宽400余米，相对高差80～90 m，滑坡体厚度约30余米，总滑坡体达840×10^4 m^{3}的大型滑坡。形成这个滑坡的主要原因，是冰雪融化季节，大量地表水和地下水富集，使上部第四系松散堆积土容重增大，沿基底褶曲断裂富水带滑动。所以在分水岭阴坡选线中，应特别予以注意。

2.地层岩性

地层岩性是控制滑坡类型和分布的内在因素。西北地区堆积层、黄土滑坡分布广泛，黏土、岩石、堆填土滑坡次之。

(1)堆积层滑坡：堆积层多为第四系松散土、石堆积而成，大小颗粒混杂，岩相复杂而变化大，压密作用差，整体上来说渗透能力强，但其地层多变，渗透及含水性能又有所差异，若其间有隔水层或滞水层，或者基底有不透水层，且有地表水、潜水、裂隙水活动者，其上覆的堆积层，多会沿这些隔水层层面产生单层或多层滑动。堆积层滑坡无论在区域内，还是在各铁路沿线都是分布最多的一类滑坡。据统计宝成线有90多处，梅七线有30多处。

(2)黄土滑坡：多产生于第四系上更新统及近代堆积的新黄土层中，在中更新统黄土中也有分布。由于西北地处黄土高原，尤其陕北、陇东、兰州、永登、青海东部一带黄土层分布较厚地区，黄土滑坡分布更为广泛。陇海铁路卧龙寺车站东约2 km的渭河四级阶地前缘斜坡上，1955年在老滑坡上发生了新的深层滑动，滑坡体约$3\,000\times10^4$ m^3，将铁路向南推移了110 m。1978年兰州范家坪发生一个约500×10^4 m^{3}的大滑坡，滑坡摧毁了一个村庄。

因黄土具有大孔隙，垂直节理发育，且含碳酸钙，容易受水溶解、湿陷、产生陷穴等特点，若有地表水集中下渗，下伏地层中有黏性土或基岩阻滞水流，软化土层，往往就沿阻滞水层面产生滑动。阻滞水流的层面越多，产生的滑动面越多，有时便形成多层滑动的复杂滑坡，其特点是变形急剧、规模大、速度快、破坏力强。这在黄土高原各铁路线上均较常见，故在铁路选线、工程处理中应引以为戒。

(3)黏土滑坡：黏土对气候变化极为敏感，由于土中多含有亲水矿物，具有吸水急剧软化、失水显著收缩开裂的特点，所以在干旱时黏土层边坡坡面多呈碎裂状，经雨水渗透冲刷，在碎裂的土块间产生细沟，细沟逐步深切发展，在水流不断补给条件下，则多形成浅层滑坡，一般厚6～10 m，滑动面平缓，且往往呈多层，滑动体多呈饱水的软黏泥状。黏土中若含较多的伊利石、蒙脱石、绿泥石等亲水、膨胀性矿物，则会产生成片、成带的滑坡群。在阳安线上的汉中、安康盆地，兰青线上的西宁盆地中这类滑坡多有分布。

(4)岩层滑坡：岩层滑坡多是顺着层面、断层面、不整合面、风化面、节理、劈理面滑动，其滑动面(带)多由炭质页岩、铝土页岩、黏土页岩、泥岩、泥灰岩，各类云母片岩及含伊利石、蒙脱石、高岭石的膨胀性软质岩层组成。滑动带组成物质粒度多是细、粉、黏粒，可塑状。滑坡床多是上部高陡，越向下部越趋平缓，形成地面呈台阶状，舌部多伸入路堑、河床，前缘呈反翘状。西北第三系、白垩系地层含石膏、碳酸盐等易溶盐，受水溶滤，岩层软化后也常产生大规模滑动。三叠、石炭二叠系煤系地层中的炭质、铝土质页岩，有水活动时，也多产生滑坡，尤其在边坡顺层地段，滑坡多成群成带出现。变质岩中的岩层滑坡，多受其片理及断层带控制，沿断层带往往成带分布。

(5)堆填土滑坡：多为人工弃土、路堤夯填不实及堆填土基底有地下水活动时形成.在阳安线及铜王线多有分布。

3.地质构造

西北地区地质构造格局错综复杂，既有秦岭、天山EW向断褶带，又有NW向祁连山断褶带；既有NNE与NW向汾渭地堑断陷，又有NEE与NWW塔里木断块。由于这些纵横交错的构造影响，把地层岩石切割成大小不等的块体，块体间产生各种错裂软弱面，给滑坡的形成和发展提供了条件，并控制着滑坡的空间位置及范围。

首先，目前还处于剧烈活动的断裂带，如秦岭南北与扬子、中朝断块接界的活动断裂带，祁连山北缘与河西走廊衔接的活动断裂带，天山南缘与塔里木断块相接的活动断裂带等既是地震活动带，也是滑坡发育带。宝成线横现河至略阳及略渔支线滑坡群，均发育在秦岭南坡活动断裂带中。其次，几组断裂交会复合地带，往往是大型滑坡的发生地。如宝成线西坡、丁家河、谈家庄、白水江等几个著名的大型滑坡，均位于断裂交会复合地带。褶曲轴两侧叠瓦式压性冲断层发育区，也多是滑坡集中分布地段，梅七线瑶曲至前河段，铁路与褶曲轴近平行或斜交，煤系地层破碎，裂隙水发育，滑坡呈带状出现。

4.水文地质

滑坡区普遍有地下水，因水能促使岩、土软化，产生软弱面或滑动面。地表水渗入岩、土中，增加岩、土容重，在裂隙间互相贯穿，则会形成一定静水或动水压力，促成斜坡滑动。构造裂隙水，在有隔水层或阻滞水层的情况下，会产生动水压力或浮托力，促使其上盖层产生滑动。宝成线西坡(K115)滑坡中部的构造裂隙水，在65号钻孔处承压高度达71.99 m，喷出地面以上8.4 m，涌水量4 t/d，成为形成滑坡的主要原因；丁家河(K144)滑坡，下部为平坦宽敞的打麦场，坡脚有石灰岩露头支顶，有些专家学者到现场勘察认为不可能形成滑坡，后根据长期观测资料，路堑坡脚盲沟，五年错断距离达1.5 m，才不得不承认其是年移动量为0.3 m的大型滑坡。滑坡原因，是打麦场平台下部正是构造裂隙承压水形成的浮托带。

在堆积层、黄土层或各种岩层分布的斜坡上，只要有含水层和隔水层存在，有大气降水、地表水或各种裂隙水补给，隔水层呈软塑或产生动压，均会引起滑坡的发生和发展。覆盖层越厚，形成的滑坡规模越大；隔水层的软塑层面越多，产生的滑动层次越多；往往动量不均，互相重叠，形成结构复杂的滑坡。

许多古滑坡体中，由于整体地层受破坏，含水层被重叠交错或掩盖堵塞，有的形成脉状散流，很难掌握地下水的活动规律，在钻探中常见相邻孔间水位、水量、流向相差很大，甚至一孔有水一孔无水，当含水层或含水层裂隙通道与地面相交时，才会涌出地表呈泉或湿地出露。这类水在长期潜蚀作用下，会产生动压，促成局部小滑，牵动大滑，引起古滑坡复活、新滑坡扩大。

(三)识别滑坡、查找滑动面(带)

1.识别滑坡

1953年铁一院地质队伍刚刚建立时，多是根据书本上介绍的一些较典型的方法辨认滑坡。如从滑坡壁、封闭洼地、滑坡裂缝、滑坡台阶、滑坡鼓丘、滑坡舌和滑坡擦痕等去识别滑坡。根据这些现象去辨别新近发生的、地层构造简单的滑坡是可以的，但要去辨别那些复杂、移动量较小、松散土体已逐渐被压密、地表裂缝被充填，错台、擦痕、鼓丘、错壁等不易找到的滑坡就很困难。后来通过施工开挖，古滑坡复活，新滑坡产生，修建的许多建筑物被破坏，才使我们逐步掌握了一些识别较复杂滑坡的方法。

(1)从地貌上识别滑坡

在峡谷山坡坡面出现坑洼、起伏、垄丘、阶地；河两岸阶地不对称，阶地错断，阶地面不衔接，阶地级数有增有减，成波状缓坡；沟谷断头、流槽改道，沟底纵坡显著变陡或变缓，沟谷横断面显著变窄变浅，或一侧压缩，一侧稳定，或两侧都压缩，沟底抬升等地貌现象时，就应怀疑其是否属滑坡作用所形成。

(2)从地层方面识别滑坡

通过地层层序对比，可从地层的缺失、间断等变化，识别滑坡，并了解滑坡边缘、滑距等。宝成铁路须家河(K343)滑坡，宝鸡端边缘沟谷左侧斜坡上，普遍有黄土质砂黏土覆盖，沟谷右侧则缺失该层，通过对比，并在滑体内挖探井、钻探，确认了缺失层是被滑坡推走的。宝天铁路凤阁岭(K1324)滑坡，1962 年勘测中发现其应属黄土层底部的残积碎石土层，但却堆积在黄土质砂黏土层上部，通过开挖对比，查明了残积碎石土层是由滑动推移掩盖在黄土质砂黏土层上的，并从正常层位到后来的变化关系，推求出了滑移距离、动量大小、新老滑坡边缘。宝成线西坡(K115)堆积层滑坡，是从其滑动面伸入河床卵石层的范围、长度，确认了该滑坡发展的过程及规模的。

(3)从水文地质特征识别滑坡

a. 在有地下水露头或湿地发育的松散堆积层的斜坡上，多存在有古滑坡，或易产生新滑坡。如宝成线 K144 滑坡上部有泉水 8 个，湿地 4 处，下部有泉水 4 个，湿地 1 处。宝成线 K153 滑坡上部有泉水 5 个，湿地 1 处，下部有泉水 15 个。宝成线 K115 滑坡上部有泉水 2 个，湿地 3 处等。

b. 双沟同源或环谷洼地内部冲沟发育、方向紊乱地段，常是古滑坡或滑坡群的上缘部分。

c. 构造裂隙水、潜水补给的泉水发育区，多产生深层大滑坡。上层滞水及黏土裂隙水补给的泉水发育区，多产生表、浅层滑坡，或在大滑坡体中产生浅、中层滑坡。

d. 滑坡床愈浅，移动愈快，受大气降水愈敏感，宝成线 K144 滑坡群中，浅层移动量往往是深层移动量的 5～10 倍。

e. 同一斜坡上，地层渗透介质差异面愈多，产生滑动面的机会就愈多。

(4)从变形现象区分滑坡

滑坡区变形现象很多，如路基外移、上鼓，房屋、桥涵、挡墙、护坡等建筑物的剪断、开裂、倾倒，架空电线的拉紧、松弛等。从这些变形现象的显示中，往往可以分析滑坡界限、深浅、位移速度、滑坡性质等。

a. 滑动缓慢、滑动面深度较大的滑坡，地表较少见到裂缝。如宝成线 K115 滑坡。

b. 裂缝发育具有明显规律(上部多张裂缝，下部多挤压裂缝，两侧多剪切裂缝)，属新近发生的中、浅层滑坡。如宝成线 K343 滑坡。

c. 裂缝多而乱者，属表、浅层滑坡。如宝天线凤阁岭车站山坡顶上发生的一系列滑坡。

d. 滑坡体两侧剪切裂缝向同一方向转折，其转折处，多是滑动方向改变处，也是受基底地形或基底岩层的控制处。

e. 滑坡中部出现剪切裂缝，多是两侧土体移动速度不同，从裂缝形态中可以大致判断位移的差异量。

f. 滑坡上部剪切裂缝发育而明显，下部不明显，多是推动式滑坡(如宝成线 K345 滑坡)。反之下部剪切裂缝发育而明显，上部断续出现，多属牵引式滑坡(如宝成线 K344 滑坡)。

g. 大滑坡体中，局部出现较典型的裂缝分布规律，多为大滑坡体中的次生滑坡。

h. 大滑坡体上，中部出现压性裂缝，有三种可能：第一种，滑坡床有上陡下缓变化；第二种，滑坡床有起伏；第三种滑坡体由此剪出或产生次生滑坡。

滑坡的发生和发展因素是复杂的，是由多种因素构成，在其发展过程中，又是互相不断变更其主次地位的。因此，想用单一的、固定的方法辨认它，往往有片面性。正确的辨认方法应该是针对不同情况，了解一般，掌握特殊。

2. 查找滑动面(带)

滑动面(带)通常有以下特征:(1)滑动带的土扰动严重,土的颜色、成分一般比较复杂,常有夹杂物质;滑动带富水软弱,力学强度指标低;(2)常具有滑动形成的微斜层理、镜面和擦痕,大型深层滑坡滑动镜面、擦痕更为明显,且滑动带较厚;(3)滑动面的位置,通常是基岩顶面、含水层的底板、软质岩及其夹层、黄土质土中的古土壤层等;(4)滑动面以上、滑坡体下部的地层往往有变厚、变薄、缺失、重复或裹夹滑坡体上部物质的现象。这些滑动面(带)的特征可作为确定滑动面(带)的参考,以便在滑坡勘探中查找滑动面(带)。

(1)从坑、槽探中找滑动面

可在滑坡体周围,滑坡体厚度较薄地段挖试坑、探槽直接观测滑动面。这在宝成线 K115、K144、K345 等滑坡滑动面的确定中都取得过较好效果。不但可测量滑动面位置、产状、颜色、湿度、上下地层岩性、擦痕的倾斜度,还可从滑动面上下地层关系、埋藏建筑物中,了解滑距、滑移速度、历史变迁及滑动面上特殊的指示层(标志层)。

(2)从钻探中找滑动面

a.从钻探岩芯中找滑动面:根据岩芯中的擦痕找滑动面,尤其在松软泥质滑动面上显示得较清楚,一般擦痕浅而窄、光滑,颜色新鲜,擦痕呈平行直线,其所指方向即主滑方向;在硬质岩、土中,其滑动面擦痕只存在于表面。滑动面有挤压形成鳞片状、镜状新鲜光滑面,有上下岩层或土层形成的夹杂物,成分混杂,颜色多样,所夹角砾、碎石有磨光、浑圆现象,片状、条状碎石有错断、剪断的新鲜断口,凭这些现象可直接确定滑动面的位置。滑动面上的滑动擦痕与构造错断形成的擦痕有明显的区别,构造擦痕具叠层性,擦痕宽而深,颜色暗淡。它与钻探中形成的擦痕也易区别,钻探由于旋转挤压形成,镜面普遍呈重叠的同心圆状。

b.根据钻探操作中的各种变化可间接寻找滑动面。如通过地层突然变硬、变软、卡钻、掉块、孔壁收缩、提钻后钻具下不到底及套管出现弯曲、剪断等现象,即可间接推断滑动面的存在位置。

c.根据钻探中水文地质测试分析确定滑动面:如在钻进中出现漏水,水位、水量变化,土由硬塑变软塑、流动,或出现承压水地段时,即应怀疑其是否为滑动面。当滑坡体内有多层地下水时,要了解各层水的分布变化、流速、流向、涌水量及相互关系,以分析各含水层对滑动面的作用,同时将各含水层的水质与滑坡体外各含水层的水质进行对比,判断含水层数、补给来源及其对滑动面形成、发生、发展所产生的作用。

d.通过岩芯薄片鉴定确定滑动面:滑动面(带)的岩、土,经滑动挤压,其矿物颗粒,在滑动面附近均呈定向排列,肉眼虽看不明显,但在镜下却可明显的看出。以此确定滑动面,尤其在黏性土滑坡中效果更好。

(3)滑动面(带)土的剪切试验

滑动面(带)土的残余抗剪强度试验方法的选择,应根据滑坡性质、稳定状态、发展趋势及土的结构来选定。试验中越能模拟到滑动的实际状态,其数值越接近滑动强度指标。其试验方法,常用的有滑面重合剪切试验,重塑土的多次直剪试验,环状剪力仪大变形剪切试验,三轴剪切试验,现场大型直剪试验等。

a.当滑动中滑动面为黏性土时,由于滑带土的结构遭受破坏,上述各种方法均可用来测定其残余抗剪强度;

b.对已趋于稳定的滑坡的滑动面,可采用野外大面积剪切、滑面重合剪切或三轴剪切试验;

c.当滑动面土中含碎、砾石较多或由粗粒土组成,只能采用野外大面积剪切试验;

d.当滑动面明显且土的稠度不大时,可用重合直剪或三轴剪切;

e.当滑动面土呈流塑、流动状态时,可采用一次快剪。

同一滑动面,不同部位,应分别选取代表性土样做试验。同时考虑条件变化及可能出现的不利因素，做几种含水量下的残余抗剪强度试验，提供残余抗剪强度随含水量变化的曲线，以便设计时选用。作多次直剪试验时，应提供剪应力与变形的曲线或多次直剪的强度随剪切次数变化的曲线，设计时可根据滑坡的变形情况选择相应的强度指标。

滑动面的泥化程度越高，夹杂碎屑物越少，其抗剪强度越小。50年代时，一般常规试验所反映的抗剪强度指标往往偏高，以此进行滑坡检算，滑坡常不能滑动。因而在设计中多采用$K=1$的反算法，求得抗剪强度指标，然后再将K值提高到1.05～1.20考虑设置抗滑工程。60年代在宝成线滑坡勘测整治中，开始在滑动面中取样作重塑土的残余抗剪强度试验，即控制含水量多次剪切，至一定的稳定值。该值接近于滑坡滑动时，滑动面抗剪强度减弱至某一稳定低值，这种残余抗剪强度试验值比常规试验值小得多。比如坡积黄土质砂黏土，常规试验值 $\varphi=26°\sim32°$，$c=30\sim100$ kPa，残余抗剪强度为 $\varphi=10°\sim14°$，$c=10$ kPa左右；又如侏罗系泥岩常规试验值$\varphi=21°51'\sim31°$，$c=27\sim34$ kPa，残余抗剪强度 $\varphi=16°50'\sim25°10'$，$c=25\sim26$ kPa。其它如膨胀性超压密黏土强度减弱幅度更大，c 值很小或接近于零。滑动带内黏粒的含量增高，残余抗剪强度随之相应降低，则滑坡滑动面的坡度亦相应的缓些，如塑性指数14～16的重型砂黏土，其滑动面坡度多为14°左右，第三系泥岩，塑性指数增加，滑动面坡度可降低至10°；煤系地层中的铝土页岩、灰绿色泥岩，塑性指数17～24，滑动面坡度多小于10°，甚至为5°～6°。

（4）滑动面的制图

滑坡纵断面图中滑动面的连接绘制，一般先标出上部滑壁、下部滑坡出口，然后根据量测出来的滑坡周界，滑动面倾角，预测滑动面通过位置，布置各类勘探点。通过岩芯鉴定取样、物理力学试验等所确定的滑动面位置，其与地表形态、变形裂缝错台、地层构造、水文地质条件、观测资料中分析的滑动面的吻合程度，并通过纵、横断面对比，在滑动面互相连通一致情况下，绘制成主滑方向纵断面图。主滑方向纵断面图是确定滑坡性质，代表滑坡纵向形态、方向、滑体厚度、滑移量大小的基本图件。复杂滑坡的主滑方向纵断面布置、滑动面绘制，往往不是一次就能完成，而是在不断出现矛盾，不断补充资料，经过反复推敲，多次修正下完成的。

宝成线丁家河滑坡的主滑方向纵断面制图，如图7－4所示，它先后修改过三次，开始只认

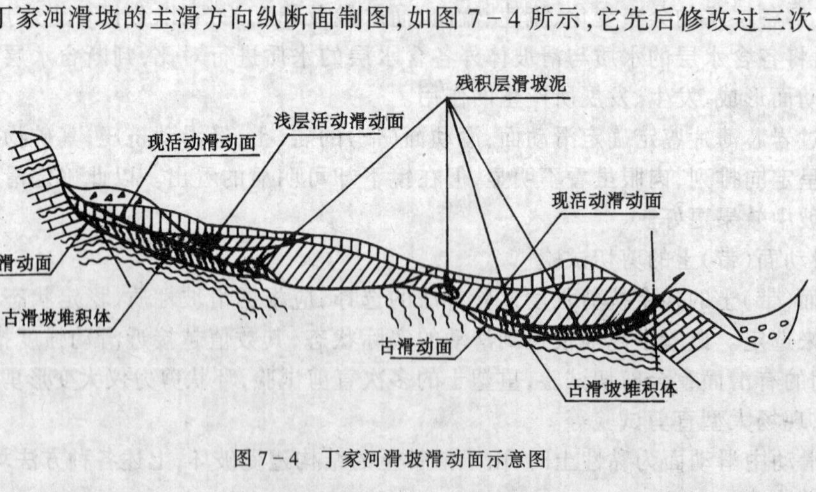

图7－4　丁家河滑坡滑动面示意图

识到坡积层间的上部浅层滑动面，后来在坡积层底部残积层中又找到滑动面，但在残积层滑动面中，部分有薄层石膏充填，石膏上显示的擦痕指向，上部为N5°～30°W，下部为N30°～50°W，无石膏充填的残积层上擦痕，上部为N50°～80°W，下部为N30°～75°W，无石膏的残积层上的擦痕方向与多年观测的滑坡整体移动方向接近一致，并通过各滑动面连接的纵、横断面图上、显示对比，才认识到有石膏充填的滑动面为古滑动面，无石膏充填的滑动面，为正在活动的主滑动面，上部滑坡体偏向略阳，下部滑坡体偏向宝鸡，上部推压下部，形成主轴呈折线型的主滑方向纵断面图。

又如桑树坪专用线 11 号隧道出口沿基岩(煤层、炭质页岩、泥岩)面形成的多级重叠滑坡，其滑动面的连接，是通过区域地层层序的对比，地貌形态、错台裂缝的分布变化，各勘探点岩芯中的擦痕、镜面、指示层变化，含水状态、力学测试数据、观测资料分析，并通过纵、横对比，才连接起来的，如图 7－5 。

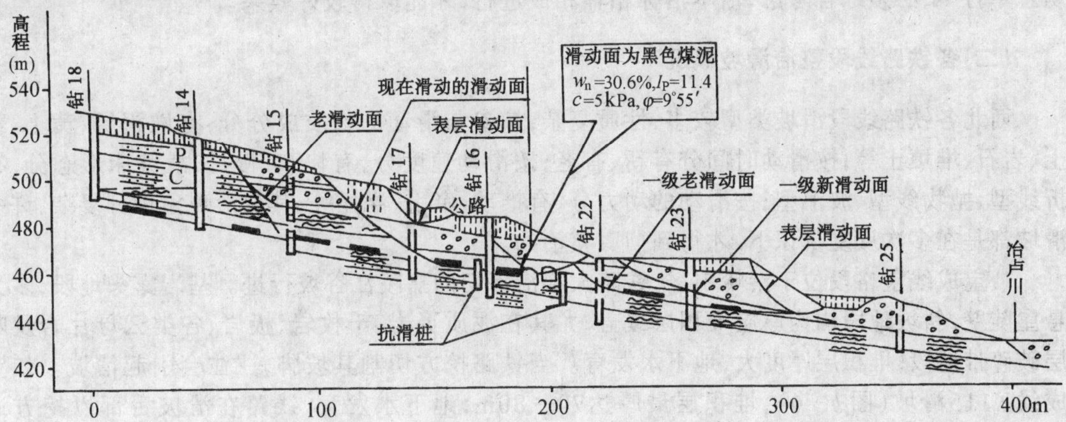

图 7－5　桑树坪专用线 11 号隧道出口滑坡滑动面示意图

(四)结语

滑坡是山坡变形中规模大、数量多、类型复杂、危害严重、性质多变的地质灾害现象。总结多年来的滑坡勘测工作，虽然掌握了一些滑坡分布规律及勘测方法，但还是经验少，教训多。所取得的许多经验都是从教训中得来的。在西北地区规划的山区铁路中，还有许多规模较大、危害十分严重的滑坡，正等待着我们去勘测处理，应吸取既有的经验教训，做好区域性研究工作，掌握各地区滑坡分布规律及其稳定条件，与有关科研部门合作，采用综合勘测方法，重点研究解决滑坡辨认，滑坡面、滑动带判释，滑动带土石工程性质测试，地下水来龙去脉调查，整治滑坡的新型工程措施，在滑坡的勘测整治上要有所突破，以适应新形势下建设和发展铁路的需要。

三、西北各铁路线上的滑坡整治概况

刘德基

(一)前言

西北地区各铁路线上几乎均有滑坡分布，而分布较集中的是宝成、宝天、梅七、阳安等线，宝成线宝略段整治过 38 处，宝天线整治过 14 处，梅七线整治过 37 处，阳安线整治过 21 处，其它如西延、孝柳、宝中、侯月、阳涉等干线及乔新、铜王等专用线共整治过 150 多处，整治过的滑坡均基本得到稳定。尤其宝成、宝天线的一些大型滑坡，通过整治，在 1981 年罕见的特大暴雨中，经受了考验，保持了稳定。

滑坡整治必须在充分认识滑坡形成规律，了解滑坡性质的基础上进行。由于滑坡成因复杂，类型多，规模大，性质多变，往往随着滑坡发育阶段及水文地质条件而变化，所以在滑坡整治中多采用综合措施，因地制宜，有主有辅，效果较好。如宝成线的许多滑坡，主要受地下水作用形成，在滑坡整治中，就以排除地下水为主，修了渗水隧洞，解决了主要矛盾。但由于滑坡滑动发展过程中，滑坡床上的地层均遭破坏，含水层紊乱，故在以渗水隧洞为主体工程的基础上，在坡面上辅设一些支撑渗沟，疏干并支顶坡面，在坡脚设挡墙稳定坡脚，使滑坡最终得到稳定。梅七线许多滑坡多是由于坡脚开挖失重形成，所以除以抗滑桩为主治理外，又在破坏了的、地下水较富集的坡面上设置支撑渗沟等疏干工程，才使整个滑坡稳定下来。所以在滑坡整治中切忌单打一，必须综合考虑，治本治标相辅相成进行，才能取得较好效果。

(二)各铁路线段整治滑坡概况

西北各铁路线段滑坡类型较多，性质复杂，按参与滑动的物质成分分，有堆积层、黄土、黏土、岩石、堆填土等；按滑动时间分有新、有老；按滑动速度分，有快、有慢；按滑坡床形态分，有折线型、抛物线型、波浪型；按滑动的动力分，有推动、牵引、浮托等；其变形现象十分复杂，许多滑坡都是在多次反复认识下，才得到彻底整治的。

1. 宝成线宝略段位于秦岭山区，铁路大部沿深切的嘉陵江谷坡行进。基岩露头地段，多为悬崖陡壁，斜坡地段均为厚层堆积层覆盖，尤其在泥质页岩、千枚岩、板岩、各类云母片岩及断层破碎带地段，堆积层厚度大，地下水发育。当铁路挖方切割其坡脚，往往会引起滑坡。如宝成线K115滑坡(图7-6)，堆积层最厚达70～80m，地下水发育，线路在滑坡舌部以挖方通

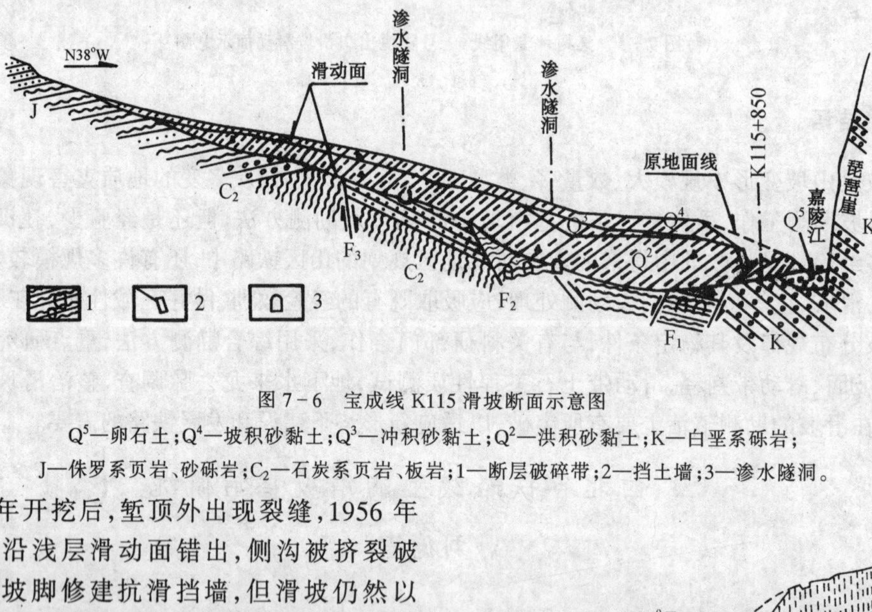

图7-6　宝成线K115滑坡断面示意图

Q^5—卵石土；Q^4—坡积砂黏土；Q^3—冲积砂黏土；Q^2—洪积砂黏土；K—白垩系砾岩；J—侏罗系页岩、砂砾岩；C_2—石炭系页岩、板岩；1—断层破碎带；2—挡土墙；3—渗水隧洞。

过，1955年开挖后，堑顶外出现裂缝，1956年在堑坡上沿浅层滑动面错出，侧沟被挤裂破坏。经在坡脚修建抗滑挡墙，但滑坡仍然以1～2cm/a的速度继续滑动，部分挡墙被错断，边坡张裂，迫使线路外移。经1961～1962年勘测，确定该处为滑坡，在滑坡体中、上部建了两条渗水隧洞，并全面进行了支、护及疏干地下水等综合整治措施，才使滑坡完全稳定。1981年宝略段发生特大水害，曾将滑坡坡面防护工程冲垮，但滑坡依然稳定。

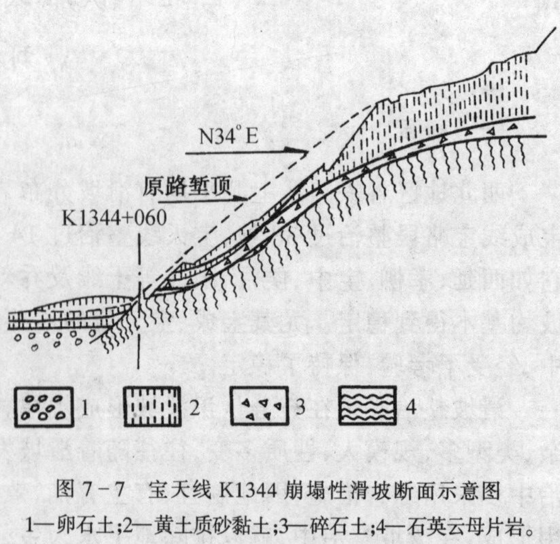

图7-7　宝天线K1344崩塌性滑坡断面示意图

1—卵石土；2—黄土质砂黏土；3—碎石土；4—石英云母片岩。

2. 宝天线大部分线段位于秦岭北坡的断裂带中，古老的变质岩系，受断层、褶曲挤压，普遍破碎，坡面上多有坡积、残积层碎石土覆

盖,其残积层上又多有黄土及黄土质土堆积。解放前修建该线时,为缩短隧道,减少桥梁,多采用路堑或半填半挖通过,破碎岩石边坡经开挖形成崩塌、错落,当时又多以刷坡、清方处理,使病害不断发展扩大,成了著名的铁路“盲肠”。解放后虽经多次改建,线路内移设隧道或明洞,外移设桥或防护,进行支、护、顶、拦、挡等多种工程处理,但由于山高坡陡仍防不胜防。黄土沿破碎岩土形成的滑坡较多,如1963年9月27日在K1344发生一次黄土崩塌性大滑坡(见图7-7),滑动土体达$40\times10^4\ m^3$,经挡、护,并设全面排水设施,才使滑坡稳定下来。

3. 梅七线瑶曲至前河段,线路走在凤凰山大背斜两侧,背斜两翼多走向逆冲断层,促使该区煤系地层十分破碎,且地下水发育,形成堆积层及破碎岩层沿基岩面滑动的古滑坡群。滑动面及滑动带多由泥质页岩、断层泥及风化碎屑物组成。线路多在古滑坡的腰部、顶部,以挖方或填方通过,路堑挖深达10～30 m,切割到滑动面附近时引起古滑坡复活。如K54滑坡,就是路堑开挖,破坏了滑坡的稳定,引起古滑坡复活的(见图7-8)

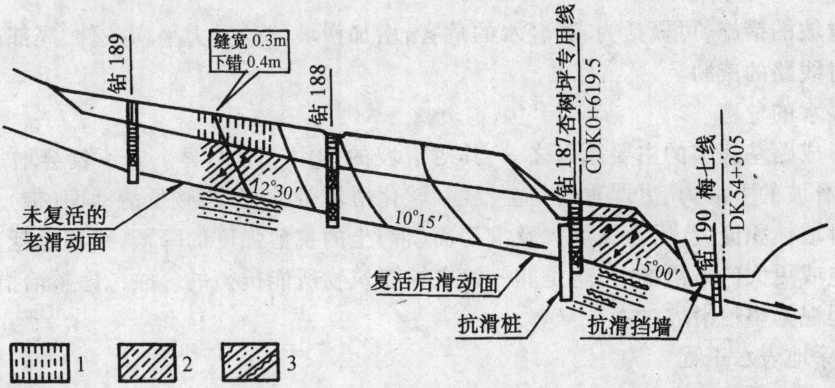

图7-8 梅七线K54滑坡断面示意图

1—黄土质砂黏土;2—砂黏土夹角砾、碎石;3—三叠系砂页岩互层。

有的路堤修筑在老滑坡上(一般路堤高7～9 m),变形开始时,是路堤沉陷,当时仅用补填道碴的办法进行处理。四五年后,不仅路堤沉陷滑动,还形成沿老滑坡基底的滑动,如K57、K59等滑坡(见图3-49 梅七线K57滑坡断面示意图)。

在长30 km的地段内,路堑滑坡25处,路堤滑坡12处,共计37处,累计长7 km多,其密集程度是全路少见的。这些滑坡自1972年全线施工后就陆续出现,经多次反复整治,直到80年代才结束整治。使这条急待运煤的专线,迟迟不能交付运营。这也是“文革”中搞“三边”、认为“施工开挖是最好的勘探”,所造成的恶果。

4. 阳安线通过膨胀土地段长约136 km,主要分布在汉中盆地、西乡牧马河及安康月河的阶地。当时由于对膨胀土不认识,路堑边坡一律按1∶1坡率开挖。路堤也按填筑一般黏性土的规定来设计,致使在施工和运营中产生了不少滑坡。如K159滑坡,堑坡按1∶1坡率开挖,施工后1970年产生滑动,增设一级挡墙,年底又产生滑动,将一级挡墙剪断,1972年修复一级挡墙,又增建二级挡墙,1973年雨季滑坡体向纵深发展,部分二级挡墙又被剪断,直至1973年底分析研究了膨胀土的力学性质,重新进行了全面综合整治,滑坡才基本稳定(见图7-9)。

上述各类滑坡,在西延、西韩、宝中、孝柳、侯月、铜王、乔新等线也都遇到和整治过;大多是施工以后产生的滑坡,有些是在施工中发现后,立即采取措施,进行了成功的处理;有些则由于认识不清,甚至判断错误,进行过反复整治,花费了庞大的人力物力,才稳定下来,教训十分深刻。

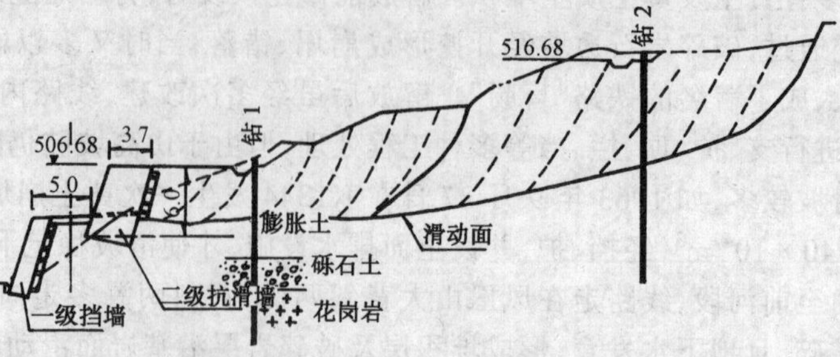

图 7-9　阳安线 K159 滑坡断面示意图

(三)主要整治措施

整治滑坡的措施,可概括为:减轻水的危害,增加滑坡体的重力平衡条件,局部改线躲避或减少滑坡对线路的威胁。

1.减轻水的危害

水是形成路基病害的主要原因之一,其对滑坡的作用十分明显。它不仅会增加滑坡体的重量,增大滑坡的下滑力,更严重的是会浸润、软化滑坡带的土质,减低滑动面(带)土的抗剪强度。大型滑坡体积庞大,因重量增大及滑动面(带)土的抗剪强度的降低,线路每延米往往要增加达数百吨或更大的下滑推力,这是非一般支撑建筑物所能抗衡的。故考虑整治措施时,首先把排水工程视为整治滑坡之本。

(1)排除地表水工程

排除地表水是处理路基病害中应优先考虑、必不可少的措施。对整治滑坡更应如此。排除地表水的目的在于:拦截、旁引滑坡范围外的地表水,使其不致进入滑坡区;将降落或出露在滑坡范围内的雨水及泉水尽速排除,使不致渗入滑坡体内。排除地表水工程分为:

a.滑坡体外截水沟:在滑坡可能发展的边界以外设置一条或多条环形截水沟。若滑坡附近的自然沟有水流补给滑坡体时,则应做好其漏水地段的铺砌。

b.滑坡体地表排水沟:可充分利用滑坡体上的自然沟谷或在其上布置树枝状排水系统。并应整平其地表、夯填裂缝,使地表水尽快归沟,减少渗漏,另外,还应注意做好滑坡范围内的绿化工作,这是配合排除地表水工程的一项有效措施。尤其对渗水严重的塑性滑坡和浅层滑坡,其效果更为显著。

c.引泉工程:多用浅小渗沟将滑坡体上出露的地下水引出排走,使其不再下渗。

(2)排除地下水工程

对滑坡体内的地下水"可疏(干)而不可堵"。根据水文地质条件,特别是滑动带的水的分布类型、补给来源及方式,应分别采用截、排、疏、引等措施。采用的型式有边坡渗沟、支撑渗沟、截水沟、渗水隧洞等。

a.边坡渗沟:用以排除滑坡前缘的边坡壤中水,疏干边坡,并对边坡表层土体有支撑作用,一般深度不小于 2 m。从平面形状来分,有垂直的、分支的、拱形的等几种。这种渗沟适用于地下水分布比较均匀,或者只见边坡大片潮湿而没有明显地下水露头的地段。

边坡渗沟在西北各条铁路线应用较多,它对整治浅层的小型滑坡,疏干边坡壤中水,效果特别好。

b.支撑渗沟:适用于整治滑坡前缘的不稳定边坡,或在路堑、路堤坡脚的下部,或在抗滑挡墙背后与挡墙配合使用。主要是支撑不稳定的土体兼引排土体中的地下水或上层滞水,疏干土体。其设置大致与滑动方向平行,一般深度为几至十余米,其基底应设在滑动面以下的稳定地层内。

支撑渗沟在西北各条线的滑坡整治中得到了较普遍的应用。宝成线的 K7、K8、K55、K98 等浅层滑坡,均设置了支撑渗沟,对稳定滑坡起了主要作用。在宝成线 K150、K174、K207 等大型滑坡整治中,支撑渗沟配合其它措施,对由上层滞水形成的浅层滑动,收到良好效果。梅七线的滑坡整治,结合支挡工程大量使用边坡支撑渗沟,处理浅层、多层滑坡,起到了很好的作用。如 K47 路堤滑动,系由于路堤填土内及基底大量积水所形成,故主要采用了以疏干排除路堤内水为主的渗沟、支撑渗沟,并配合反压护道等工程措施来整治(见图 7-10)。其中也有渗沟深度过浅失效重做的,如 K55、K63 等,但加深重做后,仍然有很好的效果。

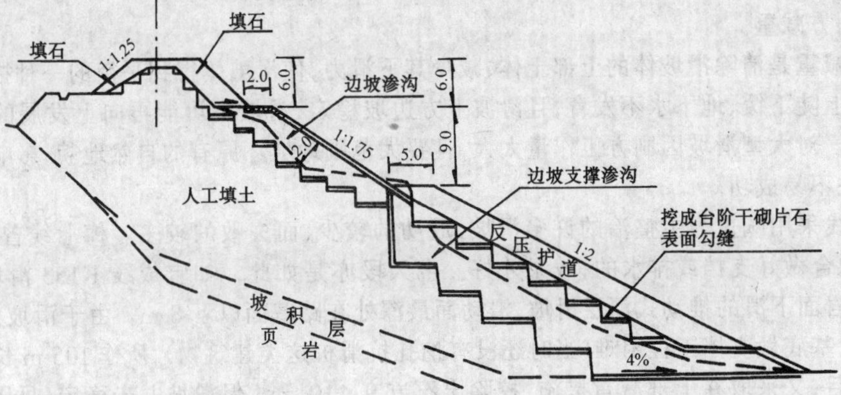

图 7-10　梅七线 K47 路堤滑动整治工程断面示意图

c. 截水渗沟:适用于地下水位埋藏较深(一般为 8～15 m)、水量较大,流向确定,含水层较明显的地区。渗沟基底应埋入含水层以下的稳定地层内。渗沟适合设置于滑坡体的中上部、与水流方向垂直的部位,以拦截上方流入滑坡体的地下水并将其排于滑坡体之外。采用截水渗沟拦截滑坡体内层数较多的地下水,较渗水隧洞效果为好。因此,对含有多层壤中水的大型滑坡,截水渗沟往往能收到预期效果。如在宝成线 K144、K345 滑坡体上部地下水汇集的咽喉地段修建截水渗沟后,对不使上方地下水流入滑坡,起了很大作用。在宝成线 K150 的 1～3 号滑坡中部,采用截水渗沟将上部浅层地下水拦截引排于滑坡体外,使水流产生的动压力大大减少。但由于水流携带物容易将渗水孔堵塞,故设计及施工时必须做好反滤层,而且每隔 30～50 m 及渗沟转弯处,应设置检查井,以便经常检查及清理。

d. 渗水隧洞:适用于地下水埋藏较深,含水层有规律,水量较大,且多富集于滑动面附近,是造成滑动主要因素的滑坡。一般洞身应置于滑动面以下的稳定地层内,洞身设置方向最好垂直于地下水流向,出口应置于滑坡体以外较稳定地区。渗水隧洞对拦截或引排降低深层地下水,疏干滑坡体有显著作用。

据调查,已建成的十余处渗水隧洞,排水效果均较好。如宝成线 K174 的 2 号滑坡,地下水主要分布于堆积层与千枚岩接触带,水量大而集中,建洞前有泉水 25 处,总流量达 167 t/d。成洞后排水量约达 200 t/d,泉水基本消失,滑坡渐趋稳定。又如宝成线 K207 的 2 号滑坡,K150 的 2 号滑坡,K185 及 K144 滑坡等地下水流集中、水位埋深较深的滑坡,通过渗水隧洞排水,对稳定滑坡起了决定性作用。但如果对地下水的活动规律没有搞清,则设置渗水隧洞就会失败。如 K116 滑坡就是这样,仅凭一个地下水涌出地表的钻孔,就设置长 327 m 的隧洞,实际该隧洞通过滑坡仅 27 m,排水量仅 1.7 t/d,对一个面积达 82 500 m^2 的滑坡,没起到多大作用。而且由于 K116 滑坡的渗水隧洞出口部分埋设在 K115 滑坡的滑动面上,被滑动拉裂,水流集中灌入 K115 滑坡,反使其严重恶化。此外,还有滑动面的起伏形态事先未了解清楚,就设置了隧洞,施工中为了把洞身设于滑动面以下,多次改变纵坡,不但给施工带来困难,而且隧洞的完整性和排泄作用也受到影响。

由于截水渗沟及渗水隧洞造价高昂、施工困难,因此,施工前必须收集详细而准确的工程地质、水文地质资料,并进行认真的研究分析和多方案比较,否则,难以收到预期效果。

综上所述,在滑坡整治中,以排水为主要措施,并取得显著效果者,不乏实例。特别是在整治宝成线的几个大型滑坡时,多采用了以排水工程为主的综合措施,收到显著的效果。

2.增加滑坡体的重力平衡条件

增加滑坡体重力平衡的方法有刷方减重和设置支挡建筑物两种:

(1)刷方减重

刷方减重是清除滑坡体的上部土体,减少其下滑力,使滑坡体得到平衡的一种措施。多用于滑动面上陡下缓,地下水不发育,且滑波上方边坡稳定,滑坡不可能再向上发展的推动式中小型滑坡。对大型滑坡因刷方工作量太大,且要大范围地破坏原有的自然地貌,影响因素较为复杂,往往不易成功。

宝成线采用减重为主整治的许多滑坡,成功的较少,而失败的较多。梅七线曾做清方 15 处,只有配合做好支挡或排水的,效果才好。宝天段亦是如此。如宝成线 K153 滑坡,它是堆积层沿基岩面下滑的推动式深层滑坡,滑动面最深处在路基面以下 8 m。由于滑坡体积大,滑动面较深,基底做支挡工程困难(当时还没有挖孔抗滑桩这类建筑物),所作 105 m 长的抗滑明洞被推毁后,又采取在上部减重措施,挖除土石方 9×10^4 m^3,但滑坡并未稳定(见图 7-11),直到在其后缘修建拦截地下水工程之后,滑坡才最终稳住。

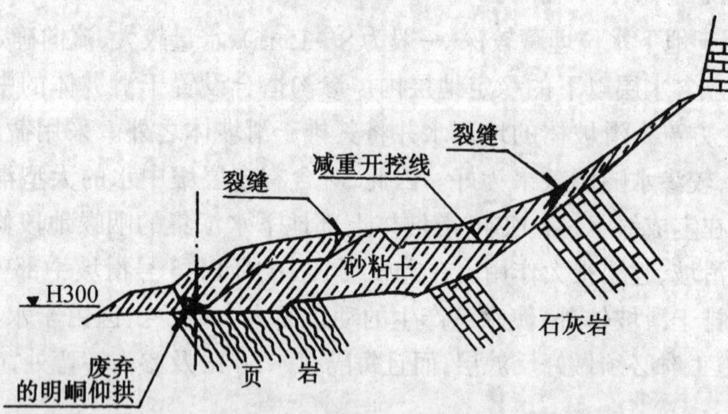

图 7-11 宝成线 K153 滑坡断面示意图

又如梅七线 K40 滑坡,属黄土层沿基岩面滑动的厚层古滑坡,线路以挖方通过其下部,造成古滑坡复活。滑动面为弧形,前缘翘起,滑动性质属于推动式。采取刷方、路堑设挡墙及疏排地下水工程的综合治理方案、上部减重 17×10^4 m^3,并将部分弃土反压于滑坡前缘,滑坡才稳定(见图 7-12)。

宝成线 K207 滑坡,因开挖路堑,滑坡上部土体失去支撑,加之断层裂隙水不断补给,因而在千枚岩中顺节理面产生切层滑坡。由于滑动面坡度陡,且大滑坡前缘有小滑坡,其滑动面更陡,移动更快,虽曾三次对大小滑坡进行减重 6×10^4 m^3 多,但大小滑坡均未稳定(见图 7-13),尔后作了渗水隧洞、挡墙、边坡渗沟等综合措施,滑坡才逐步稳定。

但是也有由于减重刷坡,扩大了病害发展的。如梅七线 K56 滑坡,系砂黏土沿基岩面滑

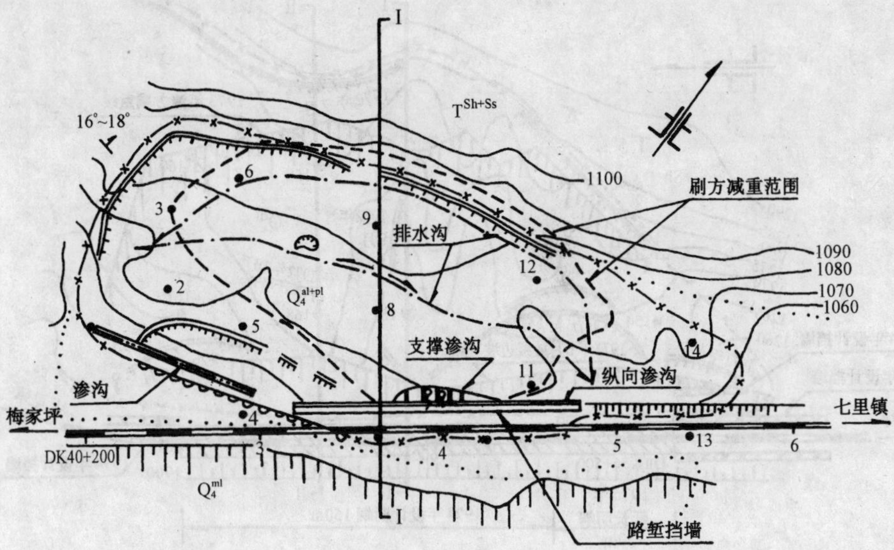

(A)平面示意图

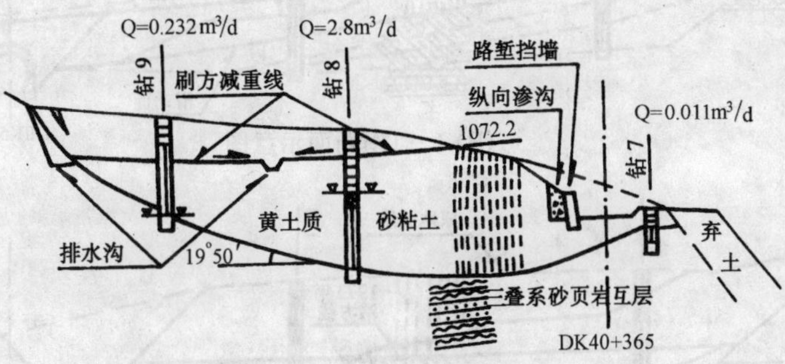

(B) I－I 断面示意图

图 7－12　梅七线 K40 滑坡处理工程示意图

动的古滑坡。原设计为路堑，深 15～30 m，1972 年施工过程中堑坡开裂，滑坡沿基岩面重新活动，曾设计清方减重 16×10^4 m^3，并已施工三分之二，因减重位置不当，位于滑坡的中下部，滑坡继续发展，最后不得不改做明洞。本工点曾四次修改或补充设计，历时七八年，报废了大量土方工程，教训是深刻的（见图 7－14）。还有，梅七线一些路堑，施工初期，堑顶开裂，边坡坍滑，当时没有调查分析清楚，引起变形的原因，就盲目地采用刷方放缓边坡的处理方法，结果反而促使滑坡发展。因此，必须强调，在堑顶裂缝产生原因、滑坡性质、

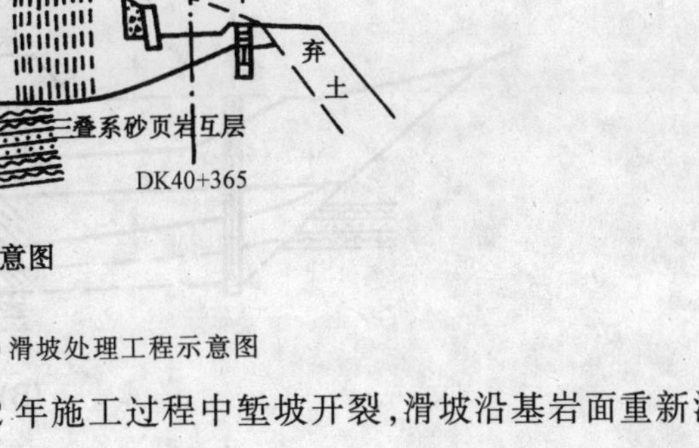

图 7－13　宝成线 K207 滑坡断面示意图

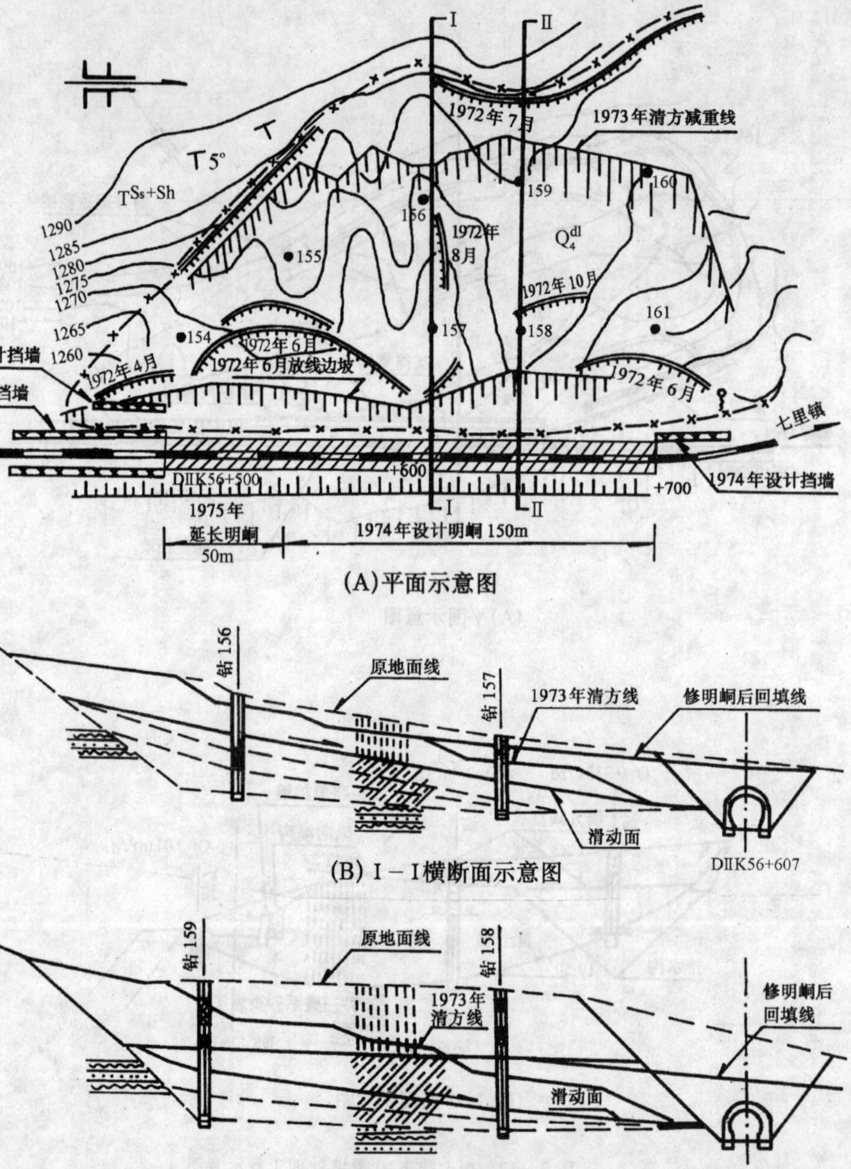

图7－14　梅七线DⅡK＋400～＋700滑坡示意图

Q_4^{dl}—第四系冲积层；T^{Ss+Sh}—三叠系砂页岩互层；1—黄土质砂黏土；2—砂黏土；3—砂页岩互层；4—滑坡界线；5—岩层分界线；6—岩层产状；7—裂缝；8—钻孔（可塑、流塑）；9—泉水；10—钻孔及编号。

滑动面位置未搞清楚之前，是不允许随便进行刷方减重的。因为仅仅根据变形来减重，就可能加剧滑坡病害的发展。

(2)设置抗滑支挡建筑物

采用过的抗滑支挡建筑物有:抗滑挡墙、抗滑桩、片石垛、反压护道、沉井式抗滑挡墙、竖向预应力锚杆挡墙以及抗滑拱涵、抗滑明洞等。现将最常用的抗滑挡墙与抗滑桩分别介绍如下:

a.抗滑挡墙:这是较普遍采用的抗滑工程,适用于由于挖去山坡坡脚而失去支撑所引起的牵引式滑坡,特别是那些滑坡床过陡,含水量较小,整体性较强,滑动较急剧的滑坡,往往修好了抗滑挡墙,马上就能起到抗滑作用。当墙后土潮湿时,则需在墙后设支撑渗沟,以疏干土体及分担一部分抗滑力。挡墙基础必须置于滑动面以下,一般最好放在基岩中,也可放在稳定的土层中。如宝成线 K122 滑坡挡墙,系 1962 年修建的,就是放在冲积地层中(见图 7－15)。

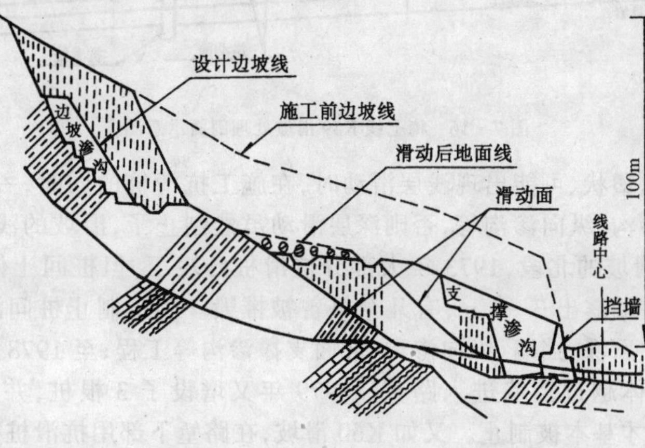

图 7－15　宝成线 K122 滑坡断面示意图

在建成的很多挡墙中,只要有足够的抵御滑坡滑动的能力,且墙基埋设在滑动面以下的稳定地层中,如宝成线 K101、K122、K202,宝天线 K1324 及梅七线 K36 等,均可使滑坡得到稳定。但也有由于认识不足,挡墙仅按一般挡墙来设计,由于滑动力过大而被剪断者。如宝成线 K150 及 K174 滑坡,阳安线 K159 滑坡,均因修筑挡墙断面偏小而被剪裂,经过改变设计,将挡墙加厚,才使滑坡稳定。

设计抗滑挡墙,除应考虑本身滑动、倾复及被剪断外,还应考虑有两个滑动面的可能性:一是墙身可能连同墙基一起滑动,另一是滑坡体可能自墙顶以上剪出,这是关系墙的埋置深度及其高度的问题。如宝成线 K115 滑坡,它是堆积层沿基岩面滑动的大型深层滑坡。当时只认识到它是表层滑坡,而没有发现和认识到它是一个深层大滑坡。为设站场,减少刷方,设置了挡墙,但挡墙修在深层滑动面以上,结果挡墙修成后整体外移,并被表层滑坡剪裂。此类实例确应引以为戒。

b.抗滑桩:铁一院于 70 年代才开始推广使用抗滑桩,特别是在整治梅七线滑坡工程中使用得较多。到目前为止,在梅七线上共用抗滑桩 271 根,累计长 3 000 m 左右。对于滑坡体较厚,滑坡床埋藏较深,滑坡情况复杂,推动力较大,采用抗滑挡墙圬工量大,施工开挖易引起滑坡的滑动,则宜采用抗滑桩。梅七线大多数滑坡的滑坡床多为基岩,对于一些大型滑坡,如 K57、K59、K61、K64、K69 等都做了抗滑桩。整治工程多是在路堤、路堑出现病害以后设计施工的,所以大部分抗滑桩都成排的设置在路堑坡脚和路堤坡脚,既稳定了滑坡,也加固了路堤边坡和路堑边坡。如梅七线 K59 路堤滑坡,路堤修筑于老滑坡体上,由于地表水长期排泄不畅,地下水发育,1975 年 9 月雨季后,形成路堤滑动,牵动坡积层顺层滑动的浅层塑性多层滑坡和老滑坡复活。造成路堤下滑，钢轨悬空，中断行车。

1977 年采用以抗滑桩为主，兼截排地下水及地表水的综合整治方案，设抗滑桩 35 根，间距 4～8 m，桩长 8～15 m，稳定了路基(图7-16)。

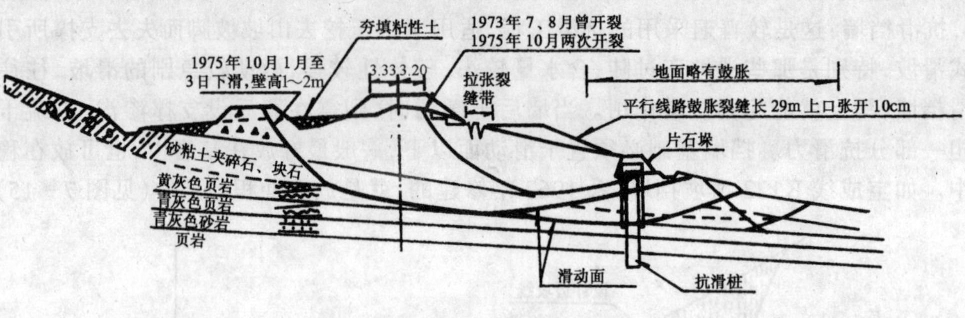

图 7-16　梅七线 K59 滑坡处理剖面示意图

当滑坡土质呈软塑状、可能出现浅层滑动时，在施工抗滑桩的同时，一般还需增加辅助工程，如桩间墙、支撑渗沟、纵向渗沟等，否则深层滑动虽然制止了，滑坡的浅层不稳仍可造成病害。如梅七线 K63 滑坡的北段，1973 年大部分抗滑桩已竣工，但桩间土体软塑，发生浅层滑动，桩间溜土，致使桩端露出 3～4 m，有几个桩曾被摧毁。为了制止桩间溜土，曾陆续在排桩的上下增设了干砌片石垛、挡墙、纵向渗沟、坡面支撑渗沟等工程，至 1978 年仍有浅层滑动，片石垛被挤坏，滑动土体越过挡墙进入路基。1979 年又增设了 3 根桩，并做深支撑渗沟(5～6 m)处理，浅层滑动才基本被制止。又如 K60 滑坡，在路堑下部用抗滑桩处理，并设置了桩间挡墙。也曾由于浅层滑体坍滑破坏了一段桩间挡墙和护墙。后来增厚了挡墙，并加做了支撑渗沟，才使滑坡稳定下来(见图 7-17)。因而，土体软塑的滑坡必须辅做如桩间墙、支撑渗沟等工程，深浅配合得当，才能取得预期效果。

采用抗滑桩整治滑坡，耗费钢材较多，但有利于施工，在施工中较少破坏滑坡体的稳定性，而且可以逐步达到稳定滑坡的效果。抗滑桩既可用于预防性加固，也可以作为紧急处理的手段，可在已有工程的基础上根据需要设置，如梅七线 K62 滑坡，当时没有考虑沿古滑面的整体抗滑措施，所做的堑脚挡墙未穿过古滑动面进入基岩，因此沿古滑动面又出现了新的滑动，为了紧急处理，在堑脚挡墙前加设了 31 根抗滑桩穿过滑动面进入基岩，稳定了滑坡。这也是采用抗滑桩作紧急处理成功的一例。

当滑坡主滑动面埋藏较深时，为了节约钢材及圬工，减小桩长，可将桩顶埋在主滑动面以上适当高度，桩顶以上用原土回填。如桑树坪专用线 7 号隧道滑坡整治工程，抗滑桩就是这样设置的。

另外，在梅七线上我们也推广采用了竖向预应力锚杆挡墙整治滑坡，节省了 20% 圬工，取得了较好的效果。

3. 局部改线，躲避或减少滑坡的威胁。

对于大型复杂滑坡，最好在定测或未开挖滑坡体坡脚之前设法绕避。如当滑坡出现后，再进行改线，就比较被动。为便于在坡脚设置抗滑建筑物，适当外移线路，仍然是必要的，如宝成线的白水江、谈家庄滑坡等曾适当外移了线路。梅七线 K69 新小街滑坡，亦是线路向右移 10～50 m，并采用以抗滑桩为主的综合整治方案，稳定了山体(图 7-18)。

梅七线 K64 滑坡，原来线路以路堤通过老滑坡腰部，外侧做了反压，施工以后，滑坡剧烈变形，线路内移在滑坡体外以挖方通过，效果良好。梅七线 K36 滑坡，原来线路以路堑通过，后因滑坡体厚 10～50 m，基岩又深在路基面下约 20 m，且山坡高陡，地形险峻，这样的滑坡难以整治，也只好采

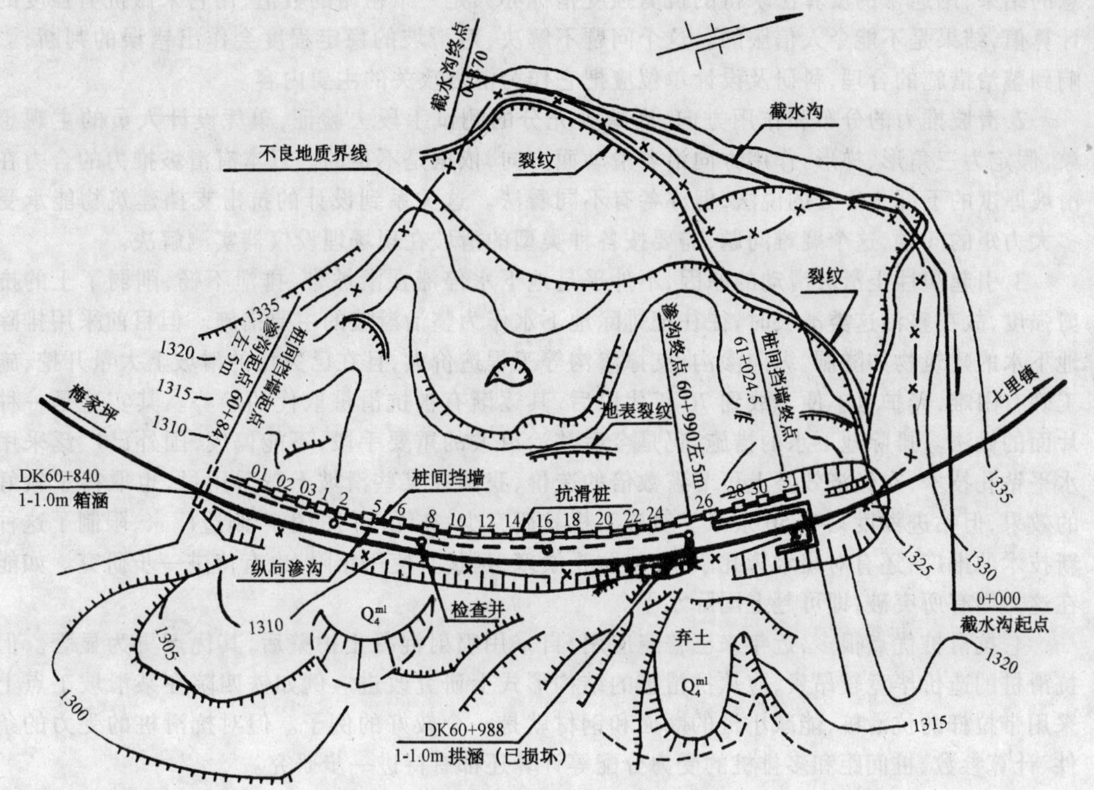

图 7－17　梅七线 K60 滑坡处理平面示意图

取了绕避滑坡的改线方案。

通过多年滑坡整治，使我们认识到，在整治滑坡中，首先要在详细调查测绘的基础上，采用综合勘探、测试手段，彻底查清滑坡性质，透过各种错综复杂现象，分清主次，掌握规律，抓住主要矛盾，采取针对性措施进行整治。由于滑坡成因复杂，影响因素较多，特别是一些较复杂的大型滑坡，不能用单一的整治方法，要采用综合措施，及早治理，一次根治，不留后患。

图 7－18　梅七线 K69 新小街滑坡抗滑桩为主综合整治设计示意图

（四）待研究的问题

滑坡给铁路造成的危害已引起人们的普遍重视，但由于种种条件的限制，至今未能很好掌握其规律，杜绝滑坡事故的发生，在滑坡整治设计中还存在不少问题，需进一步研究解决。

1. 进一步研究选择滑带土的抗剪强度指标

在滑坡整治中，首先要对滑坡进行稳定性检算，并计算滑坡推力作为设计抗滑建筑物的依据，这就需要有滑带土的抗剪强度指标。但滑带土的抗剪强度是随滑坡滑动的阶段不同而起变化的，在滑坡稳定检算中，如何采用确切的数据，确实是一个难题。当前仅凭室内试验，只能做细粒土的，对岩层、块石土、粗粒土尚无法实现；对细粒土的试验如何模拟真实情况还没有满意的结果，用通常的反算法求得的抗剪强度指标亦只是一个粗略的数值，用它来做抗剪强度的计算值，结果是不能令人信服的。这个问题不解决，对滑坡的稳定程度会作出错误的判断，影响到整治措施的合理，科研及设计单位应把它作为滑坡攻关的主要内容。

2. 滑坡推力的分布和作用方向，尚缺少充分的测试手段去验证，单凭设计人员的主观想象，假定为三角形、梯形，作用方向沿着滑动面方向，依据是不足的。日本有滑坡推力的合力在滑坡厚度的下部1/6处的说法，但亦各有不同看法。这关系到设计的抗滑支挡建筑物能承受多大力矩的问题，这个疑难问题，需要按各种类型的滑坡在现场埋设仪器实测解决。

3. 引起塑性土滑坡滑动的原因，不外乎是地下水停滞在滑坡带，排泄不畅，削弱了土的抗剪强度，故在整治这类滑坡时，往往把排除地下水作为整治滑坡的主要措施。但目前采用排除地下水的建筑物如隧洞、纵向渗沟、支撑渗沟等工程造价大，且在已失稳的滑坡上大量开挖，施工确有困难，养护也不便。故到70年代以后，其逐渐有被抗滑桩取代的趋势。其实这是一种片面的做法。排除地下水的措施，仍是今后整治滑坡的重要手段，不能偏废，国外已广泛采用水平钻孔技术，在经济效益上可节省数倍的造价，我国在某些滑坡上曾采用过，也取得了较好的效果，但钻进深度只有50余米。对施工机具研究少，亦无专门的生产制造厂家，限制了这种新技术的推广；还有对集水管孔眼，如何防止淤塞，延长其使用年限，也有待进一步研究。如能在这方面有所突破，即可赶上国际水平。

4. 抗滑桩优点很多，近年来已普遍应用，自采用喷射混凝土护壁后，其优点更为显著。但抗滑桩的造价毕竟较昂贵，应从抗滑桩的结构形式上研究改进。例如铁四院在某滑坡工点上采用带拉杆的抗滑桩，能减小桩的断面和钢材就是一个较好的例子。但对抗滑桩的受力的条件、计算参数、桩间距和多排桩的受力分配等计算还都有待进一步研究。

四、崩塌落石的形成与选线处理

刘德基

(一)崩塌、落石的含义

崩塌是指陡坡上较大范围的岩体或土体，在重力或外力作用下，突然而急剧地呈整体坠落或倾覆、翻滚而下，同时伴有冲撞、击碎现象者(图7-19)。

落石是指陡坡上的个别、零星岩石或小的块体，在重力或外力作用下，突然顺坡坠落或倾覆、翻滚而下，同时拌有冲击现象者。

崩塌与落石的区别是，落石为零散的岩块，而崩塌是范围较大的岩体。崩塌规模较落石大，破坏严重，黄土崩塌在陡峻的塬边亦会发生，而落石仅在陡坡岩石地段才会发生。

崩塌与滑坡的区别是：滑坡多是缓慢的、基本保持岩、土体整体状态，沿固定的面或带运动，且水平位移大于垂直位移，而崩塌的垂直位移往往显著大于水平位移。

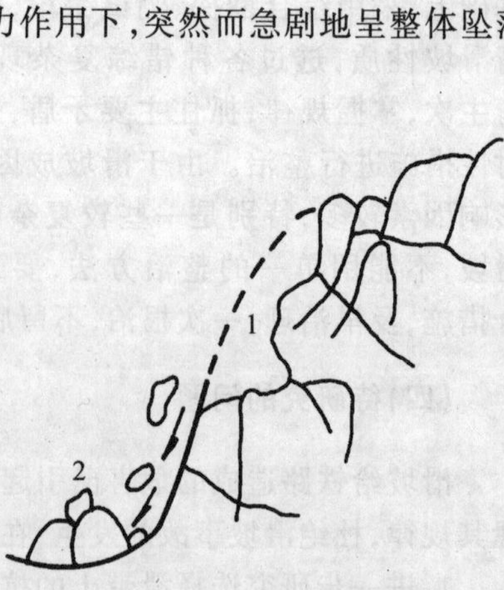

图7-19　崩塌示意图

1—崩塌体；2—堆积块石。

错落与崩塌也有所不同，在运动中的岩、土体能保持一定的整体性，其顺坡一次错下后，能保持稳定状态者，称为错落。它是介于崩塌与滑坡之间的一种山坡变形。

崩塌、落石规模的大小、危害程度差别较大，落石仅能堵塞侧沟、砸坏钢轨、枕木、列车等；

而较大的崩塌，如宝成线垮石山大崩塌，曾将深沙河河谷填塞，选线时被迫绕避；吴王城大崩塌，使嘉陵江断流，迫使线路内移设隧道。崩塌发生后往往有落石现象；落石的进一步发展，又往往会形成新的崩塌。

（二）形成条件

1. 自然条件

西北地处高原及高原边缘，周边有许多高大山脉阻断湿润气流，形成大陆性气候。其特点是湿度小，温差大，降雨量少，山地垂直分带明显，形成西北地区的岩石，物理、机械风化作用强烈。在风化剥蚀、卸荷作用下，风化节理裂隙发育，暴雨集中季节，常发生崩塌、落石，威胁线路安全。

2. 地形地貌条件

西北处于地壳整体上升剧烈变动地区，山高坡陡，冲刷切割强烈，在侵蚀基准面不断下降的同时，形成许多悬崖陡壁，尤其在一些新生沟谷及幼年期河谷中，下切作用极强，岸坡陡，重力变形多，崩塌、落石分布普遍。在天兰、包兰、兰青等铁路线上的黄土冲沟及峡谷地段几乎均有崩塌、落石。山坡越高，坡度越陡，其崩塌、落石的规模、强度越大。

在壮年期的河谷中，由于旁蚀力强，形成河床两岸不对称，出现相互交错的凸岸和凹岸，凸岸沉积，凹岸遭受强烈冲刷，形成崩塌、落石发育地带，也成为控制线路方案的关键地段。

3. 地层岩性条件

太古、元古界变质较深的硬质岩层，经过多期构造运动的破坏，及岩浆岩的侵入或喷出贯穿，断裂纵横交错，岩层被割切挤压成块状及碎屑状，缺少植被保护，多形成崩塌、落石。古生界海相复理式建造区，中、新生界巨厚的碎屑岩建造区，地层厚薄变化大，片理、层理发育，经构造破坏、冲蚀、人为等作用，也易形成崩塌、落石。

西北的沉积岩以石灰岩、砾岩、砂岩为主；变质岩以混合岩、片麻岩、大理岩、石英岩为主；侵入岩以花岗岩、闪长岩、辉长岩、辉岩为主；喷出岩以玄武岩、安山岩、凝灰岩、火山角砾岩为主；脉岩以玢岩、斑岩、伟晶岩为主。这些岩类，多为厚层块状，岩质坚硬而性脆，经构造破坏，节理裂隙发育，若处于陡坡地段，即会形成崩塌、落石。若这些厚层块状坚硬岩石中有松软、薄弱岩石夹层，则更会促进崩塌与落石的发生。

4. 地质构造条件

西北地区及其边缘分布着天山—阴山与昆仑山—秦岭两大东西向断褶带，在这两大纬向断褶带间，还分布着北西向祁连山断褶带，南北向贺兰山和六盘山断褶带，北东向吕梁山和太行山断褶带。在这些纵横交错的断褶带边缘及其内部分布着许多岩石圈断裂、地壳断裂、基底断裂及盖层断裂，这些断褶带中的深大断裂，多为继承性断裂，受多期构造破坏，这些断裂带及其影响带，也多为崩塌、落石地带。受青藏高原强烈上升影响，断块与断褶带升降差异较大，新构造运动活跃，强烈地震频繁发生，断褶带与断块镶嵌结合地带也常是崩塌、落石发育地段。

在断褶带及断块中，由于受地应力及应力场的复合作用，产生许多"X"型、"V"型、"Y"型、"Z"型、"N"型等节理裂隙体系，把块状硬质岩体切割成菱形、方形、锥形，其中主要结构面与坡向一致时，则易形成崩塌、落石。

（三）调绘与分析

1. 调查测绘的目的是查明崩塌、落石区的分布边界、形成条件、发生与发展过程及危害程度，为线路方案选择或整治措施提供依据。其工作内容和要求应是：

(1)广泛收集区域地质资料，包括地形、地质、水文地质、气象、地震及航片、卫片、文史档案等资料，并在掌握这些资料的基础上，了解区域地形特征、地层、构造、历史变迁、气象变化、植被覆盖率与崩塌、落石的发生、发展关系。

(2)在汇集已有区域资料的基础上,进行地质平面图调绘,将地层岩性、褶曲、断层、裂缝、错台、危崖、危石、崩塌体、堆积体、建筑物变形等现象,分别用符号、编号填绘于图上,并将其分布范围、规模、力学性质等进行详细记录,作出观测点、素描图、小型断面图、力学分析显示图等,以便于系统地分析崩塌、落石性质、危害程度、发生发展的趋势。

调查测绘范围,以工点范围为主,并与相邻地段的地形、地质条件进行对比。

(3)进行地质断面调绘。调绘断面有两种布置方法:一种是垂直崩塌、落石主结构面布置,它主要为显示崩塌、落石体及其结构面与坡面的稳定关系,作为分析崩塌、落石规模大小、危害程度、发生发展的依据;另一种是垂直线路布置,它主要可显示坡面及崩塌、落石的结构面,及与线路通过位置的关系,作为选定线路位置,确定工程处理措施的依据。

断面上应显示出地形、地貌变化,地层岩性特征,地质构造,各种结构面的产状,危崖、危石、裂缝的贯穿深度等。断面数量,应结合工点范围、地形、地质、变形现象的大小来确定,以能充分显示出坡面变形特征为原则。在前一种断面中,必须有一个断面,上部测至山顶,下至河边;其余断面,上部测至崩塌、落石范围以上的稳定区,下部测至崩塌、落石堆积体边缘安全区。

(4)对崩塌、落石区进行勘探。对历史较长、坡脚堆积体较厚、规模较大的崩塌、落石,为查明堆积体厚度及分析其历史演变和稳定性,才进行必要的勘探;为了解明洞、拦挡建筑物基础的地质情况,也才需进行勘探。一般崩塌、落石区,山坡地层多裸露,堆积体较薄,多以调查测绘为主,很少进行勘探。

2. 成因分析

(1)地层、构造分析

a. 地层岩性分析

对沉积岩要掌握层理的厚、薄变化规律,软硬层相间的关系,对厚层块状石灰岩、砾岩,要注意节理产状、类型、组合关系,层间夹有页岩、泥岩等松软岩层时,要特别注意层理与坡面的关系,分析其稳定性。

变质岩地区对由于受岩浆侵入、喷出影响,使原岩中矿物发生变质,重新组合排列所形成的新的岩层,应研究其片理、劈理、小型褶皱等结构面的组合关系,尤其对一些与坡向一致的三角形、楔形、弧形结构面,绿泥石化、绢云母化的片理、劈理、节理面,必须加强调查测绘分析,进行稳定性评价。地质时代越老、受动压次数越多,其结构面间距越密集,越易促使崩塌、落石发生。在硬而脆的石灰岩、硅质岩、花岗岩、片麻岩、混合岩中,多张性裂隙、弧形结构面,这些结构面多长大而延伸深远,亦易产生崩塌、落石。

在勘测中应掌握各种结构面产状与边坡的关系,进行统计分析,必要时用吴氏网赤平投影图解法,对崩塌、落石的稳定性进行分析。

b. 构造分析

断层、褶曲往往对崩塌、落石的形成和发展起控制作用。首先要掌握区域性断层、褶曲的分布变化,对深大断裂、复式褶曲主轴的分布位置、延伸方向、产状变化、构造岩物质组成、松软程度、结构面关系等,进行了解、分析。其次要掌握断层、褶曲影响带的宽度、岩类、岩石性质、揉皱破碎情况及雁列、羽列等各种构造的产状、性质与主断裂、主褶曲轴的关系,分析其与崩塌、落石发生和发展的关系。

对长期继承性活动的断裂带,尤其是地震频繁活动地带,应从区域性稳定条件上,对崩塌、落石地段进行工程地质评价,确定线路走向及位置。例如1945年修建的宝天线,部分线路位于中、新生代有继承性活动的断层带内,选线设计未认识到断层性质,就以挖方通过,引起崩塌、落石。在运营中虽经多次改建整治,由于山高坡陡,防不胜防,崩塌、落石仍威胁行车安全。为此,山区选线,必须对区域断层带做出稳定性评价,以确定线路走向及通过位置。

(2)水的影响分析

地表水和地下水往往促使崩塌、落石的发生。大部分崩塌、落石均发生在雨季,说明地表水与地下水的冲刷、潜蚀起着作用。土体受水浸泡,容重增大,抗剪强度降低,摩擦阻力减小,常造成土体不稳,产生崩塌。因此,要了解地表水及地下水在山坡上的分布情况、水量大小和季节性变化,分析其对崩塌、落石的影响。

(3)山坡形态分析

首先宜掌握区域性地形、地貌特征,对比分析产生崩塌、落石的地貌变化。如山坡的坡度、坡形、坡高,坡面上出现的悬崖、陡壁、突出崖咀、环状凹面、危石、空洞、陡坎、台阶等,了解其稳定状态,分析发展趋势。

对坡面上出现的各种变形现象,如裂缝、错台等,根据其宽度、长度、深度、倾角、延伸方向,分析其力学性质、发展趋势及危害程度。

a.坡度:崩塌、落石运动速度的大小、跳跃翻滚状态和落地远近,都受山坡坡度及粗糙度影响。有的坡面杂草丛生,坑洼不平,可阻滞崩塌、落石运动或减缓下落;有的陡坡或突出山咀,可加速崩塌、落石的碰撞、跳跃、翻滚而落地很远;有的坡度平缓,崩塌、落石顺坡而下落地较近。所以坡度往往控制着崩塌、落石的距离,对建筑物威胁程度也就不同。在新线选线、旧线改造中,经对一些崩塌、落石区进行的石块滚落试验的观察、测量,归纳有三种情况:

山坡为0°~28°时为减速带。在这种坡度的山坡上,石块运动速度逐渐减低;当山坡有一定长度时,可使石块运动终止。即使开始是跳跃式滚动的石块,也会逐渐由跳跃转为滚动而静止。

山坡为28°~60°时为加速带。在这种坡度的山坡上,石块滚动速度逐渐增加,并产生跳跃。

山坡为60°~90°时为冲击坡面的自由落体带。在这种坡度的山坡上,一般无石块停积,脱离母岩的石块多呈自由落体式,仅局部受撞击而跳跃运动。

b.坡形:坡形不同,石块在坡面上的运动速度也就有所差异。如凹形坡,凹坑上部多为垂直坡或负坡,其崩落块体常呈自由落体,而凹坑下部,坡度变缓,产生强烈碰撞冲击,能量迅速衰减,速度显著变慢。凸形坡面,上部坡缓,崩塌块体在其上以滚为主,且速度不断增加,至突出尖端产生跳跃,顺下部陡坡或负坡坠落而下。若坡形变化越多,距离越长,越能使崩塌岩块碰碎变小,随之冲击力逐渐变小。

c.坡高:山坡越高,落体在运动中加速度越大,产生破坏的势能越大,对线路、建筑物及行车安全威胁也越大。

(4)崩塌、落石稳定性分析

有崩塌、落石的山坡坡脚,就一定有大块石组成的堆积体,这些堆积体可能是一次或多次崩塌、落石所形成。其体积的大小,能显示崩塌、落石规模的大小及危害程度。研究分析堆积体的形态,块石颜色、形状、物质成分、密实程度,植物生长情况等,可以推测崩塌、落石,发展阶段及稳定程度。

a.正在发展的崩塌、落石:堆积体块石大部分颜色新鲜、富棱角,块体接触面粗糙,大小混杂,空隙大,松散,不稳定。堆积体上方坡面参差不齐,基岩不稳定,张性节理、裂隙发育,多新鲜破裂的结构面,呈菱形块体,有凹槽和楔形槽,草木稀少,崩塌、落石经常发生。

b.趋于稳定的崩塌、落石:堆积体块石颜色呈灰暗色,局部有零散新鲜块石分布,堆积体上部坡面坡度逐渐变陡,锥体向上延伸,锥体上有扇形、条带状岩屑、石块停积在草木之中,愈向外愈稀少,堆积体愈向下愈密实。堆积体上方坡面的基岩大部趋于稳定,草木生长良好,仅个别地段存在零星危石及风化的岩屑。

c.静止稳定的崩塌、落石:堆积体上已长满草木,石块普遍呈灰暗或黑灰色,棱角减少,石块间充填泥土、碎屑,密实度好,局部呈半胶结。堆积体上方坡面的松动岩块已全部掉落,坡面稳定,草木丛生。

(四)选线原则

1.对正在发展的崩塌、落石地段,线路应外移以路堤或内移以隧道予以绕避。当绕避有困难时,可采用明(棚)洞通过。

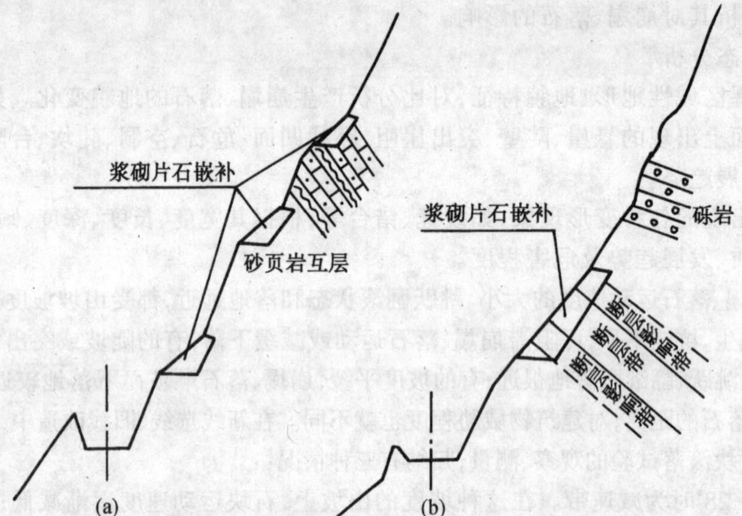

图 7-20　陡边坡软硬不均岩层局部支护示意图

2.对趋于稳定的崩塌、落石地段,选线时应用横断面确定线路位置。当线路处于陡坡挂线地段时,宜内移设隧道,或外移设桥,予以绕避。当边坡上陡下缓或有稳固的台阶设置基础时,可利用缓坡、台阶,设明洞通过。

(五)处理措施

1.对于危石,施工前首先要做好清除工作。必须统一布署,全面扫清,不留后患。个别半埋的体积较大块石,清理后将会引起坡面稳定者,应采用支顶措施,以确保稳定安全。

2.对由于岩性软硬不均或断层挤压坡碎带地层松软,出现的边坡局部不稳,可进行局部支护处理(如图 7-20)。

3.对坡面的危岩(图 7-21),可采用支、护、锚等综合整治措施。

4.对于由于边坡长期暴露,风化剥蚀,一些张性节理扩大,风化裂隙发育,坡面凹凸不平的危石群引发的局部崩塌、落石,可针对不同变形情况采用浆砌片石护壁、支补、水泥砂浆勾缝、抹面、钢轨插别、锚固、喷浆等(如图 7-22)加固措施。

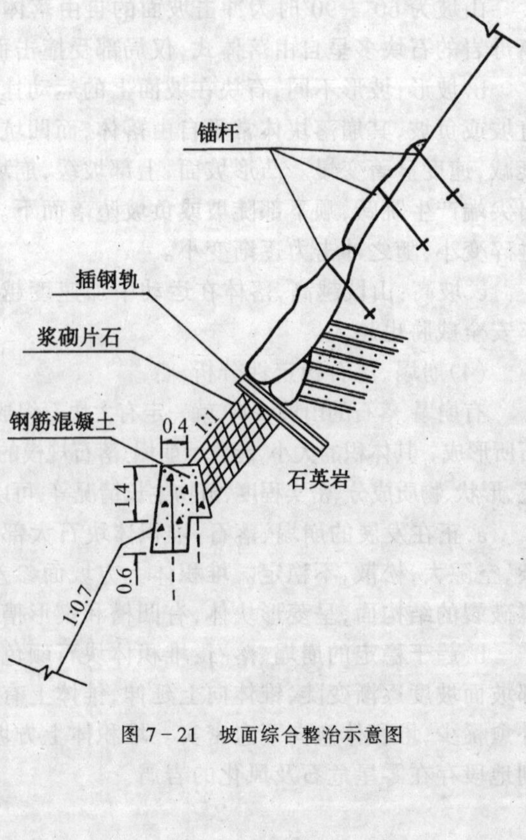

图 7-21　坡面综合整治示意图

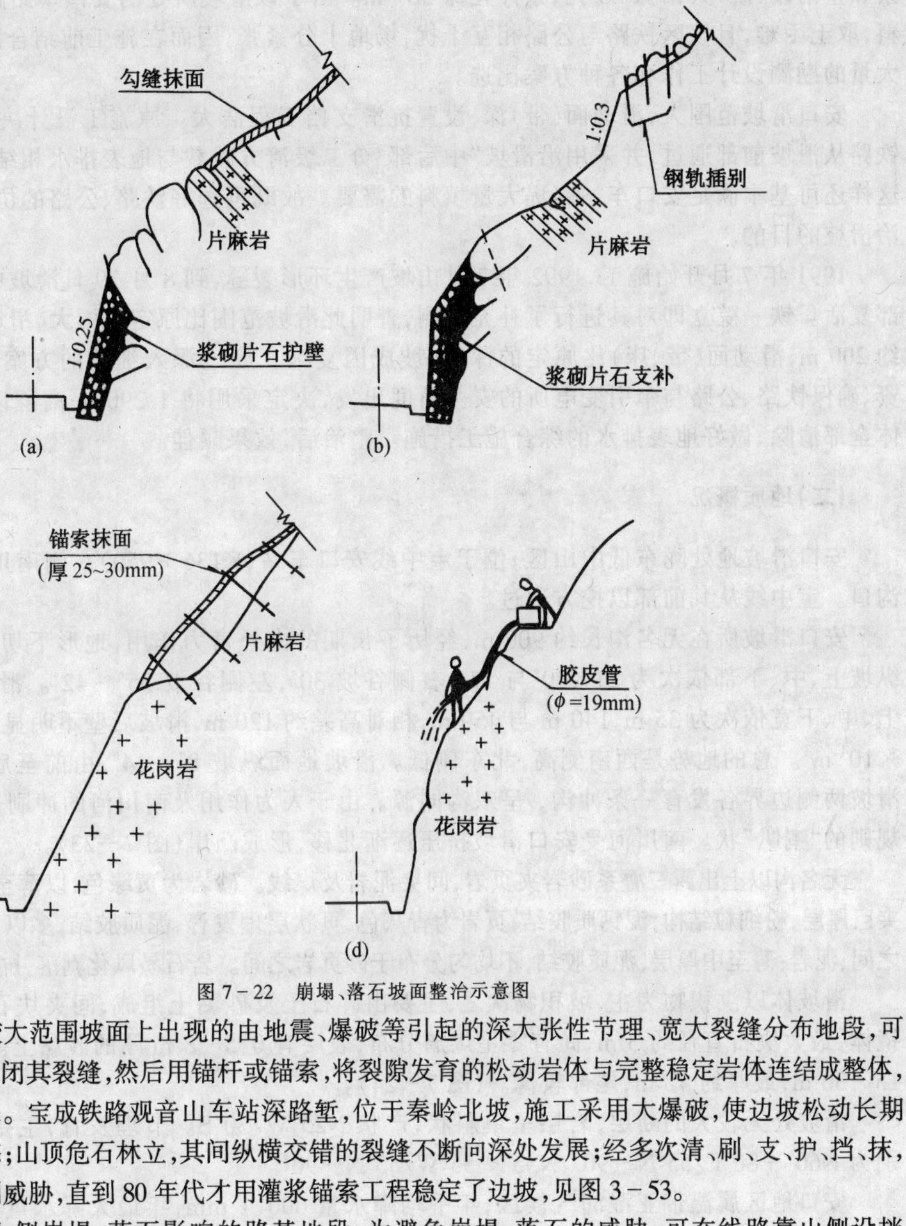

图 7-22　崩塌、落石坡面整治示意图

5. 对于在较大范围坡面上出现的由地震、爆破等引起的深大张性节理、宽大裂缝分布地段，可先灌浆、注浆，封闭其裂缝，然后用锚杆或锚索，将裂隙发育的松动岩体与完整稳定岩体连结成整体，将边坡稳定下来。宝成铁路观音山车站深路堑，位于秦岭北坡，施工采用大爆破，使边坡松动长期处于不稳定状态；山顶危石林立，其间纵横交错的裂缝不断向深处发展；经多次清、刷、支、护、挡、抹，车站安全仍受到威胁，直到80年代才用灌浆锚索工程稳定了边坡，见图3-53。

6. 对于受山侧崩塌、落石影响的路基地段，为避免崩塌、落石的威胁，可在线路靠山侧设挡碴墙、挡碴堤、落石槽等建筑物，确保线路安全。

7. 做好排水工程。对山坡上坑洼不平，沟坡不顺，沟底狭窄，淤积堵塞，经常积水会造成崩塌、落石，或促进其发展的地段，应做好截、排水工程，整平地表，夯填裂缝，对渗、漏水地段进行铺砌，将水引出崩塌、落石范围以外。

五、宝中线安口滑坡的形成、发展及演变

刘天哲

(一)工程概况

安口滑坡先后在1983年、1988年、1990年与1992年的初测、定测、补充定测中进行过勘

察和整治设计。共钻探23孔,累计孔深587 m。由于该滑坡所处的安口车站路堤需要大量填料,取土困难,且该区铁路与公路相互干扰,场地十分紧张,因而在施工前结合滑坡整治进行了大量的勘测设计工作和各种方案比选。

安口滑坡范围大,滑动面(带)深,设置抗滑支挡工程浩大。原施工设计决定改移公路,使铁路从滑坡前部通过,并采用沿滑坡"中后部"分三级清方减载与地表排水相结合的整治方案。这样还可基本满足安口车站路堤大量填料的需要。故既可选好铁路、公路的位置,又可达到整治滑坡的目的。

1991年7月开始施工,1992年7月山坡产生环形裂缝,到8月29日滑坡中后部滑坡体全部复活。铁一院立即对其进行了补充勘测,查明此滑坡范围比原定范围大,滑坡后缘周界相差约200 m,滑动面(带、床)比原定的深,滑坡成因复杂。经过深入细致的方案比较,从节约投资、确保铁路、公路与牵引变电所的安全角度出发,决定采用将1 290 m高程以上中后部滑坡体全部清除、做好地表排水的综合施工措施。整治后,效果颇佳。

(二)地质概况

安口滑坡地处陇东低中山区,位于宝中线安口车站(K136+950)东侧南川河右岸无名沟沟口。宝中线从其前部以挖方通过。

安口滑坡所在无名沟长约900 m,经历了长期的内外营力作用,地形下切深度大,原沟谷纵坡上、中、下部依次为21°、40°与17°;右侧谷坡30°,左侧谷坡35°～42°。滑坡长约600 m,上、中、下宽依次为35 m、140 m与450 m,相对高差约120 m,滑坡后壁不明显。滑坡体约170 $\times 10^4$ m^3。总的地势是西南侧高,北东侧低。滑坡地面纵坡8°～14°,由前至后逐渐变陡。在滑坡两侧边界各发育一条冲沟,呈双沟同源。由于人为作用及南川河的冲刷,滑坡前部呈不规则的"喇叭"状。南川河受安口滑坡挤压逐渐北移,形成凸岸(图7-23)。

无名沟以上出露三叠系砂岩夹页岩,间夹泥岩及煤线。砂岩为黄绿色,以薄至中厚层为主,间夹巨厚层,粉细粒结构,泥钙质胶结;页岩为青灰色,页状层理发育,泥质胶结,多以薄层状夹于砂岩之间;泥岩:薄至中厚层,泥质胶结,不均匀分布于砂页岩之间。岩石易风化剥落,抗冲蚀能力差。

滑坡体以洪积物为主,坡积物次之,主要由碎石土及砂黏土组成,间夹块石土与砂黏土透镜体,最大块石直径约3 m,尚有零星煤屑分布,表层有0.5～8 m厚的砂黏土。洪积层一般厚15～30 m,最厚约42 m,尾部较薄。(图7-24)。

滑坡处无较大的断层,岩层呈单斜状,产状N25°W/30°S。节理发育,主要的两组节理分别为N60°～80°E/55°N～90°、N35°～55°W/55°N～90°。

安口地区属温带亚湿润气候区,年平均降水量600.1 mm,年最大降水量810.4 mm。雨季主要集中在7、8、9三个月。安口滑坡地下水主要靠大气降水、沟谷上游及两侧谷坡地表径流补给,随季节性变化明显。1983年10月初测时,滑坡前缘北东侧有几处泉水出露;但在1988年5月定测调查时却无泉水出露。

(三)滑坡的形成与发展

1.早期洪积扇形成阶段

上更新世之前,是洪积扇的早期形成阶段。无名沟沟口右侧1291 m高程处,局部有厚约2 m的上更新统微胶结卵石土,说明洪积扇在上更新世时期尚未滑动,但洪积扇已形成一定的规模。

由于上三叠系砂页岩节理裂隙发育,易风化剥落,抗冲蚀能力差,加之两侧谷坡较陡,沟谷较长等原因,提供了较丰富的松散物质,促使沟口的洪积扇不断加厚和扩大。

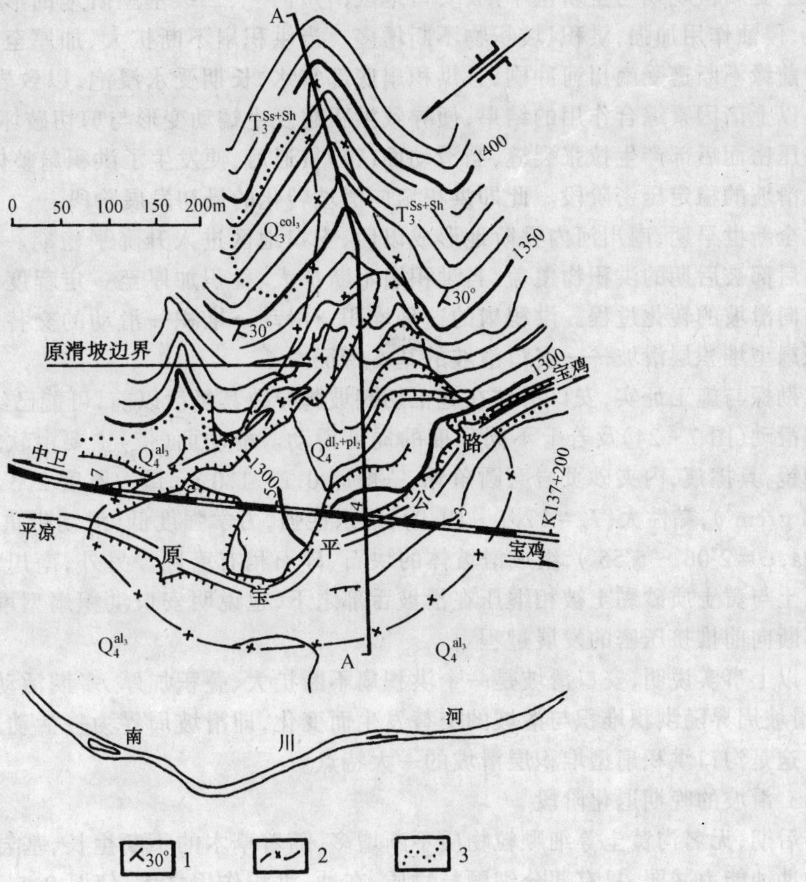

图 7－23　施工前安口滑坡工程地质平面图

Q_4^{al3}—冲积黄土质砂黏土；$Q_4^{dl2+pl2}$—坡、洪积砂黏土；

Q_3^{eol3}—风积黄土质砂黏土；T_3^{Ss+Sh}—上三叠系砂岩、页岩；

1—岩层产状；2—滑坡界线；3—岩层分界线。

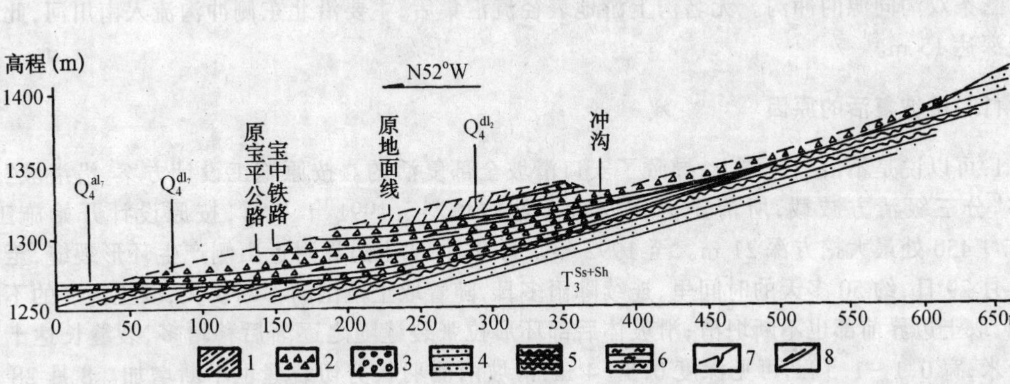

图 7－24　施工前安口滑坡 A－A 纵断面图

1—砂黏土；2—碎石土；3—卵石土；4—砂岩；5—页岩；6—泥岩；7—滑坡裂缝；8—滑动面(带)。

2. 洪积扇不断叠积扩大、滑坡也不断发生的阶段

上更新世晚期与全新世早期，安口地区南川河一、二级基座阶地的形成，说明该地区抬升明显，侵蚀作用加强，洪积、坡积物不断增多。当洪积扇不断扩大、加厚至一定程度时，由于洪积扇前缘不断遭受南川河冲刷，且洪积扇底部富水，长期受水浸泡，以致岩(土)体力学强度降低。以上诸因素综合作用的结果，便导致洪积扇发生蠕动变形与剪切破坏，后部堆积物向前部推挤压密而后部产生拉张裂缝，当滑动面(带)贯通后，便发生了洪积扇整体或局部滑动。随后进入滑坡的稳定压密阶段。此即洪积扇向滑坡转化的最初发展阶段。

全新世早期，南川河内叠阶地形成以后，安口地区进入升降平稳期。在这一时期，安口滑坡中后部被后期的洪积物覆盖，当洪积扇不断扩大、叠积加厚至一定程度时，便会重复上述洪积扇向滑坡的转化过程。洪积扇的这种堆积→滑动→堆积→滑动的交替过程，便形成了沟口洪积扇型堆积层滑坡——安口滑坡的基本特征。

勘探与施工证实，安口滑坡在施工切割坡脚导致其复活以前，可能已经历了五至六次大范围的滑动(图 7－24)及若干不同程度的局部滑动。滑动面(带)主要由软塑的砂黏土组成，光亮如镜，具擦痕，内夹砂页岩磨圆角砾，一般厚 0.2～1.0 m，最大厚度 2.3 m，土体密度大($\rho=2.73\ g/cm^3$)，黏性大($I_p=17.1\sim19.9$)，隔水性强，力学强度低(滑动带重塑土多次剪 $c=5\sim9$ kPa，$\varphi=2°06'\sim5°55'$)，组成滑坡体的块石、碎石稍有磨圆。另外，南川河上更新统、全新统卵石土与黄土质砂黏土被相继压在滑坡舌部之下，也说明安口洪积扇型堆积层滑坡经历了一个不断向前推挤压密的发展过程。

以上事实说明，安口滑坡是一个洪积扇不断扩大、叠积加厚、多期活动的推挤型堆积层滑坡，滑坡周界随洪积堆积与滑坡的交替发生而变化，即滑坡周界为一活动周界，无明显滑坡后壁。这是沟口洪积扇型堆积层滑坡的一大特点。

3.滑坡的晚期退化阶段

后期，无名沟黄土等细颗粒物质不断增多，随着草木的不断生长，基岩风化剥落和地表径流的冲蚀能力减弱，只有部分细颗粒物质，在冲、洪积作用之下，使厚 0.5～8 m 砂黏土堆积于滑坡中后部表层。

另外，从滑坡两侧边界发育的小冲沟不难看出，至现代，除滑坡上部以外，安口滑坡的洪积过程已经结束。特别是近几十年无名沟不断植树绿化，树木生长茂密，水土流失锐减，外来坡、洪积物趋于枯竭。上游沟谷与两侧谷坡地表径流的汇集，导致滑坡两侧边界侵蚀切割加剧，形成了二条双沟同源的冲沟。无名沟上游地表径流汇集后，主要沿北东侧冲沟流入南川河，此冲沟最深达 15 m。

(四)滑坡复活的原因

1.可以说是不恰当的清方，导致了安口滑坡全部复活的。按原施工设计方案，沿滑坡“中后部”分三级清方减载，所清土方作安口车站的填料。1991 年 7 月，按原设计开始施工，K137＋450 处最大挖方深 21 m。至 1992 年 7 月 9 日，取土边界附近山侧产生环形裂缝，至同年 8 月 29 日，约 50 多天的时间里，连续降雨多日，随着取土范围的不断扩大，取土高度的不断增加，取土边界前部也不断坍滑；滑坡体后部环形拉张裂缝随之逐渐后移增多，裂缝长达十至几十米，宽 0.1～1.5 m，可见深度 0.5～4 m；滑坡两侧羽状剪切裂缝也不断增加。8 月 28 日至 29 日上午的一场大雨，安口滑坡以牵引状急剧向中后部迅速发展。至此，施工切脚导致安口滑坡全部复活(图 7－25、图 7－26)，滑坡前部鼓胀高 5～8 m，裂缝纵横交错，裂缝长数米至数十米，宽 0.1～2 m，可见深度 1～6 m。中前部形成二处积水洼地，水深 0.5～1.0 m，爆晒多日不干。中后部滑坡体沿“V”型滑坡床顺沟谷下滑，持续了三天才基本稳定下来。

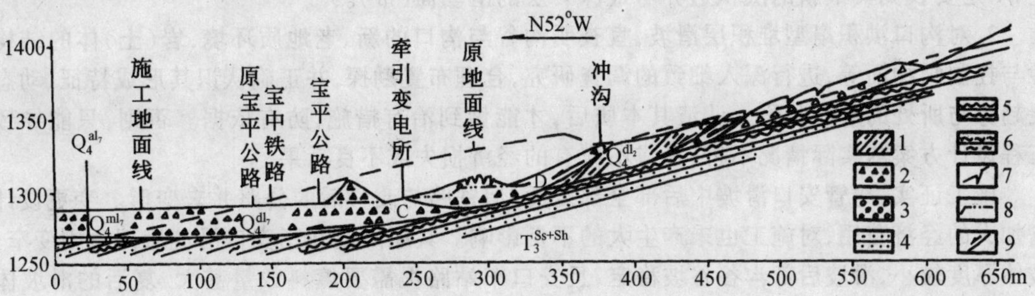

图 7-25　施工中安口滑坡复活 A—A 纵断面图

1—砂黏土；2—碎石土；3—卵石土；4—砂岩；5—页岩；6—泥岩；7—滑坡裂缝；8—原施工设计减载线；9—滑动面(带)。

2. 滑坡复活还与原勘察圈定的滑坡后缘不准有关(见图 7-23)。按原设计沿滑坡“中后部”分三级清方减载即可基本清除完滑坡体(图 7-25)，而实际上却还在滑坡中前部大挖方，结果造成其大范围临空，抗滑力不断减弱，这是安口滑坡复活的另一个主要原因。

3. 雨季施工，大量降水不断下渗，使滑动面(带)岩(土)体力学强度降低；堆积层孔隙潜水也降低了滑动面(带)上的抗滑力、增加了滑坡体重量；进一步恶化了滑坡的稳定条件，则是造成滑坡复活的第三个原因。

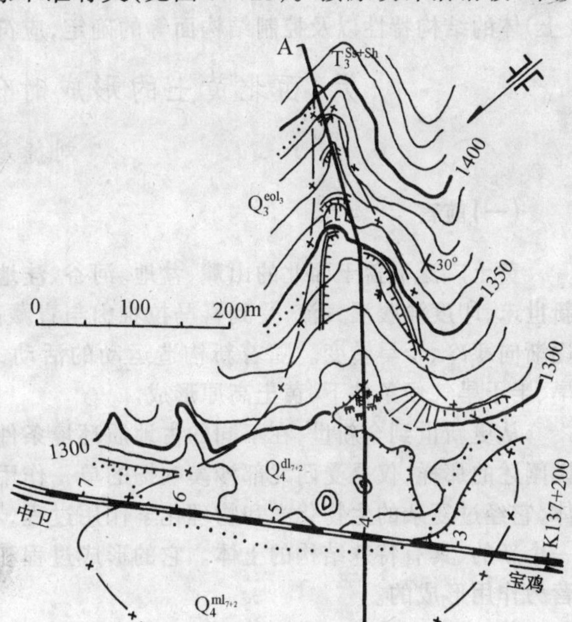

图 7-26　施工中安口滑坡复活工程地质平面图

1—岩层产状；2—滑坡界限；3—岩层分界线；4—滑坡裂缝。

(五)滑坡的滑坡床特征

勘探和滑坡中部暴露的滑坡床表明，安口滑坡的滑坡床是由二部分组成的复合型滑坡床。滑坡床横向前部为一下凹的锅底形；中后部为“V”形(图 7-26)。前部滑坡床由上更新统、全新统卵石土和砂黏土构成，局部为淤泥；中后部滑坡床由三叠系砂页岩构成。

滑坡床形态，受岩(土)体结构特征与结构面的控制，另外，尚与滑坡的古地质环境、规模以及各部分所处的空间位置有关。卵石土与砂黏土接近于各向同性介质，且滑坡前部滑坡体厚度小，可滑范围大。而砂页岩由于受层理与宽大节理结构面的控制，更多地表现为各向异性介质，且受古地质环境影响明显。此即为安口滑坡形成复合型滑坡床的原因。

(六)小结

1. 沟口洪积扇型堆积层滑坡，由于洪积堆积与滑坡交替发生，故滑坡周界为一活动周界，且滑壁不明显、滑动面形态复杂、有多个滑动面等特点。对此类滑坡周界的圈定和滑动面的鉴定,一定要找到其最新的洪积边界与最深一层的滑动面(带)。

2.对沟口洪积扇型堆积层滑坡,宜查明沟谷与沟口的新、老地质环境,岩(土)体的结构特性与控制结构面等,进行深入细致的调查研究,合理布置勘探,并正确认识其形成特征、动态发展趋势与所处的形成阶段。认清其本质后,才能做到治有措施,防有依据。否则,只能导致其工程设计方案与实际情况不符,造成不应有的经济损失或不良后果。

施工证实,尽管安口滑坡中后部全部复活,但铁路与改移后的公路并未变形。变更设计未增加大的经济费用,对施工也未产生大的不良影响。其原因就在于安口滑坡后部急剧变窄,滑坡体厚度较小,滑坡后部沟谷谷坡稳定,且安口车站路堤需要填料数量甚大,复活的滑坡体可以全部作为车站路基填方之用,这是为之庆幸的一点。就这一实际情况而言,安口滑坡前缘的铁路选线与公路改移方案还是正确合理的。

3.清方减载是整治滑坡的一种手段。但施工表明,运用清方减载整治滑坡必须慎之又慎。否则,有可能导致整治方案失败。究其原因,关键就在于人们对滑坡的成因类型、滑动面(带)、滑坡床的基本形态特征、滑坡体的真实厚度、滑坡周界的圈定、与滑坡体和母体密切相关的岩(土)体的结构特性以及控制结构面等的确定,应符合实际,防止出现偏差。

六、西北黄土的形成时代、成因与分布探讨

刘德基

(一)前言

黄土广泛覆盖于西北的山麓、盆地、河谷、洼地等老岩层之上。其厚度大,层序完整。在上新世末,印度洋暖湿气流,受到喜马拉雅山与青藏高原隆起的阻碍,使西北温暖、湿润的气候,逐渐向寒冷、干旱转变。随着新构造运动的活动,青藏高原剧烈上升,古地理环境变迁,在干旱、半干旱气候条件下,黄土高原形成。

从更新世到全新世,在不同的古地质环境条件下,形成不同成因的黄土堆积。并不象风成说阐述的那样,仅是受西北部沙漠吹扬的单一作用。它不是仅有细粒物质,也不是简单的混合体,它经过复杂的生物化学和物理化学作用过程,不同程度地改变了原有物质组织成分,成为一个新的、具有特殊结构的土体。它的形成过程和搬运、堆积方式是复杂的,是通过各种地质营力作用形成的。

黄土覆盖于不同高度和不同时代的地层之上,化石少,层序比较难定,所以在地层成因的划分上,长期有不同见解,各学者多以自已所见,建立各自的地层系统和命名。

铁路工程地质工作者,在建国初曾以原生与次生划分黄土层,在路堑开挖中出现了许多崩塌、错落、滑坡等病害,造成中断行车、人身伤亡事故后,才开始认识到这种分类不能反映其工程性质。以后改为以新、老划分黄土,它虽反映了黄土的疏、密,边坡的陡、缓,湿陷性变化,但黄土堆积是多种地质营力的产物,在不同时代的地质环境下,其形成由主导地质因素起作用。时代成因能反映黄土物质组成、结构骨架、工程力学性质。若仅有新、老概念,而忽略其成因也是不恰当的,如笼统地把西安地区的黄土与兰州地区的黄土进行对比,就很难掌握其力学数据的变化规律。现将有关学者对黄土时代成因的划分及其在西北地区的分布变化,结合铁路工程予以简述。

(二)黄土的形成

新构造运动是黄土高原形成和发展的主要控制因素。

上新世末黄土高原地区,还是一个高差不大,比较广阔的古剥夷面,在不同地质时代的基岩残山、盆地之间分布着一些湖积、冲积、坡积和残积的红黏土、砂砾层、三趾马层。说明在上新世末,这里还处于湿、热的草原环境。到第四纪初,新构造运动活跃,青藏高原开始剧烈上升,改变了原有地形特征,同时诱发了大气环境的变化,使西南季风暖湿气流受到抬升的喜马拉雅山及青藏高原的阻碍,西北气候,从上新世后期的温暖气候,向更新世的干旱、半干旱气候转变,为黄土的形成、发展,创造了环境条件。

黄土是在多种地质营力作用下的堆积物质,是在相似的干旱、半干旱气候条件下,经过生物化学与物理化学作用过程,逐渐形成的具有特殊结构的土层。这个过程,也称黄土化作用过程。其物质主要来自邻近地区的早期堆积和基岩风化碎屑物,形成的基本因素是气候,以及与气候紧密相关的生物因素。生物有机物质,不仅促使矿物颗粒发生物理化学变化,而且使微量元素集聚、迁移活动程度增加。有机物的存在,可使高价铁向低价铁转化等。这一复杂的生物化学及物理化学作用结果,不同程度地改变了原有物质组分的固有特点,形成新的具特殊结构土体——黄土,这个过程,即为黄土化作用。整个黄土形成发展过程,可归纳为四个阶段:(1)黄土物质堆积阶段,以粉土颗粒为主;(2)形成黄土堆积物的特殊胶结结构;(3)结构调整,强度增加;(4)形成风化层或土壤化,或由于天然压密,失去黄土的特殊外观和原有的结构特征。

(三)黄土成因与铁路工程的关系

1.风成说的含义

对西北的黄土,在本世纪初国内外学者就提出了风成假说。由于黄土分布在沙漠区南面,且其颗粒粒径是北面较粗,向南逐渐变细,同时分布在不同高度上,所以许多学者都采用风成说。但却忽略了沙漠形成是在晚更新世晚期至全新世这个事实。

50年代初在铁路地质工作中、接受俄国学者提出的风成黄土为“原生”,非风成黄土为“次生”的理论,认为原生黄土土质均匀,壁立性强,挖方边坡可陡些,采用1:0.1~1:0.3;次生黄土为原生黄土再搬运堆积而成,土质不均匀,挖方边坡可缓于1:0.5,从而赋以固定的风成与非风成成因含义。大量事实表明这并不符合实际情况。如包兰铁路白银至兰州段,当时认为属原生黄土,挖方采用较陡的高边坡,普遍发生坍塌,后只得放缓边坡;天兰铁路K1520及K1725处1955年认为属原生黄土,挖方采用1:0.5高边坡,造成边坡坍塌、列车颠覆、人身伤亡事故,中断行车;同年在宝成铁路北段50号隧道北口,亦认为是原生黄土,在开挖陡边坡时,塌1200 m^3,造成9人死亡的重大事故。血的教训,使我们认识到原生、次生的含义,是不能反映不同地质营力下黄土层的实际情况的。

2.新、老黄土的划分:

1956~1957年,对黄土分布较厚的南同蒲、咸铜、铜川等已成铁路及当时正在修建的三门峡专用线、包兰线白银至兰州段和兰青线等进行现场调查,按当时刘东生提出的新黄土、老黄土划分原则(见表7-5),采取土样,进行了物理力学性质试验(见表7-6)。

调查中所见老黄土,普遍紧密,坍塌时是壁立的,可以打窑洞,承载能力也高;新黄土普遍疏松,在干燥状态下,边坡不高时也能保持陡立,有一定承载能力,但遇水易湿陷,承载力显著降低。

50年代后期,铁一院在侯马至西安线,对新、老黄土进行过承载力、强度系数、路堑坡率的试验、研究分析:

(1)泌水大桥和清水河大桥侯马端桥台地基均为黄土质砂黏土,按当时桥规,承载力为

表 7－5　我国黄土地层划分表

时　代	李希霍芬	奥勃鲁契夫	安特生	德日进与杨忠健	格拉西莫夫	帕甫林诺夫	刘东生
现　代（全新世）			次生黄土				新黄土 2
新第四纪（晚更新世）		黄土	马兰黄土（原生黄土）	马兰黄土	马兰黄土	淡白色尘土状黄土、黄橙色黄土	新黄土 1
老第四纪（中更新世）	黄 土	红色黄土		红色土			老黄土 2
老第四纪（早更新世）					三门黄土	含石灰质结核、红色黄土	老黄土 1
第三纪							

表 7－6　新、老黄土物理力学性质比较表

线别及地区	说明	黄土名称	工程	<0.005 mm 含量（%）	天然含水量（w）（%）	天然密度（ρ）（g/cm³）	比重（Gs）	孔隙度（n）（%）	塑性指数（Ip）	湿陷系数 δs	碳酸钙含量（%）	易溶盐含量（%）	剪切试验 凝聚力（c）（kPa）	剪切试验 内摩擦角（φ）（度）	样品数（个）
南同蒲铁路史村附近 K649＋950～K654＋800	黄土与卵石土、粉砂交互层，黄土，淡黄色及微红色，颗粒不均，夹有钙质结核，紧密的	老黄土	路堑	16.0～32.0	13.4～16.3	1.83～1.85	2.70～2.73	40.0～42.0	9.4～14.3		5.5～6.8		62.5～150	19°18′～29°55′	3
咸铜铁路黄堡附近 K126＋380～K127＋360	黄土，淡黄色及微红色，含有钙质结核，紧密的	老黄土	路堑	19.0～28.5	15.4～22.0	1.6～1.94	2.71	41.2～43.7	11.1～13.9		7.37～20.86		28～56	20°15′～33°10′	4
铜川铁路专用线铜王段 K0＋000～K15＋100	黄土，淡黄色、棕黄色及砖红色，含有钙质结核，紧密的	老黄土	路堑	1.0～42.5	10.8～28.2	1.46～2.13	2.71～2.73	34.8～53.5	11.9～20.7		0.3～24.2		12.5～255	21°27′～31°12′	36
三门峡铁路专用线便线 K0＋000～K13＋791	黄土，淡黄色及微红色，含有少量钙质结核，中等紧密至紧密的	老黄土及新黄土	路堑	10.0～42.0	5.7～24.2	1.37～1.88	2.69～2.75	41.4～55.5	5.7～18.5	0.0003～0.138	6.7～18.0	0.07～0.16	0～230	20°33′～40°22′	62

续上表

线别及地区	说明	黄土名称	工程	<0.005 mm 含量（%）	天然含水量（w）（%）	天然密度（ρ）(g/cm^3)	比重（Gs）	孔隙度（n）（%）	塑性指数（Ip）	湿陷系数 δs	碳酸钙含量（%）	易溶盐含量（%）	剪切试验 凝聚力（c）（kPa）	剪切试验 内摩擦角（φ）（度）	样品数（个）
包兰铁路白银西至兰州段 K0+00～K81+500	黄土，淡黄色颗粒均匀，不含钙质结核，中等紧密的	新黄土	路堑	0.5～43.0	1.93～21.0	1.16～2.15	2.68～2.74	34.6～59.4	4.3～17.08	0.003～0.1455	5.1～18.6	0.05～3.3	0～240	14°02′～38°41′	197
兰青铁路河口至西宁段 K0+000～K180+000	黄土，多淡黄色，不含钙质结核，中等紧密的	新黄土	路堑	2.5～24	1.1～21.9	1.25～1.81	2.66～2.73	40.0～58.2	6.1～14.8		8.1～19.3		0～149	14°18′～37°00′	68

200～250 kPa，基坑开挖发现黄土质砂黏土层中夹有钙质结核，紧密，坚硬，属(Q_2)老黄土，经过承载力试验，承载力分别提高到 650 kPa、400 kPa。一般新黄土的承载力比老黄土小，新黄土承载力一般为 100～250 kPa，具湿陷性；老黄土承载力一般为 250～650 kPa，多不具湿陷性。承载力试验结果见表 7－7。

表 7－7 侯西线禹门口至阎良段承载力试验结果一览表

地层划分	地质时代	里程	地质概况	液性指数（I_L）	孔隙比（e）	设计承载力 σ(kPa)	试验提出承载力 σ(kPa)
新黄土	Q_4	K15+105	黄土质砂黏土，淡黄色，软塑	0.56	0.926	200～250	100～150
	Q_4	K17+920	黄土质砂黏土，淡黄色，软塑	0.614	0.711	100～150	100
	Q_3	K18+120	黄土质砂黏土，淡黄色，颗粒均匀、坚硬	－0.432	1.142	200～250	200
老黄土	Q_2 上	K18+110	黄土质砂黏土，夹棕红色古土壤，下部有0.8 m钙核层	－0.354	0.900	200～250	400
	Q_2 上	K99+415	黄土质砂黏土，夹古土壤，含钙核，水平层理不明显，致密、坚硬	－0.130	0.800	200～250	650

影响地基承载力的因素很多，而黄土时代成因至关重要，在工作中往往只注意物理力学指标、天然孔隙比、液性指数等，而忽视黄土时代成因和建筑物基础类型，所以对老黄土承载力的提供多偏小，对具有湿陷性的新黄土提供的承载力又有些偏大。

(2)侯马至西安线有隧道 7 座，除簸箕掌隧道靠进口端为二叠系砂页岩互层外，其余隧道全部通过黄土层。勘测设计中没有划分新、老黄土，统称黄土质砂黏土，洞身衬砌用 $f=1$～1.5曲墙断面，洞口加强，采用 $f=0.6$ 曲墙断面。施工中发现土质很硬，夹有古土壤层及钙质结核层，土压力较小，没有地下水，实为老黄土。后改变设计，老黄土地段采用 $f=2$ 的直墙加仰拱衬砌断面，洞口新黄土地段采用 $f=1.5$ 直墙设仰拱衬砌断面，通过多年运营考验，基本良好。

(3)黄土路堑原设计坡率为：边坡高<10 m 时，1∶0.3～1∶0.5，一坡到顶；边坡高>10 m 时，上部 1∶0.5，下部 1∶1；坡高>30 m 时，每高 15 m 设宽 5.0 m 平台，边坡 1∶1。坡脚侧沟外留 0.5～1.5 m 平台。复工勘测时，认识到边坡上部为新黄土，下部为老黄土，老黄土含黏土颗粒及易溶盐较多，经风化及淋湿，易产生龟裂剥落，若采用 1∶1 缓坡，受水面积大，多出现密集冲沟，破坏坡面稳定。因此，在复工施工设计中，考虑了新、老黄土的变化，采用边坡坡率为：

$H \leqslant 10$ m，坡率 1∶0.3，一坡到顶；

10 m$< H \leqslant 20$ m，坡率 1∶0.5 或 1∶0.75，一坡到顶；

$H > 20$ m，坡率 1∶0.5 或 1∶0.75，每高 10～15 m，设宽 2～3 m 平台，平台上设排水沟，排水沟用三合土捶面或混凝土版加固，以拦截坡面水，减少水流冲刷。

侧沟外坡脚留 0.5～1.5 m 宽平台。

通过多年运营，1993 年现场回访调查，边坡均基本稳定。

按新、老划分黄土层，有了时代概念。后来勘测的西延线、宝中线等均据此划分了黄土层。因它含有工程地质上松散与致密、湿陷与不湿陷（少量湿陷）的概念，能反映上、下层位的关系，在颜色上有深、浅的差别，在古土壤、钙质结核含量上有有无与多少的差别，容易辨认掌握。刘东生等学者以山西午城、离石黄土剖面为基础，根据古脊椎动物化石，在时代上将午城黄土定为早更新世，离石黄土定为中更新世，马兰黄土定为晚更新世，一级阶地、河漫滩以及山坡、丘陵、洼地表层覆盖的各种成因的黄土定为全新世。午城黄土以夹有黏土层及钙结核为特点，比较坚硬，通称石质黄土；离石黄土以夹有多层古土壤为特点，致密、坚硬；马兰黄土不夹古土壤，颗粒均匀、疏松；全新世黄土，颗粒不均，成分混杂，疏松。因此把下、中更新统黄土划为老黄土，上更新统及全新统黄土划为新黄土；这样既有时代概念，又明确了部分工程地质条件。这一划分方法在我们工作中应用时间较长。

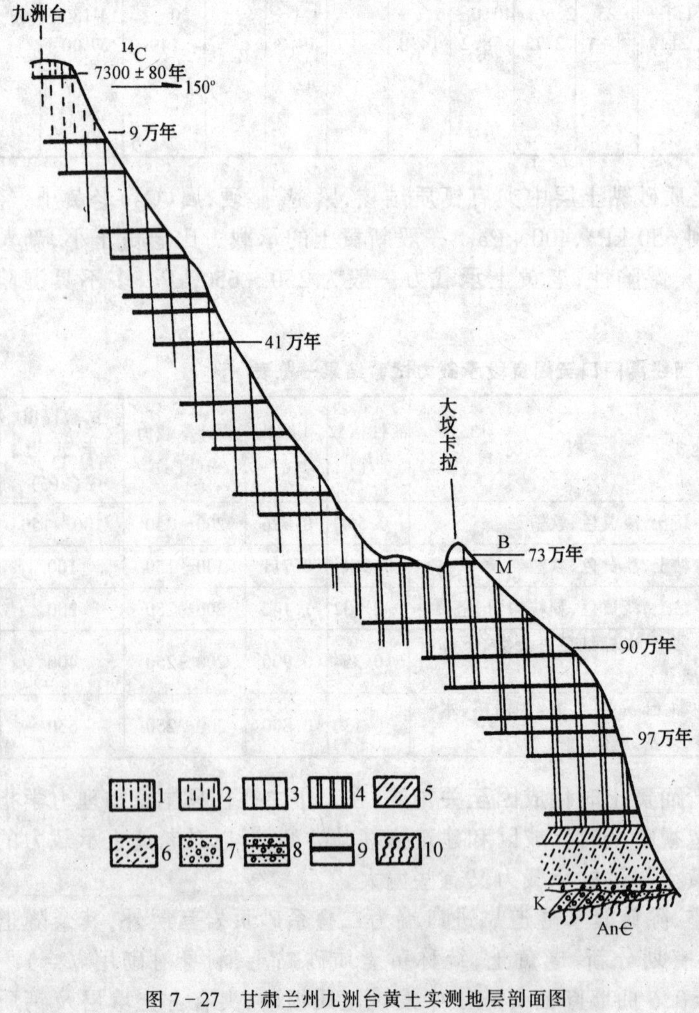

图 7－27　甘肃兰州九洲台黄土实测地层剖面图

1—Q_4 黄土；2—Q_3 黄土；3—Q_2 黄土；4—Q_1 黄土；5—砂黏土；6—黏砂土；7—砂砾石；8—砾岩；9—古土壤；10—变质岩。

（据甘肃省地矿局第一水文地质工程地质队）

3. 时代、成因划分

近年来，许多单位及学者通过野外实际资料的不断积累，认为刘东生等对黄土剖面时代划分，仅局部所见，有较大欠缺。如午城黄土命名的午城剖面，黄土层厚度仅 17.5 m，缺失很多，上、下界限不明确。近年来在兰州九洲台（图 7－27）、皋兰山（图 7－28）、陕西洛川黑木沟（图 7－29）及吴旗土佛寺（图 7－

30)看到的黄土剖面,其完整程度及厚度远较午城剖面厚得多。又如离石黄土与马兰黄土的界限,是以位于离石黄土顶部第一层古土壤为标志层,并认为马兰黄土不夹古土壤层,但许多专家通过野外大量调查资料证明,上更新统黄土夹有褐土型土壤,而且不仅是一层,有多层。其与全新统地层的关系在剖面中亦未给予明确说明。

通过较多黄土地层剖面对比,对西北地区黄土地层的时代成因划分有了一些新的认识。

从各地堆积的黄土层序来看,在一些古盆地中部,下更新统黄土深埋于其下部,愈往上部愈新,最上部为上更新统或全新统,其产状多呈水平。盆地周边、河谷阶地、山前地带,其堆积层序与盆地中部不同,地形高程越高,地层时代越老,下更新统地层多出现在高处,时代越新的全新统多出现在最低处,其层理产状,多随坡向倾斜,其间有相互交切现象。说明盆地中部是连续沉积,所以黄土剖面厚度最大,并在水平方向有分布变化的特点。盆地周边、河谷阶地及山前地带的黄土堆积,多受侵蚀切割,高处为较早的堆积物,经过冲刷、搬运,在低处形成晚一期堆积物,并形成多期夷平面及阶地,显示着区域新构造运动的阶段性及侵蚀、堆积的旋回次数。同时根据局部出现的地层缺失及厚、薄变化,亦可了解古地形、地貌的变迁。

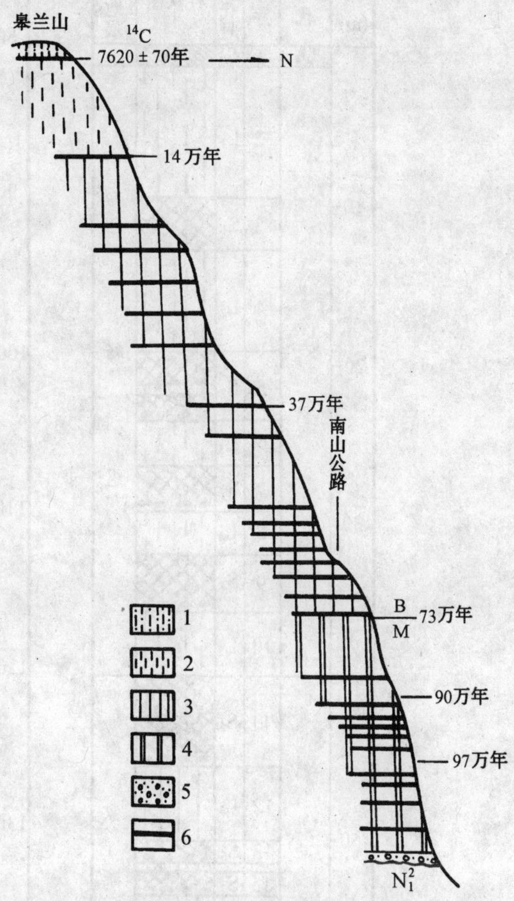

图 7-28　甘肃兰州皋兰山黄土实测地层剖面图
1—Q_4 黄土;2—Q_3 黄土;3—Q_2 黄土;4—Q_1 黄土;5—砂砾石;6—古土壤。
(据甘肃省地矿局第一水文地质工程地质队)

从时代成因上来看,自上新世末青藏高原上升到现在,我国自西向东形成了三个高差较大的阶梯,最西部青藏高原、中部黄土高原、东部华北平原。由于高原上升中的不平衡发展,盆地、阶地、山地,遭受风化剥蚀的地质营力亦不尽一致,在各地区的古地貌环境演变中,形成了各时代不同的沉积类型。如早更新世时期,盆地分布比较普遍,湖相沉积占主要地位,河流相沉积居次;而到中更新世以后,湖泊逐渐退缩,代之以河流相及洪积相沉积;到晚更新世晚期至全新世,气候逐渐趋于干旱少雨,湖泊退缩、干涸,以至消失,风沙开始活跃,有了风积。但风积并不像过去一些学者认为的那样,与黄土高原北部沙漠活动有关,据最近一些学者通过资料分析,黄土堆积物,多是由当地物质组成,高原以北沙漠,对黄土堆积关系不大,只有毛乌素沙漠,在晚更新世晚期至全新世时的活动,在黄土高原西北边缘的靖边、榆林一带形成风积黄土。

(四)西北黄土特征与时代划分

1.下更新统

下更新统地层,颗粒以粉、黏粒为主,属黄土质砂黏土及重型砂黏土,夹有厚层钙质结核,

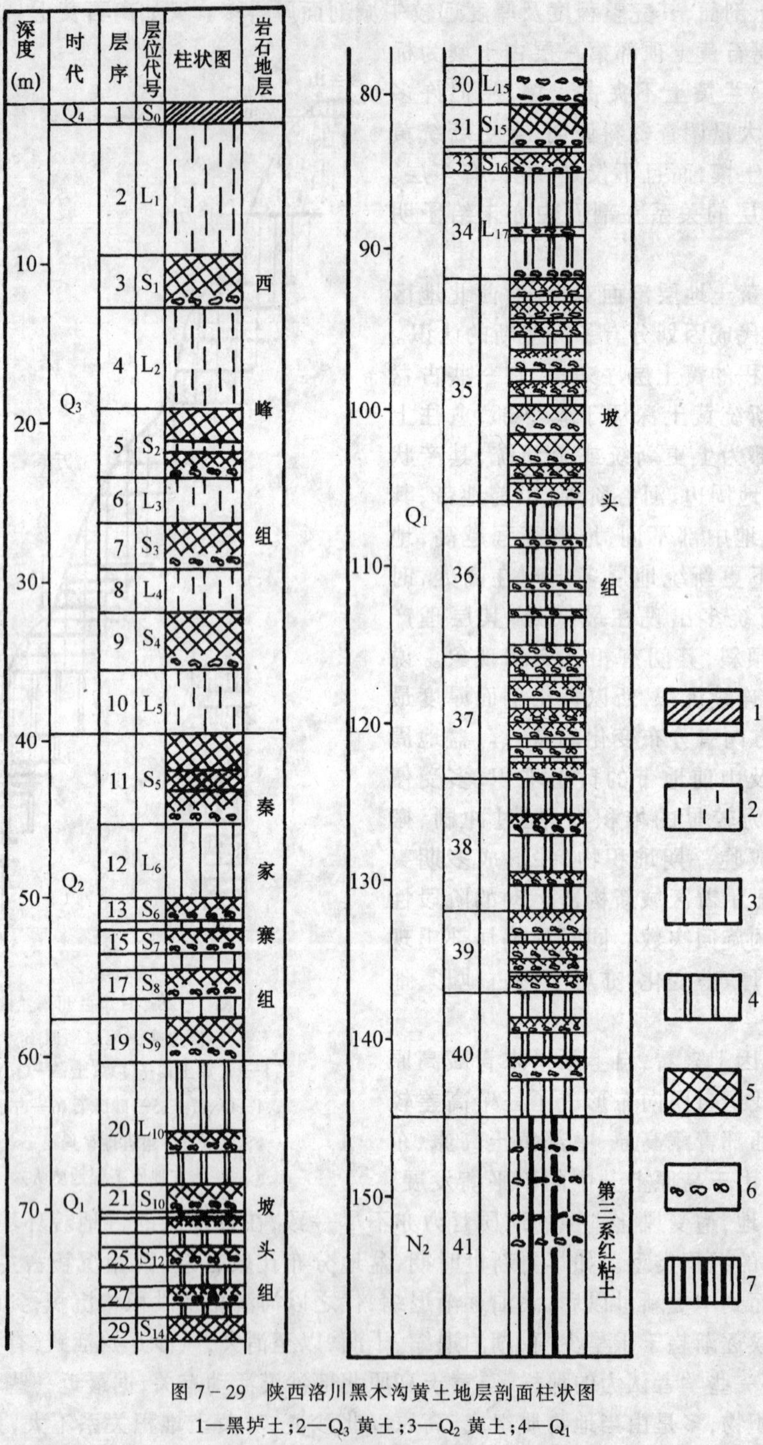

图 7-29 陕西洛川黑木沟黄土地层剖面柱状图

1—黑垆土；2—Q_3 黄土；3—Q_2 黄土；4—Q_1 黄土；5—古土壤；6—钙质结核；7—N 红土。

无大孔，有黑斑点，致密，坚硬，密度大，有石质黄土之称，下部多钙核层及钙质胶结的砾石层，其产状、成分，各地所见不一致，厚度数米至数百米。

西北各铁路线上所见，黄土下限比较明确，均与第三系红色砂砾岩及红黏土呈不整合接触，地层差别显著，颜色红黄分明，且第三系多具 2°～3°以上倾角，容易划分。

有人认为黄土是在早更新世中后期堆积的，因在下更新统黄土之下有湖积、冲积砾石层和坚硬的黏土、砂黏土层，这种地层在青藏高原边缘确实存在，且沉积厚度较大，如新疆的西域砾石层、河西走廊的玉门砾石层、兰州附近的五泉砾石层，均属早更新世早期产物，但这仅代表局部地区，并不是整个黄土高原的普遍现象。在广大的黄土高原区，黄土地层是连续的、完整的，也是最厚的，只是在早更新世早期，以湖积为主，而后逐渐发展有冲积，底部有厚度不等的砾石层；另一种是黄土堆积，直接位于下伏第三系红层之上，其间夹一些过渡岩层混杂带，这种地层变化，主要受古地理环境和地貌条件的制约。前一种多存在于盆地边缘及较大河谷，如渭河河谷的“古三门湖”，陕北洛川、吴旗大小不同的古湖盆地。早更新世早期湖积砂、砾、卵石层上部为黄土堆积；黄河、渭河、泾河、洛河等较大河流域，厚层黄土之下均有早更新世早期冲积的卵、砾石层。而在远离河谷两侧，或河谷以外的黄土塬、梁、峁地区，早更新世早期就没有砂、砾、卵石层，黄土直接与第三系红层呈不整合接触，这是在古环境不同条件下，形成的同期异相。

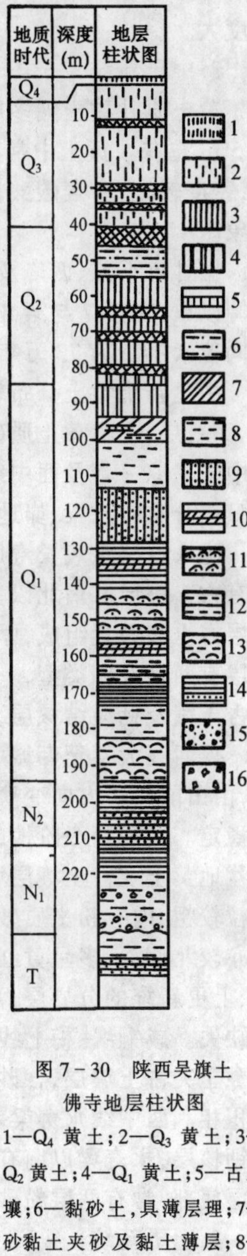

图 7－30　陕西吴旗土佛寺地层柱状图

1—Q_4 黄土；2—Q_3 黄土；3—Q_2 黄土；4—Q_1 黄土；5—古土壤；6—黏砂土，具薄层理；7—砂黏土夹砂及黏土薄层；8—粉土质砂黏土；9—重砂黏土含粉土；10—黏土；11—钙质黏土；12—薄层黏土；13—黏化层；14—黏土含粉砂；15—砂砾石；16—混杂沉积。

沿西北铁路所见的情况是：包兰铁路狄家台、前长川、后长川一带，上部黄土被剥蚀后，下更新统底砾层呈蘑菇状断续屹立于山顶；兰州五泉山、九洲台为一套灰褐色黄土质砂黏土夹古土壤，含石膏，下部有砾岩，属冲积；陇海铁路渭河下游西安沈河一带，下更新统地层下部为一套黄色、灰绿色黏土、砂黏土、粉、细砂、粗砂互层，属河、湖相沉积；宝鸡附近，渭河四级阶地中，有四组卵、砾石层，磨圆度好，形成卵、砾石、砂黏土、重型砂黏土、古土壤和钙质结核呈互层状；靠近渭河的北山山前塬区，为一套浅红色黄土质重型砂黏土与古土壤互层，砂黏土极为坚硬，夹较多钙质胶结砾石，呈水平排列，砾石成分为当地基岩风化物，属山前洪积、坡积型；靠近南山五丈塬一带，下更新统地层下部为一套砂、砾石层与砂黏土、黏砂土互层，卵、砾石来自当地变质岩及花岗岩，粒径由南向北变小、变细，粗、细相互交叠，应属洪积相成因；秦岭北坡主要为棕红色黏土、棕黄色砂黏土，含大量砂砾及岩屑，夹古土壤及钙核层，较密实，属残积—坡积型；罕东线下更新统地层为厚层状黄土质砂黏土夹钙质结核，颜色褐黄至浅红，质地均一，坚硬，密度较大；白水、蒲城一带，厚层黄土下部常有黏砂土，胶结成层的细砂、砂、砾石夹黏土透镜体；陕北以吴旗盆地为代表，有各种颜色的黏土、砂黏土、钙质层、砂、砾、卵石等湖、河相沉积，有交错层理的半胶结砂层及砾石层，向盆地四周逐渐变薄尖灭；西延线延安地区，南部以洛川为代表，地层中夹有多层古土壤，钙质结核和黄土质砂黏土，致密，坚硬，含钙量较高，向盆地边缘逐渐变薄，至黄陵一带尖灭，基底以湖积为主，边缘高级阶地有砂黏土，黏砂土，具水平层理夹小砾石，具冲积特征；梅七线下更新统地层为浅红、黄色黄土质砂黏土夹古土壤及钙质结核，古土壤及钙核层，略向河谷倾斜；宝中线千阳刘家沟内，下更新统地层分上、下两段，下部为浅红、棕黄色砂黏土互层及浅红黄色黄土质重型砂黏土，其上部有两层较厚的黄土质砂黏土夹古土壤层，坚硬，夹钙质结核，不整合覆盖于第三系红层之上，这套沉积物为洪—坡积相；西中线永寿梁以南，分布不广，厚度不大，蒿店一带未见下更新统地层，而永寿梁以北太峪、彬县一带湖积黄土质砂黏土及钙质黏土、钙质结核层，非常坚硬，分布广，厚度大。

2.中更新统

黄土质砂黏土夹多层古土壤为其特点，黄土与古土壤层的单层厚度不大，一般2～3 m，最厚5 m左右。黄土中常具有水平微层理，代表着水流沉积，普遍致密，坚硬，壁立性强，无湿陷性，密度较大，富含碳酸盐类及钙质结核，出露在边坡及沟壁上，普遍可见受风化而形成的剥落现象。

据甘肃平凉、西峰及陕西洛川黄土剖面古地磁资料，中更新统与下更新统地层的界限，子午岭以东，在第7与第8层古土壤之间；子午岭以西，在第8与第9层古土壤之间。这一界限的同位素年龄为73万年。

中更新统黄土分布较普遍。但在兰青铁路湟水河谷中更新统黄土剖面中，下部为冲积砂砾、卵石层，上覆黄土质砂黏土中未见古土壤层。兰州及其以东则有古土壤，但颜色较浅，不像宝中线平凉一带及西中线永寿梁一带古土壤呈棕红色那样鲜艳。陇海铁路天兰段中更新统地层只在分水岭及梁、峁地区有出露，为一套冲积砂黏土及黏砂土，夹古土壤层。

陇海铁路宝鸡长寿山一带为棕红色黄土质砂黏土，含多层古土壤及钙质结核，顶部及下部均有古土壤层。渭北以黄土质砂黏土夹多层古土壤为特点，土质坚硬，以坡积为主，顶部常有三层古土壤叠置组成，厚约5 m，为中、晚更新世划分的标志层。秦岭北坡山前地带，中更新统地层有两种成因类型，一种是洪积形成的砂黏土夹碎、块、砾石，另一种是坡积层，黄土中夹数层古土壤及钙质结核层，古土壤及钙核层均向山外倾斜。

侯西线大荔至韩城一带，中更新统黄土中有7层古土壤、夹有冲积相黏砂土及不规则砂砾层，由山前向塬方向变薄尖灭，地层普遍致密，坚硬。该线许多桥、隧重点工程均置于该层中，较稳定。黄河高级阶地的中更新统地层夹有6层古土壤，古土壤层的间隔下部小，上部大。洛川盆地黄土及古土壤层堆积厚度较大，以地表下第六层和第十层黄土最厚，属粉土质黏砂土，颗粒较粗，内有粉土质砂黏土层，似古土壤，整个沉积区颗粒成分较北部黄土为细，古土壤层颜色亦较北部深，多呈黄红色，下部有钙质结核层，顶部亦有三层叠置的古土壤层，厚5～7 m，为中、上更新统的分界层；洛川盆地边缘的分水岭地区，中更新统地层受到剥蚀，保留厚度小，甚至缺失。咸铜线、梅七线的黄龙山、凤凰山在分水岭两侧残塬及深切冲沟中见有中更统黄土质砂黏土夹古土壤层，含砂量高，有不规则的砂砾层，由山前向分水岭及塬方向变薄直至尖灭，属冲积相。西中线永寿梁南北两侧，有中更新统地层，为浅棕黄色黄土质砂黏土，夹数层古土壤及钙核层；永寿梁以南有的直接覆盖在第三系红层或侏罗系砂页岩之上；永寿梁以北中更新统地层底部，常有两层粉砂质黏砂土，粉砂质土层，因常有潜水而形成滑坡。

3.上更新统

晚更新世时期的黄土高原，是一个地形起伏较大的草原环境，随着历史环境的改变，形成复杂多样的堆积物。晚更新世早期，在各大、小河谷都发育着规模不等的湖沼，形成湖沼相沉积；在山前地带，广泛发育着冲、洪积扇及河谷阶地，形成冲、洪积层。晚更新世后期，气候逐渐趋于干旱，湖沼缩小或消失。在这个时期，黄土地层的空间分布，变化比较复杂，在一些河谷之间的塬、梁、峁地区，黄土中夹褐色古土壤，塬区有4层，梁、峁区有1～2层；靠近河谷区，下部为湖沼相沉积，上部夹有1～2层古土壤；在岩石出露的山区沟口，形成洪、冲积扇裙，下部为卵、砾、块石层，上部为黄土；在河谷阶地，下部为冲积卵、砾石，上部为黄土层。所以上更新统黄土并不都是风成的，它有多种成因类型。

中、上更新统地层的界限，多年来，人们常把地表下地层剖面中第1层褐土型古土壤层，作为中、上更新统界限，其上覆盖的所谓“马兰黄土”厚约8～10 m，被认为是整个晚更新世时期的全部堆积物。褐土型古土壤层及以下的黄土划为中更新统。这一界限划分，应用时间较长。

许多学者通过对年代学及测年学资料的研究，认为“马兰黄土”只是晚更新世晚期的堆积物，代表不了晚更新世整个地质时代的地层，马兰黄土之下第一层褐土型古土壤也不能作为中更新统上限。

根据黄土高原一些典型黄土剖面，认为中、上更新统地层界限实际位于黄土剖面中第3～第4层古土壤之中，因第3～第4层古土壤以上的黄土层与其以下黄土层有明显差异，其上黄土层以灰黄色为主，土质疏松，可见大孔隙，具湿陷性；其下以棕黄色为主，质地比较密实，大孔隙肉眼罕见，湿陷性很小，因此许多学者主张把中、上更新统地层界限定于第4层古土壤中，根据古脊椎动物化石资料，也有主张应为第5层古土壤层。其年限按磁性年表定为11万年，但也有按沉积速率计算年龄，定为12.8万年，按放射性同位素测定为14.8万年。总的来说，中、上更新统的界限，久经讨论，尚未取得完全一致。

上更新统地层在兰州一带分布广泛，为黄土质砂黏土与砾石沉积物，兰州附近及其以东夹有古土壤1～2层，有时不含古土壤，直接覆盖于中更新统黄土及各时代基岩之上。兰新铁路乌鞘岭东南麓，在黄河支流中，形成许多洪积扇群的黄土堆积，近山区黄土较薄，下部为黄土夹卵、砾石层，远离山区黄土层逐渐增厚。永登及秦王川一带坡、洪积黄土与砂、砾呈互层，与下伏第三系红层呈不整合接触。铁路开挖的边坡上，可见到冲、洪积黄土质砂黏土、黏砂土夹薄层砂、砾石层透镜体覆盖于第三系红层之上。

陇海铁路天兰段马家河一带二级阶地的上更新统地层，下部为黄土质黏砂土，疏松，具大孔，多砂粒及云母碎片，有层理，含蜗牛化石，向上逐渐变为黄土质砂黏土，较致密、多孔，孔壁有碳酸盐胶结，底部以砂、砾、黏土为主，属冲、洪积。

陇海铁路宝天段林家村渭河二级阶地，上更新统冲积黄土厚13 m，附近的千河、金陵河二级阶地均有冲积黄土分布，三级阶地上部上更新统地层为黄土质砂黏土，下部为冲积砂砾层。

陇海铁路沿线渭河二、三、四级阶地及塬面上均有上更新统黄土分布，且夹古土壤层。古土壤层随着地形有倾斜，黄土在塬面上普遍分布较宽，多与三、四级阶地相连，以洪积、坡积为主。秦岭北坡山前一带，上更新统黄土出露厚度一般5～10 m，黄土中普遍含砂、砾，为坡、洪、冲积，且呈互相重叠掩盖沉积。

渭河北的铜王线、西延线、罕东线，上更新统黄土地层，以黄土质砂黏土夹2～3层古土壤为特点。土质较疏松，多大孔，含较多的植物根孔，底部有钙质结核层。延安以南洛川盆地上更新统分早、晚两期。早期为黄土质黏砂土，疏松，有白色菌丝体，含钙质小结核，夹4层古土壤；晚期为粉土质黏砂土，疏松、孔隙发育，土质不均，中部黏性增大。

西中线永寿梁南北黄土层中均夹有4层古土壤层，第3层较厚。山前地带黄土直接覆盖于基岩上，不含古土壤，而夹棱角状小角砾，多为坡、残积。河流二、三级阶地多为冲积层。

黄土高原北部靖边、安边、定边地区，上更新统中、晚期砂黏土、淤泥质黏土等湖相沉积中，有风积粉、细沙与河、湖相砂黏土交互沉积。

4.全新统

全新统黄土的沉积环境变化较大，它随着地形、地貌变化，成因类型复杂，有残积、坡积、冲积、洪积、湖积及重力堆积等。在塬、梁地层分布较稳定地带，常可见到1层或2层黑垆土层，属全新统的古土壤层，有时直接出露地表，有时埋藏于地表1 m以下；全新统黄土层，在塬、梁区多与上更新统呈平行整合接触，在河谷、山坡区多与下伏地层不整合接触，呈二元结构，上部为黄土质砂黏土或黏砂土，下部为卵、砾石层。

全新统与上更新统地层的界限许多学者都认为应以黑垆土来划分，黑垆土的年龄，据^{14}C测年资料约为 8 000 年，属全新统堆积物，而其下限，即黑垆土层的底部，距今为 10 000 年。

全新统黄土层分布面积较广，山坡上多残积，坡积，向河谷逐渐过渡为坡、洪积；在河谷区形成冲积一级阶地及河漫滩阶地。在盆地、山间洼地及湖泊区有湖积；在黄土高原北部的沙漠边缘有风积，成因类型复杂，但都呈薄层覆盖，仅在一些新构造运动较强烈的地堑、断陷带厚度较大。地层普遍疏松，具大孔、有湿陷性、不稳定。各地都在不断发现全新统地层中有人类文化遗迹形成的文化层，随着工农业建设的发展，这是黄土文化的摇篮，在勘测工作中应引起重视。

（五）结语

在"风成说"、"原生"、"次生"、"新黄土"、"老黄土"等观点的影响下，长期以来，对黄土的时代界限划分、各时代黄土特征及成因类型，概念不明确。总认为全新统黄土（次生黄土），有多种成因；更新统黄土在成因类型上没有什么变化，或者变化较小。通过资料积累及各地区剖面露头对比，才逐步认识到青藏高原剧烈上升，使黄土高原气候，由湿润变为干旱、半干旱，黄土经多种地质营力搬运、堆积，又经较长时间黄土化作用才形成。黄土主要来自当地及附近地区的早期堆积物及基岩风化碎屑物，并不都是风沙吹积。从更新世到全新世，不同的古地理环境，形成不同成因的黄土堆积。这些不同地区、不同时代、不同成因黄土地层的变化，只有通过野外实际细心观察，有重点地勘测，揭开被后期风化物所掩盖的各种堆积物，且不带任何偏见的分析，才能从地层的细微结构、古地形及古地貌遗留下来的痕迹中，了解其成因类型变化。长期停留在一般描述，不分时代、成因进行工程地质叙述及物理力学数据测试分析，这样就很难充分掌握各地区黄土的工程地质性质及物理力学数据的变化规律。总结过去，吸取不足，展望未来，盼能在实际工作中加强黄土时代成因的观念，促进黄土工程地质学的发展。

七、西北地区新构造运动与泥石流的分布和发展

刘德基

（一）前言

新构造运动是指新生代以来发生的构造运动，它的表现形式是振荡、垂直升降运动。新构造运动最剧烈的时间，出现在晚第三纪末或第四纪初，其垂直差异运动表现得十分强烈，使西北地区的早第三纪红色盆地，在第三纪以后大部分上升为山地或高原。秦岭、祁连山、天山等，在该时期又重新活动，出现大幅度差异性升降活动，在断褶带与断块内，又出现了许多褶陷、块隆、块陷，在地貌上呈现了高原和山地上升，盆地和平原下降的景象。山越高受剥蚀切割越强烈，断裂活动越发育，挤压破坏越剧烈，破碎带越宽大，其松散固体物质越丰富，因此在高原和山地的较多断裂活动带地区，形成了泥石流。

据不完全统计，建国以来，西北地区铁路沿线发生泥石流灾害达 148 次以上，造成列车颠覆、桥梁冲毁、桥涵堵塞、车站、路基淤埋，中断行车累计达 3 499 小时。宝天线在 496 座桥涵中，214 座有淤积现象，桥涵及附属工程遭受破坏更为严重。泥石流含有大量固体物质，来势凶猛，巨石翻滚，浊浪飞溅，其侵蚀、冲刷、搬运、堆积过程十分迅速。在短时间内泥石流携带数万、甚至数十万立方米固体物质，将数吨、甚至上百吨巨石搬运，具有强大的破坏作用，其途经的各类建筑物一触即毁。

西北地区，由于降水少，泥石流间歇时间长，有的沟谷几年、十几年、甚至上百年才发生一次泥石流。如青藏线扎麻隆峡小黑沟，沟口楼台、房舍、树木均达百年以上，1959 年一次泥石流，将沟口所有建筑物全部冲毁，正在施工的铁路建筑物及物资亦荡然无存，生命、财产损失惨重。究其原因，在勘测时，只对当时沟口、沟内局部自然条件进行判别，缺乏从区域性稳定条件上进行全面评价。灾害发生后，在该段线路上出现了"涵上修桥"、"涵外套涵"、"姊妹涵"等。为总结这些教训，现将西北地区新构造运动与泥石流分布、发展的关系予以简介，供今后在泥石流勘测设计中参考。

（二）新构造运动与泥石流的分布

新构造运动对青藏高原的隆起，对西北大地构造、自然环境变化起决定性的影响。使西北各地的上新世红色湖相盆地，到更新世以后均变为陆相碎屑建造。下更新统西域砾石层、玉门砾石层、五泉砾石层等，分布在准噶尔、塔里木、柴达木、吐鲁番、河西走廊、汾渭地堑等盆地边缘；中、上更新统碎屑堆积广泛分布于各河谷、盆地及山前平原，并形成黄土堆积的高原。高山与盆地间的高差由数百米至数千米。高山区经褶曲、断裂、风化、剥蚀形成的固体物质，源源不断地向断陷盆地堆积；在山麓坡脚形成新、老洪积扇裙；在盆地中形成巨厚的戈壁砾石层及黄土质土层，为泥石流的形成与发展，提供了丰富的固体物质。

1. 秦岭大面积隆起形成的泥石流区

由于隆起与拗陷、挤压与褶皱，宝成铁路北段所观察到的活动断裂有 5 条，从北向南有秦岭北缘、杨家湾至黄牛铺、红花铺至罗汉寺、凤州断陷及横现河至略阳（属秦岭南缘）断裂带。其中秦岭南北缘断裂带活动较剧烈，泥石流暴发也较频繁。

秦岭北缘大断裂东西延伸千余公里，是区域内规模最大的深大活动断裂，秦岭太白山顶保留有早第三纪侵蚀平原残迹，高出渭河断陷盆地 3 000 多米，盆地中第三系和第四系堆积层厚度＞6 000 m。推断秦岭北缘大断裂，从第三纪到现在其断距至少有 10 000 m。

秦岭北缘大断裂形成时间较早，为继承性活动断裂，沿断裂带两侧有多组平行活动断裂组成的破碎带。陇海铁路经过华山山前该断层，糜棱岩带宽 100 m，碎破岩带宽 500 m。沿断裂北侧的 72 个峪口，古老的泥石流堆积，形成谷中谷。在桐峪、大峪、小峪、石砭峪、涝峪、黑峪等，均有第四系砾石层高悬于两岸谷坡之上。一般高出沟床 20～30 m，最高达 300～500 m，周至黑河两岸砾石层高出河床 600 m，峪口外均有较大冲积扇；山麓冲沟口，有 10～20 m 的悬谷，悬谷下有冲积锥；大型冲积扇中，有深切数米至数十米的台阶状沟床，在冲积扇前缘又形成新的冲积扇，呈串珠状。这些形迹充分显示了断裂带在垂直升降活动下，泥石流的堆积、堵塞、冲刷、发展的历史过程。

在该断裂所通过的华山北坡、陇海铁路孟塬至莲花寺间的沟谷中，现代泥石流沟毗连，长度大于 20 km，是西北暴雨型泥石流发育区。1965 年 7 月 26 日在该段暴发泥石流，将桥涵堵死，路基边坡被冲塌，造成断道。

陇海铁路宝天段通过该断裂西段，有著名的胡店、元龙、伯阳等处的泥石流，曾多次摧毁桥涵，淹埋站房路基，造成灾害。1978 年 7 月 12 日伯阳附近几个沟暴发泥流，容重＞1.9 t/m^3，铁路被埋，摧毁村庄房屋 80 多间，损失粮食 9 万多斤，淹死牲口 40 多头，中断行车 360 小时。

在宝成铁路杨家湾、红花铺、凤州等次一级的活动断裂带中，1981 年 8 月 21 日暴雨后发生泥石流，冲毁路基、轨排成段悬空、淹埋车站、堵塞涵洞、桥墩剪断，大桥桥台、桥头路基及河防工程严重毁损。红花铺车站 4 条站线被埋，站内 7 节车皮，被埋深 5 m，长 100 m。在这次泥石流中，不但有沟谷泥石流，而且在有堆积层分布的 30°左右的山坡上，还出现许多山坡泥石流，稠度大，蠕动前移，形成锥体堆积，掩埋路基、堵塞桥涵。该次泥石流及水害，使宝成铁路全线中断，至10月16日才临时通车，灾情之严重，在铁路史上是罕见的。

横现河至略阳断裂带属于秦岭南缘大断裂带，东西延伸达千米以上，宝成铁路有著名的横现河、云峻山滑坡群。经过该断层东延部分的略阳至渔洞子专用线，因滑坡、泥石流，被迫停工；该断层向西延伸，在武都地区形成了目前西北地区泥石流中分布范围较大、出现次数最多、最严重的泥石流。武都地区为龙门山NE向（N35°～70°E/70°S）断裂与秦岭EW向（N60°～85°W/65°～70°S）断裂复合地段，断裂多为继承性活动断裂，区域地层多为志留系、泥盆系的板岩、千枚岩、炭质页岩、砂岩及灰岩，片理、层理发育，经挤压、揉皱，十分破碎，为泥石流的形成提供了丰富的物质来源。武都地区泥石流有长达千年的历史，洪积扇长、宽达数十米至数百米。两河口至透坊70 km长的断裂带中，就有泥石流200多处。据其中杨弯沟、火烧沟、泥弯沟的观测记录，泥石流容重一般在2.0 t/m^{3}左右，最高达2.24 t/m^3。1976年7月24日，在宕昌、化马地区有102条沟暴发泥石流，将岷江、白龙江6处河段堵塞成湖，使岷江水位上升19.3 m，河床普遍淤高2～5 m，最大淤高12 m，沿江村庄、公路、桥涵全部被淹埋。该地区泥石流分布密度、规模之大，暴发频率之高，在全国罕见。

2.黄土高原大面积隆起形成的泥石流区

黄土高原隆起区，广泛分布着近水平产状、巨厚的中生代沉积，在漫长的第三纪时期受到强烈剥蚀，形成准平原地形。第三纪晚期至第四纪堆积了巨厚的红土及黄土层，填平了准平原上的凸起和凹陷，准平原被改造成平原，只留下少数古老岩层突出的残丘，耸立于平原之上。更新世晚期，上升运动更趋活跃，河谷下切加剧，河谷下切深度由几十米至几百米，各级阶地边缘经剥蚀、冲刷，崩塌、错落、滑坡后，在深切的河谷中，为泥石流提供、储存了固体物质。

黄土高原以六盘山为界，分陕北、陇西两个地区。陕北大面积隆起，北自长城，南至渭河，东至黄河，西至六盘山，面积10×10^4 km^2，其中泾河河谷彬县段下切最深处可达250～300 m，黄河吴堡附近深切可达350 m，高原的上升，沟谷的深切，将高原支解为台塬阶地，塬面较大者，其中沟壑发育面积约占总面积50%左右，属高塬沟壑区；如塬面受溯源侵蚀、切割，新生冲沟纵横贯穿，沟壑总面积占50%～70%，属残塬沟壑区，其形成的泥流，较高塬沟壑区为多。渭河北山台塬中，受渭河地堑断裂活动影响，断陷形成阶梯状地形，高差大，三、四级塬高出渭河300～500 m，沟谷深切，边坡不稳，塬边的断裂带滑坡、错落群，为该区泥石流提供了大量固体物质，致使通过该地区的宝中、咸铜、铜王等铁路的部分地段受到泥石流危害。

陇西大面积隆起，西北起于黄河，东至六盘山，南至秦岭，南北长约300 km，东西宽约150 km，也是第四纪上升地区，以嵌入阶地为主，阶地愈高，山体愈陡峭，植被稀少，土体疏松，暴雨季节易产生泥石流。兰州市区黄河两岸就有大小泥石流沟55条，造成灾害的有20多条，兰州车站的大洪沟是其中较典型的流泥沟，铁一院曾进行过多年观测，主沟长5 km，流域面积7.5 km^2，沟床纵坡上游200‰，下游20‰，沟谷狭窄，多呈“V”型，底宽2～4 m，两岸山坡由黄土和第三系红粘土构成，坡度40°～50°，相对高差400～600 m，沟内有大、小滑坡7处，曾堵沟成湖。由于该沟口距黄河较远，且为二级阶地，纵坡平缓，淤积严重，1921年暴雨泥流成灾，1951年灾害更严重，泥流出沟口形成漫流，当时市内的老飞机场被淹，造成人身伤亡，淤积总量达13×10^4 m^3。1958年改沟，1959年在新改沟内一次淤积厚1.8 m，1961年一次淤积厚4.0 m，1964年一次淤积2.2 m。与该沟类似的还有狼沟、洪水沟、鱼儿沟等，泥流容重一般大于1.6 t/m^3，在泥流中常夹有一些粘土块、砂、砾石及漂、卵石，使容重增大，达1.84～2.0 t/m^3。

陇海铁路天水至陇西段渭河两岸，隆升的阶地高达200～300 m，泥石流广泛分布，黄土丘陵区多泥流，峡谷区多泥石流。三阳川前后泥石流较发育，曾淹埋过车站，多次堵塞桥涵。

1965 年 7 月 7 日天水市郊罗玉沟发生过一次极严重的泥石流，泥流量达 560×10^4 m^3，容重 1.56 t/m^3，冲毁房屋 3 800 间，造成人身伤亡。

3. 贺兰山隆起形成的泥石流区

贺兰山位于青藏高原东北边缘，自中生代晚期以来一直剧烈上升，其最高峰高 3 556 m。据地震测深资料，其山前银川盆地新生界堆积厚达 7 000 m，钻孔揭露第四系最大厚度超过 1 600 m。山区和盆地的这种差异，是贺兰山东麓断裂形成的。在该活动断层带中，常有泥石流发生。

贺兰山东麓断裂是继承新生界以前断裂的活动断裂，是南北地震强烈活动带。自 872 年以来，曾发生过≥5 级地震 16 次，1739 年在平罗一带发生过 8 级地震。该断裂南起头关附近，北至红果子沟，长约 120 km，总体走向为 N30°E，为右旋张扭性活动断裂，将红果子沟边明代长城错断。北段山麓有宽数十米至数百米的冲积扇阶地，高出原地面 20～30 m，沟口冲积扇呈串珠状发育。河沟、石炭井沟、潮湖堡下庄、汝箕沟等沟口，新、老冲积扇平行山坡接连成裙。潮石专用线，许多桥涵因受泥石流影响，多次改线或扩大桥涵孔径；包兰铁路石嘴山至银川段，泥石流曾淹埋路基，淤积桥涵。新构造运动使贺兰山不断隆升，银川盆地强烈沉陷，泥石流不但在历史上有较长时间活动，且目前仍在发展。

4. 河西走廊活动断裂形成的泥石流区

受青藏高原强烈隆起影响，河西走廊边缘和内部活动断层较多。祁连山北缘深大断裂，从玉门，经古浪、景泰到固原、海源一带，长千余公里；走廊北部有北山断裂，向东与龙首山深断裂相接；走廊内部还有许多横、纵向断层，如嘉峪关断层、新民堡断层、马营河断层、黑河断层等。另外在走廊西段，还有著名的阿尔金山大断裂。这些断裂多裸露地表，规模大，断面清晰。

上述各断层，多出现在不同地貌及构造单元交接地带。如区域规模最大的祁连山北缘大断裂，为祁连山断褶带与走廊拗陷带的交接地带。祁连山的强烈隆起，使酒泉盆地第四系沉积厚 800～1 600 m，该断裂带上的古浪县大景地区，1977 年 8 月发生一次大规模泥石流，将铁路涵管堵塞，公路、电讯中断半个多月，洪流泛滥，使大景、裴家营、海子滩等 153 个村受灾，死亡数十人，冲毁房屋 8 800 间。类似的泥石流在走廊各活动断裂带中，均有发生。如武威冷龙岭北坡的黄羊、庙山、南营、金塔、西营、丰乐等地，永昌东河下游，民乐祁连山山麓的童子坝、洪水河、海潮坝河、黄草沟、大渚马河等地，山丹河以东祁连山的老军寨、陈户、李家桥、霍城一带，张掖的黑河两岸及祁连山山麓，临泽城南的东寨子、沙河、南柳河、西柳河一带及高台南部的大河、摆浪河、故城河、红崖子一带，酒泉南部的丰乐河、观山河、红山河、洪水河、马营河等地带，经常发生泥石流，冲毁拦河坝、导流大坝、桥梁、公路，淤填农田、涵管。兰新铁路古浪至酒泉段及干武铁路多走在这些泥石流古老冲积扇边缘，现代泥石流、漫流仍经常冲毁线路，淤塞桥涵，尤以高台、文珠山地区最为严重。

阿尔金山活动断裂，是青藏高原北部边缘现今仍在强烈活动的断裂，走向 N50°～70°E，倾向 ES，倾角 40°～70°，向西南延伸到昆仑断褶带，向东北横截祁连山断褶带至玉门附近，全长约 1 500 km，是我国最长的断裂之一。整个断裂带呈梭形，中段索尔库里断陷宽 20 km，两端呈帚状分枝变窄，宽几百米至数公里。断裂通过地区，多呈负地形，形成宽阔断谷，成分为各类糜棱岩、断层泥，是泥石流固体物质储存最多的地区。但由于该区干旱少雨，只在积雪较多的高山谷坡，可形成一些融雪泥石流，对规划中的青新线有一定影响。

5. 天山南缘活动断裂泥石流区

天山南缘断裂是塔里木盆地与天山的分界，包括秋立塔格及柯坪等断裂，是目前西北地区活动性较大的断裂；也是泥石流堆积层巨厚的地带。

秋立塔格断裂是在古老基底断裂基础上发展起来的活动断裂。沿轮台、库车、阿克苏、乌什一带呈 NEE 向延伸，全长 250 km，为一条宽数公里的巨大断裂带。在库车以西，断裂发育在中新统地层中，断距 3 000 m，上盘地表呈现高峻陡崖，下盘沿断裂带发育有现代活动滑坡。库车东北的东秋立塔格，经石油钻探证实，断裂切割了上新统以下地层，断裂面倾角 60°，垂直断距为 700 m。阿克苏东北，断层切割下更新统西域砾石层，断层向北倾斜，具逆冲性质，断距很大。第四纪以来，秋立塔格山脉不断抬升，高达千米，山前泥石流堆积层巨厚。据钻探资料，库车以东亚肯背斜，下更新统堆积层厚 1 570 m。新疆维吾尔自治区水利局在库车西北黑孜东、秋立塔格断裂北侧的次级小断裂中，进行过定点水准测量，8 年中平均垂直形变量为 0.2 mm/a，说明断裂仍在活动，且从 1976 年以来速率有所增大。

柯坪活动断裂，从喀什东北的八盘水磨，往东呈 EW 走向，至巴楚三岔口转为 NE 向，经阿恰隐伏延伸到阿克苏以东的扎木台附近，全长 300 km。在西克尔西北部见到中、上古生界岩系逆冲于第三系砂岩之上，断层面向北倾斜，倾角 50°。阿恰至沙井子一带断裂附近的新、老岩层，普遍发生错动和挠曲。据钻探资料，第四系松散沉积物厚 132～312 m，该区中更新世阶地抬升 167 m，估计晚更新世以来，断层垂直运动为 0.82 mm/a。

天山南缘各活动断裂地震活动强烈，地震形成的松散固体物质特别丰富，1902 年阿图什北部山区发生 8.25 级大地震，造成山坡崩塌、滑坡，冰雪融水形成的水石流堵塞了河谷、淹埋了道路。在该区各山麓或沟口还有新、老大型冲积锥或冲积扇，呈串珠状分布。其间沟谷深切数十米，冲积扇前缘又有现代水石流堆积，南疆铁路多通过现代水石流冲积扇的边缘，应注意水石流的危害。

(三)泥石流的活动特征

1.泥石流的形成和发展，多受地壳升降活动与断裂带破碎程度的制约，升降活动越剧烈，泥石流发展规模越大，危害越严重。尤其是多组大断裂的交会地带，往往是地震活动强烈，碎屑堆积层厚度大，泥石流频繁发生的地段。

秦岭、贺兰山、祁连山、天山等山脉隆起高度大，沟谷切割深，相对高差大，形成泥石流的可能性大，线路通过时受泥石流的威胁就大。在阿拉善、柴达木、塔里木、准噶尔等断块中，虽处于沉陷的相对隆起区，第四系沉积厚度大，但高差不大、较稳定，则泥石流不发育，宽河漫流多。鄂尔多斯块陷，黄土堆积厚，形成黄土高原，冲沟、河谷深切，将高原分割成支离破碎的残塬及高差较悬殊的阶地，往往是泥流及泥石流的暴发区。

发展规模较大、历史较长的泥石流，多分布在断褶带与断块衔接地带的继承性深、大活动断裂带。如秦岭北缘、南缘活动断裂带、贺兰山东麓活动断裂带、祁连山北缘活动断裂带、天山南缘活动断裂带等，多为古生界、中生界以前的构造运动形成，并历经多次构造运动，断裂带普遍较宽，断层岩较厚，沿断裂带崩塌、错落、滑坡等不良地质现象发育，固体物质贮备丰富，只要有足够的水力搬运，就会形成泥石流。

两组以上大断裂复合地段，地震活动强烈，常频繁地发生泥石流。如秦岭北缘华山地区，为 NE 向大断裂与 EW 向大断裂截接地段，1556 年发生过 8 级地震，山崩地裂，河流改道。该区水石流形成的石河、倒石堆，在陇海铁路两侧随处可见，为正在发展的典型的水石流区。秦岭南缘的武都地区，为 NE 向龙门山断裂、EW 向秦岭纬向断裂与 NW 向断裂复合地段，1879 年 7 月 1 日发生过 7.5 级地震，据《武阶备志》记载："光绪五年五月十日至十二日大震，南山崩塌；……各处石飞山走，山裂水出，死 9881 人，连震 4 年，文县、舟曲、成县等县城尽废"。武都地区大型滑坡分布普遍，山坡及沟谷中固体物质贮备丰富，频繁暴发的泥石流，堵塞江河，淹没道路、村舍，形成灾害，成为西北地区目前泥石流最活跃、受威胁最严重的地区。又如天水地区，为NW向断裂与EW向断裂复合地段，1654年7月31日发生过8级地震，多年来，该区泥流及泥石流多次泛滥成灾。天山南缘阿图什至乌恰一带，为NW、NE、EW及NS多组断裂复合地带，1902年发生过8.25级地震，造成山崩，崩塌范围最大的约1000 m×480 m，一次崩塌量$20\times10^4\sim30\times10^4$ m^3，泥石流阻塞河谷、淹埋道路。该区不但是目前地震较活跃区，也是泥石流较发育区。

地壳升降剧烈、活动断裂带发育、两组以上断裂复合地带，是崩塌、错落、滑坡等不良地质分布地带，亦是泥石流发育带，从区域工程地质条件评价，断裂复合地带是最不稳定的地带。

2.西北地区除天山、昆仑山、祁连山、阿尔金山等主峰山区，部分有冰、雪融水形成的泥石流外，多为暴雨型泥石流。暴雨时间短，范围小，强度大。如青藏线小黑沟1957年7月7日，在4 km^{2}范围内，40min降雨120 mm，暴雨量强度3 mm/min，泥石流浪头高达3 m，将沟口直径1.2 m、生长150多年的杨树切断，1孔36 m的石拱桥冲毁。宝天铁路伯阳车站1978年7月12日2小时降雨105 mm，1小时最大60 mm，暴发泥流，流速6 m/s，埋没铁路、涵洞，淹埋了大片铁路房屋及村舍。干武铁路古浪大景1977年8月1日，在山前老城4个小时降雨154.5 mm，接近该年全年的降雨量180 mm，暴发泥石流，将铁路桥涵堵死，造成153个村被冲埋。这类暴雨型泥石流，多发生在升降剧烈的高原、山脉、深谷陡崖，河弯等高差大，地形易形成大气环流暴雨中心的地段。在季风盛行的6～8月，不同方向的云层，常在西北地区上空汇集，易产生集中暴雨，从而激发泥石流。据多年观察，西北地区的泥石流多发生在日温差较大的午后或傍晚时的雷阵雨、暴雨时间。

3.漫流改道是泥石流的普遍现象。但在西北地区的外流河及内流河地区，由于垂直升降运动的变化而有所差异。外流河支沟口的淤积要较内流河的小些，以致漫流改道亦较内流河少些。但在远离大河的山前平原，如贺兰山麓，距黄河约30 km，因受黄河侵蚀基准面影响甚小，故冲积扇上的淤积不断增加，并溯源延伸。通过贺兰山山前坡脚的平罗支线，由于没有认识到冲积扇溯源淤积的特征，桥涵孔径不够，只好改为桥渡跨过。远离渭河的陇海铁路宝天段高家坡桥、远离嘉陵江的宝成铁路后龙王沟桥等，均因沟床溯源淤积，桥涵净空不够，形成危害。内流河支沟口的溯源淤积远较外流河为严重，因内流河只有淤积的加厚、扩大，无冲刷、搬运淤积物的能力。淤积抬高、溯塬形成宽河漫流或冲积扇上漫流，给铁路运营造成危害。

漫流改道是泥石流流出沟口后，地形突然开阔，坡度变缓，流速减慢，泥石流开始呈直线淤积，冲积扇轴部首先淤高，而后泥石流改道向阻力较小的两翼漫流，两翼淤高后，主流又回到轴部。如此往复改道淤积，就形成了宽、长数百米至数千米的大型冲积扇。这些大型冲积扇在垂直升降剧烈的山前，尤其在山前活动断裂带中普遍存在。祁连山、昆仑山、天山等山前这类大型冲积扇分布较多，漫流危害亦较严重。所以在这些地区选线，线路位置、桥位设置、孔径设计，必须考虑区域稳定性和冲淤关系。

4.冲和淤是泥石流的主要现象，反映了区域新构造垂直升降运动的变化。冲、淤对铁路工程建筑物的危害作用远远大于单纯的洪水。因此在勘测中应仔细分析研究沟谷的冲、淤关系。大体上冲刷区，多为上升区，也是泥石流形成区或通过区，淤积区多为沉降区，即是泥石流堆积区。各部位的冲、淤，常受地形、地貌、地层、构造条件的影响。一般情况下是涨水时冲，退水时淤，洪水过后，淤积区普遍增厚。一年中，是枯水期冲，洪水期淤；改道时冲，堵塞时淤；流路集中时冲，分散时淤；水流归槽时冲，漫流时淤；大水冲，小水淤；漫流淤槽，归槽冲底；流量越大，冲、淤变化越大，流量越小、冲、淤变化越小；沟槽深、窄时以冲为主，宽、浅时以淤为主；沟床纵坡陡时，以冲为主，冲、淤变幅大；沟床坡缓时，以淤为主，冲、淤变幅小；沟床纵坡由缓变陡处易冲，由陡变缓处易淤；在跌水陡坎下部一定范围内则冲刷深大，在桥涵上方下挖变陡及桥位变缓处，桥涵多容易被淤积或堵塞。所以在各种泥石流沟的勘测、整治中，应充分利用冲、淤变化规律，设置排泄工程。

(四)结语

从泥石流的形成、发展和活动特征，认识到泥石流多发生在新构造运动活跃、垂直升降剧烈、断裂活动较强烈的地带。因此，对泥石流地区的稳定性评价，首先应了解区域新构造运动发展情况、活动断裂的分布与复合关系、破碎岩带地段的堆积情况。然后再结合沟谷地形、地貌、地层、构造，沟床纵、横坡度，形成区固体物质贮备，通过区冲、淤坡度变化，堆积区规模大小，冲、淤、漫流等形态，全面分析、研究，评价泥石流沟谷的稳定程度，考虑线路通过位置及应采取的防治措施。

八、侯月线水平岩层隧道围岩坍塌浅析

王笃实

侯月线为双线电气化铁路，西起南同蒲铁路侯马北站，向东经曲沃、翼城、沁水、端氏、阳城、盘谷寺至莲东与焦枝铁路并行至月山，全长252.6 km。1988年10月开工，1996年3月建成并交付运营。线路横穿中条山脉和太行山脉，地形起伏大，相对高差50～400 m，隧道工程较多，尤其是阳城至盘谷寺间的沁河峡谷区，桥隧相连，工程集中。全线共有隧道63座，通过岩层产状水平的隧道42座，长67.3 km，其中单线隧道11座，长34.2 km，双线隧道31座，长33.1 km。地处山西陆台，区内构造自西向东有侯马断陷、中条山隆起、沁水坳陷、太行山隆起、济源断陷等，多为舒展平缓褶曲，有层间错动迹象，断裂少见。隧道通过地层有二叠系页岩、泥岩、砂岩；石炭系页岩、砂岩、石灰岩夹煤层；奥陶系石灰岩、泥灰岩；寒武系石灰岩、页岩、砂岩等。岩层倾角平缓，一般在5°～15°之间，节理发育至较发育，节理倾角60°～90°，多垂直节理，有少量地下水，局部地下水较大，属Ⅲ～Ⅴ类围岩。

设计的临时支护，对Ⅲ、Ⅳ类围岩采用锚喷支护，必要时采用挂网锚喷支护；Ⅴ类围岩采用锚杆支护。施工中Ⅲ、Ⅳ类围岩掉块较普遍，并出现坍塌。

该段岩层大多呈水平状，且在厚层、中厚层的石灰岩、砂岩等硬质岩中夹有薄层泥岩、页岩等软质岩，这种特殊的地层结构，控制了隧道围岩分类和施工过程中坍塌的程度，现将有关情况分析介绍如下。

(一)围岩稳定性划分

根据岩性特征、节理发育情况、软硬岩层的组合形态、地下水发育情况和施工中围岩的稳定情况等，可将围岩的稳定性分为如下几种类型：

1.部分Ⅴ类围岩地段，如南庄、杜河、土岭、沁河、瓮河等双线隧道，通过地层为寒武、奥陶系厚层石灰岩、白云质石灰岩、白云岩，层厚0.5～1.0 m，层间结合紧密，节理较发育，岩层整体性强。施工采用正台阶或全断面开挖，拱部成形规则，很少超挖。采用光面爆破的，拱部半边炮眼保留完好(如图7－31)。岩层自稳能力强，边墙、拱顶围岩均稳定，无坍塌掉块现象，一般不需锚杆支护，这类围岩称为稳定围岩。

2.部分Ⅳ类围岩及部分Ⅴ类围岩地段，如练上、柏枝、杨坡、正圪垴、磨滩等双线隧道，通过

奥陶系中厚层石灰岩、白云岩；松山、鱼天等双线隧道通过寒武系中厚层石灰岩夹页岩、砂岩夹页岩；樊庄双线隧道通过的二叠系中厚层砂岩；层厚 0.2～0.5 m，层间结合较紧密，节理发育。施工采用正台阶或全断面开挖，在拱部有掉块现象，掉块高度 0.2～0.7 m，找顶清除松动石块后，拱部断面多呈平顶状或阶梯状，需采用锚杆或锚喷支护，这类围岩称为易掉块围岩(如图 7－32)。

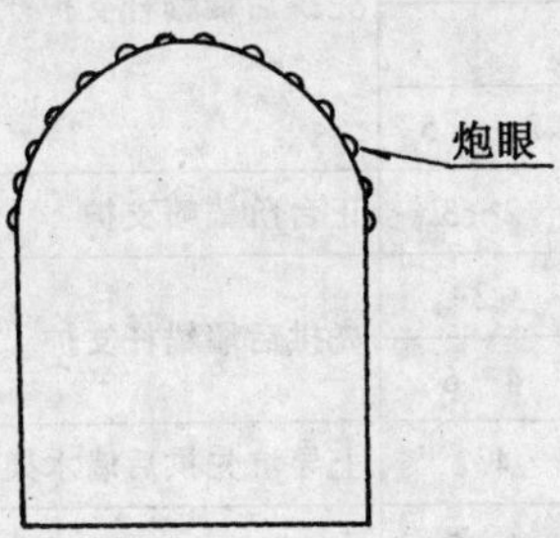

图 7－31　保留半边炮眼

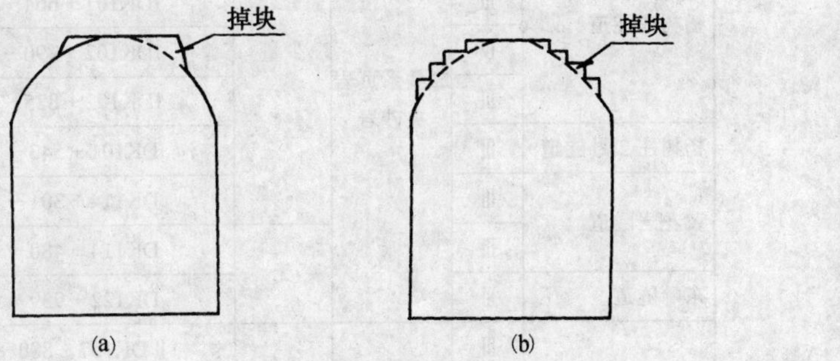

图 7－32　拱部掉块呈平顶状(a)或阶梯状(b)

3. Ⅲ类围岩及部分Ⅳ类围岩地段，如寺西 1 号、寺西 3 号、小腰、云台山、云台山 2 号、杨树庄、杨树庄 2 号、桃坪、桃坪 2 号等单线隧道通过的二叠系泥岩、页岩、页岩夹砂岩，石炭系页岩、砂岩、石灰岩及煤层；横岭双线隧道通过的奥陶系泥灰岩；鱼天隧道通过的寒武系页岩夹砂岩等。层间结合差，有软弱夹层，岩层易风化，节理发育，有少量地下水。施工方法有上导坑木架支护先拱后墙法、锚喷支护先拱后墙法、锚喷支护正台阶法等，隧道开挖后，拱部常有掉块，并有坍塌现象。这类围岩称为易坍塌围岩。

综上所述，水平岩层隧道的围岩稳定性分类可汇总如表 7－8 所示。

表 7－8　水平岩层隧道围岩稳定性分类表

围岩的稳定性分类	围岩类别	地　层	围　岩　特　征
稳定围岩	Ⅴ	寒武、奥陶系厚层石灰岩、白云质石灰岩、白云岩	层厚 0.5～1.0 m，层间结合紧密，岩质坚硬，节理较发育，为大块、巨块砌体状结构，光面爆破成拱规则
易掉块围岩	Ⅳ～Ⅴ	寒武系中厚层石灰岩夹页岩、砂岩夹页岩；奥陶系中厚层石灰岩、白云岩；二叠系中厚层砂岩	层厚 0.2～0.5 m，层间结合较紧密，岩质坚硬，竖向节理发育，成块石砌体状结构，光面爆破成拱不甚规则，拱部易掉块
易坍塌围岩	Ⅲ～Ⅳ	寒武系页岩夹砂岩；奥陶系泥灰岩；石炭系页岩、砂岩夹煤层；二叠系页岩夹砂岩、泥岩、页岩等	层间结合较差，有软弱夹层，岩质较软，竖向节理发育至较发育，成块石、碎石状结构，光面爆破成拱不规则，拱部有掉块及坍塌现象

(二)围岩坍塌特点

属于易坍塌围岩的隧道共 23 座，施工中发生坍塌数十次，主要坍塌隧道见表 7－9。

综合分析水平岩层隧道围岩坍塌的规律，其围岩坍塌具以下特点：

1. 坍塌体是以泥岩、页岩夹砂岩为主的水平岩层构成的节理发育的岩体。坍塌受结构面的制约，层间的软弱夹层构成坍塌顶面，竖向节理 2～3 组，间距 0.1～0.4 m，倾角 60°～90°，

表 7-9　水平岩层隧道围岩坍塌一览表

隧道名称	围岩类别	围岩地层	地下水	坍塌里程	坍塌高度(m)	施工方法
寺西 1 号隧道	Ⅲ	二叠系页岩夹砂岩	少量	IDK76+886～+910	4～6	上导坑先拱后墙
杨树庄隧道	Ⅲ			IDK101+429～+462	1.5～3	先拱后墙锚杆支护
	Ⅲ			IDK101+664～+671	3	
	Ⅳ			IDK102+790～+813	4	
	Ⅲ			IDK102+825～+848	2～2.5	
杨树庄 2 号隧道	Ⅲ			DK101+543～+570	2～3	正台阶锚喷支护
黄花岩隧道	Ⅲ			DK114+301～+319	2	先拱后墙锚杆支护
	Ⅲ		无	DK114+480～+491	4～6	
东岭隧道	Ⅲ			DK122+939～+950	4.2	上导坑先拱后墙木架支护
桃坪隧道	Ⅲ	二叠系泥岩夹砂岩	少量	ⅡDK157+880～+925	1～3	正台阶锚喷支护
	Ⅲ			ⅡDK157+195～+222	3～4.5	
	Ⅲ			ⅡDK159+043～+098	1.5～2.5	
	Ⅲ			ⅡDK159+372～+467	3～6	
	Ⅲ			ⅡDK160+227～+307	3～4	
	Ⅲ			ⅡDK160+307～+342	3～4	
	Ⅲ		微量	ⅡDK161+696～+740	3～4	
鱼天隧道	Ⅳ	寒武系页岩夹砂岩	无	DK201+938～+985	5	
	Ⅳ			DK204+380～+398	2～3	
	Ⅳ			DK204+472～+513	2～5	

节理面构成坍塌体的侧面。坍塌形状有梯形、拱形、不规则形(图 7-33),坍塌物为块石、碎石状。

2.坍塌多发生在隧道拱顶,边墙坍塌较少。坍塌高度一般 2～6 m,很少超过 6 m 的。坍塌后顶板岩层较稳定,坍塌常向隧道一端或两端延伸(见图 5-15)。

3.当有软弱夹层时,坍塌距掌子面的距离一般为 10～50 m,个别距掌子面小于 10 m。采用上导坑开挖的,坍塌多发生在上导坑扩大断面时。

4.坍塌与地下水有关,多数坍塌地段有地下水活动,但水量不大。少数坍塌地段虽无地下水流出,但软弱夹层的天然含水量却较高。

(三)坍塌原因分析

本区地处山西陆台,区域构造以舒展平缓褶曲为主,有层间错动迹象,陡倾角节理发育。水平岩层围岩坍塌与层间结合紧密程度、有无软弱夹层、节理产状及发育程度密切相关。

1.由于泥岩、页岩夹砂岩层间结合较差,多有厚度 5～20 cm 的软弱夹层,其多见于二叠系砂岩层的顶、底面,为地质构造运动过程中的层间错动所形成,多呈软塑状,透水性差,与上下岩层的结合力极低。这是形成隧道拱顶围岩坍塌的主要因素。

2.由构造形成的陡倾角节理发育,将水平岩层切割成块石、碎石状,受爆破震动,节理张开,隧道围岩应力释放,岩体固有的连结被削弱,岩块间的摩阻力降低而松弛掉落。特别是节理走向与隧道平行的地段，极易坍塌。

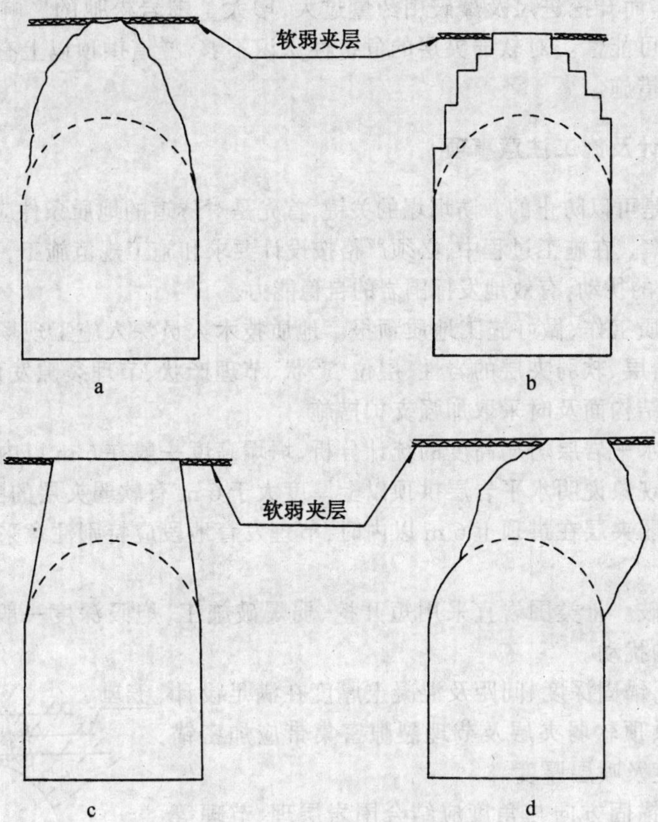

图 7－33 坍塌断面示意图

a—拱形坍塌；b—阶梯形坍塌；c—梯形坍塌；d—不规则坍塌。

3. 地下水湿润软化岩层层面，降低结构面之间的结合力及摩阻力，软弱夹层在地下水的作用下呈软塑状，有时呈泥状，透水性差，常形成隔水层，与上下岩层的结合力极低，造成掉块塌落，因此坍塌多发生在有地下水活动的地段。

4. 临时支护措施不力。Ⅲ、Ⅳ类围岩设计的锚喷支护，多数隧道施工中喷混凝土的厚度不够，有的只锚不喷，锚固点的间距也较大，个别隧道有不锚不喷的。有的虽然打了锚杆，但拱顶锚杆的锚固方向与节理面平行，被竖向节理切割的岩块没有锚固连成整体，拱顶围岩的稳定性得不到加强（如图 7－34）。采用上导坑开挖扩大的隧道，木架支撑的间距较大，也有导坑不作支护的。扩大断面、衬砌时，围岩再次受到扰动，已松弛了的围岩极易坍塌。

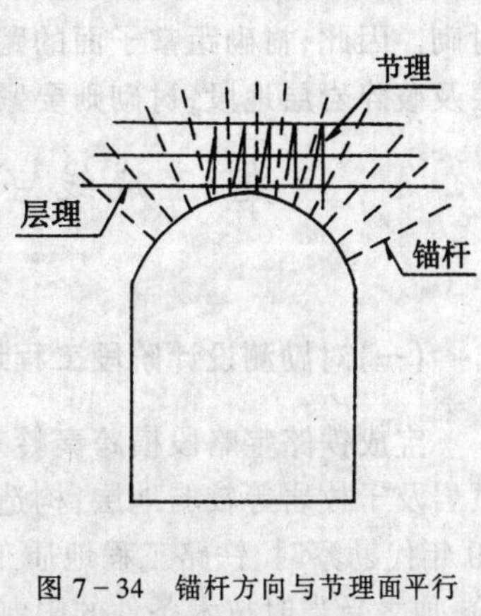

图 7－34 锚杆方向与节理面平行

5. 衬砌跟不上。由于泥岩、页岩易风化。围岩的自稳能力和自稳时间衰减较快。一般衬砌距掌子面 30～40 m 为宜，当有软弱夹层时，衬砌还应跟紧些。但在施工中衬砌多数距掌子面的距离较远，个别超过 200 m，围岩暴露时间太长，超过了围岩的自稳定能力和自稳定时间，如果临时支护措施又不力，极易坍塌。

6. 施工方法不当。地质条件改变了，但需采取的相应措施却跟不上。例如，该用短开挖、弱爆破施工的地段，而开挖进尺及爆破用药量过大，增大了围岩松弛的影响半径，增大了围岩压力及围岩塌落的可能性。对软弱夹层的危害性认识不够，隧道拱顶以上有软弱夹层，未能及时采取支护和加强措施。

(四)防坍塌设计及施工注意事项

隧道围岩坍塌是可以防止的。防坍塌的关键，首先是对隧道的地质条件应有充分的认识，精心编制隧道施工方案。在施工过程中，必须严格按设计要求和施工规范施工，采用适宜的开挖方法，尽量减少对围岩的扰动，有效地发挥围岩的自稳能力。

1. 加强施工地质工作，做好施工地质预报。地质技术人员深入施工现场，随时观察施工围岩变化，查明破碎岩层、软弱夹层的岩性、层位、产状、节理产状、节理裂隙发育程度及其与隧道的关系。对不利的结构面及时采取加强支护措施。

2. 根据本地区水平岩层坍塌高度的统计分析，坍塌高度一般在 6 m 以内，坍塌顶板受软弱夹层的制约。这一现象说明水平岩层拱顶以上厚度大于 6 m 有软弱夹层的围岩仍有一定的自稳能力。因此当软弱夹层在拱顶上 6 m 以内时，节理发育地段应特别注意采取防范措施，包括改变施工方法等。

3. 推行光面爆破。Ⅲ类围岩宜采用短开挖、弱爆破施工，炮眼深度一般宜控制在 2 m 以内，以减少对围岩的扰动。

4. 锚喷要及时，锚固深度、间距及混凝土厚度在满足设计要求的基础上，对拱顶软弱夹层及节理裂隙密集带应加密锚固点，加大锚固深度及喷层厚度。

5. 锚杆支护的锚固方向与角度应结合围岩层理、节理等统筹考虑。根据水平岩层竖向节理发育的特点，拱顶围岩的锚固方向宜与节理倾向线成 45°～55°角度交错锚固，锚杆长度适当增长，使其裂隙岩体连成整体，形成 2～3 m 厚的受力拱，更好地发挥锚杆与围岩的共同作用(见图 7－35)，以增强拱顶围岩的稳定性。

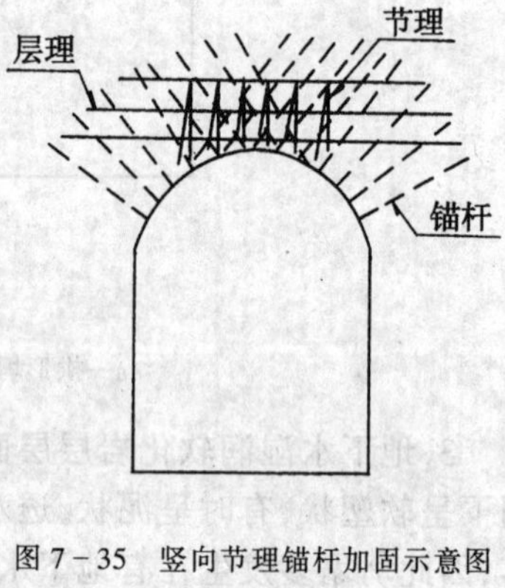

图 7－35　竖向节理锚杆加固示意图

6. 衬砌要紧跟。应尽量减少临时支护的承受时间，及时衬砌。因此，衬砌距掌子面的距离不宜过大，Ⅲ类围岩距掌子面以 30～40 m 为宜。而软弱夹层及破碎岩层地段，衬砌则要紧跟。

九、宝成线宝略段 1981 年水害工程地质工作总结

林清华

(一)对勘测设计阶段工程地质工作的回顾

宝成铁路宝略段横跨秦岭东西向断褶带，沿线有风化花岗岩、绿泥片岩、板岩、泥质、炭质页岩及千枚岩等较弱地层；构造断裂纵横切割，古老地层褶皱挤压，各种的不良地质现象较多。50 年代勘察时，铁路工程地质工作处于创始时期，勘测、设计、修建这样的山区铁路还缺乏经验；加之受当时技术条件的限制，建长隧道难度很大，工期又要求紧，线路辗转于高陡山坡之下或河流之滨，因此高边坡和河岸防护工程多。在施工和运营中发生并整治了不少病害。

在该线修建和病害整治过程中积累了可贵的工程地质资料，也有很多经验与教训。

1.选线时绕避了一些不良地质地段。从宝鸡至秦岭垭口，直线距离 20 km，相对高差 800 余米，都是丛山峻岭，深沟峡谷。选线时有南、北、中 3 个越岭方案，南线通过垮石山大崩塌，北线有李家河地下水发育区滑坡群，地质条件极为复杂，最后选取了岩质较好沿清姜河展线的中线方案。

秦岭以南沿嘉陵江河谷，线路长 171.5 km，为了绕避不良地质，跨嘉陵江 14 次。如 3 号与 4 号桥间绕避了红花铺右岸的大型洪积扇；4 号与 7 号桥间绕避了岩层破碎带和顺层错落区；11 号与 12 号桥间、13 号与 14 号桥间绕避了岩石破碎的高陡山坡。

2.勘测时集中了地质部、水电部的地质力量，系统而全面地进行全线的地质调查、勘探工作，钻探 50 000 m，工程地质资料满足了当时设计的需要，也为后来病害整治奠定了基础。

3.接受宝天铁路的教训，注意到了高边坡的危害。为减少高边坡修了不少隧道；傍山陡坡地段将线路移至一级阶地和河漫滩以填方通过。但限于当时的条件，长 1 km 的隧道已是控制工程，不可能修建过多过长的隧道。以目前来看傍山短隧道群和高边坡仍嫌太多，有些地方虽避开了高边坡，但又过多侵占了河床，遭到洪水的侵袭。

4.对有地下水和巨厚堆积层的山间缓坡地带的老滑坡缺乏认识，一些车站就设在这些缓坡上，如西坡、谈家庄、白水江、马蹄湾和横现河等。施工开挖后，滑坡复活。经多年深入细致的地质勘测，对于一些大型滑坡，采用了以排水为主的综合整治措施，效果是明显的。

多年来，运营部门采用综合治山，加强养护，增修了不少挡、护墙、拦石墙、明洞、拦泥坝、急流槽和河防工程，改善了线路条件。

宝成铁路工程浩大，地质复杂，不良地质较多，经过病害整治，确保了正常的通车运营。

(二)1981 年的水害及地质工作概况

1981 年 8 月 14 日至 22 日，秦西陇南，连降大雨，给秦岭南北造成严重水害。据气象和水文调查资料，宝鸡至白水江段总降雨量超过 300 mm，约为本地区年降雨量的 40%，其中 8 月 21 日不满 12 小时内，降雨量达 100～110 mm。嘉陵江洪水频率，宏庆上游超过 1 000 年，宏庆至白水江为 600～500 年，白水江至略阳为 300～100 年。连日霪雨，水土饱和，21 日又下暴雨，造成山洪暴发，泥石俱下，铁路沿线山坡沟谷流泥流石冲毁淹埋路基，堵塞涵洞；巨大的洪水，将几座大桥桥台及桥头路基冲毁，桥墩剪断，桥梁坠落；河防工程近 20 km 长遭到河水冲刷，严重毁损，轨排成段悬空。据统计，宝略段水害工点为 221 处，其中严重的达 50 处。1981 年 8 月 21 日全线中断行车，至 10 月 16 日才临时通车，为铁路史上所罕见。水害工点分布概况见图7－36。

水害发生后，工程地质及设计人员奔赴现场，调查灾情，与抢修队伍一起商讨抢修问题，随后又投入永久性修复工程的地质勘探工作，使用钻机 9 台，调集地质人员 30 余名。1981 年 9 月至 12 月完成需紧急处理的重大水害工点的地质勘察 50 余处，到 1983 年 7 月底，人员才陆续撤出，后续工作直到 1985 年才结束。

据统计，在宝略段水害修复工程中，共完成地质勘察工点 159 个；改线 3 处，长约 12 km；钻探 300 余孔，5 500 余米；电测深 59 个。工点的病害类型，主要有泥石流(分为坡面流泥和沟谷泥石流两种)、崩塌、落石、河岸冲刷和滑坡等。

(三)水害类型及主要的工程地质问题

1.泥石流

宝略段横穿秦岭纬向构造带，具有构造复杂，断裂普遍，岩层褶皱强烈，节理发育等特点，

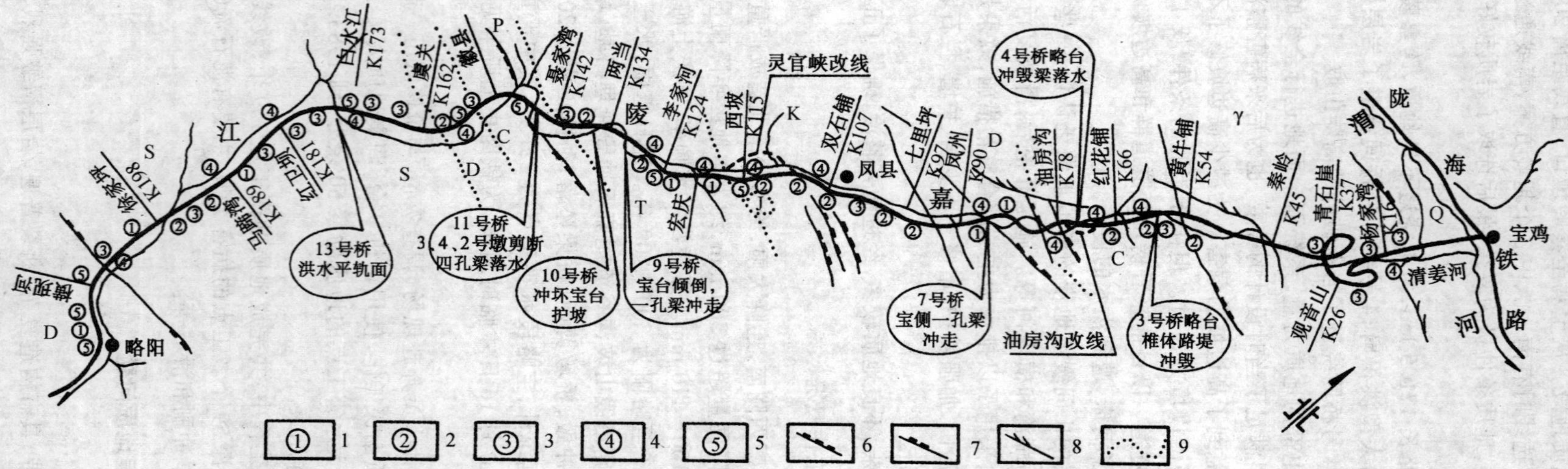

图 7-36　宝成线宝略段 1981 年水害工程地质平面示意图

Q—第四系；K—白垩系砾岩夹泥岩、砂岩；J—侏罗系泥质页岩夹砂岩；T—三叠系板岩及石灰岩；P—二叠系石灰岩；C—石炭系石灰岩及片岩；D—泥盆系千枚岩夹石灰岩；S—志留系片岩、石灰岩；γ—燕山期花岗岩类；1—山坡流泥；2—泥石流；3—崩塌、落石；4—河岸冲刷；5—滑坡；6—燕山喜山期纬向压性断裂；7—海西印支期纬向压性断裂；8—压扭性断裂；9—岩层分界线。

有利于松散固体物质的形成和堆积。但由于该段的大部分地区以花岗岩、石灰岩、砾岩为主，岩质坚硬，较软弱的页岩、千枚岩等分布范围较小，且与硬质岩石呈互层状，黄土的分布亦较分散，地震烈度较低(六度～七度)，老的滑坡和破碎带相对稳定，新的大型滑坡和岩石崩塌较少，加之本段山坡植被较好，因而松散固体物质的堆积缓慢。据宝成北段泥石流联合调查组资料，在1981年持续大雨和暴雨的情况下，其单位面积固体储备量为$4\times10^4\sim70\times10^4\ m^3/km^2$。

水是触发泥石流的必备条件，也是泥石流形成和发展的动力。本区降雨丰沛，多集中于7～9三个月，且多暴雨。在历史上曾出现过大于或相当于1981年的暴雨，但却未发生过这样大面积的泥石流。1981年泥石流受暴雨前的连续降雨影响极大，因较长时间的连续降雨，致使土体饱和，后期暴雨便激发了泥石流，这是1981年水害的特征之一。在这次特大水害中，泥石流范围广，全段普遍出现，有的属于山坡流泥流石漫道，有的是沟谷泥石流堵塞桥涵、淹埋车站。据统计，此次水害整治的泥石流工点有67处，占总数的42%。

(1)山坡流泥

山坡流泥是由于自然山坡和堑坡的表面侵蚀或浅层溜坍引起的，以面蚀、片蚀为主。坡面土体经长期降雨后，在植被较差的地区，雨水直接渗入土体而饱和，增加了土体重量，降低了土的抗剪强度；在植被较好的地带，也会渗入根部形成潜流。遇大暴雨，强烈的地表水冲刷、侵蚀，使表面软化稀释的土体，便沿坡倾泻，堆积在铁路路基上，有的厚达3 m。

宝成铁路沿线除耕地以外，自然山坡及人工土质堑坡多有植被覆盖。但这次水害后，沿线山坡表层呈大片状、条块状剥离，或成槽形浅沟，满目疮痕，呈现大面积的水土流失景象。宝鸡以南沿线一般黄土台坎几乎普遍溜坍，在30°左右的山坡耕地上则形成弧形浅层滑动，大部分仍残留于原坡面上，前缘部分则沿陡坡转化为流泥。个别地段如K64+200、K122+794、K188+130山坡高处局部土体滑动，滑动的土体转化为稠泥，流到线路上。

K122+794流泥：位于山前坡积、冲积台塬，线路以深路堑通过，左侧200 m内为10°～15°缓坡，以外为35°～45°陡坡，坡面为第四系黄土夹碎石覆盖。为了排洪，在黄土路堑内下挖设1—3.4 m小桥。由于上部陡坡地带常有坍滑土体，而下部平缓，排泄不畅，常使桥涵和路基淤积，每年需清淤1 000 m³左右。1981年8月水害，距线路左侧300 m的陡坡处产生滑坡，宽40 m，深5～10 m，估计约$10\times10^4\ m^3$。土体被暴雨水携带顺坡而下，部分冲入路堑，堵塞桥孔，在路堑内堆高4.2 m，沿线路方向长78 m，伴随强大的动力将钢轨推移和掀起，清理时十分困难(见图7-37)。

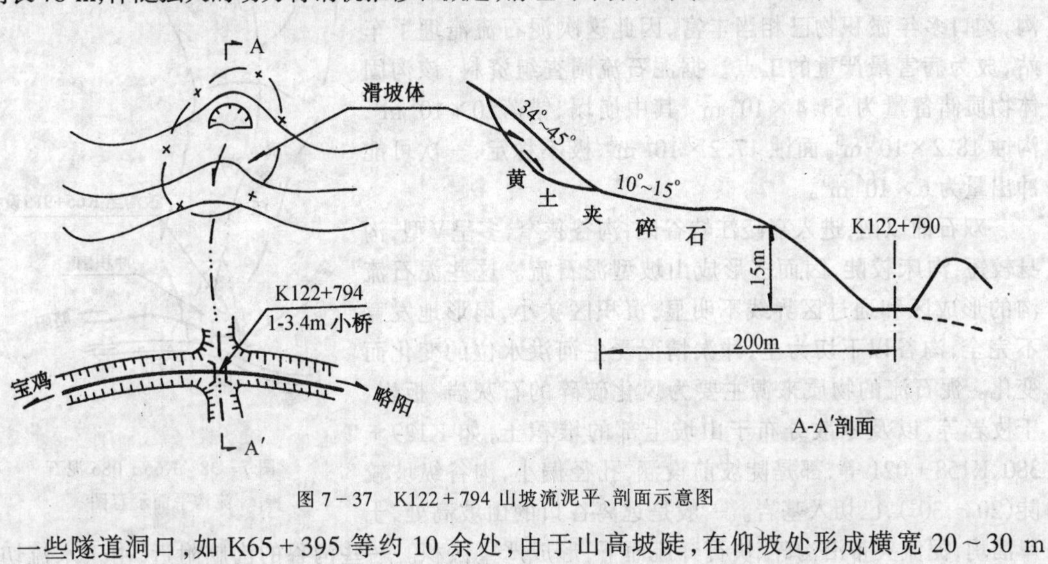

图7-37 K122+794山坡流泥平、剖面示意图

一些隧道洞口，如K65+395等约10余处，由于山高坡陡，在仰坡处形成横宽20～30 m

的片状泥流，夹杂风化石块和灌木杂草流到轨道上，淤积高达 3 m，并进入隧道内 100 多米。

流泥形成的残留物，水害以后多已刷方、清理至原土，可以保证稳定；属于缓坡耕地上的浅层蠕动或漫坡堆积，经雨后耕作一般即可恢复稳定。据水害后 4 年的观察，被冲刷的陡坡坡面植被已逐渐恢复。1981 年水害处理，只在个别隧道进出口或黄土路堑内淤积严重且清理困难的地段，增设了明洞或明洞渡槽；土质路堑高边坡，采用放缓边坡、增设平台等适当的防护措施；坎边开裂土体刷方清除，并做好堑坡以上的排水，防止地表水集中冲刷。

(2)沟谷泥石流

根据沟谷发育程度、流域面积、主沟长度、沟床纵坡等还可分为沟谷型和山坡型泥石流。

秦岭以北(K6～K41)，山势陡峻，为酸性侵入岩或变质岩，岩质坚硬，节理发育，因受清姜河压扭性断裂的影响，易产生崩塌、错落，形成山坡型泥石流，堆积物以块石、碎石为主。

秦岭以南至双石铺(K42～K110)，为嘉陵江宽谷区，漫滩阶地较发育，岸坡除花岗岩、片岩、砾岩等分布外，第四系坡积物和黄土分布较广厚，泥石流沟发育，汇水区较大，沟床纵坡较缓，淤、堆积明显，以沟谷型泥石流为主。沟口分布有大小不同的新、老洪积扇，沟谷相对稳定，近期流石数量不多。当年选线时，已经绕避了右岸的大型冲积扇。在红花铺前后，线路紧靠沟口，且多下挖设涵，如 K63 + 990、K66 + 086、K67 + 967、K69 + 769 等处，这些沟长 1～5 km，下游纵坡 5°～10°，中上游纵坡 10°～20°，沿沟多淤积物，沟床已切入基岩，平时无明显的泥石流，这次水害淤积严重，越过路基、高出轨面 2～3 m，还向两侧漫流淤积。

K66 + 086 庙沟泥石流位于嘉陵江左岸(图 7－38)，为设红花铺车站，傍山坡改沟，在 K65 + 915 处设 1 孔 6 m 小桥，流槽曲折，只能排泄一般流水。原沟口下挖设有 2 m 高的挡墙，沟口平时就有泥石流淤积。这次淤积量约 5×10^4 m^3，泥石流淹埋 4 条站线和停在站内的 7 节车皮，堆积物高 5 m，横向长 100 余米。

庙沟流域面积 4.3 km^2，主沟长 4.6 km。形成区森林覆盖良好，沟床顺直，基岩裸露，稍有旁蚀；通过区沟床较宽，有巨石停积；下游沿沟口有古泥石流堆积。主沟平均纵坡 140‰，沟口附近仅为 90‰左右。据调查，沿沟岸坡尚稳定，有些老的崩塌、错落堆积体。这次泥石流物质来源部分是沟谷下游的老洪积物，经底蚀、侧蚀汇集。由于建路时改沟，沟口多年淤积物已相当丰富，因此这次泥石流淹埋了车站，成为病害最严重的工点。据泥石流调查组资料，该沟固体物质储备量为 55.4×10^4 m^3，其中崩塌、错落 20×10^4 m^3，沟蚀 18.2×10^4 m^3，面蚀 17.2×10^4 m^3，极不稳定，一次可能冲出量为 6×10^4 m^3。

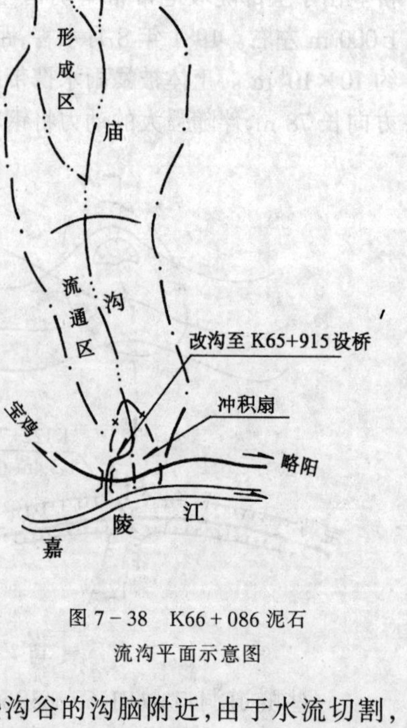

图 7－38　K66 + 086 泥石流沟平面示意图

双石铺以南，进入嘉陵江峡谷区，沟谷狭窄，多呈Ⅴ型，沟身较短，沟床较陡，因而多形成山坡型泥石流。这些泥石流沟的形成区和通过区界线不明显，沉积区狭小，扇形地发育不完全，沟谷以下切为主，冲淤情况受主河洪水位的变化而变化。泥石流的物质来源主要为风化破碎的石灰岩、板岩、千枚岩等，以及零散分布于山坡上部的堆积土，如 K129 + 380、K158 + 021 等，都是陡坡前设涵，孔径偏小，沟谷纵坡较陡(20°～30°)，已切入基岩。一般是远离谷口的山坡高处，土岸溜坍，泥流夹带沿沟碎、块石奔流而下，形成严重淤积。一些沟谷的沟脑附近，由于水流切割，土坡错落堵塞沟床,供应了大量泥石流的物质,随时可进入线路,堵塞情况特别严重。

如 K110+092 左侧为山坡型沟谷(见图 7-39),汇水面积 0.24 km^2,主沟长 0.7 km,坡度 457‰,山坡平均坡度 639‰;形成区为一簸箕形,有五指形支沟,覆盖较厚的黄土,山坡滑塌严重;通过区短窄,为 10 m 长的砾岩陡坎,成一咽喉区;沉积区开阔平坦,形成洪积扇。线路以填方从冲积扇中部通过,路堤高 7 m,距沟口 50 m,设 1 孔 2 m 拱涵。这次水害,固体物质储备量达 8.89×10^4 m^3,其中崩塌滑坡 2.17×10^4 m^3,沟蚀 0.72×10^4 m^3,面蚀 6×10^4 m^3。50%的坡面被冲蚀,此次水害泥水俱下,埋没民房 11 栋,堵死涵洞,推倒接触网支柱 2 根,淹埋线路长 120 m,堆积物厚 1~3 m。

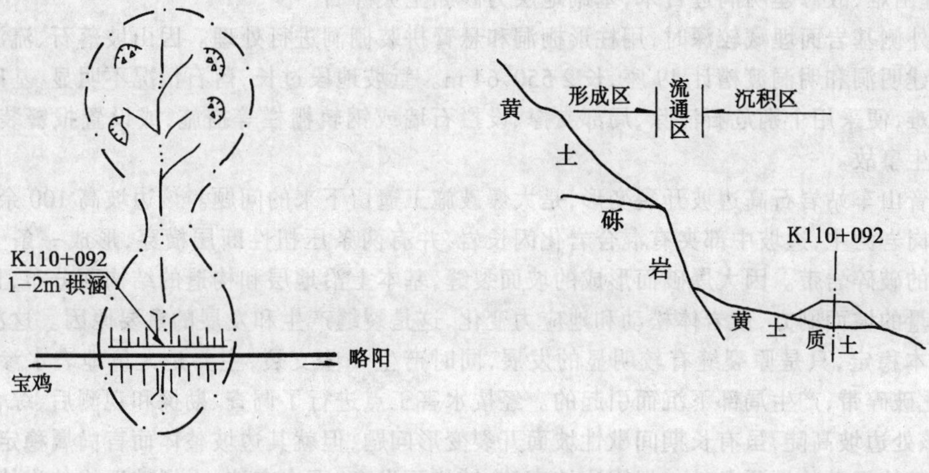

图 7-39　K110+092 泥石流沟平、剖面示意图

又如 K211+900 为土质路堑,距线路右侧 100 m 的冲沟内,土坡大量坍滑,形成泥石流约 2×10^4 m^3,从堑顶进入线路 1×10^4 m^3,推倒变电所围墙,严重威胁变电所,淹埋线路长 100 m。

总的来看,宝略段一般沟坡相对稳定,岩质坚硬,植被良好,没有大量固体物质来源。这次特大暴雨径流底蚀、侧蚀较强,加上山坡普遍流泥,局部有坍滑,桥涵的孔径不足,因而引起一些严重的淤积、堵塞,但这些沟谷多已切入基岩,岩质尚好,今后不会发展成严重的泥石流沟。考虑特大暴雨不易重现,一次沟床侵蚀引起的局部坍滑也不可能一次全部流出,所以一般桥涵经清理淤积后,没有再作特殊处理;仅对有些净空过低,涵洞孔径过小,淤积严重,无法排泄者,进行了扩孔或作渡槽处理。

车站内的泥石流最难处理。如红花铺车站涉及 4 股道,起先曾考虑做 1 孔 16 m 的 4 线桥,桥下纵坡 50‰,净空 3.7 m,后怕泥石流排泄困难,又改用 4 线渡槽。李家河站 3 股道 1 孔 1.75 m涵,常有淤积,本次淤积严重,沟谷纵坡较陡,流泥来自山坡高处,拟改桥扩孔,但净空小,桥下纵坡平缓,无法排泄,又无设渡槽的条件,处理困难,只好暂不处理。

泥石流的整治措施除了扩大桥孔和作渡槽外,可在上游截流,在沟谷中设拦泥坝、谷坊坝,植树造林,稳定沟坡,减弱水流强度。在沟坡上规划植树,改善耕作技术,防止水土流失,但这要有当地居民的配合。当车站作桥和渡槽都有困难时,采取综合整治措施是必要的。

2. 崩塌、落石

宝略段在勘测设计时,虽已注意到避开高陡岩石山坡,但临近陡坡的地段仍然不少,1957 年交付运营时崩塌、落石工点共 163 处。经多年的综合整治,加设支护和拦石墙、接长明洞等已起到良好的作用。此次水害主要是山坡流泥,岩体还是稳定的,崩塌、落石只是其上表层植被或风化层被冲刷、剥离所致。这次水害所发生的落石，仍在原落石处，且多是零散的个别的落石。过去这些工点，有的是几年发生1次，有的虽然次数多，但块体不大，也曾砸坏过枕木、钢轨和电气化接触网。落石点零散，对电气化铁路影响较大，有些地段还需设专人看守。

洞口仰坡和堑坡过高，有流泥或落石威胁者，进行了修建明洞处理。如K164+100，洞口位于高陡岩坡之下，建路以来曾有4次落石记录，落石数量为1.6～1.7 m^3，曾砸坏枕木、钢轨，中断行车。该处上部陡坡为石灰岩，下部缓坡为泥炭质页岩，地层倒转，石灰岩与页岩的接触面为NE向逆断层，断层带宽数米，岩石节理较发育，在重力作用下，石灰岩顺节理面多处产生张裂，形成多处危崖和危石。据工务部门调查，山上现有悬崖22处，危石1 000 m^3。山高坡陡，处理困难，故修建明洞近百米，基础地层为砂黏土夹碎石。

当外侧基岩面埋藏较深时，用柱形棚洞和悬臂拼装棚洞进行处理。因山坡落石、流泥而接长或增建明洞和明洞渡槽计49座，长2 550.64 m。堑坡地段过长，落石情况不明显，基础处理又很困难，便采用个别危石清除、局部支撑、设拦石墙或钢轨栅栏等措施，或设置报警装置，以防止发生事故。

观音山车站岩石高边坡开裂变形，是大爆破施工遗留下来的问题。该边坡高100余米，地层以花岗岩为主，边坡中部夹有混合岩化闪长岩，并有两条压扭性断层横穿，形成一条上宽下窄楔形的破碎岩带。因大爆破而形成的坡面裂缝，基本上沿地层和构造的结构面分布，且大爆破和大量的坡面刷方，使岩体松动和地应力变化，这是裂缝产生和发展的重要原因。这次水害边坡基本稳定，只是原裂缝有较明显的发展，同时产生一些支裂，主要是大量地表水渗入、潜蚀、软化破碎带，产生局部下沉而引起的。经按水害工点进行了调查、勘探和观测后，综合分析认为，该处边坡高陡，虽有长期间歇性坡面开裂变形问题，但就其边坡整体而言尚属稳定，不具备边坡整体滑动的地质条件。但因边坡高陡，结构面发育，雨水充沛，大爆破造成的岩体松动，已存在不稳定因素，故需作适当的处理。整治以护坡、排水、加固有裂缝的岩体为原则。护坡采用了轻型的短锚固加铁丝网防护，并用锚索加固有裂缝的岩体。

3.河岸防护

宝成铁路宝略段主要沿清姜河和嘉陵江行进，依山傍水，原有的嘉陵江两岸改河和河岸防护工点共90处。这次特大水灾，发生的河岸冲刷工点有54处，有的冲毁路基，轨排悬空；有的冲毁桥头路堤，剪断桥墩，桥梁落水，破坏十分严重。分析其原因，一是桥渡路基压缩河床，侵占了河道；二是对山区河流流向和水位多变的性质认识不足。原设置的河岸防护工程、一些改河措施，如复式河槽和丁坝等，没有起到应有的作用，经受不了巨大洪水的袭击；也有的是受弃碴和地方工程的影响而造成水害的。水害后基本是在原线加深基础，修复防护。地质工作主要是查明基础地质情况，充分利用原有资料，补充勘探。嘉陵江冲积层厚8～15 m，脚墙基础埋深视具体情况而定。

凤州以北，K63～K85连续被冲毁，长达4.4 km，该段河床较宽，流量较小，河床以卵石土为主，较密实，修复工程的基础均采用明挖，脚墙埋入河床3～5 m，施工时每20～30 m用一台抽水机，基坑临时开挖边坡1:0.5，较稳定，工程进展顺利。

油房沟车站，部分基础夹有淤泥质土层，承载力不足，施工时进行了换填。

双石铺至宏庆为灵官峡谷区，有几段线路被冲毁，因要改线而需做临时防护工程。双石铺以南均属嘉陵江峡谷地区，流量大且集中，江边多砂夹石块，无明挖条件，多采用沉井和钻孔桩基础。如宏庆、李家河第一次使用沉井基础，在施工时遇到块石、铅丝笼和钢轨，采用爆破、切割、震动等方法进行了处理。在大块石较多的地方，如K144滑坡前缘的河岸防护工程，多采用钻孔桩基础。

当路基边坡有岩石露头时则采用了路肩墙。

对冲坏的大桥采用改线(如嘉陵江 3 号、4 号桥)、扩孔、提高净空等措施。

4. 滑坡

这次水害,山坡普遍发生土体溜坍、浅滑流泥,但新滑坡不多,仅有 K100+740、K121+190 和 K157+600 等 3 处,都属小型浅层土体或堆积层滑坡。以支挡和地表排水工程为主,进行了处理。

在宝略段病害中,使人们关心的是既有的大型滑坡,在如此罕见的特大暴雨下,已做的整治工程效果究竟如何?为此于 1982 年 11 月组织地质、路基等有关人员对宝略段既有滑坡进行了回访,简述如下:

K144(丁家河)滑坡,1964 年修建泄水洞后,滑坡已趋于稳定。1981 年 8 月前缘曾受强烈冲刷,但滑坡仍是稳定的,环形泄水洞 5 号、6 号检查井之间长 20～30 m,1972 年～1974 年就发现的不连续斜裂缝,宽 1～10 mm,这次无明显的变化。

K209(横现河)滑坡,1981 年雨季后发现盲沟和泄水洞有变形,但究竟什么时候开始的,却不清楚。回访发现山侧边墙有明显的斜向不连续裂缝,宽 10～20 mm,在泄水洞的 2 号、3 号竖井下半部有垂直和环状裂缝,靠山侧拱脚有龟裂。

K207(横现河)2 号滑坡,堑顶土体开裂,堑坡浆砌片护墙局部破裂,仅属堑坡浅层溜坍所致。

K207(横现河)1 号滑坡,干砌片石松动,片石脚墙被剪断。

K115 滑坡,个别排水沟底部冲空,边墙被挤倒,3 号泄水洞靠近线路一段有裂纹,端部沉落。K115+350 前后,从堑顶公路内侧沟至堑坡挡墙、侧沟浆砌圬工开裂,长 15～30 m,属浅层局部变形。

以上所述只是特大水害中出现的局部变形,不影响滑坡的整体稳定,有的需进行局部处理,有的还需要进一步观测(K209)。

5. 几段改线的地质情况

宝略段水害整治共改线 3 处。

(1)黄牛铺改线:位于嘉陵江 3 号桥前后,因略阳端桥头路堤严重冲毁修复困难,决定改线,改线长约 1 km,重建 3 号桥,基础置于花岗岩上。

(2)油房沟改线:K75+345～K78+425(图 7-40),原为傍河线路,路基冲刷严重,4 号桥第 3 孔梁位移 0.45 m,第 4 孔梁冲至下游 200 m 处,略台被冲倒,台后路基冲毁 54 m,原线修复较困难,决定截弯取直进行改线。改线工程为两隧道夹一桥,无特殊不良地质,堡子沟隧道为绿泥石英片岩,岩质尚好,局部有裂隙水和小断裂。油房沟隧道斜穿一压扭性断层,需加强衬砌。新 4 号桥河床冲积砂、卵石层厚 6～9 m,基础置于下部片岩上。

(3)灵官峡改线:位于双石铺至宏庆间的嘉陵江灵官峡峡谷段,改线里程为 K107+755.68～K118+576.03(图 7-41),全长 10.82 km。原线路行进于嘉陵江左岸的高陡山坡下,依山傍水,在西坡山间洼地设站,余为短隧道群,自施工和运营以来有西坡滑坡、山坡落石、河岸冲刷等不良地质问题,做了较多整治工程。这次洪水,水漫路基,隧道灌水长达 3.3 km,最严重是 66 号和 70 号隧道,水位高出轨面 2.36～5.42 m;西坡滑坡经多年整治,虽已基本稳定,但原设计的地下排水工程尚需继续完成,滑坡前缘的局部问题,也需处理;K110+092 泥石流沟淤积严重,原线处理很困难。鉴于以上原因,决定改线,改线的地段主要位于嘉陵江右岸,桥隧相连,工程浩大,避开了不良地质,线路所经地层主要为白垩系厚层砾岩,竹林沟隧道以南为三叠系板岩夹石灰岩,断裂构造较多。选线时已注意到断裂构造的影响,但施工中,在灵官峡隧道 FK112+930～FK113+048 间出现断层带,造成洞顶坍塌。断层带内地层较为杂乱,以泥质物为主,夹碎石和大块石,成分为砾岩,含水量大,呈软塑状态,其间有裂缝、空洞和溶蚀痕迹。该破碎带属剪切断裂构造，与张裂、溶蚀、充填有关，断层产状约为 N20°～30°E/60°～70°S，断层带宽 60～70 m，由于线路与断层斜交，线路通过长 118 m，按Ⅰ类围岩钢筋混凝土衬砌处理。

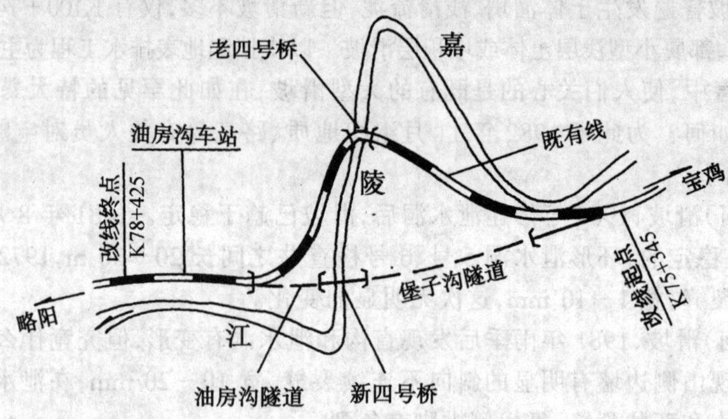

图 7－40　油坊沟改线平面示意图

在关上隧道进口及竹林沟隧道出口，改线隧道与既有隧道中线平行，两线间距仅 8 m。关上隧道进口长 24 m 地段为砾岩，已经溶蚀和错动，有泥土充填，为Ⅰ类围岩；竹林沟隧道出口为板岩，有煌斑岩脉侵入，构造节理发育，岩石破碎，为Ⅱ类围岩。为确保施工和既有隧道的安全，灌浆加固既有隧道，新建隧道施工采用小导坑、密支撑和放小炮等措施，保证了施工安全。

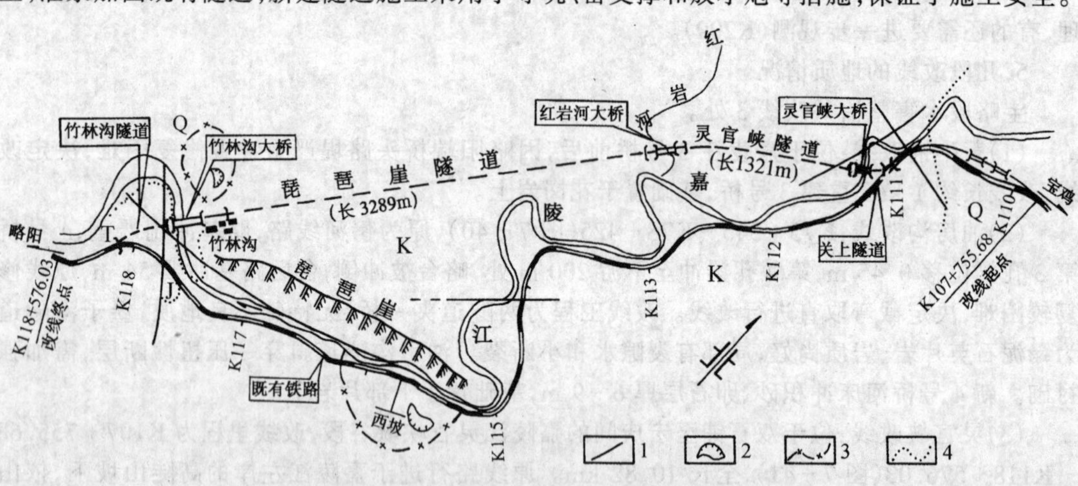

图 7－41　灵官峡改线工程地质平面示意图

Q—第四系；K—白垩系砾岩；J—侏罗系页岩；T—三叠系板岩、石灰岩；

1—断层线；2—滑坡；3—不良地质界线；4—岩层分界线。

(四)体会

1. 山区铁路，地质条件复杂，勘测时必须重视工程地质工作

宝成线宝略段在新线勘测时，集中了大量的地质、勘探力量，做了大量工作。在施工和运营中，对不良地质作了大量的治理工程，20 余年来保证了安全运营。但这次水害出现了严重的山坡流泥和沟谷泥石流，堵塞桥涵、泥石漫道，河防工程被冲毁。有些问题是由于认识不足

而引起的，也是在一定的人为作用和自然条件下发生和发展的，例如山坡流泥是遭受较长时间的暴雨冲刷坡面而发生的，同时与滥耕滥伐等也有很大的关系。

从勘测到这次发生水害的全过程看，对那些勘测中曾经重视过的地段，遭遇这次罕见的水害后，并没有发生大的灾情。因此，今后新线勘测要特别加强工程地质工作，选线中对类似的灾害要有预见，工程处理要留有余地。

2.山区铁路，高边坡仍是病害的易发地段

在勘测设计中对高边坡问题的认识很不一致，有人认为高边坡没有什么了不起；有的不结合地质资料做横断面研究，只注意开挖的堑坡，忽视堑顶以外山坡的地质条件；也有的用"三边"办法，急于求成，打乱了勘测设计程序，不顾技术要求，以单纯行政命令代替技术问题，甚至强行改隧道为深堑。从宝成线所暴露的问题看，高边坡处虽已增建了不少工程，但仍然是病害的易发地段。

3.选线应减少傍山陡坡绕行地段的长度和陡坡高填以及大段河岸防护工程

这次水害，最严重的问题是河岸防护工程。其工程量最大，一些大段傍山坡陡填，上有高山流泥，下有河水强烈冲刷，轨排悬空，"腹背受敌，泥水交加"，修复很困难，今后选线应引以为戒。

4.山区沟谷，在地质、地形和水文等条件综合影响下，或多或少存在有泥石流问题，通过这些沟谷时，铁路应从平、剖面考虑所设桥涵的排淤能力。宝略段线路通过沟口淤积地带，所设排洪工程净空偏小，纵坡偏缓，有的还下挖设涵或并沟设涵，造成严重淤积或泥石漫道，处理十分困难，这些教训应很好地吸取。

5.水害抢建工程的工程地质工作

这次水害抢建工程，任务急，处于"三边"状态，加上工点多而分散，交通不便，困难巨大，但仍按期完成了任务，交出了地质资料。采取的主要做法是：

(1)独立负责，团结协作

水害工点，病害划分及相应的处理是由运营部门提出，会勘后由抢建指挥部确定的。但地质问题存在一定的隐蔽性和复杂性，必须通过调查和勘探，才能提出合理的处理方案。一般病害，收集必要的地质资料和病害历史即可提出处理意见；复杂病害工点，如观音山车站岩石高边坡开裂变形，则是在组织各方面的技术力量，进行多次会勘，做了大量的地质勘探后，才能统一认识的。

(2)充分利用已有资料，加强勘探

宝成线原来作有1/2 000工程地质图，有大量钻孔、试坑及工程竣工资料可利用，这就解决了不少问题，加快了勘测进度。但仍布置了大量勘探，收集了河岸防护工程、大桥、明洞、路肩墙等基础的地质资料。

(3)配合施工，保证施工质量

主要是做好基坑开挖验槽。施工中大部分基础地质资料与实际基本相符，但个别的如油房沟河岸防护工程基底遇到淤泥层；9号桥1个墩下发生涌砂；灵官峡隧道出现较宽的断层破碎带等，都是经过配合施工人员的及时处理，才保证了施工的顺利进行。

十、西安南京线秦岭地区初测前的加深地质工作

李　响

(一)"加深地质工作"的提出

西安至南京线西起西安枢纽新丰镇编组站，经商州、南阳、信阳、六安、合肥至南京枢纽预

留的永宁编组站，全长 1 129 km。其中的西安至南阳段，全长 427 km，由铁一院勘测设计，需翻越东秦岭地区。

秦岭为长江、黄河两大水系的分水岭，本段岭脊总体呈北东向展布，各越岭垭口岭脊高程为 1 500～1 800 m。岭北沟谷较短，自东向西分布的较大支沟有箭峪、清峪、道沟峪、流峪、兰桥河和辋峪河，平时有小股水流汇入渭河；沟谷上游多呈“U”型谷，下游多呈“V”型谷，谷坡陡峻，下游纵坡为 20‰～30‰。岭南沟谷较长，多呈树枝状水系，较大沟谷有砚川、韩峪川、丹江、棋盘河、油磨河和南秦河，沟床纵坡为 10‰～15‰；其中，砚川、丹江和南秦河相对开阔，宽约 100～400 m，两岸断续分布有侵蚀阶地。

翻越秦岭的线路方案可能涉及的范围是岭北东起桥南镇，西至灞河；岭南东起板桥河，西至南秦河大秦岭沟，东西宽约 46 km，南北长约 60 km，面积约 2 600 km^2 的范围。该范围面积大，地质条件复杂，可比线路方案多。为做好西安南京线翻越秦岭地段的线路方案比选，铁道部决定在初测前安排进行大面积的“加深地质工作”和线路方案研究(见图 7－42)。

为保证“加深地质工作”的完成，铁一院在全院范围内抽调 30 多名地质、线路等专业技术人员，加强了第十勘测设计队的力量，成立了综合地质组(下设工程地质组、水文地质组和遥感组)、选线组(含线路、路基、桥、隧、施预等专业人员)及测量组(负责重点地质点、钻孔、物探测线的实测、联测等)。

“加深地质工作”的任务是在线路方案可能涉及的区域内，开展区域性工程地质和水文地质勘测，查明各线路方案、越岭隧道的地质条件及对方案有控制作用的工程地质、水文地质问题，提出推荐方案和主要比较方案，为初测打下基础。

“加深地质工作”从 1995 年 6 月开始，1996 年 3 月完成资料的分析、整理和报告的整编等工作，历时约十个月。

(二)“加深地质工作”地区的工程地质条件

1. 区域地质及水文地质概述

区内出露的地层有第四系沉积物，第三系、白垩系砾岩、砂岩和泥岩，二叠系砂岩、泥岩，奥陶系石灰岩、大理岩和千枚岩，寒武系白云岩、石灰岩、石灰岩夹千枚岩和大理岩，震旦系板岩、千枚岩及片岩，元古界白云岩、片岩和石英岩，太古界片麻岩、片岩以及各类侵入岩和混合花岗岩，其中元古界地层为区内分布最多的地层(见图 7－43)。

测区以铁炉子断层(F_3)为界分为两大构造单元，北侧为华北地台，南侧为北秦岭褶皱带。华北地台南缘构造带和北秦岭褶皱带，褶皱、断裂构造较为发育，褶皱形态复杂，断裂构造主要以 EW 向为主，NE 和 NW 向构造也有分布。深大断裂构造有：秦岭山前断层(F_1)，华山山前断层(F_{1-1})，铁炉子断层(F_3)，草坪街断层(F_4)，金陵寺—商南断层(F_{2-1})，草坪街—商南断层(F_{2-2})。次一级断层有：南秦河断层(F_{2-3})，张家坪—灞源街断层(F_5)，牛头崖断层(F_6)，韩峪川—大荆北断层(F_{3-1})，苏家岭断层(F_7)。其中薛坪—保安台缘凹陷构造带东宽西窄，地质条件十分复杂。

越岭隧道地区各种地层，由于自身含水性的差异及受地质构造影响程度的不同，其富水性有很大差别。综合分析后，将区内的地层，按相对富水性划分为岩溶裂隙水强富水区、岩溶裂隙水富水区、岩溶裂隙水弱富水区、基岩裂隙水强富水区、基岩裂隙水富水区、基岩裂隙水弱富水区、基岩裂隙水贫水区等七个富水性分区。华北地台南缘的薛坪—保安台缘凹陷带，分布有较大范围的可溶性碳酸盐岩地层，褶皱发育、断裂密集、岩溶发育，为地下水的埋藏和运移提供了有利条件，构成区内主要岩溶裂隙水富水区；其富水岩组的分布，西部窄、东部宽，泉水流量

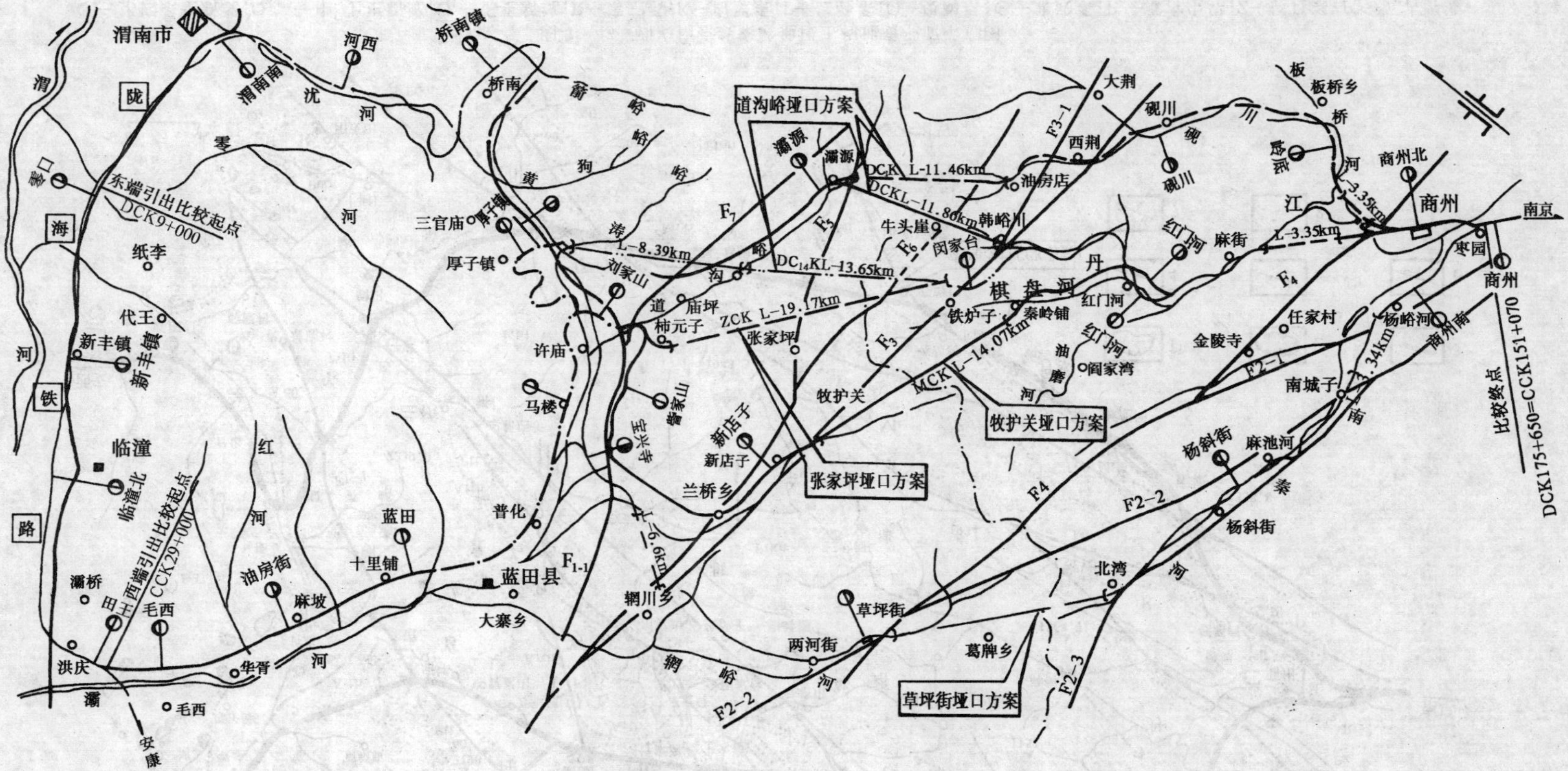

图 7－42　西安南京线秦岭地段线路方案示意图

注：道沟峪、张家坪、牧护关三垭口方案引入零口车站的方案代号分别为 DCK、DC_1K、$DC_{14}K$、ZCK、MCK；

引入田王车站的方案代号分别为 DCAK、DC_1AK、$DC_{14}AK$、ZCAK、MCAK；

草坪街垭口方案引入田王车站的方案代号为 CCK；引入零口车站的方案代号为 CCAK。

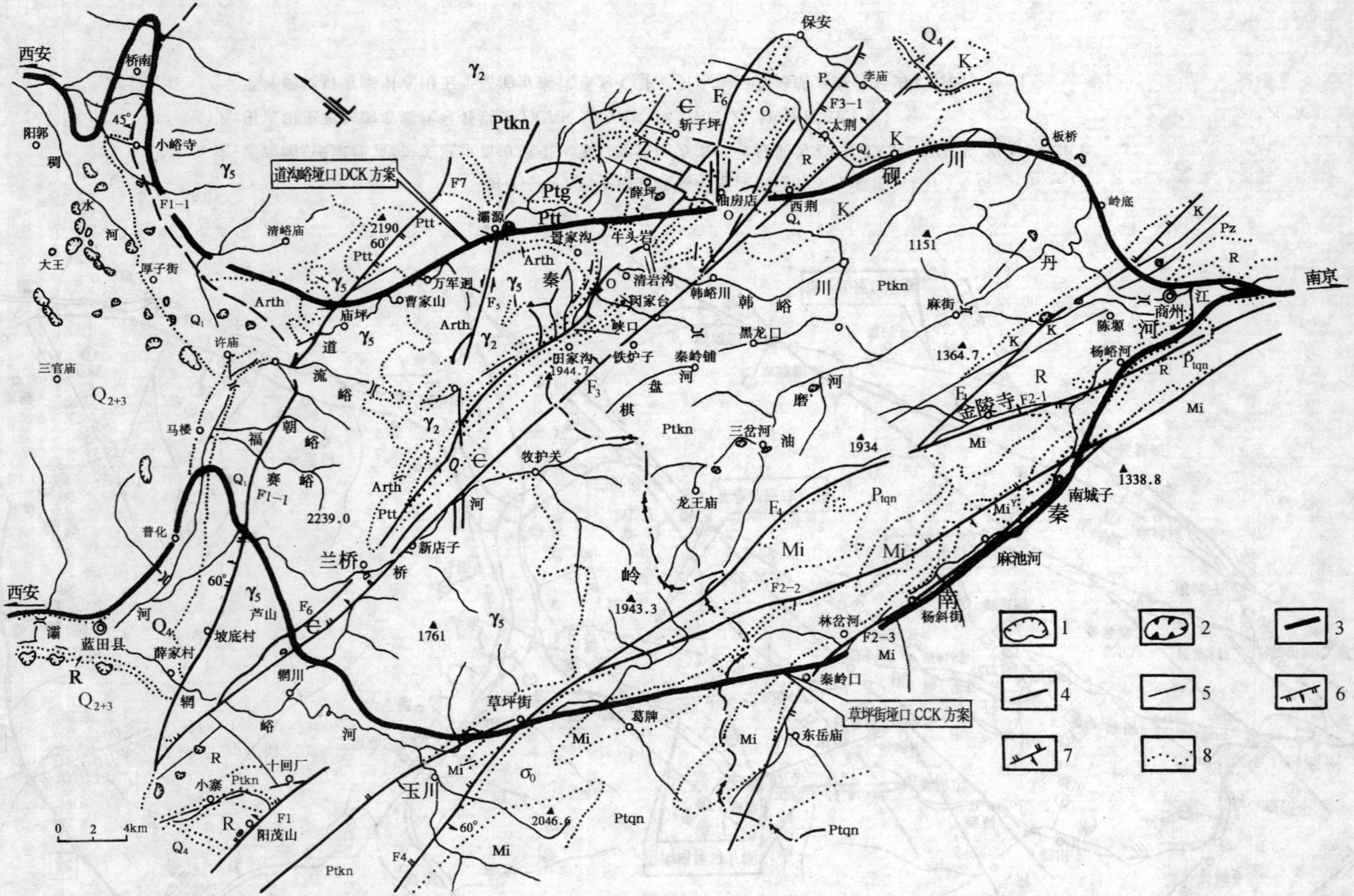

图 7-43 西安南京线秦岭地段工程地质平面示意图

Q_4—第四系全新统；Q_{2+3}—中、上更新统；Q_1—下更新统；R—第三系；K—白垩系；P—二叠系；O—奥陶系；∈—寒武系；P_z—下古生界；Z—震旦系；P_{tl}—元古界龙家园组；P_{tg}—元古界高山河组；P_{txn}—元古界熊耳群；P_{tqn}—元古界秦岭群；P_{tkn}元古界宽坪群；P_{tt}—元古界铁铜沟组；A_{rth}—太古界太华群；γ_5—燕山期花岗岩；γ_2—武陵期花岗岩；δ_3—闪长岩；σ_0—橄榄岩；M_i—混合岩；1—滑坡；2—溶洞；3—一级断层；4—二级断层；5—三级断层；6—正断层；7—逆断层；8—岩层分界线。

也是由西向东呈逐渐变大的趋势。华北地台南缘的张家坪台缘凸起和北秦岭褶皱带主要分布变质岩类和花岗岩岩体,构成了似层状和块状岩石的基岩裂隙水弱富水区和贫水区。近 EW 向展布的 F_3、F_4、F_6 断层,NW 向展布 F_{2-2}断层及 NE 向展布的 F_5 断层,因受多期构造运动影响,多具张扭性特点,断层破碎带结构疏松,具较强的透水性,构成了狭长条带状基岩裂隙水富水带。另外,测区地下水分水岭和地貌分水岭基本一致。

2.主要地质问题

(1)深大断裂构造

a.F_1 及 F_{1-1}断层:为秦岭与渭河地堑分界的断层,规模大,第四纪以来活动明显,断层带中存在较宽的松散断层泥砾带,对岭北引线方案的选择起控制作用。

b.十回厂—薛家村地区的断层交汇区:F_1、F_{1-1}断层、浐河断层及 SN 向分布的断层带在岱峪及辋峪间形成了一个断层交汇区,十回厂—薛家村一带,位于该区的东部。在多期、多次构造应力的作用下,断层破碎带及影响带较宽,岩体破碎,裂隙发育,风化严重,地下水富集,滑坡成群,斜坡稳定性极差。而且,这些断层多为活动性断层,活动性断层交汇地带一般为强震高发部位,地质条件极差。

c.F_3、F_4、F_{2-1}及 F_{2-2}断层:这些区域性断层经过多期构造作用,特别是后期应力场的改变,略显张性,断层带不仅宽度较大,而且松散、破碎,富含地下水,在断层交汇处更为突出,地质条件较差。

(2)冰水沉积层

主要分布于秦岭北侧蓝田至厚子镇和渭南小峪寺一带。呈灰白、棕黄色,厚度一般为 10～30 m,厚子镇一带最厚可达 80 m。主要由漂石土组成,漂石成分主要为花岗岩、片麻岩和石英岩等。粒径及充填物大小混杂,疏松,含水,斜坡稳定性差。

(3)黄土塬边及黄土残塬区滑坡

黄土塬边滑坡主要集中于灞河和浐河之间的白鹿塬边,塬面高出河床约 200～300 m,塬边滑坡成群或成带分布,在蓝田以北灞河西岸形成长达 20 多公里的滑坡带,尤以大中型滑坡为多。

黄土残塬及丘陵区上部为黄土,下部为第三系泥岩夹砂岩,成岩作用差,遇水易软化。该区地形起伏大,切割破碎,冲沟发育,黄土孔隙、裂隙潜水发育,常沿基岩面溢出。在沟谷深切处斜坡稳定性差,大型滑坡成群分布。

(4)顺层滑坡

秦岭南测分布有大面积片岩和千枚岩。岩层受地质构造影响强烈,一般较破碎,片理发育,由于地下水长期浸泡,沿着岩层的软弱面极易形成顺层滑动。在岩层走向与沟谷走向一致、岩层倾向河段时,滑坡成群分布。

(5)崩塌

秦岭山区,广布花岗岩、片麻岩等硬质岩石。由于地壳的不断上升和河流的强烈下切,形成许多峡谷,两岸为陡坡或悬崖陡壁,高度一般大于 200 m,坡度 50°～80°。受构造影响,岩层常有两组以上节理切割,形成不稳定的岩体和危石,极易造成崩塌和落石。

(6)泥石流

秦岭北坡岩体由于受到多次构造运动的影响,节理和裂隙发育,山坡两岸岩层极易发生重力剥蚀,大量碎屑物堆于坡脚和沟谷中,为泥石流的形成提供了充足的物质来源,在山前形成的较大古洪积扇群,属于泥石流较发育区。

(7)岩溶

岩溶发育程度与地层岩性、地质构造密切相关。寒武系上统和下统、元古界龙家园组主要由白云岩组成，CaO 含量约 30%、MgO 含量约 20%、SiO_2 含量 0.5%～0.7%，其溶洞一般较小，多顺层面或裂隙发育；寒武系中统 CaO 含量＞50%，在褶皱轴部及断裂影响带中，多发育有大型溶洞，如辋川锡水洞及兰桥碧天洞等，目前均已开发为旅游区。区内岩溶多呈水平和斜向发育，与 NE、NW 和 EW 向裂隙密切相关，分布高度在地面以下 0～170 m。区内地下水循环深度较深，碳酸盐岩地层富含岩溶裂隙水，有存在隐蔽溶洞的可能，隧道通过该地层时，施工中可能产生突然涌水。

(8)放射性异常

本区正常的天然放射性强度背景值约为 60 γ，当其值大于 60 γ 时，则应为放射性异常地区。根据测试资料，测区内有数段放射性异常区，其中辋川以西存在高放射性异常区。

(三)"加深地质工作"采用的勘察程序、方法和完成的主要工作量

1.勘察程序

针对该区地形、地质条件复杂，断裂构造及不良地质较多，线路比选范围大，越岭方案多等特点，在加深地质工作中，铁一院首先广泛收集卫片、航片、区域地质、水文地质、航磁、放射性和地震等方面的资料，进行了综合分析和研究。并按照《初测子阶段地质工作暂行规定》和《铁路地质综合勘探暂行规定》，开展了大面积地质调查测绘及行之有效的综合勘探。其勘察程序见图 7－44。

2.勘察方法

勘察中主要采用了遥感、航卫片判释、地质调绘、综合物探、重点钻探及岩、土、水试验等综合勘探方法。

遥感方面，为做好图像解译和信息提取，选用了三个不同层次、多片种的详细判释和解译工作，应用了计算机图像处理和彩色合成技术，提高了判释质量和效果。第一层次选用美国 TM 和 Mss 陆地卫星磁带数据，在计算机工作站上进行合成和增强处理，提高了判释精度，做好了宏观控制；第二层次选用 1:45 000 黑白航片，做好从宏观到微观的过渡；第三层次选用 1:10 000黑白航片，进行详细的微观判释。用遥感指导地面调绘，地面调绘又核对和修正遥感判释资料，使认识不断深化。

地质调绘是在遥感判释的基础上进行的。配合线路方案进行大面积的工程地质和水文地质调查，特别对影响线路方案的岩带、断带和富水带及不良地质现象进行了详细调查，为方案比选提供了地质依据。

物探工作中，吸取西安安康线秦岭特长隧道工作中所取得的经验，合理地应用航磁、地面磁法、直流电法、高密度电法、V_5 大地电测深、震法、放射性 γ、测氡和多参数综合测井等多种方法，并经综合研究分析，以最佳的方法组合，取长补短，提高了工程物探的精度和效果。

为查明碳酸盐岩地层的工程地质和水文地质条件，验证和补充地面调绘成果，在韩峪川布置了一个深钻孔，并本着一孔多用的原则，进行了工程地质、物探及水文地质综合测井工作。

为获取隧道地区构造应力场的空间方位、应力值及应力分布特征，对越岭隧道地区的区域稳定性和工程稳定性做出评价，铁一院与西南交通大学一起采用区域构造分析法、微构造法、声发射技术测定地应力法和数值模拟法，系统地研究了越岭隧道地区构造应力场的特征。为研究确定越岭隧道洞轴方向和预防隧道内岩爆、坍塌，提供了地应力资料。

3.完成的主要工作量

这次"加深地质工作"完成的主要工作量如表 7－10。

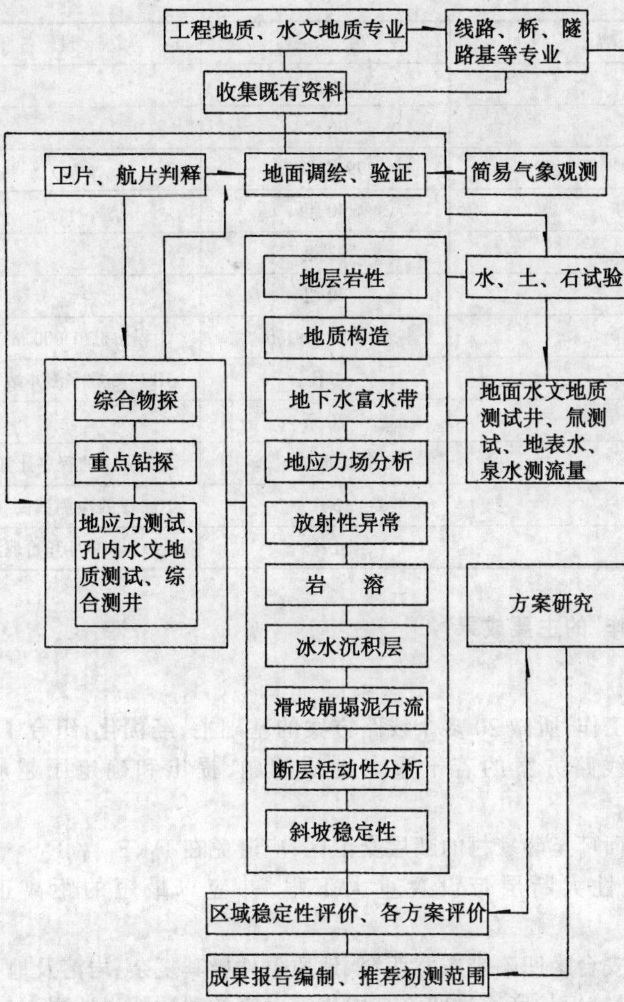

图 7-44 西南线秦岭地段初测前"加深地质工作"勘察程序图

表 7-10 秦岭地段初测前加深地质工作完成的主要工作量一览表

项目	内 容	数 量	设 备 类 型
遥感	1:200 000 TM 和 Mss 卫星影像解译	4 000 km^2	美国 Interpro.2 430 遥感图像处理工作站
	1:45 000 航片判释	2 600 km^2/266 张	反光立体镜
	1:10 000 航片判释	1 600 km^2/1 956 张	反光立体镜
地质调绘	1:50 000 工程地质和水文地质图调绘	2 600 km^2	
	1:10 000 工程地质图调绘	900 km^2	
	地质观测点	1 107 个	
	水文地质观测点	211 个	
	地表水测流量点	51 个	
	遥感验证点	120 个	
综合物探	物探综合剖面	72.36 km	V_5 大地电磁仪，R24 地震仪，MIR-IB 电测仪，MS-2 高密度电法仪

续上表

项目	内容	数量	设备类型
试验	岩石抗压强度试验	20组	
	岩石磨片鉴定	86个	
	岩石标本	299块/1套	
	碳酸盐岩化学成分分析	30组	
	水质分析	92组	
	氚分析	30组	
钻探	深钻孔	301.14 m/1孔	工程钻机(1 000 m)
	综合测井	1孔	JBS-2数字测井站
地应力研究	地应力观测剖面	20条	
	微构造观测点	2 331条/141个	E.Carey的程序计算
	声发射岩石试样	5个	Kaiser效应测试仪
气象	简易气象观测站	1个	1995年9月开始观测

(四)“加深地质工作”的主要成果

1.确定了选线原则

在这次“加深地质工作”所做20多个线路方案的基础上,经优化,组合了四个垭口的六个越岭方案。针对控制线路方案的若干重点地质问题,提出和确定了越岭地段的选线原则为:

(1)线路应避绕十回厂至薛家村的断层交汇区;应避免在F_1、F_{1-1}、F_{2-1}、F_{2-2}、F_3、F_4等具有一定活动性的区域性大断层带设置重大工程,并应以最短的距离正交通过这些断层带。

(2)针对薛坪—保安台缘凹陷带东宽西窄、地质条件极其复杂、岩溶及地下水发育的情况,越岭隧道应尽量向西以较短长度通过凹陷带内岩溶发育的碳酸盐岩地层。

(3)不宜以隧道通过冰水沉积层,路基工程应控制挖方高度,并加强防护。

(4)岭北沈河、灞河引线地段应避绕黄土塬及黄土残塬区的滑坡群;秦岭山前的泥石流沟,应以桥跨越并留足净空;在山区线路应避绕崩塌、落石地段;岭南引线应避绕岩石边坡顺层地段。

(5)应避绕辋川以西的高放射性异常区。

(6)宜采用较长隧道穿越秦岭,以减少引线长度,隧道内宜采用人字坡,以利排水。

2.分析和评价了各越岭方案的地质条件

(1)各越岭垭口的区域地质条件

a.张家坪垭口及道沟峪垭口:越岭隧道位于华北地台南缘的张家坪台缘凸起和薛坪—保安台缘凹陷带中。两大构造单元由于地层岩性和受地质构造影响程度的差异,工程地质和水文地质条件有明显的不同。

张家坪台缘凸起位于灞源—景家沟—张家坪以北地区。早期褶皱作用较为强烈,后期花岗岩侵入,褶皱形态多被破坏。区内除张家坪断层带较宽、规模较大、对工程有影响外,其它断裂构造,对工程影响不大。地层主要为太古界太华群片麻岩和片岩、武陵期花岗岩和燕山期花岗岩,岩质坚硬,岩体相对完整。地下水主要为基岩裂隙水。除张家坪断层带及影响带松散破碎,地下水相对富集外,多为贫水区或弱富水区。地应力较高是区内存在主要的不利因素。地质条件相对好些。

薛坪—保安台缘凹陷带分布于华北地台的边缘,为华北地台与北秦岭褶皱带的过渡带。总体近东西向展布,东宽西窄,北侧与张家坪台缘凸起相接,南侧止于铁炉子断层。地层为元古界石英岩、片岩、白云岩,震旦系板岩、片岩,寒武系白云岩、石灰岩夹千枚岩,奥陶系千枚岩、大理岩等。岩石软硬不一,岩性多变。岩体受多期构造变动,褶皱异常强烈,次级 NNW 和 EW 向断层发育。碳酸盐岩岩溶发育。岩体相对破碎,地应力状态复杂。地下水主要为岩溶裂隙水及基岩裂隙水,多为富水区。地质条件极为复杂。

b. 牧护关垭口及草坪街垭口:越岭隧道位于北秦岭褶皱带。主要地层为元古界宽坪群石英片岩、片岩夹大理岩,秦岭群角闪片岩、黑云石英片岩、混合花岗岩,燕山期花岗岩等。区内无大的断裂构造。岩质较坚硬,岩体相对完整。地下水主要为基岩裂隙水,多为弱富水区和贫水区。地质条件较好。

(2)各越岭隧道方案的地质条件

这次优化组合出的四个越岭垭口的六个越岭隧道方案的地质条件简况如表 7-11 所列。

表 7-11 各越岭隧道方案地质条件一览表

垭口名称	方案名称	隧道长度(km)	隧道通过地层	Ⅰ~Ⅲ类围岩	Ⅳ~Ⅵ类围岩	富水段长度(m)	最大涌水量(m^3/d)	断带累计宽度(m/条)
道沟峪	DCK	11.86	石英岩、片麻岩、白云岩、石灰岩、大理岩、千枚岩及 F_5、F_6 断层带	43%	57%	2 460	16 037	240/5
	DC_1K	11.46	石英岩、片岩、白云岩、石灰岩、大理岩、千枚岩及 F_6 断层带	28%	72%	3 340	16 207	60/4
	$DC_{14}K$	13.65	花岗岩、片麻岩、片岩、白云岩、大理岩、千枚岩及 F_5、F_6 断层带	28%	72%	2 510	15 040	160/6
张家坪	ZCK	19.17	花岗岩、片麻岩、片岩、白云岩、大理岩、千枚岩及 F_5、F_6 断层带	27%	73%	3 500	15 600	370/4
牧护关	MCK	14.07	花岗岩、片岩,不通过区域性大断层	<10%	>90%	4 200	10 971	20/2
草坪街	CCK	15.68	混合花岗岩、片岩,不通过区域性大断层	<10%	>90%		5 911	

a. 道沟峪垭口三座越岭隧道的共同缺点是:都有相当长度走在地质条件复杂的薛坪—保安台缘凹陷带内,其地层和岩性多变,又属高地应力区,构造复杂,岩溶与地下水较发育,施工难度较大。DCK 隧道进口约有 440 m 位于 F_5 断层带内; DCK、DC_1K 隧道通过的富水地段长,可能发生的涌水量大,主要富水段均位于隧道中部;而 $DC_{14}K$ 隧道主要通过花岗岩、片麻岩等硬质岩层,富水段距出口较近,地质条件相对好些。

b. 张家坪垭口 ZCK 越岭隧道,长度最长,埋深最大,且通过 F_5 断层带;约 1/3 地段走在地质条件极为复杂的薛坪—保安台缘凹陷带内。地质条件与 $DC_{14}K$ 隧道方案类同。

c. 牧护关垭口 MCK 越岭隧道，其优点是洞身通过的岩性好，不通过区域性断层。但距 F_3 断层近、交角小，隧道埋深浅，有近 3 km 在棋盘河底下及其影响范围内，隧道可能发生的最大涌水量较大。地质条件较差。

d. 草坪街垭口 CCK 越岭隧道，地质条件简单，洞身通过混合花岗岩和片岩，不通过区域性断层。地质条件较好。

(3)各越岭方案引线段的地质条件

a. 岭北引线

(a)道沟峪、张家坪垭口方案的沈河及山前引线：地质条件较为复杂，控制方案因素较多，山前 F_{1-1}断层为一区域性大断层，不仅工程性质差，而且具活动性；山前古洪积扇，上部土质不均，滑坡和表层溜塌发育，下部为冰水沉积层，颗粒大小混杂、软硬不一、疏松含水，底部第三系泥岩，胶结差，遇水易软化；黄土塬边、残塬滑坡发育。

(b)牧护关、草坪街垭口方案的灞河引线：走行于灞河右岸高阶地及黄土塬边斜坡、老洪积扇地带，工程简单，地质条件较好。

(c)各方案的山区引线：走行于秦岭山区，山高坡陡，岩性主要为花岗岩、片麻岩、大理岩，崩塌、落石较为发育；线路通过 F_3、F_6、F_7 等断层，受其影响较大。地质条件一般。

b. 岭南引线

在岭南道沟峪、张家坪、牧护关垭口方案主要是沿砚川、丹江引线，而草场街垭口方案是沿南秦河引线。各方案通过的地层主要为宽坪群、秦岭群的片岩、大理岩及混合花岗岩，白垩系、第三系的砂砾岩、泥岩；均以一般工程通过区域性断层；无控制线路方案的重大不良地质。其中草坪街垭口方案的南秦河引线段的地质条件更好一些。

3. 确定了推荐方案和主要比较方案

综上所述，从地质条件看，草坪街垭口 CCK 方案无论区域地质条件，还是越岭隧道和引线段的地质条件，都具有明显的优越性，因此本次加深地质工作推荐采用从新丰镇编组站西端接轨的草坪街垭口方案进行初测。但若采用从新丰镇编组站东端接轨，则道沟峪垭口方案投资较省，因此将其作为主要比较方案。

1996 年 5 月中国铁路工程总公司受铁道部的委托在西安召开了“西安南京线秦岭地段初测前加深地质工作专家评议会”。来自路内外的二十余名专家通过听取汇报、现场踏勘和讨论，对这次加深地质工作成果给予了较高的评价。一致认为，工作成果满足了初测前加深地质工作的要求，在西安安康线初测子阶段基础上，工作方法和工作水平都有了进一步的提高。并认为这次工作有如下特点：1. 对大地构造背景分析有较强的实用性。2. 较好地体现了前期地质工作成果的区域性、基础性和专门性。3. 综合勘探技术应用经济、合理。4. 地质工作和选线工作结合达到较高水平。

十一、兰青线锥探探查掏砂洞的经验

刘德基

(一)概况

兰青线河口至西宁段 K10～K84 间广泛分布掏砂洞，1956 年定测时，曾进行过调查，由于地质人员对掏砂洞的危害缺乏认识，又因时间紧迫，仅对有明显洞口的掏砂洞进行了测绘丈量，而对暗藏的掏砂洞遗漏很多。1957 年为降低工程造价，改线达半数以上，在改线复查中，发现掏砂洞千余处，且类型较多，其规律很难查找。恰逢兰银线 K40～K65 地段，在施工临时运行中，因掏砂洞塌陷，造成7辆运煤车倾覆。铁道部监察局认为掏砂洞是隐患，必须在勘测设计时予以查明。为此，铁一院1957年5月曾在兰青线组建了专门的掏砂洞调查勘探组，企图采用电法探测，通过已知有暗洞与没有暗洞地段的电阻率比较，来查明掏砂洞的位置和大小，但效果不佳。后来只好改用锥探。锥探需在调查测绘的基础上进行。掏砂洞开挖历史久者达三四百年，塌坍破坏程度不同，有的坍塌成漏斗状，有的洞口被覆盖；洞身大小、高低、形态、位置变化无规律，有的洞宽3～4 m，但高不足1 m；有的洞高可达4～5 m，而洞宽仅1～2 m；有的洞与洞相连，总长可达数百米，也有单洞存在者。访问调查十分困难，所以还必须配合采用锥探。锥探点一般沿线路中线，纵横交叉排列，间距1～2 m，进行密集的锥探。探测到空洞后，再进行挖探、测绘。在70多公里地段，锥探量达26×10^4 m多，探测到114个暗洞，彻底查清了沿线的掏砂洞，然后开挖回填或做支护处理。该段运营40多年来，从未发生过掏砂洞坍陷事故，说明利用锥探探查掏砂洞是成功的。

(二)掏砂洞的一般分布规律

兰青线河西段为沿黄河、湟水行进的河谷线。大部线路位于河谷一级阶地上，局部通过二、三级阶地。各阶地均为基座阶地，基座多为白垩系砂、页岩。一级阶地覆盖黄土质砂黏土厚3～15 m，下部卵石土厚3～8 m；二级阶地覆盖黄土质砂黏土厚20～30 m，下部卵石土厚2～3 m；三级阶地覆盖黄土厚20～40 m，下部卵石土厚2～4 m。掏砂洞主要分布于一级阶地卵石土层中，二、三级阶地卵石层中仅有零星分布。

掏砂洞是人为的不良地质。由于西北地区干旱少雨，农民为保墒、保温，在耕地表面常铺盖一层10～15 cm的卵、砾石，称为“压砂田”，又称“西北石田”。一般有效期二三十年，超过有效期，土石混杂，需经过筛选，将土粒筛出，重新铺或将旧砂全部铲除，重铺新砂。压砂田的卵、砾石，取自各级阶地卵、砾石层，形成掏砂洞采空区。掏砂压田历史悠久，有的掏砂洞在耕地中形成很大的陷坑，有的仍在塌陷；有的洞顶经长期剥落，距地表仅0.4 m，稍加荷载即会突然塌陷，形成危害。线路通过耕地，若地表有卵、砾石铺盖者，则地下可能有掏砂洞。掏砂洞与地表洞口相通者，称为“明洞”；隐藏地下找不见洞口者，称为“暗洞”。锥探的重点是查明暗洞的分布情况。

有暗洞分布的可疑地段为：

1. 耕地地表有坍陷地段；
2. 地表出现可疑小孔洞；
3. 耕地中有起伏不平的凹陷现象；
4. 有些地段曾堆积过砂、砾石；
5. 地表植被颜色上与正常地区有差异；
6. 四周均为压砂地，而其中有的虽不是压砂地，可能是以前铺过的老砂地，仍可能有掏砂洞分布；
7. 距河谷卵、砾石出露地段较远的阶地耕作区。

一般无暗洞分布的地段为：

1. 靠近河谷、阶地坡脚，有卵、砾石出露地区，可直接从露头中提取卵、砾石，不需要在耕地下面挖掏砂洞；
2. 古老村舍、庙宇、道路下边一般无掏砂洞；
3. 覆盖土层较薄，厚约1～2 m地段，农民多明挖提取卵、砾石，地下无暗洞；
4. 压砂田改为水地，时间长达十年以上者，即使有暗洞，也已坍塌。

(三)调查测绘

1.调查访问

调查访问应了解下列一些问题:

(1)掏砂洞位置,主、支洞方向,主、支洞净空及变化情况;

(2)开挖历史、年限、范围、运输方法;

(3)换砂次数,间隔时间,旧砂弃置地点;

(4)采用何种方法开挖,如平洞、竖井、斜井;其位置、方向、覆盖、坍塌、充填情况;

(5)各地段覆盖层厚度变化及历史坍塌、沉陷情况。

2.调查测绘

(1)平面调查测绘

把已调查到的明、暗洞的进、出口位置,及坍塌、凹陷地段,详细填于1/500地质图上,并在明、暗洞及可疑地段地面上,分别插红、黑旗、打桩、编号、记录,并布置锥孔范围、位置,以小板桩标示。

通过锥探、挖探发现的暗洞,必须及时填绘于地质图上,同时再深入调查、补锥、补挖,直到彻底查清为止。

(2)洞内调查测绘

一般以罗盘仪定方向,皮尺量距离,工作中应注意以下一些问题。

a.置镜点最好摆在洞的中心,并插小旗,以便发现误差时复查;

b.罗盘仪读数以方位角360°为准;

c.竖、斜洞须量上、下口径,读数到厘米,并量测土层内夹有卵石层的厚度及距地表高度;

d.洞内第一测点,必须与洞口桩号相联系(包括距离、方向、高差),一般洞口桩号为0,按1、2、3……向洞内延伸;

e.测绘中还须在记录本上绘草图,以前进方向为准,包括置镜点的编号、支岔位置、闭塞情况,随测、随记、随绘,发现问题及时纠正;

f.主洞、横洞、洞端及两侧的坍塌、裂缝、堵塞情况,均应加以记录注明,绘入草图。

(四)锥探

1.一般地段锥探孔的布置

(1)在路基承受压力范围以内,必须查明空洞分布情况。所以锥探范围按路基应力范围布置,并适当考虑安全宽度。路堤、路堑的锥探范围如图7-45、图7-46所示。

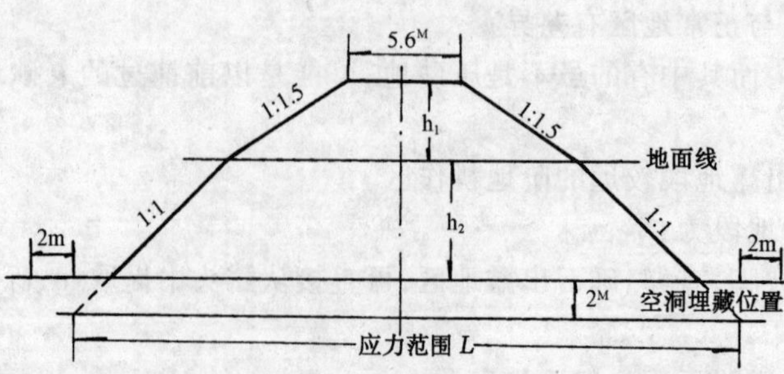

图7-45 路堤锥探范围

(2)在路基应力范围内，顺线路中线以 2 m 间距交错布置锥探孔。如锥到暗藏空洞，则在其四周加密锥探孔，追索空洞走向，然后开挖、测绘、填图。

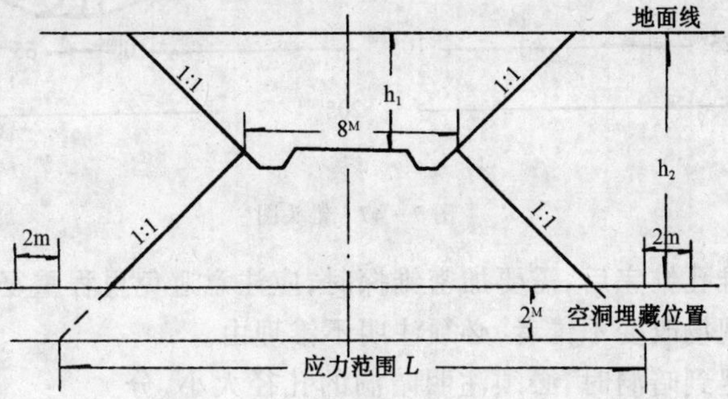

图 7-46　路堑锥探范围

(3)锥探孔排数之布置，应考虑暗洞分布的疏密情况，结合土层厚度变化，一般情况下，土层厚度<3 m 时，排间距<6 m；土层厚 3～7 m 时，排间距宜为 6～8 m；土层厚>7 m 时，排间距为 10 m。

(4)按前述布置锥探，对未发现空洞，但在调查时怀疑有空洞的地段，还应在线路两侧 6～8 m 范围增加锥探孔，锥孔间距仍以 2 m 布置，交错进行。

(5)开挖空洞中若发现洞端有坍塌堵塞者，且还在路基应力范围，则仍须布置锥探孔查找空洞，直至路基应力范围内，不漏一个空洞为止。

(6)锥探时发现空洞被虚土充填及不足 1 m 孔径的空洞，一般可不进行开挖。但应采用密集锥探，确定虚土范围、深度及厚度，供设计处理时考虑。

2.特殊地段锥探孔的布置

(1)如挖方大于土层的厚度，可不布置锥探，亦不收集锥探资料，仅在地质分段描述中加以说明。

(2)线路中心，受力范围有因掏砂洞引起的坍塌、陷坑，在坍塌及陷坑之间是否有暗洞，应密集锥探，发现暗洞，应开挖、测绘、列表处理。

(3)锥探的土层中部若遇到卵石尖灭层，如果卵石尖灭层埋深 1～2 m，厚 0.3～0.8 m，可用 36 英寸的链钳，把 3 m 长的钢钎旋转加压入土，再用 8～12 磅大锤，锤击钢钎，穿过卵石层，再锥探。若卵石尖灭层埋深 3～4 m 以上时，可开挖深 2～3 m 的坑，然后用钢钎打穿卵石，再继续锥探。

3.锥探工具

可用直径 13～16 mm 的圆钢筋做成锥探工具，长度以锥探深度确定。直径 16 mm 的锥杆较粗，容易保持垂直，但锥杆重，锥眼大，上提下压费力，一般情况下多采用 13 mm 的直径，锥头的大小要与锥杆粗细相配合(见图 7-47)。一般情况下锥尖宜短不宜长，但遇硬土，锥尖宜长，阻力小，感觉灵敏。锥探深度较大时，可先用短锥锥数米，拔出短锥，再用加支架的长锥，锥探 10 余米。锥杆长约 4 m，两端有丝扣，用接箍联接(如图 7-48)，便于拆卸。在锥杆距地面高约 1 m 左右，夹手扶把，以便于进行旋转、提升和加压(锥孔深度较大时加锥架)等操作。

4.锥探记录

锥探记录中应注意的一些问题：

(1)锥孔编号应按里程中心及左右位置向前或向后依次编写，避免遗漏或插入。每天不得有重号，每天工作结束，要检查编号顺序，编号页数，写明日期，并有人复核。

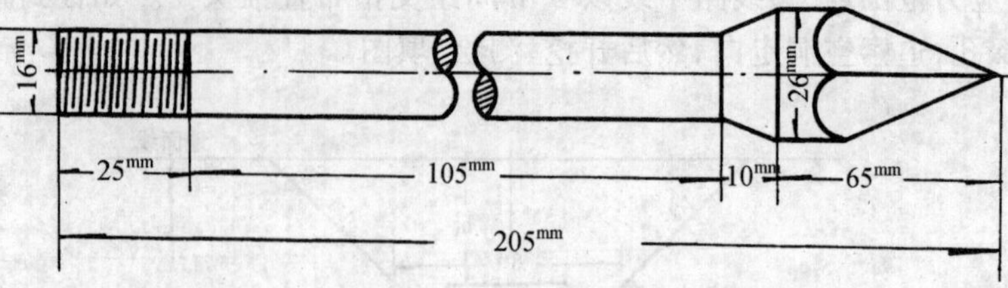

图 7－47　锥头图

(2)当大间距的锥孔锥完后,需要加密锥探时,应注意避免里程重复或出现错误。

(3)布置的锥孔现场改变不锥者,必须注明不锥理由。

(4)锥探过程中遇到暗洞时,必须注明暗洞的孔径大小,分布位置及深度、长度等。

(5)锥探过程中遇到土层特软、特硬,锥探中超锥或者达不到锥探要求深度等特殊情况时,应注明情况,及时研究处理。

(6)锥探过程或挖掘暗洞时,必须有安全措施。

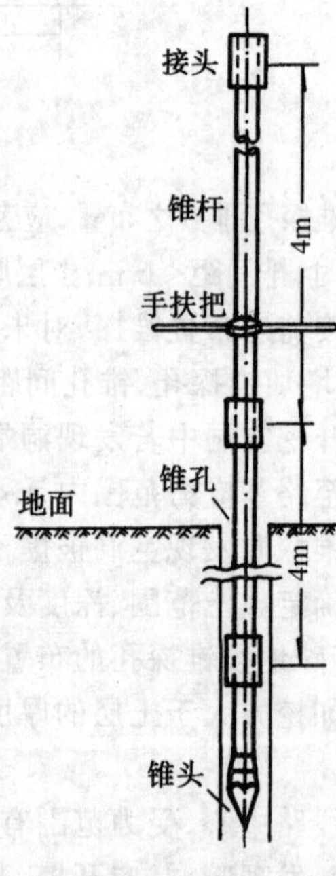

图 7－48　锥杆、锥头联接示意图

(五)锥探所取得的成果

根据访问调查,在兰青线河西段对 636 个掏砂洞,完成了 26×10^4 m 的锥探,发现了 114 个暗洞。这些暗洞多数通过线路中心,距地表仅 0.5～5.0 m,洞宽 1～4 m,高 1～4 m,个别暗洞长达百余米。这些暗洞,若勘测阶段不采用锥探方法彻底查清,进行处理,那么在运营中,就会因行车振动,造成路基塌陷,和列车倾覆,其生命财产损失将不可估量。

(六)小结

用锥探配合挖探来查找暗藏的掏砂洞,是效果最好、花费时间最短、人力物力最省、解决问题最彻底的方法。兰青线河西段 70 多公里的掏砂洞,组织了 4 个锥探组,在 1 个多月的时间内完成 26 万多米的锥探,彻底查清了沿线的暗洞分布,进行了处理,保证了 40 多年来的运营安全。

1958 年及 1961 年在兰州枢纽,黄河二级阶地上推广应用了锥探,自陈官营至西固城间,进行过两次调查锥探,在掏砂洞较集中区,锥探 5 万多米,查出和处理的掏砂洞约 200 多个,亦取得较好结果。

锥探还可应用于土层分布较厚的挖方、桥涵、线路地质纵断面的填绘以及泥沼、淤泥等松软地基厚度的确定,配合使用后可减少挖探和钻探工作量。

十二、洛门铁路疗养院地下热水水源勘察

李秋枫

(一)概况

兰州铁路局在甘肃省武山县温泉镇修建了铁路疗养院,利用温泉水治疗皮肤病、风湿性关节炎等慢性病。但泉水的水量和水温却不能满足实际需要。为解决这一问题,1977 年委托铁

一院勘察地下热水水源，要求水源能力不小于 100 m^3/d、水温达 40 ℃左右。

铁一院 1979～1980 年，进行一次性勘察，并建成两眼勘探生产井。水量和水温均满足了铁路局的要求，解决了疗养院的用水问题。

(二)自然地理特征

铁路疗养院位于聂河东岸阶地上，聂河属山间沟谷，东岸阶地宽度约 200 m。勘察区属低中山区，海拔高程 1 600～2 100 m，相对高差 300～500 m，沟谷发育，有大汤沟、小汤沟等。

(三)地质特征

1.地层岩性

(1)第四系地层：在区内花岗岩岩体表层普遍分布有风化残积层和坡积层；在沟谷中分布有不厚的冲、洪积层；测区北部黄土广泛分布。

(2)第三系地层：分布在测区以北，大部被黄土所覆盖，仅在沟谷有出露。

(3)泥盆系地层：分布于花岗岩侵入体外围地区，岩性较复杂，变质浅，南部变质深，以变质砂岩、石英岩为主。

(4)海西期侵入体：测区内主要是一个规模很大的花岗岩侵入体，从岩石结构变化可分为五类，细粒斑晶花岗岩、中粒斑晶花岗岩、粗粒斑晶花岗岩、花岗岩和蚀变花岗岩。花岗岩和泥盆系地层呈侵入接触关系，但边缘相不很明显。

岩石风化严重，对原生节理的测量很困难，在温泉一带主要有四组节理：N56°～78°E/60°～90°S; N45°～78°W/54°～60°N; N40°E/10°S; N32°W/37°N。

2.地质构造

本区在大地构造单元上属西秦岭北部海西地槽。据区域地质资料，沿渭河河谷可能存在大断层，在燕山运动后沿北秦岭的北缘形成沉陷很深的山前凹陷带。

温泉帚状构造，仅分布在温泉花岗岩体内，其表现形式为 NNE～NE 向分布的张扭性反时针扭动的蚀变带、硅化带、硅化角砾带等，呈向南收敛，向北敞开的帚状构造，后来构造性质转变为压扭性，但仍为帚状。温泉帚状构造主要有 4 个旋回面，其间距 3～5 km。

温泉断裂破碎带，北起田家河，向南经测区温泉到聂家河，SN 走向，东倾，由多条平行的挤压破碎带组成。据擦痕判断东盘上冲，西盘下降，带内岩石被强烈挤压，出现泥质角砾岩。沿断裂带地下热水溢出地表，并使断裂中岩体呈砖红色。

(四)水文地质特征

1.水文地质条件

本区水文地质的特点是：地下水径流循环剧烈，运动途径短，补给后，部分即排泄。

在地质历史过程中花岗岩遭受强烈风化，促进了花岗岩表层裂隙的发育，有利于大气降水渗入，形成基岩裂隙水。区内地下水分为浅层裂隙孔隙潜水和深层裂隙水。

(1)花岗岩风化带裂隙孔隙潜水

含水带埋藏浅，与风化裂隙发育深度有关。上升泉通常是从风化裂隙中流出，流量一般 <0.1 l/s，矿化度为 90～150 mg/L，水温低，表明地下水循环剧烈，此类地下水对医疗用水无实际意义。

(2)花岗岩体构造带裂隙水

该地下水呈脉状运动，有其特殊的形成条件，与区域性大构造即深层构造裂隙密切相关。

沿断裂构造形成向深部延伸的富水带，埋藏很深，有水头压力，水温较高，以天然温泉溢出排泄。如大汤沟、小汤沟一带的温泉。

2.地下热水出露情况

地下热水主要以上升泉形式出露在大汤沟、小汤沟中，共有5个地下热水溢出点，疗养院投建时修建集水井和蓄水池，导水至疗养院使用。总涌水量为100～120 m^3/d。

(1)大汤沟可怜池温泉：为矿疗医院医疗水源。出露于温泉寺东山坡坡底，高程约1 740 m。地下热水溢出方向N30°E，与主要节理方向相近似。地下热水由花岗岩裂隙中溢出。在山坡有一条破碎带，岩石受挤压后连矿物颗粒都被挤碎，长石斑晶受挤压明显。此破碎带高于温泉出露位置，有可能是过去的温泉出露带。据访问建疗养院之前，泉眼位置比现在高，修建集水井后，老泉眼消失，地下热水则由沟底流出。地下热水沿几组节理运动并于交叉部位溢出。

(2)大汤沟温泉：出露点距沟口约100 m，高程约1 760 m，距沟底约7.5 m，在沟底基岩裂隙中亦有地下水溢出，岩石极为破碎，沟底泉水水温34 ℃。

(3)小汤沟温泉：位于小汤沟沟口北坡坡底，高程1 760 m，以泉群形式沿山坡溢出。主要温泉在坡脚下，泉群高差15 m。岩石极为破碎，山坡皆为碎石堆积，温泉出露山坡有一条破碎带，宽约1 m。矿物颗粒破碎，绢云母化强烈，由$CaCO_3$和黏土细脉充填，最高处泉眼水温26 ℃。水温较低的原因，分析主要是表层潜水大量流入混合所致。

(4)铁路疗养院山坡沟脑处温泉：高程约1 780 m，由花岗岩裂隙中溢出，水温23 ℃，呈散流状，泉水流量均较小，约0.4l/s。矿疗院大门口东南沟内约80 m处、NW向山坡坡脚的花岗岩裂隙泉水水温仅18 ℃，但具有矿泉水水化学特征，推断受表层潜水混合，或是处于地下热水出露的边缘。

3.地下热水水化学特征

地下热水的一般总矿化度仅0.2 g/L。阴离子以HCO_3^-、CO_3^{2-}为主，占60%，其中CO_3^{2-}占20%；阳离子中Na^+占90%。pH值为8～9。同普通泉水相比，CO_3^{2-}含量由零增至20%，Na^+由10%增至90%，pH值由7增至9，呈弱碱性反应。地下热水微量元素显著增加，F^-(氟)含量由<2 mg/L增至9～17 mg/L，Al^{3+}(铝)、W^{6+}(钨)、Mo^{6+}(钼)、Li^+(锂)等含量亦有很大的增高。

4.地下热水补给及循环特征

地下热水主要是溶滤成因的深层循环水，与周围裂隙有密切的联系。聂河东部和南部山区年降水量达550 mm，这是该区花岗岩裂隙水主要补给来源。基岩裂隙发育，尤其是沿聂河河谷的断裂带，是地下水储存循环的主要场所和途径。花岗岩裂隙水通过裂隙向断裂带集中并进行自上而下向深部运动，使地下水获得热量，地下水化学成分向具有矿泉水特征发展，当断裂或人工开采井达到一定深度时，地下热水便自下而上循环运动，最后溢出地表形成天然温泉或人工热水井(见图7-49)。

(五)勘探与试验

1.遥感

为初步查明温泉的形成条件、温泉出露与地质构造的关系以及在铁路疗养院附近开采地下热水的可能性，根据1975年5月10日美国陆地卫星7波段卫片的图象、色调、纹理等特征，结合1/20万地质图判释与分析，该区位于秦岭近EW向断裂构造、祁连NW向断裂构造及贺兰一六盘山SN向断裂构造交汇附近，地质构造十分复杂，岩性破碎，又受后期岩浆岩侵入的影响，岩层更加破碎，为深层地下热水的储存创造了条件。

从宏观分析，温泉帚状断裂构造和SN向多条平行的挤压破碎带，对地下热水的储存和运移十分有利。因此,开采水量较大的地下热水是有可能的。

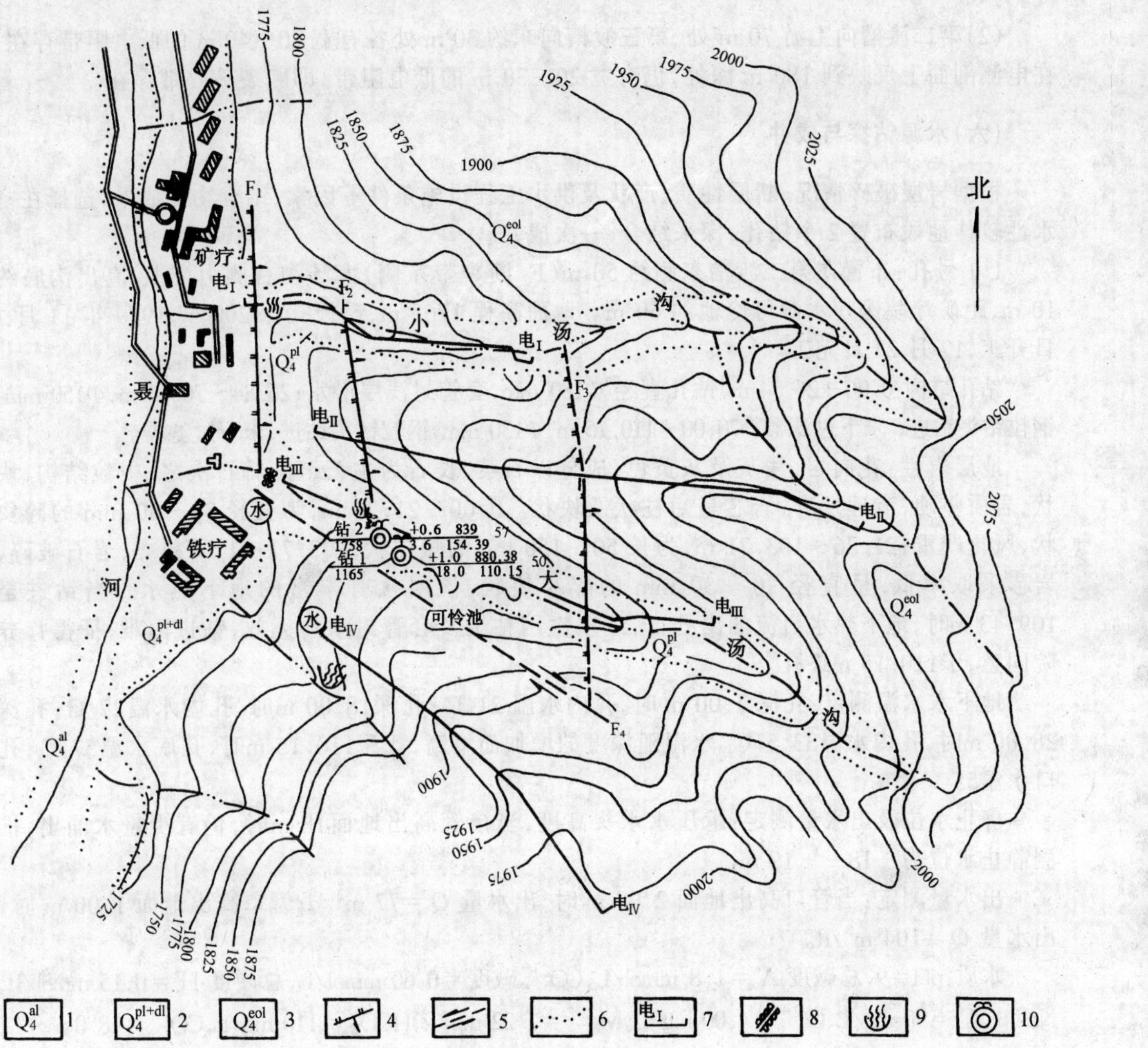

图 7-49 洛门热水水源平面示意图

1—第四系全新统冲积层;2—第四系上更新统洪积、坡积层;3—第四系上更新统风积层;4—逆断层;5—推断断层;6—岩层分界线;7—物探剖面及编号;8—渡槽;9—温泉;10—基岩自流水钻孔。

2.物探

为查明地下热水出露范围内的地质构造、断裂破碎带的位置及其分布范围,在区内进行了物探工作。主要采用电测剖面法。工作范围北自小汤沟,南至冷家沟,西起聂河河谷,东至铁路疗养院治疗楼后山区,面积约 0.5 km^2。共布置 4 条电测剖面。工作重点在大汤沟和小汤沟内,因受地形条件限制,探测深度只能达 180 m。从视电阻率对比分析,低电阻异常带系断裂破碎带,相对而言富水性较佳。并在这些地段还作电测深点,进行相互核对,结合岩层破碎情况进行综合分析。

(1)在大汤沟第一渡槽东侧、第二渡槽附近、第三渡槽东 100 m 三处,分别各有一条近 SN 向横切大、小汤沟的低电阻带,即断裂破碎带,向南延伸至铁路疗养院后山坡与近 EW 向平行大汤沟的低电阻带相交，再向南电阻率反映不明显，在剖面上反映断裂破碎带倾向东，倾角较陡，为 85°～87°。

(2)第二渡槽向上游 70 m 处、第三渡槽向东约 30 m 处各有宽 30～40 m 的低电阻带存在，在电测剖面上反映到 180 m 深处，仍有宽 20～30 m 的低电阻带，即断裂破碎带存在。

(六)水源钻探与成井

根据岩层破碎情况、断层性质、产状及供水工程设施条件等因素，结合物探成果，选择在富水性较佳地段布置 2 个钻孔，探采结合，一次成井。

1.1 号孔：布置在第二渡槽东侧约 50 m(F_2 断裂带东侧)大汤沟右侧山坡上，高出沟底约 10 m，距矿疗院医疗水源可怜池约 60 m。地面高程 1765 m，设计孔深 200 m，1979 年 11 月 1 日开工，12 月 24 日完工。

钻孔结构：0.00～26.84 m，钻孔直经 Φ180 mm，套管封浅层潜水；26.84～70.00 m，Φ150 mm，钢粒钻头钻进，未下过滤器；70.00～110.15 m，Φ130 mm，钢粒钻头钻进，未下过滤器。

地层岩性：花岗岩，浅灰及灰黄色，成分以石英、长石为主，云母、辉石次之，中粒结构，块状，岩质坚硬，节理发育，岩芯呈短柱状及块状。0.00～21.26 m，为直径 30～50 mm 的碎块状，风化严重；21.26～103.71 m，为长 50～150 mm的短柱状；103.71～110.15 m，岩石破碎，岩芯采取率低，呈直径 20～30 mm 的碎小块状，该层含有丰富的地下热水。当钻进至 109.43 m时，地下热水自流涌出孔口，经多次用粘土及套管封水均无效，钻进困难，征得疗养院同意，于110.15 m终孔。

地下水水温测定：孔深 7.00 m 时，孔内水温 21 ℃；孔深18.00 m时，孔内水温27 ℃；孔深 28.00 m时，孔内水温33.5 ℃。水温随深度的增加而增高，孔深110.15 m时，孔底水温57 ℃，孔口水温55 ℃。

静止水位及出水量测定：承压水水头高度，当接管高出地面18 m时，仍有少量水涌出，推测静止水位为 +18～+19 m。

出水量测定：当管口高出地面 2.00 m 时，出水量 $Q=77\ m^3/d$；管口高出地面 1.00 m 时，出水量 $Q=104\ m^3/d$。

水质：pH=9，总碱度 $A^{\circ}=1.8$ mmol/L，CO_3^{2-} 碱度 = 0.60 mmol/L，总硬度 $H^{\circ}=0.15$ mmol/L，$Na^{+}+K^{+}=90$ mg/L，$Ca^{2+}=4.00$ mg/L，$Mg^{2+}=1.22$ mg/L，$HCO_3^{-}=110$ mg/L，$CO_3^{2-}=18.0$ mg/L，$Cl^{-}=17.8$ mg/L，$SO_4^{2-}=48.0$ mg/L，$F^{-}=18.6$ mg/L，氡含量为345.06Bq(贝可)。

2.2 号孔：布置在大汤沟第二渡槽附近断裂带东侧沟南山坡上，高出沟底约30 m，距 1 号孔 43 m，地面高程1758 m，设计孔深 150～200 m，1980 年 4 月 26 日开工，6 月 5 日完工。

钻进至 79.10 m 时，地下热水开始涌出，随深度的增加，水量增大，水温增高，孔深 154.39 m时，涌水量已超过用水量的要求，水量水温增加幅度较小，决定终孔，下过滤器，将勘探孔作为开采井。

钻孔结构：0.00～25.77 m，钻孔直经 Φ180 mm，套管封浅层潜水；0.00～43.46 m，Φ146 mm套管；43.46～64.32 m，Φ146 mm普通过滤器；64.32～84.84 m，Φ127 mm 普通过滤器；84.84～125.54 m，Φ108 mm 普通过滤器；125.54～136.33 m，Φ89 mm普通过滤器；136.33～154.39 m，因岩层较完整未下过滤器，为裸孔。

地层岩性：花岗岩，0.00～97.10 m为肉红色，以下为浅灰色。成分以石英、长石、云母为主，致密坚硬，97.10 m以上为粗粒结构，以下为中粒结构。岩芯大部分为破碎呈块状，局部完整。0～20.81 m，风化严重，松散，岩芯呈短柱状和块状；20.81～77.84 m，岩芯较完整，呈柱状、短柱状及块状；77.84～104.00 m，岩芯大部分为直径 40～60 mm 的碎块状；104.00～114.80 m，岩芯较完整，大部为长 100～250 mm 柱状；114.80～123.30 m，岩芯呈直径 20～50 mm碎块状；123.30～154.39 m，岩芯呈短柱状及块状。

地下水水温测定：孔深 28.17 m 时，孔内水温 30 ℃；孔深80.00 m时，孔内水温 54 ℃；孔深154.39 m时，孔内水温57.0 ℃。水温随深度的增加而增高，但 80 m 以下水温增高幅度较小。

静止水位及出水量测定：

静止水位为 +3.60 m。

出水量测定：当管口高出地面 0.60 m(S=3.00 m)时，出水量 Q=725 m^3/d。

水质：1980 年 6 月 8 日取样分析结果：pH=9.1，总碱度 A°=1.6 mmol/L，CO_3^{2-} 碱度=0.6 mmol/L，总硬度 H°=0.10 mmol/L，Na^++K^+=120.5 mg/L，Ca^{2+}=4.00 mg/L，Mg^{2+}=0.00 mg/L，HCO_3^-=61.0 mg/L，CO_3^{2-}=18.0 mg/L，Cl^-=17.8 mg/L，SO_4^{2-}=81.6 mg/L，F^-=23.2 mg/L。

微量元素测定结果见表 7-12。

表 7-12　水质光谱分析半定量元素成果表

元素含量	硅 (Si^{4+})	镓 (Ga^{3+})	锗 (Ge^{2+})	钨 (W^{6+})	钼 (Mo^{6+})	锂 (Li^+)
mg/L	17.00	0.03	0.01	0.17	0.10	0.30

1 号孔施工后对矿疗水源没有影响，但 2 号孔在施钻过程中自孔深 79 m 开始涌水后，1 号孔出水量随 2 号孔深度与自流量的增加而逐渐减少，截止 2 号孔终孔时，出水量由 104 m^3/d 减至 33 m^3/d，水温由 57 ℃降低到 50 ℃。分析主要原因是深部高温水自流量减少，浅层潜水混入量增加的缘故。另外，在 2 号孔附近沟底流量微小的温泉出现干枯现象，其原因是 2 号孔排泄条件好，地下热水大部分集中在 2 号孔排泄所致。

(七)小结

1.该热水水源勘察是受兰州铁路局委托而进行的。在勘察中以水文地质专业为主采用遥感、物探、钻探和试验等综合勘探方法，并采用探采结合的施工方法，节省工程费 5 万元(1980 年计价)。该工程是铁一院首次在西北地区勘察开发热水资源，勘察方法合理，周期短，成本低，积累了勘察地下热水的经验。

2.热水井使用情况

1989 年进行回访，主要使用 2 号井，该工程经过 10 年使用，水量、水温和水压基本稳定，证明勘察工作是成功的。据疗养院提供的资料，总用水量采暖期(10 月至翌年 4 月)最大为 635 m^3/d，非采暖期为 275 m^3/d，2 号井实际产水量为 650 m^3/d，较竣工时水量减少 10%。水温竣工时为 57 ℃，1988 年为 60 ℃，1989 年为 61 ℃，水温呈上升趋势。水质：1988、1989 年取样分析，与 1980 年对比，水化学类型基本未变，F^-=20.34 mg/L，含量略有减少，而氡、铁、锌、铜含量略有增加。

3.社会效益和经济效益

据疗养院反映，有关专家鉴定，该热水是全国少有的含氡矿泉水，医疗价值很高。提供了治疗皮肤病、风湿性关节炎、神经系统慢性病可靠的医疗用水水源。尤其对病因不明且发病率较高的银屑病，医疗效果十分显著。据 50 例银屑病患者统计，医疗效率达 96% 以上。当时，疗养院设有床位 150 张，每年可创收 22.5 万元。每年 10 月至翌年 4 月，利用多余热水加温可供 700 m^2 面积采暖之用，每年可节省煤炭 350 t，每 4 年可节省锅炉洗炉费 1 200 元。

该工程投产后，社会效益和经济效益显著，获铁道部1989年度优秀工程勘察二等奖。

十三、兰州地区铁路新水源勘察

李秋枫

(一)概况

兰州地区铁路既有水源，由于遭受严重污染，水质逐渐恶化，且水源能力不足，影响兰州地区铁路生产和职工生活。兰州铁路局要求勘察新水源，供水能力为 $4.5\times10^4\ m^3/d$。

1978年4月开始新水源的勘察工作，在搜集区域地质与水文地质资料的基础上，采用卫片判释、地质调绘、物探、钻探、抽水试验、同位素氚测试、水质分析等综合勘探测试手段，探采结合一次成井的方法先后建成两个井组。1981年3月第一井组投入使用，1981年12月完成水文地质勘察报告。该项工程勘察获铁道部1987年度工程勘察二等奖。

(二)自然地理特征

1.地形地貌

兰州市黄河河谷较宽，河床呈蛇曲状，滩地发育，较大的有马滩、雁滩等。河谷地带高程为1 500～1 600 m，两岸阶地不对称。黄河北岸一、二级阶地较完整，而高级阶地因受侵蚀不甚完整。南岸各级阶地却相对较为完整，可分为五至六级阶地。阶地类型以基座阶地为主，南岸的雷坛河至崔家崖地段则属于堆积型内叠阶地。

2.水系

黄河近EW向流经市区。据中山桥断面1975年水文观测资料：年径流量为421.3亿 m^3，最大流量为3 090 m^3/s(10月7日)，最小流量为304 m^3/s(4月26日)。水中平均含沙量为0.422 kg/m^3。水温随季节而变化，最高水温20 ℃(8月21日)，最低水温1.8 ℃(1月26日)。

黄河两岸有十余条支沟，均属间歇性沟谷。

3.气象

兰州市属中温带亚干旱气候区。据1932年至1977年气象资料：

气温：历年平均9.3 ℃，历年最热月(7月)平均23.2 ℃，历年最冷月(1月)平均5.4 ℃，历年极端最高39.1 ℃，历年极端最低－23.1 ℃。

降水量：历年平均324.5 mm，历年最大474.8 mm，历年平均降水日数75天。

蒸发量：历年平均1 450 mm，历年最大1 883.9 mm。

采用最大土壤冻结深度：1.2 m。

(三)区域地质概况

1.地层岩性

兰州地区第四系以前地层有：震旦系地层出露在阿干镇一带，为变质凝灰岩、千枚岩、硅质石灰岩与变质砂岩；前寒武系地层主要在十里店、桑园子出露，为云母角闪片岩、云母片岩与石英岩等；奥陶系地层出露于雾宿山一带，为变质凝灰岩、安山岩和千枚岩等；侏罗系地层分布在阿干镇一带，为煤系地层、砂砾岩和页岩；白垩系地层出露于河口与雾宿山一带，为砾岩、砂岩、黏土岩、页岩；第三系地层分布广泛，在沙井驿、皋兰山等处出露，为厚层块状砂岩、泥岩夹砂岩、砂质泥灰岩、砂砾岩和砂质泥岩等。

第四系地层在区内非常发育，分布在黄河两侧阶地。

下更新统(Q_1):下部为河流冲积相卵砾石层,上部为洪积微胶结卵砾石夹砂黏土,颗粒次棱状,分选差,受新构造运动影响,层位倾斜。

中更新统(Q_2):冲积—洪积石质黄土,底部有砂砾石层。

上更新统(Q_3):为风积和冲积两种类型。冲积型分布在三、四级阶地上,表层为黄土质砂黏土,下部为卵砾石层;风积型为疏松黄土。

全新统(Q_4):分布在河床沟谷和一、二级阶地之上,冲积物为黄土质砂黏土和卵砾石层,厚约 8~12 m。

2.地质构造

区内主要构造线为 NWW 走向(见图 7-50)。

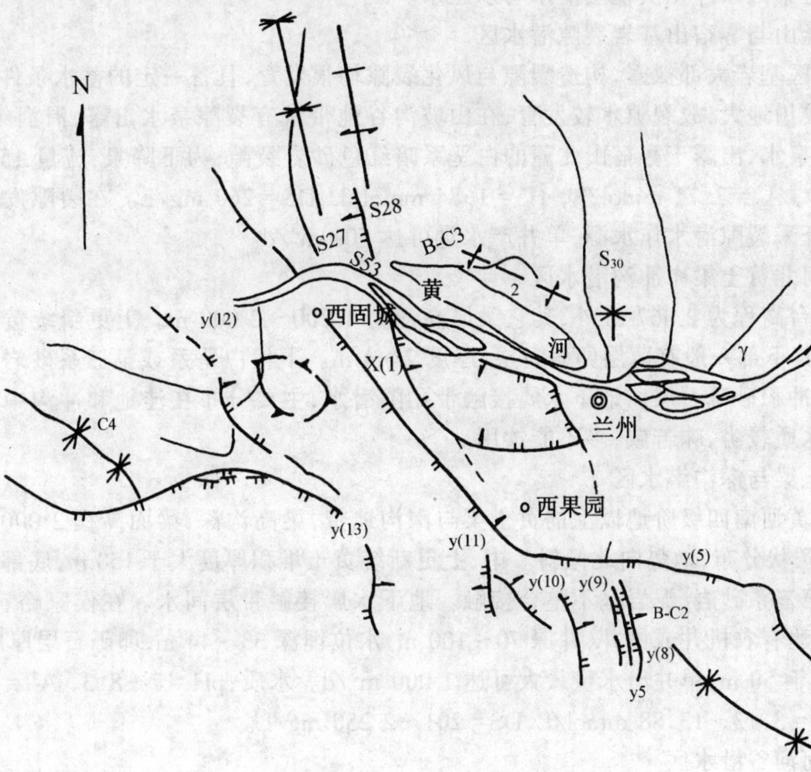

图 7-50 兰州地区构造纲要图

1—实测与推断逆断层;2—实测与推断正断层;3—实测与推断背斜;4—实测与推断向斜。

加里东期:有十里店复背斜(B—C3),位于黄河北岸;兴隆山复向斜(B—C2),位于兴隆山区,向西延伸至阿干镇;雾宿山复向斜(C4),位于雾宿山区。

燕山期:有徐家岘子穹窿(Y17)、阿干镇向斜(Y5)、兴隆山北麓逆断层 Y(5)和阿干镇至雾宿山区断层 Y(8)~Y(13)。

喜马拉雅期:有李麻沙沟向斜(S27)、野地沟背斜(S28)、石门沟向斜(S30)和李黄沟断层(S53)。

新构造运动:兰西断陷盆地 X(1)是喜马拉雅运动后期、第三系地层普遍产生褶皱与断裂的基础上，在第四纪早期由强烈的新构造升降运动发展而成的。断陷盆地最终形成于下更新世后期，尔后相对稳定，并在盆地中堆积了巨厚的卵砾石层。断陷盆地边界由四条断层组成，西以范家坪附近深沟桥断层为界，走向 NNW；东以雷坛河断层为界；北界断层大致从市工人文化宫前呈 NWW 走向，过黄河后沿马滩北缘与西界断层交会。南界大致从八里窑至贾家山，断层走向大致呈 EW 向。断陷盆地面积约 70 km^2。

(四)水文地质概况

1.水文地质分区

在勘测范围内地下水有三种类型：一是基岩裂隙水；二是第四系与第四系以前地层接触带层间水；三是第四系冲积洪积层潜水与承压水。

(1)兴隆山与雾宿山基岩裂隙潜水区

南部山区基岩大部裸露，构造裂隙与风化裂隙均很发育，具备一定的蓄水条件。山区地势高，降水量较川地大，故裂隙水较发育，在山坡沟谷地带常有裂隙泉水出露，涓涓细流，终年不断。宋家沟泉水，出露于雾宿山北麓的白垩系暗红色砂岩裂隙，为下降泉，流量 150 m^3/d。水质：pH = 7.9，A° = 3.71 mmol/L，H° = 1.84 mmol/L，DS = 260 mg/L。在裂隙发育的沟谷低洼地段，可开采裂隙潜水作水源，单井产水量可达 500 m^3/d。

(2)黄河北黄土梁峁冲沟潜水区

除九洲台高程为 2 067 m 外，其它梁峁高程为 1 700～2 000 m。上更新统黄土堆积厚度大于 30 m，其下部一般有薄层卵砾石层，厚度 2～4 m。下伏白垩系或第三系砂岩、泥岩，冲沟中有较薄的冲积砂砾石层。地下水属接触带孔隙潜水，主要分布在洼地和冲沟中，含水层薄，水量不大，水质较劣，味苦咸，多不能饮用。

(3)黄土梁与深沟潜水区

分布在黄河南四级阶地以上的黄土梁与深沟地带，梁高沟深，梁面高程 2 000～2 200 m，多呈 SN 向条状分布，地势向北倾斜。中、上更新统黄土堆积厚度大于 150 m，底部有不厚的卵砾石层，与第三系砂岩、泥岩呈不整合接触。地下水属接触带层间水。在侯家峪、西果园西沟和东沟等地建有农机井或民井，井深 70～100 m，水位埋深 33～44 m，卵砾石层厚度，薄者 3～5 m，厚者大于 50 m，单井出水量最大可达 1 000 m^3/d。水质：pH = 7～8.3，A° = 4.11～6.41 mmol/L，H° = 3.13～13.88 mmol/L，DS = 201～2 250 mg/L。

(4)黄河河谷潜水区

本区是兰西断陷盆地以外的黄河河谷地区，即兰州城市主要建筑区，东西长约 35 km，两端宽中间窄，二级阶地宽阔且较完整，高程 1 500～1 600 m，该区在第四系冲积层中普遍有地下水，含水层为砂砾卵石层，厚度小于 10 m。单井产水量可达 500 m^3/d。在黄河岸边一带因受河水的渗入补给，水质较好，其它地段由于受两岸山区补给的高矿化水的影响，地下水的总矿化度一般偏高，不符合饮用水卫生标准，pH = 7.1～7.3，A° = 4.29～8.45 mmol/L，H° = 4.5～14.14 mmol/L。

(5)兰西断陷盆地潜水及承压水区

用卫片 Mss5、Mss7 和假彩色合成像片判释，结合地质调查，确定受线性构造控制的兰西地区为一断陷盆地。并用物探查明和验证了断陷盆地的边界与深度，指导了水文地质勘探孔的布置。

断陷盆地范围内包括部分黄河河道和南岸部分阶地，见图 7－51。阶地发育较完整，地势向北倾斜，多 SW 向沟谷。

盆地属地堑型，断陷极深，第三系地层盆底向 SW 方向倾斜，肖家庄埋深 442 m，崔家崖附近埋深约 330 m。

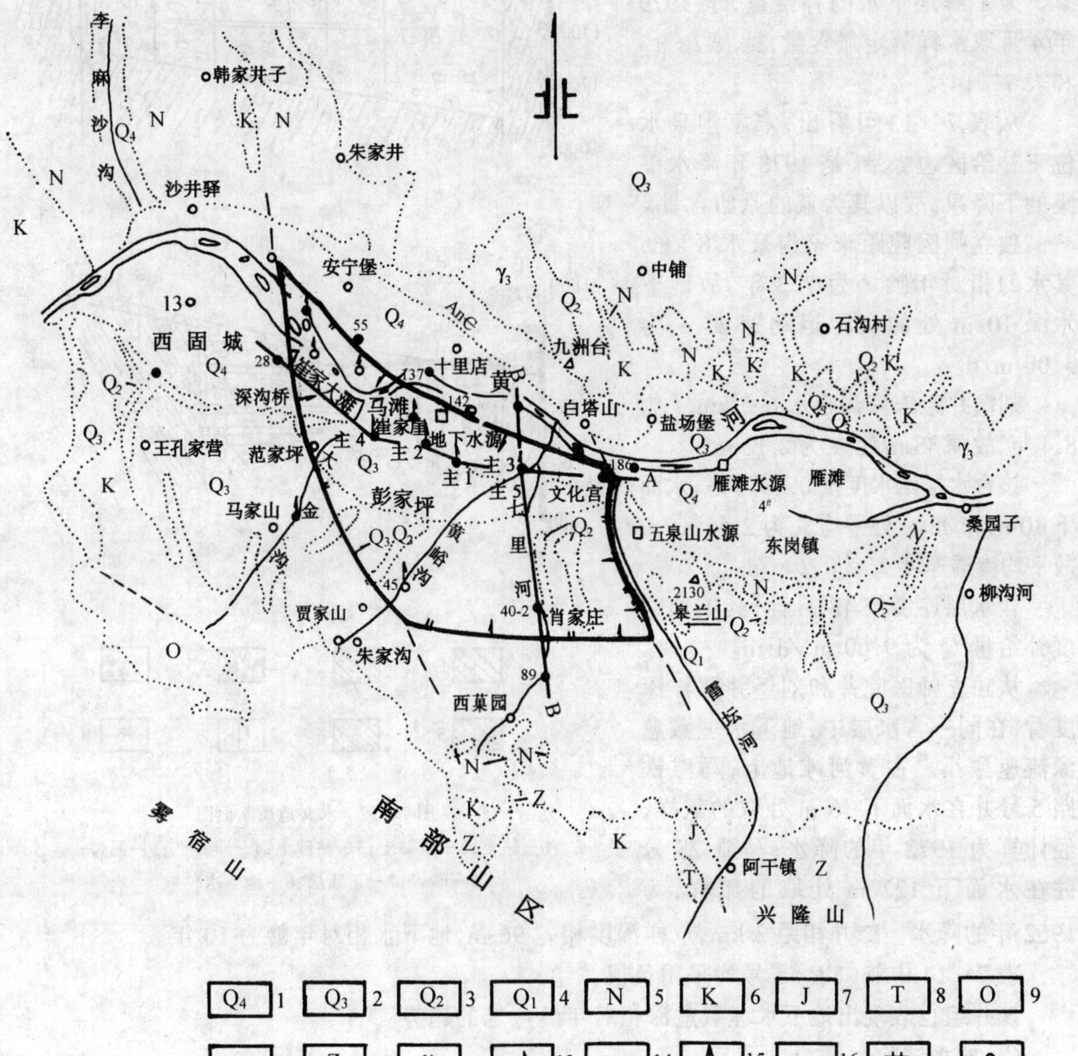

图 7－51　断陷盆地水文地质平面图

1—全新统；2—上更新统；3—中更新统；4—下更新统；5—第三系；6—白垩系；7—侏罗系；8—三叠系；9—奥陶系；10—前寒武系；11—震旦系；12—加里东早期花岗岩；13—正断层；14—岩层分界线；15—抽水钻孔；16—地质钻孔；17—民井；18—下降泉。

断陷盆地内沉积了巨厚的冲、洪积卵砾石层，为含水层，见图 7－52。兰州西站至兰通厂一带，深度在 130 m 上下普遍有一层紧密的砂黏土层，厚度 3～10 m，高程为 1 411～1 424 m，形成隔水层，将地下水分为上部潜水和下部承压水。地下水靠南部山区大气降水通过径流渗入补给和黄河水的渗入补给，补给可靠，水量丰富。

地下水水质在水平方向与垂直方向上均有变化。上层潜水矿化度高，总硬度 H°＝8.6～25.5 mmol/L；深部承压水水质好，未受污染，H°＝1.34～3.55 mmol/L，可作为兰州地区铁路供水的良好水源地。

2. 水文地质测试

(1)放射性同位素氚测定

为了解地下水的补给量，于 1979 年 4 月取水样测定氚含量，见表 7-13 和表 7-14 。

从表 7-13 可看出，宋家沟泉水位于补给区边缘带，是 1978 年降水汇集的下降泉，故以其为氚的原始含量。

独立师医院距宋家沟泉水 8 km，其水的相对年龄 t 为 7.3 年，故地下水深 10 m 处的实际运动速度 u 为 3.00 m/d。

刘堡井距宋家沟泉水 6.5 km，t 为 8.4 年，故深 48 m 处 u 为 2.12 m/d。

该含水层给水度按 0.08 考虑，水面下 10 m 和 48 m 处平均 u 为 2.56 m/d，故平均渗透速度 V 为0.2 m/d。

含水层厚度按 48 m 计，其单位宽度补给量 Q 为 9.60 m^3/d·m。

从独立师医院井和刘堡井取样深度看，在同一含水层中，地下水埋藏愈深流速愈小。在黄河滩地上，马滩铁路 5 号井在水面下 36 m 处取的氚样，经计算为 1972 年的降水；马滩 28 号井在水面下 122 m 处取的氚样，为 1962 年的降水。二井相距 2 km，取样深度相差 96 m，地下水相对年龄为 10 年。

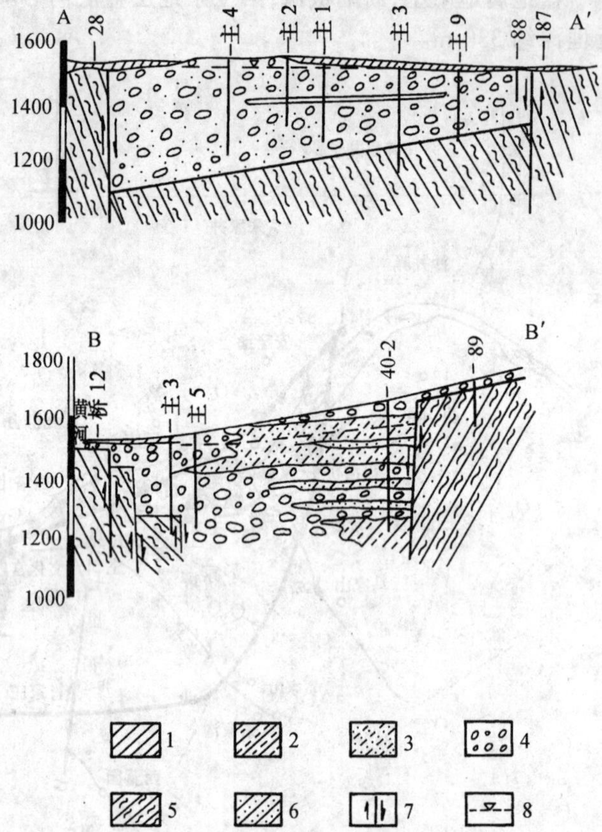

图 7-52　水文地质断面图

1—黏土；2—砂黏土；3—黏砂土；4—卵石土；5—泥岩；6—砂岩；7—正断层；8—地下水位线。

表 7-14 中氚(TR)±号均采用负值。

该井组也表现出地下水埋藏愈深相对年龄愈老的趋势。

(2)抽水试验

在断陷盆地布置了 9 个水文地质勘探孔和 2 个观测孔。$主_1$ 深 300.46 m、$主_2$ 深252.00 m、$主_3$ 深 339.20 m、$主_5$ 深 300.08 m 和$主_9$ 深 258.82 m，均为单孔。在$主_4$(孔深314 m)旁布置 2 个观测孔，$观_1$ 距$主_4$ 孔 17.42 m，孔深 90.62 m，$观_2$ 距$主_4$ 孔30.62 m，孔深65.62 m。

表 7-13　取样地点及氚测定结果表

编号	取样地点	水位以下取样深度(m)	地面高程及地下水位高程(m)	氚含量(TR)	地下水相对年龄 t(年)	相当雨水年代(年)	类型
1	马滩 28 号井	122	1 517.20 1 513.00	25.8	15.5	1962	潜水
2	黄峪公社刘堡井	48	1 597.00 1 555.00	38.5	8.4	1 969	潜水

续上表

编号	取样地点	水位以下取样深度(m)	地面高程及地下水位高程(m)	氚含量(TR)	地下水相对年龄t(年)	相当雨水年代(年)	类型
3	独立师医院	10	1 570.42 1 520.00	41.0	7.3	1970	潜水
4	马滩铁路5号井	36	1 520.69 1 516.00	45.3	5.6	1 972	潜水
5	宋家沟泉水	0	1 780.00 1 780.00	62.0	0.0～1.0	1 978	下降泉

注:表内地下水相对年龄计算公式

$$t = 40.727\ \lg(N_o/N_t)$$

式中 t——两样品间(N_o、N_t)相对时间差(a);

40.727——按氚半衰期12.26 a的转换系数;

N_o——氚的原始含量(TR);

N_t——不同地点水样氚含量(TR)。

表7－14 机修厂井组氚测定结果表

井 号	过滤器深度(m)	水样平均深度(m)	氚含量(TR)(采用负值)	相当雨水年代(年)
8	150～180	165	53.5±15.5	1972
7	195～225	210	35.5±7.9	1967
6	240～270	255	37.5±14.1	1963

在主$_1$、主$_2$、主$_3$、主$_4$和主$_9$进行了单孔抽水试验。将含水层分为二层三段,上层为潜水,下层为承压水。下层又分为中、下两段。主$_3$孔对下层承压水进行了混合抽水试验。主$_1$和主$_9$对潜水、承压水进行了分层抽水试验。主$_2$和主$_4$孔进行了潜水、承压水混合抽水、承压水混合抽水和承压水中、下段分段抽水试验。

还进行了井组分段抽水,井组位于兰州铁路局机修厂主$_1$号孔南15 m左右,由钻$_6$、钻$_7$和钻$_8$呈等边三角形布设,孔距10.25 m。钻孔直径550 mm,井管直径350 mm,采用缠丝滤水管填砾过滤器。孔深钻$_6$为282.51 m(成井深度279.07 m)、钻$_7$为235.62 m(成井深234.60 m)、钻$_8$为195 m(成井深190 m)。过滤器位置钻$_6$为228.79～251.7 m(直径350 mm)和259.23～269.93 m(直径305 mm)、钻$_7$为189.93～224.81 m、钻$_8$为146.23～180.40 m。承压水位埋深39.97 m。

在钻$_6$、钻$_7$和钻$_8$组成的井组进行了承压水抽水试验。110～145 m段用水泥压浆封水。抽水分为单孔分段抽水(一孔抽水另两孔作为观测孔)、三孔两两组合互阻分段抽水(另一孔作观测孔),最后进行三孔互阻分段抽水试验。抽水试验结果:当钻$_6$、钻$_7$、钻$_8$水位降深分别为5.56 m、9.42 m、6.23 m,单井抽水时,井组总出水量为69.053 l/s(5 966.20 m^3/d);三孔干扰抽水时,井组总出水量为58.723 l/s(5 073.7 m^3/d),出水量减少15%。

3.水文地质参数

(1)渗透系数K

采用单孔潜水、承压水非完整井公式计算的结果为,上层潜水含水层K=4.07～27.43 m/d,平均K为18.21 m/d;承压水含水层K=2.57～10.51 m/d,平均K为5.897 m/d。井组利用互阻抽水资料计算结果承压含水层K=3.99～10.23 m/d。

(2)干扰系数α

井组干扰系数计算结果,钻$_6$号孔最大,钻$_8$孔最小,平均干扰系数α=0.134 2。

(3)井组产水量

井组产水量计算，每组三眼管井，井管半径为 0.15 m，井距 10 m，每井过滤器长度 30 m，承压含水层平均渗透系数 5.897 m/d，计算单井产水量为 3 840 m^3/d。三井水位降深分别为 19.59 m、19.8 m、18.6 m。

(4)地下水补给量

地下水天然补给量计算，设黄河补给长度为 7 km，含水层平均厚度 250 m，水源地在开采条件下双向天然补给量为 42.5×10^4 m^3/d，实际开采量为 26×10^4 m^3/d，尚有 16.5×10^4 m^3/d 的富裕量，因此铁路水源设计开采量 4.5×10^4 m^3/d 是完全有保证的。

(五)水源设计与施工

经勘察查明兰西断陷盆地面积约 70 km^2，卵砾石含水层厚度大于 250 m，地下水水量丰富，130 m 以下的承压水水质好，未受污染，符合国家生活饮用水卫生标准，是铁路新水源的理想水源地。

水源设计采用大厚度分段取水井组方案，每组三眼管井，井距 10 m，采用等边三角形或直线形排列。按干扰产水量计算，设计水位降深 $S=30$ m，单井产水量 3 840 m^3/d，井组产水量 11 520 m^3/d，每日工作 20 h，每井组出水量为 9 600 m^3/d，按需水量 4.5×10^4 m^3/d 计，共设计 7 个井组，其中两组为备用。

钻$_6$、钻$_7$、钻$_8$ 为勘探生产井，作为井组投入使用。另有两个主孔作为勘探生产井留待使用。接着又在兰局材料厂内施工一组井，为直线形布置，井距 12 m，井深分别为 275 m、196 m、160 m，井径除井深 275 m 的管井为 280 mm 外，其余两井上部深 110 m、105 m 分别为 420 mm，下部为 300 mm。对 114.6～119.4 m 间厚 4.8 m 的砂黏土隔水层灌注水泥密封，取下部承压水，承压水位埋深 25.13 m，水质总硬度 H°＝1.07～1.71 mmol/L，井管均为卷焊钢管。填砾粒径为 7～10 mm，厚度 100～150 mm。由兰州铁路局给水队施工，于 1983 年竣工投产。

(六)小结

1.兰州地区铁路新水源，属路内取用地下水的大型水源。用综合勘探方法查明了断陷盆地的水文地质条件，其含水层厚度大，水量丰富，水质良好。证明水源地的选定和分段取水的设计方案是合理的。先后建成两个井组，投产以来大部管井运转良好。

2.大厚度分段取水井组属路内首次采用，占地少，管理方便。勘探中采用探采结合成井，降低了工程造价。还应用了同位素氚新技术。新水源水质好，改善了生产和职工用水的卫生条件。水温 18 ℃，比原水源提高 6 ℃，为机车上水和取暖节省了能源。新水源运营后社会效益和经济效益显著，获铁道部 1987 年度工程勘察二等奖。

3.新水源运营 5 年后，机修厂内井组中的一眼井井管断裂，井内涌砂不止，井管严重弯曲偏斜而报废。为填补报废之井，1989 年兰州铁路局又在机务段内建深井一眼，井深 276 m。取深层承压水，水质良好，产水量 3 800 m^3/d。该井由航天部钻井队施工。

十四、南疆线乌斯特车站水源勘察

李秋枫

南疆线乌斯特车站中心里程 DK246＋550，高程 2 928.75 m，生活用水量需 10 m^3/d，水源能力按 250 m^3/d 设计。

1975～1976 年，对该站进行一次性水源勘察，用调绘、物探、钻探等方法查明了乌斯特沟沟口断层带位置、产状，1976 年在断层带上盘施工勘探生产井，解决了该站用水问题。

(一)自然地理概况

车站位于天山腹地中温带亚干旱气候区，东邻奎先达坂(高程为 3 200～3 300 m)，属多年冻土地区。车站南侧为近 EW 向的乌拉斯台沟，站西约 1 km 为 SN 向的乌斯特郭勒谷地。

车站附近的水系主要为乌拉斯台沟，流入乌拉斯台河。属季节性水流，由大气降水和冰雪融化水形成地表径流，7～8 月流量最大，9 月减少以至干枯。宽谷两侧 SN 向支沟发育，以乌斯特沟水量最大，该沟长约 8 km，汇水面积约 24 km^2。该区历年平均降水量 300 mm，历年平均蒸发量 2 116.5 mm，极端最高气温 24 ℃，极端最低气温 -35 ℃，历年最大积雪厚度 0.5～1.0 m，土壤最大冻结深度 4 m。

(二)地质与水文地质特征

在大地构造上本区属天山断褶带。沿夏尔根察仁—奎先达坂—乌拉斯台一线为 EW 走向的大断裂带。站区附近次级构造发育，乌拉斯台沟为一由几个断层构成的地堑式断层谷，两侧 SN 向支沟沟口多位于断层带上，地貌上呈明显的阶梯状。

山区出露的地层为志留系、石炭二叠系变质岩及加里东期侵入岩。变质岩为变质程度深浅不一的石英云母片岩、千枚岩和大理岩。侵入岩为花岗岩系。乌拉斯台沟及其两侧，分布着第四系坡积层、洪积层和冲积层。坡积层由砂黏土与碎石土组成。洪积层和冲积层主要由卵石土和砾石土组成，其厚度乌斯特沟为 3～34 m，乌拉斯台沟据物探资料厚度大于 100 m。第四系冲、洪积层含孔隙潜水。乌斯特沟地下水位埋深 1.5～30 m。乌拉斯台沟由于断层形成跌水，地下水埋藏较深，据该沟下游 7.5 km 的哈尔格车站水源钻孔资料，地下水位埋深 52.4 m。地下水主要由大气降水及冰雪融化水渗入补给。

(三)供水水源方案的选定

经水文地质调查、测绘，对车站供水水源做了两个方案，即乌斯特沟上游大口井导水方案和沟口深井扬水方案，均进行了勘探、试验工作。

1.导水方案

水源地位于乌斯特沟上游 2.2 km 处，沟中有泉水出露，流量约 100 m^3/d，终年不枯。1974 年 10 月取水样分析：pH＝7～8.3，总碱度 A°＝2.81 mmol/L，蒸发残渣 DS＝206 mg/L，符合国家生活饮用水卫生标准。1974 年施工单位在泉水附近建成直径 5.8 m、深 7.0 m 大口井一座，供临时施工用水。由于建井取水，附近沼泽地表水已被疏干。为选择水源地，1975 年进行了物探，在沟床中布置两条横断面，共 11 个电探点。根据物探提供的资料，布置了乌钻$_1$号孔，1975 年 4 月 30 日至 5 月 4 日施钻，孔深 12.64 m，地层 0～3.04 m 为碎石土，3.04～12.64 m为片岩，静止水位 2.63 m，潜水含水层厚度为 0.41 m，含水层薄，且该泉水为当地唯一的人畜饮用水源，因此，该处不宜作为车站的水源地。

2.扬水方案

水源地选在乌斯特沟口，距车站约 1 km。1975 年 5 月进行了物探，布置一条横断面，计 8 个电探点，在电 1～6 号点(线路里程 DK247＋780 左 150 m)布置水源勘探孔乌钻$_2$。1975 年 7 月 9 日至 15 日钻探，孔深 67.67 m，地层 0～32.97 m 为卵石土，32.97～67.67 m 为片岩，其中38.75～44.41 m 为断层破碎带。静止水位 5.27 m，简易提水试验 $Q=0.38l/s$。取水样分析：pH＜8.3，A°＝3.00 mmol/L，H°＝1.725 mmol/L，$DS=280$ mg/L。

地面调查推断乌斯特沟沟口有一条 EW 走向的断层，长约 3 km。经乌钻$_2$号孔钻探，该推断得到证实。分析认为该断层带裂隙发育，在沟床中接受地表径流充分补给，是较好的裂隙富水带，有可能作为车站水源。但是，该断层带被第四系卵石土所覆盖，为进一步查明断层带的宽度、深度、产状和覆盖层厚度，确定合理的水源井位置，于同年 8 月又进行了物探工作，采用联合剖面法与电测深法，在沟床中布置了一条纵断面和两条横断面（详见图 7－53、图 7－54）。

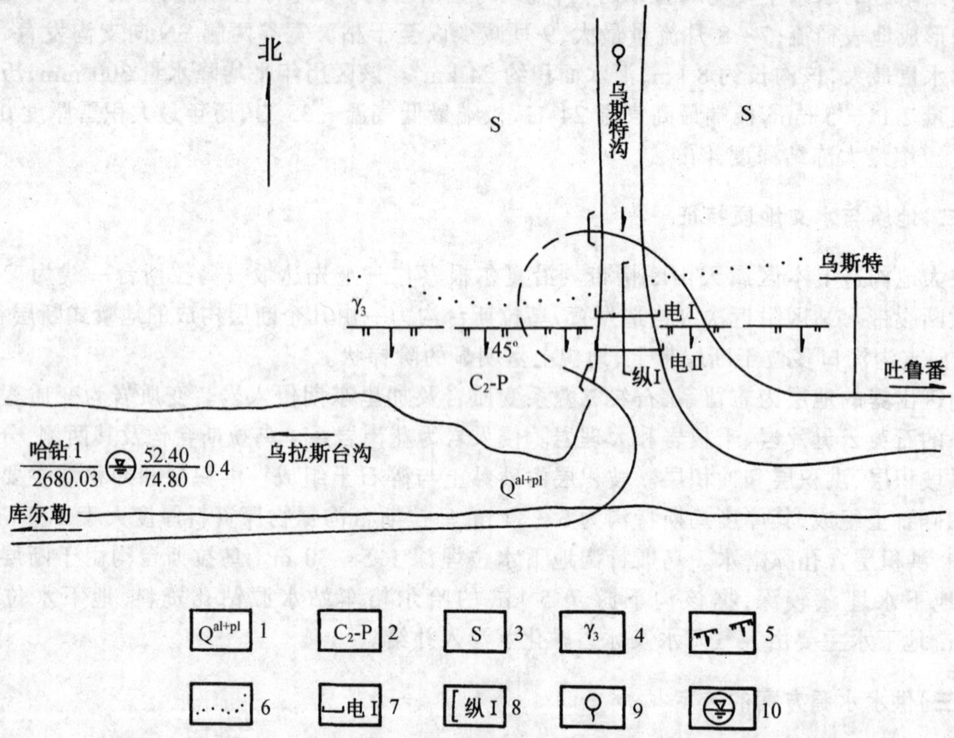

图 7－53 乌斯特水源平面示意图

1—第四系冲、洪积卵石土；2—石炭二叠系千枚岩、片岩；3—志留系大理岩、片岩；4—加里东期花岗岩；5—推断正断层；6—岩层分界线；7—电探横断面；8—电探纵断面；9—下降泉；10—有水钻孔。

物探采取 AO＝BO＝55 m、AO′＝BO′＝100 m 两个不同深度，分别测出 ρ_a 值。AO＝BO＝55 m第一个深度测得的 ρ_a 曲线的第一个交叉点为断层带的始点，第二个交叉点为断层带的终点，两交叉点间即为断层带的宽度。同样，以 AO′＝BO′＝100 m 的测深，也可测出两个深度 ρ_a 曲线的交叉点，也可确定该深度的断层带宽度。两次所测交叉点的连线即为该断层带的倾向及倾角。图 7－54 的 ρ_a 曲线与电学地质断面上对比均有较好的显示，沟床中断层带宽度为 60 m 左右，倾角约 35°，倾向南。该断层为正断层。结合两个横断面的电探资料综合分析，拟建水源井选在断层带中，该处卵石土厚 34 m，设计井深 62 m，管径 250 mm，滤水管位置 39.5～59.5 m。

经对浅井导水与深井扬水两方案的技术、经济比较，浅井导水方案管路长 3.08 km，防寒困难，造价高，且含水层薄，与牧民争水，不宜采用。深井扬水方案水文地质条件优于导水方案，予以采用。

（四）水源施工

1976 年 4 月建成水源井，探采结合，一次成井。井深 62 m，孔径 500 mm，过滤器位置

39.5～59.5 m,缠丝间距 1～1.5 mm,填砾粒径 5～15 mm,其位置为 6～62 m。经洗井静止水位 18 m,出水量为 1 344 m^3/d,满足设计产水能力 250 m^3/d 的要求,水质总硬度为 1.725 mmol/L,符合国家生活饮用水卫生标准。

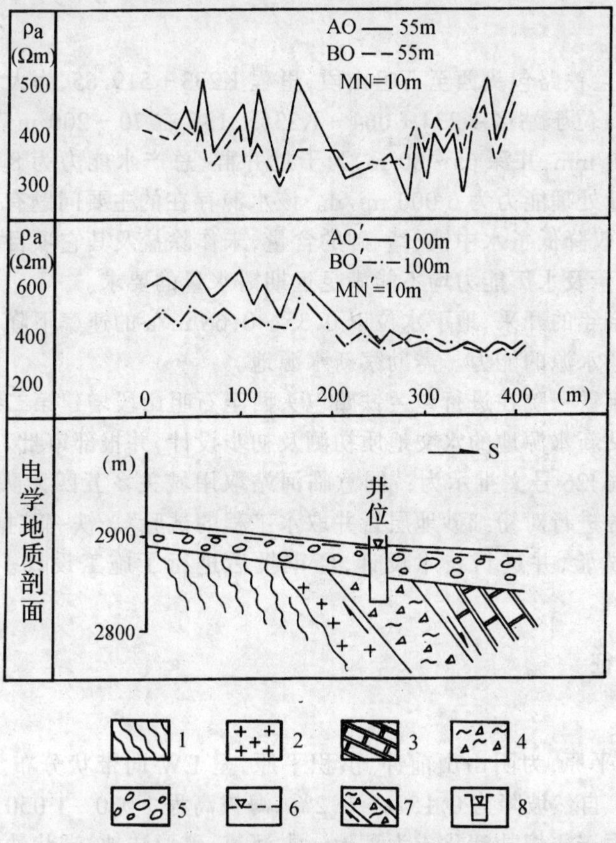

图 7－54　乌斯特水源电学地质纵断面图

1—片岩;2—花岗岩;3—大理岩;4—断层角砾;5—卵石土;

6—地下水位线;7—断层破碎带;8—井位。

水源施工揭露的地层:0～13 m 为漂石土,13～23 m 为漂卵石,23～34 m 为卵砾石,34～60 m 为断层破碎带,60～62 m 为花岗片麻岩,与物探提供的资料基本相符。

(五)小结

本站的水源井,探采结合,一次成功。1984 年、1989 年及 1997 年三次回访,均反映水量、水质稳定,运营正常,其有关经验值得借鉴。

首先,铁路通过基岩裸露的山区,可寻找断层带裂隙水作为车站供水水源。为此,应通过地面调查,根据区域地质资料和断层在地表的形迹,大致确定断层带的位置,并结合补给条件等水文地质特征,分析断层带的富水程度。当推测断层带有可能作为水源时,应进一步用物探和必要的钻探相结合查明断层带的宽度和产状,为选定水源井位置提供依据。查明断层带的宽度和产状,物探是一种较好的方法,采用联合剖面和电测深相结合的综合方法,方法简单,成本低,周期短,可取得较好的效果。

十五、包兰铁路临河车站新建水源勘察与工程试验

李秋枫

(一)工程概况

临河车站位于包兰铁路包头西至石咀山段,里程 K233+519.65,为大型中间给水站。

该站既有水源地,位于站区 K234+064～K235+135 右 70～200 m 范围内,共有 8 座管井,井径 Φ250～Φ300 mm,井深 65～80 m,为干扰井群,总产水能力为 8 162 m^3/d。1991 年建水处理厂一座,设计处理能力为 6 000 m^3/d。该水源存在的主要问题有:

1. 水经水厂处理仅降低了水中铁、锰、砷的含量,未作除盐及其它项目的处理,水质个别项目超标。水源地产水量及水厂能力均不能满足远期需水量的要求。

2. 水源地经 30 余年的开采,地下水位以 0.35～0.68 m/a 的速率下降,形成了区域性的降落漏斗,已不具备扩建水源的能力。需勘察新水源地。

1993 年～1995 年铁一院在进行包兰铁路包头西至石咀山段增建第二线勘察时,针对上述问题,进行了临河车站新水源地的水文地质初测及初步设计,并报部审批。

铁道部鉴综〔1996〕26 号文批示为:“同意临河站取用城关乡五四大队处地下水作水源方案;同意结合新建水源进行对粉细砂地层管井取水工程的试验”。铁一院据此开展水文地质定测和室内、室外工程试验,并进行技术设计,经审批后进行了施工设计。1998 年水源施工,1999 年竣工。

(二)自然地理特征

1. 地形地貌

测区属黄河后套平原,为阴山山前冲、洪积平原,呈 EW 向带状分布。地形平坦开阔,由 SW 向 NE 略微倾斜,自然坡降为 0.15‰～0.2‰,海拔高程 1 030～1 050 m。渠道纵横交织,农田广布,部分地段由于土壤盐渍化成为荒地。古河道、碟形洼地、带状沙丘、串珠状湖泊等微地貌发育。

2. 水系

(1)黄河:位于测区南部,自 SW 向 NE 流。由于地形平坦开阔,水流极不稳定,呈漫流状,在 1～3 km 宽范围内河床摆动。水深 1～8 m,水质较佳。黄河流量变化较大,6～10 月为洪水期,最大流量6 000 m^3/s,11 月至翌年 3 月为枯水期,最小流量为 300～500 m^3/s。河水 7～10 月泥沙含量可达 70 kg/m^3。

(2)人工灌溉渠:测区内人工渠道纵横交错,大的有黄河灌溉总干渠(俗称二黄河)以及从其引出的永济渠、永刚渠、合济渠、丈渠等,灌溉着河套平原数万亩土地,同时对地下水亦起着补给作用。总干渠每年 5～10 月放水,设计流量 480 m^3/s。在选定的水源地附近,为降低水位,改良土壤,于 1978 年修建了兰锁排干渠。

3. 气象

测区属中温带干旱气候区。其特点是降雨稀少、蒸发强烈、干燥多风、日温差大、日照时间长。据临河气象站资料:

降水量:年平均 147.1 mm,年最大 291.2 mm,年最小 55.0 mm。

蒸发量:年平均 2 274.9 mm。

气温:年平均 7.2 ℃,极端最高 38.0 ℃,极端最低 -35.3 ℃。

相对湿度:48.5%。

全年日照时数:3 181.4 h。

(三)地质概况

黄河后套平原为介于阴山山系的狼山与鄂尔多斯地台之间的EW向断陷盆地,即三湖河盆地。河套地区沉降始于中生代,至新生代沉降幅度增大,仅在中、下更新世就沉积了巨厚的湖相地层。上更新世初期开始,黄河逐渐向东南移动,致使在湖积层之上普遍覆盖一层冲、洪积的黏性土及砂层。据区域资料,第四系沉积层总厚度达1500 m以上。

由于气候、地质及构造的影响,黄河由原在狼山山麓的古河道(即现在的乌加河)移向现河道。测区的地层大致可分上下两层:

第四系中、下更新统地层(Q_{1+2}),分布于测区下部,为一套湖相沉积层,主要为灰色淤泥质砂黏土、黏砂土与粉、细砂互层,含盐量高,具细微水平层理,并含有大量腐殖质。

第四系上更新统及全新统地层(Q_{3+4}),分布于测区上部,主要为冲、洪积成因的灰褐色、灰黄色、灰色砂层及黄色、黄褐色黏砂土、砂黏土、黏土等,局部夹有薄层湖积层。一般黏土层较薄,多呈透镜体存在于砂层中。受湖积层的影响,34～60 m以下地层具腥臭味。砂层一般为松散—中密,饱和,含植物根系与腐殖质。

(四)水文地质特征

本区地下水主要分为以下两个含水岩组。

1.深层孔隙承压水。为中更新统(Q_2)粉、细砂含水岩组,埋藏深度在100 m以下。该含水层补给条件差,水质较劣,矿化度大于3～5 g/L,无供水意义。

2.上更新统、全新统(Q_{3+4})含水岩组。埋藏深度为0～100 m,属孔隙潜水及弱承压水,该层地下水在后套平原普遍分布,并且比较稳定,含水层厚度约90 m,水位埋深<2 m。含水层为河、湖相交错沉积的砂层,岩性上部为黄色、桔黄色中细砂、细砂、粉细砂;下部为灰黄色及灰色细砂或粉细砂。上部砂层砂质较纯净,颗粒较均匀,其间夹厚度<3 m的黏性土薄层,分布不连续,呈透镜体状,上、下层地下水有水力联系,构成统一的含水岩组。地下水主要接受黄河水、渠水及田间灌溉水渗入补给,其次为大气降水以及狼山山前倾斜平原地下径流侧向补给,补给条件较好。据勘探试验,含水层渗透系数 $K=8\sim10$ m/d,单井出水量大于1 000～1 500 m^3/d。由于含水层颗粒较细,水力坡度<1‰,因此地下水水平方向运动滞缓,具有以垂直交替为主的循环特征,排泄以蒸发为主。地下水动态成因类型基本为灌溉—蒸发型,年水位变化幅度约2 m,水质受气候、灌溉渠系、地貌、地质条件等因素的影响。区内水化学类型复杂,多以重碳酸盐、硫酸盐、氯化物混合型出现。矿化度0.5～4.5 g/L,一般以重碳酸盐为主的地下水矿化度较低,以氯化物为主的矿化度高,愈靠近渠系,矿化度愈低。pH=7.20～8.34。

(五)初测阶段的水文地质工作

后套平原面积大于2000 km^2,地下水普遍为高矿化水,仅在临河市周边及干渠两侧有淡水体。临河市在城西建有水源地,规划在城北新建水源地,为避免干扰,临河站新建水源地距临河市水源地的距离应大于5 km。因此,应进行大面积的水源勘察。

1993年10月,由铁一院技术处、地勘处和给排水处及兰州分院组成联合调查组,进行现场踏勘。在呼和浩特铁路局有关人员协助下,先后走访了巴盟水力水资源勘测大队、巴盟黄河灌溉总局、临河市水力局资源办公室、巴盟防汛指挥部以及内蒙古水科所等单位,了解河套区域水文地质特征，地表水、地下水开发利用情况。有针对性地进行现场调查。搜集了1/50万和1/100万内蒙古自治区水文地质图和报告书。

依据对上述既有资料的分析研究以及临河市水力局资源办公室提出的“在临河市区以外均可进行地下水勘察”的要求，调查组对新水源的勘察拟定了4个方案：即临河以南约70 km的磴口取黄河水方案；临河市团结八队附近取黄河水方案；小召乡附近地下水源方案；丹达乡附近地下水源方案。

勘测工作于1994年3月开始。调查范围东起小召乡，南至包石公路，西北自丹达乡，西南至五四大队，测绘面积约380 km^2，见图7－55。完成的工作量为：物探断面长64.5 km，测点171个；钻探主孔7个，计572.3 m；抽水试验5孔、观测孔8个，计141.0 m；采取水样103组(全分析26组，简分析57组，氚分析17组，放射性等项目分析3组)；土样颗粒分析71组。进行的主要水文地质工作有：

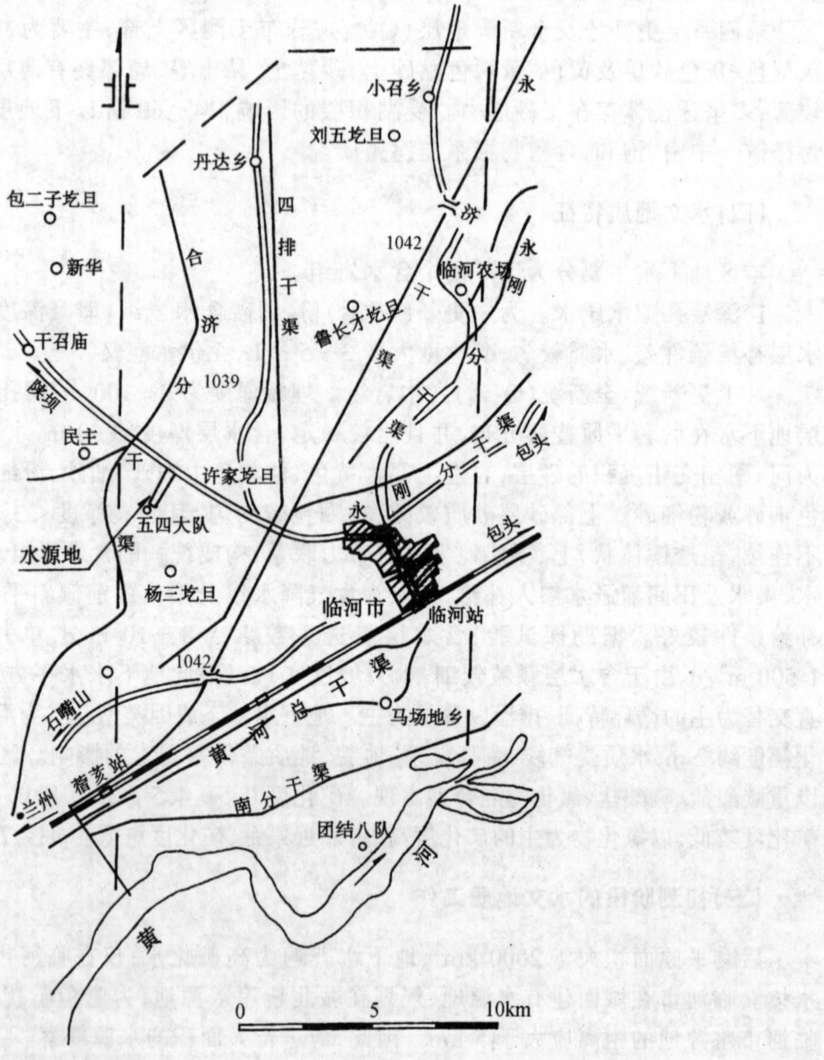

图7－55　工作区范围示意图

1. 物理勘探

在调查测绘的基础上，分西方案(五四大队附近)、东方案(小召乡附近)和北方案(丹达乡附近)布置物探,使用 DDC-2B 型自动补偿仪,采用对称四极法进行探测。测区内物性特征表现为粉、细砂层呈高阻,黏性土呈低阻;水质较好、水量较丰富及砂层分选性好,电阻率值较高,反之则电阻率值较低。

分析物探成果,东方案与北方案,高阻值发生处呈点状散布,构不成稳定、集中的储水小区,因此该区不宜作大、中型水源地。西方案在沿兰锁排干渠、合济渠(丹达桥附近)有一定范围的高阻带存在,并在平面上呈马蹄形展布,分析在此范围内含水层厚度较大,储水丰富,水质良好,物探推荐其作水源地。

2. 钻探与抽水试验

为查明物探推荐的水源地的地层岩性、厚度、富水性变化规律、水位降深与出水量的关系,在丹达桥至五四大队附近共布置水源钻探主孔 7 个,见图 7-56。钻$_2$ 号孔进行单孔抽水试验,由于地层岩性、孔径及过滤器包网等原因,发现抽水试验结果"水跃"值过大。为此钻$_4$、钻$_5$、钻$_6$ 和钻$_7$ 号孔各设 2 个观测孔进行了群孔抽水试验。其中钻$_6$ 号孔抽水试验结果不正确,因此只采用钻$_4$、钻$_5$ 及钻$_7$ 三孔抽水试验成果,进行了水文地质计算。钻$_4$、钻$_5$ 及钻$_7$ 的有关情况列述如下:

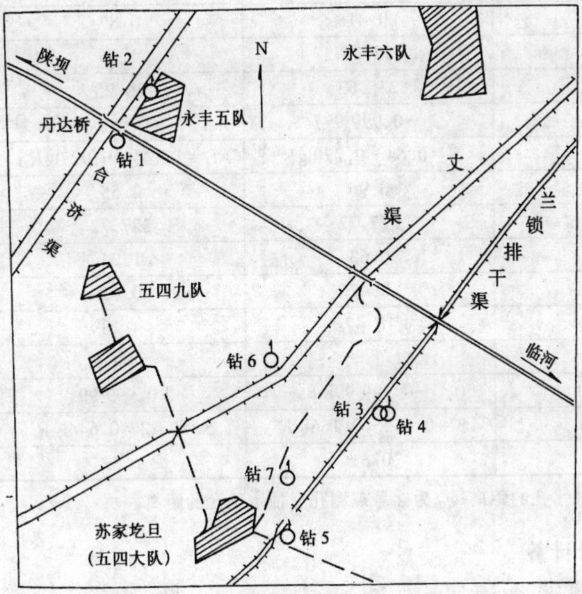

图 7-56 钻孔平面位置示意图

钻$_4$,位于五四大队,孔深 64.80 m。地层:0.00~4.20 m 为黏砂土;4.20~64.80 m 为细砂。向西布置 2 个观测孔,观$_1$ 距钻$_4$0.79 m,深 18.0 m;观$_2$ 距钻$_4$7.13 m,深 15.00 m,地层与钻$_4$ 同。

钻$_5$,位于五四大队,孔深 72.10 m。地层:0.00~3.40 m 为黏砂土;3.40~72.10 m 为细砂。向西布置 2 个观测孔,观$_1$ 距钻$_5$0.65 m,观$_2$ 距钻$_5$4.10 m,孔深均为 18.00 m,地层与钻$_5$ 同。

钻$_7$,位于五四大队,孔深 66.20 m。地层:0.00~2.40 m 为黏砂土;2.40~3.40 m 为黏土;3.40~66.20 m 为细砂。向西布置 2 个观测孔,观$_1$ 距钻$_7$2.25 m,观$_2$ 距钻$_7$4.30 m,孔深均为18.00 m,地层与钻$_7$ 同。

3. 水文地质计算

(1)水文地质参数计算

区内地下水位埋深小于 3 m;含水层为细砂与粉砂,上覆黏性土层,地下水具弱承压性,考虑到开采条件,地下水位将下降到弱透水层以下,则全成为潜水,故采用有两个观测孔的非完整井理论公式计算含水层渗透系数 K 值和影响半径 R 值。另外,过滤器外包 140～180 目的平织网,致使抽水试验中"水跃"值过大,还通过(r_1,S_1)、(r_2,S_2)和$(R,0)$三点的单相关分析建立回归方程,推算抽水孔孔壁外的水位降深 S,以修正孔内水位降深 S_w 值。水文地质参数计算结果见表 7－15。

表 7－15　水文地质参数计算结果表

	孔　号	钻$_4$	钻$_5$	钻$_7$
	r_1(m)	0.79	0.65	2.25
	r_2(m)	7.31	4.10	4.30
	L(m)	37.60	37.15	29.65
	H_1(m)	41.10	41.60	32.35
第一次降深	Q(m^3/d)	411.91	453.08	485.40
	S_1(m)	0.67	1.62	0.58
	S_2(m)	0.41	0.87	0.45
	K(m/d)	12.73	4.06	11.30
	R(m)	235.63	36.25	41.31
	相关系数 γ	－0.999 997	－0.999 98	－0.999 998 6
	回归方程	$S=0.64-0.270\lg R'$	$S=1.444-0.927\lg R'$	$S=0.741-0.459\lg R'$
	修正后的降深 S'_w(m)	0.96	2.55	1.29
第二次降深	Q(m^3/d)	327.72	327.72	382.49
	S_1(m)	0.63	1.24	0.48
	S_2(m)	0.47	0.72	0.38
	K(m/d)	16.47	4.18	11.52
	R(m)		54.60	51.33
	相关系数 γ	－0.999 998 8	－0.999 991	－0.999 999 2
	回归方程	$S=0.612-0.166\lg R'$	$S=1.12-0.644\lg R'$	$S=0.604-0.353\lg R'$
	修正后的降深 S'_w(m)	0.81	1.89	1.03

注:r_1 为 1 号观测孔至抽水孔的距离;r_2 为 2 号观测孔至抽水钻孔的距离。

(2)水源井产水量计算

a.单井产水量计算

采用理论公式计算,设计井径 $r_w=0.15$ m,含水层厚度 $H_1=36.4$ m,水位降深 $S=5$ m,影响半径 $R=184.6$ m,平均渗透系数 $K=9.36$ m/d,则单井产水量 $Q=1\ 505$ m^3/d。

采用前苏联全苏水文地质研究所经验公式计算单井产水量 $Q=1\ 518$ m^3/d。

b.干扰井群产水量计算

新建水源地拟在五四大队附近,为便于运营管理,沿兰锁排干渠布设 11 座管井,1～9 号井运营,10 号和 11 号井为备用,不参与计算。设计井深为 50 m,过滤器位置 5～40 m,孔径 Φ650 mm,井管直经 Φ300 mm, 开采井间最小距离为 300 m, 水位降深 $S=9$ m, 引用影响半径 $R=898$ m,井数 $n=9$。采用弗尔赫格依麦尔稳定流潜水完整井群理论公式计算各井与井群产水量,其结果见表 7－16。

4.对可开采水资源的初步评价

(1)采用非稳定流法评价

表 7－16　井群产水量计算结果表

井号		1	2	3	4	5	6	7	8	9	总出水量 (m^3/d)	水源产水能力 (m^3/d)
水泵工作 20h	$Q_i(m^3/d)$	1 697	1 549	1 282	1 239	1 210	1 225	1 367	1 614	2 101	13 284	13 284
	$Q_i'(m^3/h)$	60	60	60	60	60	60	60	60	60	10 800	12 960
	$S_i(m)$	8.09	8.81	10.17	10.52	10.68	10.50	9.49	7.98	5.60		
水泵工作 24h	$Q_i^*(m^3/d)$	1 366	1 260	1 107	1 074	1 060	1 072	1 178	1 378	1 957	11 452	11 452
	$Q_i'(m^3/h)$	50	50	50	50	50	50	50	50	50	10 800	10 800
	$S_i(m)$	6.59	7.16	8.22	8.49	8.61	8.48	7.69	6.50	4.60		

注：① Q_i、Q_i' 为 i 号井单井出水量；

② * 为 $S=7$ m，$R=824$ m 计算的出水量。

当设计的干扰井群按照上述计算条件开采并且无地下水补给时，随着时间的延续，开采井的水位降深将不断增大，降落漏斗亦将不断扩展。可采用非稳定流法求算抽水时间为一年的井群影响范围。设影响范围边缘任一点的水位降深 $S=0.001$ m，即 $h=36.399$ m，水源产水量 $Q=12\,960$ m^3/d，反求泰斯井函数，求得井群影响范围为以半径 $r=3\,684.67$ m 的圆，其面积为 42.63 km^2。已知潜水含水层平均厚度为 31.4 m，给水度 $\mu=0.192$，求出影响范围内地下水容积储存量为 257×10^6 m^3，即每天可供开采的容积储存量为 70.413×10^4 m^3，为水源地计划开采量 1.296×10^4 m^3/d 的 54.3 倍。

(2)采用补给模数法评价

根据《内蒙古自治区水文地质报告》(1∶100 万，1985 年 12 月出版)，本区地下水补给模数为 24.66×10^4 m^3/km^2，即 2.88×10^4 m^3/d，大于井群拟开采量 1.296×10^4 m^3/d。

综上所述，因影响范围内地下水容积储存量是在地下水无垂向和水平方向补给的条件下计算而得的，故所求容积储存量对水源地的开采是有保证的，况且每年 5～10 月为农灌期和降雨季节，有地表水的渗入补给，还有黄河冲积平原和狼山山前倾斜平原地下径流的侧向补给，其开采量就更有保证。

5. 水质评价

钻孔抽水试验中，除钻$_3$ 外各孔每隔 8～10h 取水样一组，分析结果基本符合国家生活饮用水卫生标准。仅钻$_6$ 号孔总硬度 $H^\circ=5.22\sim5.73$ mmol/L，$SO_4^{2-}=317\sim331.8$ mg/L，略微超标。

钻$_5$、钻$_6$、钻$_7$ 号孔锰(Mn)含量为 0.125～0.34 mg/L。另外，钻$_7$ 号孔取样进行专项分析，$Fe^{2+}=0.16$ mg/L，$Fe^{3+}=0.82$ mg/L，Mn＝0.36 mg/L，硫化物及砷未检出。

(六)定测阶段的水文地质工作

1996 年 8 月至 11 月进行了定测阶段的水文地质工作。完成的工作量有：物探断面 20 条，电测深点 171 个，二次时差法测点 18 个；钻探主孔 9 个，计 566.10 m，观测孔 14 个，计 281.6 m，抽水试验 7 孔；水质分析 32 组(简分析 7 组，全分析 9 组，微量元素分析 8 组，细菌分析 8 组)；土样颗粒分析 80 组。进行的主要水文地质工作有：

1. 物理勘探

为进一步优化水源方案，共布置物探断面 20 条，电测深点 200 个，二次时差法测点 18 个。

2. 钻探与抽水试验

根据井群的布置，除利用初测已有的钻孔外，又布置 9 个孔，其中 LDS－8 和 LDS－9 两孔只查明地层岩性，未做抽水试验，LDS－1～LDS－7 共 7 孔均布置观测孔，进行群孔抽水试验。钻探及试验成果见表 7－17。

表 7-17　临河车站新建水源钻孔

孔号	有效孔深(m)		过滤器				水管内径及深度(mm/m)	风管内径及深度(mm/m)	风水管面积比	调合器		
	抽水前	抽水后	深度(m)	长度(m)	直径(m)	类型				类型	沉没深度(m)	沉没系数
LDS—1	60.20		11.95～46.25	34.30	0.127	圆孔包网	81/41.97	25/33.36	1:8.9	同心式	25.36	3.88
		43.90						25/21.96			16.30	3.52
LDS—2	60.50		12.90～47.20	34.30	0.127	同上	81/42.07	25/32.10	1:8.9	同上	17.28	2.11
		42.15						25/13.80			4.65	1.47
LDS—3	52.00		6.70～25.75 28.25～37.80 40.75～44.45	32.30	0.127	同上	81/40.65	25/33.25	1:8.9	同上	26.65	4.46
		50.75						25/20.50			15.65	3.63
LDS—4	59.00	55.30	10.05～13.20 16.40～35.40 39.35～50.15	32.95	0.127	同上	81/39.80	25/33.45	1:8.9	同心式	22.74	2.94
	55.30	49.70					118/49.7	25/49.70		对口抽		
LDS—5	58.20		9.75～34.05 39.60～48.40	33.10	0.127	同上	81/44.95	25/38.40	1:8.9	同心式	34.22	7.30
		51.30						25/20.55			17.60	5.19
LDS—6	65.10		11.15～39.15 43.95～50.05	34.10	0.127	同上	81/42.00	25/34.00	1:8.9	同心式	22.60	2.82
		56.00					118/62.1	25/39.20		对口抽		
LDS—7	65.10		12.10～46.30	34.20	0.127	同上	81/45.10	25/38.15	1:8.9	同心式	24.25	2.65
		57.20						25/20.75			12.13	2.29

抽水试验综合资料表

常用分压（kPa）	抽水时间				静止水位(m)				出水量（l/s）	水位降深（m）			
	开始	结束	延续（h）	稳定（h）	主内	主外	观 1	观 2		主内	主外	观 1	观 2
350	1996－09－01 16:00	1996－09－02 9:00	17.0	16.0	1.81		2.07	1.41	5.001	6.19		0.73	0.40
300	1996－09－02 11:00	1996－09－02 21:00	10.0		1.81		2.07	1.41	4.210	3.85		0.55	0.32
400	1996－09－17 20:00	1996－09－18 20:00	24.0	21.0	1.50		1.60	1.50	2.696	13.3		0.38	0.17
300	1996－09－18 20:30	1996－09－19 15:00	18.5	15.0	1.50		1.60	1.50	1.627	7.65		0.25	0.15
400	1996－09－14 12:37	1996－09－15 14:07	25.5	17.0	0.65		0.65	0.70	5.618	5.95		1.06	0.75
300	1996－09－15 14:30	1996－09－16 10:50	20.3	14.5	0.65				3.894	4.20		0.93	0.65
400	1996－09－26 10:50	1996－09－27 9:40	22.8	17.5	0.80		1.05		2.534	9.91		0.09	
550	1996－09－27 17:00	1996－09－28 13:00	20.0	12.0	0.80				5.618			0.65	0.45
400	1996－10－08 10:30	1996－10－09 14:00	27.5	20.0	0.75		0.65	0.65	4.883	3.43		0.56	0.24
290	1996－10－09 14:30	1996－10－10 07:00	16.5	6.0	0.75				3.894	2.20		0.32	0.48
400	1996－09－29 11:00	1996－09－30 09:30	22.5	14.0	0.80		0.96	1.27	3.402	10.6		0.55	0.16
400	1996－09－30 15:00	1996－09－30 09:30	9.0	7.5	0.80				3.894				
500	1996－10－10 16:00	1996－10－11 10:00	18.0	13.0	0.07				4.210	13.8			
300	1996－10－11 10:30	1996－10－11 20:00	9.5	9.5	0.07				3.126	8.55			

3.水文地质计算

(1)水文地质参数计算

由于滤水管外包 180 目平织网,抽水试验主孔水位降深值过大,渗透系数 K 值不宜采用水位降深法理论公式计算,宜采用抽水孔水位恢复两点法公式计算,见式 7-1、式 7-2 及式 7-3,其计算结果见表 7-18。

$$K=(0.366Q)/i \tag{7-1}$$

$$i=\frac{(\triangle h)_2^2-(\triangle h)_1^2}{\lg\dfrac{t_2/t_2'}{t_1/t_1'}} \tag{7-2}$$

$$(\triangle h)^2=H_1^2-h^2; \tag{7-3}$$

式中 K——含水层渗透系数(m/d);

Q——钻孔出水量(m^3/d);

H_1——潜水含水层厚度,即过滤器底部至静止水位的距离(m);

h——抽水孔内水柱高度(m),$h=H_1-S$;

t——自抽水开始计起的观测时间(min);

t'——自停泵计起的水位恢复时间(min);

S——水位降深(m);

i——$(\triangle h)^2-\lg(t/t')$关系曲线直线段的斜率。

表 7-18 水位恢复法计算的 K 值表

钻孔编号	抽水次数	$(\triangle h)_1^2$	$(\triangle h)_2^2$	t_1/t'_1	t_2/t'_2	i	K(m/d)
LDS—1	第一次	27.46	38.91	217.0	541.0	28.86	5.480
	第二次	17.74	25.69	2.70	14.3	10.981	12.124
LDS—2	第二次	13.69	18.24	28.75	223.0	5.114	10.060
LDS—3	第二次	13.99	30.54	9.48	247.0	11.689	10.534
LDS—4	第一次	6.90	18.71	7.23	275.0	7.744	10.348
LDS—5	第二次	1.91	3.83	6.50	9.25	12.53	9.827
LDS—7	第二次	2.78	10.16	12.40	64.30	10.325	9.574

水源设计采用各孔计算的平均值,即 $K=9.800$ m/d。

(2)水源设计井群产水量计算

设计井数与管井结构:设计井深 60 m,干扰井群井数为 12 座,见图 7-57,运营 10 座,1 号和 12 号为备用井,不参与计算,计算采用井数 $n=10$。设计管径 Φ300 mm,滤水管长 39 m,埋深 12~51 m,长度 39 m,实际进水长度 30.3 m。

计算参数:静止水位平均值 1.50 m,管井半径 $r_0=0.15$ m,含水层平均厚度为 58.50 m,按滤水管底部算起含水层厚度 $H_1=49.50$ m。

单井产水能力,按 50 m^3/h 水泵计算,并考虑 1.3 的水源系数,要求单井产水能力为 1 560 m^3/d。

井群产水量计算:按潜水完整井群采用弗尔赫格依麦尔公式和查内尔—阿勃拉莫夫公式计算;按潜水非完整井群采用弗尔赫格依麦尔—查内尔公式计算。三种方法计算结果列于

表 7－19 中。

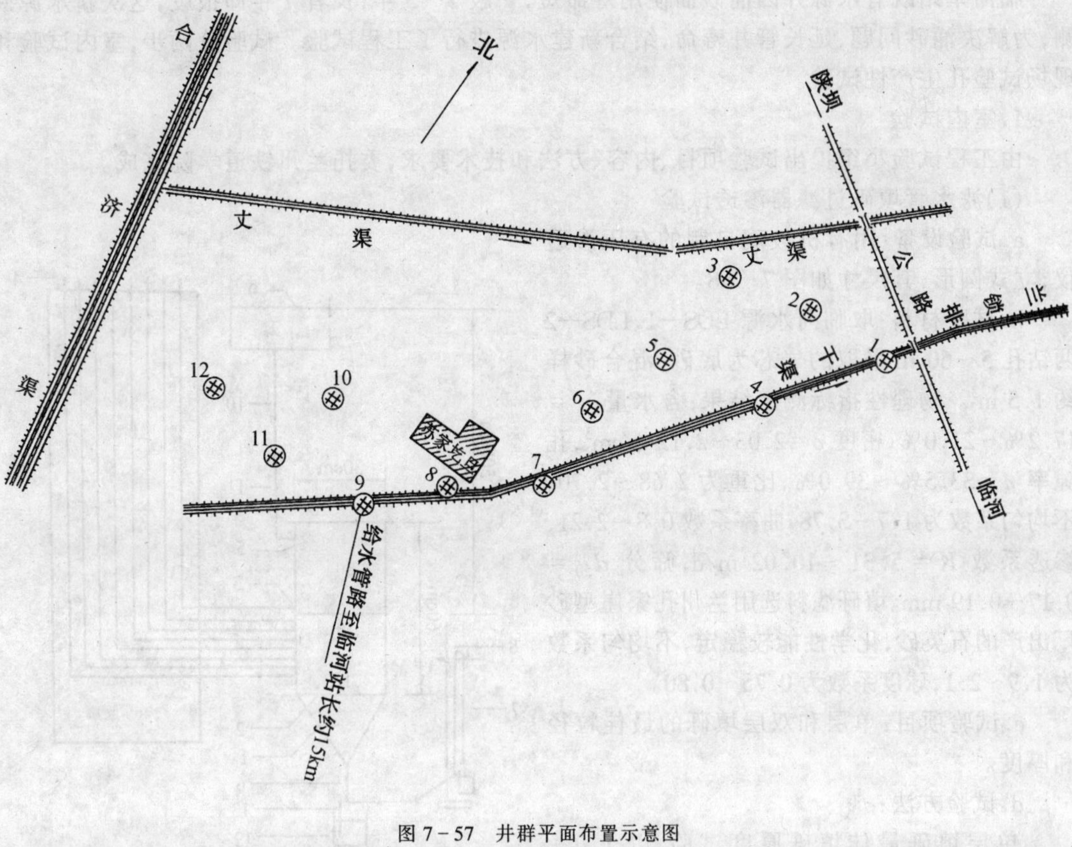

图 7－57　井群平面布置示意图

表 7－19　井群产水量计算结果表

计算公式	水位降深 (m)	井号										井群产水能力 (m^3/d)
		2	3	4	5	6	7	8	9	10	11	
弗式 (m^3/d)	7.5	2 122	1 902	1 890	1 636	1 587	1 646	1 671	1 831	1 941	2 155	15 870
查一阿式(m^3/d)	6.0	1 633	1 633	1 633	1 633	1 633	1 633	1 633	1 633	1 633	1 633	16 330
弗一查式(m^3/d)	7.0	2 112	1 910	1 899	1 661	1 614	1 670	1 694	1 844	1 946	2 144	16 140

注：井群产水能力以出水量最小的 6 号井的 10 倍计算。

水源设计采用弗尔赫格依麦尔公式的计算结果，当单井出水量 $Q=1\ 560\ m^3/d$ 时，井外水位降深 $S=7.50$ m，考虑水力损失值 3.3 m，设计井内水位降深为 10.80 m。

4．水质评价

按卫生部颁发的《生活饮用水卫生标准》，水源地范围内地下水从总体上看水质较好，部分项目超标，经处理后可饮用。地下水的毒理性指标和放射性指标符合标准。一般化学指标中 pH=7.58～8.12，矿化度＜1 g/L，总硬度＜4.2 mmol/L，Cl^- ＝2.83～86.1 mg/L，SO_4^{2-} ＝19.5～212.3 mg/L，均符合标准，但 Fe 总含量最大为 1.246 mg/L，Mn 含量最大为0.75 mg/L，两项超标，需处理。细菌指标部分超标，也需处理。

(七)工程试验

临河车站既有水源井因涌砂而使用寿命短,一般 3~5 年,长者 7 年即报废,这次新水源勘测,为解决涌砂问题,延长管井寿命,结合新建水源进行了工程试验。试验分两步,室内试验和现场试验孔生产性试验。

1. 室内试验

由工程试验小组提出试验项目、内容、方法和技术要求,委托兰州铁道学院完成。

(1)滤水管填砾过滤器渗透试验

a. 试验设备:用有机玻璃自制的有压渗透仪,立式圆形,其尺寸如图 7-58。

b. 试验材料:取临河水源 LDS—1、LDS—2 两钻孔 5~60 m 采取的岩芯为底砂,混合砂样约 1.5 m^3。物理性指标测定结果:含水量 w = 17.2%~21.0%,密度 ρ = 2.03~2.12 g/cm^3,孔隙率 n = 33.5%~39.0%,比重为 2.68~2.70,不均匀系数为 1.7~3.78,曲率系数 0.8~2.21,渗透系数 K = 5.31~10.02 m/d,筛分 d_{50} = 0.17~0.19 mm。填砾滤料选用兰州孔家崖型砂厂出产的石英砂,化学性能较稳定,不均匀系数为 1.9~2.1,球度系数为 0.75~0.80。

c. 试验项目:单层和双层填砾的最佳粒径和厚度。

d. 试验方法:

单层填砾最佳填砾厚度试验,以 1.0~1.5 mm粒径的型砂为滤料,进行填砾厚度为 30 mm、50 mm、100 mm、150 mm、200 mm、250 mm 的各组渗透试验。以洗砂为底砂,装填厚度为 50 mm。作用水头为 5 m,历时 2 小时。最佳填砾粒径试验,在确定填砾厚度为 200 mm 条件下,进行填砾粒径为 1.0~1.5 mm、1.5~2.0 mm、2.0~2.5 mm的三组渗透试验。

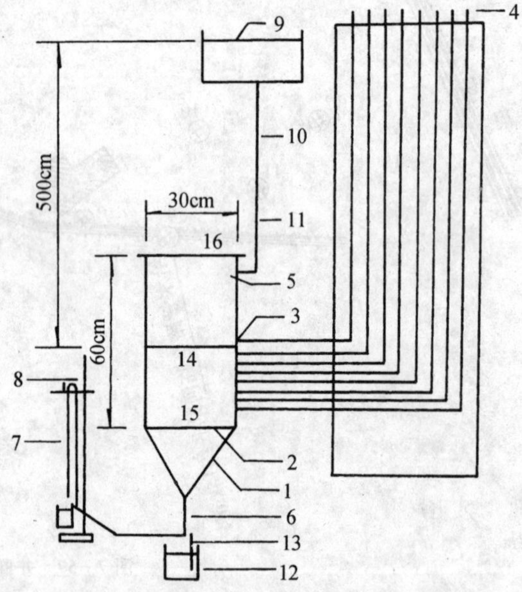

图 7-58 渗透仪示意图

1—出水漏斗;2—孔板加金属网;3—测压孔;4—玻璃测压管;5—溢水孔(带止水夹);6—出水管;7—调节管;8—活动支架;9—供水箱(水位恒定);10—供水管;11—止水夹;12—容量 10 l 的量水箱;13—温度计;14—底砂;15—填砾;16—排气孔(带止水夹)。

双层填砾试验,在单层填砾试验确定最佳粒径和厚度的基础上,将内层填砾粒径分为2.5~5.0 mm、4.0~7.5 mm 两组,填砾厚度均为 100 mm;外层填砾粒径为 1.0~1.5 mm,填砾厚度分别为 100 mm 和 150 mm。两两组合,共进行四组渗透试验。

e. 试验判定标准:在各组试验 2 小时内,渗流量、渗透系数相对较大,出水含砂量小并尽快达到要求。影响渗流量的因素较多,此次试验只考虑填砾厚度对渗流量和出水含砂量的影响,其它因素暂不考虑。

f. 试验结论:

适用于临河地区细粉砂含水层的管井单层填砾最佳粒径为 1.0~1.5 mm;填砾厚度为 200 mm。

双层填砾试验,内层填砾最佳粒径为 4.0~7.5 mm,最佳填砾厚度为 100 mm;外层填砾最佳粒径为1.0～1.5 mm,厚度为100 mm。内、外层总厚度为200 mm。

不论是单层填砾或是双层填砾,确定的最佳填砾粒径与规范计算值相符,填砾厚度200 mm,大于规范确定的厚度,但与国内的实际生产经验相接近,在河套平原、华北和中原地区,粉细砂地层管井施工,填砾厚度普遍为200 mm。

(2)贴砾管填砾过滤器渗透试验

a.试验设备:

利用试验的渗透仪,局部进行改装处理。在渗透仪中采用贴砾板做渗透试验;在渗流槽中采用贴砾管做渗透试验。渗流槽为自制的1/3圆形无压渗流砂槽。其结构形式如图7-59和图7-60。

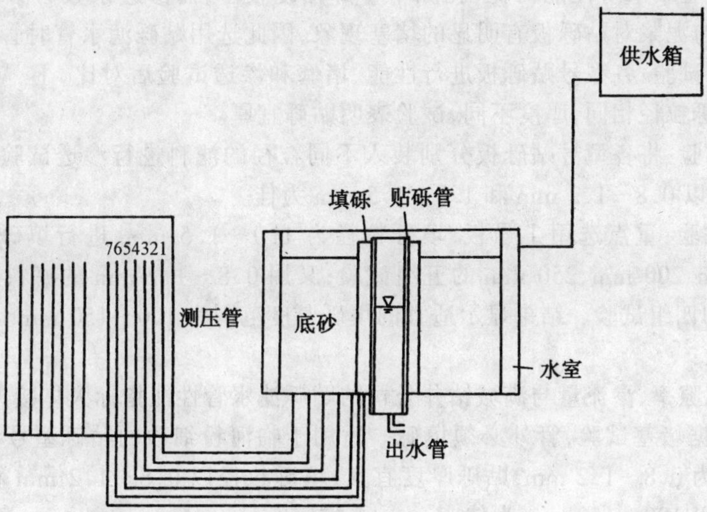

图7-59　渗流槽结构示意图

b.试验材料:

兰州怡和岩土新技术有限公司协助该项试验,提供贴砾试件。砂砾采用兰州安宁区型砂厂生产的型砂,成分以石英为主,颗粒均匀,磨圆度好。黏结材料采用环氧树脂,采用冷加工工艺。渗透仪中试件制成Φ300 mm的贴砾板,渗流槽中试件制成Φ130 mm的贴砾管,采用管的1/3部分贴砾。

贴砾板型号及规格:

Ⅰ型板,贴砾厚度20 mm,贴砾粒径0.8～1.2 mm;

Ⅱ型板,贴砾厚度20 mm,为混合贴砾,粒径0.8～1.2 mm占2/3;0.5～0.8 mm占1/3;

Ⅲ型板,贴砾厚度20 mm,贴砾粒径0.5～0.8 mm;

Ⅴ型板,贴砾厚度40 mm,贴砾粒径0.8～1.2 mm。

c.试验项目及方法:

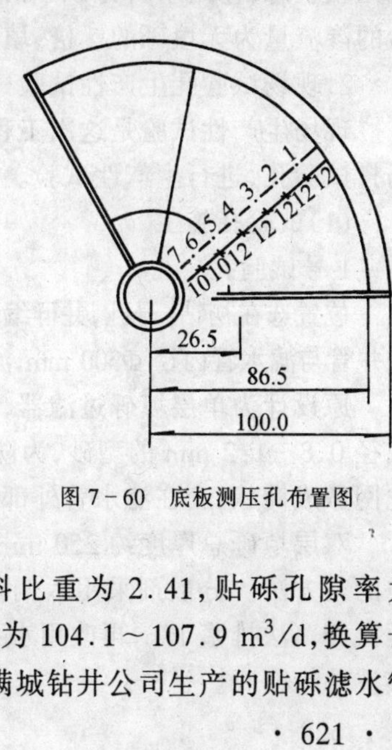

图7-60　底板测压孔布置图

贴砾板性能试验:各型号贴砾板安装在渗透仪中,做5 m水头的清水渗透试验,其结果Ⅰ、Ⅴ号板性能较好,贴砾料比重为2.41,贴砾孔隙率为24.2%～29.5%,贴砾渗透系数为85.3～196.9 m/d,渗流量为104.1～107.9 m^3/d,换算长1 m贴砾管的渗流量为57.8～59.9 m^3/h。试验结果与河北省满城钻井公司生产的贴砾滤水管性能对比，满城贴砾管孔隙率≥21%，12″管（外径 375 mm，贴砾厚度 25 mm，贴砾粒径为0.7～1.0 mm）长1 m的渗流量为50.68 m^3/h。贴砾板的性能不小于满城贴砾管的性能指标。

滤砂和泥浆堵塞试验：

滤砂堵塞试验，在渗透仪中仅装厚 50 mm 的底砂不填砾进行试验，水头 5 m，历时 2 小时，试验后再做性能测定。

泥浆堵塞试验，采用红黏土造浆，泥浆比重 1.51，黏度 110～120 stc.，胶体率大于 95%。试验程序：将Ⅴ号贴砾板先在 8‰浓度的焦磷酸钠溶液中浸泡 24h，再放入泥浆中浸泡 24h，然后将贴砾板清洗，进行性能测定。其它型号贴砾板先放入泥浆中浸泡 24h，再放入焦磷酸钠溶液中浸泡 24h，清洗后测定性能。

两项堵塞试验结果与性能对比，孔隙率下降幅度较小，而渗透系数与渗流量下降幅度较大，确认粉细砂与泥浆对贴砾板有明显的堵塞现象，因此选用贴砾滤水管时管外必须填砾。

贴砾板选型试验：各型号贴砾板进行性能、堵塞和渗透试验后对比，Ⅰ、Ⅴ号较好，Ⅴ号更佳，两个型号贴砾粒径相同，厚度不同，试验表明贴砾宜厚。

填砾粒径试验：将各型号贴砾板分别装入不同粒径的滤料进行渗透试验，综合分析试验结果，填砾粒径以 0.8～1.2 mm 和 1.0～1.5 mm 为佳。

填砾厚度试验：重点选用Ⅰ号板，填砾粒径为 1.0～1.5 mm，进行填砾厚度为 50 mm、100 mm、150 mm、200 mm、250 mm 的五组试验；又用 0.8～1.2 mm 的滤料进行填砾厚度为 100～250 mm 的四组试验。结果显示适宜的填砾厚度范围为 100～150 mm。

d.试验结论：

贴砾管的孔隙率、渗流量与满城钻井公司的贴砾滤水管性能指标大体接近，可作为生产井的过滤器，但根据堵塞试验，管外必须填砾。适用于临河粉细砂的贴砾型号为Ⅰ和Ⅴ号贴砾板，即贴砾粒径为 0.8～1.2 mm，贴砾厚度宜大；填砾粒径以 0.8～1.2 mm 和 1.0～1.5 mm 为佳，填砾厚度以 100～150 mm 为佳。

贴砾管渗流槽试验：贴砾管内径 Φ130 mm，贴砾厚度 20 mm，高度 65 cm，贴砾部分为衬管的 1/3，呈 120°圆弧形状，填砾与底砂装填高度为 80 cm，填砾粒径为 1.0～1.5 mm，渗流槽为无压状态，作用水头为 0.8 m。进行只装底砂和填砾两种试验。对比两组试验结果，填砾试验的渗流量为无填砾的 2 倍，填砾试验的渗透系数为无填砾的 3.4 倍。

2.现场试验孔生产性试验

现场生产性试验是这次工程试验的主要项目，根据室内试验成果进行管井结构设计，在现场打试验孔，进行生产性试验。主要进行管井过滤器类型的试验。

(1)试验孔施工

1 号试验孔：

位置选在初钻$_4$ 号孔，井群编号为 4 号井，地面高程 1 040.35 m，孔径 Φ850 mm，孔深 57 m，铸铁井管与滤水管内径 Φ300 mm，滤水管位置 17.80～47.80 m，实际进水长度为 23 m。

原设计为单层填砾过滤器，但滤水管缠丝间距为 0.75 mm，填砾为兰州安宁型砂厂生产粒径 0.8～1.2 mm 的型砂，为防止滤料进入井内，变更为简易双层填砾过滤器，采用 20 目尼龙网做成筒状，套在滤水管外部，内装 1.2～2.5 mm 的滤料，平均厚度为 35 mm。

双层填砾总厚度约 250 mm，传统的洗井方法难以彻底，采用化学分散剂与空压机联合洗井的新方法。分散剂采用六偏磷酸钠，用量 150 kg，溶液浓度 8‰，压入井内浸泡 22h 后用空压机震荡法排浆 18h，再改用水泵抽水洗井 23h。此种联合洗井方法经济省时，经抽水试验证实洗井较彻底。

2 号试验孔：

位于初钻$_5$号孔，井群编号为 7 号井，地面高程 1040.18 m，孔径 Φ700 mm，孔深 60 m，管径 Φ300 mm，滤水管位置 13.15～53.15 m，实际进水长度为 32 m。

该孔为贴砾管填砾过滤器，选购河北省满城钻井公司生产的贴砾管，滤料为 0.8～1.2 mm的型砂。洗井方法同 1 号试验孔，化学分散剂用量 125 kg，井内浸泡 14h30min，为防止贴砾堵塞，采用密封反冲排浆法，使分散后的泥水通过填砾层中排出，保障了贴砾管的渗透性，效果显著，试验结果表明设计与施工工艺是成功的。

(2)试验孔抽水试验

按技术要求，每个试验孔洗井后进行三次抽水试验，正式抽水前进行试抽，试验成果列于表 7－20 中。

表 7－20　抽水试验成果表

试验孔号	降深次数	静止水位 (m)	抽水延续时间 (h)	稳定延续时间 (h)	管内水位降深 (m)	出水量 Q (l/s)	单位出水量 q (l/s·m)
1	试抽	1.18			20.17	26.639	1.321
	1	1.18	18.5	18.0	6.99	11.208	1.603
	2	1.18	21.0	20.5	10.32	16.682	1.616
	3	1.18	28.0	27.5	13.60	20.331	1.495
2	试抽		4.0		7.93	14.336	1.807
	1	0.82	25.0	24.5	6.73	11.208	1.665
	2	0.82	25.0	24.5	10.79	16.682	1.533
	3	0.82	25.5	24.5	14.82	20.030	1.426

(3)水文地质计算

两个孔三次抽水试验的动水位均在滤水管之上的套管内，地下水运动将产生水力损失，采用齐姆公式进行消除，修正水位降深和出水量。采用捷年鲍姆和格林鲍姆公式计算含水层渗透系数 K 值；采用裘布依公式计算引用补给半径 R_y。计算结果：

1 号试验孔：$K=10.01$ m/d，$R_y=79.91$ m，当出水量为 1 560 m^3/d 时，水力损失值为 2.83 m，孔内水位降深 $S=11.55$ m。

2 号试验孔：$K=11.20$ m/d，$R_y=96.87$ m，当出水量为 1 560 m^3/d 时，水力损失值为 3.30 m，孔内水位降深 $S=11.83$ m。

两孔计算的引用补给半径均小于 100 m，表明试验孔抽水试验期间地下水补给条件好，水量充沛。

(4)水质分析

1 号试验孔：pH＝7.58，Ds＝539 mg/L，矿化度为 0.715 g/L，Fe^{3+}＝0.94 mg/L，Mn＝0.75 mg/L，放射性总 α 含量为 0.09±0.07Bq/L，总 β 为 0.13±0.01Bq/L。除铁、锰两项超标外，其它项目均符合生活饮用水卫生标准。出水含砂量，经测定＞0.074 mm 的颗粒未检出。

2 号试验孔：pH＝7.72，Ds＝430 mg/L，矿化度为 0.561 g/L，Fe^{3+}＝0.69 mg/L，Mn＝0.30 mg/L，放射性总 α 含量为 0.10±0.03 Bq/L，总 β 为 0.09 Bq/L。除铁、锰两项超标外，其它项目均符合生活饮用水卫生标准。出水含砂量，经测定三次抽水＞0.074 mm 的颗粒分别为 0.34 mg/L、0.05 mg/L、0.06 mg/L，重量比分别为 1/2 940 000、1/20 000 000、1/16 670 000，含砂量均小于规范规定的体积比 1/2 000 000。

(5)工程试验结论

根据室内试验成果设计的两个试验孔，水量、水质、出水含砂量均满足设计要求和《给水管井设计施工及验收规范》标准。试验孔进行大流量抽水试验,出水含砂量均小于规范规定的标准,运营时设计单井出水量为 1 000 m^3/d,可保证管井不涌砂,延长使用寿命,达到了工程试验的目的。

2 号试验孔采用贴砾管,是国内近十年来应用的新材料,但因孔隙率较小,不填砾时易堵塞,在华北、中原和华东地区的实践,出水量仅为 600~900 m^3/d,该次试验采用贴砾管外填砾的新工艺,水位降深和出水量与 1 号孔比较接近。经经济比较,概算 1 号孔为 150 185 元,2 号孔为 198 186 元,为此施工设计推荐采用简易双层填砾过滤器。

(八)水源施工

根据铁道部鉴定意见,此处水源初期仅施工 7 座管井。两个试验孔均能满足设计要求,已作为生产井移交使用,另需施工的 5 座管井,已于 1999 年 6 月全部竣工。

(九)主要经验及效果

1.采用综合勘探技术,在粉细砂地区勘察成功了大型水源地

该工程为包兰线包石段临河给水站新建水源,用水量远期为 10 000 m^3/d。临河车站位于黄河后套平原,水文地质条件复杂,含水层为粉细砂,湖积地层地下水矿化度普遍较高,不能饮用。为寻找淡水水源,水文地质调查测绘面积约 380 km^2,在三个水源方案所在地区,采用物探方法初步探查水文地质条件,经分析比选,将水源地拟定在五四大队附近,在此地区采用详细调查测绘、物探、钻探、试验、同位素氚测试等综合勘探方法,进一步查明了水文地质条件,为水源设计提供了依据。沿兰锁排干渠布设 10 座管井,另设 2 座备用井,2 号试验井深 60 m,其余井深 57 m,孔径 Φ850 mm,井径 Φ300 mm,采用填砾式过滤器,属潜水非完整干扰井群,最小井间距 300 m。设计单井出水量为 50 m^3/h,井群总产水量为 13 000 m^3/d。在粉细砂地区依靠综合勘探技术的成功使用,建成如此规模的水源地是路内少有的。

2.采用放射性同位素氚的测定技术,完善了水文地质资料

在 3 个钻孔的不同深度取样测定氚含量,经分析计算地下水的相对年龄、垂直渗透系数和垂直渗透速度,结果表明地下水以渠水、田间灌溉水以及大气降水垂直渗透补给为主。查明了该地区地下水的补给来源,完善了水文地质资料。同时,还计算了单井的补给半径,建 10 000 m^3/d的水源地,需建管井 10 座,为优化井群设计提供了依据。氚分析结果与钻孔抽水试验计算的结果也是相符的。

3.在路内首次进行室内试验和生产性试验,解决了粉细砂地区的建井难题

在勘察前对东北、华北、中原、西北以及河套等地区粉细砂地层管井取水工程进行了调研,了解到因涌砂造成管井报废是普遍存在的问题,成为几十年来路内乃至国内未解决的技术难题。临河站既有水源一般 3~5 年或 7 年因涌砂而报废一座管井。解决管井涌砂,延长管井使用寿命,成为本次勘察攻克的技术关键。结合新建水源在定测中进行对粉细砂地层管井取水工程的试验。首先,在室内通过有压渗透仪和无压渗流槽,采用临河新建水源地钻探采取的砂样,对填砾过滤器和贴砾管过滤器的填砾粒径、填砾厚度进行了多种组合的渗透试验,获得大量的试验数据,确定了临河新建水源采用的填砾粒径和填砾厚度,为优化水源设计提供了依据。并且在水源地打了 2 个试验钻孔,进行生产性试验,对室内试验成果进行验证。

4.取得了显著的经济效益和社会效益

该项水源工程勘察解决了临河车站水源短缺和不符合标准的难题,其试验成果直接应用

于水源施工设计。管井设计采用“三小一大”，即小缠丝间距(0.75 mm)、小填砾粒径(平均为1 mm)、小渗透速度(洗井、抽水试验出水量大于2 000 m^3/d,限制生产出水量为50 m^3/h)、大填砾厚度(>200 mm)。同时,以石英型砂作滤料,从而达到了管井出水量大、含砂量小的效果,水质优于该站既有水源,并且解决了管井涌砂的技术难题,可充分延长管井的使用寿命,预计可运营20年以上。本次工程试验成果还具有在粉细砂地区推广应有的价值;这些均有明显的经济效益和社会效益。因此,该工程获铁一院1998年优秀工程勘察一等奖。

十六、西康线秦岭隧道平行导坑施工地质综合测试图的计算机成图软件介绍

宋丙林　毛建安　刘为民

(一)引言

西安至安康线秦岭特长隧道是目前我国第一铁路长隧道。最大埋深1 600 m,工程十分艰巨;穿越秦岭纬向构造带,地质十分复杂;地形极为困难,是西康线的咽喉工程。由两座间隔30 m、互相平行的单线隧道组成。Ⅰ线隧道首次采用TBM掘进机施工,Ⅱ线平行导坑先期用快速钻爆法开挖。工程总投资占西康线总投资的27%。为更好地完善前期地质工作的勘察成果,进一步预测Ⅰ线隧道TBM施工的地质条件,落实勘测阶段地质工作所不能查清的地质问题,防止给隧道施工带来预想不到的困难,确保Ⅱ线平导快速顺利施工,于1995年12月在Ⅱ线平导施工的同时,同步开展了施工地质综合测试与超前预报工作。该工作的主要成果图件是秦岭特长隧道平行导坑施工地质综合测试图。铁一院结合平导地质综合测试数据库,开发了成图软件。该软件一直在生产工作中应用,效果很好。

(二)施工地质综合测试内容与测试图图式

1.施工地质主要综合测试项目

(1)进行全导洞工程地质、水文地质编录,绘制全导洞展示图及代表性掌子面素描图;取代表性岩样进行物理力学试验;现场岩石点荷载试验及平导内三维原地应力测量。

(2)岩体裂隙网络空间及渗透张量的测试;洞内和地表涌水量动态变化测试;取水样进行水化学测试分析。

(3)平导内岩体波速测试及代表性岩块波速测试;平导内岩体电阻率测试、放射性γ测试;选点进行水中氡测试;平导内地温测试。

在综合测试基础上,对主要断层带进行岩体稳定性分析与评价;并根据岩石单轴饱和抗压强度、岩体的完整性、含水情况和风化程度,按Q分级法及地震波速确定隧道围岩分类。

2.施工地质综合测试图

施工地质综合测试图(见图7-61),图宽采用标准420 mm图幅,比例尺与设计阶段一致1:5 000,便于分析对比。内容包括:

(1)综合物探测试成果,即:放射性γ、地温、岩体波速、电阻率等项。

(2)平导地质展示图,拱部采用正投影,横向比例尺1:200,纵向比例尺1:5 000,内容包括:地层岩性、断裂构造、洞内出水位置与类型、不良地质、地质灾害、取样位置等项。

(3)代表性掌子面素描图,比例尺1:100。

(4)分段工程地质特征、地下水状态。

(5)其它测试成果,包括:岩石波速、单轴饱和抗压强度、单轴抗压强度、点荷载强度、石英

矿物含量、地应力测试与岩爆情况等。

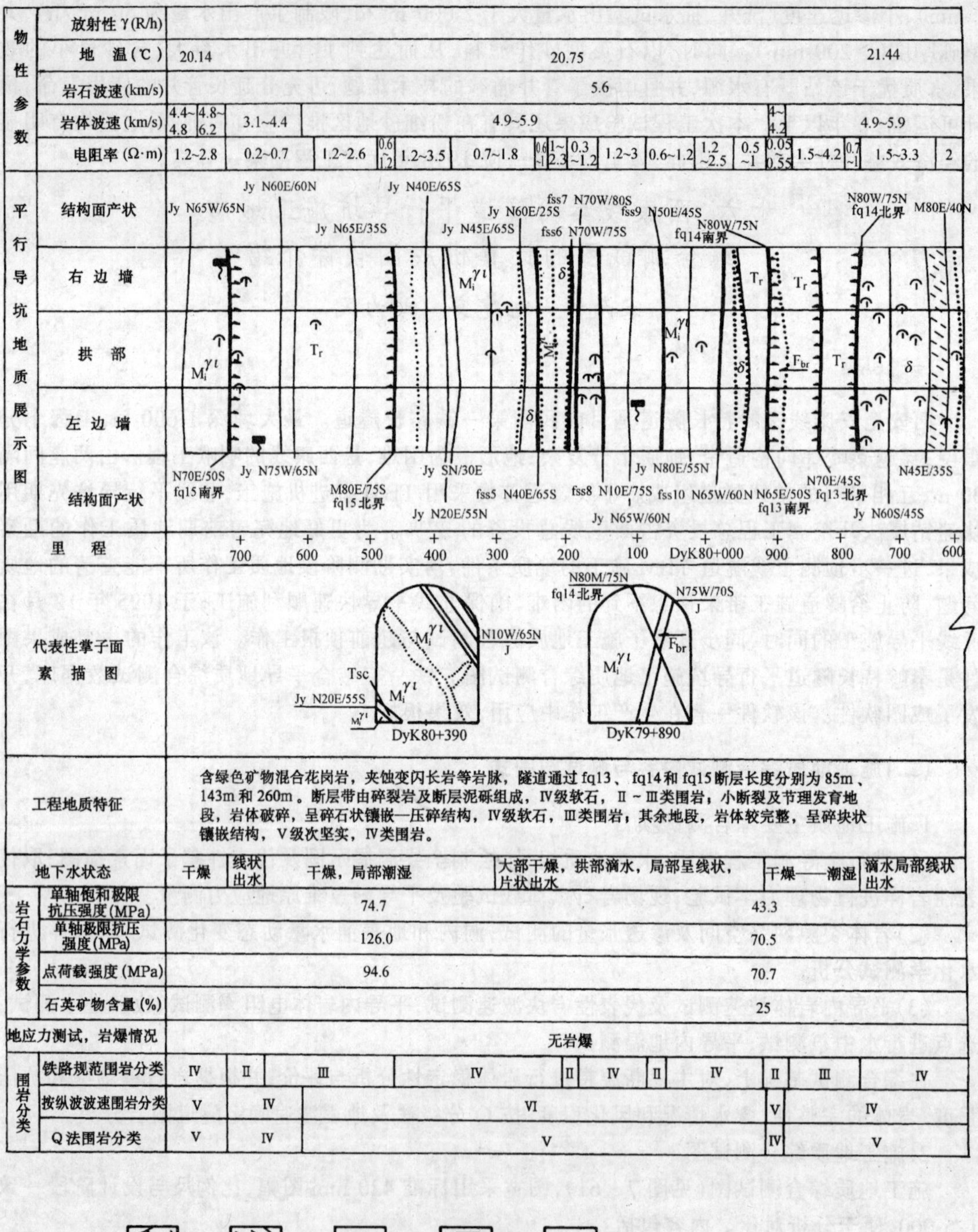

图 7-61 秦岭特长隧道平行导坑施工地质综合测试图

$M_i^{\gamma L}$—含绿色矿物混合花岗岩；δ—蚀变闪长岩；T_{sc}—构造挤压片岩；T_r—碎裂岩；$F_{b\gamma}$—断层角砾；

J—节理；J_y—挤压软弱结构面；f_{ss8}(f_{ql3})—断层及编号；

1—断层破碎带；2—节理密集带；3—滴水及线状出水；4—片状出水；5—岩层分界线。

(6)围岩分类，即：铁路隧道围岩分类、按纵波速度围岩分类、Q 法围岩分类。

(三)计算机成图的实现方式

1. 按照规定的成图内容与图式,进行综合测试图图框、图例、签署等图形设计,形成给定的图块。

2. 调用数据文件,绘制平行导坑地质展示图,并标注产状,断层按宽线条绘出。数据文件格式为:

洞室方向,掘进方向;

起里程,终里程,洞宽,洞高,起里程,终里程,洞宽,洞高,……;

结构面性质,测点里程,测点位置,产状,延伸情况,发育宽度,其中结构面性质指节理、挤压结构面、节理密集带、断层等。

对于岩层分界线、不良地质分界线、地质灾害界线,利用数字化仪在底图上采取。为此,根据界线的不同,编制了改变线条性质的程序。

对于出水点、取样点、不良地质及地质灾害等花纹图例,利用数字化仪在底图上进行采取。同样,制作了11个幻灯片文件,以及屏幕菜单和数字化仪菜单。

最后将绘制的展示图存盘,待调用。

3. 掌子面素描图需利用数字化仪在底图上采取,并以所代表的里程当图块名,存盘待用。

4. 各测试段落、成果及分段特征描述项,采取直接调用数据文件的形式,一次性自动贯入,并按照相应的里程自动分行排版。数据文件格式为:

EOF;

起里程,终里程,项目关键字;

测试成果或描述内容;

EOF;

……

其中,在创建数据文件时,一些特殊字符,如:Ⅰ、Ⅱ、Ⅲ……①、⑪、⑫……σ_0 分别输入|1、|2、|3……|A、|B、|C……|Q 等。我们对这些特殊字符创建了专门的形文件。数据文件为非文书文件格式:描述内容不用排版。

因此,综合测试图按照上述方案形成,主程序首先调入图框图块,相应插入地质展示图及各里程的掌子面素描图,最后自动贯入测试成果及文字描述内容。

(四)软件编制中关键技术问题

该软件编制的关键在于地质展示图的绘制,下面介绍其数学计算方法:

1. 设洞室方向全方位角为A,结构面倾向方位角为B,则结构面走向与洞室方向夹角为:$\alpha = 90^\circ + B - A$

洞室方向或掘进方向换算成全方位角为:

NE走向角→走向角;NW走向角→360°-走向角;SE走向角→180°-走向角;SW走向角→180°+走向角。

结构面走向换算成倾向方位角为:

NE走向角/倾南→90°+走向角;NE走向角/倾北→270°+走向角;NW走向角/倾南→270°-走向角;NW走向角/倾北→90°-走向角。

2. 设结构面真倾角为 θ,则视倾角为:

$$\gamma = \arctan(\sin\alpha \cdot \tan\theta)$$

3.设掘进方向的反方向为 X 轴正向，则结构面走向与制图软件 AUTOCAD 通用坐标系的 X 轴夹角为:

$$\beta = 180^\circ - \alpha$$

4.边墙计算

本边墙顶 X 坐标偏移量为:墙高/$\tan\gamma$;对面边墙顶延至对面边墙底的 X 坐标偏移量为:墙高/$\tan(180^\circ - \gamma)$。

若视倾角 $\gamma < 0$，则应加上 180°; 若左边墙为 γ，则右边墙为 $180^\circ + \gamma$(以掘进方向分左右，见图 7-62a)。

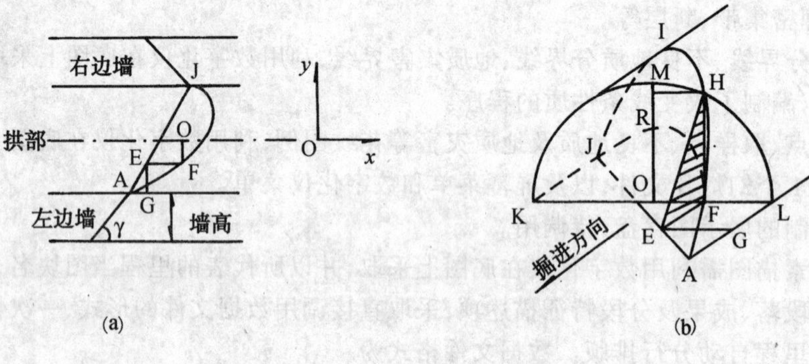

图 7-62　结构面展示图

a—结构面展示图;b—结构面在拱部与掌子面关系图

5.拱部计算

如图 7-62b,设结构面为 AHIJ,半圆 KML 为开挖掌子面拱部线,AFJ 为结构面正投影线,EFH 为平行洞轴切面,OF 为已知,拱部半径为 R,则∠HEF 为视倾角 γ。

$$HF = (R^2 - OF^2)^{0.5}$$

$$EF = HF/\tan\gamma = (R^2 - OF^2)^{0.5}/\tan\gamma$$

$$AG = EG/\tan\beta = (R - OF)/\tan\beta$$

这样,在距离拱顶中心任意给定距离 OF 已知的情况下,可以计算出基于结构面走向线 AJ,结构面在反倾向上的平行洞轴的偏移量 EF。

经以上边墙与拱部计算,使得结构面自动绘制成为可能,并且可以看出,编程变得简单化。

(五)软件的功能与使用环境

1.地质展示图中结构面产状标注能分层次错开处理,结构面密集段不至于重叠或过分拥挤,保证了图面清晰、美观。

2.由于 AUTOCAD V12.0 对字母数字和汉字的大小处理不一致,同样字高状态下,汉字往往比字母数字偏小一些,对于汉字与字母数字混排时,显得很难看。针对此问题,我们在成批贯入文字的程序中作了字高处理,将汉字字高放大 1.35 倍。

3.本软件还有其它辅助功能,如:改变线型、特殊字符处理、幻灯片文件处理等,定制了屏幕菜单和数字化仪菜单,使程序调用方便,通过参数传递,使程序形成一个整体,如里程系统,无论在地质展示图中,还是文字贯入、掌子面素描图位置等均为一体,作图快捷、准确。

4.软件基于 AUTOCAD V12.0 版本,采用 AUTOLISP 语言编制,DOS 环境和 WINDOWS 环境下均能适用,兼容性好。

(六)软件的开发与应用方向

本软件在研制过程中,充分考虑了其功能扩展与进一步开发条件,利用 AUTOCAD 开放式的软件系统及其内部 AUTOLISP 语言,编制了近十个功能函数或制图命令。如:读入的里程处理函数、线面方向换算函数、里程自动划分与标注函数、字符处理函数等,为进一步开发和功能扩展创造了条件。软件采用模块化设计方式,可单独形成或修改图件中某一部分内容。如地质展示图可单独形成图件。在使用这一模块中,可任意给定洞室方向、掘进方向、洞室尺寸、地质展示图纵横比例尺、里程划分与标注密度等内容,应用范围相当广泛。对于不同断面形式的其它地下工程地质展示图的绘制,只需作局部的少量修改即可。

(七)结语

利用先进设备,采用先进技术,是地质工作的一项重大课题。利用平导地质综合测试数据库研制的秦岭特长隧道平导施工地质综合测试图成图软件,充分利用综合测试数据,自动化程度高,从而能准确、美观、快捷地成图,在生产工作中应用效果很好,且给工作带来了很大的方便。特别是其中的地质展示图的绘制部分,具有很好的推广应用价值。

软件利用了于国新和黎书生先生的部分成果,并在编制过程中得到了他们的大力帮助,在此深表感谢。

十七、《铁路工程地质勘察平面、纵断面设计成图系统》软件简介及应用

部瑞梅

随着计算机技术的飞速发展,在铁路勘测设计中,各设计院已经广泛地采用计算机进行勘测和设计的辅助工作。铁一院从 1995 年开始进行铁路勘测设计 CAD 成图的研究试点工作,各专业都在努力进行适用软件的开发。近年来相关专业已取得了长足的发展,但工程地质专业由于自然环境的复杂性、多变性、勘测手段的多样性等原因,虽在个别领域、个别勘探手段上采用了计算机技术,但在综合反映勘测成果的铁路平面图、纵断面图的地质填绘方面,一直没有系统的软件支持,致使铁路平面、纵断面图绘制地质资料成为制约设计工作的“瓶颈”。以往处理过程基本模式是:接受任务→外业勘察→内业整理→形成地质文件。由于地质勘察的手段较多,各种手段间的差异较大,另外还有大量的地质调查、研究分析的内容,因此,长期以来地质专业在计算机的应用方面,不适应高质量制图的要求,工期难以保证。为了摆脱这一困境,铁一院研制开发了“铁路工程地质勘察平面、纵断面设计成图系统”(REGDS)软件。这一软件的研制成功,使地质专业计算机的应用水平向前迈出了坚实的一步,使铁路系统勘测设计 CAD 成图率达到更高的水平。

(一)系统的概况

1. 软件系统名称

根据本软件系统的功能及在铁一院设计 CAD 一体化中所起的作用,定名为“铁路工程地质勘察平面、纵断面设计成图系统(REGDS)”。

2. 系统功能概述

系统主要功能是在既有的平面图上填绘地层时代、岩性符号、不良地质符号、地质界线、地震烈度线及地震烈度符号等；以及成批地自动生成、填绘小柱状图及勘探点；能够对绘制的地层时代、岩性符号、不良地质符号、地震烈度符号、小柱状图及勘探点等内容进行编辑修改。上述地质内容填绘时，能将填绘位置的底图部分覆盖，省去大量的剪线工作；在纵断面图上通过成批录入勘探点的地层、原位测试资料、水位等信息，自动生成纵断面图，并且能对纵断面图上的特殊地质情况如向斜、背斜及断层等方便地生成和修改；自动生成地质特征栏，并对特征栏内的文字、特殊字符、数字等进行自动排版。

3. 软件、硬件环境

硬件环境：CPU:586/75 以上，内存 32M，绘图仪，打印机。

系统软件：Pwin 95。

实用软件：auto CAD14.0。

4. 软件编制依据

(1)《铁路平面图和纵断面图图式》[壹线(85)006]；

(2)《铁路线路图例符号》(TB1419－81)；

(3)《编制工程地质图件及报告书的统一规定》(企业标准)；

(4)《铁路工程 CAD 技术规范》(TB10044－98)。

(二)系统总体结构

系统总体结构图如图 7－63。

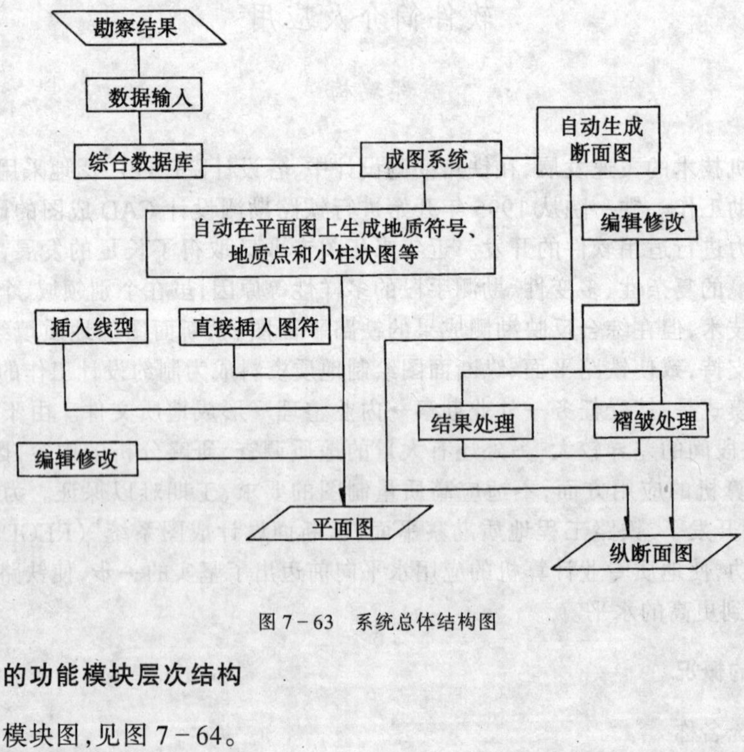

图 7－63　系统总体结构图

(三)软件的功能模块层次结构

1. 总控制模块图，见图 7－64。

2. 数据输入模块，图 7－65。

3. 平面图结构模块，图 7－66。

4. 纵断面图结构模块，图 7－67。

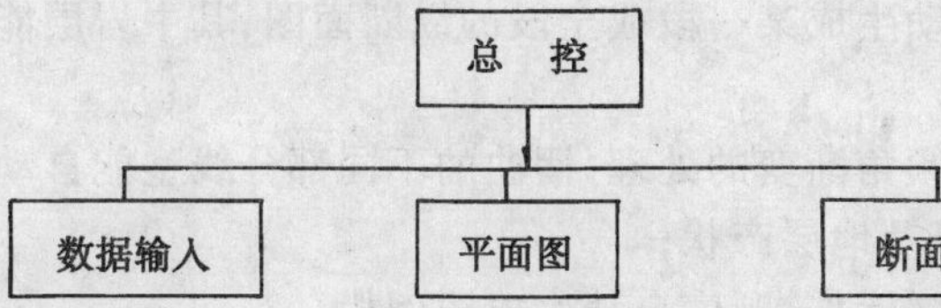

图 7－64　总控制模块图

(四)《铁路工程地质勘察平面、纵断面设计成图系统》的应用

1.平面成图系统

(1)所有地质点(钻孔、观测点、试坑、物探、原位等)成批自动生成在平面图的相应位置处,并能对编号进行移动等编辑;

(2)成批自动插入小柱状图,能自动覆盖相应位置的等高线,也可以单独对某个小柱状图进行编辑,其中岩层能示出倾角(倾角可为示意性,不一定精确);

(3)方便绘制断层线、岩层、节理产状,并自动进行断层性质、倾向、倾角、编号的标注;

(4)方便绘制岩性符号中的上、下标以及其它特殊符号;

(5)各种线型(地层界线、不良地质界线、断层线、不整合线、地震烈度界线等)符合《标准》规定,并能方便进行编辑;

(6)不良地质符号能按不同比例自由缩放。

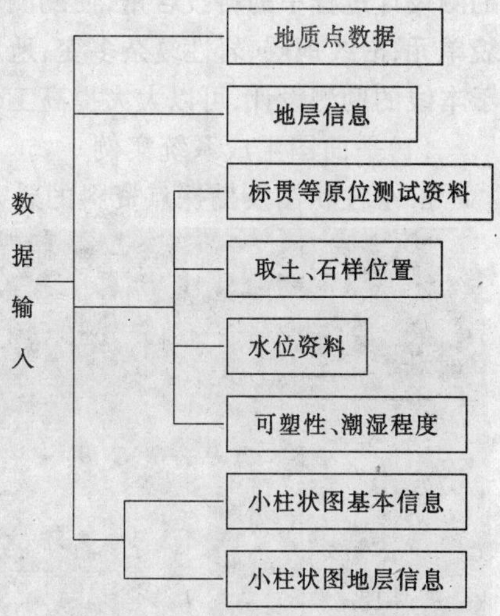

图 7－65　数据输入模块

2.纵断面成图系统

(1)工程地质特征栏能方便输入、编辑,并能根据输入的里程,自动生成里程分段线。文字内容可根据插入范围的大小自动排版;阿拉伯数字、英文字母以及其它特殊字符,较汉字自动小一号,以求美观协调;

(2)成批自动插入勘探点符号,其剖面形式符合标准,其中钻孔、试坑能反映出土的潮湿程度;

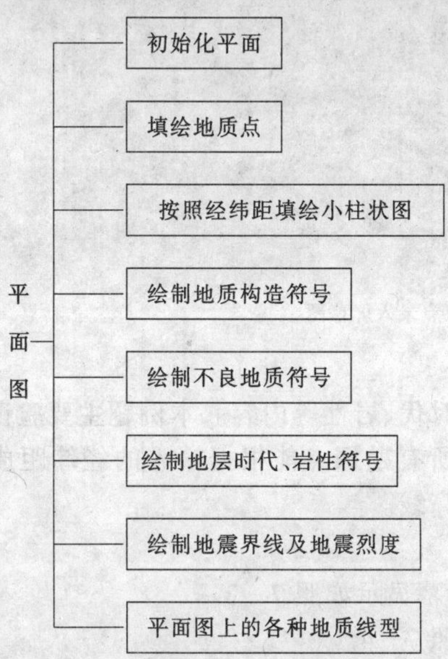

图 7－66　平面图结构模块

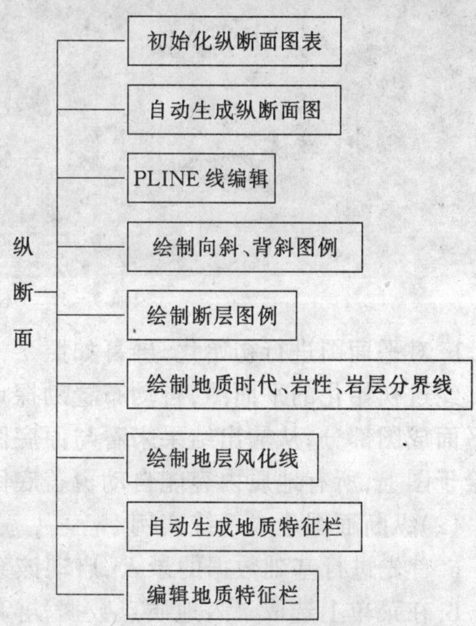

图 7－67　纵断面图结构模块

(3)根据地层数据，自动生成某一段或全段的纵断面图，其中岩层能根据输入的产状要素，自动反映出倾角和倾向；

(4)完成向斜、背斜及倾角渐变的处理，褶曲的不同部分线型能自动衔接吻合；

(5)方便填绘断层线以及地层产状；

(6)平、纵断面图，按照《标准》顺序自动生成图例栏。

3. 西安—南京线技术设计部分实例

西安—南京线属“九五”重点项目，工期紧、任务重，也是铁一院首次采用勘测设计CAD一体化作业的项目。CAD一体化作业模式是计算机技术在传统勘测设计中的具体运用，增加了铁路勘测设计过程中的科技含量，使勘测设计水平上了一个新台阶。其中西安至南阳段，横跨六个地貌单元，沿线地层、岩性复杂多变，地质构造极为复杂，不良地质及特殊地质发育。将该系统应用于本线的勘测设计，可以大大提高工作效率，缩短工期，以下是在本线的几段实例验证情况。

(1)平面图生成系统实例

a. 小柱状图及勘探点资料的录入，屏幕如照7－1。

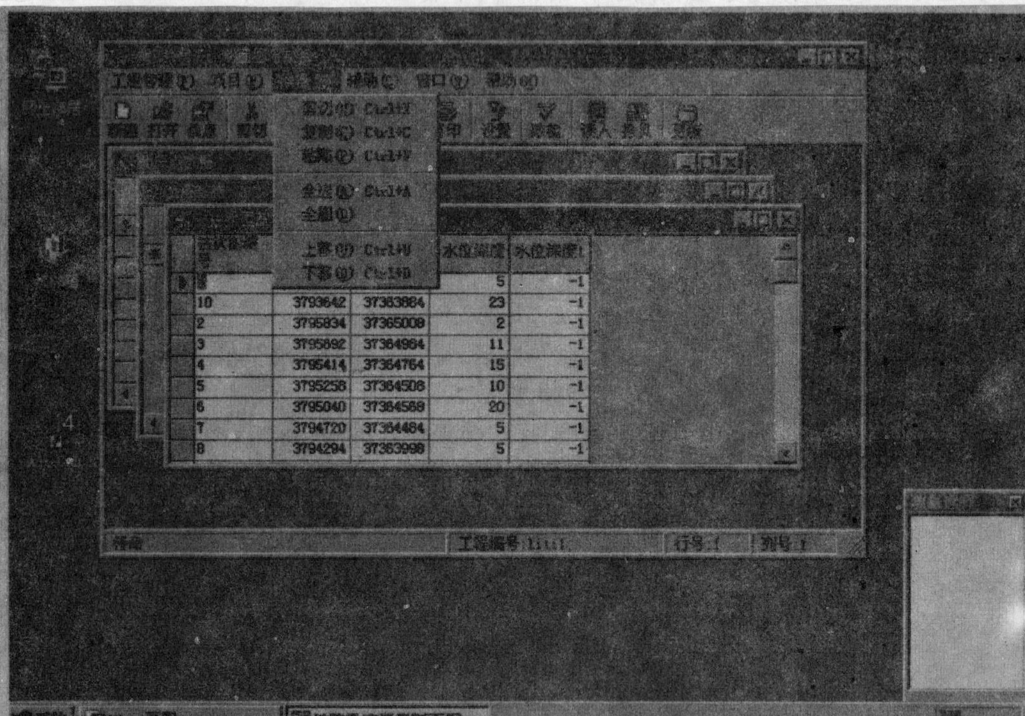

照7－1　小柱状图及勘探点录入屏幕图

b. 对平面图进行初始化，屏幕如照7－2。

经过初始化的平面图，自动布置勘探点及地质时代、岩性等内容。本例题主要验证了软件的平面成图部分，从输出结果来看与原底图一致。所有勘探点能根据输入的经纬距成批精确地绘于图上，所有地质内容能自动覆盖底图中的等高线。

(2)纵断面图生成系统实例

a. 首先进行基础数据的录入，启动该系统后，屏幕显示如照7－3。

b. 在菜单上选取录入地质点数据，屏幕显示如照7－4。

c. 根据所输入的地质点资料，在菜单上选取自动生成纵断面图，屏幕显示如照7－5。

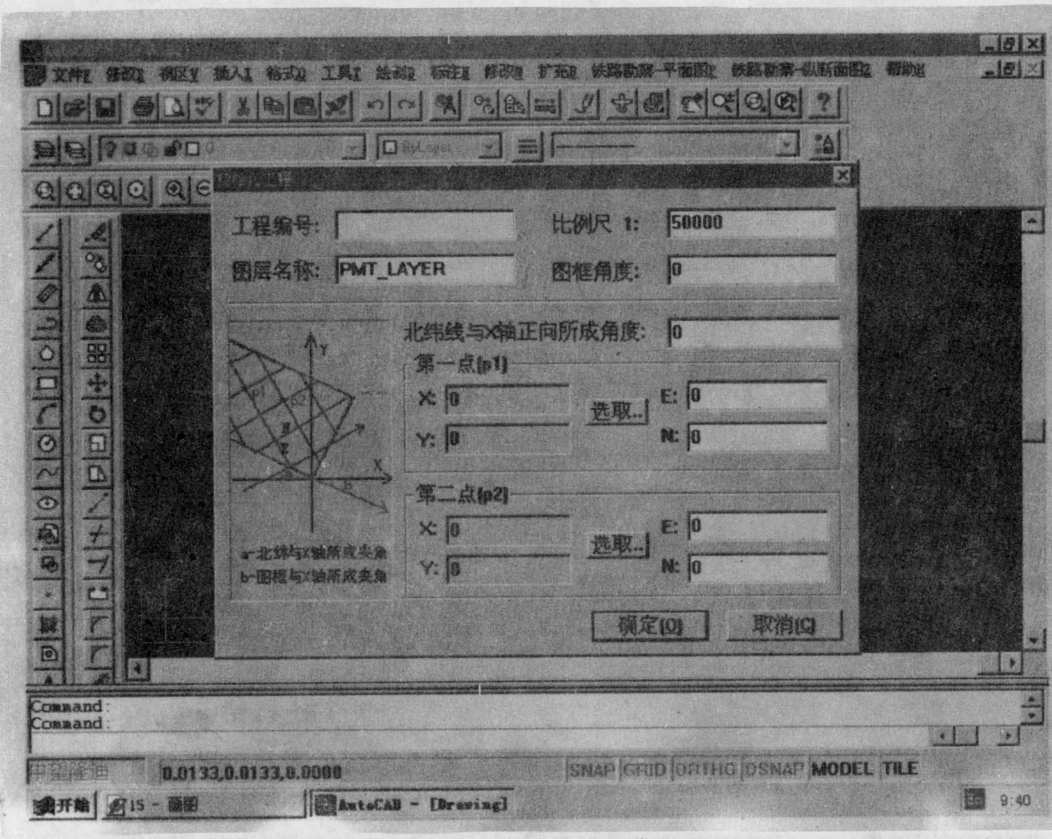

照 7－2　平面图初始化屏幕图

照 7－3　基础数据录入屏幕图

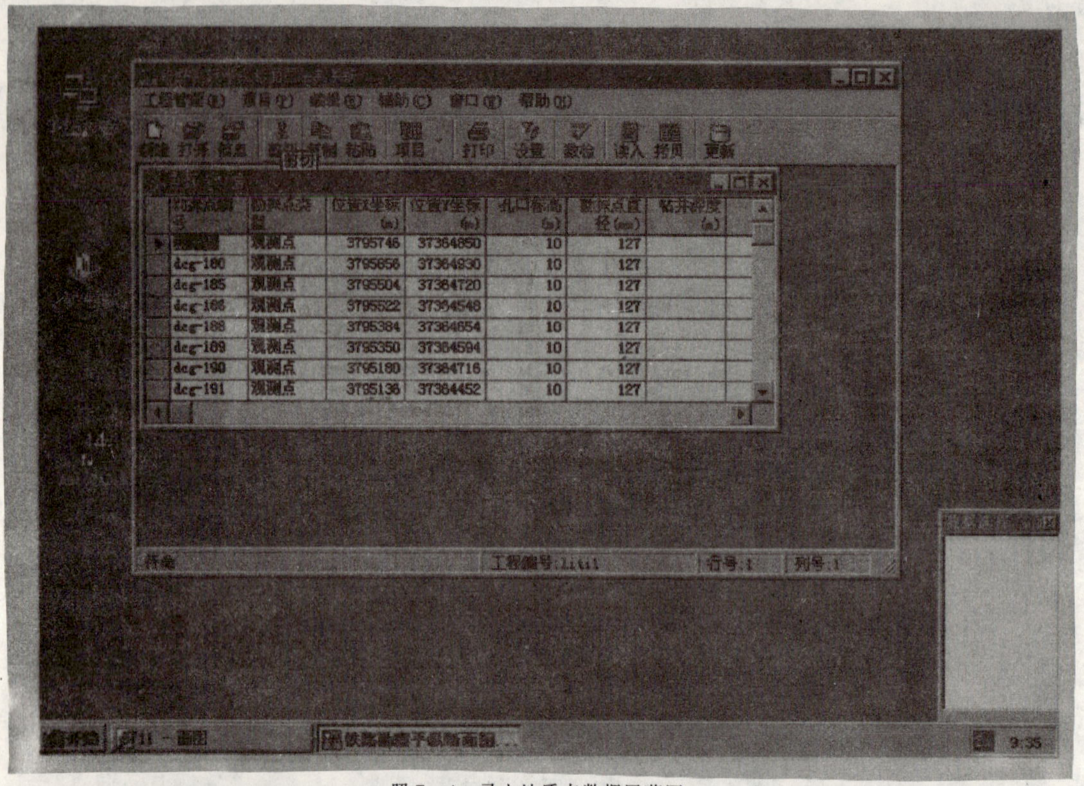

照 7－4　录入地质点数据屏幕图

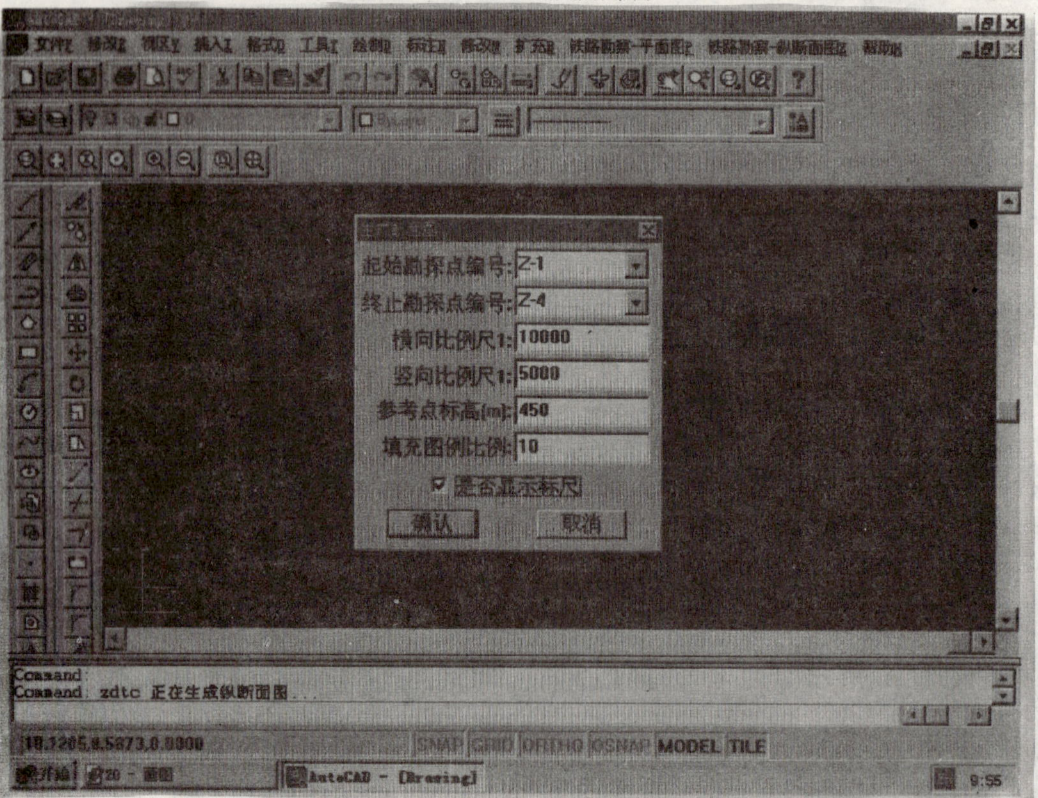

照 7－5　选取地质点屏幕图